Hier finden Sie die Gutachten des 74. Deutschen Juristentages zum Download:

https://ch.beck.de/74_djt_gutachten

So funktioniert das Herunterladen:
- Rufen Sie bitte die oben genannte Internetseite in Ihrem Browser auf. Bitte beachten Sie hierbei die Groß- und Kleinschreibung!
- Geben Sie bitte im entsprechenden Feld diesen persönlichen Freischaltcode ein:

EADD-9F2C-7565

- Speichern Sie die Datei(en) auf Ihrer Festplatte.

Eine Weiterverbreitung der heruntergeladenen Daten ist nicht gestattet und würde einen strafbewehrten Verstoß gegen das Urheberrechtsgesetz darstellen.

Bei Fragen stehen wir Ihnen gern zur Verfügung.
Sie erreichen uns per E-Mail unter hotline@beck.de.

Verhandlungen des
74. Deutschen Juristentages
Stuttgart 2024

Herausgegeben von der
Ständigen Deputation
des Deutschen Juristentages

Band I

Gutachten

C.H.BECK

Zitiervorschlag: 74. djt I/… [Gutachten] … [Seite]
z. B.: 74. djt I/A 1

beck.de

ISBN 978 3 406 81554 6

© 2024 Verlag C.H.Beck oHG
Wilhelmstraße 9, 80801 München
Druck und Bindung: Beltz Grafische Betriebe GmbH
Am Fliegerhorst 8, 99947 Bad Langensalza

Umschlag: nach dem Entwurf von rulle & kruska gbr,
Nikolaus Rulle, Köln

myclimate
shape our future
chbeck.de/nachhaltig

Gedruckt auf säurefreiem, alterungsbeständigem Papier
(hergestellt aus chlorfrei gebleichtem Zellstoff)

Alle urheberrechtlichen Nutzungsrechte bleiben vorbehalten.
Der Verlag behält sich auch das Recht vor, Vervielfältigungen dieses Werkes
zum Zwecke des Text and Data Mining vorzunehmen.

Inhalt

Abteilung Zivilrecht

Effektive Zivilrechtsdurchsetzung: Zugang zur Justiz, Prozessfinanzierung, Legal Tech – Welcher rechtliche Rahmen empfiehlt sich?

Gutachten von
Prof. Dr. Tanja Domej .... A 1–A 110

Abteilung Arbeits- und Sozialrecht

Wen schützt das Arbeits- und Sozialversicherungsrecht? – Empfiehlt sich eine Neuausrichtung seines Anwendungsbereichs?

Gutachten von
Prof. Dr. Christian Rolfs .... B 1–B 96

Abteilung Strafrecht

Beschlagnahme und Auswertung von Handys, Laptops & Co. – Sind beim offenen Zugriff auf Datenträger die Persönlichkeitsrechte angemessen geschützt?

Gutachten von
Prof. Dr. Mohamad El-Ghazi .... C 1–C 102

Abteilung Öffentliches Recht

Bewältigung zukünftiger Krisen: Welche gesetzlichen Rahmenbedingungen werden benötigt, um effizient und effektiv zu reagieren und finanzielle Hilfen bedarfsgerecht zu verteilen?

Gutachten von
Prof. Dr. Florian Becker, LL.M. .... D 1–D 70
Prof. Dr. Hanno Kube, LL.M. .... E 1–E 76

Abteilung Wirtschaftsrecht

Empfehlen sich im Kampf gegen den Klimawandel gesetzgeberische Maßnahmen auf dem Gebiet des Gesellschaftsrechts?

Gutachten von
Prof. Dr. Marc-Philippe Weller .... F 1–F 108

Abteilung Medienrecht

Wie lässt sich öffentliche Informationsverantwortung in Zeiten digitaler und multipolarer Kommunikationskultur realisieren? Welche Aufgaben haben der Staat, die öffentlich-rechtlichen Rundfunkanstalten und die Wissenschaft?

Gutachten von
Prof. Dr. Hubertus Gersdorf .... G 1–G 104

Gutachten A
zum 74. Deutschen Juristentag
Stuttgart 2024

**Verhandlungen des
74. Deutschen Juristentages**
Stuttgart 2024

Herausgegeben von der
Ständigen Deputation
des Deutschen Juristentages

Band I

Effektive Zivilrechtsdurchsetzung: Zugang zur Justiz, Prozessfinanzierung, Legal Tech – Welcher rechtliche Rahmen empfiehlt sich?

Gutachten A

zum 74. Deutschen Juristentag

Erstattet von
Professor Dr. Tanja Domej

Lehrstuhl für Zivilverfahrensrecht, Privatrecht,
internationales Privatrecht und Rechtsvergleichung,
Universität Zürich

C.H.BECK

Zitiervorschlag: 74. djt I/A [Seite]

beck.de

ISBN 978 3 406 81548 5

© 2024 Verlag C.H.Beck oHG
Wilhelmstraße 9, 80801 München
Druck und Bindung: Beltz Grafische Betriebe GmbH
Am Fliegerhorst 8, 99947 Bad Langensalza

Umschlag: nach dem Entwurf von rulle & kruska gbr,
Nikolaus Rulle, Köln

myclimate
shape our future
chbeck.de/nachhaltig

Gedruckt auf säurefreiem, alterungsbeständigem Papier
(hergestellt aus chlorfrei gebleichtem Zellstoff)

Alle urheberrechtlichen Nutzungsrechte bleiben vorbehalten.
Der Verlag behält sich auch das Recht vor, Vervielfältigungen dieses Werkes
zum Zwecke des Text and Data Mining vorzunehmen.

Inhaltsverzeichnis

Teil 1. Zugang zur Justiz .... A 9
   I. Einführung .... A 9
   II. Automatisierung der Rechtsdurchsetzung .... A 11
   III. Digitalisierung der Justiz .... A 12
   IV. Digitalisierung des Zivilprozesses .... A 13
   V. Fortbestehender Bedarf nach menschlicher Rechtsberatung ... A 14
   VI. Regulierung des Rechtsdienstleistungsmarktes .... A 15

Teil 2. Prozessfinanzierung .... A 17
   I. Begriff und Abgrenzung .... A 17
   II. Volumen der Prozessfinanzierung im EU-Raum ...... A 18
   III. Entwicklungen auf Unionsebene und in Deutschland ... A 19
      1. Unionsrecht .... A 19
      2. Deutschland .... A 22
   IV. Regulierungsbedarf und -ziele .... A 23
      1. Verhinderung missbräuchlicher Klagen .... A 23
      2. Verbesserung des Zugangs zum Recht .... A 26
      3. Interessenkonflikte .... A 27
      4. Einflussnahme auf den Prozess und Im-Stich-Lassen der Partei ... A 28
      5. Überhöhte Vergütungen .... A 29
      6. Risiken bei Insolvenz des Finanzierers .... A 30
      7. Ungleicher Zugang von Kläger- und Beklagtenseite ... A 31
      8. Notwendigkeit eines einheitlichen Regulierungsniveaus . A 32
      9. Fazit .... A 32
   V. Aufsichtsbehörden .... A 33
   VI. Inhaltliche Vorgaben für Prozessfinanzierungsverträge ... A 35
      1. Vertragstyp .... A 35
      2. Unzulässigkeit für bestimmte Forderungen .... A 36
      3. Treuhänderische Verpflichtung des Finanzierers .... A 37
      4. Einfluss auf die Prozessführung .... A 39
      5. Vergütung .... A 40
         a) Vergütungsmodelle .... A 40
         b) Bestehende und geplante Vorgaben .... A 41
         c) Einschätzung und Empfehlungen .... A 42
      6. Kündigung .... A 44
   VII. Verfahrensfragen .... A 46
      1. Antragsberechtigung .... A 46
      2. Zuständigkeit und Eingliederung der Prüfung in das Verfahren ... A 48

	3. In welchem Prozessstadium sollte eine gerichtliche Kontrolle stattfinden?	A 49
VIII.	Transparenzpflichten	A 50
	1. Regulierungsmodelle und -bestrebungen	A 50
	2. Einschätzung und Empfehlungen	A 51
IX.	Prozessfinanzierung und Kostenersatz	A 54
	1. Allgemeines	A 54
	2. Schutz vor Insolvenz des Finanzierers	A 55
	3. Anspruch auf Ersatz der Kosten der Drittfinanzierung	A 56
X.	Portfoliofinanzierung	A 58
XI.	Rechtsfolgen bei Verstößen gegen zwingende Vorgaben	A 59
	1. Geltendes Recht	A 59
	2. Regelungsvorschläge	A 61
	3. Einschätzung und Empfehlungen	A 61
XII.	Alternative Finanzierungsinstrumente	A 62
	1. Prozesskostenhilfe	A 62
	2. Rechtsschutzversicherung	A 63
	3. Crowdfunding	A 63
	4. Öffentlicher Prozessfinanzierungsfonds	A 64

Teil 3. „Legal Tech"-Klageorganisation ... A 66

I.	Zulässigkeit der Klageorganisation durch nichtanwaltliche Rechtsdienstleister	A 66
II.	Berufszugang für nichtanwaltliche Klageorganisatoren de lege lata	A 69
III.	Tätigkeitsverbot bei Interessenkollisionen (§ 4 RDG)	A 70
	1. Stand der Diskussion	A 70
	2. Würdigung	A 72
IV.	Erfolgshonorar und Prozessfinanzierung	A 74
V.	Verhältnis zwischen Anwälten, nichtanwaltlichen Klageorganisatoren und Prozessfinanzierern	A 75
	1. Notwendigkeit der Einschaltung eines Klageorganisators und/oder Prozessfinanzierers	A 75
	2. Nichtanwaltlicher Klageorganisator – mehr als ein Notnagel?	A 77
	a) Fragestellung	A 77
	b) Technologieentwicklung	A 78
	c) Risikobegrenzung	A 79
	d) Einheitliche Aufsicht	A 79
	e) Zusätzlicher Schutz für Begünstigte	A 79
	f) Fazit	A 79
	3. Restriktionen für anwaltliches Erfolgshonorar und anwaltliche Prozessfinanzierung	A 80
	a) Erfolgshonorar	A 80

   b) Übernahme des Kostenvorschusses und des Prozess-
    kostenrisikos .... A 82
   c) Anwaltliche Interessenkonflikte bei der Kooperation
    mit Klageorganisatoren und Prozessfinanzierern .... A 84
   d) Einschätzung und Empfehlungen .... A 86
  4. Neuer Rechtsdienstleistungstatbestand für die Klageor-
   ganisation .... A 88
  5. Sonstige Berufsausübungsregeln für Rechtsdienstleister . A 90
  6. Weitere Lockerung des anwaltlichen Berufsrechts? .... A 91
 VI. Rechtsfolgen bei Verstößen gegen zwingende gesetzliche
   Vorgaben .... A 94
  1. Meinungsstand .... A 94
  2. Unerlaubte Rechtsdienstleistungen .... A 95
  3. Interessenkollision .... A 96
  4. Sonstige Rechtsverstöße .... A 97
 VII. Bewältigung von Legal-Tech-Massenverfahren durch die
   Justiz .... A 99
  1. Vorgaben für den Parteivortrag .... A 99
  2. Informelle Pilotverfahren .... A 101
   a) Grundsätzliches .... A 101
   b) Beweismitteltransfer und Bündelung der Beweisauf-
    nahme .... A 101
   c) Frühzeitige höchstgerichtliche Klärung von Rechts-
    fragen .... A 103
   d) Würdigung .... A 104
  3. Abstriche bei der Einzelprüfung .... A 105
   a) Prozessuale Ansätze .... A 105
   b) Materiellrechtliche Ansätze .... A 107

Teil 4. Thesen .... A 108
 I. Zugang zur Justiz .... A 108
 II. Prozessfinanzierung .... A 108
 III. Legal-Tech-Klageorganisation .... A 108

Teil 1. Zugang zur Justiz*

I. Einführung

Zwischen 2005 und 2019 gingen die Eingangszahlen der deutschen Zivilgerichte um 32,5 % zurück.[1] Diese Entwicklung hat sich seither fortgesetzt.[2] Die Gründe sind vielschichtig und nicht gänzlich verstanden, wenngleich in letzter Zeit wichtige erste Schritte zu ihrer Erforschung gesetzt wurden.[3] Obwohl an die Stelle des gerichtlichen Rechtsschutzes teils andere Konfliktlösungsinstrumente getreten sind, deutet der Rückgang auf Zugangshürden hin.

Für einen teilweise gegenläufigen Trend sorgen Legal-Tech-Unternehmen, die aufgrund von Inkassolizenzen nach § 10 Abs. 1 S. 1 Nr. 1 RDG tätig werden, automationsunterstützt Ansprüche aggregieren und mangels außergerichtlicher Einigung einzeln oder gebündelt einklagen. Dieses Phänomen wird auch als „Legal-Tech-Sammelklagen" oder „Sammelklage-Inkasso" bezeichnet.[4] Die Anbieter werden regelmäßig gegen Erfolgshonorar tätig und übernehmen im Fall eines Prozesses das Kostenrisiko. Dabei kooperieren sie teils mit externen Prozessfinanzierern. Für die Kundschaft hat das den Vorteil, Ansprüche mit geringem Aufwand und ohne eigenes Risiko durchsetzen zu können. Im Gegenzug nimmt sie Abschläge für das Erfolgshonorar in Kauf, oft im Bereich von 30 bis 50 % der Forderung. Selbst in verhältnismäßig risikolosen Fällen – so wirbt ein Inkassodienstleister für Fluggastentschädigungen mit einer Erfolgsquote von 99 %[5] – scheint das Angebot attraktiv genug, dass sich viele lieber dafür entscheiden, als selbst einen Rechtsanwalt zu be-

---

* Ich danke Dr. Julius Schumann, Tonio Koller, lic. phil. Andrea Suter und Alda Zappia für die Unterstützung bei der Recherche und Materialsammlung. Alle Links wurden zuletzt am 28.1.2024 abgerufen.

[1] Im Einzelnen dazu *Meller-Hannich/Höland/Nöhre*, Abschlussbericht zum Forschungsvorhaben „Erforschung der Ursachen des Rückgangs der Eingangszahlen bei den Zivilgerichten", 2023, 24 ff.

[2] https://www.bundesjustizamt.de/SharedDocs/Downloads/DE/Justizstatistiken/Geschaeftsentwicklung_Zivilsachen.pdf?__blob=publicationFile&v=5.

[3] Vgl. insbesondere *Meller-Hannich/Höland/Nöhre*, Abschlussbericht (Fn. 1) 309 ff. sowie die Studie „Zugang zum Recht in Berlin", https://www.wzb.eu/de/forschung/forschungsgruppe-der-praesidentin/forschungsgruppe/zugang-zum-recht-in-berlin.

[4] Im Einzelnen dazu Teil 3. Zu den bislang nicht klar bezifferten Auswirkungen auf die Auslastung der Gerichte *Meller-Hannich/Höland/Nöhre*, Abschlussbericht (Fn. 1) 7 f.

[5] https://www.flightright.de/.

auftragen und das Prozessrisiko zu tragen, aber auch die gesamte Entschädigung zu erhalten.

In diesem Zusammenhang ist häufig von einer „Klageindustrie" die Rede.[6] Das Geschäftsmodell wird auch mit Fracking verglichen, weil durch den Einsatz neuer Technologien die Durchsetzung von Ansprüchen lukrativ werden kann, die zuvor ökonomisch uninteressant schienen.[7]

Die Etablierung einer „Klageindustrie" wäre aus rechtsstaatlicher, aber auch aus ökonomischer Sicht problematisch, wenn deren Betreiber in erheblichem Umfang unberechtigte Klagen erhöben. Bisher gibt es dafür jedoch keine Evidenz. Geht es darum, massenhafte Rechtsverletzungen wirksam abzustellen, so scheint eine „Industrialisierung" der Rechtsdurchsetzung durchaus adäquat.

Im demokratischen Rechtsstaat ist zur Rechtsdurchsetzung freilich nicht jedes Mittel recht. Die Wahrung von Grundrechten geht manchmal auch auf Kosten der Realisierung bestehender Ansprüche. Zudem ist die Kapazität der Institutionen begrenzt. Trotz des Rückgangs der Fallzahlen ist die deutsche Justiz schon mit den vorhandenen Prozessen in vielen Bereichen überlastet. Ressourcenknappheit ist aber kein Grund, einen verbesserten Zugang zum Recht abzulehnen. Zum einen wäre das Kapitulation vor dem Rechtsbruch, zum anderen schafft die Erwartung, dass Ansprüche effektiv durchgesetzt werden, Anreize für rechtskonformes Verhalten. Das sollte wiederum den Bedarf nach gerichtlicher Rechtsdurchsetzung senken.

Durchsetzungsmodelle für zuvor brachliegende Ansprüche sind typischerweise von Rechtsanwälten oder Rechtsdienstleistern getrieben. Das ist nicht *per se* verwerflich. Eine großflächige Durchsetzung von Ansprüchen aus Massen- und insbesondere Streuschadensereignissen im Weg individueller Prozessführung ist nicht praktikabel. Ist eine wirksame Rechtsdurchsetzung hier gewollt, so gibt es zu einer von Anwälten und Rechtsdienstleistern betriebenen „Klageindustrie" nur zwei Alternativen: Die Rechtsdurchsetzung könnte an Behörden übertragen werden, oder die Justiz wird selbst zum Rechtsdienstleister umfunktioniert – was jedoch mit der richterlichen Unabhängigkeit in Konflikt geriete.

---

[6] Dazu kritisch etwa *Heese*, NJW-Editorial 25.2.2021, https://rsw.beck.de/aktuell/daily/magazin/detail/klageindustrie; im Kontext der Musterfeststellungsklage *Röthemeyer*, VuR 2020, 130 ff.

[7] *Fries*, NJW 2020, 193, 194; *Meller-Hannich*, NZM 2022, 353, 354. Der Begriff „Legal Fracking" wurde vom Legal-Tech-Anbieter LexFox (jetzt Conny) als Motto verwendet, vgl. etwa https://swisslegal.tech/wp-content/uploads/2019/09/02_Angriff-auf-das-bestehende-Anwatssystem_Daniel-Halmer_LexFox.pdf.

II. Automatisierung der Rechtsdurchsetzung

Manche wollen den Gedanken flächendeckender Rechtsdurchsetzung weiterspinnen und die Notwendigkeit gerichtlicher Durchsetzung entfallen lassen. Sie sehen die Zukunft des Zugangs zum Recht großteils außerhalb der Justiz. Dazu sollen etwa *smart contracts* beitragen, Computerprogramme, die bei Eintritt festgelegter Bedingungen automatisch bestimmte Transaktionen ausführen.[8] Dieses ursprünglich für einen staatsfreien Cyberspace ersonnene Konzept[9] wurde inzwischen von manchen als Instrument des Verbraucherschutzes der Zukunft entdeckt.[10] Rechtlich wird durch *smart contracts* freilich nicht der Zugang zum Gericht ausgeschaltet, sondern die Prozessführungslast verlagert.[11] Zudem scheint die Annahme, eine großflächige Implementierung von *smart contracts* würde die Situation schwächerer Parteien insgesamt verbessern und deren Bedarf nach gerichtlicher Rechtsdurchsetzung weitgehend entfallen lassen, unrealistisch. Vielmehr ist damit zu rechnen, dass der Einsatz von Algorithmen zum Nachteil schwächerer Parteien deren Bedarf nach effektivem Rechtsschutz steigern wird, es sei denn, schon im Vorfeld findet eine intensive Regulierung und Überwachung statt.

Andere Überlegungen zur Digitalisierung des Rechts und zur Automatisierung des Vollzugs setzen bei der Rechtsetzung an, etwa mit dem Gedanken maschinenlesbarer Rechtsnormen.[12] Noch weiter geht der Vorschlag, die Rechtsetzung teilweise an eine Künstliche Intelligenz zu delegieren, die personalisierte, auf individuelle Fähigkeiten und individuelles Verhalten abgestimmte Normen schüfe[13] – was auf die Spitze getrieben eine permanente Totalüberwachung erfordern würde.

Auf die vielfältigen Probleme, die derartige Konzepte aus der Perspektive eines demokratischen, liberalen, gewaltenteilenden Rechtsstaats aufwerfen, kann hier nicht im Einzelnen eingegangen werden.

---

[8] Näher etwa *Finck* in *Fries/Paal* (Hrsg.), Smart Contracts, 2019, 1 ff.; zum Einsatz als Mittel der Rechtsdurchsetzung etwa *Wagner*, AcP 222 (2022) 56, 75 ff.

[9] Erstmals näher vorgestellt wurde es in einem „Journal for Transhumanist Thought", vgl. *Szabo*, Extropy 1996, 50 ff.

[10] Dazu etwa *Fries*, https://blogs.law.ox.ac.uk/business-law-blog/blog/2018/03/smart-consumer-contracts-end-civil-procedure.

[11] *Fries*, AcP 221 (2021) 108, 136; *Wagner*, AcP 222 (2022) 56, 76 ff.; zu Fällen, in denen der Einsatz von *smart contracts* verbotene Eigenmacht sein kann, *Riehm* in Fries/Paal (Hrsg.), Smart Contracts, 2019, 85, 93 ff.

[12] Zu möglichen Ansätzen vgl. *Anzinger* in Hey (Hrsg.) Digitalisierung im Steuerrecht, 2019, 15, 27 ff.

[13] *Ben-Shahar/Porat*, Personalized Law, 2021, 19 ff.

Überlegungen zur digitalen Zukunft der Rechtsdurchsetzung zielen freilich nicht nur auf die Abschaffung der Justiz, sondern in ihrer realistischeren Ausprägung auf deren verstärkte Digitalisierung.

III. Digitalisierung der Justiz

Im Rahmen des „Pakts für den digitalen Rechtsstaat" wurden den Ländern zuletzt zur Förderung der Digitalisierung der Justiz Bundesmittel in Höhe von „bis zu" 200 Millionen Euro, verteilt über mehrere Jahre, versprochen.[14] Wenn man bedenkt, dass allein für die Corona-Warn-App Kosten von rund 214 Millionen Euro anfielen,[15] wird deutlich, dass dies für eine durchgreifende Digitalisierung der Justiz bei weitem nicht ausreichen kann.[16] Es fehlt aber auch an Klarheit darüber, wie die digitale Zukunft der Justiz aussehen soll. Die Arbeitsgruppe „Modernisierung des Zivilprozesses" hat tiefgreifende strukturelle Änderungen zur Diskussion gestellt;[17] einige davon stoßen jedoch bestenfalls auf verhaltene Zustimmung.[18] Selbst bei der Stärkung der Videokonferenztechnik stiegen die Länder auf die Bremse; nach dem Beschluss des Bundestages vom November 2023[19] forderte der Bundesrat eine grundlegende Überarbeitung und rief zu diesem Zweck den Vermittlungsausschuss an.[20] Der im Oktober 2023 veröffentlichte RefE eines „Gesetzes zur weiteren Digitalisierung der Justiz"[21] hat seinen Schwerpunkt (wieder) beim elektronischen Rechtsverkehr und der elektronischen Aktenführung.

Es dürfte weitgehend unbestritten sein, dass die Justiz über eine zeitgemäße technische Ausstattung verfügen sollte, die eine reibungslose digitale Kommunikation mit den Parteien ermöglicht[22] – selbst wenn die realen Erfahrungen mit der Digitalisierung durchwachsen sind und sich die erhofften Rationalisierungseffekte nicht

---

[14] https://www.bmj.de/SharedDocs/Meldungen/DE/2022/0927_Pakt_Rechtsstaat.html.
[15] BT-Drs. 20/8108, 6.
[16] Dementsprechend deutlich fiel die Kritik der Länder und der Justiz aus; vgl. https://rsw.beck.de/aktuell/daily/meldung/detail/buschmann-bietet-200-millionen-fuer-digitalisierung-der-justiz---laender-zeigen-sich-enttaeuscht.
[17] Vgl. https://www.justiz.bayern.de/media/images/behoerden-und-gerichte/oberlandesgerichte/nuernberg/diskussionspapier_ag_modernisierung.pdf.
[18] Vgl. *Dahnen*, https://anwaltsblatt.anwaltverein.de/de/anwaeltinnen-anwaelte/anwaltspraxis/modernisierung-des-zivilprozesses-kommt-der-grosse-aufschlag.
[19] Der vom Bundestag beschlossene Text findet sich in BT-Drs. 20/9354.
[20] BR-Drs. 604/23.
[21] https://www.bmj.de/SharedDocs/Downloads/DE/Gesetzgebung/RefE/RefE_weitere_Digitalisierung_Justiz.pdf?__blob=publicationFile&v=5.
[22] Dazu zuletzt etwa *M. Stürner*, ZZP 135 (2022) 369, 375 ff.

immer erkennbar einstellen.²³ Schon die Hürden für die Digitalisierung der Kommunikation und Aktenführung sind nicht zu unterschätzen. Die öffentliche Hand verfügt nicht über genügend eigene IT-Kompetenz und ist daher häufig auf die Beschaffung proprietärer Software und auf kostspielige externe Beratung angewiesen. Es fehlt an Ressourcen für die Entwicklung und Pflege einer IT-Infrastruktur, die mit der bei gut ausgestatteten Anwaltskanzleien mithalten könnte.²⁴ Der Rückstand lässt sich leicht beklagen, aber schwer beheben. Eine langfristige Lösung sollte auch den Ausbau der eigenen IT-Kompetenz der öffentlichen Hand umfassen, idealerweise in grenzüberschreitender Kooperation. Gleichzeitig benötigt die Justiz aber auch neues Personal,²⁵ das immer schwerer zu rekrutieren ist. Die hier bestehenden Herausforderungen sind ohne die Bereitstellung erheblicher finanzieller Mittel kaum zu bewältigen. Der politische Wille dafür scheint jedoch nur bedingt vorhanden zu sein, wie die angesprochenen Diskussionen rund um den „Rechtsstaatspakt" zeigen.

IV. Digitalisierung des Zivilprozesses

Der Aufbau einer umfassenden IT-Kompetenz in der Justiz wird umso wichtiger, wenn auch der Prozess als solcher verstärkt digitalisiert werden soll. Es mangelt nicht an Ideen und Vorschlägen für Online-Verfahren, die gerade bei Alltagsstreitigkeiten die Hürden für den Zugang zu Gericht abbauen sollen.²⁶ Dabei werden teils An-

---

²³ Dazu etwa *vom Stein*, NZA 2021, 1057, 1058; zum Vereinigten Königreich, wo die Digitalisierung bereits deutlich stärker vorangetrieben wurde, https://www.law society.org.uk/topics/research/online-court-services. Eine Studie eines Konsortiums von Boston Consulting Group, Bucerius Law School und Legal Tech Deutschland wirft justiziellen Anwendern eine technophobe Einstellung vor, vgl. *Hartung/ Brunnader/Veith/Plog/Wolters*, The Future of Digital Justice, 2022, 9.
²⁴ Vgl. etwa Stellungnahme 1/22 des Deutschen Richterbundes, 12 f.; *M. Stürner*, ZZP 135 (2022) 369, 381; kritisch zur Idee eines „uneven playing field" zwischen Anwaltschaft und Richterschaft BRAK-Stellungnahme 17/2023, 4; *Lerch/Valdini*, NJW 2023, 420, 421.
²⁵ Nicht nur richterliches, vgl. Stellungnahme 1/22 des Deutschen Richterbundes, 28 f. Zur Bedeutung einer adäquaten Ausstattung der Justiz für die Bewältigung von Massenverfahren etwa auch *Oberhammer*, 19. ÖJT (2015) II/1, 73, 121 ff.
²⁶ Aus deutscher Sicht etwa Diskussionspapier der Arbeitsgruppe „Modernisierung des Zivilprozesses" (Fn. 17) 76 ff.; *Nicolai/Wölber*, ZRP 2018, 229 ff.; *Rühl*, JZ 2020, 809, 813 f.; *Meller-Hannich*, AnwBl 2021, 288 ff.; *Korves* in Adrian/Kohlhase/Evert/Zwickel (Hrsg.), Digitalisierung von Zivilprozess und Rechtsdurchsetzung, 2022, 117, 128 ff.; *Köbler*, ZRP 2023, 133 f.; *Rühl/Horn*, AnwBl Online 2023, 82 ff.; *v. Rosenstiel*, AnwBl 2023, 97 ff.; rechtsvergleichend *Voß*, RabelsZ 84 (2020) 62 ff.; international einflussreich *Susskind*, Online Courts and the Future of Justice, 2019; für eine kritische Perspektive *Spaulding* in Freeman Engstrom (Hrsg.), Legal Tech and the Future of Civil Justice, 2023, 251 ff.; skeptisch auch *M. Stürner*, ZZP 135 (2022) 369, 380.

leihen bei Verfahren genommen, die von privaten Anbietern von Online Dispute Resolution (ODR) entwickelt wurden.[27] Derartige Vorschläge zielen regelmäßig darauf ab, Verbrauchern einen niederschwelligen Zugang zu ermöglichen und eine anwaltliche Vertretung überflüssig zu machen. Stattdessen sollen intelligente Formulare oder Chatbots bei der Klageerhebung helfen.[28] Das scheint freilich derzeit – wie auch die Arbeitsgruppe „Modernisierung der Justiz" in ihrem Diskussionspapier festhält – allenfalls bei „schematisierbaren (Massen-)Sachverhalten" wie etwa Fluggastentschädigungsansprüchen praktikabel.[29]

Eine standardisierte Abwicklung von Prozessen über immer wieder auftretende gleichförmige Ansprüche wäre gewiss erstrebenswert. Ob ein Online-Verfahren, bei dem die Klageerhebung trotz Unterstützung durch Eingabehilfen vom Verbraucher selbst zu bewerkstelligen wäre und bei dem der Verbraucher im Fall des Prozessverlusts ein Kostenrisiko hätte,[30] im Vergleich zu Angeboten von Legal-Tech-Rechtsdienstleistern attraktiver wäre, ist aber fraglich[31] – von der Frage, ob sich daraus eine Effizienzsteigerung ergäbe, ganz zu schweigen. Zudem scheinen Überlegungen wie jene zu Justiz-Chatbots und intelligenten Klageformularen aus der Perspektive der Unabhängigkeit der Justiz nicht unproblematisch; es könnte eine Vermischung der Rollen von unabhängigem Entscheidungsorgan und Berater einer Seite drohen.[32]

V. Fortbestehender Bedarf nach menschlicher Rechtsberatung

Fraglich ist auch, wie viel Online-Verfahren, die auf die eigenständige Geltendmachung von Ansprüchen durch unvertretene Parteien zielen, zum Abbau von Rechtsschutzdefiziten spezifisch für benachteiligte Bevölkerungsgruppen beitragen. So stammen die Parteien in

---

[27] Zu ODR-Verfahren etwa *Rühl*, JZ 2020, 809, 811 f.
[28] Diskussionspapier der Arbeitsgruppe „Modernisierung des Zivilprozesses" (Fn. 17) 80 ff.
[29] Diskussionspapier der Arbeitsgruppe „Modernisierung des Zivilprozesses" (Fn. 17) 81 f.
[30] Diskussionspapier der Arbeitsgruppe „Modernisierung des Zivilprozesses" (Fn. 17) 96 f.
[31] Skeptisch auch *Korves* in Adrian/Kohlhase/Evert/Zwickel (Hrsg.), Digitalisierung von Zivilprozess und Rechtsdurchsetzung, 2022, 117, 122 f.; *Hundertmark/Meller-Hannich*, RDi 2023, 317, 321 f.; vgl. auch Stellungnahme 1/22 des Deutschen Richterbundes, 29 f.
[32] In diesem Sinne auch *Korves* in Adrian/Kohlhase/Evert/Zwickel (Hrsg.), Digitalisierung von Zivilprozess und Rechtsdurchsetzung, 2022, 117, 124 f.; Stellungnahme des Deutschen Richterbundes 1/22, 30.

Verfahren vor dem Civil Resolution Tribunal von British Columbia, einer Pionier- und Vorzeigeinstitution im Bereich der Online-Justiz, zu über 90% aus urbanen, gebildeten Bevölkerungsgruppen.[33] Für Deutschland wurde die Zahl erwachsener funktionaler Analphabeten 2019 auf 6,2 Millionen geschätzt.[34] Damit, ein Gerichtsverfahren selbst zu führen, dürfte aber nicht nur diese Gruppe überfordert sein.

Bei der Befriedigung von „unmet legal needs"[35] kann Digitalisierung insofern zwar helfen; ein alleiniger Fokus darauf ist jedoch abzulehnen. Es braucht auch niederschwelligen Zugang zu menschlicher Beratung und Vertretung.[36] Künstliche Intelligenz wird zwar künftig aller Voraussicht nach eine zentrale Rolle in der juristischen Arbeit spielen; die Erwartung, schon bald könne mit Hilfe von ChatGPT jeder Laie sein eigener Anwalt sein,[37] ist aber spekulativ. Derzeit ist für einen sinnvollen Einsatz derartiger Modelle noch viel Sachverstand erforderlich, nicht zuletzt, was die Grenzen des damit Machbaren angeht.

VI. Regulierung des Rechtsdienstleistungsmarktes

Leitschnur bei der Regulierung des Rechtsdienstleistungsmarktes müssen primär die Interessen der rechtsuchenden Bevölkerung sein, nicht jene der – oder bestimmter – Rechtsdienstleister. Legitime Ziele, die eine Einschränkung der Berufsfreiheit durch Zugangsregeln und Ausübungsschranken rechtfertigen können, sind insbesondere der Schutz der Rechtsuchenden, aber auch der Allgemeinheit vor unqualifizierten Rechtsdienstleistungen.[38] Dazu gehört auch der Schutz potenzieller Prozessgegner vor missbräuchlicher Inanspruchnahme. Die Verhinderung der Durchsetzung bestehender Ansprüche auf dem Rechtsweg ist hingegen kein legitimes Regulierungsziel.[39] Insbesondere ist es kein valides Argument gegen die Zulassung bestimmter Rechtsdienstleistungen, dass damit Ansprüche durchsetzbar gemacht würden, die bislang typischerweise nicht weiterverfolgt

---

[33] https://civilresolutionbc.ca/wp-content/CRT-Annual-Report-2022–2023.pdf 36.
[34] https://www.kmk.org/aktuelles/artikelansicht/zahl-der-funktionalen-analphabeten-in-deutschland-geht-um-eine-million-zurueck.html.
[35] Zum Begriff *Brügmann* in Riehm/Dörr (Hrsg.), Digitalisierung und Zivilverfahren, 2023, § 2 Rn. 2 ff.
[36] So auch *Kilian*, NJW 2017, 3043, 3050 m. H. auf empirische Erhebungen.
[37] Vgl. *Susskind*, https://www.thetimes.co.uk/article/forget-the-firms-we-should-be-asking-what-legal-ai-means-for-clients-x32mcm297.
[38] BVerfG 29.10.1997 – 1 BvR 780/87, BVerfGE 97, 12.
[39] *Wagner/Weskamm*, FS Henssler, 2023, 1605, 1606 f. Außer Betracht bleiben hier Vorschriften wie etwa jene zum Schutz des Existenzminimums.

worden wären.⁴⁰ Kann die Durchsetzung so ökonomisiert werden, dass sie sich auch bei geringfügigen Ansprüchen lohnt, so ist das aus rechtsstaatlicher Perspektive zu begrüßen. Will man die Durchsetzung (bestimmter) geringfügiger Forderungen unterbinden, so wäre besser beim materiellen Recht anzusetzen, als Rechtsunterworfenen zunächst Ansprüche zu geben, aber dann die Durchsetzung für unzulässig zu erklären.⁴¹

---

⁴⁰ Vgl. dazu die in AG Karlsruhe-Durlach 15.4.2021 – 2 C 49/21, BeckRS 2021, 9282 wiedergegebene Furcht einer Haftpflichtversicherung vor einer „Flut von Klagen, die von der Anwaltschaft aus Gründen mangelnder Rentabilität nicht geführt werden"; der Fall betraf die Plattform „VINQO", deren Geschäftsmodell in der Folge durch den BGH für zulässig befunden wurde, vgl. BGH 7.3.2023 – VI ZR 180/22, NJW-RR 2023, 904.
⁴¹ *Fries,* AcP 221 (2021) 108, 135f.; *Wagner,* AcP 222 (2022) 56, 96f.; als Übergangslösung ein „Recht zum Rechtsverstoß" fordernd *Rademacher,* JZ 2019, 702, 710.

Teil 2. Prozessfinanzierung

I. Begriff und Abgrenzung

Rechtsstreitigkeiten sind schon seit langem und in vielfältiger Form Gegenstand von Investition und Spekulation. Das Spektrum der möglichen Gestaltungsformen umfasst neben der Prozessfinanzierung gegen Erfolgsbeteiligung (Prozessfinanzierung ieS) etwa auch die Vergabe von Darlehen für die Prozessführung, den Erwerb und die Veräußerung von Anteilen an prozessierenden Unternehmen, den Erwerb von Immaterialgüterrechten zum Zweck der Durchsetzung, den Erwerb von streitigen Forderungen oder von Urteilsforderungen sowie die Ausgabe von Wertpapieren, mit denen in den Ausgang von Prozessen investiert werden kann.[42] Daneben tritt die staatliche Prozesskostenhilfe, aber auch die altruistische private Prozessfinanzierung durch Personen aus dem näheren Umfeld der Finanzierten, durch Mäzene oder durch Crowdfunding.

Gegenstand der folgenden Überlegungen ist in erster Linie die kommerzielle Drittfinanzierung ieS, definiert als Bereitstellung von finanziellen Mitteln für den Prozess und Übernahme des Prozessrisikos gegen einen Anteil am Prozessergebnis oder gegen einen das eigene Investment übersteigenden Betrag im Erfolgsfall.[43]

Von der insbesondere im Vereinigten Königreich verbreiteten *after the event insurance* (Rechtsschutzversicherung, die erst nach dem Ereignis abgeschlossen wird, das den Rechtsstreit ausgelöst hat oder auslösen könnte) unterscheidet sich die Drittfinanzierung dadurch, dass bei Letzterer typischerweise keine erfolgsunabhängige Prämie geschuldet ist. Zudem liegt der Schwerpunkt der *after the event insurance* oft auf der Versicherung einer etwaigen Pflicht zum Ersatz der gegnerischen Kosten, während die Drittfinanzierung auch (und manchmal nur) die eigenen Rechtsverfolgungskosten des Finanzierten deckt.

Nicht immer sind Parteien auf Prozessfinanzierung angewiesen, um überhaupt Zugang zum Recht zu erhalten oder ihren Lebensunterhalt bis zur Durchsetzung ihrer Forderung finanzieren zu können. Bei der Inanspruchnahme von Prozessfinanzierung durch Unternehmen stehen teils bilanzielle Überlegungen im Vordergrund.

---

[42] *Volsky*, Investing in Justice, 2013, 25 ff.; *Solas*, Third Party Funding, 2019, 4 ff.
[43] Ähnliche Definition bei *Boerner*, Prozessfinanzierung und Interessenkonflikte, 2023, 29 f.

Insbesondere können Unternehmen durch den Beizug eines Prozessfinanzierers vermeiden, hohe Rückstellungen für den Fall eines Prozessverlusts und der dadurch ausgelösten Kostenhaftung gegenüber dem Prozessgegner bilden zu müssen.[44]

II. Volumen der Prozessfinanzierung im EU-Raum

Das Geschäftsvolumen der kommerziellen Prozessfinanzierung ist in den letzten Jahrzehnten global stark gewachsen.[45] Dazu dürften die Rahmenbedingungen auf dem Kapitalmarkt beigetragen haben, nicht zuletzt das lange vorherrschende Niedrigzinsumfeld. Von Anfang an war der Aufschwung begleitet von Kontroversen und von Bestrebungen, das Geschäftsmodell zu verbieten oder zumindest zu beschränken. Das liegt nicht zuletzt daran, dass die kommerzielle Prozessfinanzierung in einem Spannungsverhältnis mit dem weit verbreiteten Verbot des anwaltlichen Erfolgshonorars steht, nachdem sie zumindest aus der Sicht der Finanzierten zu ähnlichen wirtschaftlichen Ergebnissen führen kann. Noch größer sind die Reibungsflächen mit den Common-law-Doktrinen von *maintenance*, *champerty* und *barratry*, die auch auf die Finanzierung von Prozessen durch nichtanwaltliche Dritte abzielen. In einer Reihe von Common-law-Rechtsordnungen wurden allerdings die Verbote von *maintenance*, *champerty* und *barratry* in den vergangenen Jahrzehnten zurückgedrängt und so der Boden für die zunehmende Ausbreitung der Prozessfinanzierung bereitet.[46]

Für den EU-Raum schätzt eine für das EU-Parlament durchgeführte Studie den Anteil der kommerziellen Prozessfinanzierung am gesamten Rechtsdienstleistungsmarkt auf 0,8 %; das Gesamtvolumen für das Jahr 2019 setzt die Studie bei rund einer Milliarde Euro an.[47] Das Volumen des deutschen Marktes soll sich auf etwa 500 Millionen Euro belaufen.[48] Aus gesamtwirtschaftlicher Sicht – aber auch im Vergleich zum Markt für Rechtsschutzversicherun-

---

[44] *Schwintowski*, https://www.risknet.de/elibrary/paper/prozesskostenfinanzierung-als-strategisches-instrument-im-rahmen-von-risikomanagement-und-bilanzierung-nach-ifrs-ias/ 15 ff.

[45] Näher *Augenhofer/Dori*, GPR 2023, 198, 200 f.

[46] Dazu *Mulheron*, The Modern Doctrines of Champerty & Maintenance, 2023, 21 ff., 30 ff., 51 ff.

[47] Responsible private funding of litigation. European added value assessment, 2021, 5.

[48] *Berger/Henze/Kohlmeier*, FS Reuter, 2021, 1, 5; *Lieberknecht*, NJW 2022, 3318; zur praktischen Relevanz der Prozessfinanzierung in Deutschland auch *Pieronczyk*, AnwBl Online 2020, 193, 193 f.

gen⁴⁹ – ist das unbedeutend. In Nischen – etwa bei insolvenzbezogenen Prozessen und im Bereich des kollektiven Rechtsschutzes – öffnet die Prozessfinanzierung aber *de facto* oft erst das Tor zur Rechtsdurchsetzung. Ansprüche, die davor regelmäßig nicht durchgesetzt wurden, werden nun vermehrt geltend gemacht. Darauf haben insbesondere potenzielle Adressaten von Verfahren des kollektiven Rechtsschutzes mit Rufen nach Einschränkungen der Drittfinanzierung reagiert.⁵⁰

Den Großteil des Prozessfinanzierungsgeschäfts dürfte allerdings nach wie vor die Finanzierung von Wirtschaftsstreitigkeiten zwischen Unternehmen und allenfalls von Klagen durch Unternehmen gegen Staaten im Bereich der Investitionsschiedsgerichtsbarkeit ausmachen. Die Finanzierung von – kollektiven oder individuellen – Verbraucherstreitigkeiten ist vor allem für größere Prozessfinanzierer nur ein Nebenschauplatz. Die Diskussion über die Regulierung dreht sich allerdings weit überwiegend um die Finanzierung von Verbraucherstreitigkeiten und hier insbesondere von Verbands- oder Sammelklagen.

III. Entwicklungen auf Unionsebene und in Deutschland

1. Unionsrecht

Die Kommissionsempfehlung zum kollektiven Rechtsschutz von 2013⁵¹ forderte die Mitgliedstaaten auf, eine Offenlegungspflicht bezüglich der Herkunft der Mittel zur Finanzierung von Kollektivklagen vorzusehen (Rn. 14 der Empfehlung). Zudem sollte das Gericht das Verfahren bei Interessenkonflikten zwischen dem Finanzierer, der klagenden Partei und den Repräsentierten (Rn. 15 lit. a der Empfehlung), bei ungenügender Solvenz des Finanzierers (Rn. 15 lit. b der Empfehlung) sowie dann aussetzen können, wenn die klagende Partei nicht über hinreichende Mittel zum Ersatz der Kosten der Gegenseite im Fall des Prozessverlusts verfügte (Rn. 15 lit. c der Empfehlung). Privaten Drittfinanzierern sollte die Einflussnahme auf Verfahrensentscheidungen der klagenden Partei einschließlich eines Vergleichsabschlusses (Rn. 16 lit. a der Empfehlung), die Fi-

---

49 Vgl. für Deutschland https://de.statista.com/statistik/daten/studie/6599/umfrage/vertragsbestand-der-rechtsschutzversicherung-seit-1990/.
50 Vgl. etwa die gemeinsame Stellungnahme von 14 Wirtschaftsverbänden zum RefE des VRUG, 9 und die Stellungnahme des VCI, 4 ff.
51 Empfehlung der Kommission vom 11.6.2013 „Gemeinsame Grundsätze für kollektive Unterlassungs- und Schadensersatzverfahren in den Mitgliedstaaten bei Verletzung von durch Unionsrecht garantierten Rechten", 2013/396/EU.

nanzierung von Klagen gegen Konkurrenten des Finanzierers oder gegen Personen, von denen der Finanzierer finanziell abhängig wäre (Rn. 16 lit. b der Empfehlung) sowie die Verrechnung überhöhter Zinsen auf die bereitgestellten Mittel (Rn. 16 lit. c der Empfehlung) untersagt sein. Bei kollektiven Schadenersatzklagen sollte eine Vergütung in Form eines Anteils am Prozessergebnis nur unter behördlicher Kontrolle der Finanzierungsvereinbarung zulässig sein (Rn. 32 der Empfehlung). Zugleich sollten anwaltliche Erfolgshonorare grundsätzlich unzulässig oder zumindest strikt reglementiert sein (Rn. 30 der Empfehlung).

Vorgaben für die Drittfinanzierung fanden auch in die EU-VerbandsklagenRL Eingang. Die dort enthaltenen Regelungen sind Ausdruck eines Kompromisses, nachdem im Vorfeld insbesondere das EU-Parlament striktere Vorgaben gefordert hatte.[52] Zunächst verlangt Art. 4 Abs. 3 lit. e EU-VerbandsklagenRL als Voraussetzung für die Benennung als „für die Erhebung grenzüberschreitender[53] Verbandsklagen qualifizierte Einrichtung" die Unabhängigkeit „von Personen, insbesondere Unternehmern, die ein wirtschaftliches Interesse an der Erhebung einer Verbandsklage haben, einschließlich im Falle einer Finanzierung durch Dritte". Solche qualifizierten Einrichtungen müssen zudem über ein Verfahren zur Verhinderung von Interessenkonflikten verfügen und Angaben zu ihren Finanzierungsquellen öffentlich zugänglich machen (Art. 4 Abs. 3 lit. e und f EU-VerbandsklagenRL).

Darüber hinaus enthält die EU-VerbandsklagenRL Vorgaben zur Drittfinanzierung von Abhilfeklagen – nicht jedoch von Unterlassungs- und Feststellungsklagen, soweit diese nicht grenzüberschreitend sind. Ob eine Drittfinanzierung zulässig ist, wird dem mitgliedstaatlichen Recht überlassen.[54] Wenn ja, muss sichergestellt werden, dass Interessenkonflikte vermieden werden und dass „der Schutz der Kollektivinteressen der Verbraucher […] nicht aus dem Fokus gerät" (Art. 10 Abs. 1 der RL). Art. 10 Abs. 2 der RL verbietet eine „ungebührliche" (im Gegensatz zur Kommissionsempfehlung von 2013 aber nicht jegliche) Einflussnahme auf die Prozessführung (lit. a) und die Inanspruchnahme eines Finanzierers, der Konkurrent der be-

---

[52] Zur Vorgeschichte *Domej*, ZEuP 2019, 446, 463 ff.

[53] Als grenzüberschreitend gelten nach Art. 3 Nr. 7 EU-VerbandsklagenRL Verbandsklagen, die außerhalb des Mitgliedstaats erhoben werden, von dem die qualifizierte Einrichtung benannt wurde. Sonstige Auslandsbezüge (etwa ein ausländischer Sitz des Beklagten) machen eine Verbandsklage nicht grenzüberschreitend iSd RL.

[54] Zur offenen Frage der Vereinbarkeit eines nicht durch den Gegner zu tragenden Erfolgshonorars des Prozessfinanzierers mit der RL vgl. *Gsell/Meller-Hannich*, Die Umsetzung der neuen EU-Verbandsklagenrichtlinie, 2021, https://www.vzbv.de/sites/default/files/downloads/2021/02/03/21-02-04_vzbv_verbandsklagen-rl_gutachten_gsell_meller-hannich.pdf 49; *Lühmann*, ZIP 2021, 824, 833.

klagten Partei oder von ihr finanziell abhängig ist (lit. b). Hingegen finden die Vorgaben der Kommissionsempfehlung 2013 im Hinblick auf die Solvenz des Finanziers und den Mangel hinreichender Mittel für einen Prozesskostenersatz im Richtlinientext kein Gegenstück. Art. 10 Abs. 3 der RL schreibt eine Offenlegung der Quellen zur Finanzierung von Abhilfeklagen vor. Dies soll wohl anlassunabhängig gelten (vgl. Art. 10 Abs. 3 und EwG 52); allerdings verlangt Art. 10 Abs. 3 eine Überprüfung der Einhaltung der Vorgaben nach Art. 10 Abs. 1 und 2 nur bei begründeten Zweifeln. Als Sanktionen für Verletzungen sieht Art. 10 Abs. 4 die Aufforderung zur Ablehnung oder Änderung der Finanzierung und nötigenfalls den Entzug der Klagebefugnis vor.

Nachdem sich das EU-Parlament mit seinen Forderungen nach weitergehenden Restriktionen für die Prozessfinanzierung im Rahmen der Verbandsklagen-RL nicht durchgesetzt hatte, wurde dort eine weitere Initiative gestartet, die nun auf eine generelle Regulierung der Prozessfinanzierung abzielt. Das Parlament hat am 13.9.2022 eine Entschließung verabschiedet, die einen ausgearbeiteten Vorschlag einer Richtlinie mit umfangreichen Vorgaben für die Aufsicht über Prozessfinanzierer sowie für die inhaltliche Ausgestaltung und gerichtliche bzw. verwaltungsbehördliche Kontrolle von Prozessfinanzierungsverträgen enthält.[55] Auf die vom Parlament vorgeschlagenen Regelungen – die auf scharfe Ablehnung durch Repräsentanten von Prozessfinanzierern gestoßen sind[56] – wird nachfolgend jeweils im passenden thematischen Kontext eingegangen. Mit einem Aufgreifen der Initiative durch die Kommission ist allerdings nicht unmittelbar zu rechnen; offenbar will sie zunächst eine weitere Studie in Auftrag geben.[57]

Nur wenige EU-Mitgliedstaaten haben schon vor der Umsetzung der VerbandsklagenRL spezifische Vorschriften über die kommerzielle Prozessfinanzierung erlassen. Allein Griechenland verbietet die Prozessfinanzierung ganz;[58] in Irland wurde das Verbot 2023 gelockert, insbesondere für die Schiedsgerichtsbarkeit und die alternative Streitbeilegung.[59] Slowenien hat eine gesetzliche Regelung

---

[55] Entschließung „Verantwortungsbewusste private Finanzierung von Rechtsstreitigkeiten", P9_TA(2022)0308.

[56] Vgl. International Legal Finance Association, Resourcing the Rule of Law in Europe, 2023, abrufbar über https://www.ilfa.com/news.

[57] Vgl. https://www.pinsentmasons.com/out-law/news/eu-third-party-litigation-funding-regulation-delayed-until-further-studies.

[58] Responsible private funding of litigation. European added value assessment, 2021, 4.

[59] Courts and Civil Law (Miscellaneous Provisions) Act 2023; vgl. auch die Konsultation der irischen *Law Commission*, https://www.lawreform.ie/news/law-reform-commission-publishes-consultation-paper-on-third-party-funding.1117.html.

geschaffen, die sich an den Vorgaben der Kommissionsempfehlung zum kollektiven Rechtsschutz von 2013 orientiert.[60]

2. Deutschland

In Deutschland bestehen abseits von Verbandsklagen keine expliziten gesetzlichen Regelungen über die Prozessfinanzierung. Deren Vereinbarkeit mit verschiedenen rechtlichen Vorgaben war allerdings wiederholt Gegenstand höchstgerichtlicher Rechtsprechung. So hat der BGH die Finanzierung von Gewinnabschöpfungsklagen nach § 10 UWG für unvereinbar mit dem Zweck letzterer Vorschrift erklärt; darin liege ein Verstoß gegen das Verbot unzulässiger Rechtsausübung aus § 242 BGB, was wiederum zur Unzulässigkeit der Klage führe.[61] Außerhalb dieser recht speziellen Konstellation scheint der BGH gegenüber Prozessfinanzierungsmodellen tendenziell aufgeschlossen.[62] Auch die Literatur geht überwiegend von der grundsätzlichen Zulässigkeit aus.[63]

Im Hinblick auf die Umsetzung der Verbandsklagen-RL sah § 4 Abs. 3 VDuG-RegE vor, das Gericht könne bei ernsthaften Zweifeln an der Zulässigkeit der Verbandsklage wegen der Finanzierung die Offenlegung der Mittelherkunft und einer etwaigen Vereinbarung mit finanzierenden Dritten verlangen. Der Rechtsausschuss des Bundestags verschärfte die Bestimmung erheblich. Die von ihm beschlossene und schließlich Gesetz gewordene Fassung des § 4 Abs. 3 VDuG verlangt bei Verbandsklagen jedenfalls die Offenlegung der Herkunft der Mittel zur Finanzierung der Klage sowie bei Finanzierung durch einen Dritten darüber hinaus der mit dem Dritten getroffenen Vereinbarungen. Die Offenlegung hat nach dem Wortlaut (nur?) gegenüber dem Gericht zu erfolgen.[64] § 4 Abs. 2 VDuG erklärt eine Drittfinanzierung für unzulässig, wenn der Finanzierer ein Wettbewerber des Beklagten (Nr. 1) oder vom Beklagten abhängig ist (Nr. 2) sowie wenn zu erwarten ist, dass der Finanzierer die Prozessführung zu Lasten der Verbraucher beeinflussen wird (Nr. 4). Zusätzlich zu diesen schon im RegE enthaltenen Unzulässigkeitstatbeständen nahm der Rechtsausschuss des Bundestages in Nr. 3 den Fall auf, dass dem Finanzierer ein wirtschaftlicher Anteil von mehr als zehn Prozent der vom Beklagten zu erbringenden Leistung ver-

---

[60] Art. 58 ff. des Zakon o kolektivnih tožbah (Kollektivklagengesetz).
[61] BGH, 13.9.2018 – I ZR 26/17, NJW 2018, 3581 („Prozessfinanzierer I"); 9.5.2019 – I ZR 205/17, GRUR 2019, 850 („Prozessfinanzierer II"); näher dazu *Boerner*, Prozessfinanzierung und Interessenkonflikte, 2023, 147 ff.; vgl. auch Teil 2, XI.1.
[62] Namentlich im Hinblick auf Legal-Tech-Modelle vgl. Teil 3, III.1.
[63] Sehr kritisch aber *Bruns*, JZ 2000, 232, 236 ff.
[64] *Stadler*, VuR 2023, 321, 322; *Gsell*, NJW-aktuell 31/2023; *Gsell/Meller-Hannich/Stadler*, JZ 2023, 989, 998.

sprochen wird.⁶⁵ In all diesen Fällen ist nach dem Einleitungssatz des
§ 4 Abs. 2 VDuG nicht nur die Drittfinanzierung als solche,⁶⁶ sondern die Verbandsklage unzulässig.

IV. Regulierungsbedarf und -ziele

1. Verhinderung missbräuchlicher Klagen

In der vom EU-Parlament eingeholten Studie über „verantwortungsvolle private Prozessfinanzierung" wird die Befürchtung geäußert, Drittfinanzierung könne zu einer „Überentwicklung" des Marktes für Rechtsdienstleistungen führen und dadurch übermäßige Belastungen für Unternehmen nach sich ziehen.⁶⁷ Die Studie erweckt den Eindruck, das Ziel der angestrebten Regulierung sei vor allem *weniger* Prozessfinanzierung. Der erhoffte «European added value» scheint primär darin zu bestehen, dass sich Unternehmen Schadensersatzzahlungen ersparen⁶⁸ – womit suggeriert wird, drittfinanzierte Klagen seien *per se* problematisch.

Auch die in der Folge verabschiedete Entschließung des EU-Parlaments verweist auf „Bedenken hinsichtlich missbräuchlicher Praktiken".⁶⁹ Dies ist ein beliebtes Argument gegen die kommerzielle Prozessfinanzierung. Oft werden die „Bedenken" nicht näher spezifiziert und wird insbesondere nicht ausgeführt, worin genau die befürchteten „Praktiken" und ihre Missbräuchlichkeit bestehen sollen.⁷⁰

Bei näherer Betrachtung lassen sich vor allem folgende Aspekte unterscheiden:

(1) Es wird suggeriert, mit Unterstützung von Prozessfinanzierern würden (bewusst) unberechtigte Klagen erhoben, oder die Gegenpartei werde durch finanzielle Übermacht zu Fall gebracht.

Es liegt nahe, dass die vermehrte Verfügbarkeit von Finanzierungsquellen zu einem Anstieg der Gesamtzahl der Prozesse führt –

---

⁶⁵ Kritisch *Stadler*, VuR 2023, 321; *Gsell*, NJW-aktuell 31/2023; *Gsell/Meller-Hannich/Stadler*, JZ 2023, 989, 996.
⁶⁶ Missverständlich daher BT-Drs. 20/7631, 107.
⁶⁷ Responsible private funding of litigation. European added value assessment, 2021, 1f.
⁶⁸ Vgl. Responsible private funding of litigation. European added value assessment, 2021, 28.
⁶⁹ Vgl. etwa EP-Entschließung P9_TA(2022)0308 EwG I; Responsible private funding of litigation. European added value assessment, 2021, 1.
⁷⁰ Vgl. auch *Campbells Cash and Carry Pty Ltd v Fostif Pty Ltd* [2006] HCA 41 [77], wo im Hinblick auf die Verbote von *maintenance* und *champerty*, die der Drittfinanzierung von Prozessen in Common-law-Rechtsordnungen traditionell entgegenstanden, festgehalten wird: „the law of maintenance and champerty depended more upon assertion of consequences said to follow from the existence of the common law criminal offences of maintenance and champerty, than it did upon any close analysis or clear exposition of the policy to which the rules were intended to give effect."

und nicht nur dazu, dass Klagen, die auch sonst erhoben worden wären, anders finanziert werden. Einige der zusätzlichen Klagen werden sich wohl als unberechtigt erweisen; einzelne werden sogar missbräuchlich sein.

Ein Argument gegen die Zulässigkeit der Prozessfinanzierung wäre das nur, wenn Letztere das Risiko eines Missbrauchs im Vergleich zu anderen Finanzierungsquellen erhöhte. Das ist weder empirisch untermauert noch plausibel. Kommerzielle Finanzierer priorisieren aussichtsreiche Klagen gegen solvente Gegner.[71] Strategien für den Umgang mit missbräuchlichen Klagen und mit Taktiken, die einen finanzschwächeren Gegner aushungern sollen, sind finanzquellenunabhängig zu gestalten. Dabei ist zu berücksichtigen, dass derartige Taktiken nicht nur auf Kläger-, sondern auch auf Beklagtenseite denkbar sind.

(2) Ein weiteres Argument ist, bei Einschaltung von Drittfinanzierern erhielten Anspruchsberechtigte im Fall des Prozesserfolgs so wenig, dass ihr eigenes Interesse am Prozess in den Hintergrund trete[72] – sei es, weil der Finanzierer einen zu hohen Anteil am Prozesserfolg erhalte, sei es, weil der eingeklagte Schaden ein Streuschaden sei, bei dem die Anspruchsinhaber an der Klage von vornherein kein Interesse hätten.[73]

Solchen Argumenten scheint der Gedanke zugrunde zu liegen, ein Rechtsschutzbedürfnis bestehe nur, wenn die Person, deren Anspruch durchgesetzt werden soll, daran ein eigenes finanzielles Interesse hat. Solche Motivforschung ist dem Prozessrecht aber grundsätzlich fremd.[74] Die Durchsetzung berechtigter Ansprüche ist auch legitim, wenn sie sich für den Anspruchsteller finanziell nicht direkt lohnt; die Schwelle zum Rechtsmissbrauch ist hoch. Zudem können spezial- und generalpräventive Effekte selbst eine isoliert betrachtet für den Anspruchsinhaber nicht lukrative Klage für ihn auch ökonomisch sinnvoll machen.

---

[71] Darauf hinweisend auch EP-Entschließung P9_TA(2022)0308 EwG I. Zur Frage nach der Missbrauchsgefahr jüngst aus ökonomischer Sicht *Antill/Grenadier*, Journal of Financial Economics 2023, 218 ff.

[72] EP-Entschließung P9_TA(2022)0308 EwG G ortet „in bestimmten Mitgliedstaaten" die Forderung nach einem „unverhältnismäßig hohen Anteil der Erlöse".

[73] Letzteres Argument zielt nicht auf ein Spezifikum der Prozessfinanzierung; *de facto* wäre freilich die Prozessfinanzierung (und zwar eine solche, die nicht von dem Abschluss einer Finanzierungsvereinbarung mit einzelnen Geschädigten abhängig wäre) ein wichtiger Bestandteil eines effektiven Regimes zur Durchsetzung von Ersatzansprüchen für Streuschäden. Ob ein solches geschaffen und wie es ausgestaltet werden sollte, ist allerdings nicht Gegenstand dieses Gutachtens.

[74] Anders liegt es erst, wenn Ziele verfolgt werden, die nicht schutzwürdig oder sonst missbräuchlich sind, und deshalb das Rechtsschutzbedürfnis entfällt, vgl. MüKoZPO/*Becker-Eberhard*, 6. Aufl. 2020, vor § 253 Rn. 11 f.

(3) Die Prozessfinanzierung wird als Vehikel zur Durchsetzung unlauterer Ziele des Finanziers dargestellt.

Dabei finden sich Gedanken wieder, wie sie den Common-law-Verboten von *maintenance* und *champerty* zugrunde liegen. Diese Verbote sollten verhindern, dass Dritte sich in fremde Konflikte einmischten und diese befeuerten *(maintenance)*, wobei sich *champerty* spezifisch auf die Finanzierung fremder Rechtsstreitigkeiten gegen Erfolgsbeteiligung bezog. Die Motivation kann Gewinnstreben, aber auch die Zermürbung von Feinden und Konkurrenten sein. Vor allem letztere Befürchtung hallt in neueren Regelungen und Vorstößen zur Prozessfinanzierung nach,[75] so auch in Art. 10 Abs. 2 lit. b der EU-VerbandsklagenRL.[76] Es geht um eine Ausprägung der «strategischen» Prozessführung, bei welcher zumindest der Finanzierer prozessfremde Zwecke verfolgt – das Ziel ist nicht die Anspruchsdurchsetzung, sondern die Schädigung des Gegners. Derartige Praktiken dürften in der Realität aber viel seltener sein, als ihr Stellenwert in der Diskussion suggeriert – gerade, wenn ein kommerzieller Finanzierer die Klage unterstützt. Es handelt sich primär um ein Narrativ, das dazu eingesetzt wird, die Rechtsverfolgung durch finanziell Schwächere zu delegitimieren.

(4) Eine davon grundlegend verschiedene Form der «strategischen» Prozessführung zielt auf die Schaffung oder Überwindung von Präjudizien zum Zweck der Durchsetzung von (mehr oder minder) politischen Anliegen ab.

Derartige Prozesse sind für kommerzielle Prozessfinanzierer meist nicht sehr attraktiv, zumal es häufig nicht primär um (viel) Geld geht und das Prozessrisiko typischerweise erheblich ist. Sind die möglichen Gewinne hoch und scheint ein Erfolg realistisch, so können aber auch solche Prozesse für Finanzierer ökonomisch interessant sein. So haben in jüngerer Zeit etwa «Klimaklagen» zunehmend kommerzielle Finanzierer angezogen.[77] Daneben nennt die vom Europäischen Parlament eingeholte Studie zur Prozessfinanzierung Verfahren im Zusammenhang mit der COVID-19-Pandemie als mögliches Anwendungsfeld.[78]

---

[75] Vgl. etwa Responsible private funding of litigation. European added value assessment, 2021, 1.

[76] Art. 13 Abs. 2 lit. b des vom Europäischen Parlament mit der Entschließung P9_TA(2022)0308 vorgelegten Regelungsvorschlags enthält im Hinblick auf „Wettbewerbssituationen" zwischen Finanzierer und Prozessgegner hingegen kein explizites Verbot, sondern lediglich eine Pflicht zur Offenlegung gegenüber dem Finanzierungswerber und den potenziellen Begünstigten.

[77] Responsible private funding of litigation. European added value assessment, 2021, 6.

[78] Responsible private funding of litigation. European added value assessment, 2021, 6.

Teils wird versucht, solche Prozesse in ein negatives Licht zu rücken und sie als illegitime «Instrumentalisierung» der Justiz darzustellen. Freilich sind die Klärung offener Rechtsfragen und zumindest in gewissem Rahmen auch die Rechtsfortbildung seit jeher Aufgaben der Justiz; diese Art «strategischer Prozessführung» ist weder neu noch verwerflich. Der Versuch ihrer Eindämmung durch ein Verbot der Drittfinanzierung würde die Durchsetzung von Anliegen ökonomisch und sozial Schwächerer überproportional erschweren; der vom EU-Parlament beschworene Schutz «vulnerabler» Gruppen[79] lässt sich so nicht erreichen. Finanziell Potente wären durch ein Verbot der Drittfinanzierung ja keineswegs daran gehindert, Zivilprozesse für die von ihnen favorisierten Anliegen zu «instrumentalisieren». Die Erschwerung der «strategischen» Prozessführung gerade für ökonomisch Schwächere würde Letztere auch deshalb besonders hart treffen, weil sie im Vergleich zu finanzkräftigen Akteuren typischerweise auch bei der Durchsetzung ihrer Anliegen auf politischer Ebene – sei es durch Lobbying, sei es durch Wahl- und Abstimmungskampagnen – weniger Möglichkeiten haben.

2. Verbesserung des Zugangs zum Recht

Wenngleich Bestrebungen zur Regulierung der Prozessfinanzierung oft auf deren Zurückdrängung abzielen, würdigt das EU-Parlament die Drittfinanzierung in seiner Entschließung auch als Mittel zur Verbesserung des Zugangs zum Recht. Es weist darauf hin, ein geordnetes regulatives Umfeld schaffe einen sicheren Rahmen für die Geschäftstätigkeit von Finanzierern (EwG 3 des mit der Entschließung vorgelegten Richtlinienvorschlags). Tatsächlich dürfte aus der Sicht vieler Finanzierer eine angemessene, rechtssichere Regulierung einem Umfeld vorzuziehen sein, in dem immer wieder die Gefahr droht, dass Gerichte Finanzierungsverträge im Einzelfall für nichtig erklären. Aus dieser Perspektive kann Regulierung auch dazu führen, dass auf dem Markt *mehr* Prozessfinanzierung angeboten wird.

Insbesondere äußert das EU-Parlament die Hoffnung, durch Prozessfinanzierung könne der Zugang zum Recht in Mitgliedstaaten mit hohen Gerichtskosten verbessert werden (EwG C der Entschließung). Überdies enthalten die Erwägungsgründe der Entschließung die fast schon obligaten Hinweise auf Schutzbedürfnisse von „Frauen und Randgruppen" (EwG C) sowie Verbrauchern, Arbeitnehmern und Menschenrechtsorganisationen (EwG L).

Ob jedoch die vom Europäischen Parlament vorgeschlagenen Regelungen den Zugang zum Recht gerade für diese Gruppen maßgeblich verbessern würden, ist zu bezweifeln. Bei der Überwindung von

---

[79] Dazu sogleich → Teil 2, IV.2.

Kostenhürden kann Prozessfinanzierung im Einzelfall helfen; am systemischen Problem ändert sich dadurch aber wenig. Überdies ist Prozessfinanzierung oft nur für die Klägerseite zugänglich,[80] während ein hohes Kostenniveau auch die Beklagtenseite trifft. Zudem werden gerade dann, wenn die vom Parlament vorgeschlagenen Höchstgrenzen für die Erlösbeteiligung verwirklicht werden sollten, Finanzierer im Zweifel eher in Rechtsordnungen streben, in denen die Kosten tiefer sind – weil dort höhere Margen möglich sind.

3. Interessenkonflikte

Das primäre Interesse des Prozessfinanziers richtet sich meist auf die größtmögliche Rendite. In dieser Hinsicht besteht zunächst ein Interessengleichlauf mit der finanzierten Partei.[81] Dieser kann allerdings in verschiedener Hinsicht gestört werden.[82] Insbesondere, aber nicht nur, wenn die vom Finanzierer übernommenen Kosten nicht separat ersetzt werden, kann ein Anreiz entstehen, auf einen frühen Vergleich zu drängen, auch wenn bei einem „Durchprozessieren" aus Sicht der Partei mit einem besseren Ergebnis zu rechnen wäre.[83] Umgekehrt kann die Partei prozessmüde werden und nach einem baldigen Abschluss streben, selbst wenn das Ergebnis finanziell weder für sie noch für den Finanzierer optimal wäre.

Ein Interessenkonflikt kann auch beim Rechtsanwalt entstehen, wenn sich dieser den Interessen des Finanzierers, von dem seine Vergütung übernommen wird, stärker verbunden fühlt als den Interessen seines Mandanten – besonders dann, wenn die Geschäftsbeziehung zum Mandanten eine einmalige ist, die zum Finanzierer aber eine dauernde.[84] Ebenso kann sich bei einem Rechtsanwalt ein Konflikt daraus ergeben, dass der Finanzierer auch in andere vom Anwalt geführte Verfahren involviert ist. Solche Konflikte können umso relevanter werden, je größer die Bedeutung des einzelnen Prozesses für die wirtschaftliche Existenz des Finanzierers oder des Anwalts ist. In der Schiedsgerichtsbarkeit können Interessenkonflikte dieser Art auch bei Schiedsrichtern auftreten. Dies ist ein Grund dafür, dass manche Schiedsinstitutionen eine Vorreiterrolle bei der Schaffung von Transparenzpflichten in Bezug auf die Prozessfinanzierung gespielt haben.[85]

---

[80] Dazu unten → Teil 2, IV.7.
[81] Vgl. etwa *Meller-Hannich/Gsell*, AnwBl Online 2023, 160, 164.
[82] Vgl. bezogen auf anwaltliche Prozessfinanzierung *Wais*, JZ 2022, 404, 408 f.
[83] *Wagner/Weskamm*, FS Henssler, 2023, 1605, 1613 f.
[84] Vgl. *Voss*, Entwurf eines Berichts mit Empfehlungen an die Kommission zur verantwortungsbewussten privaten Finanzierung von Rechtsstreitigkeiten, 5, 6 unter Nr. 6; *Boerner*, Prozessfinanzierung und Interessenkonflikte, 2023, 196.
[85] Dazu noch → Teil 2, VIII.1.

Ferner können Interessenkonflikte durch das Verhältnis zwischen dem Finanzierer und der Gegenpartei entstehen. Die EU-VerbandsklagenRL spricht in Art. 10 Abs. 2 lit. b die Fälle an, in denen der Finanzierer ein Wettbewerber der beklagten Partei oder von ihr finanziell abhängig ist. Die finanzielle Abhängigkeit des Finanzierers von der beklagten Partei ist zweifellos eine problematische Konstellation. Weniger eindeutig scheint die Interessenlage bei der Finanzierung von Klagen gegen Konkurrenten. Es ist einzuräumen, dass dabei die Wahrscheinlichkeit steigt, dass der Finanzierer mit der Unterstützung der Klage verpönte Ziele verfolgt. In manchen Rechtsbereichen – etwa dem Lauterkeitsrecht (§ 8 Abs. 3 Nr. 1 UWG) und dem Kartellrecht (§ 33 Abs. 3 GWB) – sind allerdings auch Konkurrenten selbst zur Klage befugt. Es ließe sich darüber streiten, ob es den Zielen des Lauterkeits- oder Kartellrechts zuwiderläuft, wenn der Konkurrent zusätzlich zu oder anstelle seiner eigenen Klage auch Klagen von Verbrauchern oder Verbraucherverbänden gegen einen Mitbewerber unterstützt. Ein generelles Verbot der Finanzierung von Klagen gegen Mitbewerber schließt zudem eine Drittfinanzierung von Klagen gegen Prozessfinanzierer aus; ob das gerechtfertigt wäre, scheint zweifelhaft.

4. Einflussnahme auf den Prozess und Im-Stich-Lassen der Partei

In engem Zusammenhang mit dem Spannungsverhältnis zwischen den Interessen des Prozessfinanzierers und jenen der finanzierten Partei steht die Befürchtung, der Finanzierer werde den Prozess zulasten der finanzierten Partei beeinflussen, sie in einen frühen und ungünstigen Vergleich treiben oder sie während des Prozesses im Stich lassen, was durch den Wegfall der nötigen Finanzmittel zum Prozessverlust führen kann.[86]

Nicht jede Einflussnahme eines Prozessfinanzierers auf die Prozessführung ist illegitim. Es trifft aber zu, dass die finanzierte Partei verletzlich ist, insbesondere nach Prozessbeginn. Fällt die Finanzierung in diesem Stadium weg, so droht der Rechtsverlust. Selbst wenn ein neuer Finanzierer gewonnen werden könnte, gelingt das womöglich nicht rechtzeitig, um laufende Fristen einhalten zu können. Insofern besteht ein legitimes Interesse der finanzierten Partei an einem Schutz vor dem Entzug der Finanzierung während des Prozesses. Es ist aber zweifelhaft, ob es hierfür besonderer, neuer Regelungen bedarf. Bereits vorhandene Instrumente – insbesondere das Verbot der Kündigung zur Unzeit, das im deutschen Recht (u. a.)

---

[86] Vgl. EP-Entschließung P9_TA(2022)0308, EwG 28, 29 der vorgeschlagenen RL.

auf § 242 BGB gestützt wird,[87] aber wohl auch in den meisten anderen Rechtsordnungen anerkannt ist – dürften genügen, um die legitimen Interessen der finanzierten Partei zu schützen.

5. Überhöhte Vergütungen

Kommerziellen Prozessfinanzierern wird vorgehalten, sie schlügen aus fremden Konflikten unangemessen Profit – und oft bliebe nach Erfüllung der Ansprüche des Prozessfinanzierers für die Partei vom Prozessgewinn fast nichts mehr übrig, zumal die Aufwendungen des Prozessfinanzierers häufig vorab zu decken sind.[88] Zuweilen wird auch die schiere Höhe der Profite von Finanzierern problematisiert. So hebt das EU-Parlament in EwG G seiner Entschließung hervor, Prozessfinanzierer würden „außerhalb der Union […] in einigen Fällen eine Kapitalrendite von bis zu 300 %" erzielen. Das erinnert an das Anprangern überhöhter effektiver Stundensätze bei Anwälten, die auf Basis von *contingency fees* tätig werden.[89]

Die Kundschaft von Prozessfinanzierern ist teils in einer prekären Lage. Zudem sind zumindest bestimmte Segmente des Prozessfinanzierungsmarktes ein umgekehrter „market for lemons", in dem die „Käufer" (d.h. die Prozessfinanzierer, die sich einen Erfolgsanteil versprechen lassen) besser informiert sind als die „Verkäufer".[90] Es gibt insofern gute Gründe für einen Schutz vor Übervorteilung. Viele Rechtsordnungen ermöglichen eine gerichtliche Kontrolle der Angemessenheit vereinbarter Rechtsanwaltshonorare; eine solche Regelung kennt auch das deutsche Recht in Gestalt des § 3a Abs. 3 RVG für Rechtsanwälte und § 13c Abs. 2 RDG für Rechtsdienstleister. Es scheint gerechtfertigt, vergleichbare Regelungen auch für Prozessfinanzierer zu schaffen.

Dies gilt insbesondere dort, wo eine kommerzielle Prozessfinanzierung die einzige Möglichkeit ist, einen Prozess (sachgerecht) zu führen, und eine solche Finanzierung Defizite der staatlichen Prozesskostenhilfe ausgleicht. Je mehr Aufgaben der Daseinsvorsorge auf Private ausgelagert werden, desto eher rechtfertigt sich eine Preisregulierung aus der Perspektive der Abnehmer. Der effektive Zugang zum gerichtlichen Rechtsschutz ist verfassungs- und menschenrechtlich gewährleistet; insofern kann hier auf Überlegungen zur Gewährleistung des Zugangs zu essenziellen Ressourcen wie

---

[87] MüKoBGB/*Schubert*, 9. Aufl. 2022, § 242 Rn. 138 f.
[88] Für ein Beispiel vgl. BGH 16.12.2021 – IX ZB 24/21, NJW-RR 2022, 332.
[89] Exemplarisch *Brickman*, Lawyer Barons, 2011, 263 ff., 311 ff.
[90] Das Konzept des „market for lemons", in dem es durch Informationsasymmetrie zum Marktversagen kommt, geht auf *Akerlof*, Quarterly Journal of Economics 84 (1970) 489 ff. zurück.

Wohnraum, Energie oder Grundnahrungsmitteln zurückgegriffen werden. Freilich ist die Regulierung privater Anbieter nicht die einzige Möglichkeit, die Versorgung sicherzustellen. Auch hier muss sich der Staat entscheiden, ob direkte Eingriffe in den Markt, Unterstützungszahlungen an Personen, die sich Marktpreise nicht leisten können, ein (vergünstigtes oder kostenfreies) staatliches Angebot – oder ein Zusammenspiel aller Ansätze – am effizientesten zum Ziel führt.

Zweifellos ist die kommerzielle Prozessfinanzierung ein kapitalistisches Unterfangen, das auf möglichst hohe Profite abzielt. Das unterscheidet sie aber nicht von anderen unternehmerischen Aktivitäten in einem kapitalistischen Wirtschaftssystem, an dem die typischen Kritiker überhöhter Einnahmen von Prozessfinanzierern oder Rechtsanwälten meist an sich wenig auszusetzen haben.

Wo eine Preisregulierung erfolgt, ist die Höhe der erzielbaren Renditen freilich ein wesentlicher Faktor. Mit einer Anprangerung vermeintlicher Geldschneiderei, die leicht in problematische Klischees abdriftet, sollte man sich aber in einer solchen Diskussion zurückhalten. Zudem ist die Frage nach der Höhe der Profite von jener nach der Höhe der Vergütung zu unterscheiden. Der Gewinn hängt ja auch davon ab, wie effizient der Finanzierer wirtschaftet – und ob er eine glückliche Hand bei der Auswahl der finanzierten Rechtsstreitigkeiten hat. Im Übrigen ist auch das Prozessrisiko mitzuberücksichtigen, wenn beurteilt wird, ob die Vergütung übersetzt ist. Wie bereits oben dargelegt,[91] macht es zudem die Prozessführung als solche nicht *per se* missbräuchlich, wenn ein Großteil des erzielten Betrags an den Finanzierer abzuliefern ist.

6. Risiken bei Insolvenz des Finanzierers

Der Prozessfinanzierer übernimmt typischerweise neben den Gerichtskosten und den Kosten der klägerischen Rechtsvertretung auch das Risiko, bei Prozessverlust zum Ersatz der Kosten der Gegenpartei verpflichtet zu werden. Das befreit die Partei allerdings nicht von ihrer eigenen Kostenhaftung. Kann der Prozessfinanzierer die Kosten nicht decken, so bleibt die finanzierte Partei darauf sitzen. Zudem hat die Gegenpartei *de lege lata* grundsätzlich keinen Direktanspruch gegen den Prozessfinanzierer auf Ersatz der Prozesskosten. Freilich erwächst auch ihr ein wirtschaftlicher Nachteil aus dem Zahlungsausfall des Finanzierers, wenn die finanzierte Partei die Kosten selbst nicht tragen kann.

---

[91] → Teil 2, IV.1.

Die vom Europäischen Parlament eingeholte Studie zur Prozessfinanzierung bezeichnet die ungenügende Kapitalausstattung von Finanzierern als „sizeable problem".[92] Belege für Zahlungsausfälle in nennenswertem Maß sind aber nicht ersichtlich. Gleichwohl handelt es sich um ein realistisches Szenario, und es lässt sich legitimerweise darüber nachdenken, ob und welche Schutzmechanismen zugunsten der finanzierten Partei, aber auch der Gegenpartei geschaffen werden sollen.

7. Ungleicher Zugang von Kläger- und Beklagtenseite

Die kommerzielle Prozessfinanzierung ist – ähnlich wie anwaltliche Erfolgshonorare – typischerweise nur für die Klägerseite zugänglich. Für Beklagte kommt sie nur in Ausnahmefällen real in Betracht, nämlich bei Erhebung einer Widerklage oder dann, wenn die Beklagtenseite solvent ist und dem Prozessfinanzierer eine Vergütung für den Fall der erfolgreichen Abwehr der Klage in Aussicht stellen kann. Hingegen haben Beklagte, die weder eine aussichtsreiche Gegenforderung haben noch selbst finanzstark sind, regelmäßig schlechte Aussichten, einen Prozessfinanzierer zu finden. Das gilt besonders in Rechtsordnungen wie der deutschen, wo der Prozesskostenersatz schon für Anwaltskosten tarifmäßig beschränkt ist und Kosten einer Prozessfinanzierung regelmäßig nicht ersatzfähig sind[93]. Insofern kann man sich nach der Vereinbarkeit mit der prozessualen Waffengleichheit fragen.[94]

Die Problematik relativiert sich, wenn man bedenkt, dass es für Prozessfinanzierer kaum attraktiv ist, Klagen gegen mittellose Beklagte zu unterstützen. Sollte die Prozessfinanzierung – insbesondere im Rahmen von Legal-Tech-Geschäftsmodellen – zu einem Massengeschäft werden, bei dem keine Prüfung im Einzelfall mehr stattfindet, so könnten derartige Situationen gleichwohl häufiger auftreten. Es würde aber das Kind mit dem Bade ausgeschüttet, wenn deshalb ein erst durch Prozessfinanzierung ermöglichter Zugang zum Recht auch dort verbaut würde, wo der Beklagte sehr wohl die Mittel für eine wirksame Verteidigung hat. Eher ist auf den Erhalt und Ausbau der Möglichkeiten zur Unterstützung der Verteidigung hinzuwirken – und zwar nicht beschränkt auf Fälle, in denen auf der Gegenseite eine drittfinanzierte Partei steht.

---

[92] Responsible private funding of litigation. European added value assessment, 2021, 20.
[93] Dazu → Teil 2, IV.3.
[94] Bedenken etwa bei *Bruns*, JZ 2000, 232, 237; anders *Wais*, JZ 2022, 404, 408; *Boerner*, Prozessfinanzierung und Interessenkonflikte, 2023, 144.

8. Notwendigkeit eines einheitlichen Regulierungsniveaus

Das EU-Parlament bringt zugunsten einer europäischen Regulierung auch vor, dass durch unterschiedliche Regulierungsniveaus der Markt gestört werde, was zu einem ungleichen Zugang zum Recht führe (EwG 1 des EP-Richtlinienvorschlags). Das könnte man freilich auch für jede beliebige andere Marktregulierung auf europäischer Ebene ins Treffen führen. Mit der Umsetzung des vom Parlament vorgelegten Vorschlags würde überdies gar kein einheitliches Regulierungsniveau geschaffen, sondern nur Mindeststandards. Den Mitgliedstaaten stünde es sogar frei, ob sie die Prozessfinanzierung überhaupt zulassen.

9. Fazit

Diffuse Bedenken („concerns") ohne empirische Basis sollten nicht Grundlage für Einschränkungen der Prozessfinanzierung sein. Die Argumente für weitreichende Restriktionen oder gar ein Verbot der Prozessfinanzierung überzeugen bei näherer Betrachtung großteils nicht. Vorausschauende Gesetzgebung ist gewiss sinnvoll; sie sollte allerdings auf eine eingehende Analyse der Interessenlage und eine realistische Einschätzung von Nutzen und Risiken gestützt werden. Dabei ist zu berücksichtigen, dass inzwischen schon in zahlreichen Rechtsordnungen praktische Erfahrungen mit kommerzieller Prozessfinanzierung bestehen.

Eine Regulierung der Prozessfinanzierung sollte den Schutz der finanzierten Partei in den Mittelpunkt stellen.[95] Soweit der Schutz der Gegenpartei in Frage steht, ist stets zu hinterfragen, ob die Drittfinanzierung spezifische Risiken schafft oder ob – wenn überhaupt – eine finanzquellenneutrale Regelung indiziert wäre.

Es lässt sich in Frage stellen, ob eine behördliche Aufsicht – und insbesondere die vom Europäischen Parlament avisierte Zulassungspflicht – ein sinnvoller Einsatz knapper öffentlicher Ressourcen wäre.[96] Aus gesamtwirtschaftlicher Perspektive wäre das wohl zu verneinen; Prozessfinanzierer sind zweifellos bei rein ökonomischer Betrachtung nicht systemrelevant.[97] Eine Beaufsichtigung lässt sich aber dadurch rechtfertigen, dass Prozessfinanzierer in einem besonders sensiblen Markt tätig sind. Die anderen zentralen Akteure in diesem Markt – Rechtsanwälte und in Deutschland auch nicht-

---

[95] Dafür auch *Meller-Hannich/Gsell*, AnwBl Online 2023, 160, 163 f.; wohl auch *Boerner*, Prozessfinanzierung und Interessenkonflikte, 2023, 254 ff.
[96] Gegen die behördliche Aufsicht *Gsell/Meller-Hannich/Stadler*, JZ 2023, 989, 991.
[97] So mit Recht *Gsell/Meller-Hannich/Stadler*, JZ 2023, 989, 991 f.

anwaltliche Rechtsdienstleister – unterliegen ebenfalls besonderen Berufsregeln und einer Aufsicht. Wird nicht sichergestellt, dass Dienstleister, die den Zugang zur Justiz vermitteln, dabei ordnungsgemäß vorgehen, so kann das Vertrauen in den Rechtsstaat gefährdet werden. Zum Interesse an der geordneten Rechtspflege tritt der Aspekt hinzu, dass insbesondere Verbraucher, die an drittfinanzierten Prozessen beteiligt sind, selbst regelmäßig nicht in der Lage sein werden, ihre Rechte gegenüber dem Prozessfinanzierer wirksam wahrzunehmen und durchzusetzen. Ein Verweis auf privatrechtliche (Schadenersatz-)Ansprüche geht hier daher regelmäßig ins Leere.[98]

V. Aufsichtsbehörden

Nach hM unterliegt die Prozessfinanzierung in Deutschland *de lege lata* keiner Genehmigungs- oder Registrierungspflicht und keiner behördlichen Aufsicht. Das frühere Bundesamt für Versicherungswesen[99] und in der Folge die BaFin[100] haben eine Qualifikation als Versicherung – und damit die Unterstellung unter die Versicherungsaufsicht – zumindest für den Fall abgelehnt, dass „die Übernahme des Prozesskostenrisikos in den Hintergrund tritt und das Geschäft wirtschaftlich eher einem Forderungskauf entspricht" sowie keine „ungeprüfte Übernahme von Prozessrisiken" stattfinde. Diese Voraussetzungen seien bei einem Erfolgshonorar von 30–50 % und einer Rechts- und Bonitätsprüfung in jedem Einzelfall erfüllt.[101] Auch eine Qualifikation als Rechtsdienstleistung wird abgelehnt.[102] Regelmäßig handelt es sich auch nicht um Factoring iSv § 1 Abs. 1a Nr. 9 KWG oder gar ein Finanztransfergeschäft nach § 1 S. 2 Nr. 6 ZAG. Vielmehr ist die Prozessfinanzierung nach herrschendem Verständnis eine genehmigungs- und aufsichtsfreie Finanzdienstleistung.

Das EU-Parlament will die Mitgliedstaaten zur Schaffung unabhängiger Aufsichtsbehörden über Prozessfinanzierer verpflichten, die sich untereinander vernetzen sollen (durch deren Tätigkeit aber absurderweise „kein Verwaltungsaufwand"[103] für die Mitgliedstaaten und die Prozessfinanzierer entstehen darf). Der Kommission soll

---

[98] Vgl. dazu auch → Teil 3, VI zur entsprechenden Situation bei Rechtsdienstleistern.
[99] BAV-Beschlusskammer-Entscheidung v. 29.4.1999, VerBAV 1999, 167; dazu näher *Gleußner*, FG Vollkommer, 2006, 25, 33 f.
[100] BaFin-Jahresbericht 2002, 45.
[101] BaFin-Jahresbericht 2002, 45.
[102] *Timmermann*, Legal-Tech-Anwendungen, 2020, 488 f.
[103] EP-Entschließung P9_TA(2022)0308, Einführung Nr. 6.

nach der Vorstellung des Parlaments eine Koordinations- und vielleicht eine Art Oberaufsichtsfunktion zukommen. Die Aufsichtsbehörden sollen nicht nur für die Zulassung und Beaufsichtigung von Prozessfinanzierern zuständig sein, sondern auch für Beschwerden betreffend die Einhaltung der inhaltlichen Vorgaben für Prozessfinanzierungsverträge (Art. 8 Abs. 4 lit. f des EP-Vorschlags). In laufenden Verfahren soll aber (zumindest bei „Bedenken" des Antragsgegners wohl nur, vgl. Art. 9 Abs. 3 des EP-Vorschlags) das Prozessgericht für die Prüfung von Prozessfinanzierungsvereinbarungen auf Konformität mit den unionsrechtlichen und nationalen Vorgaben zuständig sein (Art. 16 Abs. 2 des EP-Vorschlags).

Soweit ersichtlich, bestehen bislang nur in Australien Erfahrungen mit der Unterstellung der Prozessfinanzierung unter ein aufsichtsbehördliches Regime.[104] Dort galt für Prozessfinanzierer zeitweise (jeweils unter konservativen Regierungen) eine Lizenzpflicht; zudem wurden sie den Regelungen über „managed investment schemes" unterstellt. Weder die für zuständig erklärte Finanzmarktaufsicht noch die Gerichte scheinen dauerhaft davon überzeugt gewesen zu sein, dass dies für die Prozessfinanzierung adäquat war.[105] Das zentrale Problem lag aber wohl darin, dass die Prozessfinanzierung einem für anders geartete Finanzdienstleistungen entwickelten Regime unterstellt wurde. Der Vorschlag des Europäischen Parlaments sieht hingegen einen spezifischen Rahmen gerade für die Prozessfinanzierung vor.

Ungeachtet dessen, dass existierende regulatorische Vorgaben nicht *tel quel* auf die Prozessfinanzierung übertragbar sind, sollte relevantes Know-how bestehender Aufsichtsbehörden auch für eine etwaige Aufsicht über Prozessfinanzierer genützt werden. Ganz neue Aufsichtsbehörden für diesen gesamtwirtschaftlich unbedeutenden Geschäftszweig zu schaffen, wäre nicht sinnvoll.

Aus deutscher Sicht wäre für den Fall einer Aufsichtspflicht in erster Linie zu erwägen, Prozessfinanzierer der Versicherungsaufsicht zu unterstellen.[106] Alternativ käme die Rechtsdienstleistungsaufsicht in Betracht, die mit dem Gesetz zur Stärkung der Aufsicht bei Rechtsdienstleistungen[107] mit Wirkung ab 2025 beim Bundesamt für Justiz zentralisiert wurde.[108]

---

[104] Siehe dazu etwa *Legg*, Erasmus Law Review 2021, 221, 228 ff.; *Voit*, Sammelklagen und ihre Finanzierung, 2021, 311 ff.; *Boerner*, Prozessfinanzierung und Interessenkonflikte, 2023, 102 ff.

[105] Vgl. *Voit*, Sammelklagen und ihre Finanzierung, 2021, 312.

[106] Keine ausreichenden Parallelen sehen jedoch *Gsell/Meller-Hannich/Stadler*, JZ 2023, 989, 991.

[107] BGBl. 2023 I Nr. 64.

[108] Für die Eingliederung in die Rechtsdienstleistungsaufsicht *Boerner*, Prozessfinanzierung und Interessenkonflikte, 2023, 255 f.

Für die Rechtsdienstleistungsaufsicht könnte sprechen, dass Prozessfinanzierer insbesondere bei Rechtsdurchsetzungsmodellen für geringfügige Forderungen häufig mit Rechtsdienstleistern kooperieren; zudem treten auch Rechtsdienstleister selbst als Prozessfinanzierer auf. So ließe sich demnach die Aufsicht über die verschiedenen Komponenten verbraucherrelevanter Rechtsdienstleistungen bei einer Behörde bündeln.

Allerdings ist der Aspekt, bezüglich dessen aus Sicht aller Beteiligten der größte Bedarf nach einer behördlichen Aufsicht besteht, wohl die Solvenz des Finanzierers. Dabei dürften oft vergleichbare Kalkulationen relevant sein wie im Versicherungsgeschäft. Daher sprechen die besseren Gründe für die Zuständigkeit der Versicherungsaufsicht, in Deutschland also der BaFin.

Auch aus europäischer Perspektive sollte eine etwaige Prozessfinanzierungsaufsicht am ehesten in das Europäische System der Finanzaufsicht eingeordnet werden, wo auch die Banken-, Versicherungs- und Wertpapieraufsicht ressortieren, statt eine parallele Struktur für diesen Geschäftszweig zu schaffen.

VI. Inhaltliche Vorgaben für Prozessfinanzierungsverträge

1. Vertragstyp

Der Prozessfinanzierungsvertrag ist nach inzwischen überwiegender Ansicht ein der Gesellschaft nahestehender typengemischter Vertrag.[109] Gegen eine rein gesellschaftsrechtliche Einordnung[110] wird eingewendet, es fehle an dem dafür erforderlichen gemeinsamen Zweck.[111] Die Qualifikation als Versicherungsvertrag[112] soll daran scheitern, dass der Prozessfinanzierer keinen unbedingten Prämienanspruch hat.[113] Zudem soll das gemeinsame Interesse der

---

[109] OLG München 31.3.2015 – 15 U 2227/14, NJW-RR 2015, 1333; offenlassend OLG Frankfurt a.M. 2.7.2020 – 1 U 67/19, NJOZ 2020, 1394; *Gsell/Meller-Hannich/Stadler*, JZ 2023, 989, 993; im Einzelnen *Gleußner*, FG Vollkommer, 2006, 25, 31 ff. Für die „aktive Prozessfinanzierung" durch Rechtsdienstleister eine gesellschaftsvertragliche Qualifikation abl. *Boerner*, Prozessfinanzierung und Interessenkonflikte, 2023, 131 ff.

[110] *Dethloff*, NJW 2000, 2225, 2227; *Grunewald*, BB 2000, 729, 731; *Frechen/Kochheim*, NJW 2004, 1213, 1214 f.

[111] *Fritzsche/Schmidt*, NJW 1999, 2998, 3001; *Bruns*, JZ 2000, 232, 238; insgesamt gegen die gesellschaftsrechtliche Einordnung *Krejci*, FS Roth, 2015, 423, 434 ff.

[112] Dafür *Fritzsche/Schmidt*, NJW 1999, 2998, 3000 f.; dagegen *Müller-Güldemeister/Rollmann*, NJW 1999, 3540 f.

[113] *Stadler*, Konsumentenpolitisches Jahrbuch 2021, 135, 164; *Krejci*, FS Roth, 2015, 423, 429; gar die Entgeltlichkeit des Prozessfinanzierungsvertrags bestreitend *Müller-Güldemeister/Rollmann*, NJW 1999, 3540.

Vertragspartner am Prozessgewinn der Qualifikation als Versicherungsvertrag entgegenstehen.[114] Als weiteres Argument wird genannt, dass bei der Prozessfinanzierung keine Umlegung des versicherten Risikos auf zahlreiche Personen stattfinde;[115] das trifft allerdings bei größeren Prozessfinanzierern kaum zu.[116] Gegen die Qualifikation als (partiarisches) Darlehen[117] wird eingewendet, sie lasse sich nicht mit der vom Finanzierer übernommenen Verlustbeteiligung über das Ausfallsrisiko hinaus und mit einer vom Eintritt eines ungewissen Ereignisses (Prozessgewinn) abhängigen Rückzahlungspflicht vereinbaren.[118]

Jedenfalls wirft die Prozessfinanzierung andere Fragen und Probleme auf als der typische Gesellschafts-, Versicherungs- oder Darlehensvertrag. Fraglich ist jedoch, ob die Probleme hinreichend schwerwiegend sind, um nach einer Einschränkung der Privatautonomie oder zumindest der Schaffung spezifischer dispositiver gesetzlicher Leitlinien zu rufen. Dies soll nachfolgend anhand ausgewählter Problemkreise diskutiert werden.

2. Unzulässigkeit für bestimmte Forderungen

§ 4a Abs. 1 S. 2 RVG schließt ein Erfolgshonorar für Rechtsanwälte in Bezug auf unpfändbare Forderungen in den Fällen nach Abs. 1 S. 2 Nr. 1 und 2 *leg. cit.* aus. Entsprechendes gilt nach § 13c Abs. 4 RDG für Inkassodienstleister. Grundsätzlich denkbar ist ein anwaltliches Erfolgshonorar auch bei unpfändbaren Forderungen allerdings in Fällen, in denen der Auftraggeber sonst i.S.d. § 4a Abs. 1 S. 1 Nr. 3 RVG von der Rechtsverfolgung abgehalten würde.

Ob und unter welchen Rahmenbedingungen eine erfolgsabhängige Vergütung bei der Einziehung unpfändbarer und/oder unabtretbarer Forderungen zulässig ist, sollte grundsätzlich unabhängig davon geregelt werden, ob die Abrede mit einem Prozessfinanzierer, einem Inkassodienstleister oder einem Rechtsanwalt geschlossen wird. Eine *Quota-litis*-Vereinbarung sollte ausscheiden, wenn der Anspruch zweckgebunden ist und es mit dem Zweck unvereinbar wäre, den Ertrag letztlich ganz oder teilweise einem Finanzierer oder Rechtsdienstleister zukommen zu lassen.[119] Andererseits ist aber auch dafür

---

[114] *Müller-Güldemeister/Rollmann*, NJW 1999, 3540, 3541; *Dethloff*, NJW 2000, 2225, 2226.

[115] *Müller-Güldemeister/Rollmann*, NJW 1999, 3540 f.; *Dethloff*, NJW 2000, 2225, 2226; *Krejci*, FS Roth, 2015, 423, 429; *Engler*, AnwBl Online 2020, 513, 514.

[116] *Fritzsche/Schmidt*, NJW 1999, 2998, 3000.

[117] *Bruns*, JZ 2000, 232, 238.

[118] *Dethloff*, NJW 2000, 2225, 2226; vgl. auch *Krejci*, FS Roth, 2015, 423, 426 f.

[119] Vgl. auch *Kilian*, AnwBl Online 2021, 213, der anwaltliche Erfolgshonorare in Familien- und Strafsachen ausschließen will.

zu sorgen, dass durch ein Verbot der Prozessfinanzierung oder des Erfolgshonorars die Rechtsdurchsetzung nicht gerade dort zur Gänze vereitelt wird, wo der Anspruchsteller daran ein besonders starkes, vielleicht gar existenzielles Interesse hat. Für solche Fälle könnte allenfalls die Ersatzfähigkeit von Prozessfinanzierungskosten vorgesehen werden.[120]

Es gibt aber auch zweckgebundene Forderungen, bei denen es weder angemessen scheint, den Schuldner die Kosten der Prozessfinanzierung tragen zu lassen, noch, den Prozessfinanzierer den Erfolg weitgehend abschöpfen zu lassen. Insbesondere ist hier an Ansprüche zu denken, bei denen es nicht um Verhaltenssteuerung geht, sondern denen eine spezifische Interessenabwägung im Schuldner-Gläubiger-Verhältnis zugrunde liegt. Ein typisches Beispiel ist die Insolvenzanfechtung – heute ein wichtiges Anwendungsfeld der Prozessfinanzierung.[121] Hier wäre ein gänzlicher Ausschluss der Prozessfinanzierung nicht angezeigt; ließe man die Durchsetzung von Anfechtungsansprüchen nur zu, wenn der Erlös ungeschmälert der Masse zukäme, so wären solche Ansprüche wohl kaum je durchsetzbar. Umgekehrt ist aber auch keine Rechtfertigung dafür ersichtlich, dem Anfechtungsgegner auch noch die Kosten der Prozessfinanzierung aufzubürden. Stattdessen sollte die Vergütung des Finanzierers gedeckelt werden.[122] Das würde insbesondere für hohe und aussichtsreiche Anfechtungsforderungen die Durchsetzung weiterhin ermöglichen, hingegen verhindern, dass der Erlös von Anfechtungsprozessen letztlich nur einem Finanzierer nützt.[123]

3. Treuhänderische Verpflichtung des Finanzierers

Nach Vorstellung des Europäischen Parlaments sollen Prozessfinanzierungsverträge „auf einem Treuhandverhältnis beruhen" und der Finanzierer verpflichtet werden, im besten Interesse des Antragstellers zu handeln (Art. 7 Abs. 1 des EP-Vorschlags). Wo der Antragsteller fremde Ansprüche geltend macht, soll auch eine treuhänderische Verpflichtung des Finanzierers gegenüber den vorgesehenen Begünstigten bestehen (Art. 7 Abs. 2 des EP-Vorschlags).[124] Dies zielt insbesondere auf Abhilfeklagen nach der EU-Verbands-

---

[120] → Teil 2, IX.3.
[121] Responsible private funding of litigation. European added value assessment, 2021, 4.
[122] Dazu noch → Teil 2, VI.5.
[123] Zu einem anderen Lösungsansatz BGH 16.12.2021 – IX ZB 24/21, NZI 2022, 279 *(Wazlawik)* = EWiR 2022, 310 *(Mock)*; vgl. dazu auch → Teil 2, VI.1.
[124] Kritisch *Stadler*, Die (Dritt-)Finanzierung von Klagen des kollektiven Rechtsschutzes, Konsumentenpolitisches Jahrbuch 2021, 135, 164f.

klagenRL ab, dürfte aber auch das „Sammelklage-Inkasso" erfassen, selbst wenn der Sammelkläger im eigenen Namen aus abgetretenem Recht klagt. Unklar ist, ob der Prozessfinanzierer auch die Interessen der vorgesehenen Begünstigten gegenüber seinem Vertragspartner durchsetzen müsste. Art. 7 Abs. 2 des EP-Vorschlags hält unspezifisch fest, der Finanzierer habe „die Interessen der Antragsteller oder der vorgesehenen Begünstigten" im Konfliktfall über seine eigenen zu stellen.[125]

Eine treuhänderische Verpflichtung eines vom Anwalt oder Klageorganisator verschiedenen Finanzierers passt nur bedingt zur Interessenlage bei Prozessfinanzierungsverträgen. Einen Treuhänder zeichnet typischerweise aus, dass er wirtschaftlich fremdes Vermögen verwaltet und diesbezüglich selbständig Entscheidungen trifft.[126] Nach der Vorstellung des EU-Parlaments soll eine Einflussnahme des Prozessfinanzierers auf die Prozessführung aber weitgehend ausscheiden; er soll offenbar im Wesentlichen nur noch entscheiden können, ob er überhaupt eine Finanzierung anbietet und wenn ja, gegen welche Vergütung (im Rahmen der verbindlichen Höchstgrenzen). Ein Anwendungsbereich für eine treuhänderische Verpflichtung während des laufenden Vertrags wäre bei einer solchen Ausgestaltung kaum ersichtlich. Wenn es darum gehen soll, die Fairness der angebotenen Vertragskonditionen sicherzustellen, dürften klare regulatorische Vorgaben und deren behördliche oder gerichtliche Kontrolle wirksamer sein als eine nebulöse Verpflichtung eines kommerziellen Unternehmens darauf, schon beim Vertragsschluss die Interessen seiner Kundschaft über seine eigenen zu stellen.

Selbst wenn dem Prozessfinanzierer eine gewisse Mitsprache bezüglich der Prozessführung oder zumindest ein Kündigungsrecht bei nicht sachgerechter Prozessführung durch die finanzierte Partei zugebilligt wird, ist zweifelhaft, ob eine treuhänderische Stellung bei der Ausübung derartiger Befugnisse interessengerecht wäre. Freilich bestehen Neben- und Schutzpflichten (im deutschen Recht insbesondere aufgrund von § 241 Abs. 2 BGB), die den Prozessfinanzierer zu einer fairen Behandlung des Vertragspartners verpflichten; bei gesellschaftsvertraglicher Qualifikation ist zudem die gesellschaftsrechtliche Treuepflicht relevant.[127] Einer Bezug-

---

[125] Als Inspirationsquelle könnten die – zeitweise auf Prozessfinanzierungsverträge ausgedehnten – Vorgaben für australische *managed investment schemes* gedient haben, wonach der Betreiber des Investitionsvehikels die Interessen der Beteiligten im Konfliktfall über seine eigenen zu stellen hat; dazu *Legg*, Erasmus Law Review 2021, 221, 229.

[126] MüKoBGB/*Schubert*, 9. Aufl. 2021, § 164 Rn. 59.

[127] Zu deren (umstrittener) Rechtsgrundlage vgl. MüKoBGB/*Schäfer*, 9. Aufl. 2023, § 705 Rn. 273 f.

nahme auf eine treuhänderische Stellung bedarf es aber (auch) hier nicht.

Gerade wenn dem Prozessfinanzierer eine Einflussnahme auf die Prozessführung weitestgehend entzogen werden sollte, stellt sich im Übrigen die Frage, ob die Stellung des Finanzierten nicht noch eher mit der eines Treuhänders vergleichbar wäre als die des Finanzierers. Freilich entspräche es kaum dem Regelungsanliegen, den Finanzierten vor Übervorteilung durch den Finanzierer zu schützen, nun dem Finanzierten eine treuhänderische Bindung aufzuerlegen. Auch hier sollte es bei den ohnehin schon bestehenden Neben- und Schutzpflichten bleiben.

4. Einfluss auf die Prozessführung

Zum typischen Inhalt von Prozessfinanzierungsverträgen gehört die Pflicht des Finanzierten zur Berichterstattung über den Prozessfortgang. § 4 S. 2 RDG erteilt entsprechenden Vereinbarungen eines Rechtsdienstleisters mit einem Prozessfinanzierer den gesetzgeberischen Segen. Zudem bestehen häufig Zustimmungsvorbehalte bezüglich bestimmter Dispositionen über den Prozess oder ein Kündigungsrecht des Finanzierers für den Fall, dass der Finanzierte den Prozess nicht nach den Vorstellungen des Finanzierers führt.[128]

Das EU-Parlament will eine Einflussnahme des Finanzierers auf die Prozessführung unterbinden (Art. 14 Abs. 2 des EP-Vorschlags) und dessen Kündigungsmöglichkeiten einschränken (Art. 15 des EP-Vorschlags).[129] Unklar scheint, ob der Finanzierer sein finanzielles Engagement und Risiko beschränken könnte, indem er sich eine Deckelung des von ihm bereitzustellenden Betrags ausbedingte. Jedenfalls ausschließen will das EU-Parlament eine Beschränkung der Haftung des Finanzierers für die gegnerischen Kosten (Art. 14 Abs. 5 des EP-Vorschlags). Eine Pflicht zur Berichterstattung über den Prozessfortgang bliebe hingegen wohl zulässig – selbst wenn sich die Reaktionsmöglichkeiten in Grenzen hielten.

Es ist grundsätzlich legitim, den Finanzierten davor schützen zu wollen, in einer Situation, in der eine alternative Finanzierung nicht mehr (rechtzeitig) erhältlich wäre, zu ungünstigen Dispositionen gezwungen zu werden. Der Schutz sollte aber nicht so weit gehen, dass das Geschäft für den Finanzierer unkalkulierbar wird. Ob der Vorschlag des Europäischen Parlaments die richtige Balance trifft, ist zu bezweifeln.[130] Dem Prozessfinanzierer weder einen

---

[128] Zu derartigen typischen Vertragsinhalten vgl. etwa *Bruns*, JZ 2000, 232, 233; mit Verweisen auf Musterverträge *Gleußner*, FG Vollkommer, 2006, 25, 29 f.
[129] Vgl. aber *Meller-Hannich/Gsell*, AnwBl Online 2023, 160, 163.
[130] Kritisch etwa *Gsell/Meller-Hannich/Stadler*, JZ 2023, 989, 995 f.

Einfluss auf die Prozessführung noch eine Kündigungsmöglichkeit zuzugestehen, seinen Vergütungsanspruch aber kostenunabhängig zu deckeln, lässt sich wohl nur rechtfertigen, wenn der Finanzierer auch die von ihm bereitzustellenden Mittel begrenzen kann. Wenn eine fixe Deckelung die einzige Möglichkeit für den Finanzierer ist, sein finanzielles Risiko zu begrenzen, so kann das aber zu Ergebnissen führen, die auch aus Sicht der Finanzierten nicht wünschenswert wären. Der Vorschlag des Europäischen Parlaments ließe wohl keinen Raum für eine flexible Begrenzung, bei welcher nach Ausschöpfung eines Sockelbetrags die Bereitstellung zusätzlicher Mittel neu zu prüfen wäre. Immerhin wäre aber wohl auch nach dem vom EU-Parlament vorgesehenen Modell der Abschluss eines neuen Prozessfinanzierungsvertrags nach Ausschöpfung der ursprünglich bereitgestellten Mittel möglich, zumindest solange der Erfolgsanteil des Finanzierers die vorgesehene Höchstgrenze insgesamt nicht überschritte.

5. Vergütung

a) Vergütungsmodelle

Auf dem deutschen Prozessfinanzierungsmarkt dürfte ein Vergütungsmodell dominieren, bei dem der Prozessfinanzierer einen Anteil (meist 30–50%) am Prozesserlös nach Deckung der Kosten erhält.[131] Da typischerweise auch Kosten anfallen, die selbst bei vollständigem Obsiegen nicht durch den Gegner zu ersetzen sind, erhält die finanzierte Partei in diesem Modell effektiv uU deutlich weniger als 50–70% des ersiegten Betrags. Im Extremfall können die Verpflichtungen gegenüber dem Prozessfinanzierer den Prozessgewinn auffressen.[132] Denkbar ist freilich auch eine Gestaltung, bei welcher der Prozessfinanzierer nur einen Anteil am zugesprochenen Betrag sowie den vom Gegner geleisteten Kostenersatz erhält. Ein weiterer Ansatz knüpft gar nicht am ersiegten Betrag an, sondern an dem vom Finanzierer eingeschossenen Betrag, der im Fall des Prozesserfolgs verzinst zurückzuzahlen ist. Bei allen Modellen sind weitere Modifikationen denkbar, etwa die Vereinbarung eines Sockel- und/oder Höchstbetrags.

---

[131] Für Nichtigkeit solcher Vereinbarungen gestützt auf § 9 AGBG (heute § 307 BGB) wegen Aushebelung des gesetzlichen Systems der Anwaltsgebühren *Bruns*, JZ 2000, 232, 238 f.

[132] Illustrativ BGH 16.12.2021 – IX ZB 24/21, NZI 2022, 279 *(Wazlawik)* = EWiR 2022, 310 *(Mock)*, wo aus dem Erlös eines Insolvenzanfechtungsprozesses 26.111,90 EUR an den Prozessfinanzierer abzuführen waren, während für die Insolvenzmasse nur 574,10 EUR verblieben.

b) Bestehende und geplante Vorgaben

Eine Verbandsklage ist nach § 4 Abs. 2 Nr. 3 VDuG unzulässig, wenn einem Drittfinanzierer ein wirtschaftlicher Anteil von mehr als zehn Prozent der vom Beklagten zu erbringenden Leistung versprochen wird. Unter diesen Rahmenbedingungen wird eine Drittfinanzierung von Verbandsklagen für Prozessfinanzierer häufig unattraktiv sein.[133]

Abseits des VDuG trifft das geltende deutsche Recht keine spezifischen Vorgaben für die Höhe der Vergütung des Prozessfinanzierers. Auch eine AGB-Kontrolle findet nur eingeschränkt statt. Vorformulierte Preisvereinbarungen unterliegen der Überraschungsklausel des § 305c BGB[134] und müssen transparent sein (§ 307 Abs. 3 S. 2 BGB); sie sind aber wegen § 307 Abs. 3 BGB der AGB-Inhaltskontrolle entzogen.[135] Eine Preiskontrolle findet nur im Rahmen von § 138 Abs. 1 (Sittenwidrigkeit)[136] und Abs. 2 BGB (Wucher) statt. Bei der Anwendung dieser Normen auf Vergütungsvereinbarungen mit Prozessfinanzierern hält sich die Rechtsprechung tendenziell zurück.[137]

Das EU-Parlament will Vergütung und Auslagenersatz für Prozessfinanzierer bei 40% des Brutto-Prozesserlöses deckeln; Ausnahmen sollen unter nicht näher definierten außergewöhnlichen Umständen zulässig sein (Art. 14 Abs. 4 des EP-Vorschlags). Zudem verlangt das Parlament ein Verbot der Vereinbarung einer Mindestrendite (Art. 14 Abs. 3 des EP-Vorschlags). Nach Art. 17 lit. d des EP-Vorschlags soll das Prozessgericht die Fairness, Verhältnismäßigkeit und Angemessenheit der Vergütung prüfen und die Vereinbarung aufheben oder anpassen können. Unklar scheint, ob das nur bzw. vor allem für Vereinbarungen gelten soll, bei denen der Anteil des Finanziers am Bruttoerlös 40% übersteigt, oder ob Vergütungsvereinbarungen generell einer gerichtlichen Fairnesskontrolle unterworfen werden sollen. Art. 17 lit. d des Vorschlags enthält eine

---

[133] *Stadler*, VuR 2023, 321; *Gsell*, NJW-aktuell 31/2023; *Gsell/Meller-Hannich/Stadler*, JZ 2023, 989, 996.
[134] OLG Frankfurt a. M. 1.4.2009 – 19 U 228/08, NJOZ 2009, 4293.
[135] Im Einzelnen dazu MüKoBGB/*Wurmnest*, 9. Aufl. 2022, § 307 Rn. 17 f.
[136] *Stadler*, FS Becker-Eberhard, 2022, 553, 557.
[137] Vgl. KG 5.11.2002 – 13 U 31/02, MDR 2003, 599 (50%); OLG München 31.3.2015 – 15 U 2227/14, NJW-RR 2015, 1333 (50%); LG Hamburg 17.7.2018 – 411 HKO 9/17, BeckRS 2018, 57779 (30%); OLG München, 13.10.2004 – 7 U 3722/04, NJW 2005, 832 (Bedenken bezüglich einer Quote von 67%); für Quoten auch über 50% im Einzelfall und bezogen auf anwaltliche Erfolgshonorare *Grunewald*, AnwBl 2007, 469, 471 f.; an der Zulässigkeit einer Quote von 50% zweifelnd *Bruns*, JZ 2000, 232, 236; vgl. auch *Dethloff*, NJW 2000, 2225, 2229; *Gleußner*, FG Vollkommer, 2006, 25, 43 f.; *Voit*, Sammelklagen und ihre Finanzierung, 2021, 377 f.; *Boerner*, Prozessfinanzierung und Interessenkonflikte, 2023, 144 f.

nicht abschließende Liste von Kriterien, anhand derer die vereinbarte Vergütung zu überprüfen wäre. Ins Auge sticht, dass das vom Finanzierer übernommene Prozessrisiko in dem Katalog nicht aufscheint. Zusätzlich zu diesen Preiskontrollregeln[138] enthält Art. 12 des EP-Vorschlags diverse Vorgaben für die Preis- und Kostentransparenz.

Eine mit Art. 14 Abs. 4 des EP-Vorschlags vergleichbare Deckelung sah ein – schließlich nicht umgesetztes – Gesetzesprojekt der damaligen konservativen australischen Bundesregierung aus dem Jahr 2021 vor.[139] Danach sollte eine widerlegbare Vermutung gelten, dass eine Auszahlung von mehr als 30 % des Prozesserlöses an Prozessfinanzierer nicht «fair und angemessen» *(fair and reasonable)* und daher vom Gericht nicht zu genehmigen sei. Nach Angaben von Prozessfinanzierern hätte das in vielen Fällen bedeutet, dass nicht einmal die Kosten hätten gedeckt werden können.[140] Im Durchschnitt liegen die von australischen Gerichten genehmigten Erfolgsanteile allerdings heute bei unter 25 %;[141] gleichwohl scheint die Finanzierung von *class actions* für Prozessfinanzierer attraktiv zu sein.

Im Vereinigten Königreich ergeben sich Grenzen für den Erfolgsanteil von Prozessfinanzierern nach dem Urteil des *UK Supreme Court* im PACCAR-Fall[142] aus den Vorgaben für *damages based agreements* (DBA). Damit gelten auch dafür die für DBA festgelegten Obergrenzen für den Erfolgsanteil, die je nach Art der Streitigkeit bei 25–50 % liegen (Regulations 4f. der Damages-Based Agreements Regulations 2013). DBA mit Anwälten unterscheiden sich von typischen Prozessfinanzierungsvereinbarungen dadurch, dass der Anwalt das – gerade im Vereinigten Königreich oft massive – Kostenrisiko für den Fall des Prozessverlusts nicht übernimmt. Hierfür kann zusätzlich eine *after the event insurance* abgeschlossen werden, deren Kosten bei der Prüfung der Einhaltung der Höchstgrenzen für den Erfolgsanteil nicht zu berücksichtigen sind. Insofern ist fraglich, wie sachgerecht es ist, auf beide dieselben Höchstgrenzen für den Erfolgsanteil anzuwenden.

c) Einschätzung und Empfehlungen

Eine Preiskontrolle scheint angesichts der Informationsasymmetrie und der prekären Lage, in der sich der Finanzierungswerber

---

[138] Zum Begriff und zur Abgrenzung gegenüber Vorgaben für die Preistransparenz vgl. *Moes*, ZfPW 2021, 257, 258 ff.

[139] Corporations Amendment (Improving Outcomes for Litigation Funding Participants) Bill 2021.

[140] *Legg*, Erasmus Law Review 2021, 221, 231.

[141] Vgl. *Morabito*, https://papers.ssrn.com/sol3/papers.cfm?abstract_id=4422278, 29 ff.

[142] *R (on the application of PACCAR Inc and others) v Competition Appeal Tribunal and others*, [2023] UKSC 28.

oft befindet, zumindest dann grundsätzlich gerechtfertigt, wenn es um die Durchsetzung von Ansprüchen von Verbrauchern, Arbeitnehmern oder sonstigen strukturell schwächeren Parteien geht.

Welche Maßstäbe anzusetzen sind, hängt von den verfolgten Zielen ab. In Betracht kommen grundsätzlich drei Modelle: (1) eine Einzelfallprüfung; (2) eine zwingende Deckelung der Vergütung, zB unter Festlegung eines Höchstanteils am Prozesserlös, einer Höchstrendite oder eines absoluten Höchstbetrags, oder (3) eine grundsätzliche Deckelung, jedoch unter Zulassung von Ausnahmen im Einzelfall.

Die Festlegung eines Höchstanteils am Prozesserfolg[143] würde tendenziell zu einer noch stärkeren Priorisierung aussichtsreicher Klagen mit hohen Streitwerten führen. Für riskante und aufwendige Prozesse dürfte die Suche nach Finanzierern hingegen (noch) schwieriger werden.[144] Wie viel die Zulassung von Ausnahmen daran ändern würde, hinge stark von deren Handhabung durch die Rechtsprechung ab. Eine feste Regel-Obergrenze könnte aber auch einen Ankereffekt dergestalt erzeugen, dass Finanzierer selbst bei weniger aufwendigen und riskanten Prozessen bei der Festlegung der Vergütung den gesetzlichen Maximalanteil ansteuern.

Eine weitgehend schematisierte Prüfung hätte freilich auch Vorteile. Eine stark individualisierte Kontrolle im Einzelfall führt zu Mehraufwand und zusätzlichen Kosten. Sie würde wohl regelmäßig die Einholung eines Sachverständigengutachtens erfordern; der damit verbundene Aufwand wäre oft höher als der Nutzen. Praktikabilitätsgründe sprechen damit eher für eine pauschale Deckelung. Sie hätte auch den Vorteil einer gewissen Steuerung der Risikoprüfung. Allerdings sollte die Deckelung degressiv zum Streitwert erfolgen, da ja die Kosten auch nicht linear zum Streitwert ansteigen.

Eine individualisierte Prüfung wäre wohl nur in spezifischen Konstellationen gerechtfertigt – insbesondere dort, wo ein besonders ausgeprägtes Machtgefälle besteht und/oder es nicht der Finanzierte selbst ist, der die Vergütung mit dem Finanzierer aushandelt. Zu denken wäre namentlich an Verfahren des kollektiven Rechtsschutzes sowie an Legal-Tech-Rechtsdurchsetzungsmodelle. Hier könnte eine Detailprüfung des Finanzierungskonzepts angezeigt sein, wobei im Fall des kollektiven Rechtsschutzes wohl das Prozessgericht und bei Legal-Tech-Modellen, bei denen die außergerichtliche Durchsetzung im Vordergrund steht, die Aufsichtsbehörde für zuständig erklärt werden sollte.

---

[143] Mit Nachdruck dagegen *Gsell/Meller-Hannich/Stadler*, JZ 2023, 989, 996 f.
[144] *Stadler*, FS Becker-Eberhard, 2022, 553, 565 f., die daher eine gerichtliche Einzelfallprüfung für vorzugswürdig hält.

Als Anknüpfungspunkt für eine Preiskontrolle wird die Marktüblichkeit der Vergütung genannt.[145] Das sollte aber voraussetzen, dass ein funktionierender Markt mit hinreichend Wettbewerb vorhanden ist und die Konditionen nicht schlicht durch die Anbieter diktiert werden können bzw. nicht jeweils der Grenzpreis der Nachfrager ausgeschöpft wird. Es ist allerdings ein Hauptgrund für eine Preiskontrolle, dass der Markt gerade nicht funktioniert.

Die Preiskontrolle sollte vielmehr den Grenzpreis des Finanzierers anpeilen. Dabei sind die Kosten und Risiken der Prozessfinanzierung einerseits, alternative Investitionsmöglichkeiten mit einem vergleichbaren Kosten- und Risikoprofil andererseits in die Kalkulation einzubeziehen.

6. Kündigung

Derzeit bestehen im deutschen Recht keine expliziten Regelungen über die Kündigung von Prozessfinanzierungsverträgen. Geht man von der Anwendbarkeit der gesellschaftsrechtlichen Vorschriften aus, so ist § 725 BGB maßgeblich; andernfalls greift bezüglich der außerordentlichen Kündigung § 314 BGB ein.[146] Häufig wird ein Ausschluss der ordentlichen Kündigung vereinbart. Ohnehin wird die Vereinbarung einer Prozessfinanzierung für einen bestimmten Rechtsstreit (oder einzelne Stadien desselben) als konkludente Befristung zu qualifizieren sein, die (auch) nach § 725 Abs. 2 BGB zum Ausschluss der ordentlichen Kündigung führt. Zulässig – und zwar grundsätzlich zwingend[147] – ist jedoch die außerordentliche Kündigung aus wichtigem Grund.

Meist werden in Prozessfinanzierungsverträgen bestimmte Kündigungsgründe vereinbart. Typische Gründe sind die Verschlechterung der Prozess- oder Befriedigungsaussichten (etwa aufgrund neuer Präjudizien, aufgrund von Tatsachen, die dem Finanzierer zuvor unbekannt waren, aufgrund des Wegfalls von Beweismöglichkeiten oder aufgrund Vermögensverfalls des Gegners),[148] die Ausschlagung eines vom Finanzierer befürworteten Vergleichsangebots oder Abweichungen von der vereinbarten Prozessstrategie. Regelmäßig werden solche Klauseln als grundsätzlich zulässige Regelungen darüber zu sehen sein, was als wichtiger Grund für die außerordentliche Kündigung zu gelten hat; eine Kündigung in Fällen, in denen einer Partei die Fortführung des Vertrags aus sonstigen Gründen un-

---

[145] Dafür *Meller-Hannich/Gsell*, AnwBl Online 2023, 160, 164.
[146] Offenlassend OLG Frankfurt a. M. 2.7.2020 – 1 U 67/19, NJOZ 2020, 1394.
[147] MüKoBGB/*Gaier*, 9. Aufl. 2022, § 314 Rn. 7 f.
[148] Die Zulässigkeit solcher Klauseln befürwortend OLG Frankfurt a. M. 2.7.2020 – 1 U 67/19, NJOZ 2020, 1394; *Müller-Güldemeister/Rollmann*, NJW 1999, 3540, 3541; *Gleußner*, FG Vollkommer, 2006, 25, 56.

zumutbar wäre, wird dadurch aber nicht ausgeschlossen. Eine auf eine Vertragsverletzung gestützte außerordentliche Kündigung darf grundsätzlich nur nach vorheriger Abmahnung erfolgen (vgl. § 314 Abs. 2 S. 1 BGB).[149]

Die Kündigung wirkt *ex nunc* und hat grundsätzlich keine Rückabwicklung zur Folge; insbesondere kann der Finanzierer mangels gegenteiliger Vereinbarung keinen Ersatz der bis zur Kündigung aufgelaufenen Kosten fordern, obwohl er die Aussicht auf Beteiligung am Prozesserfolg verliert.[150] Ein Schadensersatzanspruch besteht nur im Fall einer Vertragsverletzung aufseiten des Finanzierten, die kausal für einen durch den Finanzierer erlittenen Schaden war.[151] Umgekehrt kann der Finanzierte einen Schadensersatzanspruch haben, wenn der Finanzierer die Vereinbarung unberechtigt kündigt und der Finanzierte dadurch einen Schaden erleidet.[152]

Der EP-Vorschlag will die Kündigung, sofern sie nicht einvernehmlich erfolgt, von einer gerichtlichen oder verwaltungsbehördlichen Genehmigung abhängig machen (Art. 15 Abs. 1 des EP-Vorschlags). Dabei wäre zu prüfen, „ob die Interessen des Antragstellers und der vorgesehenen Begünstigten trotz der Kündigung angemessen geschützt werden". Ferner soll eine „ausreichende Kündigungsfrist nach nationalem Recht" einzuhalten sein. Unklar ist das Verhältnis zu Art. 14 Nr. 6 des EP-Vorschlags, wonach ein „Zurückziehen" der Mittel durch den Finanzierer nur unter Umständen zulässig ist, „die im Einklang mit Artikel 15 Absatz 1 im nationalen Recht festgelegt sind", zumal Art. 15 des EP-Vorschlags weder eindeutig die Zulässigkeit einer ordentlichen Kündigung ausschließt noch explizit verlangt, dass die Gründe für eine außerordentliche Kündigung gesetzlich spezifiziert werden. Es scheint auch nicht ganz klar, ob sich Art. 14 Nr. 6 des EP-Vorschlags überhaupt auf eine Kündigung (mit Wirkung *ex nunc*) bezieht oder nur auf ein „Zurückziehen" im Sinn einer Rückforderung bereits geflossener Mittel. Insofern bestünde auch redaktioneller Klärungsbedarf.

Schon die generelle Stoßrichtung ist aber fragwürdig.[153] Zumindest sollte eine Ausnahme für Fälle vorgesehen werden, in denen die Fortsetzung des Vertrags auch für die Dauer eines Genehmigungsverfahrens unzumutbar wäre. Zudem ist nicht jede Partei eines Prozessfinanzierungsvertrags gleichermaßen schutzbedürftig.

---

[149] OLG Frankfurt a. M. 2.7.2020 – 1 U 67/19, NJOZ 2020, 1394.
[150] OLG Frankfurt a. M. 2.7.2020 – 1 U 67/19, NJOZ 2020, 1394.
[151] OLG Frankfurt a. M. 2.7.2020 – 1 U 67/19, NJOZ 2020, 1394.
[152] Allgemein MüKoBGB/*Bachmann*, 9. Aufl. 2022, § 241 Rn. 130.
[153] Gegen Sonderregelungen zur Kündigung auch *Gsell/Meller-Hannich/Stadler*, JZ 2023, 989, 997.

Die Genehmigungsbedürftigkeit der Kündigung könnte höchstens gerechtfertigt sein, wenn der Prozess Ansprüche besonders schutzwürdiger Gruppen betrifft. Das Gros der Prozessfinanzierungen betrifft allerdings großvolumige Wirtschaftsstreitigkeiten. Hier scheint eine solche Regelung systemwidrig. Insbesondere ist zu bedenken, dass ein Genehmigungsverfahren auch Kosten verursacht, die dann wohl von der Partei zu tragen wären, zu deren Lasten es ausgeht – also häufig wohl vom Finanzierten. Es fehlt auch an Evidenz für derart ausgeprägte Missstände bei der Kündigung von Prozessfinanzierungsvereinbarungen, dass eine generelle Genehmigungsbedürftigkeit angebracht wäre. Schließlich ist auch unklar, wie sich das Erfordernis einer gerichtlichen Genehmigung zu einer im Prozessfinanzierungsvertrag (wie in der Praxis häufig) enthaltenen Schiedsvereinbarung verhielte.

VII. Verfahrensfragen

1. Antragsberechtigung

Nach den Vorstellungen des EP soll nicht nur die finanzierte Partei, sondern gemäß Art. 17 des Richtlinienvorschlags jeder Verfahrensbeteiligte einen Antrag auf Kontrolle der Vereinbarung stellen können; das Gericht soll auch von Amts wegen tätig werden können. Daneben bzw. außerhalb eines anhängigen Verfahrens kann auch eine andere Verwaltungsbehörde bzw. ein anderes Gericht für die Kontrolle zuständig sein.

Ein umfassendes Antragsrecht der Gegenpartei ist abzulehnen.[154] Sie sollte nur bezüglich solcher Aspekte antragsberechtigt sein, die ihre Interessen unmittelbar betreffen. Das betrifft primär die Verpflichtung und Fähigkeit des Prozessfinanzierers zur Tragung der Prozesskosten und zu einer etwaigen Sicherheitsleistung; ferner – falls ein solcher Unvereinbarkeitsgrund geschaffen werden sollte – den Umstand, dass es sich beim Prozessfinanzierer um einen Konkurrenten der Gegenpartei handelt. Hingegen sollte die Gegenpartei Vorschriften, die dem Schutz des Finanzierten dienen sollen, nicht zu einer Waffe gegen diesen umschmieden können. Wo ihre rechtlich geschützten Interessen nicht direkt betroffen sind, sollte sie auch nicht Partei eines (Zwischen-)Verfahrens betreffend die Kontrolle einer Prozessfinanzierungsvereinbarung sein.

Insbesondere sollte es grundsätzlich nicht Sache der Gegenpartei sein, die Höhe der Vergütung des Prozessfinanzierers anzugreifen.

---

[154] Gegen die Integration der Inhaltskontrolle des Prozessfinanzierungsvertrags in den finanzierten Prozess auch *Meller-Hannich/Gsell*, AnwBl Online 2023, 160, 163.

Es ist nicht ihre Aufgabe, den Finanzierten vor einer Übervorteilung durch den Finanzierer zu schützen. Gerade ein Gesetzgeber, der auf die Verhinderung von Interessenkonflikten bedacht ist, sollte dem Prozessgegner keine Mittel zur Obstruktion des Prozesses unter dem Deckmantel des Schutzes des Finanzierten in die Hand geben. Immerhin liegt beim Prozessgegner nicht bloß ein Interessenkonflikt vor – seine Interessen sind denen der finanzierten Partei sogar diametral entgegengesetzt.

Die Gegenpartei sollte eine überhöhte Vergütung oder Verstöße gegen sonstige Schutzvorschriften daher nur dann rügen können, wenn ihre eigenen Interessen davon direkt und konkret betroffen sind. Daran ist bei solchen zweckgebundenen Forderungen zu denken, bei denen auch der Schuldner ein schutzwürdiges Interesse daran hat, nur dann leisten zu müssen, wenn der Zweck erreicht werden kann – und der Zweck verfehlt wird, wenn die Leistung nicht oder nicht in vollem Umfang dem Prozessgegner zufließt.

Der praktisch wohl relevanteste mögliche Anwendungsfall für die Rüge einer überhöhten Vergütung durch den Gegner ist die Insolvenzanfechtung, die ihren Zweck verfehlt, wenn der Erlös nicht in die Insolvenzmasse fließt.[155] Freilich wäre es systemwidrig, die Prozessfinanzierung hier anders zu behandeln als die Abtretung. Soweit und solange die Abtretung von Insolvenzanfechtungsforderungen für zulässig erachtet wird, sollte dasselbe auch für eine Prozessfinanzierungsvereinbarung gelten, die im Fall der erfolgreichen Anfechtung zum selben wirtschaftlichen Ergebnis für die Masse führt.

Indirekt können die Interessen des Gegners selbst in solchen Fällen grundsätzlich auch anders geschützt werden. So hat der BGH den Anreiz für Insolvenzverwalter, Abtretungs- und Prozessfinanzierungsverträge in Fällen zu schließen, in denen die Insolvenzgläubiger aus der Durchsetzung des Anspruchs effektiv kaum Nutzen ziehen, bereits deutlich eingeschränkt, indem er ausgesprochen hat, dass bei Inanspruchnahme eines Prozessfinanzierers die Berechnungsgrundlage für das Honorar des Insolvenzverwalters nur um den effektiv der Masse zufließenden Teil des Erlöses erhöht wird.[156] Aufseiten des Prozessfinanzierers entfiele der Anreiz für zweckwidrige Finanzierungen, wenn solche Vergütungsvereinbarungen nichtig wären und damit keine Ablieferung des vereinbarten Erfolgsanteils an den Finanzierer geschuldet wäre. Gleichwohl sollte die Gegenpartei in Fällen, in denen ihre Interessen direkt betrof-

---

[155] Vgl. MüKoInsO/*Kirchhof/Freudenberg*, 4. Aufl. 2019, vor §§ 129 bis 147 Rn. 2, 3.
[156] BGH 16.12.2021 – IX ZB 24/21, NZI 2022, 279 (*Wazlawik*) = EWiR 2022, 310 (*Mock*).

fen sind, ein eigenes Recht zur Rüge einer übersetzten Vergütung haben.

2. Zuständigkeit und Eingliederung der Prüfung in das Verfahren

Nach den Vorstellungen des EU-Parlaments soll das Prozessgericht für die inhaltliche Überprüfung von Finanzierungsvereinbarungen zuständig sein (Art. 17 des EP-Vorschlags).[157] Eine gerichtliche Vergütungskontrolle ist auch dem deutschen Recht nicht fremd, wie § 3a Abs. 3 RVG und § 13c Abs. 2 RDG zeigen. Freilich geht der Vorschlag des EU-Parlaments weiter; dem Gericht würde eine umfassende Befugnis zur Inhaltskontrolle der Finanzierungsvereinbarung zugewiesen; zudem soll das Gericht dem Finanzierer auch Anweisungen erteilen können, insbesondere auch im Hinblick auf „Änderungen in Bezug auf die Finanzierung" (Art. 17 lit. a des EP-Vorschlags). Das geht in die Richtung der Überprüfung von Vergütungsvereinbarungen, wie sie sich speziell im Bereich des kollektiven Rechtsschutzes in Rechtsordnungen des *Common law* etabliert hat.[158]

Für eine Annexzuständigkeit des Prozessgerichts spricht einiges, insbesondere dort, wo die Gegenpartei ein Antragsrecht oder Parteistellung auch im Hinblick auf die Finanzierungsvereinbarung hat. Aber auch unabhängig davon ist eine Zuständigkeit des Prozessgerichts zumindest für die Kontrolle der Vergütung gerade auch aus prozessökonomischer Sicht sinnvoll. Allerdings ist sie nicht für alle Prozessfinanzierungsverträge sachgerecht. Derartige Verträge enthalten häufig Schiedsklauseln, durch welche Streitigkeiten zwischen den Parteien der Finanzierungsvereinbarung der staatlichen Gerichtsbarkeit zur Gänze entzogen werden sollen. Dagegen bestehen zumindest im B2B-Verhältnis grundsätzlich auch keine Bedenken.[159]

Eine zwingende Zuständigkeit des Prozessgerichts und ein Ausschluss der Schiedsfähigkeit scheint aber für Prozessfinanzierungsvereinbarungen mit oder zugunsten von Verbrauchern bedenkenswert. Zudem ist eine Zuständigkeit des Prozessgerichts

---

[157] Dies dürfte vom australischen Zugang inspiriert sein, wo allerdings die gerichtliche Überprüfung der Vergütung des Finanzierers eng mit der *common fund doctrine* zusammenhängt, die es bei *class actions* ermöglicht, auch Gruppenmitglieder, die keine Vereinbarung mit dem Finanzierer geschlossen haben, zur Beteiligung am Erfolgshonorar des Finanzierers zu verpflichten; vgl. *Legg*, Erasmus Law Review 2021, 221, 225 ff.; *Morabito*, https://papers.ssrn.com/sol3/papers.cfm?abstract_id=4422278, 7.
[158] Vgl. etwa *Willging/Hooper/Niemic*, Empirical Study of Class Actions in Four Federal District Courts (1996) 68 ff.; *Legg*, Erasmus Law Review 2021, 221, 225 ff.
[159] AA *Bruns*, JZ 2000, 232, 237.

für Kontrollanträge der Gegenpartei zu befürworten; wie oben (→ Teil 2, VII.1) ausgeführt, sollte ein Antragsrecht des Gegners allerdings nur ausnahmsweise in Frage kommen.

3. In welchem Prozessstadium sollte eine gerichtliche Kontrolle stattfinden?

Wenn eine Kontrolle von Prozessfinanzierungsvereinbarungen durch das Prozessgericht stattfinden soll, stellt sich die Frage, ob ein entsprechender Antrag in jeder Lage des Verfahrens möglich sein soll oder ob dafür zeitliche (Präklusions-)Schranken gelten sollen.

Insbesondere für Anträge des Gegners – soweit man solche überhaupt zulassen will – sollte jedenfalls eine zeitliche Schranke gelten; zu denken wäre an eine Parallelregelung zum Verlust des Ablehnungsrechts wegen Besorgnis der Befangenheit (§ 43 ZPO).

Nicht trivial ist allerdings die Frage, in welchem Stadium des Verfahrens eine etwaige gerichtliche Prüfung der Angemessenheit der Vergütung stattfinden soll.

Nach § 4 Abs. 2 VDuG sind die Vorgaben für die Prozessfinanzierung Voraussetzungen für die Zulässigkeit der Verbandsklage; das impliziert, dass ihre Prüfung grundsätzlich bereits zu Beginn des Verfahrens stattzufinden hat.[160]

Es sprechen aber gute Gründe für eine Prüfung der Angemessenheit der Vergütung erst im Urteilszeitpunkt oder nach einem Vergleichsabschluss. Diesen Ansatz verfolgen einige Common-law-Rechtsordnungen bei der Festlegung der Vergütung des *class counsel*, insbesondere im Fall eines Vergleichs.[161] Er lässt sich aber auch auf die Prüfung der Vergütung von Prozessfinanzierern übertragen, unabhängig davon, ob der Prozess durch Vergleich oder durch Urteil beendet wird.

Vorteilhaft wäre das insbesondere dann, wenn mehr geprüft werden soll als die Einhaltung einer gesetzlich festgelegten fixen Höchstgrenze. Soll eine stärker einzelfallbezogene und damit aufwendigere Prüfung stattfinden, so könnte die Effizienz durch eine Nachlagerung erheblich gesteigert werden. Zum einen würde sich die Prüfung in Fällen erübrigen, in denen der Prozess verloren wurde und damit gar kein Vergütungsanspruch bestünde. Zum anderen wäre dann im Zeitpunkt der Prüfung klar, welchen Aufwand und welche Kosten der Prozess tatsächlich verursacht hat.

---

[160] Von einer frühen Prüfung ausgehend auch *Gsell/Meller-Hannich/Stadler*, JZ 2023, 989, 999.

[161] Vgl. für die USA FRCP rule 23(e)(2)(C)(iii); für Australien Section 33V Abs. 2 des Federal Court of Australia Act 1976; zum Ganzen auch *Voit*, Sammelklagen und ihre Finanzierung, 2021, 289.

Man mag einwenden, dass bei der Beurteilung des – für die Angemessenheit der Vergütung ja mitentscheidenden – vom Finanzierer übernommenen Risikos ein *hindsight bias* bestünde, wenn sie erst nach dem Prozesssieg in der Hauptsache stattfände. Dieser könnte jedoch durch den Einsatz kompetenter Prüfer abgemildert werden, und seine Nachteile dürften die Vorteile einer nachgelagerten Prüfung nicht aufwiegen. Auch wenn eine Kontrolle in einem frühen Stadium vorgezogen wird, scheint zumindest die Möglichkeit einer späteren Anpassung bei Änderung der Verhältnisse erwägenswert.[162]

VIII. Transparenzpflichten

1. Regulierungsmodelle und -bestrebungen

Im Zusammenhang mit der Regulierung der Prozessfinanzierung wird häufig die Schaffung von Offenlegungspflichten gefordert – entweder umfassend oder zumindest in Bezug auf die Existenz einer Finanzierungsvereinbarung und die Identität des Finanzierers.[163] Hingegen wünschen Prozessfinanzierer typischerweise Diskretion; dementsprechend enthalten Prozessfinanzierungsverträge oft Geheimhaltungsklauseln.[164]

Die Diskussion über Transparenzpflichten dürfte ihren Ausgang in der Schiedsgerichtsbarkeit genommen haben. Verfahrensordnungen mehrerer internationaler Schiedsinstitutionen statuieren heute entsprechende Pflichten.[165] Ein Grund dafür ist, dass als Schiedsrichter häufig Rechtsanwälte tätig werden. Hier kann sich ein Interessenkonflikt daraus ergeben, dass ein Schiedsrichter selbst in einem anderen Prozess eine Partei vertritt, die vom Finanzierer einer der Parteien des Schiedsverfahrens finanziert wird. Ein weiterer Aspekt ist, dass die grundsätzliche Vertraulichkeit des Schiedsverfahrens kompromittiert werden kann, wenn Berichtspflichten gegenüber einem Finanzierer bestehen. Zudem kann der Gegner im Schiedsverfahren u.U. zum Ersatz der Kosten einer Drittfinanzierung verpflichtet werden. Dies kann von einer Offenlegung des Umstands der Drittfinanzierung abhängig gemacht werden, die dann nicht zu-

---

[162] Vgl. *Allen v. G8 Education Ltd*, 2022, VSC 32, Rn. 83, 93 bezüglich *group costs orders*, mit denen ein anwaltliches Erfolgshonorar für eine *class action* festgelegt wird; zur Unsicherheit im frühen Verfahrensstadium *Fox v. Westpac Banking Corporation*, [2021], VSC 573 Rn. 100.
[163] Siehe etwa *Kremer*, NZKart 2022, 684, 690 f.; *Stadler*, WuW 2018, 189, 194.
[164] *Bruns*, JZ 2000, 232, 233.
[165] Vgl. *Hoffmann*, Gewerbliche Prozessfinanzierung in internationalen Investitionsschiedsverfahren, 2018, 259.

letzt der Vorwarnung des Gegners dient.[166] In solchen Fällen sollte freilich eher von einer Obliegenheit als von einer Pflicht zur Offenlegung gesprochen werden.

Für Verfahren vor staatlichen Gerichten sah in Europa zunächst die Kommissionsempfehlung zum kollektiven Rechtsschutz von 2013 in Nr. 14 eine generelle Pflicht zur Offenlegung der Herkunft der Mittel zur Finanzierung der Klage vor. Die EU-VerbandsklagenRL fordert, dass qualifizierte Einrichtungen „vollständig transparent" bezüglich der Herkunft der Mittel für Abhilfeklagen sind (EwG 52). Dazu statuiert Art. 10 Abs. 3 der Richtlinie die Pflicht zur Vorlage einer Finanzierungsübersicht an das Gericht. Hingegen verlangt die Richtlinie keine Offenlegung an die Gegenpartei. § 4 Abs. 3 VDuG sieht für drittfinanzierte Verbandsklagen eine Offenlegung der Finanzierungsvereinbarung gegenüber dem Gericht vor. Eine Offenlegung an den Gegner ist auch dort nicht explizit vorgesehen.

Der EP-Vorschlag zur Prozessfinanzierung sieht in Art. 16 Abs. 1 generell die Offenlegung von Existenz und Identität des Drittfinanzierers gegenüber dem Prozessgericht vor, welches die Gegenpartei darüber zu informieren hätte. Zudem müsste dem Gericht auf Verlangen eine vollständige und ungeschwärzte Kopie der Finanzierungsvereinbarung überlassen werden. Ob und unter welchen Voraussetzungen die Gegenpartei Einsicht in die vollständige Finanzierungsvereinbarung verlangen könnte, lässt der EP-Vorschlag offen.

Regel 245 Abs. 1 der ELI/Unidroit-Modellregeln statuiert ebenfalls eine Pflicht zur Offenlegung der Existenz und Identität eines Drittfinanzierers; (nur) in Verfahren des kollektiven Rechtsschutzes soll nach Regel 237 Abs. 2 das Gericht auch die Offenlegung des Inhalts des Prozessfinanzierungsvertrags gegenüber dem Gericht und gegebenenfalls gegenüber den Parteien anordnen können.

2. Einschätzung und Empfehlungen

Eine Pflicht zur Offenlegung des Inhalts eines Prozessfinanzierungsvertrags an die Gegenpartei ist abzulehnen.[167] Damit würde zugleich ein Einblick in die Prozessstrategie ermöglicht, die sich nicht selten aus der Vereinbarung zumindest teilweise erschließen lässt. Für eine finanzierungsquellenspezifische Verpflichtung, sich von der Gegenpartei in die Karten blicken zu lassen, ist keine Rechtfertigung ersichtlich.

---

[166] *Siebert-Reimer*, Der Anspruch auf Erstattung der Kosten der Prozessfinanzierung, 2017, 507 ff. zur Frage, ob eine Warnpflicht gemäß § 254 Abs. 2 S. 1 Alt. 1 BGB besteht; dagegen *Lieberknecht*, NJW 2022, 3318, 3322.

[167] In diesem Sinn auch *Meller-Hannich/Gsell*, AnwBl Online 2023, 160, 163; *Gsell/Meller-Hannich/Stadler*, JZ 2023, 989, 997 f.

Insbesondere entbehrt die Annahme, mit einer Offenlegungspflicht würde eine Einflussnahme des Finanziers auf die Prozessführung erschwert,[168] einer plausiblen Grundlage. Ohnehin sollte der Schutz des Finanzierten vor einer Einflussnahme des Finanziers nicht Sache des Prozessgegners sein. Soll es darum gehen, eine gesteigerte Aufmerksamkeit des Gerichts etwa bei der Prüfung genehmigungsbedürftiger Vergleiche sicherzustellen, so bedarf es dafür keiner Offenlegung an den Gegner.

Auch zur Absicherung eines Verbots der Finanzierung durch Dritte, die vom Prozessgegner abhängig sind, taugt eine Pflicht zur Offenlegung an ebendiesen Gegner nicht. Eine generelle Pflicht zur Offenlegung der Drittfinanzierung an das Gericht ist ebenfalls weder erforderlich noch geeignet, um derartige Abhängigkeiten aufzudecken. Vielmehr sollte eine spezifische Pflicht kommerzieller Finanzierer zur Prüfung von Interessenkonflikten in Verbindung mit einer Pflicht zur Offenlegung potenziell problematischer Verbindungen zum Gegner in Betracht gezogen werden. Bei Kollektivklagen ist auch an eine entsprechende Prüfungs- und Offenlegungspflicht im Hinblick auf eine Abhängigkeit des Klageorganisators vom Finanzierer oder umgekehrt zu denken. Hier sollte aber nicht die Transparenz im Verhältnis zum Gegner, sondern jene gegenüber den Begünstigten und allenfalls dem Gericht oder der Aufsichtsbehörde im Vordergrund stehen.

Als denkbare Rechtfertigung für eine Offenlegungspflicht gegenüber der Gegenpartei bleibt das Interesse, die Finanzierung von Prozessen gegen Konkurrenten des Finanziers zu unterbinden. Macht man die Prozessfinanzierung zulassungs- und aufsichtspflichtig, wird dieses Szenario aber schon dadurch noch unplausibler als jetzt schon. Als Grundlage für eine generelle Offenlegungspflicht ist auch dies daher fragwürdig; ein Verbot solcher Praktiken in Verbindung mit hinreichend abschreckenden Sanktionen sollte genügen.

Eine Offenlegungspflicht eignet sich auch nicht dazu, den potenziellen Anspruch des Gegners auf Prozesskostenersatz abzusichern. Mit einer Prozessfinanzierung wird zwar womöglich die Prozessführung von Parteien erleichtert, denen die nötigen Mittel für einen Prozesskostenersatz fehlen; wie eine Pflicht zur Offenlegung der Prozessfinanzierung dem abhelfen könnte, ist aber nicht ersichtlich. Wenn der ursprüngliche Anspruchsinhaber selbst klagt, wird die Klage weder durch eine Drittfinanzierung noch durch die mögliche Gefährdung des gegnerischen Kostenersatzanspruchs un-

---

[168] Vgl. Responsible private funding of litigation. European added value assessment, 2021, 21.

zulässig.[169] Es wäre eine Verletzung des Justizgewährungsanspruchs, deshalb den Zugang zu Gericht zu verweigern.[170] Nach deutschem Recht ist die mögliche Gefährdung des Anspruchs auf Prozesskostenersatz aufgrund fehlender finanzieller Mittel der anderen Partei auch kein Grund für die Anordnung einer Sicherheitsleistung.[171]

Der Beizug eines Drittfinanziers durch einen mittellosen Kläger ist nicht vergleichbar mit dem Fall, dass ein solventer Anspruchsprätendent seinen Anspruch an einen mittellosen Dritten abtritt, um die Gegenpartei um ihren Kostenersatzanspruch zu bringen. Der Beizug eines Drittfinanziers entzieht dem Gegner ja keinen Prozesskostenschuldner, sondern verschafft ihm – wenn ein Direktanspruch gegen den Finanzierer geschaffen würde – allenfalls einen zusätzlichen.

Im Rahmen des Sammelklage-Inkassos, wo als klagende Partei ein Klagevehikel auftritt, wird ohnehin schon jetzt verlangt, dass das Vorhandensein ausreichender Mittel zur Tragung der Prozesskosten dargelegt wird.[172] Dies sollte zur Absicherung des Prozesskostenersatzanspruchs genügen; einer zusätzlichen Pflicht zur Offenlegung von Finanzierungsvereinbarungen bedarf es nicht.

Die Gründe, die für das Bedürfnis nach einer Offenlegung der Existenz oder gar des Inhalts von Prozessfinanzierungsvereinbarungen angeführt werden, sind damit allesamt nicht tragfähig. Das gilt insbesondere für Pflichten zur Offenlegung an den Gegner. Es fehlt an einem legitimen Schutzbedürfnis, das einen Zwang zur Bekanntgabe der Mittel und damit oft auch der Strategie für die Prozessführung rechtfertigen könnte.

Es verbleiben nur wenige Konstellationen, in denen eine Offenlegungspflicht gleichwohl gerechtfertigt sein könnte. Insbesondere gilt das für höchstpersönliche oder zweckgebundene Forderungen, bei denen die Ablieferung eines Teils des Prozesserlöses an einen Drittfinanzierer zweckwidrig wäre. Auch hier scheint eine Pflicht zur Offenlegung an die Gegenpartei allerdings nur gerechtfertigt, wenn auch diese – und nicht nur der Anspruchsprätendent – ein

---

[169] Sittenwidrigkeit gemäß § 138 Abs. 1 BGB liegt hingegen vor, wenn ein Anspruch ausschließlich zur Vereitelung des Kostenerstattungsanspruchs an einen Vermögenslosen zediert wird, dazu *Buß/Honert*, JZ 1997, 694.

[170] Die Forderung nach einer „weitgehenden Angleichung der Situation von Bemittelten und Unbemittelten im Bereich des Rechtsschutzes" ist, wenngleich mit im Einzelnen unterschiedlicher Herleitung, stRspr, BVerfGE 122, 39, 48 ff. mwN.

[171] Auch § 110 ZPO bezweckt lediglich den Schutz vor den Schwierigkeiten, die mit der Anerkennung und Vollstreckung von Entscheidungen im Ausland verbunden sind: BGH 13.6.1984 – IVa ZR 196/82, NJW 1984, 2762.

[172] Vgl. OLG Düsseldorf 18.2.2015 – VI-U (Kart) 3/14, U (Kart) 3/14, JZ 2015, 726; krit. etwa *Armbrüster*, JZ 2015, 733.

schutzwürdiges Interesse daran hat, dass die Rechtsdurchsetzung nur stattfindet, wenn der Ertrag zumindest größtenteils dem Berechtigten zufließt, so namentlich bei der Insolvenzanfechtung.

Ferner rechtfertigt sich eine Pflicht zur Offenlegung, soweit diese für die Durchsetzung eines Kostenersatzanspruchs gegen den Finanzierer erforderlich ist.[173] Dafür genügt es allerdings, dass die Finanzierung dann offenzulegen ist, wenn die Voraussetzungen für einen solchen Anspruch eingetreten sind. Würde eine generelle Kautionspflicht für Prozessfinanzierer eingeführt,[174] so wäre aber die Offenlegung der Existenz einer Drittfinanzierung schon bei Verfahrenseinleitung unumgänglich.

IX. Prozessfinanzierung und Kostenersatz

1. Allgemeines

Der Kostenersatzanspruch der finanzierten Partei nach §§ 91 ff. ZPO besteht ungeachtet der Einschaltung eines Prozessfinanzierers.[175] Der Prozessfinanzierer selbst hat keinen gesetzlichen Ersatzanspruch gegen den Gegner des Finanzierten. Er kann sich jedoch den Ersatzanspruch der finanzierten Partei abtreten lassen oder mit dieser vereinbaren, dass der von der Gegenpartei erstattete Betrag an ihn weiterzuleiten ist.

Nach geltendem Recht ist ein Prozessfinanzierer auch nicht Kostenschuldner. Er verspricht lediglich der finanzierten Partei die Befreiung von einem Ersatzanspruch des Gegners. Entsprechendes gilt für die Rechtsschutzversicherung; ein Direktanspruch wie nach § 115 VVG besteht auch hier nicht.

Nach den Vorstellungen des EU-Parlaments soll das Gericht bei Mittellosigkeit des Finanzierten unabhängig davon, ob der Prozessfinanzierer grundsätzlich solidarisch für die Prozesskosten haftet, direkt gegen ihn Kostenbeschlüsse erlassen können (Art. 18 des EP-Vorschlags).[176] Über die Rechtfertigung für einen generellen Direktanspruch ließe sich streiten, insbesondere, wenn etwa bei der Rechtsschutzversicherung kein solcher besteht. Hingegen scheint die vom EU-Parlament angedachte subsidiäre Pflicht zur Kostentragung

---

[173] Vgl. zur Frage eines Direktanspruchs gegen den Finanzierer → Teil 2, IX.1.
[174] Dazu → Teil 2, IX.2.
[175] *Lieberknecht*, NJW 2022, 3318, 3320. Zum schweizerischen Recht *Schumacher*, Prozessfinanzierung, 2015, Rn. 114 ff.
[176] Vgl. auch Responsible private funding of litigation. European added value assessment, 2021, 22, wo als Optionen eine separat zu erhebende Direktklage oder eine direkte Kostenpflicht des Finanzierers (zumindest nach gerichtlichem Ermessen) genannt werden; dagegen *Gsell/Meller-Hannich/Stadler*, JZ 2023, 989, 994.

bei Mittellosigkeit des Finanzierten legitim. Auch ohne eine solche könnte der Prozessgegner zwar im Rahmen der Vollstreckung des Kostentitels auf den Freistellungsanspruch gegen den Finanzierer greifen; bei Insolvenz des Kostenschuldners hilft ihm das aber wenig. Mit einem Direktanspruch gegen den Finanzierer ließen sich auch Bedenken gegen die Drittfinanzierung von Klagen Mitteloser entkräften. Nachdem die Übernahme der gegnerischen Kosten im Verlustfall ohnehin regelmäßiger Bestandteil des Leistungspakets von Prozessfinanzierern ist, sollte daraus für diese auch keine übermäßige Belastung oder Abschreckung resultieren.

2. Schutz vor Insolvenz des Finanzierers

Sowohl die finanzierte Partei als auch der Prozessgegner haben ein legitimes Interesse am Schutz davor, dass der Prozessfinanzierer insolvent wird und in der Folge seine Verpflichtungen – sei es während des laufenden Prozesses, sei es im Fall eines Prozessverlusts der finanzierten Partei – nicht erfüllt.

Das EU-Parlament will eine „angemessene Eigenkapitalausstattung" (so der Titel von Art. 6 des EP-Vorschlags) zur Zulassungsvoraussetzung (Art. 5 Abs. 1 lit. d des EP-Vorschlags) für Prozessfinanzierer machen. Deren Solvenz soll von den Aufsichtsbehörden laufend geprüft werden. Als Nachweis soll etwa die Bescheinigung einer Versicherungsdeckung dienen können (Art. 6 Abs. 2 des EP-Vorschlags).

Zudem soll das Gericht auf Basis „begründeter spezifischer Bedenken" den Finanzierer auf Verlangen eines Antragstellers (also eines Finanzierten) zur Leistung einer Sicherheit für die Kosten verpflichten können (Art. 6 Abs. 3 des EP-Vorschlags). Keine Regelung enthält der Vorschlag eigentümlicherweise über eine Sicherheitsleistung auf Antrag der Gegenpartei. Art. 6 Abs. 4 des EP-Vorschlags sieht eine Ermächtigung der Mitgliedstaaten zur Errichtung eines öffentlich verwalteten und durch Gebühren von Finanzierern gespeisten Ausfallsfonds vor, der bei Insolvenz eines Finanzierers die Kosten von Antragstellern decken soll, die in gutem Glauben prozessiert haben.

Erfahrungsgemäß sind Mindestkapitalvorschriften kein zuverlässiges Instrument zur Verhinderung eines Liquiditätsverfalls. Entgegen dem irreführenden Titel enthält freilich Art. 6 des EP-Vorschlags gar keine solchen. Ob die vorgesehene Überwachung der Solvenz Zahlungsausfälle zuverlässig verhindern kann, ist aber ebenfalls fraglich, zumal die Aufsichtsbehörden letztlich darauf angewiesen wären, dass die Beaufsichtigten ihre finanzielle Lage ungeschönt darstellen.

Eine Versicherungspflicht, eine Pflicht zur Leistung einer Sicherheit[177] oder ein Ausfallsfonds wären wirksamere Mittel zur Absicherung gegen Zahlungsausfälle. Wird eine Kautionspflicht so ausgestaltet, dass etwa die Beibringung einer Bankbürgschaft oder Bankgarantie zu ihrer Erfüllung genügt (wie nach § 108 Abs. 1 S. 2 ZPO), so führt sie nicht zu einer langfristigen Bindung von Mitteln. Für einen kommerziellen Prozessfinanzierer sollte eine solche Pflicht insofern tragbar sein. Allerdings wäre sie tendenziell – ebenso wie eine Versicherung gegen Zahlungsausfälle – mit einer Kostensteigerung verbunden. Vor der Einführung derartiger Verpflichtungen scheint eine ökonomische Kosten-Nutzen-Analyse angezeigt.[178]

Zudem stellt sich auch hier die Frage, ob ein finanzquellenspezifisches Regime gerechtfertigt wäre. Die Einschaltung eines Prozessfinanzierers dürfte das Risiko der Uneinbringlichkeit eines Kostenersatzanspruchs typischerweise nicht erhöhen; eher wird das Gegenteil der Fall sein. Das Ausfallsrisiko sollte besser generell und nicht nur im Fall einer Drittfinanzierung adressiert werden.

3. Anspruch auf Ersatz der Kosten der Drittfinanzierung

Nach hM kann der Erfolgsanteil des Prozessfinanzierers – ebenso wie das anwaltliche Erfolgshonorar[179] – nicht im Rahmen des Prozesskostenersatzes nach §§ 91 ff. ZPO vom Gegner zurückgefordert werden.[180] Teilweise wird jedoch zumindest unter bestimmten Voraussetzungen für einen materiellrechtlichen Anspruch auf Ersatz der Mehrkosten der Prozessfinanzierung plädiert.[181] Im Vordergrund steht dabei ein Anspruch auf Ersatz des Verzugsschadens nach

---

[177] Angedacht im „stronger approach" der vom EU-Parlament eingeholten Studie zur Drittfinanzierung, Responsible private funding of litigation. European added value assessment, 2021, 18.
[178] Vgl. *Gsell/Meller-Hannich/Stadler*, JZ 2023, 989, 990.
[179] *Stadler*, FS Becker-Eberhard, 2022, 553, 562 mwN.
[180] MüKoZPO/*Schulz*, 6. Aufl. 2020, § 91 Rn. 180; *Siebert-Reimer*, Der Anspruch auf Erstattung der Kosten der Prozessfinanzierung, 2017, 205 ff.; *Rensen*, MDR 2010, 182; *Jerger/Zehentbauer*, NJW 2016, 1353 f.; *Lieberknecht*, NJW 2022, 3318; ebenso zu Zinsen eines zur Prozessfinanzierung aufgenommenen Darlehens OLG Nürnberg 17.12.1971 – 4 W 75/71, Rpfleger 1972, 179; OLG München 14.9.1999 – 11 W 2389/99, NJW-RR 2000, 1096; OLG Koblenz 4.1.2006 – 14 W 810/05, NJW-RR 2006, 502; OLG Karlsruhe 10.7.2012 – 8 U 66/11, NJW 2013, 473; vgl. aber *Fölsch*, MDR 2008, 728, 731. De lege ferenda für einen gedeckelten Anspruch auf Erstattung des Erfolgsanteils eines Finanzierers *Gsell/Meller-Hannich* (Fn. 54) 49.
[181] *Siebert-Reimer*, Der Anspruch auf Erstattung der Kosten der Prozessfinanzierung, 2017, 242 ff.; *Lieberknecht*, NJW 2022, 3318, 3320 ff.; *Arz/Gemmer*, NJW 2019, 263, 264 ff.; zu entgangenen Zinsgewinnen und erlittenen Zinsschäden *Jerger/Zehentbauer*, NJW 2016, 1353, 1354 ff.; offenlassend zu Darlehenszinsen OLG Koblenz 4.1.2006 – 14 W 810/05, NJW-RR 2006, 502; abl. *Rensen*, MDR 2010, 182 ff.

§§ 280, 286 BGB.[182] Der BGH hat sich hierzu noch nicht geäußert;[183] die (wenigen) bisher vorliegenden Entscheidungen unterinstanzlicher Gerichte sind zurückhaltend.[184]

Einige ausländische Rechtsordnungen geben dem Finanzierten generell oder in bestimmten Fällen einen Anspruch auf Erstattung des an den Prozessfinanzierer abzuliefernden Anteils am Prozesserlös. Dies gilt etwa für die Niederlande bei Kollektivklagen nach dem WAMCA.[185] Auch in der Schiedsgerichtsbarkeit werden Kosten der Prozessfinanzierung, einschließlich des an den Finanzierer abzuliefernden Erfolgsanteils, teilweise als ersatzfähig angesehen.[186] Im Vereinigten Königreich wurde im Rahmen der Einführung von Erfolgshonoraren zunächst ein Modell implementiert, bei dem Erfolgszuschläge, die im Rahmen eines *no win, no fee agreement* mit dem Rechtsanwalt vereinbart wurden, sowie Prämien für die Prozesskostenversicherung *(after the event insurance)* von der unterliegenden Gegenpartei zu ersetzen waren. Dieses System wurde jedoch im 2009 vorgelegten *Jackson Report* als wesentlicher Kostentreiber identifiziert. Mit dem *Legal Aid, Sentencing and Punishment of Offenders Act* 2012 und den dazugehörigen *Regulations* wurde stattdessen ein System eingeführt, bei dem Rechtsanwälte mit ihren Mandanten ein Erfolgshonorar auf Basis einer *quota litis* vereinbaren können. Gegen den unterliegenden Gegner besteht aber höchstens ein Anspruch auf Ersatz eines angemessenen Stundensatzes.[187] Ob diese Regeln nach der Unterstellung der Drittfinanzierung unter die Regelungen über DBA auch für die Kosten der Prozessfinanzierung gelten könnten, scheint bislang offen.[188] In den USA hat nach der *American Rule* jede Partei die Kosten ihrer Rechtsvertretung grundsätzlich selbst zu tragen; das gilt auch für *contingency fees*. Allerdings übernehmen dort *punitive damages* faktisch zumindest teil-

---

[182] *Siebert-Reimer*, Der Anspruch auf Erstattung der Kosten der Prozessfinanzierung, 2017, 242 ff.; *Lieberknecht*, NJW 2022, 3318, 3320.
[183] Offenlassend BGH 22.7.2014 – VI ZR 357/13, NJW 2014, 3151; 7.4.2011 – 1 ZR 34/09, NJW 2011, 2787; 9.5.2017 – XI ZR 314/15, BKR 2017, 371 (im Hinblick darauf, ob der Ersatz eines zusätzlichen Zinsschadens neben § 104 Abs. 1 S. 2 ZPO in Betracht kommt).
[184] Ersatzfähigkeit explizit ablehnend LG Aachen 22.12.2009 – 10 O 277/09, BeckRS 2010, 28938; einen Ersatzanspruch mangels hinreichender Darlegung der Kosten verneinend OLG München 21.4.2011 – 1 U 2363/10, BeckRS 2011, 12191; ebenso OLG Karlsruhe 10.7.2012 – 8 U 66/11, NJW 2013, 473; vgl. auch OLG Brandenburg 4.7.2012 – 7 U 204/11, BeckRS 2012, 15697.
[185] Dazu *Stadler*, FS Becker-Eberhard, 2022, 553, 558.
[186] *Stadler*, FS Becker-Eberhard, 2022, 553, 561.
[187] Zur Entwicklung im Überblick *Stadler*, FS Becker-Eberhard, 2022, 553, 559 f.
[188] Vor dem Urteil des UK Supreme Court im Fall PACCAR *(R (on the application of PACCAR Inc and others) v Competition Appeal Tribunal and others* [2023] UKSC 28) verneinend *Stadler*, FS Becker-Eberhard, 2022, 553, 560.

weise die Funktion eines Prozesskostenersatzes für den siegreichen Kläger in einem Schadensersatzprozess. Vor diesem Hintergrund wurde in England – gleichsam als Ausgleich für den Entfall der Ersatzfähigkeit von Erfolgszuschlägen und Prozesskostenversicherungsprämien – ein pauschaler Aufschlag von 10 % auf den Ersatz immaterieller Schäden («general damages») eingeführt.[189] Auch für das deutsche Recht wurde für den Fall der Zulassung von Erfolgshonoraren die Einführung von *punitive damages* zur Diskussion gestellt.[190]

Gegen eine (volle) Ersatzfähigkeit von Prozessfinanzierungskosten – sei es auf prozessualer, sei es auf materiellrechtlicher Grundlage – spricht zunächst die Kalkulierbarkeit des Prozessrisikos.[191] Das Kostenrisiko wird aber nicht nur schwerer berechenbar, sondern aus Sicht des Anspruchsgegners vor allem markant höher, wenn eine *quota litis* vom Verlierer und nicht vom Sieger zu tragen ist. Zu Recht wird darauf hingewiesen, dass die englischen Erfahrungen mit einem System der Ersatzfähigkeit von Erfolgszuschlägen und Versicherungsprämien zur Vorsicht mahnen.[192] Es könnten auch Fehlanreize drohen, insbesondere bei einer unbeschränkten Ersatzfähigkeit hoher Erfolgsanteile;[193] zudem stiege die Wahrscheinlichkeit von Folgeprozessen.[194]

Mehrkosten einer Prozessfinanzierung sollten daher grundsätzlich nicht vom Gegner zu ersetzen sein. Ausnahmen sollten für Fälle vorgesehen werden, in denen ein besonders starkes Interesse an der ungeschmälerten Durchsetzung der Forderung besteht. Insbesondere ist hier an unpfändbare Forderungen zu denken.[195] Für derartige Fälle ist die Festlegung eines Tarifs – nicht nur für eine Prozessfinanzierung, sondern auch für anwaltliche Erfolgshonorare (vgl. § 4a Abs. 1 S. 1 Nr. 3 und S. 2 RVG) – zu erwägen.

X. Portfoliofinanzierung

Das EU-Parlament spricht in Nr. 8 seiner Entschließung die Portfoliofinanzierung als wachsendes Phänomen an, ohne jedoch zu deren Zulässigkeit und zu besonderen Vorgaben oder Kontrollmaßnahmen klar Stellung zu beziehen.

---

[189] Dies geschah auf Vorschlag von *Jackson*, Review of Civil Litigation Costs: Final Report, 2009, 112; zur Umsetzung *Simmons v. Castle* [2012] EWCA Civ 1288.
[190] *Wolf/Flegler*, Stellungnahme zum RegE eines Gesetzes zur Förderung verbrauchergerechter Angebote im Rechtsdienstleistungsmarkt, 45.
[191] *Stadler*, FS Becker-Eberhard, 2022, 553, 562 f.
[192] *Stadler*, FS Becker-Eberhard, 2022, 553, 563 f.
[193] *Stadler*, FS Becker-Eberhard, 2022, 553, 563 f.
[194] *Rensen*, MDR 2010, 182, 184; dagegen *Lieberknecht*, NJW 2022, 3318, 3323.
[195] Dazu schon → Teil 2, VI.2.

Bei der Portfoliofinanzierung wird durch die Finanzierung einer breiten Palette von Fällen das Risiko gestreut.[196] Teils wird befürchtet, dadurch steige die Gefahr von Trittbrettfahrerei und von opportunistischen Klagen.[197] Das könnte dann der Fall sein, wenn die Prüfung der Erfolgsaussichten der Einzelansprüche weniger intensiv ausfällt als bei außerhalb eines Portfoliomodells geschlossenen Finanzierungsvereinbarungen. Dass dem so wäre, ist aber eine bloße Mutmaßung. Letztlich wird ohnehin jeder größere Prozessfinanzierer in Portfolios denken. Insofern ist fraglich, wie die Portfoliofinanzierung überhaupt sinnvoll von anderen Erscheinungsformen der Prozessfinanzierung abgegrenzt werden könnte. Speziell bei der Finanzierung eines Portfolios von vergleichbaren Forderungen dürfte zudem die Prüfung der einzelnen Ansprüche häufig einfacher und zuverlässiger möglich sein als bei isolierten Individualforderungen, weil die Prüfkriterien standardisiert werden können. Alles in allem ist daher nach jetzigem Stand ein sachlicher Grund für spezifische Einschränkungen nicht ersichtlich.

XI. Rechtsfolgen bei Verstößen gegen zwingende Vorgaben

1. Geltendes Recht

In der deutschen Diskussion über zwingende Rahmenbedingungen für Prozessfinanzierungsverträge steht als Sanktion für Verstöße regelmäßig die Nichtigkeit nach § 134 oder § 138 Abs. 1 BGB im Fokus.[198] Nichtige Verträge sind grundsätzlich nach Bereicherungsrecht rückabzuwickeln. Gegebenenfalls kann bei Dauerschuldverhältnissen die fristlose Kündigung aus wichtigem Grund an die Stelle der Nichtigkeit treten, wenn der Vertrag bereits in Vollzug gesetzt wurde.[199] Potenziell relevant könnte auch jene Rechtsprechung sein, nach der bei Verträgen mit Geschäftsbesorgungscharakter zumindest teilweise die Regelungen über die Geschäftsführung ohne Auftrag an die Stelle der bereicherungsrechtlichen Rückabwicklung treten.[200]

---

[196] Vgl. Responsible private funding of litigation. European added value assessment, 2021, 20 mit Fn. 46.
[197] Responsible private funding of litigation. European added value assessment, 2021, 18.
[198] *Bruns*, JZ 2000, 232, 238; *ders.*, JLEP 8 (2012), 525, 534; *Gleußner*, FG Vollkommer, 2006, 25, 43 f., 47 f.
[199] MüKoBGB/*Armbrüster*, 9. Aufl. 2021, § 138 Rn. 289 f.
[200] Zum Meinungsstand BeckOGK-*Riesenhuber* (1.10.2023) § 662 BGB Rn. 106; *Lorenz*, NJW 1996, 883.

Die Nichtigkeit des Prozessfinanzierungsvertrags sollte für sich genommen keine Bedeutung für die Zulässigkeit oder Begründetheit der finanzierten Klage haben – erst recht, wenn sie auf Vorgaben gestützt wird, welche die finanzierte Partei schützen sollen.[201] Das gilt auch dann, wenn ein nichtiger Prozessfinanzierungsvertrag Bestandteil eines Leistungspakets ist, das etwa von einem Klageorganisator angeboten wird.[202]

Bei Gewinnabschöpfungsklagen von Verbraucherverbänden nach § 10 UWG hat der BGH eine Klage unter Inanspruchnahme einer Prozessfinanzierung allerdings als Verstoß gegen das Verbot unzulässiger Rechtsausübung aus § 242 BGB qualifiziert; dies führe zur Unzulässigkeit der Klage.[203] Auf diese in der Literatur kritisch aufgenommene[204] Rechtsprechung hat der Gesetzgeber durch den mit dem VDuG eingefügten § 10 Abs. 6 UWG reagiert,[205] wonach das Bundesamt für Justiz eine gewerbliche Prozessfinanzierung zu üblichen und angemessenen Konditionen zu bewilligen hat, wenn die beabsichtigte Rechtsverfolgung unter Berücksichtigung aller Umstände nicht rechtsmissbräuchlich ist. Diesfalls kann ein klagender Verband vom Bundesamt für Justiz den Ersatz der Aufwendungen für die Prozessfinanzierung fordern.

Nach Art. 10 Abs. 4 der EU-VerbandsklagenRL muss ein mit einer Abhilfeklage befasstes Gericht befugt sein, bei Verstoß gegen die Finanzierungsvorgaben „geeignete Maßnahmen" zu ergreifen; beispielhaft nennt die Bestimmung die Aufforderung zur Ablehnung oder Änderung der Finanzierung sowie nötigenfalls den Entzug der Klagebefugnis für eine bestimmte Verbandsklage.

Die Schranken des § 4 Abs. 2 VDuG gehen über die Vorgaben der Richtlinie nicht nur mit der Festlegung der Obergrenze von zehn Prozent für die Beteiligung des Finanziers am Prozesserlös, sondern auch insoweit hinaus, als die einzig vorgesehene Sanktion die Unzulässigkeit der Klage ist. Eine vorherige Aufforderung zur Ablehnung oder Änderung der Finanzierung ist nicht explizit vorgesehen.

---

[201] So auch *Gsell/Meller-Hannich/Stadler*, JZ 2023, 989, 999; vgl. auch die österreichische Rspr. zu Verstößen gegen § 879 Abs. 2 Z. 2 ABGB, die nur zur Nichtigkeit der Honorarvereinbarung, nicht zu jener der Abtretung führen; OGH 27.2.2013 – 6 Ob 224/12b.
[202] Zu Rechtsfolgen von Verstößen gegen das RDG → Teil 3, VI.
[203] BGH 13.9.2018 – I ZR 26/17, NJW 3581 („Prozessfinanzierer I"); BGH 9.5.2019 – I ZR 205/17, NJW 2019, 2691 („Prozessfinanzierer II").
[204] *Hoof*, VuR 2021, 163; *Scherer*, VuR 2020, 83; *Stadler*, JZ 2019, 203; *Halfmeier*, WuB 2019, 519; *Wolf/Flegler*, NJW 2018, 3581; *Harnos*, GRUR 2020, 1034; befürwortend hingegen *Köhler*, WRP 2019, 139.
[205] Vgl. die Begründung des RegE des VRUG, BT-Drs. 20/6520, 125 f.

2. Regelungsvorschläge

Das EU-Parlament will dem Prozessgericht nicht nur die Befugnis zur Nichtigerklärung oder Aufhebung von Finanzierungsvereinbarungen geben, sondern es auch zu inhaltlichen Eingriffen in die Vereinbarung sowie zur Erteilung bindender Anweisungen an Prozessfinanzierer ermächtigen (Art. 17 des EP-Vorschlags). Der Vorschlag scheint vom australischen Recht[206] inspiriert. Hingegen ist die Unzulässigkeit der Klage im EP-Vorschlag nicht als Sanktion für Verstöße gegen Finanzierungsvorgaben vorgesehen.

Regel 245 Abs. 4 der ELI/Unidroit Model European Rules of Civil Procedure hält – für Kollektiv- und Individualverfahren – explizit fest, dass Verstöße gegen die Vorgaben für Drittfinanzierung und Erfolgshonorare keine Verteidigungsmittel gegen die Klage bilden. Hingegen soll das Prozessgericht danach Verstöße gegen das anwendbare Recht oder eine Unangemessenheit der Finanzierungsbedingungen bei der Regelung des Kostenersatzes berücksichtigen können. Inhaltliche Eingriffe des Prozessgerichts in die Finanzierungsvereinbarung sehen die Modellregeln nicht vor.

3. Einschätzung und Empfehlungen

Im Zusammenhang mit der Prozessfinanzierung wird – ähnlich wie im Bereich des kollektiven Rechtsschutzes[207] – vielfach versucht, einen angeblichen Schutz schwächerer Parteien als Waffe gegen ebendiese einzusetzen. Mit Art. 10 Abs. 4 der EU-VerbandsklagenRL und noch massiver mit § 4 Abs. 2 VDuG erteilt der Gesetzgeber derartigen Praktiken seinen Segen.

Verstöße gegen rechtliche Vorgaben für Prozessfinanzierungsverträge auf die Zulässigkeit der Klage durchschlagen zu lassen, rechtfertigt sich aber nur ganz ausnahmsweise – nämlich in den wenigen Konstellationen, in denen ein schutzwürdiges Interesse der Gegenpartei an der Einhaltung solcher Vorgaben besteht. Im Kontext der EU-VerbandsklagenRL ist das nur im Fall der Finanzierung einer Klage durch einen Mitbewerber der beklagten Partei der Fall. Bei der Finanzierung durch einen vom Prozessgegner abhängigen Dritten mag man vertreten, hier hätten auch die Begünstigten ein Interesse an der Unzulässigkeit der Klage. Es wäre allerdings fragwürdig, die Wahrung der vermeintlichen Interessen der betroffenen Verbraucher ausgerechnet hier in die Hände der Gegenpartei zu legen. Diskutabel scheint höchstens eine Befugnis des Gerichts, eine Kollektivklage im Fall eines Interessenkonflikts

---

[206] Vgl. *Legg*, Erasmus Law Review 2021, 221, 225 ff.
[207] Dazu *Domej*, ZZP 125 (2012) 421, 440.

aufseiten des Klageorganisators oder Finanzierers von Amts wegen als unzulässig abzuweisen.

Im Fall einer überhöhten Vergütung oder bei sonstigen Verstößen gegen inhaltliche Vorgaben für Prozessfinanzierungsverträge ist die Unzulässigkeit der Klage in aller Regel nicht die passende Sanktion. Derartige Mängel betreffen das Verhältnis zwischen Finanzierer und Finanzierten und sind in diesem Verhältnis zu adressieren.[208] Als Sanktionen kommen primär eine richterliche Vertragsanpassung, die Nichtigkeit rechtswidriger Vertragsbestimmungen sowie aufsichtsbehördliche Maßnahmen in Betracht. Hingegen sollte sich die Gegenpartei – von Sonderkonstellationen wie der Insolvenzanfechtung[209] abgesehen – nicht darauf berufen können, die Begünstigten bekämen zu wenig vom Erlös – mit dem Ergebnis, dass sie dann gar nichts bekämen.

Dass die Unzulässigkeit der Klage aufgrund einer nicht regelkonformen Drittfinanzierung nicht zum Rechtsuntergang führt (so für Verbandsklagen explizit Art. 10 Abs. 4 EU-VerbandsklagenRL), ändert an der Problematik einer derartigen Sanktion wenig. Nur selten dürfte damit zu rechnen sein, dass die fraglichen Ansprüche nach dem Scheitern der ersten Klage erneut eingeklagt werden, sei es kollektiv, sei es individuell.

XII. Alternative Finanzierungsinstrumente

Kommerzielle Prozessfinanzierung kann in bestimmten Konstellationen ein wichtiger Baustein für einen besseren Zugang zur Justiz sein. Zu Recht weist jedoch das EU-Parlament in seiner Entschließung auch auf die Bedeutung anderer Finanzierungsinstrumente hin, so namentlich auf die öffentliche Prozesskostenhilfe,[210] auf Rechtsschutzversicherungen[211] und auf Crowdfunding[212]. Insbesondere im Hinblick auf den kollektiven Rechtsschutz wird auch die Schaffung öffentlicher Prozessfinanzierungsfonds diskutiert.

1. Prozesskostenhilfe

Für den Zugang zur Prozesskostenhilfe gelten strenge Einkommens- und Vermögensgrenzen; zudem dürften die gewährten Leistungen oft nicht ausreichen, um einen Prozess gegen einen finanziell

---

[208] Vgl. *Meller-Hannich/Gsell*, AnwBl Online 2023, 160, 163.
[209] Dazu → Teil 2, VI.2.
[210] EwG A und H sowie Nr. 2 der Entschließung.
[211] EwG H der Entschließung.
[212] Nr. 2 der Entschließung.

potenteren Gegner erfolgreich zu führen. Prozesskostenhilfe muss in einem verhältnismäßig aufwendigen Verfahren individuell bewilligt werden; grundsätzlich müssen die bewilligten Leistungen zudem in Raten zurückgezahlt werden. Die Gewährung der Prozesskostenhilfe befreit die Partei auch nicht vom Risiko, bei Prozessverlust die gegnerischen Kosten erstatten zu müssen (§ 123 ZPO). Gerade dieses Risiko scheint jedoch viele Parteien von der Rechtsverfolgung abzuschrecken. Kurz- und mittelfristig ist auch nicht mit einem Ausbau der Prozesskostenhilfe zu rechnen. In den letzten Jahren wurden die Zugangsvoraussetzungen vielmehr verschärft. Immerhin konnten sich die Länder mit Forderungen nach tieferen Einschnitten bislang nicht durchsetzen.[213] Die Prozesskostenhilfe bleibt damit in Deutschland zu Recht ein Garant für den Zugang zum Recht für finanziell Schwächere. Sie ist in ihrer derzeitigen Form jedoch kein Ersatz für die kommerzielle Prozessfinanzierung.

2. Rechtsschutzversicherung

In Deutschland sind Rechtsschutzversicherungen beliebt; mehr als die Hälfte der Bevölkerung lebt in einem rechtsschutzversicherten Haushalt.[214] Auch eine noch breitere Abdeckung ließe jedoch den Bedarf nach anderen Finanzierungsmethoden nicht entfallen. Das gälte selbst dann, wenn die Rechtsschutzversicherung zu einer Pflichtversicherung würde, was ohnehin kaum mehrheitsfähig scheint. Zudem sind hauptsächlich Privatpersonen rechtsschutzversichert; bei Unternehmen ist die Abdeckung gering.[215] Unternehmen stellen zugleich den Großteil der Kundschaft von Prozessfinanzierern, ein Aspekt, der wie angesprochen bei der vom EU-Parlament vorgeschlagenen Regulierung ausgeblendet wird.

3. Crowdfunding

Crowdfunding[216] ist im Vergleich zu allen anderen Finanzierungsmethoden ein Nischenphänomen und wird wohl ein solches bleiben. In der Regel haben nur Personen mit einem großen Netzwerk gute Aussichten auf erfolgreiche Crowdfunding-Kampagnen. Zudem besteht für Geldgeber kaum Kontrolle über die Verwendung der eingeworbenen Mittel. Spendenfinanzierte Fonds, die breiter aufgestellt sind und eine ganze Palette an Prozessen finanzieren,

---

[213] Zu diesen Forderungen *Büte*, FamFR 2010, 436 ff.; *Zimmermann*, FamRZ 2010, 1137 ff.; vgl. auch *Zempel*, FÜR 2013, 265 ff.
[214] *Meller-Hannich/Höland/Nöhre*, Abschlussbericht (Fn. 1) 282.
[215] *Meller-Hannich/Höland/Nöhre*, Abschlussbericht (Fn. 1) 282 f.
[216] Zu möglichen Ausprägungen im Kontext der Prozessfinanzierung etwa *Mulheron*, The Modern Doctrines of Champerty and Maintenance, 2023, 35 ff.

können eher einen substanziellen Beitrag leisten. So oder so eignet sich Crowdfunding eher für strategische Prozessführung[217] als für die Finanzierung von Alltagsprozessen.

4. Öffentlicher Prozessfinanzierungsfonds

Es scheint angezeigt, nach einer Alternative oder Ergänzung sowohl zur kommerziellen Prozessfinanzierung als auch zur Prozesskostenhilfe zu suchen, die auch die Prozessführung von nicht Mittellosen unterstützt. Dabei könnte von der privaten Prozessfinanzierung gelernt werden. Zu denken wäre an einen gemeinnützigen Fonds mit staatlicher Anschubfinanzierung, an den im Erfolgsfall wie bei der privaten Prozessfinanzierung ein Erlösanteil abzuliefern wäre.

Derartige Fonds bestehen derzeit etwa in Ontario[218] und Québec[219] für *class actions*. Der Class Proceedings Fund in Ontario finanziert seit 2022 auch Verfahren zur Festsetzung individueller Entschädigungsansprüche im Anschluss an die Klärung gemeinsamer Fragen im Rahmen einer *class action*.[220] Im Fall des Prozesserfolgs beansprucht dieser Fonds einen Anteil von 10 % am ersiegten Betrag zuzüglich der Erstattung von Auslagenvorschüssen; damit operiert er offenbar mehr als kostendeckend. Auch in anderen Jurisdiktionen wurde Schaffung solcher Fonds zumindest angedacht, so etwa in Hongkong,[221] Neuseeland[222] und dem Vernehmen nach in den Niederlanden. In der Schweiz wurde die Schaffung eines Prozesskostenfonds für Finanzdienstleistungsstreitigkeiten zur Diskussion gestellt,[223] schließlich jedoch verworfen.

Grundsätzlich scheint der Gedanke reizvoll, ein solches Modell auch für Individualstreitigkeiten – einschließlich der Verteidigung gegen möglicherweise unberechtigte Klagen – zu entwickeln. Die Herausforderungen sind allerdings nicht zu unterschätzen. Letztlich könnte ein Prozessfinanzierungsfonds wohl nur dann selbsttragend

---

[217] Ein Beispiel ist das im Vereinigten Königreich angesiedelte Good Law Project, vgl. https://goodlawproject.org/.
[218] https://lawfoundation.on.ca/for-lawyers-and-paralegals/class-proceedings-fund/.
[219] https://www.faac.justice.gouv.qc.ca/.
[220] Law Foundation of Ontario, 2022 Annual Report 32, https://lawfoundation.on.ca/download/2022-annual-report-culture-connects/.
[221] Law Reform Commission of Hong Kong, Class Actions Sub-Committee, Consultation Paper on Class Actions, 2009, Rn. 8.55 ff., https://www.hkreform.gov.hk/en/docs/classactions_e.pdf.
[222] Law Commission (NZ), Class Actions and Litigation Funding – List of Recommendations, 2022, R120, https://www.lawcom.govt.nz/assets/Publications/Reports/NZLC-R147-Recommendations.pdf.
[223] Variante B der Art. 85 ff. im Vorentwurf des Finanzdienstleistungsgesetzes (FIDLEG), https://www.newsd.admin.ch/newsd/message/attachments/35437.pdf.

werden, wenn das Fallportfolio ähnlich wäre wie bei der kommerziellen Prozessfinanzierung. Bei tieferen Streitwerten sind die Prozesskosten so hoch, dass ein kostendeckender Betrieb schwer erreichbar wäre. Bei öffentlicher Trägerschaft wäre es auch problematischer, die Lukrativität der Klage und die Solvenz der Gegenpartei bei der Bewilligung von Anträgen den Ausschlag geben zu lassen. Ein öffentlicher Prozessfinanzierungsfonds, der auch Individualklagen unterstützen würde, würde daher die Erschließung neuer Finanzierungsquellen erfordern. Als mögliche Quelle – zumindest für die Finanzierung von Verbandsklagen – werden die Erlöse aus der Vorteilsabschöpfung nach § 10 UWG und §§ 34, 34a GWB genannt.[224] Die Idee ist grundsätzlich reizvoll; allerdings hat die Vorteilsabschöpfung bislang kaum praktische Bedeutung.[225] Ob der (erneute) Versuch einer Effektuierung durch die 11. GWB-Novelle dies ändern wird, bleibt abzuwarten;[226] beim jetzigen Stand der Dinge wären die Erlöse von Abschöpfungsverfahren bestenfalls eine höchst wackelige Finanzierungsbasis.

---

[224] *Keßler*, ZRP 2016, 2, 3.
[225] Immenga/Mestmäcker/*Emmerich*, 7. Aufl. 2024, § 34 GWB Rn. 4 ff.
[226] Die Bundesregierung rechnet für die Zukunft mit zwei Verfahren pro Jahr, vgl. BegrRegE 11. GWB-Novelle, BT-Drs. 20/6824, 23.

Teil 3. „Legal Tech"-Klageorganisation

I. Zulässigkeit der Klageorganisation durch nichtanwaltliche Rechtsdienstleister

Mit dem LexFox-I/weniger-miete.de-Urteil[227] hat der BGH für die Tätigkeit von „Legal Tech"-Unternehmen einen großzügigen Rahmen gesteckt. Er erklärte ein Geschäftsmodell für zulässig, bei dem ein Inkassodienstleister auf seiner Website einen kostenlosen „Mietenrechner" bereitstellte, gekoppelt mit der Möglichkeit, auf dieser Basis ermittelte Ansprüche an den Inkassodienstleister abzutreten, der die Ansprüche dann im eigenen Namen – gegebenenfalls auch klageweise – geltend machte. Hierin sah der BGH weder eine Überschreitung der Inkassoerlaubnis noch eine Interessenkollision iSv § 4 RDG. Zugleich signalisierte der BGH, es handle sich um einen Grenzfall; die Tätigkeiten des Inkassodienstleisters zur Klärung der Ansprüche seien bloß „noch" von der Inkassolizenz gedeckt. Eine reine Abwehr von Ansprüchen ist auch nach dieser Rspr. kein zulässiger Gegenstand einer Inkassodienstleistung.

In weiterer Folge entschied der BGH in AirDeal/Air Berlin[228] und financialright/myRight,[229] der von ihm geprägte weite Inkassobegriff umfasse auch das so genannte Sammelklage-Inkasso, also die gebündelte Geltendmachung an einen Inkassodienstleister abgetretener Forderungen, und zwar selbst dann, wenn das Geschäftsmodell von vornherein auf die gerichtliche Geltendmachung der Forderungen ausgerichtet ist.[230] Inzwischen wurde die Vereinbarkeit des Sammelklage-Inkassos mit dem RDG in der Rechtsprechung vielfach bestätigt.[231] Teile der instanzgerichtlichen Rspr. führen jedoch auch noch nach der AirDeal-Entscheidung Rückzugsgefechte.[232] Als Aufhänger für eine vermeintliche Unzulässigkeit fungieren (nach wie

---

[227] BGH 27.11.2019 – VIII ZR 285/18, BGHZ 224, 89; bestätigt durch BGH 19.1.2022 – VIII ZR 123/21, NJW-RR 2022, 376; vgl. auch BGH 19.1.2022 – VIII ZR 122/21, NJW-RR 2022, 663.

[228] BGH 13.7.2021 – II ZR 84/20, BGHZ 230, 255.

[229] BGH 13.6.2022 – VIa ZR 418/21, BGHZ 234, 125 (Anwendbarkeit ausländischen Sachrechts).

[230] BGH 13.7.2021 – II ZR 84/20, BGHZ 230, 255. Im Einzelnen zu diesem Rechtsdurchsetzungsmodell *Engler*, Die Bedeutung der unechten Legal Tech-Sammelklagen für den kollektiven Rechtsschutz, 2022, 111 ff.

[231] Vgl. etwa die Nw. bei *Deckenbrock*, FS Henssler, 2023, 1347, 1350 Fn. 21 und 22.

[232] Dazu etwa *Prütting*, FS Henssler, 2023, 1503, 1504 mwN; zur früheren instanzgerichtlichen Rspr. *Nuys/Gleitsmann*, BB 2020, 2441 ff.

vor) insbesondere § 3 iVm § 10 Abs. 1 RDG[233] oder das in § 4 RDG enthaltene Verbot von Interessenkollisionen[234].

Mit dem sog. Legal-Tech-Gesetz[235] wurde der Zugang des BGH teilweise kodifiziert.[236] In § 2 Abs. 2 S. 1 RDG wurde klargestellt, dass die Inkassodienstleistung auch eine „auf die Einziehung [bezogene rechtliche] Prüfung und Beratung" einschließt. Das entspricht freilich bloß dem vom BVerfG postulierten verfassungsrechtlich gebotenen Mindeststandard.[237] Damit sollte der Begriff der Inkassodienstleistung im Vergleich zum LexFox-I-Urteil enger gefasst werden. Prüfung und Beratung sollen nur noch Teil einer Inkassodienstleistung sein können, soweit sie sich „unmittelbar auf eine bestimmte, im Folgenden in dem Verfahren geltend gemachte Forderung" beziehen.[238] Immerhin soll die Geltendmachung von Aus-

---

[233] Dazu eingehend *Flory*, Grenzen inkassodienstlicher Rechtsdienstleistungen, 2022, 73 ff. Neuerdings wird dieses Argument insbesondere bei Klagen wegen Kartellrechtsverletzungen ins Treffen geführt, zumindest wenn es sich dabei um Stand-alone- und nicht um Follow-on-Klagen handelt; die dabei auftretenden Rechtsfragen seien derart komplex, dass die von Inkassodienstleistern geforderte Qualifikation für eine sachgerechte Beratung nicht ausreichten; vgl. LG Stuttgart 20.1.2022 – 30 O 176/19 – Rundholzvermarktung, NZKart 2022, 222; LG Dortmund, Hinweisbeschluss v. 8.6.2022 – 8 O 7/20 (Kart) – Rundholzkartell NRW, NZKart 2022, 460 mwN; LG Mainz 7.10.2022 – 9 O 125/20 – Rundholzvermarktung Rheinland-Pfalz, NZKart 2023, 45. Betreffend die Vereinbarkeit (u.a.) dieses Ergebnisses mit dem Unionsrecht hat das LG Dortmund ein Vorabentscheidungsersuchen an den EuGH gerichtet, vgl. LG Dortmund, 13.3.2023 – 8 O 7/20 (Kart) – Rundholzkartell NRW, NZKart 2023, 229. Für die Zulässigkeit des Sammelklage-Inkassos auch zur Durchsetzung kartellrechtlicher Schadensersatzansprüche *Krüger/Seegers*, BB 2021, 1031, 1032 ff.; *Heinze*, NZKart 2022, 193 ff.; *Petrasincu/Unseld*, NJW 2022, 1200, 1203; *Rott*, LTZ 2022, 124 ff. (Anm. zu LG Stuttgart, 20.1.2022 – 30 O 176/19). Dass die Annahme eines Verstoßes gegen § 3 RDG bei der Bündelung kartellrechtlicher Schadensersatzansprüche einer höchstgerichtlichen Überprüfung standhalten wird, scheint wenig wahrscheinlich, zumal die Registrierungsbehörde zusätzliche Sachkundenachweise verlangen kann, wenn die im Sachkundelehrgang vermittelten Kenntnisse für die Erbringung der geplanten Inkassotätigkeiten nicht ausreichen (vgl. § 2 Abs. 1 S. 4 RDV); zu dieser Möglichkeit etwa *Flory*, LTZ 2023, 10, 12.

[234] Dazu näher → Teil 2, III.

[235] Gesetz zur Förderung verbrauchergerechter Angebote im Rechtsdienstleistungsmarkt, BGBl. 2021 I 3415.

[236] *Fries*, NJW 2021, 2537 ff.; *Römermann*, RDi 2021, 217, 219 f.; *v. Bernuth*, AnwBl 2022, 222, 223; *Wagner/Weskamm*, FS Henssler, 2023, 1605, 1610 sehen im Legal-Tech-Gesetz primär eine Liberalisierung zugunsten der Rechtsanwaltschaft, während Legal-Tech-Anbieter weiterhin auf die Gerichte angewiesen blieben; vgl. auch *Nuys/Gleitsmann*, BB 2022, 259, 264; *Mayrhofer*, ZfPW 2023, 110, 123 ff.

[237] BVerfG 20.2.2002 – 1 BvR 423/99, 1 BvR 821/00 und 1 BvR 1412/01 (Hinweis auf die Möglichkeit der Unwirksamkeit eines Vertrags, der zur Erteilung des Inkassoauftrags führt); 14.8.2004 – 1 BvR 725/03 (Hinweis auf die Rechtslage an den zahlungsunwilligen Schuldner); vgl. dazu auch *Kleine-Cosack*, AnwBl Online 2020, 88, 91.

[238] Der RefE enthielt diese Regelung und die flankierende Anpassung des § 5 Abs. 1 RDG noch nicht. Die Änderung des § 2 Abs. 2 S. 1 RDG geht wohl auf einen Vorschlag von *Kilian* zurück; vgl. *Kilian*, AnwBl Online 2021, 213, 219 f.

kunftsansprüchen im Hinblick auf eine beabsichtigte Forderungsdurchsetzung noch vom Inkassobegriff umfasst sein.[239] Darüber hinausgehende Tätigkeiten, die der BGH als „Hilfsmaßnahmen" der Inkassodienstleistung zugeordnet hatte, wie Aufforderungen zur Herabsetzung der Miete und die Beratung zur künftigen Mietzahlung unter Vorbehalt, sollen hingegen nur (aber immerhin) unter den Voraussetzungen des § 5 RDG, also als Nebenleistung zur eigentlichen Inkassodienstleistung, zulässig sein.[240]

Gleichzeitig reagierte der Gesetzgeber auf die Kritik von Rechtsanwälten, die sich aufgrund berufsrechtlicher Schranken im Wettbewerb mit Rechtsdienstleistern benachteiligt sahen.[241] Insbesondere wurde das Erfolgshonorarverbot für Rechtsanwälte mit der Neufassung von § 4a RVG (weiter) gelockert[242] und wurden die Möglichkeiten der Unterschreitung der gesetzlichen Vergütung in § 4 RVG erweitert. Bei Forderungen bis 2000 Euro darf jetzt generell ein Erfolgshonorar vereinbart werden (§ 4a Abs. 1 S. 1 Nr. 1 RVG); ferner – ohne Streitwertgrenze – im Bereich der außergerichtlichen Inkassodienstleistungen[243] sowie in Verfahren nach § 79 Abs. 2 S. 2 Nr. 4 ZPO, also dort, wo Rechtsanwälte mit Inkassodienstleistern nach § 10 Abs. 1 S. 1 Nr. 1 RDG konkurrieren (§ 4a Abs. 1 S. 1 Nr. 2 RVG). Gleichzeitig wurde mit der Änderung des § 49b Abs. 2 S. 2 BRAO das Finanzierungsverbot für Rechtsanwälte in den Fällen des § 4a Abs. 1 S. 1 Nr. 2 RVG aufgehoben – also bei Inkassodienstleistungen, die außergerichtlich oder im Rahmen von § 79 Abs. 2 S. 2 Nr. 4 ZPO erbracht werden.

Weitere bedeutende berufs- und aufsichtsrechtliche Entwicklungen in jüngster Zeit waren die große BRAO-Reform,[244] mit der insbesondere das Recht der Berufsausübungsgesellschaften umfassend reformiert wurde, sowie die Neuregelung der Aufsicht über nichtanwaltliche Rechtsdienstleister,[245] die bisher über zahlreiche Behörden verstreut ist und ab 2025 beim Bundesamt für Justiz zentralisiert wird (§ 13h Abs. 1 S. 1 RDG).

---

[239] Begründung zum RegE, BT-Drs. 19/27673, S. 39; für eine weitergehende Einschränkung im Vorfeld *Kilian,* AnwBl Online 2021, 213, 219 (Beschränkung auf eine „mit der Einziehung *einhergehende* rechtliche Prüfung und Beratung"; Hervorhebung hinzugefügt). Zur praktischen Bedeutung für Geschäftsmodelle von Inkassodienstleistern etwa *Lühmann/Taufmann/Fürbringer,* NJW 2023, 3122 f.

[240] Begründung zum RegE, BT-Drs. 19/27673, S. 20 f., 39; dazu *Kilian,* NJW 2021, 445, 446.

[241] Zum Regelungsziel der Angleichung der Wettbewerbsbedingungen vgl. etwa *Remmertz,* LTZ 2023, 75, 77; zu den verbleibenden Divergenzen etwa *Kilian,* AnwBl Online 2021, 213 ff.

[242] Kritisch *Lemke,* RDi 2021, 224 f.

[243] Zur Reichweite dieses Tatbestands etwa *Kilian,* NJW 2021, 445, 446.

[244] BGBl. 2021 I 2363.

[245] BGBl. 2023 I Nr. 64.

Mit der großen BRAO-Reform wurde mit dem Verweis von § 59c Abs. 1 Nr. 4 BRAO auf das PartGG der Kreis der sozietätsfähigen Berufe auf alle freien Berufe erweitert. Die Beteiligung reiner Kapitalgeber an einer Berufsausübungsgesellschaft bleibt jedoch ausgeschlossen. Die Unionsrechtskonformität dieses so genannten Fremdbesitzverbots wird teils – insbesondere unter Bezugnahme auf die Kapitalverkehrsfreiheit – bestritten. Der AGH Bayern hat die Frage dem EuGH zur Vorabentscheidung vorgelegt.[246] Zudem sieht der Koalitionsvertrag der Bundesregierung 2021 eine „Prüfung" des Fremdbesitzverbots vor,[247] obwohl sowohl die BRAK als auch der DAV gegen dessen Lockerung ausgesprochen haben.[248] Auch in einer 2023 vom BMJ in Zusammenarbeit mit der BRAK durchgeführten Umfrage unter Rechts- und Patentanwälten votierte eine deutliche Mehrheit (62,6 %) gegen eine Abkehr vom Fremdbesitzverbot.[249]

II. Berufszugang für nichtanwaltliche Klageorganisatoren *de lege lata*

Die Rspr. des BGH zum Inkassobegriff (§ 2 Abs. 2, § 10 Abs. 1 Nr. 1 RDG) hat das Rechtsberatungsmonopol der Anwaltschaft aufgeweicht und die Herausbildung eines neuen Typs von Klageorganisatoren ermöglicht. Die Beratung durch nichtanwaltliche Rechtsdienstleister ist damit fast uneingeschränkt zulässig, soweit es um (potenzielle) Forderungen und deren Durchsetzung geht. Zudem wurde mit dem Legal-Tech-Gesetz durch § 5 Abs. 1 S. 3 RDG auch für Inkassodienstleister die Möglichkeit geschaffen, als Nebenleistung weitere Rechtsdienstleistungen zu erbringen, die „zum Berufs- oder Tätigkeitsbild gehören". Allenfalls könnte über diesen Umweg auch die Abwehr von Ansprüchen, die von Inkassodienstleistern nicht als Hauptleistung angeboten werden darf, zum Bestandteil des Leistungspakets werden. Die Tragweite der Öffnungsklausel wird von der Rechtsprechung freilich noch auszuloten sein.

---

[246] AGH Bayern, 20.4.2023 – BayAGH III-4-20/21, EuZW 2023, 524 = BRAK-Mitt. 2023, 185 *(Schaeffer)*. Das Verfahren ist als Rs. C-295/23, Halmer Rechtsanwaltsgesellschaft/Rechtsanwaltskammer München vor dem EuGH rechtshängig.
[247] „Mehr Fortschritt wagen", Koalitionsvertrag zwischen SPD, Bündnis 90/Die Grünen und FDP, 2021, 112; vgl. auch https://www.lto.de/recht/juristen/b/anwaelte-kanzlei-fremdbesitz-verbot-kapital-beteiligung-buschmann-brak-dav-legal-tech/.
[248] Vgl. zuletzt BRAK-Stellungnahme 41/2023. Für die Zulassung einer Minderheitsbeteiligung hingegen *Henssler*, AnwBl Online 2018, 564, 578 f.; für eine Lockerung auch *Römermann*, https://www.lto.de/recht/juristen/b/anwaelte-kanzlei-fremdbesitz-verbot-kapital-beteiligung-buschmann-brak-dav-legal-tech/.
[249] https://www.bmj.de/SharedDocs/Pressemitteilungen/DE/2023/1221_Umfrage_BMJ.html.

Dank des Segens des BGH für die Klageorganisation durch Inkassodienstleister konnte sich das „Sammelklage-Inkasso" als schlagkräftigere Alternative zu den bislang zahnlosen dedizierten Instrumenten des kollektiven Rechtsschutzes etablieren. Inwieweit das VDuG dazu führen wird, dass sich Verbraucher künftig eher für eine Verbandsklage entscheiden, bleibt abzuwarten. Zumindest außerhalb des Anwendungsbereichs des VDuG – etwa bei Ansprüchen von Unternehmern – dürfte das Sammelklage-Inkasso auf absehbare Zeit jedenfalls relevant bleiben.[250]

Die Liberalisierung des Rechtsdienstleistungsrechts wird primär in Bezug auf Legal-Tech-Unternehmen diskutiert, die auf weitgehende Automatisierung setzen, um durch Skaleneffekte auch die Durchsetzung u. U. geringwertiger Ansprüche gewinnbringend zu machen. Das RDG ist jedoch technologieneutral. Auch „analoge" nichtanwaltliche Rechtsdienstleister können aufgrund einer Inkassolizenz Rechtsberatung im Hinblick auf möglicherweise durchzusetzende Forderungen anbieten und Klagen organisieren.[251]

III. Tätigkeitsverbot bei Interessenkollisionen (§ 4 RDG)

1. Stand der Diskussion

§ 4 RDG statuiert ein Tätigkeitsverbot für Rechtsdienstleistungen, deren ordnungsgemäße Erbringung durch die Kollision mit einer anderen Leistungspflicht gefährdet wird. Die Bestimmung, die eigentlich die Kombination einer Rechtsdienstleistung mit unvereinbaren Zweittätigkeiten verhindern sollte[252] und vom historischen Gesetzgeber insbesondere als Ausschluss von Rechtsdienstleistungen durch Rechtsschutzversicherer intendiert war,[253] ist häufig Aufhänger für Angriffe auf Geschäftsmodelle von Klageorganisatoren, insbesondere auf das „Sammelklage-Inkasso". Unter diesem Gesichtspunkt wurden etwa erfolgsbasierte Vergütungen,[254] die Pro-

---

[250] Vgl. auch *Engler*, LTZ 2023, 15 ff.; *Schneider/Conrady/Kapoor*, BB 2023, 2179, 2188 f.
[251] Zu möglichen Szenarien *Kilian*, AnwBl Online 2021, 213, 218.
[252] Näher Deckenbrock/Henssler/*Deckenbrock*, 5. Aufl. 2021, § 4 RDG Rn. 2 ff.
[253] RegE RDG, BT-Drs. 16/3655, 39, 51 unter Verweis auf BGH 20.2.1961 – II ZR 139/59, NJW 1961, 1113; vgl. dazu auch *Weckmann*, Rechtsschutzversicherer als Rechtsdienstleister, 2018, 227 ff.; *Markworth*, The German Litigation Funding Market's Black Swan Event, Working Paper, 2023, II.2; *Römermann*, NJW 2006, 3025, 3028; zur Zulässigkeit von Rechtsdienstleistungen eines Rechtsschutzversicherers für Dritte im Hinblick auf das Verbot versicherungsfremder Geschäfte (§ 15 Abs. 1 S. 1 VAG) *Armbrüster*, VersR 2023, 1001 ff.
[254] LG Mainz 7.10.2022 – 9 O 125/20, BeckRS 2022, 34038; *Singer*, BRAK-Mitt. 2019, 211, 214.

zessfinanzierung durch den Rechtsdienstleister,[255] der Beizug eines externen Prozessfinanzierers,[256] die Bündelung von Ansprüchen mit unterschiedlichen Erfolgsaussichten,[257] die Unwiderruflichkeit der Forderungsabtretung an den Inkassodienstleister,[258] die Erschwerung des Widerrufs eines durch den Inkassodienstleister geschlossenen Vergleichs[259] und der fehlende Einfluss des Kunden auf die Auswahl des Rechtsanwalts durch den Inkassodienstleister[260] problematisiert. Inzwischen hat der BGH alle diese Praktiken im Grundsatz abgesegnet.[261]

Mit dem Legal-Tech-Gesetz wurde in § 4 S. 2 RDG festgeschrieben, dass eine Berichtspflicht gegenüber einem Prozessfinanzierer noch keine Gefährdung der ordnungsgemäßen Erbringung der Rechtsdienstleistung aufgrund der Unvereinbarkeit mit einer anderen Leistungspflicht bedeutet. Damit wird implizit auch die grundsätzliche Zulässigkeit einer passiven Prozessfinanzierung anerkannt.[262] Unklar bleibt, in welchen Fällen ein vom Rechtsdienst-

---

[255] *Valdini*, BB 2017, 1609, 1610; *Henssler*, NJW 2019, 545, 547; dagegen *Tolksdorf*, ZIP 2019, 1401, 1408 f.; *Flory*, Grenzen inkassodienstlicher Rechtsdienstleistungen, 2022, 185 ff.

[256] LG München 7.2.2020 – 37 O 18934/17, BeckRS 2020, 841; LG Ingolstadt 7.8.2020 – 41 O 1745/18, BeckRS 2020, 18773; *Greger*, MDR 2018, 897, 899 f.; *Henssler*, NJW 2019, 545, 547; *Prütting*, ZIP 2020, 1434, 1440 f.; dagegen LG Braunschweig 30.4.2020 – 11 O 3092/19, BeckRS 2020, 7267; Deckenbrock/Henssler/*Deckenbrock*, § 4 RDG Rn. 16b, 28 b; *Hartung*, AnwBl Online 2019, 353, 356; *Stadler*, JZ 2020, 321, 326; *Timmermann*, Legal-Tech-Anwendungen, 2020, 544.

[257] LG München I 7.2.2020 – 37 O 18934/17, BeckRS 2020, 841 (krit. dazu *Thiede*, EuZW 2020, 285 f.); LG Stuttgart 20.1.2022 – 30 O 176/19, BeckRS 2022, 362; OLG Schleswig 11.1.2022 – 7 U 130/21, BeckRS 2022, 385; *Prütting*, FS Henssler, 2023, 1503, 1505 ff.; eine Interessenkollision iSv § 4 RDG verneinend etwa Deckenbrock/Henssler/*Deckenbrock*, § 4 RDG Rn. 28d; *Engler*, AnwBl Online 2020, 513, 516; *Wagner/Weskamm*, FS Henssler, 2023, 1605, 1612 f.

[258] Vgl. (Interessenkollision verneinend) BGH 27.11.2019 – VIII ZR 285/18, NJW 2020, 208.

[259] *Greger*, MDR 2018, 897, 900; allgemein zur Diskussion über Interessenkollisionen durch Einflussnahme des Rechtsdienstleisters auf Vergleichsabschlüsse Deckenbrock/Henssler/*Deckenbrock*, § 4 RDG Rn. 28e ff. mwN.

[260] Vgl. (Interessenkollision verneinend) BGH 27.11.2019 – VIII ZR 285/18, NJW 2020, 208.

[261] Zur erfolgsbasierten Vergütung, zur Unwiderruflichkeit der Abtretung und zum fehlenden Einfluss auf die Anwaltswahl BGH 27.11.2019 – VIII ZR 285/18, NJW 2020, 208; zur Kostenfreihaltung bei Erfolglosigkeit BGH 7.3.2023 – VI ZR 180/22, NJW-RR 2023, 904; zur Einschaltung eines Prozessfinanziers BGH 13.7.2021 – II ZR 84/20, BGHZ 230, 255; im Anschluss daran OLG München 18.7.2022 – 21 U 1200/22, BeckRS 2022, 17969; zur Bündelung heterogener Ansprüche BGH 13.7.2021 – II ZR 84/20, BGHZ 230, 255; 24.10.2022 – VIa ZR 162/22; BeckRS 2022, 35771; zur Erschwerung des Vergleichswiderrufs BGH 13.6.2022 – VIa ZR 418/21, BeckRS 2022, 200036.

[262] BT-Drs. 19/27673, 39 f.; im Einzelnen *Engler*, Die Bedeutung der unechten Legal Tech-Sammelklagen, 2022, 163 ff. mwN.

leister geschlossener Prozessfinanzierungsvertrag, der über die Berichtspflicht hinaus eine aktive Einflussnahme des Finanziers auf den Prozess ermöglicht, mit § 4 RDG in Konflikt gerät.[263] Der BGH hat im Fall financialright[264] auch schon unter Hinweis auf § 4 S. 2 RDG nF ausgeführt, dass bloß „theoretische oder unbedeutende Einflussmöglichkeiten" eines externen Prozessfinanzierers nicht zu einer nach § 4 RDG unzulässigen strukturellen Interessenkollision führen.

Gleichwohl hält die Rspr. die Möglichkeit offen, dass im Einzelfall doch ein Interessenkonflikt bestehen könnte, der die Unzulässigkeit der Rechtsdienstleistung bewirkt.[265] Das gilt selbst dann, wenn die vermeintlich kollidierenden Pflichten Teil eines Leistungspakets sind. In solchen Fällen fehlt es zwar nach inzwischen wohl gefestigter Rspr. an einer *anderen* Leistungspflicht iSv § 4 RDG;[266] das soll aber eine analoge Anwendung nicht ausschließen.[267] Da nach wohl hM[268] auch[269] ein Verstoß gegen § 4 RDG die Nichtigkeit des Rechtsdienstleistungsvertrags und der Inkassozession[270] und damit den Mangel der Aktivlegitimation nach sich zieht, ist es für Beklagte attraktiv, sich auf vermeintliche Interessenkollisionen zu berufen, und Instanzgerichte haben dem vielfach Gehör geschenkt.[271]

2. Würdigung

Dass die Interessen der Vertragsparteien eines Austauschvertrags nicht völlig gleichlaufen und eine Partei die andere übervorteilen

---

[263] Vgl. *Lemke*, RDi 2021, 223 f.
[264] BGH 13.6.2022 – VIa ZR 418/21, BGHZ 234, 125 (Anwendbarkeit ausländischen Sachrechts).
[265] Nach OLG München 18.7.2022 – 21 U 1200/22, BeckRS 2022, 17969 wäre ein Anwendungsfall etwa ein Vetorecht eines Prozessfinanzierers in Bezug auf Verfahrenshandlungen.
[266] BGH 27.11.2019 – VIII ZR 285/18, NJW 2020, 208; 13.7.2021 – II ZR 84/20, NJW 2021, 3046; vgl. auch *Wagner/Weskamm*, FS Henssler, 2023, 1605, 1613. Diese Rspr. steht allerdings in einem gewissen Spannungsverhältnis damit, dass § 4 RDG nach der Vorstellung des historischen Gesetzgebers primär die Erbringung von Rechtsdienstleistungen durch Rechtsschutzversicherer ausschließen sollte (vgl. bei und in Fn. 253) – und zwar wohl auch dann, wenn sie von vornherein Teil des Versicherungspakets sind.
[267] BGH 13.7.2021 – II ZR 84/20, NJW 2021, 3046; LG Mainz 7.10.2022 – 9 O 125/20, BeckRS 2022, 34038; Deckenbrock/Henssler/*Deckenbrock*, § 4 RDG Rn. 16a; offenlassend BGH 27.11.2019 – VIII ZR 285/18, NJW 2020, 208; dagegen *Römermann*, VuR 2020, 43, 52.
[268] Umfangreiche Nachweise zum Meinungsstand bei Deckenbrock/Henssler/*Deckenbrock*, § 4 RDG Rn. 32 f.
[269] Zu § 3 RDG → Teil 3, VI.2.
[270] Deckenbrock/Henssler/*Deckenbrock*, § 4 RDG Rn. 33a.
[271] Dazu bei und in Fn. 254–260.

könnte, ist bis zu einem gewissen Grad unvermeidlich und für sich allein kein Grund für ein Tätigkeitsverbot.[272] Ein solches ist nur angebracht, wenn verschiedene Leistungspflichten kollidieren, die aus unterschiedlichen Rechtsgeschäften oder Vorgängen resultieren. Eine analoge oder erweiternde Auslegung von § 4 RDG über diese Fälle hinaus ist abzulehnen.

Im Bereich der Klageorganisation ist vor diesem Hintergrund primär die (freilich häufige) Anspruchsbündelung ein möglicher Anwendungsfall von § 4 RDG. Auch hier scheint jedoch Zurückhaltung angezeigt, zumal die „ordnungsgemäße Erbringung der Rechtsdienstleistung" durch den Klageorganisator mit der Bündelung oft gerade erst ermöglicht wird.[273] Ein Tätigkeitsverbot allein deshalb, weil die gebündelten Ansprüche unterschiedliche Erfolgsaussichten haben, ist mit der höchstgerichtlichen Rechtsprechung abzulehnen. Zu Recht nimmt der BGH eine Gesamtbetrachtung vor, die nicht nur mögliche Einbußen für Inhaber aussichtsreicherer Ansprüche im Fall eines Vergleichs, sondern auch die Vorteile der Bündelung in Rechnung stellt. Die Zulässigkeit einer Rechtsdienstleistung ist freilich nicht davon abhängig zu machen, dass die Anspruchsinhaber damit im konkreten Fall besser fahren als mit der Individualrechtsdurchsetzung. Es liegt vielmehr nahe, sich an den Kriterien für das anwaltsrechtliche Verbot der Doppelvertretung zu orientieren; dort wird ein Tätigkeitsverbot nicht schon dann angenommen, wenn sich aus der parallelen Rechtsverfolgung faktische Nachteile für einen Mandanten ergeben könnten.[274] Vielmehr sollte darauf abgestellt werden, ob zur Erfüllung der Pflichten aus dem Rechtsdienstleistungsvertrag miteinander unvereinbare Rechtsstandpunkte vertreten werden müssten.

Nach hM ist § 4 RDG nicht disponibel, weshalb eine (auch informierte) Einwilligung ein Tätigkeitsverbot nicht entfallen lässt.[275] Anderes wird z.T. vertreten, soweit mit dem Legal-Tech-Gesetz ein Informationsmodell implementiert wurde, also im Rahmen von § 13b Abs. 1 RDG (Erfolgshonorar, Prozessfinanzierung, Befugnis zum Vergleichsschluss).[276] § 13b Abs. 1 RDG sollte aber nicht so

---

[272] Zu anwaltlichen Interessenkonflikten BGH 12.5.2016 – IX ZR 241/14, NJW 2016, 2561 (Gefahr nachteiliger Maßnahmen zum Zweck der Gebührenmaximierung); im Anschluss daran zu § 4 RDG BGH 13.6.2022 – VIa ZR 418/21, NJW 2022, 3350.
[273] Vgl. *Morell*, JZ 2019, 809, 811 f.
[274] Dazu BGH 7.9.2017 – IX ZR 71/16, MDR 2017, 1271.
[275] LG München I 7.2.2020 – 37 O 18934/17, BeckRS 2020, 841; *v. Lewinski/Kerstges*, ZZP 132 (2019) 177, 186 ff.; *Prütting*, ZIP 2020, 1434, 1441; Deckenbrock/Henssler/*Deckenbrock*, § 4 RDG Rn. 29; aA *Römermann*, AnwBl Online 2020, 273, 277; tendenziell auch *Stadler*, VuR 2021, 123, 126; *Heinze*, NZKart 2022, 193, 196.
[276] Deckenbrock/Henssler/*Deckenbrock*, § 4 RDG Rn. 29b f.; *Boerner*, Prozessfinanzierung und Interessenkonflikte, 2023, 169 ff.; tendenziell *Meller-Hannich*, NZM

verstanden werden, dass Klauseln, über die ordnungsgemäß informiert wurde, jedenfalls unangreifbar wären. Ein Tätigkeitsverbot kann durch eine informierte Einwilligung nur dann entfallen, wenn das Allgemeininteresse an einer geordneten Rechtspflege dem nicht entgegensteht.[277] Zudem kann Transparenz allein keinen wirksamen Verbraucherschutz gewährleisten;[278] daher gibt es zwingende Verbraucherschutzvorschriften und die AGB-Inhaltskontrolle. Diese Einsichten sind auch im Rechtsdienstleistungsrecht zu berücksichtigen. In den von § 13b Abs. 1 RDG abgedeckten Fällen wird es meist an einer Interessenkollision iSv § 4 RDG fehlen; eine Inhaltskontrolle wird dadurch aber nicht ausgeschlossen.[279]

IV. Erfolgshonorar und Prozessfinanzierung

Nichtanwaltliche Klageorganisatoren werden typischerweise gegen Erfolgshonorar, regelmäßig in Form der *quota litis,* tätig. Zudem übernehmen sie die Gerichtskosten und das Risiko einer Kostenpflicht gegenüber dem Prozessgegner. Die anwaltlichen Berufspflichten einschließlich der Schranken für die Zulässigkeit von Erfolgshonoraren und Prozessfinanzierung gelten für nichtanwaltliche Rechtsdienstleister nicht.[280] Nach inzwischen gefestigter Rspr. verstoßen derartige Abreden nicht *per se* gegen § 4 RDG.[281] Mit dem Legal-Tech-Gesetz wurde in § 13c Abs. 3 und 4 RDG implizit klargestellt, dass Inkassodienstleister außer bei unpfändbaren Forderungen ein Erfolgshonorar vereinbaren dürfen. Nicht explizit erlaubt werden *Quota-litis-*Vereinbarungen. Nachdem diese jedoch der Regelfall sind, ist ihre Nichtuntersagung als Akzeptanz durch den Gesetzgeber zu verstehen.

Sollte die Prozessfinanzierung künftig in der vom EU-Parlament vorgeschlagenen Form reguliert werden, so könnten davon auch Inkassodienstleister erfasst sein. Die von ihnen geschlossenen Vereinbarungen erfüllen die Kriterien nach Art. 3 lit. h des RL-Vorschlags, der explizit auch Fälle erfasst, in denen die erfolgsbasierte Vergütung

---

2022, 353, 359; vgl. auch *Skupin,* GRUR-Prax 2020, 581, 582 f.; *Hartung,* AnwBl Online 2021, 152, 155, 157.

[277] Vgl. auch zum Verhältnis zwischen informierter Einwilligung und Tätigkeitsverbot bei anwaltlichen Interessenkonflikten Weyland/*Bauckmann,* 11. Aufl. 2024, § 43a BRAO Rn. 67.

[278] Treffend der Vergleich mit dem „Cookie-Banner" bei *Lemke,* RDi 2021, 224, 229; skeptisch bezüglich der verbraucherschützenden Wirkung auch *Flory,* LTZ 2023, 10, 14 f.

[279] Zur Anwendbarkeit der AGB-Kontrolle *Boerner,* Prozessfinanzierung und Interessenkonflikte, 2023, 173 ff.

[280] Vgl. nur *Wagner/Weskamm,* FS Henssler, 2023, 1605, 1613.

[281] Näher → Teil 3, III.1.

„durch Kauf oder Abtretung der Forderung erreicht" wird. Sie dürften auch „Prozessfinanzierer" iSd Definition in Art. 3 lit. a des RL-Vorschlags sein, es sei denn, man wollte argumentieren, sie würden mit der Mittelbereitstellung nicht „in erster Linie" das Ziel verfolgen, Kapitalrendite zu erzielen oder einen Wettbewerbsvorteil zu erhalten.

Ein Gleichlauf der Regulierung der Höhe der Erfolgsbeteiligung unabhängig davon, wer die erfolgsbasierte Finanzierung anbietet, scheint gerechtfertigt.[282] Streiten ließe sich jedoch darüber, ob auf Erfolgshonorarbasis arbeitende Rechtsdienstleister einer doppelten Aufsicht unterworfen werden sollten – durch die Rechtsdienstleistungsaufsicht und die Prozessfinanzierungsaufsicht, falls Letztere nicht bei Ersterer angegliedert würde.[283] Letztlich dürfte die Beaufsichtigung durch verschiedene Behörden aber der Zuständigkeit unterschiedlicher Behörden für die Finanzierungsaufsicht über Rechtsdienstleister iSd RDG einerseits und sonstige Prozessfinanzierer andererseits vorzuziehen sein. Die Aufgabenbereiche der Aufsichtsbehörden müssten jedoch klar voneinander abgegrenzt werden.

V. Verhältnis zwischen Anwälten, nichtanwaltlichen Klageorganisatoren und Prozessfinanzierern

1. Notwendigkeit der Einschaltung eines Klageorganisators und/oder Prozessfinanzierers

Soll eine Klage gegen Erfolgshonorar und ohne eigenes Kostenrisiko für den Mandanten erhoben werden, so muss nach geltendem Recht mindestens ein Rechtsanwalt einerseits, ein Inkassodienstleister oder Prozessfinanzierer andererseits beteiligt sein.[284] Das gilt sowohl für die sequenzielle als auch für die gebündelte Rechtsdurchsetzung.

Für eine Bündelung von Ansprüche zugunsten mehrerer ursprünglicher Gläubiger auf Basis von § 260 ZPO („unechte Sammelklage") bedarf es eines Inkassodienstleisters, der sich die Forderungen zur Einziehung abtreten lässt und sie dann durch einen Rechtsanwalt gebündelt einklagen lässt. Der Inkassodienstleister fungiert insofern als Klageorganisator. Unklar ist, ob diese Notwen-

---

[282] Dafür *Kilian*, AnwBl Online 2021, 213 ff. Für eine Angleichung der Regelungen für Anwälte und nichtanwaltliche Rechtsdienstleister (auch) im Hinblick auf die Zulässigkeit von Erfolgshonoraren zuletzt etwa *Mayrhofer*, ZfPW 2023, 110, 130.
[283] Dazu → Teil 2, V.
[284] Darauf hinweisend auch *Timmermann/Modra*, Legal-Tech Magazin 2022/2, 12, 13.

digkeit umschifft werden kann, indem sich der Rechtsanwalt die einzuklagenden Ansprüche selbst abtreten lässt und sie im eigenen Namen gerichtlich geltend macht.[285] Das deutsche Recht enthält – anders als etwa das österreichische in § 879 Abs. 2 S. 2 ABGB – kein explizites Verbot des Forderungskaufs oder des „Ansichlösens der Streitsache" durch Rechtsanwälte. Dazu scheint auch keine Rspr. des BGH vorzuliegen. In der instanzgerichtlichen Rspr. wird vertreten, der gewerbsmäßige Forderungskauf und die nachfolgende Geltendmachung der abgetretenen Forderungen im eigenen Namen sei mit der Stellung des Rechtsanwalts als unabhängiges Organ der Rechtspflege unvereinbar; die Abtretung sei in solchen Fällen sittenwidrig und damit nichtig.[286] Teilweise wird dies zur Umgehung des Erfolgshonorarverbots in Beziehung gesetzt.[287] Sieht man das als den entscheidenden Gesichtspunkt, so könnte man sich fragen, ob eine Abtretung und nachfolgende (allenfalls gebündelte) Geltendmachung im eigenen Namen zumindest dann zulässig wäre, wenn auch für die Vertretung im gerichtlichen Verfahren ein Erfolgshonorar vereinbart werden dürfte (also im Rahmen von § 4a Abs. 1 Nr. 1 und 3 RVG), oder wenn der Rechtsanwalt für die Abtretung einen erfolgsunabhängigen Preis bezahlt, also nicht bloß als Inkassozessionar tätig wird. Ein solches Konstrukt wäre jedoch bis zu einer höchstgerichtlichen Klärung mit erheblichen Unsicherheiten behaftet.

Anwälte dürfen in den Fällen des § 4a Abs. 1 Nr. 1 und 3 RVG gegen Erfolgshonorar tätig werden; eine weitergehende Prozessfinanzierung dürfen sie jedoch bei der gerichtlichen Vertretung nicht übernehmen (§ 49b Abs. 2 BRAO).[288] Dafür bedarf es der Einschaltung eines Prozessfinanzierers oder eines nichtanwaltlichen Rechtsdienstleisters, der selbst mit dem Anspruchsinhaber kontrahiert. Hieran hat sich durch das Legal-Tech-Gesetz nichts geändert.[289]

Inkassodienstleister dürfen die Vergütung mit ihren Kunden weitgehend frei vereinbaren. § 13c RDG schreibt für Vergütungsvereinbarungen von Inkassodienstleistern die Textform vor und versucht die Transparenz solcher Vereinbarungen sicherzustellen. Die Notwendigkeit der Transparenz bezüglich der Höhe der Vergütung ergibt sich nicht aus § 13c Abs. 1 RDG, sondern aus § 307 Abs. 3 S. 2 BGB. Nach § 13c Abs. 2 RDG kann eine unangemessen hohe Ver-

---

[285] Verneinend *Mayrhofer*, ZfPW 2023, 110, 122f.
[286] OLG Frankfurt a.M., 13.4.2011 – 17 U 250/10, NJW 2011, 3724; LG Frankfurt a.M. 13.3.2019 – 2-10 O 81/18, WM 2019, 921.
[287] OLG Frankfurt a.M., 13.4.2011 – 17 U 250/10, NJW 2011, 3724.
[288] Zum Hintergrund *Kilian*, NJW 2010, 845ff.
[289] Die im RegE zum Legal-Tech-Gesetz ebenfalls vorgesehene Zulassung der anwaltlichen Prozessfinanzierung in den Fällen des § 4a Abs. 1 S. 1 Nr. 1 RVG, also bei Geldforderungen bis 2.000 EUR, wurde nicht Gesetz; vgl. auch *Meller-Hannich*, NZM 2022, 253, 357f.

gütung im Rechtsstreit herabgesetzt werden. Es gibt aber keine verbindlichen Unter- und Obergrenzen. Ein Erfolgshonorar kann von Inkassodienstleistern unabhängig von der Höhe der durchzusetzenden Forderung auch im Hinblick auf die gerichtliche Durchsetzung vereinbart werden. Zudem darf der Inkassodienstleister den Prozess finanzieren. Verwehrt bleibt ihm jedoch (außerhalb des § 79 Abs. 2 Nr. 4 ZPO) die Vertretung vor Gericht. Einer anwaltlichen Vertretung bedarf es wegen § 79 Abs. 1 S. 2 ZPO stets auch dann, wenn der Inkassodienstleister die Forderung als Zessionar im eigenen Namen geltend macht.[290] Nur, aber immerhin bei einem echten Factoring kann auch ein Inkassodienstleister außerhalb des § 78 ZPO ohne anwaltliche Vertretung über die einzuziehenden Forderungen prozessieren.[291] Ansonsten kann er nur als Klageorganisator fungieren; er muss mit der Vertretung im gerichtlichen Verfahren einen Rechtsanwalt beauftragen und dessen Tätigkeit erfolgsunabhängig vergüten.

Nach dem Gesagten konkurrieren Inkassodienstleister bei der Klageorganisation nicht mit Rechtsanwälten; sie schaffen ein komplementäres Angebot. Direkte Konkurrenz besteht im Bereich der gerichtlichen Rechtsdurchsetzung höchstens zwischen Inkassodienstleistern und reinen Prozessfinanzierern, wobei nach geltendem Recht Inkassodienstleister mehr dürfen, dafür aber Berufszugangs- und Berufsausübungsregeln unterliegen, während die reine Prozessfinanzierung unreguliert ist und lediglich Rechtsanwälten für ihre eigenen Mandanten verwehrt bleibt. Eine (faktische und mittelbare) Benachteiligung von Rechtsanwälten aufgrund der Zulassung des Sammelklage-Inkassos[292] könnte höchstens darin liegen, dass Rechtsstreitigkeiten, die sonst zu Einzelmandaten geführt hätten, stattdessen gebündelt werden. Insgesamt dürfte das Sammelklage-Inkasso Rechtsanwälten aber eher zusätzliches Geschäft bringen als solches entziehen.

2. Nichtanwaltlicher Klageorganisator – mehr als ein Notnagel?

a) Fragestellung

Das Zusammenspiel von Rechtsanwälten und nichtanwaltlichen Rechtsdienstleistern bei der Klageorganisation ist nicht das Produkt einer bewussten gesetzgeberischen Entscheidung. Es handelt sich um einen juristischen Workaround: Über den Umweg der Einschaltung eines Inkassodienstleisters und/oder Prozessfinanzierers lassen sich

---

[290] Dazu BT-Drs. 16/3655, 86 f.
[291] BT-Drs. 16/3655, 87; Stein/Jonas/*Jacoby*, 23. Aufl. 2016, § 79 ZPO Rn. 32.
[292] Von einer „verfassungsrechtlich bedenklichen Schlechterstellung" spricht *Henssler*, NJW 2019, 545, 550.

faktische Rechtsschutzdefizite überwinden, die sich daraus ergeben, dass Rechtsanwälte, die zur gerichtlichen Durchsetzung von Ansprüchen berufen sind, dies nicht zu Konditionen tun dürfen, die für Rechtsuchende attraktiv sind.

Hält man das Ergebnis – den verbesserten Zugang zum Recht – für wünschenswert, so liegt die Frage nahe, ob der Umweg erforderlich bleiben oder ob direkt beim Kern des Problems angesetzt werden sollte, insbesondere durch Zulassung anwaltlicher Klageorganisation und durch Aufhebung der verbliebenen Restriktionen für anwaltliche Erfolgshonorare und anwaltliche Prozessfinanzierung.

Die Antwort hängt davon ab, inwieweit die Einbindung des nichtanwaltlichen Rechtsdienstleisters einen eigenständigen Nutzen hat. Dabei ist zwischen der Anspruchsaggregation zum Zweck der gebündelten Geltendmachung einerseits,[293] den finanziellen Aspekten (Erfolgshonorar und Prozessfinanzierung)[294] andererseits zu unterscheiden.

b) Technologieentwicklung

In der deutschen zivilprozessualen und berufsrechtlichen Diskussion ist „Legal Tech" weitgehend zum Synonym für die Klageorganisation durch Inkassodienstleister geworden – auch wenn sich zum einen „Legal Tech" bei weitem nicht darin erschöpft[295] und zum anderen die Klageorganisation auch rein analog stattfinden kann.[296] Man könnte demnach meinen, eine sachliche Rechtfertigung für die Einbindung dieser Dienstleister liege darin, dass sie über die erforderliche technische Ausstattung verfügen und passende technologische Lösungen entwickeln können. Das kann aber höchstens faktisch relevant sein und keinen rechtlichen Zwang zur Einschaltung von Nichtanwälten rechtfertigen. Auf mittlere und lange Sicht wird zur Klageorganisation geeignete Software wohl ohnehin zu erschwinglichen Preisen lizenzierbar sein, so dass deren Entwicklung nicht zum Kern der Tätigkeit von „Legal-Tech"-Klageorganisatoren gehören muss. Davon abgesehen können Rechtsanwälte nach der Reform des anwaltlichen Gesellschaftsrechts schon heute Sozietäten mit IT-Spezialisten gründen.[297]

---

[293] Hierzu sogleich → Teil 3, V.2.b–f.
[294] Hierzu → Teil 3, V.3.
[295] Zur breiten Palette möglicher Anwendungen im Kontext der Zivilrechtsdurchsetzung etwa *Timmermann*, Legal-Tech-Anwendungen, 2020, sowie die Beiträge in Riehm/Dörr (Hrsg.), Digitalisierung und Zivilverfahren, 2023, und Freeman Engstrom (Hrsg.), Legal Tech and the Future of Civil Justice, 2023.
[296] *Kilian*, AnwBl Online 2021, 213, 218.
[297] Dazu *Kilian*, AnwBl Online 2022, 612, 613; vgl. auch *Hellwig/Ewer*, NJW 2020, 1783, 1784.

c) Risikobegrenzung

Mit der Einschaltung eines Klageorganisators wird ein riskantes Geschäft vom Kanzleibetrieb getrennt. Auch das ist aber kein Grund für die zwingende Beteiligung eines nichtanwaltlichen Rechtsdienstleisters, zumal „Legal-Tech"-Sammelklagen nicht die einzige riskante Tätigkeit sind, auf die sich Rechtsanwälte einlassen können.

d) Einheitliche Aufsicht

Ein weiterer denkbarer Grund für die Beibehaltung der Notwendigkeit eines Klageorganisators könnte sein, dass so eine einheitliche Aufsicht über dieses Geschäft sichergestellt werden kann. Das könnte jedoch auch erreicht werden, indem Rechtsanwälte, die Klageorganisation betreiben, im Hinblick auf diese Tätigkeit der Rechtsdienstleistungsaufsicht unterstellt würden.

e) Zusätzlicher Schutz für Begünstigte

Schließlich könnte ein Mehrwert der Einschaltung eines zusätzlichen Akteurs in einem besseren Schutz der Begünstigten liegen. So könnte daran gedacht werden, den Rechtsanwalt zu verpflichten, die Interessen der Begünstigten auch gegenüber dem Klageorganisator zu wahren, also die „treuhänderische Verpflichtung", die das Europäische Parlament Prozessfinanzierern auferlegen will,[298] für den Rechtsanwalt vorzusehen, der von einem Klageorganisator beauftragt wird – über die wohl schon *de lege lata* bestehende Schutzwirkung des Mandatsvertrags zwischen dem Rechtsanwalt und Klageorganisator zugunsten der Kunden des Klageorganisators hinaus.

Ein wirksamer zusätzlicher Schutz würde eine echte Unabhängigkeit des Rechtsanwalts vom Klageorganisator voraussetzen. Heute steht jedoch häufig der Rechtsanwalt, der in weiterer Folge den Prozess führt, auch hinter dem Klageorganisator[299] und/oder dem Prozessfinanzierer.[300] Solange zugelassen wird, dass der Rechtsanwalt beide Hüte trägt, ist ein zusätzlicher Schutz für die Rechtsuchenden schwer erkennbar.

f) Fazit

Im gegenwärtigen rechtlichen Umfeld, das trotz formaler Trennung enge personelle Verflechtungen zwischen Rechtsanwälten und nichtanwaltlichen Klageorganisatoren zulässt, erfüllt die Tren-

---

[298] Dazu → Teil 2, VI.3.
[299] *Kilian*, AnwBl Online 2021, 213, 220; zur berufsrechtlichen Zulässigkeit *Hartung*, AnwBl 2020, 16 f.
[300] Dazu → Teil 3, V.3.c.

nung der Klageorganisation von der Vertretung primär eine ästhetische Funktion. Es widerspräche dem traditionellen Berufsbild des Rechtsanwalts, als Inkassozessionar im eigenen Namen zu klagen. Durch die Zwischenschaltung eines Klageorganisators kann die Illusion gewahrt werden, der Mandant habe den Rechtsanwalt gesucht und nicht umgekehrt, obwohl der eigentliche Treiber hinter „Inkasso-Sammelklagen" häufig ein Rechtsanwalt ist. Ob der Berufsbildschutz einen Ausschluss von Rechtsanwälten von der Klageorganisation zu rechtfertigen vermag, ist zu bezweifeln.[301] Wie noch zu zeigen sein wird,[302] scheint es – schon ganz unabhängig von der zweifelhaften politischen Machbarkeit einer Zulassung von Rechtsanwälten zu dieser Tätigkeit – gleichwohl empfehlenswert, an der Funktionstrennung zumindest vorläufig festzuhalten.

3. Restriktionen für anwaltliches Erfolgshonorar und anwaltliche Prozessfinanzierung

a) Erfolgshonorar

Durch die Einschaltung eines auf Erfolgsbasis tätigen Klageorganisators oder eines Prozessfinanzierers können ähnliche wirtschaftliche Ergebnisse erzielt werden wie mit einem anwaltlichen Erfolgshonorar.[303] Es ist aber ein zusätzlicher Akteur beteiligt, was im Zweifel auch höhere Kosten generiert. Ist die grundsätzliche Zulässigkeit einer Prozessfinanzierung gegen Erfolgsbeteiligung einmal anerkannt, so stellt sich daher die Frage, ob es insgesamt für die Rechtsuchenden nicht besser und vor allem kostengünstiger wäre, direkt mit dem Rechtsanwalt ein Erfolgshonorar zu vereinbaren. Damit würde auch der Kreis potenzieller Anbieter erweitert, was wiederum mehr Wettbewerb und im Zweifel tiefere Preise bedeuten würde.

Gegen anwaltliche Erfolgshonorare wird insbesondere vorgebracht, sie würden die Objektivität anwaltlicher Beratung und damit die Unabhängigkeit des Rechtsanwalts und dessen Stellung als Organ der Rechtspflege gefährden.[304] Hinzu kommt insbeson-

---

[301] Von der Verfassungswidrigkeit einer reinen Berufsbildpflege ausgehend *Kilian*, AnwBl 2020, 157, 159 unter Berufung auf BVerfG 4.11.1992 – 1 BvR 79/85 u.a., BVerfGE 87, 287. Diese Entscheidung betraf allerdings ein Verbot eines mit dem vermeintlichen Berufsbild unvereinbaren Zweitberufs, nicht Regeln für die anwaltliche Berufsausübung.
[302] → Teil 3, V.3.d.
[303] *Bruns*, JZ 2000, 232 f.; aus australischer Sicht *Legg*, Erasmus University Law Review 2021, 221, 233.
[304] BVerfG 12.12.2006 – 1 BvR 2576/04, BVerfGE 117, 163; *Bruns*, JZ 2000, 232, 236; vgl. auch *Oberhammer*, 19. ÖJT (2015) II/1, 73, 153 f.; krit. *Hähnchen/Kuprian*, AnwBl Online 2020, 423, 426.

dere im Fall der *quota litis* das Argument, der Anwalt könne aufgrund seines überlegenen Wissens das Prozessrisiko besser einschätzen als der Mandant und diesen durch Übertreibung der Schwierigkeiten und Risiken zur Zusage eines überhöhten Erfolgsanteils verleiten.[305] Überdies erhöhe ein Gleichlauf der wirtschaftlichen Interessen von Anwalt und Mandant die Gefahr, dass der Anwalt zu unlauteren Mitteln greifen könnte, um zum Erfolg zu kommen.[306]

Die Trennung der Rollen von Rechtsanwalt und Finanzierer entschärft diese Bedenken teilweise.[307] Insbesondere wird die (vermeintliche) Gefährdung der anwaltlichen Unabhängigkeit durch Erfolgshonorare vermieden, wenn der Anwalt selbst erfolgsunabhängig honoriert wird.[308] Zudem kann der Mandant vor Übervorteilung geschützt werden, indem er vom Rechtsanwalt auch beim Abschluss der Prozessfinanzierungsvereinbarung unabhängig beraten wird.[309] Beides setzt allerdings voraus, dass der Rechtsanwalt vom Prozessfinanzierer auch faktisch unabhängig ist. Lässt man zu, dass der Rechtsanwalt *de facto* sein eigener Prozessfinanzierer ist oder mit dem Prozessfinanzierer eng kooperiert, so verlieren derartige Argumente an Gewicht.[310] Entsprechendes gilt bei der Klageorganisation durch nichtanwaltliche Rechtsdienstleister; hier wird der Rechtsanwalt regelmäßig vom Klageorganisator an die Begünstigten vermittelt oder – im Fall einer gebündelten Geltendmachung abgetretener Ansprüche – vom Klageorganisator mandatiert.

Zugleich ist aber auch das Argument zu relativieren, eine erfolgsunabhängige Vergütung schütze den Mandanten vor Übervorteilung.[311] Kann der Anwalt sicher sein, dass er sein Honorar unabhängig vom Erfolg erhält, so besteht auch kein starker Anreiz, Mandanten von aussichtslosen Prozessen abzuhalten. Zudem kann der Mandant auch bei einer bereits nach geltendem Recht zulässigen Vergütungsvereinbarung durch übertriebene Darstellung von Komplexität und Aufwand übervorteilt werden.

Gegen die Zulässigkeit von Erfolgshonoraren spricht auch nicht, dass Mandanten mit zu wenig aussichtsreichen oder zu geringfügi-

---

[305] *Bruns*, JLEP 8 (2012), 525, 535; vgl. aber *Uwer*, ZdiW 2021, 157, 159 f.
[306] BVerfG 12.12.2006 – 1 BvR 2576/04, BVerfGE 117, 163. Kritisch *Kilian*, AnwBl 2020, 157, 159; *Kleine-Cosack*, AnwBl Online 2021, 139, 145.
[307] Dazu auch *Oberhammer*, ecolex 2011, 976 ff.
[308] *Bruns*, JZ 2000, 232, 236.
[309] *Oberhammer*, ecolex 2011, 972, 977 ff.; skeptisch wohl *Bruns*, JZ 2000, 232, 236.
[310] Vgl. *Boerner*, Prozessfinanzierung und Interessenkonflikte, 2023, 223 ff.; bezogen auf eine finanzielle Beteiligung am Prozessfinanzierer *Bruns*, JLEP 8 (2012), 525, 535.
[311] Dazu auch *Morell*, JZ 2019, 809, 811 f.; *Markworth* (Fn. 253) V.1.

gen Ansprüchen auf dieser Basis keinen Anwalt fänden.[312] Erfolgsunabhängige Vergütungsmodelle blieben weiterhin zulässig; für diese Gruppe würde sich nichts ändern – außer man wollte davon ausgehen, dass es nach der Einführung von Erfolgshonoraren kein entsprechendes Angebot mehr gäbe.[313] Das scheint unrealistisch, zumal sich in der Anwaltschaft die Bereitschaft zur Tätigkeit gegen Erfolgshonorar offenbar in Grenzen hält und Vergütungsvereinbarungen mit erfolgsabhängigen Komponenten eher mit gewerblichen Mandanten (die wohl meist selbst darauf hinwirken) als mit Verbrauchern getroffen werden.[314]

Als Rechtfertigung für die Schranken des Erfolgshonorars könnte noch an die Interessen der restlichen Mandanten gedacht werden, namentlich an die Gefahr, dass der Anwalt seine Energie primär in die auf Erfolgshonorarbasis geführten Mandate steckt, während er bei den nicht erfolgsabhängig geführten Mandaten auf Sparflamme agiert. Für sich genommen kann auch das ein Verbot des Erfolgshonorars schwerlich rechtfertigen, zumal es schon jetzt lukrativere und weniger lukrative Mandate gibt. Ein weiterer bedenkenswerter Aspekt ist das wirtschaftliche Risiko, das der Rechtsanwalt eingeht, wenn er auf Erfolgsbasis arbeitet. Es kann für den ganzen Mandantenstamm problematisch werden, wenn die wirtschaftliche Existenz der Anwaltskanzlei etwa an einem großen auf Erfolgshonorarbasis geführten Prozess hängt. Dass dies im Einzelfall eintreten könnte, ist jedoch ebenfalls kein überzeugender Grund für die bestehenden berufsrechtlichen Restriktionen.

b) Übernahme des Kostenvorschusses und des Prozesskostenrisikos

Auch dort, wo Erfolgshonorare *de lege lata* zulässig sind, verbietet § 49b Abs. 2 S. 2 BRAO Rechtsanwälten, sich zur Übernahme von Gerichtskosten, Verwaltungskosten und Kosten anderer Beteiligter zu verpflichten.[315] Ausgenommen sind nur die Fälle des § 4a Abs. 1 S. 1 Nr. 2 RVG, also außergerichtliche Inkassodienstleistungen und Verfahren nach § 79 Abs. 2 S. 2 Nr. 4 ZPO.

Um eine ernsthafte Alternative zur Einschaltung eines Klageorganisators oder Prozessfinanzierers zu bieten, müsste freilich für diese Kosten und Risiken eine Lösung gefunden werden. In

---

[312] So aber etwa *Wolf*, BRAK-Mitt. 2020, 250, 254f.; vgl. auch *Markworth* (Fn. 253) V.2.
[313] Davon ausgehend *Wolf*, BRAK-Mitt. 2020, 250, 254f.
[314] Dazu auf Basis von Umfragedaten *Kilian*, NJW 2021, 445, 446ff.
[315] Kritisch dazu etwa *Kilian*, NJW 2010, 1845ff.; *Pieronczyk*, AnwBl Online 2020, 193ff.

Rechtsordnungen, die anwaltliche Erfolgshonorare zulassen, ist teils auch die Übernahme weiterer Prozesskosten durch Rechtsanwälte erlaubt – oder, wie im Fall des australischen Bundesstaats Victoria, bei anwaltsfinanzierten *class actions* sogar zwingend.[316] Auch in Teilen der deutschen Literatur wird eine weitere Lockerung des Verbots anwaltlicher Prozessfinanzierung gefordert.[317] In der Anwaltschaft scheint allerdings wenig Interesse daran zu bestehen.[318]

Selbst eine generelle Freigabe von Erfolgshonorar und Prozessfinanzierung für Rechtsanwälte ließe daher den Bedarf nach externer Finanzierung wohl nicht entfallen. Auch bei Rechtsanwälten, die erfolgsbasiert arbeiten und Prozesse finanzieren wollen, bestünde ein Bedarf nach Refinanzierung. Zumindest ein Teil des Geschäfts kommerzieller Prozessfinanzierer könnte sich dann hierher verlagern[319] – wohl insbesondere in Form der Portfoliofinanzierung.[320]

Eine weitere theoretische Möglichkeit wäre die – grundsätzlich schon *de lege lata* zulässige – Aufnahme von Darlehen, die unter den Voraussetzungen des § 49b Abs. 4 S. 2 BRAO auch durch Sicherungsabtretung der (künftigen) Vergütungsforderung besichert werden können. Sollte das Fremdbesitzverbot künftig – sei es aufgrund einer Entscheidung des EuGH[321], sei es durch Gesetz – fallen, könnten auch strategische Eigenkapitalgeber hier eine (Anschub-) Finanzierung gewährleisten.

Eine Alternative zur anwaltlichen Übernahme des Kostenvorschusses und des Prozesskostenrisikos ist der Abschluss eines separaten Prozessfinanzierungsvertrags dafür – gegen geringere Erfolgsbeteiligung als bei umfassender Drittfinanzierung. Eine weitere Möglichkeit ist die bisher hauptsächlich in Common-law-Rechtsordnungen übliche *after the event insurance,* also eine nach Entstehung der Streitigkeit abgeschlossene Prozesskostenversicherung.[322] Deren Nachteil ist allerdings, dass typischerweise eine unbedingte

---

[316] Näher dazu *Legg,* Erasmus Law Review 2021, 221, 231 ff.

[317] *Wais,* JZ 2022, 404; kritisch auch zum Schwellenwert von 2.000 EUR *Römermann,* RDi 2021, 217, 218; ebenso ders., AnwBl Online 2020, 588, 608 ff.; zurückhaltend indes *Kilian,* NJW 2021, 445; *Wolf,* BRAK-Mitt. 2020, 250; *Mayrhofer,* ZfPW 2023, 110, 121 ff.

[318] Vgl. *Kilian,* https://anwaltsblatt.anwaltverein.de/de/anwaeltinnen-anwaelte/anwaltspraxis/der-rechtsanwalt-als-kostenfinanzierer.

[319] Aus australischer Sicht dazu *Legg,* Erasmus University Law Review 2021, 221, 233; für ein Beispiel vgl. *Fox v. Westpac Banking Corporation,* [2021], VSC 573, Rn. 75, 81, 83.

[320] Zu dieser → Teil 2, X.

[321] Die Frage wurde dem EuGH durch den AGH Bayern zur Vorabentscheidung unterbreitet (Vorlagebeschluss vom 20.4.2023 – BayAGH III-4–20/21, NJW 2023, 1744.

[322] Vgl. *Berger/Henze/Kohlmeier,* FS Reuter, 2021, 1, 6 ff.

Prämie in beträchtlicher Höhe anfällt.[323] Eine übliche Größenordnung ist 30–35 % der Versicherungssumme.[324]

c) Anwaltliche Interessenkonflikte bei der Kooperation mit Klageorganisatoren und Prozessfinanzierern

Bei der Legal-Tech-Klageorganisation ist die Prozessfinanzierung regelmäßig integraler Bestandteil eines umfassenden Leistungspakets.[325] Es wäre unökonomisch und impraktikabel, die Anspruchsinhaber einzeln nach einer Prozessfinanzierung suchen zu lassen.

Auch abseits solcher Modelle ist es typischerweise der Rechtsanwalt und nicht der Mandant selbst, der den Prozessfinanzierungsmarkt überblickt und den Kontakt zum Prozessfinanzierer herstellt. Es gehört auch zu den Pflichten des Rechtsanwalts aufgrund des Mandatsvertrags, den Mandanten in geeigneten Fällen auf die Möglichkeit einer Prozessfinanzierung und wohl auch auf die Möglichkeit der Einschaltung eines Inkassodienstleisters zumindest hinzuweisen – wenngleich § 16 BORA nur einen Hinweis auf Prozesskosten- und Beratungshilfe explizit vorschreibt.[326] Umgekehrt werden Inkassodienstleister durch § 13b Abs. 1 Nr. 1 und 2 RDG explizit zur Information von Verbrauchern über Alternativen zu einem vereinbarten Erfolgshonorar sowie über eine Prozessfinanzierung und über Vereinbarungen mit dem Prozessfinanzierer verpflichtet. Für Prozessfinanzierer bestehen derzeit keine spezifischen Informationspflichten gegenüber Verbrauchern.

Eine Kooperation von Rechtsanwälten mit Klageorganisatoren oder Prozessfinanzierern führt zwangsläufig zu Interessenkonflikten.[327] Derzeit fehlen spezifische gesetzliche Vorgaben für den Umgang damit. Das allgemeine Verbot von Bindungen, welche die berufliche Unabhängigkeit gefährden (§ 43a Abs. 1 BRAO) ist freilich auch bei der Ausgestaltung von Kooperationen mit Prozessfinanzierern zu berücksichtigen. Zu beachten ist zudem das Verbot von Vermittlungsprovisionen (§ 49b Abs. 3 BRAO), das auch die Entgegennahme von Vorteilen für die Vermittlung von Aufträgen an Dritte „gleich welcher Art" umfasst. Provisionsvereinbarungen

---

[323] Vgl. *Bruns*, JLEP 8 (2012) 525, 528.

[324] *Berger/Henze/Kohlmeier*, FS Reuter, 2021, 1, 9.

[325] Vgl. zu einem solchen Modell etwa OLG München 18.7.2022 – 21 U 1200/22, BeckRS 2022, 17969, das einen Verstoß gegen § 4 RDG in einem Fall verneinte, in dem der Prozessfinanzierer wirtschaftlich hinter der Inkassodienstleisterin stand, die als Zessionarin die fraglichen Ansprüche im eigenen Namen einklagte.

[326] OLG Köln 5.11.2018, 5 U 33/18, NJW-RR 2019, 759; zur Bedeutung einer solchen Hinweispflicht *Boerner*, Prozessfinanzierung und Interessenkonflikte, 2023, 175 ff.

[327] Vgl. *Boerner*, Prozessfinanzierung und Interessenkonflikte, 2023, 197 ff., 223 ff.; *Morell*, JZ 2019, 809, 810 f.

zwischen Rechtsanwälten und Prozessfinanzierern wären nicht nur gegenüber dem Mandanten offenlegungspflichtig, sondern könnten auch nach § 134 BGB nichtig sein.[328] Das gilt sowohl für Provisionen des Prozessfinanzierers an den Rechtsanwalt als auch für Kick-backs des Rechtsanwalts an den Finanzierer. Es verstößt aber nicht gegen das Provisionsverbot, wenn der Prozessfinanzierer die Rechtsanwaltsvergütung vorschießt, auch wenn deren Höhe nach § 3a RVG vereinbart wurde. Nach der Rechtsprechung des BVerfG bezieht sich das Verbot nur auf die eigentliche Mandatsvermittlung; eine Vergütung für andere Leistungen als die bloße Vermittlung fällt nicht darunter.[329]

Aus berufsrechtlicher Sicht problematisiert wird ferner die Beteiligung des Rechtsanwalts an einem Prozessfinanzierer, der die eigenen Mandanten des Rechtsanwalts finanziert.[330] Als Aufhänger dient teils das Verbot des Erfolgshonorars nach § 49b Abs. 2 BRAO. Die bisherige Rechtsprechung scheint gegenüber diesem Ansatz jedoch zurückhaltend.[331] Ohnehin ist unklar, welche Rechtsfolgen darauf gestützt werden könnten. Auf die bloße Umgehung des Erfolgshonorarverbots lässt sich im Hinblick auf § 4b RVG heute wohl keine Nichtigkeitssanktion (mehr) stützen. Eine solche ließe sich höchstens mit der gleichzeitigen Umgehung des Verbots der Übernahme des Prozessrisikos (§ 49b Abs. 2 S. 2 BRAO) begründen.[332] Unabhängig davon kann je nach den Umständen eine nach § 43a Abs. 1 BRAO verbotene Bindung vorliegen. Dies ist aber eine Frage des Einzelfalls und hängt nicht allein von einer Beteiligung am Prozessfinanzierer ab.

Jedenfalls sollte ein finanzielles Interesse des Rechtsanwalts oder sonstigen Rechtsdienstleisters am Abschluss des Prozessfinanzierungsvertrags, das über das Interesse am Erhalt des vereinbarten Honorars hinausgeht, gegenüber dem Mandanten offengelegt werden. Für Rechtsdienstleister dürfte sich eine solche Pflicht aus § 13b Abs. 1 Nr. 2 RDG ergeben; für Rechtsanwälte fehlt es zwar an einer

---

[328] OLG Dresden 6.4.2023 – 8 U 1883/22, RDi 2023, 540 *(Kilian)*.

[329] BVerfG 19.2.2008 – 1 BvR 1886/06, NJW 2008, 1298 (Versteigerung anwaltlicher Dienstleistungen in Internetauktionshaus); 8.12.2010 – 1 BvR 1287/08, NJW 2011, 665 (Teilnahme eines Zahnarztes an Preisvergleich-Internetportal); zur Generierung von „Leads" *Deckenbrock*, NJW 2022, 3688, 3692.

[330] *Bruns*, JZ 2000, 232, 236, 238; zumindest unterhalb der Grenze der kontrollierenden Beteiligung iSv § 29 Abs. 2 WpÜG (ab 30 %) verneinend *Henssler*, NJW 2005, 1537, 1540; *Gleußner*, FG Vollkommer, 2006, 25, 42 f. Zur Zulässigkeit einer Bürogemeinschaft iSv § 59q BRAO zwischen Rechtsanwalt und Prozessfinanzierer *Petrasincu/Unseld*, NJW 2022, 1200, 1203.

[331] Vgl. OLG München 31.3.2015 – 15 U 2227/14, NJW-RR 2015, 1333; einen Verstoß gegen § 49b Abs. 2 BRAO bejahend bei einer 90 %-igen Beteiligung KG 5.11.2002 – 13 U 31/02, BeckRS 2002, 30291741.

[332] Zur Reichweite dieses Verbots → Teil 3, V.3.c; vgl. auch *Kilian*, NJW 2010, 1845, 1845, 1848.

expliziten berufsrechtlichen Regelung; eine Aufklärungspflicht lässt sich aber auf § 241 Abs. 2 BGB bzw. im vorvertraglichen Stadium auf § 311 Abs. 2 BGB stützen.

d) Einschätzung und Empfehlungen

Grundsätzlich könnte erwogen werden, strengere Regeln über die Unabhängigkeit von Rechtsanwälten im Verhältnis zu Inkassodienstleistern und Prozessfinanzierern zu schaffen.[333] Bislang scheinen jedoch keine gravierenden Missstände aufzutreten, die ein sofortiges Einschreiten verlangen würden. Zudem sollte man den Nutzen einer stärkeren institutionellen Trennung nicht überschätzen. Wirtschaftliche Abhängigkeiten ließen sich so oder so kaum vermeiden. Bei Massen- und Streuschäden dürfte es praktisch kaum möglich sein, funktionierende und skalierbare Rechtsdurchsetzungsmodelle zu entwickeln, die nicht auf einer engen Kooperation der beteiligten Akteure beruhen.

Der Schutz der Rechtsuchenden sollte daher durch eine wirksame, personell und materiell adäquat ausgestattete Aufsicht gewährleistet werden.[334] Die Zentralisierung der Rechtsdienstleistungsaufsicht beim Bundesamt für Justiz ist ein wichtiger Schritt in die richtige Richtung.[335] Zudem ist den Interessenkonflikten bei der gerichtlichen Kontrolle von Vergütungs- und Prozessfinanzierungsvereinbarungen zu begegnen. Ferner sollten aufeinander abgestimmte Offenlegungspflichten von Rechtsanwälten und Prozessfinanzierern gegenüber der Partei bzw. dem an der durchsetzenden Forderung wirtschaftlich Berechtigten explizit angeordnet werden, etwa nach dem Muster von § 13b Abs. 1 Nr. 2 RDG.

Angesichts dessen, dass die vermeintlich getrennten Funktionen von Prozessvertreter, Klageorganisator und Finanzierer im praktischen Ergebnis durch einen Rechtsanwalt in Personalunion wahrgenommen werden können, könnte es auf den ersten Blick konsequent sein, die Klageorganisation, das Erfolgshonorar[336] und die Prozessfinanzierung für Rechtsanwälte freizugeben. Damit könnten Transaktionskosten reduziert werden, was tendenziell zu einer Erhöhung des Erlösanteils des Anspruchsinhabers führen sollte. Die dadurch generierten zusätzlichen Interessenkonflikte beim Rechtsanwalt dürften sich im Ergebnis in Grenzen halten. Gleichwohl scheint ein

---

[333] Für eine Entflechtung (auch) von Klageorganisation und Prozessfinanzierung *Valdini*, BB 2017, 1609, 1612.

[334] Für eine Überwachung von Klageorganisatoren auch *Oberhammer*, 19. ÖJT (2015) II/1, 73, 148f. (der insbesondere eine gerichtliche Überwachung und Organe der Klägergruppe in den Blick nimmt).

[335] Dazu auch *Markworth* (Fn. 253) V.3.

[336] Dafür *Hähnchen/Kuprian*, AnwBl Online 2020, 423 ff.

zurückhaltendes, schrittweises Vorgehen bei einer derart grundlegenden Umstrukturierung des anwaltlichen Berufsrechts angezeigt zu sein.[337] „Disruption" empfiehlt sich nicht als Leitprinzip der Regulierung von Rechtsberufen.

Die derzeitige – wenngleich konzeptionell nicht vollständig befriedigende – Rechtslage bietet die Chance, Erfahrungen mit unterschiedlichen Modellen zu sammeln. Solange die Funktionen des Prozessvertreters, Klageorganisators und Prozessfinanzierers formal getrennt bleiben, kann mit verhältnismäßig geringem Aufwand ein strikteres Unabhängigkeitserfordernis eingeführt werden, falls sich ein Bedarf danach herausstellen sollte.

Zu Recht wird eine stärkere empirische Abstützung von Regulierung gefordert.[338] Die zentralisierte Rechtsdienstleistungsaufsicht sollte dafür genutzt werden, planmäßig Daten über den Rechtsdienstleistungsmarkt zu erheben. Zugleich ist eine vertiefte, auch empirische, wissenschaftliche Beobachtung dieses Marktes anzustreben. Die Richtungsentscheidung, ob die angesprochenen Funktionen konsequenter getrennt werden sollten oder ob im Gegenteil die Restriktionen des anwaltlichen Berufsrechts diesbezüglich beseitigt werden sollten, kann dann auf einer solideren Basis getroffen werden.

Zur besseren Abschätzung der Auswirkungen einer Deregulierung könnte die Streitwertgrenze des § 4a Abs. 1 S. 1 Nr. 1 RVG vorsichtig angehoben[339] und auch in diesem Bereich die Übernahme von Gebühren und Kosten anderer Beteiligter durch den Anwalt zugelassen werden. Dies sollte wissenschaftlich begleitet werden, um zu ermitteln, welche Auswirkungen sich aus der Zulassung von Erfolgshonoraren auf die Höhe der durchschnittlichen Vergütung ergeben – und ob die Zulassung solcher Honorare tatsächlich dazu führt, dass vermehrt (erfolgreiche) Klagen erhoben werden.

Eine denkbare Alternative wäre eine streitwertunabhängige Erprobung in Reallaboren („regulatory sandboxes").[340] Dies böte den Vorteil, dass auch die Zulassung von Erfolgshonoraren bei hohen

---

[337] In diese Richtung auch *Boerner*, Prozessfinanzierung und Interessenkonflikte, 2023, 143.

[338] *Markworth* (Fn. 253) V.2.

[339] Für eine 5.000-Euro-Grenze im Vorfeld des Legal-Tech-Gesetzes *Kilian*, AnwBl Online 2021, 213, 215, der mit Recht auch auf die mit jeder Streitwertbegrenzung verbundenen Folgeprobleme hinweist.

[340] Vgl. Stellungnahme des Legal Tech Verbands Deutschland zum RefE des Gesetzes zur Stärkung der Aufsicht bei Rechtsdienstleistungen, https://www.legaltechverband.de/aktivitaeten/stellungnahme-zum-referentenentwurf-eines-gesetzes-zur-staerkung-der-aufsicht-bei-rechtsdienstleistungen-und-zur-aenderung-weiterer-vorschriften-des-rechts-der-rechtsberatenden-berufe-vom-31-03-2022/; generell für den verstärkten Einsatz von Reallaboren *Brügmann*, https://www.lto.de/recht/legal-tech/l/risiko-innovation-legal-tech-regulatory-sandboxes-reallabore.

Streitwerten erprobt werden könnte. Allerdings vermitteln Reallabore nicht zwangsläufig ein realistisches Bild davon, wie sich ein bestimmter rechtlicher Rahmen außerhalb der Laborsituation auswirken würde. Das gilt besonders dann, wenn das Experiment darin besteht, regulatorische Vorgaben zu lockern und die Auswirkungen während der Pilotphase engmaschig zu überwachen.[341] So gewonnene Erkenntnisse sagen wenig darüber aus, was geschieht, wenn die Lockerung gesetzlich implementiert wird und dann die Ressourcen für eine ähnlich intensive Aufsicht in der Breite fehlen.

4. Neuer Rechtsdienstleistungstatbestand für die Klageorganisation

Im Vorfeld des Legal-Tech-Gesetzes forderte insbesondere die BRAK strengere Berufszugangsregeln für Inkassodienstleister.[342] Ein weniger weitgehender Vorschlag zielte auf eine Differenzierung zwischen „traditionellen Inkassodienstleistern" („Inkassodienstleister 1.0)", die sich auf die Beitreibung unstreitiger oder titulierter Forderungen fokussieren, und „Inkassodienstleistern 2.0", die auch in größerem Ausmaß Rechtsberatung und Klageorganisation anbieten, ab.[343] Falls man das „Inkasso 2.0" weiterhin zulassen wolle, solle dafür ein eigener Erlaubnistatbestand geschaffen werden, für den im Interesse des Mandantenschutzes strengere Berufszugangs- und Berufsausübungsregeln gelten sollten.[344] Von anderer Seite wurde die Idee eingebracht, die erfolgshonorierte Forderungsdurchsetzung durch Inkassodienstleister an eine Wertgrenze von 5.000 Euro zu binden.[345] Es gab und gibt auch Vorschläge für eine deutlich weitergehende Reform. So wurde dafür plädiert, das Anwaltsmonopol auf die Vertretung vor Gericht zu beschränken und im außergerichtlichen Bereich primär auf Haftung statt auf Berufsregeln zu setzen.[346]

Das von § 3 RDG für alle Rechtsdienstleistungen statuierte Verbot mit Erlaubnisvorbehalt[347] ist europarechtlich wie verfassungsrechtlich angreifbar. Immerhin hat der EuGH das Anwaltsmonopol zumindest für die gerichtliche Einziehung von Forderungen für europarechtskonform erklärt.[348] Aus der Perspektive des nationalen

---

[341] Vgl. *Brügmann*, https://www.lto.de/recht/legal-tech/l/risiko-innovation-legal-tech-regulatory-sandboxes-reallabore/.
[342] BRAK-Stellungnahme 2020/81, 23; hierzu aus der Perspektive des unionsrechtlichen Kohärenzgebots *Hellwig*, AnwBl Online 2020, 260, 267.
[343] *Kilian*, AnwBl Online 2021, 213, 218 ff.
[344] *Kilian*, AnwBl Online 2021, 213, 220 f.
[345] *Singer*, BRAK-Mitt. 2019, 211, 218.
[346] *Fries*, AcP 221 (2021) 108, 133.
[347] Deckenbrock/Henssler/*Seichter*, § 3 RDG Rn. 1.
[348] EuGH 12.12.1996 – Rs. C-3/95, *Reisebüro Broede/Sandker*.

Verfassungsrechts hat das BVerfG die grundsätzliche Vereinbarkeit des Anwaltsmonopols mit Art. 12 GG noch unter der Geltung des RBerG mehrfach bestätigt, freilich unter verfassungskonform einschränkender Auslegung.[349] Ob der generelle Erlaubnisvorbehalt einer vertieften Prüfung heute noch standhielte, scheint jedoch fraglich.[350]

Das Rechtanwaltsmonopol für die Vertretung vor Gericht lässt sich im Hinblick auf die Anforderungen und Gefahren der Prozessführung deutlich leichter rechtfertigen als die generelle Erlaubnispflicht für außergerichtliche Rechtsdienstleistungen. Immerhin führt ein Prozessverlust regelmäßig zum endgültigen Verlust der Rechtsdurchsetzungsmöglichkeit; zudem besteht ein erhebliches Kostenrisiko. Das Anwaltsmonopol dient nicht nur dem Schutz des Mandanten vor sich selbst, sondern auch einer geordneten Rechtspflege – und im Hinblick auf das Sachlichkeitsgebot (§ 43a Abs. 3 BRAO) sowie ganz allgemein auf die Stellung des Rechtsanwalts als Organ der Rechtspflege bis zu einem gewissen Grad auch dem Schutz der Gegenpartei vor missbräuchlicher Prozessführung.

Auch für die Erlaubnisbedürftigkeit von Inkassodienstleistungen sprechen valide Gründe. Immerhin können damit nicht nur unqualifizierte, sondern auch mit aggressiven oder sonst unlauteren Methoden operierende Dienstleister vom Markt ferngehalten oder daraus entfernt werden. Dies liegt nicht nur im Interesse des Gläubigers, sondern noch mehr in dem des Schuldners und der Allgemeinheit.

Die Klageorganisation durch „Legal-Tech"-Rechtsdienstleister unterscheidet sich erheblich vom „klassischen" Inkasso. Mit einer Loslösung vom Inkassotatbestand könnten die heute zahlreichen Streitigkeiten darüber vermieden werden, ob sich die Tätigkeit des Rechtsdienstleisters noch im Rahmen des Inkassobegriffs hält, zumal diesem auch – oder erst recht – nach dem Legal-Tech-Gesetz klare Konturen fehlen.[351] Gleichzeitig könnte eine Trennung von Inkasso und Klageorganisation auch dabei helfen, den Inkassotatbestand klarer zu fassen.

Ein Erlaubnistatbestand für die Klageorganisation sollte nicht auf die Durchsetzung von Forderungen beschränkt sein, sondern auch die selbständige Geltendmachung von Auskunftsansprüchen sowie

---

[349] BVerfG 25.2.1976 – 1 BvR 8/74, 1 BvR 275/74, BVerfGE 41, 378; BVerfG 20.2.2002 – 1 BvR 423/99, 1 BvR 821/00 und 1 BvR 1412/01, NJW 2002, 1190; BVerfG 27.9.2002 – 1 BvR 2251/01, NJW 2002, 3531; vgl. etwa auch *Schönberger*, NJW 2003, 249 ff.

[350] Von einer „Grundrechts- und Funktionsvergessenheit" spricht *Kleine-Cosack*, AnwBl Online 2019, 6.

[351] Kritisch zur mangelnden Bestimmtheit etwa auch *Lemke*, RDi 2021, 224, 228 f.; *Meller-Hannich*, NZM 2022, 353, 358.

Unterlassungs- und Feststellungsklagen umfassen. Ein sachlicher Grund für die Beschränkung auf Forderungen ist nicht ersichtlich. Andere als (Geld-)Leistungsklagen mögen schwieriger zu finanzieren sein; kreative Rechtsdienstleister werden sich aber auch dabei vermutlich zu helfen wissen.

Wenn man bedenkt, dass für die Vertretung vor Gericht ohnehin ein Rechtsanwalt involviert werden muss, scheint jedoch die Notwendigkeit der teils geforderten Verschärfung der fachlichen Anforderungen für die Klageorganisation[352] zweifelhaft. Wichtiger als eine Beschränkung des Berufszugangs scheinen Berufsausübungsregeln, die ein angemessenes Schutzniveau gewährleisten, sowie eine wirksame Aufsicht.

5. Sonstige Berufsausübungsregeln für Rechtsdienstleister

Dass als Klageorganisatoren nichtanwaltliche Rechtsdienstleister fungieren, bedeutet für die Rechtsuchenden, dass sie für eine „risikolose" Klage mit einem Akteur kontrahieren müssen, der trotz der diesbezüglichen Verschärfungen durch das Legal-Tech-Gesetz[353] auch jenseits von Erfolgshonorar und Prozessfinanzierung einem tieferen Niveau an Berufspflichten unterliegt als Rechtsanwälte.

Inkassodienstleister müssen wie Rechtsanwälte (§ 51 BRAO) über eine Berufshaftpflichtversicherung mit einer Mindestversicherungssumme von 250.000 EUR pro Versicherungsfall verfügen (§ 12 Abs. 1 Nr. 3 RDG). Gleichlauf besteht auch bei den Vorgaben für den Umgang mit Fremdgeld (§ 43a Abs. 7 S. 2 BRAO, § 13g RDG). § 4 RDG statuiert ein Verbot von Interessenkonflikten; das Schutzniveau reicht aber nicht an jenes von § 43a Abs. 1 und Abs. 4–6 BRAO heran. Immerhin sorgt § 43a Abs. 6 BRAO dafür, dass Rechtsanwälte das Verbot von Interessenkonflikten nicht umgehen können, indem sie außerhalb des Anwaltsberufs (etwa als Inkassodienstleister) tätig werden. Ist der Inkassodienstleister aber nicht auch Rechtsanwalt, so gibt es keinen berufsrechtlichen Schutz vor Interessenkonflikten, die nicht aus einer „anderen Leistungspflicht" iSv § 4 S. 1 RDG resultieren.

Die strenge Werbebeschränkung des § 43b BRAO hat im RDG kein Gegenstück; nichtanwaltliche Rechtsdienstleister unterliegen nur den allgemeinen Regeln, wie sie sich insbesondere aus dem UWG ergeben. Die Vorgaben für die Werbung von Rechtsanwälten und nichtanwaltlichen Rechtsdienstleistern sollten aufeinander abgestimmt werden; hier geht es nicht um eine nebulöse Standeswürde, sondern um den Schutz des Publikums. Ob man sich mit den Vor-

---

[352] Vgl. *Kilian*, AnwBl Online 2021, 213, 220.
[353] Vgl. *Flory*, LTZ 2023, 10, 11 ff.

gaben des UWG begnügen sollte,³⁵⁴ ist zweifelhaft. Insbesondere das in § 43b BRAO vorgesehene Sachlichkeitsgebot scheint bei der Bewerbung von Rechtsdienstleistungen gerechtfertigt.

Im RDG fehlt auch eine Parallele zur Verschwiegenheitspflicht des Rechtsanwalts (§ 43a BRAO); es gelten nur die allgemeinen datenschutzrechtlichen Regeln. Für nichtanwaltliche Rechtsdienstleister besteht kein Zeugnisverweigerungsrecht nach § 53 StPO und keine Beschlagnahmefreiheit nach § 97 StPO;³⁵⁵ ob sie sich allenfalls auf das Zeugnisverweigerungsrecht nach § 383 Abs. 1 Nr. 6 ZPO berufen könnten, ist zweifelhaft.

Die Verschwiegenheitspflicht und insbesondere das Zeugnisverweigerungsrecht ist für Rechtsanwälte auch ein Alleinstellungsmerkmal und keine bloße Belastung. Rechtsanwälte dürften ein Standesinteresse daran haben, dass das Zeugnisverweigerungsrecht nicht auf sonstige Rechtsdienstleister erweitert wird. Für den Gesetzgeber kann das aber nicht entscheidend sein. Es sprechen gute Gründe für die Ausdehnung des anwaltlichen Berufsgeheimnisses auf nichtanwaltliche Klageorganisatoren.³⁵⁶ Das gilt zunächst deshalb, weil diese Dienstleister in manchen Bereichen zu „Rechtsanwälten der kleinen Leute" werden. Ferner ist zu bedenken, dass auch Unternehmen Klageorganisatoren in Anspruch nehmen, und zwar in Bereichen, in denen es durchaus um sensible Interna gehen kann. Hinsichtlich der Verpflichtung zur Herausgabe von diesbezüglichen Informationen und Urkunden sollten für Klageorganisatoren dieselben Regeln gelten wie für Rechtsanwälte – auch vor dem Hintergrund, dass Klageorganisatoren zum Ziel ausländischer Discovery-Verfahren werden könnten, in denen sie sich heute auf kein *legal privilege* berufen könnten.

6. Weitere Lockerung des anwaltlichen Berufsrechts?

Anstelle von Verschärfungen der Berufsregeln für Rechtsdienstleister sehen manche den richtigen Weg zu einem „level playing field" in einem Rückbau der Berufsausübungsregeln für Rechtsanwälte.³⁵⁷ Dass ein einheitliches Regulierungsniveau bestehen müsse, wird insbesondere auf das unionsrechtliche Kohärenzgebot gestützt.³⁵⁸

---

³⁵⁴ Dafür *Fries*, AcP 221, 2021, 108, 133.
³⁵⁵ *Lemke*, RDi 2021, 224, 225.
³⁵⁶ In diesem Sinn auch *Brechmann*, Legal Tech und das Anwaltsmonopol, 2021, 24, 47; *Mayrhofer*, ZfPW 2023, 131.
³⁵⁷ *Römermann*, Anm. zu BGH 7.3.2023 – VI ZR 180/22, LTZ 2023, 247, 248; *Flory*, LTZ 2023, 10, 14 f.
³⁵⁸ Dazu etwa *Ring*, NJ 2021, 525; *Skupin*, ZUM 2021, 365, 368; krit. gegenüber der Idee der Notwendigkeit eines einheitlichen Regulierungsniveaus *Kleine-Cosack*, AnwBl Online 2021, 139, 145 f.

Bezüglich der zentralen Fragen von Erfolgshonorar und Finanzierung hat das Legal-Tech-Gesetz dort, wo Rechtsanwälte mit nichtanwaltlichen Rechtsdienstleistern direkt konkurrieren, bereits einen Gleichlauf geschaffen. Wo für Rechtsanwälte weiterhin Restriktionen bei Erfolgshonorar und Prozessfinanzierung gelten, also im gerichtlichen Bereich, können Inkassodienstleister keine identischen Dienstleistungen erbringen; sie können nur als Klageorganisatoren und Prozessfinanzierer auftreten und die Leistungen des Rechtsanwalts damit komplementieren. Das Argument, die anwaltlichen Vergütungs- und Finanzierungsregeln würden gegen das Kohärenzverbot verstoßen,[359] verfängt insoweit jedenfalls nach den Änderungen durch das Legal-Tech-Gesetz nicht mehr.[360]

Strengere Regeln für Rechtsanwälte im Vergleich zu Rechtsdienstleistern ergeben sich primär noch aus dem Fremdbesitzverbot, den Werbebeschränkungen des § 43b BRAO und der Verschwiegenheitspflicht. Eine Einschränkung der Verschwiegenheitspflicht wird wohl kaum jemand befürworten. Ohnehin sollte diese auch auf nichtanwaltliche Rechtsdienstleister erweitert werden, unabhängig von einem etwaigen Kohärenzgebot; auch die Vorgaben für die Werbung sollten angeglichen werden.[361] Hingegen sprechen gute Gründe für die Beibehaltung des Fremdbesitzverbots, falls dieses nicht durch den EuGH zu Fall gebracht[362] werden sollte. Mit dem Einstieg von Finanzinvestoren als Gesellschafter von Berufsausübungsgesellschaften könnte das Ende der freiberuflichen Rechtsanwaltschaft eingeläutet werden. Ob im Gegenzug der Zugang zum Recht verbessert würde, muss bezweifelt werden.[363] Im Gesundheitswesen werden als Folgen der Übernahme von Versorgungseinrichtungen durch Finanzinvestoren steigende Kosten und fallende Versorgungsqualität beobachtet.[364] Die Stellung von Rechtsanwälten als Organe der Rechtspflege sollte nicht romantisiert werden; gleichwohl hat es weiterhin einen rechtsstaatlichen Wert, dass unternehmerische Entscheidungen in Rechtsanwaltskanzleien von Berufsträgern getroffen werden. Der naheliegende und grundsätzlich zutreffende Einwand,

---

[359] Vgl. *Hellwig*, AnwBl Online 2020, 260 ff., der die berufsrechtlichen Vorgaben für Erfolgshonorar, Prozessfinanzierung und Fremdbesitz daher aufgrund des Anwendungsvorrangs des Unionsrechts für unbeachtlich hält; vgl. auch *Hellwig/Ewer*, NJW 2020, 1783, 1784; dagegen *Pohl*, BRAK-Mitt. 2020, 258 ff.

[360] Zur Frage, ob Rechtsanwälten Erfolgshonorare und Prozessfinanzierungen im gerichtlichen Bereich erlaubt werden sollten, → Teil 3, V.3.d.

[361] Dazu schon → Teil 3, V.5.

[362] Vgl. bei und in Fn. 246.

[363] *Younger*, The Yale Law Journal Forum 19.10.2022, https://www.yalelawjournal.org/forum/the-pitfalls-and-false-promises-of-nonlawyer-ownership-of-law-firms.

[364] *Borsa/Bejarano/Ellen/Bruch*, BMJ 2023, 382; *Kannan/Bruch/Song*, JAMA 2023, 2365 ff.

dass auch eine Einflussnahme von außen möglich sei, spricht keineswegs für die Zulassung auch einer Beherrschung von innen, sondern eher für eine Stärkung der Aufsicht. Bei Rechtsanwälten ist die Notwendigkeit von Berufspflichten grundsätzlich ausgehend von ihrer Tätigkeit als berufsmäßige Vertreter vor Gericht zu bestimmen, auch wenn faktisch der größere Teil des Geschäfts außergerichtlich stattfindet. Auf die Vertretung vor Gericht haben Rechtsanwälte nach wie vor ein weitgehendes Monopol, und potenziell kann jedes Mandat in einen Prozess münden. Das spricht gegen die teils befürwortete[365] Ablösung der personenbezogenen durch eine tätigkeitsbezogene Regulierung, soweit keine klare Abgrenzung zwischen außergerichtlicher und gerichtlicher Tätigkeit möglich ist. Während die Abgrenzung bei Erfolgshonorar und Finanzierung keine Probleme aufwirft, scheint sie etwa im Hinblick auf die Werbung, die Vermittlung von Mandaten oder das Fremdbesitzverbot kaum möglich – es sei denn, man wollte Rechtsanwälten die gerichtliche Vertretung untersagen, wenn das Mandat in einer Weise akquiriert wurde, die mit den anwaltsrechtlichen Vorgaben unvereinbar wäre.

Der Bedarf nach regulatorischem Gleichlauf wird im Übrigen dadurch relativiert, dass sich auch Rechtsanwälte als Inkassodienstleister registrieren lassen können.[366] Damit kann *de lege lata* nicht der gesamte außergerichtliche Bereich abgedeckt werden, da es im RDG keinen Erlaubnistatbestand für eine nicht forderungsbezogene Rechtsberatung gibt. Allerdings konkurrieren Rechtsanwälte daher diesbezüglich auch nicht mit nichtanwaltlichen Rechtsdienstleistern; das Kohärenzargument greift also wiederum nicht durch. Soweit Rechtsanwälte aufgrund einer Inkassolizenz tätig werden – was wohl auch voraussetzt, dass sie im jeweiligen Fall nicht unter der Berufsbezeichnung „Rechtsanwalt" auftreten –, unterliegen sie dem anwaltlichen Berufsrecht nicht,[367] soweit dieses nicht auch das außerdienstliche Verhalten regelt. Solange es toleriert wird, dass ein Inkassodienstleister für die gerichtliche Durchsetzung einen hinter ihm stehenden Rechtsanwalt mandatiert,[368] besteht sogar ein Wettbewerbsvorteil gegenüber „Nur-Inkassodienstleistern". Das Interesse daran, als Rechtsanwalt aufzutreten und vom Image des Berufsstands zu profitieren, jedoch frei von berufsrechtlichen Restriktionen, scheint nicht schutzwürdig.

---

[365] *Kilian*, AnwBl 2020, 157, 159; *Flory*, LTZ 2023, 10, 14 f.; aA *Lemke*, RDi 2021, 224, 225, 227.
[366] *Pohl*, BRAK-Mitt. 2020, 258 f.; *Lemke*, RDi 2021, 224, 226.
[367] *Hartung*, AnwBl 2020, 16, 17; *Fries*, NJW 2020, 193 f.; *Lemke*, RDi 2021, 224, 226
[368] Dazu → Teil 3, V.3.c.

VI. Rechtsfolgen bei Verstößen gegen zwingende gesetzliche Vorgaben

1. Meinungsstand

Nach hM[369] führt ein Verstoß gegen § 3 oder § 4 RDG grundsätzlich zur Nichtigkeit der vom Rechtsdienstleister geschlossenen Geschäfte nach § 134 BGB. Bei einem unerlaubten Sammelklage-Inkasso soll das auch die Nichtigkeit der Inkassozessionen und damit den Mangel der Aktivlegitimation des Klageorganisators zur Folge haben.[370] Der BGH hat das Damoklesschwert der Nichtigkeit mit dem LexFox-I-Urteil immerhin insoweit entschärft, als er die Nichtigkeitssanktion nur bei „eindeutigen" und „in ihrem Ausmaß nicht nur geringfügigen" Verstößen eingreifen lässt.[371] Die Notwendigkeit einer Einzelfallentscheidung provoziert freilich immer wieder Streitigkeiten darüber, ob das jeweilige Geschäftsmodell vom RDG noch gedeckt sei.

Der Gesetzgeber hat mit der Neuregelung des Registrierungsverfahrens, in dessen Rahmen die Registrierungsbehörde nun auch die beabsichtigten Tätigkeiten zu prüfen hat, die Hoffnung verbunden, die Registrierung werde für die Zivilgerichte „im Sinne einer Tatbestandswirkung beachtlich sein".[372] Dies könnte nicht nur für Angriffe auf Basis von § 3 RDG, sondern im Hinblick auf § 12 Abs. 1 Nr. 1 lit. b iVm § 13 Abs. 1 und 2 RDG[373] auch für solche aufgrund

---

[369] Dazu *Henssler*, NJW 2019, 545, 550; *Kremer*, NZKart 2022, 684, 688, 691; eingehend zur Kasuistik MüKoBGB/*Armbrüster*, 9. Aufl. 2021, § 134 Rn. 139 ff.

[370] *Greger*, MDR 2018, 897, 900; *v. Lewinski/Kerstges*, MDR 2019, 705, 706 ff.; *Kremer*, NZKart 2022, 684; dagegen *Morell*, NJW 2019, 2574, 2577 ff.

[371] BGH 27.11.2019 – VIII ZR 285/18, NJW 2020, 208; im Anschluss daran etwa OLG München 18.7.2022 – 21 U 1200/22, BeckRS 2022, 17969. Für ein Abstellen (auch) auf die Höhe der Einzelansprüche MüKoBGB/*Armbrüster*, § 134 BGB Rn. 154. Einen anderen Weg zum Schutz der Kunden des Inkassodienstleisters hat das OLG Düsseldorf eingeschlagen, das einer Inkasso-Sammelklage unter Berufung auf eine verfassungskonforme Auslegung der Verjährungsvorschriften im Licht des Art. 14 GG trotz Nichtigkeit der Abtretungen verjährungshemmende Wirkung zuerkannte: OLG Düsseldorf 10.8.2023 – 6 U 133/22; hierzu *Stieglitz/Kacholdt/Mir*, NZKart 2023, 541 ff.; eine Verjährungshemmung ablehnend hingegen OLG Schleswig 11.1.2022 – 7 U 130/21, BeckRS 2022, 385.

[372] BegrRegE, BT-Drs. 19/27673, S. 22. Für eine Tatbestandswirkung im Hinblick auf Registrierungen durch die neue zentralisierte Aufsichtsstelle *Quarch/Neumann*, LTZ 2022, 220, 223; vgl. auch *Flory*, LTZ 2023, 10, 12; skeptisch *Römermann*, RDi 2020, 217, 220 f.; *ders.*, RDi 2021, 217, 220 f. Für die Maßgeblichkeit der Registrierung schon vor dem Legal-Tech-Gesetz *Hartung*, AnwBl 2019, 353, 358 ff.; *Römermann/Günther*, NJW 2019, 551, 553; dagegen jedoch BGH 27.11.2019 – VIII ZR 285/18, NJW 2020, 208 (LexFox I); *M. Hartmann*, NZM 2019, 353, 356 f.; MüKoBGB/*Armbrüster*, § 134 Rn. 156.

[373] Vgl. *Henssler*, NJW 2019, 545, 547 f.

von § 4 RDG relevant sein, soweit strukturelle, das gesamte Geschäftsmodell beschlagende Interessenkonflikte in Frage stehen[374]. Inwieweit die Rspr. auf diese Linie einschwenken wird, bleibt jedoch abzuwarten. Zudem lassen auch die Materialien zum Legal-Tech-Gesetz die Tür für Einzelfallprüfungen offen.[375] Die Berufung auf Verstöße gegen das RDG und damit auf Vorgaben, die primär den Schutz der Kunden des Klageorganisators bezwecken, bleibt damit eine probate Methode zur Obstruktion von Inkasso-Sammelklagen.

Teile des Schrifttums lehnen die Nichtigkeitssanktion ab, weil sie nicht zur Verwirklichung der Ziele des RDG beitrage; sie nütze nicht den Kunden des Inkassodienstleisters, sondern lediglich der Gegenpartei.[376] Nach einer vermittelnden Auffassung soll nur das Verpflichtungsgeschäft, nicht aber das Verfügungsgeschäft (und damit die Wirksamkeit der Zession) der Nichtigkeit unterliegen.[377] Manche wollen insbesondere Verstößen gegen § 4 RDG hingegen allein mit Schadensersatzansprüchen der betroffenen Zedenten begegnen.[378]

2. Unerlaubte Rechtsdienstleistungen

§ 3 RDG schützt nicht nur Kunden, sondern – neben der Allgemeinheit – auch Adressaten von Rechtsdurchsetzungsmaßnahmen vor unqualifizierten oder unseriösen Rechtsdienstleistern. Nach hier vertretener Ansicht sollte dies sogar der Hauptfokus sein.[379] Auch und gerade unter diesem Gesichtspunkt widerspricht eine *erga omnes* wirkende Nichtigkeit einzelner Rechtsgeschäfte gleichwohl dem Zweck[380] des RDG: Zum einen sorgt es für stetige Disruption der Rechtspflege, wenn Streitigkeiten über die Reichweite von Inkassolizenzen zum festen Bestandteil von Forderungsprozessen werden. Zum anderen kann es aber auch nicht im Interesse der Gegenpartei liegen, dass ihr bei unterlassener Geltendmachung der (vermeintlichen) Nichtigkeit womöglich eine doppelte Inanspruch-

---

[374] Vgl. Deckenbrock/Henssler/*Deckenbrock*, § 4 RDG Rn. 2.
[375] BegrRegE, BT-Drs. 19/27673, 22.
[376] *Morell*, NJW 2019, 2574 ff.; *Rott*, LTZ 2022, 102, 126.
[377] Dafür etwa *Singer*, BRAK-Mitt. 2019, 211, 215 f.; *Stadler*, VuR 2021, 123, 126 ff.; *Makatsch/Kacholdt*, NZKart 2022, 510, 512; wohl auch *Hartung*, AnwBl Online 2021, 152, 159; so jetzt auch LG Dortmund, Hinweisbeschluss v. 8.6.2022 – 8 O 7/20 (Kart) – Rundholzkartell NRW, NZKart 2022, 460. Zu dieser Diskussion vgl. auch MüKoBGB/*Armbrüster*, § 134 BGB Rn. 158 mwN.
[378] Etwa *Wagner/Weskamm*, FS Henssler, 2023, 1605, 1611, 1613.
[379] Dazu schon → Teil 1, VI.
[380] Zur Maßgeblichkeit des Verbotszwecks MüKoBGB/*Armbrüster*, 9. Aufl. 2021, § 134 Rn. 177.

nahme droht,[381] zumal in den fraglichen Fällen die Voraussetzungen des § 409 Abs. 1 BGB häufig nicht erfüllt sein werden.[382]

Daher sollte klargestellt werden, dass Verstöße gegen § 3 RDG nicht zur Nichtigkeit der mit dem Rechtsdienstleister geschlossenen Geschäfte führen. Die Verfolgung solcher Verstöße sollte primär Sache der Aufsichtsbehörden sein (vgl. § 13h, § 14 Abs. 1 Nr. 3 RDG). Allenfalls kommen auch Schadensersatzansprüche der Betroffenen in Betracht – vorausgesetzt, der Verstoß hat tatsächlich zu einem Schaden geführt.

Wie bereits angesprochen,[383] sollte im Hinblick auf die Klageorganisation aber nicht nur bei der Sanktion angesetzt werden, sondern auch beim Verbots- bzw. Erlaubnistatbestand. Würde die Klageorganisation vom Inkassobegriff gelöst und in einen neuen, sachgerecht zugeschnittenen Erlaubnistatbestand übergeführt, so könnte den meisten auf § 3 RDG gestützten Angriffen die Grundlage entzogen werden.

3. Interessenkollision

Bei Verstößen gegen § 4 RDG[384] sind die Interessen der Gegenpartei nur ausnahmsweise direkt betroffen – nämlich dann, wenn die kollidierende andere Leistungspflicht ihr gegenüber besteht. Dann muss die Gegenpartei sich wehren können. Auch hier lässt sich aber darüber streiten, ob nicht (idR vertragliche) Schadensersatzansprüche die passendere Sanktion wären als eine Nichtigkeit des späteren Rechtsgeschäfts, die zumindest gutgläubigen späteren Kunden kaum zumutbar scheint. Ist das kollidierende Interesse kein solches der Gegenpartei, so muss diese wiederum in erster Linie vor der Gefahr einer doppelten Inanspruchnahme geschützt werden; die Nichtigkeitssanktion beschwört diese Gefahr aber – wie angesprochen[385] – gerade herauf.

Auch bei Verstößen gegen § 4 RDG ist die Nichtigkeit des Rechtsgeschäfts daher grundsätzlich[386] abzulehnen, weil sie dem Verbotszweck zuwiderläuft. Schadensersatzansprüche gegen den Rechtsdienstleister[387] oder die Möglichkeit der Kündigung des In-

---

[381] Mit anderer Schlussfolgerung *Greger*, MDR 2018, 897, 900.
[382] Vgl. MüKoBGB/*Kieninger*, 9. Aufl. 2022, § 409 Rn. 7 (insbesondere zum Erfordernis der Schriftform in den Fällen des § 409 Abs. 1 S. 2 BGB).
[383] → Teil 3, V.4.
[384] Zur Tragweite der Bestimmung → Teil 3, III.
[385] → Teil 3, VI.2.
[386] Anderes gilt bei krassen Verstößen, die das Geschäft sittenwidrig iSv § 138 BGB machen; die Schwelle dafür ist aber nicht zu tief anzusetzen.
[387] Primär hierauf verweisend *Heinze*, NZKart 2022, 193, 196 f.; generell für einen weitgehenden Ersatz von Berufsregeln durch ein Haftungsregime *Fries*, AcP 221

kassovertrags nach § 627 Abs. 1 BGB[388] genügen jedoch nicht, um die Interessen der Zessionare zu wahren. Gerade der Umstand, dass es der Einschaltung eines Klageorganisators bedarf, zeigt, dass die Betroffenen gerade nicht in der Lage oder zumindest nicht willens sind, ihre Rechte selbst wirksam durchzusetzen. Das wird häufig auch für eine Durchsetzung von Schadensersatzansprüchen gegen Rechtsdienstleister gelten – es sei denn, es finden sich wiederum Rechtsdienstleister, die sich auf das Aufspüren und Durchsetzen derartiger Ansprüche spezialisieren, oder ein Verband, der nach dem UKlaG oder dem VDuG gegen den ursprünglichen Klageorganisator vorginge. Die Wahrscheinlichkeit, dass Verbraucher auf diesem Weg wirksam vor unseriösen Klageorganisatoren geschützt werden könnten, ist gering – selbst wenn man die Herausforderungen des Schadens- und Kausalitätsnachweises ausblendet. Das vertragsrechtliche Instrumentarium sollte daher durch behördliche Aufsicht und allenfalls durch gerichtliche Kontrollbefugnisse ergänzt werden.[389]

4. Sonstige Rechtsverstöße

Mit dem Legal-Tech-Gesetz wurde die Aufsichtsbehörde in § 13h Abs. 1 S. 2 RDG auch zur Überwachung der Einhaltung gesetzlicher Vorgaben für die Tätigkeit von Rechtsdienstleistern ermächtigt, die sich nicht aus dem RDG ergeben.[390] Damit besteht bereits *de lege lata* auch eine Basis für ein aufsichtsbehördliches Einschreiten bei Verstößen gegen zwingende vertragsrechtliche Vorgaben. Die in § 13h Abs. 3 RDG statuierte Wartepflicht[391] sollte Aufsichtsmaßnahmen jedenfalls dann nicht entgegenstehen, wenn mit einem Zivilverfahren nicht ernsthaft zu rechnen ist. Grundsätzlich könnte somit die Aufsichtsbehörde etwa gegen die Verwendung unzulässiger AGB-Klauseln mit Unterlassungsanordnungen nach § 13h Abs. 2 S. 2 RDG vorgehen. Derartige Anordnungen sind Verwaltungsakte iSv § 35 VwVfG; dagegen kann Widerspruch (§ 68ff. VwGO) und danach gegebenenfalls Anfechtungsklage (§ 42 Abs. 1 Alt. 1 VwGO) erhoben werden. Ob gegen vertragsrechtliche Vorgaben verstoßen wurde, ist dann Vorfrage im verwaltungsgerichtlichen Verfahren. Für die Einheitlichkeit der Rechtsanwendung scheint das nicht op-

---

(2021) 108, 133; bereits gegen die Anwendung von § 4 RDG im hier interessierenden Kontext *Wagner/Weskamm*, FS Henssler, 2023, 1605, 1611, 1613.
[388] *Wagner/Weskamm*, FS Henssler, 2023, 1605, 1611.
[389] Dazu noch sogleich → Teil 3, VI.4.
[390] Vgl. dazu Deckenbrock/Henssler/*Dötsch*, § 13a RDG Rn. 66, der insbesondere Verstöße gegen §§ 3–7 UWG als mögliche Anwendungsfälle sieht.
[391] Dazu Deckenbrock/Henssler/*Dötsch*, § 13a RDG Rn. 84ff.

timal; diese Gestaltung dürfte aber ein effektiveres Einschreiten der Aufsichtsbehörde ermöglichen als eine alternativ denkbare Befugnis zur Behördenklage vor den Zivilgerichten.

Daneben stellt sich die Frage, ob auch dem Prozessgericht Kontrollbefugnisse zum Schutz der Interessen der Kunden des Klageorganisators zukommen sollten. Bezüglich des Erfolgshonorars des Klageorganisators scheint ein Gleichlauf mit den zu Schaffenden gerichtlichen Prüfungsbefugnissen bei der Prozessfinanzierung angezeigt.[392] Zudem wäre die Schaffung einer Parallelbestimmung zu § 9 Abs. 2 VDuG betreffend die gerichtliche Prüfung von Vergleichen erstrebenswert, wenn die Höhe des vom Klageorganisator an den Kunden auszuzahlenden Betrags vom erzielten Vergleich abhängt. Wenn sogar kollektive Vergleiche, die von besonders vertrauenswürdigen Stellen geschlossen werden, gerichtlich zu prüfen sind, ist es insbesondere bei Ansprüchen von Verbrauchern ein Wertungswiderspruch, bei kommerziellen Klageorganisatoren keinerlei gerichtliche Kontrolle vorzusehen. Auch hier sind potenzielle vertragliche Schadensersatzansprüche gegen den Klageorganisator regelmäßig keine wirksame Abhilfe.[393] Zu den gerichtlichen Kontrollbefugnissen kann auch die Möglichkeit der Prozesstrennung (§ 145 Abs. 1 ZPO) bei gebündelter Einklagung heterogener Ansprüche gezählt werden.[394]

Manche wenden gegen die Notwendigkeit gerichtlicher Kontrollbefugnisse ein, gewinnmaximierende Inkassodienstleister hätten ohnehin ein Interesse an einer bestmöglichen Rechtsdurchsetzung.[395] Das mag zwar grundsätzlich zutreffen; gleichwohl existieren Interessenkonflikte, die nicht kleingeredet, sondern deren nachteilige Auswirkungen auf die Rechtsuchenden möglichst unter Kontrolle gehalten werden sollten.

Abzulehnen ist jedoch auch hier eine Befugnis des Prozessgegners zur Geltendmachung von Verstößen gegen Vorschriften, die dem Schutz der Kunden des Klageorganisators dienen, um zu verhindern, dass diese Vorschriften zu einer Waffe gegen jene werden, die davon angeblich geschützt werden.

---

[392] Dazu → Teil 2, VI.5.c.
[393] Dazu schon → Teil 3, VI.3.
[394] Dazu Deckenbrock/Henssler/*Deckenbrock*, § 4 RDG Rn. 28d; *Thiede*, EuZW 2020, 185, 186 (Anm. zu LG München I 7.2.2020 – 37 O 18934/17); *Stadler/Rink*, ZIP 2022, 2161, 2162 ff.; *André/Weissenberger*, ZIP 2023, 1402, 1404 ff., zu verfassungsrechtlichen Grenzen *Möllers*, AnwBl 2023, 225 ff.
[395] Vgl. mit Blick auf die Gruppierung heterogener Forderungen *Wagner/Weskamm*, FS Henssler, 2023, 1605, 1611; anders *Valdini*, BB 2017, 1609, 1611; *Henssler*, NJW 2019, 545, 549.

VII. Bewältigung von Legal-Tech-Massenverfahren durch die Justiz

1. Vorgaben für den Parteivortrag

Vielfach wird beklagt, in Massenverfahren würden umfangreiche Schriftsätze eingereicht, die weitgehend aus Textbausteinen ohne konkreten Fallbezug bestünden und in denen Tatsachenbehauptungen und Rechtsausführungen vermengt würden;[396] hinzu kämen umfangreiche und großteils irrelevante Anlagen.[397] Bisher gibt das Prozessrecht den Gerichten kaum wirksame Mittel gegen derartige Praktiken an die Hand.[398]

Der 70. DJT 2014 fasste mit knapper Mehrheit (41:38:5) den Beschluss, es sei „[ü]ber verbindliche Regelungen [...] sicherzustellen, dass die Parteien ihren Vortrag zum tatsächlichen und rechtlichen Vorbringen strukturieren" (Beschluss Nr. 13), verbunden mit einer Verpflichtung des Gerichts zur vertieften Prozessleitung (Beschluss Nr. 15, 46:30:8). Eine Begrenzung des Umfangs von Klage und Klageerwiderung wurde hingegen abgelehnt (Beschluss Nr. 14, 16:61:10).[399]

Nach dem 2020 in Kraft getretenen § 139 Abs. 1 S. 3 ZPO[400] kann das Gericht „durch Maßnahmen der Prozessleitung das Verfahren strukturieren und den Streitstoff abschichten". Diese Bestimmung dürfte aber erst eingreifen, nachdem bereits Schriftsätze eingereicht wurden.[401] Zudem bleibt die Missachtung der Strukturierungshinweise durch die Parteien sanktionslos.[402] Einen Ansatz für verbindliche und von Anfang an eingreifende Strukturvorgaben liefert § 130c S. 2 ZPO, allerdings in Form einer bisher dafür nicht genutzten Verordnungsermächtigung,[403] die wohl auch nicht auf Vorgaben für die inhaltliche Strukturierung des Vortrags abzielt.[404]

---

[396] *Gutdeutsch/Maaß*, NJW 2022, 1567 f.
[397] Stellungnahme 1/22 des Deutschen Richterbundes, 5.
[398] Insbesondere führt eine mangelhafte Aufarbeitung des Prozessstoffs durch den Rechtsanwalt nicht zur Unzulässigkeit der Klage; vgl. OLG München 18.7.2022 – 21 U 1200/22, BeckRS 2022, 17969.
[399] Verhandlungen des 70. DJT 2014 (2015) II/1, I 53; vgl. auch den Beschluss der Frühjahrskonferenz der Justizminister 2022 zu TOP I.6, Nr. 3d; *Vorwerk*, NJW 2017, 2326 ff.
[400] Eingefügt mit BGBl. 2019 I 2633; die Regelung soll bloß klarstellenden Charakter haben, BegrRegE BT-Drs. 19/13828, 18.
[401] Vgl. *Gaier*, NJW 2020, 177, 178; *Zwickel*, MDR 2021, 716, 719, 721.
[402] Musielak/Voit/*Stadler*, 20. Aufl. 2023, § 139 ZPO Rn. 16a; *Gaier*, NJW 2020, 177, 181; *Schultzky*, MDR 2020, 1, 3 f.; *M. Stürner*, ZZP 135 (2022) 369, 384; differenzierend Zöller/*Greger*, 35. Aufl. 2024, § 139 ZPO Rn. 4c.
[403] Vgl. Musielak/Voit/*Stadler*, § 130c ZPO Rn. 1.
[404] *Preuß*, ZZP 129 (2016) 421, 443.

Weitergehende Vorschläge zielen auf ein „gemeinsames Basisdokument" ab, in dem die Behauptungen beider Parteien erfasst und einander gegenübergestellt werden; damit soll dem Gericht die Erstellung einer Relationstabelle und womöglich sogar des Urteilstatbestands abgenommen werden.[405] Ein solches Modell wird derzeit in einem Reallabor erprobt.[406] Insbesondere in der Anwaltschaft stößt die Idee auf große Skepsis.[407]

Für das gemeinsame Basisdokument soll sprechen, dass so die digitalen Möglichkeiten voll genützt würden, während der Austausch von PDF-Schriftsätzen keinen echten Effizienzgewinn bringe.[408] Es ist aber fraglich, ob ein „verbesserter römisch-kanonischer Prozess"[409] die richtige Vision für die digitalisierte Justiz des 21. Jahrhunderts ist. Eine funktionstüchtige digitale Aktenverwaltung sollte auch eine dokumentenübergreifende Suche, Textanalyse und Datenextraktion ermöglichen.[410] Das könnte dafür sprechen, die Strukturierung den Gerichten zu überlassen,[411] die dabei auf KI-Unterstützung zurückgreifen könnten.[412] Ob generative Sprachmodelle in absehbarer Zeit wirklich in der für die Justiz erforderlichen Qualität und Zuverlässigkeit das Relevante aus dem Parteivortrag „herausfiltern" können, ist allerdings kaum prognostizierbar.

Jedenfalls sollte bei derartigen Projekten auf Interoperabilität geachtet werden, insbesondere um einen reibungslosen Transfer von Daten zu ermöglichen, die schon maschinenlesbar vorliegen. Die Notwendigkeit manueller Eingaben sollte minimiert werden.[413]

---

[405] Als geistiger Vater gilt *Greger*, NJW 2019, 3429, 3431; vgl. auch *Haft*, FS Simotta, 2012, 197, 202 f.; der Vorschlag wurde durch die Arbeitsgruppe „Modernisierung des Zivilprozesses" aufgegriffen, vgl. deren Diskussionspapier (Fn. 17) 33 ff.; zu dieser Idee auch *Effer-Uhe*, GRVZ 2018, 33 Rn. 10 ff.; *Fries*, AcP 221 (2021) 108, 134; *Heil*, IT-Anwendung im Zivilprozess, 2020, 85 ff.; *Köbler*, AnwBl 2021, 283; *Streyl* in Adrian/Kohnhase/Evert/Zwickel, Digitalisierung von Zivilprozess und Rechtsdurchsetzung, 2022, 133 ff.; *Zwickel*, AnwBl 2023, 91 ff.; kritisch BRAK-Stellungnahme 17/2023, 10; *Römermann*, AnwBl 2021, 285; *Weth/Vogelgesang/Krüger*, JurPC Web-Dok. 128/2022, Abs. 12 ff.; *Bert*, AnwBl 2023, 94 f.; *Lerch/Valdini*, NJW 2023, 420, 422; skeptisch auch *M. Stürner*, ZZP 135 (2022) 369, 384.

[406] https://www.uni-regensburg.de/forschung/reallabor-parteivortrag-im-zivilprozess/startseite/index.html; vgl. auch *Herberger/Köbler*, AnwBl 2021, 345 ff. zur Entwicklung laienorientierter „smarter Eingebemasken".

[407] *Kilian*, AnwBl 2023, 548.

[408] *Greger*, AnwBl 2021, 284; Stellungnahme 1/22 des Deutschen Richterbundes, 25 f.

[409] So *Effer-Uhe*, GRVZ 2018, 33 Rn. 8.

[410] Vgl. *Römermann*, AnwBl 2021, 285.

[411] *Hundertmark/Meller-Hannich*, RDi 2023, 317, 324.

[412] Stellungnahme 1/22 des Deutschen Richterbundes, 30 f.; *Bernhardt*, jM 2022, 90, 91 f.; *M. Stürner*, ZZP 135 (2022) 369, 381. Zumindest die in der Justiz bereits eingesetzte KI „Codefy" soll automatisch Relationstabellen erstellen können.

[413] Dazu etwa *Riehm*, CTRL 2023/2, 113 f.

Was die inhaltliche Struktur des Vortrags angeht, empfiehlt es sich nicht, von einem weitestgehenden Fehlen von Vorgaben in das andere Extrem zu kippen. Es wäre schon viel gewonnen, wenn die Parteien dazu verpflichtet würden, Tatsachen- und Rechtsausführungen klar voneinander zu trennen. Zudem sollte der Gedanke einer Umfangbeschränkung für Schriftsätze erneut aufgegriffen werden.[414] Vorgaben für den Umfang von Schriftsätzen bestehen in diversen Rechtsordnungen, insbesondere, aber nicht nur in solchen des *common law*.[415] Die Beschränkung zwingt zur Konzentration auf das Wesentliche, ohne den Parteien die Freiheit zu nehmen, ihre Geschichte aus der ihnen passend scheinenden Perspektive zu erzählen.[416] Eine Beschränkung etwa auf 30 oder 40[417] Normseiten – mit angemessener Erhöhung bei gleichzeitiger Geltendmachung mehrerer Ansprüche – scheint zumutbar und dürfte auch im Hinblick auf das rechtliche Gehör zu rechtfertigen sein, zumindest, wenn für außergewöhnlich komplexe Fälle Ausnahmen möglich wären. Das gilt umso mehr, weil Verfahren ohne Qualitätsverlust rascher erledigt werden könnten, was wiederum zur effektiven Verwirklichung des Justizgewährungsanspruchs beiträgt.

2. Informelle Pilotverfahren

a) Grundsätzliches

Die Herausforderungen von Massenverfahren bewegen Gesetzgebung und Rechtspolitik zunehmend zur Förderung informeller Pilotverfahren: Für eine Vielzahl von Verfahren relevante Tatsachen oder Rechtsfragen sollen möglichst in einem Verfahren geklärt und die Ergebnisse in andere Verfahren transferiert werden. Das ist für die Legal-Tech-Klageorganisation insbesondere dort relevant, wo die eingesammelten Ansprüche nicht gebündelt, sondern sequenziell geltend gemacht werden.

b) Beweismitteltransfer und Bündelung der Beweisaufnahme

Nach § 411a ZPO kann das Gericht von Amts wegen[418] ein Gutachten aus einem anderen Verfahren beiziehen und verwerten.[419] Der Zustimmung der Parteien bedarf es nicht, selbst wenn sie am frühe-

---

[414] Dafür auch Stellungnahme 1/22 des Deutschen Richterbundes, 26 f.; *Vorwerk*, Verhandlungen des 70. DJT 2014 (2015) II/1, I 29, I 33 f.; dagegen BRAK-Stellungnahme 17/2023, 10.
[415] Vgl. Stellungnahme 1/22 des Deutschen Richterbundes, 27.
[416] *Gutdeutsch/Maaß*, NJW 2022, 1567, 1568 wollen dies hingegen mit einer Verweisung auf den mündlichen Vortrag erreichen.
[417] Dafür *Vorwerk*, Verhandlungen des 70. DJT 2014 (2015) II/1, I 29, I 34.
[418] Musielak/Voit/*Huber*, 20. Aufl. 2023, § 402 ZPO Rn. 4, § 411a ZPO Rn. 5.
[419] MüKoZPO/*Zimmermann*, 6. Aufl. 2020, § 411a Rn. 1.

ren Verfahren nicht beteiligt waren.[420] Seit der Schaffung des § 148 Abs. 3 ZPO mit dem VRUG[421] kann das Gericht die Verhandlung aussetzen, um die Vorlage eines nach § 411a ZPO verwertbaren Gutachtens in einem anderen Verfahren abzuwarten. Eine Partei kann ein verfahrensfremdes Gutachten[422] oder ein Protokoll über eine Zeugenvernehmung in einem anderen Verfahren als Urkunde in den Prozess einführen.[423]

Die Parteien können aber in all diesen Fällen die unmittelbare Anhörung der Beweisperson verlangen.[424] Wenn gefordert wird, die Zulässigkeit der Übernahme von Beweisergebnissen aus anderen Verfahren zu erweitern,[425] so geht es wohl insbesondere um den Rückbau dieses Rechts – und womöglich darum, Tatsachen, von denen sich das Gericht durch eine Beweisaufnahme in einem anderen Verfahren (und nicht durch eigene unmittelbare Wahrnehmung) überzeugt hat, als gerichtskundig zu behandeln.[426] Dagegen werden zu Recht Bedenken im Hinblick auf den Unmittelbarkeitsgrundsatz und das Recht auf Beweis erhoben.[427] Allerdings könnte eine Differenzierung danach gerechtfertigt sein, ob die Partei, die einen Antrag auf neuerliche Vernehmung stellt, die Beweisperson bereits in dem anderen Verfahren – oder in mehreren anderen Verfahren – zum selben Beweisthema befragen konnte. Das Interesse, das in zahlreichen Verfahren immer wieder zu tun, muss man nicht zwingend als schutzwürdig sehen. Der Gedanke ließe sich auch auf den Fall übertragen, dass ein Klageorganisator hinter einer Vielzahl von Einzelklagen steht. Ein Recht auf erneute Befragung sollte aber jedenfalls bestehen, wenn konkrete Anhaltspunkte dafür dargetan werden, dass sie zu einem anderen Ergebnis führen könnte. Es müsste auch möglich bleiben, neue Tatsachen und Beweismittel in das neue Verfahren einzuführen.[428]

---

[420] MüKoZPO/*Zimmermann*, § 411a Rn. 5, 9.
[421] Verbandsklagenrichtlinienumsetzungsgesetz, BGBl. 2023 I Nr. 272.
[422] Musielak/Voit/*Huber*, § 411a ZPO Rn. 5.
[423] Musielak/Voit/*Huber*, § 373 ZPO Rn. 4.
[424] Musielak/Voit/*Huber*, § 373 ZPO Rn. 4; MüKoZPO/*Zimmermann,* § 402 Rn. 8, § 411a Rn. 11; Stein/Jonas/*Berger*, 23. Aufl. 2015, § 355 ZPO Rn. 29.
[425] Stellungnahme des Bundesrates zum RegE für das Leitentscheidungsverfahren, BT-Drs. 20/8762, 21; Antrag der CDU/CSU-Fraktion BT-Drs. 20/5560, Nr. 8; abl. Diskussionspapier der Arbeitsgruppe „Modernisierung des Zivilprozesses" (Fn. 17) 67.
[426] Dies *de lege lata* ablehnend MüKoZPO/*Prütting*, § 291 Rn. 10; zu Tendenzen in diese Richtung in der österreichischen Rspr. *Chr. Koller*, ZZP 133 (2020) 421, 452 ff.; vgl. auch *Oberhammer*, 19. ÖJT (2015) II/1, 73, 98 ff.
[427] Eingehend insb. zum Unmittelbarkeitsgrundsatz *Chr. Koller*, ZZP 133 (2020) 421, 454 ff.; vgl. auch die Stellungnahmen von *Bruns* (S. 5 f.), *Lerch* (Rn. 25) und *Riehm* (Rn. 59 ff.) zum Antrag der CDU/CSU-Fraktion BT-Drs. 20/5560.
[428] Zu diesem Aspekt *Riehm*, Stellungnahme zum Antrag der CDU/CSU-Fraktion BT-Drs. 20/5560, Rn. 59 ff.

Ob die von der Arbeitsgruppe „Modernisierung des Zivilprozesses" geforderte wörtliche Protokollierung[429] einen Transfer von Vernehmungsergebnissen erleichtern würde, ist fraglich. Außenstehenden vermittelt ein Wortprotokoll nicht unbedingt eine plastische Vorstellung von der Vernehmung.[430] Sinnvoller schiene es, Aussagen von Beweispersonen, die für eine Vielzahl von Verfahren relevant sein könnten, zumindest mit deren Einwilligung auf Video aufzuzeichnen,[431] um eine stärkere Annäherung an eine unmittelbare Vernehmung zu erreichen.

Ein Alternativmodell zur Übernahme von Beweisergebnissen ist eine Verfahrensverbindung (nur) für die Beweisaufnahme.[432] Grundsätzlich wäre eine solche (zumindest vor demselben Gericht) wohl schon *de lege lata* möglich.[433] Sie wäre aber wohl selten zweckmäßig: Die Beteiligung zahlreicher Parteien und ihrer Vertreter erschwert die Terminfindung, und auch die Vernehmung selbst kann deutlich komplexer werden.[434] Steht hinter den betroffenen Klagen derselbe Klageorganisator, so könnte sich das relativieren. Auch hier drohen aber bei getrennter Würdigung derselben Beweisaufnahme durch verschiedene Spruchkörper unerwünschte Divergenzen. In der Regel dürfte deshalb eine echte Prozessverbindung nach § 147 ZPO oder die vorstehend diskutierte Übernahme von Beweisergebnissen einer „Konzentration" der Beweisaufnahme vorzuziehen sein.

c) Frühzeitige höchstgerichtliche Klärung von Rechtsfragen

Ein Leitentscheidungsverfahren vor dem BGH[435] soll es künftig ermöglichen, Rechtsfragen, die sich in einer Vielzahl von Verfahren stellen (§ 552b ZPO idF des RegE), auch dann höchstgerichtlich zu klären, wenn das Revisionsverfahren ohne ein mit inhaltlicher Begründung versehenes Urteil endet (§ 565 Abs. 1 ZPO idF des RegE). So soll die „Flucht aus der Revision"[436] eingedämmt werden. Andere Verfahren, in denen sich dieselben Rechtsfragen stellen, sollen nach

---

[429] Diskussionspapier der Arbeitsgruppe „Modernisierung des Zivilprozesses" (Fn. 17) 52 ff.
[430] Skeptisch gegenüber dem Nutzen von Wortprotokollen *M. Stürner*, ZZP 135 (2022) 369, 397.
[431] Vgl. Diskussionspapier der Arbeitsgruppe „Modernisierung des Zivilprozesses" (Fn. 17) 104 f.
[432] Dafür wohl Beschluss der Frühjahrskonferenz der Justizminister 2022 zu TOP I.6, Nr. 3c; abl. BRAK-Stellungnahme 17/2023, 6 f.
[433] MüKoZPO/*Fritsche*, 6. Aufl. 2020, § 147 Rn. 13.
[434] Skeptisch auch Diskussionspapier der Arbeitsgruppe „Modernisierung des Zivilprozesses" (Fn. 17) 52 ff., 104.
[435] BT-Drs. 20/8762.
[436] Dazu *Klingbeil*, GVRZ 2019, 14.

§ 148 Abs. 4 ZPO idF des RegE ausgesetzt werden können, allerdings nur mit Zustimmung der Parteien.[437] Dies ginge freilich über die schon bestehende Möglichkeit der Ruhensanordnung (§ 251 S. 1 ZPO) nicht hinaus.[438] Das spätere Leitentscheidungsverfahren müsste nach dem RegE zunächst den Instanzenzug durchlaufen. Manche wollen das vermeiden und schlagen ein Vorlage- bzw. Vorabentscheidungsverfahren vor, das durch unterinstanzliche Gerichte initiiert werden könnte.[439] Es lässt sich aber darüber streiten, ob eine möglichst frühzeitige höchstgerichtliche Entscheidung gerade in Massenschadensfällen wirklich angestrebt werden sollte. Wer die Instanzgerichte hier als bloße Durchlaufstationen ohne Eigenwert sieht, verkennt ihre Rolle bei der Aufbereitung der Rechtsprobleme und bei der Entwicklung von Lösungsansätzen. Kann das Höchstgericht auf instanzgerichtlicher Vorarbeit aufbauen, so steigt auch die Qualität seiner Entscheidungen. Sowohl bei einem Leitentscheidungs- als auch bei einem Vorlageverfahren droht zudem eine Verzögerung statt einer Beschleunigung von Parallelverfahren, wenn dort die Klärung streitiger Tatsachen für die Dauer eines höchstgerichtlichen Verfahrens über potenziell entscheidungserhebliche Rechtsfragen aufgeschoben wird.

d) Würdigung

Informelle Pilotverfahren versprechen einige der Effizienzvorteile echter Verfahren des kollektiven Rechtsschutzes ohne deren Schwerfälligkeit und Komplexität. Sie schaffen aber die Gefahr einer schleichenden Erosion von Parteirechten. Zudem droht eine Verschärfung des Machtgefälles, wenn ein Einzelverfahren über einen „small stake in a large controversy"[440] zum Pilotverfahren wird, ohne eine adäquate Vertretung der Interessen aller potenziell Betroffenen sicherzustellen.[441] Problematisch scheint es auch, keinen Ausgleich für den erhöhten finanziellen und sonstigen Aufwand

---

[437] Der Bundesrat spricht sich für den Entfall des Zustimmungserfordernisses aus, vgl. BT-Drs. 20/8762, 22 f. Kritisch auch die Stellungnahmen von *Allgayer* (S. 9), *Bruns* (S. 9) und Legal Tech Verband Deutschland (S. 3); befürwortend Stellungnahme der BRAK (S. 4) zum RegE bzw. RefE; *Rentsch*, ZRP 2023, 135, 137.
[438] So auch die Stellungnahmen von *Allgayer* (S. 7) und *Bruns* (S. 9) zum RegE.
[439] So namentlich der Bundesrat in seiner Stellungnahme zum RegE, BR-Drs. 375/23, 1 (lit. c); dafür auch Stellungnahme 1/22 des Deutschen Richterbundes, 14 f.; BRAK-Stellungnahme 17/2023, 6; Beschluss der Frühjahrskonferenz der Justizminister 2021 zu TOP I.10; *Rapp*, JZ 2020, 294, 300 ff.; *Heese/Schumann*, NJW 2021, 3023 ff.; *Schwemmer*, ZfPW 2022, 41, 54; skeptisch *Klingbeil*, GVRZ 2019, 14 Rn. 39; *Gsell*, ZRP 2021, 166 ff.
[440] *Kalven/Rosenfield*, 8 U. Chi. L. Rev. 684 (1941).
[441] *Gsell*, ZRP 2021, 166, 168.

des Pilotverfahrens vorzusehen. Eine Zwangskollektivierung ohne Opt-out-Möglichkeit, ohne Beteiligung am Pilotverfahren und ohne Sicherstellung einer adäquaten Repräsentation wäre ein äußerst fragwürdiger und ironischer Preis dafür, dass man einen kollektiven Rechtsschutz US-amerikanischen Stils wegen vermeintlicher Unvereinbarkeit mit der Dispositionsmaxime und dem rechtlichen Gehör ablehnt.[442]

Wie schon angesprochen,[443] relativieren sich die Bedenken, wenn hinter den vermeintlichen Einzelklagen ein Klageorganisator steht. Ob dann ein Pilotverfahren der richtige Ansatz ist, scheint aber fraglich. Eine stärkere Nutzung der Möglichkeit der Prozessverbindung nach § 147 ZPO und allenfalls deren Ausweitung auf nicht bei demselben Gericht anhängige Verfahren könnte der bessere Weg sein. Daneben stellt sich die Frage, ob Anpassungen im Kosten- und Vergütungsrecht angedacht werden sollten, um Anreizen zur Erhebung serieller Einzelklagen entgegenzuwirken.[444] Das zu bewerkstelligen, ohne „echte" Einzelklagen mit tiefen Streitwerten noch unattraktiver zu machen, dürfte aber kein ganz triviales Unterfangen sein; jedenfalls wird man dabei kaum ohne richterliche Einzelfallbeurteilung auskommen.

3. Abstriche bei der Einzelprüfung

a) Prozessuale Ansätze

Die bescheidene Erfolgsbilanz des KapMuG und der Musterfeststellungsklage dürfte nicht darauf zurückzuführen sein, dass dort die Bündelung im Vorfragenbereich falsch angepackt worden wäre. Auch von anders konzipierten Muster- oder Pilotverfahren sollte man keine Wunder erwarten. Solange am Ende über jede einzelne Forderung individuell entschieden werden muss[445] und nennenswerter Vergleichsdruck fehlt,[446] könnten alle Bemühungen um eine effizientere Gestaltung von Massenverfahren verpuffen.

In dieser Hinsicht ist die im VDuG vorgesehene Möglichkeit der Verurteilung zur Zahlung eines „kollektiven Gesamtbetrags", auf

---

[442] Zu dieser Diskussion *Domej*, ZZP 125 (2012) 421, 437 ff.
[443] → Teil 3, VII.2.b.
[444] Vgl. dazu – eher skeptisch – *Thole*, AnwBl 2023, 152, 156.
[445] Dazu etwa *Gsell/Meller-Hannich*, JZ 2022, 421, 426 f.
[446] Die US-amerikanische *multidistrict litigation*, die in der deutschen Prozessrechtslehre bisher wenig Beachtung findet (vgl. immerhin etwa *Heese*, NJW 2021, 892 f.), aber für US-Massenverfahren von überragender Bedeutung ist, scheint *de facto* vom Vergleichsdruck zu leben. Nur ein verschwindend kleiner Teil der zur gemeinsamen Durchführung des Vorverfahrens (*pretrial proceedings*) zusammengefassten Klagen wird anschließend – wie eigentlich vorgesehen – an das Ausgangsgericht zur Entscheidung zurückverwiesen; vgl. *Nagareda/Bone/Burch/Woolley*, The Law of Class Actions and Other Aggregate Litigation, 3. Aufl. 2020, 633.

dessen Festsetzung § 287 ZPO entsprechend anzuwenden ist (§ 19 VDuG), eine interessante Neuerung. Es könnte darüber nachgedacht werden, für das Sammelklage-Inkasso ein vergleichbares Konzept zu entwickeln. Ob auch das Umsetzungsverfahren (§§ 22 ff. VDuG), die Möglichkeit der Erhöhung des kollektiven Gesamtbetrags (§ 21 VDuG) und die Verpflichtung zur Rückerstattung nicht abgerufener Beträge (§ 37 VDuG) auf das Sammelklage-Inkasso passen würden, ist aber fraglich. Verneint man das, so würde eine möglichst korrekte Festlegung des geschuldeten Gesamtbetrags noch wichtiger. Primär wäre dabei an das Ziehen von Stichproben und den Einsatz statistischer Methoden zu denken. So könnte der geschuldete Gesamtbetrag recht zuverlässig abgeschätzt werden – mit einem Bruchteil des Aufwands, der bei Prüfung aller Einzelansprüche anfiele.[447] Über Ansprüche, die nicht Teil der Stichprobe wären, wäre dann nur bei einem Folgeprozess zwischen Klageorganisator und Kunden zu urteilen. Ein solches Modell hätte freilich Tücken und wäre wohl nur in Verbindung mit einer wirksamen und engmaschigen Aufsicht über Klageorganisatoren zu rechtfertigen. Insbesondere müssten angemessene Standards bei der Prüfung der „eingesammelten" Forderungen durch den Klageorganisator sichergestellt werden, um Trittbrettfahrerei auf Kosten der Inhaber berechtigter Ansprüche zu verhindern.

Herausforderungen besonderer Art stellen sich beim Kartellschadensersatz im Hinblick auf das Passing-on. Sie könnten potenziell durch ein „Pooling" von Ansprüchen unmittelbarer und mittelbarer Abnehmer überwunden werden. Das wird jedoch dadurch erschwert, dass die alternative Klagehäufung wegen § 253 Abs. 2 Nr. 2 ZPO unzulässig sein soll, und zwar nicht nur bei alternativer Antragstellung, sondern auch bei alternativen Klagegründen.[448] Daher könnte etwa eine auf Zahlung des Gesamtschadens gerichtete Kartellschadensersatzklage nicht darauf gestützt werden, auf einer der Marktstufen müsse der Schaden entstanden sein, und die Marktteilnehmer aller Stufen hätten dem Kläger ihre Ansprüche abgetreten. Möglich wäre nur eine eventuelle Klagenhäufung unter Angabe, in welcher Reihenfolge das Gericht die Ansprüche zu prüfen habe.[449] Dieses Verständnis scheint aber nicht zwingend.[450] Einige der Mühen

---

[447] Für einen anderen Ansatz (Übertragung des Ergebnisses der Prüfung repräsentativer Einzelansprüche auf andere Einzelansprüche) *T. Koller*, Die Tatsachenfeststellung bei Klagen nach dem Abtretungsmodell, Diss. München 2024.
[448] BGH 24.3.2011 – I ZR 108/09, BGHZ 189, 56 („TÜV I"), 17.8.2011 – I ZR 108/09, GRUR 2011, 1043 („TÜV II").
[449] Stein/Jonas/*H. Roth*, § 260 ZPO Rn. 12.
[450] Für die Zulässigkeit alternativer Klagegründe Stein/Jonas/*H. Roth*, § 260 ZPO Rn. 11.

kartellrechtlicher Massenverfahren könnte sich die Rechtsprechung wohl ersparen, wenn sie alternative Begründungen zuließe. Für die Aufteilung des aufgrund einer solchen Klage Zugesprochenen wären die Verträge zwischen dem Klageorganisator und seiner Kundschaft maßgeblich; Streitigkeiten darüber wären Streitigkeiten aus diesen Verträgen.

b) Materiellrechtliche Ansätze

Alternativ oder zusätzlich könnte beim materiellen Recht angesetzt werden.[451] Gesetzliche Pauschalen oder Mindestbeträge würden die Anspruchsprüfung und -durchsetzung wesentlich erleichtern, wie die Erfahrungen mit der Fluggastentschädigung zeigen. Ein Schritt in eine solche Richtung – allerdings nur für die Vorteilsabschöpfung bei Kartellrechtsverstößen – war die Neufassung von § 34 Abs. 4 GWB durch die 11. GWB-Novelle.[452] Das wäre auch eine gewisse Abkehr vom Gedanken des Schadensausgleichs; das Schadensersatzrecht würde noch stärker am Zweck der Verhaltenssteuerung ausgerichtet.[453] Nun dürfte die Behauptung, das Schadensersatzrecht solle (auch) Verhalten steuern, kaum noch zum Aufreger taugen. Ob deshalb auch die Sanktionen für rechtswidriges Verhalten stärker am Präventionszweck ausgerichtet werden sollten, statt am tatsächlich erlittenen (und nachgewiesenen) Schaden anzuknüpfen,[454] bleibt aber eine schwierige Frage. Immerhin: Solange eine persönliche Betroffenheit Anspruchsvoraussetzung bleibt und keine reine Popularklage zugelassen wird,[455] wäre eine Lockerung der Beziehung zwischen Schaden und Ersatzanspruch keine Absage an die Idee, dass das Privatrecht und seine Durchsetzung auf den Schutz individueller subjektiver Rechte abzielen. Trotzdem will ein derartiger Strukturwandel wohl überlegt sein. Er sollte von materiellen Wertungsüberlegungen getrieben werden. Bemühungen um eine größere Effizienz bei der Rechtsdurchsetzung sollten hingegen eher auf der prozessualen Ebene angesiedelt bleiben.

---

[451] Dafür *Wolf/Denz* in Anzenberger/Klauser/Nunner-Krautgasser (Hrsg.), Kollektiver Rechtsschutz im Europäischen Rechtsraum, 2022, 31, 54 f.
[452] BGBl. 2023 I Nr. 294.
[453] Hierzu *Wagner*, AcP 206 (2006) 352, 451 ff.
[454] Vgl. *Wagner*, AcP 206 (2006) 352, 459 ff.
[455] Dazu im Hinblick auf Schadensersatzansprüche m.E. zu Recht skeptisch *Halfmeier*, Popularklagen im Privatrecht, 2006, 382 ff.

Teil 4. Thesen

I. Zugang zur Justiz

1. Ein verbesserter Zugang zur Justiz, auch unter Beteiligung von kommerziellen Anbietern wie Legal-Tech-Unternehmen und Prozessfinanzierern, ist zu befürworten.
2. Die Justiz sollte über eine technische Ausstattung auf der Höhe der Zeit verfügen. Hierfür sind ihr ausreichende Ressourcen zur Verfügung zu stellen. Für das Funktionieren der Justiz bleibt jedoch auch eine adäquate Personalausstattung unerlässlich.
3. Ein effektiver Zugang zum Recht muss auch bei nicht skalierbaren Konflikten gewährleistet werden. Gerade dort bleibt ein niederschwelliger und erschwinglicher Zugang zu individueller menschlicher Rechtsberatung entscheidend.

II. Prozessfinanzierung

4. Bei einer Regulierung der Prozessfinanzierung sollte der Schutz von Finanzierten oder Begünstigten im Mittelpunkt stehen, die strukturell schwächeren Gruppen angehören.
5. Eine etwaige behördliche Prozessfinanzierungsaufsicht sollte nach dem Muster der Versicherungsaufsicht ausgestaltet und in deren institutionellen Rahmen eingebettet werden.
6. Eine Preiskontrolle ist zumindest zugunsten von strukturell Schwächeren zu befürworten.
7. Eine finanzquellenspezifische anlassunabhängige Pflicht zur Offenlegung der für den Prozess verfügbaren Mittel und ihrer Herkunft ist abzulehnen.
8. Die Gegenpartei sollte nur solche Verstöße gegen regulatorische Vorgaben rügen können, die sich direkt auf ihre Interessen auswirken. Mängel der Prozessfinanzierungsvereinbarung sollten weder zur Unzulässigkeit noch zur Unbegründetheit der Klage führen.

III. Legal-Tech-Klageorganisation

9. Es sollte ein neuer, vom Inkassobegriff losgelöster und nicht auf die Forderungsdurchsetzung beschränkter Erlaubnistatbestand für die Klageorganisation durch nichtanwaltliche Rechtsdienstleister geschaffen werden.

10. Die Vorgaben für die Werbung von Rechtsanwälten und nichtanwaltlichen Klageorganisatoren sollten aufeinander abgestimmt werden.
11. Die anwaltliche Verschwiegenheitspflicht sollte auf nichtanwaltliche Klageorganisatoren ausgedehnt werden.
12. Vorerst sollten weder die Anforderungen an die Unabhängigkeit des Rechtsanwalts gegenüber dem Klageorganisator und/oder Prozessfinanzierer verschärft noch die bestehenden Schranken für Klageorganisation und Prozessfinanzierung durch Rechtsanwälte aufgehoben werden. Es ist empirisch zu erheben, inwieweit personelle Verflechtungen zu Missständen führen und anschließend auf informierter Basis eine Richtungsentscheidung zu treffen.
13. Sanktionen für Verstöße gegen Vorschriften des RDG sind an deren Schutzzweck auszurichten. Ein Verstoß gegen Vorschriften, die dem Schutz der Kunden des Inkassounternehmens dienen, sollte weder zur Unwirksamkeit der Abtretungen noch zur Unzulässigkeit der Klage führen.
14. Auf detaillierte Strukturvorgaben für Schriftsätze und insbesondere auf die Notwendigkeit manueller Dateneingaben in Online-Formulare sollte verzichtet werden; es empfiehlt sich jedoch eine Umfangbeschränkung.
15. Bei informellen Pilotverfahren sind die Parteirechte angemessen zu wahren; zudem ist darauf zu achten, dass ein strukturelles Ungleichgewicht zwischen den Parteien nicht noch verschärft wird.
16. Ein wirklicher Effizienzgewinn bei Massenverfahren ist nicht allein durch die gemeinsame Prüfung von Vorfragen, sondern nur um den Preis von Abstrichen bei der individuellen Prüfung von Einzelforderungen erreichbar.

Gutachten B
zum 74. Deutschen Juristentag
Stuttgart 2024

**Verhandlungen des
74. Deutschen Juristentages**
Stuttgart 2024

Herausgegeben von der
Ständigen Deputation
des Deutschen Juristentages

Band I

Wen schützt das Arbeits- und Sozialversicherungsrecht? – Empfiehlt sich eine Neuausrichtung seines Anwendungsbereichs?

Gutachten B
zum 74. Deutschen Juristentag

Erstattet von
Professor Dr. Christian Rolfs
Institut für Deutsches und Europäisches Arbeits- und Sozialrecht
der Universität zu Köln

C.H.BECK

Zitiervorschlag: 74. djt I/B [Seite]

beck.de

ISBN 978 3 406 81549 2

© 2024 Verlag C.H.Beck oHG
Wilhelmstraße 9, 80801 München
Druck und Bindung: Beltz Grafische Betriebe GmbH
Am Fliegerhorst 8, 99947 Bad Langensalza

Umschlag: nach dem Entwurf von rulle & kruska gbr,
Nikolaus Rulle, Köln

myclimate
shape our future
chbeck.de/nachhaltig

Gedruckt auf säurefreiem, alterungsbeständigem Papier
(hergestellt aus chlorfrei gebleichtem Zellstoff)

Alle urheberrechtlichen Nutzungsrechte bleiben vorbehalten.
Der Verlag behält sich auch das Recht vor, Vervielfältigungen dieses Werkes
zum Zwecke des Text and Data Mining vorzunehmen.

Inhaltsverzeichnis

I.	Einleitung	B 7
	1. Konkretisierung	B 7
	2. Beständiger Wandel	B 8
	3. Digitale Transformation, Arbeit 4.0	B 10
II.	Soziales Schutzbedürfnis und Typisierung von Tatbeständen	B 12
	1. Arbeitnehmer, Beschäftigte und die Bildung des Typus ...	B 12
	2. Arbeitsvertrag und tatsächliche Durchführung	B 14
	3. Insbesondere: Crowdwork	B 16
III.	Vereinheitlichung des Anwendungsbereichs?	B 19
	1. Analyse 1: Arbeitsrecht	B 19
	2. Analyse 2: Sozialversicherungsrecht	B 24
	3. Reformoptionen	B 31
	a) Möglichkeiten und Grenzen	B 31
	aa) Sozialversicherungsrecht	B 31
	bb) Arbeitsrecht	B 32
	b) Konsequenzen	B 33
	4. Ergebnis	B 35
IV.	Flexibles Arbeitsrecht	B 36
	1. Mehrstufiges System	B 36
	2. Mehr Freiheit wagen	B 39
	3. Dispositives, tarifdispositives und betriebsvereinbarungsoffenes Recht	B 40
	a) Status quo	B 40
	b) Überantwortung der Regelungskompetenz auf die Kollektivvertragsparteien	B 41
	c) Überantwortung der Regelungskompetenz auf die Arbeitsvertragsparteien	B 44
	4. Grenzen der Tarif-, Betriebs- und Vertragsautonomie	B 46
V.	Beispiele für öffnungsgeeignete Regelungsmaterien	B 46
	1. Formvorschriften	B 46
	2. Insbesondere: Befristung des Arbeitsverhältnisses, Aufhebungsvertrag und Kündigung	B 49
	3. Arbeitszeit	B 51
	4. Teilzeitarbeit	B 56
	5. Annahmeverzug und Betriebsrisiko	B 59
	6. Schwerbehindertenrecht	B 59
	7. Befristung von Arbeitsverträgen	B 62
	8. Allgemeiner Kündigungsschutz	B 64
	9. Betriebsverfassungsrecht	B 66
	10. Arbeitsgerichtliches Verfahren	B 68

VI. Neues Unionsrecht ante portas	B 70
1. Mindestlohn-Richtlinie	B 71
2. Entgelttransparenz-Richtlinie	B 72
3. Plattform-Richtlinie	B 74
VII. Sozialversicherung	B 77
1. Grundsätzliches	B 77
2. Gesetzliche Kranken- und soziale Pflegeversicherung	B 80
a) Versicherter Personenkreis	B 80
b) Wahlrecht für Beamte: „Hamburger Modell"	B 80
c) Geringfügige Beschäftigung	B 82
3. Gesetzliche Rentenversicherung	B 83
a) Versicherter Personenkreis 1: Einbeziehung Selbstständiger	B 83
b) Versicherter Personenkreis 2: Opt-out für Beschäftigte oberhalb der Beitragsbemessungsgrenze	B 85
c) Geringfügige Beschäftigung	B 86
4. Arbeitslosenversicherung	B 87
VIII. Verfahrensrecht	B 88
1. Statusfeststellung: Verwaltungsverfahren	B 88
2. Arbeitnehmer, Beschäftigte, Versicherte: einheitliche gerichtliche Entscheidung?	B 89
IX. Thesen	B 92

I. Einleitung

1. Konkretisierung

Der 74. Deutsche Juristentag diskutiert in der Abteilung Arbeits- und Sozialrecht über eine mögliche Neuausrichtung des personellen Anwendungsbereichs des Arbeits- und Sozialrechts. Die Beschränkung auf den personellen und damit die Ausklammerung des räumlichen und sachlichen Anwendungsbereichs folgt unmittelbar aus der Frage: „Wen schützt …"? Diese Beschränkung ist notwendig und sachgerecht, soll dennoch eingangs kurz erläutert werden: Der räumliche Anwendungsbereich mag bei ortsungebundener Wissensarbeit, beim im Ausland gelegenen häuslichen Arbeitsplatz (Homeoffice) oder der sich zunehmender Beliebtheit erfreuenden „Workation" schwierig zu bestimmen sein, die Entscheidung über ihn liegt aber nicht in den Händen des deutschen Gesetzgebers. Für das Arbeitsrecht finden sich die zentralen Bestimmungen in der Rom I-Verordnung,[1] namentlich deren Art. 8, für die gerichtliche Zuständigkeit bei privatrechtlichen Streitigkeiten in der Brüssel Ia-Verordnung (EuGVVO),[2] insbesondere Art. 20 bis 23, und für das Sozialversicherungsrecht in der Koordinierungs-Verordnung 883/2004[3] nebst Ausführungsverordnung.[4] Diese Regeln des Internationalen Privat-, Verfahrens- und Sozialversicherungsrechts können bei grenzüberschreitenden Sachverhalten durchaus zur Konsequenz haben, dass unterschiedliche Rechtsordnungen berufen sind, und das nicht etwa jeweils für das gesamte Arbeits- bzw. Sozialversicherungsrecht, sondern auch nur für einzelne Teile (vgl. Art. 8 Abs. 1 Satz 2 Rom I-VO). Ein im Ausland belegenes Homeoffice kann zur Folge haben, dass der Sozialversicherungsschutz nicht mehr durch den originären Beschäftigungs-, sondern den Wohnmitgliedstaat vermittelt wird (Art. 13 VO [EG] 883/2004,

---

[1] Verordnung (EG) Nr. 593/2008 des Europäischen Parlaments und des Rates vom 17. Juni 2008 über das auf vertragliche Schuldverhältnisse anzuwendende Recht (Rom I), ABl. L 177 S. 6, ber. 2009 L 309 S. 87.

[2] Verordnung (EU) Nr. 1215/2012 des Europäischen Parlaments und des Rates vom 12. Dezember 2012 über die gerichtliche Zuständigkeit und die Anerkennung und Vollstreckung von Entscheidungen in Zivil- und Handelssachen, ABl. L 351 S. 1, ber. 2016 L 264 S. 43.

[3] Verordnung (EG) Nr. 883/2004 des Europäischen Parlaments und des Rates vom 29. April 2004 zur Koordinierung der Systeme der sozialen Sicherheit, ABl. L 166 S. 1, ber. ABl. L 2004 S. 1 und ABl. 2007 L 204 S. 30.

[4] Verordnung (EG) Nr. 987/2009 des Europäischen Parlaments und des Rates vom 16. September 2009 zur Festlegung der Modalitäten für die Durchführung der Verordnung (EG) Nr. 883/2004 über die Koordinierung der Systeme der sozialen Sicherheit, ABl. L 284 S. 1, ber. ABl. 2018 L 54 S. 18.

Art. 14 VO [EG] 987/2009).[5] Die Rom I-VO und die Brüssel Ia-VO beanspruchen weltweite Geltung und damit auch gegenüber Nicht-EU/EWR-Staaten.[6] Die Koordinierungs-Verordnung 883/2004 gilt zwar nur innerhalb der EU, dem EWR sowie der Schweiz; Deutschland hat aber mit zahlreichen weiteren Staaten[7] Sozialversicherungsabkommen abgeschlossen,[8] sodass für die nationale Regelung des Internationalen Sozialversicherungsrechts (§§ 4, 5 SGB IV) nur ein vergleichsweise geringer Anwendungsbereich verbleibt.

Ausgeklammert bleiben weithin auch die bereits auf vergangenen Deutschen Juristentagen facettenreich diskutierten sachlichen Aspekte des Arbeits- und Sozialrechts. Erinnert sei nur an die Beratungen des 59. DJT 1992 in Hannover („Welche wesentlichen Inhalte sollte ein nach Art. 30 des Einigungsvertrages zu schaffendes Arbeitsvertragsgesetz haben?"), des 60. DJT 1994 in Münster („Welche Maßnahmen empfehlen sich, um die Vereinbarkeit von Berufstätigkeit und Familie zu verbessern?"), des 65. DJT 2004 in Bonn („Arbeitsrecht zwischen Markt und gesellschaftspolitischen Herausforderungen"), des 67. DJT 2008 in Erfurt („Alternde Arbeitswelt – Welche arbeits- und sozialrechtlichen Maßnahmen empfehlen sich zur Anpassung der Rechtsstellung und zur Verbesserung der Beschäftigungschancen älterer Arbeitnehmer?"), des 68. DJT 2010 in Berlin („Abschied vom Normalarbeitsverhältnis – Welche arbeits- und sozialrechtlichen Regelungen empfehlen sich im Hinblick auf die Zunahme neuer Beschäftigungsformen und die wachsende Diskontinuität von Erwerbsbiographien?") und den 71. DJT 2016 in Essen („Digitalisierung der Arbeitswelt – Herausforderungen und Regelungsbedarf"). Dies soll hier nicht wiederholt werden.

2. Beständiger Wandel

Der persönliche Geltungsbereich des Arbeits- und des Sozialversicherungsrechts ist einem beständigen Wandel unterworfen. Nur als Schlaglichter seien genannt: Die Beseitigung des Zunftzwangs und die Gewährung der Vertragsfreiheit im Recht des Dienstvertrages im Zuge der *Stein/Hardenberg*'schen Reformen (1811),[9] die

---

[5] *Hidalgo/Ceelen* NZA 2021, 19 (20 f.); *Reiter/Thielemann* NZA-Beilage 2023, 59 (63 f.); vgl. auch *Eichenhofer* ZESAR 2023, 355 ff.

[6] Art. 2 VO (EG) 593/2008, Art. 6 VO (EU) 1512/2012, BAG 23.6.2016 – 5 AZR 767/14, NZA 2017, 78 (79); 31.3.2022 – 8 AZR 207/21, NZA 2022, 1288 (1290 f.); Hüßtege/Mansel/*Leible* BGB, Rom-Verordnungen, EuErbVO – HUO (3. Aufl. 2019), Art. 2 Rn. 2 f.

[7] Darunter Brasilien, China, Indien, Japan, Kanada, der Türkei und der USA.

[8] Übersichtlich mit ihren wesentlichen Regelungsinhalten zusammengestellt von der Deutschen Verbindungsstelle Krankenversicherung – Ausland (DVKA), www.dvka.de.

[9] § 8 des Gesetzes über die polizeilichen Verhältnisse der Gewerbe usw. vom 7.9.1811.

ersten, Handlungsgehilfen betreffenden Regelungen im ADHGB (1861), die Anfänge der Sozialversicherung mit der Krankenversicherung (1883), der Unfallversicherung (1884) und der Invaliditäts- und Altersversicherung (1889/92) über ihre Erstreckung auf Angestellte im Versicherungsgesetz für Angestellte (1911/13), die erste Arbeiterschutzgesetzgebung in der großen Novelle der Reichsgewerbeordnung (1891) kurz nach der Entlassung *Otto von Bismarcks* als Reichskanzler, die Einführung der Arbeitslosenversicherung unmittelbar nach Kriegsende 1918 (mit Konsolidierung im AVAVG 1927), die Anerkennung der Gewerkschaften und ihres Rechts zum Abschluss von Tarifverträgen durch die Arbeitgeber im Stinnes-Legien-Abkommen nur wenige Tage später (15.11.1918) und im Jahr darauf in der Weimarer Reichsverfassung (1919), das Betriebsrätegesetz 1920 und die nachfolgende Gesetzgebung in der Weimarer Republik. Damit hatte das Arbeitsrecht schon in den 1920er-Jahren in personeller (nicht in sachlicher) Hinsicht nahezu seine heutige Ausdehnung erreicht, das dunkelbraune „Gesetz zur Ordnung der nationalen Arbeit"[10] (1934) ist mit dem Zusammenbruch der Nazidiktatur ebenso untergegangen wie 45 Jahre später das „Arbeitsgesetzbuch" der DDR[11] (1977) mit deren Ende. Letzte rechtliche Unterscheidungen zwischen Arbeitern und Angestellten wurden im Gefolge des Beschlusses des BVerfG vom 30.5.1990[12] eingeebnet. Heute verläuft eine gesetzliche Trennlinie eher zwischen den leitenden Angestellten und dem Rest der Arbeitnehmerschaft,[13] eine wirtschaftliche vielfach zudem zwischen Arbeitnehmern, auf deren Arbeitsverhältnisse ein Tarifvertrag (normativ oder kraft einzelvertraglicher Inbezugnahme) Anwendung findet, und solchen ohne Tarifgeltung. Zudem tritt in den Belegschaften zunehmend eine Diskrepanz zwischen zwingend in Präsenz Beschäftigten und solchen mit variablem Homeoffice hinzu.

Das Sozialversicherungsrecht hat seinen Siegeszug dagegen über viele weitere Jahrzehnte fortgesetzt. *Michael Stolleis* hat 1981 formuliert: „Sozialversicherungen sind Errungenschaften der modernen Welt. Vielleicht die letzten großen nach der Demokratie und dem Rechtsstaat."[14] Mitten im Zweiten Weltkrieg wurde 1941 die Krankenversicherung der Rentner geschaffen, der Anteil der gesetzlich Versicherten stieg von etwa 10 % der Bevölkerung 1883 über 50 % im Jahre 1968 bis auf 90 % heutzutage. In die gesetzliche Rentenversicherung wurden in der Bundesrepublik Deutschland zunehmend

---

[10] Vom 20.1.1934, RGBl. I S. 45.
[11] Vom 16.6.1977, GBl. I S. 185.
[12] BVerfG 30.5.1990 – 1 BvL 2/83 u.a., BVerfGE 82, 126 (145 ff.).
[13] Staudinger/*Fischinger*, BGB (2022), § 611a Rn. 215 ff.; MHdB ArbR/*Temming* (5. Aufl. 2021), § 20 Rn. 1.
[14] *Stolleis* in: SDSRV Bd. 22, S. 60 (78).

Selbstständige einbezogen (vgl. § 2 SGB VI), heute sind u.a. Handwerker, Landwirte sowie selbstständige Künstler und Publizisten erfasst. Die letzte Erweiterung auf „arbeitnehmerähnliche Selbstständige" (so § 2 Satz 1 Nr. 9 SGB VI in der ursprünglichen Fassung)[15] wurde zwar auf vielfachen politischen Druck hin wieder leicht entschärft, hat aber im Kern Bestand. Der Unfallversicherungsschutz wurde auf zahlreiche Personen ohne unmittelbaren Bezug zum Arbeitsmarkt erstreckt, das betrifft neben der eher Entschädigungscharakter tragenden „unechten Unfallversicherung" insbesondere Kinder während des Besuchs von Tageseinrichtungen, Schüler und Studierende (§ 2 Abs. 1 Nr. 8 SGB VII). Die letztgenannten Personengruppen bleiben im Folgenden außer Betracht.

3. Digitale Transformation, Arbeit 4.0

Selbstredend hat sich Arbeit in den vergangenen 200 Jahren grundlegend verändert. Der gegenwärtige Weg in eine zunehmend digitalisierte Arbeitswelt (Arbeit 4.0) stellt das Arbeits- und das Sozialversicherungsrecht vor neue Herausforderungen. Auf der Basis eines von *Rüdiger Krause*, Universität Göttingen, erstatteten Gutachtens[16] hat dies der 71. Deutsche Juristentag über verschiedene Aspekte bereits 2016 diskutiert. Das Bundesministerium für Arbeit und Soziales hat einen breit angelegten Dialog moderiert, der 2017 in ein Weißbuch mündete.[17] Einige der seinerzeit in den Mittelpunkt gestellten Trends haben deutlich an Fahrt aufgenommen, das betrifft vor allem die Arbeit am häuslichen Arbeitsplatz. Hier hat die Notwendigkeit physischer Distanz während der Corona-Pandemie einen sehr deutlichen Beitrag geleistet. Die zuvor bei vielen Arbeitgebern vorherrschende Skepsis wurde zunächst notgedrungen, später vielfach aus positiver Erkenntnis überwunden. Ebenso haben viele Arbeitnehmer Vorteile der Tätigkeit im Homeoffice zu schätzen gelernt, aber auch Nachteile erkannt.

Während die Arbeit 1.0 (Erfindung der Dampfmaschine, Beginn der Industrialisierung) mit der Begründung eines modernen, auf vertraglicher Einigung zwischen den Parteien basierenden Arbeitsvertrages, und die Arbeit 2.0 (Beginnende Massenproduktion, Industriegesellschaft, Anfänge des Wohlfahrtsstaates) mit der Etablierung der Sozialversicherung und den ersten Arbeiterschutzgesetzen ganz

---

[15] Art. 4 Nr. 3 des Gesetzes zu Korrekturen in der Sozialversicherung und zur Sicherung der Arbeitnehmerrechte vom 19.12.1998, BGBl. I S. 3843.
[16] *Krause*, Digitalisierung der Arbeitswelt – Herausforderungen und Regelungsbedarf, Gutachten B zum 71. DJT 2016, S. B 1 ff.
[17] BMAS (Hrsg.), Arbeit Weiter Denken. Weißbuch Arbeiten 4.0 (2017); dazu etwa *Albrecht* in: Hensel/Schönefeld/Kocher/Schwarz/Koch, Selbstständige Unselbstständigkeit (2019), S. 127 ff.

zentrale Konsequenzen für das im Mittelpunkt dieses Gutachtens stehende Thema hatten, gilt Gleiches nicht mehr für die Arbeit 3.0 (Wandel zur Dienstleistungsgesellschaft, zunehmender Einsatz von Computern, Internationalisierung und Globalisierung der Wirtschaft). In den 1970er-Jahren war der Sozialstaat bereits gefestigt. Anlass sah die damalige sozialliberale Koalition unter *Willy Brandt* und *Helmut Schmidt* eher für einen weiteren Ausbau der Arbeitnehmerrechte (BetrVG 1972, MitbestG 1976) als für personelle Erweiterungen, wenngleich solche in Randbereichen (etwa KSVG 1981) durchaus noch stattfanden. Die vielfach geäußerte Sorge, „die Maschinen" und „der Computer" würden Arbeitsplätze vernichten, die Finanzierung der Sozialversicherung müsse sich daher von arbeitsentgeltzentrierten Beiträgen lösen und durch eine „Maschinensteuer" („Wertschöpfungsabgabe") substituiert werden,[18] hat sich nicht bewahrheitet. Den Dauerstreit um den Ausbau der gesetzlichen Krankenversicherung zu einer „Bürgerversicherung" hat das GKV-Wettbewerbsstärkungsgesetz[19] 2007 vorerst dahin befriedet, dass jede Person mit Wohnsitz im Inland verpflichtet ist, eine private Krankenversicherung abzuschließen und aufrecht zu erhalten, soweit keine anderweitige Absicherung, insbesondere durch die gesetzliche Krankenversicherung, besteht (seinerzeit § 178a Abs. 5 VVG, jetzt § 193 Abs. 3 VVG). Damit bewirkt das duale System aus gesetzlicher und privater Krankenversicherung im Ergebnis eine Versicherungspflicht für die gesamte Wohnbevölkerung Deutschlands, freilich mit einem sehr merkwürdigen Regel-/Ausnahmeverhältnis: Da rund 90% der Bevölkerung gesetzlich versichert sind, verbleibt für die Regel – Versicherungspflicht in der PKV – nur ein überschaubarer Rest.[20]

Erfordert die „Arbeit 4.0" eher eine völlige Neuausrichtung des Arbeits- und Sozialversicherungsrechts oder bedarf es lediglich einiger Feinsteuerungen? Wissenschaft und Politik tendieren in die letztgenannte Richtung, wenngleich „Richtung" hier das Missverständnis nahelegt, über sie bestehe Einigkeit. Das Gegenteil ist der Fall. Stimmen, die (Solo-)Selbstständigkeit per se kritisch sehen, (Selbst-)Ausbeutung und Erosion des Sozialstaats befürch-

---

[18] Zur seinerzeitigen Diskussion beispielsweise *Marburger Arbeitskreis für Sozialrecht und Sozialpolitik*, Maschinensteuer – Ausweg aus der Finanzkrise der Sozialversicherung? (1984); *Gretschmann*, Neue Technologien und soziale Sicherung (1989); *Schmähl/Henke/Schellhaaß*, Änderungen der Beitragsfinanzierung in der Rentenversicherung?: ökonomische Wirkungen des „Maschinenbeitrags" (1984); *Schulz*, Potentielle Beschäftigungseffekte der Maschinensteuer (1986).
[19] Gesetz zur Stärkung des Wettbewerbs in der Gesetzlichen Krankenversicherung (GKV-Wettbewerbsstärkungsgesetz – GKV-WSG) vom 26.3.2007, BGBl. I S. 378.
[20] Für das Jahr 2021: 8,72 Mio. Privatversicherte, darunter 4,16 Mio. Vollversicherte und 4,56 Mio. Beihilfeberechtigte.

ten,[21] plädieren für Vermutungsregeln zugunsten von Arbeitsverhältnis und abhängiger Beschäftigung und selbst für den Fall ihrer Widerlegung für die Gewährung arbeitnehmerähnlicher Rechte. Der – bei Abschluss dieses Gutachtens noch nicht verabschiedete – Entwurf der EU-Kommission für eine Richtlinie zur Verbesserung der Arbeitsbedingungen in der Plattformarbeit[22] steht exemplarisch für diesen Ansatz. Auf der anderen Seite finden sich Stimmen, die die zunehmende Freiheit und Selbstbestimmtheit moderner „Wissensarbeit", den damit einhergehenden Kontrollverlust des Arbeitgebers/Auftraggebers über Zeit und Ort der Tätigkeit sowie die Ersetzung tätigkeitsbezogener Weisungen durch die Vereinbarung bestimmter projektbezogener Ziele betonen und daher für eine Deregulierung streiten.[23]

II. Soziales Schutzbedürfnis und Typisierung von Tatbeständen

1. Arbeitnehmer, Beschäftigte und die Bildung des Typus

Jede Ausgestaltung von Schutz steht regelungstechnisch vor der Entscheidung, inwieweit entweder typisierende, klare Regeln auf der einen, oder Generalklauseln auf der anderen Seite zu verwenden sind.[24] Bei typisierenden Regelungen wird nicht direkt der jeweilige Normzweck, etwa mit Normierung einer Zielvorgabe, zur Anwendung gebracht. Vielmehr werden – der Einfachheit, nicht der Sachgerechtigkeit im Einzelfall halber – einfach praktisch festzustellende und zu bestimmende „Stellvertretermerkmale" eingesetzt, die mit dem jeweiligen Normzweck nicht stets, aber nach Auffassung des Normgebers typischerweise mit ihm verbunden sind. So knüpfen etwa Geschäftsfähigkeit und beschränkte Geschäftsfähigkeit (§§ 104, 106 BGB) nicht an eine im Einzelfall festgestellte hinreichende rechtsgeschäftliche Einsichtsfähigkeit der Person, sondern an eine präzise Altersgrenze an, bei deren Erreichen zwar nicht notwendigerweise, aber doch typischerweise mit ihr zu rechnen ist.

---

[21] Exemplarisch zur Diskussion um Tarifverträge für (Solo-)Selbstständige *Asshoff/Walser* NZA 2021, 1526 ff.; *Höpfner* VSSAR 2023, 105 ff.; *Hütter* ZFA 2018, 552 ff.

[22] EU-Kommission, Vorschlag für eine Richtlinie des Europäischen Parlaments und des Rates zur Verbesserung der Arbeitsbedingungen in der Plattformarbeit, COM (2021) 762 final; dazu u. a. *Gräf* ZFA 2023, 209 ff.; *Greiner/Baumann* ZESAR 2023, 409 ff.; *Junker* EuZA 2022, 141 f.; *Lelley/Bruck* RdA 2023, 257 ff.

[23] Zum Arbeitszeitrecht etwa *Kolbe* ZFA 2021, 216 (224 ff.); *Thüsing/Rombey/Schippers* NZA 2020, 481 ff.; dagegen *Ulber/Stein* AuR 2022, 148 (151 ff.).

[24] Grundlegend, mit Nachweisen auch zum Folgendem, *Seiwerth*, Typisierter Schutz in Gesetz und Urteil (2024), passim.

Sowohl die Realisierung von Schutz durch typisierende Regeln als auch durch generalklauselartige Regelungen haben Vor- und Nachteile. Der Vorteil von Typisierung ist die Reduktion von Komplexität. Komplexitätsreduktion bedeutet für die Rechtsanwendung Praktikabilität und Rechtssicherheit. Die Kehrseite ist ein notwendiges Defizit an Einzelfallgerechtigkeit, die Verfehlung des Normzwecks in allen nicht als „typisch" zugrunde gelegten Fallgestaltungen. Es tritt eine eigentlich normzweckwidrige Übererfassung von Sachverhalten – in den Schutzbereich einbezogen sind auch Fälle, die nach dem jeweiligen Normzweck keines Schutzes bedürften – bei gleichzeitiger (!) Untererfassung von Sachverhalten – in den Schutzbereich nicht einbezogen sind Fälle, die nach dem jeweiligen Normzweck sehr wohl des Schutzes bedürften – ein. Diese Nachteile von Typisierung werden vermieden, wenn der Normzweck in einer generalklauselartigen Regelung direkt(er) zum Ausdruck gebracht wird. Das erlaubt es, ihn in jedem Einzelfall optimal zur Geltung zu bringen. Allerdings werden dann auch die Vorteile der Typisierung preisgegeben und mit erheblicher Komplexität Rechtsunsicherheit und Unpraktikabilität geschaffen. Zwischenlösungen, die die jeweiligen Vor- und Nachteile kombinieren, sind möglich. So kann ein Schutzbereich in dem Sinn typisierend gezogen sein, dass es auf die tatsächliche Schutzbedürftigkeit im Einzelfall nicht ankommt, die Gestalt des Schutzes der einzelnen Regelungen selbst aber generalklauselartiger bestimmt wird.

Der Schutzbereich des Arbeits- und Sozialrechts ist ein Paradebeispiel für dieses Typisierungs-Dilemma. Die Massenverwaltung der Sozialversicherung ist in besonderem Maß auf Praktikabilität und damit Typisierung angewiesen; Krankenkassen und Rentenversicherungsträger können nicht in jedem Einzelfall die – sich zudem über die Zeit verändernde – „soziale Schutzbedürftigkeit" des Einzelnen prüfen. Die Typisierung des Schutzes im Arbeitsrecht mit dem Arbeitnehmerbegriff führt dazu, dass der rechtlich beratene Profifußballer und Millionär, der wegen der typisierenden Anknüpfung des Schutzes des Arbeitsrechts an Weisungsbindung, Fremdbestimmung und persönliche Abhängigkeit als Arbeitnehmer geschützt ist (§ 611a Abs. 1 BGB);[25] eine Orchesteraushilfe[26] wegen ihrer Möglichkeit, Aushilfstätigkeiten im Einzelfall abzulehnen, aber nicht. Manch Solo-Selbständiger wäre vielleicht gerne Arbeitnehmer seines Haupt-Auftraggebers, hat aber nicht die Marktmacht, dies durchzu

---

[25] BAG 24.11.1992 – 9 AZR 564/91, NZA 1993, 750 (750); 23.4.1996 – 9 AZR 856/94, NZA 1996, 1207 (1207); 8.12.1998 – 9 AZR 623/97, NZA 1999, 989 (989); 24.5.2023 – 7 AZR 169/22, NZA 2023, 1391 (1393); Staudinger/*Fischinger* (2022), § 611a BGB Rn. 348.

[26] Vgl. LAG Baden-Württemberg 10.1.2020 – 1 Sa 8/19, NZA-RR 2020, 124 ff.

setzen. Während so der grundsätzliche Zugang zu Schutz im Arbeitsrecht höchst typisiert stattfindet, sind einzelne Schutzvorschriften generalklauselartig ausgestaltet. Ein Beispiel dafür ist der allgemeine Kündigungsschutz (§ 1 KSchG), der zwar – typisiert – nur Arbeitnehmern zukommt; ob eine Kündigung aber wirksam ist, bestimmt sich generalklauselartig (einzelfallgerechter, aber tendenziell rechtsunsicherer und unpraktikabler) nach der „sozialen Rechtfertigung" unter Berücksichtigung der Umstände des Einzelfalls.

Jede Änderung des Schutzbereichs des Arbeits- und Sozialversicherungsrechts muss sich zwischen den komplementären Vor- und Nachteilen von typisierenden Regeln und generalklauselartigen Regelungen entscheiden. Vereinheitlichung führt zu mehr Typisierung, reduzierter Komplexität und damit erhöhter Praktikabilität und Rechtssicherheit. Umgekehrt werden auch sachdienliche, normzweckorientierte Differenzierungen eingeebnet. Mehr Flexibilisierung weicht die Typisierungswirkung auf und kann zu sachgerechteren, (schutz-)normzweckorientierteren Lösungen führen, erhöht allerdings die Komplexität. Öffnungsklauseln können dazu dienen, atypische Fälle anders zu behandeln. Sie müssen aber, soweit sie Personen aus dem Schutzbereich des Arbeits- und/oder Sozialversicherungsrechts entlassen, so gestaltet sein, dass von ihnen weder einseitig durch die die Vertragsbedingungen stellende Partei noch beiderseitig zum Nachteil Dritter (etwa der Steuer- und der übrigen Beitragszahler) Gebrauch gemacht werden kann.

2. Arbeitsvertrag und tatsächliche Durchführung

„Baldthunlichst", so hatte es der Reichstag 1896 bei der Verabschiedung des BGB versprochen, solle das Arbeitsvertragsrecht einschließlich der Haftung des Arbeitnehmers kodifiziert werden.[27] Daraus ist bekanntlich bis heute nichts geworden. Immerhin hat der Gesetzgeber es 120 Jahre später geschafft, in § 611a Abs. 1 BGB nicht nur die vertragstypischen Pflichten der Parteien zu beschreiben, sondern mit dem implizit in ihm normierten Arbeitnehmerbegriff auch den „Schlüssel für die Anwendung des Arbeitsrechts"[28] herauszugeben. Es konnte nicht überraschen, dass dieser legislative Schritt das wissenschaftliche Schrifttum befeuert[29] und zu einigen Kontroversen Anlass gegeben hat[30]. Satz 6 von § 611a Abs. 1 BGB besagt zutreffend, dass es auf die Bezeichnung im Vertrag nicht an-

---
[27] RT-Sten.-Ber., 9. Legislaturperiode, IV. Session 1895/97, 5. Band, S. 3846.
[28] ErfK/*Preis* (24. Aufl. 2024), § 611a BGB Rn. 3.
[29] Statt aller *Henssler* RdA 2017, 83 (84ff.); *Preis* NZA 2018, 817ff.; *Richardi* NZA 2017, 36ff.; *Rinck* RdA 2019, 127ff.; *Wank* AuR 2017, 140ff.
[30] Prominent der Disput von *Schwarze* RdA 2020, 38ff. und *Riesenhuber* RdA 2020, 226ff. mit Replik *Schwarze* RdA 2020, 231f.

kommt, wenn die tatsächliche Durchführung des Vertragsverhältnisses zeigt, dass es sich um ein Arbeitsverhältnis handelt. Dies ist in der Rechtsprechung des BAG seit langem anerkannt.[31] Allerdings handelt es sich dabei nicht um eine Besonderheit des Arbeitsrechts. Dass die Wortwahl der Parteien irrelevant ist, wenn sie tatsächlich übereinstimmend etwas anderes gewollt haben, bringt bereits § 133 BGB zum Ausdruck und gehört seit *Haakjöringsköd*[32] zur juristischen Allgemeinbildung. Nichts anderes gilt in Bezug auf die typologische Einordnung eines Vertrages und damit die von den Vertragsparteien ggf. zwingend zu beachtenden Regeln. So hat der BGH es beispielsweise jedenfalls in Allgemeinen Geschäftsbedingungen für unwirksam gehalten, den Vertrag über die Errichtung und Veräußerung von Eigentumswohnungen durch einen Bauträger als Kaufvertrag statt als Werkvertrag zu definieren.[33] Allgemeiner formuliert der X. Zivilsenat: „Für die rechtliche Einordnung eines Vertrags ist weder die von den Parteien gewünschte Rechtsfolge noch die von ihnen gewählte Bezeichnung maßgeblich, sondern der tatsächliche Geschäftsinhalt. [...] Der Geschäftsinhalt kann sich sowohl aus dem Wortlaut des Vertrags als auch aus dessen praktischer Durchführung ergeben. Widersprechen beide einander, so ist die tatsächliche Handhabung maßgebend, weil sich aus ihr am ehesten Rückschlüsse darauf ziehen lassen, von welchen Rechten und Pflichten die Vertragsparteien ausgegangen sind, was sie also wirklich gewollt haben. Der so ermittelte wirkliche Wille der Vertragspartner bestimmt den Geschäftsinhalt und damit den Vertragstyp".[34] Wenn § 611a Abs. 1 Satz 6 BGB nicht mehr als dies besagen will, hat er den falschen Standort – und verleitet zu dem fehlerhaften Schluss, die in ihm zum Ausdruck kommende Regel hätte nur hinsichtlich der Abgrenzung des Arbeitsvertrages zum freien Dienstvertrag, aber keine darüberhinausgehende allgemeine Bedeutung. *Schwarze* will dem Satz daher einen Mehrwert beimessen, nämlich ein Gebot zur Nutzung der arbeitsrechtlichen Form oder, negativ formuliert, ein „Verbot, die Pflicht zur Erbringung einer Arbeitsleistung in anderer rechtlicher Form als der eines Arbeitsvertrags unter Anwendung des arbeitsrechtlichen Schutzregimes

---

[31] BAG 30.1.1991 – 7 AZR 497/89, NZA 1992, 19 (20); 31.3.1993 – 7 AZR 338/92, NZA 1993, 1078 (1079); 9.11.1994 – 7 AZR 217/94, NZA 1995, 572 (573); 19.11.1997 – 5 AZR 653/96, NZA 1998, 364 (365); nach der Einfügung von § 611a n.F. in das BGB insbesondere BAG 1.12.2020 – 9 AZR 102/20, NZA 2021, 552 (557) – Crowdworker; 25.4.2023 – 9 AZR 253/22, NZA 2023, 1175 (1179) – Yoga-Lehrerin.
[32] RG 8.6.1920 – II 549/19, RGZ 99, 147 ff.; dazu jüngst *Rech* AcP 221 (2021), 219 ff.
[33] BGH 10.5.1979 – VII ZR 30/78, BGHZ 79, 258 (269).
[34] BGH 25.6.2002 – X ZR 83/00, NJW 2002, 3317 (3318) zur Abgrenzung von Werkvertrag und erlaubnispflichtiger Arbeitnehmerüberlassung.

zu vereinbaren".³⁵ Damit aber läuft er, wie einige seiner später nachgeschobenen Beispiele³⁶ belegen, Gefahr, dem Auftragnehmer einseitig die Definitionsmacht über das vermeintlich gemeinsam Gewollte einzuräumen: Ein Unternehmer, der sich ohne rechtliche Verpflichtung selbst (wirtschaftlich) von einem Vertragspartner abhängig macht, indem er seine ganze Arbeitskraft nur noch den von diesem erteilten Aufträgen widmet, seine Betriebsruhe („Urlaub") an den Bedürfnissen dieses Auftraggebers ausrichtet und die Werbung um Aufträge Dritter einstellt, ist noch lange kein Arbeitnehmer. § 2 Satz 1 Nr. 9 SGB VI, der solche Personen als *selbstständig Tätige* der Versicherungspflicht in der gesetzlichen Rentenversicherung (und nur in ihr) unterwirft, bringt dies treffend zum Ausdruck.³⁷ § 611a Abs. 1 Satz 6 BGB erweist sich damit als nicht mehr und nicht weniger als eine für alle Vertragstypen einschlägige Regel des Allgemeinen Schuldrechts. Stimmen die Parteien in der tatsächlichen Durchführung darin überein, welche Rechte und Pflichten ihnen wechselseitig zukommen, ergibt sich aus diesen Fakten die rechtliche Qualifikation des Vertrages.³⁸

3. Insbesondere: Crowdwork

Besondere Aufmerksamkeit hat hier der „Crowdworker"-Fall des BAG³⁹ erfahren.⁴⁰ Der Kläger hatte innerhalb von 11 Monaten rund 3.000 Mikrojobs („tool checks") über die App der Beklagten (das deutsche Tochterunternehmen der niederländischen Roamler B.V.) erledigt, dafür wöchentlich etwa 20 Stunden aufgewandt und eine Vergütung von durchschnittlich 1.750 Euro monatlich erzielt. Wegen Unstimmigkeiten über die Honorierung (es ging um gerade einmal 10 Euro)⁴¹ kündigte die Beklagte dem Kläger per E-Mail an, seinen Account zu sperren und ihm keine weiteren Aufträge mehr anzubieten. Erst drei Monate später erhob der Kläger Kündigungsschutzklage. Im Gegensatz zu den Vorinstanzen hat das BAG ihn als Ar-

---

[35] *Schwarze* RdA 2020, 38 (41); daran teilweise anknüpfend BAG 25.4.2023 – 9 AZR 253/22, NZA 2023, 1175 (1179 ff.).
[36] *Schwarze* RdA 2020, 231 f.
[37] *Hanau/Eltzschig* NZS 2002, 281 (281); Hauck/Noftz/*Fichte*, SGB VI (Stand: 8/2020), § 2 Rn. 30; *Oberthür/Lohr* NZA 2001, 126 (127); ErfK/*Rolfs* (24. Aufl. 2024), § 2 SGB VI Rn. 1.
[38] MüKoBGB/*Busche* (9. Aufl. 2023), § 631 Rn. 19.
[39] BAG 1.12.2020 – 9 AZR 102/20, NZA 2021, 552 (557).
[40] Bereits vor dem Urteil des BAG etwa *Bayreuther* RdA 2020, 241 ff.; *Frank/Heine* NZA 2020, 292 ff.; *Fuhlrott/Oltmanns* NJW 2020, 958 ff.; *Kocher* in: Hensel/Schönefeld/Kocher/Schwarz/Koch, Selbständige Unselbständigkeit (2019), S. 173 ff.; *Riesenhuber* ZFA 2021, 5 ff.; mit sozialversicherungsrechtlichem Fokus *Ruland* NZS 2021, 681 ff.
[41] *Däubler* VSSAR 2022, 325 (331); *Helm* AiB 2/2021, 45 (46).

beitnehmer angesehen. Zwar stelle die bei der Registrierung in der App abgeschlossene „Basisvereinbarung" noch keinen Arbeitsvertrag dar, weil sie weder eine Verpflichtung der Beklagten begründete, dem Kläger Aufträge anzubieten, noch des Klägers, solche anzunehmen. Die anschließende tatsächliche Durchführung (§ 611a Abs. 1 Satz 6 BGB) aber lasse das Rechtsverhältnis als Arbeitsverhältnis erscheinen. Mit zunehmender Anzahl erledigter Aufträge und positiver Bewertung derselben konnte ein höherer „Level" erreicht werden, der dann die Übernahme mehrerer Aufträge und die selbstbestimmte Entscheidung über die Reihenfolge ihrer Erledigung innerhalb des vorgegebenen Zeitfensters erlaubte. Nur dadurch, so das BAG, sei der Kläger in die Lage versetzt worden, seine Kontrolltätigkeiten wirtschaftlich sinnvoll auszuüben. Dieses Anreizsystem habe ihn dazu angehalten, über einen längeren Zeitraum regelmäßig Einzelaufträge anzunehmen. Die langfristige und kontinuierliche Beschäftigung habe durch eine Verklammerung der einzelnen Aufträge zu einem einheitlichen (unbefristeten) Arbeitsverhältnis geführt. Die per E-Mail erklärte Kündigung war schon wegen Verstoßes gegen § 623 BGB unwirksam, deshalb hatte auch die Klagefrist des § 4 Satz 1 KSchG nicht zu laufen begonnen. Erst die im Verlaufe des Rechtsstreits vorsorglich erklärte Schriftsatzkündigung hat das Arbeitsverhältnis später beendet.

Das Urteil hat im Schrifttum eine umfangreiche Diskussion unter Einbeziehung rechtsvergleichender Aspekte[42] ausgelöst. Ihm beipflichtende Stimmen betonen die Entwicklungsoffenheit des § 611a BGB und seine Schutzfunktion in der digitalen Arbeitswelt.[43] Die Kritik entzündet sich primär daran, dass der Kläger entgegen § 611a Abs. 1 Satz 1 BGB („Durch den Arbeitsvertrag wird der Arbeitnehmer ... verpflichtet") keinerlei Verpflichtung eingegangen war, auch nur einen einzigen Auftrag anzunehmen („Arbeitsverhältnis ohne Arbeitspflicht"), nicht einmal sein bereits erreichter „Level" stand in Frage, wenn er über längere Zeit pausierte.[44] Hier ist nicht der Ort, diese dogmatische Diskussion fortzusetzen. Hinzuweisen

---

[42] *Eichenhofer* FS Preis (2021), S. 191 ff.; *Göpfert/Stöckert* NZA 2022, 1037 (1038); *Rech* ZFA 2023, 279 ff.; *Schubert* RdA 2020, 248 (253 ff.); *dies.* NZA-Beilage 2022, 5 (5); *Waltermann* in: Giesen/Junker/Rieble (Hrsg.), Arbeitsrechtsfragen bei Crowdworking und Plattformarbeit (2022), S. 15 (35); *Wisskirchen/Haupt* RdA 2021, 355 (357); zu EuGH 22.4.2020 – C-692/19, ECLI:EU:C:2020:288 = NZA 2021, 1246 – Yodel Delivery Network siehe *Schmidt* NZA 2021, 1232 ff.; zur Situation in Frankreich *Daugareilh* AuR 2020, 352 ff.

[43] *Junker* ZFA 2021, 502 (507); *Waltermann* NJW 2022, 1129 (1131 f.); *Waas* RdA 2022, 125 (128).

[44] *Heckelmann* NZA 2022, 73 (75 ff.); *Sittard/Pant* jM 2021, 416 (419 f.); *Thüsing/Hütter-Brungs* NZA-RR 2021, 231 (234 f.); kritisch auch *Loritz* FS Henssler (2023), S. 383 (392 f.).

ist allerdings auf zwei Aspekte: Die meisten Kommentatoren bemerken zutreffend, dass es sich um eine Einzelfallentscheidung handele, die rechtliche Beurteilung hänge von den Umständen des Falles ab.[45] Vielfach komme auch eine Qualifikation als „arbeitnehmerähnliche Person" in Betracht.[46] Die Beklagte hat – wie vermutlich alle vergleichbaren Plattformbetreiber – auf das Urteil umgehend reagiert. Die Geschäftsbedingungen wurden so umgestaltet, dass die vom BAG als maßgeblich herausgearbeiteten Kriterien, namentlich das Anreizsystem („Gamification-Part der App"), heute nicht mehr existieren. Crowdworker sollen keine Arbeitnehmer sein oder werden können. Im gegenläufigen Sinne hat die EU-Kommission 2021 den Entwurf für eine Plattform-Richtlinie[47] auf den Weg gebracht, deren Vermutungsregeln regelmäßig zur Annahme eines Arbeitsverhältnisses führen würden. Dies wird später[48] noch zu thematisieren sein.

Bereits an dieser Stelle sei aber auf ein arbeits- und sozialrechtliches Folgeproblem hingewiesen: Aufgrund des punktuellen Streitgegenstands der Kündigungsschutzklage hatte das BAG „nur" zu entscheiden, ob *im Zeitpunkt des Zugangs der Kündigungserklärung* ein Arbeitsverhältnis zwischen den Parteien bestand.[49] Es konnte offen lassen, wann im Verlaufe des elfmonatigen Rechtsverhältnisses sich die Rechtsbeziehung der Parteien derart „verdichtet" hatte – denn die bloße Registrierung in der App mit dem Abschluss der „Basis-Vereinbarung" genügte (zu Recht) gerade nicht. Sowohl für zentrale arbeitsrechtliche Rechte und Pflichten – man denke nur an Mindestlohn, Entgeltfortzahlung im Krankheitsfall, Urlaub, Annahmeverzug und Betriebsrisiko – als auch für die sozialversicherungsrechtliche Beschäftigung und die mit ihr verbundenen Beitrags-, Melde- und Aufzeichnungspflichten wäre eine Entscheidung über den exakten Beginn aber erforderlich, und zwar möglichst für das Arbeits- und das Sozialrecht einheitlich. Dem soll hier mit einem verfahrensrechtlichen Vorschlag Rechnung getragen werden.[50]

---

[45] Statt aller *Deinert*, Anmerkung AP BGB § 611 Abhängigkeit Nr. 132; *Junker* JZ 2021, 519 (522); *Schliemann* FS Henssler (2023), S. 559 (572); *Wank* FS Henssler (2023), S. 701 (716).

[46] *Deinert*, Anmerkung AP BGB § 611 Abhängigkeit Nr. 132; *Martina* NZA 2021, 616 (618f.); ErfK/*Preis* (24. Aufl. 2024), § 611a BGB Rn. 63; *Schubert* RdA 2020, 248 (253).

[47] → Fn. 22.

[48] → B 74.

[49] BAG 23.5.2013 – 2 AZR 102/12, NZA 2013, 1416 (1417); 24.10.2013 – 2 AZR 1078/12, NZA 2014, 540 (542); 20.3.2014 – 8 AZR 1/13, NZA 2014, 1095 (1097); 29.1.2015 – 2 AZR 698/12, NZA 2015, 1022 (1022); 21.5.2019 – 9 AZR 295/18, NZA 2019, 1411 (1412).

[50] → B 88.

III. Vereinheitlichung des Anwendungsbereichs?

Die Vereinheitlichung des persönlichen Geltungsbereichs des Arbeits- und Sozialversicherungsrechts wäre eine „große Lösung". Die geltende Rechtslage ist dadurch geprägt, dass es neben einem recht beachtlichen Kern von Rechtsverhältnissen, auf die alle oder nahezu alle Schutzvorschriften des Arbeitsrechts Anwendung finden und die den Versicherungsschutz in allen fünf Zweigen der Sozialversicherung vermitteln, eine nennenswerte Zahl sowohl von Einschränkungen als auch von Erweiterungen gibt. Teilweise beruhen diese auf unionsrechtlichen Vorgaben, teilweise auf autonom innerstaatlichen Entscheidungen des deutschen Gesetzgebers. Ohne Anspruch auf Vollständigkeit:

1. Analyse 1: Arbeitsrecht

Für das Arbeitsrecht vermittelt der erst 2017 in Kraft getretene § 611a BGB in seinem Absatz 1 den Eindruck, eine einheitliche Begriffsbestimmung vorzunehmen. Dies trifft indes schon nach nationalem Recht nicht zu. So bezieht beispielsweise das AGG neben den zu ihrer Berufsausbildung Beschäftigten und den Heimarbeitern (§ 6 Abs. 1 Satz 1 Nr. 2 und 3 AGG) auch Selbstständige und Organmitglieder, insbesondere Geschäftsführer und Vorstandsmitglieder, in seinen Anwendungsbereich ein, soweit es um die Bedingungen für den Zugang zur Erwerbstätigkeit sowie den beruflichen Aufstieg geht (§ 6 Abs. 3 AGG).[51] Vom Mindestlohn- und vom Nachweisgesetz sind gemäß § 22 Abs. 1 MiLoG, § 1 Satz 2 NachwG auch bestimmte (wenngleich nicht alle) Praktikanten erfasst. Vom Schutz des Betriebsrentengesetzes profitieren neben Arbeitnehmern und den zu ihrer Berufsausbildung Beschäftigten auch Personen, die nicht Arbeitnehmer sind, wenn ihnen Leistungen der Alters-, Invaliditäts- oder Hinterbliebenenversorgung aus Anlass ihrer Tätigkeit für ein Unternehmen zugesagt worden sind (§ 17 Abs. 1 Satz 2 BetrAVG), was namentlich Fremd- und nicht beherrschende Gesellschafter-Geschäftsführer von GmbHs sowie Vorstandsmitglieder von Aktiengesellschaften betrifft.[52] Tarifverträge können außer für Arbeitnehmer auch für arbeitnehmerähnliche Personen abgeschlos-

---

[51] BGH 23.4.2012 – II ZR 163/10, BGHZ 193, 110 (114f.); 26.3.2019 – II ZR 244/17, BGHZ 221, 325 (331 ff.).
[52] BGH 28.4.1980 – II ZR 254/78, BGHZ 77, 94 (100); 2.6.1997 – II ZR 181/96, NZA 1997, 1055 (1055f.); 29.5.2000 – II ZR 380/98, NZA 2001, 266 (267); 24.6.2015 – IV ZR 411/13, NZA 2016, 111 (112); BAG 16.4.1997 – 3 AZR 869/95, NZA 1998, 101 (103); 15.4.2014 – 3 AZR 114/12, NZA 2014, 767 (770); Blomeyer/Rolfs/Otto/*Rolfs*, BetrAVG (8. Aufl. 2022), § 17 Rn. 42 ff.

sen werden (§ 12a TVG), diese haben zudem – ebenso wie die in Heimarbeit Beschäftigten, die eigentlich Selbstständige sind – für ihre Rechtsstreitigkeiten Zugang zu den Gerichten für Arbeitssachen (§ 5 Abs. 1 ArbGG). Leitende Angestellte sind zwar Arbeitnehmer und kommen in den Genuss des größten Teils des Arbeitsrechts, sodass beispielsweise auch die Verträge mit ihnen nur unter den strengen Voraussetzungen des § 14 TzBfG befristet werden dürfen.[53] Das Arbeitszeitgesetz findet auf sie demgegenüber keine Anwendung, ebenso wenig u.a. auf Chefärzte (§ 18 Abs. 1 Nr. 1 ArbZG) und im Haushalt lebende Arbeitnehmer, die ihnen anvertraute Personen eigenverantwortlich erziehen, pflegen oder betreuen (§ 18 Abs. 1 Nr. 3 ArbZG). Die leitenden Angestellten sind auch im Betriebsrat nicht vertreten, das BetrVG nimmt sie aus seinem Anwendungsbereich weithin aus (§ 5 Abs. 3 und 4 BetrVG), sodass nur noch die Koordination der Wahlvorstände nach dem BetrVG und dem SprAuG hinsichtlich der Wählerlisten (§ 18a BetrVG) und die Mitteilungspflicht des Arbeitgebers nach § 105 BetrVG verbleiben. Dafür können die leitenden Angestellten unter den Voraussetzungen des § 1 SprAuG mit dem Sprecherausschuss eine eigene Interessenvertretung bilden, die allerdings deutlich geringere Beteiligungsrechte als der Betriebsrat hat und deren mit dem Arbeitgeber vereinbarte Richtlinien – anders als Betriebsvereinbarungen (§ 77 Abs. 4 Satz 1 BetrVG) – nur dann normativ wirken, wenn dies gesondert vereinbart ist (§ 28 Abs. 2 Satz 1 SprAuG). Vereinzelt differenzieren Gesetze auch nach dem Alter des Arbeitnehmers, so etwa beim Mindestlohn (§ 22 Abs. 2 MiLoG: Kein Mindestlohn für Jugendliche unter 18 Jahren ohne abgeschlossene Berufsausbildung), bei der Arbeitszeit (JArbSchG statt ArbZG, § 18 Abs. 2 ArbZG), bei der Jugend- und Auszubildendenvertretung (§§ 60, 61 BetrVG) oder dem Altersteilzeitgesetz (§ 1 Abs. 3 ATG).

Im Anwendungsbereich des Unionsrechts findet teilweise ein anderer, gegenüber dem nationalen Begriffsverständnis umfassenderer Arbeitnehmerbegriff Anwendung. Dem EuGH genügt es nach der sog. „Lawrie Blum-Formel", dass eine Person während einer bestimmten Zeit für eine andere Person nach deren Weisung Leistungen erbringt, für die sie als Gegenleistung eine Vergütung erhält. Dabei sind weder die rechtliche Einordnung dieses Verhältnisses nach nationalem Recht noch seine Ausgestaltung noch die Art der zwischen beiden Personen bestehenden Rechtsbeziehung ausschlag-

---

[53] BAG 21.3.2017 – 7 AZR 207/15, NZA 2018, 1744 (1759f.); Meinel/Heyn/Herms/*Meinel*, TzBfG (6. Aufl. 2022), § 14 Rn. 72; ErfK/*Müller-Glöge* (24. Aufl. 2024), § 14 TzBfG Rn. 7; einschränkend APS/*Backhaus* (7. Aufl. 2024), § 14 TzBfG Rn. 20.

gebend.⁵⁴ Infolgedessen gesteht das Unionsrecht heute die Arbeitnehmereigenschaft auch Personen zu, die sie nach nationalem deutschen Recht teilweise unbestritten, jedenfalls aber nach herrschender Auffassung nicht haben, darunter Beamten,⁵⁵ Fremdgeschäftsführern einer GmbH⁵⁶ – vom BAG unlängst noch plakativ als *arbeitgeberähnliche Personen* bezeichnet⁵⁷ –, von der Arbeitsagentur oder dem Jobcenter geförderten Praktikanten, also Personen, die ihre Vergütung nicht vom „Arbeitgeber", sondern von einem öffentlichen Träger aus Steuer- oder Beitragsmitteln erhalten,⁵⁸ Behinderten in Werkstätten für behinderte Menschen⁵⁹ und sogar DRK-Schwestern und ähnlichen Vereinsmitgliedern⁶⁰. Die dogmatischen Grundlagen sind nicht abschließend geklärt. Heute wohl nicht mehr ernsthaft in Zweifel gezogen wird, dass der Arbeitnehmerbegriff des AEUV (zB in Art. 46, 157 AEUV) unionsautonom und nicht nach den – in Nuancen unterschiedlichen – mitgliedstaatlichen Begriffsverständnissen zu interpretieren ist, und zwar schon deshalb nicht, weil die personelle Reichweite der Freizügigkeit nicht zur individuellen Disposition der Mitgliedstaaten steht. Nichts anderes gilt für die Charta der Grundrechte der Europäischen Union.⁶¹ Das Sekundärrecht geht hingegen traditionell unterschiedliche Wege: Während Verordnungen wie Rom I, Rom II und die EuGVVO wegen ihrer unmittelbaren und verbindlichen Geltung (Art. 288 Abs. 2 AEUV) stets den unionalen Arbeitnehmerbegriff verwenden,⁶² ist dies bei den Richtlinien eher die Ausnahme. Nur die Richtlinien zum Mutterschutz,⁶³ zu

---

⁵⁴ Statt aller: EuGH 17.11.2016 – C-216/15, ECLI:EU:C:2016:883 = NZA 2017, 41 – Betriebsrat der Ruhrlandklinik; vgl. etwa *Henssler/Pant* RdA 2019, 321 (323 ff.); *Wank* EuZA 2023, 22 (33).
⁵⁵ Grundlegend EuGH 12.2.1974 – 152/73, ECLI:EU:C:1974:13 = AP EWG-Vertrag Art. 177 Nr. 6 – Sotgiu; zum Urlaubsrecht EuGH 3.5.2012 – C-337/10, ECLI:EU:C:2012:263 = EuZW 2012, 516 – Neidel; zum Antidiskriminierungsrecht EuGH 19.6.2014 – C-501/12, ECLI:EU:C:2014:2005 = NZA 2014, 831 – Specht.
⁵⁶ EuGH 11.11.2010 – C-232/09, ECLI:EU:C:2010:674 = NZA 2011, 143 – Danosa; 9.7.2015 – C-229/14, ECLI:EU:C:2015:455 = NZA 2015, 861 – Balkaya.
⁵⁷ BAG 21.1.2019 – 9 AZB 23/18, NZA 2019, 490 (495).
⁵⁸ EuGH 9.7.2015 – C-229/14, ECLI:EU:C:2015:455 = NZA 2015, 861 – Balkaya.
⁵⁹ EuGH 26.3.2015 – C-316/13, ECLI:EU:C:2015:200 = NZA 2015, 1444 – Fenoll.
⁶⁰ EuGH 17.11.2016 – C-216/15, ECLI:EU:C:2016:883 = NZA 2017, 41 – Betriebsrat der Ruhrlandklinik.
⁶¹ *Jarass* EU-Grundrechte-Charta (4. Aufl. 2021), Art. 27 Rn. 7; Schwarze/*Holubek*, EU-Kommentar (4. Aufl. 2019), Art. 27 GRCh Rn. 10; EuArbRK/*Schubert* (5. Aufl. 2024), Art. 27 GRC Rn. 18; zweifelnd *Hüpers/Reese* in: Meyer/Hölscheidt, Charta der Grundrechte der Europäischen Union (5. Aufl. 2019), Art. 27 Rn. 17.
⁶² *Junker* EuZA 2016, 184 (186).
⁶³ Art. 2 Richtlinie 92/85/EWG des Rates vom 19. Oktober 1992 über die Durchführung von Maßnahmen zur Verbesserung der Sicherheit und des Gesundheitsschutzes von schwangeren Arbeitnehmerinnen, Wöchnerinnen und stillenden Arbeitnehmerinnen am Arbeitsplatz, ABl. L 348 S. 1.

Massenentlassungen[64], zur Arbeitszeitgestaltung[65] und zum Hinweisgeberschutz[66] rekurrieren auf das Unionsrecht, die ganz überwiegende Zahl bedient sich hingegen mit uneinheitlicher Terminologie[67] eines Rückverweises auf das nationale Recht, exemplarisch Art. 2 Abs. 1 der Betriebsübergangs-Richtlinie 2001/23/EG: „Im Sinne dieser Richtlinie gelten folgende Begriffsbestimmungen: ... d) ‚Arbeitnehmer' ist jede Person, die in dem betreffenden Mitgliedstaat aufgrund des einzelstaatlichen Arbeitsrechts geschützt ist". In jüngerer Zeit verwendet die Union vermehrt eine „Hybrid-Formel", nach der Arbeitnehmer derjenige ist, „der nach den Rechtsvorschriften, Kollektiv- bzw. Tarifverträgen oder Gepflogenheiten in dem jeweiligen Mitgliedstaat einen Arbeitsvertrag hat oder in einem Arbeitsverhältnis steht, wobei die Rechtsprechung des Gerichtshofs zu berücksichtigen ist"; mit diesem oder einem ähnlichen Wortlaut in der Richtlinie über transparente und vorhersehbare Arbeitsbedingungen,[68] in der Mindestlohn-Richtlinie[69] und der Entgelttransparenz-Richtlinie.[70] Die Konsequenzen der letztgenannten Normsetzungstechnik sind noch nicht vollständig überschaubar. Da sich der EuGH aber selbst dort, wo nach dem Wortlaut der Richtlinie der (rein) nationale Arbeitnehmerbegriff Anwendung findet (wie etwa in Art. 3 Abs. 1 lit. a der Leiharbeits-Richtlinie 2008/104/EG), nicht scheut, das unionsrechtliche Verständnis durchzusetzen und daher im konkreten Fall auch auf vereinsrechtlicher Basis[71] tätige DRK-Schwestern zu Arbeitnehmerinnen zu erklären, liegt nahe, dass er

---

[64] Art. 1 Abs. 1 Richtlinie 98/59/EG des Rates vom 20. Juli 1998 zur Angleichung der Rechtsvorschriften der Mitgliedstaaten über Massenentlassungen, ABl. L 225 S. 16.

[65] Art. 2 Richtlinie 2003/88/EG des Europäischen Parlaments und des Rates vom 4. November 2003 über bestimmte Aspekte der Arbeitszeitgestaltung, ABl. L 299 S. 9.

[66] Art. 4 Abs. 1 lit. a) Richtlinie 2019/1937/EU des Europäischen Parlaments und des Rates vom 23. Oktober 2019 zum Schutz von Personen, die Verstöße gegen das Unionsrecht melden, ABl. L 305 S. 17.

[67] Übersichtlich *Junker* EuZA 2016, 184 (205f.).

[68] So Art. 1 Abs. 2 der Richtlinie (EU) 2019/1152 des Europäischen Parlaments und des Rates vom 20. Juni 2019 über transparente und vorhersehbare Arbeitsbedingungen in der Europäischen Union, ABl. L 186 S. 105.

[69] Art. 2 Richtlinie (EU) 2022/2041 des Europäischen Parlaments und des Rates vom 19. Oktober 2022 über angemessene Mindestlöhne in der Europäischen Union, ABl. L 275 S. 33.

[70] Art. 2 Abs. 2 Richtlinie (EU) 2023/970 des Europäischen Parlaments und des Rates vom 10. Mai 2023 zur Stärkung der Anwendung des Grundsatzes des gleichen Entgelts für Männer und Frauen bei gleicher oder gleichwertiger Arbeit durch Entgelttransparenz und Durchsetzungsmechanismen, ABl. L 123 S. 21; zur „Hybrid-Formel" exemplarisch *Wank* EuZA 2023, 22 (42ff.).

[71] BAG 3.6.1975 – 1 ABR 98/74, AP BetrVG 1972 § 5 Rotes Kreuz Nr. 1; 6.7.1995 – 5 AZB 9/93, NZA 1996, 33 (35).

erst recht keine Scheu haben wird, in nämlicher Weise dort zu verfahren, wo die „Hybrid-Formel" gilt. Konsequenz dieser Rechtsetzung ist, dass in einigen deutschen Gesetzen unterschiedliche Arbeitnehmerbegriffe Anwendung finden, je nachdem, ob die einzelne Vorschrift autonom national ist oder ob sie auf Unionsrecht beruht. Prägnantes Beispiel hierfür ist das KSchG: Während der allgemeine Kündigungsschutz (§ 1 KSchG) nur Arbeitnehmern i.S. des deutschen § 611a BGB (mit den Beschränkungen des § 14 KSchG) zu Gute kommt[72] und für die Berechnung der nach § 23 Abs. 1 KSchG maßgeblichen Betriebsgröße ebenfalls nur Arbeitnehmer nach nationalem Begriffsverständnis zählen,[73] dient der die Massenentlassung betreffende § 17 KSchG der Umsetzung von Unionsrecht. Deshalb hätte bei der Stilllegung eines Betriebes, in dem zwar nur 19 Arbeitnehmer (i.S. des § 611a BGB), zusätzlich aber eine von der Bundesagentur für Arbeit bezahlte Umschülerin (Berufliche Weiterbildung, § 81 SGB III) und ein Fremdgeschäftsführer tätig waren, eine Massenentlassungsanzeige erstattet werden müssen; der Betrieb beschäftigte im maßgeblichen unionsrechtlichen Sinne nicht nur 19, sondern 21 Arbeitnehmer.[74] Zur Verwirrung trägt nicht nur der EuGH, sondern auch das BAG bei. So hat das Gericht trotz §§ 2, 5 Abs. 2 Nr. 1 EntgTranspG für die Anwendung des Entgelttransparenzgesetzes nicht den nationalen, sondern den unionsrechtlichen Arbeitnehmerbegriff verwendet und damit auch der freien Mitarbeiterin einer Rundfunkanstalt Ansprüche nach diesem Gesetz zugestanden.[75] Die auf angebliche Umsetzungsdefizite im AGG gestützte Begründung überrascht nicht zuletzt deshalb, weil die diesem zugrunde liegenden Richtlinien nicht einmal ansatzweise ein derart komplexes Verfahren der Entgelttransparenz fordern. Die entsprechende Richtlinie ist erst knapp drei Jahre nach dem Urteil vom Europäischen Parlament und vom Rat verabschiedet worden und bedarf erst bis zum 7.6.2026 der Umsetzung in nationales Recht.[76] In ähnlicher Weise hat das BAG Fremdgeschäftsführern einer GmbH, die vergleichbar einem Arbeitnehmer strikten Bindungen hinsichtlich Art, Ort und Zeit der Arbeitsleistung unterlagen, in unionsrechtskonformer Auslegung des BUrlG einen Urlaubsabgeltungsanspruch (§ 7 Abs. 4 BUrlG) zugestanden.[77]

---

[72] BAG 27.4.2021 – 2 AZR 540/20, NZA 2021, 857 (859); BeckOK ArbR/*Rolfs* (1.9.2023), § 1 KSchG Rn. 31 f.
[73] BAG 27.4.2021 – 2 AZR 540/20, NZA 2021, 857 (858).
[74] EuGH 9.7.2015 – C-229/14, ECLI:EU:C:2015:455 = NZA 2015, 861 – Balkaya auf Vorlage des ArbG Verden 6.5.2014 – 1 Ca 35/13, NZA 2014, 665.
[75] BAG 25.6.2020 – 8 AZR 145/19, NZA 2020, 1613 – Birte Meier.
[76] Art. 34 RL 2023/970/EU (→ Fn. 70).
[77] BAG 25.7.2023 – 9 AZR 43/22, NZA 2023, 1531.

Nur selten hat sich der deutsche Gesetzgeber dazu durchringen können, den Anwendungsbereich „seiner" Gesetze im Hinblick auf das Unionsrecht klarzustellen. Positiv hervorzuheben ist insoweit das 2018 novellierte Mutterschutzrecht: Nachdem der EuGH in einem aus Lettland stammenden Verfahren entschieden hatte, dass auch Fremd-Geschäftsführerinnen den Schutz der Mutterschutz-Richtlinie 92/85/EWG für sich in Anspruch nehmen können,[78] hat § 2 Abs. 2 Satz 1 MuSchG 2018 den Geltungsbereich des Gesetzes auf alle Frauen, die in einer Beschäftigung i.S. von § 7 Abs. 1 SGB IV stehen, und damit auch auf solche Geschäftsführerinnen[79] erweitert.

2. Analyse 2: Sozialversicherungsrecht

Das Verhältnis des (nationalen) Arbeitnehmerbegriffs des Privatrechts zur öffentlich-rechtlichen Beschäftigung i.S. von § 7 Abs. 1 SGB IV gehört zu den in der wissenschaftlichen Diskussion des Sozialversicherungsrechts am intensivsten und kontroversesten diskutierten Themen. Im Schrifttum hat sich lange Zeit vor allem *Rolf Wank* für ein einheitliches Begriffsverständnis ausgesprochen,[80] davon aber zuletzt zumindest vorsichtig distanziert.[81] *Stefan Greiner*, früher ebenfalls Anhänger der „Einheitstheorie",[82] hat sich davon nach Inkrafttreten von § 611a BGB 2017 losgesagt.[83] An seiner Stelle plädiert nun *Markus Stoffels* für eine einheitliche, arbeitsrechtsakzessorische Statusbeurteilung.[84] Die Rechtsprechung hat sich für diese Sichtweise nie erwärmen können. Angesichts der normativen Ausgangslage in § 7 Abs. 1 SGB IV („nichtselbständige Arbeit, *insbesondere* in einem Arbeitsverhältnis") betont einerseits das BSG, dass die Beschäftigung nicht auf Arbeitsverhältnisse im (engeren) arbeitsrechtlichen Sinne beschränkt ist,[85] andererseits das BAG, dass nicht jeder, der sozialversicherungsrechtlich Beschäftigter ist, schon dadurch zum Arbeitnehmer (i.S. des nationalen Arbeitnehmerbegriffs) wird.[86] Die herrschende Literatur folgt dieser „Trennungs-

---

[78] EuGH 11.11.2010 – C-232/09, ECLI:EU:C:2010:674 = NZA 2011, 143 – Danosa.
[79] Dazu sogleich unter → 2.
[80] *Wank*, Arbeitnehmer und Selbständige (1988), S. 336ff. und in zahlreichen nachfolgenden Publikationen.
[81] *Wank* RdA 2020, 110 (111): „… eine einheitliche Definition für Arbeitsrecht und Sozialversicherungsrecht festzulegen, soweit nicht Abweichungen im Einzelfall begründet werden können."
[82] *Greiner* NZS 2009, 657 (663).
[83] *Greiner* NZS 2019, 761 (763).
[84] *Stoffels* FS I. Schmidt (2021), S. 911 (924).
[85] BSG 10.8.2000 – B 12 KR 21/98 R, BSGE 87, 53 (55, 59); 27.7.2011 – B 12 KR 10/09 R, SozR 4-2400 § 28e Nr. 4.
[86] BAG 26.5.1999 – 5 AZR 664/98, NZA 1999, 987 (989); 27.4.2021 – 2 AZR 540/20, NZA 2021, 857 (858).

theorie".⁸⁷ *Wiebke Brose* formuliert: „Sie (scil: die Loslösung des Beschäftigten- vom Arbeitnehmerbegriff) ist unmittelbar mit den Unterschieden zwischen diesen beiden Begriffen und ihren Rechtsgebieten verknüpft. Bereits historisch gesehen ist das Sozialversicherungsrecht kein «Folgerecht» zum Arbeitsrecht".⁸⁸

Praktische Bedeutung hat diese Unabhängigkeit des Sozialversicherungs- vom Arbeitsrecht sowohl materiell- als auch verfahrensrechtlich. Für das Verfahren mag von der Justiz als Vorteil empfunden werden, dass BSG und BAG Entscheidungen unabhängig voneinander treffen können, ohne bei jeder Abweichung den Gemeinsamen Senat der Obersten Gerichtshöfe des Bundes anrufen zu müssen (§ 2 Abs. 1 RsprEinhG). So lagen beide Gerichte hinsichtlich der Statusbeurteilung von Lehrern, die auf honorarvertraglicher Basis an einer städtischen Musikschule unterrichten, zunächst auf derselben Linie (selbstständig),⁸⁹ bevor das BSG in einem zweiten Fall trotz sehr ähnlichen Sachverhalts im Sinne einer abhängigen Beschäftigung entschieden hat.⁹⁰ Materiell-rechtlich dürfte die mit Abstand größte Personengruppe, die arbeits- und sozialversicherungsrechtlich unterschiedlich beurteilt wird, diejenige der Fremd- und nicht beherrschenden Gesellschafter-Geschäftsführer sein. Arbeitsrechtlich stehen sie in einem freien Dienst-, nicht in einem Arbeitsverhältnis,⁹¹ sozialversicherungsrechtlich sind sie Beschäftigte.⁹² Seine frühere Judikatur, nach der selbstständig sein konnte, wer als Geschäftsführer trotz fehlender oder bloßer Minderheitsbeteiligung am Stammkapital „Kopf und Seele" der Gesellschaft war,⁹³ hat das

---

⁸⁷ Ausführlich *Wilke*, Das Verhältnis des sozialversicherungsrechtlichen Beschäftigungsverhältnisses zum zivilrechtlichen Arbeitsverhältnis (2009).
⁸⁸ *Brose* FS Preis (2021), S. 119 (128).
⁸⁹ BAG 21.11.2017 – 9 AZR 117/17, NZA 2018, 448; BSG 14.3.2018 – B 12 R 3/17 R, NZS 2018, 470.
⁹⁰ BSG 28.6.2022 – B 12 R 3/20 R, NZS 2022, 860; dazu *Freudenberg* SGb 2023, 659 ff.
⁹¹ BGH 10.1.2000 – II ZR 251/98, NJW 2000, 1864 (1865); 10.5.2020 – II ZR 70/09, NJW 2010, 2343 (2343); BAG 26.5.1999 – 5 AZR 664/98, NZA 1999, 987 (988 f.); 24.11.2005 – 2 AZR 614/04, NZA 2006, 366 (367); 21.1.2019 – 9 AZB 23/18, NZA 2019, 490 (495).
⁹² BSG 14.3.2018 – B 12 KR 13/17 R, BSGE 125, 183 (187 f.); 7.7.2020 – B 12 R 17/18 R, NZS 2021, 643 (644); 1.2.2022 – B 12 KR 37/19 R, BSGE 133, 245 (247 f.); 1.2.2022 – B 12 R 19/19 R, NZS 2023, 157; 29.3.2022 – B 12 R 2/20 R, BSGE 134, 84 (92 f.); 28.6.2022 – B 12 R 4/20 R, NZA 2022, 1612 (1612 f.); aus der umfangreichen Literatur *Lau* NZS 2019, 452 ff.; *Reiserer/Skupin* BB 2019, 505 ff.; *Ruland* SGb 2021, 393 (396 f.); *Schlegel* NZA 2021, 310 ff.
⁹³ BSG 23.9.1982 – 10 RAr 10/81, SozR 2100 § 7 Nr. 5; 7.9.1988 – 10 RAr 10/87, SozR 4100 § 141b Nr. 41; 8.8.1990 – 11 RAr 77/89, SozR 3–2400 § 7 Nr. 4; 23.6.1994 – 12 RK 72/92, NJW 1994, 2974 (2975).

BSG aufgegeben.[94] Beschäftigt sollen daher sogar die fünf bzw. vier Gesellschafter einer Rechtsanwalts-GmbH sein, die jeweils 20% bzw. (nach Ausscheiden eines von ihnen) 25% des Stammkapitals der GmbH halten und denen berufsrechtlich durch § 59d Abs. 1 Satz 2 BRAO die anwaltliche Unabhängigkeit garantiert ist.[95] Weniger bedeutsam erscheint, dass auch Mitglieder des Vorstands einer Aktiengesellschaft i. S. von § 7 Abs. 1 SGB IV beschäftigt sind, da sie im Recht der Arbeitsförderung (§ 27 Abs. 1 Nr. 5 SGB III) und in der gesetzlichen Rentenversicherung (§ 1 Satz 3 SGB VI) versicherungsfrei bzw. nicht versicherungspflichtig sind[96] und ihr Einkommen in der gesetzlichen Kranken- und sozialen Pflegeversicherung jedenfalls typischerweise die Versicherungspflichtgrenze (§ 6 Abs. 1 Nr. 1, Abs. 6 und 7 SGB V) übersteigt. Zahlreiche weitere Einzelfälle ließen sich ergänzen,[97] dürften aber auch in ihrer Summe nicht prägend sein.

Bei diesem durch die abhängige Beschäftigung geprägten Personenkreis bleibt das Sozialversicherungsrecht aber nicht stehen. Schon nach § 2 Abs. 2 SGB IV i. V. mit den besonderen Vorschriften für die einzelnen Versicherungszweige sind auch Landwirte (und damit Selbstständige) sowie behinderte Menschen, die in geschützten Einrichtungen beschäftigt werden, versichert. Kraft der gesetzlichen Fiktion des § 12 Abs. 2 letzter Halbsatz SGB IV gelten zudem Heimarbeiter, die im arbeitsrechtlichen Sinne selbstständig sind,[98] als Beschäftigte. Für selbstständig tätige Künstler und Publizisten, die ihren Beruf erwerbsmäßig und nicht nur vorübergehend ausüben, im Zusammenhang mit ihm aber nicht mehr als einen Arbeitnehmer beschäftigen (§ 1 KSVG), besteht nach Maßgabe des Künstlersozialversicherungsgesetzes (KSVG) Versicherungspflicht in der allgemeinen Renten-, der gesetzlichen Kranken- und der sozialen Pflegeversicherung, wenngleich mit zahlreichen Besonderheiten vor allem auf der Beitragsseite. In den einzelnen Zweigen der Sozialversicherung sind zudem sehr heterogen weitere Personenkreise versichert (vgl. die Kataloge in § 26 SGB III, § 5 SGB V, §§ 1 bis 3 SGB VI, §§ 2, 3

---

[94] BSG 29.7.2015 – B 12 KR 23/13 R, BSGE 119, 216 (222 ff.); 14.3.2018 – B 12 KR 13/17 R, BSGE 125, 183 (187); 19.9.2019 – B 12 R 25/18 R, BSGE 129, 95 (100 f.).

[95] BSG 28.6.2022 – B 12 R 4/20 R, NJW 2022, 3596; aA sehr pointiert *Altmeppen* NJW 2023, 393 ff.; *ders.* ZIP 2023, 1329 (1334 f.).

[96] BSG 31.5.1989 – 4 RA 22/88, BSGE 65, 113 (117); BeckOGK/*Guttenberger* (1.7.2021), § 1 SGB VI Rn. 32; *Schlegel* NZS 2022, 681 (685); Kreikebohm/Roßbach/*Segebrecht*, SGB VI (6. Aufl. 2021), § 1 Rn. 41; vgl. auch BSG 7.7.2020 – B 12 R 19/18 R, BSGE 130, 269 (271).

[97] BeckOGK/*Zieglmeier* (15.8.2023), § 7 SGB IV Rn. 144 ff.

[98] BAG 3.7.1980 – 3 AZR 1077/78, AP BGB § 613a Nr. 23; 24.3.1998 – 9 AZR 218/97, NZA 1998, 1001 (1001); 24.8.2016 – 7 AZR 625/15, NZA 2017, 244 (246); Staudinger/*Fischinger* (2022), § 611a BGB Rn. 239.

SGB VII, §§ 20, 21 SGB XI). Selbstständige sind (mit Ausnahme der Landwirte, Künstler und Publizisten) grundsätzlich nicht versichert. Ausnahmen größeren Umfangs finden sich in der gesetzlichen Renten- (§ 2 SGB VI) und der gesetzlichen Unfallversicherung, wo nach Maßgabe des § 3 Abs. 1 Nr. 1 SGB VII die Berufsgenossenschaften auch eine Versicherungspflicht der Unternehmer und ihrer im Unternehmen mitarbeitenden Ehegatten in ihrer Satzung statuieren können. Während hinsichtlich der Risiken Krankheit und Pflegebedürftigkeit in § 193 Abs. 3 VVG, § 23 SGB XI für nicht in die Sozialversicherung einbezogene Selbstständige die Pflicht normiert ist, bei einem privaten Versicherungsunternehmen für gleichwertige Deckung zu sorgen,[99] besteht hinsichtlich der obligatorischen Alters- und Invaliditätsvorsorge Selbstständiger eine große Lücke. Die vor über 20 Jahren mit großer Diskussion[100] eingeführte gesetzliche Rentenversicherungspflicht für „arbeitnehmerähnliche Selbstständige", die als Solo-Selbstständige im Wesentlichen für nur einen Auftraggeber tätig sind, hat angesichts der engen Voraussetzungen – das Einkommen muss zu mindestens fünf Sechsteln aus Aufträgen nur eines Auftraggebers resultieren[101] – nur einen kleinen Personenkreis zu erfassen vermocht. Zwischenzeitliche politische Initiativen sind am massiven Gegenwind seitens der Betroffenen[102] gescheitert. Der Koalitionsvertrag von SPD, Bündnis90/Die Grünen und FDP für die 20. Legislaturperiode des Deutschen Bundestages unternimmt jetzt einen neuen und differenzierten Anlauf: „Wir werden für alle neuen Selbstständigen, die keinem obligatorischen Alterssicherungssystem unterliegen, eine Pflicht zur Altersvorsorge mit Wahlfreiheit einführen. Selbstständige sind in der gesetzlichen Rentenversicherung versichert, sofern sie nicht im Rahmen eines einfachen und unbürokratischen Opt-Outs ein privates Vorsorgeprodukt wählen. Dieses muss insolvenz- und pfändungssicher sein und zu einer Absicherung oberhalb des Grundsicherungsniveaus führen. Bei jeder

---

[99] Wobei die Verletzung dieser Pflicht nur in der Pflege- (§ 121 Abs. 1 Nr. 1 SGB XI), nicht aber in der Krankenversicherung mit einem Bußgeld bewehrt ist.
[100] *Bauer/Diller/Lorenzen* NZA 1999, 169 ff.; *Buchner* DB 1999, 146 ff.; *ders.* DB 1999, 533 ff.; *Dörner/Baeck* NZA 1999, 1136 ff.; *Hanau* ZIP 1999, 253 ff.; *Reinecke* NZA 1999, 729 ff.; *Hohmeister* NZA 1999, 337 ff.; *Leuchten/Zimmer* DB 1999, 381 ff.; *Löwisch* BB 1999, 102 ff.
[101] LSG Baden-Württemberg 1.2.2011 – L 11 R 2461/10, NZS 2011, 946; Spitzenorganisationen der Sozialversicherung, Gemeinsames Rundschreiben zum Gesetz zur Förderung der Selbständigkeit vom 20.12.1999, NZA 2000, 190 (191); *Bieback* SGb 2000, 189 (194); *Oberthür/Lohr* NZA 2001, 126 (128).
[102] Die damalige Bundesarbeitsministerin *Ursula von der Leyen* hat ihre Pläne, zum 1.7.2013 eine Rentenversicherungspflicht für Selbstständige einzuführen, aufgegeben, nachdem eine dagegen gerichtete Petition an den Deutschen Bundestag (Nr. 23835 vom 28.3.2012) innerhalb kurzer Zeit über 80.000 Unterstützer gefunden hatte.

Gründung gilt jeweils eine Karenzzeit von zwei Jahren".[103] Der Deutsche Sozialrechtsverband hat auf seiner Bundestagung 2023 in Düsseldorf umfassend über die verschiedenen Optionen, ihre Vor- und Nachteile diskutiert.[104]

In der Arbeitslosenversicherung besteht (nur) für Personen, die zuvor bereits versicherungspflichtig (insbesondere abhängig beschäftigt) waren und sich dann selbstständig machen, die Möglichkeit, sich im Rahmen einer Versicherungspflicht auf Antrag weiterhin gegen das Risiko der Arbeitslosigkeit zu versichern (§ 28a Abs. 1 Nr. 2, Abs. 2 SGB III). Während der COVID-19-Pandemie hat sich gezeigt, dass auch für viele Selbstständige zumindest eine vorübergehende Absicherung gegen das Risiko der Betriebsschließung sachgerecht sein kann. Die – überdies nicht obligatorischen – Angebote der privaten Versicherungswirtschaft haben sich als nicht ausreichend erwiesen, da sie häufig die behördlich angeordnete Schließung aufgrund des neuen, bei Vertragsabschluss noch unbekannten Corona-Virus nicht erfasst haben.[105] Seitdem wird eine sozialversicherungsrechtliche Bedeckung des Risikos erwogen.[106]

Die Analyse wäre unvollständig ohne den Hinweis auf Versicherungspflichtgrenzen sowie die Besonderheiten bei geringfügiger Beschäftigung. Während Renten-, Unfall- und Arbeitslosenversicherung lediglich eine Beitragsbemessungsgrenze kennen (Einnahmen oberhalb dieser Grenze bleiben beitragsfrei, werden im Gegenzug aber bei der Bemessung der Geldleistungen nicht berücksichtigt), ist in der Kranken- und Pflegeversicherung zusätzlich eine Versicherungspflichtgrenze statuiert (§ 6 Abs. 1 Nr. 1, Abs. 6 und 7 SGB V). Beschäftigte und andere versicherungspflichtige Personen, deren Jahreseinkommen den Grenzbetrag überschreitet, sind versicherungsfrei. Unter den Voraussetzungen des § 9 Abs. 1 Nr. 1 SGB V haben sie die Möglichkeit, die Sozialversicherung freiwillig aufrecht zu erhalten, anderenfalls müssen sie sich privat kranken- und pflegeversichern. Die Arbeitgeber leisten hierzu einen Beitragszuschuss (§ 257 SGB V, § 61 SGB XI). Aktuell (2024) beträgt die Versicherungspflichtgrenze 69.300 Euro jährlich (§ 6 Abs. 6 SGB V, § 2 Abs. 1 Sozialversicherungsrechengrößen-Verordnung 2024). Sie war bis Ende 2002 mit der Jahresarbeitsentgeltgrenze für die Beitragsbemessung

---

[103] „Mehr Fortschritt wagen", Koalitionsvertrag 2021–2025 zwischen der SPD, Bündnis 90/Die Grünen und FDP unter IV.

[104] *Janda* (Hrsg.), Soziale Sicherung Selbstständiger, Schriftenreihe des Deutschen Sozialrechtsverbandes (SDSRV), Band 71 (2024).

[105] BGH 26.1.2022 – IV ZR 144/21, BGHZ 232, 344 (350 ff.); 21.9.2022 – IV ZR 305/21, VersR 2022, 1507 (1507 f.); 18.1.2023 – IV ZR 465/21, NJW 2023, 684 (685 ff.).

[106] Vgl. die Beiträge von *Lutz* und *Oberfichtner* in Janda (Hrsg.), Soziale Sicherung Selbstständiger, Schriftenreihe des Deutschen Sozialrechtsverbandes (SDSRV), Band 71 (2024).

identisch und um etwa ein Drittel niedriger als diejenige der allgemeinen Renten- und der Arbeitslosenversicherung. Zum 1.1.2003 wurde sie außerplanmäßig angehoben und zudem von der Beitragsbemessungsgrenze entkoppelt, seitdem liegt sie um gut 11 % höher als jene (2024: 62.100 Euro).

Wechselvoll ist die Entwicklung der geringfügigen Beschäftigung. Bei den Beschäftigten und ihren Arbeitgebern ist diese angesichts der geringen Beitrags- und vernachlässigbaren Steuerbelastung sehr beliebt. Gewerbliche Arbeitgeber tragen für nach § 8 Abs. 1 Nr. 1 SGB IV geringfügig Beschäftigte pauschale Beiträge zur Kranken- und Rentenversicherung in Höhe von 13 % bzw. 15 % des Arbeitsentgelts sowie 2 % pauschale Lohnsteuer; Privathaushalte sogar nur zweimal je 5 % sowie die Lohnsteuerpauschale. Macht der Arbeitnehmer – wie über 80 % der Betroffenen – von der Möglichkeit des „Opt-out" (§ 6 Abs. 1b SGB VI) Gebrauch, trägt er überhaupt keine Beiträge, anderenfalls die Differenz zwischen 15 % und dem allgemeinen Beitragssatz der gesetzlichen Rentenversicherung (2024: 18,6 %). Damit ist das Verhältnis zwischen der Gesamtbelastung des Arbeitgebers (Bruttoarbeitsentgelt plus Arbeitgeberanteile) zum Nettolohn des Arbeitnehmers sehr viel günstiger als bei „normaler" Besteuerung und Verbeitragung. Den größten Vorteil erreichen Arbeitnehmer, die neben der geringfügigen Beschäftigung noch andere Einkünfte erzielen, hier macht sich stärker noch als die geringeren Sozialversicherungsbeiträge die bloß minimale 2 %-ige Steuerbelastung (die jedenfalls typischerweise sogar vom Arbeitgeber übernommen wird, obwohl er dazu rechtlich nicht verpflichtet ist)[107] anstelle der sonst einschlägigen Steuerprogression (§ 32a Abs. 1 EStG) bemerkbar. Im Gegenzug erwirbt der versicherungsfrei Beschäftigte in der Rentenversicherung lediglich Zuschläge zu Entgeltpunkten (§ 76b SGB VI), in der Krankenversicherung überhaupt keine zusätzlichen Leistungsansprüche.

Rechtspolitisch gibt es aus ganz verschiedenen Gründen immer wieder Kritik an der Privilegierung der geringfügigen Beschäftigung.[108] Der Deutsche Juristentag hat sich bereits mehrfach mit ihr befasst, u. a. auf der Basis der Gutachten von *Bertram Schulin* 1992 und *Raimund Waltermann* 2010.[109] Bislang hat der Gesetzgeber je-

---

[107] BAG 1.2.2006 – 5 AZR 628/04, NZA 2006, 682; 23.9.2020 – 5 AZR 251/19, NZA 2021, 341.
[108] Überblick über Argumente und Diskussionsstand bei *Bank/Kreikebohm* ZSR 1989, 509 ff.; *dies.* NZS 1993, 205 f.; *Knospe* SGb 2007, 8 ff.; *ders.* VSSR 2011, 233 ff.; *Reineck* DRV 1992, 175 ff.; *Schlegel* FS Preis (2021), 1167 (1177 ff.); *Waltermann* NJW 2013, 118 ff.
[109] *Schulin*, Gutachten E zum 59. DJT 1992, S. E 58 ff.; *Waltermann*, Gutachten B zum 68. DJT 2010, S. B 40 ff.

doch an ihr festgehalten und die Geringfügigkeitsgrenze zuletzt sogar angehoben und dynamisiert.[110] Systematisch gesehen ist sie Ausfluss der auf den Status bezogenen Versicherungspflicht: Wer nur gegen ein geringes Entgelt oder kurzfristig während der Saison (Helfer bei der Ernte, der Urlaubssaison, im Weihnachtsgeschäft etc.) beschäftigt ist, kann hiervon seinen Lebensunterhalt nicht bestreiten; sein „Status" ist anderweitig (Selbstständigkeit oder abhängige Beschäftigung im Hauptberuf, Schüler oder Student, Rentner, mitversicherter Familienangehöriger etc.) geprägt. Der Versicherungsschutz soll über diese statusprägende anderweitige Stellung vermittelt werden.[111] Aus versicherungsrechtlicher Perspektive ist zu ergänzen, dass die Geringfügigkeitsgrenze in den sachleistungsgeprägten Versicherungszweigen Kranken- und Pflegeversicherung ihre volle Berechtigung in den Grenzen des Solidarprinzips findet. Dieses verlangt zwar einen gewissen sozialen Ausgleich zugunsten derjenigen Versicherten, die zur Aufbringung risikoäquivalenter Beiträge nicht imstande sind. Es reicht aber nicht soweit, dass auch die Mitfinanzierung von Personen gefordert ist, die zwar auch als Beschäftigte tätig sind, die aber ihren Lebensunterhalt überwiegend durch Einkünfte anderer Art bestreiten. Zweifelhafter war und ist die sachliche Berechtigung der Versicherungsfreiheit geringfügig Beschäftigter demgegenüber in der Renten- und Arbeitslosenversicherung. Hier gebietet allenfalls die Verwaltungsökonomie, jedoch weder das Versicherungs- noch das Solidarprinzip die Aufrechterhaltung irgendeiner Geringfügigkeitsgrenze, jedenfalls nicht für kontinuierlich geringfügig Beschäftigte. Sie nämlich könnten mit ihren Beiträgen – wenn auch geringe – Leistungsansprüche erwerben, die in keinem besseren oder schlechteren Äquivalenzverhältnis zu den Beiträgen stünden als Leistungen an andere Versicherte auch. Dass das geringfügige Einkommen typischerweise nicht zur Bestreitung des Lebensunterhalts ausreicht, bedeutet ja nicht, dass es nicht wenigstens dazu beiträgt, sodass bei dessen Wegfall durchaus Bedarf in Bezug auf ein Erwerbsersatzeinkommen besteht.[112] Während der COVID-19-Pandemie haben viele geringfügig Beschäftigte schmerzlich vermisst, dass sie infolge ihrer Versicherungsfreiheit (§ 27 Abs. 2 Satz 1 SGB III) keinen Anspruch auf Kurzarbeiter- oder Arbeitslosengeld hatten.[113]

---

[110] Gesetz zur Erhöhung des Schutzes durch den gesetzlichen Mindestlohn und zu Änderungen im Bereich der geringfügigen Beschäftigung vom 28.6.2022, BGBl. I S. 969; dazu u. a. *Koppernock* NZS 2022, 692 ff.
[111] Schulin KV-HdB/*Schulin* (1994), § 6 Rn. 77.
[112] *Rolfs*, Das Versicherungsprinzip im Sozialversicherungsrecht (2000), S. 252 ff.
[113] *Schlegel* NZS 2022, 681 (682); s. a. BAG 13.10.2021 – 5 AZR 211/21, NZA 2022, 182 Rn. 38, wonach die fehlende sozialversicherungsrechtliche Absicherung keinen Einfluss auf die Verteilung des Betriebsrisikos hat.

3. Reformoptionen

a) Möglichkeiten und Grenzen

Wollte man eine Angleichung, ja Vereinheitlichung des Arbeitnehmer- und des Beschäftigtenbegriffs erreichen, muss man sich über die diesbezüglichen Möglichkeiten und Grenzen bewusst werden.

aa) Sozialversicherungsrecht

Im Sozialversicherungsrecht ist der Gestaltungsspielraum des deutschen Gesetzgebers nahezu unbegrenzt. Das Unionsrecht beschränkt sich auf eine Koordinierung der nationalen Systeme der sozialen Sicherheit[114] und ermöglicht damit die tatsächliche Inanspruchnahme der Freizügigkeit (Art. 45 AEUV), lässt den Mitgliedstaaten jedoch im Übrigen freie Hand. Der deutsche Gesetzgeber wäre daher ebenso in der Lage, den sozialen Schutz künftig statt an den beruflichen Status primär an den Wohnort oder gewöhnlichen Aufenthalt im Inland anzuknüpfen, wie er den versicherten Personenkreis statusbezogen beschränken oder erweitern könnte. In der Kranken- und Pflegeversicherung, wo mit der Beitragszahlung lediglich der aktuelle Versicherungsschutz für den laufenden Monat erworben wird, aber keine Anwartschaften für die Zukunft,[115] wäre eine solche Novellierung sogar ohne nennenswerte Übergangsfristen rechtlich möglich – Grenzen setzen hier eher der Vertrauensschutz sowie die notwendigen Umstellungen im Bereich der Organisation der Sozialleistungsträger, der Leistungserbringung und -abrechnung. In der Rentenversicherung erwerben die Versicherten dagegen spätestens mit Erreichen der Wartezeit (§ 50 SGB VI)[116] eine von Art. 14 Abs. 1 GG eigentumsgeschützte Position, die der Gesetzgeber lediglich im Rahmen seiner Inhalts- und Schrankenbestimmung (Art. 14 Abs. 1 Satz 2 GG) gestalten, aber nicht kompensationslos entziehen kann (Art. 14 Abs. 3 GG).[117] Dementsprechend ist hier zwar eine Ausweitung des versicherten Personenkreises jederzeit (unter Beachtung des mit der Versicherungspflicht verbundenen Eingriffs in die allgemeine Handlungsfreiheit der Betroffenen verbundenen Grund-

---

[114] VO (EG) 883/2004 nebst Durchführungs-VO 987/2008; → Fn. 3 und 4.
[115] Das übersieht BVerfG 3.4.2001 – 1 BvR 1629/94, BVerfGE 103, 242 (257 ff.); 7.4.2022 – 1 BvL 3/18 u. a., BVerfGE 161, 163 (252 ff.).
[116] Ob schon früher, ist unsicher, vgl. („jedenfalls" nach Vollendung der Wartezeit) BVerfG 12.2.1986 – 1 BvL 39/83, BVerfGE 72, 9 (18); 4.7.1995 – 1 BvF 2/86 u. a., BVerfGE 92, 365 (405).
[117] BVerfG 28.2.1980 – 1 BvL 17/77 u. a., BVerfGE 53, 257 (289 ff.); 16.7.1985 – 1 BvL 5/80 u. a., BVerfGE 69, 272 (298 f.); 8.4.1987 – 1 BvR 564/84, BVerfGE 75, 78 (96 ff.); 30.9.1987 – 2 BvR 933/82, BVerfGE 76, 256 (293 ff.); 28.4.1999 – 1 BvL 32/95, BVerfGE 100, 1 (32); 23.5.2018 – 1 BvR 97/14 u. a., BVerfGE 149, 86 (112 f.).

rechtseingriffs) möglich, eine Beschränkung dagegen nur mit jahrzehntelangen Übergangsfristen. Zudem ist hier eine Abkoppelung des Leistungsanspruchs von vorheriger Beitragsentrichtung und Umstellung auf eine steuerfinanzierte Einwohnerversorgung schon aus migrationspolitischen Gründen und zum Schutz vor einer systemischen Überforderung nahezu ausgeschlossen. In der Arbeitslosenversicherung hängt der Anspruch auf Arbeitslosengeld davon ab, dass innerhalb der letzten 30 Monate vor dem Beginn der Arbeitslosigkeit mindestens zwölf, ausnahmsweise sechs, Monate Versicherungspflicht bestanden hat (§§ 142, 143 SGB III). Dementsprechend besteht nur während dieses „gleitenden Anwartschaftszeitraums" eine von Verfassungs wegen eigentumsgeschützte Rechtsposition.[118] Eine Verkleinerung des versicherten Personenkreises wäre daher mit einer zweijährigen Übergangsfrist rechtlich realisierbar, eine Ausweitung jederzeit.

bb) Arbeitsrecht

Im Arbeitsrecht ist der Gestaltungsspielraum des deutschen Gesetzgebers demgegenüber deutlich geringer. Er besteht uneingeschränkt nur dort, wo sich die Europäische Union der Richtliniengebung vollständig enthält, das betrifft im Wesentlichen (noch) den allgemeinen Kündigungsschutz, das Tarifvertrags- und das Betriebsverfassungsrecht. In den meisten übrigen Regelungsbereichen, vom Mindestlohn über die Arbeitszeit, die Teilzeitarbeit, den Urlaub, den Mutterschutz und die Vereinbarkeit von Familie und Beruf bis hin zum Betriebsübergang, der Befristung von Arbeitsverträgen und Teile des besonderen Kündigungsschutzes (Massenentlassungen, Datenschutzbeauftragte u.a.) existieren demgegenüber Richtlinien der EU. Es wurde bereits darauf hingewiesen,[119] dass vor allem einige der älteren Richtlinien hinsichtlich ihres persönlichen Anwendungsbereichs zwar den nationalen Arbeitnehmerbegriff in Bezug nehmen, selbst dies den EuGH aber nicht daran hindert, sein eigenes Begriffsverständnis durchzusetzen. In jüngeren Richtlinien findet sich vermehrt die „Hybrid-Formel",[120] die es dem EuGH noch leichter machen wird, ihren Anwendungsbereich auf jede Person zu erstrecken, die nach unionsrechtlichem Begriffsverständnis Arbeitnehmer ist. Dieses ist geprägt durch das Ziel, die primärrechtlich gewährleistete Freizügigkeit (Art. 45 AEUV) einem möglichst großen Personenkreis zu gewähren und nationale Abschottungen der Arbeitsmärkte zu vermeiden.

---

[118] BVerfG 10.2.1987 – 1 BvL 15/83, BVerfGE 74, 203 (213); 4.7.1995 – 1 BvF 2/86 u.a., BVerfGE 92, 365 (405).
[119] → B 19.
[120] → B 19.

b) Konsequenzen

Eine Vereinheitlichung des persönlichen Anwendungsbereichs der (aller) arbeitsrechtlichen Vorschriften ließe sich durch den deutschen Gesetzgeber daher allein in der Weise realisieren, dass er durchgängig den europäischen Arbeitnehmerbegriff verwendet. Denn diesen kann er alleine nicht beeinflussen, er wäre lediglich über eine Anpassung der europäischen Verträge erreichbar, die nicht realistisch ist. Für weite Teile des deutschen Arbeitsrechts würde dies eine deutliche Ausweitung des persönlichen Schutzbereichs auch dort bedeuten, wo dies unionsrechtlich nicht zwingend ist. Der wohl mit Abstand bedeutendste Personenkreis, der hiervon profitieren würde, wären die Fremd- und nicht beherrschenden Gesellschafter-Geschäftsführer, die unionsrechtlich Arbeitnehmer sind, nach deutschem Verständnis aber in einem freien Dienstverhältnis zu der Gesellschaft stehen. Sie sind bislang nur ganz vereinzelt erfasst, namentlich im Antidiskriminierungs- (§ 6 Abs. 3 AGG) und im Betriebsrentenrecht (§ 17 Abs. 1 Satz 2 BetrAVG). Würde man das Arbeitsrecht auf sie erstrecken,
- dürften sie ihre Dienstleistung nur noch im zeitlichen Rahmen des ArbZG erbringen,
- würden ihre Dienstverhältnisse mit der Gesellschaft bei einem Betriebsübergang (§ 613a BGB) auf den Erwerber übergehen,[121]
- wäre eine Befristung ihrer Dienstverhältnisse nur noch nach Maßgabe des TzBfG möglich, was jedenfalls bei Mitgliedern des Vorstandes von Aktiengesellschaften einen Konflikt mit § 84 Abs. 1 AktG zur Folge hätte,
- bedürfte die Kündigung des Dienstverhältnisses durch die Gesellschaft im betrieblichen Anwendungsbereich des KSchG (§ 23 Abs. 1 KSchG) nach Ablauf der sechsmonatigen Wartezeit (§ 1 Abs. 1 KSchG) einer sozialen Rechtfertigung,
- wären sie zum Betriebsrat wahlberechtigt und in den Betriebsrat wählbar,
- wäre für Streitigkeiten zwischen ihnen und der Gesellschaft der Rechtsweg zu den Gerichten für Arbeitssachen eröffnet u.v.a.m.

Auch im Übrigen würden Differenzierungen innerhalb der Arbeitnehmerschaft, wie sie Teile des Arbeitsrechts heute prägen, eingeebnet. Das beträfe beispielsweise leitende Angestellte im Arbeitszeitrecht (vgl. § 18 Abs. 1 Nr. 1 ArbZG), im Betriebsverfassungsrecht (§ 5 Abs. 3 und 4 BetrVG, § 3 SprAuG) und im Recht der Unternehmensmitbestimmung (etwa § 3 Abs. 1 Nr. 2, § 11

---

[121] Anders derzeit nur für Geschäftsführer, die nicht aufgrund eines Dienst-, sondern eines Arbeitsvertrages tätig werden: BAG 20.7.2023 – 6 AZR 228/22, NZA 2023, 1457 (1459 ff.).

Abs. 2, § 15 Abs. 2 Nr. 2 MitbestG). Konsequent wäre es dann andererseits aber auch, die überschießende nationale Anwendung (lediglich) verbraucherschützender Normen auf den Arbeitnehmer zu beseitigen, weil der Arbeitnehmer als solcher unionsrechtlich kein Verbraucher ist.[122] Praktische Bedeutung hätte dies namentlich für das AGB-Recht, weil die §§ 305 ff. BGB der Umsetzung der Richtlinie über missbräuchliche Klauseln in Verbraucherverträgen[123] dienen. Die im Zuge der Schuldrechtsmodernisierung 2002 erfolgte Streichung der AGB-rechtlichen Bereichsausnahme für Arbeitsverträge (§ 310 Abs. 4 Satz 2 BGB) wäre rückabzuwickeln.

Im Sozialversicherungsrecht wäre der Anpassungsbedarf mindestens ebenso groß, wenn auch an anderer Stelle. Fremd- und nicht beherrschende Gesellschafter-Geschäftsführer wären auf den ersten Blick nicht betroffen, weil sie zur Überzeugung des BSG ohnehin Beschäftigte i.S. von § 7 Abs. 1 SGB IV sind.[124] Gestrichen werden müssten aber beispielsweise die Ausnahmen für Beamte (§ 6 Abs. 1 Nr. 2 SGB V, § 5 Abs. 1 Nr. 1 SGB VI, § 4 Abs. 1 Nr. 1 SGB VII, § 23 Abs. 3 SGB XI, § 27 Abs. 1 Nr. 1 SGB III), was vornehmlich in der Alterssicherung, aber auch in der Absicherung der Risiken Krankheit und Pflegebedürftigkeit erhebliche Friktionen zur Folge hätte. *Heinz-Dietrich Steinmeyer* hat sich in seinem Gutachten für den letzten Deutschen Juristentag explizit gegen eine Einbeziehung der Beamten in die gesetzliche Rentenversicherung ausgesprochen.[125] Sie wäre angesichts des verfassungsrechtlich abgesicherten Alimentationsprinzips (Art. 33 Abs. 5 GG)[126] ohnehin nur mit einer deutlichen, allein vom Dienstherrn finanzierten Zusatzversorgung realisierbar.

Eine Angleichung des persönlichen Geltungsbereichs des Sozialversicherungsrechts an den europäischen Arbeitnehmerbegriff hätte aber noch sehr viel weiterreichende Konsequenzen, und zwar in beide Richtungen: Da die Freizügigkeit in der EU allen Arbeitnehmern unabhängig von ihrem Einkommen gewährt ist, solange dieses nur

---

[122] EuGH 20.10.2022 – C-604/20, ECLI:EU:C:2022:807 = NJW 2023, 29 – ROI Land Investments; *Krebber* EuZA 2023, 312 (321); *Ulrici* jurisPR-ArbR 2/2023 Anm. 8; anders (nur) für Verträge, die er jenseits des Arbeitsverhältnisses mit seinem Arbeitgeber abschließt, zB einen Darlehensvertrag, EuGH 21.3.2019 – C-590/17, ECLI:EU:C:2019:232 = NJW 2019, 2223 (2224) – Pouvin.
[123] Richtlinie 93/13/EWG des Rates vom 5. April 1993 über missbräuchliche Klauseln in Verbraucherverträgen, ABl. L 95 S. 29.
[124] → B 24.
[125] *Steinmeyer*, Gutachten B zum 73. DJT 2020/22, S. B 68 ff. und These 7, S. B 112.
[126] BVerfG 22.3.1990 – 2 BvL 1/86, BVerfGE 81, 363 (375 ff.); 4.5.2020 – 2 BvL 4/18, BVerfGE 155, 1 (24 ff.); 4.5.2020 – 2 BvL 6/17 u.a., BVerfGE 155, 77 (87 ff.); Dürig/Herzog/Scholz/*Badura*, GG (Stand: August 2019), Art. 33 Rn. 72; Jarass/Pieroth/*Jarass*, GG (17. Aufl. 2022), Art. 33 Rn. 59 ff.

einen „gewissen wirtschaftlichen Wert" hat,[127] müssten konsequenterweise Versicherungspflicht- und Beitragsbemessungsgrenzen ebenso abgeschafft werden wie die Versicherungsfreiheit geringfügig Beschäftigter. In der Kranken- und Pflegeversicherung wäre eine Reduzierung des Beitragssatzes, verbunden mit einer deutlichen Ausweitung des diese Versicherungszweige schon heute dominierenden Solidarausgleichs[128] zum Nachteil der Besserverdienenden die Folge (wenn nicht der Gesetzgeber die Zusatzeinnahmen für eine Erhöhung der Leistungsausgaben verwendete, was natürlich nicht ausgeschlossen werden kann). In der Renten-, Unfall- und Arbeitslosenversicherung würde nicht nur die Beitragsbemessungs- (im SGB VII: Jahresarbeitsverdienst-) grenze entfallen, sondern auch die damit jeweils korrespondiere Leistungsbemessungsgrenze. An Personen mit hohem Einkommen wären entsprechend hohe Leistungen auszukehren, man denke in der Rentenversicherung an Vorstandsmitglieder großer Konzerne, in der Unfallversicherung an den infolge eines Arbeitsunfalls erwerbsgeminderten Profi-Fußballspieler.

Denkt man die Trennlinie scharf zu Ende, dürften Selbstständige künftig nicht mehr in der Sozialversicherung (pflicht-)versichert sein. Das betrifft neben selbstständig tätigen Landwirten (§ 1 ALG), Künstlern und Publizisten (§ 1 KSVG) zahlreiche weitere Selbstständige. Der jeweils betroffene Personenkreis ist in den einzelnen Versicherungszweigen sehr heterogen zusammengesetzt, man betrachte nur für die Rentenversicherung § 2 SGB VI, für die Unfallversicherung § 2 Abs. 1 Nr. 5 bis 7 SGB VII. Dies bedeutete nicht nur einen tiefen Einschnitt in das geltende Sozialversicherungsrecht, sondern stünde auch der rechtspolitisch vielfach gewollten und im Koalitionsvertrag für die laufende Legislaturperiode vereinbarten Ausdehnung der Pflichtaltersvorsorge für Selbstständige[129] entgegen. Lediglich Beschäftigte und Personen, deren Status sich noch nicht oder nicht mehr über die berufliche Tätigkeit definiert (Schüler-Unfallversicherung, Krankenversicherung der Rentner etc.), wären dann noch sozialversichert.

4. Ergebnis

Eine Vereinheitlichung des persönlichen Geltungsbereichs des gesamten Arbeits- sowie des Sozialversicherungsrechts wäre nur durch

---

[127] EuGH 3.7.1986 – 66/85, ECLI:EU:C:1986:284 = NVwZ 1987, 41 – Lawrie Blum; 4.2.2010 – C-14/09, ECLI:EU:C:2010:57 = NZA 2010, 213 – Genc; 1.10.2015 – C-432/14, ECLI:EU:C:2015:643 = NZA 2015, 1309 – O; EuArbRK/*Steinmeyer* (5. Aufl. 2024), AEUV Art. 45 Rn. 18.
[128] Vgl. *Rolfs* FS Schlegel (2024), S. 591 (591 f.).
[129] → B 19.

die Anwendung des Arbeitnehmerbegriffs der Europäischen Union realisierbar. Sie hätte neben einigen durchaus diskussionswürdigen kleineren Veränderungen einige große Brüche in der historisch gewachsenen Landschaft beider Rechtsgebiete zur Folge, darunter solche, die evident sachwidrig wären. Rechtspolitisch übertrüge der nationale Gesetzgeber seine Definitionshoheit in die Hände der Europäischen Union, verfahrensrechtlich jedenfalls im Arbeitsrecht letztlich den EuGH. Er begäbe sich vieler Möglichkeiten der Feinsteuerung. Die scharfe Trennlinie, die identisch den Geltungsanspruch des weithin zwingenden Arbeitsrechts und der inzwischen auf über 40 % des Arbeitsentgelts angestiegenen Sozialversicherungsbeiträge einerseits und der von beidem unbelasteten Selbstständigkeit verliefe, forderte kreative Vertragsgestaltungen zur Vermeidung dieser Pflichten geradezu heraus. Eine derartige Vereinheitlichung ist daher nicht weiter zu verfolgen.

IV. Flexibles Arbeitsrecht

1. Mehrstufiges System

Das geltende Arbeitsrecht verfolgt aus guten Gründen ein abgestuftes Schutzkonzept. Die zentralen Entscheidungen trifft der Gesetzgeber selbst und nimmt dabei, wie dargestellt,[130] verschiedene Differenzierungen vor. Branchen- und betriebsspezifischen Bedürfnissen tragen überwiegend die Tarifvertrags- und Betriebsparteien in Tarifverträgen und Betriebsvereinbarungen Rechnung. Sie kennen sowohl die durch den Wettbewerb und die Kundenerwartungen geprägten unternehmerischen Interessen als auch die aus der Betriebsorganisation, den spezifischen physischen und psychischen Belastungen des Arbeitsalltags resultierenden Schutzbedürfnisse der Arbeitnehmer im Detail und können beides zu einem gerechten Ausgleich bringen. Dass in einem Krankenhaus oder Pflegeheim mit notwendiger 24/7-Besetzung zentraler Positionen andere Regelungen sachgerecht sind als in einem Handwerksbetrieb oder einer Verwaltungseinheit liegt auf der Hand. Der einzelne Arbeitsvertrag differenziert dies dann nochmals mit Bezug auf den konkreten Arbeitsplatz und die individuellen Interessen der Vertragsparteien aus.

Martin Henssler und *Ulrich Preis* hatten in ihrem 2006 vorgelegten Entwurf eines Arbeitsvertragsgesetzes[131] neben einigem allgemein

---

[130] → B 19.

[131] *Henssler/Preis*, Diskussionsentwurf eines Arbeitsvertragsgesetzes, NZA-Beilage zu Heft 23/2006; www.bertelsmann-stiftung.de/fileadmin/files/BSt/Publikationen/GrauePublikationen/GP_Diskussionsentwurf_eines_Arbeitsvertragsgesetzes.pdf.

dispositiven oder tarifdispositiven Recht vorgesehen, dass Arbeitnehmer mit hohem Einkommen im Vertrag auf einen Teil der gesetzlichen Rechte verzichten können, nach dem damaligen Spielführer der deutschen Fußball-Nationalmannschaft der Männer als „Ballack-Klausel" apostrophiert. Der ursprüngliche Entwurf enthielt an der entscheidenden Stelle (§ 148 Abs. 2 ArbVG-E) allerdings gleich zwei Blockaden: Er ließ sowohl offen, welche Vorschriften dispositiv sein sollten, als auch, ab welchem Einkommen den Vertragsparteien die Dispositionsmöglichkeit eröffnet werden sollte. Der zweite Entwurf[132] hat diese Lücken dann gefüllt, allerdings sehr restriktiv. Die maßgebliche Einkommensgrenze sollte beim Fünffachen der Bezugsgröße (§ 18 SGB IV) liegen, das entspricht 2024 einem Monatseinkommen von 17.675 Euro (West) bzw. 17.325 Euro (Ost). Damit wäre der betroffene Personenkreis, dem die vom Gesetz abweichende Aushandlung einzelner Vertragsbedingungen gestattet worden wäre, sehr klein ausgefallen. Immerhin, *Michael Ballack* hätte noch dazu gehört. Sehr zurückhaltend waren die Verfasser des Entwurfs auch hinsichtlich der Vorschriften, die in dieser Weise für dispositiv erklärt wurden, sie betrafen lediglich den Anspruch auf Veränderung der Arbeitszeit (§ 31 ArbVG-E, ähnlich heute §§ 8, 9a TzBfG), die Entgeltfortzahlung an Feiertagen (§ 41 ArbVG-E, § 2 EFZG), den Entgeltanspruch während des Urlaubs (§ 42 Abs. 1 Satz 2 ArbVG-E, § 11 BUrlG), die Urlaubsabgeltung (§ 49 ArbVG-E, § 7 Abs. 4 BUrlG), die Entgeltfortzahlung bei Arbeitsunfähigkeit (§ 51 ArbVG-E, § 3 EFZG), den Anspruch auf Freistellung zur Kindesbetreuung und Pflege naher Angehöriger (§ 59 ArbVG-E, § 15 BEEG, §§ 2–4 PflegeZG, §§ 2, 2a FPfZG), die Höhe der Entgeltfortzahlung (§ 64 ArbVG-E, § 4 EFZG) sowie die Altersgrenze (§ 130 ArbVG-E). Allgemeiner Kündigungsschutz sollte auch für diesen Personenkreis erhalten bleiben, dem Arbeitgeber sollte lediglich wie nach § 14 Abs. 2 Satz 2 KSchG die Möglichkeit eingeräumt werden, den Auflösungsantrag ohne Begründung zu stellen.

Dass schon de lege lata mit einiger Kreativität sachgerechte vertragliche Regelungen bei bestimmten Personengruppen möglich sind, belegen zwei Urteile des BGH und des BAG zum Betriebsrentenrecht: Das Gesetz findet wegen § 17 Abs. 1 Satz 2 BetrAVG nicht nur auf Arbeitnehmer, sondern darüber hinaus auf alle Personen Anwendung, die nicht Arbeitnehmer sind, wenn ihnen Leistungen der Alters-, Invaliditäts- oder Hinterbliebenenversorgung aus Anlass ihrer Tätigkeit für ein Unternehmen zugesagt worden sind. Hierzu gehören Fremd- und nicht beherrschende Gesellschafter-Geschäfts-

---

[132] Stand November 2007, NZA-Beilage 2007, S. 6 ff.

führer ebenso wie Vorstandsmitglieder von Aktiengesellschaften.[133]
§ 19 Abs. 1 BetrAVG erklärt einige Bestimmungen des Gesetzes für tarifdispositiv, darunter diejenigen zur Abfindung (§ 3 BetrAVG) und zur Rentenanpassung (§ 16 BetrAVG). Bei wortlautgetreuer Interpretation wären abweichende einzelvertragliche Vereinbarungen in Verträgen mit Nicht-Arbeitnehmern i.S. von § 17 Abs. 1 Satz 2 BetrAVG nicht möglich, obwohl für sie – mit Ausnahme der in § 12a TVG erwähnten arbeitnehmerähnlichen Personen – keine Tarifverträge abgeschlossen werden. Beim bloßen Wortlaut ist der Dritte Senat des BAG aber nicht stehen geblieben, sondern hat zutreffend den Normzweck bemüht: Zu Recht sei darauf hingewiesen worden, „dass bei Organmitgliedern – zumindest typischerweise – anders als bei Arbeitnehmern bei der Aushandlung ihrer Betriebsrentenregelung keine Verhandlungsunterlegenheit vorliegt (...). Dies rechtfertigt aber nicht die Annahme, das Betriebsrentenrecht wäre für diesen Personenkreis vollständig abdingbar. Abweichende Vereinbarungen kommen vielmehr nur insoweit in Betracht, als der Gesetzgeber sie unter Zugrundelegung eines Verhandlungsprozesses, der geeignet ist zu angemessenen Ergebnissen zu führen, zulässt. Für Arbeitnehmer im arbeitsrechtlichen Sinne kann dies angenommen werden, soweit eine tarifliche Regelung vorliegt (...). Das Betriebsrentenrecht ist deshalb für Organmitglieder insoweit abdingbar, als den Tarifvertragsparteien Abweichungen erlaubt sind und damit auch hinsichtlich § 16 BetrAVG (...). Eine weitergehende Unabdingbarkeit würde nicht nur dazu führen, dass dieser Personenkreis aus ‚sozialen Gründen den Regelungen des BetrAVG als Arbeitnehmerschutzgesetz unterstellt' würde (...), sondern dass er besser geschützt wäre als Arbeitnehmer".[134] Dem hat sich der II. Zivilsenat des BGH mit nahezu wörtlich identischer Begründung angeschlossen: „Abweichende Vereinbarungen kommen allerdings insoweit in Betracht, als der Gesetzgeber sie unter Zugrundelegung eines Verhandlungsprozesses, der geeignet ist, zu angemessenen Ergebnissen zu führen, zulässt ... Für Arbeitnehmer im arbeitsrechtlichen Sinne kann dies angenommen werden, soweit eine tarifliche Regelung vorliegt, weil der Gesetzgeber den Tarifvertragsparteien eine entsprechende Verhandlungsmacht zuerkennt. Das Betriebsrentenrecht ist demzufolge auch für Organmitglieder insoweit abdingbar, als auch den Tarifvertragsparteien Abweichungen erlaubt sind. Eine weitergehende Unabdingbarkeit würde dazu führen, dass dieser Personenkreis besser geschützt wäre als Arbeitnehmer. Von einer Verhandlungsunterlegenheit des einzelnen Organmitglieds, wie sie der Gesetzgeber bei

---

[133] → Fn. 52.
[134] BAG 21.4.2009 – 3 AZR 285/07, AP BetrAVG § 1 Beamtenversorgung Nr. 20; dazu *Diller/Arnold/Kern* GmbHR 2010, 281 ff.; *Rolfs/Heikel* SAE 2010, 184 ff.

einem Arbeitnehmer typisiert annimmt, kann nicht ausgegangen werden".[135]

2. Mehr Freiheit wagen

Arbeitsrechtliche Gesetze sind Kinder ihrer Zeit. Häufig reagieren sie auf Missstände, die in einer bestimmten Epoche zutage getreten sind und denen die Tarif- oder Arbeitsvertragsparteien nicht angemessen begegnen konnten. Bis zum Beginn des 19. Jahrhunderts hatten die Zünfte darauf geachtet, dass extensive Arbeitszeiten nicht zu einem übertriebenen Wettbewerb zwischen den Gewerbetreibenden führten; vor der Erfindung der Glühbirne verhinderte zudem das Feuerrisiko weithin Arbeiten nach Einbruch der Dunkelheit. Die gewerkschaftliche Forderung nach einem Acht-Stunden-Tag war eine Reaktion auf die Bedingungen der körperlich anstrengenden, monotonen Industriearbeitsplätze, namentlich im Bergbau, der Eisen- und Stahlindustrie. Konsequenterweise wurde sie zunächst für die gewerblichen Arbeiter erhoben und erfüllt (in Deutschland – verbunden mit vollem Lohnausgleich – erstmals im bereits erwähnten Stinnes-Legien-Abkommen vom 15.11.1918, wenige Tage später dann mit Gesetzeskraft[136]), mit etwas Verzögerung folgten 1919 die Angestellten. Knapp 100 Jahre später wurde der staatliche Mindestlohn (§ 1 MiLoG) erst notwendig, nachdem „die Tarifvertragsparteien ... aus eigener Kraft nicht mehr durchgehend in der Lage [waren], einer zunehmenden Verbreitung von unangemessen niedrigen Löhnen entgegenzuwirken. Insbesondere im Bereich einfacher Tätigkeiten hat die Fragmentierung der Arbeitsbeziehungen – etwa durch die Auflösung traditioneller Branchengrenzen und die zunehmende internationale Mobilität von Arbeitskräften – die Durchsetzungsfähigkeit der kollektiven Interessenvertretungen beeinträchtigt. In Branchen mit niedrigem Organisationsgrad führt dies dazu, dass Tarifverträge Löhne vorsehen, die für einen Alleinstehenden bei Vollzeittätigkeit nicht ausreichen, um seine Existenz ohne staatliche Hilfe zu bestreiten".[137]

Aber die Zeiten ändern sich, und mit ihnen die Arbeitsbedingungen. Was vor 100 Jahren noch für fast alle Arbeitsplätze zutraf und daher eine zwingende gesetzliche Regelung erforderte (wobei der Acht-Stunden-Tag ohnehin schon in der Arbeitszeitverordnung

---

[135] BGH 23.5.2017 – II ZR 6/16, NZG 2017, 948; zuvor bereits LG Köln 20.3.1985 – 24 O 271/84, NZA 1985, 535; offenlassend noch BGH 16.3.2009 – II ZR 68/08, NZA 2009, 613 (615).
[136] Anordnung des Reichsamts für wirtschaftliche Demobilmachung über die Regelung der Arbeitszeit gewerblicher Arbeiter vom 23.11.1918, RGBl. S. 1334.
[137] Begründung der Bundesregierung für den Entwurf eines Gesetzes zur Stärkung der Tarifautonomie, BT-Drs. 15/1558, S. 27 f.; vgl. auch *Preis* RdA 2019, 75 (85 f.).

1923[138] und dem Arbeitszeitgesetz 1927[139] wieder aufgeweicht wurde), erscheint in einer Dienstleistungsgesellschaft mit mobiler Kommunikation und zunehmender Arbeit an häuslichen Arbeitsplätzen nicht mehr für jedes Arbeitsverhältnis zwingend. Der durch § 14 Abs. 2 Satz 2 TzBfG sowie die Rechtsprechung von EuGH[140] und BAG[141] vermittelte Schutz vor Kettenbefristungen mag für die meisten Arbeitnehmer sinnvoll sein – für Profi-Fußballspieler mit Millionengagen lässt sich dagegen kaum erklären, dass aufeinander folgende Verträge mit einer Gesamtdauer von mehr als zehn Jahren einen Rechtsmissbrauch des Vereins indizieren sollen.[142] Selbst vergleichsweise junge Gesetze wie diejenigen zur Vereinbarkeit von Familie und Beruf (Elternzeit [§ 15 BEEG], Pflegezeit [§§ 2–4 PflegeZG], Familien-Pflegezeit [§§ 2, 2a FPfZG], Brücken-Teilzeit [§ 9a TzBfG]) sind mit eigentlich noch familienfreundlicheren betrieblichen Lösungen[143] oft nicht kompatibel, weil weitgehend unabdingbar.

3. Dispositives, tarifdispositives und betriebsvereinbarungsoffenes Recht

a) Status quo

Schon heute kennt das Gesetz tarifdispositive Normen (statt aller: Länge der Kündigungsfristen, § 622 Abs. 4 Satz 1 BGB), solche, bei denen Abweichungen (auch) aufgrund einer in einem Tarifvertrag zugelassenen Betriebsvereinbarung zulässig sind (etwa: bestimmte Aspekte der Arbeitszeitgestaltung, §§ 7, 12 ArbZG) und vereinzelt solche, die selbst ohne tarifliche Grundlage betriebsvereinbarungsoffen sind (etwa: Altersteilzeit im Blockmodell, § 2 Abs. 2 Sätze 2–5 ATG). Zumeist (aber nicht immer) bedenkt der Gesetzgeber zwar die Besonderheiten des öffentlichen Dienstes und erwähnt neben den Betriebs- auch die Dienstvereinbarungen, nur vereinzelt dagegen diejenigen des kirchlichen Arbeitsrechts (wie beispielsweise

---

[138] Verordnung über die Arbeitszeit vom 21.12.1923, RGBl. I S. 1923.
[139] Gesetz zur Änderung der Arbeitszeitverordnung vom 14.4.1927, RGBl. I S. 109.
[140] EuGH 26.1.2012 – C-586/10, ECLI:EU:C:2012:39 = NZA 2012, 135 – Kücük.
[141] BAG 18.7.2012 – 7 AZR 443/09, NZA 2012, 1351; 26.10.2016 – 7 AZR 135/15, NZA 2017, 382.
[142] BAG 16.1.2018 – 7 AZR 312/16, NZA 2018, 703 – Heinz Müller, hat zwar die Befristung von Arbeitsverträgen mit Lizenzspielern der 1. Fußball-Bundesliga regelmäßig als durch die Eigenart der Arbeitsleistung (§ 14 Abs. 1 Nr. 4 TzBfG) sachlich gerechtfertigt angesehen, allerdings bestand das Arbeitsverhältnis im Streitfall aufgrund eines einmalig verlängerten Vertrages insgesamt nur für die Dauer von fünf Jahren.
[143] Exemplarisch die „Wahlarbeitszeit" bei Trumpf, die es den Arbeitnehmern ermöglicht, jeweils für ein oder zwei Jahre ihre Arbeitszeit innerhalb eines Korridors zwischen 15 und 40 Stunden festzulegen, vgl. *Rolfs* NZA-Beilage 2014, 53 (57 f.).

in § 2 Abs. 4 NachwG), die fehlende Zuständigkeit des Betriebsrats für bestimmte Arbeitnehmergruppen, insbesondere leitende Angestellte (§ 5 Abs. 3 und 4 BetrVG) und die Regelungskompetenz des Sprecherausschusses (§ 28 SprAuG). Individualvertragliche Vereinbarungen sind nahezu ausschließlich zugunsten der Arbeitnehmer möglich, wenn man von der Bezugnahme auf zulässigerweise abweichende Tarifverträge in Arbeitsverträgen mit nicht (oder anders) Tarifgebundenen absieht (beispielsweise § 622 Abs. 4 Satz 2 BGB). Eine Einkommensgrenze, wie von *Henssler/Preis* vorgeschlagen,[144] kennt das Gesetz – ohne nennenswerte praktische Relevanz – nur als Hilfs-Hilfskriterium für die Abgrenzung leitender Angestellter im Betriebsverfassungsrecht (§ 5 Abs. 4 Nr. 4 BetrVG), nicht aber als Grenze für mehr Freiheit bei der Vertragsgestaltung.

b) Überantwortung der Regelungskompetenz auf die Kollektivvertragsparteien

Die (Tarif-)Dispositivität und Betriebsvereinbarungsoffenheit lässt sich bei zahlreichen Gesetzen weiter ausbauen, bei einigen neu einführen. Die Europäische Union verfolgt das Ziel einer Tarifabdeckung von mindestens 80 % in jedem Mitgliedstaat.[145] Dies lässt sich nur erreichen, wenn die Arbeitgeber ein eigenes Interesse daran haben, Vollmitglied in einem tarifschließenden Arbeitgeberverband zu sein. Entscheidend für die Tarifabdeckung ist weniger die Zahl der Gewerkschaftsmitglieder (die derzeit insgesamt bei 17–18 % aller Arbeitnehmer in Deutschland liegt und damit in absehbarer Zeit realistisch ohnehin nicht auf den Zielwert gesteigert werden kann), als diejenige der tarifgebundenen Arbeitgeber.[146] Sie wenden die tarifvertraglichen Arbeitsbedingungen typischerweise auf alle Arbeitnehmer ohne Rücksicht auf deren individuelle Tarifbindung vermittels arbeitsvertraglicher Bezugnahmeklauseln an. Das Interesse der Arbeitgeber an einer Verbandsmitgliedschaft lässt sich möglicherweise steigern, wenn sie dadurch Flexibilitätsgewinne erzielen, die ihnen ohne Tarifbindung versperrt blieben: Wer Leiharbeitnehmer länger als 18 aufeinander folgende Monate beschäftigen will, muss dafür an einen entsprechenden Tarifvertrag gebunden sein (§ 1 Abs. 1b Satz 3 AÜG).[147] Abweichend vom Modell des § 622 Abs. 4 Satz 2 BGB lässt sich dieses Ziel freilich nur verwirklichen, wenn nicht tarifgebundenen Arbeitgebern eine Inbezugnahme versperrt

---

[144] → B 36.
[145] Erwägungsgrund 25 der Mindestlohn-Richtlinie 2022/2041/EU (→ Fn. 69); siehe auch *Hartmann* EuZA 2023, 121 (121 f.).
[146] Treffend *Franzen* FS Preis (2021), S. 247 (249): „Die Entscheidung über die Geltung des Tarifvertrags für das Arbeitsverhältnis trifft allein der Arbeitgeber".
[147] Dazu BAG 5.4.2023 – 7 AZR 224/22, NZA 2024, 207.

bleibt. Für sie muss der Tarifvertrag normativ gelten. Nur die fehlende Tarifbindung der Arbeitnehmer darf arbeitsvertraglich überwunden werden können. Angesichts der strengen Voraussetzungen an die Tariffähigkeit von Gewerkschaften hinsichtlich ihrer „sozialen Mächtigkeit"[148] besteht kein Grund zur Sorge, Arbeitnehmerrechte könnten sachwidrig ausgehöhlt werden. Derartigen Versuchen hat die Rechtsprechung bislang stets einen Riegel vorgeschoben, prägnant im CGZP-Beschluss zur Leiharbeit.[149] Tarifdispositivität ist daher rechtspolitisch weithin unproblematisch. Sie stärkt die Tarifautonomie und dient daher der Verwirklichung des Grundrechts aus Art. 9 Abs. 3 GG.[150]

Ähnliches gilt für die Betriebsautonomie. Sie ist zwar von grundlegend anderen Strukturprinzipien geprägt als die Tarifautonomie – keine freiwillige Mitgliedschaft, sondern „automatische" Normunterworfenheit mit Eintritt in den Betrieb; keine originäre, aus eigenen Freiheitsrechten resultierende Regelungskompetenz, sondern nur eine derivative, durch staatliche Gesetzgebung verliehene – auch sie dient aber urdemokratischen Zwecken, der organisierten Mitbestimmung der Arbeitnehmer über ihre Arbeitsbedingungen. *Willy Brandts* „Mehr Demokratie wagen"[151] hat in der Novelle des BetrVG 1972[152] für dieses gesellschaftliche Segment seinen Ausdruck gefunden. Rechtspolitisch unproblematisch ist betriebsvereinbarungsoffenes Recht ohnehin dann, wenn es eine vorgelagerte tarifliche Öffnungsklausel voraussetzt (wie §§ 7, 12 ArbZG). Den Tarifvertragsparteien ist es hier stets unbenommen, die Betriebsautonomie nur begrenzt, in einem bestimmten Rahmen oder unter bestimmten kompensatorischen Bedingungen zu eröffnen, die sie aufgrund ihrer Sachnähe selbst am besten beurteilen können. Eine Beschränkung der Betriebsvereinbarungsoffenheit auf in derartiger Weise tarifvertragsbasierte Kompetenzeröffnungen wäre jedoch zu eng. Sie hätte zur Folge, dass in Bereichen, in denen Tarifverträge

---

[148] BAG 10.9.1985 – 1 ABR 32/83, NZA 1986, 332 (332f.); 5.10.2010 – 1 ABR 88/09, NZA 2011, 300 (302f.); 26.6.2018 – 1 ABR 37/16, NZA 2019, 188 (194); 22.6.2021 – 1 ABR 28/20, NZA 2022, 575 (579ff.); ErfK/*Franzen* (24. Aufl. 2024), § 2 TVG Rn. 11ff.; NK-ArbR/*Krois* (2. Aufl. 2023), § 2 TVG Rn. 33; Däubler/*Peter*/*Rödl* TVG (5. Aufl. 2022), § 2 Rn. 27ff.

[149] BAG 14.12.2010 – 1 ABR 19/10, NZA 2011, 289.

[150] Wiedemann/*Jacobs* TVG (9. Aufl. 2023), Einl. Rn. 596 unter Zurückweisung der Kritik Rn. 597ff.; die Anreizwirkung tarifdispositiven Rechts für eine Tarifbindung der Arbeitgeber betonend *Greiner* NZA 2018, 563 (565); aA *Waltermann* FS Bepler (2012), S. 568 (578ff.); *ders.* NZA RdA 2014, 86 (89); daran anschließend etwa *Ulber* FS Preis (2021), S. 1373ff.

[151] Erste Regierungserklärung *Willy Brandts* als frisch gewählter Bundeskanzler der sozialliberalen Koalition, Deutscher Bundestag, 6. Wahlperiode, Plenarprotokoll der 5. Sitzung, 28.10.1969, S. 20 (C).

[152] Betriebsverfassungsgesetz vom 15.1.1972, BGBl. I S. 13.

üblicherweise nicht abgeschlossen werden, von der Regelungsfreiheit kein Gebrauch gemacht werden könnte. Dies wäre umso misslicher, als der Gesetzgeber bei seiner Normsetzung typischerweise die großen, tarifgebundenen, industriellen Arbeitgeber vor Augen hat, nicht aber die Bedürfnisse kleiner und mittelständischer Unternehmen mit ebenso innovativen Produkten und Dienstleistungen wie innovativen Arbeitsformen. Für Arbeitgeber, die zwar unter den räumlichen und betrieblich-fachlichen Geltungsbereich eines Tarifvertrages fallen, die aber selbst nicht tarifgebunden sind,[153] verbleibt es beim Tarifvorbehalt des § 77 Abs. 3 BetrVG: Arbeitsentgelte und sonstige Arbeitsbedingungen, die durch Tarifvertrag geregelt sind oder üblicherweise geregelt werden, können nicht Gegenstand einer Betriebsvereinbarung sein. Dies gilt nicht, wenn ein Tarifvertrag den Abschluss ergänzender Betriebsvereinbarungen ausdrücklich zulässt. Die Tarifvertragsparteien haben es damit jederzeit in der Hand, die Regelung der entsprechenden Angelegenheit an sich zu ziehen. Zugleich bestimmen sie, ob (bestehende) abweichende Betriebsvereinbarungen ex nunc ihre Wirksamkeit verlieren (was der Regelfall ist),[154] oder ob sie ihnen durch eine Tariföffnungsklausel (§ 77 Abs. 3 Satz 2 BetrVG) ihre Fortexistenz ermöglichen. Solange die Tarifvertragsparteien selbst keine Regelung getroffen haben, liegt es in den Händen der Betriebsparteien, ihre Angelegenheiten selbst in die Hand zu nehmen.

Nichts Anderes gilt für den öffentlichen Dienst. Hier ist die Rechtslage komplexer, weil das BPersVG nur für die Verwaltungen des Bundes und die bundesunmittelbaren Körperschaften, Anstalten und Stiftungen des öffentlichen Rechts sowie die Gerichte des Bundes Geltung beansprucht (§ 1 Abs. 1 BPersVG), die Mitbestimmung der Arbeitnehmer in den Verwaltungen und Dienststellen der Länder in deren eigenen Personalvertretungsgesetzen geregelt ist. Diese gehen hinsichtlich der Beteiligungs- und insbesondere der echten Mitbestimmungsrechte zwar weit auseinander. Sie stehen aber einer freiwilligen Dienstvereinbarung in Angelegenheiten, die durch Bundesgesetz zugelassen sind, nicht entgegen. In der Vergangenheit hat der Gesetzgeber bei betriebsvereinbarungsoffenen Normen die Besonderheiten des öffentlichen Dienstes entweder nicht bedacht oder eine Öffnung gegenüber Dienstvereinbarungen im Hinblick auf die nahezu flächendeckende Geltung des TVöD/TV-L nicht für not-

---

[153] Vgl. BAG 9.12.1997 – 1 AZR 319/97, NZA 1998, 661 (663); 26.8.2008 – 1 AZR 354/07, NZA 2008, 1426 (1427); 23.1.2018 – 1 AZR 65/17, NZA 2018, 871 (873); 18.3.2020 – 5 AZR 36/19, NZA 2020, 868 (870); *Fitting*, BetrVG (31. Aufl. 2022), § 77 Rn. 74 ff.

[154] Vgl. BAG 21.1.2003 – 1 ABR 9/02, NZA 2003, 1097 (1099); 26.1.2017 – 2 AZR 405/16, NZA 2017, 522 (523); *Fitting*, BetrVG (31. Aufl. 2022), § 77 Rn. 99.

wendig erachtet. Dies gilt es, angesichts der sich auch im öffentlichen Dienst verändernden Tariflandschaft (zB im Hinblick auf manche nicht tarifgebundenen Krankenkassen), künftig zu korrigieren. In gleicher Weise zu gestatten sind Dienstvereinbarungen nach dem Mitarbeitervertretungsrecht der Kirchen und ihrer Einrichtungen.

Die Sprecherausschüsse der leitenden Angestellten können Richtlinien über den Inhalt, den Abschluss oder die Beendigung von Arbeitsverhältnissen der leitenden Angestellten vereinbaren. Diesen kommt nach § 28 Abs. 1 SprAuG grundsätzlich zwar nur schuldrechtliche Wirkung zu. Eine unmittelbare und zwingende, d. h. normative, Wirkung, kann jedoch ausdrücklich vereinbart werden (§ 28 Abs. 2 Satz 1 SprAuG). Wo der Gesetzgeber den Tarifvertragsparteien abweichende Regelungen gestattet, sollten auch Richtlinien der Sprecherausschüsse möglich sein. Es gibt keinen Grund, leitende Angestellte strenger zu schützen als tarifunterworfene Arbeitnehmer.

Tarifverträgen gleichzustellen sind Regelungen paritätisch besetzter Kommissionen, die auf der Grundlage kirchlichen Rechts Arbeitsbedingungen für den Bereich kirchlicher Arbeitgeber festlegen. Ob Tariföffnungsklauseln de lege lata schon dann, wenn sie nicht ausdrücklich kirchliche Arbeitsrechtsregeln erwähnen (wie in § 7 Abs. 4 ArbZG, § 21a Abs. 3 JArbSchG, § 1 Abs. 1b Satz 8 AÜG, § 3 Abs. 1 Nr. 1 ATG), diese gleichwohl miterfassen, ist umstritten.[155] Das BAG hat dies verneint, jedenfalls für § 2 NachwG a. F.[156] Der Gesetzgeber hat die Rechtsprechung bei nächster Gelegenheit korrigiert und die tarifvertragsgleiche Privilegierung kirchlicher Arbeitsrechtsregelungen im Recht des Arbeitsvertragsnachweises klargestellt (§ 2 Abs. 4 NachwG).[157]

c) Überantwortung der Regelungskompetenz auf die Arbeitsvertragsparteien

Das geltende Arbeitsrecht ist gegenüber Individualverträgen weithin einseitig zwingend. Selbst dort, wo es grundsätzlich dispositiv ist, hat die Rechtsprechung seit der Erstreckung der AGB-Kontrolle auf Arbeitsverträge 2002 abweichenden Vereinbarungen häufig die Wirksamkeit versagt, weil sie intransparent gewesen seien (§ 307 Abs. 1 Satz 2 BGB) oder den Arbeitnehmer in anderer Weise entgegen den Geboten von Treu und Glauben unangemessen benachteiligten (§ 307 Abs. 1 Satz 1, §§ 308, 309 BGB). In vielen Fällen sind

---

[155] Bejahend *Richardi*, Arbeitsrecht in der Kirche (8. Aufl. 2020), § 8 Rn. 11, § 15 Rn. 21; *ders.* NZA 2002, 1057 (1063); *Thüsing* RdA 1997, 163 (168 ff.); verneinend *Däubler/Däubler* TVG (5. Aufl. 2022), Einl. Rn. 1227.
[156] BAG 30.10.2019 – 6 AZR 465/18, NZA 2020, 379 (384 f.).
[157] Vgl. BT-Drs. 20/1636, S. 27.

überzogene, für die Kautelarpraxis praktisch nicht erfüllbare Anforderungen an die Vertragsgestaltung aufgestellt worden. Die rigide Linie des BAG hat beispielsweise zur Konsequenz, dass in den vergangenen Jahren kaum noch eine Verpflichtung zur Rückzahlung von Aus- und Fortbildungskosten in Erfurt standgehalten hat, obwohl das Gericht wiederholt und zu Recht betont hat, dass der Arbeitgeber ein berechtigtes Interesse daran hat, den Arbeitnehmer im Anschluss an eine u.U. kostspielige und langdauernde Schulungsmaßnahme an sein Unternehmen zu binden.[158] Die früher gängigen Ausschlussfristen in Arbeitsverträgen sind immer weiter zurückgedrängt worden,[159] in nach dem 31.12.2014 abgeschlossenen Verträgen muss ausdrücklich der Anspruch auf den Mindestlohn ausgenommen werden, weil dieser wegen § 3 Satz 1 MiLoG unabdingbar und die Klausel zur Überzeugung des BAG anderenfalls im Übrigen – also hinsichtlich des den Mindestlohns übersteigenden Teils des Arbeitsentgelts – intransparent ist.[160]

Diese hohe Kontrolldichte verhindert zwar die Durchsetzung arbeitgeberseitiger Ansprüche aufgrund dem Arbeitnehmer nachteiliger Vereinbarungen. Sie ist jedoch eine regelmäßig auf den Einzelfall bezogene nachträgliche Wirksamkeitskontrolle, die in ihrer Wirkung präventiven Verboten in Gestalt zwingenden Rechts nicht gleichsteht. Für den überwiegenden Teil der Arbeitnehmerschaft sollten arbeitsrechtliche Schutzgesetze daher grundsätzlich nicht vertragsdispositiv sein. Zu fragen ist allerdings, ob nicht für bestimmte Arbeitnehmergruppen eine Vertragsparität dergestalt typisiert unterstellt werden kann, dass ihnen – ggf. bis zu einer gewissen Grenze – eine größere Gestaltungsfreiheit eingeräumt werden kann. Das Gesetz nimmt schon heute seinen Geltungsanspruch gegenüber leitenden Angestellten häufig zurück. Selbst der allgemeine Kündigungsschutz wird ihnen nur mit der Maßgabe gewährt, dass der Arbeitgeber ohne Begründung die Auflösung des Arbeitsverhältnisses gegen Zahlung einer Abfindung beanspruchen kann (§ 14 Abs. 2 KSchG). In Anlehnung an § 5 Abs. 4 Nr. 4 BetrVG könnte daher Arbeitnehmern, deren Einkommen aus dem Arbeitsverhältnis so-

---

[158] Vgl. BAG 21.7.2005 – 6 AZR 452/04, NZA 2006, 542; 18.11.2008 – 3 AZR 192/07, NZA 2009, 435; 18.3.2014 – 9 AZR 545/12, NZA 2014, 957; 11.12.2018 – 9 AZR 383/18, NZA 2019, 781; 25.1.2022 – 9 AZR 14/21, NZA 2022, 978; 1.3.2022 – 9 AZR 260/21, NZA 2022, 786; 20.10.2022 – 8 AZR 332/21, NZA 2023, 423; 25.4.2023 – 9 AZR 187/22, NZA 2023, 1122; monographisch *Bischoff*, Einzelvertragliche Rückzahlungsklauseln für Aus- und Fortbildungskosten (2021).
[159] BAG 25.5.2005 – 5 AZR 572/04, NZA 2005, 1111 (1114); 31.8.2005 – 5 AZR 545/04, NZA 2006, 324 (326); 26.11.2020 – 8 AZR 58/20, NZA 2021, 703 (706 ff.); 9.3.2021 – 9 AZR 323/20, NZA 2021, 1257 (1258 ff.); *Seiwerth* ZFA 2020, 100 (100 ff.); *Sura* NZA-RR 2021, 57 (57 ff.).
[160] BAG 18.9.2018 – 9 AZR 162/18, NZA 2018, 1619 (1622 ff.).

wohl im Zeitpunkt des Abschlusses der jeweiligen Vereinbarung als auch im streitbefangenen Zeitraum das Dreifache der Bezugsgröße (2024: 10.605 Euro monatlich bzw. 127.260 Euro jährlich/West; 10.395 Euro monatlich bzw. 124.740 Euro jährlich/Ost) übersteigt, mehr Vertragsautonomie eingeräumt werden.

4. Grenzen der Tarif-, Betriebs- und Vertragsautonomie

Dispositivität bedeutet nicht unbeschränkte Autonomie der jeweiligen Kollektiv- oder Individualvertragsparteien. Diese haben die allgemeinen Gestaltungsgrenzen zu beachten. Dazu zählt neben den verfassungsrechtlich unabdingbaren Freiheits- und Gleichheitsrechten insbesondere die Beachtung des Unionsrechts. Regelungen, die der nationale Gesetzgeber nicht erlassen oder aufrechterhalten dürfte, weil sie mit primärem oder sekundärem Unionsrecht unvereinbar wären, können auch durch Vertrag nicht wirksam getroffen werden. Aus diesem Grunde hat das BAG beispielsweise trotz § 14 Abs. 2 Satz 3 TzBfG tarifvertraglichen Befristungsregeln die Geltung versagt, die (zu) großzügig sachgrundlose Kettenbefristungen im Bereich des Steinkohlebergbaus vor dessen Beendigung 2018 gestattet hatten.[161] Im Übrigen steht es natürlich auch dem Gesetzgeber frei, der Vertragsgestaltung spezifische Grenzen zu setzen.

V. Beispiele für öffnungsgeeignete Regelungsmaterien

1. Formvorschriften

Vorbemerkung: Ende August 2023 hat das Bundesministerium der Justiz ein Eckpunktepapier für ein viertes Bürokratieentlastungsgesetz (BEG IV) vorgelegt. Dieses sieht u.a. vor, einige arbeitsrechtliche Schriftformerfordernisse durch Textform zu ersetzen. Bei Abschluss des Manuskripts befand sich der Entwurf noch in der Beratung. In den nachfolgenden Erwägungen bleibt er daher unberücksichtigt.

Viele (Willens-)Erklärungen innerhalb des Arbeitsverhältnisses bedürfen aktuell der Schriftform. Dies betrifft beispielsweise den Arbeitsvertragsnachweis (§ 2 Abs. 1 Satz 1, Satz 3 NachwG), die Inanspruchnahme der Elternzeit (§ 15 Abs. 7 Nr. 5, § 16 Abs. 1 BEEG), der Pflegezeit (§ 3 Abs. 3 Satz 1 PflegeZG) und der Familien-Pflegezeit (§ 2a Abs. 1 Satz 1 FPfZG) sowie etwaige Vereinba-

---

[161] BAG 17.4.2019 – 7 AZR 410/17, NZA 2019, 1223 (1224); vgl. auch schon BAG 26.10.2016 – 7 AZR 140/15, NZA 2017, 463.

rungen über Teilzeitarbeit während dieser Zeiträume (§ 3 Abs. 4 Satz 1 PflegeZG, § 2a Abs. 2 Satz 1 FPfZG) und die arbeitgeberseitige Zurückweisung des Antrags (§ 15 Abs. 7 Satz 4 BEEG). Nur vereinzelt lässt das Gesetz statt der strengen Schriftform auch Textform zu, so etwa beim Antrag auf Arbeitszeitverringerung (§ 8 Abs. 2 Satz 1 TzBfG, für die Brücken-Teilzeit i. V. mit § 9a Abs. 3 Satz 2 TzBfG) und der entsprechenden Gegenerklärung des Arbeitgebers (§ 8 Abs. 5 Satz 1 TzBfG). Verschiedentliche Versuche der Literatur, das Schriftformerfordernis generell im Sinne von Textform zu interpretieren (sei es durch teleologische Reduktion, durch analoge Anwendung von § 8 Abs. 2 Satz 1 TzBfG oder auf andere Weise),[162] waren und sind rechtsdogmatisch nicht haltbar. Der Gesetzgeber hat sich bewusst für die Schriftform entschieden, sodass eine Regelungslücke o.Ä. nicht besteht. Besonders deutlich gemacht haben dies die während der Corona-Pandemie befristet geltenden § 9 Abs. 3, Abs. 5, Abs. 6 PflegeZG, § 16 Abs. 2, Abs. 4 Satz 2, Abs. 5 FPfZG, die für Erklärungen zur Pflege- und Familien-Pflegezeit im Zeitraum vom 23.5.2020 bis zum 30.4.2023 die Textform ausreichen ließen.[163] Diese Vorschriften wären nicht erforderlich gewesen, wenn auch ohne sie die Textform genügt hätte. Die genannten Bestimmungen sind mittlerweile jedoch wieder außer Kraft.

Welch missliche Konsequenzen das Schriftformerfordernis haben kann, belegt eindrucksvoll ein Urteil des BAG aus dem Jahre 2016: Die Klägerin war in einem Kleinbetrieb ohne allgemeinen Kündigungsschutz (Rechtsanwaltskanzlei) beschäftigt. Nach der Geburt ihrer Tochter teilte sie per Telefax mit, dass sie im Anschluss an den Mutterschutz für zwei Jahre Elternzeit beanspruche. Der Arbeitgeber kündigte nach Ablauf der Mutterschutzfristen das Arbeitsverhältnis ordentlich. Die auf die Verletzung von § 18 BEEG gestützte Kündigungsschutzklage blieb ohne Erfolg: Da das Elternzeitverlangen die Schriftform (§ 16 Abs. 1 BEEG, § 126 BGB) nicht gewahrt hatte, war es nichtig (§ 125 Satz 1 BGB). Die Arbeitnehmerin befand sich bei Zugang der Kündigung folglich nicht in Elternzeit, sodass der Arbeitgeber für seine Kündigung keiner behördlichen Zustimmung (§ 18 Abs. 1 Satz 4 BEEG) bedurfte. Einen Verstoß gegen § 612a BGB hatte die Klägerin nicht behauptet. Die Kündigung war wirksam.[164]

---

[162] Däubler/Deinert/Zwanziger/*Brecht-Heitzmann*, KSchR (11. Aufl. 2020), § 5 PflegeZG Rn. 26; *Gotthardt/Beck* NZA 2002, 876 (879 ff.); Küttner/*Poeche*, Personalbuch 2023, Elternzeit Rn. 25.

[163] Dazu BeckOK ArbR/*Rolfs* (67. Ed. 1.3.2023), § 16 PflegeZG Rn. 3, 6, § 9 FPfZG Rn. 2, 5.

[164] BAG 10.5.2016 – 9 AZR 145/15, NZA 2016, 1137; ähnlich schon BAG 26.8.2008 – 2 AZR 23/07, NZA 2008, 1241, dort war es dem Arbeitgeber aufgrund der Um-

Das Schriftformerfordernis mag bei Arbeitnehmern, die ihre Arbeitszeit regelmäßig im Betrieb verbringen, ihr Begehren im Personalbüro übergeben und von dort eine schriftliche Antwort erhalten, (noch) sachgerecht sein. Seine Handhabung stößt aber schon bei Arbeitnehmern, die sich im Homeoffice – oder, wie die Klägerin im soeben geschilderten Fall, im Mutterschutz oder anderen Phasen der Freistellung von Arbeitsleistung – befinden, auf praktische Schwierigkeiten. Der Zugang eines gewöhnlichen Briefes ist praktisch nicht zu beweisen und die daraus resultierende Notwendigkeit, extra für die Übergabe eines Schreibens die Betriebsstätte des Arbeitgebers aufzusuchen oder Boten zu beauftragen, wird von vielen als antiquierte, überflüssige Förmelei empfunden. Dies gilt umso mehr für Unternehmen und Betriebe, in denen die Arbeitsprozesse weitgehend digitalisiert sind.

Der Schriftformzwang ist unionsrechtlich nicht zwingend vorgeschrieben. Dem nationalen Gesetzgeber ist es unbenommen, ihn durch das Erfordernis der Textform zu ersetzen oder dies den (Kollektiv-)Vertragsparteien zu gestatten. Für den Arbeitsvertragsnachweis lässt Art. 3 Satz 2 der Arbeitsbedingungen-Richtlinie 2019/1152/EU[165] es genügen, dass er dem Arbeitnehmer in elektronischer Form zur Verfügung gestellt und übermittelt wird, wenn er ihm zugänglich ist, von ihm gespeichert und ausgedruckt werden kann und der Arbeitgeber einen Übermittlungs- oder Empfangsnachweis erhält. Letzteres müsste im nationalen Recht ergänzt werden.[166] Art. 4 ff. der Richtlinie zur Vereinbarkeit von Beruf und Privatleben 2019/1158/EU[167] kennen überhaupt keine Formerfordernisse.

Die durch den Formzwang bewirkte Klarstellungs- und Beweisfunktion lässt sich durch die Textform mindestens in gleicher, wenn man sie um das Erfordernis des Zugangsnachweises ergänzt, sogar noch in besserer Weise als durch das Erfordernis der Schriftform erfüllen. Das Risiko einer übereilten Erklärung besteht entweder gar nicht (Vertragsnachweis) oder es wiegt vergleichsweise so gering, dass einer (kollektiv-)vertraglichen Öffnung nicht entgegensteht.

Abweichende Bestimmungen können sowohl den Tarifvertragsparteien, den paritätisch besetzten Kommissionen der Kirchen und ihrer Einrichtungen, als auch den Parteien einer Betriebs- oder

---

stände des Einzelfalls aber nach Treu und Glauben (§ 242 BGB) verwehrt, sich auf den Formmangel zu berufen.

[165] Richtlinie (EU) 2019/1158 des Europäischen Parlaments und des Rates vom 20. Juni 2019 zur Vereinbarkeit von Beruf und Privatleben für Eltern und pflegende Angehörige und zur Aufhebung der Richtlinie 2010/18/EU des Rates, ABl. L 186 S. 105.

[166] EuArbRK/*Kolbe* (5. Aufl. 2024), RL (EU) 2019/1152 Art. 3 Rn. 4.

[167] → Fn. 165.

Dienstvereinbarung gestattet werden. Im räumlichen und betrieblich-fachlichen Geltungsbereich eines Tarifvertrages sollte Personen, die nicht vom persönlichen Geltungsbereich des Tarifvertrages erfasst sind (etwa AT-Angestellten), in nämlicher Weise wie Arbeitnehmern, auf die der Tarifvertrag (normativ, kraft Allgemeinverbindlicherklärung oder einzelvertraglicher Inbezugnahme) Anwendung findet, die arbeitsvertragliche Übernahme der tariflichen Formvorschrift ermöglicht werden, dasselbe gilt für leitende Angestellte (§ 5 Abs. 3 und 4 BetrVG) im Geltungsbereich einer Betriebsvereinbarung. Wenn die Tarifvertrags- oder Betriebsparteien die (um den Zugangsnachweis modifizierte) Textform für ausreichend erachten, bedürfen AT- und leitende Angestellte keines strengeren Schutzes.

2. Insbesondere: Befristung des Arbeitsverhältnisses, Aufhebungsvertrag und Kündigung

Die Befristung (oder auflösende Bedingung) eines Arbeitsvertrages bedarf zu ihrer Wirksamkeit der Schriftform (§ 14 Abs. 4, ggf. i.V. mit § 21 TzBfG). Dasselbe gilt für die Kündigung des Arbeitsverhältnisses sowie Verträge über seine Auflösung (§ 623 BGB). Der Gesetzgeber hat diesen 2001 eingeführten Formzwang[168] seinerzeit so begründet: „Die Kündigung des Arbeitsverhältnisses, die Befristung und auch die einvernehmliche Beendigung des Arbeitsverhältnisses (Aufhebungsvertrag) bedürfen der Schriftform. Die besondere Bedeutung dieser Gestaltungsrechte – insbesondere der Beendigung des Arbeitsverhältnisses – rechtfertigen dies i.S. der Gewährleistung größtmöglicher Rechtssicherheit. Das konstitutive Schriftformerfordernis führt aber auch zu einer enormen Entlastung der Arbeitsgerichte. Insbesondere werden unergiebige Rechtsstreitigkeiten, zB ob überhaupt eine Kündigung vorliegt, vermieden, bzw. die entsprechende Beweiserhebung wird wesentlich vereinfacht."[169] Rechtsdogmatisch ist das zwar zu zwei Dritteln Unsinn – Gestaltungsrecht ist allein die Kündigung, jedoch weder die Befristung des Arbeitsverhältnisses noch der Aufhebungsvertrag –, rechtspolitisch ist die Entscheidung seinerzeit aber nahezu einhellig begrüßt worden.[170] Streitigkeiten über den objektiven Erklärungsinhalt und ggf. die Anfechtung übereilter Äußerungen („Chef, ich schmeiß die Brocken hin") gehören seitdem der Vergangenheit an. Lediglich ganz vereinzelt sind Fälle bekannt geworden, in denen eine Kündigung

---

[168] Gesetz zur Vereinfachung und Beschleunigung des arbeitsgerichtlichen Verfahrens (Arbeitsgerichtsbeschleunigungsgesetz) vom 30.3.2000, BGBl. I S. 333.
[169] BT-Drs. 14/626, S. 11.
[170] *Däubler* AiB 2000, 188 (189); *Preis/Gotthardt* NZA 2000, 348 (361); *Richardi/Annuß* NJW 2000, 1231 (1235); *Schaub* NZA 2000, 344 (347); KR/*Spilger* (13. Aufl. 2022), § 623 BGB Rn. 25.

ernstlich, aber formunwirksam erklärt worden war, den Erklärenden (Arbeitnehmer) seine Äußerung später gereut und er sich wegen Verstoßes gegen §§ 623, 125 Satz 1 BGB auf den Fortbestand des Arbeitsverhältnisses berufen hat.[171] Dieser Schriftformzwang dürfte heute als so zentraler Bestandteil des arbeitsrechtlichen Beendigungsschutzes gelten, dass eine Öffnung für abweichende Kollektivvereinbarungen nicht sachgerecht erscheint. Sie hätte überdies die missliche Konsequenz, dass die Arbeitsgerichte schon im Rahmen ihrer Prüfung, ob eine Kündigungsschutzklage rechtzeitig erhoben worden ist (§ 4 KSchG) oder in Ermangelung der Fristwahrung die Kündigung als von Anfang an rechtswirksam gilt (§ 7 KSchG), die jeweiligen Tarifverträge, Betriebs- oder Dienstvereinbarungen kennen müssten. Anderenfalls könnten sie nicht beurteilen, ob eine nicht schriftlich erklärte Kündigung den Lauf der dreiwöchigen Klagefrist ausgelöst hat.

Für das Schriftformgebot befristeter Arbeitsverträge (seit 1.1.2002 in § 14 Abs. 4 TzBfG) gilt dies allerdings nicht in gleicher Weise. Anders als bei Kündigung und Aufhebungsvertrag steht hier nicht die Beendigung eines (unbefristeten) Arbeitsverhältnisses, sondern die von vornherein lediglich zeitlich begrenzte Begründung desselben in Rede. Der Gesetzentwurf der Bundesregierung für das TzBfG hatte gleichwohl sogar noch eine Verschärfung vorgesehen, indem zur Wirksamkeit der Befristung der gesamte Arbeitsvertrag hätte schriftlich niedergelegt werden müssen.[172] Dies ist im Zuge der Beatungen zutreffend korrigiert worden,[173] weil anderenfalls selbst eine dem Arbeitnehmer günstige betriebliche Übung (zB hinsichtlich einer Weihnachtsgeldzahlung) die Wirksamkeit der Befristungsabrede tangiert hätte. Hinsichtlich des verfolgten Normzwecks dürfen Zweifel angebracht sein: Klarstellungs- und Beweisfunktion lassen sich durch textförmige Erklärungen mit Zugangsnachweis (wie Art. 3 Abs. 2 RL 2019/1152/EU) in gleicher Weise erreichen wie durch einen in Schriftform abgeschlossenen Vertrag. Bleibt allein die Warnfunktion gegenüber dem Arbeitnehmer,[174] der darauf aufmerksam gemacht werden soll, dass sein Arbeitsverhältnis nicht un-

---

[171] Etwa BAG 16.9.2004 – 2 AZR 659/03, NZA 2005, 162; 17.12.2015 – 6 AZR 709/14, NZA 2016, 361 (Auflösungsvertrag per Telefax); Hessisches LAG 26.2.2013 – 13 Sa 845/12, BeckRS 2013, 67961; LAG Köln 16.10.2013 – 11 Sa 345/13, BeckRS 2014, 67639; LAG Hamm 28.4.2017 – 1 Sa 1524/16, NZA-RR 2018, 76; weitere Nachweise bei BeckOGK/*Klumpp* (1.7.2023), § 623 BGB Rn. 67ff.

[172] § 14 Abs. 4 TzBfG idF des Entwurfs der Bundesregierung für ein Gesetz über Teilzeitarbeit und befristete Arbeitsverträge und zur Änderung und Aufhebung arbeitsrechtlicher Bestimmungen, BT-Drs. 14/4374, S. 9, 20.

[173] Beschlussempfehlung und Bericht des Ausschusses für Arbeit und Sozialordnung, BT-Drs. 14/4625, S. 21.

[174] Ausführlich BAG 23.7.2014 – 7 AZR 771/12, NZA 2014, 1341 (1345f.).

befristet ist. Eine Chance, die Befristung noch vor Vertragsabschluss „wegzuverhandeln" besteht freilich praktisch ohnehin selten. Der Arbeitgeber, der eine Stelle nur befristet besetzen möchte, wird hiervon kaum jemals bereits in diesem Stadium abrücken, sondern bestenfalls im Verlaufe des (befristeten) Arbeitsverhältnisses, wenn der Beschäftigungsbedarf sich verstetigt und der Arbeitnehmer sich bewährt hat. Dem berechtigten Interesse des Arbeitnehmers, vor Abgabe seiner Vertragserklärung klar darüber bewusst zu werden, dass ihm lediglich ein befristetes Vertragsverhältnis angetragen wird, kann aber auch durch eine drucktechnische Hervorhebung o. Ä. in einem textförmigen Dokument Rechnung getragen werden.

Jedenfalls den Tarifvertragsparteien sollte daher gestattet werden, das Schriftformerfordernis des § 14 Abs. 4 TzBfG durch Textform mit wechselseitigem Zugangsnachweis zu ersetzen. Unionsrecht steht dem nicht entgegen. Die Befristungs-Richtlinie 1999/70/EG[175] bzw. die ihr zugrundeliegende Rahmenvereinbarung von EGB-UNICE-CEEP über befristete Arbeitsverträge sehen keinerlei Formzwang für befristete Arbeitsverträge vor.

3. Arbeitszeit

Zu den aktuell am intensivsten diskutierten Aspekten des Arbeitsrechts gehört das Arbeitszeitrecht. In der Rechtssache CCOO[176] hatte der EuGH 2019 entschieden, dass die Mitgliedstaaten die Arbeitgeber dazu verpflichten müssten, ein objektives, verlässliches und zugängliches System einzuführen, mit dem die von einem jeden Arbeitnehmer geleistete tägliche Arbeitszeit gemessen werden kann. Dies ergebe sich aus Art. 3, 5 und 6 der Arbeitszeit-Richtlinie 2003/88/EG[177] „im Lichte" von Art. 31 Abs. 2 GRCh und von Art. 4 Abs. 1, Art. 11 Abs. 3 und Art. 16 Abs. 3 der Arbeitsschutz-Rahmenrichtlinie 89/391/EWG.[178] In der Literatur war schnell vom „Stechuhr-Urteil" die Rede,[179] das nun für nahezu jeden Arbeitsplatz eine Arbeitszeiterfassung wie vor 100 Jahren erforderlich mache und alle modernen, auf mehr Eigenverantwortung und Vertrauen basierenden Arbeitszeitmodelle in Frage stelle. Ganz so apodiktisch wie

---

[175] Richtlinie 1999/70/EG des Rates vom 28. Juni 1999 zu der EGB-UNICE-CEEP-Rahmenvereinbarung über befristete Arbeitsverträge, ABl. L 175 S. 43.
[176] EuGH 14.5.2019 – C-55/18, ECLI:EU:C:2019:402 = NZA 2019, 683 – CCOO.
[177] Richtlinie 2003/88/EG des Europäischen Parlaments und des Rates vom 4. November 2003 über bestimmte Aspekte der Arbeitszeitgestaltung, ABl. L 299 S. 9.
[178] Richtlinie 89/391/EWG des Rates vom 12. Juni 1989 über die Durchführung von Maßnahmen zur Verbesserung der Sicherheit und des Gesundheitsschutzes der Arbeitnehmer bei der Arbeit, ABl. L 183 S. 1.
[179] *Fuhlrott/Garden* ArbRAktuell 2019, 263; *Kolbe* ZFA 2021, 216 (222); *Stück* CCZ 2021, 261 (262); das Bild von der Stechuhr bemühen auch *Höpfner/Daum* RdA 2019, 270 (270); *Riegel* RdA 2021, 152 (155).

der Leitsatz lesen sich die Entscheidungsgründe freilich nicht, denn dort wird betont, dass die Mitgliedstaaten durchaus über einen Spielraum verfügen, wie sie die konkreten Modalitäten zur Umsetzung eines Arbeitszeit-Erfassungssystems umsetzen. Insbesondere könnten sie dessen Form festlegen, und zwar gegebenenfalls unter Berücksichtigung der Besonderheiten des jeweiligen Tätigkeitsbereichs, sogar der Eigenheiten bestimmter Unternehmen, namentlich ihrer Größe; dies gelte „unbeschadet" von Art. 17 Abs. 1 RL 2003/88/EG, nach dem die Mitgliedstaaten unter Beachtung der allgemeinen Grundsätze des Schutzes der Sicherheit und der Gesundheit der Arbeitnehmer Ausnahmen u. a. von den Art. 3 bis 6 dieser Richtlinie vornehmen dürfen, wenn die Dauer der Arbeitszeit wegen besonderer Merkmale der ausgeübten Tätigkeit nicht bemessen[180] und/oder vorherbestimmt ist oder von den Arbeitnehmern selbst bestimmt werden kann.[181] Ohne Not hat dann das BAG im September 2022 noch nachgelegt und entschieden, dass die Arbeitgeber nach § 3 Abs. 2 Nr. 1 ArbSchG verpflichtet sind, Beginn und Ende der täglichen Arbeitszeit der (aller) Arbeitnehmer zu erfassen, für die der Gesetzgeber nicht auf der Grundlage von Art. 17 Abs. 1 RL 2003/88/EG eine von den Vorgaben in Art. 3, 5 und 6 Buchst. b dieser Richtlinie abweichende Regelung getroffen hat.[182] *Höpfner/Schneck* haben dem Senat vorgehalten, er gelange auf methodisch zweifelhafte Weise „zu einem nicht vertretbaren Ergebnis".[183] In der Tat überrascht nicht nur das lange obiter dictum zu all den letztlich nicht tragenden Anspruchsgrundlagen (Rn. 20 bis 41), sondern sogar zum für grundsätzlich einschlägig gehaltenen § 3 Abs. 2 Nr. 1 ArbSchG (Rn. 42 bis 57). Denn im Ergebnis wurde der Antrag des Betriebsrats, festzustellen, dass ihm ein Initiativrecht zur Einführung eines elektronischen Systems der Arbeitszeiterfassung zustehe, abgewiesen. Der Betriebsrat könne den Regelungsauftrag der Einigungsstelle nicht in dieser Weise beschränken: „Da eine solche Art der Ausgestaltung (scil.: elektronische Erfassung – Verf.) unionsrechtlich jedoch nicht zwingend vorgegeben ist, bestünde die Gefahr, dass die Einigungsstelle gegebenenfalls keinen (umfassenden) inhaltlichen Spruch über die Ausgestaltung der den beiden Arbeitgeberinnen obliegenden Pflicht zur Verwendung eines Arbeitszeiterfassungssystems für alle Arbeitnehmer ihres Gemeinschaftsbetriebs treffen

---

[180] So die Wortwahl in der deutschen Fassung des Urteils; Art. 17 Abs. 1 RL 2003/88/EG: „gemessen".

[181] EuGH 14.5.2019 – C-55/18, ECLI:EU:C:2019:402 = NZA 2019, 683 Rn. 63 – CCOO.

[182] BAG 13.9.2022 – 1 ABR 22/21, NZA 2022, 1616.

[183] *Höpfner/Schneck*, NZA 2023, 1 (3); ähnlich kritisch *H. Hanau* RdA 2023, 115 (123): „kreative(r) Umgang mit den Grenzen richterlicher Rechtsfortbildung".

könnte. Damit könnte sie entgegen den Vorgaben des § 3 Abs. 2 Nr. 1 ArbSchG die regelungspflichtige Angelegenheit nicht oder zumindest nicht abschließend ausgestalten".[184] Dies allein trägt den Tenor des Beschlusses, mehr hätte es nicht bedurft. Alles andere war überflüssiges Beiwerk.

Im April 2023 hat das Bundesministerium für Arbeit und Soziales einen Referentenentwurf für ein Gesetz zur Änderung des Arbeitszeitgesetzes vorgelegt.[185] Bei Abschluss dieses Manuskripts war noch kein Gesetzentwurf der Bundesregierung in den Deutschen Bundestag eingebracht.

Die Verunsicherung ist nicht zuletzt deshalb so groß, weil in vielen Fällen nicht einmal klar ist, was „Arbeit" und damit Arbeitszeit ist.[186] Art. 2 Abs. 1 Nr. 1 RL 2003/88/EG definiert Arbeitszeit als „jede Zeitspanne, während der ein Arbeitnehmer gemäß den einzelstaatlichen Rechtsvorschriften und/oder Gepflogenheiten arbeitet, dem Arbeitgeber zur Verfügung steht und seine Tätigkeit ausübt oder Aufgaben wahrnimmt". Anders als viele nationale Rechtsordnungen, die Zwischenstufen wie Arbeitsbereitschaft, Bereitschaftsdienst und Rufbereitschaft kennen, differenziert das Unionsrecht allein zwischen Arbeitszeit und Ruhezeit.[187] Das hat zur Folge, dass im Anwendungsbereich der Richtlinie jede Form der Bereitschaft entweder als Arbeitszeit oder als Ruhezeit gewertet werden muss, und zwar unionsautonom.[188] Bei Anwesenheit im Betrieb war bislang – durchaus arbeitnehmerfreundlich – Konsens, dass die gesamte Zeitspanne abzüglich der „offiziellen" Pausen Arbeitszeit ist – einschließlich kurzer Kaffee- und Toilettenpausen, privater Gespräche mit Kollegen oder privater Telefonate. Bei mobiler Arbeit und im Homeoffice ist die Abgrenzung deutlich schwieriger: Wenn jedes (in der Regel ja eigenverantwortliche, vom Arbeitgeber nicht, jedenfalls nicht hinsichtlich Häufigkeit und Zeitpunkt vorgegebene) „E-Mail-Checken" am Abend, am Wochenende oder im Urlaub[189] Arbeitszeit ist, sind die erlaubten Grenzen schnell überschritten. Der häusliche Arbeitsplatz erfreut sich bei vielen Arbeitnehmern aber gerade deshalb besonderer Beliebtheit, weil dort private Unterbrechungen oft unproblematisch möglich sind. Das Paket kann angenommen, die Waschmaschine angestellt und das mit einer als

---

[184] BAG 13.9.2022 – 1 ABR 22/21, NZA 2022, 1616 Rn. 70.
[185] Dazu etwa *Fuhlrott/Herzig* ArbRAktuell 2023, 221 ff.; *Greiner/Kalle* NZA 2023, 547 ff.; *Ulber* BB 2023, 1588 ff.
[186] Vgl. zur „Bagatellarbeit" etwa *Rudkowski* ZFA 2022, 510 (512 ff.).
[187] EuGH 9.3.2021 – C-344/19, ECLI:EU:C:2021:182 = NZA 2021, 485 – DJ/Radiotelevizija Slovenija; 9.3.2021 – C-580/19, ECLI:EU:C:2021:183 = NZA 2021, 489 – RJ/Stadt Offenbach am Main.
[188] *Kocher* RdA 2022, 50 (51).
[189] *Lichtenberg* RdA 2020, 265 ff.

mangelhaft bewerteten Klassenarbeit heulend heimkommende Kind kann getröstet werden, ohne dafür extra „ausstempeln" zu müssen. Hier verschwimmen Arbeitszeit und Freizeit. Noch deutlicher wird dies auf Dienstreisen:[190] Wer für einige Tage nach New York, Hong Kong oder Tokio muss, kann nicht „über seine Zeit ... verfügen und sich ohne größere Einschränkungen seinen eigenen Interessen ... widmen",[191] schon der Flug dorthin sprengt jede arbeitszeitrechtlich zulässige Grenze.[192] Mehrtägige Klassenfahrten, die für die mitreisenden Lehrer faktisch einen ununterbrochenen Bereitschaftsdienst bedeuten – adé.

Der Gesetzgeber ist daher gut beraten, entweder selbst die von der Richtlinie eröffneten Spielräume zu nutzen oder jedenfalls den Kollektivvertragsparteien im Rahmen von Art. 17 ff. RL 2003/88/EG den Spielraum zu eröffnen, den die jeweilige Branche, das Unternehmen oder der Betrieb benötigen.[193] Art. 17 Abs. 1 RL 2003/88/EG gestattet unter Beachtung der allgemeinen Grundsätze des Schutzes der Sicherheit und der Gesundheit der Arbeitnehmer Abweichungen von zahlreichen Bestimmungen der Richtlinie, „wenn die Arbeitszeit wegen der besonderen Merkmale der ausgeübten Tätigkeit nicht gemessen und/oder nicht im Voraus festgelegt wird oder von den Arbeitnehmern selbst festgelegt werden kann",[194] das betrifft zwar „insbesondere", aber keineswegs nur die in § 18 Abs. 1 Nr. 1 ArbZG genannten leitenden Angestellten sowie Chefärzte. Im Zusammenhang mit der Vergütung von Arbeitszeit (nicht dem Arbeitsschutz) hat das BAG alle Arbeitnehmer mit einem Einkommen oberhalb der Beitragsbemessungsgrenze in der allgemeinen Rentenversicherung (2024: Jahresgehalt über 90.600 Euro/West bzw. 89.400 Euro/Ost) leitenden Angestellten praktisch gleichgestellt: „Wer mit seinem aus abhängiger Beschäftigung erzielten Ent-

---

[190] *Bayreuther* RdA 2022, 290 (295 ff.); *Boemke* RdA 2020, 65 (72 ff.); *Preis/Schwarz*, Dienstreise als Rechtsproblem (2020), S. 19 ff.; zu Fortbildungsveranstaltungen bereits EuGH 28.10.2021 – C-909/19, ECLI:EU:C:2021:893 = NZA 2021, 1623 – Unitatea Administrativ Teritorială D.

[191] EuGH 9.3.2021 – C-580/19, ECLI:EU:C:2021:182 = NZA 2021, 489 Rn. 39 – RJ/Stadt Offenbach am Main.

[192] Vgl. EFTA-Gerichtshof 15.7.2021 – E-11/20, ABl. EU 2021 C 426/10 = NZA-RR 2021, 512 – Sverisson (Flüge von Reykjavik/Island nach Israel bzw. Saudi-Arabien und zurück); daran anknüpfend VG Lüneburg 2.5.2023 – VG 3 A 146/22, NZA-RR 2023, 460: Fahrt mit der Deutschen Bahn zu dem Ort, an dem der Arbeitnehmer ein Kraftfahrzeug zur Überführung an den Ausgangsort in Empfang nimmt, ist in vollem Umfang Arbeitszeit; dazu *Rambach/Koneberg* ZTR 2023, 499 (502 ff.).

[193] *Kolbe* ZFA 2021, 216 (225 ff.); *Rudkowski* ZFA 2022, 510 (517 ff.); in diese Richtung auch *Hüpers/Reese* RdA 2020, 53 (57).

[194] Dazu etwa EuGH 9.9.2003 – C-151/02, ECLI:EU:C:2003:437 = NZA 2003, 1019 – Jaeger; 14.10.2010 – C-428/09, ECLI:EU:C:2010:612 – Union syndicale Solidaires Isère; 26.7.2017 – C-175/16, ECLI:EU:C:2017:617 = NZA 2017, 1113 – Hälvä.

gelt die Beitragsbemessungsgrenze in der gesetzlichen Rentenversicherung überschreitet, gehört zu den Besserverdienern, die aus der Sicht der beteiligten Kreise nach der Erfüllung ihrer Arbeitsaufgaben und nicht eines Stundensolls beurteilt werden".[195] Unter etwas strengeren Voraussetzungen, nämlich – abgesehen von Ausnahmefällen – nur bei gleichwertigen Ausgleichsruhezeiten kann der Gesetzgeber entweder selbst oder durch Öffnungsklausel zugunsten der Tarifvertragsparteien in den Fällen des Art. 17 Abs. 2 bis 5 RL 2003/88/EG Abweichungen von der Richtlinie zulassen. Darüber hinaus ermöglicht Art. 18 UAbs. 2 RL 2003/88/EG es dem Gesetzgeber, tarifvertragliche Abweichungen in den durch Art. 19 RL 2003/88/EG gezogenen Grenzen zu gestatten. Ob im Hinblick auf die Betonung der „Tarifverträge" und „Sozialpartner" eine unmittelbare Öffnung des Gesetzes gegenüber Betriebsvereinbarungen in Betracht kommt, ist umstritten;[196] ebenso, ob die Tarifvertragsparteien ihre Normsetzungskompetenz subdelegieren, ihre Tarifnormen also betriebsvereinbarungsoffen gestalten dürfen (§ 4 Abs. 3 Alt. 1 TVG).[197] Teilweise wird sogar die Zulässigkeit von Haustarifverträgen in Zweifel gezogen.[198] Individualabreden sind jedenfalls nur insoweit zulässig, als sie dem Arbeitnehmer weitgehende Arbeitszeitautonomie nach Art. 17 Abs. 1 RL 2003/88/EG einräumen. Weitergehende Flexibilität wäre nur über eine Änderung der Richtlinie erreichbar.

Hinzuweisen ist abschließend darauf, dass das Unionsrecht bislang allein die wöchentlich maximal zulässige Arbeitszeit einschließlich der Ruhepausen, täglichen und wöchentlichen Ruhezeiten, des Jahresurlaubs, der Nachtarbeit etc. betrifft. Die Vergütung der Arbeitszeit einschließlich Zeiten der verminderten Inanspruchnahme (Rufbereitschaft etc.) ist allein Sache der Mitgliedstaaten.[199] Insoweit können die (Tarif-)Vertragsparteien heute – unter Beachtung des MiLoG[200] – Abstufungen bei der Vergütung vorsehen. Die bis zum

---

[195] BAG 22.2.2012 – 5 AZR 765/10, NZA 2012, 861 (863); dazu *Franzen* ZFA 2022, 455 (461 ff.).
[196] Dafür könnte sprechen, dass EuGH 6.12.2012 – C-152/11, ECLI:EU:C:2012:772 Rn. 53 = NZA 2012, 1435 – Odar einen Sozialplan (§ 112 BetrVG) wie einen Tarifvertrag behandelt hat; dafür auch *Baeck/Winzer* NZA 2020, 96 (97).
[197] Zum Streitstand EuArbRK/*Gallner* (5. Aufl. 2024), Art. 18 RL 2003/88/EG Rn. 5; Preis/Sagan/*D. Ulber*, Europäisches Arbeitsrecht (2. Aufl. 2019), § 7 Rn. 7.273.
[198] EuArbRK/*Gallner* (5. Aufl. 2024), Art. 18 RL 2003/88/EG Rn. 4; Preis/Sagan/*D. Ulber*, Europäisches Arbeitsrecht (2. Aufl. 2019), § 7 Rn. 7.276f.
[199] EuGH 7.7.2022 – C-257/21 u.a., ECLI:EU:C:2022:529 = NZA 2022, 971 – Coca Cola European Partners; vgl. bereits EuGH 9.3.2021 – C-344/19, ECLI:EU:C:2021:182 = NZA 2021, 485 – DJ/Radiotelevizija Slovenija; 9.3.2021 – C-580/19, ECLI:EU:C:2021:183 = NZA 2021, 489 – RJ/Stadt Offenbach am Main.
[200] BAG 29.6.2016 – 5 AZR 716/15, NZA 2016, 1332 (Bereitschaftszeit im Rettungsdienst); 24.6.2021 – 5 AZR 505/20, NZA 2021, 1398 (24-Stunden-Pflege).

15.11.2024 in nationales Recht umzusetzende Mindestlohn-Richtlinie 2022/2041/EU hebt diese Differenzierungen auf den ersten Blick zwar nicht auf. Nicht auszuschließen ist aber, dass der EuGH den Begriff „geleistete Arbeit" in Art. 3 Nr. 1 RL 2022/2041/EU in gleicher Weise wie die Arbeitszeit in der RL 2003/88/EG und damit extensiv interpretiert. Dann hätte das unionsrechtliche Verständnis von „Arbeitszeit" auch vergütungsrechtlich unmittelbare Konsequenzen.

4. Teilzeitarbeit

Teilzeitarbeit ist in den vergangenen 20 Jahren zu einer Selbstverständlichkeit geworden. War sie früher ausgewählten Branchen und Berufen vorbehalten, ist sie heute nahezu flächendeckend verbreitet. Lediglich in Leitungspositionen ist sie die Ausnahme. Noch immer arbeiten deutlich mehr Frauen als Männer in Teilzeit. Die aktuellsten Daten des Statistischen Bundesamtes weisen für 2021 unter den rund 18 Mio. Arbeitnehmerinnen eine Teilzeitquote von 49,1 %, unter den rund 19. Mio. männlichen Arbeitnehmern lediglich 11,8 % aus. Beide Werte sind seit der Jahrtausendwende deutlich angestiegen (1999: Frauen 37,8 %, Männer 4,6 %). Im Ländervergleich sticht Berlin heraus, hier arbeitet fast ein Viertel aller Männer in Teilzeit.[201]

Viele Arbeitnehmer haben einen Rechtsanspruch auf Teilzeitarbeit. Die gesetzlichen Regelungen hierzu sind verstreut, sowohl ihre tatbestandlichen Voraussetzungen als auch ihre Rechtsfolgen sind unterschiedlich:
– Anspruch auf zeitlich unbegrenzte Verringerung der Arbeitszeit in nahezu jedem beliebigen Umfang[202] und ohne weitere sachliche Voraussetzung haben alle Arbeitnehmer in Unternehmen mit in der Regel mehr als 15 Beschäftigten, deren Arbeitsverhältnis länger als sechs Monate bestanden hat (§ 8 TzBfG);
– Anspruch auf zeitlich begrenzte Verringerung der Arbeitszeit haben Arbeitnehmer unter denselben Voraussetzungen, wenn sie hierfür Wertguthaben (§ 7b SGB IV) auflösen und soweit dieses Guthaben reicht (§ 7c Abs. 1 Nr. 1 lit. c SGB IV);
– Anspruch auf zeitlich befristete Verringerung der Arbeitszeit für die Dauer von einem bis zu fünf Jahren in nahezu jedem beliebigen Umfang und ohne weitere sachliche Voraussetzung haben (bis zur

---

[201] Statistisches Bundesamt (www.destatis.de), Bundesministerium für Arbeit und Soziales (www.bmas.de), Bundesministerium für Familie, Senioren, Frauen und Jugend (www.bmfsfj.de).

[202] BAG 24.6.2008 – 9 AZR 313/07, NZA 2008, 1309; 18.8.2009 – 9 AZR 517/08, NZA 2009, 1207; 11.6.2013 – 9 AZR 786/11, NZA 2013, 1074; Beispiele für rechtsmissbräuchliche Verringerungsverlangen bei Meinel/Heyn/Herms/*Heyn* TzBfG (6. Aufl. 2022), § 8 Rn. 79b.

„Überforderungsquote" des § 9a Abs. 2 TzBfG) alle Arbeitnehmer in Unternehmen mit in der Regel mehr als 45 Beschäftigten, deren Arbeitsverhältnis länger als sechs Monate bestanden hat (§ 9a TzBfG);
- Anspruch auf Verringerung der Arbeitszeit auf einen Umfang von mindestens 15 und nicht mehr als 32 Wochenstunden für einen (auf mehrere Teilabschnitte verteilbaren) Zeitraum von insgesamt drei Jahren haben Arbeitnehmer, die während der Elternzeit ein Kind betreuen und erziehen, in Unternehmen mit in der Regel mehr als 15 Beschäftigten nach einer mindestens sechsmonatigen Dauer des Arbeitsverhältnisses (§§ 15, 16 BEEG);
- Anspruch auf völlige Freistellung oder Verringerung der Arbeitszeit zur Pflege eines pflegebedürftigen Angehörigen für die Dauer von bis zu sechs Monaten haben Arbeitnehmer in Unternehmen mit in der Regel mehr als 15 Beschäftigten, deren Arbeitsverhältnis länger als sechs Monate bestanden hat (§§ 3, 4 PflegeZG);
- Anspruch auf Verringerung der Arbeitszeit auf bis zu 15 Wochenstunden für die Dauer von bis zu 24 Monaten haben Arbeitnehmer während der Familienpflegezeit, die gegenüber Arbeitgebern mit mehr als 25 Beschäftigten beansprucht werden kann (§§ 2, 2a FPfZG);
- Anspruch auf Verringerung ihrer Arbeitszeit haben schließlich schwerbehinderte Menschen, wenn die kürzere Arbeitszeit wegen Art oder Schwere der Behinderung notwendig ist (§ 164 Abs. 5 Satz 3 SGB IX). Der Anspruch ist weder von einer bestimmten Betriebs- oder Unternehmensgröße noch von einer Mindestdauer des Bestandes des Arbeitsverhältnisses abhängig; sowohl die Dauer der wöchentlichen Arbeitszeit als auch die (ggf. befristete) Laufzeit der Herabsetzung richten sich nach den körperlichen Beeinträchtigungen des schwerbehinderten Menschen.

Im Einzelnen weisen die genannten Bestimmungen beachtliche Unterschiede hinsichtlich der Form ihrer Geltendmachung (Elternzeit: Schriftform, §§ 8, 9a TzBfG: Textform; schwerbehinderte Menschen: formlos), der einzuhaltenden Frist, der Reaktionsfrist des Arbeitgebers, dem Gewicht der von ihm dem Antrag entgegenzusetzenden sachlichen Gründe und weiterer Details auf. Die Ansprüche sind weitgehend einseitig zugunsten der Arbeitnehmer zwingend, die Tarifvertragsparteien können lediglich die Ablehnungsgründe gegenüber dem allgemeinen Teilzeitanspruch konkretisieren (§ 8 Abs. 4 Satz 3 TzBfG). Mittelbar können sich kollektivrechtliche Vereinbarungen dahingehend auswirken, dass sie dem Arbeitgeber einen dem konkreten Teilzeitverlangen oder der gewünschten Verteilung der Arbeitszeit entgegenstehenden (dringenden) betrieblichen Grund verschaffen, etwa bei einem Schichtsystem.²⁰³ Zahlreiche Tarifverträge und Betriebsvereinbarungen gewähren weiterreichende Ansprüche, indem sie beispielsweise die für Eltern- oder Pflegezeit gesetzlich definierten Zeiträume verlängern oder Brücken-Teilzeit auch jenseits der Staffel des § 9a Abs. 2 Satz 2 TzBfG in Unternehmen mit bis zu 200 Arbeitnehmern ermöglichen.²⁰⁴ Ihr gemeinsames Problem besteht allerdings darin, dass sie auf die gesetzlichen Ansprüche lediglich aufsatteln, nicht aber diese gemeinsam gestalten und mit den betrieblichen Bedürfnissen harmonisieren können.

Hier erscheint es sachgerecht, den Tarifvertrags- und Betriebsparteien einschließlich des öffentlichen Dienstes und der Kirchen größere Spielräume zu gewähren. Das ermöglicht einen konkreten Interessenausgleich anhand der spezifischen Verhältnisse vor Ort, die je nach Art der Tätigkeit und des Arbeitsplatzes ganz unterschiedlich ausgeprägt sein können. Den Bedürfnissen junger Eltern mag durch eine Betriebs-KiTa mit an den Schichtplan angepassten Öffnungszeiten mehr geholfen werden als durch eine Veränderung der Lage der Arbeitszeit, um externe Betreuungsangebote wahrnehmen zu können. Eine behindertengerechte Gestaltung von Arbeitsplatz und Arbeitsumgebung mag für einen schwerbehinderten Menschen hilfreicher sein als die Reduzierung der Arbeitszeit. Die voraussetzungslosen Teilzeitansprüche (§§ 8, 9a TzBfG) sollten in Arbeitsverträgen mit Arbeitnehmern, deren Einkommen die in § 5 Abs. 4 Nr. 4 BetrVG bezeichnete Grenze übersteigt, abdingbar sein.

Unionsrecht steht dem nicht entgegen. § 5 der durch die RL 97/81/EG²⁰⁵ durchgeführten UNICE-CEEP-EGB Rahmenvereinbarung über die Teilzeitarbeit verpflichtet die Arbeitgeber nur, „soweit dies möglich ist, Anträge von Vollzeitbeschäftigten auf Wechsel in ein im Betrieb zur Verfügung stehendes Teilzeitarbeitsverhältnis [zu] berücksichtigen", verschafft aber keinen Rechtsanspruch, schon gar nicht auf Einrichtung eines neuen Teilzeitarbeitsplatzes. Art. 9 der Richtlinie zur Vereinbarkeit von Beruf und Privatleben²⁰⁶ sieht lediglich vor, dass Arbeitnehmer mit Kindern bis zu einem Alter von mindestens acht Jahren sowie pflegende Angehörige das Recht haben, flexible Arbeitsregelungen für Betreuungs- und Pflegezwecke

---

²⁰³ BeckOK ArbR/*Bayreuther* (1.9.2023), § 8 TzBfG Rn. 42; Boecken/Joussen/ *Boecken*, TzBfG (6. Aufl. 2019), § 8 Rn. 63; Däubler u. a./*Ahrendt/Schmiegel*, Arbeitsrecht (5. Aufl. 2022), § 8 TzBfG Rn. 51; MüKoBGB/*Müller-Glöge* (9. Aufl. 2023), TzBfG § 8 Rn. 30; NK-ArbR/*Michels/Kortmann* (2. Aufl. 2023), TzBfG § 8 Rn. 24.
²⁰⁴ Vgl. *Rolfs* NZA-Beilage 2014, 53 (57f.); Plädoyer für eine familienfreundliche Arbeitszeitorganisation bei *Nebe* FS I. Schmidt (2021), S. 863 ff.
²⁰⁵ Richtlinie 97/81/EG des Rates vom 15. Dezember 1997 zu der von UNICE, CEEP und EGB geschlossenen Rahmenvereinbarung über Teilzeitarbeiter, ABl. 1998 L 14 S. 9, ber. ABl. L 128 S. 71.
²⁰⁶ → Fn. 165.

zu beantragen, die Arbeitgeber diese Anträge prüfen, beantworten und im Falle ihrer Ablehnung begründen müssen. Zum Schutz schwerbehinderter Menschen sind nach Art. 5 der Gleichbehandlungs-Richtlinie 2000/78/EG[207] zwar angemessene Vorkehrungen zu schaffen, ein Rechtsanspruch auf Teilzeitarbeit gehört dazu aber nur ausnahmsweise.[208]

5. Annahmeverzug und Betriebsrisiko

Die gesetzlichen Regelungen zu Annahmeverzug und Betriebsrisiko (§ 615 BGB) sind schon nach geltendem Recht dispositiv, außer gegenüber Leiharbeitnehmern (§ 11 Abs. 4 Satz 2 AÜG). Im Grundsatz sind sogar Individualvereinbarungen zulässig,[209] allerdings beschränkt auf das den Mindestlohn übersteigende Arbeitsentgelt.[210] In formularvertraglichen Vereinbarungen setzt zudem das Verbot der unangemessenen Benachteiligung (§ 307 Abs. 1, Abs. 2 Nr. 1 BGB) Grenzen, zudem darf weder das Wirtschaftsrisiko generell auf den Arbeitnehmer verlagert noch der zwingende Kündigungsschutz umgangen werden.[211] Ob beispielsweise eine Vertragsklausel, die den Annahmeverzugsanspruch des Arbeitnehmers während eines laufenden Kündigungsrechtsstreits vollständig oder in Anlehnung an § 57 Abs. 3 des Entwurfs eines Arbeitsvertragsgesetzes von *Henssler/Preis*[212] jedenfalls für den Zeitraum nach einer dem Arbeitgeber günstigen instanzgerichtlichen Entscheidung ausschließt, der gerichtlichen Kontrolle standhielte, darf bezweifelt werden.

6. Schwerbehindertenrecht

Mit der Novellierung des Schwerbehindertenrechts 2000[213], kurz darauf der Integration dieser Materie in das Sozialgesetzbuch als dessen Neuntes Buch[214] und dem Gesetz zur Förderung der Ausbildung

---

[207] Richtlinie 2000/78/EG des Rates vom 27. November 2000 zur Festlegung eines allgemeinen Rahmens für die Verwirklichung der Gleichbehandlung in Beschäftigung und Beruf, ABl. L 303 S. 16.
[208] EuGH 11.4.2013 – C-335/11 u. a., ECLI:EU:C:2013:222 = NZA 2013, 553 – HK Danmark.
[209] BAG 5.9.2002 – 8 AZR 702/01, NZA 2003, 973 (975); 10.1.2007 – 5 AZR 84/06, NZA 2007, 384 (386); BeckOGK/*Bieder* (1.7.2022), § 615 BGB Rn. 141.
[210] Vgl. BAG 13.7.2022 – 5 AZR 498/21, NZA 2022, 1465 (1467).
[211] LAG Nürnberg 30.5.2006 – 6 Sa 111/06, NZA-RR 2006, 511 (512); ErfK/*Preis* (24. Aufl. 2024), § 615 BGB Rn. 8; Staudinger/*Fischinger* (2022), § 615 BGB Rn. 11; MüKoBGB/*Henssler* (9. Aufl. 2023), § 615 Rn. 11.
[212] → B 36.
[213] Gesetz zur Bekämpfung der Arbeitslosigkeit Schwerbehinderter vom 29.9.2000, BGBl. I S. 1394, insoweit in Kraft seit 1.10.2000.
[214] Sozialgesetzbuch – Neuntes Buch – (SGB IX). Rehabilitation und Teilhabe behinderter Menschen vom 29.6.2001, BGBl. I S. 1046.

und Beschäftigung schwerbehinderter Menschen[215] sind die Pflichten der Arbeitgeber gegenüber behinderten und von Behinderung bedrohten Menschen deutlich ausgeweitet worden. Nur stichwortartig seien hier genannt: das detailreich normierte Verfahren bei der Ausschreibung und Besetzung freier Stellen, das zwingend die Einschaltung der nach § 187 Abs. 4 SGB IX in allen Arbeitsagenturen eingerichteten besonderen Stelle verlangt (§ 164 Abs. 1 SGB IX);[216] die Verpflichtung der öffentlichen Arbeitgeber, alle schwerbehinderten Bewerber zum Vorstellungsgespräch einzuladen, deren fachliche Eignung nicht offensichtlich fehlt (§ 165 SGB IX) – also auch dann, wenn andere Bewerber fachlich erkennbar deutlich besser qualifiziert sind und die Auswahlentscheidung sich schon wegen Art. 33 Abs. 2 GG auf sie beschränken muss; und schließlich die Verpflichtung, mit nach h.M. allen, auch nicht behinderten Arbeitnehmern,[217] die innerhalb eines Jahres länger als sechs Wochen ununterbrochen oder wiederholt arbeitsunfähig sind, ein betriebliches Eingliederungsmanagement durchzuführen (§ 167 Abs. 2 SGB IX).

Komplexität und Fehleranfälligkeit dieser Verfahren sind vielfach detailliert beschrieben worden, das soll hier nicht wiederholt werden. Es genügt der Hinweis, dass jeder Verstoß gegen die gesetzlichen Pflichten aus § 164 Abs. 1, § 165 SGB IX eine Benachteiligung wegen der Behinderung indiziert (§ 22 AGG) und daher Entschädigungs- und Schadensersatzansprüche (§ 15 Abs. 1 und 2 AGG) nach sich ziehen kann,[218] sowie auf die kündigungsrechtlichen Konsequenzen eines unterbliebenen oder inkorrekt durchgeführten betrieblichen Eingliederungsmanagements.[219] Die gesetzlichen Pflichten sind bislang nicht gestaltbar. In einer Dienst- oder Inklusionsvereinbarung kann beispielsweise nicht wirksam vereinbart werden, dass der öffentliche Arbeitgeber berechtigt ist, von einer Einladung abzusehen, wenn zwischen ihm, der Schwerbehindertenvertretung und der Gleichstellungsbeauftragten Einvernehmen

---

[215] Vom 23.4.2004, BGBl. I S. 606.
[216] BAG 25.11.2021 – 8 AZR 313/20, NZA 2022, 638 (642).
[217] BAG 12.7.2007 – 2 AZR 716/06, NZA 2008, 173 (175); 18.10.2017 – 10 AZR 47/17, NZA 2018, 162 (164); 20.5.2020 – 7 AZR 100/19, NZA 2020, 1194 (1197); Neumann/Pahlen/Greiner/Winkler/Jabben/*Greiner*, SGB IX (14. Aufl. 2020), § 167 Rn. 13; aA *Brose* DB 2005, 390 (390 f.).
[218] Statt aller BAG 15.2.2005 – 9 AZR 635/03, NZA 2005, 870; 18.11.2008 – 9 AZR 643/07, NZA 2009, 728; 17.8.2010 – 9 AZR 839/08, NZA 2011, 153; 17.12.2020 – 8 AZR 171/20, NZA 2021, 631; 25.11.2021 – 8 AZR 313/20, NZA 2022, 638; 19.1.2023 – 8 AZR 437/21, NZA 2023, 688.
[219] Vgl. BAG 12.7.2007 – 2 AZR 716/06, NZA 2008, 173; 24.3.2011 – 2 AZR 170/10, NZA 2011, 992; 20.11.2014 – 2 AZR 664/13, NZA 2015, 931; 20.11.2014 – 2 AZR 755/13, NZA 2015, 612; 30.8.2017, – 7 AZR 204/16, NZA 2018, 1197; 21.11.2018 – 7 AZR 394/17, NZA 2019, 309; 15.12.2022 – 2 AZR 162/22, NZA 2023, 500; *vom Stein* NZA 2020, 753 ff.

besteht, dass der schwerbehinderte Bewerber für den Arbeitsplatz nicht in Betracht kommt.[220] Selbst dann, wenn der schwerbehinderte Bewerber mitgeteilt hatte, nur dann eingeladen werden zu wollen, wenn er in die engere Wahl fällt, ist § 165 SGB IX unverzichtbar. Gegenüber dem anschließenden Entschädigungsverlangen (§ 15 Abs. 2 AGG) hat das BAG nicht einmal den Einwand des venire contra factum proprium (§ 242 BGB) für durchgreifend erachtet.[221]

Der Erfolg dieser strikten Reglementierung ist unsicher. Zwar hat sich die Beteiligung schwerbehinderter Menschen am Erwerbsleben in den vergangenen 20 Jahren erhöht, allerdings kaum mehr als die Erwerbstätigenquote der Bevölkerung insgesamt.[222] Das Datenmaterial der Bundesagentur für Arbeitet deutet darauf hin, dass die Arbeitslosigkeit schwerbehinderter Menschen weniger konjunkturabhängig ist diejenige nicht behinderter Menschen, stattdessen mehr durch die demografische Entwicklung und rechtliche Rahmenbedingungen beeinflusst wird. Schwerbehinderte Menschen bleiben im Durchschnitt deutlich länger arbeitslos.[223] Die Einladung zu einem bEM-Gespräch wird angesichts ihrer strikten Formalisierung von vielen Arbeitnehmern weniger als Angebot, sich mit ihnen über mögliche Hilfestellungen bei der Überwindung ihrer krankheitsbedingten Arbeitsunfähigkeit, denn als kündigungsvorbereitende Maßnahme aufgefasst. Zwar ist der Arbeitnehmer nicht verpflichtet, dem Arbeitgeber die Gründe für seine Fehlzeiten mitzuteilen, die Suche nach etwaigen Lösungsmöglichkeiten kann indes ohne die Kenntnis dieser Gründe regelmäßig nicht zielorientiert durchgeführt werden.[224]

Angesichts dieses Befundes lohnt sich der Versuch, den Tarifvertrags- und Betriebsparteien größere Spielräume zu gewähren. Der Betriebsrat hat bei der Arbeitssicherheit, dem betrieblichen Gesundheitsschutz und der Förderung schwerbehinderter Menschen schon heute weitreichende Kompetenzen (vgl. § 80 Abs. 1 Nr. 1, Nr. 4, § 87 Abs. 1 Nr. 7 BetrVG), er ist gemeinsam mit der Schwerbehindertenvertretung und dem Arbeitgeber Vertragspartner der Inklusionsvereinbarung (§ 166 SGB IX). Er kann mit beurteilen, welche Arbeitsplätze für die Besetzung durch Menschen mit Behinderungen gut geeignet und welche weiteren Maßnahmen im Betrieb geboten sind. Der Betriebsrat kann helfen, ein bEM für den

---

[220] Vgl. BAG 16.2.2012 – 8 AZR 697/10, NZA 2012, 667 (671) mit einer allerdings sehr zweifelhaften Interpretation der Inklusionsvereinbarung.
[221] BAG 26.11.2020 – 8 AZR 59/20, NZA 2021, 635 (640).
[222] Vgl. Bundesagentur für Arbeit (Hrsg.), Arbeitsmarktsituation schwerbehinderter Menschen 2022 (2023), S. 7.
[223] Ibid., passim.
[224] BAG 29.6.2017 – 2 AZR 47/16, NZA 2017, 1605 (1608).

Arbeitnehmer angstfrei zu gestalten, indem das Gespräch beispielsweise auf einer ersten Stufe allein zwischen ihm und dem Arbeitnehmer geführt wird und er anschließend das Gespräch mit dem Arbeitgeber sucht.

Unionsrecht steht einer Öffnung der §§ 164, 165 und 167 SGB IX gegenüber abweichenden Tarifverträgen, Regelungen der Kirchen, Betriebs- und Dienstvereinbarungen nicht entgegen. Die Vorschriften sind autonomes nationales Recht, sie basieren nicht auf unionsrechtlichen Vorgaben.

7. Befristung von Arbeitsverträgen

Unbefristete Arbeitsverträge sind nach dem übereinstimmenden Verständnis der europäischen Sozialpartner die übliche Form des Beschäftigungsverhältnisses. Sie tragen zur Lebensqualität der betreffenden Arbeitnehmer und zur Verbesserung ihrer Leistungsfähigkeit bei.[225] Allerdings ist in gleicher Weise anerkannt, dass befristete Arbeitsverträge für die Beschäftigung in bestimmten Branchen, Berufen und Tätigkeiten charakteristisch sind und den Bedürfnissen der Arbeitgeber und der Arbeitnehmer entsprechen können und dass sie die Wettbewerbsfähigkeit der Wirtschaft der Union fördern und verwaltungstechnische, finanzielle oder rechtliche Zwänge vermeiden können, die die Gründung und Entwicklung von kleinen und mittleren Unternehmen behindern.[226] Schon die EGB-UNICE-CEEP Rahmenvereinbarung über befristete Arbeitsverträge betont, dass die Sozialpartner am besten in der Lage sind, Lösungen zu finden, die den Bedürfnissen der Arbeitgeber und der Arbeitnehmer gerecht werden. Daher sei ihnen eine besondere Rolle bei der Umsetzung und Anwendung der Vereinbarung einzuräumen.[227]

Der deutsche Gesetzgeber hat sich demgegenüber für ein wesentlich weniger flexibles Befristungsrecht entschieden. So hat er abweichend von § 5 der Rahmenvereinbarung zur Richtlinie 1999/70/EG nicht erst die Verlängerung, sondern – wenn nicht die Voraussetzungen von § 14 Abs. 2 bis 3 TzBfG vorliegen – bereits die erstmalige Befristung eines Arbeitsverhältnisses an das Erfordernis eines sachlichen Grundes gebunden (§ 14 Abs. 1 TzBfG), die insgesamt maximal zulässige Dauer und die zulässige Verlängerung sachgrundlos befristeter Arbeitsverträge eng begrenzt (§ 14 Abs. 2 TzBfG), die Möglichkeit, nach längerer Unterbrechung ein Arbeitsverhältnis

---

[225] Erwägungsgrund 6 der EGB-UNICE-CEEP Rahmenvereinbarung über befristete Arbeitsverträge, → Fn. 175.
[226] Erwägungsgründe 8 und 11, ibid.
[227] Erwägungsgrund 12, ibid.

erneut sachgrundlos einzugehen, bis an die Grenze der Verfassungswidrigkeit unterbunden,[228] und schließlich die in der Rahmenvereinbarung lediglich optionale Rechtsfolge, dass unwirksame befristete Verträge als unbefristet gelten (§ 5 Nr. 2 lit. b der Rahmenvereinbarung zur RL 1999/70/EG) als Standard-Rechtsfolge definiert (§ 16 Satz 1 TzBfG). Insbesondere hat er den Tarifvertragsparteien mit Ausnahme von § 14 Abs. 2 Satz 3 TzBfG (Anzahl der Verlängerungen und Höchstdauer der sachgrundlosen Befristung) praktisch keinerlei Gestaltungsspielräume gewährt.

Hier sollte der Gesetzgeber mehr Tarifvertragsfreiheit wagen. Die gesetzliche Regelung mag dort, wo sich die Sozialpartner nicht auf abweichende Regeln verständigen können, sachgerecht sein. Ihr Gerechtigkeitsgehalt ist aber nicht dermaßen zwingend, dass sie auch gegenüber der verfassungsrechtlich verankerten Tarifautonomie aus Art. 9 Abs. 3 Satz 1 GG zurücktreten müsste. Für viele Branchen und Betriebe mögen abweichende Regeln besser geeignet sein. Es ist Sache der Tarifpartner, zu entscheiden, wo die Regeln strenger und wo sie großzügiger sein sollten. Ihnen kann sogar das Recht eingeräumt werden, abweichende Rechtsfolgen für den Fall einer unwirksamen Befristung zu vereinbaren. Denkbar erscheint zB, dass bei einer Befristungsdauer von bis zu zwei Jahren eine Abfindung zu zahlen ist oder sich das unwirksam befristete Vertragsverhältnis um drei Monate verlängert.

Unionsrechtlich besteht ein großer Gestaltungsspielraum. § 5 der Rahmenvereinbarung zur RL 1999/70/EG verlangt lediglich, dass die Sozialpartner, wenn keine gleichwertigen gesetzlichen Maßnahmen zur Missbrauchsverhinderung bestehen, unter Berücksichtigung der Anforderungen bestimmter Branchen und/oder Arbeitnehmerkategorien eine oder mehrere der folgenden Maßnahmen ergreifen müssen:
– sachliche Gründe, die die Verlängerung befristeter Arbeitsverträge rechtfertigen;
– die insgesamt maximal zulässige Dauer aufeinanderfolgender Arbeitsverträge;
– die zulässige Zahl der Verlängerungen solcher Verträge.[229]

Die Vorschrift gestattet es zudem, dass die Sozialpartner eigenverantwortlich festlegen,

---

[228] Nur durch eine verfassungskonforme Reduktion dergestalt, dass eine Vorbeschäftigung nicht „zuvor" stattgefunden hat, wenn sie „sehr lang zurückliegt, ganz anders geartet war oder von sehr kurzer Dauer gewesen ist", konnte BVerfG 6.6.2018 – 1 BvL 7/14 u.a., BVerfGE 149, 126 (151) § 14 Abs. 2 Satz 2 TzBfG vor der Unvereinbarkeit mit Art. 12 Abs. 1 GG bewahren.
[229] Einzelheiten bei Preis/Sagan/*Brose*, Europäisches Arbeitsrecht (2. Aufl. 2019), § 13 Rn. 13.129 ff.

– unter welchen Bedingungen befristete Arbeitsverträge oder Beschäftigungsverhältnisse als „aufeinanderfolgend" zu betrachten sind und
– als unbefristete Verträge zu gelten haben.

Insbesondere ist unionsrechtlich nicht erforderlich, dass die Unwirksamkeit einer Befristung ein unbefristetes Arbeitsverhältnis zur Folge hat.[230] Den Sozialpartnern steht es frei, andere effektive und abschreckende Sanktionen zu vereinbaren.[231]

Anders als in anderen Zusammenhängen ist hier jedoch allein den Tarifvertragsparteien (und den bei kirchlichen Arbeitgebern an ihre Stelle tretenden paritätisch besetzten Kommissionen) die Möglichkeit einzuräumen, vom TzBfG abweichende Regelungen zu treffen. Angesichts der vom Unionsrecht betonten Rolle der Sozialpartner bei der Befristung von Arbeitsverhältnissen ist für abweichende Betriebs- oder Dienstvereinbarungen kein Raum. Das sollte freilich nicht ausschließen, dass die Tarifvertragsparteien ihre Normsetzungsbefugnis auf die Betriebspartner subdelegieren (§ 4 Abs. 3 Alt. 1 TVG). Sie können im Rahmen ihrer Zuständigkeit am besten beurteilen, ob im Geltungsbereich des Tarifvertrages atypische Unternehmen, Betriebe oder Beschäftigungsverhältnisse existieren, für die vom Tarifvertrag abweichende betriebliche Regelungen sachgerecht sind.

8. Allgemeiner Kündigungsschutz

Peter Schwerdtner hat die These vom Kündigungsrecht als „Nervenzentrum des Arbeitsvertragsrechts" geprägt.[232] In Deutschland besteht weitgehend Konsens, dass die arbeitgeberseitige Kündigung jedenfalls im Regelfall eines sachlichen Grundes (in der Terminologie des § 1 Abs. 1 KSchG: einer sozialen Rechtfertigung) bedarf. Die großen ordnungspolitischen Diskussionen sind geführt worden, nicht zuletzt auf dem Deutschen Juristentag.[233] Die betriebsbedingte Kündigung, die bis zum Beginn der 1980er-Jahre eher ein Schatten-

---

[230] EuGH 4.7.2006 – C-212/04, ECLI:EU:C:2006:443 Rn. 91 (insoweit in NZA 2006, 909 nicht abgedruckt) – Adeneler u.a.; 7.9.2006 – C-53/04, ECLI:EU:C:2006: 517 = NZA 2006, 1265 (1268) – Marrosu und Sardino; 23.4.2009 – C-378/07 u.a., ECLI:EU:C:2009:520 Rn. 145, 183 – Angelidaki u.a.; 26.1.2012 – C-586/10, ECLI:EU:C:2012:39 = NZA 2012, 135 (138f.) – Kücük; EuArbRK/*Krebber* (5. Aufl. 2024), Anh. § 5 RL 1999/70/EG Rn. 29f.

[231] EuGH 26.11.2014 – C-22/13 u.a., ECLI:EU:C:2014:2401 = NZA 2015, 153 (155) – Mascolo u.a.; 14.9.2016 – C-16/15, ECLI:EU:C:2016:679 = NZA 2016, 1265 (1267) – Pérez López; Preis/Sagan/*Brose*, Europäisches Arbeitsrecht (2. Aufl. 2019), § 13 Rn. 13.188.

[232] MüKoBGB/*Schwerdtner* (1. Aufl. 1980), Vor § 620 Rn. 110.

[233] Namentlich *Zöllner*, Gutachten D zum 52. DJT 1978, sowie die Sitzungsberichte M 62ff. zum 52. DJT 1978 in Wiesbaden.

dasein führte, um dann 30 Jahre lang ganz im Vordergrund der Diskussion zu stehen, hat zuletzt wieder deutlich an praktischer Relevanz eingebüßt. Die Zahl der Kündigungsschutzprozesse hat sich – wie diejenige der arbeitsgerichtlichen Verfahren insgesamt – seit Mitte der 1990er-Jahre deutlich reduziert. Seit einiger Zeit ist die Sorge der Arbeitgeber, geeignete Fachkräfte für ihr Unternehmen zu finden und an es zu binden, deutlich größer als diejenige, das Personal bei ökonomisch erforderlichen Anpassungsmaßnahmen nicht wieder freisetzen zu können. Es erscheint daher nicht sachgerecht, den allgemeinen Kündigungsschutz tarifdispositiv oder betriebsvereinbarungsoffen zu gestalten.

Erwägenswert ist allein, für Arbeitnehmer mit (sehr) hohem Einkommen eine vertragliche Abfindungsoption zuzulassen.[234] Nach geltendem Recht kann der Arbeitgeber gegenüber Geschäftsführern, Betriebsleitern und ähnlichen leitenden Angestellten, die zur selbstständigen Einstellung oder Entlassung von Arbeitnehmern berechtigt sind, im Kündigungsschutzprozess einen Auflösungsantrag nach § 9 Abs. 1 Satz 2 KSchG stellen, ohne diesen begründen zu müssen (§ 14 Abs. 2 Satz 2 KSchG). Dasselbe gilt nach dem 2016 zur Stärkung des Finanzmarktplatzes Frankfurt in das Gesetz eingefügten[235] § 25a Abs. 5a KWG gegenüber Risikoträgern bedeutender Institute, deren jährliche fixe Vergütung das Dreifache der Beitragsbemessungsgrenze (für 2024: 3 × 90.600 Euro = 271.800 Euro) überschreitet. Hier muss also zunächst in einem regulären Kündigungsschutzprozess ggf. aufwändig die soziale Rechtfertigung der ordentlichen Kündigung geprüft werden, um dem Arbeitgeber im Falle seines Unterliegens dann doch die Möglichkeit einzuräumen, das Arbeitsverhältnis gegen eine gerichtlich festgesetzte Abfindung (im Rahmen des § 10 KSchG, also maximal 12, bei älteren Arbeitnehmern maximal 18 Monatsverdienste) auflösen zu lassen. Das ist erstens unpraktikabel und zweitens hinsichtlich des betroffenen Personenkreises zu eng. Arbeitnehmer mit weit überdurchschnittlichem Einkommen befinden sich auch dann, wenn sie die oben genannten tatbestandlichen Voraussetzungen nicht erfüllen, regelmäßig in einer besonderen Vertrauensstellung. Sie repräsentieren nicht nur im Betrieb, sondern auch außerhalb desselben das Unternehmen. Ist eine vertrauensvolle Zusammenarbeit nicht mehr gewährleistet, kann dies dem gesamten Unternehmen und damit auch der unbeteiligten Belegschaft schaden. Die Betroffenen wissen dies und führen deshalb kaum jemals einen

---

[234] Ähnlich de lege lata für befristete Arbeitsverhältnisse mit leitenden Angestellten iSv. § 14 Abs. 2 KSchG bereits APS/*Backhaus* (7. Aufl. 2024), § 14 TzBfG Rn. 20.
[235] Gesetz zur Neuordnung der Aufgaben der Bundesanstalt für Finanzmarktstabilisierung (FMSA-Neuordnungsgesetz – FMSANeuOG) vom 23.12.2016, BGBl. I S. 3171.

Kündigungsschutzprozess. Der Schaden für ihre berufliche Zukunft ist größer als sein Nutzen. Stattdessen haben sich in der Praxis andere Mechanismen, insbesondere die einvernehmliche Beendigung gegen Zahlung einer (hohen) Abfindung („goldener Handschlag") und/oder die einvernehmliche Freistellung, u. U. über einen Zeitraum von mehreren Jahren, etabliert.

Es sollte daher offen darüber diskutiert werden, ob einem kleinen Kreis von Spitzenverdienern der Kündigungsschutz arbeitsvertraglich „abgekauft" werden kann. Die Eckpunkte hierfür könnten etwa lauten:

– Der Arbeitnehmer verdient bei Vertragsabschluss und bei Beendigung des Arbeitsverhältnisses mindestens das Doppelte der Beitragsbemessungsgrenze der allgemeinen Rentenversicherung (§ 159 SGB VI).

– Der Arbeitgeber verpflichtet sich, bei jeder Kündigung, für die er keinen wichtigen Grund im Sinne von § 626 BGB hat, eine Abfindung in Höhe von mindestens einem Jahresgehalt zu zahlen. Für Arbeitnehmer, die im Zeitpunkt der Beendigung des Arbeitsverhältnisses das 50. Lebensjahr vollendet haben, erhöht sich der Betrag auf das Eineinhalbfache eines Jahresgehalts. Zum Jahresgehalt gehören neben der fixen Vergütung alle Gratifikationen, Tantiemen, Boni und vergleichbaren Sonderleistungen.

– Der Arbeitnehmer kann von der Vereinbarung zurücktreten, wenn der Arbeitgeber die geschuldete Zahlung bei Beendigung des Arbeitsverhältnisses nicht erbringt.

– Der Arbeitnehmer hat daher die Wahl, ob er Zahlungsklage oder Kündigungsschutzklage nach allgemeinen Regeln erhebt. Die Klagefrist des § 4 Satz 1 KSchG beginnt erst mit Eintritt des Zahlungsverzugs.

Unionsrecht steht einer solchen Abfindungsvereinbarung nicht entgegen. Der allgemeine Kündigungsschutz findet im Recht der Europäischen Union keine Grundlage.[236]

9. Betriebsverfassungsrecht

Der persönliche Geltungsbereich des BetrVG ist nur auf den ersten Blick übersichtlich geregelt. § 5 BetrVG knüpft an den allgemeinen arbeitsrechtlichen Arbeitnehmerbegriff des § 611a Abs. 1 BGB an, bezieht in Abs. 1 Satz 3 Beamte und Soldaten in Betrieben privatrechtlich organisierter Unternehmen (namentlich bei Bahn und Post) ein und schließt in Abs. 3 leitende Angestellte aus. Für Wahlberech-

---

[236] EuGH 5.2.2015 – C-117/14, ECLI:EU:C:2015:60 = NZA 2015, 349 – Nisttahuz Poclava, BAG 27.4.2021 – 2 AZR 540/20, NZA 2021, 857 (859); C. Picker RdA 2022, 61 (66).

tigung und Wählbarkeit von Leiharbeitnehmern treffen § 7 Satz 2 BetrVG und § 14 AÜG gesonderte Regelungen, in der letztgenannten Bestimmung werden zudem einzelne Mitwirkungs- und Beschwerderechte des BetrVG auf Leiharbeitnehmer im Betrieb des Entleihers erstreckt. Im Übrigen aber schweigt das Gesetz. Ob und ggf. unter welchen Voraussetzungen der Einsatz eines Leiharbeitnehmers oder gar eines längerfristig im Betrieb eingesetzten Werkvertragsbeschäftigten (On-Site-Werkvertrag)[237] eine Einstellung (§ 99 Abs. 1 BetrVG) darstellt, welche Mitbestimmungsrechte dem Betriebsrat des Einsatzbetriebes in sozialen Angelegenheiten in Bezug auf diese Personen zustehen (beispielsweise hinsichtlich Beginn und Ende der Arbeitszeit [§ 87 Abs. 1 Nr. 2 BetrVG], die Einführung und Anwendung spezifisch diese Personen betreffender technischen Überwachungseinrichtungen [§ 87 Abs. 1 Nr. 6 BetrVG] oder den Unfall- und Gesundheitsschutz [§ 87 Abs. 1 Nr. 7 BetrVG]), ist der Rechtsprechung überlassen geblieben.[238]

Den Tarifvertragsparteien sind bislang zwar hinsichtlich der Organisationsstrukturen (§ 3 Abs. 1 BetrVG) und vereinzelter organisatorischer Aspekte (zB § 21a Abs. 1 Satz 4, § 47 Abs. 4, § 55 Abs. 4 BetrVG), abgesehen von § 86 BetrVG jedoch nicht im Bereich der Beteiligungsrechte des Betriebsrats Regelungsbefugnisse eingeräumt. Insbesondere haben sie nicht das Recht, den vom BetrVG erfassten Personenkreis zu erweitern oder auch nur zu präzisieren. Dabei können, je nach Branche und Betrieb, durchaus gute Gründe dafür sprechen, bestimmten Personengruppen das Wahlrecht, die Wählbarkeit (passives Wahlrecht) und/oder dem Betriebsrat Beteiligungs- und Mitbestimmungsrechte in Bezug auf sie einzuräumen oder auch nur für die tägliche betriebliche Praxis einfach handhabbar abzugrenzen. So mag es sinnvoll sein, bestimmte Fragen der Ordnung des Betriebes und des Verhaltens im Betrieb (§ 87 Abs. 1 Nr. 1 BetrVG) nicht nur für die wahlberechtigte Stammbelegschaft, sondern auch für Fremdpersonal durch Betriebsvereinbarung zu regeln, während es sich für bestimmte Dienstleister im Betrieb (von der Reinigung bis zur IT) empfehlen kann, diese gerade außerhalb der betriebsüblichen Arbeitszeiten tätig werden und daher nicht an Beginn und Ende der täglichen Arbeitszeit (§ 87 Abs. 1 Nr. 2 BetrVG) partizipieren zu lassen.

In manchen Fällen mag ein Flächentarifvertrag geeignet sein, bestimmte Erscheinungsformen atypischer Beschäftigung in seinem

---

[237] *Henssler* RdA 2017, 83 (90 ff.); Schüren/Hamann/*Hamann*, AÜG (6. Aufl. 2022), § 1 Rn. 161.
[238] Exemplarisch BAG 19.6.2001 – 1 ABR 43/00, NZA 2001, 1263 (1265); 26.9.2017 – 1 ABR 57/15, NZA 2018, 194 (196); 18.7.2017 – 1 ABR 15/16, NZA 2017, 1542 (1544 f.); vgl. *Hamann/Rudnik* NZA 2016, 1368 ff.; *Hertwig/Kirsch/Wirth* AuR 2016, 141 ff.

betrieblich-fachlichen Geltungsbereich zu regeln, in anderen Fällen vermag eher ein Haustarifvertrag die spezifische Situation eines Unternehmens oder Konzerns zu erfassen. Als Beispiele, in denen sich ein Flächentarifvertrag eignet, mögen dienen: ins Ausland entsandte Arbeitnehmer; echte und unechte Leiharbeitnehmer; für einen längeren Zeitraum im Betrieb tätige Selbstständige (zB IT-Dienstleister) oder aufgrund Werkvertrages in die betrieblichen Strukturen Eingebundene (On-Site-Werkverträge); selbstständig tätige Crowdworker; von Sozialleistungsträgern (Jobcenter, Arbeitsagentur) oder anderen öffentlichen Stellen zu ihrer beruflichen Eingliederung, Aus- oder Fortbildung entsandte Praktikanten; Personen, die ein freiwilliges soziales oder ökologisches Jahr, einen Bundesfreiwilligen- oder einen vergleichbaren Dienst aufgrund eines staatlichen oder EU-Programms ableisten. Eher für einen Haus- oder unternehmensbezogenen Verbandstarifvertrag eignen sich Regelungen zu Gemeinschaftsbetrieben, Matrix-Strukturen oder der Zuordnung von Arbeitnehmern im Konzern, insbesondere bei Personalführungsgesellschaften.

Aufgrund der Komplexität der Regelungsmaterie sollte das Gesetz hier nur tarifdispositiv, nicht aber betriebsvereinbarungsoffen sein. Den Tarifvertragsparteien steht eine Subdelegation frei, wenn sie sie für sachgerecht halten. Unionsrecht steht dem nicht entgegen.

10. Arbeitsgerichtliches Verfahren

Das ArbGG 1926 hatte den Tarifvertragsparteien noch die Möglichkeit eröffnet, für bürgerliche Rechtsstreitigkeiten aus einem Arbeits- oder Lehrverhältnis, das sich nach einem Tarifvertrag bestimmt, die Arbeitsgerichtsbarkeit im Tarifvertrag durch die ausdrückliche Vereinbarung dergestalt auszuschließen, dass die Entscheidung durch ein Schiedsgericht erfolgen soll (§ 91 Satz 1 ArbGG 1926).[239] Davon hat das ArbGG 1953 aus Gründen der „Schutzbedürftigkeit der Arbeitnehmer"[240] und zur Vermeidung einer „unerwünschte[n] Beeinträchtigung der staatlichen Gerichtsbarkeit durch Parteivereinbarung, die nicht mit den gleichen rechtlichen Garantien versehen sind",[241] Abstand genommen. Lediglich die Bühnenschiedsgerichtsbarkeit der Bühnenkünstler, Filmschaffenden und Artisten (§ 101 Abs. 2 ArbGG) und die Ausschüsse für Lehrlingsstreitigkeiten (§ 111 Abs. 2 ArbGG) haben die Reform überlebt, die früher noch zur vorläufigen Regelung befugten Seemannsämter

---

[239] Arbeitsgerichtsgesetz vom 23.12.1926, RGBl. I S. 507.
[240] BT-Drs. I/3516, S. 34.
[241] BT-Drs. I/4372, S. 5.

(§ 111 Abs. 1 Satz 2 ArbGG) gibt es seit der Reform des Seearbeitsrechts 2013 nicht mehr.[242] Die Bühnenschiedsgerichtsbarkeit und die Ausschüsse für Lehrlingsstreitigkeiten haben sich bewährt. Die Anzahl der Verfahren, die anschließend noch die staatlichen Gerichte erreichen, ist äußerst gering. Rechtsstaatliche Verfahrensgrundsätze werden durch sie beachtet.

Während es schon im Interesse der Einheitlichkeit der Rechtsordnung sachgerecht ist, dass Streitigkeiten über staatliches Recht durch die Gerichte für Arbeitssachen entschieden werden, gilt dies nicht in gleicher Weise für die Auslegung von Tarifnormen. Hier verfügen die Arbeitsgerichte über keine ausgeprägte Expertise. Im Gegenteil, sie müssen häufig mühsam und fehleranfällig versuchen, den objektiven Willen der Tarifvertragsparteien zu ermitteln. Eine bei den Tarifvertragsparteien eingeholte Tarifauskunft (§ 273 Abs. 2 Nr. 2, § 293 ZPO) darf gerade nicht auf die Beantwortung einer Rechtsfrage gerichtet sein, sondern muss sich auf Tatsachen zum Tarifgeschehen beschränken.[243] Hier könnte ein tarifliches Schiedsgericht zu besseren Entscheidungen kommen. Es würde zudem die Tarifvertragsparteien unmittelbar für bestehende Konflikte sensibilisieren und es ihnen ermöglichen, sich schneller auf transparente Anpassungen zu verständigen. Zu empfehlen ist daher, den Tarifvertragsparteien das Recht einzuräumen, für bürgerliche Rechtsstreitigkeiten aus einem Arbeitsverhältnis, das die Anwendung oder Auslegung eines Tarifvertrages zum Gegenstand hat, ein Schiedsgericht zu errichten. Typische Streitigkeiten, die in dessen Zuständigkeit fallen, wären dann beispielsweise Eingruppierungsklagen,[244] Streitigkeiten über tarifliche Zuschläge oder tarifliche Arbeitszeiten. Anders als nach § 101 Abs. 2 Satz 2 ArbGG sollte das Schiedsgericht nicht nur tarifgebundenen Arbeitnehmern, sondern auch solchen offenstehen, auf die der Tarifvertrag kraft einzelvertraglicher Inbezugnahme oder Allgemeinverbindlichkeit angewendet wird. Der unterlegenen Partei steht die Aufhebungsklage (§ 110 ArbGG) offen, insbesondere, wenn der Schiedsspruch auf der Verletzung einer Rechtsnorm beruht. Ist ein tarifliches Recht lediglich Teil des Streitgegenstands (Beispiel: Kündigungsschutzklage, mit der neben der fehlerhaften Anhörung des Betriebsrats und der mangelnden sozialen Rechtfertigung der Kündigung auch die Verletzung eines tariflichen Son-

---

[242] HWK/*Kalb* (10. Aufl. 2022), § 111 ArbGG Rn. 3; GMP/*Prütting*, ArbGG (10. Aufl. 2022), § 111 Rn. 5; Schwab/Weth/*Tiedemann* ArbGG (6. Aufl. 2022), § 111 Rn. 2.
[243] Vgl. BAG 18.8.1999 – 4 AZR 247/98, NZA 2000, 432 (435); 14.9.2011 – 10 AZR 358/10, NZA 2011, 1358 (1361); 8.12.2022 – 6 AZR 481/21, NZA 2023, 835 (838).
[244] *Vogel* NZA 1999, 26 (28).

derkündigungsschutzes gerügt wird), ist der Rechtsstreit von Beginn an bei den staatlichen Gerichten anhängig zu machen.

Eine ähnliche Möglichkeit könnte den Sportverbänden für Arbeitsverhältnisse im (Profi-)Sport eingeräumt werden, hier auch im Hinblick auf das staatliche Arbeitsrecht.[245] Im Profisport besteht zwar nicht aufgrund Tarifvertrages, aber der – ähnlich wie im Bühnenarbeitsrecht – gemeinsamen Überzeugung der Arbeitsvertragsparteien über die Besonderheiten ihres Arbeitsverhältnisses[246] ein Bedürfnis nach primär nichtstaatlicher Entscheidung. Ob jemand seinen Sport als Selbstständiger oder als Arbeitnehmer ausübt, hängt ja nicht von der bewussten Entscheidung darüber, in welcher Form er seine Arbeitskraft ökonomisch verwerten möchte ab, sondern von der Sportart, die er betreibt. Individualsportarten wie Leichtathletik, Golf und Tennis werden selbstständig ausgeübt, Mannschaftssportler beim Fußball, Handball und Eishockey sind Arbeitnehmer.[247] Durch die Rechtsprechung des BVerfG ist sichergestellt, dass die Sportgerichtshöfe im schiedsgerichtlichen Verfahren effektiven Rechtsschutz gewährleisten und rechtsstaatlichen Standards genügen müssen. Zu dem auch durch Art. 6 Abs. 1 EMRK gewährleisteten Recht auf ein faires Verfahren gehören u. a. der Grundsatz der Öffentlichkeit der Verhandlung und der Urteilsverkündung.[248] Materielle Schutzstandards vermittelt auch über die Grenzen des nationalen Rechts hinweg die Konvention zum Schutze der Menschenrechte und Grundfreiheiten (EMRK).[249]

VI. Neues Unionsrecht ante portas

Der Regelungsspielraum des nationalen Gesetzgebers und mit ihm derjenige der Tarifvertragsparteien ist in den vergangenen Jahren und Jahrzehnten durch das Unionsrecht zunehmend beschränkt worden. Auf drei in naher Zukunft zu erwartende Richtlinien bzw.

---

[245] Vgl. *Klose/Zimmermann* in: Bepler (Hrsg.), Sportler, Arbeit und Statuten (2000), S. 137, 166 ff.

[246] *Fischinger/Reiter* NZA 2016, 661 (663); Staudinger/*Fischinger* (2022), § 611a BGB Rn. 349; *Stopper/Dressel* NZA 2018, 1046 (1048); *Walker* SpuRt 2018, 172 (172 f.).

[247] EuGH 15.12.1995 – C-415/93, ECLI:EU:C:1995:463 = NZA 1996, 191 – Bosman; BAG 24.11.1992 – 9 AZR 564/91, NZA 1993, 750 (750); 8.12.1998 – 9 AZR 623/97, NZA 1999, 989 (989); *Eylert/Koch* NZA 2021, 1281 (1281); Fischinger/Reiter/Fischinger, Das Arbeitsrecht des Profisports (2021), § 3 Rn. 12 ff.; Staudinger/*Fischinger* (2022), § 611a BGB Rn. 348, 352.

[248] BVerfG 3.6.2022 – 1 BvR 2103/16, NJW 2022, 2677 (2677 ff.) – Claudia Pechstein. Vgl. auch die Anm. der Schriftleitung in SpuRt 2022, 322 (330): Die Prozessbevollmächtigten von Claudia Pechstein legen Wert auf die Feststellung, dass die Zulassung der Öffentlichkeit in allen Schweizer Instanzen beantragt und verweigert worden ist (Disziplinarkammer, CAS und Schweizer Bundesgericht).

[249] Vgl. EGMR 11.7.2023 – 10934/21, SpuRt 2023, 381 – Caster Semenya.

Richtlinienumsetzungen ist im Zusammenhang mit dem Thema dieses Gutachtens hinzuweisen:

1. Mindestlohn-Richtlinie

Im November 2022 ist die Mindestlohn-Richtlinie 2022/2041/EU in Kraft getreten.[250] Die Mitgliedstaaten müssen die zur Umsetzung erforderlichen Maßnahmen bis zum 15.11.2024 treffen (Art. 17 Abs. 1 der Richtlinie). Abzuwarten bleibt allerdings zunächst, ob die Nichtigkeitsklage, die Dänemark beim EuGH gegen die Richtlinie angestrengt[251] und der sich Schweden mittlerweile angeschlossen hat, Erfolg haben wird. Gute Gründe sprechen dafür, dass die Union ihre Normsetzungskompetenz überschritten hat, die ihr ausweislich Art. 153 Abs. 5 AEUV ausdrücklich nicht für das Arbeitsentgelt zusteht.[252]

Unbeschadet dieser derzeitigen Ungewissheit ist darauf hinzuweisen, dass die Richtlinie zu einer deutlichen Ausweitung des Personenkreises führen könnte, der Anspruch auf den gesetzlichen Mindestlohn hat. Hinsichtlich ihres persönlichen Anwendungsbereichs bedient Art. 2 sich der neuen „Hybrid-Formel": Die Richtlinie gilt für Arbeitnehmer, die nach den Rechtsvorschriften, Tarifverträgen oder Gepflogenheiten in dem jeweiligen Mitgliedstaat einen Arbeitsvertrag haben oder in einem Arbeitsverhältnis stehen, „wobei die Rechtsprechung des Gerichtshofs zu berücksichtigen ist". Man darf erwarten, dass der EuGH, der bereits in der Vergangenheit den unionsrechtlichen Arbeitnehmerbegriff selbst dort durchgesetzt hat, wo nach dem Wortlaut der Richtlinie allein auf das nationale Recht verwiesen wird,[253] in Zukunft noch weniger Zurückhaltung üben wird. Praktische Bedeutung könnte dies zB für behinderte Menschen in Werkstätten für Behinderte haben, die bislang nicht in den Geltungsbereich des MiLoG fallen,[254] nach unionsrechtlichem Ver-

---

[250] → Fn. 69.
[251] EuGH C-19/23 Dänemark/Parlament und Rat; Zusammenfassung der Klagegründe in ABl. EU C 104/17 vom 20.3.2023.
[252] *Franzen* ZFA 2021, 157 (159 ff.); *Klumpp* EuZA 2021, 284 (293 f.); *Krebber* RdA 2021, 215 (220); HWK/*Sittard* (10. Aufl. 2022), Vor § 1 MiLoG Rn. 16; *Thüsing/Hütter-Brungs* NZA 2021, 170 (170 f.); *Vogt* EuZA 2023, 50 (52 ff.); beiläufig auch *Krause* NZA 2022, 521 (527); aA *Eichenhofer* AuR 2021, 148 (148 ff.); differenzierend *Klocke/Hautkappe* ZESAR 2021, 63 (67 f.); *Sagan/Witschen/Schneider* ZESAR 2021, 103 (111).
[253] EuGH 17.11.2016 – C-216/15, ECLI:EU:C:2016:883 = NZA 2017, 41 – Betriebsrat der Ruhrlandklinik zu Art. 3 Abs. 1 lit. a der Leiharbeits-Richtlinie 2008/104/EG; dazu schon → Fn. 60.
[254] LAG Schleswig-Holstein 11.1.2016 – 1 Sa 224/15, NZA-RR 2016, 291 (293); *Nicklas-Faust* SDSRV 66 (2016), S. 201 (201); ErfK/*Franzen* (24. Aufl. 2024), § 22 MiLoG Rn. 1.

ständnis aber Arbeitnehmer sind.²⁵⁵ Selbst Teilnehmer einer Eingliederungsmaßnahme nach dem SGB II oder SGB III, die bislang währenddessen Sozialleistungen beziehen, könnten von dem großzügigen Begriffsverständnis des EuGH profitieren.²⁵⁶ Auf den Prüfstand gestellt werden muss auch die Altersgrenze (§ 22 Abs. 2 MiLoG i.V. mit § 2 Abs. 1 und 2 JArbSchG), die bislang Minderjährige ohne abgeschlossene Berufsausbildung vom Mindestlohnanspruch ausschließt, mit dem sozialpolitischen Ziel, sie zur Aufnahme einer Berufsausbildung zu bewegen. Der Mindestlohn soll keinen Anreiz setzen, zugunsten einer mit dem Mindestlohn vergüteten Beschäftigung auf eine Berufsausbildung zu verzichten.²⁵⁷ Da Art. 6 Abs. 1 RL 2022/2041/EU Abweichungen nur unter Beachtung des Grundsatzes der Nichtdiskriminierung zulässt und Art. 1, 2 der Gleichbehandlungs-Rahmenrichtlinie 2000/78/EG Benachteiligungen wegen des Alters grundsätzlich untersagt, wird der Gesetzgeber die Verhältnismäßigkeit dieser Ausnahme noch einmal zu prüfen haben. Zwar gestattet Art. 6 RL 2000/78/EG Ungleichbehandlungen wegen des Alters, sofern sie objektiv und angemessen sind und im Rahmen des nationalen Rechts durch ein legitimes Ziel, worunter insbesondere rechtmäßige Ziele aus den Bereichen Beschäftigungspolitik, Arbeitsmarkt und berufliche Bildung zu verstehen sind, gerechtfertigt und die Mittel zur Erreichung dieses Ziels angemessen und erforderlich sind. Jedenfalls bei manchen Arbeitsverhältnissen – beispielsweise befristeten Ferienjobs – steht aber typischerweise nicht zu befürchten, dass Jugendliche sie um des Mindestlohnes Willen einer Berufsausbildung vorziehen.

2. Entgelttransparenz-Richtlinie

Bis Juni 2026 in nationales Recht umzusetzen ist die Entgelttransparenz-Richtlinie 2023/970/EU.²⁵⁸ Ihr Ziel ist es, den schon seit Anbeginn der Europäischen Wirtschaftsgemeinschaft geltenden Grundsatz des gleichen Entgelts für Frauen und Männer²⁵⁹ bei gleicher und gleichwertiger Arbeit durchzusetzen. Schon Stellenbewerber haben künftig Anspruch auf Informationen über das auf objektiven, ge-

---

²⁵⁵ EuGH 26.3.2015 – C-316/13, ECLI:EU:C:2015:200 = NZA 2015, 1444 – Fenoll; *Welti/von Drygalski/Treffurth*, AuR 2024, 50 (55).
²⁵⁶ Vgl. EuGH 9.7.2015 – C-229/14, ECLI:EU:C:2015:455 = NZA 2015, 861 – Balkaya.
²⁵⁷ BT-Drs. 18/1558, S. 42; ausführlich zu potentiellen Ausweitungen des persönlichen Geltungsbereichs des MiLoG *Franzen* EuZA 2024, 3 (7 ff.).
²⁵⁸ → Fn. 70; vgl. *Rolfs* EuZW 2023, 489 f.; *Rolfs/Lex* NZA 2023, 1353 (1359); *Winter* NZA 2024, 8 (9); noch zum Entwurf der RL *Husemann* EuZA 2022, 166 ff.
²⁵⁹ Zur unmittelbaren Anwendung im Privatrechtsverhältnis grundlegend EuGH 8.4.1976 – 43/75, ECLI:EU:C:1976:56 = NJW 1976, 2068 – Defrenne II.

schlechtsneutralen Kriterien beruhende Einstiegsentgelt für die betreffende Stelle oder dessen Spanne; der Arbeitgeber darf sie nicht mehr nach ihrer Entgeltentwicklung in ihrem laufenden oder in früheren Beschäftigungsverhältnissen fragen (Art. 5). Arbeitgeber mit 50 und mehr Arbeitnehmern müssen Bewerbern Informationen darüber, welche objektiven und geschlechtsneutralen Kriterien für die Festlegung ihres Entgelts, ihrer Entgelthöhen und ihrer Entgeltentwicklung verwendet werden, in leicht zugänglicher Weise zur Verfügung stellen (Art. 6). Arbeitnehmer haben Anspruch auf schriftliche Auskünfte über die durchschnittlichen Entgelthöhen von Personen, die gleiche oder gleichwertige Arbeit verrichten, aufgeschlüsselt nach Geschlecht und Gruppen von Arbeitnehmern (Art. 7). Arbeitgeber mit mehr als 100 Beschäftigten müssen einer noch zu bestimmenden staatlichen Stelle regelmäßig über das geschlechtsspezifische Entgeltgefälle Bericht erstatten, sowohl hinsichtlich der fixen Vergütung als auch variabler Entgeltbestandteile; je nach Unternehmensgröße erstmals 2027 oder 2031 und danach alle ein bis drei Jahre (Art. 9). Ergibt die Berichterstattung ein Gefälle von 5 % oder mehr und kann der Arbeitgeber es nicht anhand objektiver geschlechtsneutraler Faktoren rechtfertigen, muss er in Zusammenarbeit mit den Arbeitnehmervertretern eine Entgeltbewertung vornehmen (Art. 10).

Verschärft werden durch die Richtlinie auch die Regeln zur Durchsetzung der Entgeltgleichheit und die Sanktionen bei ihrer Verletzung. Bekräftigt wird, dass Arbeitnehmer die vollständige Nachzahlung des Vergleichsentgelts inklusive Boni und Sachleistungen (§ 7 EntgTranspG, § 7 Abs. 1 AGG) sowie Entschädigung für die immateriellen Nachteile (§ 15 Abs. 2 AGG) beanspruchen können (Art. 16). Die Verjährungsvorschriften müssen überarbeitet werden, zudem führt ein Verstoß des Arbeitgebers gegen die ihm obliegenden Transparenzpflichten zur Beweislastumkehr (Art. 18). Gewerkschaften, Antidiskriminierungsverbände und -stellen können sich an Verwaltungs- oder Gerichtsverfahren im Zusammenhang mit dem Grundsatz des gleichen Entgelts beteiligen (Art. 15). Die Richtlinie fordert die Mitgliedstaaten schließlich auf, spezifische Sanktionen festzulegen, darunter Geldbußen (Art. 23).[260]

Der persönliche Anwendungsbereich der Richtlinie wird ebenfalls durch die „Hybrid-Formel" erschlossen, also unter Berücksichtigung der Rechtsprechung des EuGH. Angesichts der dienenden Funktion der Richtlinie zugunsten von Art. 157 AEUV spricht hier noch mehr als bei der Mindestlohn-Richtlinie dafür, dass der EuGH im Zweifel den unionsautonomen Arbeitnehmerbegriff

---

[260] *Günther/Schiffelholz* NZA-RR 2023, 568 (573 f.); *Rolfs/Lex* NZA 2023, 1353 (1357 f.).

durchsetzen wird. Praktische Bedeutung könnte dies namentlich für Fremd- und nicht beherrschende Gesellschafter-Geschäftsführer haben. Dass das EntgTranspG schon heute auf freie Mitarbeiter von Rundfunkanstalten Anwendung findet, hat das BAG bereits entschieden.[261] Dabei sollten die Dienstberechtigten sich bewusst sein, dass die Rechtsprechung an die Rechtfertigung von Ungleichheiten strenge Anforderungen stellt: Allein das Verhandlungsgeschick eines männlichen Bewerbers, der gegenüber dem arbeitgeberseitigen Angebot 1.000 Euro monatlich mehr Fixum „rausschlagen" konnte, genügt nicht. Die auf einen vergleichbaren Arbeitsplatz eingestellte Frau kann die Differenz auch für sich beanspruchen. Dass sie nicht oder jedenfalls nicht so erfolgreich verhandelt hat wie er, ist unerheblich.[262] Nämliches gilt für den Umstand, dass Teilzeitbeschäftigte Umfang und Lage ihrer Arbeitszeit im Rahmen von § 8 Abs. 4 TzBfG frei wählen können, während Vollzeitbeschäftigte durch den Arbeitgeber verbindlich zur Arbeit eingeteilt werden.[263]

3. Plattform-Richtlinie

Kaum absehbare Konsequenzen für das gesamte Arbeitsrecht könnte die sog. Plattform-Richtlinie haben, wenn sie gemäß dem Vorschlag der Kommission[264] verabschiedet werden würde. In ihrem originären Anwendungsbereich erfasst die Richtlinie lediglich Arbeitnehmer und Selbstständige, die „Plattformarbeit" leisten, das ist nach Art. 2 Abs. 1 Nr. 2 RL-Entwurf „jede Arbeit, die über eine digitale Arbeitsplattform organisiert und in der Union von einer Person auf der Grundlage eines Vertragsverhältnisses zwischen der digitalen Arbeitsplattform und der Person ausgeführt wird, unabhängig davon, ob ein Vertragsverhältnis zwischen der Person und dem Empfänger der Dienstleistung besteht". Die Europäische Union geht im Anschluss an ein von ihr beauftragtes Gutachten davon aus, dass bereits 2025 ein Fünftel bis ein Viertel aller in der EU Erwerbstätigen Plattformarbeit leisten.[265] Andere – zu denen auch der Verfasser dieser Zeilen zählt – halten diese Schätzung für um ein Vielfaches übersetzt, jedenfalls dann, wenn man die Betrachtung auf diejenigen beschränkt, die nicht nur gelegentlich, aus Spaß, mehr als Hobby, nebenbei oder sehr vorübergehend einer durch eine

---

[261] BAG 25.6.2020 – 8 AZR 145/19, NZA 2020, 1613 (1621 f.) – Birte Meier; dazu u. a. *Fuhlrott/Hinrichsen* NJW 2021, 513 ff.
[262] BAG 16.2.2023 – 8 AZR 450/21, NZA 2023, 958; dazu *Junker* JZ 2023, 775 ff.
[263] BAG 18.1.2023 – 5 AZR 108/22, NZA 2023, 570.
[264] → Fn. 22.
[265] → Fn. 22; Begründung bei Fn. 6 unter Bezugnahme auf PPMI, Study to support the impact assessment on improving working conditions in platform work (2021).

Plattform vermittelten Tätigkeit nachgehen,[266] sondern dies ernsthaft als Arbeit zum Zwecke der Erzielung wirtschaftlich relevanter, zum Lebensunterhalt wenn nicht auskömmlicher, so doch zumindest merklich beitragender Einkünfte betreiben. Plausibel erscheint, dass Crowdworker typischerweise jung, männlich, alleinstehend und gut ausgebildet (digital affin) sind.[267] *Bonin/Rinne* haben – allerdings schon 2017 – in einer Umfrage im Auftrag des BMAS erhoben, dass gerade einmal 1,5 % der erwachsenen deutschsprachigen Bevölkerung in Deutschland mindestens einmal (und damit noch lange nicht im Sinne „ernsthafter Arbeit") Plattformarbeit geleistet haben wollen.[268] Und selbst diese Zahl halten die Verfasser „mit sehr hoher Wahrscheinlichkeit für deutlich nach oben verzerrt", u.a. deshalb, weil eine relevante Anzahl der Befragten nicht einmal den Namen der Plattform anzugeben vermochte, für die sie zu arbeiten behauptet hatte. Für realistischer halten sie einen Wert von 0,2 bis 0,6 % aller Beschäftigten und resümieren daher: „Insgesamt gesehen bewegt sich die Nutzung von Crowdworking und Plattformarbeit in Deutschland gemäß den hier vorgelegten Befragungsergebnissen noch nahe an der Messbarkeitsschwelle".[269] Nun schreitet die Digitalisierung (selbst hierzulande) voran, und die Corona-Pandemie mit ihren zahlreichen Kontaktbeschränkungen dürfte die Zahl der Plattformtätigkeiten positiv beeinflusst haben. Bis zu den Zahlen der EU-Kommission, die bezogen auf Deutschland im Jahr 2025 über 10 Mio. Plattformbeschäftigte bedeuten würden, dürfte aber noch ein Faktor zwischen 50 und 100 liegen.

Gleichwohl kann diese Richtlinie Sprengkraft entfalten. Sie versucht nämlich, im Interesse des Schutzes abhängig Beschäftigter und zur Vermeidung von Scheinselbstständigkeit, Kriterien dafür zu entwickeln, wann ein Arbeitsverhältnis besteht oder zumindest vermutet wird. Zu diesem Zweck trifft Art. 4 RL-Entwurf folgende Regelung:

(1) Das Vertragsverhältnis zwischen einer digitalen Arbeitsplattform, die die Arbeitsleistung im Sinne des Absatzes 2 kontrolliert, und einer Person, die Plattformarbeit über diese Plattform leistet, wird rechtlich als Arbeitsverhältnis angesehen. Zu diesem Zweck legen die Mitgliedstaaten im Einklang mit ihrem nationalen Rechts- und Justizsystem einen Rahmen für Maßnahmen fest. Die gesetz-

---

[266] *Barnard*, International Journal of Comparative Labour Law and Industrial Relations Bd. 39 (2023), S. 125 ff: „The Serious Business of Having Fun".
[267] *Klös* RdA 2019, 91 (94).
[268] *Bonin/Rinne*, Omnibusbefragung zur Verbesserung der Datenlage neuer Beschäftigungsformen (2017), S. 9.
[269] *Bonin/Rinne*, Omnibusbefragung zur Verbesserung der Datenlage neuer Beschäftigungsformen (2017), S. 17.

liche Vermutung gilt in allen einschlägigen Verwaltungs- und Gerichtsverfahren. Die zuständigen Behörden, die die Einhaltung der einschlägigen Rechtsvorschriften überprüfen oder durchsetzen, können sich auf diese Vermutung stützen.

(2) Die Kontrolle der Arbeitsleistung im Sinne von Absatz 1 ist so zu verstehen, dass sie mindestens zwei der folgenden Punkte vorsieht:
a) effektive Bestimmung der Höhe der Vergütung oder Festlegung von Obergrenzen der Vergütung;
b) Aufforderung der Plattformarbeit leistenden Person, bestimmte verbindliche Regeln in Bezug auf Erscheinungsbild und Verhalten gegenüber dem Empfänger der Dienstleistung bzw. in Bezug auf die Arbeitsleistung einzuhalten;
c) Überwachung der Arbeitsleistung oder Überprüfung der Qualität der Arbeitsergebnisse, auch auf elektronischem Wege;
d) effektive Einschränkung der Freiheit, die Arbeit zu organisieren – insbesondere den Ermessensspielraum bei der Wahl der Arbeitszeit oder der Abwesenheitszeiten –, Aufgaben an- bzw. abzulehnen oder die Dienste von Unterauftragnehmern oder Ersatzkräften in Anspruch zu nehmen, auch durch den Einsatz von Sanktionen;
e) effektive Einschränkung der Möglichkeit, einen Kundenstamm aufzubauen oder Arbeiten für Dritte auszuführen.

Dieser Katalog erinnert entfernt an den bereits vor 20 Jahren gescheiterten Versuch, in § 7 Abs. 4 SGB IV Vermutungstatbestände für eine abhängige Beschäftigung zu normieren.[270] Er ist ersichtlich vollkommen ungeeignet.[271] Jeder Werkbesteller (egal, ob das Kfz. in die Reparaturwerkstatt gebracht oder der Bau eines Eigenheims beauftragt wird), wird „Obergrenzen der Vergütung" festlegen (Abs. 2 lit. a). Ebenso selbstverständlich wird er die Arbeitsleistung überwachen und/oder die Qualität der Arbeitsergebnisse überprüfen (lit. c) – im deutschen Werkvertragsrecht nennt sich das „Abnahme" (§ 640 BGB). Was also in der „analogen Welt" noch nicht einmal im Ansatz ein Indiz für eine abhängige Beschäftigung ist, soll nach dem Kom-

---

[270] Art. 3 des Gesetzes zu Korrekturen in der Sozialversicherung und zur Sicherung der Arbeitnehmerrechte vom 19.12.1998, BGBl. I S. 3843; zunächst geändert durch Art. 1 des Gesetzes zur Förderung der Selbständigkeit vom 20.12.1999, BGBl. 2000 I S. 2; sodann wieder aufgegeben durch Art. 2 Nr. 2 des Zweiten Gesetzes für moderne Dienstleistungen am Arbeitsmarkt vom 23.12.2002, BGBl. I S. 4621.
[271] Kritisch auch *Gräf* ZFA 2023, 209 (256 ff.); *Greiner/Baumann* ZESAR 2023, 409 (415 f.); *Lelley/Bruck* RdA 2023, 257 (266 ff.); *Schubert* in Giesen/Junker/Rieble (Hrsg.), Arbeitsrechtsfragen bei Crowdworking und Plattformarbeit (2022), S. 69 (83 ff.); *dies.* NZA-Beilage 2022, 5 (11); *Stöhr* EuZA 2022, 413 (417 ff.); *Wank* EuZA 2023, 747 (747 ff.); vorsichtiger *Krause* NZA 2022, 521 (528: „nicht ganz ausgewogene Regelung").

missionsentwurf bei digitaler Plattformarbeit die Vermutung für ein Arbeitsverhältnis „in allen Verwaltungs- und Gerichtsverfahren" (Art. 4 Abs. 1 Satz 3 RL-Entwurf) begründen. Der Entwurf bezieht sich zwar allein auf die – in Deutschland gesamtwirtschaftlich bislang bestenfalls marginal bedeutsame – Plattformarbeit. Dem zitierten Kriterienkatalog fehlt aber jeder konkrete Bezug zu den Besonderheiten digitaler Arbeitsplattformen.[272] Es liegt daher geradezu auf der Hand, dass jedenfalls einzelne Instanzgerichte ihn auch jenseits seines unmittelbaren Anwendungsbereichs versuchen werden, fruchtbar zu machen, und auf das gesamte Arbeitsrecht einschließlich der klassischen analogen Arbeitswelt zu erstrecken.[273] Dann wären viele, die heute völlig unbestritten als freie Dienstleister (§ 611 BGB) oder Werkunternehmer (§ 631 BGB) selbstständig tätig sind, jedenfalls „vermutet" Arbeitnehmer. Der Vertragspartner müsste aufwändig darlegen und im Streitfall beweisen, dass die Voraussetzungen des § 611a Abs. 1 BGB – den die Richtlinie ja nicht antasten will, auch ihr Entwurf verwendet in Art. 1 Abs. 2 die „Hybrid-Formel"[274] – nicht erfüllt sind. Bei Abschluss des Manuskripts war die Richtlinie noch nicht verabschiedet.

VII. Sozialversicherung

1. Grundsätzliches

In der sozialen Marktwirtschaft kommt der Sozialversicherung eine zentrale Rolle zu. Sie soll einerseits (Versicherungs-)Schutz gegen die „Wechselfälle des Lebens"[275] gewähren, andererseits zu einem sozialen Ausgleich beitragen.[276] Das Verhältnis der beiden Prinzipien zueinander hat sich über die Zeit massiv verändert. Stand ausgangs des 19. Jahrhunderts der Versicherungsgedanke noch klar im Vordergrund, haben in den vergangenen Jahrzehnten Solidaritätserwägungen zunehmend die Oberhand gewonnen. Zuletzt hat das BVerfG mit seinem Beschluss zur (weiteren) Beitragsdifferenzierung in der Pflegeversicherung[277] eine Stärkung des Familienlasten-

---

[272] Zutreffend *Brose* in: Janda (Hrsg.), Soziale Sicherung Selbstständiger, Schriftenreihe des Deutschen Sozialrechtsverbandes (SDSRV), Band 71 (2024).
[273] Vgl. *Henrici* ArbuR 2000, 171 (172 ff.) und *Wank* RdA 1999, 297 (311), die seinerzeit die sozialversicherungsrechtlichen Vermutungen von § 7 Abs. 4 SGB IV idF des sog. Korrekturgesetzes (o. Fn. 270) auf das Arbeitsrecht übertragen wollten.
[274] → B 19.
[275] BVerfG 26.11.1964 – 1 BvL 14/62, BVerfGE 18, 257 (270).
[276] BVerfG 18.7.2005 – 2 BvF 2/01, BVerfGE 113, 167 (196); 22.5.2018 – 1 BvR 1728/12 u. a., BVerfGE 149, 50 (76 f.); Dürig/Herzog/Scholz/*Uhle*, GG (Stand: September 2022), Art. 74 Rn. 305.
[277] BVerfG 7.4.2022 – 1 BvL 3/18, BVerfGE 161, 163 (252 ff.).

ausgleichs sogar von Verfassungs wegen gefordert.²⁷⁸ Seitens der Arbeitgeber wird bereits gemahnt: Vor dem Verteilen stehe das Erwirtschaften; der Gedanke des sozialen Ausgleichs dürfe nicht überstrapaziert werden.²⁷⁹

Der Solidarausgleich kann intertemporär sein, indem Versicherte in bestimmten Lebensphasen (während der Ausbildung und beim Berufsstart mit geringem Einkommen, mit junger Familie und beitragsfrei Mitversicherten) von ihm profitieren, in anderen mit ihm belastet werden. Er wird aber für bestimmte Personen immer auch interpersonal sein, weil sie über den gesamten Versicherungsverlauf hinweg (etwa als gutverdienende Singles oder kinderlose Doppelverdiener) höhere Beiträge zu entrichten haben, als das versicherungstechnische Äquivalenzprinzip erforderte – oder sie umgekehrt niemals diejenigen Beiträge aufbringen, die dem ökonomischen Wert ihres Versicherungsschutzes entsprechen. Für diejenigen, die den sozialen Ausgleich finanzieren, stellt sich die Belastung angesichts ihrer relativen wie absoluten Höhe als erheblicher Eingriff in die allgemeine Handlungsfreiheit des Art. 2 Abs. 1 GG, ggf. auch der Berufsfreiheit aus Art. 12 Abs. 1 GG, dar.²⁸⁰ Er ist allerdings gerechtfertigt, weil ein Versicherungssystem, das sich nicht gegen die gesetzliche Zuweisung „schlechter Risiken" wehren kann, zwingend darauf angewiesen ist, dass im gleichen Umfang „gute Risiken" zwangsversichert werden und damit Pflichtbeiträge zu entrichten haben, die zudem relativ nach Maßgabe des individuell zu verbeitragenden Einkommens und absolut durch die Beitragsbemessungsgrenzen gedeckelt sind.²⁸¹ Das Argument der fehlenden individuellen sozialen Schutzbedürftigkeit tritt hinter das Interesse am Solidarausgleich zurück. Die Alternative bestünde allein darin, der Sozialversicherung (noch mehr)²⁸² Zuschüsse aus dem allgemeinen Steueraufkommen zuzuweisen. Neben allen finanzpolitischen Nachteilen resultierte daraus eine deutlich stärkere Belastung höherer Einkom-

---

[278] Umgesetzt durch das Gesetz zur Unterstützung und Entlastung in der Pflege (Pflegeunterstützungs- und -entlastungsgesetz – PUEG) vom 19.6.2023, BGBl. I Nr. 155.

[279] *Brossardt* NZS 2022, 721 (722).

[280] BVerfG 6.12.2005 – 1 BvR 347/98, BVerfGE 115, 25 (41 ff.); BSG 10.10.2017 – B 12 KR 1/16 R, BSGE 124, 188 (194); 7.6.2019 – B 12 R 6/18 R, BSGE 128, 205 (218); 24.11.2020 – B 12 KR 34/19 R, BSGE 131, 99 (103); vgl. zu Art. 12 Abs. 1 GG als Prüfungsmaßstab BVerfG 23.10.2013 – 1 BvR 1842/11, BVerfGE 134, 204 (222).

[281] Vgl. BVerfG 6.12.2005 – 1 BvR 347/98, BVerfGE 115, 25 (42 f.); *Hase*, Versicherungsprinzip und sozialer Ausgleich (2000), S. 46 ff.; *Wallrabenstein*, Versicherung im Sozialstaat (2009), S. 361 ff.

[282] Der Haushaltsplan des Bundes sieht für das Jahr 2023 allein im Bereich der Alterssicherung Zuschüsse an die Rentenversicherung bzw. Erstattungen des Bundes für die Grundsicherung im Alter und bei Erwerbsminderung in Höhe von rund 120 Mrd. Euro vor (Bundeshaushaltsplan 2023, Einzelplan 11 (BMAS), Kapitel 1102).

men, weil die dämpfende Wirkung des Beitragsrechts der Sozialversicherung (linearer Beitragssatz statt Steuerprogression, Beitragsbemessungsgrenze statt nach oben offenem Einkommensteuertarif, Beschränkung der Beitragspflicht auf das Arbeitsentgelt statt Steuerpflicht auch auf Einkünfte aus Kapitalerträgen, Vermietung und Verpachtung etc.) entfiele. Der Vorteil, in der Sozialversicherung keinen Solidarausgleich leisten zu müssen, wäre mit dem Nachteil höherer Steuerlasten verbunden. Die Eingriffswirkung bliebe in der Summe unverändert, sie würde sich lediglich in Abhängigkeit von den individuellen Steuermerkmalen personell verschieben.

Idealtypisch bewegt sich das Leistungsniveau von Entgeltersatzleistungen der Sozialversicherung unterhalb des (letzten) Erwerbseinkommens („Lohnabstandsgebot"), aber erkennbar oberhalb von Leistungen der steuerfinanzierten Grundsicherung (Bürgergeld, Sozialhilfe).[283] Ersteres ist im geltenden Recht durchgängig gewährleistet, Letzteres nicht. Die steuerfinanzierte Grundsicherung im Alter und bei Erwerbsminderung inklusive der Kosten für Unterkunft und Heizung erreicht für einen Alleinstehenden (je nach Wohnort) 1.000 bis 1.100 Euro monatlich (zzgl. den Kosten der Kranken- und Pflegeversorgung sowie etwaiger Mehrbedarfe, etwa infolge einer Gehbehinderung) und damit eine Größenordnung, für die ein Beitragszahler rund 28 Jahre lang Durchschnittsbeiträge zur gesetzlichen Rentenversicherung, das entspricht in heutigen Werten einem Gesamtbetrag von über 220.000 Euro, entrichtet haben müsste.[284] Der Vorteil der Sozialversicherung beschränkt sich damit im Wesentlichen darauf, dass der Leistungsanspruch nicht vom vorherigen Einsatz von Einkommen und Vermögen abhängig ist. Angesichts der Freibeträge beim Bürgergeld (§§ 11 ff. SGB II) und der Sozialhilfe (§§ 82 ff. SGB XII) ist dieser Vorteil freilich für viele Versicherte kaum spürbar. Bei den Sachleistungen der Kranken- und Pflegeversicherung fehlt sogar jede Differenzierung; Leistungsbezieher nach dem SGB II sind gegen einen geringen Beitrag (§ 232a Abs. 1 Nr. 2 SGB V) gesetzlich kranken- und sozial pflegeversichert. Angesichts der verfassungsrechtlichen Gewährleistungen eines menschenwürdigen Existenzminimums[285] ist der Spielraum des Gesetzgebers allerdings begrenzt.

---

[283] *Schlegel* NZS 2022, 681 (686 f.); *ders.* NJW 2023, 2093 (2096).
[284] Bei einem aktuellen Rentenwert von 37,60 Euro (1.7.2023) erzielt man mit 28 Entgeltpunkten eine Rente in Höhe von 1.052,80 Euro. Für einen Entgeltpunkt bedarf es eines Einkommens in Höhe der Bezugsgröße, das sind (2024) 3.535 Euro monatlich bzw. 42.420 Euro im Jahr (West). Bei einem Beitragssatz von aktuell 18,6 % beträgt der Jahresbeitrag 7.890,12 Euro, in 28 Jahren (mit diesen Werten) 220.923,36 Euro.
[285] BVerfG 7.6.2005 – 1 BvR 1508/96, BVerfGE 113, 88 (108); 30.6.2009 – 2 BvE 2/08 u. a., BVerfGE 123, 267 (362 f.); 9.2.2010 – 1 BvL 1/09, BVerfGE 125, 175 (222 f.);

2. Gesetzliche Kranken- und soziale Pflegeversicherung
a) Versicherter Personenkreis

In der Tradition der Bismarck'schen Arbeiterversicherung knüpft die Versicherungspflicht in Deutschland an den beruflichen Status an: Versichert sind in allen Zweigen der Sozialversicherung gegen Arbeitsentgelt Beschäftigte und Auszubildende, behinderte Menschen, die in geschützten Einrichtungen beschäftigt werden, sowie Landwirte (§ 2 Abs. 2 SGB IV). Alle Versicherungszweige erweitern diesen Personenkreis sehr heterogen, die Kranken- und Pflegeversicherung namentlich um Studierende und Rentner (§ 5 Abs. 1 Nr. 9, 11 SGB V). Im Detail weisen die Regelungen einen hohen Spezialisierungsgrad auf. Eine „Bürgerversicherung" steht bei einigen politischen Akteuren auf der Dauer-Agenda, findet aber aus guten Gründen keine politische Mehrheit. Sie hätte eine vollständige Aufgabe des Versicherungsprinzips und einen (noch) stärkeren Solidarausgleich zur Folge.[286] Da zu ihren Leistungsberechtigten in Wahrheit nicht nur die „Bürger", sondern alle Einwohner (unter Einschluss Minderjähriger und nicht wahlberechtigter Ausländer)[287] zählen sollen, wäre sie nicht Bürgerversicherung, sondern in Wahrheit „Einwohnerversorgung".

b) Wahlrecht für Beamte: „Hamburger Modell"

Einen neuen Weg, die „Friedensgrenze" zwischen gesetzlicher und privater Krankenversicherung zum Nachteil der Letzteren zu verschieben, ist 2018 die Freie und Hansestadt Hamburg gegangen. Durch das Gesetz über die Einführung der pauschalen Beihilfe zur Flexibilisierung der Krankheitsvorsorge[288] haben die Beamten und sonstigen Beilhilfeberechtigten der Stadt die Wahl, ob sie anstelle der klassischen Beihilfe zu den Leistungsausgaben eine pauschale Beihilfe in Höhe der Hälfte ihres Beitrags zur gesetzlichen Krankenversicherung (oder der Prämie zu einer privaten Krankheitskostenvollversicherung)[289] in Anspruch nehmen (§ 80 Abs. 11 HmbBG). Sie sind zwar kraft Bundesrechts nach § 6 Abs. 1 Nr. 2 SGB V versicherungsfrei, können sich aber nach Maßgabe von § 9 SGB V freiwillig

---

19.10.2022 – 1 BvL 3/21, BVerfGE 163, 254 (Rn. 51 ff.); Dürig/Herzog/Scholz/Herdegen, GG (Stand: Mai 2009), Art. 1 Rn. 121.

[286] *Schlegel* NJW 2023, 2093 (2098 f.).

[287] Vgl. zur Unterscheidung zwischen Einwohnern und Bürgern exemplarisch Art. 15 BayGO, § 21 GO NRW, § 15 SächsGO.

[288] Vom 29.5.2018, HmbGVBl. S. 199.

[289] Dies ist wirtschaftlich aber unattraktiv, da der Beihilfsatz hier pauschal (nur) 50 % beträgt, während er sich bei der „klassischen" Beihilfe nach § 80 Abs. 9 Hamburgisches Beamtengesetz (HmbBG) auf zwischen 50 % und 80 % beläuft.

gesetzlich versichern. Ohne den Arbeitgeberzuschuss wäre dies wirtschaftlich unattraktiv, weil sie die Beiträge allein aufbringen müssen, aber keinen Beihilfeanspruch zu ihren Leistungsausgaben haben, weil solche nicht oder kaum anfallen. Mit der „pauschalen Beitragsbeihilfe" übernimmt der Dienstherr praktisch wie bei Arbeitnehmern (§ 257 Abs. 1 SGB V) die Hälfte der Beiträge zur gesetzlichen Krankenversicherung. Auf diese Weise wird den Beihilfeberechtigten eine echte Wahlmöglichkeit eingeräumt. Inzwischen haben Baden-Württemberg, Berlin, Brandenburg, Bremen und Thüringen nachgezogen.

Während die Erfinder dieses Modells es „vor dem Hintergrund der Gleichwertigkeit der Versicherungssysteme" als „freiwillig(e) Entscheidung der Beamtinnen und Beamten für eine Pauschale" zur „gebotenen Stärkung der Wahlfreiheit insbesondere in der Phase nach der Einstellung" anpreisen,[290] verschweigen sie, dass damit de facto die Solidarlasten verschoben werden: Von der Möglichkeit des Wechsels in die GKV machen (erwartungsgemäß) vornehmlich Beamte mit vergleichsweise geringem Einkommen (und damit niedrigen einkommensabhängigen GKV-Beiträgen) und/oder einer größeren Zahl von Familienangehörigen Gebrauch,[291] für die in der PKV eigenständige prämienbelastete Versicherungsverträge abzuschließen wären, die aber in der GKV beitragsfrei mitversichert sind (§ 10 SGB V). Damit verschiebt der Dienstherr die Aufwendungen, die angesichts des Gebots amtsangemessener Alimentation eigentlich eine Erhöhung der Besoldung und/oder der Beihilfesätze gebieten[292] und damit bei ihm (und folglich allen Steuerzahlern) anfallen würden, auf die (kleinere) Solidargemeinschaft der gesetzlich Krankenversicherten. Sie muss für einen vergleichsweise geringen, weil einkommensabhängig berechneten und damit nicht risikoäquivalenten Beitrag ein „schlechtes" Risiko übernehmen, das letztlich durch die übrigen Beitragszahler – die ja größtenteils kraft Gesetzes versicherungspflichtig sind und sich dieser Sonderlast nicht entziehen können – quersubventioniert wird.

Das „Hamburger Modell" mag sich daher für die davon profitierenden Beamten sowie die Finanzminister und -senatoren der Länder als günstig erweisen. Gerecht ist es nicht.

---

[290] Bürgerschaft der Freien und Hansestadt Hamburg, Mitteilung des Senats an die Bürgerschaft – Entwurf eines Gesetzes über die Einführung einer pauschalen Beihilfe zur Flexibilisierung der Krankheitsvorsorge, Drs. 21/11426, S. 2.
[291] Vgl. Bürgerschaft der Freien und Hansestadt Hamburg, Mitteilung des Senats an die Bürgerschaft – Personalbericht 2022, Drs. 22/8840, S. 14.
[292] BVerfG 22.3.1990 – 2 BvL 1/86, BVerfGE 81, 363 (375 ff.); 4.5.2020 – 2 BvL 4/18, BVerfGE 155, 1 (24 ff.); 4.5.2020 – 2 BvL 6/17 u. a., BVerfGE 155, 77 (87 ff.).

c) Geringfügige Beschäftigung

Eine rechtsdogmatisch wie rechtspolitisch vielfach diskutierte,[293] gelegentlich auch scharf kritisierte Grenze findet der Solidarausgleich der Sozialversicherung in den Bestimmungen über die geringfügige Beschäftigung (§ 8 SGB IV). *Rainer Schlegel* hat sich eingehend mit ihr auseinandergesetzt und das fehlende Regelungskonzept bemängelt: Die zahlreichen Gesetzesänderungen der letzten Jahre erweckten den Eindruck, dass die geringfügige Beschäftigung als ein je nach Bedarf beliebig einsetzbares und änderungsfähiges wirtschafts- und beschäftigungspolitisches Instrument angesehen werde und Pauschalbeiträge dort nach gegriffenen Größen erhoben würden, wo der Gesetzgeber Finanzierungsbedarf sehe.[294] Zwar mag die jüngste Reform[295] erneut als Beleg für die Unbeständigkeit des Gesetzgebers dienen, immerhin ist die gewählte neue Geringfügigkeitsgrenze – zehn Wochenstunden zum Mindestlohn, umgerechnet aufs Quartal (§ 8 Abs. 1a SGB IV) – eine zwar „gegriffene", jetzt aber (wieder) dynamische und sich damit „automatisch" an die Tarif- und Mindestlohnentwicklung anpassende Grenze.[296]

In den vornehmlich oder ausschließlich von einkommensunabhängigen Sachleistungen geprägten Zweigen der Kranken- und Pflegeversicherung ist eine Geringfügigkeits-, jedenfalls aber eine Mindestbeitragsbemessungsgrenze systematisch geboten. Anderenfalls könnte mit einem Minimum an Beiträgen ein Maximum an Versicherungsschutz erreicht werden, nämlich in Form von Ansprüchen auf die gesamten Gesundheits- bzw. Pflegeleistungen. Damit würde der soziale Ausgleich überstrapaziert und Mitnahmeeffekte provoziert. Die Versichertengemeinschaft hätte einen unverhältnismäßig weitgehenden Solidarausgleich zu finanzieren. Er gebietet hinsichtlich der als Beschäftigte Versicherten (§ 5 Abs. 1 Nr. 1 SGB V) lediglich, dass die Beiträge nicht nach dem individuellen Risikoprofil im Zeitpunkt des Eintritts, sondern nach typisierend am Arbeitsentgelt festgemachter wirtschaftlicher Leistungsfähigkeit erhoben werden, Arbeitnehmer mit höherem Einkommen diejenigen mit geringerem Einkommen subventionieren. Er reicht aber nicht soweit, dass auch die Mitfinanzierung von Personen gefordert ist, die zwar auch als Beschäftigte tätig sind, die aber ihren Lebensunterhalt überwiegend

---

[293] Statt aller 73. DJT Bonn 2022, Abt. B, Beschluss 13.
[294] *Schlegel* FS Preis (2021), S. 1167 (1176).
[295] Gesetz zur Erhöhung des Schutzes durch den gesetzlichen Mindestlohn und zu Änderungen im Bereich der geringfügigen Beschäftigung vom 28.6.2022, BGBl. I S. 969.
[296] Der Mindestlohn wird seinerseits nachlaufend der Tarifentwicklung angepasst, § 9 Abs. 2 Satz 2 MiLoG.

durch Einkünfte anderer Art bestreiten müssen oder können. Diesbezüglich geht der Gesetzgeber in zulässiger Weise traditionell typisierend davon aus, dass geringfügig Beschäftigte in dieser Eigenschaft nicht sozial schutzbedürftig sind, weil das geringe Arbeitsentgelt nicht ihre hauptsächliche Lebensgrundlage darstellen kann[297].

Die Geringfügigkeitsgrenze ist daher in der Kranken- und Pflegeversicherung beizubehalten.

3. Gesetzliche Rentenversicherung

a) Versicherter Personenkreis 1: Einbeziehung Selbstständiger

In der (rechts-)politischen Diskussion – auch auf dem Deutschen Juristentag – mit beachtlicher Regelmäßigkeit gefordert, bislang aber nie verwirklicht worden ist die Einbeziehung aller Erwerbstätigen in die gesetzliche Rentenversicherung.[298] Das betrifft namentlich die nicht von § 2 SGB VI erfassten Selbstständigen. Daran ist richtig, dass die Alterssicherung an die Erwerbsfähigkeit bzw. deren typisierten Verlust anzuknüpfen hat und damit in der Anwartschaftsphase an die Ausübung einer beruflichen Tätigkeit. Wer seinen Lebensunterhalt in anderer Weise bestreitet, etwa durch Kapitalerträge, Einnahmen aus Vermietung und Verpachtung etc., hat keinen altersbedingten Verlust dieser Einkommen zu besorgen und muss daher keinem Vorsorgezwang unterworfen werden. Bedenkenswert ist auch, dass die heute noch weithin völlige Freiwilligkeit der Alterssicherung vieler Selbstständiger den geänderten demographischen wie ökonomischen Rahmenbedingungen nicht mehr entspricht. Für viele Selbständige ist weder die Vorstellung, das eigene Geschäft „bis zum letzten Atemzug" führen zu können (und zu wollen) angesichts der gestiegenen Lebenserwartung realistisch, noch die Aussicht, es mit Eintritt in den Ruhestand zu einem solchen Preis veräußern zu können, dass dieser und die aus ihm generierten Kapitalerträge für den Lebensabend ausreichen. Schließlich besteht ein allgemeines Interesse (zuvörderst der für die mit der Grundsicherung im Alter belasteten örtlichen Träger, mittelbar der Steuerzahler und schließlich auch der zur vorrangigen Verwertung etwaigen Vermögens ver-

---

[297] Schulin KV-HdB/*Schulin* (1994), § 6 Rn. 77 vgl. auch *Becker* SGb 2024, 57 (61).
[298] Für den Deutschen Juristentag: *Steinmeyer*, Gutachten B zum 73. DJT 2020/22, S. B 56 ff.; *Waltermann*, Gutachten B zum 68. DJT 2010, S. 101 ff.; ferner exemplarisch *Becker* SGb 2024, 57 (61 f.); *Butzer* VSSAR 2020, 213 ff.; *Di Pasquale* NZS 2022, 724 (726); *von Koppenfels-Spies* NZS 2021, 632 (634 ff.); *Kreikebohm* NZS 2020, 401 (403 f.); *Preis/Temming* VSSR 2017, 283 ff.; *Schlegel* NZS 2022, 681 (685); *Steinmeyer* NZS 2021, 617 (619 ff.); *Uffmann* RdA 2019, 360 (362 f.); *Ulber*, Mindestabsicherung von Selbstständigen in der Rentenversicherung (2022); *Waltermann* RdA 2010, 162 (167); ders. SGb 2017, 425 (429 f.); ders. NZA 2021, 297 (300 f.); ders. FS Preis (2021), 1449 (1461); aus österreichischer Perspektive *Obrecht* AuR 2022, 253 ff.

pflichteten Leistungsberechtigten selbst) daran, dass Selbstständige, deren Arbeitseinkommen im Wesentlichen auf der Verwertung ihrer eigenen Arbeitskraft beruht, gegen die Risiken Alter und Invalidität versichert sind.

Wenig Überzeugungskraft hat demgegenüber die Forderung, die Alterssicherung gerade der gesetzlichen Rentenversicherung zu überantworten. Sie ist von ihrer gesamten Konzeption her (Beitrags- und Leistungsbemessung, Versicherungsfälle, Organisation der Träger etc.) auf abhängig Beschäftigte zugeschnitten. Die in vielerlei Hinsicht völlig anders strukturierten Bedarfe Selbstständiger, die im Vergleich zu Arbeitnehmern beispielsweise vielfach sehr viel flexibler in der Lage sind, ihren Übergang in den Ruhestand gleitend zu gestalten und auf Minderungen der Erwerbsfähigkeit zu reagieren (nur exemplarisch: freie Gestaltung von Arbeitszeit und Arbeitseinsatz, Übertragung körperlich schwerer Tätigkeiten auf Arbeitnehmer oder an Subunternehmer, Umstrukturierung des Geschäftsbetriebs), werden hier nicht angemessen berücksichtigt. Auch künftige politische Entscheidungen zur gesetzlichen Rentenversicherung werden stets primär mit Blick auf die Bedürfnisse der abhängig Beschäftigten, nicht der Selbstständigen getroffen werden. Schließlich hätte eine Ausweitung der Versicherungspflicht des § 2 SGB VI angesichts des Umlageverfahrens der gesetzlichen Rentenversicherung lediglich eine Entlastung der (übrigen) *heutigen* Beitragszahler zur Folge. Die Finanzierungslasten würden in die Zukunft verschoben. Eine kapitalgedeckte Altersvorsorge, die von den hierin erfahrenen Versicherern der privaten Versicherungswirtschaft zu organisieren ist, ermöglicht demgegenüber eine periodengerechte Aufbringung der erforderlichen Mittel.[299]

Geboten ist daher eine einheitliche Regelung für alle Selbstständigen unter Einschluss derer, die bislang nach § 2 SGB VI pflichtversichert sind. Sie sind zu einer insolvenz- und pfändungssicheren Alters- und Berufsunfähigkeitsvorsorge, die zu einer Absicherung oberhalb des Grundsicherungsniveaus führt, anzuhalten. Diese müssen sie in ihre Produkte und Dienstleistungen am Markt einpreisen; diskutabel erscheint auch eine offene Ausweisung auf der Rechnung (wie bei der Umsatzsteuer). Das Mindest-Sicherungsniveau ist sowohl hinsichtlich der tatbestandlichen Voraussetzungen (insb. hinsichtlich der Erwerbsminderung) als auch der monatlichen Rente vom Gesetzgeber dynamisch zu definieren. Der Nachweis, die Versicherungspflicht erfüllt zu haben, kann über einen automatisierten Datenaustausch der Lebensversicherer mit der Deutschen Rentenversicherung erfolgen. Wer seiner Pflicht zur privaten Vorsorge

---

[299] *Rolfs* NJW 2022, 2717 (2719).

nicht oder nicht in ausreichendem Umfang nachkommt, wird in der gesetzlichen Rentenversicherung pflichtversichert.

b) Versicherter Personenkreis 2: Opt-out für Beschäftigte oberhalb der Beitragsbemessungsgrenze

Wenn für Selbstständige mit der Pflicht, gegen die Risiken Alter und Invalidität vorzusorgen, das Recht verbunden ist, dies außerhalb der gesetzlichen Rentenversicherung zu tun, stellt sich die naheliegende Frage, warum dasselbe nicht für gutverdienende Beschäftigte, also solche mit einem Einkommen oberhalb der Beitragsbemessungsgrenze gelten soll. Bis Ende 1967 existierte in der Rentenversicherung der Angestellten nicht nur eine Beitragsbemessungs-, sondern – wie heute noch in der Kranken- und Pflegeversicherung – eine Versicherungspflichtgrenze. Auf Vorschlag der Sozialenquête-Kommission [300] wurde diese seinerzeit gestrichen [301] Eine Verfassungsbeschwerde blieb erfolglos.[302] Die Möglichkeit, der Versicherungspflicht durch private Vorsorge zu entgehen (befreiende Lebensversicherung) blieb nur noch übergangsweise für ältere Angestellte erhalten.

Im Bereich des Sozialrechts kommt dem Gesetzgeber ein weiter Gestaltungsspielraum zu.[303] Die Versicherungspflicht greift jedenfalls in die durch Art. 2 Abs. 1 GG gewährleistete allgemeine Handlungsfreiheit ein. Sie muss daher dem Gebot der Verhältnismäßigkeit entsprechen.[304] Im Zuge der Einführung einer Versicherungspflicht für Selbstständige mit „Opt-out"-Möglichkeit müssen ohnehin Kriterien für eine Gleichwertigkeit privater Vorsorgeprodukte entwickelt werden. Dann kann die mit einer Vorsorgepflicht verbundene Wahlfreiheit auch abhängig Beschäftigten eingeräumt werden. Sie sollte sich allerdings auf diejenigen Beschäftigten beschränken, denen aufgrund der Höhe ihres Einkommens zugetraut werden kann, sich

---

[300] *Bogs/Achinger/Meinhold/Neundörfer/Schreiber,* Soziale Sicherung in der Bundesrepublik Deutschland: Bericht der Sozialenquête-Kommission (1966), S. 124 f. Tz. 342 ff.
[301] Gesetz zur Verwirklichung der mehrjährigen Finanzplanung des Bundes, II. Teil – Finanzänderungsgesetz 1967 – vom 21.12.1967, BGBl. I S. 1259, zur Begründung BT-Drs. 5/2149, S. 28.
[302] BVerfG 14.10.1970 – 1 BvR 307/68, BVerfGE 29, 221 (233 ff.).
[303] BVerfG 10.5.1960 – 1 BvR 190/58 u. a., BVerfGE 11, 105 (112); 12.1.1983 – 2 BvL 23/81, BVerfGE 63, 1 (35); 8.4.1987 – 2 BvR 909/82 u. a., BVerfGE 75, 108 (146); 7.7.1992 – 1 BvL 51/86 u. a., BVerfGE 87, 1 (34); 28.5.1993 – 2 BvF 2/90, BVerfGE 88, 203 (213); Dürig/Herzog/Scholz/*Uhle,* GG (Stand: September 2022), Art. 74 Rn. 303.
[304] BVerfG 6.6.1989 – 1 BvR 921/85, BVerfGE 80, 137 (153); 18.2.1998 – 1 BvR 1318/86 u. a., BVerfGE 97, 271 (286); 3.4.2001 – 1 BvR 2014/95, BVerfGE 103, 197 (215); 9.12.2003 – 1 BvR 558/99, BVerfGE 109, 96 (111); Jarass/Pieroth/*Jarass* GG, (17. Aufl. 2022), Art. 2 Rn. 17.

eigenverantwortlich um ihre Altersvorsorge zu bemühen. Finanzielle Einbußen sind damit für die gesetzliche Rentenversicherung lediglich vorübergehend verbunden, weil den ausbleibenden Beiträgen später keine entsprechenden Leistungsausgaben gegenüberstehen. Angesichts der deutlich höheren Lebenserwartung von Personen mit überdurchschnittlichem Einkommen[305] wird die gesetzliche Rentenversicherung im Ergebnis sogar entlastet.

c) Geringfügige Beschäftigung

Wer nach dem 31.12.2012 eine dauerhafte geringfügige Beschäftigung (Minijob) aufgenommen hat, ist in der gesetzlichen Rentenversicherung versicherungspflichtig.[306] Der Arbeitgeber trägt einen Pauschalbeitrag von 15 % (in Privathaushalten 5 %), der Versicherte die Differenz zum regulären Beitragssatz (2024: 18,6 %, Differenz also 3,6 %, in Privathaushalten 13,6 %) bei einer Mindestbeitragsbemessungsgrundlage von 175 Euro. Allerdings haben die Versicherten die Möglichkeit des „Opt-out", können sich also von der Versicherungspflicht befreien lassen (§ 6 Abs. 1b SGB VI). Davon macht die große Mehrheit der geringfügig Beschäftigten Gebrauch. In nämlicher Weise gering ist der Anteil derjenigen, die in einer bereits vor dem 1.1.2013 begründeten dauerhaften geringfügigen Beschäftigung stehen und seinerzeit auf die Versicherungsfreiheit verzichtet haben (Opt-in, § 230 Abs. 8 SGB VI).

Die Versicherungsbefreiung ist leistungsrechtlich mit erheblichen Nachteilen verbunden. Der Beschäftigte erhält lediglich „Zuschläge zu Entgeltpunkten" (§ 76b SGB VI). Der vom Arbeitgeber entrichtete Pauschalbeitrag ist kein „Pflichtbeitrag", weil der Beschäftigte nicht versicherungspflichtig ist. Durch ihn und die in geringfügiger Beschäftigung zurückgelegten Zeiten können daher weder die Voraussetzungen für eine Erwerbsminderungsrente (§ 43 SGB VI) noch für Leistungen zur Teilhabe (§§ 9ff. SGB VI) erfüllt werden.[307] Dieser Nachteil ließe sich vermeiden, wenn die Möglichkeit der Befreiung von der Versicherungspflicht für geringfügig Beschäftigte außerhalb von Privathaushalten entfiele.[308] Zugleich könnte der Pauschalbeitrag des Arbeitgebers von 15 % auf 17 % erhöht werden, im Gegenzug die Pauschalsteuer von 2 % (§ 40a Abs. 2 EStG) entfallen. Die Belastung für den Arbeitgeber bliebe in der Summe

---

[305] Frauen mit einem Einkommen von 150 % und mehr des Medians leben gut vier Jahre länger als solche mit einem Einkommen von unterhalb 60 % des Medians, Männer sogar über acht Jahre; siehe *Lampert/Hoebel/Kroll*, Journal of Health Monitoring 2019 (4), S. 3 (6 ff.).
[306] *Griese/Preis/Kruchen* NZA 2013, 113 (114).
[307] *Boecken* NZA 1999, 393 (398); *Lembke* NJW 1999, 1825 (1827).
[308] Dafür auch *Koppernock* NZS 2022, 692 (697).

identisch, für den Arbeitnehmer würde sich der Nettolohn minimal reduzieren (beim aktuellen Beitragssatz von 18,6% um gerade einmal 1,6%). Im Gegenzug erhielte er die vollen Leistungsansprüche eines Pflichtversicherten.

Für geringfügig Beschäftigte in Privathaushalten kann zwar gleichfalls der Arbeitgeber-Beitragssatz bei gleichzeitiger Streichung der Pauschalsteuer auf 7% erhöht werden. Für die Beschäftigten sollte es aber bei der Möglichkeit des Opt-out verbleiben, weil der von ihnen zu tragende Beitragsanteil deutlich höher ist und dementsprechend eine signifikante Minderung des Nettoarbeitsentgelts zur Folge hätte. Das Risiko, dass die – ohnehin wohl relativ wenigen – angemeldeten Beschäftigungsverhältnisse zunehmend wieder in die Illegalität abdrifteten, wäre zu hoch.

4. Arbeitslosenversicherung

Während in den übrigen Versicherungszweigen – sehr heterogen – bestimmte Selbstständige pflichtversichert sind, beschränkt sich der Schutz der Arbeitslosenversicherung auf Beschäftigte (§ 25 SGB III) und einige sonstige Versicherungspflichtige (§ 26 SGB III), zu denen Selbstständige nicht gehören. Sie haben lediglich unter engen Voraussetzungen die Möglichkeit, sich auf Antrag pflichtzuversichern. Wegen § 28a Abs. 2 SGB III steht diese Möglichkeit praktisch nur denjenigen offen, die vor ihrem Wechsel in die Selbstständigkeit abhängig beschäftigt waren (freiwillige Weiterversicherung). Damit soll die Existenzgründung gefördert, aber eine adverse Risikoselektion vermieden werden.[309] Spätestens die Corona-Pandemie hat freilich gezeigt, dass auch für Selbstständige eine Absicherung gegen das Risiko der (hier durch pandemiebedingte Betriebsschließungen etc. erzwungenen) „Arbeitslosigkeit" bzw. „Kurzarbeit" geboten sein kann.[310] Private Betriebsunterbrechungs-/Betriebsschließungsversicherungen, zu deren Abschluss ohnehin kein Zwang besteht, hatten das Risiko häufig nicht bedeckt.[311] In dieser außergewöhnlichen Situation hat der Staat mit aus Steuermitteln finanzierten Sofort- und Überbrückungshilfen Insolvenzen zu vermeiden versucht.

Die Etablierung einer „Arbeitslosenversicherung" für alle (Solo-)Selbstständigen wäre ordnungspolitisch wie rechtssystematisch ein komplexes Unterfangen. Das ökonomische Risiko, sich mit einer selbstständigen Tätigkeit einen auskömmlichen Markt erschließen und diesen auf Dauer erhalten zu können, hängt von vielfältigen

---

[309] Vgl. BT-Drs. 15/1515 S. 78.
[310] *Schlegel* NZS 2022, 681 (681 f.).
[311] BGH 26.1.2022 – IV ZR 144/21, BGHZ 232, 344 (350 ff.); 21.9.2022 – IV ZR 305/21, VersR 2022, 1507 (1507 f.); 18.1.2023 – IV ZR 465/21, NJW 2023, 684 (685 ff.).

Faktoren, nicht zuletzt dem persönlichen Ideenreichtum und Einsatz für das eigene Unternehmen, aber auch solchen ab, die sich dem individuellen Einfluss entziehen. Die Eröffnung weiterer Möglichkeiten zu einer freiwilligen Versicherung hätte kaum anders als eine Versicherungspflicht (nur) für Existenzgründer und/oder Solo-Selbstständige zur Folge, dass Personen mit überdurchschnittlichem Risiko Mitglieder der Versichertengemeinschaft würden. Eine Quersubventionierung durch die als abhängig Beschäftigte Pflichtversicherten sollte vermieden werden. Dafür stünden verschiedene Optionen zur Verfügung. Der Versicherungsäquivalenz am nächsten kommt die Bildung einer selbstständigen Risikogemeinschaft mit eigenem Beitragssatz. Komplex ist zudem sowohl die Ermittlung der zutreffenden Beitragsbemessungsgrundlage als auch die Definition des Versicherungsfalls einschließlich der bei ihrer Verletzung Ansprüche ausschließenden oder vermindernden Obliegenheiten (versicherungswidriges Verhalten).

Anders als hinsichtlich der Alters- und Berufsunfähigkeitssicherung steckt die Diskussion hier – auch mit den Betroffenen selbst – erst noch in den Anfängen. Der Deutsche Juristentag sollte sich daher auf einen Prüfauftrag beschränken.

VIII. Verfahrensrecht

1. Statusfeststellung: Verwaltungsverfahren

Die Digitalisierung und die sie begleitenden Veränderungen der Arbeitswelt haben zur Folge, dass die klassischen Tatbestandsmerkmale der abhängigen Beschäftigung, das Weisungsrecht einerseits und die Eingliederung in den Betrieb andererseits, mehr und mehr aus der betrieblichen Wirklichkeit verschwinden.[312] Die korrekte Statuszuordnung wird komplexer. „Wenn die «freien Mitarbeiter» auf einer Farbscala zwischen schwarz und weiß abzubilden wären, läge das Gros der Fälle sicherlich in den Grautönen".[313] Das Verfahren zur Statusfeststellung wird auf Antrag der Beteiligten oder von Amts wegen eingeleitet (§ 7a Abs. 1 SGB IV), wenngleich ein jüngeres Urteil des BGH erhellt, dass Letzteres jedenfalls in der Vergangenheit oft rechtswidrig unterblieben ist.[314] Die Entscheidung über den Erwerbsstatus trifft die Deutsche Rentenversicherung Bund. Das ist solange sachgerecht, wie mit der Entscheidung, der Erwerbstätige sei Selbstständiger, nicht in Rechtsbeziehungen zu Drit-

---

[312] *Kania* NZS 2020, 878 (881).
[313] *Kania* NZS 2020, 878 (882).
[314] BGH 19.1.2023 – III ZR 234/21, VersR 2023, 451.

ten eingegriffen wird. Besteht aber für (Solo-)Selbstständige die Verpflichtung zur Privatvorsorge und dient die Deutsche Rentenversicherung lediglich als Auffangversicherungsträger für diejenigen, die keine adäquate private Alters- und Berufsunfähigkeitsversicherung genommen haben, greift die Entscheidung, der Betreffende sei abhängig beschäftigt, zumindest mittelbar in das private Versicherungs- oder sonstige Vorsorgeverhältnis ein. Denn für den Erwerbstätigen besteht dann angesichts der Versicherungspflicht in der gesetzlichen Rentenversicherung keine Notwendigkeit zur Aufrechterhaltung dieses Vertragsverhältnisses mehr, u.U. fehlen ihm angesichts der Beitragspflicht nach dem SGB VI auch die finanziellen Mittel dafür. Es erscheint aber rechtsstaatlich wenig überzeugend, der DRV Bund die Statusfeststellung zu überantworten, ohne die betroffenen privaten Versicherungs- und Vorsorgeträger gleichrangig zu beteiligen. Trotz der etwas andersartigen Zweckrichtung und Verfahrensgestaltung sei auf die Zulassung zur Syndikusanwaltschaft hingewiesen: Die Entscheidung hierüber trifft die – mit dem Rechtsanwaltsversorgungswerk organisatorisch eng verbundene – örtlich zuständige Rechtsanwaltskammer nach Anhörung der Rentenversicherung (§ 46a Abs. 2 BRAO).[315] Hier ist die annähernd gleichberechtigte Teilhabe beider in Betracht kommender Alterssicherungssysteme am Verfahren gewährleistet.

Es ist daher zu empfehlen, das Statusfeststellungsverfahren einer neutralen Clearingstelle zu übertragen, die vor ihrer Entscheidung neben dem Erwerbstätigen und dessen Auftrag-/Arbeitgeber in gleicher Weise die DRV Bund und den ggf. vom Erwerbstätigen gewählten privaten Versicherungs- oder Vorsorgeträger anhört.

2. Arbeitnehmer, Beschäftigte, Versicherte: einheitliche gerichtliche Entscheidung?

Die sozialrechtliche Beschäftigung ist mit dem privatrechtlichen Arbeitsverhältnis nicht identisch. Die normative Ausgangslage lässt eine vollständige Vereinheitlichung nicht zu, sie ist auch de lege ferenda nicht zu empfehlen.[316] § 7 Abs. 1 SGB IV definiert die Beschäftigung als nichtselbstständige Arbeit, *insbesondere* – aber eben nicht nur – in einem Arbeitsverhältnis. Vorstandsmitglieder von Aktiengesellschaften, die bürgerlich-rechtlich in einem freien Dienst-, nicht aber in einem Arbeitsverhältnis zu der Gesellschaft stehen, deren Leitung ihnen obliegt, werden in § 1 Satz 3 SGB VI und

---

[315] Näher Hartung/Scharmer/*Dietzel*, BORA/FAO (8. Auf. 2022), § 46a BRAO Rn. 15ff.; Henssler/Prütting/*Prütting*, BRAO (5. Aufl. 2019), § 46a Rn. 4ff.; Offermann-Burckart NJW 2016, 113 (115f.).
[316] → B 31, B 35.

§ 27 Abs. 1 Nr. 5 SGB III ausdrücklich von der Versicherungspflicht ausgenommen, vom Gesetzgeber also als (ohne diese Sonderregelung versicherungspflichtige) Beschäftigte angesehen.[317] Selbst die in einem öffentlich-rechtlichen Dienstverhältnis stehenden Beamten werden von § 27 Abs. 1 Nr. 1 SGB III, § 6 Abs. 1 Nr. 2 SGB V, § 5 Abs. 1 Nr. 1 SGB VI explizit für versicherungsfrei erklärt, was ebenfalls überflüssig wäre, wenn sie schon gar nicht beschäftigt wären.[318] Nach ständiger Rechtsprechung des BSG sind insbesondere Fremd- und nicht beherrschende Gesellschafter-Geschäftsführer Beschäftigte,[319] obgleich ihnen der Arbeitnehmerstatus fehlt.

Weitere Differenzierungen zwischen Arbeitsverhältnis, Beschäftigung und Versicherungspflicht resultieren daraus, dass neben den Beschäftigten auch bestimmte Selbstständige versicherungspflichtig sind (vgl. § 2 SGB VI), dass Beschäftigung nicht zwingend Versicherungsschutz vermittelt, wenn sie beispielsweise nicht gegen Arbeitsentgelt[320] oder versicherungsfrei ausgeübt wird (insbesondere bei geringfügiger Beschäftigung mit „opt-out" in der Rentenversicherung sowie bei Überschreiten der Versicherungspflichtgrenze in der Kranken- und Pflegeversicherung), dass der Beschäftigte trotz inländischen Arbeitgebers im Ausland sozialversichert ist, weil die Beschäftigung zu mehr als 25 % in diesem Staat, in dem der Beschäftigte zugleich wohnt, ausgeübt wird (vgl. Art. 13 VO [EG] 883/2004, Art. 14 Abs. 8 VO [EG] 987/2009), dass ein Arbeitsverhältnis nach unwirksamer Kündigung rechtlich fortbestehen, die Beschäftigung gegen Arbeitsentgelt aber gleichwohl (auch im beitragsrechtlichen Sinne) beendet sein kann[321] u. v. a. m.

Obwohl diese Fallgestaltungen zahlreich erscheinen, lässt sich doch feststellen, dass Arbeitnehmer in einem aktiven (nicht ruhenden) Arbeitsverhältnis stets Beschäftigte sind, die, da sie Anspruch jedenfalls auf den Mindestlohn (§ 1 Abs. 2 MiLoG) haben, auch gegen Arbeitsentgelt beschäftigt sind. Daraus resultiert zwar wegen möglicher Versicherungsfreiheit oder -befreiung noch nicht zwin-

---

[317] BSG 31.5.1989 – 4 RA 22/88, BSGE 65, 113 (116 f.); 21.2.1990 – 12 RK 47/87, NZA 1990, 950 (950); 27.2.2008 – B 12 KR 23/06 R, BSGE 100, 62 (64 f.); 6.10.2010 – B 12 KR 20/09 R, SozR 4–2600 § 1 Nr. 5; BeckOGK/*Guttenberger* (1.7.2021), § 1 SGB VI Rn. 32; KRW/*Berchtold* (8. Aufl. 2023), SGB VI § 1 Rn. 11; aA für die gesetzliche Unfallversicherung BSG 12.12.1999 – B 2 U 38/98 R, BSGE 85, 214 (217); 20.3.2018 – B 2 U 13/16 R, BSGE 125, 219 (221); 15.12.2020 – B 2 U 4/20 R, BSGE 131, 144 (147).
[318] *Schlegel* NZS 2022, 681 (684).
[319] → B 24.
[320] BSG 4.3.2014 – B 1 KR 64/12 R, BSGE 115, 158 (160 ff.) mit abl. Besprechung *Rolfs* RdA 2015, 248 ff.
[321] BSG 4.7.2012 – B 11 AL 16/11 R, SozR 4–4300 § 123 Nr. 6 für den Fall der unwirksamen Kündigung durch den Insolvenzverwalter bei endgültiger Betriebsstilllegung.

gend Versicherungsschutz, eine „Elementenfeststellung" bezüglich der Beschäftigung[322] kann aber getroffen werden. Bereits im Zusammenhang mit dem Crowdworker-Urteil des BAG ist oben[323] darauf hingewiesen worden, dass die Arbeitsgerichte gelegentlich erst im Zusammenhang mit der Beendigung des Rechtsverhältnisses angerufen werden und sich der Streitgegenstand dann darauf beschränkt, dass im Zeitpunkt des Zugangs der Kündigungserklärung ein Arbeitsverhältnis bestanden hat, aber unentschieden bleibt, wann es (und wann das korrespondierende Beschäftigungsverhältnis) begonnen hat.

Eine vergleichsweise einfache Kooperation zwischen Arbeitsgerichtsbarkeit und Sozialversicherung bestünde darin, den Gerichten für Arbeitssachen aufzugeben, eine rechtskräftige Entscheidung über den Arbeitnehmerstatus von Amts wegen der Deutschen Rentenversicherung (bzw. der nach dem obigen Vorschlag[324] eingerichteten neutralen Clearingstelle) sowie dem Zoll zu übermitteln. Der DRV käme dann in Bezug auf die Versicherungspflicht in der Sozialversicherung, dem Zoll im Hinblick auf den Mindestlohn (§ 14 MiLoG) die Aufgabe zu, den Beginn des Beschäftigungs- bzw. des Arbeitsverhältnisses festzustellen. Die Durchsetzung der daraus resultierenden Arbeitgeberpflichten bliebe unverändert.

Wesentlich komplexer wäre es, eine einheitliche gerichtliche Entscheidung herbeiführen zu wollen. Dann müsste den Gerichten für Arbeitssachen insoweit die Entscheidungskompetenz über das öffentlich-rechtliche Beschäftigungsverhältnis überantwortet werden. Im Verfahren wären die Deutsche Rentenversicherung und ggf. der vom (Schein-)Selbstständigen gewählte private Träger der Alters- und Berufungsunfähigkeitsversicherung beizuladen. Das Verfahren könnte kaum als dem Beibringungsgrundsatz verpflichtetes Urteilsverfahren durchgeführt oder fortgesetzt, sondern müsste in ein Beschlussverfahren mit amtswegiger Ermittlung der entscheidungserheblichen Tatsachen (§ 83 Abs. 1 Satz 1 ArbGG) und nicht an die Parteianträge gebundenen Beschluss (§ 84 Satz 1 ArbGG) übergeleitet werden.[325] Ist der Arbeitnehmerstatus – wie bei einer Kündigungsschutzklage – nur ein Teil des Streitgegenstands, müsste er ab-

---

[322] Wie jetzt nach § 7a SGB IV, dazu *Brose* SGb 2022, 133 (136 f.); *Zieglmeier* NZA 2021, 977 (978 ff.). Zur grundsätzlichen Unzulässigkeit einer Elementenfeststellungsklage vor der Reform des Statusfeststellungsverfahrens zum 1.4.2022 BSG 11.3.2009 – B 12 R 11/07 R, BSGE 103, 17 (21); 4.6.2009 – B 12 R 6/08 R, BeckRS 2009, 72915; 26.2.2019 – B 12 R 8/18 R, SGb 2020, 192; MKLS/*Keller*, SGG (13. Aufl. 2020), § 55 Rn. 9.
[323] → B 16.
[324] → B 88.
[325] So auch *Gräf* ZFA 2023, 209 (248 f.) im Zusammenhang mit der Umsetzung der geplanten EU-Plattform-Richtlinie.

getrennt und das Verfahren im Übrigen ausgesetzt werden. Das kompliziert und verzögert das Verfahren, es setzt den mit dem Risiko des Annahmeverzugslohns (§ 615 Satz 1 BGB) belasteten Arbeitgeber noch größerem Druck aus, zur vergleichsweisen Beilegung des Rechtsstreits eine hohe Abfindung zu zahlen, ist damit nicht sachgerecht und nicht zu empfehlen.

In umgekehrter Richtung – Mitentscheidung der Gerichte der Sozialgerichtsbarkeit über den Arbeitnehmerstatus im Zuge des Urteils über Beschäftigung und Versicherungspflicht – kommt eine solche partielle Übertragung der Entscheidungskompetenz auf das eigentlich rechtswegfremde Gericht nicht in Betracht. Die Beschäftigung ist gegenüber dem Arbeitsverhältnis „überschießend" (vgl. § 7 Abs. 1 SGB IV). Beschäftigter kann auch sein, wer kein Arbeitnehmer ist. Hier könnte allenfalls die rechtskräftige Entscheidung von Amts wegen dem Zoll übermittelt werden. Er müsste dann prüfen, ob und ggf. seit wann der Beschäftigte (auch) Arbeitnehmer ist und ob der Arbeitgeber wenigstens den Mindestlohn entrichtet hat. Im Übrigen darf nicht aus dem Blick geraten, dass eine Entscheidung über den Arbeitnehmer-/Beschäftigtenstatus zumindest inzident auch bei den ordentlichen Gerichten, sowohl in Zivil- als auch Strafsachen (insbesondere Strafbarkeit wegen Vorenthaltens und Veruntreuens von Arbeitsentgelt [§ 266a StGB]), bei den Verwaltungs- und sogar bei den Finanzgerichten (Beanstandung der MiLoG-Pflichten durch den Zoll, § 15 Satz 1 MiLoG iVm. § 23 SchwarzArbG) anfallen kann. Eine regelmäßige Pflicht zur Aussetzung dieser Verfahren und Vorabentscheidung über die Arbeitnehmereigenschaft durch die Gerichte der Arbeitsgerichtsbarkeit wäre untunlich. Das Gericht des zulässigen Rechtsweges entscheidet den Rechtsstreit unter allen in Betracht kommenden rechtlichen Gesichtspunkten (§ 17 Abs. 2 Satz 1 GVG).

IX. Thesen

1. Eine Vereinheitlichung des Anwendungsbereichs aller arbeits- und sozialversicherungsrechtlichen Bestimmungen (einheitlicher Arbeitnehmer- und Beschäftigtenbegriff) ist nicht empfehlenswert. Die unterschiedlichen Regelungsgegenstände und Schutzbedürfnisse erfordern differenzierte persönliche Geltungsbereiche.
2. Den Tarifvertrags- und Betriebsparteien fallen zentrale Aufgaben bei der Gestaltung der Arbeitsbeziehungen zu. Ihre Rolle sollte gestärkt werden.
3. Tarifdispositive Gesetze sollten stets auch für entsprechende Regelungen paritätisch besetzter Kommissionen kirchlicher Arbeitgeber sowie für Richtlinien der Sprecherausschüsse geöffnet

werden. Wo Betriebsvereinbarungen zugelassen werden, sollten auch personalvertretungsrechtliche und kirchliche Dienstvereinbarungen möglich sein.
4. Tarifdispositiv sollten gestaltet werden:
   a) Formvorschriften des NachwG, BEEG, PflegeZG, FPfZG, TzBfG. Die Tarifvertragsparteien sollten jedenfalls Textform genügen lassen können;
   b) das ArbZG in den durch das Unionsrecht gezogenen Grenzen;
   c) Rechtsansprüche auf Teilzeitarbeit einschließlich der jeweiligen Form- und Fristregelungen;
   d) die Schutzvorschriften der §§ 164, 165 und 167 SGB IX zugunsten schwerbehinderter Menschen und ihnen Gleichgestellter;
   e) das Recht der befristeten Arbeitsverhältnisse einschließlich der Rechtsfolgen einer unwirksamen Befristung.
5. Gegenüber Betriebsvereinbarungen könnten geöffnet werden:
   a) Formvorschriften des NachwG, BEEG, PflegeZG, FPfZG, § 8 TzBfG. Die Betriebsparteien sollten jedenfalls Textform genügen lassen können;
   b) Rechtsansprüche auf Teilzeitarbeit einschließlich der jeweiligen Form- und Fristregelungen;
   c) die Schutzvorschriften der §§ 164, 165 und 167 SGB IX zugunsten schwerbehinderter Menschen und ihnen Gleichgestellter.
6. In Arbeitsverträgen mit weit überdurchschnittlich verdienenden Arbeitnehmern (Dreifache der Bezugsgröße oder Doppelte der Beitragsbemessungsgrenze in der Rentenversicherung) sollte es möglich sein,
   a) die voraussetzungslosen Teilzeitansprüche (§§ 8, 9a TzBfG) abzubedingen,
   b) den allgemeinen Kündigungsschutz abzubedingen, wenn der Arbeitgeber sich zugleich zur Zahlung einer Abfindung in Höhe von 12, für ältere Arbeitnehmer 18 Monatsverdienste verpflichtet.
7. Die Tarifvertragsparteien sollten darüber hinaus die Möglichkeit erhalten, das Wahlrecht und die Wählbarkeit zum Betriebsrat sowie den personellen Anwendungsbereich der Beteiligungsrechte des Betriebsrats zu erweitern, um branchentypisches Fremdpersonal zielgenau erfassen zu können.
8. Die Tarifvertragsparteien sollten schließlich das Recht haben, Streitigkeiten über die Auslegung von Tarifrecht (zB Eingruppierung, Streitigkeiten über tarifliche Zuschläge oder tarifliche Arbeitszeiten) tariflichen Schiedsgerichten zu überantworten.

9. Der Versicherungsschutz in der Sozialversicherung sollte idealtypisch so ausgestaltet sein, dass seine Entgeltersatzleistungen hinter dem erzielten Arbeitsentgelt zurückbleiben (Lohnabstandsgebot), zugleich aber deutlich über dem Niveau der Grundsicherung (Bürgergeld, Sozialhilfe) liegen.
10. Das „Hamburger Modell", Beamten die Wahl der gesetzlichen Krankenversicherung zu eröffnen, verschiebt den Solidarausgleich systemwidrig von den Steuer- auf die Beitragszahler. Es sollte abgeschafft werden.
11. Die Regeln über die geringfügige Beschäftigung sollten modifiziert werden: Der Beitragsanteil des Arbeitgebers zur gesetzlichen Rentenversicherung sollte auf 17% (in Privathaushalten auf 7%) erhöht werden, im Gegenzug die 2%-Pauschalsteuer entfallen. Die Möglichkeit, sich in der gesetzlichen Rentenversicherung von der Versicherungspflicht befreien zu lassen, sollte auf Beschäftigte in Privathaushalten beschränkt werden.[326]
12. Selbstständige sollten verpflichtet sein, private Vorsorge gegen die Risiken Alter und Berufsunfähigkeit zu treffen. Diese muss insolvenz- und pfändungssicher sein und zu einer Absicherung oberhalb des Grundsicherungsniveaus führen. Kommen sie dieser Verpflichtung nicht nach, werden sie gesetzlich rentenversichert.[327]
13. Beschäftigte mit einem Arbeitsentgelt oberhalb der Beitragsbemessungsgrenze in der gesetzlichen Rentenversicherung sollten die Möglichkeit des „Opt-out" zugunsten einer gleichwertigen privaten Alters- und Invaliditätsvorsorge haben.
14. Der Gesetzgeber sollte prüfen, ob eine „Arbeitslosenversicherung" für (Solo-)Selbstständige eingeführt und wie diese ausgestaltet werden kann. Eine Quersubventionierung der Risiken Selbstständiger durch die Beiträge der pflichtversicherten Beschäftigten ist zu vermeiden.
15. Das Statusfeststellungsverfahren (§ 7a SGB IV) sollte einer neutralen Clearingstelle übertragen werden, die neben dem Erwerbstätigen, seinem Auftrag-/Arbeitgeber und der Deutschen Rentenversicherung auch den vom (Schein-)Selbstständigen gewählten privaten Träger der Alters- und Invaliditätsvorsorge zu beteiligen hat.
16. Eine rechtswegübergreifende Entscheidung über den Status als Arbeitnehmer und Beschäftigter ist wegen der unterschiedlichen materiell-rechtlichen Tatbestandsvoraussetzungen nicht zu empfehlen.

---

[326] Vgl. bereits 73. DJT Bonn 2022, Abt. B, Beschluss 13.
[327] Vgl. bereits 73. DJT Bonn 2022, Abt. B, Beschlüsse 10 und 11.

17. Stellt ein Gericht der Arbeitsgerichtsbarkeit rechtskräftig fest, dass ein Erwerbstätiger Arbeitnehmer ist, sollte es hierüber von Amts wegen den Zoll als die für die Kontrolle des MiLoG zuständige Behörde und die Deutsche Rentenversicherung benachrichtigen. Stellt ein Gericht der Sozialgerichtsbarkeit rechtskräftig fest, dass ein Erwerbstätiger Beschäftigter ist, sollte es hierüber von Amts wegen den Zoll benachrichtigen.

Gutachten C
zum 74. Deutschen Juristentag
Stuttgart 2024

Verhandlungen des
74. Deutschen Juristentages
Stuttgart 2024

Herausgegeben von der
Ständigen Deputation
des Deutschen Juristentages

Band I

Beschlagnahme und Auswertung von Handys, Laptops & Co. – Sind beim offenen Zugriff auf Datenträger die Persönlichkeitsrechte angemessen geschützt?

Gutachten C

zum 74. Deutschen Juristentag

Erstattet von
Prof. Dr. Mohamad El-Ghazi

Lehrstuhl für Deutsches und Europäisches Strafrecht, Strafprozessrecht und Wirtschaftsstrafrecht, Direktor des Trierer Instituts für Geldwäsche- und Korruptions-Strafrecht (TrIGeKo)
Universität Trier

C.H.BECK

Zitiervorschlag: 74. djt I/C [Seite]

beck.de

ISBN 9783 406 81550 8

© 2024 Verlag C.H.Beck oHG
Wilhelmstraße 9, 80801 München
Druck und Bindung: Beltz Grafische Betriebe GmbH
Am Fliegerhorst 8, 99947 Bad Langensalza

Umschlag: nach dem Entwurf von rulle & kruska gbr,
Nikolaus Rulle, Köln

myclimate
shape our future
chbeck.de/nachhaltig

Gedruckt auf säurefreiem, alterungsbeständigem Papier
(hergestellt aus chlorfrei gebleichtem Zellstoff)

Alle urheberrechtlichen Nutzungsrechte bleiben vorbehalten.
Der Verlag behält sich auch das Recht vor, Vervielfältigungen dieses Werkes
zum Zwecke des Text and Data Mining vorzunehmen.

Inhaltsverzeichnis

A. Einleitung .... C 9
B. Bestandsaufnahme: Sicherstellung und Auswertung von IT-Geräten .... C 13
   I. Smartphones, Personal Computer, Laptops, Tablets und Co. als informationstechnische Systeme .... C 13
   II. Einfache und komplexe informationstechnische Systeme .... C 13
   III. Regelungen zum geheimen Zugriff auf IT-Geräte .... C 16
   IV. Sicherstellung und Beschlagnahme von IT-Geräten auf Grundlage der §§ 94 ff. StPO .... C 18
     1. Materielle Voraussetzungen der Sicherstellung nach § 94 StPO .... C 19
       a) Gegenstände als Beweismittel .... C 19
       b) Beweisrelevanz des Gegenstandes .... C 21
       c) Verhältnismäßigkeit der Sicherstellung .... C 22
         aa) Insbesondere: Erforderlichkeit .... C 23
         bb) Insbesondere: Angemessenheit .... C 24
         cc) Sicherstellungsverbote, insbesondere Kernbereichsschutz .... C 26
     2. Formelle Anforderungen an die Sicherstellung .... C 28
     3. Ausnahme: Zulässigkeit geheimer Beschlagnahmen, § 95a StPO .... C 29
   V. Einfache Durchsicht von Akten und elektronischen Speichermedien, § 110 StPO .... C 31
     1. Zweck und Anwendungsbereich der Durchsicht nach § 110 StPO .... C 31
     2. Durchführung der Sichtung .... C 32
     3. Dauer der Durchsicht .... C 33
   VI. Erweiterte Durchsicht, § 110 Abs. 3 S. 2 StPO .... C 34
     1. Hintergrund der Vorschrift .... C 34
     2. Charakter der Maßnahme, Voraussetzungen der Onlinesichtung und betroffene Daten .... C 35
   VII. Zwischenergebnis .... C 38
C. Grundrechtsdimension des offenen Zugriffs auf IT-Geräte: betroffene Grundrechte .... C 40
   I. Unterbeleuchtete Debatte über die verfassungsrechtliche Tragweite der Beschlagnahme von komplexen IT-Geräten .. C 40
   II. Von der Sicherstellung und der Auswertung betroffene Grundrechte .... C 42
     1. Eingriff in Art. 14 Abs. 1 GG, Eigentumsgarantie .... C 42

2. Eingriff in Art. 13 GG, Unverletzlichkeit der Wohnung ... C 43
3. Eingriff in Art. 10 GG, Fernmeldegeheimnis ... C 44
4. Eingriff in die informationelle Selbstbestimmung, Art. 2 Abs. 1 iVm Art. 1 Abs. 1 GG ... C 48
5. Beschlagnahme als Eingriff in das IT-Grundrecht, Art. 2 Abs. 1 iVm Art. 1 Abs. 1 GG ... C 50
   a) Grundsatzfrage ... C 50
   b) Neue Persönlichkeitsgefährdungen als Anlass für die Entwicklung des IT-Grundrechts ... C 50
   c) Schutzbereich ... C 53
      aa) Sachlicher und personeller Schutzbereich ... C 53
      bb) Keine Begrenzung auf präventive und heimliche Eingriffe (Infiltration) ... C 55
         (1) Keine Begrenzung des IT-Grundrechts auf präventiv ausgerichtete Maßnahmen ... C 55
         (2) Geltung des IT-Grundrechts auch für offene Zugriffe auf IT-Geräte ... C 56
         (3) Subsidiarität des IT-Grundrechts bei offenen Zugriffen ... C 60
         (4) Zwischenergebnis ... C 63

D. **Regelungs- und Schutzdefizite bei der Beschlagnahme von IT-Geräten** ... C 64
  I. Einleitung ... C 64
  II. Notwendigkeit einer Sonderregelung für die Beschlagnahme von IT-Geräten ... C 65
  III. Keine Beschlagnahme von komplexen IT-Geräten zur Aufklärung leichter Straftaten ... C 69
    1. Bisher: Keine Beschränkung der Beschlagnahme von IT-Geräten auf bestimmte Delikte ... C 69
    2. Präventive Online-Durchsuchung nur bei konkreter Gefahr für überragend wichtige Rechtsgüter ... C 70
    3. Keine Übertragung der Vorgaben zur Online-Durchsuchung auf die Beschlagnahme von IT-Geräten ... C 72
    4. Keine Beschlagnahme von komplexen IT-Geräten zur Aufklärung von Straftaten unterhalb mittlerer Kriminalität ... C 76
  IV. Beschlagnahme nur bei qualifiziertem Verdacht einer Beweisrelevanz ... C 80
  V. Eigenständige Regelung zum Kernbereichsschutz ... C 82
    1. Zugriff auf kernbereichsrelevante Daten beim offenen Zugriff ... C 82
    2. Notwendigkeit einer positiv-rechtlichen Kernbereichsregelung für „verletzungsgeneigte" Maßnahmen ... C 84

VI. Richtervorbehalt und rechtsschutzbezogene Defizite .... C 87
  VII. Regelung zum Umgang mit Zufallsfunden .... C 90
  VIII. Subsidiarität der Gerätemitnahme gegenüber einer Datenspiegelung .... C 93
  IX. Fristen für die Rückgabe des IT-Geräts und unverzügliche Aushändigung einer Datenkopie .... C 96
  X. Schutz der Integrität des IT-Geräts und der Daten vor Veränderungen sowie Dokumentation .... C 98

E. Kurzfazit .... C 100

F. Zusammenfassung der Thesen .... C 101

A. Einleitung

Im Zeitpunkt des Inkrafttretens der deutschen Strafprozessordnung im Jahre 1879 steckte die „Technologie" des Telefonierens noch in „den Kinderschuhen". Dem deutschen Physiker Johann Philipp Reis war es 1861 gelungen, mithilfe einer Vorrichtung, die er später *Telephon* nannte, eine elektrische Sprachübermittlung aufzubauen. Seine Innovation wurde später von anderen zur Marktreife weiterentwickelt. Die Kommunikation mittels des Telefons hat die Welt verändert. 150 Jahre später ist unser Telefonapparat *smart* und bietet Möglichkeiten, von denen die meisten von uns [sic!] noch vor wenigen Jahren nicht zu träumen gewagt hätten. Das Telefonieren ist beim Smartphone funktional in den Hintergrund gerückt. Das Allroundgerät, das uns heute zur Verfügung steht, bietet viel mehr. Das gilt auch für andere informationstechnische Geräte (IT-Geräte), die wir alltäglich zu beruflichen und privaten Zwecken nutzen: Personal Computer, Laptops und Tablet-PCs. Auch diese Geräte sind aus unserem Alltag nicht mehr wegzudenken. Smartphones und Laptops respektive Personal Computer sind unter der Bevölkerung weit verbreitet und finden sich heute fast in jedem Haushalt. Mehr als 88 Prozent der Bürgerinnen und Bürger in Deutschland besitzen ein Smartphone.[1] In ca. 92 Prozent der deutschen Haushalte steht ein Laptop bzw. Personal Computer zur Nutzung bereit.[2] Anstelle oder ergänzend zu einem normalen PC nutzen viele ein Tablet-PC.

Wir verwenden solche Geräte nicht nur deshalb, weil wir es wollen, sondern weil wir es inzwischen auch müssen. Wer heute mit anderen kommunizieren möchte, kann kaum mehr auf die Nutzung solcher internetfähigen Geräte verzichten: Telefon, SMS, MMS, Messenger-Dienste, Sprachnachrichten. Aber auch jenseits der zwischenmenschlichen Fernkommunikation bieten diese Geräte vielfältige Nutzungsmöglichkeiten wie Musik- und Videodienste, Navigation, Text- und Dokumentverarbeitung, Terminkalender, E-Mail-Dienste, Shopping, Wallet-Funktion, Banking, Notiz-Funktion, Internetsurfen, diverse Applikationen für Unterhaltung, Nachrichteninformation, Gesundheit, Dating, Social Media, Organizer,

---

[1] Statistisches Bundesamt: https://www.destatis.de/DE/Themen/Gesellschaft-Umwelt/Einkommen-Konsum-Lebensbedingungen/Ausstattung-Gebrauchsgueter/Tabellen/a-infotechnik-d-lwr.html.

[2] Statistisches Bundesamt: https://www.destatis.de/DE/Themen/Gesellschaft-Umwelt/Einkommen-Konsum-Lebensbedingungen/Ausstattung-Gebrauchsgueter/Tabellen/a-infotechnik-d-lwr.html.

Tagebuch etc.³ Mit anderen Worten: Die Möglichkeiten sind unbegrenzt und diese Möglichkeiten werden heute von vielen Bürgerinnen und Bürgern genutzt. Gerade Smartphones, aber auch Tablets haben darüber hinaus den klassischen Fotoapparat ersetzt. Im Speicher dieser Geräte sind nicht selten tausende und abertausende Fotos und Videos vorhanden.

Aufgrund ihres vielfältigen Einsatzbereichs und der zur Verfügung stehenden Speicherkapazitäten sind moderne IT-Geräte ein riesiges Daten-Eldorado für solche Personen, die auf die Gewinnung von Erkenntnissen über den Nutzer des Geräts aus sind. *Beukelmann* schrieb schon 2008: *„Die Festplatte des Computers ist eine wahre Fundgrube. Sie ist heutzutage die Quelle schlechthin, um einen Menschen kennenzulernen."*⁴ IT-Geräte wie Personal Computer, Laptops, Tablets, aber vor allem Smartphones sind auch für Strafverfolgungsbehörden ein „wahrer Goldschatz". Für die Strafverfolgungsbehörden eröffnen sich mit dem Zugang zu IT-Geräten der oben genannten Art lange Zeit ungeahnte Erkenntnismöglichkeiten.⁵ Insbesondere der Zugriff auf das Smartphone bietet so viel Informationspotenzial wie kaum eine andere Maßnahme der Strafprozessordnung. Die auf dem Gerät gespeicherten Daten geben Auskunft über fast alle Lebensbereiche und bieten das Potenzial, mit ihrer Hilfe Persönlichkeits-, Bewegungs-, Kommunikations- und Verhaltensprofile zu generieren.

Die Gefahren, die von einem Zugriff auf IT-Geräte für die Persönlichkeitsrechte des Geräteinhabers ausgehen, wurden unlängst erkannt. Das Bundesverfassungsgericht hat mit Blick auf die grundrechtliche Gefährdungslage in zahlreichen Entscheidungen strenge Regeln für den heimlichen Zugriff auf (komplexe) IT-Geräte im Wege der Online-Durchsuchung formuliert.⁶ Die rechtswissenschaftliche Debatte über die Grenzen des staatlichen Zugriffs auf IT-Geräte hat sich in den letzten Jahren vorwiegend auf geheime Ermittlungsmaßnahmen fokussiert. Dabei bestehen (mindestens) ähnliche Gefahren für die Persönlichkeitsrechte, wenn Behörden über das Mittel der klassischen Beschlagnahme (§ 94 StPO) Zugriff auf den Datenbestand von IT-Geräten erhalten und diesen auf beweisrelevante Erkenntnisse durchsehen (§ 110 StPO). Von dieser Möglichkeit machen die Strafverfolgungsbehörden in den letzten Jahren (wohl) immer mehr Gebrauch. Es fehlen zwar konkrete sta-

---

³ *Rückert*, in: Hoven/Kudlich (Hrsg.), Digitalisierung und Strafverfahren, 2020, S. 9 (12).
⁴ *Beukelmann* StraFo 2008, 1 f.
⁵ SK-StPO/*Wohlers/Singelnstein*, 6. Aufl. 2023, § 94 Rn. 25; *Momsen* DRiZ 2018, 140; *Zerbes/Ghazanfari* Öster. AnwBl 2022, 640.
⁶ Grundlegend: BVerfGE 120, 274 (313 ff.).

tistische Erhebungen zur Anzahl der beschlagnahmten Smartphones, Personal Computer, Laptops, Tablets etc. Die Anzahl der in forensischen Laboren und den Asservatenkammern registrierten Smartphones spricht aber deutliche Zeichen: Laut einer Anfrage von netzpolitik.org bei den Innenministerien der Länder hat für Bayern beispielsweise zumindest die Auskunft zum Vorschein gebracht, dass dort in den letzten fünf Jahren 175.000 Mobiltelefone von der Asservatenverwaltung erfasst worden seien.[7] Die Beschlagnahme von Smartphones zählt anscheinend inzwischen zum „Goldstandard" kriminalistischer Tätigkeit.

Während der Zugriff auf das IT-Gerät über die heimliche Maßnahme der Online-Durchsuchung, wie bereits ausgeführt, aber von sehr strengen Eingriffsvoraussetzungen abhängig gemacht wird, soll eine offene Beschlagnahme von IT-Geräten und eine Datendurchsicht schon unter relativ niedrigschwelligen Voraussetzungen erfolgen dürfen. Die §§ 94 ff., 110 StPO sollen hierfür die notwendigen Ermächtigungsgrundlagen bieten, obwohl dieses Eingriffsregime bislang so gut wie keine spezifischen persönlichkeitsrechtsbezogenen Schutzvorkehrungen trifft.

Die folgende Abhandlung befasst sich im Kern mit der Frage, ob das geltende Beschlagnahmeregime der Strafprozessordnung tatsächlich eine hinreichende Grundlage für den Zugriff auf IT-Geräte bietet. Mit Blick auf die oben beschriebene Gefährdungssituation für die Persönlichkeitsrechte lässt sich dies durchaus bezweifeln. Zunächst soll im Rahmen dieses Gutachtens eine Bestandsaufnahme erfolgen: Was sind informationstechnische Systeme und unter welchen Voraussetzungen wird derzeit ihre Beschlagnahme auf Grundlage der §§ 94 ff. StPO zugelassen? Im Anschluss hieran wird vor allem darzulegen sein, dass auch die offene Beschlagnahme von IT-Geräten das sog. Grundrecht auf Gewährleistung der Vertraulichkeit und Integrität informationstechnischer Geräte tangiert. Zuletzt soll aufgezeigt werden, welche Konsequenzen hiermit verbunden sind und in welcher Hinsicht das Beschlagnahmeregime als unterreguliert angesehen werden muss. Die folgende Abhandlung beschränkt sich dabei bewusst auf eine Untersuchung dieser Frage anhand des nationalen Rechts. Schon auf dieser Grundlage werden deutliche Regelungs- und Schutzdefizite auszumachen sein. Hingewiesen sei hier aber dennoch auf ein aktuell beim Europäischen Gerichtshof anhängiges Vorabentscheidungsverfahren, das vom Landesverwaltungsgericht Tirol initiiert

---

[7] *Pitz*, Beschlagnahmte Smartphones: Ein Grundrechtseingriff unbekannten Ausmaßes, abrufbar unter: https://netzpolitik.org/2023/beschlagnahmte-smartphones-ein-grundrechtseingriff-unbekannten-ausmasses/.

worden ist.[8] U. a. wird der EuGH um eine Antwort auf die Frage ersucht, ob es mit Blick auf Vorgaben aus dem europäischen Primär- und Sekundärrecht[9] notwendig ist, die Beschlagnahme von Mobiltelefonen auf schwere Straftaten zu beschränken.

---

[8] LVwG Tirol, Beschl. v. 1.9.2021, LVwG-2021/23/0829-6; Aktenzeichen beim EuGH: C 548/21-1.
[9] Art. 15 Abs. 1 RL 2002/58 in der durch RL 2009/136/EG geänderten Fassung im Lichte der Artt. 7 und 8 GrCh.

B. Bestandsaufnahme: Sicherstellung und Auswertung von IT-Geräten

I. Smartphones, Personal Computer, Laptops, Tablets und Co. als informationstechnische Systeme

Smartphones, Personal Computer, Laptops und Tablet-PCs sind informationstechnische Systeme. Dieser Begriff fand erstmals im Jahre 2017 Eingang in die Strafprozessordnung (§§ 100a, 100b, 100e, 101b StPO).[10] Der Begriff stammt aus der Informatik.[11] Er hat gerade in den letzten beiden Jahrzehnten den zuvor gebräuchlichen Begriff EDV (Elektronische Datenverarbeitung)[12] abgelöst.[13] Im rechtswissenschaftlichen Diskurs taucht der Begriff spätestens seit der grundlegenden Entscheidung des Bundesverfassungsgerichts vom 27. Februar 2008[14] zur Online-Durchsuchung standardmäßig auf und ist seitdem nicht mehr wegzudenken. In dieser Entscheidung hat das Bundesverfassungsgericht eine neue Gewährleistung zum Schutz von bestimmten informationstechnischen Systemen aus der Taufe gehoben,[15] nämlich das Grundrecht auf Gewährleistung der Vertraulichkeit und Integrität informationstechnischer Systeme.

II. Einfache und komplexe informationstechnische Systeme

In einer vom Bundesverfassungsgericht im Verfahren über das Verfassungsschutzgesetz NRW eingeholten sachverständigen Stellungnahme vom Chaos Computer Club wurde der Begriff des informationstechnischen Systems vom Sachverständigen wie folgt beschrieben:

„Der Begriff der ‚informationstechnischen Systeme', wie er in § 2 Abs. 2 Nr. 11 VSG NRW verwendet wird, ist sehr weit, und umfasst eine Vielzahl von Gegenständen aus praktisch allen Bereichen des Alltags. Formal gesehen sind das alle Systeme, in denen eine elektro-

---

[10] Gesetz zur effektiveren und praxistauglicheren Ausgestaltung des Strafverfahrens 17.8.2017; BGBl. 2017 I 3202 ff.
[11] *Eckert*, IT-Sicherheit, 2018, S. 3; *Bunzel*, Der strafprozessuale Zugriff auf IT-Systeme, 2015, S. 15 ff.
[12] Vgl. zB *Jaeger*, Computerkriminalität, 1998, S. 192.
[13] *Rühs*, Durchsicht informationstechnischer Systeme, 2022, S. 47.
[14] BVerfGE 120, 274 ff.
[15] So *Bommarius* Kritische Justiz 2011, 43 (48).

nische Datenverarbeitung stattfindet, was im Allgemeinen durch das Vorhandensein eines digitalen Prozessors sowie eines Programms zur Ablaufsteuerung desselben charakterisiert ist."[16]

Diese Beschreibung nimmt Rekurs auf Definitionen, die man gemeinhin in der Informatik für das informationstechnische System vorfindet. Aus dieser Disziplin heraus wird dieses häufig auch als „geschlossenes oder offenes, dynamisches technisches System mit der Fähigkeit zur Speicherung und Verarbeitung von Informationen" beschrieben.[17]

Diese im Kern funktionale und gleichzeitig entwicklungs- und damit technikoffene[18] Beschreibung hat das Bundesverfassungsgericht in seiner Entscheidung vom 27. Februar 2008 aufgegriffen. Für das Gericht scheinen sich im Ausgangspunkt (einfache) informationstechnische Systeme (schlicht) dadurch auszuzeichnen, dass sie „personenbezogene Daten erzeugen, verarbeiten oder speichern" können.[19] Einen Hardwarebezug stellte das Bundesverfassungsgericht dabei zumindest nicht ausdrücklich her.[20]

Der Begriff des informationstechnischen Systems hat im Jahre 2009 auch Eingang in das Grundgesetz gefunden (Art. 91c GG).[21] Im Grundgesetz wird der Begriff zwar nicht legaldefiniert, in der Gesetzesbegründung wird aber ebenfalls ein weites Verständnis zugrunde gelegt: *„Informationstechnische Systeme umfassen die technischen Mittel zur Verarbeitung und Übertragung von Informationen."*[22] Diese Beschreibung greift inzwischen auch § 2 Abs. 1 des Gesetzes über das Bundesamt für Sicherheit in der Informationstechnik auf.

Für die Zwecke des Bundesverfassungsgerichts ist der weite funktionale Begriff des informationstechnischen Systems aber nur der Ausgangspunkt. Das Gericht legt dar, dass eben *nicht* jedes „informationstechnische[s] System, das personenbezogene Daten erzeugen, verarbeiten oder speichern kann, des besonderen Schutzes durch eine eigenständige persönlichkeitsrechtliche Gewährleistung" bedürfe.[23] Einen besonderen Schutz verdienen nur *komplexe* infor-

---

[16] *Bogk,* Antwort zum Fragenkatalog zur Verfassungsbeschwerde 1 BvR 370/07 und 1 BvR 95/07 vom 23.9.2007, S. 4.
[17] Vgl. *Eckert* (Fn. 11), S. 3.
[18] *Hoeren* MMR 2008, 365 (366); *Bäcker,* in: Rensen/Brink (Hrsg.), Linien der Rechtsprechung des BVerfG, Bd. 1, 2009, S. 99 (126).
[19] BVerfGE 120, 274 (313).
[20] Vgl. *Bäcker,* in: Rensen/Brink (Hrsg.), Linien der Rechtsprechung des BVerfG, Bd. 1, 2009, S. 99 (126); *Bär,* EDV-Beweissicherung, 2007, S. 361 ff.; deutlich eben auch BVerfGE 120, 274 (314).
[21] Gesetz zur Änderung des Grundgesetzes (Artikel 91c, 91d, 104b, 109, 109a, 115, 143d) vom 29.7.2009, BGBl. 2009 I 2248 ff.
[22] BT-Drs. 16/12410, S. 8.
[23] BVerfGE 120, 274 (313).

mationstechnische Systeme. Dem Schutzbereich des Grundrechts auf Gewährleistung der Vertraulichkeit und Integrität informationstechnischer Systeme unterfielen nur solche Bezugsgegenstände, „die allein oder in ihren technischen Vernetzungen personenbezogene Daten des Betroffenen in einem Umfang und in einer Vielfalt enthalten können, dass ein Zugriff auf das System es ermöglicht, einen Einblick in wesentliche Teile der Lebensgestaltung einer Person zu gewinnen oder gar ein aussagekräftiges Bild der Persönlichkeit zu erhalten".[24]

Mit anderen Worten: Das Bundesverfassungsgericht differenziert qualitativ[25] zwischen solchen informationstechnischen Systemen, für die die tradierten Schutzkonzeptionen der Verfassung ausreichen, und anderen Systemen, denen es ein „Sonderschutz" zugestehen will,[26] weil letztere eben in dem Sinne *komplex* seien, dass ein Zugriff auf sie Einblick in wesentliche Teile der persönlichen Lebensgestaltung oder ein aussagekräftiges Persönlichkeitsbild erlaubt.[27]

In seiner Entscheidung führt das Bundesverfassungsgericht mehrere Beispiele für Gerätschaften und Netzwerke an, die als komplexe informationstechnische Systeme im Sinne des neuen grundgesetzlichen Schutzstandards anzusehen seien – darunter werden ausdrücklich genannt: Personal Computer, Laptops, Personal Digital Assistants (PDAs), Mobiltelefone oder auch: „Telekommunikationsgeräte oder elektronische Geräte, die in Wohnungen oder Kraftfahrzeugen enthalten sind".[28] An späterer Stelle wird noch näher auf die Abgrenzung zwischen einfachen und komplexen informationstechnischen Systemen einzugehen sein.

Es wurde bereits darauf hingewiesen, dass der Begriff vom informationstechnischen System seit 2017[29] auch in der Strafprozessordnung verwendet wird (§§ 100a, 100b, 100e, 101b StPO). Angesprochen sind hier aber natürlich nicht nur komplexe IT-Systeme.[30] Sowohl in § 100a als auch in § 100b StPO ist der Begriff des informationstechnischen Systems weit zu verstehen.[31] Andernfalls gestatteten die Ermächtigungsgrundlagen in § 100a und § 100b StPO nur

---

[24] BVerfGE 120, 274 (314).
[25] LR-StPO/*Hauck*, 27. Aufl. 2018, § 100a Rn. 102, mwN.
[26] Kritisch: *Eifert* NVwZ 2008, 521 f.; *Hoeren* MMR 2008, 365 f.; *Lepsius*, in: Roggan (Hrsg.), Online-Durchsuchungen, 2008, S. 21 (28 ff.); *Sachs/Krings* JuS 2008, 481 (483); *Volkmann* DVBl. 2008, 590 (592 f.); *Hornung* CR 2008, 299 (301 f.).
[27] Ausführlich *Hauser*, Das IT-Grundrecht, 2015, S. 80 ff.
[28] BVerfGE 120, 274 (303 f., 310, 314); vgl. auch *T. Böckenförde* JZ 2008, 925 (928).
[29] BGBl. 2017 I 3202 ff.
[30] Zur Diskussion LR-StPO/*Hauck*, 27. Aufl. 2018, § 100a Rn. 100 ff.; MK-StPO/*Rückert*, 2. Aufl. 2023, § 100a Rn. 209 ff.
[31] Sowohl LR-StPO/*Hauck*, 27. Aufl. 2018, § 100b Rn. 98 f.; MK-StPO/*Rückert*, 2. Aufl. 2023, § 100b Rn. 22.

Eingriffe in besonders schutzwürdige Systeme, aber eben nicht in einfache IT-Systeme. Da aber – außer §§ 100a und 100b StPO – andere Eingriffsgrundlagen für den heimlichen Zugriff auf *einfache* Systeme nicht parat stünden, würde die Strafprozessordnung nur den grundrechtsintensiveren Eingriff gestatten, aber nicht den weniger eingriffsintensiven. Erst recht müssen die §§ 100a, 100b StPO daher auch Eingriffe in *einfache* informationstechnische Systeme zulassen,[32] auch wenn für diese die „Sondergewährleistung" keine Geltung beansprucht.

III. Regelungen zum geheimen Zugriff auf IT-Geräte

Ausdrücklich angesprochen werden IT-Geräte in der Strafprozessordnung bislang ausschließlich bei den heimlichen Ermittlungsmaßnahmen in § 100a Abs. 1 S. 2 StPO (Quellen-TKÜ) und § 100b StPO (Online-Durchsuchung). Darüber hinaus wird der Begriff „informationstechnisches System" nur in § 100e und § 101b StPO verwendet.

Die Quellen-TKÜ ist eine Sonderform der (laufenden) Telekommunikationsüberwachung.[33] Anders als bei der klassischen Telekommunikationsüberwachung wird der Inhalt der Kommunikation dabei nicht unter Einschaltung des Telekommunikationsanbieters während der Übertragung abgeschöpft, sondern (aus technischen Gründen) durch einen direkten Zugriff auf das IT-System.[34] Die Quellen-TKÜ ist eine Reaktion auf den heute weit verbreiteten Einsatz von Verschlüsselungstechnologien, insbesondere in der Voice-over-IP-Kommunikation und im Messaging-Bereich, der einer Abschöpfung der Inhaltsdaten auf dem Übertragungsweg (über den Telekommunikationsanbieter) entgegensteht.[35] Das IT-Gerät wird für die Durchführung einer Quellen-TKÜ von staatlicher Seite infiltriert, um die Kommunikationsdaten entweder noch vor Verschlüsselung auf dem Gerät des Versenders oder nach erfolgter Entschlüsselung auf dem Empfängergerät abfangen zu können. Die Maßnahme bleibt sowohl gegenüber dem Inhaber des IT-Geräts und seinem Kommunikationspartner als auch dem Kommunikationsanbieter geheim. Die Maßnahme ist auch deshalb nur unter vergleichsweise strengen Voraussetzungen und unter Beachtung besonderer Kernbereichsschutz- (§ 100d StPO) und Verfahrensvorga-

---

[32] Ebenso MK-StPO/*Rückert*, 2. Aufl. 2023, § 100a Rn. 211.
[33] MK-StPO/*Rückert*, 2. Aufl. 2023, § 100a Rn. 201.
[34] BeckOK StPO/*Graf*, Stand: 1.1.2023, § 100a Rn. 113.
[35] *Neuhaus* DRiZ 2017, 192; vgl. auch Beschlüsse des 69. Deutschen Juristentags 2012, Strafrecht, Beschl. III 4a aa.

ben (§ 100e StPO) zulässig: Notwendig ist ein (qualifizierter) Verdacht wegen einer auch im Einzelfall schwerwiegenden Katalogtat iSd § 100a Abs. 2 StPO; die Erforschung des Sachverhalts oder die Ermittlung des Aufenthaltsortes des Beschuldigten auf andere Weise muss wesentlich erschwert oder aussichtslos sein.[36]

Noch rigider sind die Vorgaben an die Durchführung einer Online-Durchsuchung gemäß § 100b StPO. Auch bei dieser geheimen Ermittlungsmaßnahme erfolgt der Zugriff auf das informationstechnische System durch eine Infiltrierung mit Hilfe einer Spähsoftware. Anders als die Quellen-TKÜ zielt die Maßnahme aber nicht nur auf die laufende Telekommunikation. Sie betrifft auch abgeschlossene Telekommunikationsvorgänge, aber eben auch alle anderen auf dem IT-System gespeicherten Daten, die für das Verfahren relevant sein könnten. § 100b StPO ermöglicht letztlich eine (Dauer-)Überwachung des IT-Systems über einen gewissen Zeitraum,[37] es geht mithin um mehr als um einen punktuellen Zugriff auf das Gerät.

Mit Blick auf die erhebliche Eingriffsintensität hat das Bundesverfassungsgericht strenge Vorgaben an die Ausgestaltung der (präventiven) Online-Durchsuchung formuliert. Die strafprozessuale Vorschrift wurde diesen Direktiven nachgebildet. Eine Entscheidung des Bundesverfassungsgerichts zur Verfassungsmäßigkeit des § 100b StPO steht noch aus.[38]

§ 100b StPO erlaubt eine Online-Durchsuchung eines IT-Systems nur zur Aufklärung (auch im Einzelfall) besonders schwerer Straftaten, weshalb der Katalog in Abs. 2 im Vergleich zu § 100a Abs. 2 StPO noch einmal enger ausfällt. Für die Online-Durchsuchung ist ebenfalls ein qualifizierter Verdacht notwendig, sie ist streng subsidiär ausgestaltet; außerdem gelten auch hier besondere Schutzstandards u. a. hinsichtlich des Kernbereichs privater Lebensgestaltung.

Aufgrund der hohen Hürden wird von der Online-Durchsuchung, aber auch von der Quellen-TKÜ in der Praxis vergleichsweise selten Gebrauch gemacht. Die Statistik des Bundesamtes für Justiz weist für das Berichtsjahr 2021 insgesamt 15 (Neu-)Anordnungen für die Online-Durchsuchung aus.[39] Im selben Jahr wurden

---

[36] Zur grundsätzlichen Verfassungsmäßigkeit einer Quellen-TKÜ: BVerfGE 141, 220 (311 ff.) (BKA-Gesetz).
[37] MK-StPO/*Rückert*, 2. Aufl. 2023, § 100b Rn. 12.
[38] BVerfG BeckRS 2023, 12230 (Nichtannahme aufgrund von Unzulässigkeit).
[39] Bundesamt für Justiz, Übersicht Telekommunikationsüberwachung für 2021 (Maßnahmen nach § 100b StPO), abrufbar unter: https://www.bundesjustizamt.de/SharedDocs/Downloads/DE/Justizstatistiken/Uebersicht_Online_Durchsuchung-2021.pdf?__blob=publicationFile&v=2.

insgesamt auch nur 23 Quellen-TKÜ auf IT-Systeme tatsächlich vollzogen.[40]

Jenseits der genannten Vorschriften kennt die Strafprozessordnung keine Regelungen, die der besonderen Sensibilität der auf IT-Geräten potenziell gespeicherten Daten in besonderer Weise Rechnung tragen. Vielmehr unterliegen IT-Geräte grundsätzlich den Regelungen, die für nicht-digitale Entitäten gelten, u.a. unterliegen sie – wie jeder andere „Gegenstand" – dem Sicherstellungs- und Beschlagnahmeregime in §§ 94 ff. StPO.

IV. Sicherstellung und Beschlagnahme von IT-Geräten auf Grundlage der §§ 94 ff. StPO

Befinden sich auf einem IT-Gerät Informationen, die für die Aufklärung einer Straftat von Bedeutung sein können, so werden die Ermittlungsbehörden versuchen, Zugriff auf diese Informationen zu nehmen. Einen *gegenständlichen Zugriff* auf das IT-Gerät bzw. auf die hierauf befindlichen Daten ermöglicht die strafprozessuale Standardmaßnahme der Sicherstellung.

Sämtliche „Gegenstände", die für eine Untersuchung als Beweismittel von Relevanz sein können, dürfen gem. § 94 Abs. 1 StPO von den Strafverfolgungsbehörden in Verwahrung genommen oder in anderer Weise sichergestellt werden. Mit dem Oberbegriff der Sicherstellung wird der hoheitliche Akt beschrieben, durch den die Strafverfolgungsbehörden einen beweisrelevanten Gegenstand in ihre staatliche Gewalt bringen.[41] Befindet sich der Gegenstand im Gewahrsam einer Person und wird er nicht freiwillig herausgegeben, erfolgt der staatliche Erlangungsakt im Wege einer förmlichen Beschlagnahme, § 94 Abs. 2 StPO.

Obwohl die Vorschrift in § 94 StPO von ihrer ursprünglichen Zielrichtung[42] keinesfalls auf informationstechnische Geräte – geschweige auf die hierauf gespeicherten Daten – zugeschnitten gewesen sein kann,[43] weil solche IT-Geräte zum Zeitpunkt des Inkrafttretens der Reichsstrafprozessordnung nicht bekannt waren, taugen die §§ 94 ff. StPO nach überkommener Auffassung nicht nur für den Zugriff auf informationstechnische Geräte, sondern sogar als

---

[40] Bundesamt für Justiz, Übersicht Telekommunikationsüberwachung für 2021 (Maßnahmen nach § 100a StPO), abrufbar unter: https://www.bundesjustizamt.de/SharedDocs/Downloads/DE/Justizstatistiken/Uebersicht_TKUE_2021.pdf?__blob=publicationFile&v=4.
[41] LR-StPO/*Menges*, 27. Aufl. 2018, § 94 Rn. 4.
[42] *Schilling/Rudolph/Kunze* HRRS 2013, 207 (208).
[43] *Park*, Durchsuchung und Beschlagnahme, 2022, Rn. 462.

Ermächtigungsgrundlagen zur Sicherstellung von Daten und deren Auswertung.[44]

1. Materielle Voraussetzungen der Sicherstellung nach § 94 StPO

a) Gegenstände als Beweismittel

§ 94 StPO erlaubt die Sicherstellung und Beschlagnahme (im Folgenden der Einfachheit halber: Beschlagnahme) von Gegenständen. Unzweifelhaft fallen unter diesen Begriff des Gegenstandes alle körperlichen Entitäten.[45] Erfasst sind hiervon bewegliche und unbewegliche Sachen, so zB auch Smartphones, Computer, Tablets, Smart Watches, Festplatten und sonstige Speichergeräte[46] wie USB-Sticks, CDs und DVDs, Disketten,[47] aber eben auch der Router, das Modem und alle anderen (auch elektronischen) Gegenstände, die in irgendeiner Form eine greifbare Verkörperung (Hardware) aufweisen. Mit dem Zugriff auf den körperlichen Gegenstand steht den Strafverfolgungsbehörden dann auch der lokale Datenbestand, also der auf der Hardware gespeicherte Datensatz, zumindest grundsätzlich offen.[48]

Lange Zeit wurde in der Literatur in Zweifel gezogen, ob § 94 StPO auch die Beschlagnahme von nicht körperlichen „Objekten" (insbesondere Daten durch Erzeugung eines forensischen Duplikats der Speichereinheit) gestattet.[49] Die Zulässigkeit einer reinen „Datensicherstellung" steht beispielsweise dann in Frage, wenn die Strafverfolgungsbehörden ausschließlich den Datensatz in Form einer digitalen Kopie auf eigenen behördlichen Speichermedien (externe Festplatte, USB-Stick etc.) für eine Post-Mortem-Analyse sichern

---

[44] Vor allem: BVerfGE 113, 29 ff.; BGH NJW 2009, 1828; vgl. auch BT-Drs. 19/27654, S. 63: „dem Beschlagnahmerecht immanente wesentliche Gleichbehandlung von körperlichen und nichtkörperlichen Beweismitteln"; *Brandt/Kukla* wistra 2010, 415.

[45] BGH NStZ 1997, 247; KK-StPO/*Greven*, 9. Aufl. 2023, § 94 Rn. 3; SSW-StPO/ *Eschelbach*, 5. Aufl. 2023, § 94 Rn. 7; BeckOK StPO/*Gerhold*, Stand: 1.7.2023, § 94 Rn. 4; BeckOK IT-Recht/*Brodowski*, Stand: 1.10.2022, § 94 StPO Rn. 4; LR-StPO/ *Menges*, 27. Aufl. 2018, § 94 Rn. 11; SK-StPO/*Wohlers/Singelnstein*, 6. Aufl. 2023, § 94 Rn. 23.

[46] Schon BVerfG NStZ-RR 2003, 176 (177); ebenfalls schon *Bär*, Der Zugriff auf Computerdaten im Strafverfahren, 1992, S. 246 ff.; *Spatscheck*, in: FS Hamm, 2007, S. 733 (737).

[47] Zu alledem: SK-StPO/*Wohlers/Singelnstein*, 6. Aufl. 2023, § 94 Rn. 23.

[48] BVerfGE 113, 29 (59); ausführlich *Bunzel* (Fn. 11), S. 249 ff.

[49] *Kemper* NStZ 2005, 538; *Lemcke*, Die Sicherstellung gem. § 94 StPO und deren Förderung durch die Inpflichtnahme Dritter als Mittel des Zugriffs auf elektronisch gespeicherte Daten, 1995, S. 20 f.; aA *Schäfer* wistra 1989, 11 ff.; *Matzky*, Zugriff auf EDV im Strafprozess, 1999, S. 102 f.: *T. Böckenförde*, Ermittlungen im Netz, 2003, S. 288 f.

wollen,[50] ohne dabei hoheitliche Gewalt über das dingliche IT-Gerät erlangen zu wollen.[51] Beim Post-Mortem-Verfahren erfolgt die Datenanalyse „offline", entweder am ausgeschalteten Gerät selbst oder auch allein anhand eines forensischen Duplikats.[52] Aber auch für den Zweck einer Live-Analyse kann die vorgenannte Frage virulent werden. Hierbei werden die Daten unmittelbar am noch laufenden System, d. h. am eingeschalteten Gerät gesichert.[53] Diese Live-Sicherung kann theoretisch auch noch in den Räumen des Betroffenen erfolgen, so dass das IT-Gerät dem Betroffenen nicht entzogen werden muss.

Gegen die Zulässigkeit von reinen Datensicherstellungen (ohne körperliches Bezugsobjekt) wurde von der Literatur vor allem der Wortlaut als zwingende Barriere ins Feld geführt.[54] Befürwortet wurde die Zulässigkeit nur von einzelnen Stimmen.[55] Inzwischen hat die Literatur ihre Skepsis gegenüber einer auf § 94 StPO gestützten Beschlagnahme von digitalen Daten aufgegeben,[56] nach dem das Bundesverfassungsgericht in mehreren Entscheidungen die reine Datenbeschlagnahme auf Grundlage der §§ 94 ff. StPO akzeptiert hatte.[57] In seiner Entscheidung vom 16. Juni 2009[58] (E-Mail-Beschlagnahme beim Provider) erkennt der 2. Senat am Bundesverfassungsgericht an, dass die Ermächtigungsnorm ursprünglich auf körperliche Gegenstände zugeschnitten war, der „Wortsinn von § 94 StPO gestattet es jedoch, als ‚Gegenstand' des Zugriffs auch nicht körperliche Gegenstände zu verstehen."[59] § 94 Abs. 1, Abs. 2 StPO soll nach Ansicht des 2. Senats grundsätzlich alle Gegenstände erfassen, die als Beweismittel für die Untersuchung von Bedeutung sein können[60] – und zwar unabhängig von ihrer Körperlichkeit. Die Da-

---

[50] *Park* (Fn. 43), Rn. 875.
[51] *Korge,* Die Beschlagnahme elektronisch gespeicherter Daten bei privaten Trägern von Berufsgeheimnissen, 2009, S. 42 f.
[52] Ausführlich *Heinson,* IT-Forensik, 2015, S. 31 ff.
[53] *Geschonneck,* Computer Forensik, 2011, S. 88 ff.; *Heinson* (Fn. 52), S. 37 ff.
[54] *Lührs* wistra 1995, 19; *Palm/Roy* NJW 1996, 1791; Zusammenfassung der Gegenargumente: *Korge* (Fn. 51), S. 42 f.
[55] *H. Schäfer* wistra 1989, 11 ff.; *T. Böckenförde* (Fn. 49), S. 288 ff.; *Matzky* (Fn. 49), 1999, S. 102 f.
[56] Heute halten die meisten der Standardkommentare eine Sicherstellung von reinen Datenbeständen für zulässig: MK-StPO/*Hauschild,* 2. Aufl. 2023, § 94 Rn. 13; LR-StPO/*Menges,* 27. Aufl. 2018, § 94 Rn. 11; *Neuhöfer,* Der Zugriff auf serverbasiert gespeicherte E-Mails beim Provider, 2011, S. 129 ff.
[57] BVerfGE 113, 29 (44 ff.); BVerfGE 113, 29 ff.; BVerfGE 124, 43 (60 ff.); vgl. auch LG Koblenz StraFo 2022, 149 ff.; OLG Oldenburg NStZ 2022, 767.
[58] Zu einer Bewertung dieser Entscheidung *Härtig* CR 2009, 581 ff.; *Gercke* StV 2009, 624 ff.; ausführlich zur E-Mail-Beschlagnahme *Brodowski* JR 2009, 402 ff.
[59] So BVerfGE 124, 43 (60 ff.); *T. Böckenförde* (Fn. 49), S. 392, 407.
[60] So BVerfGE 124, 43 (60 ff.).

tensicherstellung vermeidet insbesondere eine noch eingriffsintensivere Sicherstellung von Teilen oder des gesamten IT-Geräts; aus Gründen der Verhältnismäßigkeit müsse die Datensicherstellung als milderes Mittel mithin als Minusmaßnahme zugelassen werden.[61]

b) Beweisrelevanz des Gegenstandes

Eine Beschlagnahme setzt gemäß § 94 Abs. 1 StPO voraus, dass das potenzielle Sicherstellungsobjekt als Gegenstand „für die Untersuchung" von Bedeutung sein kann. Der in Frage stehende Gegenstand müsse mithin eine mögliche Beweisrelevanz für das Ermittlungsverfahren aufweisen. Dies ist dann anzunehmen, wenn bei einer ex ante-Betrachtung die Möglichkeit besteht, dass der Gegenstand im weiteren Verfahren zu Beweiszwecken verwendet werden kann.[62] Es braucht aber noch nicht festzustehen, für welche Beweisführung der beschlagnahmte Gegenstand konkret benötigt wird.[63] Einerseits werden zwar Sicherstellungen „ins Blaue hinein" für unzulässig erachtet;[64] andererseits genügt für die Bejahung eines Beweispotenzials aber auch schon die Erwartung bzw. die nicht fernliegende Möglichkeit, dass der Gegenstand oder die Untersuchung an ihm Erkenntnisse zur Aufklärung des strafrechtsrelevanten Sachverhalts (Schuld- und Rechtsfolgen) zu Tage fördern wird.[65]

Die vorgenannte, vergleichsweise geringe „Beweisrelevanz-Schwelle" macht vor allem moderne Smartphones besonders „beschlagnahmeanfällig". Von vielen Bürgerinnen und Bürgern wird das Smartphone inzwischen als „Universalgerät" („zweites Gehirn"[66]) eingesetzt. Richtig ist die Feststellung, dass heute kaum ein vergleichbares Objekt existiert, das in gleichem Umfang Erkenntnisse über einen Menschen, seine sozialen Kontakte, seine Verhaltensweisen und seine Gewohnheiten sowie über mögliche Gedanken zulässt.[67] Vor diesem Hintergrund besteht wohl in den allermeisten Fällen auch eine – auf (statistischen) Erfahrungssätzen basierende – nicht fernliegende Möglichkeit, dass sich Erkenntnisse zu einer möglichen Straftat aus der Auswertung des Geräts gewinnen las-

---

[61] *Park* (Fn. 43), Rn. 875; SK-StPO/*Wohlers/Singelnstein*, 6. Aufl. 2023, § 94 Rn. 27.
[62] BVerfG NJW 1988, 890 (894); BGH NStZ 1981, 94; BGHSt 41, 363; BGH StV 2021, 558; OLG Düsseldorf StV 1991, 473; OLG Düsseldorf NJW 1993, 3278; OLG München NJW 1978, 601.
[63] LG Hamburg BeckRS 2020, 15128 Rn. 16.
[64] MK-StPO/*Hauschild*, 2. Aufl. 2023, § 94 Rn. 21; *Park* (Fn. 43), Rn. 462.
[65] BVerfG NJW 1995, 385; OLG Celle NJW 1965, 362; OLG Hamm wistra 1989, 359.
[66] *Pitz*, Beschlagnahmte Smartphones: Ein Grundrechtseingriff unbekannten Ausmaßes, abrufbar unter: https://netzpolitik.org/2023/beschlagnahmte-smartphones-ein-grundrechtseingriff-unbekannten-ausmasses/.
[67] *Ludewig* KriPoZ 2019, 293 (295); *Momsen* DRiZ 2018, 140 (143).

sen.⁶⁸ Der Beschuldigte könnte das Opfer über sein Smartphone kontaktiert haben; er könnte sich mit anderen über die Straftat ausgetauscht haben; er könnte zur Vorbereitung auf die Tat Internetrecherchen getätigt haben; über das Gerät lassen sich eventuell Standortdaten ermitteln, um die Anwesenheit des Beschuldigten am Tatort zu prüfen usw. Nicht ohne Grund gehört gerade das Smartphone inzwischen wohl zu den Gegenständen, die am häufigsten in Beschlagnahmeanordnungen angeführt werden.

c) Verhältnismäßigkeit der Sicherstellung

Wie jede andere staatliche Eingriffsmaßnahme darf eine Sicherstellung nur dann erfolgen, wenn die Maßnahme verhältnismäßig ist.⁶⁹ Voraussetzung hierfür ist, dass die Maßnahme zur Erreichung des (oben genannten) (Erkenntnis-)Ziels geeignet sowie erforderlich und darüber hinaus insbesondere in einem angemessenen Verhältnis zur Schwere der Tat und zur Stärke des Tatverdachts steht.⁷⁰

In mehreren Entscheidungen aus dem ersten Jahrzehnt dieses Jahrtausends hat das Bundesverfassungsgericht die Vorgaben an die Verhältnismäßigkeit bei der Sicherstellung von IT-Geräten (Personal Computer und Mobiltelefone) bzw. Daten(-träger) (Verkehrsdaten, Inhaltsdaten in Form von E-Mails) konkretisiert.⁷¹ Eine vergleichsweise grundrechtsprogressive Position hatte die 3. Kammer des 2. Senats in einem Kammerbeschluss aus dem Jahre 2005⁷² für die Sicherstellung von auf einem Mobiltelefon gespeicherte Verbindungsdaten (Verkehrsdaten) formuliert. In dieser Entscheidung hatte die Kammer ein Umgehungsverbot postuliert. Es sei unzulässig, allein unter den Voraussetzungen der Sicherstellung nach § 94 StPO elektronisch gespeicherte Verbindungsdaten über das sichergestellte Mobiltelefon bzw. über die sich darin befindliche SIM-Karte zu erheben, wenn dadurch die strengeren Vorgaben an die Erhebung der Verbindungsdaten (§§ 100g, 100h StPO aF) umgangen würden.⁷³ Das Bundesverfassungsgericht hat diese Position aber nicht wieder aufgegriffen.⁷⁴ Vielmehr hat es versucht, den Besonderheiten der Beschlagnahme von IT-Geräten (konkret ging es um Mobiltelefone,

---

⁶⁸ Beispiele: BGH NStZ 2022, 638; LG Mannheim NJW-Spezial 2022, 154; LG Lübeck BeckRS 2022, 5388; LG Würzburg JA 2022, 345.
⁶⁹ SK-StPO/*Wohlers/Singelnstein*, 6. Aufl. 2023, § 94 Rn. 39; KK-StPO/*Greven*, 9. Aufl. 2023, § 94; OLG Hamm BeckRS 2020, 21050.
⁷⁰ BVerfG NJW 1966, 1603 (1607); BGHSt 43, 300 (303); OLG Hamm BeckRS 2020, 21050; ausführlich *Gerhold* NK 2021, 296 ff.
⁷¹ Vor allem BVerfGE 113, 29 ff.; BVerfGE 115, 166; vgl. auch: BVerfGE 124, 43 ff.; vgl. aber BVerfG NJW 2002, 1410 ff.
⁷² BVerfG NStZ 2005, 337 ff.
⁷³ BVerfG NStZ 2005, 337 (339).
⁷⁴ Deutlich BVerfGE 115, 166 (192 f., 105 f.).

Personal Computer und Datenträger) nach § 94 StPO durch die Formulierung spezifischer Anforderungen an die Verhältnismäßigkeit angemessen Rechnung zu tragen.[75]

aa) Insbesondere: Erforderlichkeit

Die Erforderlichkeit der Sicherstellung von IT-Geräten ist in zweifacher Hinsicht problematisch: Auf IT-Geräten sind zahlreiche Daten gespeichert; es dürfen aber nur die Daten verarbeitet und gespeichert werden, die für die Erfüllung der jeweiligen Aufgabe von Bedeutung sind.[76] Welche Daten dies sind, ist im Rahmen einer Durchsicht des Datenbestands im Sinne des § 110 StPO zu eruieren (dazu sogleich). Ob dafür die Mitnahme des IT-Geräts notwendig ist oder ob die Erzeugung eines forensischen Duplikats genügt, ist eine Frage des Einzelfalles (Zugang zu den Daten, Größe des Datenbestandes).[77] Insbesondere die Post-Mortem-Analyse wird in der Regel allein auf Basis eines forensischen Duplikats möglich sein. Die Erzeugung eines solchen Duplikats durch *bit idente* Datenspiegelung ist nach hM auf Grundlage des § 94 StPO mindestens als sog. Minus-Maßnahme gestattet.[78] Soweit die Ermittlungsmaßnahme mithin auf Festplattendaten abzielt (und eben nicht auf die im Arbeitsspeicher temporär abgelegten Daten), wird sich kaum begründen lassen, weshalb das Auslesen und Kopieren dieser Daten auf ein behördliches Speichermedium (Spiegeln) nicht genügt,[79] um den Zweck der Maßnahme zu erreichen.[80] Dies gilt auch mit Blick darauf, dass ein Spiegeln der Festplatte ein identisches Abbild des Datenträgers erzeugt, wodurch in der Regel auch gelöschte oder überschriebene Dateien auf den Sicherungsdatenträger übertragen werden.[81] Etwas anderes gilt dann, wenn das IT-Gerät (insbesondere Smartphone, Personal Computer, Laptop) trotz einer Datensicherung aus beweistechnischen Gründen weiterhin benötigt wird, um die Nachvollziehbarkeit oder eine Rekonstruktion der Beweisgewinnung zu ermöglichen.[82] Vor

---

[75] *Heinson* (Fn. 52), S. 212 f.; *Korge* (Fn. 51), S. 128 ff.
[76] *Heinson* (Fn. 52), S. 212.
[77] LG Lüneburg wistra 2022, 304; *Bär* (Fn. 46), S. 270 ff.; SK-StPO/*Wohlers/Singelnstein*, 6. Aufl. 2023, § 94 Rn. 46.
[78] *Bär* (Fn. 46), S. 270 ff.; LG Lüneburg wistra 2022, 304.
[79] *Spatscheck*, in: FS Hamm, 2007, S. 733 (737).
[80] Zu den Herausforderungen beim Spiegeln: *Bäcker/Freiling/Schmitt* DuD 2010, 80 ff.
[81] *Czerner*, in: Labudde/Spranger (Hrsg.), Forensik in der digitalen Welt, 2017, S. 265 (270); *Kemper* NStZ 2005, 538 (540 f.); *Hansen/Pfitzmann/Roßnagel* DRiZ 2007, 225; unter Umständen auch bei Smartphones: *Krishnan/Zhou/An*, Smartphone Forensic Challenges, International Journal of Computer Science and Security (IJCSS), 2019, 183 (191 f.).
[82] *Heinson* (Fn. 52), S. 214.

allem kann es notwendig sein, mögliche Fehler beim Vorgang des Kopierens oder eventuelle Manipulationen überprüfbar zu machen.[83] Eine Mitnahme wird regelmäßig dann notwendig sein, wenn eine Live-Sicherung erfolgen muss. Wenn das Gerät in einem aktiven Zustand vorgefunden wird,[84] kann dies den Zugang zu den Daten erleichtern. Insbesondere wird eine Überwindung von Sicherungsmechanismen (Passwortschutz etc.) vermieden. Durch ein Abschalten des Geräts droht außerdem ein Datenverlust. Bei einer Live-Sicherung ist der Zugriff auf die im temporären Arbeitsspeicher abgelegten Daten deutlich einfacher möglich.[85]

Selten wird eine „Komplettsicherung" des IT-Geräts oder aller hieraus gespeicherten Daten erforderlich sein.[86] Auf IT-Geräten werden typischerweise in erheblichem Umfang auch verfahrensirrelevante Informationen gespeichert sein. Der Zugriff auf den gesamten Datenbestand ist nicht erforderlich, wenn die Möglichkeit besteht, die beweiserheblichen Daten auch selektiv zu erheben.[87] Die Verfassung schreibt insofern vor, den Datenzugriff auf möglichst geringe Datenmengen zu begrenzen und auch in zeitlicher Hinsicht den Eingriff nicht länger andauern zu lassen, als dies zwingend notwendig ist.[88] Das Bundesverfassungsgericht hat schon in seiner Entscheidung vom 12.4.2005 hinsichtlich der Beschlagnahme von elektronischen Datenträgern ausdrücklich postuliert, dass „die Gewinnung überschießender und vertraulicher, für das Verfahren aber bedeutungsloser Informationen [...] im Rahmen des Vertretbaren vermieden werden [muss]".[89] Im Zuge einer Durchsicht im Sinne des § 110 StPO sind daher die Daten ausfindig zu machen, die für die Aufklärung der Straftat erforderlich sind und deren endgültige Beschlagnahme deshalb gerechtfertigt ist.[90]

bb) Insbesondere: Angemessenheit

Der von der Sicherstellung ausgehende Eingriff muss auch in einem angemessenen Verhältnis zur Schwere der Straftat und der Stärke des Tatverdachts stehen.[91] Außerdem sind die Beweisbedeutung des Gegenstandes und der Grad des Auffindeverdachts in Rechnung

---

[83] *Korge* (Fn. 51), S. 126; *Lemcke* (Fn. 49), S. 124.
[84] *Bäcker/Freiling/Schmitt* DuD 2010, 83; ausführlich *Heinson* (Fn. 52), S. 37 ff.
[85] *Heinson* (Fn. 52), S. 168 f.; *Birk/Wegener* DuD 2010, 641 (645).
[86] *Bäcker/Freiling/Schmitt* DuD 2010, 80, 81.
[87] BVerfGE 113, 29 ff.
[88] So *Heinson* (Fn. 52), S. 212; vgl. auch *Roßnagel*, in: Eifert/Hoffmann-Riem (Hrsg.), Innovation, Recht und öffentliche Kommunikation, 2011, S. 41 (44); vgl. auch BGH NStZ 2003, 670 (671).
[89] BVerfGE 113, 29 (55); BVerfGE 115, 166 (200); vgl. auch: BVerfGE 124, 43 (67).
[90] BVerfG NJW 2002, 1410; BVerfGE 113, 29 (52); LR-StPO/*Tsambikakis*, 27. Aufl. 2018, § 110 Rn. 1.
[91] BVerfGE 113, 29 (53); BVerfGE 96, 44 (51).

zu stellen.⁹² Bei der Abwägung zwischen dem öffentlichen Interesse an der Strafverfolgung und den Interessen des Betroffenen ist vor allem zu ermitteln, wie intensiv die Maßnahme und ihre Folgewirkungen den Grundrechtsträger in seinen Rechten tangieren (Schwere des Eingriffs).⁹³ Welche Grundrechte sind betroffen und wie intensiv bzw. nachhaltig wird in diese eingegriffen? Auch die Belastung für Dritte ist zu berücksichtigen.⁹⁴ Auf der anderen Seite ist insbesondere die Schwere des konkreten Tatvorwurfs in die Abwägung einzustellen.⁹⁵ Welche Straftat steht im Raum und wie schwer wiegt diese? Darüber hinaus ist aber auch die konkrete Beweisbedeutung des angestrebten Beweismittels für das Verfahren in die Abwägung einzustellen – welche Beweismittel stehen bereits zur Verfügung und inwiefern genügen diese voraussichtlich für die Überführung? Auch der Grad des Tatverdachts soll im Rahmen der Abwägung zwischen dem Strafverfolgungsinteresse und dem Belangen des Grundrechtsträgers berücksichtigt werden.⁹⁶

Speziell in Bezug auf Kommunikationsverbindungsdaten hat das Bundesverfassungsgericht schon in seinen Judikaten aus dem ersten Jahrzehnt dieses Jahrhunderts darauf hingewiesen, dass

*„[im] Rahmen der Abwägung [...] einerseits zu berücksichtigen [ist], dass die[se] [Daten] einen besonders schutzwürdigen Aussagegehalt haben. Sie können im Einzelfall erhebliche Rückschlüsse auf das Kommunikations- und Bewegungsverhalten zulassen. Häufigkeit, Dauer und Zeitpunkt von Kommunikationsverbindungen geben Hinweise auf Art und Intensität von Beziehungen und ermöglichen Schlussfolgerungen, die je nach Genauigkeit, Zahl und Vielfalt der erzeugten Datensätze im Extremfall an die Erstellung eines Persönlichkeitsprofils heranreichen können und auch Rückschlüsse auf den Kommunikationsinhalt zulassen [...]. Der Eingriff gewinnt zusätzliches Gewicht, wenn auch an der aufzuklärenden Straftat unbeteiligte Kommunikationspartner des von den Ermittlungen Betroffenen in ihrem Recht auf informationelle Selbstbestimmung betroffen sind."*⁹⁷

Gleichzeitig stellt das Bundesverfassungsgericht aber eben in Rechnung, dass die zunehmende Nutzung von IT-Geräten und ihr Vordringen in alle Lebensbereiche auch zu einer Zunahme des Einsatzes bei der Begehung von Straftaten geführt hat – dies erschwere

---

⁹² SK-StPO/*Wohlers*/*Singelnstein*, 6. Aufl. 2023, § 94 Rn. 50; LR-StPO/*Menges*, 27. Aufl. 2018, § 94 Rn. 51 f.; BVerfGE 113, 29 (57).
⁹³ BVerfGE 20, 162 (187); BVerfGE 44, 353 (373).
⁹⁴ *Korge* (Fn. 51), S. 134.
⁹⁵ LR-StPO/*Menges*, 27. Aufl. 2023, § 94 Rn. 54.
⁹⁶ Insbesondere: BVerfGE 20, 162 (213).
⁹⁷ BVerfGE 115, 166 (193).

die Strafverfolgung.[98] Gerade deshalb hielt es das Bundesverfassungsgericht auch nicht für notwendig, „*die Beschlagnahme der bei dem Betroffenen gespeicherten Verbindungsdaten generell auf Ermittlungen zu begrenzen, die Straftaten von besonderer Bedeutung betreffen. Dies würde zu einer unangemessenen Beeinträchtigung der Strafverfolgung führen*".[99]

Nichtsdestotrotz müsse aber auf die erhöhte Schutzwürdigkeit von Kommunikationsdaten Rücksicht genommen werden. Die Verhältnismäßigkeitsprüfung müsse dem Umstand Rechnung tragen, dass es sich um Daten handelt, „die außerhalb der Sphäre des Betroffenen unter dem besonderen Schutz des Fernmeldegeheimnisses stehen und denen im Herrschaftsbereich des Betroffenen ein ergänzender Schutz durch das Recht auf informationelle Selbstbestimmung zuteilwird".[100] Daher könne „im Einzelfall" die Geringfügigkeit der zu ermittelnden Straftat, eine geringe Beweisbedeutung der zu beschlagnahmenden Verbindungsdaten sowie die Vagheit des Auffindeverdachts einer Durchsuchung und Sicherstellung entgegenstehen.[101]

cc) Sicherstellungsverbote, insbesondere Kernbereichsschutz

Das einfache Recht postuliert in den §§ 96, 97, 148 StPO aber auch in § 160a StPO sog. Beschlagnahmeverbote.[102] Darüber hinaus sind im Einzelfall auch weitere Gegenstände aus verfassungsrechtlichen Gründen dem Zugriff des Staates entzogen.[103] Aus der „Vorwirkung"[104] von selbstständigen Beweisverwertungsverboten folgt ein Verbot, auf diese ohnehin unverwertbaren Beweisgegenstände zuzugreifen.[105] Die selbstständigen Beweisverwertungsverbote werden schwerpunktmäßig aus den Grundrechten abgeleitet, die einen markanten Menschenwürdebezug aufweisen, namentlich aus dem allgemeinen Persönlichkeitsrecht (Art. 2 Abs. 1 iVm Art. 1 Abs. 1 GG).[106] Bekanntlich zieht das Bundesverfassungsgericht zur Verifi-

---

[98] BVerfGE 115, 166 (193 f.).
[99] BVerfGE 115, 166 (192).
[100] BVerfGE 115, 166 (198).
[101] BVerfGE 115, 166 (198 f.).
[102] *Korge* (Fn. 51), S. 99 ff.; skeptisch LR-StPO/*Menges*, 27. Aufl. 2018, § 94 Rn. 74.
[103] Vgl. BVerfGE 80, 373; BGHSt 19, 329; BGHSt 38, 219; BGHSt 44, 48; SSW-StPO/*Eschelbach*, 5. Aufl. 2023, § 94 Rn. 36; LR-StPO/*Menges*, 27. Aufl. 2018, § 94 Rn. 73 ff.; *Jäger*, in: Hilgendorf/Kudlich/Valerius (Hrsg.), Handbuch des Strafrechts, Band 8, 1. Aufl. 2022, § 53 Rn. 116 ff.
[104] *Geppert* JR 1988, 471 (474); *Kelnhofer*, Hypothetische Ermittlungsverläufe im System der Beweisverbote, 1994, S. 214; *Laber*, Die Verwertbarkeit von Tagebuchaufzeichnungen im Strafverfahren, 1995, S. 90.
[105] LR-StPO/*Menges*, 27. Auflage 2018, § 94 Rn. 73.
[106] MK-StPO/*Kudlich*, 2. Aufl. 2023, Einl. Rn. 474; BGHSt 50, 206 (210 ff.); ausführlich zu den kernbereichsrelevanten Grundrechten: *Doll*, Strafprozessuale Konturierung des Kernbereichs privater Lebensgestaltung, 2021, S. 64 f.

zierung solcher Beweisverwertungsverbote die von *Heinrich Hubmann*[107] entwickelte Sphärentheorie heran.[108] Es gilt: Ist der unantastbare Kernbereich der Persönlichkeit tangiert, scheidet eine Verwertung schlechthin aus[109] und zwar unabhängig davon, wie schwerwiegend der strafrechtliche Vorwurf sich auch darstellt.[110] Zur Entfaltung der Persönlichkeit im Kernbereich privater Lebensgestaltung, so das Bundesverfassungsgericht, „gehört die Möglichkeit, innere Vorgänge wie Empfindungen und Gefühle sowie Überlegungen, Ansichten und Erlebnisse höchstpersönlicher Art ohne die Angst zum Ausdruck zu bringen, dass staatliche Stellen dies überwachen".[111]

Das Bundesverfassungsgericht hat sich der Kernbereichsthematik für den Bereich der Repression zunächst vor allem im Hinblick auf die geheimen Ermittlungsmaßnahmen gewidmet und für diesen Bereich eine einfachgesetzliche Absicherung des Schutzes des Kernbereichs eingefordert.[112]

In den Entscheidungen des Bundesverfassungsgerichts, die sich mit der Sicherstellung von IT-Geräten und Daten auf Grundlage der §§ 94 ff. StPO befasst haben,[113] ist die Kernbereichsproblematik, wenn überhaupt, zunächst nur am Rande thematisiert worden. Erst in dem Beschluss des 2. Senats zur E-Mail-Beschlagnahme aus dem Jahr 2009 hat sich das Bundesverfassungsgericht auch in diesem Kontext der Thematik „Kernbereichsschutz" angenommen und ausgeführt: *„Es kann nicht ausgeschlossen werden, dass bei der Erfassung der Kommunikationsinhalte personenbezogene Daten betroffen sind, die sich auf den Kernbereich höchstpersönlicher Lebensgestaltung beziehen. [...]. Bestehen im konkreten Fall tatsächliche Anhaltspunkte für die Annahme, dass ein Zugriff auf gespeicherte Telekommunikation Inhalte erfasst, die zu diesem Kernbereich zählen, ist er insoweit nicht zu rechtfertigen und hat insoweit zu unterbleiben [...]. Es muss sichergestellt werden, dass Kommunikationsinhalte des höchstpersönlichen Bereichs nicht gespeichert und verwertet werden, sondern unverzüglich gelöscht werden, wenn es ausnahmsweise zu ihrer Erhebung gekommen ist."*[114]

---

[107] *Hubmann*, Das Persönlichkeitsrecht, 1953.
[108] Erstmals BVerfGE 34, 238 (245 ff.); vgl. auch BVerfGE 80, 367 (376 ff.); BVerfG NJW 2012, 907 f.; vgl. auch *Wolter* StV 1990, 177 ff.; *Störmer* NStZ 1990, 398 f.
[109] BVerfGE 119, 1 (29 f.); BVerfGE 120, 274 (335); BVerfGE 124, 43 (69).
[110] BVerfGE 34, 238 (245 f.); BVerfGE 80, 367 (373 f.); BVerfGE 109, 279 (313 f.); BVerfGE 120, 274 (335).
[111] Vgl. nur BVerfG, Beschl. v. 9.12.2022, 1 BvR 1345/21 Rn. 102, mwN.
[112] Vor allem: BVerfGE 109, 279 (Lauschangriff).
[113] BVerfGE 113, 29 ff.; BVerfGE 115, 166 ff.; BVerfGE 124, 43 ff.
[114] BVerfGE 124, 43 (69 f.).

Das Bundesverfassungsgericht hat für den Bereich der Beschlagnahme aber gerade keine einfachgesetzlichen Sonderregelungen zum Schutz des Kernbereichs eingefordert. Dies wird in der Literatur inzwischen teilweise kritisch gesehen.[115]

2. Formelle Anforderungen an die Sicherstellung

Die Sicherstellung kann ohne richterliche Anordnung ergehen (§ 94 Abs. 2 StPO).[116] Bei freiwilliger Herausgabe des Gegenstandes bedarf es keiner förmlichen Beschlagnahme. Wenn aber eine freiwillige Herausgabe nicht erfolgt, liegt die Anordnungsbefugnis für diese förmliche Beschlagnahme gemäß § 98 Abs. 1 S. 1 StPO während des Vorverfahrens beim Ermittlungsrichter: Beschlagnahmen dürfen nur durch das Gericht, bei Gefahr im Verzug auch durch die Staatsanwaltschaft und ihre Ermittlungspersonen (§ 152 GVG) angeordnet werden. Sonderregelungen sieht das Gesetz für die Pressebeschlagnahme (§ 98 Abs. 1 S. 2 StPO) und die Postbeschlagnahme (§§ 99, 100 StPO) vor. Dieser „Richtervorbehalt" für die Beschlagnahme ist aber nicht verfassungsrechtlich determiniert; vielmehr beruht er auf einer freiwilligen gesetzgeberischen Entscheidung.

§ 98 Abs. 2 StPO regelt die Beteiligung des Richters, wenn eine Beschlagnahme ohne richterliche Anordnung erfolgt ist. Die Staatsanwaltschaft kann in diesem Fall jederzeit die gerichtliche Bestätigung beantragen[117], muss dies aber nicht. War bei der Beschlagnahme aber weder der von der Maßnahme Betroffene (daher keine freiwillige Herausgabe) noch ein erwachsener Angehöriger anwesend oder wurde der Beschlagnahme widersprochen, so soll der Beamte, der den Gegenstand ohne gerichtliche Anordnung beschlagnahmt hat, innerhalb von drei Tagen eine gerichtliche Bestätigung beantragen, S. 1. Der Betroffene kann darüber hinaus jederzeit eine gerichtliche Entscheidung über die Rechtmäßigkeit der Beschlagnahme einholen (§ 98 Abs. 2 S. 2 StPO).

Auch wenn eine vorherige Anhörung des Betroffenen vor Ergehen der richterlichen Entscheidung gemäß § 33 Abs. 4 StPO entbehrlich ist, so ist spätestens nach Beginn der Beschlagnahme die Anordnung dem Betroffenen bekanntzumachen (§ 35 Abs. 2 StPO).[118] Teilweise

---

[115] SSW-StPO/*Eschelbach*, 5. Aufl. 2023, § 94 Rn. 1, 8; MK-StPO/*Rückert*, 2. Aufl. 2023, § 100d Rn. 1; *Doll* (Fn. 106), S. 199; *Bäcker*, in: Uerpmann-Wittzack (Hrsg.), Das neue Computergrundrecht, 2009, S. 1 (27); für Österreich: *Zerbes/Ghazanfari* Öster. AnwBl 2022, 640 (646 ff.).
[116] MK-StPO/*Hauschild*, 2. Aufl. 2023, § 94 Rn. 1.
[117] BGHSt 9, 351 ff.
[118] BeckOK StPO/*Gerhold*, Stand: 1.7.2023, § 98 Rn. 11; KK-StPO/*Greven*, 9. Aufl. 2023, § 98 Rn. 21.

wurde eine Zurückstellung wegen der Gefährdung der Ermittlungen auch noch für die Zeit danach zugelassen.[119] Der BGH hat seine diesbezügliche Rechtsprechung aber unter Berufung auf den grundsätzlichen offenen Charakter der Beschlagnahme später aufgegeben.[120] Der Gesetzgeber hat hierauf mit der Einführung des § 95a StPO reagiert.

3. Ausnahme: Zulässigkeit geheimer Beschlagnahmen, § 95a StPO

§ 95a StPO hat einen „kleinen" Paradigmenwechsel im Regelungsregime der Beschlagnahme (§§ 94 ff. StPO) eingeläutet, indem die Vorschrift eine Art heimliche Beschlagnahme ermöglicht und eine Ausnahme „vom weiterhin geltenden Grundsatz der Offenheit jeder Beschlagnahme" statuiert.[121] Die Vorschrift ist seit dem 1. Juli 2021 in Kraft[122] und gestattet seither die Zurückstellung der Benachrichtigung des Beschuldigten. Flankiert wird diese Regelung mit der Möglichkeit, ein Offenbarungsverbot (Abs. 6) zu verhängen.[123] Die Benachrichtigung der Beschuldigten von der Beschlagnahme birgt die Gefahr, dass hierdurch der Erfolg anderer (heimlicher) Ermittlungsmaßnahmen vereitelt wird.[124] Eine Zurückstellung der Benachrichtigung kann daher aus ermittlungstaktischen Gründen opportun sein.

Laut § 95a Abs. 1 StPO ist es nunmehr erlaubt, bei der gerichtlichen Anordnung oder Bestätigung von Beschlagnahmungen von Gegenständen, die sich nicht im Gewahrsam des Beschuldigten befinden, die vorgeschriebene Bekanntmachung des Beschuldigten (§ 35 Abs. 2 StPO) zurückzustellen, wenn die „Benachrichtigung" den Untersuchungszweck gefährden würde, der Beschuldigte einer Straftat von auch im Einzelfall erheblicher Bedeutung (insbesondere § 100a Abs. 2 StPO) verdächtigt wird und „die Erforschung des Sachverhalts oder die Ermittlung des Aufenthaltsortes des Beschuldigten auf andere Weise wesentlich erschwert oder aussichtslos wäre". Die Anordnung der Zurückstellung ergeht ausschließlich durch das Gericht, § 95a Abs. 2 S. 1 StPO. Die Zurückstellung darf nur so lange dauern, wie dadurch auch der Untersuchungszweck gefährdet wäre, dies stellt die Regelung ausdrücklich klar, § 95a

---

[119] BGH NStZ 2003, 273.
[120] BGH NStZ 2010, 345; BGH NStZ 2015, 704; heute allgemeine Meinung: vgl. nur LR-StPO/*Menges*, 27. Aufl. 2018, § 98 Rn. 21; MK-StPO/*Hauschild*, 2. Aufl. 2023, § 98 Rn. 21.
[121] BT-Drs. 19/27654, S. 62.
[122] BGBl. 2021 II, 2099 ff.
[123] *Ruhlands* ZStW 2022, 747 ff.; *Bohn* KriPoZ 2021, 350 f.
[124] So BT-Drs. 19/27654, S. 61.

Abs. 4 StPO. Sie ist aber auf maximal neun Monate begrenzt, siehe Abs. 2 S. 2 und S. 3.

Der Anwendungsbereich des § 95a StPO beschränkt sich auf Beschlagnahmungen bei Dritten, also auf solche Sicherstellungsakte, die sich nicht unmittelbar gegen den Beschuldigten selbst richten, auch wenn sie seine Rechte tangieren.[125] Gegenständlich standen dem Gesetzgeber tatsächlich vor allem Beschlagnahmen von digital gespeicherten Informationen, beispielsweise von beim Provider gespeicherten E-Mails oder Chatinhalten, Inhalten von Nutzerkonten sozialer Netzwerke sowie von in der Cloud gespeicherten Daten, vor Augen.[126] Hierauf beschränkt sich der Anwendungsbereich aber nicht. Denkbar ist natürlich auch der Fall, dass die „heimliche" Beschlagnahme der auf einem IT-Gerät gespeicherten Daten (siehe oben) zu einem Zeitpunkt erfolgt, in dem der Betroffene das Gerät dem Gewahrsam eines Dritten überlassen hat. Dazu ein Beispiel: Das Gerät wird für eine Reparatur über Nacht in die Hände eines Servicedienstleisters (Handyshop, Handyklinik) gegeben.[127] Wenn sich die Beschlagnahme in diesen Fällen allein auf die Daten (Spiegelung der Daten)[128] beschränkt, so dass der Beschuldigte sein Gerät nach der Reparatur äußerlich unbeschadet zurückerhält, kann die Datenabschöpfung mit Hilfe des § 95a StPO ihm gegenüber „geheim" bleiben.

Um zu gewährleisten, dass die Zurückstellung der Benachrichtigung des Beschuldigten auch tatsächlich den Untersuchungszweck nicht gefährdet,[129] sieht § 95a Abs. 6 StPO die Möglichkeit vor, den von der Beschlagnahme unmittelbar Betroffenen (Gewahrsamsinhaber über den Gegenstand) mit einem Offenbarungsverbot zu belegen, § 95a Abs. 6 StPO. Er darf für die Dauer der Zurückstellung die Beschlagnahme, die vorausgehende Durchsuchung nach § 103 und § 110 StPO und die Herausgabeanordnung nach § 95 StPO gegenüber dem Beschuldigten (und unter Umständen auch gegenüber Dritten) nicht offenbaren.

---

[125] BT-Drs. 19/27654, S. 61.
[126] BT-Drs. 19/27654, S. 61.
[127] Diesem stehen häufig auch die Entsperrcodes zur Verfügung, weil diese aus technischen Gründen für die Standardreparaturen wie Akkutausch, Displaywechsel benötigt werden.
[128] Auf diese Möglichkeit wird auch in der Gesetzesbegründung implizit Bezug genommen: BT-Drs. 19/27654, S. 66; MK-StPO/*Hauschild*, 2. Aufl. 2023, § 95a Rn. 15; KK-StPO/*Greven*, 9. Aufl. 2023, § 95a Rn. 11.
[129] BT-Drs. 19/27654, S. 65; *Vassilaki* MMR 2022, 103 (105).

V. Einfache Durchsicht von Akten und elektronischen Speichermedien, § 110 StPO

1. Zweck und Anwendungsbereich der Durchsicht nach § 110 StPO

Auch schon die für den Privatgebrauch vorgesehenen IT-Geräte besitzen häufig ein Massenspeichermedium mit Kapazitäten im zwei- oder sogar dreistelligen Gigabyte-Bereich. Auf diesem sind nicht selten tausende und abertausende Dokumente abgelegt, deren Beweisrelevanz nur selten auf Anhieb zu verifizieren sein wird.[130] Dies macht eine manuelle oder technikbasierte „Durchsicht" dieser Dokumente notwendig.[131] § 110 StPO formuliert für diese Durchsicht eine Sonderregelung.

Die Regelung in § 110 StPO stellt klar, dass sich eine Durchsuchung [sic!] auch auf Akten- (Abs. 1) und elektronische Speichermedien (Abs. 3) erstrecken darf.[132] Die Vorschrift legitimiert die (vorläufige) Mitnahme von Papieren und Speichermedien (vgl. Abs. 2, 4) und deren Durchsicht nach beweisrelevantem Material. Damit vermeidet die Vorschrift, dass solche Akten und Daten endgültig beschlagnahmt werden müssen. Sie trägt damit in gewisser Weise zur Wahrung der Verhältnismäßigkeit bei.[133]

Die Durchsicht iSd § 110 StPO wird von der hM als Teil der (andauernden) Durchsuchung angesehen.[134] Hierfür streitet nicht nur der Wortlaut (eindeutig: § 110 Abs. 1 StPO), sondern auch die systematische Verortung der Regelung. Dennoch ist nach hM der Anwendungsbereich der Durchsicht auch dann eröffnet, wenn die Papiere oder die elektronischen Speichermedien außerhalb einer Durchsuchung in die Hände der Ermittlungsbehörden gelangt sind. Hierfür streitet in der Tat Sinn und Zweck des § 110 StPO, der darauf zielt, die Erforderlichkeit der Beschlagnahme zu gewährleisten. Die Durchsicht dient dazu, eine übermäßige (endgültige) Beschlagnahme zu vermeiden.[135]

---

[130] *Cordes/Reichling* NStZ 2022, 712 (713).
[131] *Heinson* (Fn. 52), S. 174 f.
[132] Diese wird in Abs. 1 der Staatsanwaltschaft und ihren Ermittlungsbeamten iSd § 152 GVG aufgetragen.
[133] BGH NJW 2010, 1297 (1298); LR-StPO/*Tsambikakis*, 27. Aufl. 2018, § 110 Rn. 1.
[134] BVerfG BeckRS 2021, 39283; BVerfG NJW 2018, 3571; BGH BeckRS 2022, 13068; BGH NStZ 2021, 623; *Brodowski/Eisenmenger* ZD 2014, 119 (120); kritisch: *Doege* NStZ 2022, 466 (467); aA: *Peters* NZWiSt 2017, 465 (466): selbstständige Ermittlungsmaßnahme.
[135] LR-StPO/*Tsambikakis*, 27. Aufl. 2018, § 110 Rn. 3; SK-StPO/*Jäger/Wohlers*, 6. Aufl. 2023, § 110 Rn. 7; Meyer-Goßner/Schmitt/*Köhler*, 66. Aufl. 2023, § 110 Rn. 1; Radtke/Hohmann/*Ladiges*, 1. Aufl. 2011, § 110 Rn. 7; HK-StPO/*Gercke*, 2. Aufl. 2023, § 110 Rn. 5; *Park* wistra 2000, 453 (455).

2. Durchführung der Sichtung

Mit dem Akt der Durchsicht ist letztlich nichts anderes gemeint als eine auf die Prüfung der Beweisrelevanz gerichtete Kenntnisnahme vom Inhalt der Papiere oder der Dateien auf einem elektronischen Speichermedium.[136] Eine Sichtung iSd § 110 StPO darf auch mithilfe forensischer Datenauswertungssoftware (forensische Toolkits: zB EnCase, Sleuthkit, Autopsy und PyFlag, X-Ways Forensics, Relativity, Nuix, ZyLAB)[137] durchgeführt werden.[138] Am Ende wird aber nicht vermieden werden können, dass ein großer Datenbestand manuell gesichtet werden muss.[139] Um die Relevanz der Daten für das jeweilige Verfahren bewerten zu können, müssen die Daten auf dem Gerät in der Regel geöffnet und ihr Inhalt zur Kenntnis genommen werden. Allein eine an der Dokumentenbezeichnung orientierte Durchsicht (gefühle.docx; betrug.txt) verstärkt das Risiko, dass Betroffene relevante Informationen entsprechend legendieren und dadurch diese verschleiern.[140]

Betrifft die Durchsicht Smartphones oder andere komplexe IT-Geräte, besteht die Gefahr, dass die Behörden im Laufe der Durchsicht ein (vollständiges) Persönlichkeits-, Verhaltens- und Bewegungsprofil vom Geräteinhaber („Gläserner Bürger") erhalten (siehe oben) – bei einer umfassenden Durchsicht der Dokumente wird die hiermit beauftragte Amtsperson zwangsläufig ein gewisses Bild von den Lebensgewohnheiten, den Verhaltensweisen, ggf. von seinen politischen und sittlichen Einstellungen usw. erhalten. Um dieses Bild so klein und unvollständig wie möglich zu halten, muss sich der Akt der Sichtung des einzelnen Dokuments auf das notwendige Maß beschränken. Soweit ersichtlich ist, dass einem Text-, Bild- oder Videodokument keine Bedeutung für das gegenständliche Verfahren zukommt, muss die Sichtung unverzüglich beendet werden, um die Erlangung weiterer verfahrensirrelevanter Informationen durch den sichtenden Amtsträger zu vermeiden. Eine über dieses Maß hinausgehende Sichtung der Unterlagen ist rechtswidrig. Im Rahmen einer Sichtung darf keinesfalls systematisch nach Zufallsfunden gefahndet werden.[141]

---

[136] LR-StPO/*Tsambikakis*, 27. Aufl. 2018, § 110 Rn. 16; SK-StPO/*Jäger/Wohlers*, 6. Aufl. 2023, § 110 Rn. 20.
[137] Bundesamt für Sicherheit in der Informationstechnik, Leitfaden „IT-Forensik", Version 1.0.1., S. 213 ff.
[138] *Wackernagel/Graßie* NStZ 2021, 12 ff.; *Wenzel* NZWiSt 2016, 85 ff.; *Saller* CCZ 2012, 189, 189 ff.; *Graulich* wistra 2009, 299 ff.; *Rogge* der kriminalist 2015, 29 ff.
[139] LR-StPO/*Tsambikakis*, 27. Aufl. 2018, § 110 Rn. 16.
[140] *Rühs* (Fn. 13), S. 91; *Buermeyer* HRRS 2007, 329 (337); *Sänger* Die Polizei 2015, 228 (233).
[141] LR-StPO/*Tsambikakis*, 27. Aufl. 2018, § 110 Rn. 16.

3. Dauer der Durchsicht

Solange die Daten gesichtet werden, bleiben IT-Gerät und Datenbestand dem Betroffenen vorenthalten. Dies begründet einen erheblichen Grundrechtseingriff (dazu unten). Ob eine Mitnahme zur Durchsicht des IT-Geräts vermieden werden kann, hängt von den Umständen des Einzelfalles ab – insbesondere auch davon, wie groß der Datenbestand ist, ob ein Zugriff nur unter Umgehung von Sicherungstools möglich ist, ob eine Live- oder eine Post-Mortem-Sicherung geplant ist usw.[142]

Es gibt auch keine schematischen Vorgaben, wie lange eine Durchsicht dauern darf.[143] Entscheidend sind die Umstände des Einzelfalles.[144] Die Rechtsprechung gesteht der Staatsanwaltschaft diesbezüglich einen Ermessensspielraum zu.[145] Die Gerichte haben ihre Kontrolle in dieser Hinsicht auf die Frage zu beschränken, ob die Staatsanwaltschaft die Grenzen des ihr zukommenden Ermittlungsermessens überschritten hat.[146] Sie dürfen den Strafverfolgungsbehörden keine festen Fristen für die Durchführung der Durchsicht setzen.[147] Nichtsdestotrotz muss die Durchsicht zügig erfolgen,[148] sie darf nicht länger andauern, als dies mit Blick auf die Datenmenge und die Komplexität der Sichtung (zB Kennwortentschlüsselung aufgrund von Zugangsbeschränkungen, Möglichkeit der verlustlosen Datenspiegelung, Erforderlichkeit der Beteiligung von IT-Sachverständigen oder Dolmetschern etc.)[149] notwendig ist.[150] Vor diesem Hintergrund darf es nicht verwundern, dass die Entscheidungen, die sich mit der zulässigen Dauer einer Datenauswertung zu befassen haben, eine deutliche Spannbreite zwischen wenigen Tagen und mehreren Jahren aufweisen.[151] Hierauf wird an späterer Stelle zurückzukommen sein.

---

[142] Dazu bereits → C 10 f.
[143] BGH NStZ 2021, 623.
[144] LG Saarbrücken NStZ-RR 2016, 346 (347).
[145] BGH NStZ 2021, 623.
[146] BGH NStZ 2021, 623.
[147] BGH NStZ 2021, 623; LG Saarbrücken NStZ-RR 2016, 346; Meyer-Goßner/Schmitt/*Köhler*, 66. Aufl. 2023, § 110 Rn. 8a; aA LR-StPO/*Tsambikakis*, 27. Aufl. 2018, § 110 Rn. 31; SK-StPO/*Jäger/Wohler*, 6. Aufl. 2023, § 110 Rn. 29.
[148] Vgl. schon BVerfG NJW 2002, 1410; BGH NStZ 2003, 670; LG Frankfurt a. M. NJW 1997, 1170; LG Saarbrücken NStZ-RR 2016, 346; HK-StPO/*Gercke*, 2. Aufl. 2023, § 110 Rn. 10; SSW-StPO/*Hadamitzky*, 5. Aufl. 2023, § 110 Rn. 9; SK-StPO/*Wohlers/Jäger*, 5. Aufl. 2016, § 110 Rn. 24.
[149] *Heinrich* wistra 2017, 219 (223).
[150] BGH NStZ 2003, 670 (671).
[151] AG Hamburg StV Spezial 2023, 152; LG Kassel StV 2020, 161; LG Cottbus BeckRS 2019, 7479; LG Köln, Urt. v. 30.1.2017, 101 KLs 13/15; LG Ravensburg NStZ-RR 2014, 348; AG Reutlingen BeckRS 2011, 148324; LG Hildesheim StraFo

VI. Erweiterte Durchsicht, § 110 Abs. 3 S. 2 StPO

1. Hintergrund der Vorschrift

In den letzten zwanzig Jahren haben sich Filesharing-Lösungen (Stichwort: Webspace) immer mehr durchgesetzt. Sie ergänzen damit interne zentrale Serverlösungen, die schon länger vor allem von Unternehmen und öffentlichen Einrichtungen für die kapazitätsschonende Nutzung und Sicherung von Daten genutzt werden. Die Nutzung von kommerziellen Cloud-Diensten[152] (zB Google Drive, iCloud, Dropbox) oder anderen Formen des Filehostings ist nicht nur ein probates Mittel, um seine lokalen Speichereinheiten zu schonen, sondern sie bietet gleichzeitig die Möglichkeit, die Daten zu sichern und sie standortunabhängig dem Betroffenen zugänglich zu machen. Darüber hinaus bieten Daten-Clouds auch den Vorteil, dass große Datenmengen mit anderen geteilt werden können.[153]

§ 110 Abs. 3 S. 2 StPO (sog. Onlinesichtung)[154] zielt genau auf solche ausgelagerten Dateien. Nach dieser Vorschrift darf die „Durchsicht […] auch auf [vom elektronischen Speichermedium] räumlich getrennte Speichermedien erstreckt werden [darf], soweit auf sie von dem elektronischen Speichermedium aus zugegriffen werden kann, wenn andernfalls der Verlust der gesuchten Daten zu befürchten ist."[155] Mit der Implementierung des § 110 Abs. 3 S. 2 in die Strafprozessordnung wollte der Gesetzgeber dem sich schon damals abzeichnenden Trend zur Datenauslagerung gerecht werden.[156]

Die Erweiterung des § 110 StPO diente darüber hinaus auch der Umsetzung von Art. 19 Abs. 2 des von Deutschland ratifizierten Übereinkommens über Computerkriminalität (sog. Cybercrime-

---

2007, 114 (115); LG Limburg StraFo 2006, 198; LG Dresden NStZ 2003, 567; LG Mühlhausen StraFo 2003, 237 (238); LG Köln StV 2002, 413; LG Aachen StV 2000, 548; LG Frankfurt a. M. wistra 1997, 117 (118).

[152] Zu den Besonderheiten und den Nutzungsoptionen von Cloud Computing, vgl. *Bell*, Strafverfolgung und die Cloud, 2019, S. 27 ff.; *Wicker*, Cloud Computing, 2016, S. 43 ff.

[153] Vgl. die Hinweise des Bundesamts für Sicherheit in der Informationstechnik: https://www.bsi.bund.de/DE/Themen/Verbraucherinnen-und-Verbraucher/Informationen-und-Empfehlungen/Cloud-Computing-Sicherheitstipps/cloud-computing-verbraucher_node.html.

[154] *Zerbes/El-Ghazi* NStZ 2015, 425 (428); BeckOK StPO/*Hegmann*, Stand: 1.7.2023, § 110 Rn. 14; MK-StPO/*Hauschild*, 2. Aufl. 2023, § 110 Rn. 15.

[155] Mit der Einfügung dieser Vorschrift konnten einige Streitstände über die Reichweite der Durchsicht bei elektronischen Speichermedien (zB Zugriff auf Computernetzwerke) beendet werden; vgl. nur SK-StPO/*Jäger/Wohler*, 6. Aufl. 2023, § 110 Rn. 9.

[156] BT-Drs. 16/5846, S. 63.

Convention) des Europarats vom 23.11.2001.[157] Ziel der Cybercrime-Convention ist u.a. die Bekämpfung von Cyber-Kriminalität auch durch internationale Zusammenarbeit zu stärken.[158] Die Cybercrime-Convention verlangt eine solche Sichtung, wie sie § 110 Abs. 3 S. 2 StPO vorsieht, aber nur in Bezug auf bestimmte Deliktsfelder, vgl. Art. 14 Abs. 2 Cybercrime-Convention.

2. Charakter der Maßnahme, Voraussetzungen der Onlinesichtung und betroffene Daten

Auf der Grundlage des § 110 Abs. 3 S. 2 StPO können Daten eingesehen und abgerufen werden, die jenseits des lokalen Speichermediums des (vorläufig) sichergestellten Geräts gespeichert sind.[159] Damit gestattet die Vorschrift letztlich nichts anderes als einen Zugriff auf externe IT-Geräte (auch von Dritten).[160] Denn die ausgelagerten Daten müssen irgendwo auf einer oder auf mehreren Hardwareeinheiten gespeichert sein.[161] Eine gegenstandslose Speicherung von Daten, auch wenn der Begriff „Cloud" dies (fälschlicherweise) nahelegt, ist (bisher) technisch nicht möglich. § 110 Abs. 3 S. 2 StPO lässt den Zugang auf die externen Daten jedoch ausschließlich über das vorläufig sichergestellte Ausgangsgerät zu.[162] Daher ist eine Auswertung ausschließlich als Live-Analyse zulässig – eine Post-Mortem-Analyse scheidet aus.

Der Maßnahme nach § 110 Abs. 3 S. 2 StPO wird generell ein offener Charakter zugeschrieben.[163] Sie ist, wie bereits ausgeführt, Teil der Durchsuchung und teilt daher deren Charakter. Der offene Charakter der Onlinesichtung ist aber nur gegenüber dem Wohnungsinhaber bzw. dem Inhaber des vorläufig sichergestellten Ausgangsgeräts gewährleistet. Dies gilt aber nicht aus der Warte desjenigen, auf dessen Daten über das Ausgangsgerät zugegriffen wird. Diesem gegenüber kann sich die Onlinesichtung als heimliche Maßnahme darstellen.[164] In Bezug auf die Onlinesichtung ist daher zu Recht häufig die Rede von „kleiner Online-Durchsuchung" bzw.

---

[157] Europarat, SEV185 – Übereinkommen des Europarates vom 23.11.2001 über Computerkriminalität, abrufbar unter https://rm.coe.int/168008157a (zuletzt abgerufen 09.2023).
[158] Vgl. Präambel.
[159] *Bär* MMR 2008, 221; *Herrmann/Soiné* NJW 2011, 2922 ff.; *Schlegel* HRRS 2008, 23 ff.
[160] Kritisch dazu *Herrmann/Soiné* NJW 2011, 2922 (2925); *Knierim* StV 2009, 206 (212).
[161] *Rühs* (Fn. 13), S. 312.
[162] *Heinson* (Fn. 52), S. 174; *Zerbes/El-Ghazi* NStZ 2015, 425 (432).
[163] BT-Drs. 16/5846, S. 64; BVerfGE 122, 63 (79f.); *Schlegel* HRRS 2008, 23 (26); *Zerbes/El-Ghazi* NStZ 2015, 425 (429).
[164] BVerfGE 122, 63 (79f.).

von „Online-Durchsuchung light".[165] Die Sichtung ist – anders als Telekommunikations- oder Online-Durchsuchung – aber keine Maßnahme der Dauerüberwachung.[166] § 110 Abs. 3 S. 2 StPO erlaubt nur einen punktuellen Datenzugriff.[167] Es besteht Konsens darüber, dass die Maßnahme nach § 110 Abs. 3 S. 2 StPO nicht für eine (dynamische) Überwachung des IT-Geräts oder der Online-Datenquellen genutzt werden darf.[168] Unzulässig ist mithin das mehrfache Abrufen der Daten auf dem IT-Gerät, wenn es dazu dient, sich ein Bild von der laufenden Kommunikation zu machen.

Der Zugriff auf externe Datenbestände gemäß § 110 Abs. 3 S. 2 StPO setzt zum einen voraus, dass auf sie vom sichergestellten Gerät aus Zugriff genommen werden kann.[169] Zum anderen muss (ohne den mittelbaren Zugriff über das Ausgangsgerät) ein Verlust der gesuchten Daten zu befürchten sein. Die erstgenannte Bedingung ist gegeben, wenn das Ausgangsgerät so konfiguriert ist, dass ein Durchgreifen auf den externen Datenbestand technisch (potenziell) möglich ist.[170] Dabei ist unbeachtlich, ob der Zugriff auf die externen Daten „barrierefrei" möglich ist. Mit anderen Worten: Es genügt, dass der Zugriff auf den externen Datenbestand potenziell gegeben ist,[171] auch wenn die faktische Zugriffnahme davon abhängt, dass das Gerät in Betrieb gesetzt wird[172] oder Passwörter bzw. andere Zugangskennungen (mit Hilfe von Tools) überwunden werden müssen.[173] Dass bei der erweiterten Durchsicht nach § 110 Abs. 3 S. 2 StPO auch Zugriffsbarrieren (Passwörter, PIN, Sperrmuster, Touch-ID, Face-ID, Festplatten-Verschlüsselung) überwunden oder aus-

---

[165] *T. Böckenförde* JZ 2008, 925 (931); *Schlegel* HRRS 2008, 23; *Zerbes/El-Ghazi* NStZ 2015, 425 (429); *Marberth-Kubicki*, Computer- und Internetstrafrecht, 2010, S. 211, 217.

[166] Dazu schon *Zerbes/El-Ghazi* NStZ 2015, 425 (432), unter Verweis auf BVerfGE 115, 166 (185f.).

[167] *Brodowski* JR 2009, 402 (408); *Brodowski/Eisenmenger* ZD 2014, 119 (123f.); *Bell* (Fn. 152), S. 98.

[168] Meyer-Goßner/Schmitt/*Köhler*, 66. Aufl. 2023, § 110 Rn. 6; MK-StPO/*Hauschild*, 2. Aufl. 2023, § 110 Rn. 17; *Brodowski* JR 2009, 402 (408); *Brodowski/Eisenmenger* ZD 2014, 119 (124f.).

[169] Zur Auslegung dieses Merkmals: *Zerbes/El-Ghazi* NStZ 2015, 425 (431f.).

[170] MK-StPO/*Hauschild*, 2. Aufl. 2023, § 110 Rn. 16; *Zerbes/El-Ghazi* NStZ 2015, 425 (431); *Brodowski/Eisenmenger* ZD 2014, 119 (123); *Obenhaus* NJW 2010, 651 (653).

[171] Dazu schon ausführlich *Zerbes/El-Ghazi* NStZ 2015, 425 (431f.).

[172] *Bell* (Fn. 152), S. 80f.; *Sieber/Brodowski*, in: Hoeren/Sieber/Holznagel (Hrsg.), Handbuch Multimedia-Recht, 2022, 19.3 Rn. 58; MK-StPO/*Hauschild*, 2. Aufl. 2023, § 110 Rn. 26; *Beulke/Meininghaus* StV 2007, 63 (64).

[173] BeckOK StPO/*Hegmann*, Stand: 1.7.2023, § 110 Rn. 18; LR-StPO/*Tsambikakis*, 27. Aufl. 2018, § 105 Rn. 125; Meyer-Goßner/Schmitt/*Köhler*, 66. Aufl. 2023, § 105 Rn. 13; *Ludewig* KriPoZ 2019, 293 (298); *Bell* (Fn. 152), S. 82ff.; *Liebig*, Zugriff auf Computerinhaltsdaten, 2015, S. 70f.

gehebelt werden dürfen, wird von der wohl hM argumentativ mittels eines Vergleichs mit der rein gegenständlichen Sicherstellung begründet.¹⁷⁴ Auch in der analogen Welt dürfen Türen, Schlösser, Schließfächer und andere physische Barrieren – als Begleitmaßnahme einer Durchsuchung – aufgebrochen oder in sonstiger Weise überwunden werden, um Zugang zu einem beweisrelevanten Gegenstand zu erhalten.¹⁷⁵

Die Onlinesichtung ist nur zulässig, wenn „andernfalls der Verlust der gesuchten Daten zu befürchten ist." Eine solche Befürchtung ist schon dann gegeben, wenn die Gefahr besteht, dass der anvisierte externe Datenbestand vom Betroffenen manipuliert oder gelöscht und dadurch dem Zugriff durch die Ermittlungsbehörden entzogen werden könnte.¹⁷⁶ In der Praxis wird sich solch eine Gefahr des Datenverlustes nur selten ausschließen lassen.¹⁷⁷ In der Regel sind die extern gespeicherten Daten für den von der offenen Durchsuchung und Beschlagnahme Betroffenen auch über andere IT-Geräte erreich- und veränderbar. Daten in der Cloud, E-Mails auf dem Server des Mailanbieters, Nachrichten, Posts, Beiträge, Einträge in Foren oder in sozialen Medien usw. können typischerweise mit wenigen Klicks gelöscht werden, indem sich der Betroffene über ein internetfähiges Gerät Zugang zum „Portal" verschafft und das betreffende Datum dort löscht. Der hierfür erforderliche Zeitaufwand dürfte in der Regel marginal sein – innerhalb von wenigen Minuten lässt sich eine solche Löschung bewerkstelligen.

Bei der Schaffung des § 110 Abs. 3 S. 2 StPO hatte der Gesetzgeber vor allem Cloud-Daten vor Augen. Der Anwendungsbereich der Onlinesichtung beschränkt sich nach hM aber nicht auf solche Daten. Die Vorschrift gestattet nach weitgehend unbestrittener Ansicht auch den Zugang zu E-Mails über das sichergestellte IT-Gerät, auch wenn diese dafür erst beim Provider (über ein auf dem IT-Gerät installiertes Mailprogramm oder webbasiert [zB web.de, gmx.de, yahoo.de]) abgerufen werden müssen.¹⁷⁸

---

¹⁷⁴ *Zerbes/El-Ghazi* NStZ 2015, 425 (427 f.); *Rühs* (Fn. 13), S. 356.
¹⁷⁵ Vgl. nur LR-StPO/*Tsambikakis*, 27. Aufl. 2018, § 105 Rn. 125; SK-StPO/*Jäger/Wohlers*, 6. Aufl. 2023, § 105 Rn. 64; Meyer-Goßner/Schmitt/*Köhler*, 66. Aufl. 2023, § 105 Rn. 13; *Zerbes/El-Ghazi* NStZ 2015, 425 (427 f.).
¹⁷⁶ LR-StPO/*Tsambikakis*, 27. Aufl. 2018, § 110 Rn. 8; HK-StPO/*Gercke*, 2. Aufl. 2023, § 110 Rn. 19.
¹⁷⁷ *Rühs* (Fn. 13), S. 360 f.; *Brodowski/Eisenmenger* ZD 2014, 119 (124); in der Literatur wird zwar teilweise darauf verwiesen, dass die Befürchtung eines Datenverlustes auf Tatsachen gestützt sein müsse (LR-StPO/*Tsambikakis*, 27. Aufl. 2018, § 110 Rn. 8; HK-StPO/*Gercke*, 2. Aufl. 2023, § 110 Rn. 19); was dies aber bedeuteten soll, bleibt unerörtert.
¹⁷⁸ MK-StPO/*Hauschild*, 2. Aufl. 2023, § 110 Rn. 16; SK-StPO/*Jäger/Wohler*, 6. Aufl. 2023, § 110 Rn. 10; LR-StPO/*Tsambikakis*, 27. Aufl. 2018, § 110 Rn. 8; HK-StPO/*Gercke*, 2. Aufl. 2023, § 110 Rn. 23; *Park* (Fn. 43), Rn. 894; *Gähler* HRRS 2016,

Darüber hinaus soll § 110 Abs. 3 S. 2 StPO aber auch Zugriff auf alle übrigen Datenbestände ermöglichen, die über den Webbrowser, über eine auf dem Gerät installierte Applikation oder auf sonstige Weise über das Internet oder ein internes Netzwerk vom sichergestellten Gerät aus erreichbar sind.[179] Die Behörden dürfen das Gerät (mindestens) so nutzen, wie es sein Inhaber eben auch tut, und daher auf *alle über das Gerät erreichbaren Informationsquellen* zugreifen. Gestattet wäre demnach vor allem der Zugriff auf Beiträge, Chats, Postings, Fotos, Videos, Likes etc. in sozialen Medien (Facebook, Instagram, X, TikTok, YouTube), aber auch die Abschöpfung von Daten von anderen Plattformen und Online-Diensten jeglicher Art, zB Dating-Portalen (zB Tinder, Parship); Shopping-Portalen (Amazon, eBay, Zalando); Video-Portalen (Netflix), Food-Portalen (Lieferando); Banking usw.[180] In der Literatur wird hingegen teilweise dafür plädiert, den Anwendungsbereich der Onlinesichtung iSd § 110 Abs. 3 S. 2 StPO deutlich zu begrenzen[181], und zwar auf solche Datenbestände, die vom Betroffenen primär deshalb extern gespeichert werden, um lokale Datenspeicher zu ersetzen oder zu ergänzen (Ersatz- und Ergänzungsfunktion).[182] Diese restriktive Sichtweise hat sich in der Praxis bisher aber nicht durchzusetzen vermocht.

VII. Zwischenergebnis

Die vorangegangene Bestandsaufnahme sollte Folgendes deutlich gemacht haben: Der Umgang der Strafprozessordnung mit komplexen IT-Geräten, wozu Smartphones, Personal Computer, Laptops und Tablet-PC zählen, ist auf den ersten Blick überaus ambivalent. Auf der einen Seite formuliert die Strafprozessordnung rigideste Anforderungen für den Zugriff auf diese Geräte und der darauf befindlichen Daten (insbesondere §§ 100a Abs. 1 S. 2, 100b StPO); auf der anderen Seite werden solche Geräte wie jedes andere Beweisobjekt behandelt (§§ 94ff. StPO). Über die Standardmaßnahme der Beschlagnahme können die (Straf-)Verfolgungsbehörden unter relativ geringen Anforderungen Zugriff auf IT-Geräte und die darauf

---

340 (346); *Kasiske* StraFo 2010, 228; *Knierim* StV 2009, 206 (211); *Szebrowski* K&R 2009, 564; aA *Brodowski* JR 2009, 402 (408).

[179] LG Koblenz NZWiSt 2022, 160 (163); *Blechschmitt* MMR 2018, 361 (363); *Ihwas*, Strafverfolgung in Sozialen Netzwerken, 2014, S. 107 ff., 236; *von zur Mühlen*, Zugriff auf elektronische Kommunikation, 2019, S. 381 ff.

[180] Weitere Beispiele bei *Rühs* (Fn. 13), S. 306 f.

[181] *Rühs* (Fn. 13), S. 342 ff.; *Bauer*, Soziale Netzwerke, 2018, S. 331; *Bell* (Fn. 152), S. 193 f.; *Brodowski/Eisenmenger* ZD 2014, 119 (125); *Brodowski* JR 2009, 402 (408).

[182] *Rühs* (Fn. 13), S. 345.

befindlichen Daten nehmen. Es genügt der einfache Verdacht irgendeiner Straftat oder sogar Ordnungswidrigkeit. Dass die nicht fernliegende Möglichkeit besteht, dass sich in diesem Datenbestand relevante Beweiserkenntnisse für das Strafverfahren auffinden lassen werden, lässt sich ebenfalls ohne Weiteres begründen. Befindet sich das IT-Gerät in den Händen der Strafverfolgungsbehörden, so darf sein umfassender Datenbestand grundsätzlich gesichtet werden. Dabei darf auch Zugriff genommen werden auf externe Datenbestände (Onlinesichtung). Abgeschöpft werden können nicht nur extern ausgelagerte Daten in der Cloud, sondern auch E-Mails und die Daten aus sozialen Netzwerken und anderen Plattformen. Dabei erlangte Zufallsfunde sind uneingeschränkt verwendbar. Obwohl bei der Prüfung der Verhältnismäßigkeit der Beschlagnahme durchaus die von dieser Maßnahme ausgehenden Beeinträchtigungen für die Rechte des Betroffenen berücksichtigt werden müssen, gehört die Beschlagnahme des Smartphones heute zum Standardrepertoire der Strafverfolgungsbehörden und zwar auch bei Straftaten jeglicher Fasson. In der Praxis fehlt es bislang an einer hinreichenden Sensibilisierung für die Tragweite der Beschlagnahme von komplexen IT-Geräten, obwohl die grundrechtliche Gefährdungssituation dieser Maßnahme virulent ist.

C. Grundrechtsdimension des offenen Zugriffs auf IT-Geräte: betroffene Grundrechte

I. Unterbeleuchtete Debatte über die verfassungsrechtliche Tragweite der Beschlagnahme von komplexen IT-Geräten

Der staatliche Zugriff auf (komplexe)[183] IT-Geräte, insbesondere auf das Smartphone und andere intensiv genutzte Gerätschaften wie Personal Computer und Laptops, birgt ein erhebliches Gefährdungspotenzial (mindestens) für die Grundrechte desjenigen, der dieses Gerät als eigenes nutzt. Dieses Gefährdungspotenzial resultiert schlicht und ergreifend aus der Quantität der auf dem Gerät gespeicherten Daten, aber eben auch aus der Qualität dieser Daten. Die Digitalisierung ist inzwischen sowohl im Bereich der Arbeitswelt als auch im Privatverkehr so weit fortgeschritten, dass der Zugriff auf gewisse Geräte letztlich auch einen potenziellen Einblick in (wirklich) alle Lebenssphären des Betroffenen ermöglicht.

Dieses grundrechtliche Gefährdungspotenzial wurde im Grunde genommen unlängst erkannt und teilweise auch schon „gebannt". Die Problematik des Zugriffs auf (komplexe) IT-Geräte mit Blick auf die Grundrechte ist in den letzten zwanzig Jahren aber primär im Kontext von geheimen (bzw. geheimdienstlichen) Überwachungsmaßnahmen diskutiert worden. Auch die wegweisenden Entscheidungen des Bundesverfassungsgerichts, die sich mit dem Zugriff auf IT-Geräte und den damit einhergehenden Gefährdungen für die Grundrechte befassen, betrafen vorwiegend solche Ermächtigungsnormen, die den heimlichen Zugriff auf IT-Geräte legitimieren. Die vom Bundesverfassungsgericht für die präventiv ausgerichtete Online-Durchsuchung entwickelten Vorgaben haben bereits (teilweise) Eingang in die Strafprozessordnung gefunden, insbesondere in §§ 100a, 100b, 100d, 100e StPO. Ohne Konsequenzen ist diese Rechtsprechung bisher aber für das Eingriffsregime geblieben, das den offenen Zugriff auf IT-Geräte gestattet.

Unterbeleuchtet ist vor allem, welche Implikationen von der neueren verfassungsrechtlichen Rechtsprechung zum IT-Grundrecht für den tradierten offenen Zugriff auf IT-Geräte ausgehen. Dies ist deshalb verwunderlich, weil das besagte grundrechtliche Gefährdungspotenzial für die Persönlichkeitsrechte mindestens in

---

[183] Dazu bereits → C 4 ff.

ähnlicher, wenn nicht sogar in gleicher Weise auch bei der offenen Beschlagnahme von IT-Geräten zum Vorschein tritt. Das Bundesverfassungsgericht selbst hat sich – soweit ersichtlich – noch nicht dazu verhalten, ob der Anwendungsbereich des IT-Grundrechts auch im Falle einer offenen Beschlagnahme von IT-Geräten eröffnet ist und, wenn ja, inwieweit die hierzu entwickelten besonderen Kautelen auch im Rahmen dieser strafprozessualen Standardmaßnahme Beachtung verdienen. Die Entscheidungen, in denen sich das Gericht letztmalig ausführlich mit der Tauglichkeit der Eingriffsvorschriften in den §§ 94 ff. StPO für einen Zugriff auf Datenträger befasst und diese bejaht hat,[184] liegen noch vor der ersten Entscheidung des Gerichts zum IT-Grundrecht.[185] Schon damals wurde von Seiten der Beschwerdeführer hinsichtlich der Beschlagnahme von Datenträgern kritisiert, dass das Eingriffsregime zur Sicherstellung und Beschlagnahme „wegen der erheblichen Streubreite des Informationsgehalts eines Datenträgers" auf solche Maßnahmen nicht zugeschnitten sei.[186] Die hiermit aufgeworfene Frage ist aber heute mit Blick auf die zwischenzeitliche verfassungsrechtliche, aber auch technische und gesellschaftliche Weiterentwicklung virulenter denn je.

Die Debatte um die Geltung des IT-Grundrechts für die offene Sicherstellung und Beschlagnahme fristet vor allem in der Strafrechtswissenschaft weitgehend ein Schattendasein.[187] Auch hier hat sich die Auseinandersetzung um den Zugriff auf IT-Geräte im Kern auf die vergleichsweise neu geschaffenen Ermächtigungsgrundlagen zur Quellen-TKÜ und zur Online-Durchsuchung fokussiert. Nur vereinzelt wird in der Standardliteratur – mehr oder weniger deutlich – eine Unterregulierung der Vorschriften zur Sicherstellung und Beschlagnahme im Hinblick auf den offenen Zugriff auf IT-Geräte angemahnt,[188] ohne dass jedoch eine tiefgründige Auseinandersetzung mit der Frage erfolgt, ob der Schutzbereich des IT-Grundrechts überhaupt eröffnet ist – geschweige denn, welche Konsequenzen damit für die Standardmaßnahme der Sicherstellung und Beschlagnahme überhaupt verbunden sein müssen, wenn sich diese Maßnahme auf ein IT-Gerät bezieht.

---

[184] BVerfGE 113, 29 (51 f.); BVerfGE 115, 166 (199).
[185] BVerfGE 120, 274 ff.
[186] BVerfGE 113, 29 (32).
[187] SSW-StPO/*Eschelbach*, 5. Aufl. 2023, § 94 Rn. 1, 8; MK-StPO/*Rückert*, 2. Aufl. 2023, § 100d Rn. 1; *Doll* (Fn. 106), S. 199; *Bäcker*, in: Uerpmann-Wittzack (Hrsg.), Das neue Computergrundrecht, 2009, S. 1 (25 f.); für Österreich, wo die Debatte deutlich fortgeschrittener ist: *Zerbes/Ghazanfari* Öster. AnwBl 2022, 640 ff.
[188] SSW-StPO/*Eschelbach*, 5. Aufl. 2023, § 94 Rn. 1, 8; BeckOK IT-Recht/*Brodowski*, Stand: 1.10.2023, § 94 StPO Rn. 3.

II. Von der Sicherstellung und der Auswertung betroffene Grundrechte

Im folgenden Abschnitt soll vor allem, aber eben nicht nur, der (ersten) Frage nachgegangen werden, ob nämlich durch eine Beschlagnahme von komplexen IT-Geräten auch der Schutzbereich des IT-Grundrechts tangiert wird. Gerade diese verfassungsrechtliche Gewährleistung kann nicht unabhängig und isoliert von anderen Grundrechtsgewährleistungen betrachtet werden. Vielmehr muss das IT-Grundrecht im Gefüge des bisherigen Grundrechtsschutzes beleuchtet werden. Das Bundesverfassungsgericht hat, so wohl das überwiegende Verständnis, dem IT-Grundrecht eine Art lückenschließende Funktion zugeschrieben.[189] Es soll nur dann zur Anwendung gelangen, „soweit der Schutz nicht durch andere Grundrechte, wie insbesondere Art. 10 oder Art. 13 GG, sowie durch das Recht auf informationelle Selbstbestimmung gewährleistet ist".[190] Um mögliche Wechselwirkungen zu anderen Grundrechtsgewährleistungen berücksichtigen zu können, werden im folgenden Abschnitt die von der Beschlagnahme ausgehenden weiteren Grundrechtseingriffe in gebotener Kürze thematisiert.

1. Eingriff in Art. 14 Abs. 1 GG, Eigentumsgarantie

Die Beschlagnahme von IT-Geräten geht typischerweise mit einer (mindestens vorübergehenden) Besitzentziehung des IT-Geräts einher. Die Dauer der Besitzentziehung hängt von den Umständen des Einzelfalles ab. Regelmäßig dauert die Besitzentziehung jedoch Tage und Wochen, teilweise mehrere Monate oder sogar Jahre an.[191]

Art. 14 Abs. 1 GG schützt das Eigentum als Bestand (fast) aller vermögenswerten Rechtspositionen,[192] deren Bestand durch die Rechtsordnung gewährleistet wird.[193] Dazu zählt das bürgerlich-rechtliche Sacheigentum, aber auch der Besitz und sonstige gesicherte Rechtspositionen in Bezug auf einen Gegenstand. Geschützt

---

[189] BVerfGE 124, 43 (57); OLG Koblenz BeckRS 2010, 14403 (unter II. 4.); *T. Böckenförde* JZ 2008, 925 (927); *Britz* DÖV 2008, 411 (414); *Eifert* NVwZ 2008, 521 (522); *Herrmann*, Vertraulichkeit und Integrität informationstechnischer Systeme, 2010, S. 111 f.; *Lepsius*, in: Roggan (Hrsg.), Online-Durchsuchungen, 2008, S. 21 (32); Sachs-GG/*Murswiek*, 7. Aufl. 2014, Art. 2 Rn. 138; *Petri* DUD 2008, 443 (444).

[190] BVerfGE 120, 274 (302 f.); vgl. auch BVerfGE 124, 43 (57).

[191] Dazu bereits oben unter → C 28.

[192] BVerfGE 58, 300 (336); BVerfGE 83, 201 (208), BVerfGE 89, 1 (6).

[193] BVerfGE 83, 201 (209); BVerfGE 95, 267 (300); BVerfGE 131, 66 (79); Dürig/Herzog/Scholz/*Papier/Shirvani*, Stand: Mai 2023, Art. 14 Rn. 160; Jarass/Pieroth/*Jarass*, 17. Aufl. 2022, Art. 14 Rn. 5.

ist nicht nur das Innehaben der Rechtsposition, sondern auch ihre Nutzung und die Verfügung über die Position.[194]
Dem Schutz von Art. 14 GG unterfallen (selbstverständlich) die gegenständlichen IT-Geräte in Form der Hardware.[195] Das betont auch das Bundesverfassungsgericht, wenn es darauf hinweist, dass die mit einer Beschlagnahme und Durchsicht verbundene Belastung in der Regel in der Entziehung des Besitzes an den betroffenen Beweisgegenständen besteht und diese Maßnahmen daher an Art. 14 GG zu messen seien.[196]

Grundsätzlich unterfallen auch Daten dem gegenständlichen Schutzbereich des Art. 14 Abs. 1 GG, wenn ihnen ein Vermögenswert zukommt.[197] Führt die strafprozessuale Maßnahme dazu, dass dem Dateninhaber die Zugriffs- und Verwendungsmöglichkeit in Bezug auf seine Daten genommen wird, begründet dies einen – eigenständigen – Eingriff in die Eigentumsgarantie. In diesem Sinne statuiert zB auch die Veränderung und Löschung von Daten auf dem IT-Gerät einen Eingriff in die Eigentumsgarantie.[198] Erfolgt die Beschlagnahme der auf einem IT-Gerät vorhandenen Daten aber im Wege einer Datenkopie und behält der Inhaber auch nach der Sicherung den uneingeschränkten Zugang und die Verfügungsherrschaft über seine Daten, so fehlt es hinsichtlich des Datenbestandes an einem Eingriff in Art. 14 Abs. 1 GG.[199] Allein die Erstellung eines Duplikates beeinträchtigt den Dateninhaber nicht in seiner Eigentumsposition, solange seine Zugangs- und Nutzungsmöglichkeiten hierdurch in keiner Weise beeinträchtigt werden.

2. Eingriff in Art. 13 GG, Unverletzlichkeit der Wohnung

Art. 13 GG steht in engem Zusammenhang mit der freien Entfaltung der Persönlichkeit.[200] Demgemäß umfasst der Begriff der Wohnung alle räumlichen Gebilde, die gegenüber der Allgemeinheit abgeschottet und die zur Stätte privaten Wirkens gewidmet sind.[201] Geschützt sind nach hM auch Arbeits-, Betriebs- und Geschäfts-

---

[194] BVerfGE 104, 1 (8); Jarass/Pieroth/*Jarass*, 17. Aufl. 2022, Art. 14 Rn. 6.
[195] BVerfG NJW 2018, 3571 (3572); BVerfGE 124, 43 (57); *Drallé*, Das Grundrecht auf Gewährleistung der Vertraulichkeit und Integrität informationstechnischer Systeme, 2010, S. 143; *Bunzel* (Fn. 11), S. 170 f.
[196] BVerfGK 1, 126 (133); BVerfGE 124, 43 (57).
[197] BVerfGE 67, 100 (142); BVerfGE 84, 239 (279); BVerwGE 115, 319 (325 f.); BVerwGE 125, 40 (41); Jarass/Pieroth/*Jarass*, 17. Aufl. 2022, Art. 14 Rn. 18; *Hauser* (Fn. 27), S. 171.; ablehnend: *Michl* NJW 2019, 2729 (2731 f.).
[198] *Drallé* (Fn. 195), S. 143.
[199] *Bell* (Fn. 152), S. 63 f.; *Wicker* (Fn. 152), S. 320; *Rühs* (Fn. 13), S. 195.
[200] BVerfGE 151, 67 (86).
[201] BeckOK GG/*Kluckert*, Stand: 5.8.2023, Art. 13 Rn. 1; Dürig/Herzog/Scholz/*Papier*, Stand Mai 2023, Art. 13 Rn. 10 f.

räume.²⁰² Art. 13 GG ist als klassisches Abwehrrecht ausgestaltet und gewährleistet einen räumlichen Bereich der Privatheit, der grundsätzlich frei vor staatlichem Zugriff bleiben soll.²⁰³ Dabei schützt das Grundrecht nicht nur vor einem Betreten der Wohnung. Auch eine Informationserhebung aus der Wohnung heraus (zB mittels Abhörtechnik) tangiert Art. 13 Abs. 1 GG, wenn dafür die räumlich statuierten Schutzbarrieren der Wohnung in ihrer Abschirmfunktion überwunden werden.²⁰⁴ Gerade dies hebt Art. 13 GG von anderen Grundrechten ab (lex specialis), die ebenfalls auf den Schutz der Privatsphäre gerichtet sind. An einem die Abschirmfunktion überwindenden Eingriff fehlt es zB bei einer Telefonüberwachung, in deren Rahmen ein Gespräch aus der Wohnung heraus observiert wird. Ebenso wenig ist Art. 13 GG einschlägig, wenn mittels technischer Infiltration Daten von einem IT-Gerät online abgeschöpft werden. Die Maßnahmen zielen nicht auf eine Umgehung der physischen Raumumgrenzung und ihrer Abschirmwirkung.

Wenn für die Zwecke der Suche nach einem IT-Gerät ein geschützter Raum iSv Art. 13 GG betreten werden muss, liegt darin ein Eingriff in das Grundrecht auf Unverletzlichkeit der Wohnung. Etwas anderes gilt (naturgemäß), wenn die Beschlagnahme außerhalb einer Wohnung stattfindet.²⁰⁵

Mit einer Beschlagnahme von IT-Geräten gehen zwar typischerweise auch Eingriffe in das Grundrecht aus Art. 13 GG einher. Dieser Grundrechtseingriff ist aber nicht spezifisch mit dem Zugriff auf das IT-Gerät verbunden; er ist der Beschlagnahme nur deshalb typischerweise vorgelagert, weil Beschlagnahmen regelmäßig während der Durchsuchung von Wohnungen erfolgen. Die Beschlagnahme und Sichtung eines IT-Geräts selbst tangieren das Grundrecht aus Art. 13 GG für sich nicht.²⁰⁶ Dieses Grundrecht nimmt damit keinen praktischen Stellenwert bei der Bewertung der Sicherstellung und Auswertung von IT-Geräten ein.

3. Eingriff in Art. 10 GG, Fernmeldegeheimnis

Art. 10 Abs. 1 GG schützt das Brief-, Post- und das Fernmeldegeheimnis; bei dem letztgenannten ist auch die Rede vom Telekommunikationsgeheimnis.²⁰⁷ Im Kern schützt dieses Telekommunika-

---

²⁰² Vgl. schon BVerfGE 32, 54 (68); BVerfGE 44, 353 (371); BVerfGE 120, 274 (309); BGH NJW 1997, 1018 (1019); *Krumme*, Die Wohnung im Recht, 2004, S. 92 f.; Dürig/Herzog/Scholz/*Papier*, Stand Mai 2023, Art. 13 Rn. 13.
²⁰³ So *Rühs* (Fn. 13), S. 119.
²⁰⁴ *Rühs* (Fn. 13), S. 121.
²⁰⁵ Zur Anwendbarkeit des § 110 StPO auch auf diese Fälle → C 26.
²⁰⁶ *Hauser* (Fn. 27), S. 167 f.
²⁰⁷ BVerfGE 154, 152 (208 f.).

tionsgeheimnis die Vertraulichkeit der individuellen unkörperlichen Übermittlung von Informationen zwischen individualisierten Empfängern mittels Telekommunikationsmitteln.[208] Das Telekommunikationsgeheimnis dient damit dem individuellen Geheimnisschutz und ist letztlich eine besondere Ausprägung des allgemeinen Persönlichkeitsrechts (kommunikative Privatsphäre)[209] und des Rechts am eigenen Wort.[210] Es geht damit in Bezug auf den Gegenstand „Kommunikation" den allgemeinen Gewährleistungen zum Schutz der Persönlichkeitsrechte, zB dem Recht auf informationelle Selbstbestimmung aus Art. 2 Abs. 1 iVm Art. 1 Abs. 1 GG, vor.[211] Art. 10 GG schützt das Interesse an der Geheimhaltung solcher Kommunikationsdaten, weil der Einzelne bei der Fernteleommunikation mit anderen regelmäßig auf die Einschaltung von Dritten angewiesen ist.[212] Der Schutz aus Art. 10 GG bezieht sich zum einen auf den Inhalt der Kommunikation, unabhängig vom genutzten Übermittlungsmedium (analog oder digital) und der Ausdrucksweise (Sprache, Bilder, Töne, Zeichen usw.).[213] Geschützt sind aber auch die näheren (Begleit-)Umstände der Telekommunikation, so dass der Schutzbereich grundsätzlich auch dann betroffen ist, wenn Daten über die Art und Weise, den Umfang, die Dauer, die verwendeten Kommunikationswege und -geräte, die Uhrzeit der Kommunikation etc. erhoben werden (Verkehrsdaten).[214]

Das Grundrecht auf Schutz der Telekommunikation ist dynamisch und damit gegenüber neuen Kommunikationswegen entwicklungsoffen.[215] Das Bundesverfassungsgericht hat in den letzten Jahrzehnten die Dogmatik des Telekommunikationsschutzes fortgeschrieben und immer weiter konkretisiert. Eine solche Fortschreibung und Konkretisierung war gerade mit Blick auf die Entwicklungen im Bereich digitaler Kommunikation mittels des Internets (E-Mails, SMS, Chatting, Messaging, Cloud Computing) erforderlich. Anders als bei der heute fast als anachronistisch wirkenden Telekommunikation

---

[208] BVerfGE 115, 166 (182); BVerfGE 124, 43 (54); Dreier/*Hermes*, 4. Aufl. 2023, Art. 10 Rn. 37; *Schoch* JURA 2011, 194 (197).
[209] BVerfGE 85, 386 (395f.).
[210] BVerfGE 154, 152 (208f.); Dreier/*Hermes*, 4. Aufl. 2023, Art. 10 Rn. 18; ausführlich dazu *Badura*, in: FS Amelung, 2009, S. 529 (539).
[211] BVerfGE 115, 166 (188f.); BVerfGE 125, 260 (309f.); v. Mangoldt/Klein/Starck/*Gusy*, 7. Aufl. 2018, Art. 10 Rn. 43.
[212] Vgl. nur *Dalby*, Grundlagen der Strafverfolgung im Internet und in der Cloud, 2016, S. 31.
[213] BeckOK GG/*Ogorek*, Stand 15.8.2023, Art. 10 Rn. 36; Sodan-GG/*Sodan*, 4. Aufl. 2018, Art. 10 Rn. 5; BVerfGE 124, 43 (54).
[214] BVerfGE 120, 274 (307); BVerfGE 124, 43 (54); BVerfGE 125, 260 (309); BVerfGE 129, 208 (240); BVerfGE 155, 119 (168); nicht geschützt sind hingegen die Bestandsdaten (zB Kundendaten) vgl. nur *Bantlin* JuS 2019, 669.
[215] BVerfGE 115, 166 (182).

des 20. Jahrhunderts ist moderne, vor allem internetbasierte Kommunikation weniger „flüchtig". Vielmehr erfolgt immer mehr eine Speicherung sowohl der Kommunikationsinhalte als auch der Begleitumstände. Diese Speicherung erfolgt, zB aus technischen oder abrechnungsrechtlichen Gründen, nicht nur bei den Anbietern von Kommunikation. Was die Inhalte anbelangt, erfolgt die Speicherung heute häufig auf den modernen IT-Endgeräten der Kommunikationsteilnehmer, aber auch teilweise auf den Servern der Kommunikationsanbieter. Dies bietet aber eben nicht nur dem Kommunizierenden die Möglichkeit, den Inhalt und die Umstände der Kommunikation im Nachgang einzusehen, auch den Behörden eröffnen sich dadurch weitere Beweisquellen.

Die fortschreitende Perpetuierung der Kommunikation im Zuge der Digitalisierung der Kommunikation wirft neue Probleme bei der Bestimmung der Grenzen des Anwendungsbereichs von Art. 10 GG auf. Dies betrifft zB die auf dem Server von E-Mail-Dienstleistern (weiterhin) gespeicherten Mailnachrichten, die bereits vom Empfänger abgerufen worden sind.[216] Gerade auch im Kontext der Beschlagnahme und Auswertung (komplexer) IT-Geräte (inklusive Onlinesichtung) stellt sich die Problematik des zeitlichen Horizontes des speziellen Telekommunikationsschutzes iSd Art. 10 GG: Wann beginnt und wann endet der Schutz des Kommunikationsgrundrechts?

Insbesondere dann, wenn ein modernes IT-Kommunikationsgerät (Smartphone) beschlagnahmt wird, erhalten die Behörden potenziell auch Zugriff auf Daten, die zumindest gegenständlich dem Schutzbereich des Art. 10 GG unterfallen. Das betrifft nicht nur Inhaltsdaten der Kommunikation, zB E-Mails, Text- und Sprachnachrichten, übersandte Bilder, die auf dem Gerät gespeichert oder über dieses zumindest ohne Weiteres abgerufen werden können; auch die Verkehrsdaten, also die Daten, die Auskunft über die Begleitumstände der Kommunikation geben, sind typischerweise über das Gerät abrufbar und können oftmals lange zurückreichen.

Grundsätzlich gilt, dass der Schutzbereich von Art. 10 GG endet, wenn Inhalte und Umstände der Kommunikation außerhalb eines laufenden Kommunikationsvorgangs im Herrschaftsbereich eines Teilnehmers gespeichert sind.[217] Nach Abschluss der Kommunikationsprozesse bestehen zumindest nicht mehr die spezifischen Gefahren, die mit der räumlich distanzierten Kommunikation verbunden sind, da der Teilnehmer ab diesem Zeitpunkt selbst Maßnahmen zum Schutz seiner Daten treffen kann.[218] In diesen Fällen ist nicht

---

[216] Übersicht bei *T. Zimmermann* JA 2014, 321 ff.
[217] BVerfGE 115, 166 (183 ff.).
[218] BVerfGE 115, 166 (186).

das Fernmeldegeheimnis, sondern das Recht auf informationelle Selbstbestimmung betroffen.[219] Solange aber nach Abschluss der Telekommunikation weiterhin Dritte in den Prozess der Kommunikationsverwaltung involviert bleiben, bestehe nach Meinung des Bundesverfassungsgerichts eine Sachlage, die es rechtfertige, den Kommunikationsschutz des Art. 10 GG für die im Zugriffsbereich des Dritten verbleibenden Daten aufrechtzuerhalten.[220] Die spezifische Gefährdungslage und der Zweck der Freiheitsverbürgung von Art. 10 Abs. 1 GG bestehe daher auch dann weiter, wenn E-Mails nach Kenntnisnahme durch den Empfänger beim Provider gespeichert bleiben.[221]

Für Telekommunikationsdaten, die auf einem beschlagnahmten IT-Gerät gespeichert sind, bedeutet dies aber, dass der Zugriff auf diese Daten keinen Eingriff in das Grundrecht aus Art. 10 GG begründet. Dies gilt für zum Zeitpunkt der Sichtung bereits empfangene E-Mails, SMS, MMS, Messenger-Nachrichten jeglicher Art und der hierauf bezogenen Verkehrsdaten (angerufene Nummer, Uhrzeit der Telefonverbindungen, Dauer der Gespräche, besuchte Internetseiten etc.). Die Durchsicht (§ 110 StPO) eines beschlagnahmten lokalen IT-Geräts nach *ruhenden* Telekommunikationsinhalten berührt damit nicht den Schutzbereich des Telekommunikationsgrundrechts. Dies soll selbst für solche Nachrichten gelten, die erst nach erfolgter Beschlagnahme, quasi während der laufenden Sichtung des Speichermediums, auf dem IT-Gerät eingehen und daher „live" mitgelesen werden können.[222] Mit dem Eingang der Nachricht auf dem Gerät ist der Kommunikationsprozess im Grunde genommen in dieser Sekunde abgeschlossen – ab diesem Moment können diese Telekommunikationsdaten als *ruhend* angesehen werden. Ob es bereits zu einem Ruhen auf dem Gerät gekommen ist, wird man letztlich davon abhängig machen müssen, ob die Nachricht bereits vollständig im Speicher des IT-Geräts abgelegt wurde, so dass der Zugang zu diesen Nachrichten nun auch ohne Verbindung zu einem externen Netzwerk (Internet) möglich ist. Für Telekommunikationsdaten, die über das Öffnen einer auf dem Gerät gespeicherten Applikation zugänglich gemacht werden können, bedeutet dies, dass ein Eingriff in Art. 10 GG ausscheidet, wenn die Rohdaten bereits auf dem Gerät gespeichert sind, so dass die Nachricht auch ohne Zugriff auf das Internet lesbar ist.

---

[219] BVerfGE 124, 260 (310); *Rühs* (Fn. 13), S. 191; *Hauser* (Fn. 27), S. 167.
[220] BVerfGE 124, 43 ff.; hierzu *Störing* CR 2009, 475 (476 ff.); *Schlegel* HRRS 2007, 44 (48).
[221] BVerfGE 123, 43 (53 ff.).
[222] So *Rühs* (Fn. 13), S. 192 f.; *Pötters/Werkmeister* JURA 2013, 5 (7); *Knierim/Oehmischen/Beck/Geisler*, Strafrecht aktuell, 2018, Kap. 20 Rn. 14.

Der Schutzbereich von Art. 10 GG ist umgekehrt dann eröffnet, wenn extern gespeicherte Telekommunikationsdaten über eine Onlinesichtung iSd § 110 Abs. 3 S. 2 StPO abgerufen werden. Dies gilt zB für auf dem Server des Providers gespeicherte E-Mails, die über den Webbrowser abgerufen werden können, oder auch für alle anderen Nachrichten, die über sonstige Internetportale zugänglich werden. Solange die Telekommunikationsdaten auf dem Server eines Dritten liegen, bedeutet der Zugang über eine Onlinesichtung auch einen Eingriff in die (noch) nicht abgeschlossene Kommunikation.[223]

4. Eingriff in die informationelle Selbstbestimmung, Art. 2 Abs. 1 iVm Art. 1 Abs. 1 GG

Der Schutzbereich des Rechts auf informationelle Selbstbestimmung (Art. 2 Abs. 1 iVm Art. 1 Abs. 1 GG) ist weit. Diese Gewährleistung, die eine Ausprägung des allgemeinen Persönlichkeitsrechts darstellt,[224] schützt den Grundrechtsträger umfassend vor Kenntnisnahme, Erhebung, Speicherung, Verarbeitung und Weitergabe seiner personenbezogenen Daten (Grundrecht auf Datenschutz[225]).[226] Dieses Grundrecht reguliert damit primär die staatliche „Daten- und Informationsmacht".[227] Der Einzelne soll grundsätzlich selbst darüber befinden können, „wann und innerhalb welcher Grenzen persönliche Lebenssachverhalte offenbart werden".[228] Das Recht auf informationelle Selbstbestimmung soll vor allem solchen Gefährdungen der Persönlichkeit Rechnung tragen, „die sich unter den Bedingungen moderner Datenverarbeitung aus informationsbezogenen Maßnahmen ergeben".[229] Es flankiert und erweitert den verfassungsrechtlichen Schutz des Persönlichkeitsrechts, weil es bereits im Stadium bloßer Gefährdungen und Bedrohungen Schutzwirkung entfaltet.[230] Solche Gefährdungslagen bestehen gerade im Bereich elektronischer Datenverarbeitung, nicht nur aufgrund der Datenmengen, die hierbei gespeichert und verarbeitet werden können, sondern auch mit Blick auf die Gefahr der Zusammenführung von

---

[223] BGH NJW 2021, 1252 (1254).
[224] BVerfGE 65, 1 (41 ff.); Jarass/Pieroth/*Jarass*, 17. Aufl. 2022, Art. 2 Rn. 37; *Gurlit* NJW 2010, 1035 (1036); ausführlich zur Herleitung S. *Behrendt*, Entzauberung des Rechts auf informationelle Selbstbestimmung, 2023, S. 17 ff.
[225] So zB schon *Bäumler* JR 1984, 361 (362).
[226] BVerfGE 65, 1 (63); BVerfGE 67, 100 (143); BVerfGE 78, 77 (84); Dürig/Herzog/Scholz/*Di Fabio*, Stand: Mai 2023, Art. 2 Abs. 1 Rn. 176.
[227] So *Bäcker*, in: Uerpmann-Wittzack (Hrsg.), Das neue Computergrundrecht, 2009, S. 1 (3).
[228] BVerfGE 65, 1 (42).
[229] So zuletzt BVerfGE 156, 11 (39).
[230] BVerfGE 150, 244 (263 f.); BeckOK GG/*Lang*, Stand 15.8.2023, Art. 2 Rn. 114.

unterschiedlichen Datensammlungen.²³¹ Im Wege elektronischer Datenverarbeitung können, so das Bundesverfassungsgericht, aus personenbezogenen Daten auch weitere Informationen erzeugt und so Schlüsse gezogen werden, die sowohl die grundrechtlich geschützten Geheimhaltungsinteressen des Betroffenen beeinträchtigen als auch Eingriffe in seine Verhaltensfreiheit mit sich bringen können.²³²

Dass die Beschlagnahme von IT-Geräten, aber vor allem auch die Durchsicht, die Auswertung, die Speicherung, die Verarbeitung, die Verwendung und die Weitergabe der auf diesen Geräten gespeicherten Daten das Recht auf informationelle Selbstbestimmung (tiefgreifend) tangiert, steht außer Frage – und zwar sowohl in Bezug auf die Daten, die unmittelbar auf dem Gerät gespeichert sind als auch für diejenigen Daten, die erst im Rahmen einer Onlinesichtung erreichbar sind. Die Frage ist hingegen, wann das Grundrecht aus Art. 2 Abs. 1 iVm Art. 1 Abs. 1 GG – mit Blick auf das Gesamtgefüge des verfassungsrechtlichen Grundrechtsschutzes – im Verhältnis zu anderen Grundrechten durchgreift und wann es hinter diesen zurücktritt. Grundsätzlich gilt, dass das Grundrecht auf informationelle Selbstbestimmung zurücksteht, wenn der Schutzbereich eines spezielleren Grundrechts (mit Persönlichkeitsschutzbezug) eröffnet ist,²³³ insofern besitzt Art. 2 Abs. 1 iVm Art. 1 Abs. 1 GG „nur" einen Auffangcharakter.

Damit gilt, dass im Kontext einer Beschlagnahme und Auswertung von IT-Geräten der staatliche Eingriff nicht am Recht auf informationelle Selbstbestimmung zu messen ist, wenn der Schutzbereich des Art. 10 GG eröffnet ist (siehe oben). Da der Schutzbereich des Fernmeldegeheimnisses im Zusammenhang mit der offenen Beschlagnahme und Auswertung von IT-Geräten nach §§ 94 ff. StPO aber nur ausnahmsweise tangiert ist, insbesondere ist Art. 10 GG im Hinblick auf die auf dem Gerät selbst gespeicherten Informationen typischerweise nicht einschlägig, kommt das Recht auf informationelle Selbstbestimmung hier potenziell grundsätzlich zum Tragen. Welche Bedeutung dem Recht auf informationelle Selbstbestimmung bei der Rechtfertigung des Zugriffs auf das IT-Gerät aber tatsächlich noch zukommt, hängt letztlich entscheidend davon ab, wie sich diese Ausprägung des allgemeinen Persönlichkeitsrechts zu den Gewährleistungen aus dem IT-Grundrecht, einer weiteren Ausprägung des allgemeinen Persönlichkeitsrechts, verhält. Das Recht auf informationelle Selbstbestimmung soll nach Ansicht des Bundesverfassungsgerichts dem IT-Grundrecht zwar grundsätzlich vorge-

---

²³¹ So *Korge* (Fn. 51), S. 122; BVerfGE 65, 1 (42).
²³² BVerfGE 65, 1 (42); BVerfGE 113, 29 (45 f.).
²³³ BVerfG NJW 1995, 2279; BeckOK GG/*Lang*, Stand 15.8.2023, Art. 2 Rn. 62; *Eifert* JURA 2015, 1181 (1185); ausführlich *S. Behrendt* (Fn. 224), S. 32 f.

hen.²³⁴ Andererseits soll dies aber nur dann gelten, wenn das Recht auf informationelle Selbstbestimmung den spezifisch auftretenden Persönlichkeitsgefährdungen „vollständig Rechnung" (lückenfüllende Funktion des IT-Grundrechts) tragen kann.²³⁵ Mit anderen Worten: Wenn die persönlichkeitsrechtsbezogene Gefährdungslage so „komplex" und „diffizil" ist, dass der Anwendungsbereich des IT-Grundrechts eröffnet ist, geht letztere Gewährleistung dem Grundrecht auf informationelle Selbstbestimmung eben doch vor. Mit anderen Worten: In der praktischen Anwendung ist das Recht auf informationelle Selbstbestimmung im Fall einer Erhebung von Daten aus komplexen IT-Geräten subsidiär²³⁶ – obwohl das Bundesverfassungsgericht das Verhältnis dogmatisch umgekehrt konstruiert hat.

5. Beschlagnahme als Eingriff in das IT-Grundrecht, Art. 2 Abs. 1 iVm Art. 1 Abs. 1 GG

a) Grundsatzfrage

Das IT-Grundrecht ist als Reaktion auf die präventive Online-Durchsuchung entwickelt worden.²³⁷ Das Bundesverfassungsgericht hat sich bisher – soweit ersichtlich – noch nicht mit der Frage auseinandergesetzt, ob der Schutzbereich des IT-Grundrechts auch bei der klassischen offenen Beschlagnahme von (komplexen) IT-Geräten nach den §§ 94 ff. StPO eröffnet ist. Lange Zeit wurde ein solcher Eingriff in die Grundrechte des Betroffenen vorwiegend an den Maßstäben zum Recht auf informationelle Selbstbestimmung gemessen (s. o.). Im Zusammenhang mit der einfachen Beschlagnahme von IT-Geräten ist das Grundrecht, wenn überhaupt, bisher nur in der Literatur diskutiert worden.²³⁸

b) Neue Persönlichkeitsgefährdungen als Anlass für die Entwicklung des IT-Grundrechts

Die Entscheidung des Bundesverfassungsgerichts vom 27.2.2008, in der sich das Gericht mit der Verfassungsmäßigkeit der Online-

---

[234] BVerfGE 120, 274 (302 f.).
[235] BVerfGE 120, 274 (312 f.); vgl. auch BVerfGE 124, 43 (57).
[236] Ausführlich *Rühs* (Fn. 13), S. 185 ff. (189 f.); so auch schon *Hoffmann* CR 2010, 514 (516 f.); *Weiß*, Online-Durchsuchungen, 2009, S. 151; *Ziebarth*, Online-Durchsuchung, 2013, S. 85.
[237] *Rühs* (Fn. 13), S. 128.
[238] *Heinson* (Fn. 52), S. 182 ff.; *Herrmann* (Fn. 189), S. 128; *Drallé* (Fn. 195), S. 84 ff.; *Ziebarth* (Fn. 236), S. 233; *Bauer* (Fn. 181), S. 231; *von zur Mühlen* (Fn. 179), S. 428; *Rühs* (Fn. 13), S. 127 ff.; *T. Böckenförde* JZ 2008, 925 (931); *Hornung* CR 2008, 299 (303); *Bäcker*, in: Uerpmann-Wittzack (Hrsg.), Das neue Computergrundrecht, 2009, S. 1 (23 ff.).

Durchsuchung im nordrhein-westfälischen Verfassungsschutzgesetz auseinanderzusetzen hatte, liegt inzwischen über fünfzehn Jahre zurück.[239] In diesem Judikat hat das Bundesverfassungsgericht unter Berufung auf Lücken im Gesamtgefüge des verfassungsrechtlichen Persönlichkeitsschutzes eine neue Schutzausprägung des allgemeinen Persönlichkeitsrechts hergeleitet, die ihr Substrat in Art. 2. Abs. 1 iVm Art. 1 Abs. 1 GG findet.[240] Das Bundesverfassungsgericht reagiert mit dem Grundrecht auf Gewährleistung der Vertraulichkeit und Integrität informationstechnischer Systeme auf die Entwicklungen im Bereich der Informationstechnologie, das veränderte gesellschaftliche Kommunikationsverhalten, aber vor allem darauf, dass der Einzelne zu seiner Persönlichkeitsentfaltung auf die Nutzung von IT-Systemen angewiesen ist „und dabei dem System persönliche Daten anvertraut oder schon allein durch dessen Nutzung zwangsläufig liefert".[241] Das Recht auf informationelle Selbstbestimmung trage den Gefährdungen nicht vollständig Rechnung. Das Bundesverfassungsgericht hebt in seiner Entscheidung die Bedeutung von IT-Systemen für die gesellschaftliche Teilhabe hervor: IT-Systeme sind „allgegenwärtig" und ihre Nutzung „für die Lebensführung vieler Bürger von zentraler Bedeutung".[242] Heute, im Jahre 2024 – fünfzehn Jahre nach der Herleitung des IT-Grundrechts, gilt ohne Wenn und Aber: Aufgrund der ubiquitären Verbreitung von IT-Systemen ist eine Partizipation am gesellschaftlichen Leben ohne die Nutzung von IT-Geräten kaum mehr vorstellbar.

Persönlichkeitsgefährdungen bei der Nutzung von IT-Geräten ergäben sich daraus, „dass komplexe informationstechnische Systeme wie etwa Personal Computer ein breites Spektrum von Nutzungsmöglichkeiten eröffnen, die sämtlich mit der Erzeugung, Verarbeitung und Speicherung von Daten verbunden sind".[243] Im Rahmen der Nutzung von IT-Geräten werden nicht nur bewusst Daten angelegt und gespeichert. Die IT-Geräte (bzw. die hierauf verwendete Software) erzeugen darüber hinaus selbsttätig zahlreiche weitere Daten.

Das IT-System liefert dem Dritten Zugriff auf „einen potentiell äußerst großen und aussagekräftigen Datenbestand", ohne dass noch weitere Datenerhebungs- und Datenverarbeitungsmaßnahmen notwendig wären.[244] „Werden diese Daten von Dritten erhoben und ausgewertet, so kann dies weitreichende Rückschlüsse auf die Per-

---

[239] BVerfGE 120, 274 ff.
[240] Zur verfassungs-dogmatischen Einordnung des IT-Grundrechts vgl. *Drallé* (Fn. 195), S. 13 ff.
[241] BVerfGE 120, 274 (312 f.).
[242] BVerfGE 120, 274 (303).
[243] BVerfGE 120, 274 (305).
[244] BVerfGE 120, 274 (312 f.).

sönlichkeit des Nutzers bis hin zu einer Profilbildung ermöglichen".[245] Besondere Gefahren erblickt das Bundesverfassungsgericht in Bezug auf Kommunikationsdaten und Daten der Netzkommunikation. Über diese können noch weitgehendere Erkenntnisse über die Persönlichkeit des Nutzers gewonnen werden.[246] Der Zugriff auf IT-Systeme gehe in seinem Gewicht für die Persönlichkeit des Betroffenen weit hinaus über einzelne Datenerhebungen, vor denen das Recht auf informationelle Selbstbestimmung schützt.[247] Der Staat eröffne sich über den Zugriff zu einem IT-Gerät potenziell Zugang zu einem Datenbestand, „der herkömmliche Informationsquellen an Umfang und Vielfältigkeit bei weitem übertreffen kann".[248] Komplexe IT-Geräte bieten eine Vielzahl unterschiedlicher Nutzungsmöglichkeiten, die mit der Erzeugung, Verarbeitung und Speicherung von personenbezogenen Daten verbunden sind. „Der verfügbare Datenbestand kann detaillierte Informationen über die persönlichen Verhältnisse und die Lebensführung des Betroffenen, die über verschiedene Kommunikationswege geführte private und geschäftliche Korrespondenz oder auch tagebuchartige persönliche Aufzeichnungen umfassen".[249]

Das IT-Grundrecht knüpft – anders als die informationelle Selbstbestimmung – nicht an ein gespeichertes Datum an – Anknüpfungspunkt ist vielmehr das System selbst, das für die Datenverarbeitung verwendet wird.[250] Gewährleistet wird mithin ein Systemschutz für (komplexe) IT-Geräte.[251]

Neben der Vertraulichkeit der auf dem Gerät gespeicherten Daten gewährleistet das IT-Grundrecht auch die Integrität des IT-Geräts.[252] Das Bundesverfassungsgericht grenzt diese beiden Schutzdimensionen in seiner Entscheidung nicht scharf voneinander ab.[253] Der Integritätsschutz zielt letztlich auf Vermeidung von Veränderungen im Datenbestand, der Vermeidung von Schäden oder von Sicherheitslücken, die durch den Zugriff auf das IT-Gerät erfolgen können.[254] Solche Integritätsverletzungen können sowohl die Funk-

---

[245] BVerfGE 120, 274 (305).
[246] BVerfGE 120, 274 (305).
[247] BVerfGE 120, 274 (312f.).
[248] BVerfGE 120, 274 (322).
[249] BVerfGE 120, 274 (322f.).
[250] *Bäcker*, in: Uerpmann-Wittzack (Hrsg.), Das neue Computergrundrecht, 2009, S. 1 (9); *Hornung* CR 2008, 299 (303).
[251] BeckOK GG/*Lang*, Stand: 15.8.2023, Art. 2 Rn. 124; *Hoffmann-Riem* JZ 2008, 1009 (1014); *Britz* DÖV 200, 411 (412); *Hauser* (Fn. 27), S. 62.
[252] *Bäcker*, in: Rensen/Brink (Hrsg.), Linien der Rechtsprechung des BVerfG, 2009, S. 99 (125 ff.); *Holznagel/Schumacher* MMR 2009, 3; *Roßnagel/Schnabel* NJW 2008, 3534 (3535).
[253] *Birkenstock*, Online-Durchsuchung, 2013, S. 34 f.
[254] BVerfGE 120, 274 (314); *Hoffmann-Riem* JZ 2008, 1009 (1012); *T. Böckenförde* JZ 2008, 925 (928); *Rühs* (Fn. 13), S. 141 f.; ausführlich *Kubicek*, in: Klumpp/

tions- und Leistungsfähigkeit des IT-Geräts beeinträchtigen als auch das Risiko eines unbefugten Zugriffs oder einer Manipulation steigern.[255] Bestandteil der Integrität ist aber auch die Datenrichtigkeit bzw. die Datenauthentizität. Die Daten müssen grundsätzlich vollständig, richtig und aktuell sein, aber vor allem muss überprüfbar bleiben, ob dies der Fall ist.[256] In diesem Zusammenhang wird dann auch die Leistungsdimension des IT-Grundrechts virulent. Der Staat trägt eine Verantwortung für die Sicherheit von IT-Systemen. Insbesondere trägt er grundsätzlich Sorge dafür, dass ihm bekannte Sicherheitslücken geschlossen werden, um unbefugte Infiltrationen von IT-Systemen der Grundrechtsträger zu verhindern.[257]

c) Schutzbereich

aa) Sachlicher und personeller Schutzbereich

Der sachliche Schutzbereich des IT-Grundrechts bezieht sich auf IT-Geräte, die eine gewisse Daten-Komplexität aufweisen. Hierauf wurde bereits bei der Beschreibung des Begriffs „informationstechnisches System" eingegangen: Erfasst sind nur solche Systeme, „die allein oder in ihren technischen Vernetzungen personenbezogene Daten des Betroffenen in einem Umfang und in einer Vielfalt enthalten können, dass ein Zugriff auf das System es ermöglicht, einen Einblick in wesentliche Teile der Lebensgestaltung einer Person zu gewinnen oder gar ein aussagekräftiges Bild der Persönlichkeit zu erhalten."[258] Es soll bei der Bestimmung der Komplexität aber nicht darauf ankommen, ob auf dem individuell betroffenen Gerät tatsächlich Daten in der Quantität und Qualität gespeichert sind, die ein solches aussagekräftiges Bild über die Person im konkreten Einzelfall ermöglichen. Entscheidend ist das *Potenzial* des IT-Geräts: Es genügt, dass das Gerät eine solche Komplexität potenziell aufweist.[259] Das Bundesverfassungsgericht benennt zwar Beispiele, insbesondere auch solche für nicht hinreichend komplexe Systeme. Die Ausführungen des Gerichts machen dabei aber deutlich, dass eine Verallgemeinerung nicht möglich ist. Der Verweis in der Entscheidung auf „elektronische Steuerungsanlagen der Haustechnik" wird ausdrücklich auf „nicht vernetzte" Anlagen be-

---

Kubicek/Roßnagel/Schulz (Hrsg.), Informationelles Vertrauen für die Informationsgesellschaft, 2008, S. 17 (23 ff.).
[255] BVerfGE 120, 274 (314); *Birkenstock* (Fn. 252), S. 31 f.
[256] So *Hansen/Pfitzmann*, in: Roggan (Hrsg.), Online-Durchsuchungen, 2008, S. 129 (132); *Bäcker*, in: Uerpmann-Wittzack (Hrsg.), Das neue Computergrundrecht, 2009, S. 1 (13).
[257] Vgl. nur BVerfGE 158, 170 (195 f.).
[258] BVerfGE 120, 274 (314).
[259] *Hauser* (Fn. 27), S. 80; *Hornung* CR 2099, 299 (302).

schränkt.²⁶⁰ Gerade die Vernetzung mit anderen Geräten oder Netzwerken kann die Bewertung der Komplexität mithin verändern.²⁶¹

Eine hinreichende Komplexität weisen die heute gebräuchlichen Smartphones²⁶², Personal Computer, Laptops²⁶³ und Tablet-PCs in der Regel auf. Sie lassen sich über ein Betriebssystem autark steuern, sie generieren und verarbeiten Daten selbstständig, sie besitzen (WLAN-)Schnittstellen und sind daher in der Regel internetfähig. Bei ihnen handelt es sich daher um autonome Funktionseinheiten. Allein schon durch die Möglichkeit, Verbindung mit dem Internet herzustellen, besitzen sie einen so großen Funktionsumfang, der mit dem Potenzial einhergeht, dass auf diesen Geräten eine Vielzahl von Daten mit unterschiedlichstem Personenbezug gespeichert sein kann.²⁶⁴ Bei Smartphones kommt ihre Nutzung als klassisches – also nicht internetbasiertes – Kommunikationsgerät hinzu. Die Gerättypen liefern in der Regel detaillierte Informationen über die beruflichen und persönlichen Lebensverhältnisse, die Lebensführung (siehe oben), über die genutzten Kommunikationswege und -gewohnheiten, aber natürlich auch über den Inhalt der Kommunikation.²⁶⁵ Was Smartphones anbelangt, sind kaum mehr Geräte im Verkauf, die eine Speicherkapazität von unter 32 GB besitzen.²⁶⁶ Entsprechendes gilt für moderne Personal Computer, Laptops, aber auch Tablets.

Dem Schutzbereich des IT-Grundrechts unterfallen aber nur „eigene" bzw. eigengenutzte²⁶⁷ IT-Systeme. „Eine grundrechtlich anzuerkennende Vertraulichkeits- und Integritätserwartung besteht allerdings nur, soweit der Betroffene das informationstechnische System als eigenes nutzt und deshalb den Umständen nach davon ausgehen darf, dass er allein oder zusammen mit anderen zur Nutzung berechtigten Personen über das informationstechnische System selbstbestimmt verfügt."²⁶⁸ Auch wenn sich das eigengenutzte IT-

---

²⁶⁰ BVerfGE 120, 274 (313 f.).
²⁶¹ *Bäcker*, in: Rensen/Brink (Hrsg.), Linien der Rechtsprechung des BVerfG, 2009, S. 99 (127).
²⁶² SSW-StPO/*Eschelbach*, 5. Aufl. 2023, § 110a Rn. 7; *Rüscher* NStZ 2018, 687 (689); *Hauser* (Fn. 27), S. 88 ff.; *Hoffmann*, Die Gewährleistung der Vertraulichkeit und Integrität elektronischer Daten- und Dokumententransfers, 2012, S. 79.
²⁶³ *Hoffmann* (Fn. 261), S. 78 f.; SSW-StPO/*Eschelbach*, 5. Aufl. 2023, § 110a Rn. 7.
²⁶⁴ BVerfGE 120, 274 (314).
²⁶⁵ *Hoffmann* (Fn. 261), S. 78.
²⁶⁶ Das aktuell günstigste Smartphone, das im Online-Vertrieb bei Media Markt erhältlich ist, kostet knapp 58 EURO und besitzt eine Speicherkapazität von 32 GB und 1 GB Arbeitsspeicher, vgl. https://www.mediamarkt.de/de/product/_zte-smartphone-zte-blade-a31-lite-1gb32gb-5-6902176055935-s0232266-zte-zte-32-gb-dual-sim-88620978.html (zuletzt abgerufen: 10. August 2023).
²⁶⁷ *Hoffmann-Riem* JZ 2008, 1009 (1019).
²⁶⁸ BVerfGE 120, 274 (315).

Gerät in der Verfügungsgewalt eines anderen befindet, besteht für den Nutzer ein Schutz durch das IT-Grundrecht.[269] Letztlich wird durch das Erfordernis der Eigennutzung des IT-Geräts der persönliche Schutzbereich auf die Personen begrenzt, denen durch den Zugriff auf das Gerät eine eigene Persönlichkeitsgefährdung droht – diese Gefahr ist unabhängig von den Eigentums- und Besitzverhältnissen an dem IT-Gerät.[270] Entscheidend ist die tatsächliche und rechtliche Nutzung(-sbefugnis).[271] Von einem Eingriff auf ein einziges IT-Gerät können daher grundsätzlich mehrere Grundrechtsträger gleichzeitig betroffen sein, wenn sie gemeinsam dieses Gerät (berechtigt)[272] nutzen und die Einzelnutzung für sich jeweils als hinreichend „komplex" (s. o.) zu bewerten ist.[273]

bb) Keine Begrenzung auf präventive und heimliche Eingriffe (Infiltration)

Das Bundesverfassungsgericht hat das IT-Grundrecht im Zusammenhang mit einer gefahrenabwehrrechtlich ausgestalteten (heimlichen) Online-Durchsuchung entwickelt und es seither auch ausschließlich im Zusammenhang mit solchen heimlichen Infiltrationsmaßnahmen bemüht.[274] Vor diesem Hintergrund ist auch unbestreitbar, dass das IT-Grundrecht in erster Linie als verfassungsrechtliches Korrektiv für heimliche Infiltrationen von digitalen Datensätzen intendiert war. Dies schließt aber nicht aus, dass es auch als Korrektiv für offene Zugriffe auf hochsensible Datensätze fungieren kann, wenn dieser Eingriff in qualitativer und quantitativer Hinsicht der Online-Durchsuchung in nichts oder in nicht bedeutender Weise zurücksteht.

(1) Keine Begrenzung des IT-Grundrechts auf präventiv ausgerichtete Maßnahmen

Es ist kein Grund ersichtlich, den Anwendungsbereich des IT-Grundrechts auf präventiv ausgerichtete staatliche Eingriffsmaßnahmen zu beschränken.[275] In den Entscheidungen des Bundesverfassungsgerichts vom 27.2.2008 finden sich keinerlei Erwägungen, die eine solche Begrenzung des Schutzgehalts der neuen Gewährleistung auf präventive Maßnahmen nahelegen könnten. Im Gegenteil: Es wird in der Entscheidung zumindest ausdrücklich darauf

---

[269] BVerfGE 120, 274 (315).
[270] *Drallé* (Fn. 195), S. 33 f.
[271] *Hornung* CR 2008, 299 (303); *Drallé* (Fn. 195), S. 33.
[272] BVerfGE 120, 274 (315).
[273] Fraglich daher *T. Böckenförde* JZ 2008, 925 (929).
[274] BVerfG EuGRZ 2023, 109; BVerfGE 162, 1; BVerfG NJW 2016, 3508; BVerfGE 141, 220.
[275] *Drallé* (Fn. 195), S. 128 f.; vgl. auch *Ziebarth* (Fn. 236), S. 131 ff.

hingewiesen, dass Eingriffe in das IT-Grundrecht sowohl zu präventiven Zwecken als auch zur Strafverfolgung gerechtfertigt sein können.[276] In der Literatur wird daher zu Recht davon ausgegangen, dass die vom Bundesverfassungsgericht konkret für die präventive Online-Durchsuchung entwickelten Grundsätze auch für ihr repressives Pendant in gleicher Weise Geltung beanspruchen.[277] Der Gesetzgeber hat daher versucht, diese Vorgaben bei der Implementierung der repressiven Online-Durchsuchung in die Strafprozessordnung (§ 100b StPO) zu berücksichtigen.[278]

Zumindest grundsätzlich wird davon ausgegangen, dass für repressiv ausgerichtete Eingriffe keine geringeren Anforderungen an die Rechtfertigung gelten können als für solche mit präventivem Charakter.[279] Dieses Axiom bezieht sich in erster Linie auf die Rechtfertigungsebene: Die Rechtfertigungsanforderungen für eine repressiv ausgerichtete Maßnahme können grundsätzlich nicht geringer sein als für eine entsprechende präventive Maßnahme. Das Postulat lässt sich daher nicht ohne Weiteres auf die Ebene des Schutzbereiches übertragen. Auf Schutzbereichsebene muss aber gelten, dass eine unterschiedliche funktionale Ausrichtung einer Maßnahme (zB präventive oder repressive Online-Durchsuchung) grundsätzlich keinen Einfluss auf den Eingriffscharakter und die -intensität hat.

(2) Geltung des IT-Grundrechts auch für offene Zugriffe auf IT-Geräte

Die Beschlagnahme von IT-Geräten und die Durchsicht des Datenbestandes (§ 110 Abs. 3 StPO) erfolgt grundsätzlich offen (Ausnahme: § 95a StPO). Das bedeutet, der Betroffene hat in der Regel Kenntnisse davon, dass sein IT-Gerät samt Datenbestand (vorläufig) sichergestellt, die Daten auf ihre Beweisrelevanz durchgesehen und die relevanten Daten tiefgründig ausgewertet werden. Grundsätzlich dürfte aber auch dieser Zugriff auf komplexe IT-Geräte auf Grundlage der strafprozessualen Beschlagnahmeregelungen einen

---

[276] BVerfGE 120, 274 (315).
[277] LR-StPO/*Hauck*, 27. Aufl. 2018, § 100b Rn. 13 ff.; MK-StPO/*Rückert*, 2. Aufl. 2023, § 100b Rn. 5, 15; *Roggan* StV 2017, 821 (827); *Großmann* GA 2018, 439 (450 ff.).
[278] BT-Drs. 18/12785, S. 54.
[279] *Buermeyer*, Gutachterliche Stellungnahme zur Öffentlichen Anhörung zur ‚Formulierungshilfe' des BMJV zur Einführung von Rechtsgrundlagen für Online-Durchsuchung und Quellen-TKÜ im Strafprozess, Ausschuss-Drucksache 18(6)334, im Ausschuss für Recht und Verbraucherschutz des Deutschen Bundestags am 31. Mai 2017, S. 4; *Möstl*, Die staatliche Garantie für die öffentliche Sicherheit und Ordnung, 2002, S. 148 ff.; *Roggan* StV 2017, 821 (827); *Großmann* GA 2018, 439 (450 ff.); vgl. auch BVerfGE 100, 313 (394).

Eingriff in den Schutzbereich des IT-Grundrechts begründen.[280] Die Kenntnis des Dateninhabers von der Maßnahme beeinflusst die grundrechtliche Gefährdungssituation in Bezug auf die Persönlichkeitsrechte zumindest nicht wesensmäßig. Verdeckte Überwachungsmaßnahmen bedeuten zwar mit Blick auf ihre Heimlichkeit eine (erhebliche) Eingriffsvertiefung gegenüber ihrem offen vollzogenen Pendant,[281] der Eingriffscharakter der Maßnahme wird hiervon aber nicht berührt.

Tatsächlich beanspruchen die vom Bundesverfassungsgericht für die Begründung einer besonderen Schutzbedürftigkeit von IT-Datenbeständen genannten Aspekte (kurzum: Gefahr der Totalerfassung)[282] in gleicher Weise auch für den offenen Zugriff auf komplexe IT-Geräte Geltung.[283] Und auch im Falle eines offenen Eingriffs in ein IT-System ist ein angemessener Schutz durch andere Grundrechte, wie insbesondere Art. 10 oder Art. 13 GG sowie durch das Recht auf informationelle Selbstbestimmung, nicht hinreichend gewährleistet.

Das Bundesverfassungsgericht leitet seine Ausführungen zur Notwendigkeit einer neuen Gewährleistung unter Hinweis auf die „jüngere[n] Entwicklung [in] der Informationstechnik" ein und verweist sowohl auf ihre ubiquitäre Verbreitung als auch auf die zentrale Bedeutung ihrer Nutzung für die Lebensführung der Bürger. Darüber hinaus betont das Gericht zum einen die gestiegene Leistungsfähigkeit und die Kapazitäten der Speicher von IT-Geräten, zum anderen aber eben auch die vielfältigen Nutzungsmöglichkeiten und den Leistungsumfang solcher Geräte, vor allem mit Blick auf die zunehmende Vernetzung von IT-Systemen untereinander. Dabei verweist es auch auf das Internet als komplexen Verbund von Rechnernetzen. Dieses eröffne nicht nur eine unübersehbare Fülle von Informationen, sondern daneben auch zahlreiche neue Kommunikationswege, mit deren Hilfe soziale Verbindungen aufgebaut und gepflegt werden können. Dies alles führe immer mehr zu einer Ver-

---

[280] *Herrmann* (Fn. 189), S. 128; *Drallé* (Fn. 195), S. 84 ff.; *Ziebarth* (Fn. 236), S. 233; *Bunzel* (Fn. 11), S. 155 ff.; *Heinson* (Fn. 52), S. 182 ff.; *Hauser* (Fn. 27), S. 193 f.; *Bauer* (Fn. 181), S. 231; *von zur Mühlen* (Fn. 179), S. 428; *Rühs* (Fn. 13), S. 127 f.; *T. Böckenförde* JZ 2008, 925 (931); *Hornung* CR 2008, 299 (303); *Hömig* JURA 2009, 207 (210); *Bäcker*, in: Uerpmann-Wittzack (Hrsg.), Das neue Computergrundrecht, 2009, S. 1 (23 ff.); *Sachs/Krings* JuS 2008, 481 (484); *Michalke* StraFo 2008, 287 (291); MK-StPO/*Rückert*, 2. Aufl. 2023, § 100a Rn. 8; aA *Liebig* (Fn. 173), S. 12 ff., 141; *T. Zimmermann* JA 2014, 321 (323); *Kutscha* DuD 2012, 391 (393); *Singelnstein* NStZ 2012, 593 (602): „eher nicht in Betracht kommen".
[281] So *T. Zimmermann* JA 2014, 321 (324).
[282] BVerfGE 120, 274 (302 ff.).
[283] *Bäcker*, in: Uerpmann-Wittzack (Hrsg.), Das neue Computergrundrecht, 2009, S. 1 (24).

lagerung der (damals noch) konventionellen Fernkommunikation auf das Internet.

Aufbauend auf dieser Situationsbeschreibung erkennt das Bundesverfassungsgericht neuartige Gefährdungssituationen für die Persönlichkeitsrechte. Komplexe IT-Systeme böten ein breites Spektrum von Nutzungsmöglichkeiten, die sämtlich mit der Erzeugung, Verarbeitung und Speicherung von Daten verbunden seien; die Datenspeicherung hänge dabei nicht immer von einer bewussten Entscheidung des Nutzers ab. Darüber hinaus erzeugten die Geräte auch selbstständige Daten. Diese Datenbestände ermöglichten, wenn sie von Dritten erhoben und ausgewertet werden, „weitreichende Rückschlüsse auf die Persönlichkeit des Nutzers bis hin zu einer Profilbildung".[284] Der Datenbestand würde noch aussagekräftiger und damit die Gefährdung noch weiter vertieft, wenn IT-Geräte vernetzt, insbesondere an das Internet angeschlossen seien.[285] Der Zugriff auf das System, so das Bundesverfassungsgericht weiter, liefere potenziell einen äußerst großen und aussagekräftigen Datenbestand und gehe „in seinem Gewicht für die Persönlichkeit des Betroffenen über einzelne Datenerhebungen, vor denen das Recht auf informationelle Selbstbestimmung schützt, weit hinaus."[286] Eine staatliche Datenerhebung aus komplexen informationstechnischen Systemen, so das Gericht weiter, weise „ein beträchtliches Potential für die Ausforschung der Persönlichkeit des Betroffenen auf. Dies gilt nach Ansicht des Gerichts „bereits für einmalige und punktuelle Zugriffe wie beispielsweise die Beschlagnahme oder Kopie von Speichermedien solcher Systeme."[287]

Mit keinem Wort nimmt das Gericht in den vorgenannten Ausführungen Bezug auf die unter Rn. 180 angesprochenen besonderen Gefahren, die insbesondere von der Heimlichkeit der Infiltration des IT-Geräts mittels eines Trojaners ausgehen. An dieser Stelle verweist das Gericht auf die mit einer Vernetzung einhergehenden zusätzlichen Möglichkeiten des technischen Zugriffs auf das Gerät, vor denen sich der Betroffene nur begrenzt schützen könne. Dieser Aspekt scheint für das Gericht nicht von elementarer Bedeutung für die Konstituierung des Grundrechtsschutzes zu sein.

---

[284] Zum Ganzen BVerfGE 120, 274 (304 ff.).
[285] Die Eröffnung des Schutzbereiches hängt aber nicht hiervon ab: *Hoffmann-Riem*, in: Viewweg/Gerhäuser (Hrsg.), Digitale Daten in Geräten und Systemen, 2010, S. 41 (51); *Bäcker*, in: Rensen/Brink (Hrsg.), Linien der Rechtsprechung des BVerfG, 2009, S. 99 (128); *Heinson* (Fn. 52), S. 179; *Hauser* (Fn. 27), S. 79, 219 f.; *Taraz*, Vertraulichkeit und Integrität informationstechnischer Systeme, 2016, S. 69 f.; *Bauer* (Fn. 181), S. 231; *Bartsch* CR 2008, 613 (615).
[286] BVerfGE 120, 274 (312 f.).
[287] BVerfGE 120, 274 (322).

Grundrechtsdimension des offenen Zugriffs auf IT-Geräte

Gegen eine Begrenzung des IT-Grundrechts auf heimliche – mittels Spionagesoftware vollzogene – Zugriffe auf IT-Geräte streiten auch Ausführungen des 1. Senats in seiner Entscheidung zum BKAG vom 29.4.2016.[288] Hierauf haben andere bereits hingewiesen,[289] so dass an dieser Stelle nicht näher auch auf die Ausführungen in dieser Entscheidung eingegangen werden soll. Hervorzuheben sind hingegen die Passagen aus der Entscheidung des Bundesverfassungsgerichts vom 27.2.2008, aus denen deutlich wird, dass die Heimlichkeit der Maßnahme lediglich ein Faktor ist, der die Eingriffstiefe beeinflusst. Implizit betont der 1. Senat in dieser Entscheidung selbst, dass ein Eingriff in das IT-Grundrecht nicht nur im Falle eines verdeckt erfolgenden Zugriffs auf das IT-Gerät gegeben sein kann. Hierauf deutet die Verwendung des Begriffes „insbesondere" hin. So heißt es in Rn. 205 der besagten Entscheidung, dass „[d]as allgemeine Persönlichkeitsrecht in der hier behandelten Ausprägung [...] *insbesondere* vor einem heimlichen Zugriff, durch den die auf dem System vorhandenen Daten ganz oder zu wesentlichen Teilen ausgespäht werden können", schütze.[290] Nimmt man diese Passage beim Wort, steckt in ihr aber gleichzeitig die Aussage, dass das IT-Grundrecht eben bei nicht heimlichen Zugriffen einschlägig sein kann.[291]

Gegen eine Beschränkung des Schutzbereichs des IT-Grundrechts auf heimliche Zugriffe auf IT-Geräte werden vor allem aber auch verfassungsdogmatische Erwägungen angeführt. Richtigerweise wird darauf hingewiesen, dass den „Modalitäten" eines Eingriffs auf der Ebene des Schutzbereichs grundsätzlich keine Bedeutung beigemessen werden darf.[292] Schutzbereich, Eingriff und Rechtfertigung seien nach „herkömmlicher Grundrechtsdogmatik" voneinander getrennt zu betrachten, auch wenn sie Bezüge zueinander aufwiesen.[293] Der Schutzbereich und seine Eröffnung müssen unabhängig vom Vorliegen eines Eingriffs bestimmt werden.[294] Auch im Anwendungsbereich anderer Grundrechte spielt die Modalität des Eingriffs keine Rolle für die Bestimmung des Schutzbereichs. So liegt ein Eingriff in Art. 13 GG unabhängig davon vor, ob dieser Eingriff heimlich oder offen durchgeführt wird. Auch das Fernmeldegeheimnis unterscheidet auf der Ebene des Schutzbereichs nicht zwischen offenem und heimlichem Zugriff auf Telekommunikationsdaten. Lediglich die Eingriffsintensität wird von dieser Modalität, sowie von anderen

---

[288] BVerfGE 141, 220 (304).
[289] *Rühs* (Fn. 13), S. 151 f.
[290] BVerfGE 141, 220 (302 f.).
[291] *Hauser* (Fn. 27), S. 219; *Rühs* (Fn. 13), S. 165 f.
[292] So *Rühs* (Fn. 13), S. 168.
[293] *Rühs* (Fn. 13), S. 168; *Eckstein*, Ermittlungen zu Lasten Dritter, 2013, S. 66.
[294] *Rühs* (Fn. 13), S. 168, unter Verweis auf *Drallé* (Fn. 195), S. 46.

wie Dauer und Umfang der Maßnahme beeinflusst.[295] Vor diesem grundrechtsdogmatischen Hintergrund erscheinen die Ausführungen des 1. Senats in der Entscheidung vom 27.2.2008 durchaus nachvollziehbar und plausibel. Die Heimlichkeit einer Maßnahme ist, darauf weist *Hauser* hin, (nur) eine Modalität des Grundrechtseingriffs; eine funktionale Schutzbereichsbegrenzung ist nicht angezeigt, auch nicht beim IT-Grundrecht.[296]

(3) Subsidiarität des IT-Grundrechts bei offenen Zugriffen

Das IT-Grundrecht hat, ebenso wie bereits das Recht auf informationelle Selbstbestimmung, eine lückenschließende Funktion (s. o.). Explizit betont das Bundesverfassungsgericht: Das IT-Grundrecht entfaltet nur dann Geltung, soweit der Schutz nicht oder nicht hinreichend durch andere Grundrechte gewährleistet ist.[297] Aus dieser Aussage ist teilweise eine (echte) Subsidiarität des IT-Grundrechts gegenüber anderen Grundrechtsgewährleistungen abgeleitet worden.[298] Andere erblicken hierin eine „Fehlinterpretation" dieser Aussage.[299] Richtig ist zumindest, dass das IT-Grundrecht, wenn es denn einschlägig ist, zumindest dem Recht auf informationelle Selbstbestimmung vorgeht (siehe dazu schon oben), so dass nicht im Sinne einer echten Subsidiarität davon auszugehen ist, dass das IT-Grundrecht im Falle der Einschlägigkeit auch anderer Grundrechte hinter diesen zurücktritt. Dennoch bleibt richtig, dass das Bundesverfassungsgericht einen Schutzvorbehalt formuliert hat: Es ist zu begründen, warum, wenn andere Grundrechte anwendbar sind, (daneben) ein Bedürfnis für die Anwendung des IT-Grundrechts besteht.

Ein solches Bedürfnis hat das Bundesverfassungsgericht für heimliche Zugriffe auf komplexe IT-Geräte bejaht. In gleicher Weise besteht ein solches aber auch für offen vollzogene Zugriffe auf komplexe IT-Geräte.[300] Die Erwägungen, mit denen das Bundesverfassungsgericht in seiner Entscheidung vom 27.2.2008 Schutzlücken im bisherigen Grundrechtsschutz begründet, lassen sich zwar nicht vollständig, jedoch im Kern auf den offenen Zugriff übertragen. Für diese Zwecke kann auf die hiesigen Ausführungen zu Art. 14, 13,

---

[295] ZB Zöller StraFo 2008, 15 f.
[296] So *Hauser* (Fn. 27), S. 219.
[297] BVerfGE 120, 274 (302 f.).
[298] *Hoffmann-Riem* JZ 2008, 1009 (1019); *Eifert* NVwZ 2008, 521 (522); *Britz* DÖV 2008, 411 (414); *Petri* DuD 2008, 443 (444); *T. Böckenförde* JZ 2008, 925 (927); *Lepsius*, in: Roggan (Hrsg.), Online-Durchsuchungen, 2008, S. 21 (32); ausführlich *Herrmann* (Fn. 189), S. 111 f.
[299] *Bäcker*, in: Rensen/Brink (Hrsg.), Linien der Rechtsprechung des BVerfG, 2009, S. 99 (132); *Hauser* (Fn. 27), S. 187 f.
[300] Ausführlich *Heinson* (Fn. 52), S. 179 ff.

10 GG und zum Recht auf informationelle Selbstbestimmung zurückgegriffen werden.[301] Keine nennenswerten Unterschiede bestehen zwischen offenem und heimlichem Zugriff auf IT-Geräte mit Blick auf Art. 14 GG. Im Falle der gegenständlichen Sicherstellung des IT-Geräts selbst nach §§ 94 ff. StPO ist auch Art. 14 GG betroffen, ebenso gilt dies, wenn Daten auf dem Datenspeicher verändert oder gelöscht werden.[302] Die vom Bundesverfassungsgericht beschriebene Gefahr für die Persönlichkeitsrechte des Betroffenen bestehen jedoch grundsätzlich unabhängig von einem Eingriff in die Eigentumsgarantie. Ein Eingriff in Art. 14 GG ist zu verneinen bzw. als beendet anzusehen, wenn das Gerät samt Datenbestand im Herrschaftsbereich belassen werden kann und die Behörden sich auf die Erzeugung eines forensischen Duplikats beschränken. Mangels Einschlägigkeit könnte die Eigentumsgarantie in diesen Fällen schon keine Schutzlücken schließen, die sich mit Blick auf die Persönlichkeitsrechte auftäten.

Entsprechendes gilt für Art. 10 GG. Bereits oben wurde ausgeführt, dass das Fernmeldegeheimnis im Falle eines offenen Zugriffs auf IT-Geräte nur ausnahmsweise einschlägig ist (s. o.). Ebenso wenig liefert Art. 13 GG für die spezifischen Grundrechtsgefährdungen, die auch von einem offenen Zugriff auf ein komplexes IT-Gerät für die Persönlichkeitsrechte ausgehen, einen (hinreichenden) Schutz.[303] Der Beschlagnahme eines IT-Geräts muss keine Wohnungsdurchsuchung vorausgehen. Ein Eingriff in Art. 13 GG kann zwar dem Zugriff auf das IT-Gerät „vorgelagert" sein, er muss es aber eben nicht (s. o.).

Im Zusammenhang mit der verfassungsrechtlichen Bewertung des „großen Lauschangriffs" hat das Bundesverfassungsgericht die Auffassung vertreten, dass Art. 13 GG nicht nur vor Eingriffen in die räumliche Privatsphäre schützt, sondern sich seine Schutzdimension auch „auf den Informations- und Datenverarbeitungsprozess, der sich an die Erhebung anschließt, sowie auf den Gebrauch, der von den erlangten Kenntnissen gemacht wird", erstreckt.[304] So weit reiche dann aber auch die Spezialität des Art. 13 GG gegenüber den verfassungsrechtlichen Verbürgungen zugunsten der Persönlichkeitsrechte aus Art. 2 Abs. 1 iVm Art. 1 Abs. 1 GG.[305] Für das Verhältnis von Art. 13 zum IT-Grundrecht ist diese – ohnedies nicht überzeugende und auch teilweise überholte (siehe sogleich) – Rechtsprechung nicht aussagekräftig, zumindest wenn es um den Zu-

---

[301] → C 33 ff.
[302] Vgl. ebenfalls → C 33 ff.
[303] *Heinson* (Fn. 52), S. 181 ff.
[304] BVerfGE 109, 279.
[305] BVerfGE 109, 279; vgl. auch, BVerfGE 100, 313.

griff auf die auf einem IT-Gerät gespeicherten Datenbestände geht. Beim großen Lauschangriff (akustische Wohnraumüberwachung nach § 100c StPO) ist naturgemäß Art. 13 GG zwingend betroffen. Für den offenen Zugriff auf das IT-Gerät auf Grundlage der §§ 94ff., 110 StPO gilt dies, wie gesehen, jedoch nicht. Allein schon der Umstand, dass Art. 13 GG nicht immer einschlägig ist, streitet – losgelöst von den ohnehin unterschiedlichen inhaltlichen Schutzdimensionen – gegen eine im Einzelfall zu bestimmende Spezialität von Art. 13 GG gegenüber dem IT-Grundrecht. Folge einer partiellen Spezialität wäre ein fragmentierter Grundrechtsschutz: Vergleichbare Persönlichkeitsrechtsgefährdungen würden in einem Fall an Art. 13 GG, in einem anderen Fall am IT-Grundrecht gemessen.[306]

Nicht nur aus diesem Grund ist es zu begrüßen, dass der 2. Senat am Bundesverfassungsgericht insbesondere in seiner Entscheidung vom 12.4.2005[307] deutlich gemacht hat, dass „Beschlagnahmen oder Maßnahmen nach § 110 StPO, die nur mittelbar aus der Durchsuchung der Wohn- und Geschäftsräume folgen, nicht mehr dem Schutzbereich des Art. 13 Abs. 1 GG [unterfallen] […] und [i]nsoweit Art. 2 Abs. 1 GG den maßgebenden Schutzbereich [bildet], wenn und soweit nicht andere Spezialgrundrechte vorgehen."[308] Art. 13 GG könnte in diesem Sinne schon deshalb keinen hinreichenden Schutz vor den Persönlichkeitsgefährdungen durch Beschlagnahme und Durchsicht bieten, da diese Maßnahmen nicht an Art. 13 GG, sondern – wenn man das IT-Grundrecht außen vorlässt – am Recht auf informationelle Selbstbestimmung zu messen sind.

Dass aber auch diese Gewährleistung keinen hinreichenden Schutz vor einer ubiquitären Datenerhebung durch den Zugriff auf komplexe IT-Geräte bietet, das hat schon der 1. Senat am Bundesverfassungsgericht in seiner Entscheidung vom 27.2.2008 überzeugend dargelegt. Das gilt vor allem für die Gefährdungen, „die sich daraus ergeben, dass der Einzelne zu seiner Persönlichkeitsentfaltung auf die Nutzung informationstechnischer Systeme angewiesen ist und dabei dem System persönliche Daten anvertraut oder schon allein durch dessen Nutzung zwangsläufig liefert. […]. Ein […] Zugriff geht in seinem Gewicht für die Persönlichkeit des Betroffenen über einzelne Datenerhebungen, vor denen das Recht auf informationelle Selbstbestimmung schützt, weit hinaus."[309] Diese Erwägungen lassen sich uneingeschränkt auf den offenen Beschlagnahmezugriff auf IT-Geräte übertragen.

---

[306] Vgl. auch *Heinson* (Fn. 52), 181f.
[307] BVerfGE 113, 29ff.
[308] BVerfGE 113, 29 (45).
[309] BVerfGE 120, 274 (312f.).

(4) Zwischenergebnis

Die Beschlagnahme komplexer IT-Geräte berührt potenziell nicht nur die Eigentumsgarantie, die Unverletzlichkeit der Wohnung und das Fernmeldegeheimnis. Neben dem Eingriff in das Recht auf informationelle Selbstbestimmung wird eben auch die Gewährleistung auf Vertraulichkeit und Integrität informationstechnischer Systeme berührt. Dieses IT-Grundrecht schützt nicht nur vor heimlichen Infiltrationen von komplexen IT-Geräten. Ein Eingriff liegt auch vor, wenn der Staat im Wege einer offenen Zwangsmaßnahme Zugriff auf den Datenbestand solcher komplexen IT-Systeme nimmt. Die Gefährdungssituation für die Persönlichkeitsrechte, wie sie vom Bundesverfassungsgericht im Kontext der Online-Durchsuchung beschrieben worden ist, besteht in annähernd gleicher Weise auch bei der Beschlagnahme von komplexen IT-Geräten wie Smartphones, Personal Computern, Laptops und ähnlichen Gerätschaften. Ausgehend von dieser Erkenntnis drängen sich mögliche Regelungs- und Schutzdefizite für die Maßnahme der Beschlagnahme von komplexen IT-Geräten geradezu auf. Mit diesen befasst sich der nachfolgende Abschnitt.

D. Regelungs- und Schutzdefizite bei der Beschlagnahme von IT-Geräten

I. Einleitung

Die oben durchgeführte detaillierte Bestandsaufnahme der Voraussetzungen der Beschlagnahme von komplexen IT-Geräten auf Grundlage der §§ 94 ff. StPO hat deutlich gemacht, dass dieses Eingriffsregime zumindest keine (ausdrücklichen) Beschränkungen für diese besonders eingriffsintensive Maßnahme vorsieht. Mit anderen Worten: IT-Geräte und die hierauf gespeicherten Daten werden im Rahmen der Beschlagnahme grundsätzlich wie jeder andere Beweisgegenstand behandelt. Die Beschlagnahme von IT-Geräten ist nicht an eine gewisse Schwere der zu ermittelnden Straftat geknüpft – sie kommt auch bei Ordnungswidrigkeiten (vgl. § 46 OWiG) in Betracht; es genügt diesbezüglich ein bloßer Anfangsverdacht; es werden auch keine erhöhten Anforderungen an das Auffinden beweisrelevanter Daten auf dem IT-Gerät formuliert; für Zufallsfunde gilt die allgemeine Bestimmung in § 108 StPO, eine vorherige richterliche Überprüfung ist unter dem allgemeinen Eingriffsregime der §§ 94 ff. StPO nicht garantiert und es existieren auch keine einfachgesetzlichen Vorschriften zum Schutz des Kernbereichs privater Lebensgestaltung.

Für den Betroffenen begründet die Beschlagnahme seines IT-Systems einen sehr empfindlichen Eingriff in seine Privatsphäre. Ebenso wie andere strafprozessuale Zwangsmaßnahmen (vor allem §§ 100a, 100b, 100c StPO) bietet die (offene) Beschlagnahme von komplexen IT-Geräten potenziell die Möglichkeit, Daten in einer Quantität und Qualität abzuschöpfen, die einen tiefen Einblick in die privaten und beruflichen Lebensverhältnisse und die Lebensgewohnheiten des Betroffenen gewähren – auf Basis eines solchen umfangreichen Datensatzes lässt sich ein aussagekräftiges Persönlichkeitsprofil generieren; mit Hilfe der GPS-, WLAN-, Navigationsdaten, aber auch weiterer Daten aus Applikationen können auch Bewegungsprofile gewonnen werden. Mit anderen Worten: Der Datensatz auf komplexen IT-Geräten kann derart „fruchtbar" sein, dass der von der Maßnahme Betroffene für die Strafverfolgungsbehörden zum „Gläsernen Bürger" avanciert. Sind die Daten erst einmal erhoben, bleiben sie zumindest potenziell offen für neue Verwendungen und Verknüpfungen mit anderen Kontexten.[310] In ihren Verknüpfungen mit

---

[310] *Schlink* NVwZ 1986, 249 (252); *Dencker*, in: FS Albrecht/Dencker u.a. (Hrsg.), Organisierte Kriminalität und Verfassungsstaat, 1998, S. 41 ff.

anderen Daten oder anderen Lebenssachverhalten können die Daten eine neue weitere Aussagekraft erhalten.[311]
Auch die einfache Beschlagnahme besitzt – wie die Online-Durchsuchung – eine gewisse Streubreite. In Anbetracht der zentralen Funktion, die IT-Geräte in der heutigen Gesellschaft für die zwischenmenschliche Kommunikation sowohl im beruflichen als auch privaten Bereich einnehmen, drohen durch die Auswertung der hierauf gespeicherten Daten auch die Interessen einer Vielzahl weiterer Personen berührt zu werden. Abhängig vom Kommunikations- und Speicherverhalten des Inhabers des IT-Geräts können die auf dem Gerät befindlichen Daten sogar Jahre, vielleicht auch Jahrzehnte, zurückreichen und daher hunderte oder gar tausende (vergangene) Kontakte des IT-Geräte-Inhabers betreffen.

Die besondere Eingriffsintensität der Beschlagnahme von IT-Geräten wird nach bisheriger Konzeption allenfalls im Rahmen der Verhältnismäßigkeit berücksichtigt.[312] Es fehlt den Strafverfolgern und den Strafgerichten jedoch bislang die notwendige Sensibilität, wenn es um die offene Beschlagnahme von solchen Geräten und deren Auswertung geht. Auch zur Aufdeckung leichtester Straftaten werden komplexe IT-Geräte sichergestellt – teilweise werden die Geräte samt Datenbestand dem Betroffenen Monate oder sogar Jahre vorenthalten; auch der Schutz des Kernbereichs spielt bei der einfachen Beschlagnahme bisher eine untergeordnete Rolle.

Ob das strafprozessuale Beschlagnahmeregime (§§ 94ff. StPO) in Bezug auf die Beschlagnahme von (komplexen) IT-Geräten als **unterreguliert** anzusehen ist, ist Gegenstand des folgenden Abschnitts. Dabei kann auch auf die Erkenntnisse aus Teil D rekurriert werden.

II. Notwendigkeit einer Sonderregelung für die Beschlagnahme von IT-Geräten

Die Beschlagnahme von komplexen IT-Geräten und ihre Auswertung birgt (potenziell) erhebliche Gefahren für die Grundrechte des Inhabers des Geräts, aber auch für die Rechte Dritter. Auch der offene Zugriff auf IT-Geräte auf Grundlage der §§ 94ff., 110 StPO beeinträchtigt nicht nur das Recht auf informationelle Selbstbestimmung, sondern eben auch das IT-Grundrecht und das zumindest in

---

[311] *Niehaus*, Katalogsysteme als Beschränkung strafprozessualer Eingriffsbefugnisse, 2001, S. 198; *Schlink* NVwZ 1986, 249 (252).
[312] LG Görlitz, Beschl. v. 18.6.2020 – 3 Qs 67/20; AG Hamburg BeckRS 2020, 47135; AG Bad Kreuznach, BeckRS 2022, 14489; AG Hamburg, Beschl. v. 30.3.2023 – 162 Gs 2237/21, BeckRS 2023, 9571.

ähnlich gravierender Weise wie im Falle einer heimlichen Online-Durchsuchung. In Anbetracht der erheblichen Eingriffsintensität stellt sich heute (erneut) und mehr denn je die Frage, ob die allgemein und unspezifisch gefassten §§ 94 ff., 110 StPO eine ausreichende gesetzliche Grundlage für die Beschlagnahme und Auswertung von komplexen IT-Geräten bieten können. Dies wird – gerade mit Blick auf die neuen technischen und gesellschaftlichen Entwicklungen, aber auch wegen der Anerkennung einer neuen Schutzdimension aus Art. 2 Abs. 1 iVm Art. 1 Abs. 1 GG in Form des IT-Grundrechts – vereinzelt bereits angezweifelt.[313]

Das Bundesverfassungsgericht hat im Kontext von Eingriffen in das Fernmeldegeheimnis und das Recht auf informationelle Selbstbestimmung, u.a. ging es um die Beschlagnahme von Datenträgern, von Personal Computern, von Mobiltelefonen und E-Mails, mehrfach bestätigt, dass die §§ 94 ff. StPO in ihrer bisherigen Form auch als Ermächtigungsgrundlage für die Sicherstellung von Datenträgern und den hierauf gespeicherten Daten in Betracht kommen.[314] Vor allem genügten die allgemeinen strafprozessualen Sicherstellungs- und Beschlagnahmevorschriften, obwohl sie auch nach Meinung des Bundesverfassungsgerichts im Hinblick auf Datenerhebungen und den Datenumfang sehr weit gefasst sind, der Vorgabe, wonach der Gesetzgeber den Verwendungszweck der erhobenen Daten bereichsspezifisch und präzise bestimmen muss (Gebot der Normenklarheit und Normenbestimmtheit).[315] Unschädlich sei, dass es sich bei „den §§ 94 ff. StPO um Vorschriften über unterschiedliche strafprozessuale Maßnahmen [handelt], deren Anwendungsbereich nicht durchgehend jeweils in spezifischer Weise auf die Reichweite spezieller Grundrechte abgestimmt sind."[316]

Berücksichtigt hat das Bundesverfassungsgericht dabei auch, dass der Inhalt der Kommunikation in höherem Maße schutzwürdig ist und ein Zugriff auf E-Mails erhebliche Rückschlüsse auf das Kommunikationsverhalten des Betroffenen, sein soziales Umfeld und seine persönlichen Interessen zulasse.[317]

Die Entscheidungen des Bundesverfassungsgerichts liegen nun aber gut fünfzehn (E-Mail-Beschlagnahme beim Provider) bzw. so-

---

[313] SSW-StPO/*Eschelbach*, 5. Aufl. 2023, § 94 Rn. 1, 8; MK-StPO/*Rückert*, 2. Aufl. 2023, § 100d Rn. 1; *Doll* (Fn. 106), S. 199; *Bäcker*, in: FS Uerpmann-Wittrack (Hrsg.), Das neue Computergrundrecht, 2009, S. 1 (25 f.); *Herrmann* (Fn. 189), S. 140 f.; für Österreich: *Zerbes/Ghazanfari* Öster. AnwBl 2022, 640 ff.
[314] BVerfGE 113, 29 (50 ff.); BVerfGE 115, 166; BVerfGE 124, 43; bestätigt in BVerfG NJW 2014, 3085.
[315] BVerfGE 124, 43 (60 ff.).
[316] BVerfGE 124, 43 (60 ff.).
[317] BVerfGE 124, 43 (60 ff.).

gar fast zwanzig Jahre (u. a. Mobiltelefon) zurück. Die grundrechtsspezifischen Gefahren, die von einer Beschlagnahme von heute typischerweise in Verwendung befindlichen multifunktionalen IT-Geräten ausgeht, sind ungleich größer als damals – konkreter: Aufgrund der Datenzentralisierung und der stetig zunehmenden Vernetzung der Geräte untereinander ist der Datenbestand von komplexen IT-Geräten teilweise exorbitant groß, so dass das grundrechtliche Gefährdungspotenzial weiter zugenommen hat. Gerade vor diesem Hintergrund ist zweifelhaft, ob der Gesetzgeber bezüglich des Zugriffs auf komplexe IT-Geräte (inzwischen) nicht in der Pflicht steht, die wesentlichen Aspekte eines solchen Grundrechtseingriffs selbst auszugestalten.[318]

Der Gesetzgeber muss „in grundlegenden normativen Bereichen" alle wesentlichen Entscheidungen selbst treffen (Wesentlichkeitstheorie).[319] Der Gesetzgeber muss in diesen wesentlichen Bereichen Anlass, Zweck und Grenzen des Eingriffs hinreichend bereichsspezifisch, präzise und normenklar festlegen.[320] Im grundrechtsrelevanten Bereich bedeutet „wesentlich" in der Regel „wesentlich für die Verwirklichung der Grundrechte".[321] Die Anforderungen, die sich hieraus ableiten lassen, sind insbesondere abhängig von der Reichweite der Maßnahme und deren Intensität. „Je nachhaltiger die Grundrechte des einzelnen Bürgers durch eine Regelung betroffen oder je gewichtiger die Auswirkungen für die Allgemeinheit sind, desto präziser und enger muss die gesetzliche Regelung sein."[322]

Der durch die Beschlagnahme und Auswertung eines komplexen IT-Geräts bewirkte Grundrechtseingriff erfolgt zwar nicht heimlich, dennoch weist er eine enorme Intensität auf (s. o.). Wenn sich der Eingriff auf ein IT-Gerät bezieht, das auch als Kommunikationsmittel fungiert, geht dieser hinsichtlich der Persönlichkeitsrechte von seiner Tragweite häufig über die mit einer Telekommunikationsüberwachung (bzw. Quellen-TKÜ) iSv § 100a Abs. 1 StPO einhergehenden Beeinträchtigungen hinaus. Die Überwachung der Telekommunikation nach § 100a StPO erfolgt zwar heimlich, außerdem handelt es sich um keine punktuelle Maßnahme, da sie sich über

---

[318] Bezogen auf das Strafprozessrecht: *Degener*, Grundsatz der Verhältnismäßigkeit und strafprozessuale Zwangsmaßnahmen, 1985, S. 167 f.
[319] BVerfGE 20, 162 (187); BVerfGE 61, 260 (275); BVerfGE 77, 170 (230 f.); BVerfGE 80, 124 (132); BVerfGE 83, 130 (142, 151 f.); BVerfGE 101, 1 (34; BVerfGE 136, 69 (114); BVerfGE 150, 1 (96).
[320] BVerfGE 120, 274 (315 f.); BVerfGE 100, 313 (359 f.); BVerfGE 110, 33 (53); BVerfGE 113, 348 (375).
[321] BVerfGE 162, 378; vgl. auch BVerfGE 98, 218; BVerfGE 47, 46 (79); BVerfGE 83, 130 (140); *Voßkuhle* JuS 2007, 118 (119).
[322] So *Spellbrink*, in: BeckOGK, SGB I, Stand: 1.9.2018, § 31 Rn. 6; vgl. auch BVerfGE 49, 168 (181); BVerfGE 59, 104 (114).

einen längeren Zeitraum erstrecken darf, vgl. nur § 100e Abs. 1 StPO. Jedoch ist die TKÜ auf die laufende Telekommunikation beschränkt.[323] Die Maßnahme ermöglicht grundsätzlich nicht den Zugriff auf bereits abgeschlossene Telekommunikationsvorgänge oder andere Datenbestände jenseits der Telekommunikation. Zwar wird die Beschlagnahme – im Gegensatz zur Telekommunikationsüberwachung und Online-Durchsuchung – als „punktuell" charakterisiert[324] und gleichzeitig darauf hingewiesen, dass ein „längerfristiger Eingriff in einen laufenden Telekommunikationsvorgang schwerer [wiegt] als eine einmalige und punktuelle Datenerhebung, da Umfang und Vielfältigkeit des Datenbestands erheblich größer sind".[325] Die Punktualität erfährt im Falle der Beschlagnahme eines gesamten IT-Geräts aber eine deutliche Relativierung. Die Beschlagnahme ist zwar grundsätzlich nicht auf die Gewinnung zukünftig erst zu generierender Daten gerichtet. Die Maßnahme zielt aber auf einen Datenbestand, der weit in die Vergangenheit reichen kann. Nicht nur die Kommunikation kann potenziell über Monate oder Jahre zurückverfolgt werden, auch die weiteren Datenbestände sind über einen längeren Zeitraum rekonstruierbar. Auch das Bundesverfassungsgericht hat in seiner ersten Entscheidung zur Online-Durchsuchung vom 27.2.2008 das Bedürfnis für eine neue Schutzgewährleistung weniger damit begründet, dass über eine Online-Durchsuchung der laufende Datenverkehr überwacht werden kann. In einer Gesamtschau der Entscheidungsgründe zeigt sich (s.o.): Die neuen Gefährdungen werden vor allem unter Berufung auf den Umfang und die Vielfältigkeit des Datenbestandes begründet.

Nach der Wesentlichkeitstheorie ist aber vor allem die Intensität des Grundrechtseingriffs ausschlaggebend dafür, ob der Gesetzgeber die wesentlichen Entscheidungen bezüglich des Anlasses, des Zwecks und der Grenzen des Eingriffs selbst treffen muss. Die Eingriffsintensität, die von einer Beschlagnahme von komplexen IT-Geräten ausgeht, ist kaum zu übertreffen. Es streitet daher tatsächlich einiges dafür, die Beschlagnahme von komplexen IT-Geräten einem eigenständigen Eingriffsregime zu unterstellen. Es sind nur wenige Eingriffe denkbar, die noch tiefgründiger in die Rechte des Betroffenen eingreifen. Kaum eine strafprozessuale Maßnahme ermöglicht in gleicher Weise den Zugriff auf einen potenziell so gehaltvollen und vielfältigen Datenbestand, mit dessen Hilfe das Leben des Betroffenen allumfassend analysiert werden kann.

Der Gesetzgeber ist in der Pflicht, diesem Eingriff spezifischere Grenzen zu setzen. Er muss eine auf die Beschlagnahme von kom-

---

[323] Vgl. dazu § 100a Abs. 5 Nr. 1 Buchst. a) und b) StPO.
[324] BVerfGE 124, 43; *Heinson* (Fn. 52), S. 201.
[325] BVerfGE 124, 43; vgl. auch BVerfGE 120, 274 (322).

plexen IT-Geräten ausgerichtete Ermächtigungsgrundlage schaffen und in dieser solche Schutzkautelen festschreiben, die geeignet sind, die Verhältnismäßigkeit des Eingriffs zu gewährleisten. Der Gesetzgeber sollte nicht nur regeln, unter welchen Voraussetzungen der Zugriff auf ein komplexes IT-Gerät über eine Beschlagnahme erfolgen darf (dazu sogleich). Die (teilweise monatelang andauernde) Vorenthaltung des Geräts (und vor allem der darauf befindlichen Daten) belastet den Geräteinhaber erheblich. Seine Teilnahme am privaten und geschäftlichen Verkehr wird dadurch erheblich gestört. Daher sollte der Gesetzgeber auch Regelungen vorsehen, wie lange das Gerät samt Datenbestand dem Betroffenen vorenthalten werden darf (dazu sogleich).

III. Keine Beschlagnahme von komplexen IT-Geräten zur Aufklärung leichter Straftaten

1. Bisher: Keine Beschränkung der Beschlagnahme von IT-Geräten auf bestimmte Delikte

Durch den Zugriff auf komplexe IT-Geräte und der darauf befindlichen Daten im Wege der Beschlagnahme und der anschließenden Durchsicht des Datenbestandes droht ein tiefer Einblick in die Persönlichkeitsrechte des Geräteinhabers (s.o.). Die Vorschriften zur Sicherstellung und Beschlagnahme in den §§ 94ff. StPO sehen (bislang) ausdrücklich keine Beschränkung der Zwangsmaßnahme auf bestimmte, hinreichend schwere Straftaten vor. Selbiges gilt für die (Offline-)Durchsicht des IT-Geräts sowie für die Onlinesichtung iSd § 110 StPO. Grundsätzlich kommt eine Beschlagnahme von komplexen IT-Geräten bei jeder Straftat und sogar bei jeder Ordnungswidrigkeit (§ 46 OWiG) in Betracht. Beschränkungen im Einzelfall hinsichtlich der Schwere der im Raum stehenden Straftat ergeben sich auch hier einzig aus dem Verhältnismäßigkeitsgrundsatz (s.o.). Dennoch gilt potenziell: Auch zur Aufklärung von Bagatellkriminalität kann eine Beschlagnahme des Smartphones oder anderer digitaler Gerätschaften erfolgen.

In seinen Entscheidungen zur präventiven Online-Durchsuchung hat das Bundesverfassungsgericht sehr rigide Anforderungen an die Rechtfertigung von Eingriffen in das IT-Grundrecht formuliert – u.a. auch an den legitimen Zweck, der mit solchen Maßnahmen verfolgt werden darf. Vor diesem Hintergrund ist die Frage virulent geworden, ob der unbeschränkte Anwendungsbereich der §§ 94ff., 110 StPO für komplexe IT-Geräte weiterhin aufrechterhalten werden kann. In der Literatur wird teilweise eine Einschränkung der Maßnahme auf bestimmte schwere Straftaten gefordert.[326] Das Bundesverfassungsgericht hat sich in seiner Entscheidung zur Beschlagnahme von E-Mail-Daten beim Provider bereits explizit mit der Frage auseinandergesetzt, ob der Anwendungsbereich der Beschlagnahmeregelungen durch einen Straftatenkatalog, wie ihn auch andere Vorschriften (§§ 100a, 100b, 100c, 100f etc. StPO) vorsehen, eingeschränkt werden muss. Soweit es die Beschlagnahme auf beim Provider gespeicherte Mails betrifft, sei es „zur Wahrung der Verhältnismäßigkeit nicht geboten, den Zugriff […] auf Ermittlungen zu begrenzen, die zumindest Straftaten von erheblicher Bedeutung betreffen".[327] Das Bundesverfassungsgericht lehnte es insbesondere ab, die hinsichtlich des Zugriffs auf Verbindungsdaten beim Telekommunikationsmittlers formulierten Beschränkungen (Straftaten von erheblicher Bedeutung)[328] auf die Sicherstellung und Beschlagnahme der beim Provider gespeicherten E-Mails zu übertragen.[329] In der besagten Entscheidung aus dem Jahre 2009 verweist das Gericht insbesondere darauf, dass die Sicherstellung und Beschlagnahme von E-Mails auf dem Mailserver des Providers in der Regel offen vollzogen werde (vgl. aber § 95a StPO), „die Daten punktuell und auf den Ermittlungszweck begrenzt außerhalb eines laufenden Kommunikationsvorgangs erhoben werden und der Betroffene Einwirkungsmöglichkeiten auf den von ihm auf dem Mailserver seines Providers gespeicherten E-Mail-Bestand hat."[330]

2. Präventive Online-Durchsuchung nur bei konkreter Gefahr für überragend wichtige Rechtsgüter

In seinen Entscheidungen zur Rechtfertigung von Eingriffen in das IT-Grundrecht aufgrund einer präventiven Online-Durchsuchung hat das Bundesverfassungsgericht hingegen überaus hohe Hürden hinsichtlich des Anlasses eines Eingriffs formuliert:[331] „[Ein] [d]erartiger Eingriff darf nur vorgesehen werden, wenn die Eingriffsermächtigung ihn davon abhängig macht, dass tatsächliche Anhaltspunkte einer *konkreten Gefahr für ein überragend wichtiges Rechtsgut* vorliegen", wobei als überragend wichtig nur der Leib, das Leben und die Freiheit der Person sowie die Güter der Allgemein-

---

[326] Dafür: Insbesondere *Bäcker*, in: FS Uerpmann-Wittzack (Hrsg.), Das neue Computergrundrecht, 2009, S. 1 (25 f.); *Heinemann*, Grundrechtlicher Schutz informationstechnischer Systeme, 2015, S. 199; einschränkend *Heinson* (Fn. 52), S. 200 ff.
[327] BVerfGE 124, 43, Hervorhebungen nicht im Original.
[328] BVerfGE 107, 299.
[329] BVerfGE 124, 43.
[330] BVerfGE 124, 43.
[331] Siehe oben ab → C 41 ff.

heit, deren Bedrohung die Grundlagen oder den Bestand des Staates oder die Grundlagen der Existenz der Menschen berühren, anzusehen seien.[332] Zumindest ausdrücklich hat das Bundesverfassungsgericht diese (oder ähnliche) Vorgaben bisher noch nicht auf die repressiv ausgerichtete Online-Durchsuchung übertragen. Erste Verfassungsbeschwerden, die sich (unmittelbar oder mittelbar) gegen § 100b StPO richteten, wurden nicht zur Entscheidung angenommen.[333]

Dennoch herrscht weitestgehend Konsens darüber, dass für die repressive Online-Durchsuchung keine geringen Anforderungen an die Rechtfertigung eines Eingriffs in das IT-Grundrecht gelten können (dazu bereits oben).[334] Die vom Bundesverfassungsgericht für die präventive Online-Durchsuchung entwickelten Grundsätze müssen auf die repressive Online-Durchsuchung „übersetzt" werden. Für das Strafprozessrecht beanspruchen sie als Art Mindestkautelen Geltung. Das Strafrecht ist von seiner primären Zwecksetzung nicht darauf ausgerichtet, akute Bedrohungen und Gefahren zu beseitigen, auch wenn der Präventionsaspekt im Strafrecht eine fundamentale Rolle spielt. Das Strafrecht dient primär der Durchsetzung des staatlichen Strafanspruchs – nicht mehr, aber auch nicht weniger. Insofern bleibt das Strafrecht zumindest grundsätzlich von seiner Bedeutungswertigkeit hinter dem Gefahrenabwehrrecht zurück. Mit Blick auf die unterschiedlichen Zielrichtungen zwischen Gefahrenabwehrrecht und Strafrecht wird daher zum Teil auch vertreten, dass für die repressive Online-Durchsuchung sogar strengere Anforderungen als an ihr präventives Pendant formuliert werden müssten.[335]

In jedem Fall gilt: In Anbetracht der fundamentalen Unterschiede zwischen beiden Materien (Gefahrenabwehrrecht/Strafrecht) lassen sich die an das Präventionsrecht formulierten Vorgaben nicht „eins zu eins" auf das Strafrecht übertragen – sie bedürfen einer normativen Übersetzung. Bildlich gesprochen: Aus strafrechtlicher Perspektive ist das „Kind bereits in den Brunnen gefallen"[336] – es gibt nichts mehr zu retten (Ausnahme: Dauerdelikte zB § 239 StGB). Daher spielt auch das vom Bundesverfassungsgericht für die präventive Online-Durchsuchung entwickelte Dringlichkeitselement *(konkrete Gefahr)* im materiellen Strafrecht keine Rolle. Letztlich wird man

---

[332] BVerfGE 120, 274 (328).
[333] BVerfG BeckRS 2023, 12230.
[334] → C 47 f.
[335] MK-StPO/*Rückert*, 2. Aufl. 2023, § 100b Rn. 15; *Roggan* StV 2017, 821 (827); *Großmann* GA 2018, 439 (450 ff.); aA LR-StPO/*Hauck*, 27. Aufl. 2018, § 100b Rn. 76.
[336] So LR-StPO/*Hauck*, 27. Aufl. 2018, § 100b Rn. 74.

daher vor allem anknüpfend an das Schwereelement („überragend wichtiges Rechtsgut") für das Strafrecht schlussfolgern müssen, dass eine Online-Durchsuchung zur Aufklärung von Straftaten nur in sehr eingeschränktem Maße zum Einsatz gelangen darf, und zwar nur zur Aufklärung solcher Straftaten, die dem *Schutz überragend wichtiger Rechtsgüter* gewidmet sind.[337]

Vor diesem Hintergrund kann m. E. offenbleiben, ob aus der Warte des Strafrechts mit Blick auf seinen gegenüber dem Gefahrenabwehrrecht „mindergewichtigen" Zweck höhere Anforderungen an die Rechtfertigung eines „entsprechenden" Eingriffs formuliert werden müssen: Die Schwerekategorie „überragend wichtige Rechtsgüter" ist kaum steigerbar.

3. Keine Übertragung der Vorgaben zur Online-Durchsuchung auf die Beschlagnahme von IT-Geräten

Auch die offen durchgeführte Beschlagnahme und die daran anschließende Datenauswertung greifen in das IT-Grundrecht ein. Dies bedeutet aber mitnichten, dass eine solche Standardmaßnahme, die auf den Zugriff komplexer IT-Geräte gerichtet ist, nur dann in Betracht kommen darf, wenn die Maßnahme zur Aufklärung einer Straftat von überragender Bedeutung dient.[338]

Das Bundesverfassungsgericht hat in seinen Entscheidungen zur präventiven Online-Durchsuchung die von ihm formulierten Vorgaben an den Eingriffsanlass immer in den Kontext der „Heimlichkeit" gestellt.[339] Die Modalität der Heimlichkeit ändert zwar nicht den grundsätzlichen Charakter des Grundrechtseingriffs. Es wurde aber bereits dargelegt, dass die Heimlichkeit die Intensität des Eingriffs in das Grundrecht beeinflusst. In diesem Sinne müssen vor allem auch die Ausführungen des Bundesverfassungsgerichts in der Entscheidung vom 27.2.2008 verstanden werden. Insoweit sind die Ausführungen unzweideutig. Dort heißt es nämlich: „Der Verhältnismäßigkeitsgrundsatz setzt einer gesetzlichen Regelung, die zum *heimlichen* Zugriff auf informationstechnische Systeme ermächtigt, zunächst insoweit Grenzen, als besondere Anforderungen an den Eingriffsanlass bestehen. [...]. Ein *derartiger Eingriff* darf nur vorgesehen werden, wenn die Eingriffsermächtigung ihn davon abhängig macht, dass tatsächliche Anhaltspunkte einer konkreten Gefahr für ein überragend wichtiges Rechtsgut vorliegen."[340]

---

[337] BVerfGE 125, 260; MK-StPO/*Rückert*, 2. Aufl. 2023, § 100b Rn. 22.
[338] *Heinson* (Fn. 52), 200 ff.; *Herrmann* (Fn. 189), S. 140; *Rühs* (Fn. 13), S. 280; *Bäumerich* NJW 2017, 2718 (2722).
[339] *Rühs* (Fn. 13), S. 84.
[340] BVerfGE 120, 274 (328), Hervorhebungen nicht im Original.

Dies fügt sich ohne Weiteres in die bisherige Linie der Rechtsprechung des Bundesverfassungsgerichts ein: Soweit ersichtlich hat das Bundesverfassungsgericht ein Erfordernis zur Schaffung einer einfachgesetzlichen Beschränkung von strafprozessualen Zwangsmaßnahmen auf bestimmte Delikte bisher noch nicht für nicht heimliche Eingriffe gefordert.[341]

„Katalogtatensysteme", wie sie u. a. §§ 100a und 100b StPO, aber auch andere Bestimmungen der Strafprozessordnung vorsehen, sind letztlich eine besondere Ausprägung des Verhältnismäßigkeitsgrundsatzes.[342] Bestimmte Maßnahmen greifen so schwerwiegend in die Grundrechte ein, dass es aus Gründen der Verhältnismäßigkeit geboten ist, diese Eingriffe auf bestimmte schwere Taten zu beschränken.[343] Die Entscheidung darüber, ob der Gesetzgeber schon selbst ein Katalogtatenmodell zur Beschränkung einer bestimmten Zwangsmaßnahme vorsehen muss, ist letztlich anhand des Gesamtgewichts des Grundrechtseingriffs zu bestimmen.[344] Auch dies bemisst sich hauptsächlich an der Intensität des Grundrechtseingriffs,[345] danach, ob die Maßnahme heimlich oder offen erfolgt[346] und an ihrer Streubreite.[347]

Auch offene Beschlagnahmen komplexer IT-Geräte und ihre Auswertung ermöglichen in gleicher Weise Persönlichkeits-, Bewegungs- und Kommunikationsprofile. Insofern besteht zwischen einer heimlichen Online-Durchsuchung und einem offen erfolgenden Zugriff auf ein komplexes IT-Gerät kein nennenswerter Unterschied – der Eingriff in die Persönlichkeitsrechte des Betroffenen ist beträchtlich. Daneben werden auch durch offene Zugriffe auf IT-Geräte die Interessen Dritter unweigerlich in nicht unerheblichem Ausmaß berührt, was zu einer gewissen Streubreite der Maßnahme führt.[348] Die Kommunikation des Inhabers des IT-Geräts mit seinen Telekommunikationspartnern wird häufig über Monate oder gar mehrere Jahre über das IT-Gerät rekonstruierbar bleiben.[349] Zahlreiche Nutzer von Smartphones löschen ihren Kommunikationsverlauf bewusst nicht.

---

[341] BVerfGE 107, 299; vgl. dazu *Niehaus* (Fn. 310), S. 194 f.
[342] *Welp*, Überwachung und Kontrolle: Telekommunikationsdaten als Gegenstand strafprozessualer Ermittlungen, 2000, S. 89.
[343] *Kohlmann*, Online-Durchsuchungen, 2012, S. 233; *Niehaus* (Fn. 310), S. 190.
[344] *Niehaus* (Fn. 310), S. 190.
[345] *Degener* (Fn. 317), S. 223 ff.; *Lammer*, Verdeckte Ermittlungen im Strafprozeß, 1992, S. 153.
[346] BVerfGE 124, 43; *Niehaus* (Fn. 310), S. 194 f.; *Lammer* (Fn. 344), S. 153; *Staechelin* KJ 1995, 466.
[347] BVerfG, Beschl. v. 9.12.2022, 1 BvR 1345/21, BeckRS 2022, 41609 Rn. 184; BVerfGE 150, 244; BVerfGE 120, 378; vgl. auch *Strate* ZRP 1990, 143 (144).
[348] *Hauser* (Fn. 27), S. 283.
[349] *Zerbes* ÖJZ 2021, 176.

Die Speicherkapazität der heute verbreiteten Geräte macht eine Löschung in der Regel auch nicht (mehr) notwendig. Potenziell von der Datenabschöpfung sind daher nicht nur die „aktuellen" Kommunikationspartner betroffen, sondern eben auch „vergangene" Kontakte des Geräteinhabers, auch wenn diese über Jahre zurückliegen. Hierauf wurde bereits hingewiesen. Hierdurch erhöht sich die Streubreite der Maßnahme deutlich.

Dennoch bleibt die Heimlichkeit der Maßnahme ein Faktor, der die Gewichtigkeit des Grundrechtseingriffs nicht nur unwesentlich tangiert. Das Bundesverfassungsgericht hat im Zusammenhang mit heimlichen Maßnahmen vor allem auch die eingeschränkten Selbstschutzmöglichkeiten des Grundrechtsträgers hervorgehoben.[350] Dazu gehören nicht nur Techniken der Verschlüsselung und der Datenverschleierung. Da die Datenabschöpfung bei der Beschlagnahme nicht „live" erfolgt, bleibt dem Betroffenen hier zumindest die Möglichkeit, die eingehenden Daten nach Kenntnisnahme unmittelbar zu löschen und sie damit einem späteren Zugriff durch Beschlagnahme zu entziehen. Im Falle der Online-Durchsuchung können eingehende Daten „unmittelbar" abgeschöpft werden – eine manuelle Löschung vereitelt den Zugang damit nicht mehr. Hinzu kommt, dass im Falle der offenen Beschlagnahme die Kenntnis von der Maßnahme dem Betroffenen zumindest die Möglichkeit eröffnet, seine Gewohnheiten und Verhaltensweisen für die Zukunft zu ändern. Er weiß, dass die Behörden im Besitz des Datenbestandes sind und kann sein Verhalten danach ausrichten. Gleichfalls ermöglicht ihm die Kenntnisnahme von der Zwangsmaßnahme, gegen diese (sofort) Rechtsschutz in Anspruch zu nehmen[351] – zumindest eine Durchsicht und Auswertung der Daten kann dadurch noch verhindert werden. Freilich gilt etwas anderes, wenn die Beschlagnahme eines komplexen IT-Geräts mit einer Anordnung nach § 95a StPO kombiniert wird (s.o.). Die letztgenannte Vorschrift macht die Zurückstellung der Benachrichtigung aber von erhöhten Anforderungen abhängig.

Zuletzt kommt hinzu, dass bei der Online-Durchsuchung die Integrität des Geräts unweigerlich betroffen wird. Um eine Datenabschöpfung „online" zu ermöglichen, muss das IT-Gerät in der Regel mittels einer Spähsoftware infiltriert werden, wodurch die Integrität natürlich deutlich intensiver berührt wird als durch das bloße Aufspielen einer IT-Analyse-Software.[352] Anderseits darf bei der Gewichtung von Zugriffen auf das IT-Gerät auf Grund-

---

[350] BVerfGE 115, 166 (195); BVerfGE 120, 274 (306); so BVerfGE 124, 43 (62); vgl. auch *Heinson* (Fn. 52), S. 201.
[351] BVerfGE 124, 43 (62); BVerfGE 124, 43 (65f.).
[352] *Rühs* (Fn. 13), S. 280.

lage der §§ 94 ff., 110 StPO nicht unberücksichtigt bleiben, dass Gerät und Daten dem Geräteinhaber typischerweise für eine gewisse Zeit „vorenthalten" werden müssen.[353] In Anbetracht der Bedeutung bestimmter IT-Geräte für den „Verkehr" des Betroffenen mit der Außenwelt darf die Relevanz dieses Umstands nicht unterschätzt werden.

Nichtsdestotrotz ist es grundsätzlich sachgerecht, wenn an einen heimlichen Eingriff auf komplexe IT-Geräte höhere Anforderungen formuliert werden als an einen offen erfolgenden Zugriff auf entsprechende Gerätschaften. Beide Eingriffe bergen das Risiko der Generierung von aussagekräftigen Persönlichkeits- und Bewegungsprofilen des Betroffenen – beide Eingriffe können in gleicher Weise unbeteiligte Personen treffen. Dennoch wird das Gewicht durch die Modalität der Heimlichkeit eben doch noch merklich verschärft.

Nicht nur in der Literatur werden darüber hinaus kriminalpolitische Bedenken gegen die Implementierung zu rigider Hürden für die einfache Beschlagnahme von IT-Geräten vorgebracht.[354] Mit der Verlagerung von Lebenssachverhalten von der „realen" in die „virtuelle" Welt haben sich zunehmend auch kriminelle Betätigungsfelder in die Datenwelt verlagert. Gerade deshalb wird es auch zunehmend schwieriger, auf digitale Beweise zu verzichten, da andere nicht mehr zur Verfügung stehen. Das Bundesverfassungsgericht hat daher zu Recht betont, dass auch der Staat sein „Arsenal" an Ermittlungsmaßnahmen auf die digitale Welt erstrecken können muss, um mit den technischen Entwicklungen „Schritt halten" zu können.[355] Es wird befürchtet, dass die Beschränkung des Beschlagnahmezugriffs auf schwere Straftaten dazu führen könnte, dass sich Kriminelle der Strafverfolgung entziehen, indem sie ihre Kommunikation über Straftaten unterhalb einer bestimmten Schwelle ausschließlich über geschützte IT-Geräte vollziehen.[356] Es drohe, dass die Strafverfolgung aufgrund von „,sozio-technischen Veränderungen' schlechter gestellt wird als unter herkömmlichen Bedingungen".[357] Die Schaffung eines Anlasstatenkatalogs für die Beschlagnahme würde die Möglichkeiten der Strafverfolgung in der virtuellen Welt im Vergleich zum real-physischen Raum verschlechtern.[358]

---

[353] So zumindest *Hauser* (Fn. 27), S. 283.
[354] *Heinson* (Fn. 52), S. 201; *Rühs* (Fn. 13), S. 281.
[355] BVerfGE 115, 166 (194); BVerfGE 124, 43 (63 f.).
[356] *Rühs* (Fn. 13), S. 281; *Heinson* (Fn. 52), S. 202.
[357] *Heinson* (Fn. 52), S. 203; *Herrmann* (Fn. 189), S. 140; *Ludewig* KriPoZ 2019, 293 (300).
[358] So *Rühs* (Fn. 13), S. 281, für die Durchsicht nach § 110 StPO.

4. Keine Beschlagnahme von komplexen IT-Geräten zur Aufklärung von Straftaten unterhalb mittlerer Kriminalität

Es ist zwar nicht notwendig, die Beschlagnahme von komplexen IT-Geräten auf Grundlage der §§ 94 ff., 110 StPO auf Straftaten von überragend wichtiger Bedeutung zu beschränken. Die Maßnahme reicht von ihrer Intensität nicht an die (geheimdienstliche) Nachrichten*überwachung* heran. Von ihrer Eingriffsintensität überragt die Beschlagnahme von komplexen IT-Geräten jedoch deutlich die Wirkungen, die von einer Beschlagnahme anderer Gegenstände ausgehen. Gewicht und Tragweite sind so gravierend, dass es (wohl) nicht nur verfassungsrechtlich geboten, sondern auch darüber hinaus sachgerecht erscheint, die Maßnahme zumindest für Straftaten *unterhalb mittlerer Kriminalität* grundsätzlich auszuschließen.[359] Die Beschränkung der Beschlagnahme von komplexen IT-Geräten sollte dabei so austariert werden, dass sie einen Ausgleich zwischen den berechtigten Strafverfolgungsinteressen und den Persönlichkeitsrechten der betroffenen Grundrechtsträger schafft. Gerade in Bezug auf leichte und bagatellhafte Kriminalität ist es schwer vorstellbar, dass Eingriffe von einer solchen Tragweite für die Persönlichkeitsrechte als zur Erreichung des Zwecks (Aufklärung leichter Kriminalität) verhältnismäßig angesehen werden können. Jenseits dieser leichten Straftaten ist es hingegen angemessen, die Entscheidung über die Zulässigkeit der Beschlagnahme von komplexen IT-Geräten weiterhin von den Umständen des konkreten Einzelfalles abhängig zu machen. Die Entscheidung hierüber sollte weiterhin in den Händen der an der Strafverfolgung beteiligten Stellen belassen werden, die im Einzelfall den Ausgleich zwischen dem Interesse an der Strafverfolgung und den Rechten der Betroffenen suchen müssen.

Andere Regeln müssen jedoch für Cyberstraftaten (im weiten Sinne) gelten, also für solche Straftaten, die mittels von Informationstechnik begangen werden.[360] Bezüglich solcher Straftaten sollte die Beschlagnahme des IT-Geräts grundsätzlich straftatenunabhängig möglich bleiben, so dass die Strafverfolgung im Bereich von Hate

---

[359] *Bäcker*, in: FS Uerpmann-Wittzack (Hrsg.), Das neue Computergrundrecht, 2009, S. 1 (25): „hinreichend schwere Straftaten"; *Rühs* (Fn. 13), S. 283: „Straftat von auch im Einzelfall erheblicher Bedeutung" für die Durchsicht nach § 110 StPO; ebenso schon *Hauser* (Fn. 27), S. 285 f.; *Drallé* (Fn. 195), S. 87, 131: „neu justieren", „anheben"; *Herrmann* (Fn. 189), S. 140 f.: „Begrenzung auf schwere Straftaten und Delikte"; *T. Böckenförde* JZ 2008, 925 (931): „Erhöhen der Eingriffsvoraussetzungen"; für Österreich: *Zerbes/Ghazanfari* Öster. AnwBl 2022, 640 (648 f.).

[360] Vgl. BKA: https://www.bka.de/DE/UnsereAufgaben/Deliktsbereiche/Cybercrime/cybercrime_node.html; vgl auch *Bär* DRiZ 2015, 432 (433); *Ceffinato* JuS 2019, 337.

Speech[361], aber auch anderer Straftaten wie zB Nachstellung weiterhin uneingeschränkt möglich bleibt. Wer Straftaten mittels IT-Geräten begeht, kann nicht in gleicher Weise darauf vertrauen, dass sein IT-Gerät für den Staat „tabu" bleibt – die Schutzwürdigkeit von IT-Delinquenten ist zumindest herabgesetzt.[362] Solange für IT-Delinquenz die Beschlagnahme von komplexen IT-Geräten auch für Straftaten unterhalb mittlerer Kriminalitätsschwere weiterhin zugelassen wird, erweisen sich aber auch die kriminalpolitisch angelegten Bedenken (s. o.) gegen höhere Eingriffshürden im Bereich der Beschlagnahme als nicht durchgreifend. Der Staat bliebe im Bereich der IT-Delinquenz uneingeschränkt handlungsfähig. Diese Ausnahme gewährleistet darüber hinaus eine Konformität des nationalen Rechts mit den Vorgaben der Cybercrime Convention, die dort genannten prozessualen Eingriffsmaßnahmen nur für bestimmte Straftaten(-kategorien) fordert, vgl. Art. 14 Abs. 2 der Konvention.

Ein vergleichbares Schrankenmodell, wie es hier vorgeschlagen wird, findet sich aktuell in § 100a Abs. 1 StPO hinsichtlich der Erhebung von Verkehrsdaten bei Telemedienanbietern. Die Erhebung von Verkehrsdaten ist alternativ möglich, wenn (Nr. 1) sich die Ermittlungen auf eine Straftat von auch im Einzelfall erheblicher Bedeutung bezieht oder (Nr. 2) der Verdacht besteht, dass die Straftat „mittels Telekommunikation begangen" wurde. Das Bundesverfassungsgericht hat die Unbedenklichkeit dieses Ansatzes bereits bestätigt.[363]

§ 100g Abs. 1 Nr. 1 StPO in seiner derzeitigen Fassung beschränkt die Erhebung von Verkehrsdaten beim Anbieter – jenseits der IT-Delinquenz – aber auf „Straftat[en] von auch im Einzelfall erheblicher Bedeutung, *insbesondere* eine in § 100a Absatz 2 bezeichnete Straftat". In Anlehnung an § 100g StPO wird eine entsprechende Beschränkung für die Beschlagnahme von komplexen Geräten diskutiert und auch teilweise präferiert.[364] Was Straftaten von erheblicher Bedeutung anbelangt, lassen sich diese unter Rekurs auf die Rechtsprechung des Bundesverfassungsgerichts und des Bundesgerichtshofs konkretisieren. Nicht nur in seiner Entscheidung zur E-Mail-Beschlagnahme hat sich das Bundesverfassungsgericht zu

---

[361] Dazu *Ceffinato* JuS 2020, 495 ff.
[362] BVerfG, Beschl. v. 17.6.2006, 2 BvR 1085/05, NJW 2006, 3197 Rn. 17 = BVerfGK 8, 219; Meyer-Goßner/Schmitt/*Köhler*, 66. Aufl. 2023, § 100g Rn. 6; *Wollweber* NJW 2002, 1554; vgl. auch BT-Drs. 14/7008, S. 7.
[363] BVerfG, Beschl. v. 17.6.2006, 2 BvR 1085/05, NJW 2006, 3197 Rn. 17 = BVerfGK 8, 219.
[364] *Rühs* (Fn. 13), S. 282 f. (für die Durchsicht nach § 110 StPO); *Hauser* (Fn. 27), S. 285 f.

dieser Schwerekategorie geäußert:[365] Eine solche Straftat von erheblicher Bedeutung liege vor, „wenn sie mindestens der mittleren Kriminalität zuzurechnen ist, den Rechtsfrieden empfindlich stört und geeignet ist, das Gefühl der Rechtssicherheit der Bevölkerung erheblich zu beeinträchtigen".[366] Wohl nicht mehr „ohne weiteres" diesem Bereich zuzuordnen, so das Bundesverfassungsgericht, seien Straftaten, „die im Höchstmaß mit Freiheitsstrafe *unter* fünf Jahren bedroht" sind; dazu gehörten beispielsweise „das unerlaubte Entfernen vom Unfallort (§ 142 StGB), die Beleidigung, die üble Nachrede und die nichtöffentliche Verleumdung (§§ 185 bis 187 StGB), das Ausspähen von Daten (§ 202a StGB), die fahrlässige Körperverletzung (§ 229 StGB), die Nötigung (§ 240 StGB) sowie die Verbreitung pornografischer Schriften einschließlich gewalt- oder tierpornografischer Schriften (§§ 184 und 184a StGB)."[367]

Es ist zwar notwendig, erhöhte Schranken für die Beschlagnahme von komplexen IT-Geräten zu implementieren. Die Beschlagnahme gehört aber zu den am häufigsten angewandten Standardmaßnahmen der Strafprozessordnung; auch die Beschlagnahme von komplexen IT-Geräten wie dem Smartphone gehört „zum täglichen Brot" der Strafverfolgungsbehörden. Die Beschlagnahme von IT-Geräten an Voraussetzungen zu knüpfen, wie sie zB § 100g Abs. 2 Nr. 1 StPO für die Erhebung von Verkehrsdaten (erhebliche Straftaten) formuliert, wäre schon deshalb problematisch, weil dies bedeutete, die Zulässigkeit der Maßnahme auf Tatbestandsvoraussetzungsebene von der Erfüllung dieser vagen Anforderungen abhängig zu machen. IT-Geräte werden täglich zigfach für Zwecke des Strafverfahrens beschlagnahmt. Die Handhabbarkeit dieser Standardmaßnahme würde deutlich leiden, wenn hierbei auf Voraussetzungsebene einzelfallbezogen eruiert werden müsste, ob die in Verdacht stehende konkrete Tat „den Rechtsfrieden empfindlich stört und geeignet ist, das Gefühl der Rechtssicherheit der Bevölkerung erheblich zu beeinträchtigen."

Eine Orientierung an festen Höchststrafrahmen ist vor diesem Hintergrund weniger Bedenken ausgesetzt. Eine solche Schwellenlösung gewährleistet ein hohes Maß an Rechtssicherheit. Bei der Bewertung der Aussage, Straftaten mit Höchststrafe *unter* fünf seien noch nicht dem Bereich mittlerer Kriminalität zuzurechnen, muss aber bedacht werden, dass dem deutschen Strafrecht Straftaten mit

---

[365] BVerfGE 124, 43 (64); BVerfG BeckRS 2017, 123193, Rn. 44; BVerfG, RuP 2014, 31; vgl. auch BGH StV 2023, 387, Rn. 12; BGH NStZ-RR 2022, 173 (174); BGH NStZ-RR 2020, 379 (381 f.).

[366] BVerfGE 124, 43 (64) unter Verweis auf BVerfGE 103, 21 (34); BVerfGE 109, 279 (344).

[367] BVerfGE 124, 43 (64).

einer Höchststrafe von maximal vier Jahren (inzwischen) unbekannt sind. Das bedeutet, mit der besagten Schwelle würden ausschließlich Straftaten mit einer Höchststrafandrohung von maximal drei Jahren und darunter aus dem Bereich der „mittleren Kriminalität" exkludiert werden. In Anbetracht der gravierenden Eingriffsintensität der Beschlagnahme von IT-Geräten wäre es m. E. durchaus zu rechtfertigen, solche Straftaten aus dem Anwendungsbereich der Beschlagnahme von komplexen IT-Geräten auszuschließen. Bei einer Straftat, für die der Gesetzgeber bestimmt hat, dass sie *im schwerstdenkbaren* Fall mit einer Maximalstrafe von drei Jahren zu versehen ist, ist das öffentliche Interesse an ihrer Verfolgung typischerweise eher gering. Die Beschlagnahme von komplexen IT-Geräten begründet hingegen einen so gravierenden Grundrechtseingriff, dass das Interesse an der Aufklärung solcher Straftaten regelmäßig nicht gegenüber dem Interesse des Betroffenen, von dem Eingriff in seine Persönlichkeitsrechte verschont zu bleiben, überwiegen kann. Die Implementierung einer solchen Drei-Jahres-Schwelle hätte zur Folge, dass eine Beschlagnahme von komplexen IT-Geräten in Verfahren zur Aufklärung von Straftaten, die eine Maximalfreiheitsstrafe von sechs Monaten, von einem, von zwei und von drei Jahren vorsehen, grundsätzlich ausgeschlossen wäre. Hierunter fielen, um nur einige Beispiele zu nennen, Straftaten wie der Widerstand gegen Vollstreckungsbeamte (§ 113 Abs. 1 StGB), der Hausfriedensbruch (§ 123 StGB), die Amtsanmaßung (§ 132 StGB), das unerlaubte Entfernen vom Unfallort (§ 142 StGB), die Doppelehe und der Inzestparagraf (§§ 172f. StGB), die Beleidigung, die üble Nachrede und auch die Verleumdung (§§ 185ff. StGB), die Verletzung von Privatgeheimnissen (§ 203 StGB), die fahrlässige Körperverletzung (§ 229 StGB), die Nachstellung (§ 238 StGB), die Nötigung (§ 240 StGB) und die Bedrohung (§ 241 StGB), die Unterschlagung (§ 246 StGB), der unbefugte Gebrauch von Fahrzeugen (§ 248b StGB), das Erschleichen von Leistungen (§ 265a StGB), die einfache Sachbeschädigung (§ 303 StGB), aber auch eine Vielzahl weiterer Straftatbestände aus dem Strafgesetzbuch und dem Nebenstrafrecht (zB Straftaten nach § 95 Abs. 1 Aufenthaltsgesetz oder § 20 VereinsG). Mit der Implementierung eines solchen Schwellenmodells würde die Beschlagnahme von komplexen IT-Geräten natürlich auch im gesamten Ordnungswidrigkeitenrecht ausscheiden.

Zumindest für die echte Kriminalstrafe sollte das Sondereingriffsrecht für die Beschlagnahme von IT-Geräten aber eine Ausnahme vom Schwellenansatz für IT-Delinquenz vorsehen (s. o.). Eine entsprechende Regelung könnte sich an § 100g Abs. 1 Nr. 2 StPO anlehnen.

IV. Beschlagnahme nur bei qualifiziertem Verdacht einer Beweisrelevanz

Da die Beschlagnahme von komplexen IT-Geräten mit erheblichen Gefahren für die Persönlichkeitsrechte des Betroffenen verbunden ist, muss nicht nur dringend vermieden werden, dass die Maßnahme „ins Blaue hinein" erfolgt. Nach derzeitiger Rechtslage genügt für eine Beschlagnahme die Annahme einer einfachen Beweisrelevanz. Ausreichend ist, dass das potenzielle Sicherstellungsobjekt „für die Untersuchung" von Bedeutung sein kann. Dies wird bereits dann bejaht, wenn allein die *nicht fernliegende Möglichkeit* besteht, dass der Gegenstand im weiteren Verfahren zu Beweiszwecken verwendet werden kann. In Anbetracht der Grundrechtsintensität des Eingriffs ist dies zu niedrigschwellig. Es wurde bereits darauf hingewiesen, dass unter den genannten Vorzeichen („nicht fernliegende Möglichkeit") komplexe IT-Geräte besonders „beschlagnahmeanfällig" sind. Der Datenbestand auf solchen Geräten ist typischerweise so umfangreich und vielschichtig, dass sich eine solche Möglichkeit kaum jemals als fernliegend erweisen wird.[368] Bei der Beschlagnahme von komplexen IT-Geräten verliert die Eingriffsvoraussetzung der Beweisrelevanz damit letztlich ihre eingrenzende Wirkung. Sie ist hier quasi funktionslos und degradiert damit zu einem „Nicht-Merkmal". Geschuldet ist dies dem Potenzial des Datenbestandes, der über wirklich alles Auskunft geben kann und damit natürlich auch über die im Raum stehende Straftat.

Dieser „Beschlagnahmeanfälligkeit" von IT-Geräten muss entgegengewirkt werden. Das zu schaffende Sonderrechtsregime für die Beschlagnahme von komplexen IT-Geräten sollte daher höhere Hürden an die Beweisrelevanz formulieren. Nur dadurch lässt sich die (drohende) „Entgrenzung der Ermittlungsmaßnahme" einfangen und einer missbräuchlichen Suche nach Zufallsfunden (fishing expedition) entgegenwirken.[369] Die Implementierung einer solchen Hürde diente gleichzeitig als Korrektiv für den Eingriff in das IT-Grundrecht und der Absicherung der Verhältnismäßigkeit solcher Eingriffe.

Für die präventive Online-Durchsuchung verlangt das Bundesverfassungsgericht, dass die konkrete Gefahr für das hinreichend gewichtige Schutzgut „auf tatsächlichen Anhaltspunkten" beruhen muss. Das Verlangen „tatsächlicher Anhaltspunkte" führe dazu, „dass Vermutungen oder allgemeine Erfahrungssätze allein nicht

---

[368] Siehe dazu bereits → C 12.
[369] *Rühs* (Fn. 13), S. 286.

ausreichen, um den Zugriff zu rechtfertigen. Vielmehr müssten „bestimmte Tatsachen festgestellt sein, die eine Gefahrenprognose tragen".[370] Auf eine repressiv ausgerichtete Zwangsmaßnahme sind die Vorgaben schwer übertragbar. Aus Sicht der Strafprozessordnung wäre es kein Novum, die Statthaftigkeit einer Zwangsmaßnahme daran zu knüpfen, dass der Eintritt des erhofften Erfolgs „in qualifizierter Weise" erwartet werden kann. Eine Durchsuchung beim Nichtbeschuldigten ist gemäß § 103 Abs. 1 StPO „nur dann zulässig, *wenn Tatsachen vorliegen,* aus denen zu schließen ist, dass die gesuchte Person, Spur oder Sache sich in den zu durchsuchenden Räumen befindet". Anders als im Falle der Durchsuchung beim Beschuldigten genügt hier eben nicht die allgemeine Aussicht, irgendwelche relevanten Beweismittel zu finden.[371] Auch § 163d Abs. 1 StPO formuliert für die computergestützte Fahndung (Schleppnetzfahndung)[372] erhöhte Anforderungen an die Erfolgsaussicht der Maßnahme: Tatsachen müssen „die Annahme rechtfertigen, dass die Auswertung der Daten zur Ergreifung des Täters oder zur Aufklärung der Straftat führen kann". Verlangt wird eine „konkrete fallbezogene Erfolgstauglichkeit" der Maßnahme.[373]

Mit Blick auf die immense Eingriffsintensität wird in der Literatur zu Recht gefordert, entsprechende gesetzliche Hürden hinsichtlich der „Erfolgstauglichkeit" auch für die Beschlagnahme von komplexen IT-Geräten vorzusehen, um insbesondere der Gefahr von Ausforschungsmaßnahmen entgegenzutreten.[374] Die immense Eingriffsintensität der Beschlagnahme von komplexen IT-Geräten muss sich auch in den Voraussetzungen der Zwangsmaßnahme widerspiegeln. Ein Eingriff in das IT-Grundrecht und die Hinnahme der damit einhergehenden Gefahren für die Persönlichkeitsrechte des Betroffenen sind nur dann zu rechtfertigen, wenn aufgrund von Tatsachen die Aussicht besteht, dass die Maßnahme relevante Beweismittel zu Tage fördern wird. Nur so kann vermieden werden, dass der Staat allein schon aufgrund der vagen Möglichkeit, dass die Maßnahme auch Erkenntnisse zur Aufklärung der Straftat hervorbringen wird, die Rechte des Betroffenen in so gravierender Weise tangiert.

---

[370] BVerfGE 120, 274 (328); vgl. auch BVerfGE 110, 33 (59 f.); BVerfGE 113, 348 (377 f.).

[371] MK-StPO/*Hauschild*, 2. Aufl. 2023, § 103 Rn. 9; BVerfG NJW 2007, 1804 ff.; BVerfG NJW 2012, 2096 ff.

[372] KK-StPO/*Moldenhauer*, 9. Aufl. 2023, § 163 Rn. 3; BeckOK StPO/*von Häfen*, Stand 1.7.2023, § 163d Rn. 2.

[373] *Rogall* NStZ 1986, 385 (389); Meyer-Goßner/Schmitt/*Köhler*, 66. Aufl. 2023, § 163d Rn. 10.

[374] *Heinson* (Fn. 52), S. 204 f.; *von zur Mühlen* (Fn. 179), S. 429; *Rühs* (Fn. 13), S. 286 (für die Durchsicht nach § 110 StPO).

Es ist nicht zu erwarten, dass eine solche Eingriffsschwelle die Arbeit der Strafverfolgungsbehörden nachhaltig beeinträchtigen würde. Sie würde lediglich den Begründungsaufwand erhöhen, weil vor der Anordnung der Maßnahme darzulegen wäre, warum die tatsachenbasierte Erwartung besteht, dass der Zugriff auf das IT-Gerät zur Aufklärung der konkreten Tat beitragen kann.

V. Eigenständige Regelung zum Kernbereichsschutz

Ein Regelungsdefizit besteht aktuell in der Hinsicht, dass das Eingriffsregime in den §§ 94 ff., 110 StPO keine Vorschriften zum Schutz des Kernbereichs vorsieht.[375] Die Maßnahme erfasst regelmäßig auch Daten, die dem unantastbaren Kernbereich des Persönlichkeitsrechts unterfallen. Die Gefahr der Verletzung des Kernbereichs besteht beim Zugriff auf ein komplexes IT-Gerät unabhängig davon, ob die Maßnahme offen oder verdeckt erfolgt.[376] Auch für die Beschlagnahme von komplexen IT-Geräten sollte die Strafprozessordnung eine dem § 100d StPO entsprechende Regelung vorsehen. Im Einzelnen:

1. Zugriff auf kernbereichsrelevante Daten beim offenen Zugriff

Es ist unzweifelhaft, dass der Kernbereich auch im Falle des offen erfolgenden Zugriffs auf Daten in gleicher Weise absoluten Schutz verdient (s. o.).[377] Der Achtungsanspruch, der insoweit jedermann zusteht, darf nicht tangiert werden. Selbst überragend wichtige Interessen der Allgemeinheit können einen Eingriff in den Kernbereich nicht rechtfertigen.[378] Der Kernbereich muss – mit Blick auf seinen Menschenwürdebezug – unantastbar bleiben.

Dieser Kernbereich ist beim Zugriff auf ein komplexes IT-Gerät typischerweise in erhöhtem Maße gefährdet. In seiner Entscheidung zur Online-Durchsuchung vom 27.2.2008 hat das Bundesverfassungsgericht die Gefahr für den Kernbereich durch den Zugriff auf komplexe IT-Geräte hinreichend beschrieben:

---

[375] *Herrmann* (Fn. 189), S. 141 f.; *Bäcker*, in: Uerpmann-Wittzack (Hrsg.), Das neue Computergrundrecht, 2009, S. 1 (26 ff.).

[376] *Kroll*, Kernbereichsschutz, 2021, S. 108 ff.; *Herrmann* (Fn. 189), S. 141 f.; *Bode*, Verdeckte strafrechtliche Ermittlungsmaßnahmen, 2012, S. 418; *Ludewig* KriPoZ 2019, 293 (299 f.).

[377] BVerfGE 124, 43 (69); *Singelstein/Putzer* GA 2015, 564 (570); *Kühne*, in: Roggan (Hrsg.), Online-Durchsuchungen, 2008, S. 85 (94); *Zöller* StraFo 2008, 15 (21); *Ziebarth* (Fn. 236), S. 234.

[378] BVerfGE 34, 238 (245); BVerfGE 109, 279 (313).

„*Im Rahmen eines heimlichen Zugriffs auf ein informationstechnisches System besteht die Gefahr, dass die handelnde staatliche Stelle persönliche Daten erhebt, die dem Kernbereich zuzuordnen sind. So kann der Betroffene das System dazu nutzen, Dateien höchstpersönlichen Inhalts, etwa tagebuchartige Aufzeichnungen oder private Film- oder Tondokumente, anzulegen und zu speichern. Derartige Dateien können ebenso wie etwa schriftliche Verkörperungen des höchstpersönlichen Erlebens [...] einen absoluten Schutz genießen. Zum anderen kann das System, soweit es telekommunikativen Zwecken dient, zur Übermittlung von Inhalten genutzt werden, die gleichfalls dem Kernbereich unterfallen können. Dies gilt nicht nur für Sprachtelefonate, sondern auch etwa für die Fernkommunikation mittels E-Mails oder anderer Kommunikationsdienste des Internets [...]. Die absolut geschützten Daten können bei unterschiedlichen Arten von Zugriffen erhoben werden, etwa bei der Durchsicht von Speichermedien ebenso wie bei der Überwachung der laufenden Internetkommunikation oder gar einer Vollüberwachung der Nutzung des Zielsystems.*"[379]

Vom Kernbereichsschutz umfasst ist vor allem die Kommunikation mit Personen des höchstpersönlichen Vertrauens (insbesondere: Ehe- oder Lebenspartner, Geschwister, Verwandte in gerader Linie, u. U. aber auch Strafverteidiger, Ärzte, Geistliche und enge persönliche Freunde),[380] wenn diese in der berechtigten Annahme stattfindet, nicht überwacht zu werden.[381] Schon in seiner Entscheidung vom 27.2.2008 nahm das Bundesverfassungsgericht an, dass die Bürger zur Verwaltung ihrer persönlichen Angelegenheiten und zur Telekommunikation auch mit engen Bezugspersonen zunehmend komplexe IT-Systeme nutzten.[382] Inzwischen, also über 15 Jahre später, hat sich auch für den höchstpersönlichen Lebensbereich die Kommunikation mithilfe von IT-Geräten (Telefon, SMS, Messaging, Videotelefonie etc.) vollständig etabliert. Dazu dürften sicherlich auch die während der Corona-Pandemie „verhängten" Kontaktverbote beigetragen haben.

Im Hinblick auf den Schutz des Kernbereichs besteht aber kein Unterschied zwischen einem offenen und einem heimlichen Zugriff. Entscheidend ist, dass die Maßnahme letztlich dazu führen kann, dass der Staat auf Datenbestände Zugriff erhält, die einen Kernbereichsbezug aufweisen. Mit anderen Worten: Entscheidend ist die Sensibilität der Daten, auf die Zugriff erlangt wird, und nicht die Art

---

[379] BVerfGE 120, 274 (335 f.).
[380] BVerfGE 141, 220 (276).
[381] *F. Schneider* JuS 2021, 29 (30).
[382] So schon BVerfGE 120, 274 (336).

und Weise, wie sie in die „Hände" des Staates gelangen. Die Kernbereichsgefährdung fällt im Falle einer offenen Beschlagnahme aber nicht hinter die Gefährdungssituation bei der Online-Durchsuchung zurück. In beiden Fällen droht eine Komplettausforschung und zwar auch unter Erfassung solcher Informationen, die den Achtungsanspruch des Einzelnen betreffen.[383] Der Unterschied besteht maximal darin, dass im Falle eines heimlichen Zugriffs für den Betroffenen keine Abwehrmöglichkeiten bestehen, während bei einem offenen Zugriff zumindest theoretisch die Möglichkeit besteht,[384] Rechtsschutz zu suchen. Dies ändert, wie oben bereits ausgeführt worden ist, aber freilich nichts an der Qualität der Daten. Diese bleiben, auch wenn der Betroffene vielleicht die Möglichkeit hat, die Eingriffsfolgen abzuwehren, ohne Wenn und Aber kernbereichsrelevant.

2. Notwendigkeit einer positiv-rechtlichen Kernbereichsregelung für „verletzungsgeneigte" Maßnahmen

Nicht für jede Zwangsmaßnahme, die punktuell den Kernbereich privater Lebensgestaltung tangieren kann, besteht für den Gesetzgeber die Pflicht, bereichsspezifische Regelungen zum Schutz des Kernbereichs vorzusehen. Der Kernbereichsschutz wird (notfalls) unmittelbar durch die Verfassung gewährleistet.

Das Bundesverfassungsgericht hält eine Flankierung des Kernbereichsschutzes durch eigenständige, bereichsspezifische gesetzliche Regelungen aber dann für notwendig, wenn eine Eingriffsmaßnahme *typischerweise* zur Betroffenheit von Kernbereichsinformationen führt. Der Gesetzgeber muss für „verletzungsgeneigte" Maßnahmen Schutzvorschriften für den Kernbereich vorsehen.[385] Das Bundesverfassungsgericht präferiert für „verletzungsgeneigte" Zwangsmaßnahmen grundsätzlich die Schaffung eines zweistufigen Kernbereichsschutzkonzepts,[386] wobei dem Gesetzgeber ein Gestaltungsspielraum (schlüssiges Gesamtkonzept) zukommt.[387] In aller Kürze: Auf der ersten Stufe geht es darum, Kernbereichsberührungen schon in der Erhebungsphase – soweit wie dies informationstechnisch und ermittlungstechnisch möglich ist – zu vermeiden.[388] Für „unvermeidbare" Erhebungen von kernbereichsrelevanten Daten muss

---

[383] *Rühs* (Fn. 13), S. 252.
[384] *Kroll* (Fn. 375), S. 105 f., 112.
[385] BVerfGE 141, 220 (277).
[386] BVerfGE 141, 220 (279); BVerfGE 129, 208 (247); Zusammenfassung bei *F. Schneider* JuS 2021, 29 (31 f.).
[387] *F. Schneider* JuS 2021, 29 (33).
[388] Für die heimliche Überwachungsmaßnahme der Online-Durchsuchung scheint dies das Bundesverfassungsgericht grundsätzlich für „praktisch unvermeidbar" zu halten: BVerfGE 120, 274 (337).

es auf der zweiten Stufe („Reparaturphase")[389] darum gehen, Kernbereichsinformationen von der weiteren Verwendung und Verwertung aus dem Verfahren auszuschließen.[390]

Zu den verletzungsgeneigten Maßnahmen zählen bisher der große Lauschangriff,[391] die Telekommunikationsüberwachung[392] einschließlich der Quellen-TKÜ, „die längerfristige Observation, die Anfertigung von Bildaufnahmen von Personen außerhalb von Wohnungen oder das Abhören und Aufzeichnen des außerhalb von Wohnungen nicht-öffentlich gesprochenen Wortes"[393] und auch die Online-Durchsuchung.[394]

In seiner Entscheidung zur E-Mail-Beschlagnahme hat das Bundesverfassungsgericht für die Maßnahme iSv §§ 94 ff. StPO kein eigenständiges Schutzkonzept für den Kernbereich gefordert.[395] Diese Entscheidung besitzt aber keine Aussagekraft, wenn es um den Beschlagnahmezugriff auf komplexe IT-Geräte geht. Die dortigen Aussagen bezogen sich ausdrücklich nur auf E-Mail-Daten, die in ihrer Qualität und Quantität sowie in ihrem Persönlichkeitsbezug deutlich hinter dem Gesamtdatenbestand eines komplexen IT-Geräts zurückbleiben. Natürlich findet Kommunikation mit Bezug zum höchstpersönlichen Lebensbereich auch über E-Mails statt. Ehe- und Lebenspartner, nahe Familienangehörige und enge Freunde kommunizieren schriftlich aber in der Regel selten über E-Mail, sondern sie nutzen typischerweise solche Kommunikationswege, bei denen eine unmittelbare Kenntnisnahme der Nachrichten gewährleistet ist (zB Messenger-Nachrichten jeder Art und SMS). Die Kernbereichsrelevanz von Kommunikationsdaten, die auf dem IT-Gerät gespeichert sind, ist daher ungleich größer als bei E-Mails. Während bei E-Mails eine Kernbereichsrelevanz eher ausnahmsweise gegeben sein dürfte, ist sie bei Nachrichten, deren unmittelbare Kenntnisnahme durch den Telekommunikationspartner gesichert werden soll, typischerweise gegeben. Daneben sind von einer Beschlagnahme des IT-Geräts auch weitere Daten mit Kernbereichsbezug betroffen (tagebuchartige Aufzeichnungen oder private Film- oder Tondokumente, aber auch Bilddokumente). Auch hierauf hat das Bundesverfassungsgericht in seiner Entscheidung vom 27.2.2008 hingewiesen.[396]

---

[389] *Sachs/Krings* JuS 2008, 481 (486).
[390] BVerfGE 141, 220 (279 f.); vgl. auch BVerfGE 120, 274 (337).
[391] BVerfGE 109, 279 (335 ff.).
[392] BVerfGE 129, 208 (236 f.).
[393] BVerfGE 141, 220 (295).
[394] BVerfGE 120, 274 (335 ff.); BVerfGE 141, 220 (306).
[395] BVerfGE 124, 43 (69 f.).
[396] BVerfGE 120, 274 (322 f.).

Gegen die Notwendigkeit einer eigenständigen Kernbereichsschutzvorschrift nach dem Vorbild des § 100d StPO streitet auch nicht, dass die §§ 94 ff. StPO sowie die Vorschrift zur Durchsicht und Onlinesichtung in § 110 StPO von ihrem Bezugsgegenstand nicht auf komplexe IT-Geräte beschränkt sind. Beide Vorschriften gelten – anders als § 100b StPO – nicht ausschließlich für komplexe IT-Geräte.

Die strafprozessuale Standardmaßnahme der Beschlagnahme ist weit ausgestaltet und beansprucht Geltung für alle Gegenstände, die für das Strafverfahren beweisrechtlich von Bedeutung sein können. § 110 Abs. 1 StPO richtete sich von seiner originären Zielrichtung auf „Papiere". Durch Abs. 3 wurde die Befugnis zur Durchsicht später auf elektronische Datenbestände ausgeweitet. Wenn man die Sonderregelung in § 110 Abs. 3 StPO isoliert betrachtet, besitzt die Eingriffsvorschrift typischerweise einen Bezug zum Kernbereich privater Lebensgestaltung.[397] Der Anwendungsbereich dieser Regelung in § 110 Abs. 3 StPO geht zwar über komplexe IT-Geräte hinaus – die Vorschrift gilt auch für einfache Speichermedien. Das Hauptanwendungsfeld der Maßnahme dürfte jedoch komplexe IT-Systeme betreffen. Dies bedeutet aber auch, dass die Maßnahme „der Durchsicht von elektronischen Speichermedien" *typischerweise* den Kernbereich privater Lebensgestaltung gefährdet.

Für die Beschlagnahme iSd §§ 94 ff. StPO gilt freilich etwas anderes. Jenseits der Beschlagnahme von komplexen IT-Geräten besteht eine „Verletzungsgeneigtheit" hier nicht. Der Anwendungsbereich der Regelungen in den §§ 94 ff. StPO ist sehr weit. Vielfach haben Beschlagnahmen keinen Bezug zum Kernbereich privater Lebensgestaltung. Auch dies unterstreicht aber letztlich nur das, was oben bereits festgestellt worden ist: Der Sonderfall der „IT-Geräte-Beschlagname" hebt sich in verfassungsrechtlicher Hinsicht deutlich vom Regelfall der Beschlagnahme anderer Entitäten ab – eine solche Beschlagnahme greift nicht nur in das IT-Grundrecht ein, auch der Kernbereich privater Lebensgestaltung wird typischerweise betroffen. Würde die IT-Beschlagnahme, so wie dies hier gefordert wird, aus dem Anwendungsbereich der allgemeinen Vorschriften in § 94 StPO herausgelöst und in eine eigenständige Sonderregelung überführt, bestünde wohl kein Zweifel daran, dass diese Sonderregelung nicht ohne eine flankierende Vorschrift zum Schutz des Kernbereichs auskommen kann.

---

[397] *Heinson* (Fn. 52), S. 241; *von zur Mühlen* (Fn. 179), S. 432; offen gelassen bei *Rühs* (Fn. 13), S. 293.

VI. Richtervorbehalt und rechtsschutzbezogene Defizite

Gemäß § 98 Abs. 1 StPO wird die Beschlagnahme grundsätzlich durch das Gericht, nur bei Gefahr im Verzug durch die Staatsanwaltschaft oder ihre Ermittlungspersonen angeordnet. Die vorherige richterliche Kontrolle einer anvisierten Beschlagnahme soll für eine gebührende Berücksichtigung der Interessen der Beteiligten sorgen.[398] Geht der Beschlagnahme eine Durchsuchung voraus, bedarf auch diese Zwangsmaßnahme, solange es an Gefahr im Verzug fehlt, einer richterlichen Anordnung (s. o.).

Für die Beschlagnahme auch von komplexen IT-Geräten ist damit schon jetzt einfachgesetzlich eine vorherige richterliche Kontrolle gewährleistet. Ob für eine offene Beschlagnahme eines komplexen IT-Geräts aufgrund des Eingriffs in das IT-Grundrecht von Verfassungs wegen ein Richtervorbehalt bestehen muss, ist bisher aber noch ungeklärt.[399] Zu dieser Frage hat sich auch das Bundesverfassungsgericht noch nicht geäußert.

Für den Eingriff in das IT-Grundrecht durch eine Online-Durchsuchung verlangt das Gericht hingegen eine vorbeugende Kontrolle durch eine unabhängige Instanz,[400] wobei die Kontrolle aufgrund der Intensität des Grundrechtseingriffs grundsätzlich durch einen Richter zu erfolgen hat.[401] Ausnahmen von einer vorherigen Kontrolle lässt das Bundesverfassungsgericht auch bei der Online-Durchsuchung in Eilfällen (Gefahr im Verzug) zu, jedoch muss hier eine nachträgliche Überprüfung von Rechts wegen vorgesehen werden.[402]

Die Ausführungen des Bundesverfassungsgerichts zur Notwendigkeit eines Richtervorbehalts für die Online-Durchsuchung lassen sich jedoch nicht ohne Weiteres auf die offene Beschlagnahme von komplexen IT-Geräten übertragen. Das Bundesverfassungsgericht betont gerade an dieser Stelle die Modalität der Heimlichkeit in besonderer Weise und hebt hervor, dass der Betroffene ohne eine vorbeugende Kontrolle „sonst ungeschützt" bliebe. Der Richtervorbehalt diene funktional einer „„kompensatorischen Repräsentation'

---

[398] So LR-StPO/*Hauck*, 27. Aufl. 2018, § 98 Rn. 6 unter Verweis auf BVerfGE 9, 89 (97).
[399] *Heinson* (Fn. 52), S. 206.
[400] Zur Notwendigkeit einer richterlichen Kontrolle für Eingriffe in das Fernmeldegeheimnis und die informationelle Selbstbestimmung vgl. auch BVerfGE 100, 313 (361 f.); BVerfGE 103, 21 (34); BVerfGE 107, 299 (325); BVerfGE 112, 304 (318 f.).
[401] BVerfGE 120, 274 (332).
[402] BVerfGE 120, 274 (332 f.).

der Interessen des Betroffenen". Eine solche Kontrolle kann „gewährleisten, dass die Entscheidung über eine heimliche Ermittlungsmaßnahme auf die Interessen des Betroffenen hinreichend Rücksicht nimmt, wenn der Betroffene selbst seine Interessen *aufgrund der Heimlichkeit der Maßnahme* im Vorwege nicht wahrnehmen kann".[403] Auch an anderer Stelle hat das Bundesverfassungsgericht betont, dass für Ermittlungsmaßnahmen, die einen schwerwiegenden Grundrechtseingriff bewirken, verfassungsrechtlich eine vorbeugende Kontrolle durch eine unabhängige Instanz geboten sein kann.[404] Auch dort weist das Gericht aber darauf hin, dass ein solcher Richtervorbehalt *„insbesondere"* dann vorgesehen werden muss, „wenn der Grundrechtseingriff heimlich erfolgt und für den Betroffenen unmittelbar nicht wahrnehmbar ist".[405]

Die Rechtsprechung ist grundsätzlich sachlich nachvollziehbar. Die Erwägungen, die im Falle einer heimlichen Überwachung eine vorherige richterliche Kontrolle angezeigt erscheinen lassen, können nicht uneingeschränkt auf die Beschlagnahme von komplexen IT-Geräten übertragen werden. Im Falle von offenen Maßnahmen besteht kein zwingender Bedarf für einen solchen kompensatorischen Schutz. Der Betroffene ist in Bezug auf offene Maßnahmen nicht von vornherein schutzlos gestellt. Die Strafprozessordnung gewährleistet für denjenigen, der durch eine Zwangsmaßnahme in seinen Rechten beschwert wird, im Grundsatz hinreichende Rechtsschutzmöglichkeiten. Diese Möglichkeiten kann der Adressat einer Beschlagnahme auch faktisch in Anspruch nehmen, weil seine Beschwer vor ihm nicht verborgen gehalten wird. Der Rechtsschutz ist hier nicht nur normativ gewährleistet, sondern auch faktisch durchsetzbar – zumindest in begrenztem Umfang (dazu sogleich).

Bei einer offen erfolgenden Beschlagnahme von komplexen IT-Geräten ist der Betroffene im Normalfall daher nicht in der Weise schutzlos gestellt, dass von Verfassungs wegen eine der Online-Durchsuchung entsprechende vorherige richterliche Kontrolle gewährleistet werden muss. Richtig ist, dass der Betroffene bis zur Vollziehung der Beschlagnahme in der Regel keine Kenntnis von der drohenden Maßnahme hat. Die Maßnahme ist ihm aber spätestens danach bekanntzumachen. Eine Ausnahme von der Bekanntmachung sieht das Gesetz in § 95a StPO vor – die Zurückstellung der Bekanntmachung muss aber grundsätzlich ebenfalls durch einen Richter angeordnet werden (s.o.). Unabhängig hiervon gilt aber: Die Kenntnisnahme von der Beschlagnahme seines IT-Geräts

---

[403] Zu allem: BVerfGE 120, 274 (331 f.); Hervorhebungen nicht im Original; vgl. auch *Amelung* NStZ 2001, 337 (338).
[404] ZB BVerfGE 125, 260 (337 ff.).
[405] BVerfGE 125, 260 (337 f.).

ermöglicht dem Betroffenen, die Rechtsschutzmöglichkeiten in Anspruch zu nehmen, die ihm die Strafprozessordnung bietet: Gegen die Beschlagnahme steht ihm ein Antrag auf gerichtliche Entscheidung gemäß § 98 Abs. 2 S. 2 StPO zur Verfügung.[406] Grundsätzlich ist der Betroffene bei einer offen erfolgenden Beschlagnahme damit durchaus in der Lage, sich gegen die Beschlagnahme zur Wehr zu setzen.

Es kann bei alldem aber nicht unberücksichtigt bleiben, dass der nachträgliche, durch den Betroffenen selbst zu arrangierende Rechtsschutz häufig zu spät kommen kann. Die Organisation und Durchsetzung von effektivem Rechtsschutz wird regelmäßig eine gewisse Zeit in Anspruch nehmen (Beauftragung eines Rechtsbeistands, Fertigung eines Antrags, Einreichung des Antrags, Aktenbeschaffung durch das Gericht, Entscheidung des Gerichts etc.). Vor diesem Hintergrund ist zweifelhaft, ob der Betroffene durch einen Antrag auf gerichtliche Entscheidung auch die faktische Möglichkeit hat, die Durchsicht (§ 110 StPO) und vor allem eine detaillierte Auswertung seiner Daten wirksam abzuwehren.[407] Der Antrag nach § 98 Abs. 2 S. 2 StPO bewirkt grundsätzlich keine Vollzugshemmung.[408] Es besteht daher die große Gefahr, dass der Antrag des Betroffenen bzw. die Entscheidung des Gerichts teilweise zu spät kommt. Mit der Durchsicht des IT-Geräts kann bereits begonnen worden sein.[409] Es ist nicht davon auszugehen, dass die Ermittlungsbehörden freiwillig den Beginn der Durchsicht aufschieben, um die gerichtliche Entscheidung abzuwarten (Stillhalteerklärung). Schließlich besteht das Risiko von Datenmanipulationen, gerade was die Daten anbelangt, die über eine Onlinesichtung (§ 110 Abs. 3 S. 2 StPO) zu erreichen wären.

Die Möglichkeit, eine Vollzugshemmung zu erreichen, sieht die Strafprozessordnung aber nur für die Beschwerde vor, § 307 Abs. 2 StPO. Diese Vorschrift dient der Vermeidung von Härten.[410] Solche Härten erscheinen aber gerade bei der Vollziehung der Beschlagnahme von IT-Geräten – aufgrund der drohenden Durchsicht der IT-Daten – virulent. Die Möglichkeit einer Vollzugshemmung, wie sie § 307 Abs. 2 StPO für die Beschwerde vorsieht, könnte vermeiden, dass es zu einer Durchsicht und Auswertung der Daten kommt, bevor das Gericht über die Rechtmäßigkeit der Maßnahme entscheiden konnte. Für den Antrag auf gerichtliche Entscheidung gemäß

---

[406] Dazu nur LR-StPO/*Hauck*, 27. Aufl. 2018, § 98 Rn. 48.
[407] Zur Notwendigkeit eines wirksamen Rechtsschutzes vgl. nur BVerfG StV Spezial 2023, 144 (145); BVerfG StV 2023, 45 ff.
[408] Vgl. § 307 Abs. 1 StPO.
[409] *Heinson* (Fn. 52), S. 206.
[410] SK-StPO/*Frisch*, 6. Aufl. 2022, § 307 Rn. 4.

§ 98 Abs. 2 S. 2 StPO sieht das Gesetz aber keine Möglichkeit vor, eine Vollzugshemmung zu erreichen. Insofern besteht eine gewisse Schutzlücke. Der Betroffene kann seine Rechte zwar grundsätzlich selbst wahrnehmen. Die gerichtliche Entscheidung wird ohne Vollzugshemmung in der Regel aber zu spät kommen. Dies ist in Anbetracht der Intensität des in Frage stehenden Grundrechtseingriffs bedenklich. Auf den Punkt gebracht: Aufgrund des Zeitmoments ist häufig ein „Leerlaufen" des Rechtsschutzes zu befürchten.

Letztlich kann aber dahinstehen, ob allein dieser Aspekt die Annahme trägt, die Verfassung schreibe auch für die Beschlagnahme von komplexen IT-Geräten einen Richtervorbehalt vor. Diese Frage zu stellen, ist schon deshalb obsolet, weil ein Richtervorbehalt schon einfachgesetzlich in § 98 Abs. 1 StPO verankert ist.

Nichtsdestotrotz belegen die vorgenannten Ausführungen ein gewisses Defizit im geltenden Rechtsschutzsystem. Wenn, was in der Praxis keine Seltenheit ist, eine Beschlagnahme aufgrund von Gefahr im Verzug ohne richterliche Anordnung durchgeführt wird, greift der Rechtsschutz über § 98 Abs. 2 S. 2 StPO zu kurz. Ohne die Möglichkeit, eine Vollzugshemmung zu erreichen, läuft der Rechtsschutz gegen eine IT-Geräte-Beschlagnahme – wie gesehen – teilweise ins Leere. Dieses Defizit lässt sich beheben, wenn eine dem § 307 Abs. 2 S. 2 StPO entsprechende Regelung in das Rechtsschutzregime des § 98 Abs. 2 StPO implementiert werden würde. Die Frage, ob eine analoge Anwendung des § 307 Abs. 2 StPO gerechtfertigt ist, kann dann ebenfalls dahinstehen, obwohl hierfür einiges streitet.

VII. Regelung zum Umgang mit Zufallsfunden

Der Datenbestand auf komplexen IT-Geräten ist ein Eldorado für Zufallsfunde.[411] Als Zufallsfunde werden solche Erkenntnisse bezeichnet, nach denen nicht gesucht worden ist und deren jeweiliger Erkenntnisgehalt sich nicht auf die prozessuale Tat bezieht, die Anlass für die Zwangsmaßnahme war.[412] Einigkeit besteht dahingehend, dass die gezielte Suche nach Zufallsfunden (geplante Zufallsfunde) unzulässig ist.[413] Grundsätzlich dürfen Zufallsfunde, die als Nebenprodukt einer Zwangsmaßnahme mit anderer Zielrichtung

---

[411] *Grawe*, Die strafprozessuale Zufallsverwendung, 2008, S. 76; *Geppert* JURA 2015, 682 (684); LG Berlin NStZ 2004, 571 (573).
[412] MK-StPO/*Hauschild*, 2. Aufl. 2023, § 108 Rn. 1; LR-StPO/*Tsambikakis*, 27. Aufl. 2018, § 108 Rn. 7.
[413] KK-StPO/*Henrichs/Weingast*, 9. Aufl. 2023, § 108 Rn. 1; MK-StPO/*Hauschild*, 2. Aufl. 2023, § 108 Rn. 7; *Park* (Fn. 43), Rn. 217; BGH CR 1999, 292 (293); LG Berlin NStZ 2004, 571 ff.; LG Berlin StV 1987, 97; OLG Koblenz NStZ-RR 2021, 144 ff.

anfallen, verwertet werden. Einschränkungen finden sich für solche Zwangsmaßnahmen, deren Anordnung unter dem Vorbehalt eines Verdachts einer in der Ermächtigungsgrundlage bestimmten Katalogstraftat steht (§§ 479 Abs. 2 S. 1 iVm § 163 Abs. 3; § 100e Abs. 6 StPO).

Die Strafprozessordnung greift Zufallsfunde vor allem in § 108 StPO auf. Bei Gelegenheit einer Durchsuchung aufgefundene Gegenstände, „die zwar in keiner Beziehung zu der Untersuchung stehen, aber auf die Verübung einer anderen Straftat hindeuten," sind einstweilen in Beschlag zu nehmen. Die Vorschrift gilt zwar aufgrund ihrer systematischen Verortung und ihres Wortlauts nur für Zufallsfunde, die im Rahmen von Durchsuchungen anfallen. Der hierin formulierte Grundgedanke lässt sich aber verallgemeinern: Echte Zufallsfunde, die im Rahmen einer schwellenlosen Zwangsmaßnahme ans Tageslicht gelangen, dürfen ohne Einschränkungen auch in anderen Verfahren genutzt werden.

Dieser Grundgedanke findet de lege lata auch Anwendung auf die Beschlagnahme von Daten auf (komplexen) IT-Geräten.[414] Werden bei der Durchsicht von (vorläufig) beschlagnahmten IT-Geräten Erkenntnisse über andere Straftaten offenbar, dürfen auch diese uneingeschränkt verwertet werden. In Anbetracht der Tatsache, dass die Daten auf komplexen IT-Geräten überaus „anfällig" sind für Zufallsfunde, ist dies aber nicht unbedenklich. Der Datenbestand auf komplexen IT-Geräten ist derart ergiebig, dass das Auftreten von Zufallsfunden regelmäßig zu erwarten sein wird, ohne dass nach solchen gezielt gesucht werden muss.[415] Der Datenbestand auf einem komplexen IT-Gerät gibt Einblick in fast sämtliche Lebensbereiche des Geräteinhabers. Für den Fall, dass eine Durchsicht des Komplettbestandes notwendig ist, weil sich eine Eingrenzung auf bestimmte Datenbestände nicht vornehmen lässt, gleicht die Ausforschung des Materials von ihrer Gefahrenträchtigkeit einer gezielten Suche nach Zufallsfunden.[416] Schon in Bezug auf (nicht komplexe) elektronische Datenträger hat das Bundesverfassungsgericht diese Gefahr erkannt. Die Sicherstellung des Datenträgers ermögliche grundsätzlich, alle darauf enthaltenen Informationen zur Kenntnis zu nehmen. Schon wegen des Umfangs der Informationen kann es, so das Bundesverfassungsgericht weiter, in erheblichem Umfang zu Zufallsfunden iSd § 108 StPO kommen.[417] Die Recherche im Daten-

---

[414] *Rühs* (Fn. 13), S. 272; *Heinson* (Fn. 52), S. 233 f.
[415] Vgl. BVerfGE 113, 29 (60).
[416] So *Rühs* (Fn. 13), S. 273; vgl. auch *Kroll* (Fn. 375), S. 64; *Cordes/Pannenborg* NJW 2019, 2973 (2977); *Geppert* JURA 2015, 682 (684); vgl. aber auch schon *Bär* (Fn. 46), S. 224 f.
[417] BVerfGE 113, 29 (60).

bestand könne faktisch einer gezielten Suche nach Zufallsfunden „nahe kommen".[418] Die offene Beschlagnahme und die sich daran anschließende Datenauswertung birgt damit eine erhebliche Gefahr der Ausforschung und dem Auftreten von Zufallsfunden.[419] Zufallsfunde, die im Rahmen einer solchen Zwangsmaßnahme entdeckt werden, sind – auch mit Blick auf die heute zur Verfügung stehenden Analysetools – kein Zufall mehr. Vielmehr ist das Auftreten von Zufallsfunden in der Maßnahme systemisch angelegt.[420] Danach zu fragen, ob die Ermittlungsbehörden nach Zufallsfunden suchen, macht dann keinen Sinn, wenn schon die Maßnahme auf einen so breiten Datenbestand zielt, dass nach Zufallsfunden gar nicht gezielt gesucht werden muss.

Der Eingriff in die Grundrechte, vor allem der in das IT-Grundrecht, wird mit Blick auf die „Anfälligkeit" von komplexen IT-Geräten für Zufallsfunde noch weiter vertieft.[421] Allein schon der einfache Anfangsverdacht bezüglich irgendeiner Straftat eröffnet den Ermittlungsbehörden potenziell die Möglichkeit, „das Leben" des Geräteinhabers umfassend auf kriminelles Verhalten zu durchforsten – und zwar auch dann, wenn es die Ermittler hierauf gar nicht anlegen. Es ist die Maßnahme selbst (Beschlagnahme und anschließende Durchsicht), die es auf Zufallsfunde anlegt, weil sie auf einen riesigen Datenbestand ausgerichtet ist.

Spannend ist die Rolle, die der IT-Forensik in diesem Kontext zukommen kann. Einerseits besitzt der Einsatz modernster Analysesoftware das Potenzial, das Problem noch weiter zu verschärfen. Der Einsatz dieser Techniken ermöglicht es, riesige Datenbestände innerhalb kürzester Zeit umfassend auszuwerten und darüber hinaus auf Muster zu durchleuchten, die der menschliche Betrachter nicht erkennen kann (Stichwort: Data Mining[422]).[423] Der Einsatz solcher Techniken bedarf – aufgrund der weitreichenden Gefahren – freilich einer gesonderten, an strengen Vorgaben zu messenden Ermächtigungsgrundlage.[424] Auf der anderen Seite kann der Einsatz von moderner Analysesoftware dabei helfen, die systematische Gewinnung von Zufallsfunden aus großen Datenbeständen zu vermeiden. Die

---

[418] BVerfGE 113, 29 (32 f.).
[419] *Park* NStZ 2023, 646 (652).
[420] *Grawe* (Fn. 410), S. 76.
[421] *Singelnstein* ZStW 120 (2008), 854 (856); *Heinson* (Fn. 52), S. 235 f.; *Zerbes/Ghazanfari* Öster. AnwBl 2022, 640 (647).
[422] Eine Legaldefinition findet sich in § 44b Abs. 1 UrhG: „Text und Data Mining ist die automatisierte Analyse von einzelnen oder mehreren digitalen oder digitalisierten Werken, um daraus Informationen insbesondere über Muster, Trends und Korrelationen zu gewinnen".
[423] *Rühs* (Fn. 13), S. 301; *Heinson* (Fn. 52), S. 239; zur Begrenzung.
[424] BVerfG NJW 2023, 1196; BVerfGE 156, 11 (39).

softwaregestützte Analyse kann mithilfe von Schlagworten und vorgegebenen Suchmustern tatsächlich so angelegt werden, dass die Gewinnung von Zufallsfunden vermieden wird.[425] In dieser Hinsicht kann der Einsatz von moderner Software auch eine grundrechtsschonende Wirkung entfalten. Das diesbezügliche Potenzial dieser Techniken sollte daher noch stärker beleuchtet werden.

Die hier beschriebene Gefahr der systematischen Gewinnung von Zufallsfunden im Rahmen der Beschlagnahme und Durchsicht von komplexen IT-Geräten relativiert sich aber deutlich, wenn, wie hier vorgeschlagen wurde, diese Maßnahme in eine eigenständige Sonderregelung überführt und gleichzeitig die Eingriffsvoraussetzungen erhöht werden (s. o.). Mit der Begrenzung der Beschlagnahme von komplexen IT-Geräten auf Straftaten aus dem Bereich mittlerer Kriminalität (Höchststrafe über drei Jahren) würde die Zwangsmaßnahme in den Kreis der Vorschriften aufrücken, für die § 479 Abs. 2 S. 1 StPO erhöhte Anforderungen an die Verwendung von Zufallsfunden formuliert. Für Maßnahmen, die nur bei einem Verdacht bestimmter Straftaten zulässig sind, verweist die vorgenannte Regelung auf § 161 Abs. 3 StPO. Diese Bestimmung verankert das Prinzip des hypothetischen Ersatzeingriffs.[426] Bezogen auf die hier im Raum stehende Beschlagnahme von komplexen IT-Geräten bedeutet dies: Die dadurch gewonnenen Daten dürfen zu Beweiszwecken nur zur Verfolgung solcher Straftaten verwendet werden, zu deren Aufklärung eine IT-Geräte-Beschlagnahme hätte angeordnet werden dürfen. Zur Aufklärung von Straftaten, die nicht dem Bereich mittlerer Kriminalität unterfallen, dürften die im Zuge einer Beschlagnahme von komplexen IT-Geräten erlangten Zufallsfunde nicht genutzt werden. Dies ist mit Blick auf die verfassungsrechtlichen Implikationen und die Anfälligkeit der Maßnahme für Zufallsfunde auch gerechtfertigt.[427]

VIII. Subsidiarität der Gerätemitnahme gegenüber einer Datenspiegelung

Die Beschlagnahme von komplexen IT-Geräten bleibt von ihrer Eingriffsintensität teilweise hinter den verfassungsrechtlichen Implikationen der Online-Durchsuchung zurück (s. o.). Der Eingriff in das IT-Grundrecht ist weniger gravierend, weil die Maßnahme in der Regel offen vollzogen wird. In gewisser Hinsicht geht die Beschlag-

---

[425] *Rühs* (Fn. 13), S. 301.
[426] Vgl. BGHSt 62, 123; BGHSt 54, 69 (79); BVerfGE 141, 220; *Löffelmann* GSZ 2019, 16 (17); *Singelnstein* ZStW 120 (2008), 854 (856); *ders.* NStZ 2012, 593 (604).
[427] Wohl auch *Grawe* (Fn. 410), S. 77 ff.

nahme von komplexen IT-Geräten aber über die Wirkungen einer Online-Durchsuchung hinaus. Der Entzug des IT-Geräts und die damit einhergehende Nutzungsbeeinträchtigung hinsichtlich der IT-Daten begründen einen nicht zu vernachlässigenden Eingriff in das Eigentumsgrundrecht (s. o.). Kurzum: Die Beschaffung eines Ersatzgerätes ist nicht (für jeden) ohne Weiteres möglich. Der Betroffene ist ohne IT-Gerät, ohne SIM-Karte und vor allem ohne die auf dem Gerät befindlichen Daten (Kontakt-Daten, private und berufliche Kommunikationsdaten, Zugang zu Messenger-Diensten und anderen Anwendungen etc.) nicht nur in seiner Kommunikation, sondern auch in seiner Teilhabe am Verkehr erheblich eingeschränkt – es droht ein Ausschluss von der „Digitalen-Außenwelt".

Die geforderte Sonderregelung für die Beschlagnahme von komplexen IT-Geräten sollte daher Vorkehrungen treffen, um auch die mit dem „Entzug" des Geräts einhergehenden Beeinträchtigungen so geringfügig wie möglich zu halten. Hierzu würde eine Regelung beitragen, die die Mitnahme des Geräts ausdrücklich als subsidiär gegenüber der bloßen Datenspiegelung (forensisches Duplikat) festschriebe.[428] Eine solche Regelung diente der Unterstreichung des Verhältnismäßigkeitsgrundsatzes, insbesondere des Postulates der Erforderlichkeit.

Bereits im Rahmen der obigen Bestandsaufnahme wurde darauf hingewiesen, dass die Mitnahme des Geräts wenn möglich vermieden werden muss. Aus dem Grundsatz der Erforderlichkeit folgt schon heute ein Vorrang der Spiegelung gegenüber der Gerätemitnahme. Auf die obigen Ausführungen wird hier ausdrücklich Bezug genommen.[429] Die Mitnahme des IT-Geräts darf nur dann erfolgen,[430] wenn die Erzeugung einer (kompletten) Datenkopie vor Ort technisch nicht möglich bzw. zu zeitaufwändig ist oder die Sicherung des Geräts aus kriminalforensischen Gründen notwendig erscheint.

Die Spiegelung der Festplatte schafft ein identisches Abbild des Datenträgers, wodurch in der Regel auch gelöschte oder überschriebene Dateien auf den Sicherungsdatenträger mit übertragen werden.[431] Die Durchsicht auf Basis dieser Kopie vermeidet die Mitnah-

---

[428] *Roßnagel,* in: Eifert/Hoffmann-Riem (Hrsg.), Innovation, Recht und öffentliche Kommunikation, 2011, S. 41 (44); *Heinson* (Fn. 52), S. 213 f.
[429] → C 14 ff.
[430] BGH BeckRS 2021, 3096; BGH NStZ 2021, 263 (264); BGH BeckRS 2019, 14495; BGH NStZ 2003, 670.
[431] *Czerner,* in: Labudde/Spranger (Hrsg.), Forensik in der digitalen Welt, 2017, S. 265 (270); *Kemper* NStZ 2005, 538 (540 f.); *Hansen/Pfitzmann/Roßnagel* DRiZ 2007, 225; unter Umständen auch bei Smartphones: *Krishnan/Zhou/An,* Smartphone Forensic Challenges, International Journal of Computer Science and Security (IJCSS), 2019, 183 (191 f.).

me des Geräts, wodurch die Grundrechte des Betroffenen deutlich geschont werden können. Nicht immer ist die Erzeugung einer Datenkopie der auf dem Gerät gespeicherten Daten aber (ohne Weiteres) möglich. Auch hierauf wurde bereits im Rahmen der obigen Ausführungen eingegangen: Der Zugang zum Datenbestand kann vor allem durch Zugangsbarrieren (Passwörter, PIN, Sperrmuster, Touch-ID, Face-ID, Festplatten-Verschlüsselung) erschwert sein. Die Fortschritte, die in diesem Bereich zu verzeichnen sind, erschweren die IT-Forensik deutlich.[432] Häufig können nur noch hochspezialisierte Labore die Zugangshindernisse von modernen IT-Geräten „knacken".[433]

Wenn der Betroffene nicht dazu bereit ist, die zur Überwindung der Barrieren notwendigen Informationen beizutragen, und auch keine anderen rechtlichen Möglichkeiten offenstehen, den Betroffenen dazu zu „zwingen", die Entsperrung zu dulden,[434] wird in der Regel eine Beschlagnahme des IT-Geräts notwendig sein, um eine Überwindung der Zugangsbarrieren mittels forensischer IT-Technik (Cracking-Software) zu versuchen.

Ob die Beschlagnahme des IT-Geräts darüber hinaus aus kriminalforensischen oder ermittlungstaktischen Gründen „notwendig" ist, hängt auch davon ab, wie die Durchsicht durchgeführt werden soll: Wird eine Live- oder Post-Mortem-Analyse für notwendig erachtet? Wie groß ist der Datenbestand und wie viel Zeit nimmt die Erstellung einer Sicherungskopie in Anspruch? Sollen im Rahmen einer Onlinesichtung (§ 110 Abs. 3 S. 3 StPO) auch extern abgelegte Daten abgerufen werden? Sind bestimmte Daten nur über eine auf dem Gerät aufgespielte Applikation selbst einsehbar?[435] Wird das Originalsystem aus Beweisführungsgründen weiterhin benötigt, um die Nachvollziehbarkeit der Untersuchungsschritte zu gewährleisten?[436]

Die Implementierung einer ausdrücklichen Subsidiaritätsklausel für die Mitnahme würde vor allem dazu führen, dass die Mitnahme im konkreten Einzelfall gesondert begründet werden müsste. Eine solche Begründungspflicht würde dazu beitragen, nicht notwendige Mitnahmen zu vermeiden.

---

[432] *Krishnan/Zhou/An*, Smartphone Forensic Challenges, International Journal of Computer Science and Security (IJCSS), 2019, 183 (185 f.).
[433] *Pawlaszczyk*, Journal of Forensic Sciences, 15 (2022), 1 (2).
[434] ZB auf Grundlage des § 81b Abs. 1 Var. 1 StPO: zuletzt LG Ravensburg NStZ 2023, 446 mkritAnm *Horter;* LG Baden-Baden Beschl. v. 26.11.2019, 2 Qs 147/19; *Rottmeier/Eckel* NStZ 2020, 193 (195); BeckOK StPO/*Goers*, Stand 1.7.2023, § 81b Rn. 4.
[435] *Zerbes/Ghazanfari* Öster. AnwBl 2023, 559 (561).
[436] *Heinson* (Fn. 52), S. 214.

IX. Fristen für die Rückgabe des IT-Geräts und unverzügliche Aushändigung einer Datenkopie

Findet eine Beschlagnahme des IT-Geräts statt, muss gewährleistet sein, dass die Daten so schnell wie möglich ausgewertet und die beweisrelevanten Informationen gesichert werden, um eine zügige Rückgabe des Geräts samt Datenbestand an den Betroffenen zu ermöglichen.[437] Die Eingriffsintensität der Maßnahme steigt nämlich mit zunehmender Dauer der Vorenthaltung des Geräts und der darauf befindlichen Daten. Die Belastungen, die mit der Vorenthaltung des Geräts verbunden sind, müssen aber so gering (besser: so kurz) wie möglich gehalten werden.

Im Rahmen der Bestandsaufnahme wurde bereits dargelegt, dass die Rechtsprechung es bisher ablehnt, den Ermittlungsbehörden Fristen für die Durchführung der Datenauswertung und die Rückgabe des Gerätes zu setzen.[438] Die Dauer müsse sich nach den Umständen des Einzelfalles richten.[439] Wie groß ist der Datenbestand, der durchgesehen und ausgewertet werden muss? Wie kompliziert gestaltet sich der Zugang zum Datenbestand und die Auswertung? Welche Zugangsbarrieren müssen überwunden werden? Stehen IT-Tools zur Verfügung, die die Überwindung von Zugangsbarrieren (für das konkrete Gerätemodell) bzw. die Datendurchsicht und -auswertung erleichtern?

Die Festlegung einer *starren* Frist für die Rückgabe des IT-Geräts würde der Komplexität des Prozesses der IT-forensischen Datengewinnung nicht gerecht werden – die angemessene Dauer der Datenauswertung ist von vielfältigen Umständen abhängig.

Das Fehlen eines zeitlichen (Orientierungs-)Horizonts hat in der Praxis aber dazu geführt, dass die Spannbreite der (vermeintlich) zulässigen Dauer der Beschlagnahme von IT-Geräten erheblich schwankt, ohne dass sich aus den Entscheidungen der Instanzgerichte bisher durchschaubare Kriterien zur Bestimmung der angemessenen Dauer ableiten lassen.[440] Auch diese Praxis wird der Sa-

---

[437] Vgl. schon BVerfG NJW 2002, 1410; BGH NStZ 2003, 670; LG Frankfurt a.M. NJW 1997, 1170; LG Saarbrücken NStZ-RR 2016, 346; HK-StPO/*Gercke*, 2. Aufl. 2023, § 110 Rn. 10; SSW-StPO/*Hadamitzky*, 5. Aufl. 2023, § 110 Rn. 9; SK-StPO/*Wohlers/Jäger*, 5. Aufl. 2016, § 110 Rn. 24.

[438] Siehe dazu → C 24.

[439] LG Saarbrücken NStZ-RR 2016, 346 (347).

[440] AG Hamburg StV Spezial 2023, 152; LG Kassel StV 2020, 161; LG Cottbus BeckRS 2019, 7479; LG Köln, Urt. v. 30.1.2017, 101 KLs 13/15; LG Ravensburg NStZ-RR 2014, 348; AG Reutlingen BeckRS 2011, 148324; LG Aachen StV 2000, 548; LG Hildesheim StraFo 2007, 114 (115); LG Limburg StraFo 2006, 198; LG Dresden NStZ 2003, 567; LG Mühlhausen StraFo 2003, 237 (238); LG Köln StV 2002, 413; LG Aachen StV 2000, 548; LG Frankfurt a.M. wistra 1997, 117 (118).

che nicht gerecht. Die Gerichte agieren derzeit relativ „freihändig" hinsichtlich der zulässigen Dauer der Gerätebeschlagnahme, obwohl der Entzug des Geräts samt Daten den Betroffenen erheblich in seinem Kontakt mit der Außenwelt (beruflich und privat) beeinträchtigt.

Letztlich muss das Ziel darin bestehen, durch geeignete Maßnahmen die Dauer der Vorenthaltung des IT-Geräts und der Daten auf das (wirklich) notwendige Maß zu beschränken, ohne dabei die Arbeit der Ermittlungsbehörden zu sehr zu erschweren. Wichtig ist vor allem, dass gewährleistet ist, dass Verzögerungen der Rückgabe des Geräts auf Sachgründen beruhen und dies für den Betroffenen auch nachvollziehbar bleibt.

Die Implementierung eines „weichen" Fristenmodells kann zur Erreichung dieser Ziele beitragen. Der Gesetzgeber sollte im Zuge der Einführung eines Sonderrechtsregimes für die Beschlagnahme von komplexen IT-Geräten auch eine (bewegliche) *Grundfrist* für die Rückgabe des IT-Geräts an dessen Inhaber festschreiben. Ziel muss es sein, dass das IT-Gerät samt Datenbestand vor Ablauf dieser Grundfrist an den Betroffenen zurückgelangt. Bei der Festlegung dieser Frist sollte sich der Gesetzgeber an den evidenzbasierten Erfahrungen der forensischen Datenauswertung bei komplexen IT-Geräten orientieren: Wie lange dauert es, um zu bestimmen, ob ein Zugangsschutz (zB mit Hilfe von Entschlüsselungstechniken) überhaupt überwunden werden kann? Wie lange dauert die Überwindung der Zugangsbarrieren? Und vor allem: Wie viel Zeit nimmt die Auswertung eines mittelgroßen Datenbestandes auf einem komplexen IT-Gerät durchschnittlich in Anspruch?

Die Grundfrist sollte den Ermittlungsbehörden als erste normative „Zielmarke" (zB ein Monat) dienen. Um jedoch der Komplexität des Prozesses der IT-Auswertung gerecht zu werden, sollte eine Verlängerung dieser Grundfrist möglich sein. Erweist sich die Grundfrist aus technischen oder sonstigen sachlichen Gründen (zeitaufwändige Entschlüsselung, große Datenmengen, Dateninhalte in ausländischer Sprache etc.), muss eine Verlängerung der Grundfrist für die Rückgabe möglich sein. Sachgerecht dürfte es sein, die Entscheidung über die Verlängerung der Frist in die Hände des Gerichts zu legen, das auf einen begründeten Antrag der Staatsanwaltschaft über die Verlängerung der Frist zu entscheiden hätte. Die Frist, um die das Gericht die Rückgabe aufschieben kann, sollte der Gesetzgeber ebenfalls – auf Basis fundierter Erfahrungen festlegen (zB drei Monate). Das „Verlängerungsverfahren" sollte darüber hinaus (mehrfach) wiederholt werden können.

Unabhängig von der Implementierung einer Rückgabefrist sollte das Eingriffsregime für die Beschlagnahme von IT-Geräten vorsehen, dass der Betroffene *nach Möglichkeit* „unverzüglich" eine *bit idente* Datenkopie der beschlagnahmten Daten ausgehändigt bekommt.[441] Die Zurverfügungstellung einer solchen Datenkopie steht unter dem Vorbehalt, dass die Ermittlungsbehörden Zugriff auf den Datenbestand haben und diese auch duplizieren können (Vorbehalt der technischen Machbarkeit). Ist die Erzeugung einer Kopie möglich, besteht grundsätzlich kein Grund, diese Daten dem Betroffenen vorzuenthalten. Etwas anderes gilt für Inhalte, deren Besitz strafbar ist. Von der Pflicht, dem Betroffenen die duplizierbaren Daten als Kopie zur Verfügung zu stellen, können (besser: müssen) solche Inhalte ausgenommen werden, die der Unbrauchbarmachung gemäß § 74d StGB unterliegen.

Auch wenn dem Betroffen aus technischen (bestimmte Daten sind nur über das IT-Gerät einsehbar)[442] oder rechtlichen Gründen nicht immer der gesamte Datenbestand als Kopie zugänglich gemacht werden kann, schmälerte allein schon die Bereitstellung eines (kopierbaren) Teils des Datenbestandes die Eingriffsintensität der Maßnahme (deutlich). Der Betroffene erhielte beispielsweise Zugang zu dringend benötigten (Arbeits-)Dateien, die auf einem Personal Computer, dem Laptop, dem Smartphone usw. gespeichert sind. Hierdurch können Härten vermieden werden.

Der Gesetzgeber sollte für die Pflicht zur Aushändigung einer Datenkopie eine (angemessene) Frist vorsehen. Alternativ könnte er auch vorgeben, dass die Aushändigung der Datenkopie unverzüglich (ohne schuldhaftes Zögern, vgl. § 121 Abs. 1 BGB) zu erfolgen hat. Auch dies bedeutet nicht, dass eine Datenkopie sofort ausgehändigt werden muss. Vielmehr können bei der Bestimmung der Unverzüglichkeit auch die berechtigten Belange der Beteiligten sowie die Umstände des Einzelfalles angemessen berücksichtigt werden.[443]

X. Schutz der Integrität des IT-Geräts und der Daten vor Veränderungen sowie Dokumentation

Sowohl für die Telekommunikationsüberwachung als auch für die Online-Durchsuchung sieht die Strafprozessordnung schon heute (Mindest-)Standards zur technischen Sicherung und zur Protokollierung vor, vgl. § 100a Abs. 5, 6 (iVm § 100b Abs. 4) StPO. Diese dienen vor allem dem Schutz der Integrität des IT-Geräts und der

---

[441] *Zerbes/Ghazanfari* Öster. AnwBl 2023, 559 (561); *dies.* Öster. AnwBl 2022, 640 (649f.).
[442] *Zerbes/Ghazanfari* Öster. AnwBl 2023, 559 (561).
[443] Zu § 121 Abs. 1 BGB vgl. BGH NJW 2012, 3305; OLG Hamm NJW 2012, 1156 (1157); MK-BGB/*Armbrüster*, 9. Aufl. 2021, § 121 Rn. 7; *Stieper* NJW 2013, 2849 (2853); *Alexander/Linsenbarth/Schiller* JA 2013, 418 (423).

Authentizität der Daten; vorgenommene Änderungen müssen nachvollziehbar bleiben.[444] Die Vorschriften sichern ebenfalls die Verhältnismäßigkeit der Maßnahme.[445]
Nicht alle diese Vorgaben lassen sich passgenau auf die Beschlagnahme von IT-Geräten übertragen. Auch beim offenen Zugriff auf Datenbestände eines komplexen IT-Geräts, der seinen Ursprung in einer Beschlagnahme findet, muss aber gewährleistet sein, dass an dem IT-System nur unerlässliche Veränderungen vorgenommen werden und die vorgenommenen Veränderungen bei Beendigung der Maßnahme (automatisiert) rückgängig gemacht werden, soweit dies technisch möglich ist (§ 100a Abs. 5 S. 1 Nr. 2 und Nr. 3 StPO). Außerdem sind das IT-Gerät und die Daten „nach dem Stand der Technik gegen Veränderungen[446], unbefugte Löschung und unbefugte Kenntnisnahme zu schützen" (§ 100a Abs. 5 S. 3 StPO). Soweit Änderungen am IT-Gerät bzw. am Datenbestand vorgenommen werden, müssen auch diese dokumentiert werden.

Ein eigenständiges Eingriffsregime für die Beschlagnahme von komplexen IT-Geräten sollte daher Vorschriften zum Schutz der Integrität des IT-Geräts und der Authentizität des Datenbestandes vorsehen. Hierbei kann sich der Gesetzgeber – zumindest grob – an den §§ 100a Abs. 5 und Abs. 6 StPO orientieren.

---

[444] Vgl. MK-StPO/*Rückert*, 2. Aufl. 2023, § 100a Rn. 262.
[445] LR-StPO/*Hauck*, 27. Aufl. 2018, § 100a Rn. 148; Meyer-Goßner/Schmitt/*Köhler*, 66. Aufl. 2023, § 100a Rn. 141; *Freiling/Safferling/Rückert* JR 2018, 9 (12).
[446] ZB durch Berechnung der kryptographischen Hashsumme vom Originaldatenträger und eines Duplikats, vgl. Bundesamt für Sicherheit in der Informationstechnik, Leitfaden IT-Forensik, S. 27; näher hierzu *Pawlaszczyk*, Digitaler Tatort, S. 126 f.

E. Kurzfazit

Das Beschlagnahmeregime der Strafprozessordnung ist nicht auf Beschlagnahme und Auswertung von modernen IT-Geräten, wie sie heute in Form von Smartphones, Personal Computern, Laptops, Tablet-PCs weit verbreitet sind, angelegt. In Bezug auf diese Objekte erscheinen die §§ 94 ff. StPO anachronistisch. Mit den genannten IT-Geräten stehen heute Beschlagnahmeobjekte zur Verfügung, die ein ganz anderes Potenzial für Einblicke in die Persönlichkeit des Geräteinhabers bieten. Komplexe IT-Geräte verdienen auch im Falle des offenen Zugriffs über das Mittel der Beschlagnahme einen besonderen Schutz. Nimmt man das Bundesverfassungsgericht beim Wort, können m.E. keine Zweifel daran bestehen, dass auch der offene Zugriff auf komplexe IT-Geräte einen Eingriff in das IT-Grundrecht begründet. Über die Auswirkungen, die damit verbunden sind, lässt sich hingegen streiten. Worüber sich m.E. aber nicht wirklich streiten lässt: Mit Blick auf die technischen und gesellschaftlichen Transformationen ist eine Reaktion auf gesetzlicher Ebene längst überfällig. Das tradierte Beschlagnahmeregime in §§ 94 ff. StPO wird in seiner derzeitigen Ausgestaltung dem Eingriff, der durch eine Beschlagnahme von komplexen IT-Geräten ausgelöst wird, nicht gerecht. Es bestehen m.e. zahlreiche Regelungs- und Schutzdefizite. Es ist daher an der Zeit, dass Beschlagnahmeregime in das 21. Jahrhundert zu holen und dadurch den Zustand der Unterregulierung zu beheben.

F. Zusammenfassung der Thesen

These 1: Das Beschlagnahmeregime und die Regelungen zur Durchsicht sind in Bezug auf den Zugriff auf komplexe IT-Geräte (Smartphones, Personal Computern, Laptops, Tablet-PC und ähnliche datenintensive Gerätschaften) als unterreguliert anzusehen.

These 2: Zur Schließung rechtsstaatlicher Regelungs- und Schutzdefizite sollte sowohl für die Beschlagnahme als auch für die Durchsicht komplexer IT-Geräte ein Sonderrechtsregime, vergleichbar mit den Regelungen zur Postbeschlagnahme (§§ 99 f. StPO), geschaffen werden.

These 3: Die Voraussetzungen für einen Zugriff auf komplexe IT-Geräte mittels Beschlagnahme sind insbesondere mit Blick auf den Eingriff in den Schutzbereich des IT-Grundrechts derzeit zu niedrigschwellig. Die Eingriffsanforderungen sollten in inhaltlicher und verfahrensrechtlicher Hinsicht erhöht werden, um der Intensität des Eingriffs in die Grundrechte des Betroffenen gerecht zu werden.

These 4: Zur Aufklärung von Ordnungswidrigkeiten und Bagatellstraftaten sollte der Zugriff auf komplexe IT-Geräte und ihren Datenbestand im Wege der Beschlagnahme ausgeschlossen sein. Eine Ausnahme sollte für Cyberstraftaten (im weiten Sinne) vorgesehen werden.

These 5: Zur Aufklärung von Straftaten unterhalb mittlerer Kriminalität sollte der Zugriff auf komplexe IT-Geräte und ihren Datenbestand im Wege der Beschlagnahme ausgeschlossen sein. Eine Ausnahme sollte für Cyberstraftaten (im weiten Sinne) vorgesehen werden.

These 6: Zur Aufklärung von Straftaten mit einem Höchststrafrahmen von Freiheitsstrafe bis zu drei Jahren sollte der Zugriff auf komplexe IT-Geräte und ihren Datenbestand im Wege der Beschlagnahme ausgeschlossen sein. Eine Ausnahme sollte für Cyberstraftaten (im weiten Sinne) vorgesehen werden.

These 7: Komplexe IT-Geräte sind aufgrund ihres umfassenden Datenbestandes überaus „beschlagnahmeanfällig". Ein Zugriff im Wege der Beschlagnahme sollte nur dann zulässig sein, wenn Tatsachen die Annahme begründen, dass der Zugriff verfahrensrelevante Erkenntnisse erbringen wird (qualifizierte Beweisrelevanz).

These 8: Das Sonderrechtsregime für die Beschlagnahme und die Durchsicht von komplexen IT-Geräten sollte mit einer Regelung zum Schutz des Kernbereichs privater Lebensgestaltung flankiert werden.

These 9: Erfolgt die Beschlagnahme des IT-Geräts wegen Gefahr im Verzug ohne vorherige richterliche Anordnung, steht dem Betroffenen ein Antrag auf gerichtliche Entscheidung gemäß § 98 Abs. 2 S. 2 StPO offen. Der Rechtsschutz über diesen Rechtsbehelf bleibt aber unzureichend, wenn der Betroffene keine Möglichkeit hat, eine Hemmung des Vollzugs der Maßnahme zu erreichen, um die drohende Durchsicht des Datenbestandes seines IT-Geräts bis zur Entscheidung aufzuschieben. Abhilfe sollte durch einen Verweis auf § 307 Abs. 2 StPO geschaffen werden.

These 10: Eine uneingeschränkte Verwendung von Zufallsfunden, die bei der Durchsicht von beschlagnahmten IT-Geräten zum Vorschein treten, ist unangemessen. Durch die Implementierung eines Schwellenansatzes (vgl. Thesen 4 bis 6) wird gleichzeitig die Nutzung von Zufallsfunden angemessen reguliert, §§ 479 Abs. 2 iVm § 161 Abs. 3 StPO.

These 11: Das Sonderrechtsregime für die Beschlagnahme von komplexen IT-Geräten sollte vorsehen, dass die Mitnahme des Geräts gegenüber der Erzeugung eines Datenduplikats subsidiär ist.

These 12: Das Gesetz sollte eine Grundfrist für die Rückgabe des IT-Geräts (samt Datenbestand) an den Geräteinhaber vorsehen. Über die Verlängerung der Frist entscheidet das Gericht auf Antrag der Strafverfolgungsbehörden.

These 13: Dem Geräteinhaber sollte ein Anspruch auf (unverzügliche) Aushändigung einer Datenkopie von den (vorläufig) sichergestellten Daten zugestanden werden – dieser Anspruch steht unter dem Vorbehalt, dass die Erzeugung einer solchen Kopie technisch möglich (und zumutbar) ist.

These 14: Der Gesetzgeber sollte – angelehnt an die Vorschriften in § 100a Abs. 5 und Abs. 6 StPO – Vorschriften zum Schutz der Integrität des IT-Geräts und der Gewährleistung einer ausreichenden Dokumentation über die an dem Gerät vorgenommenen Veränderungen vorsehen.

Gutachten D/E
zum 74. Deutschen Juristentag
Stuttgart 2024

Verhandlungen des
74. Deutschen Juristentages
Stuttgart 2024

Herausgegeben von der
Ständigen Deputation
des Deutschen Juristentages

Band I

Bewältigung zukünftiger Krisen: Welche gesetzlichen Rahmenbedingungen werden benötigt, um effizient und effektiv zu reagieren und finanzielle Hilfen bedarfsgerecht zu verteilen?

Gutachten D

zum 74. Deutschen Juristentag

Erstattet von

Prof. Dr. Florian Becker, LL. M. (Cambridge)

Lehrstuhl für Öffentliches Recht
an der Christian-Albrechts-Universität zu Kiel

Gutachten E

zum 74. Deutschen Juristentag

Erstattet von

Prof. Dr. Hanno Kube, LL. M. (Cornell)

Lehrstuhl für Öffentliches Recht unter besonderer
Berücksichtigung des Finanz- und Steuerrechts an der
Ruprecht-Karls-Universität Heidelberg

C.H.BECK

Zitiervorschlag: 74. djt I/D [Seite] oder
74. djt I/E [Seite]

beck.de

ISBN 978 3 406 81551 5

© 2024 Verlag C.H.Beck oHG
Wilhelmstraße 9, 80801 München
Druck und Bindung: Beltz Grafische Betriebe GmbH
Am Fliegerhorst 8, 99947 Bad Langensalza

Umschlag: nach dem Entwurf von rulle & kruska gbr,
Nikolaus Rulle, Köln

myclimate
shape our future
chbeck.de/nachhaltig

Gedruckt auf säurefreiem, alterungsbeständigem Papier
(hergestellt aus chlorfrei gebleichtem Zellstoff)

Alle urheberrechtlichen Nutzungsrechte bleiben vorbehalten.
Der Verlag behält sich auch das Recht vor, Vervielfältigungen dieses Werkes
zum Zwecke des Text and Data Mining vorzunehmen.

**Bewältigung zukünftiger Krisen:
Welche gesetzlichen Rahmenbedingungen
werden benötigt, um effizient und effektiv zu
reagieren und finanzielle Hilfen bedarfsgerecht
zu verteilen?**

Gutachten D

zum 74. Deutschen Juristentag

Erstattet von
Prof. Dr. Florian Becker
Lehrstuhl für Öffentliches Recht
an der Christian-Albrechts-Universität zu Kiel

Inhaltsverzeichnis

A. Einleitung .... D 9
B. Begriffe .... D 11
   I. Krise .... D 11
   II. Katastrophe .... D 14
C. Krisenzyklus .... D 16
   I. Vermeidung .... D 16
   II. Vorbereitung .... D 17
   III. Bekämpfung .... D 18
   IV. Beseitigung .... D 20
   V. Aufarbeitung .... D 20
   VI. Gleichzeitigkeit .... D 21
   VII. Defizite .... D 22
   VIII. Veränderungen während der Krise .... D 25
D. Staat und Private in der Krisenabwehr .... D 28
   I. Krisenbekämpfung als Staatsaufgabe .... D 28
   II. Private Beiträge zur Krisenabwehr .... D 30
     1. Grundrechtlicher Status .... D 30
     2. Hilfsorganisationen und Ehrenamt .... D 31
     3. Spontanhelfer .... D 31
     4. Betreiber kritischer Infrastrukturen .... D 32
   III. Krisenbekämpfung als „Verbundprodukt" von Staat und Gesellschaft .... D 33
E. Organisatorische Rahmenbedingungen staatlicher Krisenbekämpfung .... D 34
   I. Gesetzgebungskompetenzen und Gesetze .. D 34
     1. Regelungsschichten .... D 34
     2. Gesetzgebungsbefugnisse der Länder ... D 34
     3. Gesetzgebungsbefugnisse des Bundes ... D 35
       a) Zivilschutz (Art. 73 Abs. 1 Nr. 1 Alt. 2 GG) .... D 35
         aa) Schutz der Zivilbevölkerung .... D 35
         bb) Sicherstellungs- und Vorsorgegesetze .... D 36
       b) Schutz kritischer Infrastrukturen .... D 37
       c) Weitere Gesetzgebungskompetenzen und die auf ihrer Grundlage erlassenen Gesetze .... D 37
   II. Verwaltungskompetenzen und Verwaltungsorganisation ..... D 38
     1. Länder .... D 39
     2. Bund .... D 39
       a) Bundesamt für Bevölkerungsschutz und Katastrophenhilfe (BBK) .... D 40

aa) Aufgaben .... D 40
bb) Besondere Einrichtungen des BBK .... D 40
cc) Ergänzende Bundesausstattung im Bevölkerungsschutz und weitere Bevorratung .... D 42
b) Technisches Hilfswerk (THW) .... D 43
c) Weitere sicherheitsrelevante Behörden und Einrichtungen des Bundes .... D 44
d) Wissenschaftsnahe Einrichtungen des Bundes .... D 45
III. Kooperation bei der Krisenbekämpfung .... D 46
1. Kooperationsverhältnisse im Bundesstaat .... D 46
2. Amtshilfe .... D 48
a) Sinn und Voraussetzungen .... D 48
b) Grenzen .... D 48
c) Katastrophenhilfe durch das BBK .... D 49
aa) Begriff und Umfang .... D 49
bb) Verfassungsrechtlicher Grenzgang .... D 50

F. **Effizientere und effektivere Krisenbekämpfung?** .... D 54
I. Konzentration und Zentralisierung .... D 54
II. Verfassungsrechtliche Rahmenbedingungen .... D 55
1. Bindung an die Verfassung auch in der Krise .... D 55
2. Zuordnung von Verantwortung .... D 56
3. Gewährleistung von Legitimation – auch in der „Stunde
der Exekutive" .... D 57
III. Verbesserung von Effizienz und Effektivität der Krisenbekämpfung durch Zuständigkeitsverschiebungen? .... D 60
1. „Bevölkerungsschutz" als rechtspolitisches Projekt ...... D 61
2. Katastrophenschutz als „echte Gemeinschaftsaufgabe"? . D 63
3. Koordinationsbefugnisse des Bundes .... D 64
a) Veränderung der Gesetzgebungskompetenzen .... D 64
b) Das BBK als „Zentralstelle" .... D 65

G. **Thesen** .... D 68

A. Einleitung

Sinnkrise, Ehekrise, Unternehmenskrise, Regierungskrise, Finanzkrise, Klimakrise: Als umgangssprachlicher Begriff wird „die Krise" inflationär und ubiquitär verwendet – die Krise hat Konjunktur.[1] Die Einordnung eines Zustands als „Krise" erfolgt dabei oft unabhängig von Ursache oder Vorhersehbarkeit, von der Zahl der Betroffenen, von der Schwere der materiellen oder sonstigen Schäden oder von dem Aufwand, der für Verhinderung, Abmilderung, Bekämpfung und Beseitigung zu betreiben ist. In Deutschland[2] hat erst nach dem 11. September 2001 eine umfassende Diskussion über die staatlichen und gesellschaftlichen Rahmenbedingungen für einen effektiven und effizienten Umgang mit Krisen, die nicht Folge einer kriegerischen Auseinandersetzung sind,[3] begonnen.[4] Eine Reihe weiterer Krisen, vor allem aber die pandemische Ausnahmelage der Jahre 2020 und 2021 haben dafür Sorge getragen, dass das Thema keinen auch nur zwischenzeitlichen Abschluss finden konnte. Das Katastrophenschutzrecht als ein zentraler Baustein der Krisenbekämpfung hat sich dabei – wie das Infektionsschutzrecht[5] – von einem Nischenthema zu einem wissenschaftlich veritablen Rechtsgebiet entwickelt.[6]

---

[1] *Kaufhold*, Systemaufsicht, 2016, S. 1; ähnlich *Schwerdtfeger*, Krisengesetzgebung, 2018, S. 1; der Sache nach auch *Barczak*, Der nervöse Staat, 2020, S. 1 ff.

[2] Zu der Krisenbekämpfung durch die EU vgl. *de Witte*, CMLRev 59 (2022), 3 ff.; *Hofmann*, ZG 2022, 249 (267); *Hornung/Stroscher*, GZS 2021, 149 (151 f.); *Schwartz*, Das Katastrophenschutzrecht der Europäischen Union, 2012; zu den Zuständigkeiten bei Bekämpfung einer Pandemie, *Trute*, GSZ 2018, 125 (128 f.); s. a. zu den völkerrechtlichen Strukturen der Pandemiebekämpfung und der Rolle der WHO (126 ff.). Dieses Gutachten beschränkt sich indes auf die Perspektive der Bundesrepublik Deutschland.

[3] Diese werden unter dem Vorzeichen der zivilen Verteidigung bekämpft, s. u. Fn. 163.

[4] Zwischenresultat war das „Konzept für eine neue Strategie zum Schutz der Bevölkerung" vom 25.3.2002 (Anlage 19 zur Beschlussniederschrift über die 170. Sitzung der IMK am 05./6.6.2002). Im Jahr 2010 wurde eine 2. Aufl. herausgegeben.

[5] Eckart/Winkelmüller (Hrsg.), Infektionsschutzrecht, 2. Aufl. 2023; *Klafki*, Risiko und Recht, 2017; Kluckert (Hrsg.), Das neue Infektionsschutzrecht, 2. Aufl. 2021; Kießling (Hrsg.), Infektionsschutzgesetz, 3. Aufl. 2022; Sangs/Eibenstein (Hrsg.), Infektionsschutzgesetz, 2022; *Gebhardt*, Infektionsschutzgesetz, 6. Aufl. 2022; *Erdle*, Infektionsschutzgesetz, 8. Aufl. 2021; *Handorn*, in: Spickhoff (Hrsg.), Medizinrecht, 4. Aufl. 2022, IfSG; Huster/Kingreen (Hrsg.), Handbuch Infektionsschutzrecht, 2. Aufl. 2022.

[6] Erkennbar an den Verhandlungen der Staatsrechtslehrervereinigung, VVDStRL, Staat und Gesellschaft in der Pandemie Bd. 80 (2021); s. a. *Kloepfer*, Handbuch des Katastrophenrechts, 2015; *Leupold*, Die Feststellung des Katastrophenfalls, 2012; *Lodd*, Die rechtliche Konzeption des Bevölkerungsschutzes, 2023; *Grüner*, Biologische Katastrophen, 2017; *Walus*, Katastrophenorganisationsrecht, 2012; *Sattler*, Ge-

Indes weist das Grundgesetz weder dem Bund noch den Ländern eine umfassende Gesetzgebungs- oder Verwaltungskompetenz zur Krisenbekämpfung zu. Da Krisen in vielen Rechts- und Lebensbereichen eintreten können, sind die für ihre Bekämpfung relevanten Gesetzgebungskompetenzen vielmehr ebenso thematisch weit gestreut wie die korrespondierenden Verwaltungskompetenzen. Regelungen zur Vermeidung von Krisen finden sich zudem regelmäßig nicht in explizit krisenbezogenen Gesetzen, sondern in den allgemeinen Regelungen des Wirtschaftsverwaltungs-, Umwelt- oder Planungs- sowie des (sonstigen) Risikoverwaltungsrechts.[7]

Wegen dieser Fragmentierung gibt es kein kohärentes allgemeines „Krisen(verwaltungs-)recht" und keine einheitliche Krisenverwaltung:[8] Ein Zusammenbruch des Bankensystems wird von anderen Akteuren und mit anderen Instrumenten bewältigt als die Folgen eines Flugzeugabsturzes in ein Atomkraftwerk oder einer Pandemie. Gemeinsame Strukturen einer effektiven und effizienten Krisenbewältigung lassen sich hier nur auf einem höchsten Abstraktionsniveau nachweisen. Zudem enthalten die Gesetze, die sich ausdrücklich mit „Krisen" befassen,[9] zwar abstrakt-generelle Regelungen. Sie sind aber häufig anlässlich eines konkreten Krisenereignisses und nur für dessen Bewältigung erlassen worden.[10] Auch dies erschwert ihre Inanspruchnahme als Reservoir für ein allgemeines Krisenrecht.

Ziel dieses Gutachtens ist es daher, Rahmenbedingungen für die Krisenbekämpfung vorzustellen, Defizite im Hinblick auf deren Effizienz und Effektivität zu benennen und entsprechende Änderungsvorschläge zu unterbreiten.

---

fahrenabwehr im Katastrophenfall 2008; *Köck*, in: Ehlers/Fehling/Pünder (Hrsg.), Besonderes Verwaltungsrecht, Bd. 3, 4. Aufl. 2020, § 71.
[7] *Kloepfer* (o. Fn. 6), § 6 Rn. 1 ff.
[8] *Lepsius*, DieVerw 2022, 309 (311 ff.).
[9] S. hierzu sogleich Fn. 12 ff.
[10] S. u. Fn. 13 zu den zeitlich begrenzten Änderungen des IfSG.

B. Begriffe

I. Krise

Das Grundgesetz kennt die „Seuchengefahr", die „Naturkatastrophe" oder den „besonders schwere[n] Unglücksfall",[11] nicht hingegen die „Krise". Allerdings hat sich in der Finanzkrise (2007/8)[12] sowie in der mit ihr verbundenen Eurokrise (2010), in der Corona- (2020)[13] und der Energiekrise (2021)[14] die „Krise" im einfachen Gesetzesrecht und damit auch im juristischen Diskurs festgesetzt.[15] In der Rechtswissenschaft ist sie dennoch nicht als kohärentes dogmatisches Konzept etabliert,[16] weil ihre umgangssprachliche ebenso wie ihre gesetzliche Verwendung zu vielgestaltig ist.

---

[11] Seuchengefahr (Art. 11 Abs. 2 und Art. 13 Abs. 7 GG), Naturkatastrophe (Art. 11 Abs. 2 und Art. 35 Abs. 2 Satz 2 und Abs. 3 Satz 1 und Art. 109 Abs. 3 Satz 2 GG) und der besonders schwere Unglücksfall (Art. 11 Abs. 2 und Art. 35 Abs. 2 Satz 2 und Abs. 3 Satz 1 GG).

[12] Das Finanzmarktstabilisierungsgesetz (FMStG) vom 17.10.2008 (BGBl. I 1982) trat vor dem Hintergrund einer „weltweite(n) Finanzmarktkrise" bzw. „Bankenkrise" in Kraft, Entwurf der Fraktionen der CDU/CSU und SPD eines Gesetzes zur Umsetzung eines Maßnahmenpakets zur Stabilisierung des Finanzmarktes, BT-Drs. 16/10600, S. 9. Seit dem Gesetz vom 10.7.2020 (BGBl. I 1633) firmiert das FMStG unter dem Titel „Gesetz zur Errichtung eines Finanzmarkt- und eines Wirtschaftsstabilisierungsfonds (StFG)". Dies trägt einer Erweiterung seines Anwendungsbereichs Rechnung.

[13] Vgl. das Gesetz über den Einsatz der Einrichtungen und sozialen Dienste zur Bekämpfung der Coronavirus SARS-CoV-2 Krise in Verbindung mit einem Sicherstellungsauftrag vom 27.3.2020 (BGBl. I 575, 578); daneben ermöglicht zB § 23 Abs. 1 StFG die Refinanzierung von Sonderprogrammen als Reaktion auf die „Corona-Krise". Zahlreiche Vorschriften im IfSG galten bzw. gelten ausschließlich für die Covid-19-Pandemie, bspw. § 22a IfSG für Impf-, Genesenen- und Testnachweise, §§ 28aff. IfSG für besondere Schutzmaßnahmen; die Änderungen zur „Bundesnotbremse" durch das Vierte Gesetz zum Schutz der Bevölkerung bei einer epidemischen Lage von nationaler Tragweite vom 22.4.2021 (BGBl. I 802); Gesetz zur Abmilderung der Folgen der COVID-19-Pandemie im Zivil-, Insolvenz- und Strafverfahrensrecht vom 27.3.2020 (BGBl. I 569); zum Ablauf der Gesetzgebung in der Corona-Krise ausf. *Kersten/Rixen*, Der Verfassungsstaat in der Corona-Krise, 3. Aufl. 2022, S. 115 ff.

[14] §§ 26aff. StFG sind überschrieben mit „Abfederung der Folgen der Energiekrise"; „Sonderregelungen zur Bewältigung einer Gasmangellage" treffen die §§ 31aff. BImSchG; § 4 Abs. 1 des LNG-Beschleunigungsgesetzes vom 24.5.2022 sieht Ausnahmen von der Pflicht zur Umweltverträglichkeitsprüfung vor, „um eine Krise der Gasversorgung zu bewältigen oder abzuwenden".

[15] Die Flüchtlingskrise (2015) hat aber wohl keinen begrifflichen Widerhall in einem Gesetz gefunden.

[16] *Barczak*, DVBl. 2023, 1036 (1040).

Um für die Frage nach der Effizienz und Effektivität staatlicher Krisenbekämpfung relevant zu sein, muss der Begriff der „Krise" enger als bei den eingangs genannten Beispielen gefasst werden:[17] Im Ausgangspunkt handelt es sich bei einer hier relevanten Krise um eine länger andauernde, unerwartete und/oder unerwünschte Abweichung von einem idealen, „gesunden" oder zumindest akzeptablen Zustand von Staat und/oder Gesellschaft.

Eine solche Krise wird durch (scheinbar) anlasslose, katastrophale Naturereignisse oder von menschlichen (Fehl-)Entscheidungen verursacht; oftmals wirkt beides aufeinander ein:[18] Eine Naturkatastrophe, die in eine Krise mündet,[19] kann durch vorausgegangene menschliche Entscheidungen (mit-)ausgelöst worden sein.[20] Krisen sind durch diffuse Kausalitäten und entgrenzte Wirkungszusammenhänge gekennzeichnet,[21] die ihre Vorhersehbarkeit und die Beherrschung ihrer Folgen erschweren. Krisen treten unangekündigt, schockartig auf, auch wenn sie sich manchmal demjenigen, der sie sehen möchte, ankündigen, um dann nach einer zunächst schleichenden Entwicklung plötzlich und mit aller Gewalt in das Leben des Einzelnen oder der Gesellschaft zu treten.[22]

Ob ein Zustand „zur Krise wird", hängt auch davon ab, wie er von den Betroffenen wahrgenommen oder von den Medien dargestellt wird. Eine außergewöhnlich starke Grippewelle kostete im Winter 2017/18 rund 25.100 Menschen in Deutschland das Leben.[23] Auch wenn die Corona-Pandemie bis heute mit noch viel mehr Todesfällen in Verbindung gebracht wird,[24] hätte doch jene Anzahl an Toten in einem recht kurzen Zeitraum eigentlich nicht nur in der

---

[17] *Lepsius* (o. Fn. 8), S. 315 ff., 317.
[18] *Sarat/Lezaun*, Introduction, in: dies. (Hrsg.), Crisis and Catastrophe in Science, Law and Politics, 2009, S. 1 ff. (2).
[19] Vgl. die Bspe. in *BMI*, Strategie für einen modernen Bevölkerungsschutz, 2009, S. 11.
[20] *Kloepfer* (o. Fn. 6), § 1 Rn. 1.
[21] *Klafki*, JöR 2021, 583 (586 f.); *Lepsius*, DieVerw 2022, 309 (319 ff.).
[22] Die Klimakrise wird hier daher im Weiteren ausgeblendet, weil sie sich weithin sichtbar, aber immer noch langsam entwickelt und ihr daher nicht durch die Organisation kurzfristiger Hilfe, sondern nur durch langfristig wirkende politische Gestaltung zu begegnen ist; Zur politischen Planung der Resilienz gegen die Folgen dieser Krise vgl. zB *Bundesregierung*, Deutsche Strategie zur Stärkung der Resilienz gegenüber Katastrophen, 2022, S. 22.
[23] „Grippewelle war tödlichste in 30 Jahren", Ärzteblatt vom 30.9.2019, abrufbar auf der Interseite des Ärzteblatts; Vergleich mit der Zahl der Verkehrstoten bei *Klafki*, NJW 2023, 1340 (1341).
[24] Von März 2020 bis Dezember 2023 wurde die Zahl der Todesfälle „in Zusammenhang mit" dem Virus in der Bundesrepublik Deutschland mit ca. 180.000 Menschen angegeben; *Radtke*, Todesfälle mit Coronavirus in Deutschland nach Altersgruppe, 6.12.2023, abzurufen auf https://de.statista.com.

Wahrnehmung der Akteure des Gesundheitssystems, sondern auch in der breiten Bevölkerung das Potenzial zur Krise gehabt. Krisen bedrohen Rechtsgüter wie Leben und Gesundheit, Hab und Gut. Da sich die moderne Gesellschaft in eine erhebliche Abhängigkeit von infrastrukturellen Dienstleistungen begeben hat, ist sie aber auch hier besonders krisenanfällig geworden.[25] Der Zusammenbruch eines zu großen Teilen nur in digitaler Form existierenden Systems (etwa der Finanzwirtschaft) kann krisenhafte Konsequenzen für „greifbare" Rechtsgüter (Realwirtschaft) haben.

Krisen haben unterschiedliche Schadensausmaße. Die verschiedenen Flutkatastrophen hatten regional verheerende Wirkungen; in anderen Teilen des Landes nahm man an ihnen bestenfalls über die Nachrichten teil. Eine „pandemische Krise" gefährdet hingegen die Funktionsfähigkeit einer gesamten Gesellschaft und hat somit ein systemisches Ausmaß.[26]

Obwohl Katastrophen und Krisen keine bloßen „sozialen Konstrukte" sind,[27] müssen sie aus Sicht der Betroffenen und deren konkreten sozialen Rahmenbedingungen sowie in ihrem räumlichen und zeitlichen Kontext klassifiziert werden: Eine Sturmflut, vor der die in robusten Häusern siedelnden Küstenbewohner rechtzeitig gewarnt werden und die sich an Schutzanlagen bricht, weist kaum Krisenpotential auf, während dieselbe Flut, die auf eine ökonomisch und baulich weniger entwickelte Küste und dort errichtete Holzhütten trifft, eine veritable Krise verursachen kann, wenn dort dann auch kein nennenswerter Katastrophenschutz existiert.

Krisen entfalten aber auch innerhalb ein und derselben Gesellschaft durchaus relative Wirkungen:[28] Wie die Corona-Pandemie gezeigt hat, wirkt sich eine Krise innerhalb einer Gesellschaft je nach den sozialen, ökonomischen oder gesundheitlichen Umständen der Betroffenen ganz unterschiedlich aus. Sie vertieft bestehende Ungleichheiten und bringt Krisengewinner sowie -verlierer hervor.[29]

Krisen stellen die Organisations- und Handlungsfähigkeit von Staat und Gesellschaft ebenso wie die Fähigkeit zur Solidarität auf die Probe.[30] Sie erfordern Entscheidungen über wesentliche, oft

---

[25] *BMI*, Strategie für einen modernen Bevölkerungsschutz, 2009, S. 11.
[26] *Rixen*, DieVerw 2022, 345 (346) unter Bezugnahme auf *Kaufhold* (o. Fn. 1).
[27] So etwa *Cooper*, Seven Dimensions of Disaster, in: Samuel/Aronsson-Storrier/Bookmiller (Hrsg.), The Cambridge Handbook of Disaster Reduction and International Law, S. 17 (18 ff.).
[28] *Sarat/Lezaun*, Introduction, in: dies. (Hrsg.), Crisis and Catastrophe in Science, Law and Politics, 2009, S. 1 (3).
[29] *Sarat/Lezaun* (o. Fn. 28), S. 3 f.; s. a. *Kloepfer* (o. Fn. 6), § 6 Rn. 50 ff. zur „Katastrophengerechtigkeit".
[30] Vgl. zu Naturkatastrophen *Wolf*, KritV 2005, 399 (399 f.).

mit komplexen Wertungen behaftete Fragen unter Zeitdruck und dem Eindruck von Unsicherheit.[31] Dies lässt Staat und Gesellschaft kaum Zeit, um zu planen und Ressourcen zu beschaffen. Die durch die Krise gestellten Aufgaben müssen daher grundsätzlich mit den vorhandenen Ressourcen und in den bestehenden Strukturen gelöst werden, die aber ggfs. unter dem Eindruck der Krise spontan verändert werden.

II. Katastrophe

Eine – regelmäßig länger andauernde – Krise kann durch eine – typischerweise punktuelle – Katastrophe ausgelöst werden.[32] Die „Katastrophe" ist gesetzlich definiert, denn bei dem Katastrophenschutzrecht handelt es sich um eine etablierte Materie des besonderen Gefahrenabwehrrechts, die als lex specialis ihren sächlichen und zeitlichen Anwendungsbereich festlegen muss. Die genauen Formulierungen in den Gesetzen der Länder variieren zwar, aber ihre zentralen Elemente wiederholen sich. Die Gefahr bzw. der Schaden, die bzw. der von einem Ereignis herrührt, muss eine gewisse Schwere aufweisen. Dies wird anhand der Betroffenheit „zahlreicher"[33] bzw. „einer Vielzahl von"[34] Menschen bzw. Tieren[35] sowie anhand der Nennung weiterer Rechtsgüter (Leben und Gesundheit, „bedeutende Sachgüter"[36], „natürliche Lebensgrundlage")[37] deutlich.

Weiteres konstitutives Merkmal der Katastrophe ist die Notwendigkeit der Kooperation oder sogar der Devolution von Befugnissen: Ihre Abwehr erfordert das Zusammenwirken verschiedener Behörden[38] – ggfs. unter einheitlicher Leitung.[39] Katastrophenschutzrecht ist somit in weiten Teilen Organisationsrecht,[40] da in der Katastrophe Befugnisse und Aufgaben verändert[41] und Behörden und/oder

---

[31] *Hustedt*, Verwaltung und der Umgang mit Krisen und Katastrophen, in: Veit/Reichard/Wewer (Hrsg.), Handbuch zur Verwaltungsreform, 5. Aufl. 2019, S. 181 (187) unter Hinweis auf *Rosenthal/Charles/'t Hart*, Coping with crises: The management of disasters, riots, and terrorism, 1989.

[32] Zu dieser zeitlichen Abfolge *Schuck*, Crisis and Catastrophe in Science, Law and Politics, in: Sarat/Lezaun (Hrsg.), Catastrophe, 2009, S. 19 (26).

[33] § 1 Abs. 1 LKatSG SH; § 1 Abs. 2 LKatSG BW.

[34] Art. 1 Abs. 2 BayKSG; § 1 Abs. 2 Nr. 2 BbgBKG.

[35] § 1 Abs. 2 LKatSG BW.

[36] § 1 Abs. 1 LKatSG SH, ähnlich § 1 Abs. 2 LKatSG BW; Art. 1 Abs. 2 BayKSG, § 1 Abs. 2 KatSG-LSA.

[37] Art. 1 Abs. 2 BayKSG.

[38] *Gusy*, DÖV 2011, 85 (87); *Grüner* (o. Fn. 6), S. 84.

[39] § 1 Abs. 2 LKatSG BW; § 1 Abs. 2 KatSG LSA; § 1 Abs. 1 LKatSG SH; Art. 1 Abs. 2 BayKSG; § 1 Abs. 2 Nr. 2 BbgBKG.

[40] *Lepsius* (o. Fn. 8), S. 310.

[41] „Kompetenzveränderungsrecht", *Grzeszick*, VerwArch. 2023, 139 (140).

Private zur Kooperation angehalten werden.[42] Daneben enthalten die Katastrophenschutzgesetze eine ganze Reihe besonderer Eingriffsbefugnisse.[43]

Katastrophen in diesem Sinne sind etwa Großbrände, Fluten, Flugzeugabstürze und damit örtlich eingegrenzte Schadensereignisse. Dies erklärt die grundsätzlich dezentralen Organisationsstrukturen des operativen Katastrophenschutzes.[44] Bei den örtlichen Behörden sind (idealerweise) die Ressourcen, jedenfalls aber die Kenntnisse um die örtlichen Besonderheiten vorhanden. Vor diesem Hintergrund kann dann auch am besten vor Ort entschieden werden, welche zusätzlichen Handlungsbeiträge und Ressourcen Dritter zur Krisenbekämpfung benötigt werden.

Dieses Konzept der operativen Dezentralität gerät auch bei sich über mehrere Länder oder aber das ganze Bundesgebiet erstreckenden Szenarien zunächst nicht unter Rechtfertigungsdruck; wenn also etwa bundesweit der Strom, die Wasser- oder die Lebensmittelversorgung ausfallen.[45] Grundsätzlich ist auch hier erst einmal die örtliche Katastrophenschutzbehörde dafür zuständig, die Einwohner ihres örtlichen Zuständigkeitsbereichs mit Strom, Wasser und Lebensmitteln zu versorgen – unabhängig davon, wo das Problem entstanden ist und wo es auch noch zu einer Versorgungskrise geführt hat.

---

[42] „Kooperationsrecht", *Gusy*, GZS 2020, 101 (102 ff.).
[43] *Kloepfer*, Handbuch des Katastrophenrechts, 2014, § 10 Rn. 76 ff.
[44] Zur Verteilung der Verwaltungskompetenzen im Katastrophenschutz siehe Text zu u. Fn. 187.
[45] *Gusy*, GZS 2020, 101 (102).

C. Krisenzyklus

Die Krisenbekämpfung iwS erstreckt sich über mehrere Phasen,[46] die unterschiedliche Zumutungen für Gesellschaft, Staat und Recht bereithalten.

I. Vermeidung

In der Krise realisieren sich Risiken, deren Beherrschung ein Anliegen des modernen Staats ist. Daher steht an erster Stelle staatlicher Handlungsoptionen die Krisenvermeidung oder -verhütung[47]. Im Katastrophenschutzrecht ist sogar von einem an das umweltrechtliche Vorsorgeprinzip[48] angelehnten „Vermeidungsprinzip"[49] die Rede.

Das Risiko, über dessen Definition keine Einigkeit besteht,[50] wird in Abgrenzung zur polizeilichen Gefahr durch eine geringere Eintrittswahrscheinlichkeit, d. h. die mehr oder weniger entfernte „Möglichkeit" eines nachteiligen Zustands charakterisiert.[51] Auch aus Sicht eines objektiven Beobachters steht nicht abschließend fest, mit welcher Wahrscheinlichkeit ein Schaden eintreten wird.[52] Es fehlt hier oft schon an einem aussagekräftigen objektiven Wissensstand. In der Bewertung der Wahrscheinlichkeit liegt eine erhebliche Unbestimmtheit, die indes der gesteigerten Ungewissheit des Eintritts von in der Abhängigkeit von Ursachen und Wirkungen interdependenten Beziehungen neuartiger naturwissenschaftlicher und technischer Herausforderungen geschuldet ist.[53] Auf Grund eben jener Abhängigkeit vom aktuellen Kenntnisstand der Wissenschaft ist auch das Ergebnis der Abwägungsentscheidung über die Hinnehmbarkeit des Risikos stets im Wandel.[54]

---

[46] „Zyklus-Modell", vgl. *Hustedt* (o. Fn. 31), S. 184 f.

[47] S. zB im Entwurf der Bundesregierung eines Gesetzes zur Neuordnung seuchenrechtlicher Vorschriften (SeuchRNeuG), BT-Drs. 14/2530, S. 38: Prävention als „Leitgedanke" des IfSG.

[48] Hierzu *Kloepfer*, Umweltrecht, 4. Aufl. 2019, § 4 Rn. 22 ff.

[49] *Kloepfer* (o. Fn. 6), § 6 Rn. 1 ff.; zum vorbeugenden Katastrophenschutz s. a. *Wolf* (o. Fn. 30), S. 401 f.

[50] *Müller* Risiko und Recht, in: Hilgendorf/Jorden (Hrsg.), Handbuch der Rechtsphilosophie, 2. Aufl. 2021, S. 511 (512); vgl. *Schulze-Fielitz*, DÖV 2011, 785 (786).

[51] S. etwa *Karthaus*, Risikomanagement durch ordnungsrechtliche Steuerung, 2001, S. 58 f.

[52] *Müller* (o. Fn. 50), S. 512; *Jaeckel*, JZ 2011, 116 (124).

[53] *Jaeckel*, JZ 2011, 116 (117).

[54] *Di Fabio*, Risikoentscheidungen im Rechtsstaat, 1994, S. 72.

Der Staat darf grundsätzlich nicht erst das Umschlagen des Risikos in einen Schaden abwarten, sondern muss bereits im Vorfeld effektive Präventionsmaßnahmen treffen – ohne dabei jedes Risiko unter allen Umständen ausschließen zu können oder zu müssen.[55] Auch in der Vermeidungsphase ist ein gewisses Restrisiko von allen Bürgern als sozial adäquate Last zu tragen: Es besteht keine Pflicht des Staates, jegliches, mit einem noch so unwahrscheinlichen Risiko verbundenes Handeln zu unterbinden, oder sich auf jede noch so fernliegende Krise vorzubereiten.[56] Risikopräventive Regelungen finden sich zB in § 7 Abs. 2 Nr. 3 AtG, § 6 Abs. 1 GenTG, § 40 Abs. 1 Nr. 2 AMG, § 17 Abs. 2 ChemG sowie im Bereich des Lebensmittel- (§ 1 Abs. 1 Nr. 1, Abs. 2 LFGB) und des Seuchenschutzrechts (§ 1 Abs. 1 IfSG).[57] Auch jenseits des Risikoverwaltungsrechts – etwa in der Fach- und Raumplanung – wird das Anliegen der Krisenvermeidung (oder zumindest -vorbereitung) verwirklicht.[58] In all diesen Gesetzeswerken finden sich indes kaum Regelungen zur Krisenbekämpfung ieS, sollte sich das Risiko tatsächlich einmal realisieren.[59]

II. Vorbereitung

Nicht alle Krisen sind tatsächlich vorhersehbar und in ihrer konkreten Erscheinung vermeidbar. Bisweilen fehlt es auch an der Einsicht, dass eine bestimmte Krise droht. Oder ihre Vermeidung fordert zu hohe (politische) Kosten, so dass Staat und/oder Gesellschaft ihre Eintrittsgefahr ausblenden und darauf hoffen, dass die Krise auch ohne aktive (oder bei nur halbherziger) Krisenvermeidung nicht oder zumindest nicht in vollem Umfang eintreten wird.

Aber selbst wenn eine Krise vermeidbar gewesen wäre, nützt diese Erkenntnis den Betroffenen im Moment ihres Eintritts auch nichts mehr. Daher tritt neben die Vermeidungsphase die Vorbereitungs- bzw. Vorsorgephase, während der sich der Staat durch Informationsgewinnung, Organisation, Planung, Übung sowie durch die Beschaffung und Bevorratung von Ressourcen so gut wie möglich auf die Krisenbekämpfung ieS vorzubereiten hat.[60]

---

[55] BVerfGE 157, 30 (111 ff.); *Müller* (o. Fn. 50), S. 513.
[56] BVerfGE 49, 89 (143); *Isensee*, Das Grundrecht auf Sicherheit, 1983, S. 41 f.
[57] Vgl. *Kaufhold* (o. Fn. 1), S. 11.
[58] S. § 1 Ab. 6 Nr. 10, 12 BauGB, § 2 Abs. 2 Nr. 6 und 7 ROG, §§ 72 ff. WHG. Zu den planerischen Instrumenten der Krisenvorbereitung *Adam*, Raum- und Stadtplanung als Instrument der Katastrophenvorsorge, in: Karutz/Geier/Mitschke (Hrsg.), Bevölkerungsschutz, 2017, S. 178 ff.; *Kloepfer* (o. Fn. 6), § 10 Rn. 67 ff., § 18 Rn. 5 ff.
[59] *Klafki* (o. Fn. 5), S. 45 f.
[60] Insbesondere zur Planungspflicht *Klafki* (o. Fn. 5), S. 147 f.

Die sinnvolle Nutzung dieser Phase wird durch die Ungewissheit und die Unvorhersehbarkeit der kommenden Krise erschwert. So ist es zwar einigermaßen sicher, *dass* künftig Extremwetterereignisse eintreten werden. Wo, wann und wie dies aber der Fall sein wird, d.h. *wann welche* personellen und sachlichen Ressourcen *an welchem Ort* bereitstehen müssen, ist einigermaßen unklar. Alles das kulminiert im „Schwarzen Schwan", dem unvorhergesehenen und unvorhersehbaren Ereignis.[61] Diese Unsicherheit hat Auswirkungen auf die Bereitschaft, Zeit, Energie und Ressourcen für die Vorbereitung auf ein Ereignis aufzuwenden, von dem niemand weiß, ob, wann, in welcher Form und mit welcher Intensität es eintreten wird.

Dennoch ist in dieser Phase nicht nur die Krisenbekämpfung ieS durch Planung und Organisation vorzubereiten, sondern es ist eine *Krisenresilienz* von Staat und Gesellschaft herzustellen, die die Folgen einer Krise abmildert[62] und die nur in engen Grenzen während der Akutphase aufgebaut werden kann.[63] Resilienz beschreibt die Widerstandsfähigkeit eines Systems oder eines Individuums gegen krisenbedingte Funktionsverluste: Das Individuum soll entweder aus eigenem Antrieb oder aufgrund staatlicher Anregung Vorkehrungen treffen, um seine psychische oder physische Verletzlichkeit zu vermeiden, bei Unvermeidbarkeit ihre Folgen erträglich zu gestalten oder zu kompensieren und zur Wiederherstellung der Funktionsfähigkeit beitragen zu können.[64] Der Bezugspunkt des Begriffs variiert: Resilienz kann sich auf Personen, Institutionen, Unternehmen v.a. der Infrastruktur, die Gesellschaft, das Recht[65] oder den Staat in seiner Gesamtheit beziehen.[66]

III. Bekämpfung

Der Eintritt der Krise löst die Notwendigkeit einer Krisenbekämpfung ieS – des eigentlichen „Krisenmanagements"[67] – aus. Hier schlägt die Stunde des Katastrophenschutzrechts. Verursachung und Vermeidbarkeit der Krise spielen in diesem Moment keine Rolle

---

[61] Begriff von *Taleb,* The Black Swan, 2. Aufl. 2010, S. XXI ff.
[62] Zur Staatsaufgabe „Resilienzgarantie" *Rixen,* VVDStRL 80 (2021), 37 (49 ff.); s.a. *Hustedt* (o. Fn. 31), S. 181 ff.
[63] S.a. zur Herstellung der Krisenfestigkeit kommunaler Institutionen während der Corona-Pandemie, *Meyer,* NVwZ 2020, 1302.
[64] *Rixen* (o. Fn. 62), S. 42 f.; s.a. *Bundesregierung,* Deutsche Strategie zur Stärkung der Resilienz gegenüber Katastrophen, 2022, S. 17.
[65] Hierzu etwa die Beiträge in: v. Lewinski (Hrsg.), Resilienz des Rechts, 2016 und *Barczak* (o. Fn. 1), S. 605 ff.
[66] Die „Begriffskarriere" der Resilienz schildert *Rixen* (o. Fn. 26), S. 346 ff.
[67] *Barczak,* DVBl. 2023, 1036 (1040).

(mehr);[68] wohl aber die Gewissenhaftigkeit bei der Vorbereitung auf die Krisenbekämpfung. Akute Krisenabwehr benötigt einen langen strategischen Vorlauf an institutionalisierter Organisation und Vorsorge. Sie bedarf der im Katastrophenschutzrecht vorgesehenen Kooperation, der Koordination sowie der Übung all dessen bereits im Vorfeld einer möglichen Krise, deren Einzelheiten niemand vorhersehen kann.[69]

An das Krisenmanagement während der akuten Krisenphase werden fünf Anforderungen gestellt:[70] *Erstens* gilt es, eine Krisensituation hinsichtlich ihrer Art, ihres Umfangs sowie ihres Bedrohungspotenzials möglichst frühzeitig zu erkennen. Die Erfüllung dieser Aufgabe wird durch undurchsichtige Kausalverläufe und unsichere Informationslagen erschwert. *Zweitens* muss in einer Krise entschieden werden, wie der Situation zu begegnen ist. Auch hier wirken sich die Unsicherheit und die Dynamik der Situation selten vorteilhaft auf die Qualität der Entscheidungen aus. *Drittens* sind die verschiedenen an der Krisenbewältigung beteiligten Akteure miteinander zu koordinieren. *Viertens* sollte spätestens mit den ersten belastbaren Erkenntnissen über die Krisensituation auch die Krisenkommunikation mit der Öffentlichkeit einsetzen.[71] Das *fünftens* ebenfalls geforderte „Lernen *aus* der Krise" dürfte erst nach deren Beendigung volle Bedeutung erlangen. Ein „Lernen *während* der Krise" ist hingegen ein schon früh einsetzender Auftrag, der eine permanente Anpassung der Strukturen und Entscheidungen in der Krisenbekämpfung im Sinne eines „trial and error" fordert.

Die Dringlichkeit des durch den Kriseneintritt hervorgerufenen Handlungsbedarfs taucht die Überschreitung von Zuständigkeitsgrenzen während der anfänglichen „Chaosphase"[72] in ein mildes Licht. Auch dürfte zunächst eine signifikante Bereitschaft auf Seite der Handelnden wie auf der Seite der Betroffenen bestehen, grundrechtlich belastende (Verteilungs-)Entscheidungen unter Unsicherheit hinzunehmen. Die Justiz dürfte in den allein in Frage kommenden Eilverfahren bei der Abwägung regelmäßig zugunsten des staatlicherseits verfolgten Rechtsgüterschutzes entscheiden.[73] Aber je

---

[68] Zu dieser Phase *Wolf* (o. Fn. 30), S. 402 ff.
[69] *Wolf* (o. Fn. 30), S. 403.
[70] Die folgende Ausdifferenzierung findet sich bei *Hustedt* (o. Fn. 31), S. 186 f.
[71] Empfehlungen zur Kommunikation von Lageinformationen wurden entwickelt von *Wahl/Gerhold*, in: Gerhold/Peperhove/Lindner/Tietze (Hrsg.), Schutzziele, Notfallvorsorge, Katastrophenkommunikation, 2012, S. 66 (69 ff.).
[72] Begriff aus der Stellungnahme des THW für den Ausschuss für Inneres und Heimat des Deutschen Bundestages, Ausschussdrucksache 20(4)80 E, S. 3.
[73] Etwa OVG Saarlouis, 26.5.2021 – 2 B 136/21, BeckRS 2021, 12437 zur Ladenöffnung nur für negativ auf eine Corona-Infektion getestete Kunden; zum einstweiligen Rechtsschutz gegen ein Verbot von „Montagsspaziergängen", BVerfG NVwZ 2022, 324.

länger die Krise anhält und je mehr Staat und Bürger sich an sie gewöhnt haben, desto eher werden wieder die Fragen nach Zuständigkeit, Legitimation und Rechtsschutz gestellt und desto mehr werden staatliche Entscheidungen auch materiell im Hinblick auf ihre Sinnhaftigkeit und Verhältnismäßigkeit politisch und rechtlich angegriffen werden.[74]

IV. Beseitigung

Zeitlich schon jenseits der Krisenbekämpfung ieS erfolgt die Beseitigung langfristiger Krisenfolgen (wie etwa wirtschaftlicher Schäden von Unternehmen und Individuen)[75] mit Instrumenten der Sozial-, Wirtschafts-, Steuer- oder Finanzpolitik oder im Verhältnis der Gebietskörperschaften untereinander im Wege des Finanzausgleichs.

V. Aufarbeitung

Nach Beendigung des unmittelbaren Krisenereignisses, aber noch während der Bekämpfung der langfristigen Krisenfolgen setzt eine Phase der Reflexion und der Aufarbeitung ein. Deren Ergebnisse lösen idealerweise einen Lernprozess aus, der wiederum die Vorbereitung auf die nächste Krise informiert.[76] Die Evaluation sollte den Blick nicht nur auf den (Miss-)Erfolg bei Vermeidung, Verringerung oder Bekämpfung der Krise – also auf Effizienz und Effektivität der Krisenbekämpfung – richten, sondern auch die erwartet oder unerwartet eingetretenen (Neben-)Folgen der Krisenbekämpfung benennen und in ein Verhältnis zu den Krisenfolgen setzen.[77]

---

[74] Zu der sich im Laufe der Corona-Krise verändernden Kontrolldichte der Gerichte: *Klafki*, JöR 2021, 583 (592 ff.).

[75] *Wolf* (o. Fn. 30), S. 404 f.

[76] Die Begleitforschung zu Wirksamkeit und Nebenfolgen der Maßnahmen während der Corona-Pandemie scheint allerdings bislang zu wünschen übrig zu lassen, vgl. Bericht des Sachverständigenausschusses nach § 5 Abs. 9 IfSG, Evaluation der Rechtsgrundlagen und Maßnahmen der Pandemiepolitik, 2022, S. 26 ff., abzurufen auf www.bundesgesundheitsministerium.de.

[77] So haben die Schulschließungen während der Corona-Pandemie sicher zur Verringerung der Infektionszahlen beigetragen. Sie hatten allerdings auch erhebliche negative Auswirkungen auf die Leistungsentwicklung betroffener Schüler. So wurde etwa das Aktionsprogramm des Bundes „Aufholen nach Corona für Kinder und Jugendliche für die Jahre 2021 und 2022" (2 Mrd. Euro) damit begründet, dass pandemiebedingte Schulschließungen bei bis zu einem Viertel der Schülerinnen und Schüler zu deutlichen Lernrückständen geführt haben; siehe die Ankündigung in dem „factsheet", auf der www.bmfsfj.de. Auch die psychische Gesundheit der Schüler wurde beeinträchtigt (Felfe/Saurer/Schneider et alt., The youth mental health crisis: Quasi-

Reflexion- und Aufarbeitung finden in einer Vielzahl von Foren statt. In erster Linie begleiten die Medien und damit „die Öffentlichkeit" die Krisenbekämpfung durchweg. Staatliches Handeln wird des Weiteren gerichtlicher Kontrolle unterzogen, die allerdings in der unmittelbaren Krisensituation typischerweise höchstens in Form des einstweiligen Rechtsschutzes stattfinden kann.[78] War die Krise schwer genug, erfolgt auch eine gegebenenfalls von Expertenkommissionen[79] vorbereitete politische Aufarbeitung in parlamentarischen Gremien (zB in Untersuchungsausschüssen[80]).

In dieser abschließenden Phase sollen indes nicht nur Lerneffekte für die nächste Krise erzielt werden, sondern sie dient auch Zuweisung und Realisierung gesellschaftlicher, politischer und rechtlicher Verantwortung für die in der Krisenbekämpfung (oder bei deren Vorbereitung nicht) getroffenen Entscheidungen.

VI. Gleichzeitigkeit

Die dargelegten Phasen verlaufen in Bezug auf je unterschiedliche Krisen – bisweilen auch phasenverschoben – nebeneinander: Noch während der Diskussion über mögliche Folgen der einen Krise (Corona oder auch Flut im Ahrtal) kann schon die nächste Krise ausgelöst werden (Energiekrise durch den Überfall Russlands auf die Ukraine). Hierfür hat sich der – neuerdings zur Begründung einer Ausnahme von dem Verbot der Nettoneuverschuldung (vgl. Art. 109 Abs. 3 GG) genutzte[81] – Begriff der „Polykrise" eingebürgert.[82] Die

---

experimental evidence on the role of school closures, Science Advances, 9/33 (18. August 2023), abrufbar auf der Internetseite von Science Advances.); insbesondere, wenn diese nicht über einen stabilen familiären Hintergrund verfügten. Dies alles berührte die Schüler in ihrem Grundrecht auf schulische Bildung, BVerfGE 159, 355 (380 ff.).

[78] Zu dem phasenabhängigen Umgang der Gerichte mit den massiven Grundrechtseingriffen während der Coronakrise etwa *Gärditz*, NJW 2021, 2761; *Klafki*, JöR 2021, 583 (592 ff.); *Lepsius*, JöR 2021, 705; *ders.*, (o. Fn. 8), S. 336, Fn. 75: die Angemessenheitskontrolle wurde „materiell-rechtlich auf Leerlauf" gestellt; positiver *Kersten/Rixen* (o. Fn. 13), S. 110 ff., 128 ff., 153 ff.

[79] ZB mit Blick auf die Corona-Pandemie den Bericht des Sachverständigenausschusses nach § 5 Abs. 9 IfSG (o. Fn. 76), S. 72 ff.

[80] Siehe zB die verschiedenen Anträge auf Einsetzung eines Untersuchungsausschusses in: LT-Drs. NRW 18/56, S. 1 ff.; LT-Drs. RLP 18/1068 S. 1 ff.; LT-Drs. BB 7/1991; s. a. Beschlussempfehlung und Bericht des Untersuchungsausschusses zur Untersuchung der Corona-Krisenpolitik, LT-Drs. BB 7/8552.

[81] So Bundeswirtschaftsminister *Habeck* nach „Kontroversen verschoben", F. A. Z. 25.11.2023, S. 4.

[82] Wohl erstmals bei *Morin/Kern*, Homeland Earth, 1999, S. 74; im Zusammenhang mit der Griechenlandkrise von *Juncker* aufgegriffen (*Juncker*, Speech by President Jean-Claude Juncker at the Annual General Meeting of the Hellenic Federation of Enterprises, 21.6.2016, https://ec.europa.eu/commission/presscorner/detail/en/SPEE

Vergegenwärtigung dieser Krisen durch eine andauernde Krisenrhetorik mit einer selbstverständlichen, inflationären Anwendung des Begriffs auf alle möglichen Sachverhalte kann aber auch die abstumpfende Gewöhnung an eine permanente Krisenstimmung zur Folge haben.[83] Oftmals lösen Krisen auch einander aus oder verstärken sich wechselseitig. So wird ein Kausalzusammenhang zwischen der durch den Klimawandel ausgelösten Er- oder Überhitzung afrikanischer Regionen und Flüchtlingskrisen durch ungeordnete Migration[84] ebenso diskutiert wie ein Zusammenhang zwischen der Banken- und der Eurokrise.[85] Die durch Überalterung der Bevölkerung angelegte demographische Krise kann irgendwann eine Krise durch die Überlastung des Gesundheitssystems auslösen.

VII. Defizite

In keiner Krise werden ausschließlich richtige Entscheidungen getroffen. Nie werden alle von der Krise berührten Menschen mit allen staatlichen Maßnahmen der Krisenbekämpfung zufrieden sein. Doch so heterogen, wie die hier zu behandelnden Krisen sind, so unterschiedlich sind auch die Defizite, die im Nachhinein im Hinblick auf die Vorbereitung und den Umgang mit ihnen sowie mit Blick auf ihre Bewältigung – immer wieder – festgestellt werden.[86] Auch wenn die Fehler und Versäumnisse „krisenspezifisch" geprägt sind (eine Bankenkrise wird nicht durch fehlenden Impfstoff abgemildert), lassen sie sich doch kategorisieren und strukturieren.

Basis aller Krisenbekämpfung ist deren Planung. Da während der akuten Krisenphase schnell reagiert werden muss und es dann oft zu spät sein dürfte, sich grundlegende Gedanken über Ressourcenbeschaffung, Zuständigkeiten, Maßnahmen und Abläufe zu machen, können *Planungsdefizite* fatale Folgen haben. Für die Planung ist

---

CH_16_2293) und von *Tooze* in der FT vom 28.10.2022 („Welcome to the world of the polycrisis") wiederbelebt.

[83] *Lepsius* (o. Fn. 8), S. 317.

[84] *Preuß*, Wie soll Europa erst mit 200 Millionen Klimaflüchtlingen aus Afrika umgehen? Welt.de, 15.10.2017; *Myers*, Population and Environment 1997, 167 ff.

[85] *Illing*, Die Euro-Krise, 2013, S. 41 ff.

[86] In vielerlei Hinsicht kein gutes Zeugnis stellen etwa aus: Bericht des Sachverständigenausschusses nach § 5 Abs. 9 IfSG (o. Fn. 76); *Kirschstein*, Flutkatastrophe Ahrtal, 2023. S. a. die Berichte zur Krisenaufarbeitung etwa BT Wissenschaftlicher Dienst, Verlauf der Finanzkrise, Entstehungsgründe, Verlauf und Gegenmaßnahmen, WD 4-3000-075/09; BT Wissenschaftlicher Dienst, Regulierung nach der Finanzkrise, WD 4-3000-154/18; Protokoll Ausschuss für Inneres und Heimat über die Anhörung zum TOP „Ein Jahr nach der Flutkatastrophe – Ausblick auf die Zukunft des Bevölkerungsschutzes, 4.7.2022, Protokoll-Nr. 20/12.

jeder Aufgabenträger in seinem Zuständigkeitsbereich verantwortlich, da Planung eine notwendige Vorstufe für die effektive und effiziente Erledigung der übertragenen Aufgaben ist. Da die Krisenbekämpfung häufig das Zusammenwirken verschiedener Aufgabenträger erforderlich macht, müssen auch Kooperations- und Kommunikationsstrukturen [87] gemeinsam geplant werden. Basis aller Krisenbekämpfung sind die Katastrophenschutzpläne, die von allen beteiligten Akteuren erlassen und aufeinander abgestimmt werden.[88] Zudem gibt es in spezifischen Bereichen der Krisenbekämpfung besondere, ebenfalls häufig kooperativ abgestimmte Pläne. Zu nennen wäre etwa der Deutsche Aufbau- und Resilienzplan[89] (DARP) aus den Jahren 2022/2023 oder der erstmals im Jahr 2005 veröffentlichte und danach mehrfach angepasste Nationale Pandemieplan (NPP).[90] Betrachtet man die unüberschaubare Vielzahl und inhaltliche Breite an Konzepten, Plänen und Strategien für die Krisenbekämpfung, die von der kommunalen Ebene bis hin zur Ebene des Bundes erstellt worden sind, dürfte ein Mangel an Planung die Krisenbekämpfung in Deutschland wohl kaum beeinträchtigen.

Aber auch die beste Planung von Maßnahmen zur Krisenbekämpfung ist wenig wert, wenn Abläufe innerhalb eines Verwaltungsträgers oder bei der Kooperation verschiedener Verwaltungsträger nicht eingeübt worden sind; mithin, wenn *Ausbildungs-* und *Übungsdefizite* zu beklagen sind. Es gilt der Grundsatz: „in der Krise Köpfe kennen".[91] Dies dürfte weniger bei den ständig mit der Krisenbekämpfung befassten Aufgabenträgern (Feuerwehren, THW) ein Problem sein, da diese sich entweder kennen oder aber doch zumindest dieselbe Sprache sprechen. Aber auch für Feuerwehrleute – zumal die freiwilligen – ist ein Krisenstab kein natürliches Habitat. Wenn dann noch mit ansonsten ganz anderen Verwaltungsaufgaben befasste Amtsträger – etwa der Landrat als oberster Katastrophenschützer – aus dem Stand in Krisenstäbe abkommandiert, mit strategischen Aufgaben betraut werden und dann entsprechende Entscheidungen treffen sollen, liegt die Notwendigkeit der vorherigen Ausbildung und Übung auf der Hand.[92]

Krisenbekämpfung kann durch *Allokationsdefizite* erschwert oder unmöglich gemacht werden: Ressourcen sind zwar vorhanden, aber

---

[87] Zur Notwendigkeit einheitlich gegliederter Kommunikationsstrukturen in der Krise, *Klafki* (o. Fn. 5), S. 156 ff.
[88] *Kloepfer*, Handbuch des Katastrophenrechts, 2014, § 10 Rn. 67 ff., § 18 Rn. 5 ff.
[89] https://www.bundesfinanzministerium.de.
[90] www.rki.de; zur völkerrechtlichen, europäischen sowie zur deutschen Pandemieplanung auf den verschiedenen Ebenen *Klafki* (o. Fn. 5), S. 228 ff., 236 f., 243 ff.
[91] *BMI/BBK*, Lernen aus Krisenlagen 2023, S. 4.
[92] So berichtet *Kirschstein*, Flutkatastrophe Ahrtal, 2023, S. 178 ff., von erratisch besetzten Krisenstäben.

sie befinden sich nicht (rechtzeitig) an dem Ort, an dem sie benötigt werden. Dieser Situation kann durch mangelndes Wissen um die Existenz oder die Lokalisation der Ressource, durch mangelnde Kommunikation mit ihrem Inhaber, mangelnde Information über Verfügbarkeit und Beschaffbarkeit oder die in der akuten Krise mangelnden logistischen Fähigkeiten zur Verlegung verursacht sein. Es war eine der wesentlichen Erkenntnisse aus der Flutkatastrophe in Sachsen (2002), dass es nicht an verfügbaren Kräften, teilweise jedoch an deren koordinierter Anforderung und koordiniertem Einsatz gemangelt habe.[93] Ähnliches wurde aus dem Ahrtal berichtet.[94]

Den Allokationsdefiziten können *Ausstattungsdefizite* vorgelagert sein: Benötigte Ressourcen fehlen und sind auch nicht zeitnah zu beschaffen. Dies kann mehrere Ursachen haben: Die Krise mag als so unvorhersehbar erscheinen, dass auch die Notwendigkeit einer bestimmten Ressource zu ihrer Bekämpfung nicht absehbar war. Oder der Aufgabenträger hat einfach darauf gehofft, dass eine bestimmte Krise nicht eintreten und daher die Nutzung der Ressource zu ihrer Abwehr nicht erforderlich sein wird. Deren Nichtanschaffung kann aber auch eine bewusste Vermeidung von Redundanz oder der Verschwendung öffentlicher Mittel sein – in der Hoffnung, dass man die Ressource im Notfall schnell von einer anderen Stelle wird beschaffen können, man nun aber feststellen muss, dass Lieferketten zusammenbrechen oder bestimmte Produkte nicht mehr in Europa, geschweige denn in Deutschland hergestellt werden. Entsprechend ist benötigtes Personal entweder nicht vorhanden oder nicht auf die Aufgabenerfüllung vorbereitet.

In beiden Fällen tragen *Informationsdefizite* zu den Schwierigkeiten bei der Krisenbekämpfung bei: Diese können zum einen die Wahrscheinlichkeit eines Kriseneintritts sowie die Art der Krise betreffen und damit die Beurteilung der Notwendigkeit einer bestimmten Ressource erschweren. Ein Mangel an Informationen kann zum andern auch den Zugriff auf eine bei einem anderen Aufgabeträger vorhandene Ressource erschweren oder unmöglich machen. Die Koordination dezentral vorhandenen Wissens (Ortskenntnisse, Wissen um Ressourcen, sonstige Fachkenntnisse) ist eine wichtige Voraussetzung erfolgreicher Krisenbekämpfung.

Auch *Kommunikationsdefizite* gefährden Effizienz und Effektivität von Krisenbekämpfung. Diese Defizite können zum einen bei

---

[93] Bericht der Unabhängigen Kommission der Sächsischen Staatsregierung Flutkatastrophe 2002, 2002, S. 202, 204 und öfter; BVerfGE 126, 122 (147) verweist auf diese Gefahr, um die Eingliederung eines Privaten in die Trägerschaft des öffentlichen Rettungsdienstes zu rechtfertigen.
[94] So der Sachverständige *Broemme*, BT Ausschuss für Inneres und Heimat, Sitzung am 4.7.2022, Protokoll-Nr. 20/12, S. 30.

der externen Kommunikation bestehen. Hinter jedem erfolgreichen Krisenmanagement steht eine erfolgreiche, transparente Risikokommunikation, die nicht nur warnt, sondern auch konkrete, gut verständliche und umsetzbare Handlungshinweise gibt.[95] Dies gilt sowohl für die Vorbereitungsphase, in der Resilienz hergestellt werden soll, als auch in der Phase der akuten Krisenbekämpfung.[96]

Kommunikationsdefizite können aber auch zwischen Verwaltungsträgern, zwischen Behörden eines Verwaltungsträgers oder sogar innerhalb einer Behörde auftreten, wenn verschiedene aufgrund originärer Zuständigkeit oder im Wege der Amtshilfe beteiligte Aufgabenträger ihre Maßnahmen nicht miteinander abstimmen. Ein Grund für die Entstehung dieser Defizite kann auch technischer Natur sein, wenn Kommunikationsmittel nicht (mehr) nutzbar sind oder die Beteiligten unterschiedliche Standards verwenden. Bei solchen Kommunikationsdefiziten macht sich die allenthalben beklagte Verzögerung der Digitalisierung in Deutschland[97] besonders bemerkbar.

Während sich viele der bislang genannten Defizite im Rahmen der bestehenden Zuständigkeitsordnung bei gutem Willen und entsprechendem Ressourceneinsatz beheben lassen, weist grundsätzliche Kritik auf die Erschwerung der Krisenbekämpfung durch *Organisationsdefizite* hin, wenn zuständige Stellen mit der Krisenbewältigung „überfordert" sind. Eine solche Überforderung kann bereits im Vorfeld der Krise dadurch angelegt sein, dass die erforderlichen Ressourcen nicht beschafft werden (können); dadurch, dass das erforderliche Personal nicht vorhanden ist; dadurch, dass die Krisenbekämpfung nicht eingeübt wurde usw. Hier wird dann schnell der Ruf nach einer Zuständigkeitsverlagerung auf die nächsthöhere staatliche Ebene laut, der entweder ad hoc oder dauerhaft Koordinierungs-, Leitungs- oder sogar operative Befugnisse zugewiesen werden sollen.

VIII. Veränderungen während der Krise

Trifft die Krisenbekämpfung auf rechtliche oder tatsächliche Schwierigkeiten, führt dies häufig dazu, dass die mit ihr befassten

---

[95] Bericht des Sachverständigenausschusses nach § 5 Abs. 9 IfSG (o. Fn. 76), S. 49 ff.
[96] S. *Kloepfer* (o. Fn. 6), § 8 Rn. 13 ff., § 10 Rn. 97 ff.
[97] Vgl. etwa *EU-Kommission, Vertretung in Deutschland,* Pressemitteilung 27.9. 2023: „Deutschland sollte seine Anstrengungen im Bereich der Netzinfrastruktur, der Gigabit-Anschlüsse und insbesondere der Glasfaseranschlüsse bis zum Endverbraucher verstärken."

Akteure bestehende Abläufe so lange verändern und improvisieren, bis sie als krisenadäquat empfunden werden. In der akuten Krise bilden sich daher ganz unbeeindruckt von Legitimitätsmaßstäben oder der Vereinbarkeit mit bundesstaatlicher Kompetenz- und Verantwortungsverteilung spontane Prozesse oder Strukturen. Sie bilden sich, weil sie von den Akteuren der Krisenbekämpfung als effektiv empfunden werden. Die Krise erweist sich in dieser Hinsicht als ein Katalysator struktureller Veränderungen.[98]

Ein eher harmloses Beispiel hierfür ist das während der Coronakrise etablierte „Kleeblattkonzept", nach dem aufgrund der Koordination durch das GMLZ beim BBK schwer erkrankte Patienten bundesweit verlegt wurden, um Versorgungsengpässe zu vermeiden.[99] Seit März 2022 wird das Konzept genutzt, um Verletzte und Erkrankte aus der Ukraine nach Deutschland zur medizinischen Weiterversorgung zu transportieren.[100]

Ganz anders ist hingegen die Zusammenarbeit der Ministerpräsidentinnen und -präsidenten der Länder mit der Bundeskanzlerin während der Coronakrise zu beurteilen,[101] die in einem Sachbereich stattfand, in dem der Bund für die Gesetzgebung und die Länder für die Gesetzesanwendung „als eigene Angelegenheit" (Art. 83 GG) verantwortlich sind. In der öffentlichen Wahrnehmung hat dabei der Bund (in Person der Bundeskanzlerin) eine führende Rolle bei den Entscheidungen über die Anwendung des Gesetzes übernommen – auch wenn formal natürlich immer noch die Landesregierungen selbst über ihre Maßnahmen und v.a. ihre Rechtsverordnungen entschieden haben.

Durch den in diesem Gremium aufgebauten Kooperationsdruck wurde der Vorteil der Dezentralität, der in der Möglichkeit eines Erlasses von den örtlichen Verhältnissen angemessenen Regelungen bestand, zur Vermeidung des übel beleumundeten „Flickenteppichs"[102] leichtfertig aufgegeben. Aus diesem Blickwinkel war es nur konsequent, dass der Bund schlussendlich mit der Bundesnotbremse[103] sich selbst vollziehende Gesetze erlassen und damit die Länder

---

[98] Zur Veränderungsdynamik des Rechts in der Krise *Klafki*, JöR 2021, 583 (583).

[99] *Gräsner/Hannappel/Zill et. alt.*, Dtsch. Ärztebl. 2020, 117 (48): A 2321-3 (online).

[100] *Gräsner/Hannappel/Friemert et. alt.*, Dtsch Ärztebl. 2022, 119 (25): A 1122-6 (online).

[101] Kritisch *Kingreen*, NJW 2021, 2766 (2769f.); *Waldhoff*, NJW 2021, 2772 (2774f.); s.a. *Klafki* (o. Fn. 5), 2017, S. 291ff.; *Meyer*, NVwZ 2023, 1294.

[102] *Overhoff*, Ein Wortgespenst geht um in Deutschland, FAZ vom 6.5.2020, abrufbar auf www.faz.net; s.a. zu der abwertenden Verwendung des Begriffs *Kloepfer*, VerwArch 2021, 169 (198f.); s.a. *Klafki*, JöR 2021, 583 (601 Fn. 118).

[103] Viertes Gesetz zum Schutz der Bevölkerung bei einer epidemischen Lage von nationaler Tragweite vom 22.4.2021 (BGBl. I 802).

aus ihrer „eigenen Verantwortung" (Art. 83 GG) entlassen hat.[104] Zudem konnten sich die Ministerpräsidenten der öffentlichen sowie der parlamentarischen Kontrolle ihrer Entscheidungen durch Hinweis auf die Verabredungen mit dem Bund und den übrigen Ländern praktisch entziehen. Hier hat sich Kooperation als Treiber einer Verantwortungsdiffusion erwiesen, die die Aufarbeitung der Krisenbekämpfung dadurch erschwert, dass die politische Verantwortung für schärfste Grundrechtseingriffe an ein verfassungsrechtlich nicht vorgesehenes und als Kollektiv nicht zur Verantwortung zu ziehendes Gremium delegiert wurde.

---

[104] Zustimmend, aber ohne Problembewusstsein hins. Art. 83 GG: BVerfGE 159, 223 (286 ff.); positiv ebenfalls *Greve/Lassahn*, NVwZ 2021, 665 ff.; kritisch *Barczak*, JZ 2022, 981 (989); *Schwarz*, COVuR 2021, 258 (259 ff.).

D. Staat und Private in der Krisenabwehr

I. Krisenbekämpfung als Staatsaufgabe

Die Gewährleistung von innerer und äußerer Sicherheit ist die legitimitätsstiftende Aufgabe moderner Staatlichkeit.[105] Der Staat muss sich in der Krise beweisen und das Vertrauen seiner Bürger bestätigen. Weil der Einzelne mit der Krisenbekämpfung überfordert ist, schreibt er dem Staat die primäre Verantwortung für Krisenprävention, -vorbereitung und -bekämpfung sowie für die Folgenbeseitigung zu. Mit dieser Erwartungshaltung korrespondieren verfassungsrechtliche Handlungspflichten des Staats, der die Aufgabe der Krisenbekämpfung iwS nicht einfach umfassend an die Gesellschaft delegieren darf.[106]

Neben den Staatszielbestimmungen des Grundgesetzes (zB das Sozialstaatsprinzip, aber auch Art. 20a GG[107]), die den Staat objektiv-rechtlich[108] zum Schutz von in Lebensgefahr geratenen Menschen[109] sowie einer „solidarischen Bewältigung der Folgen"[110] einer Krise verpflichten, bindet ihn v.a. die Schutzpflichtdimension der einzelnen Freiheitsrechte[111] – insbesondere des Rechts auf Leben und körperliche Unversehrtheit,[112] dem aber auch kein absoluter Wert zukommt.[113] Andere Grundrechte (v.a. das Eigentum[114]) weisen ebenfalls eine positive Dimension auf, die den Staat in einer Krise in allen Phasen des Krisenzyklus[115] zum Handeln verpflich-

---

[105] Vgl. *Isensee* (o. Fn. 56), S. 15 ff.; *Möstl*, in: Stern/Sodan/Möstl (Hrsg.), StaatsR Bd. I, § 1 Rn. 3, 8, 13, 20.; damit geht jedoch kein absoluter Vorrang der Sicherheits- vor der Freiheitsgewährleistung einher, vgl. *Di Fabio*, Risikoentscheidungen im Rechtsstaat, 1994, S. 35 ff.

[106] *Gärditz*, in: Stern/Sodan/Möstl (Hrsg.), StaatsR Bd. I, 2. Aufl. 2022, § 22 Rn. 77.

[107] Zuletzt BVerfGE 157, 30 (137 ff.).

[108] *Schwarz*, in: Stern/Sodan/Möstl (Hrsg.), StaatsR Bd. I, 2. Aufl. 2022, § 20 Rn. 47, 54 mwN dort Fn. 311.

[109] *Rixen*, in: Sachs, GG, 9. Aufl. 2021, Art. 2 Rn. 214.

[110] *Kloepfer* (o. Fn. 6), § 3 Rn. 67.

[111] *Dietlein*, Die Lehre von den grundrechtlichen Schutzpflichten, 2. Aufl. 2005, S. 103.

[112] Zuletzt BVerfGE 157, 30 (111 ff.).

[113] *Klafki*, NJW 2023, 1340 (1341).

[114] *Becker*, in: Stern/Becker (Hrsg.), Grundrechte-Kommentar, 4. Aufl. 2023, Art. 14 Rn. 140 ff.

[115] BVerfGE 157, 30 (113) verpflichtet zur Prävention sowie zur Abmilderung der Folgen des Klimawandels aufgrund der Schutzpflicht; s.a. *Isensee* (o. Fn. 56), S. 41 f.; *Kloepfer* (o. Fn. 6), § 3 Rn. 69.

tet.[116] Dieser *status positivus* aktualisiert sich unabhängig von der Krisenursache. Eine grundrechtliche Schutzpflicht besteht somit auch jenseits der Gefährdung durch andere Menschen[117] – etwa bei Naturkatastrophen, die nicht unmittelbar durch menschliches Verhalten verursacht werden,[118] so dass der Staat grundsätzlich auch dann Maßnahmen zur Krisenbekämpfung iwS vorzunehmen hat, wenn er die Krise gar nicht allein abwehren kann.[119]

Um den verfassungsrechtlichen Verpflichtungen zu genügen, muss die staatliche Krisenbekämpfung effektiv sein. Dabei kommt dem Staat bei der Wahl der Mittel zur effektiven Erfüllung seiner Schutzpflichten ein weiter Einschätzungsspielraum zu[120], der sich allerdings mit Zuspitzung der Krise im Übergang von der Vermeidungs- in die Bekämpfungsphase verengt. In besonderen Ausnahmefällen – bei drohender Verletzung des Untermaßverbots[121] – kann die Schutzpflicht dem Betroffenen einen Anspruch auf eine bestimmte Handlung vermitteln.[122]

Der grundrechtliche *status positivus* verpflichtet ebenso wie die Staatszielbestimmungen allein Akteure des staatlichen Funktionsbereichs. Diese haben aber trotz ihrer verfassungsrechtlichen Verpflichtungen kein freies Zugriffsrecht auf die Aufgaben der Krisenbekämpfung. Auch aus dem Umstand, dass eine Gebietskörperschaft über bestimmte, für die Krisenbekämpfung nützliche Ressourcen verfügt, folgt nicht, dass gerade diese Gebietskörperschaft für die Erfüllung derjenigen Aufgaben zuständig ist, für die diese Ressourcen benötigt werden.[123] Hierdurch würde ein fundamentaler, in der Verfassung (vgl. Art. 104a GG) niedergelegter Grundsatz auf den Kopf gestellt: Aufgaben werden nicht nach den vorhandenen Ressourcen, sondern Ressourcen nach den verfassungsrechtlich und gesetzlich verteilten Aufgaben zugewiesen; d.h. die Finanzierungsverantwortung folgt regelmäßig der Verwaltungskompetenz. Die bundesstaatliche Ebene, der eine Aufgabe zugewiesen ist, muss sich um eine aufgabenadäquate Ausstattung bemühen und diese auch finanzieren. Ressourcen die nicht der Erfüllung einer zugewiesenen

---

[116] *Calliess*, in: Merten/Papier (Hrsg.), HGR Bd. II, 2006, § 44 Rn. 3.
[117] BVerfGE 157, 30 (112); ebenso: *Dietlein* (o. Fn. 111), S. 103; *Robbers*, Sicherheit als Menschenrecht, 1987, S. 124.
[118] *Kloepfer* (o. Fn. 6), § 3 Rn. 58 ff. mwN.
[119] BVerfGE 157, 30 (139 ff.).
[120] BVerfGE 157, 30 (114 ff.); *Calliess*, in: Merten/Papier (Hrsg.), HGR Bd. II, 2006, § 44 Rn. 6.
[121] *Isensee* (o. Fn. 56), S. 54 f.
[122] *Kloepfer* (o. Fn. 6), § 3 Rn. 70 f.
[123] So aber wohl *Gusy*, BT Ausschuss für Inneres und Heimat, Sitzung am 12.4.2021, Anhang zu Protokoll Nr. 19/131, S. 44 ff. (49); anders (und richtig herum) noch *ders.*, GZS 2020, 101 (102).

Aufgabe dienen, darf eine Gebietskörperschaft gar nicht erst anschaffen (vgl. § 5 HGrG, § 63 BHO/LHOn).[124]

II. Private Beiträge zur Krisenabwehr

Auch wenn die Krisenbewältigung regelmäßig nicht nur einzelne staatliche Akteure, sondern auch (und erst recht) die einzelnen Bürger überfordert, sind diese nicht nur Betroffene, sondern treten auch an der Seite staatlicher Aufgabenträger bei der Krisenbekämpfung in Erscheinung.

1. Grundrechtlicher Status

Die Beteiligung Privater an der Krisenbekämpfung ist grundrechtlich von der allgemeinen Handlungsfreiheit geschützt. Soweit ihnen hingegen im Zuge der Krisenvorbereitung oder -bekämpfung ieS Pflichten zur Unterstützung staatlicher Maßnahmen oder zur Duldung der Inanspruchnahme ihrer Rechtsgüter auferlegt werden, bedarf dies als Grundrechtseingriff einer gesetzlichen Grundlage.[125]

Bei der Integration der Bürger in die Krisenbekämpfung iwS muss das Hauptaugenmerk im Vorfeld der Krise auf der Herstellung von Resilienz liegen. Die Krisenvorbereitung, die der Einzelne zumindest in bestimmten Bereichen für sich organisieren könnte, bleibt indessen häufig defizitär. Der irritierende Gedanke an den künftigen Krisenfall wird hinter den „Schleier des Nichtwissenwollens"[126] verbannt, zumal Krisen aus der Sicht des Einzelnen – wenn überhaupt – nur unregelmäßig eintreten[127]. Eine risikobewusste, handlungsfähige, resiliente Bevölkerung ist aber essenziell für einen wirksamen Bevölkerungsschutz.[128] Dieser Zustand kann nur durch eine staatliche Kommunikation erreicht werden, die die Bürger auf Krisen vorbereitet, so dass diese bei einem möglichen Schadenseintritt nicht von der Komplexität der Ereignisse überrascht werden und vielmehr durch geeignete Handlungen, Vorsorge- und Schutzmaßnahmen reagieren können. Durch „eine offensive Risiko- und Krisenkommunikation auf allen Ebenen werden

---

[124] *Wernsmann*, in: Gröpl (Hrsg.), BHO/LHOn, 2. Auflage 2019, § 63 Rn. 3 f.
[125] Zur Grundrechtsrelevanz der Maßnahmen im Katastrophenschutz bei *Kloepfer* (o. Fn. 6), § 3 Rn. 18 ff.; zu den Maßnahmen § 10 Rn. 76 ff.
[126] *Rixen*, DieVerw 2021, 319 (319).
[127] *Cooper*, Seven Dimensions of Disaster, in: Samuel/Aronsson-Storrier/Bookmiller (Hrsg.), The Cambridge Handbook of Disaster Risk Reduction and International Law, 2019, S. 17 (37).
[128] *BMI/BBK*, Lernen aus Krisenlage, 2023, S. 7, abrufbar auf www.bbk.bund.de.

Ängste gemindert sowie das Potenzial zum Selbstschutz einschließlich der Selbsthilfefähigkeit gestärkt. Vertrauensbildung in die Richtigkeit des staatlichen Handelns beginnt mit der Kommunikation mit dem Bürger".[129] Dabei ist allerdings die Balance zwischen notwendiger Aufklärung und der Gefahr einer lähmenden Verunsicherung zu wahren.

2. Hilfsorganisationen und Ehrenamt

Die Katastrophenschutzgesetze der Länder regeln (auch) eine weitergehende Rolle Privater bei der Krisenbekämpfung und binden die bekannten (privaten) Hilfsorganisationen – DRK, JUH, ASB, MHD, DLRG – und deren zumeist ehrenamtlichen Angehörigen[130] in die Krisenbewältigung iwS ein.[131] Die Anzahl ehrenamtlicher Helfer in Deutschland wird auf circa 1,7 Millionen Personen geschätzt; sie tragen 90% aller Einsätze im Bevölkerungsschutz.[132]

Die privaten Hilfsorganisationen, die wie die DGzRS beim Seenotrettungsdienst in den deutschen Gebieten der Nord- und Ostsee[133] als Beliehene,[134] aber auch als Verwaltungshelfer eingesetzt werden,[135] sind je nach Land entweder unmittelbar durch Gesetz[136] oder aufgrund eines Anerkennungsverfahrens[137] in die katastrophenschutzrechtliche Krisenbekämpfung integriert.

3. Spontanhelfer

Außerhalb gesetzlich vorgeprägter Strukturen hat sich insbesondere im Zusammenhang mit den Hochwasserereignissen der letzten Jahre ein erhebliches Engagement freiwilliger Spontanhelfer[138] entfaltet. Diese mussten indessen vor Ort organisatorisch in die Kri-

---

[129] *Schmidt*, Bevölkerungsschutz 2/2009, 2 (5f.).
[130] Vgl. *BMI*, Ohne Unterstützung kein Ehrenamt, o.J., abrufbar auf www.bmi.bund.de.
[131] *BMI*, Strategie für einen modernen Bevölkerungsschutz, 2009, S. 62 ff.; *Kloepfer* (o. Fn. 6), § 10 Rn. 128 ff.
[132] *BMI* (o. Fn. 131).
[133] § 1 Nr. 7 SeeAufgG; vgl. die Dokumentation bei *BT Wissenschaftlicher Dienst*, Nationale Leitstellen zur Koordination der Seenotrettung, WD 2–3000-007/19, S. 4 ff.
[134] *Kloepfer* (o. Fn. 6), § 10 Rn. 141.
[135] *Kloepfer* (o. Fn. 6), § 10 Rn. 141; *Stober/Eisenmenger*, NVwZ 2005, 121 (125).
[136] S. Art. 7 Abs. 3 Nr. 5 BayKSG.
[137] S. § 18 Abs. 1 BHKG NRW; § 10 Abs. 2 LKatSG SH; ähnlich § 41 Abs. 1 BremHilfeG.
[138] Zu deren Einsatz im Ahrtal etwa *Betke/Hahn/Heymel* et.alt, Bevölkerungsschutz 1/22, 18 (18 ff.).

senbekämpfung integriert werden,[139] weil ihre Präsenz die Krisenbekämpfung ansonsten eher behindert als unterstützt hätte.[140] Es ist also notwendig, das Potential der Spontanhelfer durch Organisationsmaßnahmen auszuschöpfen. So könnte bei der Krisenbekämpfung eine zentrale Meldemöglichkeit durch Apps eingerichtet werden, um der örtlichen Einsatzleitung einen Überblick über die zusätzlichen personellen Ressourcen zu verschaffen und den Spontanhelfern ggfs. auch unmittelbare Einsatzhinweise zu erteilen.[141]

4. Betreiber kritischer Infrastrukturen

Den Betreibern von Anlagen ab einer bestimmten Größe sind Selbstschutzpflichten auferlegt, die die staatlichen Behörden bei der Krisenvermeidung und -bekämpfung entlasten sollen.[142] Hierzu zählt auch die Verpflichtung zur Einrichtung einer Betriebs- oder Werksfeuerwehr zum Zweck der Krisenbekämpfung ieS[143] sowie zur Ernennung verschiedener krisenrelevanter Betriebsbeauftragter, deren zentrale Aufgabe die Krisenvermeidung ist.[144]

Noch weitergehende Pflichten zur Aufrechterhaltung ihrer Funktionsfähigkeit treffen die Betreiber kritischer Infrastrukturen (vgl. § 8a BSIG). Infrastrukturen gelten „als ‚kritisch', wenn sie für die Funktionsfähigkeit moderner Gesellschaften von wichtiger Bedeutung sind und ihr Ausfall oder ihre Beeinträchtigung nachhaltige Störungen im Gesamtsystem zur Folge hat".[145] Kritische Infrastrukturen (KRITIS) dienen der Versorgung der Bevölkerung und der Unternehmen mit Energie-, IT- und Transportdienstleistungen, Trinkwasser und Ernährung; hinzu kommen Einrichtungen des Gesundheits- und des Finanzwesens sowie ein stabiles Verfassungs- und Rechtssystem.[146] Ein großflächiger und/oder länger andauernder Ausfall solcher Infrastrukturen löst daher stets eine Krise

---

[139] Vgl. www.feuerwehrverband.de/app/uploads/2020/06/DFV-Fachempfehlung_Spontanhelfer.pdf.

[140] So die in dem Zwischenbericht des Parlamentarischen Untersuchungsausschuses V („Hochwasserkatastrophe") in NRW, LT-Drs. NRW 17/16930, S. 114, wiedergegebene Aussage eines Kreisbrandmeisters, ähnlich der Bericht der Unabhängigen Kommission der Sächsischen Staatsregierung Flutkatastrophe 2002, 2002, S. 211; s. a. *Betke/Hahn/Heymel* et.alt, Bevölkerungsschutz 1/22, 18 (21 f.).

[141] S. a. hierzu das Projekt „Koordiniertes Einsetzen von Spontanhelferinnen und Spontanhelfern in speziellen Einsatzlagen (KESSEL)"; https://aiddevs.com/kessel.

[142] ZB § 8 LuftSiG für die Betreiber eines Flugplatzes oder § 7 Abs. 2 Nr. 5 AtomG für die Betreiber einer Nuklearanlage.

[143] ZB § 30 Abs. 2 BbgBKG; § 16 Abs. 3 NBrandSchG.

[144] ZB § 58a Abs. 1 BImSchG, § 70 StrlSchG.

[145] *BMI*, Nationale Strategie zum Schutz Kritischer Infrastrukturen (KRITIS-Strategie), 2009, S. 5.

[146] *BMI* (o. Fn. 145), S. 3, 5.

aus, so dass die Gewährleistung ihres Schutzes gegen Naturereignisse, technisches oder menschliches Versagen sowie Terrorismus, Kriminalität und Krieg[147] durch Prävention und Reaktion[148] eine Kernaufgabe staatlicher, aber auch unternehmerischer Sicherheitsvorsorge ist.[149]

Hier klingt bereits an, dass (auch) die Betreiber einer solchen Infrastruktur für deren Schutz in Verantwortung genommen werden müssen. Die Schutzgewähr ist daher keine rein staatliche, sondern vielmehr eine kooperativ von Staat, Gesellschaft und Wirtschaft wahrzunehmende „gesamtgesellschaftliche Aufgabe".[150] Aufgrund der – inzwischen – weitgehend privaten (privatisierten) Eigentümerstruktur vieler solcher Einrichtungen liegt die Verantwortung für ihre Sicherheit, Zuverlässigkeit und Verfügbarkeit primär in privater Hand, während den Staat vorrangig eine Gewährleistungsverantwortung bzw. im Fall einer Krise gegebenenfalls auch eine Erbringungsverantwortung trifft.[151]

III. Krisenbekämpfung als „Verbundprodukt" von Staat und Gesellschaft

In allen Phasen vor, während und nach einer Krise ruht die Handlungsverantwortung selten auf einem einzelnen Akteur. Vielmehr ist der Umgang mit Krisen durch eine arbeitsteilige Kooperation verschiedener staatlichen Ebenen (unter Einbeziehung der kommunalen Selbstverwaltungskörperschaften) sowie organisierter und nichtorganisierter einzelner Grundrechtsträger gekennzeichnet. Für die Katastrophe ist die Notwendigkeit zur Kooperation bei ihrer Bekämpfung sogar Definitionsmerkmal.[152]

Auch wenn sich die Erwartungen bei der Krisenbekämpfung auf den Staat konzentrieren, ist dieser doch in vielfacher Hinsicht auf private und ehrenamtliche Handlungsbeiträge ebenso wie auf die im Vorfeld der Krise herzustellende Resilienz[153] der Betroffenen angewiesen. Krisenbekämpfung ist damit zwar staatliche Verpflichtung, sie gelingt aber nur als „Verbundprodukt" staatlicher und gesellschaftlicher Handlungsbeiträge.

---

[147] *BMI* (o. Fn. 145), S. 7.
[148] *BMI* (o. Fn. 145), S. 10 f.
[149] *BMI* (o. Fn. 145), S. 2; s.a. *John-Koch*, Kritische Infrastrukturen, in: Karutz/Geier/Mitschke (Hrsg.), Bevölkerungsschutz (2017), S. 185 ff.
[150] *BMI* (o. Fn. 145), S. 2 f.
[151] *BMI* (o. Fn. 145), S. 2.
[152] S. o. Fn. 38.
[153] Aus der Praxis *Wagner*, Bevölkerungsschutz 1/2020, 8 ff.

E. Organisatorische Rahmenbedingungen staatlicher Krisenbekämpfung

Der (rechts-)staatliche Umgang mit Krisen erfolgt regelbasiert.[154] Diese Regeln bedürfen der Anwendung im Einzelfall, so dass Effizienz und Effektivität der Krisenbekämpfung ganz zentral durch die Verteilung der Gesetzgebungs- und Verwaltungskompetenzen determiniert werden.

I. Gesetzgebungskompetenzen und Gesetze

1. Regelungsschichten

Die die Krisenbekämpfung betreffenden Gesetzgebungsbefugnisse sind entweder anhand der Ursache einer Krise (Krieg (Art. 73 Abs. 1 Nr. 1 GG; Naturkatastrophen (Art. 70 GG)) oder nach dem Lebensbereich, in dem sich eine Krise entfaltet (zB Stromausfall (Art. 74 Abs. 1 Nr. 11 GG), nuklearer Unfall (Art. 73 Abs. 1 Nr. 14 GG), Flugzeugabsturz (Art. 73 Abs. 1 Nr. 6 GG)), zu differenzieren.

2. Gesetzgebungsbefugnisse der Länder

Die Gefahrenabwehr im Allgemeinen gehört zum Kernbereich der Landesgesetzgebungskompetenzen.[155] Sie umfasst grundsätzlich auch den Erlass von Regelungen zum Umgang mit neuartigen Gefahren wie etwa Cyberangriffen.[156] Da der allgemeine Katastrophenschutz in den Kompetenzkatalogen[157] der Art. 73f. GG nicht ausdrücklich erwähnt ist, obliegt seine Regelung den Län-

---

[154] Zur Rechtsstaatlichkeit im Angesicht von Katastrophen *Klafki* (o. Fn. 5), S. 138 ff.

[155] *Uhle*, in: Dürig/Herzog/Scholz, GG, Stand Oktober 2008, Art. 70 Rn. 111.

[156] *Hofmann* (o. Fn. 2), S. 254; *Gruber/Brodowski/Freiling*, GSZ 2022, 171 (173); *Graulich*, in: Lisken/Denninger (Hrsg.), Handbuch des Polizeirechts, 7. Aufl. 2021, Rn. 15, geht hingegen davon aus, dass die Gefahrenabwehr im Cyber-Raum die traditionellen Zuständigkeitsstrukturen übersteigt.

[157] Wohl aber wird die (Natur-)Katastrophe an anderen Stellen der Verfassung erwähnt; so etwa als Grund für die Einschränkung von Grundrechten (vgl. Art. 11 Abs. 2 GG; dort auch ein Bezug zur Seuchengefahr), als Auslöser für die Gewährung von bzw. Forderung nach Amtshilfe (vgl. Art. 35 Abs. 2 Satz 2 und Abs. 3 Satz 1 GG) und für Finanzhilfen des Bundes an die Länder (Art. 104b Abs. 1 Satz 2 GG) sowie als Grund für die Aussetzung des Verbots der Neuverschuldung (vgl. Art. 109 Abs. 3 Satz 2, 115 Abs. 2 Satz 6 GG).

dern. Diese haben dementsprechend Gesetze zur Katastrophenvorsorge und -bekämpfung erlassen,[158] die teilweise auch Regelungen zu Brandschutz und zu dem öffentlichen Rettungsdienst enthalten.[159] Für die Anwendbarkeit dieser Gesetze ist die Ursache der Katastrophe irrelevant. Sie kann also auch aus einem Bereich herrühren, der im Übrigen vom Bundesgesetzgeber geregelt ist, wenn dieser – wie meist – seine Gesetzgebungskompetenz nicht zum Erlass von Regeln für die Bekämpfung von Krisen, die diesem Lebensbereich entstammen, genutzt hat.

3. Gesetzgebungsbefugnisse des Bundes

Der Bund kann aufgrund seiner ausschließlichen und konkurrierenden Gesetzgebungskompetenzen Regelungen zur Abwehr von oder zur Vorbereitung auf Krisen in besonderen Rechts- und Lebensbereichen erlassen.[160]

a) Zivilschutz (Art. 73 Abs. 1 Nr. 1 Alt. 2 GG)

aa) Schutz der Zivilbevölkerung

Ein wichtiger Anknüpfungspunkt für den Erlass von Regeln zur Krisenbekämpfung ist Art. 73 Abs. 1 Nr. 1 Alt. 2 GG. Aus dem Normzusammenhang wird deutlich, dass der hier dem Bund überantwortete Schutz der Zivilbevölkerung in einem engen Zusammenhang mit der dort ebenfalls geregelten „*Verteidigung*" steht.[161] Krisen im Sinne des Zivilschutzrechts werden daher durch kriegerische Handlungen verursacht.

Trotz der verfassungsrechtlich klar scheinenden Dichotomie gerät der Bundesgesetzgeber mit dem zentralen auf dieser Grundlage erlassenen Zivilschutz- und Katastrophenhilfegesetz (ZSKG)[162] durch die Integration der Katastrophen*hilfe* in eine prekäre Nähe zu der Domäne der Länder.

---

[158] *Kloepfer* (o. Fn. 6), § 2 Rn. 23.
[159] So zB Bremen und Sachsen; zB Hessen und NRW haben nur das Brand- und Katastrophenschutzrecht zusammengefasst.
[160] Überblick bei *Schmidt*, Strukturen des Katastrophenrechts in Deutschland, in: Kloepfer/Meßerschmidt, Anmerkungen zum Katastrophenrecht (o.J.), S. 94 ff., Anhang 1.
[161] Zivilschutz als „Unterfall" der Verteidigung: *Meyer-Teschendorf*, in: Pitschas/Uhle (Hrsg.), FS Scholz, 2007, S. 799 ff.; *ders.*, DVBl. 2009, 1221 (1221); *Thiele*, in: Gusy/Kugelmann/Würtenberger (Hrsg.), Rechtshandbuch Zivile Sicherheit, S. 539 (547 f.); offengelassen: *Uhle*, in: Dürig/Herzog/Scholz, GG, Stand April 2010, Art. 73 Rn. 51.
[162] Gesetz über den Zivilschutz und die Katastrophenhilfe des Bundes vom 25.3.1997 (BGBl. I 726).

bb) Sicherstellungs- und Vorsorgegesetze

Ein wichtiger Baustein der Krisenbekämpfung auf der Ebene des Bundes sind die sog. Sicherstellungs- und Vorsorgegesetze.[163] Diese sollten zunächst vor dem Hintergrund des Kalten Krieges und des Ölpreisschocks der Sicherung einer Grundversorgung der Bevölkerung im Krisenfall dienen. Eine ganze Reihe dieser Gesetze ist ausschließlich im Verteidigungsfall anwendbar. Hierzu gehören das auf Art. 73 Abs. 1 Nr. 1 GG, Art. 74 Abs. 1 Nr. 11 GG sowie auf Art. 73 Abs. 1 Nr. 4 GG (Währungs- und Geldwesen) gestützte[164] Wirtschaftssicherstellungsgesetz[165] (§ 1 WiSG) ebenso wie das Wassersicherstellungs-[166] und das Arbeitssicherstellungsgesetz.[167] Das Verkehrssicherstellungsgesetz[168] ist auf diffuser Grundlage erlassen.[169] Das Energiesicherungsgesetz[170] ist hingegen nicht an die Voraussetzungen des Art. 80a GG gebunden. Auch die Pflichten aus dem Erdölbevorratungsgesetz[171] aktualisieren sich nicht erst im Fall eines Notstands, sondern sollen dessen Eintritt vorbeugen.

Ebenfalls in Krisen aller Art gilt das Ernährungssicherstellungs- und -vorsorgegesetz,[172] das daher nicht nur auf Art. 73 Abs. 1 Nr. 1 GG, sondern auch auf Art. 74 Abs. 1 Nr. 17 GG (Sicherung der Ernährung) gestützt werden musste. [173] Auch das Verkehrsleistungsgesetz[174] dient der Sicherung ausreichender Verkehrsleistungen in allen Krisensituationen, so dass eine Bezugnahme auf Gesetzgebungskompetenzen jenseits von Art. 73 Abs. 1 Nr. 1 GG erforderlich war.[175] Maßnahmen zur Sicherung einer Mindestversorgung mit Postdienstleistungen nach dem auf der Grundlage von Art. 73 Abs. 1 Nr. 7 GG erlassenen [176] Postsicherstellungsgesetz[177] können ebenfalls bei Krisen aller Art angewendet werden.

---

[163] *Klafki* (o. Fn. 5), S. 268 ff.
[164] Gesetzentwurf der Bundesregierung, BT-Drs. IV/892, S. 8.
[165] Gesetz vom 24.8.1965 (BGBl. I 920).
[166] Gesetz vom 24.8.1965 (BGBl. I 1225, ber. S. 1817).
[167] Gesetz vom 9.7.1968 (BGBl. I 787).
[168] Gesetz vom 8.10.1968 (BGBl. I 1082).
[169] So der Hinweis auf Art. 73 Nr. 1 *und* Artikel 74 (die Nummer bleibt offen) GG in dem Bericht des Ausschusses für Verkehr, Post- und Fernmeldewesen, BT-Drs. IV/3482, S. 2.
[170] Gesetz vom 20.12.1974 (BGBl. I 3681).
[171] Gesetz vom 16.1.2012 (BGBl. I 74).
[172] Gesetz vom 4.4.2017 (BGBl. I 772).
[173] Gesetzentwurf der Bundesregierung, BR-Drs. 781/16, S. 14.
[174] Gesetz vom 23.7.2004 (BGBl. I 1865).
[175] Gesetzentwurf der Bundesregierung, BT-Drs. 15/2769, S. 9: Art. 74 Abs. 1 Nr. 1, 11, 21, 22 und 23 GG.
[176] Gesetzentwurf der Bundesregierung, BT-Drs. 490/10, S. 17.
[177] Gesetz vom 24.3.2011 (BGBl. I 506), ber. S. 941.

Die Breite der auf die Wirtschaft bezogenen Sachgesetzgebungskompetenzen – insbesondere in Art. 74 Abs. 1 Nr. 11, 12 GG – sollten es ermöglichen, den Anwendungsbereich dieser Gesetze insgesamt auf Krisen aller Art auszudehnen, ohne dabei die spezifischen Bedürfnisse des Verteidigungsfalls in allen Einzelheiten auch auf jene andere Krisen zu übertragen. Aber ein Gleichlauf der Regelungen erscheint sinnvoll, weil sich die Auswirkungen eines Ausfalls der mit ihnen erfassten wesentlichen Dienstleistungen und Infrastrukturen im Verteidigungsfall nicht prinzipiell von den Auswirkungen in anderen Krisen unterscheiden.

b) Schutz kritischer Infrastrukturen

Bisher weist das nationale KRITIS-Recht einen fragmentarischen Charakter auf.[178] Zur Umsetzung der europäischen CER-Richtlinie,[179] die eine umfassende Verpflichtung der Mitgliedsstaaten zur Verbesserung der Resilienz kritischer Infrastrukturen sowie ihrer Fähigkeit zur Erbringung von Diensten im Binnenmarkt anordnet, sowie angesichts der im aktuellen Koalitionsvertrag vorgesehenen Bestrebung, in einem „KRITIS-Dachgesetz" den physischen Schutz kritischer Infrastrukturen zu bündeln,[180] hat das BMI auf Grundlage von Art. 74 Abs. 1 Nr. 11 GG einen entsprechenden Referentenentwurf vorgelegt.[181] Um den Schutz der KRITIS zu gewährleisten, identifiziert § 4 KRITIS-DachG-RefE zunächst die Anlagen, die beim BBK zu registrieren sind (§ 8 Abs. 1 KRITIS-DachG-RefE). Deren Betreiber werden dann zur Erarbeitung und Umsetzung von Resilienzplänen verpflichtet (§ 11 Abs. 6 KRITIS-DachG-RefE).

c) Weitere Gesetzgebungskompetenzen und die auf ihrer Grundlage erlassenen Gesetze

Es gibt eine ganze Reihe weiterer, hier nicht erschöpfend darzustellender Kompetenztitel in Art. 73 f. GG, die eine gesetzgeberische Befassung des Bundes mit Krisen und ihren Folgen als Annex zu der eigentlichen Sachmaterie ermöglichen. Besondere Prominenz hat dabei die Gesetzgebungskompetenz aus Art. 74 Abs. 1 Nr. 19 GG

---

[178] So *Eisenmenger*, NVwZ 2023, 1203 (1204).
[179] Richtlinie (EU) 2022/2557 des Europäischen Parlaments und des Rates über die Resilienz kritischer Einrichtungen und zur Aufhebung der Richtlinie 2008/114/EG des Rates (ABl. L 333 vom 27.12.2022, S. 164; CER-Richtlinie).
[180] Koalitionsvertrag vom 7.12.2021, S. 83 (https://www.spd.de/koalitionsvertrag 2021).
[181] Referentenentwurf des BMI eines Gesetzes zur Umsetzung der CER-Richtlinie und zur Stärkung der Resilienz kritischer Anlagen (KRITIS-Dachgesetz), 25.7.2023; zur Gesetzgebungskompetenz: ebd. S. 23.

erhalten, auf deren Grundlage das IfSG erlassen (und in den letzten Jahren mehrfach angepasst[182]) worden ist.

So erlauben v. a. auf die Wirtschaft bezogene Gesetzgebungsbefugnisse auch Regelungen für den Umgang mit in diesen Bereichen entstehenden Krisen (zB Art. 73 Abs. 1 Nr. 6 und 6a;[183] Art. 74 Abs. 1 Nr. 11 GG), so dass etwa dem EnWG Regeln zur Gewährleistung der Versorgungssicherheit eingefügt werden konnten.[184] Auf der Grundlage von Art. 73 Abs. 1 Nr. 14 GG hat der Bundesgesetzgeber die Vermeidung von Katastrophen und damit der aus ihnen resultierenden Krisen zum zentralen Anliegen des Atomrechts erklärt (vgl. § 1 Nr. 2 und 3 AtG).

Mit der auf Art. 74 Abs. 1 Nr. 7 GG gegründeten Befugnis, die „öffentliche Fürsorge" zu regeln, ist die Beseitigung von Krisenfolgen mit den Mitteln des Sozialrechts angesprochen. Im Gesundheitswesen ist die konkurrierende Gesetzgebungkompetenz des Bundes nach Art. 74 Abs. 1 Nr. 19a GG auf Regelungen zur wirtschaftlichen Sicherung der Krankenhäuser und auf die Regelung der Krankenhauspflegesätze beschränkt, so dass insbesondere der in Krisen wie einer Pandemie besonders geforderte öffentliche Gesundheitsdienst von den Ländern geregelt wird.

II. Verwaltungskompetenzen und Verwaltungsorganisation

Klare Zuständigkeiten sind im Rechtsstaat stets, aber ganz besonders bei der akuten Krisenbekämpfung – und gerade während der anfänglichen „Chaosphase"[185] – von besonderer Bedeutung. Unklarheiten oder Mehrdeutigkeiten in der Verantwortungszuweisung führen zwingend zu Verzögerungen in der Krisenbekämpfung, zu

---

[182] Gesetz zum Schutz der Bevölkerung bei einer epidemischen Lage von nationaler Tragweite vom 27.3.2020, BGBl. I 587; Zweites Gesetz zum Schutz der Bevölkerung bei einer epidemischen Lage von nationaler Tragweite vom 19.5.2020, BGBl. I 1018; Drittes Gesetz zum Schutz der Bevölkerung bei einer epidemischen Lage von nationaler Tragweite vom 18.11.2020, BGBl. I 2397; Viertes Gesetz zum Schutz der Bevölkerung bei einer epidemischen Lage von nationaler Tragweite vom 22. April 2021, BGBl. I 802.

[183] Nr. 6 umfasst das Recht der Abwehr von Gefahren für und durch den Luftverkehr, *Uhle*, in: Dürig/Herzog/Scholz, GG, Stand April 2010, Art. 73 Rn. 137. Auch die Bekämpfung von Gefahren für andere Rechtsgüter mit den entsprechenden besonderen Infrastruktureinrichtungen ist unter die jeweiligen Kompetenztitel zu subsumieren.

[184] Gesetz vom 26.4.2022, BGBl. I 674.

[185] Begriff verwendet in der Stellungnahme des THW für den Ausschuss für Inneres und Heimat des Deutschen Bundestages, Ausschussdrucksache 20(4)80 E, S. 3.

Verantwortungsdiffusion oder gar zur Lähmung durch das wechselseitige Zuschieben von Verantwortung, das von der Angst getrieben ist, später ja keinen Fehler verantworten zu müssen.[186] Unklare Verantwortungszuweisungen beeinträchtigen auch die effektive Aufgabenwahrnehmung in der der Krisenbekämpfung ieS vorgelagerten Vorbereitungs- und Vermeidungsphase.

1. Länder

Den Ländern obliegt die Ausführung ihrer Gesetze nach Art. 30 GG. Dementsprechend sind sie auch für die Ausführung ihres Katastrophenrechts verantwortlich. Sie erfüllen diese Aufgabe je nach Größe in einer zwei- oder dreistufigen Organisationsstruktur, in der den Kreisen und kreisfreien Städten die Aufgabe der unteren Katastrophenschutzbehörde zukommt.[187] Zu dem Katastrophenschutz gehören auch der Brandschutz und Rettungsdienst, die in den Flächenstaaten von den kommunalen Selbstverwaltungskörperschaften entweder als Aufgabe im übertragenen Wirkungskreis[188] oder als pflichtige Selbstverwaltungsangelegenheit[189] wahrgenommen werden. Die kommunalen freiwilligen Feuerwehren und Berufsfeuerwehren sind aber nicht nur für die Brandwehr zuständig, sondern ihnen ist auch die Bekämpfung anderer Not- und Unglücksfälle sowie – als Auftragsangelegenheit (vgl. § 2 Abs. 1 ZSKG) – die Mitwirkung im Katastrophenschutz übertragen.[190] Sie bilden damit den Dreh- und Angelpunkt sowie die personell stärkste Einheit des gesamten staatlichen Krisenmanagements.[191]

Vorbehaltlich abweichender Regelungen im Grundgesetz führen die Länder auch die Gesetze des Bundes als eigene Angelegenheit aus (Art. 83 GG).

2. Bund

Da das Grundgesetz dem Bund in Abweichung von Art. 83 GG einige Verwaltungskompetenzen vorbehält oder ihm den Zugriff auf die Aufgabenerfüllung ermöglicht, haben sich auch auf dieser staatlichen Ebene signifikante Strukturen für die Krisenbekämpfung gebildet.

---

[186] Hierzu *Kirschstein*, Flutkatastrophe Ahrtal, 2023, S. 12 f.
[187] ZB § 3 Abs. 2 LKatSG SH.
[188] § 2 Abs. 1 SaarlBKG.
[189] § 2 Abs. 1 BrSchG SH; Art. 1 Abs. 1 BayFwG.
[190] Vgl. zB § 6 BrSchG SH.
[191] Der Deutsche Feuerwehrverband zählte zum 31.12.2021 in Deutschland 23.977 freiwillige Feuerwehren mit ca. einer Million Mitgliedern und 111 Berufsfeuerwehren mit 35.875 Beschäftigten (einsehbar unter www.feuerwehrverband.de).

a) Bundesamt für Bevölkerungsschutz und Katastrophenhilfe (BBK)
aa) Aufgaben

Die Bundesoberbehörde BBK[192] nimmt in Umsetzung des erstmals 2002[193] vorgestellten „Konzept(s) für eine neue Strategie zum Schutz der Bevölkerung" die Aufgaben des Bundes im Bevölkerungsschutz und in der Katastrophenhilfe wahr.[194] Es ist der zentrale strategische Akteur der Krisenbekämpfung iwS, strategischer Netzknoten und Dienstleistungszentrum für die Behörden aller Verwaltungsebenen sowie für die im Bevölkerungsschutz mitwirkenden Organisationen.[195] Das BBK verfügt nicht über einen eigenen Verwaltungsunterbau. Dieser könnte nach Art. 87b Abs. 2 Satz 1 GG nur für den Bereich des Zivilschutzes, nicht aber für die Katastrophenhilfe eingerichtet werden.

bb) Besondere Einrichtungen des BBK

Das BBK verfügt über eine ganze Reihe von Einrichtungen, die bei der Krisenbekämpfung iwS eingesetzt werden.

Das Gemeinsame Melde- und Lagezentrum (GMLZ) wurde 2002 zunächst bei der der Zentralstelle für Zivilschutz im Bundesverwaltungsamt,[196] dann auf Grundlage von § 16 Abs. 4 ZSKG als „Koordinierungsinstrument" in der Form eines Referats im BBK eingerichtet. Das GMLZ hat die Funktion eines ständig erreichbaren Meldekopfs. Es soll den permanenten Informationsaustausch zwischen Bund und Ländern gewährleisten.[197] Dafür nimmt es Meldungen von Behörden auf Ebene der Kommunen, des Landes und des Bundes in standardisierter Form[198] entgegen. Auf dieser Informationsgrundlage erstellt das GMLZ Lagebilder, bewertet diese und informiert über die sich daraus ergebenen Handlungsempfehlungen. Zudem ist das GMLZ in der Lage, Engpassressourcen auf Anforderungen der Länder zu vermitteln und deren Einsatz bei Bedarf zu koordinieren.[199] So fungiert das BBK als Zentrum für Ressourcenmanagement, d.h. als Dispositionszentrum vor allem für Helfer, aber

---

[192] Gesetz über die Errichtung des Bundesamtes für Bevölkerungsschutz und Katastrophenhilfe (BBKG) vom 27.4.2004 (BGBl. I 630).
[193] S.o. Fn. 4; zur Übersicht über Gesetzesvorhaben in Umsetzung der Strategie: *Meyer-Teschendorf*, DVBl. 2009, 1221 (1222ff.).
[194] § 2 Abs. 1, 2 BBKG.
[195] *BMI*, Strategie für einen modernen Bevölkerungsschutz, 2009, S. 14.
[196] *Schily*, Bevölkerungsschutz 5/2003, 3 (5).
[197] *Rachor/Roggan*, in: Lisken/Denninger (Hrsg.), Handbuch des Polizeirechts, 7. Aufl. 2021, Rn. 154ff.
[198] *Mitschke*, Bevölkerungsschutz, 2/2009, 32 (33).
[199] In diesem Rahmen erfolgte die Unterstützungsleistung des BBK durch das GMLZ bei Transporten von Patienten durch Nutzung des Kleeblattkonzepts, s.o. Fn. 99.

auch zum Nachweis und zur Vermittlung von sächlichen Ressourcen aller Art.[200]

Des Weiteren haben Bund und Länder im Jahr 2022 durch Vereinbarung[201] das Gemeinsame Kompetenzzentrum Bevölkerungsschutz (GeKoB) gegründet, das beim BBK angesiedelt (§ 4 Abs. 1 der Vereinbarung)[202] und eng mit dem GMLZ verzahnt ist.[203] Nach § 1 Abs. 1 Satz 1 der Vereinbarung ist das GeKoB eine „von Bund und Ländern partnerschaftlich getragene Errichtung und Etablierung einer dauerhaften und strukturiert organisierten Kooperationsplattform für den Bevölkerungsschutz sowie für das ressortübergreifende Risiko- und Krisenmanagement". Das Kompetenzzentrum dient der ressortübergreifenden Vernetzung von Bund, Ländern sowie weiteren (auch privaten) Akteuren im Bevölkerungsschutz (§ 1 Abs. 1 Satz 2) unter Beibehaltung der bestehenden Zuständigkeiten (§ 1 Abs. 1 Satz 5f.).

Aufgabe des GeKoB ist es, den Informationsaustausch im Bevölkerungsschutz zu verbessern und die Koordinierung der verschiedenen Beteiligten zu verstärken.[204] Hierdurch ist das GeKoB in der Lage, den Regierungen von Bund und Ländern im Krisenfall Unterstützung durch geübte Experten- und Krisenstäbe mit dem konzertierten Wissen der verschiedenen krisenrelevanten Akteure anzubieten.[205] Das GeKoB wird bei der Krisenbewältigung durch die zuständigen Träger des Katastrophenschutzes lediglich beratend und unterstützend tätig (§ 1 Abs. 2 Satz 1). Allerdings kann es auch „bei Krisen und insbesondere bei länderübergreifenden Gefahren- und Schadenslagen auf Anforderung der jeweils zuständigen Stellen ... u. a. Krisenstabsfunktionen und -aufgaben zur Unterstützung des Krisenmanagements von Bund und Ländern übernehmen" (§ 2 Abs. 2). Dies geschieht ohne die Einräumung von Weisungsrechten (§ 3 Abs. 2 Satz 1).

Beim GeKoB ist das Projekt „Gemeinsames Lagebild Bevölkerungsschutz" angesiedelt. Hierdurch „erhalten Verantwortliche in Bund und Ländern ergänzend zu den in Bund und Ländern bereits vorhandenen Lagebildern zusätzliche Unterstützung bei Lageeinschätzungen und Entscheidungen über zu treffende Maßnahmen.

---

[200] *BBK*, Ressourcenmanagement, abrufbar auf www.bbk.bund.de.
[201] Bekanntmachung der Verwaltungsvereinbarung des Bundes und der Länder über die Errichtung eines Gemeinsamen Kompetenzzentrums Bevölkerungsschutz vom 13. März 2023, BAnz AT B1 5.5.2023 (auch abrufbar auf www.bbk.bund.de).
[202] Zur Entstehungsgeschichte *Hollo*, DÖV 2023, 195 (200f.).
[203] Anlage zur „Vereinbarung des Bundes und der Länder über die Errichtung des Gemeinsamen Kompetenzzentrums Bevölkerungsschutz" vom 2.6.2022, S. 1 (abrufbar auf www.bbk.bund.de).
[204] *Schuster* (BBK), BT Ausschuss für Inneres und Heimat, Sitzung am 12.4.2021, Anhang zu Protokoll-Nr. 19/131, S. 72ff. (78f.).
[205] *Schuster* (o. Fn. 204), S. 78f.

Der besondere Mehrwert besteht darin, dass die Informationen im Gemeinsamen Lagebild Bevölkerungsschutz ressort- und alle föderalen Ebenen übergreifend gebündelt werden"[206].

Außerdem entsteht am GeKoB derzeit im Auftrag der IMK ein bundesweites Ressourcenregister für „Spezialfähigkeiten" im Katastrophen- und Zivilschutz.[207] Darunter fallen Hubschrauber, Schwerlastkräne, nationale Notfallreserven, aber auch spezielle Expertise, Helferpotentiale, Waldbrandbekämpfungskapazitäten, Drohnen sowie Spezial-Lastkräne, die aus dem schon bestehenden Koordinierungsregister wie dem Fähigkeitsmanagement von Bund und Ländern[208] herausfallen.[209]

Eine weitere für die Vorbereitung auf die Krisenabwehr wichtige Einrichtung des BBK ist die als Abteilung der Behörde eingerichtete Bundesakademie für Bevölkerungsschutz und Zivile Verteidigung (BABZ).[210] Als Bildungseinrichtung für den Katastrophen- und Zivilschutz schult sie Schlüsselpersonal der Bundes-, Landes und der kommunalen Ebene auf der Grundlage abgestimmter Aus- und Fortbildungspläne.

cc) Ergänzende Bundesausstattung im Bevölkerungsschutz und weitere Bevorratung

Das BBK hat eine „ergänzende Bundesausstattung im Bevölkerungsschutz", die der Unterstützung der Länder bei der katastrophenschutzrechtlichen Bewältigung von Krisenfällen gewidmet ist, u.a. durch die Bereitstellung von Einsatzfahrzeugen auf der Grundlage von § 13 ZSKG weiter ausgebaut.[211]

Auch bei der Bevorratung weiterer Ressourcen, die für die Krisenbekämpfung in Bund *und* Ländern benötigt werden, ist das BKK zuständig. So hatte die Bundesregierung im Jahr 2020 aufgrund der Schwierigkeiten bei der kurzfristigen Beschaffung von persönlicher Schutzausstattung zu Beginn der Corona-Pandemie beschlossen, eine Nationale Reserve Gesundheitsschutz (NRGS) und eine entsprechende nationale Produktionskapazität für medizinische Schutzausstattung aufzubauen, bei deren Lagerung und Verteilung das

---

[206] So die Darstellung auf der Seite der Bundesregierung (https://www.bundesregierung.de/breg-de/themen/bbk-gmlz-2054798).
[207] *BMI/BBK*, Lernen aus Krisenlagen, 2023, S. 3.
[208] *BMI/BBK*, Fähigkeitsmanagement von Bund und Ländern, abrufbar auf www.bbk.bund.de.
[209] *Ministerium des Innern des Landes Nordrhein-Westfalen*, Verwaltungsvereinbarung über die Einrichtung eines gemeinsamen Kompetenzzentrums Katastrophenschutz, LT-NRW Vorlage 17/6786, S. 11; *Bayerisches Staatsministerium des Innern, Sport und Integration*, Katastrophenschutz Bayern 2025, S. 18.
[210] Hierzu *Mitschke*, Bevölkerungsschutz 4/2021, 30.
[211] *Schuster* (BBK), BT Ausschuss für Inneres und Heimat, Sitzung am 12. April 2021, Anhang zu Protokoll-Nr. 19/131, S. 72 ff. (76).

THW mit sechs neuen Logistikzentren unterstützend tätig sein sollte,[212] während das BBK bei der Bedarfsermittlung oder dem Management der NRGS aufgrund seiner Expertise im Bereich Sanitätsmaterialbevorratung für den Zivilschutz unterstützend tätig sein sollte.[213] Allerdings ist der Aufbau dieser Reserve ins Stocken geraten und es bleibt unklar, ob die Bundesregierung das Vorhaben weiterhin verfolgt.[214]

Weitere Bundesreserven bestehen für Ernährung[215], und unter Hinzuziehung von privaten Betreibern sowie unter Verantwortung des Bundesministeriums für Wirtschaft und Klimaschutz auch für Erdöl[216] und Gas[217]. Vorgesorgt ist zudem für die Betreuung von Personen in Gestalt von Versorgung, Verpflegung und Notunterkunft[218]. Hierfür stehen mehrere Notfallzeltstädten für den mobilen Einsatz im gesamten Bundesgebiet zur Verfügung, die die Einsatzkräfte bundesweit aufbauen können, um Schlafplätze, Gesundheitsversorgung, Strom, Wasser und Mobilität zur Verfügung für jeweils 5.000 Menschen zu gewährleisten.[219]

b) Technisches Hilfswerk (THW)

Neben dem BBK ist das eher operativ tätige Technische Hilfswerk (THW) ein weiterer wichtiger Akteur des Krisenmanagements auf Bundesebene. Das THW wurde als nicht rechtsfähige Bundesanstalt mit eigenem Verwaltungsunterbau im Geschäftsbereich des BMI zunächst durch Erlass gegründet.[220] Im Jahr 1990 wurde seine Organisation auf gesetzliche Grundlage gestellt.[221] Das Gesetz weist dem

---

[212] Hierzu und zu dem folgenden vgl. Bericht des BRH nach § 88 Absatz 2 BHO an das Bundesministerium des Innern und für Heimat: Logistikzentren der Bundesanstalt THW für eine Nationale Reserve Gesundheitsschutz, 2023 (Gz.: VII 2 – 0001857), S. 5 ff.
[213] *Steffens/Gauchel-Petrovic*, Bevölkerungsschutz 4/2021, 16 (16).
[214] Dies ist nach – bestrittener – Ansicht des BRH nicht (mehr) der Fall, o. Fn. 212, S. 11 ff.
[215] *BMI*, Konzeption Zivile Verteidigung (KZV), 2016, S. 47; s.a. *Gerhold/Garcia/Lara*, in: Gerhold/Peperhove/Lindner/Tietze (Hrsg.), Schutzziele, Notfallvorsorge, Katastrophenkommunikation, 2012, S. 39 ff.
[216] Zur Bevorratungspflicht des Erdölbevorratungsverbands: „Ölkrisenvorsorge und -management", abrufbar auf www.bmwk.de.
[217] Für die Verpflichtung der Gasversorgungsunternehmen, Fernleitungs- und Verteilernetzbetreiber siehe *BMWK*, Notfallplan Erdgas für die Bundesrepublik Deutschland, 2022, S. 8.
[218] *BBK*, Betreuung im Zivilschutz, 2020/2021, S. 37 ff.
[219] *BMI*, Unser Land gegen Krisen und Klimafolgen wappnen, 2022, S. 6.
[220] Erlass über die Errichtung des Technischen Hilfswerks (THW) als nichtrechtsfähige Bundesanstalt vom 25.8.1953 (GMBl. S. 507).
[221] Gesetz zur Regelung der Rechtsverhältnisse der Helfer der Bundesanstalt Technisches Hilfswerk (THW-HelfRG) vom 22.1.1990 (BGBl. I 118); umbenannt durch das Gesetz über das Technische Hilfswerk (THWG) vom 29.7.2009 (BGBl. I 2350).

THW in erster Linie die Aufgabe als Einsatzorganisation des Bundes im Bereich des Zivilschutzes zu (§ 1 Abs. 2 Nr. 1 THWG). Aber die (bundes-)gesetzliche Aufgabenzuweisung lässt auch schon die katastrophenschutzrechtliche Komplementärfunktion des THW im Rahmen der Amtshilfe nach Art. 35 Abs. 2 und 3 GG erkennen.[222] Die Katastrophenschutzgesetze einiger Länder nehmen das THW sogar ausdrücklich als Akteur des Katastrophenschutzes – im Sinne einer antizipierten Amtshilfe – in Anspruch.[223]

Das THW leistet technische Hilfe in den Bereichen Bergung, Führung/Kommunikation, Logistik, Ortung, Räumung, Elektro- und Infrastrukturversorgung, Sprengung sowie bei Wassergefahren und -schäden und hält Notinfrastrukturen (Notstromversorgung, Trinkwasseraufbereitung, Notkommunikation) zur Versorgung der Bevölkerung und zur Aufrechterhaltung von Staats- und Regierungsfunktionen vor.[224]

c) Weitere sicherheitsrelevante Behörden und Einrichtungen des Bundes

Als weiterer wichtiger Akteur auf der Ebene des Bundes leistet die Bundespolizei den Ländern im Krisenfall nach Maßgabe einer Verwaltungsvorschrift technische und polizeiliche Katastrophenhilfe und unterstützt diese durch die Bereitstellung von Personal, Kraftfahrzeugen, Luft-, Wasserfahrzeugen, Geräten, Material, Notunterkünften und Einsatzküchen.[225]

Die Amtshilfe der Bundeswehr im Katastrophenschutz ist durch einen ministeriellen Erlass geregelt[226], wonach diese ihre technischen und logistischen Fähigkeiten bei der Krisenbekämpfung im Wege der Amtshilfe einbringen, hierbei aber nur unter engen Voraussetzungen mit militärischen Mitteln als *ultima ratio* handeln darf.[227]

Auch anderen Bundesbehörden sind Aufgaben für die Krisenbekämpfung iwS zugewiesen. Das Bundeskriminalamt (BKA) dient

---

[222] § 1 Abs. 1 Satz 2 iVm § 1 Abs. 2 Nr. 3 und 4 THWG.
[223] So ausdrücklich: § 10 Abs. 3 LKatSG SH; Art. 8 Abs. 3 BayKSG.
[224] *Bundesregierung*, Deutsche Strategie zur Stärkung der Resilienz gegenüber Katastrophen, 2022, S. 55; s. a. *BMI*, Konzeption Zivile Verteidigung (KZV), 2016, S. 39 f.
[225] Aufzählung der Aufgaben in: Allgemeine Verwaltungsvorschrift des Bundesministeriums des Innern über die Verwendung der Bundespolizei bei einer Naturkatastrophe oder bei einem besonders schweren Unglücksfall sowie zur Hilfe im Notfall (BPolKatHiVwV) vom 4.9.2012 (GMBl. S. 899).
[226] Hilfeleistungen der Bundeswehr bei Naturkatastrophen oder besonders schweren Unglücksfällen im Rahmen der dringenden Eilhilfe – Neufassung, Erlass des BMVg vom 15.5.2013 (GMBl. S. 628). Zu der besonderen Konstellation einer Amtshilfe der Bundeswehr zugunsten der Kommunen, *Schirmer*, GZS 2022, 205.
[227] S. insb. BVerfGE 132, 1 (9 ff., 17 ff.); BVerfGE 115, 118 (143); vgl. BVerfGE 133, 241 (263 ff.).

der Zusammenarbeit des Bundes und der Länder in kriminalpolizeilichen Angelegenheiten und damit primär der Krisenvorsorge (§ 1 Abs. 1 BKAG). Weitere, z.T. auch bei anderen Behörden angesiedelte Einrichtungen sind u.a. das Gemeinsame Terrorismusabwehrzentrum (GTAZ)[228], das Gemeinsame Extremismus- und Terrorismusabwehrzentrum (GETZ) als „Plattformen" für den Informationsaustausch von Sicherheitsbehörden,[229] sowie das Gemeinsame Internetzentrum (GIZ)[230] und das Gemeinsame Cyber-Abwehrzentrum (Cyber-AZ)[231]. Das Bundesamt für Sicherheit in der Informationstechnik (BSI) ist als Bundesoberbehörde im Geschäftsbereich des BMI (§ 1 S. 1 BSIG)[232] die zentrale Einrichtung für die Informationssicherheit auf nationaler Ebene.

d) Wissenschaftsnahe Einrichtungen des Bundes

Neben den genannten Sicherheitsbehörden gibt es eine ganze Reihe weiterer Akteure auf der Ebene des Bundes, die insbesondere für die (wissenschaftliche) Informationsbeschaffung und -vermittlung in spezifischen Bereichen verantwortlich sind. Hierzu zählen das Robert-Koch-Institut (RKI)[233] im Bereich des Infektionsschutzes;[234] das Paul-Ehrlich-Institut (PEI)[235], ggfs. im Verbund mit dem Friedrich-Löffler-Institut,[236] das Bundesinstitut für Risikobewertung (BfR),[237] der Deutsche Wetterdienst (DWD)[238] oder auch das Bundesamt für Strahlenschutz (BfS).[239] Die Bundeszentrale für gesundheitliche Aufklärung (BZgA) ist als Bundesoberbehörde im Ge-

---

[228] *Graulich*, in: Schenke/Graulich/Ruthig (Hrsg.), Sicherheitsrecht des Bundes, 2. Aufl. 2019, § 2 BKAG Rn. 17 ff.
[229] *Barczak*, in: ders. (Hrsg.), BKAG, 2023, § 1 Rn. 22.
[230] *Graulich* (o. Fn. 228), Rn. 21 f.
[231] *Graulich* (o. Fn. 228), Rn. 25 f.
[232] Gesetz über das Bundesamt für Sicherheit in der Informationstechnik vom 14.8.2009 (BGBl. I. S. 2821).
[233] Vgl. § 2 Abs. 1 des Gesetzes über Nachfolgeeinrichtungen des Bundesgesundheitsamtes vom 24.6.1994 (BGBl. I 1416).
[234] *Rixen*, DieVerw 2021, 319 (331 f.).
[235] Nach § 1 Abs. 1 des Gesetzes über das Bundesinstitut für Impfstoffe und biomedizinische Arzneimittel vom 7.7.1972 (BGBl. I 1163) unterhält der Bund dieses ein Bundesinstitut für Impfstoffe und biomedizinische Arzneimittel als selbständige Bundesbehörde. Seine Aufgaben sind in § 1 Abs. 2 des Gesetzes aufgeführt.
[236] Nach § 27 Abs. 1 des Gesetzes zur Vorbeugung vor und Bekämpfung von Tierseuchen vom 21.11.2018 (BGBl. I 1938) forscht das Friedrich-Loeffler-Institut als selbständige Bundesoberbehörde u. a. auf dem Gebiet der Tierseuchen, des Tierschutzes.
[237] § 1 des Gesetzes über die Errichtung eines Bundesinstitutes für Risikobewertung vom 6.8.2002 (BGBl. I 3082).
[238] Gesetz über den Deutschen Wetterdienst vom 10.9.1998 (BGBl. I 2871).
[239] Gesetz über die Errichtung eines Bundesamts für Strahlenschutz vom 9.10.1989 (BGBl. I 1830).

schäftsbereich des Bundesgesundheitsministeriums u. a. für die Realisierung bundesweiter Kommunikationsmaßnahmen gegenüber der Bevölkerung im Bereich der gesundheitlichen Erziehung und Aufklärung zuständig.[240]

III. Kooperation bei der Krisenbekämpfung

1. Kooperationsverhältnisse im Bundesstaat

Die Krisenbekämpfung fordert den Staat in allen seinen Verästelungen und in seinen auf verschiedene Gebietskörperschaften und Behörden verteilten Zuständigkeiten und Fähigkeiten heraus, die mit dem Ziel der effektiven Krisenbewältigung zusammengeführt werden müssen. Eine Notwendigkeit zur Kooperation kann sich in vielerlei Hinsicht ergeben: Die Auswirkungen einer Krise können sich über mehrere kommunale Selbstverwaltungskörperschaften oder Länder hinweg erstrecken. Oder die Krisenbekämpfung iwS überfordert die Fähigkeiten der originär zuständigen Gebietskörperschaft in quantitativer oder qualitativer Hinsicht.

Soweit aber bei der Krisenbekämpfung ieS Kooperation erforderlich ist, wird diese nur dann funktionieren, wenn sie bereits im Vorfeld eingeübt wurde. Insoweit ist auf die regelmäßigen strategischen länder- und ressortübergreifenden Krisenmanagementübungen (LÜKEX)[241] zu verweisen, die vom BBK organisiert wird. Ziel der Übung ist es, „das gemeinsame Krisenmanagement auf strategischer Ebene zu verbessern".[242]

Für ein effektives und effizientes Risiko- und Krisenmanagement bedarf es somit eines frühzeitigen und intensiven gesamtstaatlichen Zusammenwirkens bereits im Vorfeld einer Krise[243] – ebenso wie des Austauschs und der Abstimmung während der Krise, wie sie in einer Unzahl von gemeinsamen Stäben, Arbeitskreisen bis hin zu der Konferenz von Fachministern oder Ministerpräsidenten[244] stattfindet.

Daneben haben sich die Länder auf vereinheitlichende Grundsatzempfehlungen verständigt, um „eine Vereinheitlichung der Führungsstrukturen auf den unterschiedlichen Ebenen des Krisenmana-

---

[240] Errichtungserlass des Bundesministers für Gesundheitswesen vom 20.7.1967 (GMBl. S. 375).
[241] S. dazu etwa *Beyerbach*, Bevölkerungsschutz 3/2019, 11.
[242] So die Darstellung auf www.bbk.bund.de; dort auch zu den bisher geübten Szenarien.
[243] *BMI/BBK*, Stärkung des Bevölkerungsschutzes durch Neuausrichtung des Bundesamtes für Bevölkerungsschutz und Katastrophenhilfe, 2021, S. 3.
[244] Zu deren Krisenfestigkeit *Meyer*, NVwZ 2023, 1294, mit einem Plädoyer zugunsten einer verfassungsrechtlichen Institutionalisierung (1297).

gements herzustellen ... So sollen auf der operativ-taktischen Ebene (Einsatzleitung an Schadensstellen) organisationsübergreifend die ‚Feuerwehr-Dienstvorschrift 100' und im administrativ-organisatorischen Bereich die ‚Hinweise zur Bildung von Stäben der administrativ-organisatorischen Komponente' angewendet werden".[245] Für die Koordinierung von Bund und Ländern im Falle einer Pandemie wurde von der Bundesregierung auf der Grundlage von Art. 84 Abs. 2 GG und § 5 IfSG eine Allgemeine Verwaltungsvorschrift über die Koordinierung des Infektionsschutzes in epidemisch bedeutsamen Fällen erlassen, die im Krisenfall eine verstärkte Zusammenarbeit und v.a. einen verstärkten Informationsaustausch organisiert.

Störungsfreie Kommunikation ist in der akuten Krisenbekämpfung auch zwischen den einzelnen Einsatzkräften vor Ort, die aus unterschiedlichsten Organisationen stammen können, existentiell wichtig.[246] Um eine organisationsübergreifende sichere und zuverlässige Kommunikation zu gewährleisten, hat der Bund mit dem auf der Grundlage von Art. 87 Abs. 3 Satz 1 GG iVm Art. 73 Nr. 7 GG erlassenen[247] „Gesetz über die Errichtung einer Bundesanstalt für den Digitalfunk der Behörden und Organisationen mit Sicherheitsaufgaben" (BDBOSG) die BDBOS im Geschäftsbereich des BMI errichtet. Sie soll als Netzbetreiberin des Bundes ein bundesweit einheitliches digitales Sprech- und Datenfunksystem für Behörden und Organisationen mit Sicherheitsaufgaben (Digitalfunk BOS) aufbauen und betreiben. Ein Abkommen[248] regelt Nutzung und Finanzierung des BOS.

Anhand dieser die Übung und die Kommunikation bei der Krisenbekämpfung betreffenden Aspekte wird deutlich, dass schon heute ein Geflecht von kooperativen Planungs-, Übungs- und Kommunikationsstrukturen besteht, die die verschiedenen, an der Krisenbekämpfung beteiligten Akteure zusammenführen.

Allerdings darf diese Kooperation eine bestimmte Grenze nicht überschreiten: Sie darf nicht zu einer – wenn auch nur „freiwilligen" – Aufgabe und Übertragung eigener Zuständigkeiten auf andere

---

[245] *BMI*, System des Krisenmanagements in Deutschland (2015), S. 18.
[246] Siehe etwa zu den Kommunikationsschwierigkeiten bei der Flutkatastrophe 2021 den Zwischenbericht des Parlamentarischen Untersuchungsausschusses V („Hochwasserkatastrophe"), LT-Drs. NRW 17/16930, S. 123, 615f., 701 und öfter.
[247] Gesetzentwurf der Fraktionen SPD und BÜNDNIS 90/DIE GRÜNEN, Entwurf eines Gesetzes zur Errichtung einer Bundesanstalt für den Digitalfunk der Behörden und Organisationen mit Sicherheitsaufgaben (BDBOS-Gesetz – BDBOSG), BT-Drs. 15/5575, S. 6.
[248] Verwaltungsabkommen vom 14.3.2007 über die Zusammenarbeit von Bund und Ländern beim Aufbau und Betrieb des Digitalfunks der Behörden und Organisationen mit Sicherheitsaufgaben (abzurufen auf www.bdbos.bund.de).

Gebietskörperschaften führen. Kompetenzen sind auch für ihren Inhaber nicht verfügbar.[249]

2. Amtshilfe

Ein verfassungsrechtlich ausdrücklich vorgesehenes – und insbesondere in der Krisenbekämpfung häufig in Anspruch genommenes – Kooperationsinstrument ist die Amtshilfe.

a) Sinn und Voraussetzungen

Die horizontale wie die vertikale Verteilung von Zuständigkeiten kann zu inakzeptablen Ergebnissen führen, wenn ihre Strenge eine effektive und effiziente Krisenbekämpfung verhindert, indem etwa ungenutzte Fähigkeiten einer Gebietskörperschaft nicht eingesetzt werden (können), weil diese für die Krisenbekämpfung „nicht zuständig" ist.

Art. 35 GG Abs. 2 und 3 GG erlauben zu diesem Zweck eine kooperative Krisenbekämpfung auch in atypischen Lagen[250] unter Durchbrechung, aber ohne Veränderung der Zuständigkeitsordnung.[251] Neben der Kooperation zur Aufrechterhaltung von Sicherheit und Ordnung (Art. 35 Abs. 2 Satz 1 GG) kann eine Zusammenarbeit zwischen Bund und/oder Ländern auf Anforderung der zuständigen Gebietskörperschaft auch zur Krisenbekämpfung „im Angesicht einer Naturkatastrophe oder eines besonders schweren Unglücksfalls" erfolgen.[252] Der Sinn der Norm gebietet es, dass auch hier die ersuchende Gebietskörperschaft mit der Krisenbekämpfung allein überfordert sein muss, obwohl der Wortlaut dies nur bei einer Amtshilfe nach Art. 35 Abs. 2 Satz 1 GG vorsieht.[253]

b) Grenzen

Bei der Amtshilfe handelt es sich um eine Form punktueller Kooperation zwischen den Ländern oder zwischen Bund und Län-

---

[249] BVerfGE 108, 169 (182); *Isensee*, in: ders./Kirchhof (Hrsg.), HdbStR Bd. VI, 3. Aufl. 2008, § 126 Rn. 188 ff., 191.

[250] *Dederer*, in: Dürig/Herzog/Scholz (Hrsg.), GG, Stand April 2018, Art. 35 Rn. 113.

[251] *Danwitz*, in: v. Mangoldt/Klein/Starck (Hrsg.), GG, 7. Aufl. 2018, Art. 35 Rn. 59.

[252] Zu Naturkatastrophen s. *Reimer*, in: Kahl/Waldhoff (Hrsg.), Bonner Kommentar GG, Stand 2017, Art. 35 Rn. 261; zur Frage, inwieweit die Covid-19-Pandemie als „Naturkatastrophe in Zeitlupe" oder Unglücksfall unter Art. 35 Abs. 2 GG fällt *Epping*, in: Epping/Hillgruber (Hrsg.), BeckOK, GG, Stand August 2023, Art. 34 Rn. 22.3; *Kersten/Rixen* (o. Fn. 13), S. 47.

[253] *Dederer*, in: Dürig/Herzog/Scholz (Hrsg.), GG, Stand April 2018, Art. 35 Rn. 122, 134; *Klafki* (o. Fn. 5), S. 359.

dern, die keine dauerhafte Verschiebung von Zuständigkeiten – sei es in der Gesetzgebung, sei es in der Verwaltung – bewirkt oder erlaubt.[254] Dies verdeutlicht schon der Begriff der *Hilfe*. Zulässig ist nur „Aushilfe bzw. Amtshilfe im Einzelfall",[255] die die eigenverantwortliche Aufgabenwahrnehmung des originären Aufgabenträgers wahrt.[256]

Die Amtshilfe ist ihrer Idee nach auf nicht konkret vorhersehbare und damit nicht planbare Zustände angelegt, für die der eigentlich zuständige Verwaltungsträger ebenso wenig selbstverantwortliche Vorsorge treffen kann, wie der helfende.[257] Dementsprechend hat der Bund interessanterweise selbst vor dem Hintergrund der maßgeblich von ihm betriebenen Verschmelzung von Zivil- und Katastrophenschutz festgestellt, dass Amtshilfe im Inland (eigentlich) nur subsidiär „und aus den bestehenden Strukturen heraus" geleistet werden kann bzw. darf: „Aus dem Prinzip der Subsidiarität folgt, dass für die Katastrophenhilfe regelmäßig keine eigenen Vorkehrungen durch den Bund zu treffen sind".[258]

Es widerspricht folglich der Idee der Amtshilfe, wenn diese zur Kompensation dauerhafter Ausstattungsdefizite der ersuchenden Behörde missbraucht wird.[259] Wird die Leistung ebenso wie die Anforderung von Amtshilfe zu einem eingeplanten Faktor der Aufgabenerfüllung, deutet dies auf eine Schieflage bei der Verteilung von Zuständigkeiten (und damit Finanzierungslasten) hin. Es widerspricht daher dem Sinn und dem Zweck der Amtshilfe, wenn eine Gebietskörperschaft anstelle des eigentlichen Aufgabenträgers – gleichsam im vorauseilenden Amtshilfeeifer – solche Ressourcen allein oder primär für die Erfüllung fremder Aufgaben vorhält, die für eigene Aufgaben nicht oder nur selten nutzbar sind.

c) Katastrophenhilfe durch das BBK

aa) Begriff und Umfang

Dennoch „verklammert" der Gesetzgeber in seiner Aufgabenzuweisung an das BBK Katastrophen- und Zivilschutz durch die „Katastrophenhilfe", in deren Rahmen den Ländern die „Vorhaltun-

---

[254] BVerfGK, 19, 1 (2); *Gubelt/Goldhammer*, in: v. Münch/Kunig (Hrsg.), GG, 7. Aufl. 2021, Art. 35 Rn. 23.
[255] BVerfGE 63, 1 (32).
[256] *Bauer*, in: Dreier (Hrsg.), GG Bd. II, 3. Aufl. 2015, Art. 35 Rn. 13; vgl. BVerfGE 63, 1 (41).
[257] Vgl. *Bauer*, in: Dreier (Hrsg.), GG Bd. II, 3. Aufl. 2015, Art. 35 Rn. 13; aA wohl *Dederer*, in: Dürig/Herzog/Scholz (Hrsg.), GG, Stand April 2018, Art. 35 Rn. 48, der ein generelles Ersuchen für regelmäßig zulässig hält.
[258] *BMI*, Konzeption Zivile Verteidigung (KZV), 2016, S. 10.
[259] *Schubert*, in: Sachs, GG, 9. Aufl. 2021, Art. 35 Rn. 17.

gen und Einrichtungen des Bundes für den Zivilschutz ... auch für ihre Aufgaben im Bereich des Katastrophenschutzes zur Verfügung" stehen (§ 12 ZSKG). Dies eröffnet den Ländern die Möglichkeit, auf die Ressourcen und Einrichtungen des Bundes für den Zivilschutz zwecks ihrer Aufgabenerfüllung im Katastrophenschutz zurückzugreifen.[260] Des Weiteren öffnet § 14 ZSKG die Aus- und Fortbildungsmaßnahmen des BBK für die Belange der Länder in dem Bereich des Katastrophenschutzes.

Auch die Koordinierungsbefugnis des Bundes aus § 16 ZSKG schlägt eine Brücke zwischen den „Einrichtungen und Vorhaltungen" des BBK und dem Zugriff der Länder auf diese Ressourcen im Wege der Amtshilfe (Abs. 1). Zudem ordnet sich der Bund die Aufgabe der „Koordinierung von Hilfsmaßnahmen" auf Ersuchen des betroffenen Landes zu, wobei der Gegenstand der Koordinierung vom Bund im Einvernehmen mit den betroffenen Ländern getroffen wird (Abs. 2). Das Gesetz weist allerdings ausdrücklich darauf hin, dass die „Zuständigkeit der Länder für das operative Krisenmanagement" (d. h. den Katastrophenschutz) unberührt bleibt (Abs. 3).

Des Weiteren verbindet § 18 Abs. 3 ZSKG die Planungen des Bundes für den Zivilschutz durch Rahmenkonzepte mit der Planung der Länder für den Katastrophenschutz, sofern dies für ein effektives gesamtstaatliches Zusammenwirken der Katastrophenschutzbehörden erforderlich ist. Dies verdeutlicht die Intention des Gesetzgebers, dem Bund eine stärkere Steuerungs- und Koordinierungskompetenz mit Blick auf länderübergreifende („gesamtstaatliches Zusammenwirken") Gefahren und Katastrophenfälle zuzubilligen.[261] Im Rahmen der nach § 16 Abs. 1 ZSKG iVm Art. 35 Abs. 1 GG möglichen Amtshilfe durch das BBK kann die Koordination von Hilfsmaßnahmen vollständig an den Bund übertragen werden, § 16 Abs. 2, Abs. 4 ZSKS.

bb) Verfassungsrechtlicher Grenzgang

Die Aufgaben des BBK reichen in vielfacher Hinsicht weit in die katastrophenschutzrechtliche Zuständigkeit der Länder hinein. Wegen der Verknüpfung von Gesetzgebungskompetenzen und Verwaltungsbefugnissen des Bundes in Art. 87 Abs. 3 Satz 1 GG setzt die im Art. 73 Abs. 1 Nr. 1 Alt. 2 GG enthaltene Begrenzung indes auch der Verwaltungskompetenz des Bundes eine Grenze. Einrichtungen und Maßnahmen des BBK, die nicht primär dem Zivilschutz gewidmet sind oder über seinen Bereich hinausgehen, sind nicht von

---

[260] *Grüner* (o. Fn. 6), S. 116.
[261] Bundesregierung, Entwurf eines Gesetzes zur Änderung des Zivilschutzgesetzes, BT-Drs. 16/11338, S. 8 ff.

der Gesetzgebungskompetenz aus Art. 73 Abs. 1 Nr. 1 Alt. 2 GG gedeckt[262] und dürfen daher grundsätzlich weder durch den Bundesgesetzgeber geregelt noch durch das BBK vorenthalten bzw. wahrgenommen werden.

Eignet sich der Bund im Bereich des Katastrophenschutzes eine Kompetenz zur strategischen Ausrichtung und Steuerung für extreme, länderübergreifende oder das ganze Bundesgebiet betreffende Situationen an, würde dies über die im Art. 35 GG vorausgesetzte punktuelle Hilfeleistung hinausgehen.[263] Hierin läge eine zwar durch den besonderen Katastrophenfall bedingte, aber doch dauerhafte Aufgabenverschiebung zwischen Bund und Ländern.

Im Ergebnis lassen sich auch die vom Bund unter dem Vorzeichen des Zivilschutzes in Anspruch genommenen, aber mit der Katastrophenhilfe und ihrer Koordination in das Katastrophenschutzrecht hineinragenden Regelungen nicht unter Hinweis auf eine antizipierte Amtshilfe rechtfertigen. Es ist zwar denkbar, dass sich der Katastrophenschutz im Sinne einer Katastrophen*hilfe* in einem gewissen Umfang als Annex oder als „Beifang" des Zivilschutzes auf Grundlage von Art. 73 Abs. 1 Nr. 1 GG iVm Art. 35 Abs. 2 Satz 2 und Abs. 3 Satz 1 GG darstellt,[264] aber eine antizipierte und institutionalisierte Katastrophenhilfe wäre in ihrer Reichweite vage[265] und widerspricht aufgrund ihrer Institutionalisierung der Idee der Amtshilfe als Ausnahmetatbestand. Die eigentlich für die Erfüllung einer Aufgabe zuständigen Länder müssen sich im Vorfeld einer Krise, nicht mehr mit den entsprechenden Ressourcen ausstatten, weil sie sich auf deren Vorhaltung durch den Bund verlassen könnten.[266]

Für institutionalisierte, dauerhafte Maßnahmen des Bundes im Bereich des Katastrophenschutzes, die sich etwa im Betrieb des „Gemeinsame Melde- und Lagezentrums von Bund und Ländern" (GMLZ[267]), aber auch in den in §§ 12, 13, 18, 23 sowie 14 ZSKG geregelten Koordinierungsaufgaben ausdrücken, fehlt dem Bund damit die Gesetzgebungs- und damit auch die Verwaltungskompetenz.[268]

Wenn der Bund daher den Ländern Einrichtung und Ausstattung zum Katastrophenschutz im Rahmen der §§ 12, 13 ZSKG zur Verfü-

---

[262] *Musil/Kirchner*, DieVerw 2006 (39), 373 (379).
[263] Über dieses Vorhaben berichten *Musil/Kirchner*, DieVerw 2006, S. 373 (381) mwN.
[264] Vgl. dazu Bundesregierung, Entwurf eines Gesetzes zur Änderung des Zivilschutzgesetzes, BT-Drs. 16/11338, 9.
[265] *Grüner* (o. Fn. 6), S. 119.
[266] So auch *Klafki* (o. Fn. 5), S. 290.
[267] Weitere Informationen auf des BBK; *Kloepfer*, VerwArch 2007, 163 (174 f.); *Thiele* (o. Fn. 161), S. 551 f.; *Grüner* (o. Fn. 6), S. 127.
[268] *Thiele* (o. Fn. 161), S. 547; *Rachor/Roggan* (o. Fn. 197), Rn. 156.

gung stellt, muss dieses Inventar prinzipiell für den Zivilschutz angeschafft und vorgesehen sein.[269] Allerdings spielt der Zivilschutz nicht die führende und zentrale Rolle bei dem Außenauftritt und der Aufgabenwahrnehmung des BBK.[270] In der Realität finanziert der Bund somit erhebliche Teile der Katastrophenschutzausstattung[271] und greift damit in den originären Verantwortungsbereich der Länder über. Dass dies selten beanstandet wird,[272] dürfte wohl nicht zuletzt darauf zurückzuführen sein, dass dieses Arrangement den Ländern erhebliche Ersparnisse beschert.

Selbst wenn man darüber hinwegsieht, dass eine über die punktuelle Kooperation hinausgehende Antizipation und Institutionalisierung der Amtshilfe deren Grundidee widerspricht, müssten die Maßnahmen der Katastrophenhilfe zumindest materiell den Vorgaben des Art. 35 GG entsprechen. Die Koordinierung von Hilfemaßnahmen durch den Bund setzt zwar gem. § 16 Abs. 2 ZSKG ein Ersuchen eines Landes voraus. Dieses Ersuchen kann aber nicht die fehlende Gesetzgebungs- und damit Verwaltungskompetenz des Bundes für den Katastrophenschutz außerhalb der Amtshilfe ersetzen. Vielmehr würde die zwingende Wirkung der Kompetenzordnung durch ein derartiges Ersuchen der Länder nach § 16 Abs. 2 ZSKG umgangen werden.[273] Seine Zulässigkeit setzt daher nach § 16 Abs. 1 ZSKG das Vorliegen der Voraussetzungen des Art. 35 GG – insbesondere die Überforderung der anfordernden Gebietskörperschaft – voraus, selbst wenn die in dem Gesetz verwendete Formulierung „können auch" so missverstanden werden könnte, dass die verfassungsrechtlich vorgesehene Amtshilfe nur *ein* Fall der Inanspruchnahme neben anderen ist.

Soweit die Aufgaben des BBK darüber hinausgehen, einem Land Amtshilfe nach Art. 35 Abs. 2 Satz 2 oder Abs. 3 GG zu leisten, fehlt dem Bund die Kompetenz zur Aufgabenwahrnehmung.[274] Insbesondere kann der Bund keine originären, koordinierenden oder gar lenkenden Aufgaben in dem Bereich des Katastrophenschutzes wahrnehmen[275] – etwa, indem er durch das BBK „alle Bereiche der zivilen Sicherheitsvorsorge fachübergreifend berücksichtigen und zu einem wirksamen Schutzsystem für die Bevölkerung und ihre Le-

---

[269] *Pohlmann*, Rechtliche Rahmenbedingungen der Katastrophenbewältigung, 2012, S. 140 f.
[270] Hierfür s. a. die Internetseite des BBK; ferner: *Pohlmann*, Rechtliche Rahmenbedingungen der Katastrophenbewältigung, 2012, S. 108.
[271] Zu diesem Ergebnis kommt *Kloepfer* (o. Fn. 267), S. 175.
[272] S. a. *Rachor/Roggan* (o. Fn. 197), Rn. 156.
[273] In Hinblick auf das ZSKG unter Umgehung der verfassungsrechtlichen Ordnung: *Kloepfer* (o. Fn. 271), S. 175; *Thiele* (o. Fn. 161), S. 546.
[274] *Hollo* (o. Fn. 202), S. 201.
[275] *Hollo* (o. Fn. 202), S. 201.

bensgrundlage"²⁷⁶ verknüpft. Hier signalisiert der Begriff der „Verknüpfung" den Übergriff des Bundes in den Aufgabenbereich der Länder.

---

²⁷⁶ *Meyer-Teschendorf*, Stand der Diskussion um eine „Neuordnung" des Zivil- und Katastrophenschutzes, in: Kloepfer (Hrsg.), Katastrophenrecht, 2008, S. 29 (33).

F. Effizientere und effektivere Krisenbekämpfung?

I. Konzentration und Zentralisierung

Parlamentarische Schwerfälligkeit, retardierender Rechtsschutz, aufgrund der Aufteilung von Gesetzgebungs- und Verwaltungskompetenzen, uneinheitliche Entscheidungen („Flickenteppich"[277]), das Mosaik heterogener kommunaler Selbstverwaltungskörperschaften und insbesondere Zuständigkeit und Verfahren als ordnende Elemente exekutiven Handelns gelten bei der Krisenbekämpfung oft als Störfaktoren. Wann und wo immer Überlegungen zur Verbesserung der Effizienz und Effektivität staatlicher Krisenbekämpfung angestellt werden, kommt daher eine Konzentration staatlicher Befugnisse in zweierlei Hinsicht zur Sprache.

Zum einen wird – resignierend oder zustimmend – die Krise als „Stunde der Exekutive"[278] eingeordnet, die allein in der Lage und berufen ist, durch Realakte, (Allgemein-)Verfügungen oder auch im Wege der Rechtsverordnung die akute Krise zu bekämpfen.

Zum andern wird die Fähigkeit des Bundes zur Bekämpfung größerer, v. a. länderübergreifender Krisen höher eingeschätzt als die der Länder. Immerhin bedarf die Krisenbewältigung erheblicher sachlicher und personeller Ressourcen, deren Vorhaltung für eine einzelne Gebietskörperschaft angesichts eines nach Grund und Ausmaß unsicheren Kriseneintritts nicht immer sinnvoll ist. Aber nicht nur die Länder verlangen von dem Bund ein stärkeres Engagement für „ihren" Katastrophenschutz (v. a. in finanzieller Hinsicht[279]), sondern auch der Bund arbeitet im Bereich der Krisenbekämpfung im Allgemeinen, im Bereich des Katastrophen- und Infektionsschutzes[280] im Besonderen auf eine inkrementelle Konzentration der Regelungs- und Organisationsstrukturen hin. Der Koalitionsvertrag des Jahres 2021 greift diese Anliegen an mehreren Stellen auf.[281]

---

[277] S. o. Fn. 102.
[278] Die Urheberschaft dieser Aussage schreibt *Klafki*, JöR 2021, 583 (587), einem Debattenbeitrag des ehemaligen Bundesinnenministers *Gerhard Schröder* (CDU) zu (Plenarprotokoll 3/124 vom 28.7.1960, 7177 C); zu dem Phänomen *Gusy*, GZS 2020, 101 (104 ff.).
[279] Der Bund möge für den Bevölkerungsschutz „Mittel von rund 10 Milliarden Euro innerhalb der nächsten 10 Jahre" bereitstellen; Beschluss auf der 219. Sitzung der IMK, S. 62, abrufbar auf www.innenministerkonferenz.de.
[280] So zB die in der Bundesnotbremse angelegte Automatisierung und Zentralisierung des Gesetzesvollzugs (s. o. Fn. 103 und 104).
[281] Koalitionsvertrag zwischen SPD, Bündnis 90/Die Grünen und FDP vom 7.12.2021, S. 4, 11, 18, 35, 83, 105, 107, 140 (https://www.spd.de/koalitionsvertrag 2021).

II. Verfassungsrechtliche Rahmenbedingungen

1. Bindung an die Verfassung auch in der Krise

Indes sind die eingangs genannten Bauelemente des Verfassungsstaats nicht nur für den „Normalfall" gedacht. Zwar zählen in der Krise Effizienz, Effektivität sowie Verlässlichkeit des staatlichen Handelns, die dezentralen Strukturen in diesem Moment nicht (mehr) zugetraut werden. Und dem in Gefahr Geratenen dürfte es gleichgültig sein, welche staatliche Gebietskörperschaft sich in der Krise für seine Rettung und für die Beseitigung der Krisenfolgen verantwortlich fühlt. Verfassungs- und Rechtsordnung müssen sich aber gerade in der Krise bewähren.[282] Stünde ihre Geltung unter dem Vorbehalt des Normalfalls, könnten sie den Anspruch einer umfassenden Bindung staatlicher Gewalt nicht mehr einlösen.[283] Deutschland hat in seiner Verfassungsgeschichte keine gute Erfahrung mit der Verrechtlichung von Ausnahmesituationen gemacht, in denen die Verfassungsordnung suspendiert werden konnte, um sie letztlich wiederherzustellen: Solche Regelungen haben sich als politisch unbeherrschbar, ja fatal erwiesen, als die mit ihnen verbundenen besonderen Befugnisse in die falschen Hände gerieten.[284] U.a. mit den Vorschriften zu dem Verteidigungsfall iSe äußeren Notstands (vgl. Art. 115a ff. GG) macht das Grundgesetz vielmehr deutlich, dass auch in einer Krisensituation das Kompetenzgefüge mit dem Parlament als Dreh- und Angelpunkt erhalten bleiben soll und nur den besonderen Umständen angepasst wird.[285]

Das Grundgesetz sieht auch keine umfassende Außerkraftsetzung von Grundrechten im inneren oder im äußeren Notstand vor. Es erklärt die Koalitionsfreiheit sogar ausdrücklich für notstandsfest (vgl. Art. 9 Abs. 3 Satz 3 GG). Andere Grundrechte weisen zwar besondere Eingriffsermächtigungen für Notlagen auf (vgl. Art. 10 Abs. 2, 11 Abs. 2, 12a Abs. 3, 13 Abs. 4 und 7 GG). Dies bekräftigt aber im Umkehrschluss nur deren grundsätzliche Weitergeltung in der Krise, auch wenn diese ebenso wie die einem allgemeinen Gesetzesvorbehalt unterliegenden Grundrechte dann erheblichen Einschränkungen unterworfen werden können. Soweit diese Einschränkungen – wie dies in Krisen häufig der Fall sein dürfte – „we-

---

[282] *Klafki*, JöR 69 (2021), 583 (584); s.a. *Kersten/Rixen* (o. Fn. 13), S. 65 ff.
[283] *Kaiser*, Ausnahmeverfassungsrecht, 2020, S. 85 ff.; *Rennert*, DVBl. 2021, 1269 (1270 f.).
[284] *Kersten*, JuS 2016, 193 (194 ff.).
[285] *Lepsius* (o. Fn. 8), S. 337.

sentlich"[286] sind, bedürfen sie allerdings stets einer entsprechenden gesetzlichen Ermächtigung, was wiederum die unentrinnbare Verantwortung des parlamentarischen Gesetzgebers vor allem für das Treffen von moralisch aufgeladenen, komplexen Entscheidungen[287] in der Krise aktualisiert. Und die Menschenwürde bleibt für den Staat auch in der größten Krise unantastbar.[288]

Im Lichte ihrer unverbrüchlichen Fortgeltung auch im Krisenfall muss das Anliegen der Verfassungsordnung vielmehr eine vorbereitende Vergesetzlichung von Sonderlagen sein, mit der die institutionelle Grundentscheidung für das parlamentarische Regierungssystem unterstrichen wird.[289] Staat und Recht sind so einzurichten, dass sie ihre verfassungsrechtlichen Verpflichtungen im Umgang mit Krisen auch dann erfüllen können, wenn deren genaue Gestalt und Auswirkungen nicht vorhersehbar sind. Während einer Krise können in grundlegenden Fragen kaum noch Weichen gestellt werden, so dass die zuständigen Gesetzgeber (ebenso wie im nächsten Schritt die für die Gesetzesausführung zuständigen Behörden) eine Pflicht zur Vorbereitung der Krisenabwehr trifft, um die Rechtsstaatlichkeit in der Krise zu schützen. Nur auf diese Weise ist sicherzustellen, dass nicht durch *ad hoc*-Regelungen zentrale verfassungsrechtliche Rahmenbedingungen ausgehöhlt werden.

Im Ergebnis sind Krisen im Rahmen des herkömmlichen Institutionen- und Kompetenzgefüges sowie mit den herkömmlichen Handlungsinstrumenten zu bewältigen, die im Vorfeld einer Krise an die Bedürfnisse für ihre Bewältigung angepasst – „krisenfest" gemacht – werden müssen.[290]

2. Zuordnung von Verantwortung

Das Handeln des Staates bei der Krisenbekämpfung muss effektiv und effizient sein.[291] Dies wird durch eine gleichermaßen klare wie funktionsadäquate Zuordnung von Verantwortung für die Krisenbekämpfung an einzelne Gebietskörperschaften gewährleistet, die zugleich die angemessene Legitimation der staatlichen Maßnahmen (oder ihrer Unterlassung) sicherstellt. Dies ist das Anliegen der grundgesetzlichen Kompetenzordnung, die weder eine Verantwortungsvermischung noch eine -verunklarung zulässt: Alle Maßnah-

---

[286] Zur Wesentlichkeit von Entscheidungen als Auslöser für den Vorbehalt des Gesetzes *Grzeszick*, in: Dürig/Herzog/Scholz (Hrsg.), GG, Stand Januar 2022, Art. 20 Rn. 105 ff.
[287] *Klafki* (o. Fn. 5), S. 86 ff., 281.
[288] BVerfGE 115, 118 (152 ff.).
[289] *Lepsius* (o. Fn. 8), S. 338 mwN.
[290] *Barczak* (o. Fn. 1), S. 354 ff.; s. a. *Klafki*, NJW 2023, 1340 (1342).
[291] *Klafki* (o. Fn. 5), S. 50 ff.

men müssen einem Träger hoheitlicher Gewalt eindeutig zugeordnet werden können.[292]

Übergeordnetes Ziel jeder Zuweisung von Aufgaben in einer Mehrebenen-Staatlichkeit ist die Gewährleistung einer aufgabengerechten Staatsorganisation.[293] Auf welcher staatlichen Ebene eine Aufgabe erledigt werden sollte, richtet sich insbesondere nach der Nähe der Aufgabe zum Aufgabenträger. Insbesondere die erfolgreiche Abwehr von Gefahren setzt ein Näheverhältnis des Handelnden zur Gefahrenquelle und zum drohenden Schaden voraus. Grundsätzlich müssen Krisen – ebenso wie Gefahren – dezentral bekämpft werden.[294] Daher obliegt die operative Krisenbekämpfung zu Recht nahezu ausschließlich den kommunalen Selbstverwaltungskörperschaften, die auch eine nicht zu überschätzende kommunikative Funktion ihrer Bevölkerung gegenüber wahrnehmen.[295]

Vorschläge, die einen Zuständigkeitsübergang von einem in der Krise „überforderten" Land auf den Bund vorsehen, führen hier nicht weiter. Der Überforderung kann immer durch Kooperation begegnet werden. Selbst wenn man einen solchen Übergang an eine – ggfs. zum Zwecke der Rechtssicherheit ähnlich wie in § 5 Abs. 1 IfSG vom Bundestag festzustellende – qualifizierte, d.h. länderübergreifende und/oder Gefährdungslage von nationaler Tragweite knüpft,[296] müsste auch in diesen Fällen die Bekämpfung der Krisensymptome vor Ort, d.h. in dezentralen Strukturen erfolgen. Melde- und Befehlsketten würden verlängert und damit gerade in einer unübersichtlichen Lage noch fehleranfälliger. Die Kenntnis der lokalen Verhältnisse könnte dann bei dem Entscheider nicht mehr vorausgesetzt werden.

3. Gewährleistung von Legitimation – auch in der „Stunde der Exekutive"

Weil es sich bei der Krisenbekämpfung – nicht nur, aber vor allen Dingen auch bei den mit ihr typischerweise einhergehenden massiven Grundrechtseingriffen[297] – um die Ausübung staatlicher Gewalt handelt, bedarf sie nach Art. 20 Abs. 2 GG der demokratischen Legitimation.[298] Alle Maßnahmen müssen personell-organisatorisch

---

[292] *Lindner*, in: Stern/Sodan/Möstl (Hrsg.), StaatsR. Bd. I, 2. Aufl. 2022, § 16 Rn. 7.
[293] *Hofmann* (o. Fn. 2), S. 249.
[294] S. auch *Walus*, Katastrophenorganisationsrecht, 2012, S. 77.
[295] *Meyer*, NVwZ 2023, 1294 (1297).
[296] So auch *Hofmann* (o. Fn. 2), S. 269f.
[297] *Gärditz*, NJW 2021, 2761.
[298] *Klafki* (o. Fn. 5), S. 56ff.

ebenso wie sachlich-inhaltlich auf das Volk und damit auf das Parlament zurückzuführen sein.[299]

Aus der Binnenperspektive des durch eine Krise herausgeforderten Staats schlägt jedenfalls in der akuten Krisenphase die anlässlich der Diskussion um die Notstandsverfassung[300] als Redensart geprägte „Stunde der Exekutive"[301], die aber nicht nur die institutionelle Ausdifferenzierung des Rechtsstaats bedroht[302], sondern auch Legitimationsfragen aufwirft, obwohl natürlich die Exekutive ebenfalls über eine institutionell-funktionelle demokratische Legitimation verfügt.[303]

Insbesondere zu Beginn einer akuten Krisenphase sind staatliche Interventionsmaßnahmen in der Regel durch Exekutiventscheidungen unter Heranziehung von (polizei-, infektionsschutz- oder katastrophenschutzrechtlichen) Generalklauseln geprägt, die (notwendigerweise und ihrer Idee nach[304]) durch eine mangelnde Bestimmtheit[305] charakterisiert sind.[306] Bei der staatlichen Reaktion auf die Corona-Pandemie war aus dem Blickwinkel der Handlungsformenlehre zu beobachten, dass zunächst die örtlichen Infektionsschutzbehörden nach § 28 Abs. 1 IfSG mit Verwaltungsakten und Allgemeinverfügungen[307] reagierten. Danach traten die obersten Infektionsschutzbehörden der Länder durch den Erlass von Verordnungen nach § 32 IfSG in Erscheinung.[308] Den für alle diese Rege-

---

[299] *Grzeszick*, in: Dürig/Herzog/Scholz (Hrsg.), GG, Stand Januar 2022, Art. 20 Rn. 118 ff.

[300] Bundesregierung, Entwurf eines Gesetzes zur Ergänzung des Grundgesetzes betr. das Notstandsrecht BT-Drs. III/1800. Mit Art. 115a Abs. 4 des Entwurfs sollte der Bundesregierung im Ausnahmezustand ein breit angelegtes Notverordnungsrecht mit weitreichenden Befugnissen zu Grundrechtseinschränkungen übertragen werden.

[301] S. o. Fn. 278.

[302] *Lepsius* (o. Fn. 8), S. 322. In der später realisierten Notstandsverfassung setzte sich demgegenüber die Einsicht durch, dass das Parlament auch und gerade in der Krisenlage seine besondere Legitimationsleistung erbringen muss, *Klein*, in: Isensee/Kirchhof (Hrsg.), HdbStR Bd. XII, 3. Aufl. 2014, § 280 Rn. 12.

[303] *Grzeszick*, in: Dürig/Herzog/Scholz (Hrsg.), GG, Stand Januar 2022, Art. 20 Rn. 125 f.

[304] *Schoch*, in: ders. (Hrsg.), Besonderes Verwaltungsrecht, 2018, Kap. 1 Rn. 225 ff., v. a. 233; s. a. zB zu der Verpflichtung des Gesetzgebers bei bekannten Gefahrenlagen „nachzuschärfen": BVerwGE 115, 189 (194).

[305] Zum Bestimmtheitsgebot: BVerfGE 49, 168 (181); 59, 104 (114); 62, 169 (183); 80, 103 (107 f.); *Grzeszick*, in: Dürig/Herzog/Scholz (Hrsg.), GG, März 2006, Art. 20 Rn. 58 ff.

[306] Dies lässt sich insbesondere im Rahmen der Corona-Pandemie nachweisen, dazu zeitlich einordnend: *Kingreen*, NJW 2021, 2766 (2767 ff.); ferner *Brocker*, NVwZ 2020, 1485 (1486).

[307] Zu dem Fall einer landesweiten Allgemeinverfügung: VG München, NVwZ 2020, 651; hierzu *Siegel*, NVwZ 2020, 577 (579); kritisch auch *Gärditz/Abdulsalam*, GSZ 2020, 108 ff. (111 f.).

[308] Hierzu *Gärditz/Abdulsalam* (o. Fn. 307), S. 108.

lungen zunächst inhaltlich maßgeblichen § 28 Abs. 1 IfSG präzisierte der Bundesgesetzgeber erst in der Folge, nachdem sich in der Praxis ein infektionsschutzrechtliches Handlungsprogramm mit Distanzgeboten, Ausgangssperren und Betriebsschließungen herauskristallisiert hatte. Hierdurch verbesserte er die zunächst notwendige Unbestimmtheit der infektionsschutzrechtlichen Generalklausel, die gerade für unvorhersehbare, damit durch den Gesetzgeber schwer zu fassende Sachverhalte gedacht war, und setzte Eingriffsermächtigungen an ihre Stelle, die sich um einen präziseren Tatbestand und einen Katalog von möglichen Rechtsfolgen zumindest bemühten.[309]

Während Verwaltungsakt oder Allgemeinverfügung, später auch Rechtsverordnung unter den Bedingungen der Unsicherheit und der Zeitnot das Mittel der Wahl sind oder sein müssen, entsteht mit Fortschreiten der Krise aber die Frage, ab wann der parlamentarische Gesetzgeber dazu verpflichtet ist, vor dem Hintergrund des Parlamentsvorbehalts[310] krisenspezifische Gesetze zu erlassen.[311] Der zunächst kaum vermeidbare Zugriff der Exekutive führt auf Dauer zur Erosion der parlamentarischen Verantwortung für „wesentliche Entscheidungen".[312] Es bedarf daher eines Mechanismus zur Krisen-Rechtsetzung[313] und des Krisen-Vollzugs, der eine stärkere und frühzeitige Einbeziehung der Parlamente in die staatliche Kriseninterventionspolitik vorsieht. Insbesondere Entscheidungen, die besonders grundrechtsintensiv wirken und darüber hinaus der Erfüllung staatlicher Schutzpflichten dienen, müssen durch das Parlament getroffen werden.[314] Der Gesetzgeber hat sich hier auch unter schwierigsten Bedingungen immer als reaktions- und handlungsfähig erwiesen.[315]

Aus diesem Grund ist es wichtig und richtig, dass einige Landesverfassungen insoweit Vorsorge getroffen haben, als Parlamente in Krisenzeiten – ebenso wie nach Änderung einiger Gemeindeord-

---

[309] Zur Infektionsschutzgesetzgebung während der Pandemie Fn. 13; kritisch zu dem Präzisierungsversuch in § 28a IfSG *Kingreen*, NJW 2021, 2766 (2766 ff.); zu der mit der Zeit wachsenden Verantwortung des Gesetzgebers, der Behörde eine speziellere Norm zur Verfügung zu stellen: *Klafki*, NJW 2023, 1340; *Schoch*, in: ders. (Hrsg.), Besonderes Verwaltungsrecht, 2018, Kap. 1 Rn. 225 ff., v. a. Rn. 230.
[310] Zum Parlamentsvorbehalt: BVerfGE 58, 257 (274); BVerwGE 57, 130 (137).
[311] Zu der Notwendigkeit differenzierter Rechtsgrundlagen als Gebot effektiver Krisenbewältigung, *Klafki*, NJW 2023, 1340.
[312] S. o. Fn. 286.
[313] Vgl. auch den Begriff der „Krisengesetzgebung": *Schwerdtfeger*, Krisengesetzgebung, 2018, S. 13 ff., 25 ff.
[314] Pflicht des Gesetzgebers zur Regelung einer Triage: BVerfGE 160, 79 (110 ff.).
[315] *Schwerdtfeger*, Krisengesetzgebung, 2018, S. 27 ff., die Ansatzpunkte des Gesetzgebungsverfahrens darlegt, die zu einer Beschleunigung in Krisenzeiten genutzt wurden und werden können.

nungen auch die kommunalen Vertretungskörperschaften[316] – notfalls digital tagen oder durch einen Notausschuss repräsentiert werden können.[317] Es ist verfassungsrechtlich zwingend, dass zumindest für erhebliche Grundrechtseingriffe die wesentlichen Elemente des demokratischen Parlamentarismus – das öffentliche Verhandeln und die hierdurch eröffnete Möglichkeit eines Ausgleichs widerstreitender Interessen – und damit die Legitimationsleistung des parlamentarischen Gesetzes[318] zur Geltung gebracht werden.

Das Parlament kann dann auch (oder muss dies bei „wesentlichen" Entscheidungen sogar) aufgrund Art. 80 Abs. 4 GG nach Vorarbeit der initiativberechtigten Landesregierung in den Fällen Gesetze erlassen, in denen der Bundesgesetzgeber die entsprechende Verordnungskompetenz an das Land delegiert hat.[319]

Ob und in welchem Maße das Parlament aber auch in der Krise seine eigene Legitimationsleistung sowohl durch die Kontrolle von Regierung und Verwaltung als auch durch eigene Gesetzgebung zur Geltung bringt, lässt sich kaum von außen steuern.[320] Eigentlich sollte die Untätigkeit des Gesetzgebers in „wesentlichen" Fragen zur Verfassungswidrigkeit der Gesetzeslage führen. Aber dies lässt sich während der Krise in einem Eilverfahren nur selten endgültig gerichtlich durchfechten. Es ist daher entscheidend, ob und mit welchem Selbstbewusstsein sich das Parlament selbst als Akteur der Krisenbekämpfung im Spiel hält; dieses Selbstbewusstsein lässt sich aber nicht verfassungsrechtlich wirksam einfordern.

III. Verbesserung von Effizienz und Effektivität der Krisenbekämpfung durch Zuständigkeitsverschiebungen?

An der Krisenbekämpfung sind eine Vielzahl staatlicher und privater Akteure beteiligt, deren Handlungsbeiträge unter erheblichem Zeitdruck und bei ungewisser Sachlage ineinandergreifen. Bei der Aufarbeitung verschiedener Krisen werden daher häufig Mängel beanstandet, die durch bessere Planung, Übung und Kommunikation der Beteiligten hätten vermieden werden können.[321] Diesen Schwie-

---

[316] Überblick bei *Meyer*, NVwZ 2020, 1302.
[317] Zu der Regelung in Schleswig-Holstein *Becker*, NVwZ 2021, 617, mwN zu anderen Ländern; s. a. *Kersten/Rixen* (o. Fn. 13), S. 309 ff.
[318] *Ossenbühl*, Isensee/Kirchhof (Hrsg.), HdbStR Bd. V, 3. Aufl. 2007, § 100 Rn. 40 ff.; *Schwerdtfeger*, Krisengesetzgebung, 2018, S. 303 ff., 308 f.
[319] Skeptisch hingegen *Brocker*, NVwZ 2020, 1485 (1487 ff.).
[320] Eine eher skeptische Bilanz dieser Leistung des Bundetages in der Corona-Gesetzgebung zieht *Lepsius*, JöR 2021, 705 (739 f.).
[321] S. o. zu die „Defizite" bei der Krisenbekämpfung.

rigkeiten kann (und muss) im Rahmen der bestehenden Zuständigkeitsordnung begegnet werden und die vielen krisenrelevanten Gesetze beinhalten entsprechende Verpflichtungen.[322] Weiter gehen demgegenüber die Vorschläge, die zur Verbesserung von Effektivität und Effizienz der Krisenbekämpfung Veränderungen in der einfachgesetzlichen oder gar der verfassungsrechtlichen Zuständigkeitsordnung anregen.

1. „Bevölkerungsschutz" als rechtspolitisches Projekt

Das Beharren auf einer Trennung der Verwaltungsräume von Bund und Ländern gerät in der Krisenbekämpfung – trotz der Abmilderung durch das Institut der Amtshilfe – unter Rechtfertigungsdruck, wenn und da Krisenabwehr oder Bevölkerungsschutz zur „gesamtstaatlichen Aufgabe" erklärt werden.[323] Dieser Topos wurde für die Aufteilung der bedrohlich wirkenden Finanzierungslasten für die Stabilisierungsmaßnahmen nach der Finanzkrise an Bund *und* Länder bemüht.[324] Auch das Vorwort zu der ersten Auflage einer „Neue(n) Strategie zum Schutz der Bevölkerung in Deutschland" annoncierte die „Neuordnung der gesamtstaatlichen ... Sicherheitspolitik".[325]

In diesem Sinne verschmelzen in der durch das ZSKG angeleiteten Praxis des BBK Katastrophen- und Zivilschutz zum „Bevölkerungsschutz". Die verfassungsrechtlich vorgezeichnete Unterscheidung beider Materien war bereits zu Anfang der 2000er Jahre mit Blick auf Gesetzgebung und Gesetzesanwendung unter verfassungspolitischen Druck geraten,[326] weil sich die jeweiligen Probleme, Aufgaben und materiellen Bedürfnisse ähneln: Die Feuerwehr löscht einen Brand unabhängig davon, ob dieser durch kriegerische Einwirkung oder die Explosion einer benachbarten Industrieanlage verursacht worden ist. In beiden Fällen müssen die Hausbewohner ggfs. in Zelten untergebracht, versorgt und verpflegt werden. Gleichermaßen unterscheidet sich das Bedürfnis nach Kommunikation und Stromversorgung nicht danach, ob ein Ausfall auf den Angriff einer auswärtigen Macht, technisches Versagen oder den Angriff eines deutschen Ha-

---

[322] *Kloepfer* (o. Fn. 6), § 18 Rn. 27 ff.
[323] „Resilienz gegenüber Katastrophen als gesamtstaatliche und -gesellschaftliche Aufgabe"; *Bundesregierung*, Deutsche Strategie zur Stärkung der Resilienz gegenüber Katastrophen, 2022, S. 6.
[324] Gesetzentwurf der Fraktionen der CDU/CSU und SPD zur Umsetzung eines Maßnahmenpakets zur Stabilisierung des Finanzmarktes, BT-Drs. 16/10600 S. 17; hierzu *Becker/Mock*, FMStG, 2009, § 13 Rn. 7 f.
[325] *BBK*, Neue Strategie zum Schutz der Bevölkerung in Deutschland, 2. Aufl. 2010, S. 15.
[326] *Freudenberg/Hagebölling* ZRP 2022, 85 (85): „als nicht mehr zeitgemäß bewertet" unter Verweis auf *Musil/Kirchner* (o. Fn. 262), S. 391.

ckers auf die entsprechende Infrastruktur zurückzuführen ist. Sanitätsmaterial und medizinische Betreuung wird unabhängig davon benötigt, ob eine Vielzahl von Personen durch kriegerische Einwirkung oder durch einen Flugzeugabsturz verletzt wurde. Doch nicht nur Krisenerscheinungen, sondern auch deren Ursachen lassen sich nicht (immer) streng nach äußerer kriegerischer Einwirkung oder Ausfluss einer internen, hybriden Bedrohung unterscheiden. Dementsprechend wurde von Seiten des Bundes gefordert, die Beschaffung zusätzlicher Ausstattung im Bevölkerungsschutz in ihrer Zielrichtung und Wirksamkeit unabhängig davon zu betrachten, ob Zivil- oder Katastrophenschutzgesichtspunkte im Schwerpunkt betroffen sind, da eine trennscharfe Abgrenzung ihrer Nutzbarkeit oft gar nicht möglich sein soll („dual use").[327]

Im Lichte dieser Beobachtungen läge es nahe, die Regelungen des Zivil- und des Katastrophenschutzes in einer Hand – der des Bundes oder der der Länder – zu vereinen. Entsprechende Versuche sind indes zumindest mit Blick auf die Gesetzgebungskompetenzen bislang gescheitert.[328] Bereits 2006 hatte die Schutzkommission beim BMI[329] „dringlich" hierzu geraten.[330] Auch in der Föderalismuskommission war vorgeschlagen worden, dem Bund unter Beibehaltung der bisherigen Aufgabenverteilung originäre Steuerungs- und Koordinierungsrechte im Bereich des Katastrophenschutzes für Extremsituationen oder für Großschadensereignisse, die mehrere Bundesländer betreffen oder einzelne Bundesländer überfordern, zuzubilligen.[331] Umgekehrt verfingen auch die – wohl eher vorsichtigen – Versuche der Länder nicht, zum Schutz ihrer Regelungsbefugnisse den „Bevölkerungsschutz aus ‚einer Hand'" durch Streichung des Zivilschutzes aus Art. 73 Abs. 1 Nr. 1 GG zu erreichen – zumal über die dann verbleibende Rolle des Bundes wohl keine klaren Vorstellungen geherrscht hätten.[332]

---

[327] *BMI/BBK*, Lernen aus Krisenlagen, 2023, S. 5, abrufbar auf www.bbk.bund.de.
[328] *Kloepfer* (o. Fn. 6), § 3 Rn. 75 f.
[329] Zu der 2015 beim BMI bestehenden Kommission zum Schutz der Zivilbevölkerung, deren Aufgaben und Berichten sowie zu den Gründen für ihre Abschaffung, vgl. den Eintrag auf www.bbk.bund.de; dort sind auch die Berichte der Schutzkommission abrufbar.
[330] *BBK/BMI*, Dritter Gefahrenbericht der Schutzkommission beim Bundesminister des Innern, Bericht über mögliche Gefahren für die Bevölkerung bei Großkatastrophen und im Verteidigungsfall, 2006, S. 84.
[331] *Musil/Kirchner* (o. Fn. 262), S. 381, unter Hinweis auf die Vorlage Modernisierung der bundesstaatlichen Ordnung – 4. und vorläufig abschließender Bericht – zur Gemeinsamen Kommission von Bundestag und Bundesrat, u. a. einsehbar in LT-Drs. Berl. 15/3605, Anhang 6; s. a. *Meyer-Teschendorf*, in: Pitschas/Uhle (Hrsg.), FS Scholz, 2007, S. 799 (809 ff.).
[332] Berichtet bei *Meyer-Teschendorf*, DVBl. 2009, 1221 (1227).

Angesichts der ohne jeden Zweifel bestehenden inhaltlichen Überschneidungen der beiden Materien, die in dem *dual use* sachlicher und personeller Verwaltungsressourcen sowie der sich hierdurch ergebenden Synergieeffekte deutlich werden, stellt sich die Frage, wie man die Gesetzgebungs- und/oder Verwaltungskompetenzen in dem Bereich des Bevölkerungsschutzes am besten so organisiert, dass der Staat effizient und effektiv auf Krisen reagieren kann. Dabei ist es nicht nur aus rechtsstaatlicher Perspektive,[333] sondern auch ein für die bundestaatliche Ordnung wichtiges Desiderat, dass eine staatliche Aufgabe von demjenigen wahrgenommen wird, der für deren Erfüllung am besten geeignet erscheint.[334]

2. Katastrophenschutz als „echte Gemeinschaftsaufgabe"?

Um den Bund besser in die Strukturen des Katastrophenschutzes zu integrieren, wurde erwogen, diesen zu einer „echten Gemeinschaftsaufgabe" iSv Art. 91a GG zu erheben,[335] weil die aktuelle Organisation in diesem Bereich ohnehin wie die einer „unechten Gemeinschaftsaufgabe" erscheine.[336]

Diese Umformung des Katastrophenschutzes wäre zumindest konsequent. Immerhin war die verfassungsrechtliche Etablierung der Gemeinschaftsaufgabe letztlich auch nur als Kapitulation vor der politischen Realität der bis zu diesem Zeitpunkt gepflegten Fondswirtschaft zu verstehen.[337] Bei den Gemeinschaftsaufgaben nach Art. 91a GG handelt es sich aber um Länderaufgaben, an deren Erfüllung der Bund (lediglich) mitwirkt – grundsätzlich ohne weitere Aufsichts- und Weisungsbefugnisse.[338] Die Einführung einer weiteren Gemeinschaftsaufgabe ist zwar grundsätzlich natürlich durch Verfassungsänderung möglich, aber die Länderaufgabe Katastrophenschutz bliebe auch nach Integration in den Katalog der Gemeinschaftsaufgaben eben das: eine Aufgabe der Länder. Zudem müsste der Widerspruch aufgelöst werden, dass der Bund die Katastrophenhilfe schon jetzt ganz offenbar teilweise als Bundesaufgabe ansieht, die durch eine Behörde der bundesunmittelbaren Verwal-

---

[333] Zur Verwurzelung der Effektivität als Steuerungsziel von Verwaltung im Rechtsstaatprinzip: *Hoffmann-Riem*, in: Hoffmann-Riem/Schmidt-Aßmann, Effizienz als Herausforderung an das Verwaltungsrecht, S. 11 (19 ff.); *Siegel*, in: Stern/Sodan/Möstl (Hrsg.), StaatsR Bd. II, 2. Aufl. 2022, § 46 Rn. 28.
[334] *Korioth*, in: Dürig/Herzog/Scholz (Hrsg.), GG, Stand März 2006, Art. 30 Rn. 11.
[335] *Hofmann* (o. Fn. 2), S. 269 f.
[336] *Kloepfer* (o. Fn. 276), S. 175.
[337] *Oebbecke*, in: Isensee/Kirchhof (Hrsg.), HdbStR Bd. VI, 3. Aufl. 2008, § 136 Rn. 135.
[338] *Heun*, in: Dreier (Hrsg.), GG Bd. III, 3. Aufl. 2018, Art. 91a Rn. 27; *Siekmann*, in: Sachs (Hrsg.), 9. Aufl. 2021, GG Art. 91a Rn. 30.

tung wahrgenommen werden kann. Dann aber liegt in diesem Bereich wiederum gerade keine Länderaufgabe mehr vor, an deren Erfüllung der Bund nach Art. 91a GG mitwirken kann. Im Übrigen sprechen diejenigen Überlegungen, die im Allgemeinen gegen die Einrichtung von Gemeinschaftsaufgaben vorgebracht werden auch dagegen, einen weiteren Sachbereich in diesen Erledigungstypus einzubeziehen: Hier werden Aspekte wie die Verunklarung von Verantwortlichkeiten, eine Förderung der Exekutivlastigkeit und damit eine Entmachtung der Landesparlamente sowie eine Ineffizienz der Kooperationsverfahren genannt.[339] All dies ist aber gerade einer effektiven und effizienten Krisenbekämpfung höchst abträglich. Die Aufnahme des Katastrophenschutzes in den Kanon der Gemeinschaftsaufgaben ist daher nicht zu empfehlen.

3. Koordinationsbefugnisse des Bundes

Effektive und effiziente Krisenbekämpfung lassen sich im Ergebnis nur erreichen, wenn die Vorteile dezentraler Organisation genutzt werden und eine Zusammenarbeit mit anderen Gebietskörperschaften so geregelt ist, dass deren Beiträge zur Unterstützung nicht zu einer Verunklarung von Zuständigkeiten und Legitimation führen. Dies lässt sich durch eine Veränderung der Gesetzgebungskompetenzen zugunsten einer Koordinierungsbefugnis des Bundes einerseits sowie der Einrichtung des BKK als Zentralstelle andererseits erreichen. Hierdurch bliebe die operative Zuständigkeit der Länder zur eigenverantwortlichen Krisenbekämpfung erhalten, würde aber mit der Möglichkeit einer institutionalisierten Unterstützung durch den Bund effektiver.

a) Veränderung der Gesetzgebungskompetenzen

Ein Vorbild für die koordinierende Beteiligung des Bundes an der Erfüllung einer Aufgabe durch die Länder ist die dem Bund in Art. 73 Abs. 1 Nr. 10 GG eingeräumte Gesetzgebungskompetenz zur Regelung der Zusammenarbeit von Bund und Ländern in dem Bereich der inneren Sicherheit. Diese Gesetzgebungskompetenz könnte durch eine Zusammenarbeit im Katastrophenschutz erweitert werden[340] und würde dann eine Befugnis zur Regelung der Koordination von Behörden des Bundes und der Länder im Falle einer Krise umfassen.

---

[339] Prägnanter Überblick bei *Heun*, in: Dreier (Hrsg.), GG Bd. III, 3. Aufl. 2018, Art. 91a Rn. 9; *Siekmann*, in: Sachs, GG, 9. Aufl. 2021, Art. 91a Rn. 6f.

[340] *Hofmann* (o. Fn. 2), S. 269f.; s.a. bereits den Antrag der Fraktion BÜNDNIS 90/DIE GRÜNEN und einiger ihrer Abgeordneten (aus dem Jahr 2020) „Zusammenarbeit im föderalen Katastrophenschutz stärken", BT-Drs. 19/17749, S. 1.

Die in Art. 73 Abs. 1 Nr. 10 GG angelegte „Zusammenarbeit" geht als Form ständiger Kooperation über eine punktuelle Amtshilfe nach Art. 35 GG hinaus und umfasst die „laufende gegenseitige Unterrichtung und Auskunftserteilung, die wechselseitige Beratung und Anregung, die gegenseitige Unterstützung und Hilfeleistung". Sie erstreckt sich „auch auf funktionelle oder organisatorische Verbindungen ... sowie auf sonstige gemeinschaftliche Einrichtungen ... beispielsweise gemeinsame Ausbildungs- und Schulungseinrichtungen sowie gemeinsame Informationssysteme.... Die Zusammenarbeit zwischen Bund und Ländern kann auch darin bestehen, dass der Bund zentrale Dienste für die Länder vorhält".[341]

Auf der Grundlage einer solchen Gesetzgebungskompetenz könnte der Bund dann ohne weiteres die bislang verfassungsrechtlich prekären Regelungen des ZSKG zur Katastrophenhilfe erlassen, die bislang als kompetenzrechtlicher Übergriff zu beanstanden sind.[342] Insbesondere die Gefahr von Ressourcen-, Allokations- und Kommunikationsdefiziten bei der Krisenbekämpfung und in ihrem Vorfeld könnten durch Regelungen auf der Grundlage einer so erweiterten Kompetenz vermieden werden. Darf der Bund die „Zusammenarbeit" zwischen sich und den Ländern bzw. der Länder untereinander regeln, so umfasst dies auch die Normierung von Kooperationspflichten.[343]

b) Das BBK als „Zentralstelle"

Hand in Hand mit der o. a. Veränderung der Gesetzgebungsbefugnisse sollte das BBK durch Ergänzung von Art. 87 Abs. 1 Satz 2 GG als „Zentralstelle"[344] des Bundes „für die Koordination des Katastrophenschutzes" eingerichtet werden.[345] Eine solche Aufgabenbeschreibung wurde offenbar schon bei seiner Gründung diskutiert.[346]

Zentralstellen sind den Ministerien nachgeordnete Einrichtungen der unmittelbaren Bundesverwaltung ohne eigenen Verwaltungsunterbau, denen die Koordination kooperativen Handelns von Bund und Ländern in bestimmten Verwaltungsaufgaben aufgetragen ist.[347] Zwar durchbricht ihre Existenz in gewisser Weise das grundsätzliche

---

[341] *Uhle*, in: Dürig/Herzog/Scholz, GG, Stand April 2010, Art. 73 Rn. 231.
[342] S. o. zur E. III. 2 (c) zur „Katastrophenhilfe durch das BBK".
[343] *Gusy*, DVBl. 1993, 1117 (1122).
[344] Zum Herkommen dieses Organisationstyps *Becker*, DÖV 1978, 551 (552 f.).
[345] Dies sieht auch der aktuelle Koalitionsvertrag vom 7.12.2021, S. 11. vor (https://www.spd.de/koalitionsvertrag2021); s. a. *Freudenberg/Hagebölling* (o. Fn. 332), S. 86; *Hofmann* (o. Fn. 2), S. 269 f.
[346] *Freudenberg/Hagebölling* (o. Fn. 326), S. 86; *Hollo* (o. Fn. 202), S. 198 mwN dort in Fn. 27.
[347] *Ibler*, in: Dürig/Herzog/Scholz (Hrsg.), GG, Stand Januar 2012, Art. 87 Rn. 117; *Siegel*, in: Stern/Sodan/Möstl (Hrsg.), StaatsR Bd. II, § 49 Rn. 9. *Gusy*, DVBl. 1993, 1117 (1120); *Hollo*, DÖV 2023, 195 (199 f.).

Verbot der Mischverwaltung,[348] aber ihr stehen keine Befugnisse zur alleinigen Wahrnehmung einer Aufgabe – erst recht nicht im Außenverhältnis[349] – zu und sie verdrängt nicht die Verwaltungszuständigkeit der Länder – hier im Katastrophenschutz.[350] Auch haben Zentralstellen keine Weisungsbefugnisse gegenüber den Landesbehörden, deren Aufgabenerfüllung sie koordinieren und unterstützen.[351] Vielmehr offenbart sich in der Einrichtung einer Zentralstelle „das Angewiesensein auf eine Zusammenarbeit mit den Ländern".[352] Es ist unter diesem Vorzeichen verfassungsrechtlich ausgeschlossen, dass das BKK strategische oder operative Aufgaben im Bereich der Krisenbekämpfung wahrnimmt und damit in die Zuständigkeit der Länder eingreift.

Die Kernaufgabe des BKA als bekannteste (Doppel-)[353] Zentralstelle hängt eng mit Art. 73 Abs. 1 Nr. 10 GG zusammen.[354] Dem BKA kommt vor allem eine Koordinierungsfunktion im Verhältnis zwischen den Art. 87 Abs. 1 Satz 2 GG genannten Behörden und den Länderverwaltungen zu.[355] Dies sollte auf die Krisenbekämpfung im Katastrophenschutz übertragen werden. In seiner Zentralstellenfunktion kann das BBK die sich aus den o. a. Maßnahmen ergebenden Koordinierungsaufgaben zwischen Bund und Ländern wahrnehmen. In dieser Hinsicht wäre es dann verfassungsrechtlich unbedenklich, wenn das BKK zentrale Informationen über Ressourcen und Fähigkeiten aller Akteure des Katastrophenschutzes sammelt, systematisiert und bei Bedarf zur Verfügung stellt; wenn es unverbindliche Handlungsrahmen für die Krisenbekämpfung mit dem Ziel entwickelt, einheitliche Vorgehensweisen zu etablieren; wenn es den Ländern Ausbildungsleistungen für ihre Katastrophenschutzbehörden zur Verfügung stellt. Nach einer solchen Verfassungsänderung könnten dem BBK dann die o. a. Aufgaben der Sammlung, Organisation, Strukturierung und Zurverfügungstellung von Informationen über Ressourcen und Fähigkeiten in Anlehnung an § 2 BKAG zugewiesen werden.

---

[348] *Barczak*, in: ders. (Hrsg.), BKAG, 2023, § 2 Rn. 4.
[349] Vermittelnd *Gusy*, DVBl. 1993, 1117 (1122 f.); Ausnahmen bei *Ibler*, in: Dürig/Herzog/Scholz (Hrsg.), GG, Stand Januar 2012, Art. 87 Rn. 121.
[350] *Hermes*, in: Dreier (Hrsg.), GG Bd. III, 3. Aufl. 2018, Art. 87 Rn. 47; *Gusy*, DVBl. 1993, 1117 (1120).
[351] Bei dem hier als Vorbild dienenden BKA ist eine solche Weisungsbefugnis gegenüber den Polizeibehörden der Länder weder einfach gesetzlich vorgesehen, noch wäre sie verfassungsrechtlich darstellbar; *Barczak*, in: ders. (Hrsg.), BKAG, 2023, § 2 Rn. 5 ff.; s. a. *Gusy*, DVBl. 1993, 1117 (1121).
[352] *Burgi*, in: v. Mangoldt/Klein/Starck (Hrsg.), GG, 7. Aufl. 2018, Art. 87 Rn. 32.
[353] *Barczak*, in: ders. (Hrsg.), BKAG, 2023, § 2 Rn. 4.
[354] *Sachs*, in: Sachs (Hrsg.), GG, 9. Aufl. 2021, Art. 87 Rn. 40 mwN.
[355] *Siegel*, in: Stern/Sodan/Möstl (Hrsg.), StaatsR Bd. II, § 49 Rn. 9; *Hermes*, in: Dreier (Hrsg.), GG Bd. III, 3. Aufl. 2018, Art. 87 Rn. 47.

So wäre es etwa auf dieser Grundlage zulässig, beim BBK ein zentrales Informations- und Datenmanagement mit Verbund- oder Zentraldateien[356] aufzubauen.[357] Bei einer Zusammenarbeit unterschiedlicher Behörden ist der Informationsfluss wichtigste Voraussetzung wirksamer Krisenbekämpfung. Derzeit fehlt es mitunter an leistungsstarken und sicheren IT-gestützten Kommunikationsverbindungen zwischen den beteiligten Akteuren.[358] Daher ist ein zentrales Informations- und Datenmanagement einzuführen, das Informationen bereithält, die als Grundlage für Maßnahmen der Krisenbekämpfung dienen.[359] Zu denken ist dabei an das im Aufbau befindliche Fähigkeitsregister aller am Katastrophenschutz beteiligten Akteure.

Dann stünde auch beim BBK der Informationsverbund auf einer gesicherten Kompetenzgrundlage, der ein bundesweites Lagebild vorhält und in diesem Rahmen über die tatsächlichen Umstände eines Schadensereignisses und die technischen und personellen Möglichkeiten zu deren Bewältigung darstellt und fortwährend eine statistische Auswertung der zur Verfügung stehenden Kapazitäten vornimmt, um systemische Risiken und Schwachstellen zu identifizieren.[360]

Die verfassungsrechtliche und einfachgesetzliche Beschränkung des BKK auf Koordinationsaufgaben im Verhältnis von Bund und Ländern sowie für das Verhältnis der Länder untereinander schließt nicht aus, dass die Behörde auch weitergehend durch die Länder zur Krisenbekämpfung im Wege der Amtshilfe nach Art. 35 GG in Anspruch genommen wird.

Die hier angestrebte klare Trennung zwischen Krisenbekämpfung der Länder und deren koordinierender Unterstützung durch den Bund zwingt allerdings dazu, der sonstigen, über die Amtshilfe hinausgehenden (antizipierten und institutionalisierten) Katastrophenhilfe des Bundes eine Absage zu erteilen. Insbesondere die Beschaffung und Weitergabe von bei realistischer Betrachtung der Wahrscheinlichkeit einer entsprechenden Nutzung von nicht für den Zivilschutz angeschafften Ressourcen im Wege der antizipierten Amtshilfe durch den Bund ist einzustellen. Die Länder und die kommunalen Selbstverwaltungskörperschaften sind für die entsprechenden Beschaffungen aufgrund ihrer Aufgabeninhaberschaft im Katastrophenschutz selbst verantwortlich.

---

[356] Zu der Differenzierung *Barczak*, in: ders. (Hrsg.), BKAG, 2023, § 2 Rn. 28 ff.
[357] *Freudenberg/Hagebölling* (o. Fn. 326), S. 86 f.
[358] *BMI/BBK*, Stärkung des Bevölkerungsschutzes durch Neuausrichtung des Bundesamtes für Bevölkerungsschutz und Katastrophenhilfe, 2021, S. 3.
[359] S. zu diesem Vorschlag: *Freudenberg/Hagebölling* (o. Fn. 326), S. 86 f.
[360] *Freudenberg/Hagebölling* (o. Fn. 326), S. 86.

G. Thesen

1. Das Grundgesetz behauptet auch in tiefgreifenden Krisensituationen seinen Geltungsanspruch. Die Konsequenz daraus ist eine Verpflichtung des Staates, Krisenvorsorge zu betreiben und eine Resilienz von Recht, Staat und Gesellschaft herzustellen, um jenen Geltungsanspruch auch in der Krise nicht zu gefährden.
2. Diese staatliche Verpflichtung wird durch den grundrechtlichen *status positivus* verstärkt, der allerdings regelmäßig keinen individuellen Anspruch auf bestimmte Leistungen der Krisenvorsorge oder -bekämpfung vermittelt. Auch im Lichte grundrechtlicher Schutzpflichten wird der Staat des Grundgesetzes nicht zum Präventionsstaat, der jede Krise um jeden Preis vermeiden muss.
3. Die juristische Befassung mit der Krise kann sich nicht allein auf den Zeitraum der akuten Krisenbekämpfung und damit in erster Linie auf die Ordnung von Zuständigkeiten und entsprechende Eingriffsermächtigungen beschränken. Der Umgang mit Krisen erfordert ebenso Regeln zur Krisenvermeidung, Regeln zur Vorbereitung auf nicht vermeidbare oder nicht vermiedene Krisen sowie Regeln über die Aufarbeitung von und das Lernen aus Krisen.
4. Krisen sind im Rahmen des herkömmlichen Institutionen- und Kompetenzgefüges mit den herkömmlichen Handlungsinstrumenten zu bewältigen, die idealerweise im Vorfeld einer Krise an die Bedürfnisse für ihre Bewältigung angepasst – „krisenfest" gemacht – wurden.
5. Ein sinnvolles und in sich geschlossenes „allgemeines Krisen(verwaltungs-)recht" als dogmatisches Reservoir kann es nicht geben. Dies ist zum einen auf die Vielgestaltigkeit der Rechts- und Lebensbereiche, in denen die bekannten vergangenen Krisen aufgetreten sind, zurückzuführen. Zum andern hätte ein solches „allgemeines Krisen(verwaltungs-)recht" nur dann einen dogmatischen Wert, wenn es mit einer gewissen Wahrscheinlichkeit Lösungen für die Bewältigung künftiger Krisen geben könnte, deren Ursache, Bezugspunkt und Gestalt indes noch völlig ungewiss sind.
6. Auch wenn die akute Krisenphase die „Stunde der Exekutive" ist, trägt der unmittelbar demokratisch legitimierte parlamentarische Gesetzgeber schon im Vorfeld der Krise die Verantwortung, die Bewältigung der Krisenphase mit sachangemessenen Organisationsnormen und möglichst genauen Eingriffsermächtigungen vorzubereiten. Nach einer ersten Schockphase muss der Gesetz-

geber darauf vorbereitet (und dazu bereit sein) sein, „wesentliche", v. a. wertende Entscheidungen selbst zu treffen.
7. Die Krisenbekämpfung erfolgt grundsätzlich dezentralisiert, d. h. sie obliegt in weiten Teilen den Ländern und wird von diesen den kommunalen Selbstverwaltungskörperschaften übertragen. Einen ganz wesentlichen Beitrag zu der Vorbereitung auf und der Bekämpfung von Krisen leisten allerdings auch private Hilfsorganisationen und ehrenamtliche Helfer in Feuerwehren und dem THW. Krisenbekämpfung ist ein „Verbundprodukt" von Staat und Gesellschaft.
8. Nicht diejenige Gebietskörperschaft mit der besten Ausstattung ist für die Bekämpfung einer Krise zuständig. Vielmehr hat sich die für die Krisenbekämpfung zuständige Gebietskörperschaft mit den notwendigen Ressourcen auszustatten. Die Antwort auf die Frage nach der Zuständigkeit ist der nach der Verantwortung für eine aufgabenadäquate Ressourcenbewirtschaftung vorgelagert.
9. Die konkrete Verteilung der Zuständigkeiten für Krisenvorsorge und -bekämpfung im Bundesstaat muss von den Desideraten einer effektiven Aufgabenerfüllung einerseits, der Gewährleistung von Legitimität und Rechtsstaatlichkeit bei der Aufgabenerfüllung andererseits geprägt sein.
10. Die bestehende Zuständigkeitsordnung führt hier nicht immer zu befriedigenden Ergebnissen. Dies wird insbesondere an der in Art. 74 Abs. 1 Nr. 1 GG angelegten Differenzierung zwischen der Regelung einer zivilen Verteidigung (bei Angriffen von außen) durch den Bund und der allgemeinen Gesetzgebungskompetenz der Länder für das Katastrophenschutzrecht deutlich.
11. Indes ist die grundgesetzliche Zuständigkeitsordnung nicht völlig starr. Vielmehr ermöglicht sie den Gebietskörperschaften horizontale wie vertikale Kooperation. Die bestehende Kompetenzordnung und die aus ihr abzuleitende Eigenverantwortung der Aufgabenerfüllung dürfen aber nur bei entsprechender verfassungsrechtlicher Flexibilität aufgegeben werden, wie sie etwa das Institut der Amtshilfe bietet.
12. Das Institut der Amtshilfe erlaubt nur die ausnahmsweise, punktuelle Beteiligung an fremder Aufgabenerfüllung, wenn der originäre Aufgabeninhaber überfordert ist. Sie kann nicht die Grundlage für dauerhafte und institutionalisierte Zusammenarbeit bilden.
13. Wenn eine solche institutionalisierte Kooperation aber zweckmäßig oder erforderlich sein sollte, hilft nur eine Änderung der gesetzlichen oder verfassungsrechtlichen Rahmenbedingungen. Hier liegt es nahe, Art. 73 Abs. 1 Nr. 10 GG um eine Befugnis

zur Regelung der Zusammenarbeit des Bundes und der Länder im Katastrophenschutz und Art. 87 Abs. 1 Satz 2 GG um die Möglichkeit zu ergänzen, das BKK als „Zentralstelle" anzusehen. Auf diese Weise würde eine sichere verfassungsrechtliche Grundlage für die heute schon unter dem Vorzeichen der „Katastrophenhilfe" stattfindende Kooperations- und Koordinationstätigkeit des BKK geschaffen.

14. Eine solche partielle Zuständigkeitsverschiebung entlastet die Länder aber nicht davon, sich ihre Ausstattung für den Katastrophenschutz selbst zu beschaffen, ohne sich dabei auf die Unterstützung des hierfür nicht zuständigen Bundes verlassen zu können.

**Bewältigung zukünftiger Krisen:
Welche gesetzlichen Rahmenbedingungen
werden benötigt, um effizient und effektiv zu
reagieren und finanzielle Hilfen bedarfsgerecht
zu verteilen?**

Gutachten E

zum 74. Deutschen Juristentag

Erstattet von
Prof. Dr. Hanno Kube, LL. M. (Cornell)

Lehrstuhl für Öffentliches Recht unter besonderer
Berücksichtigung des Finanz- und Steuerrechts an der
Ruprecht-Karls-Universität Heidelberg

Inhaltsverzeichnis

I. Die Krisen unserer Zeit – Anlass für vorsorgende Rechtsgestaltung? .... E 7
  1. Krise – Katastrophe – Katastrophenbedingte Krise .... E 7
  2. Krisenzustand und Normalzustand – Rechtsfunktionaler Begriff der Krise .... E 7
  3. Rechtfertigung und Zielsetzung der Untersuchung .... E 8
  4. Gegenstand, Grenzen und Methodik der Untersuchung .... E 8
  5. Gang der Untersuchung .... E 10

II. Bestandsaufnahme wesentlicher krisenbedingter Finanzhilfen des Staates aus der jüngeren Vergangenheit .... E 10
  1. Staatliche Finanzhilfen zur Bewältigung der COVID-19-Pandemie .... E 10
    a) Infektionsschutzmaßnahmen – Sächliche Hilfen als Äquivalent finanzieller Hilfe .... E 11
    b) Direkte Wirtschaftshilfen für Unternehmen und (Solo-)Selbstständige .... E 12
      aa) Zuschussprogramme .... E 13
      bb) Weitere Hilfen .... E 14
      cc) Schlussabrechnung .... E 15
    c) Sozialstaatliche Leistungen zur Unterstützung von Privatpersonen .... E 16
    d) Kurzarbeitergeld .... E 17
    e) Steuerrechtliche Maßnahmen .... E 17
  2. Staatliche Finanzhilfen zur Bewältigung der Energiekrise und der Inflation .... E 19
    a) Die Entlastungspakete I und II .... E 20
      aa) Sozialstaatliche Leistungen zur Unterstützung von Privatpersonen .... E 20
      bb) Steuerrechtliche Maßnahmen .... E 21
      cc) Weitere Maßnahmen .... E 21
    b) Das Entlastungspaket III .... E 22
      aa) Sozialstaatliche Leistungen zur Unterstützung von Privatpersonen .... E 22
      bb) Steuerrechtliche Maßnahmen .... E 23
      cc) Weitere Maßnahmen .... E 24
    c) Der Wirtschaftliche Abwehrschirm .... E 24
  3. Staatliche Finanzhilfen zur Bewältigung der Flutkatastrophe 2021 .... E 29
    a) Soforthilfemaßnahmen .... E 29
    b) Aufbauhilfe 2021 als Sondervermögen des Bundes .... E 29

c) Weitere finanzielle Hilfen ... E 30
d) Sächliche Hilfen als Äquivalent finanzieller Hilfen ... E 31
III. Systematisierung der staatlichen Finanzhilfen ... E 31
  1. Ziele der Hilfeleistungen ... E 31
    a) Finanzhilfen zugunsten Privater ... E 31
      aa) Existenzsicherung ... E 31
      bb) Hilfe über die Existenzsicherung hinaus ... E 32
    b) Finanzhilfen zugunsten der Wirtschaft ... E 34
  2. Genutzte Regelungs- und Verwaltungsstrukturen ... E 34
    a) Finanzhilfen aufgrund eigenständiger Antragsverfahren .. E 34
    b) Finanzhilfen im Rahmen der Sozialsysteme ... E 34
    c) Finanzhilfen im Rahmen des Steuerrechts ... E 35
    d) Die Indienstnahme der Arbeitgeber ... E 35
    e) Staatliche Unterstützung durch Eingriffe in Markttransaktionen (Preisdeckel, Rabatte) ... E 36
    f) Staatliche Kostenübernahmen für sächliche Hilfen des Staates ... E 36
    g) Zusammenschau ... E 36
IV. Verfassungsrechtliche Maßgaben ... E 39
  1. Verfassungsrechtliche Maßstäbe leistungsstaatlichen Handelns ... E 39
    a) Sozialstaatliche Förderung von Privatpersonen ... E 39
      aa) Originärer Leistungsanspruch im Umfang des sächlichen Existenzminimums ... E 39
      bb) Gleichheitsgerechte Teilhabe an darüber hinausgehender staatlicher Förderung, insbesondere nach dem Maß der Bedürftigkeit ... E 39
      cc) Subsidiarität im sozialen Staat ... E 40
    b) Gleichheitsgerechte Wirtschaftsförderung ... E 40
  2. Verfassungsrechtliche Strukturierung einzelner Regelungs- und Verwaltungssysteme ... E 41
    a) Eigenständige Antragsverfahren ... E 41
    b) Sozialrecht ... E 41
    c) Steuerrecht ... E 42
    d) Indienstnahmen ... E 43
    e) Eingriffe in Markttransaktionen ... E 43
    f) Kostenübernahmen bei sächlicher Hilfe ... E 44
  3. Verifikation und Praktikabilität ... E 44
  4. Recht auf informationelle Selbstbestimmung ... E 44
    a) Schutzbereich und Eingriff ... E 44
    b) Verhältnismäßige Ausgestaltung ... E 45
V. Sachgerechte Ausgestaltung finanzieller Krisenhilfen ... E 46
  1. Produktbezogene Entlastungen ... E 46
    a) Preisbremsen ... E 46

Inhaltsverzeichnis E 5

b) Verbrauchsteuerentlastungen .... E 47
c) Zielgenaue Hilfe nur bei bestimmten Krisen .... E 47
2. Direkte finanzielle Hilfen für Privatpersonen .... E 48
   a) Staatliche Kostenübernahmen bei sächlichen Maßnahmen zur Krisenbewältigung .... E 48
   b) Überweisung liquider Mittel – Nutzbarmachung der Sozialsysteme und des Steuersystems .... E 48
      aa) Sicherstellung der Mittelvergabe nach Bedürftigkeit .. E 48
      bb) Auszahlungswege – aktuelle technische Entwicklungen .... E 51
3. Direkte finanzielle Hilfen für Unternehmen .... E 53
   a) Bedarfsgerechte Unterstützung in Abhängigkeit von Art und Ausmaß der Krise – Empfehlung gesetzlicher Vorstrukturierung .... E 53
   b) Eignung eigenständiger Antragsverfahren .... E 53
4. Steuerliche Entlastungen für Bürger und Unternehmen .... E 54
   a) Kurz- und mittelfristige steuerliche Entlastungen in der Fläche .... E 54
   b) Steuerliche Maßnahmen bei lokalen Krisen – Parlamentsgesetzliche Absicherung .... E 54
5. Staatliche Aktivierung der Zivilgesellschaft .... E 55
6. Zwischenergebnis .... E 55
   a) Allgemeine Rahmenregelungen über finanzielle Krisenhilfen nicht geboten .... E 55
   b) Gesetzliche Vorstrukturierung finanzieller Krisenhilfen zugunsten der Wirtschaft .... E 56
   c) Schaffung einer Rechtsgrundlage zur Ermöglichung der Weitergabe steuerlicher Informationen .... E 56
   d) Schaffung einer Rechtsgrundlage für steuerliche Katastrophenerlasse .... E 57
VI. Kompetenzfragen im Bundesstaat .... E 57
1. Gesetzgebungskompetenzen für die Ausgestaltung finanzieller Krisenhilfen .... E 57
   a) Sozialstaatliche Unterstützung von Privatpersonen .... E 57
      aa) Einschlägige Kompetenztitel und ihre Grenzen .... E 57
      bb) Regelungen im Steuerrecht .... E 59
   b) Wirtschaftshilfen .... E 60
   c) Lokale Krisen .... E 60
   d) Zwischenergebnis .... E 61
2. Vollzug finanzieller Krisenhilfen im Bundesstaat .... E 61
   a) Herausforderungen des Gesetzesvollzugs, insbesondere am Beispiel der Studierenden-Energiepreispauschale .... E 61
   b) Vollzugsvereinheitlichung, insbesondere im Rahmen des OZG .... E 62

c) Zum Vollzug auf steuerrechtlicher Grundlage .... E 63
d) Nicht gesetzesakzessorische Leistungsverwaltung .... E 63
e) Zwischenergebnis .... E 64
3. Besondere Formen föderaler Kooperation zur Entscheidung über finanzielle Krisenhilfen? .... E 64
VII. Horizontale Gewaltenteilung .... E 65
1. Legislative und Exekutive .... E 65
 a) Reichweite des Grundsatzes des Gesetzesvorbehalts bei umfangreichen Wirtschaftshilfen – Weiterer Grund für ein rahmensetzendes Bundesgesetz .... E 65
 b) Parlamentarischer Beschluss über eine Krisenlage mit Tatbestandswirkung? .... E 66
 c) Rücklagenbildung als Herausforderung des parlamentarischen Budgetrechts .... E 66
2. Das Verhältnis zwischen den einzelnen Fachressorts innerhalb der Regierung .... E 67
 a) Ausgabenwettlauf bei Bildung zentraler Rücklagen .... E 67
 b) Formalisierte Zuständigkeitsbündelung in Regierung und Exekutive im Krisenfall im Übrigen? .... E 67
3. Alternative institutionelle Gestaltungen und Verfahrensweisen im Verhältnis zwischen Parlament und Regierung? .... E 67
VIII. Die Finanzierung finanzieller Krisenhilfen des Staates .... E 68
1. Zuständigkeit zur Lastentragung im föderalen Verhältnis ..... E 68
 a) Grundsätzliche Vollzugsakzessorität gemäß Art. 104a Abs. 1 GG – Fragwürdige Bundesfinanzierung .... E 68
 b) Mögliche Konsequenzen für den bundesstaatlichen Finanzausgleich .... E 70
2. Finanzierungsquellen .... E 70
 a) Grundsätzliche Steuerfinanzierung .... E 70
 b) Finanzierung durch die Sozialversicherung unter Berücksichtigung des Steuerzuschusses .... E 70
 c) Sachlich und zeitlich begrenzt zulässige notlagenbedingte Kreditfinanzierung .... E 71
 d) Finanzielle Prioritätensetzung und Subsidiarität des Staates .... E 72
3. Haushaltsrecht .... E 72
IX. Zusammenfassung in Thesenform .... E 72

I. Die Krisen unserer Zeit – Anlass für vorsorgende Rechtsgestaltung?*

1. Krise – Katastrophe – Katastrophenbedingte Krise

Eine Krise ist eine bedrohliche Lage mit ungewissem Ausgang.[1] Ihre Feststellung ist diagnostischer Natur, kann aber zugleich ein Handlungsgebot implizieren.[2] Die Krise unterscheidet sich von der Katastrophe, in der sich das krisenhafte Risiko verwirklicht hat.[3] Alternativ zur Katastrophe steht die Bewältigung der Krise. Schließlich können sich Katastrophen mit nachfolgenden Krisen verbinden. Dies gilt etwa für Naturkatastrophen oder Kriege, die wirtschaftliche und soziale Krisen zur Folge haben können.

2. Krisenzustand und Normalzustand – Rechtsfunktionaler Begriff der Krise

Gegenbegriff zum Krisenzustand ist der Normalzustand.[4] Abgrenzungsschwierigkeiten ergeben sich hier mit Blick auf die großen, strukturellen Gegenwartsherausforderungen wie den Klimawandel. So drängend und bedeutsam diese Herausforderungen sind, dürfen sie im rechtlichen Zusammenhang nicht als Krisen eingeordnet werden. Ansonsten verlöre der Krisenbegriff seine Funktionalität als rechtlicher Unterscheidungsbegriff. Denn die großen Gegenwartsherausforderungen müssen die Weiterentwicklung des allgemeinen Regelungsgefüges mitbestimmen, sie können nur mit den im Regelfall zur Verfügung stehenden Mitteln nachhaltig bewältigt werden. Diese rechtliche Funktionalität prägt den Begriff der Krise als Rechtsbegriff,[5] der besondere Rechtsfolgen auslöst. Dies gilt unabhängig

---

* Für wertvolle Unterstützung in der Vorbereitung dieses Gutachtens danke ich den studentischen und wissenschaftlichen Mitarbeiterinnen und Mitarbeitern meines Lehrstuhls, an erster Stelle Herrn Luca Steinbeck. Die zitierten Internet-Fundstellen wurden zuletzt am 22.1.2024 aufgerufen.

[1] *Koselleck*, Krise, in: Brunner/Conze/Koselleck (Hrsg.), Geschichtliche Grundbegriffe: Historisches Lexikon zur politisch-sozialen Sprache in Deutschland, Bd. 3, 1982, S. 617 (649); *Schwerdtfeger*, Krisengesetzgebung, 2018, S. 8f.

[2] *Steil*, Krise. I. Wurzeln und Ausbildung des Begriffs, in: Staatslexikon der Görres-Gesellschaft, Dritter Band, 8. Aufl. 2019, Sp. 1139 (1139f.).

[3] *Kloepfer*, Katastrophenschutz. I. Rechtliche Aspekte, in: Staatslexikon der Görres-Gesellschaft, Dritter Band, 8. Aufl. 2019, Sp. 595 (595).

[4] Diese begriffliche Differenzierung ist von der staatstheoretischen Differenzierung zwischen Normal- und Ausnahmelage oder auch -zustand (*Schmitt*, Politische Theologie, 1922; dazu *Hofmann*, Der Staat Bd. 44 (2005), 171 ff.; *Agamben*, Ausnahmezustand, 2004) zu unterscheiden, die hier nicht zu thematisieren ist.

[5] Kritisch und differenzierend dazu *Lepsius*, Die Verwaltung Bd. 55 (2022), 309 (315ff.).

davon, ob der Begriff tatbestandlich oder nur das Motiv einer gesetzlichen Regelung ist. Krisen im Rechtssinne sind also außergewöhnliche, typischerweise disruptive Lagen, die besondere, gerade auch kurzfristige[6] Reaktionen des Rechtssystems erfordern.[7]

3. Rechtfertigung und Zielsetzung der Untersuchung

Die zum Teil noch andauernden Krisen der jüngeren Vergangenheit haben erhebliche staatliche Hilfsmaßnahmen sächlicher und finanzieller Art nach sich gezogen. Mitunter haben aber unzureichendes staatliches Wissen über die tatsächlichen Bedarfslagen, kompetenzrechtliche Dysfunktionalitäten, nur begrenzt passende Regelungs- und Verwaltungssysteme, teils unzutreffende Typisierungen und fehlende technische Kanäle zur zielgenauen Auskehrung der Hilfen dazu geführt, dass gebotene Hilfen nur verzögert, gar nicht oder in verfehlter Weise gewährt wurden. Auch der Sachverständigenrat zur Begutachtung der gesamtwirtschaftlichen Entwicklung bemängelte dies und leitete daraus die Forderung ab, dass Finanzhilfen in Zukunft gezielter und sachgerechter geleistet werden müssen.[8]

Die Zukunft wird weitere Krisen mit sich bringen, auch Krisenüberlagerungen und Mehrfachkrisen. Das Gemeinwesen sollte möglichst gut auf die Bewältigung derartiger Krisen vorbereitet werden. Ein wichtiges Element sachgerechter Krisenvorbereitung besteht darin, rechtliche Regelungen und Verwaltungsstrukturen vorzuhalten, die es ermöglichen, effektiv und effizient auf akute Krisensituationen zu reagieren. Dabei geht es nicht nur um die rasche Überwindung finanzieller Notlagen bei gleichzeitiger Vermeidung nicht erforderlicher Haushaltsbelastungen, sondern auch und ganz grundsätzlich darum, drohenden sozialen Verwerfungen in der Gesellschaft und damit Erosionen des Fundaments des demokratischen Zusammenhalts entgegenzuwirken. Ziel des Gutachtens ist es deshalb, zur Entwicklung tragfähiger rechtlicher Strukturen und sinnvoller Instrumente finanzieller Krisenhilfe des Staates beizutragen.

4. Gegenstand, Grenzen und Methodik der Untersuchung

Anschauungsgegenstand der folgenden Untersuchung sind die staatlichen Finanzhilfen, die in Reaktion auf die COVID-19-Pande-

---

[6] Zu den Gesichtspunkten der „Zeitrichtigkeit und Situationsgerechtigkeit" des staatlichen Krisenmanagements *Barczak*, DVBl. 2023, 1036 (1040); *Klement* und *Ludwigs*, in: VVDStRL Bd. 83 (2024) (im Erscheinen).

[7] Im rechtlichen Rahmen ist die Zuständigkeit die Antwort auf die Frage, ob Krisen objektive Sachverhalte oder „Konstruktionen ihrer Beobachter" sind; dazu *Schulze*, Krisen: Das Alarmdilemma, 2011, S. 76; *Orth*, Krise, in: Bermes/Dierse (Hrsg.), Schlüsselbegriffe der Philosophie des 20. Jahrhunderts, 2010, S. 149.

[8] *Sachverständigenrat zur Begutachtung der gesamtwirtschaftlichen Entwicklung*, Jahresgutachten 2022/23, Dezember 2022, Rn. 184ff.

mie und auf die durch den Krieg Russlands gegen die Ukraine ausgelöste Energiekrise und die einhergehende Inflation geleistet wurden. Darüber hinaus werden die staatlichen Finanzhilfen, die zur Bewältigung der Folgen der Flutkatastrophe 2021 gewährt wurden und werden, als Beispiel für den Umgang mit einer lokalen Krise einbezogen. Die Untersuchung konzentriert sich dabei auf originär staatliche Finanzhilfen. Finanzielle Krisenhilfen, die von der EU bereitgestellt werden[9] oder durch EU-Recht determiniert sind,[10] bleiben außer Betracht.

Sächliche Krisenhilfen des Staates werden insoweit berücksichtigt, als sich die staatliche Kostenübernahme als Äquivalent für eine substantielle, individualbegünstigende finanzielle Krisenhilfe darstellt.

Demgegenüber sind staatliche Entschädigungszahlungen, in Abgrenzung vom leistungsstaatlichen Handeln des Staates, nicht Gegenstand der Untersuchung. Ob und inwieweit krisenbedingte Maßnahmen des Staates tatbestandlich im Sinne des Staatshaftungsrechts sein können,[11] bleibt deshalb außer Betracht.

Schließlich ist klarzustellen, dass sich die Untersuchung ausschließlich auf finanzielle Hilfen zur Bewältigung disruptiver Krisensituationen bezieht,[12] weshalb die allgemeine, zukunftsorientierte Sozialgestaltung mit Finanzmitteln und die Wirtschaftssubventionierung zur Förderung von Investitionen und Transformation nicht Themen der Untersuchung sind.[13]

---

[9] Dies betrifft etwa Finanzhilfen aus dem europäischen COVID-19-Aufbauplan zur Bewältigung der COVID-19-Pandemie, Finanzhilfen im Angesicht der Energiepreisentwicklung (NGEU, REPowerEU etc.) oder auch Finanzhilfen für Deutschland in Höhe von über 612 Mio. Euro aus dem EU-Solidaritätsfonds zum Wiederaufbau nach der Flutkatastrophe 2021.
[10] Siehe beispielsweise die Verordnung (EU) 2022/1854 des Rates vom 6.10.2022 über Notfallmaßnahmen als Reaktion auf die hohen Energiepreise (ABl. vom 7.10.2022, L261I, S. 1), hinsichtlich des Solidaritätsbeitrags umgesetzt durch das Gesetz zur Einführung eines EU-Energiekrisenbeitrags nach der Verordnung (EU) 2022/1854 (EU-Energiekrisenbeitragsgesetz – EU-EnergieKBG) vom 16.12.2022 (BGBl. 2022 I 2294); zur zweckgebundenen Mittelverwendung Art. 17 der VO.
[11] Siehe etwa *Antweiler*, NVwZ 2020, 584 ff.; *Shirvani*, NVwZ 2020, 1457 ff.; *Berwanger*, NVwZ 2020, 1804 ff.; *Bethge/Dombert*, NordÖR 2020, 329 ff.; *Brenner*, DÖV 2020, 660 ff.; *Becker*, in: Huster/Kingreen (Hrsg.), Handbuch Infektionsschutzrecht, 2. Aufl. 2022, Kap. 9; *Cornils*, Die Verwaltung Bd. 54 (2021), 477 ff.; *Dolde/Marquard*, NVwZ 2021, 674 ff.; *Krönke*, AöR Bd. 146 (2021), 50 ff.; *Marquard*, NVwZ 2022, 814 ff.; *Breuer*, DÖV 2022, 225 ff.
[12] Siehe zur Unterscheidung zwischen Normalzustand und Krisenzustand → I. 2.
[13] Aktuelle Stichworte zu realisierten oder aktuell diskutierten finanzwirksamen Maßnahmen, die ausgeklammert bleiben, sind etwa das Bürgergeld, das reformierte Wohngeld, die Kindergrundsicherung, das Klimageld, die Investitionsprämie oder die verstetigte Industriestrompreisbremse.

Der Blick des Rechtswissenschaftlers richtet sich auf die inhaltlichen und verfahrensbezogenen Regelungen, die staatlichen Finanzhilfen zugrunde liegen, auf ihre Konsistenz und Funktionalität, auf ihre kompetenzrechtliche Fundierung, ihre rechts- und verwaltungssystematische Einbettung und auf ihre Vereinbarkeit mit den verfassungsrechtlichen Maßstäben der Freiheit und Gleichheit. Was eine rechtswissenschaftliche Arbeit demgegenüber nicht zu leisten vermag, ist eine Beurteilung der tatsächlichen Wirkungen krisenbedingter Finanzhilfen. Die gesellschaftlichen und wirtschaftlichen Folgen staatlicher Finanzhilfen zu ermitteln, ist Aufgabe der Sozial- und Wirtschaftswissenschaften.[14]

5. Gang der Untersuchung

Im Anschluss an eine Bestandsaufnahme substantieller kriseninduzierter Finanzhilfen des Staates aus der jüngeren Vergangenheit (II.) werden diese Finanzhilfen systematisch geordnet (III.). Es folgt eine Vergewisserung der verfassungsrechtlichen Maßgaben für staatliche Finanzhilfen in Krisensituationen (IV.), bevor der aufgenommene und systematisierte Bestand an Hilfen anhand dieser Maßgaben kritisch gewürdigt wird, um daraus Zukunftsperspektiven abzuleiten (V.). Weitere Abschnitte sind den Kompetenzfragen im Bundesstaat (VI.), der horizontalen Gewaltenteilung (VII.) und der Finanzierung der staatlichen Finanzhilfen (VIII.) gewidmet. Die Untersuchung schließt mit einer Zusammenfassung in Thesenform (IX.).

II. Bestandsaufnahme wesentlicher krisenbedingter Finanzhilfen des Staates aus der jüngeren Vergangenheit

1. Staatliche Finanzhilfen zur Bewältigung der COVID-19-Pandemie

Von Beginn an standen nicht nur Infektionsschutzmaßnahmen im Mittelpunkt der staatlichen Strategie zur Bewältigung der COVID-19-Pandemie, sondern auch umfangreiche Maßnahmen zur finanziellen Unterstützung der Bürger und der Wirtschaft.[15]

---

[14] Siehe etwa *Sachverständigenrat zur Begutachtung der gesamtwirtschaftlichen Entwicklung*, Die gesamtwirtschaftliche Lage angesichts der Corona-Pandemie, Sondergutachten, 22.3.2020; *ders.*, Jahresgutachten 2022/23, Dezember 2022; die Beiträge von *Schnabel* und *Riphahn*, in: Ständige Deputation des Deutschen Juristentages (Hrsg.), Pandemie und Recht, 2021, S. 70 ff. und S. 79 ff.
[15] *Voelzke/König*, SGb 2022, 69 (70).

a) Infektionsschutzmaßnahmen – Sächliche Hilfen als Äquivalent finanzieller Hilfe

§ 20i SGB V wurde durch das Dritte Bevölkerungsschutzgesetz[16] um Vorschriften ergänzt, die das Bundesministerium für Gesundheit ermächtigen, im Wege einer Rechtsverordnung einen Anspruch auf **Schutzimpfung gegen das Coronavirus**[17] für GKV-Versicherte und auch für Personen, die nicht in der GKV versichert sind,[18] zu schaffen. Hiervon machte das Bundesministerium für Gesundheit durch Erlass der Coronavirus-Impfverordnung Gebrauch.[19] Das Bundesamt für Soziale Sicherung finanzierte bis 20. Oktober 2023 in Zusammenhang mit den Schutzimpfungen stehende Leistungen in Höhe von 8,15 Mrd. Euro.[20] Hinzu kommen die staatlich getragenen Kosten für den Impfstoff, die sich bis Januar 2023 auf 13,1 Mrd. Euro beliefen.[21]

Im Bereich der **Nachweisverfahren (Corona-Tests)** müssen verdachtsabhängige Testungen im Rahmen einer medizinischen Behandlung von Testungen zur darüber hinausgehenden Gefahrenabwehr unterschieden werden.[22] Während die erstgenannten Testungen schon nach den hergebrachten Vorschriften als Leistung der GKV gesetzlich vorgesehen waren,[23] mussten für die darüber hinausgehenden, verdachtsunabhängigen Testungen neue Regelungen geschaffen werden. Durch das Zweite Bevölkerungsschutzgesetz[24] wurde eine Verordnungsermächtigung in § 20i Abs. 3 SGB V aufgenommen, die es dem Bundesministerium für Gesundheit erlaubte, mittels einer Rechtsverordnung einen Individualanspruch auf verdachtsunabhängige Testung zu schaffen und diesen ebenfalls auf

---

[16] Drittes Gesetz zum Schutz der Bevölkerung bei einer epidemischen Lage von nationaler Tragweite vom 18.11.2020 (BGBl. 2020 I 2397).

[17] Umfassend *Bockholdt*, in: Schlegel/Meßling/Bockholdt, COVID-19 – Corona-Gesetzgebung – Gesundheit und Soziales, 2. Aufl. 2022, § 14 Rn. 52–127.

[18] Kritisch gegenüber der Schaffung des derartigen Anspruchs im Rahmen des SGB V *Kießling*, SGb 2021, 730 ff.

[19] Die Verordnung ist mittlerweile in Form der Fünften Verordnung zur Änderung der Coronavirus-Impfverordnung in Kraft; BAnz AT vom 24.5.2022, V1.

[20] Hierzu zählen die Teilfinanzierung von Impfzentren, die Vergütung für die Impfungen, die Großhandels-/Apothekenvergütung sowie die Kosten für Impf- und Genesenenzertifikate; siehe *Bundesamt für Soziale Sicherung*, https://www.bundesamtsozialesicherung.de.

[21] Die Zahl stammt aus einem Dokument des Bundesministeriums für Gesundheit, das NDR, WDR und SZ vorliegt, aber nicht öffentlich zugänglich ist; siehe https://www.tagesschau.de.

[22] *Bockholdt*, in: Schlegel/Meßling/Bockholdt, COVID-19 – Corona-Gesetzgebung – Gesundheit und Soziales, 2. Aufl. 2022, § 14 Rn. 4.

[23] Eine Testung war als notwendige Behandlung zum Erkennen der Krankheit vom Anspruch auf Krankenbehandlung nach § 27 Abs. 1 Satz 1 SGB V erfasst.

[24] Zweites Gesetz zum Schutz der Bevölkerung bei einer epidemischen Lage von nationaler Tragweite vom 19.5.2020 (BGBl. 2020 I 1018).

nicht gesetzlich versicherte Personen zu erstrecken.[25] Die auf dieser Grundlage erlassene Testverordnung trat am 8. Juni 2020 in Kraft und wurde in der Folge mehrmals neu gefasst.[26] Sie sah zeitweise einen anlassunabhängigen Anspruch auf kostenlose Testung für alle Bürgerinnen und Bürger vor. Insgesamt betrugen die Kosten für die Testungen auf Grundlage der Testverordnung 17,67 Mrd. Euro.[27] Bestimmte Bevölkerungsgruppen erhielten darüber hinaus einen Anspruch auf die **Ausgabe von Schutzmasken**. Durch das Dritte Bevölkerungsschutzgesetz wurde in § 20i Abs. 3 Satz 2 Nr. 1 lit. c SGB V eine diesbezügliche Verordnungsermächtigung aufgenommen, von der das Bundesministerium für Gesundheit mittels der Coronavirus-Schutzmasken-Verordnung Gebrauch machte.[28] Weil die Ausgabe von Schutzmasken dem Gefahrenabwehrrecht zuzurechnen ist, handelte es sich – wie bei den Schutzimpfungen zugunsten nicht GKV-versicherter Personen und den verdachtsunabhängigen Testungen – um eine versicherungsfremde Leistung.[29] Die im Wesentlichen aus Sozialversicherungsbeiträgen[30] vorfinanzierten Kosten für die Ausgabe der Schutzmasken wurden daher in voller Höhe durch Steuermittel des Bundes erstattet.[31] Die Gesamtkosten für Leistungen auf Grundlage der Coronavirus-Schutzmasken-Verordnung beliefen sich zum 15. September 2023 auf 2,12 Mrd. Euro.[32]

b) Direkte Wirtschaftshilfen für Unternehmen und (Solo-)Selbstständige

Ziel der Hilfsmaßnahmen für die Wirtschaft war es, „Struktur und Substanz der Volkswirtschaft zu erhalten, um nach Ende der Pandemie möglichst schnell wieder auf den ursprünglichen Wachstumspfad zurückzukehren."[33]

---

[25] *Bockholdt*, in: Schlegel/Meßling/Bockholdt, COVID-19 – Corona-Gesetzgebung – Gesundheit und Soziales, 2. Aufl. 2022, § 14 Rn. 14f. mwN.
[26] Siehe hierzu die Übersicht bei *Bockholdt*, in: Schlegel/Meßling/Bockholdt, COVID-19 – Corona-Gesetzgebung – Gesundheit und Soziales, 2. Aufl. 2022, § 14 Rn. 20ff.
[27] Siehe *Bundesamt für Soziale Sicherung*, https://www.bundesamtsozialesicherung.de.
[28] Verordnung zum Anspruch auf Schutzmasken zur Vermeidung einer Infektion mit dem Coronavirus SARS-CoV-2 (Coronavirus-Schutzmasken-Verordnung – SchutzmV) vom 14.12.2020 (BAnz. AT vom 15.12.2020, V1).
[29] *Bockholdt*, in: Schlegel/Meßling/Bockholdt, COVID-19 – Corona-Gesetzgebung – Gesundheit und Soziales, 2. Aufl. 2022, § 12 Rn. 83.
[30] Die Finanzierung erfolgte durch die Liquiditätsreserve des Gesundheitsfonds, der hauptsächlich aus Sozialversicherungsbeiträgen besteht.
[31] *Bockholdt*, in: Schlegel/Meßling/Bockholdt, COVID-19 – Corona-Gesetzgebung – Gesundheit und Soziales, 2. Aufl. 2022, § 12 Rn. 83.
[32] *Bundesamt für Soziale Sicherung*, https://www.bundesamtsozialesicherung.de.
[33] *Bundesministerium für Wirtschaft und Klimaschutz*, Überblickspapier Corona-Hilfen, Rückblick-Bilanz-Lessons Learned, 27.6.2022, S. 3, https://www.bmwk.de.

aa) Zuschussprogramme

Als erste Maßnahme zur Überbrückung von Liquiditätsengpässen wurde zu Beginn des Lockdowns im März 2020 durch den Bund ein **Soforthilfeprogramm** für Solo-Selbstständige, Freiberufler sowie Kleinunternehmen (einschließlich Landwirte) mit bis zu zehn Beschäftigten geschaffen.[34] Zwischen März und Mai 2020 wurden Zuschüsse in Höhe von maximal 15.000 Euro pro Monat bewilligt. Das ausgezahlte Fördervolumen betrug insgesamt ca. 13,28 Mrd. Euro.[35]

Abgelöst wurde die Soforthilfe im Frühsommer 2020 durch die **Überbrückungshilfe I** (Juni bis August 2020), einem Bundesprogramm, das branchenübergreifend nach Maßgabe betrieblicher Fixkosten in Abhängigkeit von den Umsatzeinbußen gegenüber dem jeweiligen Vorjahresmonat förderte. Im September 2020 schloss sich mit der **Überbrückungshilfe II** ein weiteres Zuschussprogramm mit nochmals erleichterten Zugangsbedingungen und erhöhten Fördersätzen an.[36]

In Reaktion auf die Betriebsschließungen in den letzten beiden Monaten des Jahres 2020 brachte die Bundesregierung mit den sogenannten **November- und Dezemberhilfen** weitere, außerordentliche Wirtschaftshilfen auf den Weg. Hierdurch erhielten sowohl direkt als auch indirekt von den Schließungen betroffene Unternehmen und Selbstständige (zum Beispiel Gastronomiebetriebe, Hotels und Kultureinrichtungen) einmalige Kostenpauschalen, die sich am Umsatzeinbruch im Vergleich zum entsprechenden Vorjahresmonat orientierten.

Bei grundsätzlicher Beibehaltung der Fördersystematik wurden im Rahmen der **Überbrückungshilfe III** (November 2020 bis Juni 2021) erstmalig branchenspezifische Sonderregelungen geschaffen, um besonders stark betroffene Branchen mit höheren Fördersätzen unterstützen zu können.

Im Juli 2021 schlossen sich mit der **Überbrückungshilfe III Plus** (Juli bis Dezember 2021) und später der **Überbrückungshilfe IV** (Januar bis Juni 2022) weitere zielgerichtete Zuschussprogramme an.[37]

---

[34] Für einen Überblick *Kußmaul/Naumann/Schumann*, StB 2020, 161 (166 ff.); auch zu den bilanziellen Konsequenzen *Zwirner/Vodermeier/Krauß*, DStR 2021, 933 ff.
[35] *Bundesministerium für Wirtschaft und Klimaschutz*, Überblickspapier Corona-Hilfen, Rückblick-Bilanz-Lessons Learned, 27.6.2022, S. 5, https://www.bmwk.de.
[36] Ab einem Umsatzeinbruch von 70 Prozent wurden bis zu 90 Prozent der Fixkosten erstattet. Im Rahmen der Überbrückungshilfe I lag der erstattete Anteil noch bei maximal 80 Prozent. Zudem wurden die für die Förderung erforderlichen Umsatzeinbußen bei der Überbrückungshilfe II deutlich gesenkt.
[37] *Bundesministerium für Wirtschaft und Klimaschutz*, Überblickspapier Corona-Hilfen, Rückblick-Bilanz-Lessons Learned, 27.6.2022, S. 7, https://www.bmwk.de.

Mit der **Neustarthilfe** (Januar bis Juni 2021) wurde ein weiteres Zuschussprogramm geschaffen, das einmalig eine Betriebskostenpauschale in Höhe von 50 Prozent des Umsatzes im zurückliegenden Vergleichszeitraum vorsah.[38] Als sog. **Neustarthilfe Plus** (Juli bis Dezember 2021) und **Neustarthilfe 2022** (Januar bis Juni 2022) wurde das Programm mit leichten Anpassungen zweimalig verlängert.

Darüber hinaus konnten Unternehmen, die weder die Kriterien für Überbrückungs- noch für Neustarthilfe erfüllten, **Härtefallhilfen** (März 2020 bis Juni 2022) beantragen.

Für die Kultur- und Veranstaltungsbranche wurde das **Rettungsprogramm „Neustart Kultur"** mit einem Volumen von 1 Mrd. Euro aufgelegt, mit dem etwa 60 verschiedene Teilprogramme finanziert wurden. Darüber hinaus unterstützte der Bund diesen Bereich durch einen ca. 2,5 Mrd. Euro umfassenden **Sonderfonds für Kulturveranstaltungen**. In ähnlicher Weise wurden der **Sonderfonds des Bundes für Messen und Ausstellungen** und die **Corona-Überbrückungshilfe Profisport** geschaffen.

Die meisten Wirtschaftshilfen dieser Art liefen am 30. Juni 2022 aus. Insgesamt hatten die Zuschussprogramme des Bundes ein Volumen von rund 130 Mrd. Euro. Rechtliche Grundlage waren durchgängig Regierungsentscheidungen und Haushaltstitel, nicht dagegen Sachgesetze. Im Außenverhältnis vollzogen wurden die Programme von den Ländern. Finanziert wurden sie weitgehend durch vom Bund notlagenbedingt aufgenommene Kredite. Daneben legten die Länder eigenständige Hilfsprogramme für Unternehmen und Solo-Selbstständige auf.[39]

bb) Weitere Hilfen

Neben den Zuschussprogrammen setzte die Politik zur Liquiditätssicherung während der Pandemie auf weitere Hilfen wie Kredite, Rekapitalisierungen, Bürgschaften und Garantien.[40]

Ab dem 23. März 2020 konnten Unternehmen jeder Größe im Rahmen des **KfW-Sonderprogramms 2020** Anträge stellen, um Zinserleichterungen und eine verbesserte Risikoübernahme bei Krediten zu erhalten.[41]

---

[38] Neben Solo-Selbstständigen waren auch kleine Kapitalgesellschaften, Genossenschaften und kurzfristig Beschäftigte der darstellenden Künste anspruchsberechtigt. Umfassend zur wirtschaftlichen Situation von Solo-Selbstständigen während der Pandemie *Kersten/Rixen*, Der Verfassungsstaat in der Corona-Krise, 3. Aufl. 2022, S. 271ff.

[39] *Lohse*, Corona Hilfspakete der Länder, in: Weber, Rechtswörterbuch, 30. Edition 2023.

[40] *Bundesministerium der Finanzen*, Monatsbericht November 2021 („Corona-Unternehmenshilfen – eine vorläufige Bilanz"), S. 27, https://www.bundesfinanzministerium.de.

[41] *BMWi, BMF und KfW*, Gemeinsame Pressemitteilung vom 23.3.2020, https://www.bmwk.de.

Zur Absicherung von Krediten und zur Stärkung des Eigenkapitals von Unternehmen mit erheblicher realwirtschaftlicher Bedeutung wurde der 2008 geschaffene Finanzmarktstabilisierungsfonds[42] im März 2020 zum **Wirtschaftsstabilisierungsfonds (WSF)**, einem unselbständigen Sondervermögen des Bundes mit einem Volumen von 600 Mrd. Euro, weiterentwickelt.[43] Insgesamt konnten bis zum 30. Juni 2022 branchenübergreifend 25 Unternehmen von 33 verschiedenen Fördermaßnahmen mit einem Gesamtvolumen von ca. 9,6 Mrd. Euro profitieren.[44]

Zu den weiteren Hilfen zählten auch **Bürgschaftsprogramme** wie das Bund-Länder-Großbürgschaftsprogramm.[45]

Im Rahmen des **Schutzschirms für Warenkreditversicherungen** in Höhe von 30 Mrd. Euro übernahm der Bund Garantien zugunsten von Kreditversicherern, um sicherzustellen, dass diese trotz hohen Ausfallrisikos weiterhin Deckungszusagen übernehmen.

cc) Schlussabrechnung

Bis Mitte 2022 waren an die 5 Mio. Anträge auf Förderung von Unternehmen, Solo-Selbstständigen und freiberuflich Tätigen bei den zuständigen Stellen eingegangen.[46] Die für diese Anträge erforderlichen Angaben wurden von den Antragstellern überwiegend selbst bereitgestellt und waren teilweise prognostischer Natur.[47] So war es von vornherein vorgesehen, dass sich an die Auszahlung der Hilfen ein Online-Verfahren zur verpflichtenden Schlussabrechnung anschließen würde.[48] Die eingegangenen Schlussabrechnungen werden zunächst einer automatisierten Vorprüfung unterzogen, die einen umfangreichen Abgleich mit Daten der Finanzverwaltung umfasst. Es folgt eine vertiefte Prüfung unter Berücksichtigung der Vorprüfungsergebnisse. Das Verfahren mündet im Erlass von Schlussbescheiden, die Rückforderungen, Nachzahlungen oder Bestätigungen der ausgezahlten Fördermittel vorsehen können.[49]

---

[42] Gesetz zur Umsetzung eines Maßnahmenpakets zur Stabilisierung des Finanzmarktes (Finanzmarktstabilisierungsgesetz – FMStG) vom 17.10.2008 (BGBl. 2008 I 1982).

[43] Gesetz zur Errichtung eines Wirtschaftsstabilisierungsfonds (Wirtschaftsstabilisierungsfondsgesetz – WStFG) vom 27.3.2020 (BGBl. 2020 I 543), das zu Änderungen des Stabilisierungsfondsgesetzes (StFG) führte.

[44] *Bundesministerium der Finanzen*, Monatsbericht August 2022 („Der Wirtschaftsstabilisierungsfonds"), S. 24, https://www.bundesfinanzministerium.de.

[45] *Bundesministerium für Wirtschaft und Klimaschutz*, Überblickspapier Corona-Hilfen, Rückblick-Bilanz-Lessons Learned, 27.6.2022, S. 9, https://www.bmwk.de.

[46] *Zwirner/Vodermeier*, BC 2022, 397 ff.

[47] *Sölter*, NJW 2022, 2644 (2649).

[48] Siehe https://www.ueberbrueckungshilfe-unternehmen.de; *Fehl-Weileder/Schwindl*, NZI 2022, 921 ff.

[49] Aktuell dazu *Schwab*, in: FAZ vom 26.10.2023, S. 18; *Löhr*, in: FAZ vom 3.11.2023, S. 17.

c) Sozialstaatliche Leistungen zur Unterstützung von Privatpersonen

Neben den Wirtschaftshilfen stehen die – durchgängig sachgesetzlich fundierten – sozialstaatlichen Leistungen zur Abmilderung der wirtschaftlichen Pandemiefolgen für Privatpersonen,[50] die im Folgenden im Überblick dargestellt werden.[51]

Der Gesetzgeber reagierte zunächst mit einer **Erleichterung des Zugangs zu Sozialleistungen.** Durch das sog. Sozialschutz-Paket I[52] sollten Leistungen nach dem SGB II (Grundsicherung für Arbeitsuchende), dem dritten Kapitel des SGB XII (Hilfe zum Lebensunterhalt), dem vierten Kapitel des SGB XII (Grundsicherung im Alter und bei Erwerbsminderung) und dem BVG „in einem vereinfachten Verfahren schnell und unbürokratisch zugänglich gemacht werden."[53] So wurde zum Beispiel zwischen dem 1. März 2020 und dem 30. Juni 2020 für den Zugang zu Arbeitslosengeld II und Sozialgeld das Vermögen der Transferleistungsempfänger für die Dauer von sechs Monaten nicht berücksichtigt, sofern dieses nicht erheblich war. Darüber hinaus wurden Antragsverfahren befristet ausgesetzt oder erleichtert.

Daneben standen **weitere Maßnahmen** wie die Verlängerung der maximalen Beschäftigungsdauer im Rahmen einer geringfügigen Beschäftigung (§ 115 SGB IV) und die zeitweise Anhebung der Hinzuverdienstgrenze bei der Altersrente (§ 302 Abs. 8 SGB VI iVm § 34 SGB VI).

Mit dem Sozialschutz-Paket II[54] wurde unter anderem die Bezugsdauer von Arbeitslosengeld einmalig um drei Monate ausgedehnt (§ 421d Abs. 1 SGB III).

Durch das Sozialschutz-Paket III[55] wurde der erleichterte Zugang zu den sozialen Sicherungssystemen bis zum 31. Dezember 2021

---

[50] Zum Zusammenhang von Sozialschutz und Wirtschaftspolitik *Ebsen*, SGb 2022, 1 (2).

[51] Tabellarische Übersicht über die krisenbedingte Sozialgesetzgebung bei *Schlegel/Meßling/Bockholdt*, COVID-19, Corona-Gesetzgebung – Gesundheit und Soziales, 2. Aufl. 2022, § 1 Rn. 34; auch *Kußmaul/Naumann/Schumann*, StB 2020, 161 (169f.); siehe auch *U. Becker u. a. (Hrsg.)*, Existenzsicherung in der Coronakrise: Sozialpolitische Maßnahmen zum Erhalt von Arbeit, Wirtschaft und sozialem Schutz im Rechtsvergleich, MPISoc Working Paper 6/2020.

[52] Gesetz für den erleichterten Zugang zu sozialer Sicherung und zum Einsatz und zur Absicherung sozialer Dienstleister aufgrund des Coronavirus SARS-CoV-2 (Sozialschutz-Paket) vom 27.3.2020 (BGBl. 2020 I 575).

[53] BT-Drs. 19/18107, 2.

[54] Gesetz zu sozialen Maßnahmen zur Bekämpfung der Corona-Pandemie (Sozialschutz-Paket II) vom 20.5.2020 (BGBl. 2020 I 1055).

[55] Gesetz zur Regelung einer Einmalzahlung der Grundsicherungssysteme an erwachsene Leistungsberechtigte und zur Verlängerung des erleichterten Zugangs zu sozialer Sicherung und zur Änderung des Sozialdienstleister-Einsatzgesetzes aus An-

verlängert. Darüber hinaus wurde die Rechtsgrundlage für eine **Einmalzahlung in Höhe von 150 Euro** geschaffen, die **erwachsene Leistungsberechtigte in der Grundsicherung** erhielten.

Ferner wurde für jedes zu Kindergeld berechtigende Kind im Jahr 2020 ein **einmaliger Kinderbonus in Höhe von 300 Euro** gewährt. Ein **weiterer Kinderbonus in Höhe von 150 Euro** folgte im Mai 2021.

d) Kurzarbeitergeld

Das Gesetz zur befristeten krisenbedingten Verbesserung der Regelungen für das Kurzarbeitergeld[56] schuf eine befristet geltende Verordnungsermächtigung (§ 109 Abs. 5 SGB III), die es erlaubte, durch Rechtsverordnung den **Zugang zum Kurzarbeitergeld zu erleichtern**. Hiervon machte die Bundesregierung am 25. März 2020 mit dem Erlass der Kurzarbeitergeldverordnung (KugV) Gebrauch.[57]

Während es im Verlauf der COVID-19-Pandemie insgesamt kaum zu einer Erhöhung bestehender Sozialleistungen kam,[58] wurde das **Kurzarbeitergeld** durch das Sozialschutz-Paket II **vorübergehend deutlich erhöht** (§ 421c Abs. 2 SGB III). Die maximale Bezugsdauer wurde mehrfach ausgeweitet.[59]

Die Regelungen über den erleichterten Zugang zum Kurzarbeitergeld wurden immer wieder verlängert.[60] Zum 30. Juni 2023 liefen sie endgültig aus. Insgesamt beliefen sich die Kosten für die coronabedingte Inanspruchnahme des Kurzarbeitergelds auf ca. 46 Mrd. Euro.[61]

e) Steuerrechtliche Maßnahmen

Mit den Instrumenten des Steuerrechts sollten während der COVID-19-Pandemie zum einen Liquiditätsengpässe vermieden, zum anderen Anreize für einen konjunkturellen Aufschwung gesetzt werden.[62]

---

lass der COVID-19-Pandemie (Sozialschutz-Paket III) vom 10.3.2021 (BGBl. 2021 I 335).
[56] BGBl. 2020 I 493; dazu *Wagner/Weber*, DStR 2020, 745 (748).
[57] BGBl. 2020 I 595.
[58] *Voelzke/König*, SGb 2022, 69 (71); vgl. die Darstellung soeben oben.
[59] Durch die Zweite Kurzarbeitergeldbezugsdauerverordnung vom 12.10.2020 (BGBl. 2020 I 2165) auf bis zu 24 Monate.
[60] Zuletzt Verordnung über den erweiterten Zugang zum Kurzarbeitergeld vom 19.12.2022 (BAnz AT vom 21.12.2022).
[61] Interview mit Detlef Scheele („Das Bürgergeld ist kein Freifahrtschein"), Rheinische Post vom 19.2.2022, https://rp-online.de.
[62] *Hey*, NJW 2021, 2777 (2778).

Schon im März 2020[63] trafen die Finanzverwaltungen und später auch die Gesetzgeber des Bundes und der Länder umfangreiche Maßnahmen verfahrensrechtlicher Art.[64] **Fällige Steuerzahlungen** wurden auf Antrag grundsätzlich bis zum 30. September 2021 **zinslos gestundet**. Zudem wurden **Steuervorauszahlungen herabgesetzt** (§ 110 EStG) und **Vollstreckungsmaßnahmen** auf Antrag **ausgesetzt**. Die **Fristen für die Abgabe von Steuererklärungen** wurden **verlängert** (§ 36 EGAO).[65]

Darüber hinaus führten insgesamt vier Corona-Steuerhilfegesetze und weitere Gesetze zu einer Vielzahl materiell-rechtlicher Änderungen und Neuerungen des Steuerrechts.[66]

So wurde der **Umsatzsteuersatz für Restaurant- und Verpflegungsdienstleistungen** mit der Ausnahme von Getränken durch das Erste Corona-Steuerhilfegesetz[67] temporär von 19 auf 7 Prozent **reduziert**. Die Steuersatzsenkung wurde bis zum 31. Dezember 2023 verlängert.[68]

Arbeitgebern war es nach § 3 Nr. 11a EStG möglich, ihren Arbeitnehmern zwischen dem 1. März 2020 und dem 31. Dezember 2020 **Zuschüsse und Sachbezüge bis zu einem Betrag von 1.500 Euro steuerfrei zu gewähren**. Zudem wurden die von ihnen gezahlten **Zuschüsse zum Kurzarbeitergeld steuerlich begünstigt** (§ 3 Nr. 28a EStG).

Mit dem Zweiten Corona-Steuerhilfegesetz[69] wurde die Umsatzsteuersenkung für die zweite Hälfte des Jahres 2020 auf alle Bereiche ausgeweitet.

Der **Entlastungsbetrag für Alleinerziehende** (§ 24b EStG) wurde von 1.908 Euro auf 4.008 Euro angehoben.

Der **einkommensteuerliche Verlustrücktrag** (§ 10d EStG) wurde für die Jahre 2020 und 2021 auf 5 Mio. Euro bzw. bei Zusammenveranlagung auf 10 Mio. Euro **erweitert**.[70] Gleichzeitig wurde es

---

[63] Ausführlich zu den steuerlichen Sofortmaßnahmen *Mick/Dyckmans/Klein*, CO-VuR 2020, 235 ff.; *Kußmaul/Naumann/Schumann*, StB 2020, 161 (161 ff.).

[64] *Wagner/Weber*, DStR 2020, 745 (745 f.)..

[65] Hierzu *Bundesministerium der Finanzen*, Monatsbericht August 2021 („Beitrag des Steuerrechts zur Bewältigung der Folgen der Corona-Pandemie"), S. 17 ff., https://www.bundesfinanzministerium.de.

[66] Umfassend *Nürnberg*, Corona (COVID-19) – Steuerliche Hilfsmaßnahmen, in: Beck'sches Steuer- und Bilanzrechtslexikon, 63. Ed., Stand: 1.4.2023, Rn. 1 ff.

[67] Gesetz zur Umsetzung steuerlicher Hilfsmaßnahmen zur Bewältigung der Corona-Krise (Corona-Steuerhilfegesetz) vom 19.6.2020 (BGBl. 2020 I 1385).

[68] Verlängerung durch das Achte Gesetz zur Änderung von Verbrauchsteuergesetzen vom 24.10.2022 (BGBl. 2022 I 1838).

[69] Zweites Gesetz zur Umsetzung steuerlicher Hilfsmaßnahmen zur Bewältigung der Corona-Krise (Zweites Corona-Steuerhilfegesetz) vom 29.6.2020 (BGBl. 2020 I 1512).

[70] Dazu *Hey*, DStR 2020, 2041 ff.

ermöglicht, den künftigen Verlustrücktrag bereits im Rahmen der Steuererklärungen für den VZ 2019 bzw. 2020 finanz- und liquiditätswirksam zu machen (§ 111 EStG). Durch das Dritte Corona-Steuerhilfegesetz[71] wurde der Rücktrag auf 10 bzw. 20 Mio. Euro erhöht. Mit dem Vierten Corona-Steuerhilfegesetz[72] wurde die erweiterte Verlustverrechnung bis Ende 2023 verlängert.

Mit dem Jahressteuergesetz 2020 führte der Gesetzgeber die sogenannte **Homeoffice-Pauschale** ein. Anfänglich war vorgesehen, dass hierdurch in den Jahren 2020 und 2021 eine Pauschale von 5 Euro pro Tag, maximal jedoch 600 Euro im Kalenderjahr, steuerlich geltend gemacht werden kann, sofern betriebliche oder berufliche Tätigkeiten ausschließlich in der häuslichen Wohnung ausgeübt werden (§ 4 Abs. 5 Satz 1 Nr. 6b EStG aF). Mittlerweile wurde die Homeoffice-Pauschale entfristet und auf 6 Euro pro Tag, maximal 1.260 Euro im Kalenderjahr, erhöht; zudem greift sie auch bei Tätigkeiten, die überwiegend zu Hause ausgeübt werden (§ 4 Abs. 5 Satz 1 Nr. 6c EStG).[73]

2. Staatliche Finanzhilfen zur Bewältigung der Energiekrise und der Inflation

Noch bevor die letzten Maßnahmen zur Bewältigung der Folgen der COVID-19-Pandemie ausliefen, bahnte sich eine neue Großkrise an. Bereits am 23. Februar 2022, einen Tag vor Beginn des russischen Angriffskrieges gegen die Ukraine, einigte sich der Koalitionsausschuss auf „10 Entlastungsschritte für unser Land",[74] mit denen auf die im Zuge der Zuspitzung des Konflikts stark gestiegenen Energiepreise und auch auf die Inflation[75] reagiert werden sollte. Im weiteren Verlauf der Krise wurden insgesamt drei sogenannte Entlastungspakete (a) und b)) zusammengestellt und ein sogenannter Wirtschaftlicher Abwehrschirm (c)) geschaffen. Die hierin gebündelten, vielfältigen Unterstützungsmaßnahmen haben ein Gesamtvolumen von rund 300 Mrd. Euro.[76]

---

[71] Drittes Gesetz zur Umsetzung steuerlicher Hilfsmaßnahmen zur Bewältigung der Corona-Krise (Drittes Corona-Steuerhilfegesetz) vom 10.3.2021 (BGBl. 2021 I 330).
[72] Viertes Gesetz zur Umsetzung steuerlicher Hilfsmaßnahmen zur Bewältigung der Corona-Krise (Viertes Corona-Steuerhilfegesetz) vom 19.6.2022 (BGBl. 2022 I 911); dazu *Bergan*, DStR 2022, 1233 ff.
[73] Jahressteuergesetz 2022 (JStG 2022) vom 16.12.2022 (BGBl. 2022 I 2294).
[74] Ergebnis des Koalitionsausschusses vom 23.2.2022, https://www.spd.de.
[75] In welchem genauen Umfang die Inflation auf die Energiepreisentwicklung oder auch auf andere Faktoren wie die Geldmengenausdehnung durch die EZB zurückzuführen ist, kann dabei dahinstehen.
[76] *Bundesministerium der Finanzen*, Entlastungen für Deutschland – Wie sie wirken, März 2023, https://www.bundesfinanzministerium.de.

a) Die Entlastungspakete I und II

Die Entlastungspakete I und II wurden im Februar und März 2022 von der Bundesregierung beschlossen und durchgängig in Gesetzesform umgesetzt. Mit dem ersten Paket wollte man auf die bereits gestiegenen Energiekosten, zusätzlich auch auf die noch andauernden wirtschaftlichen Folgen der COVID-19-Pandemie reagieren.[77] Das zweite Entlastungspaket wurde dann unter dem Eindruck weiter steigender Energiepreise in Folge des russischen Angriffskrieges gegen die Ukraine verabschiedet.[78]

aa) Sozialstaatliche Leistungen zur Unterstützung von Privatpersonen

Das Entlastungspaket I enthielt einen **ersten Heizkostenzuschuss für bedürftige Personengruppen.**[79] Zum Kreis der Anspruchsberechtigten zählten Bezieher von Wohngeld, BAföG und weiteren Bildungsförderungen. Die Höhe der Einmalzahlung betrug für Wohngeldhaushalte mindestens 270 Euro und für Empfängerinnen und Empfänger von Ausbildungsförderung 230 Euro.

Darüber hinaus wurden im Juli 2022 Einmalzahlungen in Höhe von 200 Euro für Empfängerinnen und Empfänger von Arbeitslosengeld II, Sozialhilfe oder Grundsicherung[80] und in Höhe von 100 Euro für Bezieher von Arbeitslosengeld[81] veranlasst.

Durch das Steuerentlastungsgesetz 2022[82] wurde das Kindergeld im Juli 2022 um eine Sonderzahlung in Höhe von 100 Euro erhöht („**Kinderbonus**"). Familien mit einem geringen Einkommen erhielten ab Juli 2022 zusätzlich einen monatlichen **Kindersofortzuschlag** in Höhe von 20 Euro.[83]

Daneben steht die durch das Steuerentlastungsgesetz 2022 eingeführte **Energiepreispauschale für Erwerbstätige** (§§ 112–122 EStG). Anspruch auf die Einmalzahlung in Höhe von 300 Euro[84] hatten

---

[77] Lay/Peichel, ifo Schnelldienst 11/2022, S. 3 (3).
[78] Lay/Peichel, ifo Schnelldienst 11/2022, S. 3 (4).
[79] Gesetz zur Gewährung eines einmaligen Heizkostenzuschusses aufgrund stark gestiegener Energiekosten (Heizkostenzuschussgesetz – HeizkZuschG) vom 29.4.2022 (BGBl. 2022 I 698).
[80] § 73 SGB II, § 144 SGB XII, § 17 AsylbLG und § 88d BVG, eingefügt durch das Gesetz zur Regelung eines Sofortzuschlages und einer Einmalzahlung in den sozialen Mindestsicherungssystemen sowie zur Änderung des Finanzausgleichsgesetzes und weiterer Gesetze vom 23.5.2022 (BGBl. 2022 I 760).
[81] § 421d Abs. 4 SGB III, eingefügt durch das gleiche Gesetz.
[82] Steuerentlastungsgesetz 2022 vom 23.5.2022 (BGBl. 2022 I 749).
[83] Ebenfalls eingeführt durch das Gesetz zur Regelung eines Sofortzuschlages und einer Einmalzahlung in den sozialen Mindestsicherungssystemen sowie zur Änderung des Finanzausgleichsgesetzes und weiterer Gesetze vom 23.5.2022 (BGBl. 2022 I 760).
[84] Der Anspruch entstand am 1.9.2022 (§ 114 EStG).

"aktiv tätige Erwerbspersonen"[85] (§ 113 EStG). Den Arbeitnehmern als größter Gruppe der Anspruchsberechtigten wurde die Pauschale zusammen mit der Lohnzahlung durch die Arbeitgeber ausgezahlt (§ 117 EStG). Bei selbständiger Erwerbstätigkeit konnte die Pauschale durch Verrechnung mit der Einkommensteuervorauszahlung (§ 118 EStG) oder im Rahmen der Einkommensteuerveranlagung (§§ 115f. EStG) gewährt werden. Mit der Einmalzahlung wollte der Gesetzgeber einen „Ausgleich für die kurzfristig und drastisch gestiegenen erwerbsbedingten Wegeaufwendungen" schaffen.[86] Um diesen Ausgleich „sozial ausgewogen" zu gestalten, wurde die Energiepreispauschale für Erwerbstätige steuerpflichtig gestellt (§ 119 EStG).[87] In der Sache handelt es sich bei der Pauschale um eine Sozialleistung.[88]

bb) Steuerrechtliche Maßnahmen

Durch das Steuerentlastungsgesetz 2022 wurden bei der Einkommensteuer der **Grundfreibetrag** um 363 Euro auf 10.347 Euro und der **Arbeitnehmerpauschbetrag** um 200 Euro auf 1.200 Euro **angehoben**. Gleichzeitig wurde die **Entfernungspauschale für Fernpendler** ab dem 21. Kilometer von 35 auf 38 Cent **erhöht**.

Daneben sah das Entlastungspaket II den sogenannten **Tankrabatt** vor,[89] eine dreimonatige Senkung der Energiesteuer für Kraftstoffe auf den durch die EU-Energiesteuerrichtlinie[90] festgesetzten Mindestsatz.

cc) Weitere Maßnahmen

Flankierend trat die befristete Einführung des **9-Euro-Tickets** hinzu,[91] einem auf die Monate Juni bis August 2022 beschränkten Sonderangebot für Monatstickets im deutschlandweiten öffentlichen Personennahverkehr (ÖPNV). Hierdurch sollte zugleich ein „Anreiz zum Umstieg auf den ÖPNV und zur Energieeinsparung" ge-

---

[85] BT-Drs. 20/1765, 23.
[86] BT-Drs. 20/1765, 23.
[87] BT-Drs. 20/1765, 23; bei Anwendbarkeit des Spitzensteuersatzes verbleiben noch rund 160 Euro; *Schober*, in: Herrmann/Heuer/Raupach, EStG/KStG, 318. EL 5/2023, Vorb. zu §§ 112–122 Rn. 2.
[88] *Bergan*, DStR 2022, 1017 (1019); *Mohnke/Plum*, DB 2022, M14; *Oertel*, in: Kirchhof/Seer, Einkommensteuergesetz, 22. Aufl. 2023, § 122 Rn. 3; *Zapf*, BB 2022, 1623 (1625).
[89] Gesetz zur Änderung des Energiesteuerrechts zur temporären Absenkung der Energiesteuer für Kraftstoffe (Energiesteuersenkungsgesetz – EnergieStSenkG) vom 24.5.2022 (BGBl. 2022 I 810).
[90] Richtlinie 2003/96/EG des Rates vom 27.10.2003 zur Restrukturierung der gemeinschaftlichen Rahmenvorschriften zur Besteuerung von Energieerzeugnissen und elektrischem Strom.
[91] Siebtes Gesetz zur Änderung des Regionalisierungsgesetzes (7. RegGÄndG) vom 25.5.2022 (BGBl. 2022 I 812).

setzt werden.[92] Finanziert wurde die Maßnahme durch den Bund im Wege der Erhöhung von Regionalisierungsmitteln im Umfang von 2,5 Mrd. Euro.[93]

Ebenfalls zur finanziellen Entlastung privater Haushalte trug der **Wegfall der EEG-Umlage** zum 1. Juli 2022 bei.[94]

b) Das Entlastungspaket III

Mit dem dritten Entlastungspaket von September 2022[95] reagierte der Koalitionsausschuss auf die über den Sommer weiter stark gestiegenen Energie- und auch Nahrungspreise sowie allgemein auf die weiter steigende Inflationsrate.[96] Auch die Maßnahmen dieses Pakets wurden durchgängig in Gesetzesform überbracht.

aa) Sozialstaatliche Leistungen zur Unterstützung von Privatpersonen

Eine **Energiepreispauschale** wurde nun auch für **Rentnerinnen und Rentner sowie Versorgungsbezieher des Bundes** eingeführt.[97] Die Pauschale in Höhe von 300 Euro wurde im Dezember 2022 automatisch durch die zuständigen Rentenzahlstellen ausgezahlt. Auch diese Leistung wurde, um sie sozial ausgewogen zu gestalten, durch das Jahressteuergesetz 2022[98] einkommensteuerbar gestellt (§ 22 Nr. 1 Satz 3 lit. c, § 19 Abs. 3 EStG).

Schwieriger gestaltete sich die Auszahlung der ebenfalls beschlossenen **Energiepreispauschale** für die Gruppe der **Studierenden und Fachschülerinnen und Fachschüler** in Höhe von 200 Euro,[99] für die ein gesondertes Antragsverfahren geschaffen wurde. Die für den Vollzug zuständigen Länder entschieden sich, zur Anspruchserfüllung eine gemeinsame digitale Antragsplattform als Projekt nach dem Onlinezugangsgesetz (OZG) einzurichten.

---

[92] BT-Drs. 20/1739, 10.
[93] BT-Drs. 20/1739, 10.
[94] Gesetz zur Absenkung der Kostenbelastungen durch die EEG-Umlage und zur Weitergabe dieser Absenkung an die Letztverbraucher vom 23.5.2022 (BGBl. 2022 I 747).
[95] Ergebnis des Koalitionsausschusses vom 3.9.2022, https://www.spd.de.
[96] *Lay/Peichel*, ifo Schnelldienst 11/2022, S. 3 (4).
[97] Gesetz zur Zahlung einer Energiepreispauschale an Renten- und Versorgungsbeziehende und zur Erweiterung des Übergangsbereichs vom 7.11.2022 (BGBl. 2022 I 1985). Für Versorgungsbeziehende der Länder wurden entsprechende Programme aufgelegt.
[98] Jahressteuergesetz 2022 (JStG 2022) vom 16.12.2022 (BGBl. 2022 I 2294).
[99] Gesetz zur Zahlung einer einmaligen Energiepreispauschale für Studierende, Fachschülerinnen und Fachschüler sowie Berufsfachschülerinnen und Berufsfachschüler in Bildungsgängen mit dem Ziel eines mindestens zweijährigen berufsqualifizierenden Abschlusses (Studierenden-Energiepreispauschalengesetz – EPPSG) vom 16.12.2022 (BGBl. 2022 I 2357).

Bestandsaufnahme krisenbedingter Finanzhilfen E 23

Darüber hinaus umfasste das dritte Entlastungspaket einen **zweiten Heizkostenzuschuss für bedürftige Personengruppen** in Höhe von mindestens 415 Euro für Wohngeld-Haushalte und 345 Euro für Bezieher von Ausbildungsförderung.[100] Die **Midijob-Grenze** wurde auf 2.000 Euro **angehoben**.[101] Zur Entlastung von Familien wurden sowohl das **Kindergeld** als auch der **Kinderzuschlag**, den Familien mit geringem Einkommen zusätzlich beantragen können, auf 250 Euro **erhöht**.

Zwei weitere sozialpolitische Vorhaben, auf die sich die Ampel-Koalition bereits in ihrem Koalitionsvertrag von Dezember 2021 geeinigt hatte, sind formal ebenfalls in das dritte Entlastungspaket einbezogen, haben aber keinen Krisenbezug, sondern sind langfristig und allgemein sozialgestaltend angelegt:[102] das Bürgergeld[103] und das reformierte Wohngeld.[104] Die Einbeziehung in das dritte Entlastungspaket ist deshalb kritisch zu sehen.[105]

bb) Steuerrechtliche Maßnahmen

Auf steuerrechtlichem Gebiet[106] wurde durch das Jahressteuergesetz 2022 der **Sparer-Pauschbetrag** auf 1.000 Euro (2.000 Euro bei Ehe- und Lebenspartnern) **erhöht**. Die durch das gleiche Gesetz **erhöhte und entfristete Homeoffice-Pauschale** wurde bereits im Zusammenhang der COVID-19-Pandemie beleuchtet.[107] Entsprechendes gilt für die **Verlängerung der Umsatzsteuerermäßigung für Gastronomiebetriebe** bis zum 31. Dezember 2023.[108]

Des Weiteren wurde die Einführung einer **Inflationsausgleichsprämie** beschlossen.[109] Hiernach können Arbeitgeber ihren Beschäftigten im Zeitraum zwischen dem 26. Oktober 2022 und dem

---

[100] Gesetz zur Änderung des Heizkostenzuschussgesetzes und des Elften Buches Sozialgesetzbuch vom 9.11.2022 (BGBl. 2022 I 2018).

[101] Gesetz zur Zahlung einer Energiepreispauschale an Renten- und Versorgungsbeziehende und zur Erweiterung des Übergangsbereichs vom 7.11.2022 (BGBl. 2022 I 1985).

[102] Siehe zur Eingrenzung des Krisenbegriffs → I. 1. und I. 2. aE.

[103] Zwölftes Gesetz zur Änderung des Zweiten Buches Sozialgesetzbuch und anderer Gesetze – Einführung eines Bürgergeldes (Bürgergeld-Gesetz) vom 16.12.2022 (BGBl. 2022 I 2328).

[104] Gesetz zur Erhöhung des Wohngeldes und zur Änderung anderer Vorschriften (Wohngeld-Plus-Gesetz) vom 5.12.2022 (BGBl. 2022 I 2160); näher dazu *Ekardt/Rath*, NZS 2023, 206 (208f.).

[105] Ebenso *Hentze*, ifo Schnelldienst 11/2022, S. 7 (8); demgegenüber *Ekardt/Rath*, NZS 2023, 206 (209ff.).

[106] Umfassend zur Steuerpolitik in der zweiten Hälfte des Jahres 2022 *Wünnemann*, Ubg 2022, 619ff.

[107] → II. 1. e).

[108] → II. 1. e).

[109] Eingefügt durch Art. 3 des Gesetzes zur temporären Senkung des Umsatzsteuersatzes auf Gaslieferungen über das Erdgasnetz vom 19.10.2022 (BGBl. 2022 I 1743).

31. Dezember 2024 auf freiwilliger Basis steuerfrei einen Betrag in Höhe von 3.000 Euro zur Abmilderung der gestiegenen Verbraucherpreise gewähren (§ 3 Nr. 11c EStG).

Um inflationsbedingten schleichenden Steuererhöhungen („kalte Progression") entgegenzuwirken, wurden durch das Inflationsausgleichsgesetz[110] der **Grundfreibetrag erhöht** und die **Eckwerte des Einkommensteuertarifs angepasst**.[111] Zudem wurde der **Kinderfreibetrag** rückwirkend zum 1. Januar 2022 um 160 Euro, zum 1. Januar 2023 um 404 Euro und zum 1. Januar 2024 um weitere 360 Euro **angehoben**. Entsprechend bewirkte das Inflationsausgleichsgesetz eine **Anhebung der Freigrenze beim Solidaritätszuschlag**.

cc) Weitere Maßnahmen

Seit Mai 2023 ist das sogenannte **Deutschland- oder 49-Euro-Ticket** als Nachfolger des Neun-Euro-Tickets verfügbar. Die föderale Finanzierungsverantwortung[112] wurde durch das Neunte Gesetz zur Änderung des Regionalisierungsgesetzes[113] geregelt.

Die ursprünglich zum Jahresbeginn 2023 geplante **CO_2-Preiserhöhung** um fünf Euro pro Tonne wurde **um ein Jahr** auf den 1. Januar 2024 verschoben.[114] Die Entlastungswirkung soll ein Volumen von rund 1,5 Mrd. Euro haben.[115]

c) Der Wirtschaftliche Abwehrschirm

Über die Entlastungspakete I bis III hinaus sah die Bundesregierung Anlass, zusätzlich gezielt diejenigen zu unterstützen, die unmittelbar von den stark gestiegenen Energiekosten betroffen waren. Der Erdgaspreis war seit Herbst 2021 drastisch gestiegen und erreichte 2022 im Großhandel neue Maximalwerte.[116] Entsprechendes galt für Strom. So entschied sich die Bundesregierung im September 2022 dafür, mit dem sogenannten „Doppel-Wumms",[117] einem Ener-

---

[110] Gesetz zum Ausgleich der Inflation durch einen fairen Einkommensteuertarif sowie zur Anpassung weiterer steuerlicher Regelungen (Inflationsausgleichsgesetz – InflAusG) vom 8.12.2022 (BGBl. 2022 I 2230).

[111] Zum verfassungsrechtlichen Rahmen für den Ausgleich der kalten Progression *Waldhoff*, FR 2023, 485 ff.

[112] Ausführlich zur Finanzierung des Deutschlandtickets *Mietzsch*, IR 2023, 101 ff.; *Oebbecke*, NVwZ 2023, 895 ff.

[113] Neuntes Gesetz zur Änderung des Regionalisierungsgesetzes vom 20.4.2023 (BGBl. 2023 I Nr. 107).

[114] Umgesetzt durch das Zweite Gesetz zur Änderung des Brennstoffemissionshandelsgesetzes vom 9.11.2022 (BGBl. 2022 I 2006).

[115] BT-Drs. 20/4096, 11.

[116] *Sachverständigenrat zur Begutachtung der gesamtwirtschaftlichen Entwicklung*, Jahresgutachten 2022/23, Dezember 2022, Rn. 8 sowie S. 225 Abb. 76.

[117] Der Begriff wurde von Bundeskanzler *Olaf Scholz* während einer Pressekonferenz am 29.9.2022 geprägt.

giekostendämpfungsprogramm für Wirtschaft und Private, zu reagieren.

Das Programm wurde weitgehend sachgesetzlich ausgestaltet. Zur Finanzierung wurde ein mit Notlagen-Kreditermächtigungen[118] in Höhe von 200 Mrd. Euro ausgestatteter **Wirtschaftlicher Abwehrschirm** eingerichtet.[119] Technisch handelte es sich um eine erweiterte Funktionszuweisung an den **Wirtschaftsstabilisierungsfonds (WSF)**.[120] Wesentliche durch den Fonds finanzierte Instrumente sind die Gas- und Wärmepreisbremse und die Strompreisbremse.[121]

Die **Gas- und Wärmepreisbremse** ist im Erdgas-Wärme-Preisbremsengesetz[122] geregelt. Sie trat an die Stelle der ursprünglich geplanten, aber stark kritisierten und schließlich aufgegebenen Gasumlage. Vorgesehen ist, dass private Haushalte, kleine und mittlere Unternehmen sowie Pflege-, Forschungs- und Bildungseinrichtungen Gas und Fernwärme für einen gedeckelten Preis erhalten. Die Vergünstigung wird den Endverbrauchern durch ihre Energieversorger automatisch gewährt, die ihrerseits einen Erstattungsanspruch gegen die Bundesrepublik Deutschland haben. Um Anreize zum Energiesparen zu schaffen,[123] werden lediglich 80 Prozent des Vorjahresverbrauchs subventioniert. Industriekunden mit einem Jahresverbrauch von mehr als 1,5 Mio. kWh erhalten andere Rabatte. Die Gas- und Wärmepreisbremse galt seit dem 1. März 2023,[124] wobei rückwirkend Entlastungsbeträge für Januar und Februar 2023 gewährt wurden. Der Preisdeckel war zunächst bis Ende 2023 befristet, wurde sodann aber bis zum 30. April 2024 verlängert.[125] Aufgrund der Konsequenzen aus dem Urteil des Bundesverfassungsgerichts vom 15. November 2023[126] für den WSF wurde die Verlängerung schließlich wieder gestrichen.

Darüber hinaus war bereits im Dezember 2022 privaten Verbrauchern von Gas oder Wärme sowie Unternehmen bis zu einem

---

[118] Entsprechend fasste der Deutsche Bundestag am 18.10.2022 einen auf das Jahr 2022 bezogenen Notlagenbeschluss gemäß Art. 115 Abs. 2 Satz 6 GG; BT-Drs. 20/4058 vom 18.10.2022.
[119] Zum Wirtschaftlichen Abwehrschirm *Holle/Linnartz*, NJW 2023, 801 (805 f.).
[120] Neu eingefügt wurden insbesondere die §§ 26a bis 26g StFG durch das Gesetz zur Änderung des Stabilisierungsfondsgesetzes zur Reaktivierung und Neuausrichtung des Wirtschaftsstabilisierungsfonds vom 28.10.2022 (BGBl. 2022 I 1902).
[121] Zu beiden Maßnahmen *Rath/Ekardt*, NVwZ 2023, 293 (295 ff.).
[122] Eingeführt durch Art. 1 des Gesetzes zur Einführung von Preisbremsen für leitungsgebundenes Erdgas und Wärme und zur Änderung weiterer Vorschriften vom 20.12.2022 (BGBl. 2022 I 2560).
[123] BT-Drs. 20/4683, 54.
[124] Für Vielverbraucher aus der Industrie gilt sie bereits seit dem 1.1.2023.
[125] BT-Drs. 20/9062; die EU-Kommission hat der Verlängerung beihilfenrechtlich zugestimmt.
[126] BVerfG, NJW 2023, 3775 ff.

Jahresverbrauch von 1,5 Mio. kWh eine einmalige Entlastung zur „finanziellen Überbrückung bis zur regulären Einführung der Gaspreisbremse"[127] gewährt worden.[128] Im Rahmen dieser **Dezember-Soforthilfe** entfiel die für Dezember 2022 an die Erdgaslieferanten zu leistende Rate. Die Lieferanten wurden wiederum entschädigt. In §§ 123–126 EStG wurde die Einkommensbesteuerung dieser Soforthilfe vorgesehen.[129] Nachdem die tatsächliche Höhe der Dezember-Soforthilfe deutlich niedriger ausfiel als erwartet, das Aufkommen aus der Besteuerung der Hilfe also überschaubar sein würde, der Vollzugsaufwand für die Finanzverwaltungen demgegenüber ganz erheblich wäre,[130] wurden die §§ 123–126 EStG im Dezember 2023 wieder gestrichen.[131]

Für Bezieher von anderen Heizstoffen wie Heizöl oder Holzpellets wurden **Härtefallhilfen** eingerichtet. Die Programme für Privathaushalte wurden durch die Länder näher ausgestaltet und mit Mitteln in Höhe von 1,8 Mrd. Euro aus dem WSF unterlegt.[132]

Um auch die stark gestiegenen Stromkosten finanziell abzufedern, wurde neben der Gas- und Wärmepreisbremse eine im Wesentlichen gleich strukturierte **Strompreisbremse** eingeführt,[133] die im Ergebnis ebenfalls Ende 2023 auslief.

Darüber hinaus wurde in § 24b EnWG ein Bundeszuschuss in Höhe von 12,84 Mrd. Euro vorgesehen, um die für 2023 durch die Netzbetreiber prognostizierte **Erhöhung der Übertragungsnetzentgelte** auszugleichen und die Entgelte im Ergebnis auf dem Vorjahresniveau zu **stabilisieren**.[134]

---

[127] BT-Drs. 20/4373, 24.
[128] Erdgas-Wärme-Soforthilfegesetz (EWSG), eingeführt durch Art. 3 des Gesetzes über die Feststellung des Wirtschaftsplans des ERP-Sondervermögens für das Jahr 2023 und über eine Soforthilfe für Letztverbraucher von leitungsgebundenem Erdgas und Kunden von Wärme vom 15.11.2022 (BGBl. 2022 I 2035).
[129] Eingeführt durch das Jahressteuergesetz 2022 (JStG 2022) vom 16.12.2022 (BGBl. 2022 I 2294).
[130] Es wird mit einem Aufkommen in Höhe von ca. 90 Mio. Euro gerechnet, demgegenüber mit Verwaltungskosten in Höhe von ca. 261 Mio. Euro; dazu *Schäfers*, in: FAZ vom 22.6.2023 („Die Gasabschlag-Steuer wird zum dicken Verlustgeschäft").
[131] Art. 19 des Gesetzes zur Förderung geordneter Kreditzweitmärkte und zur Umsetzung der Richtlinie (EU) 2021/2167 über Kreditdienstleister und Kreditkäufer sowie zur Änderung weiterer finanzrechtlicher Bestimmungen (Kreditzweitmarktförderungsgesetz) vom 22.12.2023 (BGBl. 2023 I Nr. 411).
[132] Vgl. *Bundesministerium für Wirtschaft und Klimaschutz*, Pressemitteilung vom 30.3.2023, https://www.bmwk.de.
[133] Strompreisbremsegesetz (StromPBG), eingeführt durch Art. 1 des Gesetzes zur Einführung einer Strompreisbremse und zur Änderung weiterer energierechtlicher Bestimmungen vom 20.12.2022 (BGBl. 2022 I 2512); dazu auch *Glattfeld/Rath*, EnKAktuell 2022, 01122.
[134] Vgl. BT-Drs. 20/4685, 122.

Über die Energiepreisbremsen hinaus zählt die Bundesregierung auch die **Reduzierung der Umsatzsteuer auf Gas** zum Wirtschaftlichen Abwehrschirm gegen die Folgen des russischen Angriffskrieges.[135] Der Umsatzsteuersatz auf Gaslieferungen über das Erdgasnetz wurde rückwirkend ab dem 1. Oktober 2022 bis Ende 2023 von 19 auf 7 Prozent gesenkt.[136] Im Gesetzgebungsverfahren wurde die Umsatzsteuersenkung auf Lieferungen von **Fernwärme** ausgeweitet.[137]

Schließlich wurde der sogenannte **Spitzenausgleich bei der Energie- und Stromsteuer** mit Wirkung für das Jahr 2023 **verlängert**.[138] Hierdurch wurden etwa 9.000 energieintensive Unternehmen des produzierenden Gewerbes (UPG) im Jahr 2023 um ca. 1,7 Mrd. Euro entlastet.[139]

Grafik 1: Staatliche Finanzhilfen zur Bewältigung der COVID-19-Pandemie und der Energiekrise

---

[135] Nr. 6 des von der Bundesregierung am 29.9.2022 beschlossenen Maßnahmenpakets, https://www.bundesregierung.de.

[136] Gesetz zur temporären Senkung des Umsatzsteuersatzes auf Gaslieferungen über das Erdgasnetz vom 19.10.2022 (BGBl. 2022 I 1743).

[137] Die Ausweitung erfolgte durch Annahme des dritten Änderungsantrags der Koalitionsfraktionen im Finanzausschuss des Deutschen Bundestages; BT-Drs. 20/3763, 5.

[138] Gesetz zur Änderung des Energiesteuer- und des Stromsteuergesetzes zur Verlängerung des sogenannten Spitzenausgleichs vom 19.12.2022 (BGBl. 2022 I 2483).

[139] BT-Drs. 20/3872, 9.

Staatliche Finanzhilfen zur Bewältigung der COVID-19-Pandemie und der Energiekrise

Zuschussprogramme für Unternehmen	Weitere Hilfen für Unternehmen	Sächliche Hilfen als Äquivalent finanzieller Hilfe	Sozialstaatliche Leistungen zur Unterstützung von Privatpersonen	Steuerrechtliche Maßnahmen	„Der wirtschaftliche Abwehrschirm" (erweiterte Funktionszuweisung an den WSF)	Weitere Finanzhilfen
COVID-19-Pandemie						
Soforthilfeprogramm	KfW Programme: Sonderprogramm 2020 und Schnellkredit 2020	Corona-Schutzimpfungen	Erleichterung des Zugangs zu Sozialleistungen	Verfahrenserleichterungen: Zinslose Steuerstundungen, Herabsetzung von Vorauszahlungen, Aussetzung der Vollstreckung, Fristverlängerung bei Steuererklärungen		
Überbrückungshilfe I		Nachweisverfahren (Tests)	Ausdehnung der Bezugsdauer von Arbeitslosengeld			
Überbrückungshilfe II	Wirtschaftsstabilisierungsfonds (WSF) insbes. für Rekapitalisierungen	Schutzmasken	Einmalzahlung Grundsicherung	Reduzierter Umsatzsteuersatz für Restaurantdienstleistungen		
November- u. Dezemberhilfen						
Überbrückungshilfe III			Kinderbonus 2020	Möglichkeit von steuerfreien Zuwendungen des Arbeitgebers sowie steuerliche Begünstigung von Arbeitgeber-Zuschüssen zum KuG		
Überbrückungshilfe III Plus	Bürgschaftsprogramme		Kinderbonus 2021			
Überbrückungshilfe IV				Befristete Umsatzsteuersenkung in allen Bereichen		
Neustarthilfe	Schutzschirm für Warenkreditversicherungen (Garantien)		Kurzarbeitergeld (KuG)	Anhebung des Entlastungsbetrags für Alleinerziehende		
Neustarthilfe Plus				Erweiterung des steuerlichen Verlustrücktrags		
Neustarthilfe 2022						
Härtefallhilfen				Einführung einer Homeoffice-Pauschale		
Weiteres: „Neustart Kultur", Sonderfonds für Kultur, Messen & Ausstellungen sowie Profisport						
Energiekrise und Inflation						
			Heizkostenzuschuss I (bedürftige Personengruppen)	Erhöhung von Grundfreibetrag, Arbeitnehmerpauschbetrag und Fernpendlerpauschale	Gas- und Wärmepreisbremse	9-Euro-Ticket
			Einmalzahlung Grundsicherung & Arbeitslosengeld	„Tankrabatt" (Senkung der Energiesteuer für Kraftstoffe)	Strompreisbremse	49-Euro-Ticket
			Kinderbonus 2022	Erhöhung des Sparer-Pauschbetrags	Dezember-Soforthilfe	Wegfall der EEG-Umlage
			Kindersofortzuschlag	Erhöhung und Entfristung der Homeoffice-Pauschale	Härtefallhilfen	Verschiebung der CO_2-Preiserhöhung
			Energiepreispauschalen für Erwerbstätige, Rentner & Versorgungsbezieher sowie Studierende & Fachschüler	Verlängerung der Umsatzsteuerermäßigung für Gastronomiebetriebe	Reduzierung der Umsatzsteuer auf Gas und Fernwärme	
			Heizkostenzuschuss II (s.o.)	Möglichkeit einer steuerfreien Inflationsausgleichsprämie durch ArbG	Zuschüsse infolge der Erhöhung der Übertragungsnetzentgelte	
			Anhebung der Midijob-Grenze	Erhöhung des Grundfreibetrags	Verlängerung des sog. Spitzenausgleichs bei der Energie- und Stromsteuer	
			Dauerhafte Erhöhung von Kindergeld und Kinderzuschlag	Anpassung des EStG-Tarifs		
				Anhebung des Kinderfreibetrags & der Freigrenze beim Solidaritätszuschlag		

E 28 — Gutachten von Prof. Dr. Hanno Kube

3. Staatliche Finanzhilfen zur Bewältigung der Flutkatastrophe 2021

Mitte Juli 2021 ereignete sich in Deutschland eine verheerende Flutkatastrophe.[140] Neben Teilen von Nordrhein-Westfalen war insbesondere Rheinland-Pfalz betroffen, wo allein im Landkreis Ahrweiler mindestens 133 Menschen starben.[141] Die geschätzten Gesamtschäden beliefen sich in den betroffenen Bundesländern auf mehr als 30 Mrd. Euro.[142] Anders als die COVID-19-Krise und die Energiekrise ist die Krise infolge der Flutkatastrophe 2021 eine räumlich beschränkte, lokale Krise.

a) Soforthilfemaßnahmen

Unmittelbar nach der Flut setzten die betroffenen Länder **Soforthilfeprogramme** auf. Bereits am 21. Juli 2021 beschloss die Bundesregierung, dass sich der Bund hälftig an der Finanzierung dieser Programme beteiligen werde. Eine entsprechende Verwaltungsvereinbarung sah vor, dass Bund und Länder zunächst jeweils 400 Mio. Euro zur Verfügung stellen. Die von den Ländern auf dieser Grundlage vollzogenen Programme dienten der kurzfristigen Unterstützung.[143] Gesetzliche Regelungen gab es in diesem Zusammenhang nicht.

b) Aufbauhilfe 2021 als Sondervermögen des Bundes

Darüber hinaus sicherte der Bund auch seine finanzielle Unterstützung für den mittel- und längerfristigen Wiederaufbau zu. Am 15. September 2021 trat das Bundesgesetz zur Errichtung eines **Sondervermögens „Aufbauhilfe 2021"** (Aufbauhilfefonds-Errichtungsgesetz 2021 – AufbhEG 2021) in Kraft.[144] Schadensbeseitigung und

---

[140] Hierzu umfassend *Bundesministerium des Innern und für Heimat/Bundesministerium der Finanzen*, Bericht zur Hochwasserkatastrophe 2021: Katastrophenhilfe, Wiederaufbau und Evaluierungsprozesse, https://www.bmi.bund.de.
[141] *Bundeszentrale für politische Bildung*, kurz&knapp, Hintergrund aktuell, Jahrhunderthochwasser 2021 in Deutschland, 28.7.2021, auch zum Folgenden, https://www.bpb.de.
[142] In Rheinland-Pfalz 18 Mrd. Euro, in Nordrhein-Westfalen 12,3 Mrd. Euro, in Bayern 298 Mio. Euro und in Sachsen 256,1 Mio. Euro; *Bundesministerium des Innern und für Heimat/Bundesministerium der Finanzen*, Bericht zur Hochwasserkatastrophe 2021: Katastrophenhilfe, Wiederaufbau und Evaluierungsprozesse, S. 5 bis 7, https://www.bmi.bund.de.
[143] In Rheinland-Pfalz konnte die „Soforthilfe RLP 2021" nur bis zum 10.9.2021 beantragt werden, https://www.statistik.rlp.de.
[144] Art. 1 des Gesetzes zur Errichtung eines Sondervermögens „Aufbauhilfe 2021" und zur vorübergehenden Aussetzung der Insolvenzantragspflicht wegen Starkregenfällen und Hochwassern im Juli 2021 sowie zur Änderung weiterer Gesetze (Aufbauhilfegesetz 2021 – AufbhG 2021) vom 10.9.2021 (BGBl. 2021 I 4147).

infrastruktureller Wiederaufbau seien „eine nationale Aufgabe von großer finanzieller Tragweite", deren Bewältigung „eine gesamtstaatliche solidarische Verteilung der damit verbundenen finanziellen Lasten erforderlich [mache]".[145] Das Sondervermögen wurde mit 30 Mrd. Euro ausgestattet. Hiervon dienen 2 Mrd. Euro, die ausschließlich vom Bund finanziert wurden, der Wiederherstellung der bundeseigenen Infrastruktur. Die weiteren 28 Mrd. Euro, die für Wiederaufbaumaßnahmen in den betroffenen Ländern bestimmt sind, werden je zur Hälfte durch den Bund und die Ländergesamtheit getragen.

Aus dem Sondervermögen können Mittel zur Aufbauhilfe für Privathaushalte, Unternehmen und sonstige Einrichtungen sowie zur Wiederherstellung beschädigter Infrastruktur geleistet werden, soweit Schäden nicht durch Versicherungen oder sonstige Dritte abgedeckt sind. Die Durchführung im Einzelnen, für die die Länder zuständig sind, wurde durch die auf § 2 Abs. 4 AufbhEG 2021 gestützte Aufbauhilfeverordnung 2021 (AufbhV 2021) geregelt.[146] In Rheinland-Pfalz, dem mit 65.000 betroffenen Menschen am stärksten von der Flut beeinträchtigten Bundesland, konnten Anträge auf die Gewährung von Wiederaufbauhilfe aus dem Sondervermögen ab 24. September 2021 gestellt werden. Bis Mitte Oktober 2023 wurden in Rheinland-Pfalz Aufbauhilfen in Höhe von 1,095 Mrd. Euro bewilligt.[147] Das sind nur rund 7 Prozent der für das Bundesland insgesamt zur Verfügung stehenden Mittel. In den anderen betroffenen Ländern sind die Abrufquoten ähnlich niedrig. Als Grund hierfür werden nicht zuletzt die aufwändigen Antragsverfahren genannt. Ende 2022 wurde die Antrags- und Bewilligungsfrist für die Aufbauhilfe 2021 bis Juni 2026 verlängert.[148]

c) Weitere finanzielle Hilfen

Darüber hinaus bietet die KfW spezielle **Kreditprogramme** für von der Flut betroffene Privatpersonen, Unternehmen, Gemeinden und sonstige Einrichtungen an.[149] Ferner wurden durch die betroffenen Länder in Abstimmung mit dem Bundesministerium der Finanzen **Katastrophenerlasse** herausgegeben, die unter anderem den ein-

---

[145] BT-Drs. 19/32039, 1.
[146] Verordnung über die Verteilung und Verwendung der Mittel des Fonds „Aufbauhilfe 2021" (Aufbauhilfeverordnung 2021 – AufbhV 2021) vom 15.9.2021 (BGBl. 2021 I 4214).
[147] *Investitions- und Strukturbank Rheinland-Pfalz*, Aufbauhilfen RLP, Stand 16.10.2023, https://isb.rlp.de.
[148] *Bundesregierung*, Hochwasser 2021 – Aufbauhilfen von Bund und Ländern, Unterstützung beim Wiederaufbau, 12.7.2023, https://www.bundesregierung.de.
[149] Hierzu *KfW*, Hochwasserhilfe der KfW 2021/2022, https://www.kfw.de.

kommensteuerlichen Spendenabzug erleichterten.[150] Hinzu kamen umsatzsteuerliche Entlastungen.[151]

d) Sächliche Hilfen als Äquivalent finanzieller Hilfen

Darüber hinaus leistete der Staat auch erhebliche sächliche Hilfen zur Bewältigung der Flutkatastrophe und trug die Kosten für diese Hilfen.[152] Beispielhaft zu nennen sind Arbeiten des Technischen Hilfswerks, der Bundespolizei, von Einsatzkräften der Länder, der Bundeswehr und der Bundesdruckerei GmbH.

Ergänzend ist auf die intensive sächliche Unterstützung auch durch privatrechtlich organisierte Hilfsorganisationen,[153] durch privatwirtschaftliche Unternehmen und durch Privatpersonen hinzuweisen.

III. Systematisierung der staatlichen Finanzhilfen

Die Bestandsaufnahme belegt ein breites Spektrum ganz unterschiedlicher staatlicher Finanzhilfen, die in Reaktion auf die COVID-19-Pandemie, die Energiekrise und die Flutkatastrophe 2021 gewährt wurden. Systematisieren lassen sich die Hilfen zum einen nach dem Kriterium des Ziels der jeweiligen Hilfeleistung (1.), zum anderen nach dem Kriterium der genutzten Regelungs- und Verwaltungsstruktur (2.).

1. Ziele der Hilfeleistungen

a) Finanzhilfen zugunsten Privater

aa) Existenzsicherung

In allen drei in Betracht gezogenen Krisen stand bei den staatlichen Finanzhilfen zugunsten Privater die Existenzsicherung im Vor-

---

[150] Beispielsweise *Landesamt für Steuern Rheinland-Pfalz*, Rundverfügung: Steuerliche Maßnahmen zur Berücksichtigung der Schäden im Zusammenhang mit den Unwetterereignissen im Juli dieses Jahres, 27.7.2021; dazu *Bundesministerium des Innern und für Heimat/Bundesministerium der Finanzen*, Bericht zur Hochwasserkatastrophe 2021: Katastrophenhilfe, Wiederaufbau und Evaluierungsprozesse, S. 50, https://www.bmi.bund.de.
[151] BMF-Schreiben vom 23.7.2021 (BStBl. 2021 I 1024) und vom 28.10.2021 (BStBl. 2021 I 2141).
[152] Für einen detaillierten Überblick *Bundesministerium des Innern und für Heimat/Bundesministerium der Finanzen*, Bericht zur Hochwasserkatastrophe 2021: Katastrophenhilfe, Wiederaufbau und Evaluierungsprozesse, https://www.bmi.bund.de.
[153] Insbesondere Arbeiter-Samariter-Bund Deutschland e.V., Deutsche Lebens-Rettungs-Gesellschaft e.V., Deutsches Rotes Kreuz e.V., Johanniter-Unfall-Hilfe e.V., Malteser Hilfsdienst e.V.

dergrund. In der COVID-19-Pandemie gilt dies beispielsweise für die Erleichterungen beim Zugang zu Sozialleistungen, für die Ausdehnung der Bezugsdauer von Arbeitslosengeld, für die Einmalzahlung für Leistungsberechtigte in der Grundsicherung und für einzelne Elemente der steuerrechtlichen Maßnahmen (Stundungen, Aussetzungen von Vollstreckungsmaßnahmen). In der Energiekrise ist etwa auf die Heizkostenzuschüsse und wiederum die Einmalzahlungen für bedürftige Personengruppen, die Kinderzuschläge für Familien mit geringem Einkommen und aus dem Bereich der steuerrechtlichen Maßnahmen auf die Erhöhungen des Grundfreibetrags zu verweisen. Dass die Hilfeleistungen im Anschluss an die Flutkatastrophe 2021 zu einem guten Teil existenzsichernd wirkten, versteht sich von selbst.

bb) Hilfe über die Existenzsicherung hinaus

Bei den weitergehenden Finanzhilfen zugunsten Privater ist der Bezug zur Existenzsicherung nicht in allen Fällen gegeben. In der COVID-19-Pandemie gilt dies etwa für die Gewährung des Kinderbonus in den Jahren 2020 und 2021, für die Erleichterung des Zugangs zu Kurzarbeitergeld und für die weiteren materiellen und verfahrensrechtlichen steuerlichen Erleichterungen. Auch die finanziellen Vorteile durch die Bereitstellung von Impfungen, Testungen und Schutzmasken haben jedenfalls in der Breite keinen existenzsichernden Charakter. Von den Maßnahmen in der Energiekrise fallen in diese Kategorie etwa der Kinderbonus des Jahres 2022, die Energiepreispauschalen für Erwerbstätige, für Rentnerinnen, Rentner und Versorgungsbezieher sowie für Studierende und Fachschüler, die energiekostenbezogene Dezember-Soforthilfe, die Energiepreisbremsen, die weitergehenden steuerlichen Maßnahmen und auch das 9-Euro- und das 49-Euro-Ticket.

Grafik 2: Systematisierung der Finanzhilfen zugunsten Privater nach Existenzsicherungscharakter

Systematisierung der Finanzhilfen zugunsten Privater nach Existenzsicherungscharakter

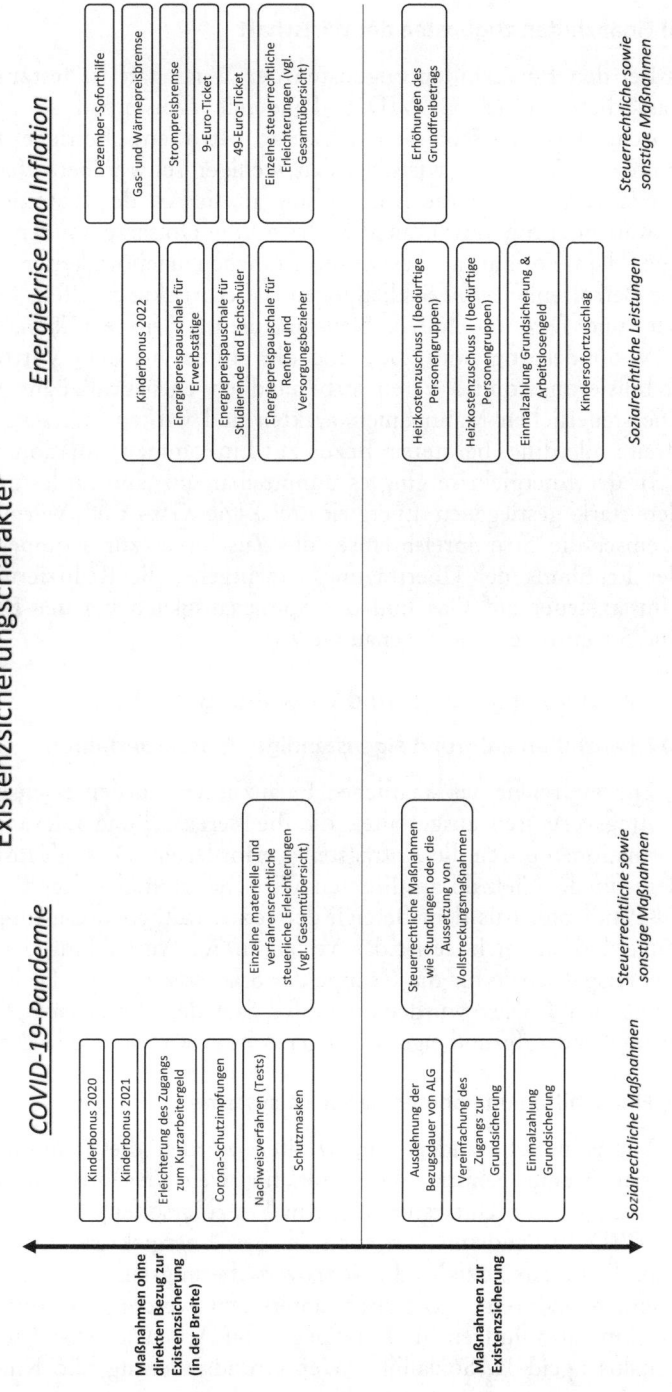

COVID-19-Pandemie

Maßnahmen ohne direkten Bezug zur Existenzsicherung (in der Breite)

- Kinderbonus 2020
- Kinderbonus 2021
- Erleichterung des Zugangs zum Kurzarbeitergeld
- Corona-Schutzimpfungen
- Nachweisverfahren (Tests)
- Schutzmasken

Einzelne materielle und verfahrensrechtliche steuerliche Erleichterungen (vgl. Gesamtübersicht)

Maßnahmen zur Existenzsicherung

- Ausdehnung der Bezugsdauer von ALG
- Vereinfachung des Zugangs zur Grundsicherung
- Einmalzahlung Grundsicherung

Steuerrechtliche Maßnahmen wie Stundungen oder die Aussetzung von Vollstreckungsmaßnahmen

Sozialrechtliche Maßnahmen — *Steuerrechtliche sowie sonstige Maßnahmen*

Energiekrise und Inflation

- Kinderbonus 2022
- Energiepreispauschale für Erwerbstätige
- Energiepreispauschale für Studierende und Fachschüler
- Energiepreispauschale für Rentner und Versorgungsbezieher

- Dezember-Soforthilfe
- Gas- und Wärmepreisbremse
- Strompreisbremse
- 9-Euro-Ticket
- 49-Euro-Ticket
- Einzelne steuerrechtliche Erleichterungen (vgl. Gesamtübersicht)

- Heizkostenzuschuss I (bedürftige Personengruppen)
- Heizkostenzuschuss II (bedürftige Personengruppen)
- Einmalzahlung Grundsicherung & Arbeitslosengeld
- Kindersofortzuschlag

- Erhöhungen des Grundfreibetrags

Sozialrechtliche Leistungen — *Steuerrechtliche sowie sonstige Maßnahmen*

b) Finanzhilfen zugunsten der Wirtschaft

Bei den Finanzhilfen zugunsten der Wirtschaft ist festzustellen, dass diese in der COVID-19-Pandemie typisierend so angelegt waren, dass wirtschaftlich schwerer betroffene Betriebe höhere Hilfen erhielten als wirtschaftlich weniger schwer betroffene Betriebe. Dazu diente die Anknüpfung an die Art des Unternehmens (Soforthilfeprogramm), an die Höhe von Umsatzeinbußen gegenüber dem Vorjahr, an bestimmte Branchenzugehörigkeiten und an die Betroffenheit von Schließungen (Überbrückungshilfen, November- und Dezemberhilfen, Neustarthilfen). Weitere Hilfen, so das KfW-Sonderprogramm 2020 und die Hilfen aus dem Wirtschaftsstabilisierungsfonds, waren tatbestandlich eher großzügig gefasst. Die steuerlichen Maßnahmen wirkten und wirken ihrerseits in die Breite, allerdings bei stetem Bezug zur Einkommenssituation.

In der Energiekrise ging es unmittelbar um eine Entlastung von den stark gestiegenen Energiekosten. Die Gas- und Wärmepreisbremse, die Strompreisbremse, die Zuschüsse zur Kompensation der Erhöhung der Übertragungsnetzentgelte, die Reduzierung der Umsatzsteuer auf Gas und der Spitzenausgleich bei der Energie- und Stromsteuer dienen genau hierzu.

2. Genutzte Regelungs- und Verwaltungsstrukturen

a) Finanzhilfen aufgrund eigenständiger Antragsverfahren

Für zahlreiche der staatlichen Finanzhilfen wurden eigenständige Antragsverfahren ausgestaltet, die die Bereitstellung relevanter Informationen durch die Antragsteller erforderten. Dies gilt insbesondere für die Vielzahl an direkten Wirtschaftshilfen in der COVID-19-Pandemie. Aus dem Bereich der sozialstaatlichen Leistungen im Zuge der Energiekrise ist das Verfahren zur Auszahlung der Energiepreispauschale für die Gruppe der Studierenden und Fachschüler zu nennen. Ebenso wurden die Hilfen nach der Flutkatastrophe 2021 weitgehend aufgrund eigenständiger Antragsverfahren gewährt.

b) Finanzhilfen im Rahmen der Sozialsysteme

Für zahlreiche andere Finanzhilfen wurden die Strukturen der Sozialsysteme genutzt. Dies gilt für viele der sozialstaatlichen Leistungen zur Unterstützung von Privatpersonen, sowohl in der COVID-19-Pandemie als auch in der Energiekrise. Die Personen, die bereits Sozial- oder Sozialversicherungsleistungen erhielten, konnten dadurch automatisch unterstützt werden, so etwa durch die Einmalzahlungen für Empfänger von Arbeitslosengeld und Arbeitslosengeld II, Sozialhilfe oder Grundsicherung, die Kinderzuschläge für Familien mit geringem Einkommen, die Erhöhung des Kindergeldes, die Heizkostenzuschüsse für bedürftige Personengruppen und die Energiepreispauschale für Rentnerinnen und Rentner sowie Versorgungsbezieher. Zum einen wurden dabei hergebrachte Sozialleistungen ausgedehnt. Zum anderen wurden die Strukturen der Sozialsysteme und die dort vorhandenen Daten genutzt, um neuartige Leistungen zu erbringen.

c) Finanzhilfen im Rahmen des Steuerrechts

Auch die Strukturen des Steuerrechts dienten als Mittel, gleichsam als Transmissionsriemen, zur Leistung finanzieller Krisenhilfen. Zum einen konnten steuerverfahrensrechtliche Erleichterungen bei wirtschaftlicher Bedrängnis gewährt werden (Herabsetzung von Vorauszahlungen, Stundung, Aussetzung der Vollstreckung). Zum anderen wurden zahlreiche Maßnahmen zur materiellen Steuerentlastung ergriffen, die etwa an ertragsteuerliche Verluste (Ausdehnung der Verlustverrechnung), an arbeitgeberseitige Unterstützungen der Arbeitnehmer (Steuerfreiheit von Zuschüssen, Sachbezügen und der Inflationsausgleichsprämie), an veränderte Arbeitsbedingungen und einhergehende Kosten (Homeoffice-Pauschale, Arbeitnehmerpauschbetrag, Entfernungspauschale für Fernpendler), an das Existenzminimum und die gestiegenen Lebenshaltungskosten (Erhöhung des Grundfreibetrags und des Kinderfreibetrags, Anpassung der Tarifeckwerte), an die konkrete persönliche Lebenssituation (Erhöhung des Entlastungsbetrags für Alleinerziehende) oder auch an bestimmte Umsätze (Umsatzsteuerermäßigungen für Restaurant- und Verpflegungsdienstleistungen und für Gaslieferungen, Energiesteuersenkung („Tankrabatt")) anknüpften.

Die Energiepreispauschale für Erwerbstätige konnte mit der Einkommensteuervorauszahlung verrechnet oder im Rahmen der Einkommensteuerveranlagung gewährt werden.

Auch nach der Flutkatastrophe 2021 wurden steuerliche Maßnahmen ergriffen, um Erleichterungen sowohl im Verfahren (Stundungen, Aussetzungen etc.) als auch materieller Art (vereinfachter Spendenabzug, Umsatzsteuererleichterungen etc.) zu schaffen.

Die Hilfen im Rahmen des Steuerrechts waren zum einen originär steuerlicher Natur. Zum anderen wurden lediglich die Strukturen des Steuersystems und die dort vorhandenen Daten genutzt, um die Leistungen zu bewirken.

d) Die Indienstnahme der Arbeitgeber

Die Energiepreispauschale für Erwerbstätige wurde mit dem Lohn durch die Arbeitgeber ausgezahlt. Hier kam es zu einer spezifischen

Indienstnahme der Arbeitgeber, formal angeknüpft an das Lohnsteuerverfahren.

e) Staatliche Unterstützung durch Eingriffe in Markttransaktionen (Preisdeckel, Rabatte)

Ein weiterer Weg, der gewählt wurde, um finanzielle Krisenunterstützung zu leisten, war der Weg über staatliche Eingriffe in Markttransaktionen. Im Mittelpunkt standen hier die Energiepreisbremsen. Die finanzielle Hilfe wird dabei dadurch gewährt, dass der Staat den Preis für ein bestimmtes Verbrauchsvolumen der Kunden deckelt und die Energieversorger dafür kompensiert. Die finanzielle Hilfe vermittelt sich also durch den vergünstigten Erwerb eines bestimmten Produkts.

Entsprechendes gilt für das 9 Euro- und das 49 Euro-Ticket zur Nutzung des ÖPNV. Die Bürgerinnen und Bürger können das Produkt günstig erwerben, die Verkehrsbetriebe erhalten dafür eine Erstattung aus staatlichen Mitteln.

f) Staatliche Kostenübernahmen für sächliche Hilfen des Staates

Schließlich kann als staatliche Finanzhilfe auch die staatliche Kostenübernahme bei Gewährung sächlicher Hilfen eingeordnet werden. In der COVID-19-Pandemie betrifft dies die Schutzimpfungen, Testungen und Maskenausgaben. Teilweise wurden diese Sachleistungen zwar den GKV-eigenen Leistungen zugeordnet. Bei materieller Betrachtung erhielten die GKV-Versicherten diese neuen Leistungen aber ebenso wie die nicht GKV-Versicherten ohne spezifische Gegenleistung, zumal die Leistungen weitgehend durch den Steuerzuschuss finanziert wurden. Mit Blick auf die Flutkatastrophe 2021 sind an dieser Stelle die vielfältigen sächlichen Hilfeleistungen durch staatliche Stellen zu nennen.

g) Zusammenschau

Es zeigt sich, dass die Krisenhilfen zugunsten der Wirtschaft weitgehend über eigenständige Antragsverfahren geleistet wurden, daneben mittels des Steuerrechts.

Für finanzielle Hilfen zugunsten von Privatpersonen konnten in weitem Umfang die Sozialsysteme genutzt werden. Für Personen und Sachverhalte, die nicht verlässlich über die Sozialsysteme zu erschließen waren, wurde auf eigenständige Antragsverfahren gesetzt. Zudem wurden steuerliche Erleichterungen vorgesehen.

Formal steuerrechtlich geregelt, in der Sache aber als besonderer Weg zur finanziellen Hilfeleistung stellt sich die Indienstnahme der

Arbeitgeber durch den Staat dar, konkret für die Auszahlung der Energiepreispauschale für Erwerbstätige.

Das Beispiel der Energiepreispauschale zeigt, dass ein einheitliches Entlastungsanliegen für drei verschiedene Personengruppen auf drei verschiedenen Wegen verfolgt wurde, um alle drei Personengruppen zu erreichen: über die Sozialsysteme, mit eigenem Antragsverfahren und über das Steuerrecht.

Soweit sich die wirtschaftliche Belastung von Unternehmen oder Privatpersonen aus einer bestimmten Art von Markttransaktionen ergibt, namentlich aus dem Preis bestimmter Produkte, besteht die Möglichkeit der punktgenauen staatlichen Preisintervention.

Bei lokalen Krisen, die nur ganz bestimmte Personen und Wirtschaftsunternehmen betreffen, stehen individuelle Antragsverfahren im Vordergrund. Auch hier kann das Steuerrecht hinzutreten, ebenfalls mit spezifischen, lokal geltenden Regelungen.

Grafik 3: Systematisierung der Finanzhilfen nach den genutzten Regelungs- und Verwaltungsstrukturen

Systematisierung der Finanzhilfen nach den genutzten Regelungs- und Verwaltungsstrukturen

Finanzhilfen aufgrund eigenständiger Antragsverfahren	Finanzhilfen im Rahmen der Sozialsysteme	Finanzhilfen im Rahmen des Steuerrechts	Die Indienstnahme der Arbeitgeber	Staatliche Unterstützung durch Eingriffe in Markttransaktionen	Staatliche Kostenübernahme für sächliche Hilfen des Staates
Corona-Wirtschaftshilfen (Soforthilfeprogramm, Überbrückungshilfen, Neustarthilfen, KfW-Programme usw., vgl. Gesamtübersicht)	Einmalzahlung Grundsicherung (Corona)	Steuerverfahrensrechtliche Erleichterungen (z.B. Herabsetzung von Vorauszahlungen, Stundungen, Aussetzung der Vollstreckung)	Energiepreispauschale für Erwerbstätige	Dezember-Soforthilfe	Corona-Schutzimpfungen
Beantragung und Gewährung von Kurzarbeitergeld	Einmalzahlung Grundsicherung (Energiekrise)	Materielle Steuerentlastungen, z.B.: - Ausdehnung der Verlustrechnung - Steuerfreiheit von Arbeitgeberzuschüssen, Sachbezügen u. Inflationsausgleichsprämie - Erhöhung von Homeoffice-Pauschale, ArbN-Pauschbetrag und Entfernungspauschale - Erhöhung des Grundfreibetrags und des Kinderfreibetrags - Anpassung der Tarifeckwerte - Umsatzsteuerermäßigung Gastronomie und Gaslieferungen - Energiesteuersenkung („Tankrabatt")		Gas- und Wärmepreisbremse	Nachweisverfahren (Testungen)
Energiepreispauschale für Studierende und Fachschüler	Heizkostenzuschüsse I und II für bedürftige Personengruppen			Strompreisbremse	Schutzmasken
Härtefallhilfen in der Energiekrise	Kinderbonus Corona 2020 und 2021 (einmalige Kindergelderhöhungen)			9-Euro-Ticket	
	Kinderbonus Energiekrise 2022 (einmalige Kindergelderhöhung)			49-Euro-Ticket	
	Kinder(sofort)zuschlag				
	Energiepreispauschale für Rentner und Versorgungsbezieher				

IV. Verfassungsrechtliche Maßgaben

1. Verfassungsrechtliche Maßstäbe leistungsstaatlichen Handelns

a) Sozialstaatliche Förderung von Privatpersonen

aa) Originärer Leistungsanspruch im Umfang des sächlichen Existenzminimums

Aus dem Sozialstaatsprinzip (Art. 20 Abs. 1 GG) iVm der Menschenwürde (Art. 1 Abs. 1 GG) folgt die Pflicht des Staates, jedermann ein menschenwürdiges Existenzminimum zu gewährleisten[154] und in diesem Umfang auf individuelle Bedürftigkeit zu reagieren.[155] Dieser Pflicht entspricht ein originärer Leistungsanspruch auf die Mittel, die zur Aufrechterhaltung eines menschenwürdigen Daseins erforderlich sind.[156] Bei der Konkretisierung hat der Gesetzgeber einen Gestaltungsraum, muss sich aber stets an den vorfindlichen Lebensbedingungen orientieren.[157] So sind Veränderungen dieser Lebensbedingungen, etwa in Form von Preissteigerungen, durch eine Anpassung des Leistungsumfangs nachzuvollziehen.[158] In der Situation einer Krise ist der Gesetzgeber zu einer Prüfung und einem Nachvollzug in kürzeren Zeitabständen verpflichtet als in der Normallage. Der legislativen Berechnung des Existenzminimums muss ein realitätsgerechtes und nachvollziehbares Verfahren zugrunde liegen.[159]

bb) Gleichheitsgerechte Teilhabe an darüber hinausgehender staatlicher Förderung, insbesondere nach dem Maß der Bedürftigkeit

Jenseits der Gewährleistung des Existenzminimums gibt es keine originäre verfassungsrechtliche Pflicht des Staates, einen bestimmten Status sozialer Sicherheit herzustellen.[160] Der Gesetzgeber verfügt hier über weitgehende Gestaltungsfreiheit.[161] Wenn sich der Staat

---

[154] BVerfGE 40, 121 (133); 44, 353 (375); 82, 60 (79f.); 125, 175 (222).
[155] BVerfGE 103, 310 (318); näher *Sachs*, in: Isensee/Kirchhof (Hrsg.), HStR, Bd. VIII, 3. Aufl. 2010, § 183 Rn. 38 ff.
[156] BVerfGE 125, 175 (223).
[157] BVerfGE 125, 175 (222); *Grzeszick*, in: Dürig/Herzog/Scholz, GG, 102. EL August 2023, Art. 20 VIII Rn. 26.
[158] BVerfGE 125, 175 (225).
[159] BVerfGE 125, 175 (226); *Grzeszick*, in: Dürig/Herzog/Scholz, GG, 102. EL August 2023, Art. 20 VIII Rn. 27 f.; kritisch *Rixen*, JöR nF 61 (2013), 525 (533 ff.).
[160] *Grabitz*, Freiheit und Verfassungsrecht, 1976, S. 42 ff.; *Grzeszick*, in: Dürig/Herzog/Scholz, GG, 102. EL August 2023, Art. 20 VIII Rn. 24; *Kingreen*, VVDStRL Bd. 70 (2011), S. 152 (181 ff.).
[161] BVerfGE 111, 176 (184); 130, 240 (254); *P. Kirchhof*, in: Dürig/Herzog/Scholz, GG, 102. EL August 2023, Art. 3 Abs. 1 Rn. 322; *Wollenschläger*, in: von Mangoldt/Klein/Starck, GG, Band 1, 7. Aufl. 2018, Art. 3 Rn. 269.

aber zu sozialer Förderung über das Maß des Existenzminimums hinaus entscheidet, muss diese Förderung gleichheitsgerecht sein.[162] Aus Art. 3 Abs. 1 GG folgen diesbezüglich Teilhaberechte.[163] Der Gestaltungsraum des Leistungsstaates bezieht sich zum einen auf den Kreis der Leistungsempfänger,[164] zum anderen auf die Art und eine mögliche Ausdifferenzierung der Leistung. Die gesetzgeberischen Erwägungen müssen von sachlichen Gründen getragen und realitätsgerecht sein.[165] Bereichsspezifisch leitend ist auch insoweit das Bedürftigkeitsprinzip.[166] Gleich Bedürftige sind mithin in gleicher Weise zu fördern (horizontale Bedarfsgerechtigkeit); Bedürftigere sind stärker zu fördern als weniger Bedürftige (vertikale Bedarfsgerechtigkeit).[167]

cc) Subsidiarität im sozialen Staat

Der soziale Staat erschöpft sich nicht im Sozialleistungsstaat. Vielmehr ist er zugleich beauftragt, das Soziale im gesellschaftlichen Miteinander zu ermöglichen, also private Freiheit in Gestalt privater Freigebigkeit und caritas zu fördern.[168] Dies entspricht dem Gedanken der Subsidiarität als in den Freiheitsgrundrechten wurzelnder Leitidee des freiheitlichen Verfassungsstaates.[169]

b) Gleichheitsgerechte Wirtschaftsförderung

Art. 12 Abs. 1 GG und Art. 14 Abs. 1 GG enthalten kein originäres Recht auf Wirtschaftssubventionen und auch kein Recht auf den Bestand des Arbeitsplatzes,[170] die den Staat verpflichten könnten, Unternehmen in Krisenzeiten zu unterstützen. Vielmehr spricht

---

[162] *Huster*, in: Friauf/Höfling, Berliner Kommentar zum Grundgesetz, Stand April 2023, Art. 3 Rn. 157.

[163] BVerfGE 12, 354 (367); *P. Kirchhof*, in: Dürig/Herzog/Scholz, GG, 102. EL August 2023, Art. 3 Abs. 1 Rn. 322 mwN; *Thiele*, in: Dreier/Brosius-Gersdorf, GG, 4. Aufl. 2023, Art. 3 Rn. 100.

[164] *P. Kirchhof*, in: Dürig/Herzog/Scholz, GG, 102. EL August 2023, Art. 3 Abs. 1 Rn. 322.

[165] *P. Kirchhof*, in: Isensee/Kirchhof (Hrsg.), HStR, Bd. VIII, 3. Aufl. 2010, § 181 Rn. 205.

[166] *Huster*, in: Friauf/Höfling, Berliner Kommentar zum Grundgesetz, Stand April 2023, Art. 3 Rn. 158; umfassend *Becker*, Transfergerechtigkeit und Verfassung, 2001.

[167] Hier besteht eine Parallele zur steuerlichen Belastung nach dem Maß der wirtschaftlichen Leistungsfähigkeit (horizontale und vertikale Steuergerechtigkeit); *Birk/Desens/Tappe*, Steuerrecht, 26. Aufl. 2023, Rn. 180.

[168] *Zacher*, in: Isensee/Kirchhof (Hrsg.), HStR, Bd. II, 3. Aufl. 2004, § 28 Rn. 79 („Intermediäre Strukturen").

[169] *Isensee*, in: Isensee/Kirchhof (Hrsg.), HStR, Bd. IV, 3. Aufl. 2006, § 73 Rn. 70; grundlegend *Isensee*, Subsidiaritätsprinzip und Verfassungsrecht, 2. Aufl. 2001; mit Gleichheitsbezug *Axer*, VVDStRL Bd. 68 (2009), S. 177 (185 f.).

[170] *Remmert*, in: Dürig/Herzog/Scholz, GG, 102. EL August 2023, Art. 12 Rn. 13.

die freiheitliche Wirtschaftsverfassung des Grundgesetzes für die Mäßigung des Staates bei der Gewährung von Wirtschaftssubventionen.[171] Entscheidet sich der Staat aber für die Förderung von Wirtschaftsunternehmen in der Krise, gilt der Gleichheitsmaßstab (Art. 3 Abs. 1 GG). Der Zuschnitt von Förderprogrammen muss nach Inhalt und Adressatenkreis auf sachlichen, nachvollziehbaren Gründen beruhen. Leitend hat dabei der Gedanke zu sein, dass Wirtschaftsteilnehmer, die stärker unter einer Krise leiden als andere Wirtschaftsteilnehmer, auch stärker von Hilfe profitieren sollen als letztere (vertikale Bedarfsgerechtigkeit). Gleich intensiv betroffene Unternehmen müssen grundsätzlich gleich stark unterstützt werden (horizontale Bedarfsgerechtigkeit). Als weitere Gesichtspunkte kommen der mittelbare Arbeitnehmerschutz und die Bedeutung eines Unternehmens für die öffentliche Versorgung in Betracht.

2. Verfassungsrechtliche Strukturierung einzelner Regelungs- und Verwaltungssysteme

Nutzt der Staat bei der Gewährung von Finanzhilfen bestimmte Regelungs- und Verwaltungssysteme, sind deren verfassungsrechtliche Binnenstrukturierungen zu beachten.

a) Eigenständige Antragsverfahren

Im Fall eigenständiger Antragsverfahren existiert keine über die verfassungsrechtlichen Maßstäbe leistungsstaatlichen Handelns hinausgehende bereichsspezifische verfassungsrechtliche Strukturierung auf Ebene des Regelungs- und Verwaltungssystems. Zu beachten sind vor allem die verfassungsrechtlichen Maßgaben zur Austarierung von Verifikation und Praktikabilität sowie das Recht auf informationelle Selbstbestimmung.[172]

b) Sozialrecht

Ein übergeordnetes, das gesamte Teilrechtsgebiet ordnendes Strukturprinzip kennt das Sozialrecht nicht.[173] Vielmehr unterscheidet die sozialrechtliche Binnensystematik zwischen vier Zweigen, die jeweils eigenen Prinzipien folgen: Der Sozialversicherung (Vorsorge), der sozialen Entschädigung, der sozialen Hilfe und der sozialen

---

[171] *Stober/Korte*, Öffentliches Wirtschaftsrecht, Allgemeiner Teil, 19. Aufl. 2019, Rn. 228; *Kämmerer*, in: Isensee/Kirchhof (Hrsg.), HStR, Bd. V, 3. Aufl. 2007, § 124 Rn. 4.
[172] Dazu sogleich → IV. 3. und 4.
[173] *Kingreen*, in: Kahl/Waldhoff/Walter, Bonner Kommentar zum Grundgesetz, 221. EL 10.2023, Art. 3 Rn. 742.

Förderung.[174] Für die bereichsspezifische Konkretisierung der verfassungsrechtlichen Maßstäbe ist entscheidend, ob die Sozialleistungen im jeweiligen Zweig beitrags- oder steuerfinanziert sind.[175] Die Sozialversicherung wird im Kern durch Beiträge finanziert. Leitend ist das Prinzip einer durch den Solidargedanken modifizierten Äquivalenz im Gegenleistungsverhältnis.[176] Versicherungsleistungen sind damit grundsätzlich von vorausgegangenen Beitragszahlungen abhängig.[177] Daneben existieren versicherungsfremde Leistungen, die die Frage nach der richtigen Finanzierung aufwerfen, insbesondere durch den Steuerzuschuss.[178]

Bei den steuerfinanzierten sozialen Entschädigungs-, Hilfe- und Förderleistungen werden die Freiheits- und Gleichheitsgewährleistungen des Grundgesetzes bereichsspezifisch durch das Kriterium der Bedürftigkeit konkretisiert.[179] Bei existenzgefährdender Bedürftigkeit und auch darüber hinaus müssen sich die Auswahl der begünstigten Personen und die Ausdifferenzierung der Förderung grundsätzlich an der individuellen Bedürftigkeit orientieren.[180]

Sozialrechtliche Typisierungen und Pauschalierungen sind aus Gründen der Praktikabilität möglich, müssen aber realitätsgerecht sein.[181]

c) Steuerrecht

Das Steuerrecht handelt vom staatlichen Nehmen, das dem staatlichen Geben vorausliegt. Freiheits- und gleichheitsgerecht ist eine Besteuerung nach dem Maßstab der individuellen wirtschaftlichen Leistungsfähigkeit.[182] Die Leistungsfähigkeit kann sich aus dem Hinzuerwerb von Vermögen ergeben, aus der Innehabung von Vermögen und aus dem Vermögensverbrauch.[183]

---

[174] *Becker*, in: Ruland/Becker/Axer, Sozialrechtshandbuch (SRH), 7. Aufl. 2022, § 1 Rn. 18 ff.; teilweise werden die Bereiche der sozialen Hilfe und der sozialen Förderung unter einem gemeinsamen Oberbegriff zusammengefasst; vgl. *Waltermann*, in: Waltermann/Schmidt/Chandna-Hoppe, Sozialrecht, 15. Aufl. 2022, § 5 Rn. 79 f.
[175] *Kingreen*, in: Kahl/Waldhoff/Walter, Bonner Kommentar zum Grundgesetz, 221. EL 10.2023, Art. 3 Rn. 742.
[176] *Jarass*, in: Jarass/Pieroth, GG, 17. Aufl. 2022, Art. 3 Rn. 71.
[177] *Eichenhofer*, in: Berlit/Conradis/Pattar (Hrsg.), Existenzsicherungsrecht, 3. Aufl. 2019, Kap. 1 Rn. 9.
[178] Hierzu umfassend *Butzer*, Fremdlasten in der Sozialversicherung, 2001.
[179] Siehe dazu bereits → IV. 1. a).
[180] → IV. 1. a) aa) und bb).
[181] BVerfGE 87, 234 (255 f.).
[182] Aus jüngerer Zeit BVerfGE 145, 106 (142 f.); 148, 217 (244); 152, 274 (313).
[183] Zur Erfassung der wirtschaftlichen Leistungsfähigkeit im Vielsteuersystem *Hey*, in: Tipke/Lang, Steuerrecht, 24. Aufl. 2021, Rn. 3.52 ff.

Die steuerlichen Belastungsgrundentscheidungen des Gesetzgebers sind folgerichtig auszugestalten.[184] Im direkten Steuerrecht, das den Vermögenshinzuerwerb am Markt belastet, konkretisiert sich das Leistungsfähigkeitsprinzip durch das objektive[185] und das subjektive[186] Nettoprinzip.

Abweichungen von der leistungsfähigkeitsgerechten Besteuerung können durch außersteuerliche Gründe wie vor allem Lenkungsanliegen gerechtfertigt sein.[187] Doch werfen Steuervergünstigungen weitere Fragen auf. So bleibt die tatsächliche Haushaltsbelastung einer Steuervergünstigung für das Parlament dunkel.

Auch im Steuerrecht sind Typisierungen und Pauschalierungen verfassungsrechtlich zulässig, wenn sie hinreichend realitätsgerecht bleiben.[188]

d) Indienstnahmen

Indienstnahmen für Sachaufgaben stellen sich als Grundrechtseingriffe dar,[189] Indienstnahmen von Arbeitgebern als Eingriffe in die durch Art. 12 Abs. 1 GG geschützte Berufsausübungsfreiheit.[190] Die Eingriffe können verfassungsrechtlich gerechtfertigt sein, wenn es hinreichend gewichtige Gründe für die Inanspruchnahme gibt. Dies ist insbesondere dann der Fall, wenn die Indienstnahme unter Praktikabilitätsgesichtspunkten naheliegt und wenn die Last aus der Indienstnahme auch im Umfang verhältnismäßig bleibt.[191]

e) Eingriffe in Markttransaktionen

Greift der Staat in Markttransaktionen ein, um Gemeinwohlziele zu verwirklichen, so etwa durch Hoch- oder Tiefpreisbindungen, ist dies ebenfalls grundrechtsrelevant, weil das Staatshandeln die durch Art. 2 Abs. 1 GG gewährleistete Privatautonomie relativiert,

---

[184] Aus jüngerer Zeit BVerfGE 139, 285 (309); 145, 106 (144); 152, 274 (314).
[185] Das BVerfG hat den verfassungsrechtlichen Rang des objektiven Nettoprinzips bislang offengelassen; BVerfGE 122, 210 (234); 123, 111 (121); 152, 274 (316f.).
[186] Verfassungsrechtlich verankert in Art. 1 Abs. 1, Art. 20 Abs. 1 und Art. 6 Abs. 1 GG; BVerfGE 82, 60 (85f.); 87, 153 (169f.); 99, 246 (259); 120, 125 (154f.); 152, 274 (315f.).
[187] BVerfGE 126, 268 (278); 126, 400 (417); 127, 224 (245f.); 145, 106 (143ff.); 148, 217 (243).
[188] Aus jüngerer Zeit BVerfGE 145, 106 (145f.); 152, 274 (314); 158, 282 (329).
[189] Grundlegend *Ipsen*, in: FS Kaufmann, 1950, S. 141 ff.; *Vogel*, Öffentliche Wirtschaftseinheiten in privater Hand, 1959; *Rupp*, Privateigentum an Staatsfunktionen, 1963.
[190] Ein Beispiel ist die Pflicht zum Lohnsteuereinbehalt; dazu *G. Kirchhof*, Die Erfüllungspflichten des Arbeitgebers im Lohnsteuerverfahren, 2005; *Drüen*, Die Indienstnahme Privater für den Vollzug von Steuergesetzen, 2012.
[191] Aus der Rechtsprechung BVerfGE 22, 380 (382ff.); 30, 292 (311, 324); 33, 240 (244ff.); 57, 139 (158f.); 68, 155 (170ff.); 109, 64 (88).

sich wiederum als Berufsausübungsregelung darstellt oder auch die Eigentumsnutzung beschränkt.[192] Verbleibt die finanzielle Last aus einer staatlichen Preisbindung bei einer Vertragspartei, prüft das Bundesverfassungsgericht die Verhältnismäßigkeit der verbleibenden Last.[193] Inhaltlich werden dabei Verantwortlichkeitserwägungen vorgenommen, wie sie aus der Sonderabgabendogmatik bekannt sind.

f) Kostenübernahmen bei sächlicher Hilfe

Ergibt sich eine Finanzhilfe aus der staatlichen Kostenübernahme für eine sächliche Hilfe, stellt sich die Lage verfassungsrechtlich so dar wie bei der originären Gewährung einer Finanzhilfe auf Grundlage eines eigenständigen Antragsverfahrens.[194]

3. Verifikation und Praktikabilität

Stets haben Verfahren zur staatlichen Vergabe von Finanzhilfen zwischen der gebotenen Verifikation des Vorliegens der Vergabevoraussetzungen und den Erfordernissen der Praktikabilität zu vermitteln. Die Verifikation stellt einen rechtmäßigen und damit auch gleichheitsgerechten Vollzug von Förderprogrammen sicher. Die Praktikabilität ist Voraussetzung dafür, dass überhaupt vollzogen werden kann. Praktikabilität ist nicht nur aus der Perspektive der mit begrenzten Ressourcen ausgestatteten staatlichen Verwaltung bedeutsam. Auch aus Sicht des Antragstellers sind praktikable Verfahren unerlässlich.

4. Recht auf informationelle Selbstbestimmung

a) Schutzbereich und Eingriff

Das Recht auf informationelle Selbstbestimmung (Art. 2 Abs. 1 iVm Art. 1 Abs. 1 GG) schützt die selbstbestimmte Verfügung über persönliche Daten. In das Recht wird eingegriffen, wenn der Staat im Verwaltungsverfahren persönliche Daten des Bürgers erhebt, speichert, verwendet und weitergibt.[195] Bei Anträgen auf Fördermittel stellt der Bürger seine Daten zwar grundsätzlich freiwillig zur Verfügung. Anders ist aber die Bereitstellung von Daten für den Erhalt solcher Leistungen einzuordnen, die das Existenzminimum

---

[192] *Kube/Palm/Seiler*, NJW 2003, 927 ff.; *Altrock*, Subventionierende Preisregelungen, 2002; *v. Stockhausen*, Gesetzliche Preisintervention zur Finanzierung öffentlicher Aufgaben, 2007.
[193] Anschaulich BVerfGE 114, 196 (249 f.) (Rabattzwang bei Arzneimitteln).
[194] Siehe soeben oben zum verfassungsrechtlichen Rahmen bei eigenständigen Antragsverfahren.
[195] BVerfGE 65, 1 (42 f.); 78, 77 (84); 84, 192 (194); 115, 166 (188).

absichern sollen; hier kann ein faktischer Bereitstellungszwang bestehen.[196]

b) Verhältnismäßige Ausgestaltung

Der Eingriff in das Recht auf informationelle Selbstbestimmung unterliegt dem einfachen Gesetzesvorbehalt. Die Verhältnismäßigkeitsprüfung hat vom übergreifenden Ziel der Datenerhebung und -verarbeitung auszugehen, das darin besteht, einen funktionsfähigen und effektiven Verwaltungsvollzug sicherzustellen.[197] Das Gewicht dieser Zielsetzung ist jeweils aus dem konkreten Verwaltungszusammenhang abzuleiten. So ist die Effektivität des Vollzugs im Bereich der Bereitstellung existenznotwendiger Leistungen überragend bedeutsam. Im Bereich von Fördermaßnahmen, die jenseits der Existenzsicherung liegen, sind deren Wert und die Bedeutung einer gleichheitsgerechten Förderung in Rechnung zu stellen.[198]

Im Zentrum der aktuellen Diskussion über verhältnismäßige Maßnahmen der behördlichen Datenerhebung und -verarbeitung steht das Konzept einer nur einmaligen Datenbereitstellung durch den Bürger (once-only-Prinzip).[199] Das Registermodernisierungsgesetz von März 2021[200] dient der Verwirklichung dieses Konzepts. Der anschließende Datenaustausch zwischen Behörden soll mithilfe der Steuer-ID als Zuordnungsnummer ermöglicht werden. Ein solcher Datenaustausch wird teilweise kritisch gesehen, weil er zu einer Profilbildung beitragen könne.[201] Doch wird zu Recht darauf hingewiesen, dass das System des Datenaustauschs als solches nicht zu einem Persönlichkeitsprofil des Bürgers führt, sondern vielmehr dazu dient, einzelne Daten fehlerfrei dem jeweiligen Bürger zuordnen zu können.[202]

Ein Vorgehen nach dem once-only-Prinzip kann in besonderer Weise der Anforderung der Erforderlichkeit genügen. Relativierend wirkt freilich, dass das once-only-Prinzip einen Verlust an Kontrolle

---

[196] In diese Richtung auch VerfGH RLP, Beschl. vom 27.10.2017 – VGH B 37/16, Rn. 29.
[197] Siehe etwa *Martini/Wagner/Wenzel*, Rechtliche Grenzen einer Personen- bzw. Unternehmenskennziffer in staatlichen Registern, 2017, S. 61; *Peuker*, NVwZ 2021, 1167 (1170).
[198] Zu diesem Zweck im Zusammenhang mit der Einführung der Steuer-ID als Zuordnungsnummer BT-Drs. 19/24226, 65.
[199] *Marquardsen*, in: Kube/Reimer (Hrsg.), Heidelberger Beiträge zum Finanz- und Steuerrecht Bd. 19, 2022, S. 5 (9f.).
[200] Gesetz zur Einführung und Verwendung einer Identifikationsnummer in der öffentlichen Verwaltung und zur Änderung weiterer Gesetze (Registermodernisierungsgesetz – RegMoG) vom 28.3.2021 (BGBl. 2021 I 591).
[201] Vgl. *Bull*, DÖV 2022, 261 (264, 270f.).
[202] *Peuker*, NVwZ 2021, 1167 (1170).

über die künftige Verwendung der Daten mit sich bringen kann. Diesem möglichen Kontrollverlust ist durch die technische Verfahrensausgestaltung zu begegnen.[203] Bei entsprechender Ausgestaltung spricht im Ergebnis viel für das once-only-Prinzip; gerade auch zur Vorsorge für Krisenzeiten, in denen rasch agiert werden muss.

V. Sachgerechte Ausgestaltung finanzieller Krisenhilfen

Auf Grundlage der Bestandsaufnahme der finanziellen Krisenhilfen der letzten Jahre (II.), ihrer Systematisierung (III.) und der Verdeutlichung der materiellen Verfassungsmaßstäbe (IV.) lassen sich Aussagen darüber treffen, wie finanzielle Krisenhilfen sachgerecht ausgestaltet werden können, insbesondere bedarfsgerecht und praktikabel.

1. Produktbezogene Entlastungen

a) Preisbremsen

Bei einer krisenbedingten Verteuerung bestimmter Produkte ist eine vergleichsweise zielgenaue Hilfe durch die staatliche Kompensation der Verteuerung der Produkte möglich.[204] Die Hilfe erreicht dabei genau diejenigen Personen und Unternehmen, die von der Verteuerung unmittelbar betroffen sind. Feinjustierungen sind denkbar, so durch eine nur anteilige Kostenübernahme. Die Energiepreisbremsen[205] sind ein idealtypisches Beispiel.

Die technische Überbringung dieser Art von Hilfen ist einfach. Der Unterstützungsbedarf wird durch den Konsum des verteuerten Produkts indiziert. Mithin kann die Entlastung an die Konsumakte anknüpfen. Dabei bieten sich staatliche Ausgleichszahlungen an die als Multiplikatoren agierenden Produktanbieter an, die die Produkte dann preisentlastet weiterreichen. Der Eingriff in die Markttransaktion stellt sich als Grundrechtseingriff – insbesondere zulasten der Anbieter – dar, dessen Verhältnismäßigkeit aber durch die finanzielle Kompensation gesichert wird.[206]

Schwächen hat dieser Ansatz insoweit, als dadurch – in der Anonymität des Marktes – auch der Verbrauch durch wirtschaftlich leistungsfähige Konsumenten und der Einkauf wirtschaftlich leis-

---

[203] *Martini/Wagner/Wenzel*, Rechtliche Grenzen einer Personen- bzw. Unternehmenskennziffer in staatlichen Registern, 2017, S. 34 ff.; *Sorge/Leicht*, ZRP 2020, 242 ff.; *Peuker*, NVwZ 2021, 1167 (1170 ff.).
[204] Ebenso *Sachverständigenrat zur Begutachtung der gesamtwirtschaftlichen Entwicklung*, Jahresgutachten 2022/23, Dezember 2022, Rn. 161.
[205] → II. 2. c).
[206] Vgl. zu diesem Zusammenhang → IV. 2. e).

tungsfähiger Unternehmen subventioniert wird. Hier droht eine über die Bedürftigkeit deutlich hinausgehende „Wohlstandssubventionierung", die dem Gebot der vertikalen Bedarfsgerechtigkeit[207] widerspricht.[208] Zur Gegensteuerung können Preisbremsen mit ergänzenden, auf die individuelle Situation der Betroffenen abgestimmten Hilfeleistungen kombiniert werden. Ein anschauliches Beispiel sind die Heizkostenzuschüsse für bedürftige Personengruppen in den Entlastungspaketen I, II und III.[209]

b) Verbrauchsteuerentlastungen

In die gleiche Richtung wie Preisbremsen zielen Entlastungen von besonderen Verbrauchsteuern. Beispiel für eine solche Entlastung war die vorübergehende Senkung der Energiesteuer auf Kraftstoffe (Tankrabatt).[210] Hier ist freilich entscheidend, ob und inwieweit die Entlastung an die Verbraucher weitergegeben wird. Verbrauchsteuerentlastungen wirken ebenso wie Preisbremsen einerseits spezifisch, begünstigen in der Anonymität des Marktes aber andererseits auch Konsumenten und Unternehmen, die nicht oder kaum bedürftig sind.[211] Zur Abhilfe bietet sich auch an dieser Stelle eine Kombination mit ergänzenden Instrumenten an.

Dass eine Verbrauchsteuerentlastung ebenso wie eine Preisbremse den durch die ursprüngliche Marktpreiserhöhung gesetzten Anreiz, weniger zu konsumieren, konterkariert,[212] steht für sich.

c) Zielgenaue Hilfe nur bei bestimmten Krisen

Die produktbezogenen Instrumente der Preisbremsen und der Verbrauchsteuerentlastungen zeigen deutlich, dass finanzielle Krisenhilfe vielfach krisenspezifisch ist. Zielgenau geholfen werden kann mit diesen Instrumenten nur dann, wenn sich eine Krise aus der Verteuerung bestimmter Produkte ergibt.

Führt der Staat eine Preisbremse für ein bestimmtes Produkt dagegen in einem Fall ein, in dem dieses Produkt nicht von einer

---

[207] → IV. 1. a) bb).
[208] *Rixen*, SGb 2023, 137 (138 f.) sieht die Mitbegünstigung nicht-bedürftiger Personen durch die Energiepreisbremsen als vom Sozialstaatsprinzip gedeckt an, weil die Energiepreisbremsen zumindest für viele Haushalte in praktikabler Weise zur Sicherung des Existenzminimums beitragen.
[209] → II. 2. a) aa) und b) aa).
[210] → II. 2. a) bb).
[211] Deshalb kritisch *Feld/Weber*, ifo Schnelldienst 11/2022, S. 13 (14); *Schumacher u. a.*, Energiepreiskrise: Wie sozial und nachhaltig sind die Entlastungspakete der Bundesregierung?, November 2022, S. 17; *Ekardt/Rath*, NZS 2023, 206 (211).
[212] Unter diesem Gesichtspunkt kritisch zum Tankrabatt *Schnellenbach*, ifo Schnelldienst 11/2022, S. 10 (12).

krisenhaften Preissteigerung betroffen ist, dann wird die Preisbremse zu einer unspezifischen allgemeinen Subvention, die sich auch durch weitergehende Lenkungszwecke rechtfertigen mag. Ein Beispiel hierfür ist das 9 Euro- bzw. 49 Euro-Ticket.[213]

2. Direkte finanzielle Hilfen für Privatpersonen

Oftmals werden Krisenlagen nicht produktbezogene, sondern direkte finanzielle Hilfen für Privatpersonen erfordern. Derartige Hilfen können auf vielfältigen Wegen erbracht werden.

a) Staatliche Kostenübernahmen bei sächlichen Maßnahmen zur Krisenbewältigung

Ähnlich zielgenau wie produktbezogene Entlastungen wirken staatliche Kostenübernahmen bei sächlichen Maßnahmen der Krisenbewältigung. Ein Beispiel ist die staatliche Kostenübernahme für Impfungen und Tests in der COVID-19-Pandemie.[214] Ein weiteres Beispiel sind die sächlichen Hilfen des Staates im Fall der Flutkatastrophe 2021.[215] Diese Hilfen stellen sich für die Bürger als direkte finanzielle Hilfen dar. Zugleich haben sie aber wie die produktbezogenen Entlastungen einen Gegenstands- und über diesen einen Krisenbezug, der für ihre Zielgenauigkeit sorgt.

Soweit auch Menschen in den Genuss derartiger Hilfen kommen, die nicht im engeren Sinne bedürftig sind,[216] sind auch hier Differenzierungen nach Maßgabe der Informationen denkbar, die in den Sozialsystemen vorhanden sind.[217] Im Fall lokaler Krisen wie bei einer Flutkatastrophe werden von den kostenlosen staatlichen Maßnahmen zur Krisenbewältigung freilich typischerweise Menschen profitieren, die im engeren Sinne bedürftig (geworden) sind.

b) Überweisung liquider Mittel – Nutzbarmachung der Sozialsysteme und des Steuersystems

Vor größere Herausforderungen an die Zielgenauigkeit stellen demgegenüber direkte finanzielle Krisenhilfen des Staates, die nicht

---

[213] → II. 2. a) cc) und b) cc).
[214] → II. 1. a).
[215] → II. 3. d).
[216] Soweit die Leistungen formal über die gesetzliche Krankenversicherung abgewickelt werden (→ II. 1. a)), gilt an erster Stelle freilich das Prinzip einer durch den Solidargedanken modifizierten Äquivalenz im Gegenleistungsverhältnis (→ IV. 2. b)). Bei materieller Betrachtung erhielten die GKV-Versicherten die Leistungen aber ebenso wie die nicht GKV-Versicherten ohne spezifische Gegenleistung, insbesondere zulasten des Steuerzuschusses (→ III. 2. f)).
[217] Ein Beispiel war die kostenlose Ausgabe von Schutzmasken bei Vorlage eines Berechtigungsscheins; → II. 1. a).

über kostenlos bereitgestellte Güter vermittelt werden, welche einen Krisenbezug herstellen.

aa) Sicherstellung der Mittelvergabe nach Bedürftigkeit

Bei Großkrisen, die Mittelbedarfe in größeren Teilen der Bevölkerung mit sich bringen, so etwa durch Konjunktureinbrüche oder auch eine erhebliche Verbraucherpreisinflation, kann man bedürftige Personengruppen gesetzlich eigenständig zu typisieren versuchen. Die Praxis der letzten Jahre hat allerdings gezeigt, dass es am zielführendsten erscheint, hier an erster Stelle an bereits bestehende Systeme anzuknüpfen.

Soweit Personen bereits in den sozialen Sicherungssystemen erfasst sind, können Krisenhilfen auf schon bestehende Sozialleistungen aufgesattelt werden. Hiervon ist in der COVID-19-Pandemie und in der Energiekrise vielfach Gebrauch gemacht worden. Die vulnerable Gruppe der Rentnerinnen und Rentner lässt sich über das gesetzliche Rentenversicherungssystem erreichen.[218] Entsprechendes gilt für die Empfänger von BAföG und vergleichbare Gruppen.[219]

Weitere Möglichkeiten eröffnet daneben die Nutzbarmachung des Steuersystems. Der Finanzverwaltung liegen umfangreiche Informationen über die finanzielle Situation der Steuerpflichtigen vor, an die zur Auskehrung finanzieller Krisenhilfe angeknüpft werden könnte. Dies sind Informationen über die Einkommenssituation, über Umsätze und über vieles andere mehr. Hier stellt sich allerdings die Frage nach der Abstimmung der Informationsbedarfe des krisenbewältigenden Leistungsstaates mit dem Steuergeheimnis (§ 30 AO). Eine Lösung könnte in der Beschränkung der Weitergabe auf aggregierte Daten bestehen, insbesondere auf die Höhe des zu versteuernden Einkommens. Zwar sind viele der Informationen, die der Finanzverwaltung über die Steuerpflichtigen vorliegen, nicht ganz aktuell. Doch wird man oftmals von älteren Daten auf die aktuelle Lage schließen können. Auch liegen vielfach aktuelle Umsatzsteuervoranmeldungen und Einkommensteuervorauszahlungen vor. Im Ganzen ergeben sich hier interessante und empfehlenswerte Möglichkeiten der Informationsgewinnung, um eine bedarfsgerechte Krisenunterstützung zu erreichen.[220]

---

[218] Vgl. etwa die Energiepreispauschale für Rentnerinnen und Rentner; dazu → II. 2. b) aa).
[219] Vgl. etwa die insoweit aufgesattelte Auszahlung der Heizkostenzuschüsse; dazu → II. 2. a) aa) und b) aa).
[220] Zu einer Möglichkeit der technischen Umsetzung näher sogleich → V. 2. b) bb). Für einen Rückgriff auf die den Finanzämtern vorliegenden Informationen auch *Schnellenbach*, ifo Schnelldienst 11/2022, S. 10 (12); *Hentze*, ifo Schnelldienst 11/2022, S. 7 (9) schlägt vor, finanzielle Hilfen nach dem Einkommensteuer-Durchschnittssteuersatz eines Steuerpflichtigen zu bemessen.

Ein ergänzender Weg, der in der Energiekrise gewählt wurde, um die finanzielle Hilfe bedürftigkeitsgerecht zu staffeln, besteht darin, die Hilfeleistungen einkommensteuerbar zu stellen, konkret die Energiepreispauschale für Rentnerinnen, Rentner und Versorgungsbezieher des Bundes (§ 22 Nr. 1 Satz 3 lit. c und § 19 Abs. 3 EStG), die Energiepreispauschale für Erwerbstätige (§§ 112–122 EStG) und die sogenannte Dezember-Soforthilfe (§§ 123–126 EStG aF).[221] Infolge des progressiven Einkommensteuertarifs führt die Besteuerung im Ergebnis zu einem unterschiedlich hohen Verbleib der Hilfe gemäß der Einkommenssituation der Steuerpflichtigen. Hier werden die einkommensbezogenen Informationen über die Steuerpflichtigen also nicht etwa genutzt, um die Hilfe in unterschiedlicher Höhe auszuzahlen, sondern die Differenzierung ergibt sich erst aus der Besteuerung. Diesen Weg zu gehen, hat jedoch einen hohen Preis. Erstens wird die soziale Staffelung erst lange nach der Auszahlung der Hilfe, im Zeitpunkt der Besteuerung, erreicht. Zweitens fordert die Vorgehensweise die verfassungsrechtlich fundierte Einkommensteuerdogmatik[222] erheblich heraus. Denn die staatliche Hilfe ist kein originäres Einkommen,[223] das am Markt erwirtschaftet wurde und das durch die Einkommensteuer belastet wird, um den Staat am Erfolg dieses Wirtschaftens teilhaben zu lassen.[224] Und drittens begründet die Einkommensbesteuerung der Hilfen einen beträchtlichen Mehraufwand nicht nur zulasten der Steuerpflichtigen, sondern insbesondere auch zulasten der Finanzverwaltung, gegebenenfalls sogar durch zahlreiche zusätzliche Fälle erforderlicher Einkommensteuerveranlagung. Weil der prognostizierte Aufwand für die Finanzverwaltung außer Verhältnis zum fiskalischen Ertrag zu geraten drohte, wurden die §§ 123–126 EStG wieder gestrichen, wurde also auf die Besteuerung der Dezember-Soforthilfe verzichtet.[225] Aus all diesen Gründen ist davon abzuraten, finanzielle Krisenhilfen zu besteuern, um sie bedürftigkeitsgerecht auszudifferenzieren.

Der Weg über die Sozialsysteme und der Weg über das Einkommensteuersystem stehen, mit Blick auf die zu erreichenden Personen, grundsätzlich komplementär. So sollte sich durch eine Kombination beider Wege ein sehr großer Teil der Bevölkerung erfassen lassen. Ob und inwieweit allerdings der Maßstab der vertikalen und hori-

---

[221] → II. 2. a) aa), b) aa) und c).
[222] → IV. 2. c).
[223] Ebenso kritisch *Kanzler*, FR 2022, 641 (643); *Mendler*, FR 2023, 294 (295) (für die Dezember-Soforthilfe); *Horstmann*, DStR 2023, 481 (485, 489) sieht zwar keinen Systembruch, kritisiert den Einsatz des Steuerrechts als „Werkzeug zur Herstellung sozialer Gerechtigkeit" aber wegen der damit nur eingeschränkt gegebenen Möglichkeit, die finanzielle Zuwendung wieder abzuschöpfen.
[224] Siehe dazu → IV. 2. c).
[225] → II. 2. c).

zontalen Bedarfsgerechtigkeit überhaupt eine finanzielle Unterstützung von Personengruppen jenseits der Empfänger von Grundsicherungsleistungen und möglicherweise der Gruppe oder Teilen der Gruppe der Rentnerinnen und Rentner erfordert, wird vor allem von Art und Ausmaß einer Krise abhängen. Klar ist jedoch, dass auch bei einer staatlichen Hilfeleistung, die trotz nur schwach erkennbarer Bedürftigkeit gewährt wird, gleichheitsgerecht gehandelt werden muss.[226] Stellt sich in diesem Zusammenhang heraus, dass eine danach zu begünstigende Gruppe in der praktischen Umsetzung nur schwer durch finanzielle Hilfe zu erreichen ist, kann dies dafür sprechen, das Niveau an Hilfeleistung insgesamt etwas niedriger anzusetzen, um die Gleichheit zu wahren.

bb) Auszahlungswege – aktuelle technische Entwicklungen

Soweit finanzielle Hilfe in Anknüpfung an Informationen gewährt wird, die in den Sozialsystemen vorhanden sind, ist die technische Auszahlung grundsätzlich unproblematisch. Denn die in den Sozialsystemen vorhandenen Informationen umfassen in aller Regel auch eine nutzbare Kontoverbindung.

Sollen Mittel in Anknüpfung an Informationen über die Einkommenssituation und die sonstigen persönlichen Verhältnisse eines Steuerpflichtigen gewährt werden, die im Steuersystem vorhanden sind, kommt eine Auszahlung aufgrund der Daten in Betracht, die beim Bundeszentralamt für Steuern (BZSt) vorgehalten werden. Diesbezüglich ist eine Gesetzesänderung von Dezember 2022[227] von Bedeutung, durch die § 139b AO um Vorschriften ergänzt wurde, die eine zuverlässige Abwicklung der Auszahlung unbarer Leistungen ermöglichen sollen.[228] So kann das BZSt nunmehr die internationale Kontonummer (IBAN), bei ausländischen Kreditinstituten auch den internationalen Banken-Identifizierungsschlüssel (BIC) von Steuerpflichtigen speichern und mit deren Steueridentifikationsnummer (Steuer-ID) verknüpfen (§ 139b Abs. 3a AO). Die Kontoinformationen können dem BZSt freiwillig übermittelt werden; soweit sie im Rahmen der Kindergeldverwaltung bereits vorhanden sind, werden sie zwischenbehördlich weitergegeben (§ 139b Abs. 10 AO). § 139b Abs. 4c AO stellt entsprechend den datenschutzrechtlichen Anforderungen klar, dass die Informationen zur Ermöglichung der unbaren Auszahlung von Leistungen aus öffentlichen Mitteln gespeichert werden. Das BZSt darf die Informationen zu diesem

---

[226] Vgl. diesbezüglich die Energiepreispauschale für Erwerbstätige (dazu → II. 2. a) aa)) und für Studierende, Fachschülerinnen und Fachschüler (dazu → II. 2. b) aa)).
[227] Jahressteuergesetz 2022 (JStG 2022) vom 16.12.2022 (BGBl. 2022 I 2294).
[228] BT-Drs. 20/3879, 136 ff.; dazu *Brandis*, in: Tipke/Kruse, AO/FGO, Stand: Oktober 2023, § 139b Rn. 4; *Baum*, NWB 2022, 2896 ff.

Zweck an die für die Auszahlung zuständigen Stellen weiterleiten (§ 139b Abs. 12 AO).

Damit ist eine vielversprechende Grundlage für die effiziente künftige Auszahlung finanzieller Hilfen an Privatpersonen geschaffen, zumal eine Steuer-ID jedem Steuerpflichtigen und jeder sonstigen natürlichen Person, die bei einer öffentlichen Stelle ein Verwaltungsverfahren führt, einheitlich und dauerhaft zugewiesen wird (§ 139a Abs. 1 Satz 1 AO). Weil die Steuer-ID zugrunde liegt, lässt sich auf diesem Wege potentiell auch an materielle Informationen über den Steuerpflichtigen im Steuersystem anknüpfen, um die finanzielle Hilfe sachgerecht zu bemessen.[229] Nach gegenwärtigem Stand erlaubt § 139b AO die Heranziehung dieser materiellen Informationen und ihre Weitergabe an eine Auszahlungsstelle jedoch nicht.[230] Dazu bedürfte es einer eigenständigen Ermächtigungsgrundlage, deren Einführung – auch im Sinne des once-only-Prinzips[231] – zu empfehlen ist.[232]

Eine weitere Einschränkung ergibt sich daneben daraus, dass die Bereitstellung der Kontoverbindung zum Zweck ihrer Verknüpfung mit der Steuer-ID bislang grundsätzlich freiwillig ist („können" in § 139b Abs. 10 Satz 1 AO). Eine gesetzliche Verpflichtung zur Bereitstellung von IBAN oder auch BIC durch alle Personen, die das 18. Lebensjahr vollendet haben und über eine Steuer-ID verfügen, könnte erwägenswert sein, um den Datensatz zu vervollständigen. Jedoch wäre der dadurch bewirkte Eingriff in das Grundrecht auf informationelle Selbstbestimmung erheblich, zumal es im Regelfall um finanzielle Hilfen jenseits der Sicherung des Existenzminimums ginge. So erscheint der Weg über die Freiwilligkeit und über die schrittweise Ergänzung des Datensatzes, insbesondere unter Nutzung der Daten der Familienkassen (§ 139b Abs. 10 Satz 2 AO) und der Kontoinformationen, die in Einkommensteuererklärungen mitgeteilt werden, verfassungsrechtlich vorzugswürdig.

Darüber hinaus bietet das Steuersystem schließlich die Option, die Arbeitgeber im technischen Regelungsrahmen des Lohnsteuerverfahrens zu verpflichten, finanzielle Hilfen zusammen mit der Lohnzahlung auszuzahlen. Die Energiepreispauschale für Erwerbstätige wurde in der ganz überwiegenden Zahl der Fälle auf diesem Wege ausgekehrt (§ 117 EStG).[233] Die Indienstnahme der Arbeitgeber erscheint als effiziente Möglichkeit, staatliche Finanzhilfe zu leisten.

---

[229] Siehe dazu soeben → V. 2. b) aa).
[230] So auch *Horstmann*, DStR 2023, 481 (489); *Horstmann*, in: Brandis/Heuermann, Ertragsteuerrecht, 166 EL 02/2023, § 112 EStG Rn. 18.
[231] → IV. 4. b).
[232] Siehe auch dazu bereits soeben → V. 2. b) aa).
[233] → II. 2. a) aa).

Einschränkend gilt, dass auf diesem Wege nur Lohnsteuerpflichtige erreicht werden können. Zudem stellt sich die Frage, wie die Bedarfsgerechtigkeit von Auszahlungen sicherzustellen ist. Schließlich wäre zu prüfen, ob bei umfangreicherer Inanspruchnahme der Arbeitgeber aus verfassungsrechtlichen Gründen eine staatliche Aufwandsentschädigung geboten sein kann.[234] Wird demgegenüber der Weg konsequent weiter beschritten, der über die Ergänzung von § 139b AO eingeleitet wurde,[235] könnte auf die diesbezügliche Indienstnahme der Arbeitgeber in Zukunft ganz verzichtet werden.

3. Direkte finanzielle Hilfen für Unternehmen

a) Bedarfsgerechte Unterstützung in Abhängigkeit von Art und Ausmaß der Krise – Empfehlung gesetzlicher Vorstrukturierung

Sowohl in der COVID-19-Pandemie als auch in der Energiekrise wurden umfangreiche direkte finanzielle Hilfen für Unternehmen geleistet. Welche Branchen auf welche Weise Unterstützung brauchen, hängt stark von Natur und Ausmaß der Krise ab. Was die letzten Jahre allerdings deutlich gezeigt haben, ist zum einen, dass sich hier ein Spektrum bestimmter, vorrangig in Betracht kommender Hilfen ergibt. Zum anderen muss bei ihrer Ausgestaltung ein besonderes Augenmerk darauf gelegt werden, dass dem Maßstab der vertikalen und insbesondere auch der horizontalen Bedarfsgerechtigkeit entsprochen wird.[236] Aus diesen Gründen ist hier eine vorausschauende, prospektive Gesetzgebung zu empfehlen, die rahmensetzenden Charakter für künftige Wirtschaftshilfen haben könnte.

b) Eignung eigenständiger Antragsverfahren

Die konkrete Situation eines wirtschaftlichen Unternehmens ist von zahlreichen Faktoren abhängig, die die Verantwortlichen des Unternehmens am besten kennen. Als Wirtschaftsteilnehmern ist es ihnen zuzumuten, zu prüfen, ob das Unternehmen die Voraussetzungen für staatliche Krisenhilfe erfüllt. Auch ist ihnen zuzumuten, unter Vorlage der erforderlichen Informationen und Nachweise Hilfe zu beantragen. Staatlichen Stellen liegen die erforderlichen Informationen dagegen in der Regel nicht aufbereitet vor. Dies spricht für eine Hilfegewährung für Unternehmen auf Grundlage eigenständiger Antragsverfahren. Die Erfahrungen der letzten Jahre können dazu beitragen, neue Krisenhilfen für die Wirtschaft auch technisch sachgerecht auszugestalten.

---

[234] Siehe zur verfassungsrechtlichen Beurteilung der Indienstnahme der Arbeitgeber → IV. 2. d).
[235] Siehe soeben oben im gleichen Abschnitt.
[236] Siehe zu diesem Maßstab → IV. 1. b).

4. Steuerliche Entlastungen für Bürger und Unternehmen

a) Kurz- und mittelfristige steuerliche Entlastungen in der Fläche

Mittels des direkten Steuerrechts lassen sich finanzielle Entlastungen zugunsten der Bevölkerung wie auch kleiner und mittlerer Unternehmen in Form von Personengesellschaften, in diesem Sinne Entlastungen in der Fläche, gut verwirklichen. Bei großen Unternehmen liegen demgegenüber stärker einzelfallbezogene Maßnahmen nahe, mithin finanzielle Hilfen auf Grundlage eigenständiger Antragsverfahren.[237]

Für eine zeitgerechte Hilfe sollten materielle Steuerentlastungen, die erst über die Veranlagung wirken, mit kurzfristigen, insbesondere in laufende Verfahren eingearbeiteten Entlastungen kombiniert werden. Beispiele für letztere Entlastungen sind die gesetzliche Herabsetzung von Einkommensteuervorauszahlungen und die zeitliche Vorziehung des voraussichtlichen Verlustrücktrags, weiterhin die erleichterte zinslose Stundung, die Aussetzung der Vollstreckung und die Fristverlängerung bei der Abgabe von Steuererklärungen.

Gleichheitsrechtliche Fragen stellen sich hier in deutlich geringerem Umfang als bei direkten finanziellen Hilfen, weil das Steuerrecht allgemein wirkt.

Entlastungen im Bereich der Verbrauchsteuern wirken ebenfalls in der Fläche und zudem sehr kurzfristig. Deshalb sind auch sie zur Bekämpfung und Bewältigung entsprechender Krisen geeignet.[238] Freilich ist die Steuer- und damit Entlastungsinzidenz im Einzelfall zu prognostizieren und im Verlauf zu überwachen.

b) Steuerliche Maßnahmen bei lokalen Krisen – Parlamentsgesetzliche Absicherung

Gesondert zu würdigen ist die Situation einer lokalen Krise. Weil das deutsche Steuerrecht überwiegend bundesrechtlich geregelt ist, ist bei lokalen Krisen eine geographisch oder in anderer Weise sachlich eingegrenzte Anordnung von Entlastungsmaßnahmen erforderlich. Diese Anordnung wurde in den durch die Flutkatastrophe 2021 betroffenen Ländern mittels Katastrophenerlassen vorgenommen, deren Geltungsbereich räumlich begrenzt war.[239] Zur Wahrung des Grundsatzes des Gesetzesvorbehalts sollte eine genauere parlamentsgesetzliche Grundlage für Katastrophenerlasse geschaffen werden, die die jeweils zuständigen Stellen ermächtigt, re-

---

[237] Siehe soeben → V. 3. b).
[238] Siehe bereits → V. 1. b) und c).
[239] → II. 3. c).

gional begrenzt bestimmte steuerliche Entlastungsmaßnahmen bei Vorliegen einer Krise[240] zu ergreifen.

5. Staatliche Aktivierung der Zivilgesellschaft

Sozialstaatlichkeit verlangt über unmittelbare staatliche Leistungen hinaus auch, dass der Staat das gesellschaftliche Miteinander ermöglicht und pflegt, gerade auch in Krisenzeiten.[241] Dies drängt auf die staatliche Unterstützung von Institutionen und Strukturen, die die private Krisenhilfe von Menschen untereinander rahmen und erleichtern. So ist an die finanzielle und organisatorische Unterstützung von Vereinen und sonstigen Initiativen zu denken, die sich in den Dienst der Bewältigung einer Krise stellen. Auch durch das Steuerrecht können hier Anreize gesetzt werden. Anschauliches Beispiel ist die vom Vorliegen einer Krise abhängige Ermöglichung des einkommensteuerlichen Spendenabzugs bei Direktspenden zwischen Privatpersonen.[242]

Bei lokalen Krisen liegt die staatliche Aktivierung der Zivilgesellschaft besonders nahe. Denn hier wird sich gesellschaftliches Engagement vergleichsweise einfach wecken lassen. Auch können diesbezügliche staatliche Maßnahmen eher großzügig angelegt sein. Denn erstens lässt sich das Vorliegen der tatbestandlichen Voraussetzungen der Unterstützung in einem überschaubaren Bereich leichter kontrollieren. Zweitens ist das erforderliche Volumen an Hilfe begrenzt. Und drittens entstünde selbst bei vereinzeltem Missbrauch kein größerer Schaden.

6. Zwischenergebnis

a) Allgemeine Rahmenregelungen über finanzielle Krisenhilfen nicht geboten

Die Analyse zeigt, dass die Auswahl geeigneter finanzieller Krisenhilfen des Staates stark von Art und Ausmaß der Krise abhängt. Je nachdem, ob sich eine Krise in der Verteuerung bestimmter Güter, in allgemeiner Inflation, in der besonderen Belastung bestimmter Gruppen der Bevölkerung oder Branchen der Wirtschaft, bundesweit oder lokal niederschlägt, sind unterschiedliche Ausgestaltungen staatlicher Finanzhilfe geboten. Denkbar sind dementsprechend produktbezogene Entlastungen, Anpassungen der sozialrechtlichen Leistungskataloge, Hilfen in Anknüpfung an Informationen, die

---

[240] Siehe zum rechtsfunktionalen Krisenbegriff → I. 2.
[241] Siehe zu diesem Verfassungsgehalt, auch in seiner Verwurzelung im Subsidiaritätsgedanken, → IV. 1. a) cc).
[242] Siehe zur Ausdehnung des Spendenabzugs bei lokalen Krisen im Wege des Katastrophenerlassen soeben → V. 4. b).

im Steuersystem vorhanden sind, direkte Unternehmenshilfen oder auch steuerliche Entlastungen.

Eine vorsorgende Ergänzung des Rechtsbestandes um allgemeine Rahmenregelungen über finanzielle Krisenhilfen des Staates erscheint angesichts dieses Befundes nicht zielführend. Denn stets kommt es auf die konkrete Krise an. Die Arten vorstellbarer finanzieller Krisenhilfen sind bekannt, ebenso die verfassungsrechtlich fundierten Bemessungskriterien. Zudem sind nach dem Grundsatz des Gesetzesvorbehalts und zur jeweiligen Einpassung in die bestehenden Regelungssysteme im Bedarfsfall ohnehin spezifische Normierungen erforderlich.

Stattdessen richtet sich ein Gebot an künftige Krisengesetzgeber, bei der Ausgestaltung finanzieller Krisenhilfen auf die Erfahrungen zu bauen, die in den letzten Jahren gesammelt werden konnten. Zudem haben künftige Krisengesetzgeber die rechtlichen, gerade auch verfassungsrechtlichen und rechtssystematischen Einordnungen dieser Hilfen zu beachten.

b) Gesetzliche Vorstrukturierung finanzieller Krisenhilfen zugunsten der Wirtschaft

Besonderes gilt allerdings für die finanziellen Krisenhilfen zugunsten der Wirtschaft. Weil sich hier ein bestimmtes Spektrum vorrangig vorstellbarer Hilfen ergibt und in diesem Bereich neben der vertikalen gerade auch die horizontale Bedarfsgerechtigkeit besonders gesichert werden muss, ist eine gesetzliche, prospektive Vorstrukturierung mittels eines rahmensetzenden Gesetzes empfehlenswert. Wie sich im Weiteren zeigen wird, liegt eine gesetzliche Fundierung von Krisenhilfen zugunsten der Wirtschaft auch wegen des Grundsatzes des Gesetzesvorbehalts und zur Klarstellung der Vollzugs- und Finanzierungszuständigkeiten nahe.[243]

c) Schaffung einer Rechtsgrundlage zur Ermöglichung der Weitergabe steuerlicher Informationen

Zu empfehlen ist darüber hinaus die Schaffung einer gesetzlichen Regelung, die im Krisenfall die Weitergabe bestimmter steuerlicher Informationen, die der Finanzverwaltung vorliegen, an Auszahlungsstellen zur bedarfsgerechten Bemessung finanzieller Krisenhilfe ermöglicht.[244] Dies kann eine Erweiterung von § 139b AO[245] um Vorschriften nahelegen, die dem BZSt die Speicherung von Daten etwa über das zu versteuernde Einkommen, die Verknüpfung dieser Daten mit der Steuer-ID und ihre Übermittlung an Stellen

---

[243] → VI. 2. d), VII. 1. a) und VIII. 1. a).
[244] Siehe zu diesem Vorschlag bereits → V. 2. b) aa).
[245] Siehe zur gegenwärtigen Gestalt von § 139b AO → V. 2. b) bb).

erlauben, die finanzielle Krisenhilfen auszahlen. Zudem müssten Regelungen erlassen werden, die die Weitergabe der betreffenden steuerlichen Informationen durch die Finanzverwaltungen der Länder (vgl. Art. 108 Abs. 2 und 3 GG) an das BZSt vorsehen.

d) Schaffung einer Rechtsgrundlage für steuerliche Katastrophenerlasse

Schließlich empfiehlt sich auch die Schaffung einer gesetzlichen Ermächtigungsgrundlage für steuerliche Katastrophenerlasse, namentlich für den Fall lokaler Krisen.[246] Soweit die Erlasse einkommensteuerrechtlicher Natur sind,[247] liegt eine Ermächtigungsgrundlage im EStG nahe. Soweit die Erlasse Gegenstände des allgemeinen Steuerrechts und des Steuerverfahrens regeln,[248] bietet sich eine Ermächtigungsgrundlage in der AO an.

VI. Kompetenzfragen im Bundesstaat

Im Bundesstaat sind staatliche Krisenhilfen den Kompetenzsphären des Bundes und der Länder zuzuordnen. Die COVID-19-Pandemie hat eindrücklich vor Augen geführt, dass die föderale Aufteilung der legislativen und exekutiven Zuständigkeiten zur sächlichen Krisenhilfe anspruchsvoll sein kann. Denn während die räumliche Ausdehnung einer Pandemie ein bundeseinheitliches Vorgehen nahelegen kann, liegen wesentliche legislative und exekutive Kompetenzen, insbesondere zur Gefahrenabwehr, bei den Ländern.[249] Demgegenüber bedürfen die föderalen Zuständigkeiten für finanzielle Krisenhilfen einer eigenständigen Würdigung.

1. Gesetzgebungskompetenzen für die Ausgestaltung finanzieller Krisenhilfen

a) Sozialstaatliche Unterstützung von Privatpersonen

aa) Einschlägige Kompetenztitel und ihre Grenzen

Regelungen zur sozialstaatlichen Unterstützung von Privatpersonen durch finanzielle Krisenhilfen kann der Bundesgesetzgeber

---

[246] Siehe dazu bereits → V. 4. b).
[247] Beispielsweise die Abzugsfähigkeit von Spenden zwischen Privatpersonen (§ 10b EStG) oder die Höhe von Einkommensteuervorauszahlungen (§ 37 EStG).
[248] Beispielsweise Erklärungsfristen (§ 149 AO), Steuererlasse (§ 163 und § 227 AO), Stundungen (§ 222 AO) und die Aussetzung der Vollstreckung (§§ 249ff. AO).
[249] So wurde die Ministerpräsidentenkonferenz (MPK) zu einem maßgeblichen Entscheidungsgremium; dazu *Waldhoff*, NJW 2021, 2772 ff.; *Schwarz/Sairinge*, NVwZ 2021, 265 ff.; *Meyer*, NVwZ 2023, 1294 ff.; allgemein *Kersten/Rixen*, Der Verfassungsstaat in der Corona-Krise, 3. Aufl. 2022, Kap. 12.

vor allem auf die konkurrierenden Gesetzgebungskompetenzen für die öffentliche Fürsorge (Art. 74 Abs. 1 Nr. 7 GG), die Sozialversicherung einschließlich der Arbeitslosenversicherung (Art. 74 Abs. 1 Nr. 12 GG), die Ausbildungsbeihilfen (Art. 74 Abs. 1 Nr. 13 GG) und das Wohngeldrecht (Art. 74 Abs. 1 Nr. 18 GG) stützen. Soweit der Bundesgesetzgeber von diesen Zuständigkeiten Gebrauch macht und bundeseinheitliche Regelungen zur finanziellen Krisenhilfe erlässt, bleibt den Ländern wenig Raum, um hier eigenständig aktiv zu werden.[250] Spiegelbildlich gilt, dass eine bundeseinheitliche Krisenhilfe für Privatpersonen mittels finanzieller Unterstützung grundsätzlich einfacher gesetzlich auszugestalten ist als mittels sächlicher Unterstützung.[251]

Zugleich sind aber – wie stets – sorgfältige Gesetzesbegründungen des Bundesgesetzgebers geboten. So wurden die Regelungen über die Dezember-Soforthilfe und die Gas- und Wärmepreisbremse ohne nähere Differenzierung kumulativ auf Art. 74 Abs. 1 Nr. 1 (bürgerliches Recht), Nr. 7 (öffentliche Fürsorge) und Nr. 11 (Energiewirtschaft) GG gestützt.[252] Für die sehr ähnlich wirkende Strompreisbremse stellte der Gesetzgeber dagegen ausschließlich auf Art. 74 Abs. 1 Nr. 11 GG (Energiewirtschaft) ab.[253] Die in das SGB V eingefügten Regelungen über die sächlichen Hilfen zur COVID-19-Bekämpfung (Impfung, Tests, Masken) wurden ohne nähere Erläuterung auch insoweit auf Art. 74 Abs. 1 Nr. 12 GG (Sozialversicherung) gestützt, als Empfänger der Hilfen Nichtversicherte sein sollten.[254] Auch die unter anderem bei Art. 74 Abs. 1 Nr. 7, 11 und 13 GG notwendige Erforderlichkeitsprüfung[255] gemäß Art. 72 Abs. 2 GG fiel in der Krisengesetzgebung mitunter sehr kurz und pauschal aus.[256]

Materiell bedeutsame Fragen wirft die Tatsache auf, dass Art. 74 Abs. 1 Nr. 7 GG (öffentliche Fürsorge) auch insoweit zugrunde gelegt wurde, als finanzielle Krisenhilfe unter anderem zugunsten von Personen ausgestaltet wurde, die nicht bedürftig im hergebrachten Sinne waren, so etwa bei der Dezember-Soforthilfe und der Gas- und Wärmepreisbremse. Der Kompetenztitel droht an

---

[250] *Schaumberg*, Sozialrecht, 4. Aufl. 2023, § 2 Rn. 40; dies gilt, obwohl der Bund gerade nicht über eine sozialrechtliche Allzuständigkeit verfügt; dazu *Papier/Shirvani*, in: Ruland/Becker/Axer (Hrsg.), Sozialrechtshandbuch (SRH), 7. Aufl. 2022, § 3 Rn. 11.
[251] Vgl. soeben → VI. vor 1.
[252] BT-Drs. 20/4373, 24 und BT-Drs. 20/4683, 55.
[253] BT-Drs. 20/4685, 71.
[254] BT-Drs. 19/23944, 23.
[255] Zu den strengen Anforderungen *Seiler*, in: BeckOK Grundgesetz, Stand: 15.8. 2023, Art. 72 Rn. 11 mwN.
[256] Siehe etwa BT-Drs. 20/4373, 24; BT-Drs. 20/4536, 8; BT-Drs. 20/4683, 55.

dieser Stelle zu verwässern. Zwar genügt für die Anwendung von Art. 74 Abs. 1 Nr. 7 GG eine „besondere Situation ... potenzieller Bedürftigkeit".[257] Gleichwohl müssen sich die auf diesen Titel gestützten Bundesregelungen am hergebrachten, dabei entwicklungsoffenen Typus der staatlichen Unterstützung von Hilfsbedürftigen orientieren.[258] Die Möglichkeiten des Bundes, finanzielle Krisenhilfen auszugestalten, sind in diesem Zusammenhang also keineswegs unbegrenzt.

bb) Regelungen im Steuerrecht

Diese Begrenzung kann und darf auch nicht durch die Nutzung des steuerrechtlichen Regelungsgefüges unterlaufen werden.[259] Zwar hat der Kompetenztitel des Bundes aus Art. 105 Abs. 2 Satz 2 GG „querschnittsartige Wirkung".[260] Doch muss jeweils ein inhaltlicher Zusammenhang mit dem Steuerrecht bestehen.[261] Zu bejahen ist dieser Zusammenhang etwa für einkommensteuerrechtliche Entlastungen durch Erhöhungen des Grundfreibetrags, der Kinderfreibeträge und der Pendlerpauschale oder auch für Entlastungen durch Umsatzsteuerermäßigungen.

Demgegenüber ist ein steuerrechtlicher Konnex der Energiepreispauschale für Erwerbstätige, von dem der Gesetzgeber bei der Normierung der §§ 112–122 EStG wohl ausging,[262] im Ganzen nicht zu erkennen. Dass die technische Auszahlung dieser Pauschale im Rahmen des Lohnsteuerverfahrens, der Einkommensteuervorauszahlungen oder der Einkommensteuerveranlagung praktikabel ist, steht außer Frage. Doch führt dies als solches nicht zur steuerrechtlichen Einordnung der finanziellen Hilfe selbst.[263] Hier ist vielmehr, soweit sie inhaltlich trägt, vor allem eine sozialstaatlich ausgerichtete Kompetenzgrundlage heranzuziehen.[264] Genuin steuerrechtlicher Natur ist nur die isolierte Regelung über die Steuerpflicht der Ener-

---

[257] BVerfGE 140, 65 (78).
[258] *Seiler*, in: BeckOK Grundgesetz, Stand: 15.8.2023, Art. 74 Rn. 23.
[259] Siehe zu dem Befund, dass zur Regelung sozialrechtlicher Anliegen auf das Steuerrecht ausgewichen wird, *Seiler*, NZS 2007, 617 ff.; *Leibohm*, Bedarfsorientierung als Prinzip des öffentlichen Finanzrechts, 2011, S. 45.
[260] *Seiler*, NZS 2007, 617 (619).
[261] Siehe aus jüngerer Zeit BVerfGE 162, 277 (299 f.) (zur steuerrechtlichen Regelungskompetenz des Bundes für das Kindergeld).
[262] Durch die Einfügung der Regelungen aufgrund der Beschlussempfehlung des Finanzausschusses wird die kompetenzrechtliche Begründung nicht explizit gemacht; siehe BT-Drs. 20/1765.
[263] Ablehnend ebenso *Kanzler*, FR 2022, 641 (642 f.); *Neumann-Tomm*, in: Lademann, EStG, Kommentar, 276. EL 05/2023, § 112 Rn. 13. Dies verweist auf die Art. 70 ff. GG. Insoweit kritisch zum Vorliegen der Voraussetzungen des Art. 72 Abs. 2 GG *Horstmann*, in: Brandis/Heuermann (Hrsg.), Ertragsteuerrecht, 166. EL Februar 2023, § 112 EStG Rn. 8.
[264] Siehe soeben → VI. 1. a) aa).

giepreispauschale für Erwerbstätige (§ 119 EStG), die aber ihrerseits aus anderen, inhaltlichen Gründen problematisch erscheint.[265]

b) Wirtschaftshilfen

Die finanziellen Krisenhilfen zugunsten der Wirtschaft wurden teilweise auf sachgesetzgebungskompetenzrechtlicher Grundlage (wie Art. 74 Abs. 1 Nr. 11 GG), in anderen, substantiellen Teilen dagegen – insbesondere in Reaktion auf die COVID-19-Pandemie – ohne sachgesetzliche Grundlage eingeführt. Sie beruhen insoweit vielmehr auf Haushaltsgesetzgebung und zum Teil begleitender Fondserrichtungsgesetzgebung (im Bund auf Grundlage von Art. 110 Abs. 1 Satz 1, 2. HS GG)[266] sowie auf Verwaltungsvorschriften auf Bundes- wie auf Landesebene.[267] Dies führte teilweise zu parallelen Programmen des Bundes und der Länder. Auch um eine doppelte Inanspruchnahme von Hilfe zu verhindern, wurden Verwaltungsvereinbarungen geschlossen.[268] Verfassungsrechtlich stellt sich in diesem Fall nicht gesetzesakzessorischer, in diesem Sinne „gesetzesfreier" Verwaltung zum einen die Frage nach den föderalen Vollzugs- und Lastentragungszuständigkeiten,[269] zum anderen die Frage nach den Erfordernissen des Grundsatzes des Gesetzesvorbehalts.[270]

Soweit die Wirtschaft durch steuerrechtliche Bundesregelungen in der COVID-19- und der Energiekrise entlastet wurde, die auch inhaltlich steuerrechtlicher Natur waren, trägt die Gesetzgebungskompetenz aus Art. 105 Abs. 2 Satz 2 GG.

c) Lokale Krisen

Im Fall lokaler Krisen liegt die Verantwortung zunächst auf lokaler Ebene, aus föderaler Perspektive auf Ebene des betroffenen Landes gemäß Art. 30 GG. Bundesgesetzlich wurde im Fall der Flutkatastrophe 2021 jedoch das Sondervermögen Aufbauhilfe 2021 eingerichtet, um eine finanzielle Beteiligung des Bundes an der mittel- und längerfristigen Hilfe zu ermöglichen. Das zugrundeliegende Gesetz[271] wurde lediglich auf die Bundeskompetenz zur Errichtung

---

[265] → V. 2. b) aa).
[266] Art. 110 Abs. 1 Satz 1 GG erlaubt die Binnenstrukturierung des Haushalts, aber keine Sachgesetzgebung.
[267] *Becker*, in: Huster/Kingreen (Hrsg.), Handbuch Infektionsschutzrecht, 2. Aufl. 2022, Kap. 9 Rn. 57.
[268] Vgl. *Lohse*, Corona-Hilfspakete der Länder, in: Weber (Hrsg.), Rechtswörterbuch, 31. Edition 2023.
[269] Siehe dazu → VI. 2. d) und VIII. 1. a).
[270] Siehe dazu → VII. 1. a).
[271] Gesetz zur Errichtung eines Sondervermögens „Aufbauhilfe 2021" und zur vorübergehenden Aussetzung der Insolvenzantragspflicht wegen Starkregenfällen und Hochwassern im Juli 2021 sowie zur Änderung weiterer Gesetze (Aufbauhilfegesetz 2021 – AufbhG 2021) vom 10.9.2021 (BGBl. 2021 I 4147).

von Sondervermögen gemäß Art. 110 Abs. 1 Satz 1, 2. HS GG gestützt,[272] nicht dagegen auf eine Sachgesetzgebungskompetenz des Bundes. Auch in diesem Fall ist nach den föderalen Vollzugs- und Lastentragungszuständigkeiten und nach der Vereinbarkeit mit dem Grundsatz des Gesetzesvorbehalts zu fragen.[273]

d) Zwischenergebnis

Der Bund verfügt über weitreichende Gesetzgebungskompetenzen, um bundeseinheitliche Regelungen zur Auskehrung finanzieller Krisenhilfen zugunsten Privater wie auch der Wirtschaft zu schaffen. Auf eine sorgfältige kompetenzrechtliche Begründung ist aber – wie stets – zu achten. Art. 74 Abs. 1 Nr. 7 GG (öffentliche Fürsorge) lässt eine „Wohlstandssubventionierung" nicht zu. Auf Art. 105 Abs. 2 Satz 2 GG können nur Regelungen gestützt werden, die einen inhaltlichen Zusammenhang mit dem Steuerrecht aufweisen. Soweit ohne sachgesetzliche Grundlage Hilfe geleistet wird, stellen sich Fragen nach den föderalen Vollzugs- und Lastentragungszuständigkeiten und nach den Erfordernissen des Grundsatzes des Gesetzesvorbehalts.

2. Vollzug finanzieller Krisenhilfen im Bundesstaat

a) Herausforderungen des Gesetzesvollzugs, insbesondere am Beispiel der Studierenden-Energiepreispauschale

Bundesgesetze werden im Regelfall durch die Länder als eigene Angelegenheit ausgeführt (Art. 83 und 84 GG). Bei Geldleistungsgesetzen des Bundes, die vom Bund mindestens zur Hälfte finanziert werden, kommt es zu einer Bundesauftragsverwaltung durch die Länder (Art. 104a Abs. 3 Satz 2, Art. 85 GG). In den besonderen Fällen der Art. 86 ff. GG werden Bundesgesetze vom Bund vollzogen. Sehen Landesgesetze finanzielle Krisenhilfen vor, ist der Vollzug in jedem Fall Ländersache (Art. 30 GG).

Soll finanzielle Krisenhilfe auf bundessozialrechtlicher Grundlage gewährt werden, ist zu berücksichtigen, dass das Sozialrecht organisatorisch durch eine Vielzahl verschiedener Träger der unmittelbaren und mittelbaren Staatsverwaltung vollzogen wird. Finanzielle Krisenhilfen, die auf bundessozialrechtlicher Grundlage ausgekehrt werden sollen, können deshalb erhebliche Vollzugsherausforderungen mit sich bringen, nicht zuletzt Koordinierungsbedarf im Bund-Länder-Verhältnis. Dies gilt vor allem dann, wenn die Hilfe Personen gewährt werden soll, die nicht schon im jeweiligen System angelegt sind.

---

[272] BT-Drs. 19/32039, 19.
[273] → VI. 2. d), VII. 1. a) und VIII. 1. a).

Dies lässt sich am Beispiel der Energiepreispauschale veranschaulichen. Während die einmalig ausgezahlte Energiepreispauschale zugunsten der Gruppe der Rentnerinnen, Rentner und Versorgungsbezieher an die reguläre monatliche Renten- oder Versorgungszahlung angeknüpft werden konnte und die Energiepreispauschale zugunsten der großen Gruppe der nichtselbständigen Erwerbstätigen im Rahmen des Lohnsteuerverfahrens überbracht werden konnte, war eine ähnlich effiziente Verfahrensweise bei den Studierenden, Fachschülerinnen und Fachschülern nicht möglich. Eine dezentrale Auszahlung über die Hochschulen und Studierendenwerke scheiterte an der unzureichenden Datengrundlage dieser Institutionen.[274]

Der im November 2022 in den Bundestag eingebrachte Regierungsentwurf eines Studierenden-Energiepreispauschalengesetzes (EPPSG)[275] enthielt keine spezifische Regelung des Verwaltungsverfahrens. Allein in der Gesetzesbegründung hieß es, dass der Bund und die Länder gemeinsam eine digitale Antragsplattform und die dazugehörigen Komponenten eines IT-gestützten Verwaltungsverfahrens erarbeiten würden und der Bund die hierfür anfallenden Kosten tragen würde.[276] Im Anschluss an den Gesetzeserlass kam es dann zu einer umsetzungsregelnden Verwaltungsvereinbarung. Im Ergebnis wurde die digitale Plattform „einmalzahlung200.de" als Projekt nach dem Gesetz zur Verbesserung des Onlinezugangs zu Verwaltungsleistungen (OZG) eingerichtet.[277] Der Onlinedienst wurde federführend durch das Land Sachsen-Anhalt in Kooperation mit dem Bundesministerium für Bildung und Forschung entwickelt und darauf den anderen Ländern nach dem „Einer für alle"-Modell zur Nutzung zur Verfügung gestellt.[278] Die Länder erließen hierzu Durchführungsverordnungen.[279]

b) Vollzugsvereinheitlichung, insbesondere im Rahmen des OZG

Der Vollzug des EPPSG zeigt deutlich, welche Herausforderungen sich ergeben können, wenn eine bundesrechtlich geregelte finanzielle Krisenhilfe durch die Länder vollzogen werden muss; nament-

---

[274] Vgl. die Stellungnahme des Deutschen Studentenwerks und der Hochschulrektorenkonferenz zum Entwurf des EPPSG, https://www.bmbf.de.
[275] BT-Drs. 20/4536.
[276] BT-Drs. 20/4536, 2 f., 10.
[277] BT-Drs. 20/6130, 4 (Antwort der Bundesregierung auf die Kleine Anfrage der CDU/CSU-Bundestagsfraktion, BT-Drs. 20/5919).
[278] Statusbericht Oktober 2023 zur EPP für Studierende, OZG-ID 10771, https://ozg.sachsen-anhalt.de; siehe zum „Einer für alle"-Modell Nr. 11 des OZG-Leitfadens, https://leitfaden.ozg-umsetzung.de.
[279] Siehe beispielsweise für das Land Baden-Württemberg die Verordnung der Landesregierung zur Durchführung des Studierenden-Energiepreispauschalengesetzes (EPPSG-Durchführungsverordnung – DVO EPPSG) vom 28.2.2023.

lich dann, wenn die erforderlichen Verwaltungsstrukturen oder auch -informationen auf Landesebene noch nicht bestehen. Empfehlenswert erscheint, die Länder in einem solchen Fall sehr frühzeitig in den Gesetzgebungsprozess einzubeziehen. In der Sache liegt es nahe, den Verwaltungsvollzug in angemessenem Umfang zu vereinheitlichen, um effiziente Lösungen zu erreichen, insbesondere auch einen reibungslosen Datentransfer und -abgleich sicherzustellen. Das standard setting durch ein federführendes Land dürfte im Regelfall sinnvoll sein. Zukunftsweisend ist dabei eine Umsetzung als Verwaltungsleistung im Rahmen des OZG.[280]

c) Zum Vollzug auf steuerrechtlicher Grundlage

Bei einer steuerrechtlich geregelten finanziellen Krisenhilfe kann im Vollzug von den bestehenden Strukturen der Finanzverwaltung profitiert werden, gerade auch von den in diesem Bereich vollzugsvereinheitlichenden Instrumenten im föderalen Miteinander.[281] Unter diesem Gesichtspunkt kann sich finanzielle Krisenhilfe im Rahmen des Steuerrechtssystems daher anbieten. Jedoch sind, wie schon gezeigt, der finanziellen Krisenhilfe im Rahmen des Steuerrechts andere, vor allem gesetzgebungskompetenzrechtliche, materiell-steuerverfassungsrechtliche und steuersystematische Grenzen gesetzt.[282]

d) Nicht gesetzesakzessorische Leistungsverwaltung

Sollen finanzielle Krisenhilfen aufgrund von Regierungs- und Verwaltungsprogrammen ohne sachgesetzliche Grundlage gewährt werden, ist nach den föderalen Zuständigkeiten für die nicht gesetzesakzessorische Leistungsverwaltung zu fragen. Grundsätzlich sind hier die Länder nach Art. 30 GG zuständig.[283] Eine Bundeszuständigkeit kann sich in diesem Zusammenhang nur in Anknüpfung an eine geschriebene Bundesverwaltungskompetenz ergeben, insbesondere gemäß Art. 87 ff. GG.[284] Darüber hinausgehende, isolierte, ungeschriebene Verwaltungszuständigkeiten des Bundes zu finanzieller Hilfeleistung im Außenverhältnis zum Bürger, etwa aus der Natur der Sache oder wegen einer „Überforderung regionaler Finanzkraft",

---

[280] Siehe dazu www.informationsplattform.ozg-umsetzung.de.
[281] Siehe etwa die aufgrund von Art. 108 Abs. 4, 4a und 7 GG möglichen Instrumente.
[282] → V. 2. b) aa) und VI. 1. a) bb).
[283] *Hermes*, in: Dreier, GG, Bd. 3, 3. Aufl. 2018, Art. 83 Rn. 28; *F. Kirchhof*, in: Dürig/Herzog/Scholz, GG, 102. EL August 2023, Art. 83 Rn. 29.
[284] *F. Kirchhof*, in: Dürig/Herzog/Scholz, GG, 102. EL August 2023, Art. 83 Rn. 29; siehe insbesondere zu Art. 87 Abs. 3 Satz 1 GG für den Fall von Finanzhilfen *Rodi*, Die Subventionsrechtsordnung, 2000, S. 336; *Krönke*, NVwZ 2022, 1606 (1609 f.).

existieren nicht.²⁸⁵ An dieser Stelle ist es im Übrigen wichtig, streng zwischen der Verwaltungszuständigkeit im Verhältnis zum Bürger (Art. 30, 83 ff. GG) und der Zuständigkeit zur Lastentragung (Art. 104a ff. GG) zu unterscheiden.²⁸⁶

So war es kompetenzrechtlich zutreffend, dass die auf Regierungsprogrammen beruhenden direkten Wirtschaftshilfen in der COVID-19-Pandemie und auch die – auf Haushaltsgesetzgebung und ein Sondervermögen gestützten – Hilfen zur Bewältigung der Flutkatastrophe 2021 durch die Länder vollzogen wurden.

Sind – wie in den genannten Fällen – mehrere Länder in den Vollzug nicht gesetzlich fundierter Finanzhilfen einbezogen, sollte wiederum²⁸⁷ eine weitgehende Vollzugsvereinheitlichung angestrebt werden, insbesondere auf Grundlage digitaler Plattformen.²⁸⁸

e) Zwischenergebnis

Der Vollzug finanzieller Krisenhilfen gestaltet sich im Bundesstaat nach den allgemeinen Regeln. Sind die Länder – wie in den meisten Fällen – vollzugszuständig, sei es im Gesetzesvollzug oder beim Vollzug nicht gesetzlich fundierter Programme, sollte eine weitgehende Vollzugsvereinheitlichung angestrebt werden, insbesondere auf digitaler Grundlage. Die Finanzverwaltung bietet zwar Möglichkeiten der föderalen Vereinheitlichung, doch sind der finanziellen Krisenhilfe im Rahmen des Steuerrechts andere Grenzen gesetzt.

3. Besondere Formen föderaler Kooperation zur Entscheidung über finanzielle Krisenhilfen?

Während zur Steuerung der sächlichen Krisenbewältigung im Bundesstaat unterschiedliche, teils informelle, auch neuartige Formen der föderalen Kooperation in Betracht kommen,²⁸⁹ erscheint

---

²⁸⁵ BVerfGE 12, 205 (251); *Buscher*, Bundesstaat in Zeiten der Finanzkrise, 2010, S. 131; *Tappe*, in: Kahl/Waldhoff/Walter, Bonner Kommentar zum Grundgesetz, 221. EL 10.2023, Art. 104a Rn. 211; ebenso *Rodi*, Die Subventionsrechtsordnung, 2000, S. 334, der sodann allerdings, was nicht zustimmungswürdig ist, von der Ausweisung von Mitteln im Bundeshaushaltsplan auf eine Ermächtigung der Bundesverwaltung zur Verwaltung und Verausgabung der Mittel im Außenverhältnis schließt.

²⁸⁶ *Kube*, Finanzgewalt in der Kompetenzordnung, 2004, S. 180 ff.; siehe zur Lastentragungszuständigkeit → VIII. 1. a).

²⁸⁷ Vgl. zur Vollzugsvereinheitlichung bei zugrundeliegendem Gesetz soeben → VI. 2. b).

²⁸⁸ So wurde für die Corona-Zuschussprogramme eine bundesweit einheitliche digitale Antragsplattform entwickelt; dazu *Bundesministerium für Wirtschaft und Klimaschutz*, Überblickspapier über die Corona-Hilfen, Rückblick – Bilanz – Lessons Learned, 27.6.2022, S. 4.

²⁸⁹ Siehe zur zentralen Rolle der Ministerpräsidentenkonferenz bei der Bewältigung der Krisen der letzten Jahre bereits → VI. vor 1.; perspektivisch *de Maizière*, in: FAZ vom 22.5.2023, S. 4.

VII. Horizontale Gewaltenteilung

1. Legislative und Exekutive

a) Reichweite des Grundsatzes des Gesetzesvorbehalts bei umfangreichen Wirtschaftshilfen – Weiterer Grund für ein rahmensetzendes Bundesgesetz

Die zu großen Teilen nicht gesetzesakzessorische Gewährung der umfangreichen Krisenhilfen für die Wirtschaft wirft die Frage nach der diesbezüglichen Reichweite des Grundsatzes des Gesetzesvorbehalts auf. Soweit vertreten wird, dass hier zum Teil staatliche Entschädigungspflichten bestanden,[290] wird das Erfordernis einer parlamentsgesetzlichen Grundlage für die Hilfen aus der engen Verzahnung mit den vorausgegangenen Grundrechtseingriffen hergeleitet.[291] Doch auch darüber hinaus ist die Geltung des Gesetzesvorbehalts für umfangreiche Wirtschaftshilfen, wie sie gerade in Krisenzeiten eine Rolle spielen können, zu prüfen. Zwar kann sich das staatliche Subventionswesen grundsätzlich auf die Mittelbereitstellung im Haushalt in Verbindung mit Subventionsrichtlinien stützen.[292] Doch ist im Fall umfangreicher finanzieller Hilfen zu vergegenwärtigen, dass die bei der Auswahl der begünstigten Unternehmen vorgenommenen Differenzierungen, die Festlegungen von Kapazitätsgrenzen und die Setzungen mitverfolgter Lenkungszwecke die Grundrechte der Marktteilnehmer intensiv betreffen können.[293] Dies legt eine parlamentsgesetzliche Fundierung nahe.[294] So ist nicht nur zur inhaltlichen Vorstrukturierung,[295] sondern auch unter dem Gesichtspunkt des Gesetzesvorbehalts der Erlass eines rahmensetzenden Bundesgesetzes für umfangreiche finan-

---

[290] Dazu *Dünchheim/Gräler*, VerwArch Bd. 112 (2021), 38 ff.; *Rinze/Schwab*, NJW 2020, 1905 ff.; *Shirvani*, DVBl. 2021, 158 ff.; *Becker*, in: Huster/Kingreen (Hrsg.), Handbuch Infektionsschutzrecht, 2. Aufl. 2022, Kap. 9; siehe zur Abgrenzung → I. 4.

[291] *Krönke*, AöR Bd. 146 (2021), 50 (80 f.); zustimmend *Becker*, in: Huster/Kingreen (Hrsg.), Handbuch Infektionsschutzrecht, 2. Aufl. 2022, Kap. 9 Rn. 147.

[292] *Kühling*, in: Ehlers/Fehling/Pünder (Hrsg.), Besonderes Verwaltungsrecht, Bd. 1, 4. Aufl. 2019, § 30 Rn. 11.

[293] Siehe zu den grundrechtlichen Maßstäben bei staatlicher Wirtschaftsförderung bereits → IV. 1. b).

[294] Ähnlich *Burgi*, Mit der Gießkanne und ohne gesetzliche Grundlage, LTO vom 5.5.2020, https://www.lto.de; *Krönke*, AöR Bd. 146 (2021), 50 (82); *Becker*, in: Huster/Kingreen (Hrsg.), Handbuch Infektionsschutzrecht, 2. Aufl. 2022, Kap. 9 Rn. 147.

[295] → V. 6. b).

zielle (Krisen)Hilfen zugunsten der Wirtschaft zu empfehlen.[296] Der regelmäßige Landesvollzug ergibt sich dann als Pflicht aus den Art. 83 ff. GG.

b) Parlamentarischer Beschluss über eine Krisenlage mit Tatbestandswirkung?

Ebenso wie im Bereich der sächlichen Krisenbewältigung[297] könnte auch im Bereich der finanziellen Krisenhilfen in Betracht kommen, dem Parlamentsvorbehalt ergänzend dadurch Rechnung zu tragen, dass ein Parlamentsbeschluss über das Vorliegen einer Krise[298] auf Bundes- oder auch auf Landesebene in Vorschriften, die finanziellen Hilfen zugrunde liegen, vorausgesetzt wird. Jedoch erscheinen sowohl die Funktionalität als auch der legitimatorische Mehrwert eines solchen Beschlusses begrenzt.[299] Weil die Auszahlung finanzieller Hilfen ohnehin eine demokratisch hinreichend fundierte rechtliche Grundlage braucht, für deren Schaffung in aller Regel genügend Zeit bleiben wird, und weil der Grundsatz des Gesetzesvorbehalts im Bereich der Leistungsverwaltung insgesamt weniger streng wirkt als im Bereich der Eingriffsverwaltung, kann auf parlamentarische Beschlüsse über das Bestehen einer Krisenlage als Voraussetzung für die Auszahlung finanzieller Hilfen und auf einen entsprechenden, gesetzlich angelegten Mechanismus verzichtet werden.

c) Rücklagenbildung als Herausforderung des parlamentarischen Budgetrechts

In einigen Bundesländern wurden in den letzten Jahren zentrale Rücklagen für krisenbedingte Haushaltsrisiken gebildet, um im Bedarfsfall flexibel und rasch reagieren zu können. Die Mittelentnahme aus der Rücklage wurde dabei typischerweise von einem hinreichenden Krisenbezug der zu finanzierenden Maßnahme und von der Feststellung der bewirtschaftenden Stelle, den Mittelbedarf nicht aus vorhandenen Ansätzen decken zu können, abhängig gemacht. Soweit eine derartige Entnahme darüber hinaus allein der Zustimmung des Finanzministers bedarf, fordert diese Praxis das parlamentarische Budgetrecht heraus. So erscheint es grundsätzlich geboten,

---

[296] *Burgi*, Mit der Gießkanne und ohne gesetzliche Grundlage, LTO vom 5.5.2020, https://www.lto.de.
[297] Vgl. die parlamentarische Feststellung einer epidemischen Lage von nationaler Tragweite in § 5 IfSG.
[298] Siehe zum rechtsfunktionalen Krisenbegriff → I. 2.
[299] Kritisch auch *Sachverständigenausschuss nach § 5 Abs. 9 IfSG*, Evaluation der Rechtsgrundlagen und Maßnahmen der Pandemiepolitik, 30.6.2022, S. 105 und S. 108 mit Verweis auf *Barczak*, Der nervöse Staat, 2. Aufl. 2021, S. 649 ff.

für Entnahmen ab einer bestimmten Betragshöhe einen Zustimmungsvorbehalt für den zuständigen Parlamentsausschuss vorzusehen.[300] Im Übrigen kann die parlamentarische Rückbindung auch durch die regelmäßige Information des parlamentarischen Finanzausschusses gestärkt werden.

2. Das Verhältnis zwischen den einzelnen Fachressorts innerhalb der Regierung

a) Ausgabenwettlauf bei Bildung zentraler Rücklagen

Die Bildung zentraler Rücklagen für krisenbedingte Haushaltsrisiken kann im Verhältnis zwischen den Regierungsressorts[301] zu einem Wettlauf der einzelnen Ressorts um Zugriff auf die Rücklagenmittel führen. Zu erwägen ist, die exekutivinterne Steuerungsverantwortung für die Mittelentnahme zu konzentrieren, sei es bei der Regierungsspitze oder im Finanzministerium. Zudem könnten Mechanismen geschaffen werden, um die Verantwortung für erforderliche Einsparungen in Krisenzeiten auf die einzelnen Ressorts aufzuteilen.

b) Formalisierte Zuständigkeitsbündelung in Regierung und Exekutive im Krisenfall im Übrigen?

Eine darüber hinausgehende, rechtlich geregelte Zuständigkeitsbündelung innerhalb der Regierung oder auch der nachgeordneten Exekutive für die Entscheidung über finanzielle Hilfen im Krisenfall erscheint nicht erforderlich. Besondere regierungsinterne Krisenstäbe oder -gremien, die dazu dienen können, finanzielle Hilfsmaßnahmen zu initiieren und zu koordinieren, lassen sich bei Bedarf ad hoc bilden.[302]

3. Alternative institutionelle Gestaltungen und Verfahrensweisen im Verhältnis zwischen Parlament und Regierung?

Auch im Verhältnis zwischen Parlament und Regierung sind alternative, zumal neuartige institutionelle Gestaltungen und Verfahrensweisen zur Entscheidung über finanzielle Hilfen im Krisenfall nicht geboten. Die verfassungsrechtlich angelegten Verfahrensweisen

---

[300] In Baden-Württemberg besteht ein Zustimmungsvorbehalt für den Finanzausschuss ab Entnahmen in Höhe von 7,5 Mio. Euro.
[301] Zur Zuständigkeit der Ressortminister beim Haushaltsvollzug *Kube*, in: Ehlers/Fehling/Pünder (Hrsg.), Besonderes Verwaltungsrecht, Bd. 3, 4. Aufl. 2020, § 66 Rn. 234.
[302] Ob für die Ausgestaltung sächlicher Krisenhilfen weitergehende Vorsorgemaßnahmen organisatorischer und verfahrensbezogener Art sinnvoll sein könnten, soll dahingestellt bleiben.

erlauben hinreichend zügige Ausgestaltungen finanzieller Krisenhilfen durch die zuständigen Staatsorgane in ihrem ordnungsgemäßen Zusammenwirken.[303]

VIII. Die Finanzierung finanzieller Krisenhilfen des Staates

1. Zuständigkeit zur Lastentragung im föderalen Verhältnis

a) Grundsätzliche Vollzugsakzessorität gemäß Art. 104a Abs. 1 GG – Fragwürdige Bundesfinanzierung

Die föderale Zuständigkeit, die Finanzierungslasten aus finanziellen Krisenhilfen des Staates zu tragen (Lastentragungs- oder Ausgabenzuständigkeit), ergibt sich grundsätzlich aus Art. 104a Abs. 1 GG.[304] Die Lastentragungszuständigkeit folgt danach regelmäßig der Vollzugszuständigkeit für das jeweilige Hilfsprogramm, auch bei nicht gesetzesakzessorischer Verwaltung.[305] Art. 104a Abs. 2 GG (Bundesauftragsverwaltung) und – was vorliegend von besonderer Bedeutung sein kann – Art. 104a Abs. 3 GG (Geldleistungsgesetze des Bundes) sehen Abweichungen vor, die zu einer Lastentragung des Bundes führen.

Schwerwiegende Fragen wirft vor diesem Hintergrund die Lastentragung des Bundes im Fall der umfangreichen COVID-19-Wirtschaftshilfen und auch der Hilfen zur Bewältigung der Flutkatastrophe 2021 auf. Die diesbezügliche Verwaltungskompetenz der Länder[306] spricht klar für deren Lastentragungskompetenz. Eine originäre Lastentragungskompetenz des Bundes aus der Natur der Sache herzuleiten,[307] verbietet sich und verstieße gegen Art. 104a Abs. 1 GG.[308] Es steht dem Bund nicht zu, freiwillig Mittel bereitzustellen, etwa um sich angesichts der besonderen Belastung eines Landes oder mehrerer Länder solidarisch zu zeigen oder auch Einfluss nehmen zu können. Darüber hilft auch die 1971 entworfene,

---

[303] Auch diesbezüglich soll dahingestellt bleiben, ob mit Blick auf sächliche Krisenhilfen anderes gelten könnte.

[304] Bezogen auf die Katastrophenbewältigung *Musil/Kirchner*, Die Verwaltung Bd. 39 (2006), 373 (387f.).

[305] *Kempny/Reimer*, in: Ständige Deputation des Deutschen Juristentages (Hrsg.), Verhandlungen des 70. Deutschen Juristentages, Bd. I, 2014, S. D 30; *Kube*, in: BeckOK Grundgesetz, Stand: 15.8.2023, Art. 104a Rn. 10.

[306] → VI. 2. d).

[307] Vgl. *Heintzen*, in: von Münch/Kunig, GG, 7. Aufl. 2022, Art. 104a Rn. 33 f.

[308] Aus Art. 104a GG ergibt sich deshalb, zur Verhinderung der Praxis des „goldenen Zügels", ein Fremdfinanzierungsverbot; *Waiblinger*, Die „Aufgabe" im Finanzverfassungsrecht des Grundgesetzes, 2000, S. 107 ff.

aber – wegen ihrer verfassungsrechtlichen Fragwürdigkeit zu Recht – niemals beschlossene und niemals in Kraft getretene „Verwaltungsvereinbarung über die Finanzierung öffentlicher Aufgaben von Bund und Ländern" (Flurbereinigungsabkommen)[309] nicht hinweg, auf die sich der Bund der Sache nach gleichwohl immer wieder beruft. Insbesondere die in der Praxis, gerade auch im Rahmen der COVID-19-Pandemie[310] und der Flutkatastrophe 2021[311] bemühte inhaltliche Bezugnahme auf § 1 Abs. 1 Nr. 1 des Abkommensentwurfs (Bundesfinanzierung der „Wahrnehmung der Befugnisse und Verpflichtungen, die im bundesstaatlichen Gesamtverband ihrem Wesen nach dem Bund eigentümlich sind (gesamtstaatliche Repräsentation)") trägt insoweit nicht. Bundesseitige Krisenhilfe dient, anders als identitätsstiftende Akte wie etwa Staatszeremonien,[312] nicht der gesamtstaatlichen Repräsentation. Vieles ließe sich ansonsten in dieser Weise einordnen, um eine Lastentragungskompetenz des Bundes zu konstruieren.

Art. 104b Abs. 1 Satz 2 GG, der notlagenbedingte Bundesfinanzhilfen an die Länder erlaubt, scheidet im Fall der COVID-19-Wirtschaftshilfen und der Hilfen zur Bewältigung der Flutkatastrophe 2021 ebenfalls aus. Denn abgesehen von den hohen tatbestandlichen Anforderungen der Norm und der Beschränkung auf die Förderziele nach Art. 104b Abs. 1 Satz 1 Nr. 1 bis 3 GG ist zu beachten, dass diese Bundesfinanzhilfen nur zur Belebung von Investitionstätigkeit gewährt werden dürfen.[313]

---

[309] Dazu *Rodi*, Die Subventionsrechtsordnung, 2000, S. 345 ff.; *Heintzen*, in: von Münch/Kunig, GG, 7. Aufl. 2022, Art. 104a Rn. 33 f.
[310] Siehe beispielsweise die Formulierung in Art. 1 Abs. 1 Satz 2 der die Corona-Soforthilfen für die Wirtschaft regelnden Verwaltungsvereinbarung zwischen dem Bund und dem Land Brandenburg; Amtsblatt für Brandenburg, Nr. 14 (Ausgabe S) vom 9.4.2020, S. 312/2 („Der Bund gewährt auf der Grundlage seiner Zuständigkeit für Maßnahmen im Rahmen der gesamtstaatlichen Repräsentation Soforthilfen für …").
[311] Siehe Art. 1 Satz 2 der Verwaltungsvereinbarung zwischen Bund und Ländern über die Beteiligung des Bundes an den Soforthilfen der Länder zur Bewältigung der Folgen der Hochwasserkatastrophe im Juli 2021 („Der Bund beteiligt sich daher auf der Grundlage seiner Zuständigkeit für Maßnahmen der gesamtstaatlichen Repräsentation an den Soforthilfen der Länder …"); kritisch dazu *Steinbeck*, Der Bund als Retter in der Flut?, Verfassungsblog vom 12.1.2024, https://www.verfassungsblog.de; kritisch bereits zur Kompetenzmäßigkeit der Wiederaufbauhilfe des Bundes nach der Elbeflut 2002 *Musil/Kirchner*, Die Verwaltung Bd. 39 (2006), 373 (390); eine Kompetenz des Bundes für die Fluthilfe 2013 nach umfassender Prüfung verneinend *Mann*, Fluthilfe 2013 – Finanzierung der Hochwassernachsorge, 2017, S. 87 ff. und S. 187.
[312] Siehe dazu im Zusammenhang mit Art. 22 GG *Scholz*, in: Dürig/Herzog/Scholz, GG, 102. EL August 2023, Art. 22 Rn. 35.
[313] Zu diesem Bezug *Heun/Thiele*, in: Dreier, GG, Bd. 3, 3. Aufl. 2018, Art. 104b Rn. 29; *Hellermann*, in: von Mangoldt/Klein/Starck, GG, Bd. 3, 7. Aufl. 2018, Art. 104b Rn. 61; *Henneke*, in: Schmidt-Bleibtreu/Hofmann/Henneke, GG, 15. Aufl. 2022, Art. 104b Rn. 21.

Auch mit Blick auf die Lastentragungskompetenz ist daher der Erlass eines Bundesgesetzes, das umfangreiche finanzielle Hilfen zugunsten der Wirtschaft fundiert, zu befürworten. Denn auf Grundlage eines solchen Gesetzes kann sich eine Lastentragungskompetenz des Bundes, je nach Ausgestaltung, insbesondere aus Art. 104a Abs. 3 GG (Geldleistungsgesetz des Bundes) ergeben.

Weitere, neue Finanzierungskompetenzen des Bundes, die sich über die hergebrachten und wohlbegründeten verfassungsrechtlichen Zusammenhänge zwischen Gesetzgebungs-, Vollzugs- und Lastentragungskompetenzen hinwegsetzen, sind nicht erforderlich und nicht zu empfehlen.

b) Mögliche Konsequenzen für den bundesstaatlichen Finanzausgleich

Krisenbedingte Finanzierungslasten des Bundes oder der Länder können Konsequenzen für den bundesstaatlichen Finanzausgleich haben. So können die Anteile des Bundes und der Länder an der Umsatzsteuer nach Art. 106 Abs. 3 Satz 3 und 4 sowie Abs. 4 GG lastengerecht anzupassen sein.[314] Insgesamt hat der bundesstaatliche Finanzausgleich dafür zu sorgen, dass Bund und Länder jeweils mit den Mitteln ausgestattet werden, die sie benötigen, um krisenbedingte Finanzierungslasten tragen zu können.

2. Finanzierungsquellen

a) Grundsätzliche Steuerfinanzierung

Der Steuerstaat des Grundgesetzes finanziert sich freiheits- und gleichheitsgerecht durch Steuern.[315] Auch finanzielle Krisenhilfen sind als allgemeine Staatsaufgabe in erster Linie steuerlich zu finanzieren.

Ihre Finanzierung durch Vorzugslasten (Gebühren und Beiträge), die sich nach dem Äquivalenzprinzip bemessen, würde dem Gedanken der sozialstaatlichen Unterstützung in Not und der Unternehmenshilfe in wirtschaftlicher Bedrängnis diametral zuwiderlaufen.

b) Finanzierung durch die Sozialversicherung unter Berücksichtigung des Steuerzuschusses

Das Steuerstaatsprinzip steht einer ergänzenden Finanzierung finanzieller Krisenhilfen im Rahmen der Sozialversicherungssysteme

---

[314] Dies ist etwa in § 4 Abs. 3 des Gesetzes zur Errichtung eines Sondervermögens „Aufbauhilfe 2021" (Aufbauhilfefonds-Errichtungsgesetz 2021 – AufbhEG 2021) vom 10.9.2021 (BGBl. 2021 I 4147) geschehen.

[315] BVerfGE 78, 249 (266 f.); 82, 159 (178); 93, 319 (342); 101, 141 (147).

nicht von vornherein entgegen. Doch muss bewusst sein, dass sich die Solidargemeinschaft der Mitglieder einer Sozialversicherung, die diese Versicherung durch ihre Beiträge finanziert, von der allgemeinen Solidargemeinschaft der Gesamtheit der steuerpflichtigen Bürger unterscheidet.[316] Soweit finanzielle Krisenhilfe im Einzelfall nicht als spezifische Versicherungsleistung einzuordnen, sondern – wie in der Regel – allgemeine Staatsaufgabe ist, kann dies zu Verzerrungen bei Einbeziehung der Sozialversicherung führen.[317] Der Steuerzuschuss (Art. 120 Abs. 1 Satz 4 GG) erweist sich insoweit als die zutreffende Finanzierungsform. Insoweit dient die Sozialversicherung dann (nur) als geeigneter Rahmen für eine effiziente Auskehrung der Hilfe.[318]

c) Sachlich und zeitlich begrenzt zulässige notlagenbedingte Kreditfinanzierung

Die Regelungen in Art. 109 Abs. 3 GG, für den Bund durch Art. 115 Abs. 2 GG ergänzt, lassen eine Nettoneuverschuldung des Staates nur in bestimmten Grenzen zu. Auch finanzielle Krisenhilfen können in diesen Grenzen ergänzend kreditfinanziert werden.[319] Ins Zentrum der Aufmerksamkeit ist in den letzten Jahren die Möglichkeit der ausnahmsweise zulässigen, notlagenbedingten Kreditaufnahme gemäß Art. 109 Abs. 3 Satz 2, 2. HS, Art. 115 Abs. 2 Satz 6 bis 8 GG getreten. Bei Naturkatastrophen oder anderen außergewöhnlichen Notsituationen, die sich der Kontrolle des Staates entziehen und die staatliche Finanzlage erheblich beeinträchtigen, ist danach eine zusätzliche Nettokreditaufnahme durch Bund und Länder zulässig, die zur Finanzierung von Maßnahmen zur Krisenbewältigung dient. In seiner Entscheidung vom 15. November 2023[320] hat das Bundesverfassungsgericht klargestellt, dass die Kreditmittelaufnahme und -verwendung stets in einem vom Haushaltsgesetzgeber vertretbar darzulegenden sachlichen Veranlassungszusammenhang mit der tatbestandlichen Notlage stehen müssen und dass dabei, auch beim Einsatz unselbständiger Sondervermögen, jahresbezogen zu planen und zu finanzieren ist.

Je weniger sich eine Notlage im Laufe der Zeit noch als exogener, unvorhersehbarer Schock darstellt und je mehr das Geschehen für den Haushaltsgesetzgeber planbar wird, desto schwieriger wird es, eine weitere Notlagenkreditfinanzierung verfassungsgemäß zu be-

---

[316] *Kube*, in: DStJG Bd. 29, 2006, S. 11 (21 f.).
[317] Umfassend *Butzer*, Fremdlasten in der Sozialversicherung, 2001.
[318] *Krasney/Heidenreich/Lubrich*, in: Kluckert (Hrsg.), Das neue Infektionsschutzrecht, 2. Aufl. 2021, § 11 Rn. 57 ff.; siehe auch → V. 2. b) aa).
[319] Etwa *Katz*, DÖV 2021, 670 ff.
[320] BVerfG, NJW 2023, 3775 ff.

gründen.[321] Die Finanzierung der Krisenbewältigung wird dann zu einer Aufgabe, der sich die durch die Krise betroffene Generation selbst stellen muss.

d) Finanzielle Prioritätensetzung und Subsidiarität des Staates

Stets obliegt es im Übrigen der politischen Entscheidung und finanziellen Prioritätensetzung des Haushaltsgesetzgebers, ob und inwieweit der Staat – jenseits der Sicherung des sächlichen Existenzminimums[322] – überhaupt im Wege finanzieller Krisenhilfe tätig wird. Auch unter dem Gesichtspunkt der begrenzten finanziellen Leistungsfähigkeit des Staates[323] ist daher der Grundsatz der Subsidiarität staatlicher Hilfe[324] zu bedenken.

3. Haushaltsrecht

Ist eine Gebietskörperschaft für die Finanzierung einer finanziellen Krisenhilfe zuständig und stehen entsprechende Mittel zur Verfügung, dann ist diese Finanzierung im Staatshaushalt abzubilden. Um die Schlagkraft der Krisenreaktion zu erhöhen, können haushalts(verfassungs)rechtlich zulässige Titelflexibilisierungen ebenso genutzt werden wie Rücklagen,[325] Sondervermögen und vergleichbare Instrumente. Möglichkeiten bietet auch die bundes- und landeshaushaltsrechtlich vorgesehene Kategorie der Billigkeitsmaßnahmen (§ 53 BHO/LHO).[326]

IX. Zusammenfassung in Thesenform

1. Eine Krise im rechtsfunktionalen Sinne ist eine außergewöhnliche, typischerweise disruptive Lage, die eine besondere, gerade auch kurzfristige Reaktion des Staates erfordert.
2. Die finanziellen Krisenhilfen des Staates, die in Reaktion auf die COVID-19-Pandemie, auf die durch den Krieg Russlands gegen

---

[321] Dies ergibt sich bereits aus dem verfassungsrechtlichen Notlagenbegriff, der ein Element der Unvorhersehbarkeit enthält; siehe BVerfG, NJW 2023, 3775 (3777f.). Auch dann, wenn die jährlich erforderlichen Beträge zur Finanzierung der Krisenbewältigung den Staatshaushalt nicht mehr erheblich beeinträchtigen, scheidet die Notlagen-Kreditfinanzierung aus.

[322] → IV. 1. a) aa).

[323] *Munaretto*, Der Vorbehalt des Möglichen, 2022, insbesondere S. 32ff. (Opportunitätskosten).

[324] Siehe bereits → IV. 1. a) cc).

[325] *Tappe*, in: Gröpl, BHO/LHO, 2. Aufl. 2019, § 62 Anh. Rn. 1ff.; siehe allerdings → VII. 1. c) und 2. a).

[326] Zu den hier einschlägigen Billigkeitsgründen *Gröpl*, in: Gröpl, BHO/LHO, 2. Aufl. 2019, § 53 Rn. 13ff.

die Ukraine ausgelöste Energiekrise mit ihren Inflationsfolgen und auf die lokale Krise infolge der Flutkatastrophe 2021 geleistet wurden, lassen sich in mehrfacher Weise systematisieren. Die Finanzhilfen zugunsten Privater dienten zum einen der Existenzsicherung, zum anderen der Unterstützung darüber hinaus. Die Finanzhilfen zugunsten der Wirtschaft waren typisierend nach der Schwere der Betroffenheit gestaffelt.
3. Weiterhin lassen sich die Hilfen nach den genutzten Regelungs- und Verwaltungsstrukturen gliedern. Zu unterscheiden sind Finanzhilfen aufgrund eigenständiger Antragsverfahren, im Rahmen der Sozialsysteme, im Rahmen des Steuerrechtssystems, mittels Indienstnahme der Arbeitgeber, durch Eingriffe in Markttransaktionen (Preisdeckel, Rabatte) und durch die staatliche Kostenübernahme bei Gewährung sächlicher Hilfen.
4. Im Umfang des sächlichen Existenzminimums besteht ein originärer, in der Krisenlage bei Bedarf anzupassender Leistungsanspruch. Darüber hinaus ist sozialstaatliche Unterstützung in jedem Fall gleichheitsgerecht auszugestalten (vertikale und horizontale Bedarfsgerechtigkeit). Im Übrigen erschöpft sich der soziale Staat nicht im Sozialleistungsstaat.
5. Das Grundgesetz kennt kein originäres Recht auf Wirtschaftssubventionen. Entscheidet sich der Staat für eine Wirtschaftsförderung, muss sie ihrerseits nach der vertikalen und horizontalen Bedarfsgerechtigkeit ausgestaltet werden.
6. Je nachdem, welche Regelungs- und Verwaltungsstrukturen zur Auskehrung finanzieller Hilfen genutzt werden (siehe oben 3.), sind deren verfassungsrechtliche Binnenstrukturierungen zu beachten. Weitere Ausgestaltungsdirektiven ergeben sich aus der gebotenen Abwägung zwischen Verifikation und Praktikabilität, vor allem bei der gesetzlichen Typisierung, und aus dem Recht auf informationelle Selbstbestimmung. Die Datenerhebung und -verarbeitung nach dem once-only-Prinzip ist perspektivenreich.
7. Produktbezogene Entlastungen in Gestalt von Preisbremsen und Verbrauchsteuerermäßigungen können bei einer Krise, die Produktpreise betrifft, recht zielgenau helfen. Doch kann das Gebot vertikaler Bedarfsgerechtigkeit ergänzende Maßnahmen verlangen. Ähnliches gilt für die staatliche Kostenübernahme bei sächlichen Krisenhilfen.
8. Direkte finanzielle Krisenhilfen für Privatpersonen lassen sich bedarfsgerecht im Rahmen der Sozialsysteme überbringen. Möglichkeiten, um Personen zu erreichen, die nicht hinreichend in den Sozialsystemen angelegt sind, bietet das Steuerrechtssystem. Zu empfehlen ist eine Erweiterung von § 139b AO um Vorschriften, die dem BZSt die Weitergabe bestimmter, für die

bedarfsgerechte Bemessung finanzieller Krisenhilfen relevanter Steuerinformationen an die Auszahlungsstellen erlauben. Eine Einkommensbesteuerung von Krisenhilfen zur Erreichung einer sozialen Staffelung ist aus verschiedenen Gründen abzulehnen.

9. Direkte finanzielle Hilfen für Unternehmen sollten auch weiterhin primär auf Grundlage eigenständiger Antragsverfahren ausgekehrt werden. Zur inhaltlichen Vorstrukturierung von umfangreichen Hilfsprogrammen zugunsten der Wirtschaft und zur Sicherung ihrer Bedarfsgerechtigkeit empfiehlt sich eine vorsorgliche Gesetzgebung des Bundes.

10. Auch das Steuerrecht kann und sollte zur Entlastung der Bürger und Unternehmen in Krisenzeiten genutzt werden. Materielle Steuerentlastungen, die in der Regel erst über die Veranlagung greifen, sollten dabei mit kurzfristigen, in laufende Verfahren eingearbeiteten Entlastungen verbunden werden. Steuerliche Katastrophenerlasse helfen bei lokalen Krisen; zu empfehlen ist deren gesetzliche Fundierung.

11. Finanzielle Krisenunterstützung des Staates sollte auch darauf gerichtet sein, die Zivilgesellschaft zu aktivieren, insbesondere bei lokalen Krisen.

12. Allgemeine und umfassende Rahmenregelungen zu finanziellen Krisenhilfen des Staates erscheinen nach alldem nicht sinnvoll. Zu empfehlen sind aber 1. Regelungen zur gesetzlichen Vorstrukturierung umfangreicher finanzieller (Krisen)Hilfen zugunsten der Wirtschaft, 2. die Schaffung einer Rechtsgrundlage zur Ermöglichung der Weitergabe steuerlicher Informationen durch das BZSt an Stellen, die Krisenhilfen auszahlen, und 3. die Schaffung einer gesetzlichen Grundlage für steuerliche Katastrophenerlasse.

13. Kompetenzrechtlich verfügt der Bund über weitreichende Möglichkeiten, um bundeseinheitliche Gesetzesregelungen über finanzielle Krisenhilfen für Bürger und Wirtschaft zu schaffen. Jedoch lässt Art. 74 Abs. 1 Nr. 7 GG eine „Wohlstandssubventionierung" nicht zu. Art. 105 Abs. 2 Satz 2 GG trägt nur Regelungen, die einen inhaltlichen Zusammenhang mit dem Steuerrecht aufweisen.

14. Sind die Länder – wie in den meisten Fällen – für den Vollzug finanzieller Krisenhilfen zuständig, sollte eine weitgehende Vollzugsvereinheitlichung angestrebt werden, insbesondere auf digitaler Grundlage. Besondere und neuartige Formen der föderalen Kooperation sind zur Ausgestaltung und Auskehrung finanzieller Krisenhilfen nicht erforderlich.

15. Auch der Grundsatz des Gesetzesvorbehalts drängt darauf, umfangreiche Bundesprogramme zur finanziellen (Krisen)Unter-

stützung der Wirtschaft auf die Grundlage eines Parlamentsgesetzes zu stellen. Demgegenüber gibt es keine überzeugenden Gründe dafür, die parlamentarische Feststellung einer Krisenlage als Tatbestandsmerkmal in Regelungen über finanzielle Krisenhilfen aufzunehmen.
16. Haushaltsrücklagen für krisenbedingte Haushaltsrisiken fordern das parlamentarische Budgetrecht heraus. Für Entnahmen ab einer bestimmten Höhe sollte ein Zustimmungsvorbehalt für den zuständigen Parlamentsausschuss vorgesehen werden. Um einen Ausgabenwettlauf zwischen den Regierungsressorts zu verhindern, kann die Steuerungsverantwortung für die Mittelentnahme aus einer Krisenrücklage konzentriert werden.
17. Eine darüber hinausgehende, formalisierte Zuständigkeitsbündelung innerhalb der Exekutive für die Entscheidung über finanzielle Hilfen im Krisenfall erscheint nicht erforderlich. Auch im Verhältnis zwischen Parlament und Regierung sind alternative, zumal neuartige institutionelle Gestaltungen und Verfahrensweisen zur Entscheidung über finanzielle Krisenhilfen nicht geboten.
18. Die föderale Zuständigkeit, die Finanzierungslasten aus finanziellen Krisenhilfen zu tragen, folgt im Regelfall der Vollzugszuständigkeit (Art. 104a Abs. 1 GG). Freiwillige Fremdfinanzierung ist im Bundesstaat unzulässig. Eine Lastentragungszuständigkeit des Bundes aus der Natur der Sache oder auch aus dem Anliegen gesamtstaatlicher Repräsentation abzuleiten, verbietet sich. Art. 104b Abs. 1 Satz 2 GG hat hohe tatbestandliche Anforderungen und ist im Finanzierungszweck beschränkt. Ein Bundesgesetz über finanzielle Wirtschaftshilfen kann im Einzelfall als Geldleistungsgesetz nach Art. 104a Abs. 3 GG ausgestaltet werden. Weitere, neue Finanzierungskompetenzen des Bundes sind nicht erforderlich.
19. Krisenbedingte Finanzierungslasten können sich auf den bundesstaatlichen Finanzausgleich auswirken, so etwa auf die primäre vertikale Verteilung der Umsatzsteuer.
20. Im Steuerstaat des Grundgesetzes werden finanzielle Krisenhilfen im Regelfall steuerfinanziert. Eine ergänzende Finanzierung im Rahmen der Sozialversicherungssysteme kommt in Betracht, zumal unter Einbeziehung des Steuerzuschusses. Eine Finanzierung finanzieller Krisenhilfen durch notlagenbedingte Kreditaufnahme ist möglich; doch sind die verfassungsrechtlichen Anforderungen zu wahren. Schließlich ist auch unter dem Gesichtspunkt der begrenzten finanziellen Leistungsfähigkeit des Staates der Grundsatz der Subsidiarität staatlicher Hilfe zu beachten.

Gutachten F
zum 74. Deutschen Juristentag
Stuttgart 2024

Verhandlungen des
74. Deutschen Juristentages
Stuttgart 2024

Herausgegeben von der
Ständigen Deputation
des Deutschen Juristentages

Band I

Empfehlen sich im Kampf gegen den Klimawandel gesetzgeberische Maßnahmen auf dem Gebiet des Gesellschaftsrechts?

Gutachten F

zum 74. Deutschen Juristentag

Erstattet von
Prof. Dr. Marc-Philippe Weller

Institut für ausländisches und internationales
Privat- und Wirtschaftsrecht
Universität Heidelberg[*]

unter Mitwirkung von

Wiss. Ass. Theresa Hößl
Wiss. Ass. Camilla Seemann

C.H.BECK

Zitiervorschlag: 74. djt I/F [Seite]

* Das Gutachten konnte den Regulierungs- und Forschungsstand bis zum 30.12.2023 berücksichtigen. Alle angegebenen Links wurden zuletzt am 30.12.2023 abgerufen.
Gedankt sei dem Lehrstuhl-Team für intensive Diskussionen und die Mitwirkung bei der Quellenaufbereitung, insbesondere *Dr. Nina Benz, M. Jur. (Oxford), Wiss. Ass. Tim Fischer, LL. M. (Cambridge), Wiss. Ass. Victor Habrich, Wiss. Ass. Vincent Hoppmann, Prof. Dr. Leonhard Hübner, M. Jur. (Oxford), Prof. Dr. Markus Lieberknecht, LL. M. (Harvard), Dr. Sophia Schwemmer* und *Dr. Anton Zimmermann.*
Ein herzlicher Dank für wertvolle Anregungen und Feedback zu den Regelungsvorschlägen gilt ferner *Wiss. Ass. Sina Allgeier, Dr. Alexander Dörrbecker, LL. M. (Miami), Prof. Dr. Joachim Hennrichs, Prof. Dr. Dr. h. c. mult. Peter Hommelhoff, Daniela Pferr, LL. M. (University of Texas), RA Dr. Heino Rück, Prof. Dr. Jan-Erik Schirmer, Dr. Sebastian Steuer, LL.M. (Harvard), Dr. Isabelle Tassius, Prof. Dr. Chris Thomale, LL. M. (Yale), RA Jan-Lukas Werner, LL. M. (Cambrigde), Prof. Dr. Dirk Verse, M. Jur. (Oxford)* und *RAin Dr. Susanne Zwirlein-Forschner.*

beck.de

ISBN 978 3 406 81552 2

© 2024 Verlag C.H.Beck oHG
Wilhelmstraße 9, 80801 München
Druck und Bindung: Beltz Grafische Betriebe GmbH
Am Fliegerhorst 8, 99947 Bad Langensalza

Umschlag: nach dem Entwurf von rulle & kruska gbr,
Nikolaus Rulle, Köln

myclimate
shape our future
chbeck.de/nachhaltig

Gedruckt auf säurefreiem, alterungsbeständigem Papier
(hergestellt aus chlorfrei gebleichtem Zellstoff)

Alle urheberrechtlichen Nutzungsrechte bleiben vorbehalten.
Der Verlag behält sich auch das Recht vor, Vervielfältigungen dieses Werkes zum Zwecke des Text and Data Mining vorzunehmen.

Inhaltsverzeichnis

A. Einführung .... F 11
   I. Problemstellung und Gutachtenauftrag .... F 11
   II. Gang der Untersuchung .... F 12
   III. Themenbegrenzung .... F 13

B. Notwendigkeit eines Corporate Climate Enforcement .... F 14
   I. Naturwissenschaftlicher Befund .... F 14
      1. Intergovernmental Panel on Climate Change (IPCC) ...... F 14
      2. Expertenrat der Bundesregierung für Klimafragen .... F 15
   II. Corporate Climate Responsibility .... F 16
   III. Corporate Climate Regulation .... F 17
   IV. Rechtsvergleichende Impulse .... F 18
      1. Rechtsformen mit Gemeinwohlorientierung .... F 18
      2. Corporate Governance-Instrumente mit Klimabezug ..... F 19

C. Bestandsaufnahme – Klimaschutz de lege lata .... F 21
   I. Green Finance .... F 21
   II. Nachhaltigkeitsberichtspflichten (§§ 289b ff. HGB) ...... F 22
   III. Nachhaltige Vergütungsparameter (§ 87 Abs. 1 S. 2 AktG) ... F 22
   IV. Leitungs- und Sorgfaltspflichten (§§ 76 Abs. 1, 93 Abs. 1 AktG) ... F 23

D. Reformvorschläge in der Literatur – Klimaschutz de lege ferenda ... F 24
   I. Unternehmensinteresse .... F 24
   II. Vorstand .... F 25
      1. Materielle Aufladung der §§ 76, 93 AktG um Nachhaltigkeitsbelange ... F 25
         a) Leitungspflicht: Ergänzung des § 76 Abs. 1 AktG um eine Nachhaltigkeitsklausel ... F 25
         b) Sorgfaltspflicht: Berücksichtigung von Klimabelangen im Rahmen des § 93 Abs. 1 AktG ... F 27
      2. Zusammensetzung des Vorstands .... F 28
         a) Nachhaltigkeitsexpertise im Vorstand .... F 28
         b) Chief Climate Officer .... F 28
      3. Vergütung: Kopplung an Nachhaltigkeitsziele (§ 87 Abs. 1 S. 2 AktG) ... F 28
      4. Risikomanagementsystem: Berücksichtigung von Nachhaltigkeitsaspekten (§ 91 Abs. 2, 3 AktG) ... F 29

III. Aufsichtsrat .... F 30
   1. Zusammensetzung des Aufsichtsrats: Klimaexpertise (§ 100 Abs. 5 AktG) .... F 30
   2. Organisation des Aufsichtsrats: Klimaausschuss (§ 107 Abs. 3 AktG) .... F 31
IV. Hauptversammlung .... F 31
   1. Say on Climate .... F 31
     a) Konsultativbeschluss .... F 32
     b) Fakultativer oder obligatorischer Beschluss .... F 33
     c) Initiativrecht einer qualifizierten Aktionärsminderheit .... F 33
   2. Responsible climate lobbying .... F 34

E. Fokussierung auf Klimaschutz statt auf Nachhaltigkeit .... F 35
  I. Dimensionen der Nachhaltigkeit: zeitlich, ökologisch, sozial .... F 35
  II. Zielkonflikte bei divergierenden Nachhaltigkeitsbelangen .. F 36
  III. Empfehlung: Fokussierung auf den Klimaschutz .... F 37

F. Klimaneutralität als rechtliche Zielvorgabe .... F 38
  I. Klimaneutralität als Zielvorgabe für Staaten .... F 38
   1. Unionsrechtliches Ziel der Klimaneutralität .... F 39
     a) Pariser Klimabkommen: 1,5 °C-Ziel .... F 39
     b) Drei Säulen-Ansatz der EU zur Treibhausgasreduktion .... F 40
     c) Governance-VO (2018) .... F 40
     d) Europäisches Klimagesetz (2021) im Kontext des European Green Deal (2019) .... F 40
   2. Nationales Ziel der Klimaneutralität .... F 41
     a) Klimaneutralität als Zielvorgabe des Verfassungsrechts (Art. 20a GG) .... F 41
     b) Bundesklimaschutzgesetz (KSG) (2019) .... F 42
  II. Klimaneutralität als Zielvorgabe für Unternehmen .... F 43
   1. Corporate Sustainability Reporting-Directive (CSRD) ... F 43
   2. Corporate Sustainability Due Diligence-Directive (CSDDD) .... F 45
  III. Definition von Klimaneutralität .... F 46
   1. Gegenstand der Klimaneutralität .... F 47
   2. Rechtsbegriff der Klimaneutralität .... F 48
     a) EU-Klimaschutzgesetz: Klimaneutralität = Treibhausgasneutralität .... F 49
     b) Bundes-Klimaschutzgesetz: Klimaneutralität = Treibhausgasneutralität .... F 49
     c) EU-Gesellschaftsrecht: Klimaneutralität = Treibhausgasneutralität .... F 50

3. Zurechenbarkeit von Emissionen mit Bezug auf Gesellschaften .... F 50
   a) Greenhouse Gas Protocol: Scope 1-, 2- und 3-Emissionen .... F 51
   b) Scope 1-Emissionen einer Gesellschaft .... F 51
   c) Klimaneutralität einer Gesellschaft .... F 52
      aa) Scope 1 und 2-Emissionen .... F 52
      bb) Ausklammerung von Scope 3-Emissionen .... F 52
4. Wege zur Klimaneutralität: Reduktion und Kompensation .... F 54
   a) Vorrang der Reduktion .... F 54
   b) Zulässigkeit der Kompensation .... F 55
   c) Kompensationszertifikate .... F 56
   d) Abgrenzung zu Zertifikaten aus dem EU-EHS und nEHS .... F 57
5. Abgrenzung zu „net zero" .... F 58

G. **Empfehlung: Eine Klimatrias für das Gesellschaftsrecht** .... F 59
   I. Klimaquote .... F 59
      1. Regelungsvorschlag .... F 60
      2. Transposition der Klimaneutralität ins Gesellschaftsrecht .... F 61
      3. Regelungskonzeption .... F 61
         a) Anlehnung an § 76 Abs. 4 AktG und § 36 GmbHG ... F 61
         b) Keine Überfrachtung des Tagesgeschäfts .... F 62
      4. Anwendungsbereich .... F 63
         a) Börsennotierte oder mitbestimmte Gesellschaften .... F 63
         b) Ausklammerung bereits klimaneutraler Gesellschaften und des LULUCF-Sektors .... F 64
      5. Ausnahmeklausel für Härtefälle .... F 64
      6. Klimatransformationsplan .... F 65
      7. Klimaquote .... F 66
         a) Jahreszielgröße zur Verringerung der Emissionen .... F 66
         b) Individuelle Höhe .... F 66
         c) Bezugspunkt: Scope 1- und 2-Emissionen .... F 67
         d) Einbeziehung von Konzerngesellschaften .... F 67
      8. Implementierung .... F 68
         a) Vorstandsbeschluss und Billigung durch Aufsichtsrat .... F 68
         b) Lagebericht, Nachhaltigkeitserklärung und Erklärung zur Unternehmensführung .... F 68
         c) Prüfung durch den Abschlussprüfer .... F 69
      9. Rechtsfolgen .... F 69
         a) Befolgungsanreiz: Transparenz und Reputation .... F 69
         b) Keine Sanktionierung bei Verfehlung des CO_2-Reduktionsziels .... F 70

c) Keine neuen Klagerisiken .... F 70
d) Ausnahme: Unterlassen von Klimatransformationsplan und Klimaquote .... F 71
e) Optional: Koppelung der Klimatransformation an die Vorstandsvergütung .... F 71
10. Systemkohärenz .... F 72
　a) Unionsrechtskonformität .... F 72
　　aa) Art. 114, 191 ff. AEUV und Grundfreiheiten .... F 72
　　bb) Vereinbarkeit mit dem EU-Emissionshandelssystem .... F 72
　　cc) Ökonomische Vereinbarkeit mit dem Emissionshandel .... F 73
　　dd) Vereinbarkeit mit der CSRD .... F 73
　　ee) Vereinbarkeit mit der geplanten CSDDD .... F 73
　　ff) Vereinbarkeit mit der Green Claims- und der Empowering Consumers-RL .... F 74
　b) Konformität mit dem Grundgesetz und dem KSG ...... F 74
II. Rechtsformzusatz „klimaneutral" .... F 75
　1. Regelungsvorschlag .... F 76
　2. Rechtsformwahlfreiheit und ihre Grenzen .... F 77
　3. Rechtsformen für Nachhaltigkeit .... F 78
　　a) Gesellschaft mit gebundenem Vermögen (GmbH gebV) .... F 78
　　b) Benefit Corporation (USA) .... F 79
　　　aa) Statutarische Verpflichtung auf Gemeinwohlbelange .... F 80
　　　bb) Gemeinwohlorientierte Geschäftsleitungspflichten .... F 80
　　　cc) Gemeinwohlorientierte Transparenzpflichten .... F 81
　　　dd) Benefit Directors .... F 81
　4. Rechtsformzusatz für Nachhaltigkeit .... F 82
　　a) Société à mission (Frankreich) .... F 82
　　b) Rechtsformübergreifender gesetzlicher Status .... F 82
　5. Bedarf für eine gesellschaftsrechtliche Regelung „klimaneutral" .... F 83
　　a) Notwendigkeit eines vertrauenswürdigen Signallings . F 83
　　b) Effizienz durch Standardsetzung .... F 84
　　c) Konzentration auf „Klimaneutralität" .... F 84
　　　aa) Konturenschärfe .... F 84
　　　bb) Vermeidung von Zielkonflikten .... F 85
　　d) Nachfrage nach gesellschaftsrechtlichen Nachhaltigkeitsprodukten .... F 86
　6. Anwendungsbereich des Rechtsformzusatzes „klimaneutral" .... F 86

a) Firmenrechtliche Lösung .... F 86
b) Kapital- und Personengesellschaften .... F 87
7. Gesellschaftsrechtliche Absicherung .... F 87
   a) Verankerung der Klimaneutralität in der Satzung .... F 88
   b) Geschäftsmodell: Klimaneutrale Produkte oder Dienstleistungen .... F 88
   c) Verantwortlichkeit der Geschäftsleitung .... F 89
   d) Transparenz und externe Prüfung .... F 89
   e) Kein capital lock .... F 90
   f) Keine Steuervorteile .... F 90
8. Vereinbarkeit mit der Green Claims-RL und der Empo-Co-RL .... F 91
III. Klimagovernance .... F 92
   1. Vorstand .... F 92
      a) Keine Änderung der §§ 76, 93 AktG .... F 92
      b) Klimaressort .... F 94
   2. Aufsichtsrat .... F 94
      a) Regelungsvorschläge .... F 94
      b) Klimaexpertise (Ergänzung des § 100 Abs. 5 AktG) .... F 95
         aa) Notwendigkeit einer Klimaexpertise .... F 95
            (1.) Kopplung der Vorstandsvergütung an Klimaziele .... F 95
            (2.) Prüfung der Klimaberichterstattung .... F 96
            (3.) Überwachung und Beratung in Klimafragen ... F 96
         bb) Anwendungsbereich .... F 97
         cc) Gesamtexpertise .... F 97
         dd) Nachweis der Klimaexpertise .... F 98
      c) Klimaausschuss (Ergänzung des § 107 Abs. 3 AktG) .. F 98
         aa) Aufgabenbereich .... F 99
         bb) Besetzung .... F 99
   3. Hauptversammlung .... F 100
      a) Regelungsvorschlag .... F 100
      b) Mitwirkung der Aktionäre bei der Klimatransformation .... F 100
      c) Status quo: Rechtsunsicherheit .... F 101
      d) Say on Climate: Einführung eines neuen § 120b AktG .... F 101
         aa) Anwendungsbereich und Beschlussgegenstand ..... F 101
         bb) Konsultativbeschluss .... F 102
         cc) Fakultativer Beschluss .... F 102

H. Thesen und Empfehlungen .... F 104
I. Klimaschutz und Gesellschaftsrecht .... F 104
II. Eine Klimatrias für das Gesellschaftsrecht .... F 105

III. Klimaquote .... F 105
IV. Rechtsformzusatz „klimaneutral" .... F 106
V. Klimagovernance .... F 107

A. Einführung

I. Problemstellung und Gutachtenauftrag

Der Klimawandel gehört zu den zentralen Herausforderungen des 21. Jahrhunderts. Der öffentlich-rechtliche Klimaschutz bedarf dabei der Flankierung durch weitere Rechtsgebiete[1], um insbesondere Großunternehmen der Realwirtschaft sektorübergreifend im Kampf gegen den Klimawandel zu aktivieren.[2] Als Rechtsgebiet, das privatautonome Gestaltungen in komplexen Organisationsverhältnissen und damit gleichermaßen dezentrale und innovative Problemlösungen fördert, bietet sich dabei das Gesellschaftsrecht an.[3] Der europäische Gesetzgeber hat dies erkannt und setzt mit der *Corporate Sustainability Reporting Directive* (CSRD)[4] und der *Corporate Sustainability Due Diligence Directive* (CSDDD)[5] maßgeblich auf das Gesellschaftsrecht, um Schubkraft für die Erfüllung des 1,5 °C-Ziels aus dem Pariser Klimaabkommen (2015)[6] und des Ziels der Klimaneutralität bis 2050 aus dem EU-Klimagesetz (2021)[7] zu erzeugen.[8]

---

[1] *Weller/Hößl/Seemann*, ZGR 2024, 180: "Greening Corporate Law".

[2] Die bisherigen Maßnahmen, die überwiegend öffentlich-rechtlich sind, reichen nicht aus, um die vom Bundesklimaschutzgesetz (KSG) gesetzten Ziele zu erreichen, *Expertenrat für Klimafragen*, Stellungnahme v. 22.8.2023, S. 11, 21, abrufbar unter https://expertenrat-klima.de/content/uploads/2023/09/ERK2023_Stellungnahme-zum-Entwurf-des-Klimaschutzprogramms-2023.pdf.

[3] Ähnlich *Mittwoch*, Nachhaltigkeit und Unternehmensrecht, 2022, S. 382 ff.; *Schirmer*, Nachhaltiges Privatrecht, 2023, S. 418; *Weller/Benz*, ZGR 2022, 563.

[4] Richtlinie (EU) 2022/2464 vom 14.12.2022 zur Änderung der Verordnung (EU) Nr. 537/2014 und der Richtlinien 2004/109/EG, 2006/43/EG und 2013/34/EU hinsichtlich der Nachhaltigkeitsberichterstattung von Unternehmen, ABl EU L 322/15 v. 16.12.2022 (CSRD); zur Nachhaltigkeitsberichterstattung *Schön*, ZfPW 2022, 207, 217: „Mit der Kraft eines Tsunami hat das Ziel eines klimaneutralen europäischen Wirtschaftsraums die unternehmensbezogene Berichterstattung in ihren Dienst gestellt."; *Hommelhoff*, FS Kübler, 2015, S. 297: „Nichtfinanzielle Ziele (…) Revolution übers Bilanzrecht."

[5] Vorschlag für eine Richtlinie über die Sorgfaltspflichten von Unternehmen im Hinblick auf Nachhaltigkeit vom 23.2.2022, COM(2022) 71 final, in der aktuellen Fassung des Europäischen Parlaments vom 1.6.2023, abrufbar unter https://www.europarl.europa.eu/doceo/document/TA-9-2023-0209_DE.html.

[6] Art. 2 Abs. 1 lit. a Übereinkommen von Paris vom 12.12.2015, UN Treaty Collection Vol. II Kap. 27, 7d.

[7] Art. 2 Abs. 1 Verordnung (EU) 2021/1119 vom 30.6.2021 zur Schaffung des Rahmens für die Verwirklichung der Klimaneutralität.

[8] ErwG 11, 14, 30 CSRD; ErwG 9, 50, 51 CSDDD-Entwurf; zu den Nachhaltigkeitsrichtlinien *Hommelhoff*, AG 2023, 742.

Die Indienstnahme des Privat- und Gesellschaftsrechts zur Erreichung wichtiger gesellschaftspolitischer Zwecke überzeugt. Erfahrungen lehren, dass ein komplex-problematischer Lebenssachverhalt erst mit Hilfe (auch) einer *private regulation* effizienten Lösungen zugeführt wird.[9] Dabei verfängt die Kritik, die einer Indienstnahme des Gesellschaftsrechts zur Lösung gesellschaftspolitischer Desiderate mitunter entgegengehalten wird,[10] heute nicht mehr. Das Privat- und Gesellschaftsrecht ist nicht unpolitisch,[11] es trägt als „Magna Carta der freien Gesellschaft"[12] und als „Gesellschaftsverfassungsrecht"[13] vielmehr Verantwortung dafür, dass eine Klimatransformation gemeinwohlorientiert und zugleich möglichst individuell-privatautonom gelingt. Im Auftrag des Deutschen Juristentags soll daher die Frage erörtert werden, ob sich „im Kampf gegen den Klimawandel gesetzgeberische Maßnahmen auf dem Gebiet des Gesellschaftsrechts" empfehlen.

II. Gang der Untersuchung

Zur Bewältigung des Klimawandels – dies erhellt der naturwissenschaftliche Forschungsstand – müssen die nationalen Gesetzgeber weitergehende Maßnahmen als bisher beschließen. Dabei sprechen zahlreiche Gründe für ein *corporate climate enforcement* (**unter B.**). Die *lex lata* hält bislang hingegen nur punktuell gesellschaftsrechtliche Instrumente pro Nachhaltigkeit bereit (**unter C.**). Daher werden in der Literatur verschiedene Reformvorschläge zur Förderung von Klimaschutz und Nachhaltigkeit diskutiert (**unter D.**). Der Begriff der Nachhaltigkeit ist indes vage und divergierende Nachhaltigkeitsbelange können zu Zielkonflikten bei unternehmerischen Entscheidungen führen. Es ist daher bei gesetzgeberischen Maßnahmen eine Fokussierung auf den Klimaschutz zu empfehlen (**unter E.**). Insbesondere sollten sich Gesellschaften am neuen rechtlichen Leitbegriff der *Klimaneutralität* ausrichten. Anknüpfend an das Pariser Klimaabkommen geben nämlich sowohl das Unions- als auch das Verfassungsrecht (Art. 20a GG) und das Bundesklimaschutzgesetz (KSG) das Ziel der Klimaneutralität für die Bundesrepublik vor. Über die *CSRD* und die *CSDDD* wird diese zunächst staatenbezogene Klimaneutralität nunmehr auch auf Unternehmen und damit die Realwirtschaft projiziert. Der deutsche Gesetzgeber knüpft an diese

---

[9] *Gruber*, JZ 2023, 417 (418 ff.).
[10] Nachweise bei *Koch* AG 2023, 553 (558); *Wagner* NJW 2021, 2256 (2261).
[11] Zutreffend *Gruber* JZ 2023, 417 (418).
[12] *Böhm*, ORDO 17 (1966), 75 (77).
[13] *Riesenuber*, Privatrechtsgesellschaft, 2007, S. 4.

Entwicklung an und regelt in § 18 EnEfG (2023) sektoriell für den Bereich der Energieeffizienz Besonderheiten für „klimaneutrale Unternehmen", ohne diese jedoch zu definieren (**unter F.**). Diese Entwicklung aufgreifend ist ein *Greening Corporate Law* über drei Instrumente zu empfehlen: (1.) eine *Klimaquote*, (2.) ein *Rechtsformzusatz „klimaneutral"* und (3.) eine *Klimagovernance* (**unter G.**).

III. Themenbegrenzung

(1.) Nicht behandelt wird das Thema *Green Finance*.[14] Dieses gehört zwar zum Klimaschutz im Unternehmensrecht im weiteren Sinne. Es betrifft allerdings *erstens* vor allem den Kapitalmarkt und nicht das klassische Gesellschaftsrecht; *zweitens* ist es unionsrechtlich weitgehend vollharmonisierend prädeterminiert (Taxonomie-VO, Offenlegungs-VO) und lässt mithin kaum Raum für weitere nationale Reformen.

(2.) Die Klimatransformation verlangt den Unternehmen erhebliche finanzielle Mittel für die Umstellung der Geschäftsmodelle ab. Eine Vereinfachung der Kapitalaufnahme bringt das Zukunftsfinanzierungsgesetz (2023). Ob der Gesetzgeber darüber hinaus Erleichterungen für die Unternehmensfinanzierung mit Eigen- und Fremdkapital schaffen sollte, stellt sich indes nicht nur im klimaspezifischen Kontext, sondern etwa auch im Rahmen der Digitalisierung der Wirtschaft und wird daher ausgeklammert.

(3.) Die *Lieferkettenregulierung* will nicht nur den Schutz der Menschenrechte in Wertschöpfungsketten verbessern, sondern zielt auch auf den Schutz der natürlichen Lebensgrundlagen und der Umwelt (vgl. § 2 Abs. 2 Nr. 9 LkSG: Verbot der Herbeiführung einer „Luftverunreinigung"). In diesem Zusammenhang wird diskutiert, ob auch das Klima darunterfällt und insofern vom Schutzbereich der lieferkettenbezogenen Sorgfaltspflichten (§§ 3 ff. LkSG) erfasst wird.[15] Diesbezügliche Klimaschutzanforderungen an unmittelbare und mittelbare Zulieferer wären indes – so man sie bejaht – ebenfalls nicht gesellschaftsrechtsspezifisch und werden an anderer Stelle diskutiert.

(4.) Das *Corporate Climate Reporting* nach Maßgabe der CSRD, der Taxonomie-VO sowie der Offenlegungs-VO ist Teil des Bilanzrechts und damit des Unternehmensrechts; es wird nicht hier, sondern in einem der Referate zu diesem Gutachten behandelt.[16]

---

[14] Hierzu zB *Möllers*, ZHR 2021, 881; *Klöhn/Jochmann*, KlimaRZ 2022, 12.
[15] Näher BeckOGK/*Wiik*, LkSG, 2024, § 2.
[16] *Hennrichs*, Referat DJT 2024.

B. Notwendigkeit eines Corporate Climate Enforcement

Die Indienstnahme anderer Rechtsgebiete außerhalb des klassischen öffentlichen (Umwelt-)Rechts und dabei insbesondere des Gesellschaftsrechts ist erforderlich, um das Pariser Abkommen einzuhalten und um Klimaneutralität zu erreichen.[17] Empirische Befunde aus den Klimawissenschaften legen eine *corporate climate responsibility* nahe (unter I. und II.). Eine Aktivierung des Gesellschaftsrechts erscheint vor diesem Hintergrund, nicht zuletzt aufgrund moderner Regulierungsansätze, systemkohärent und vielversprechend (unter III.). Auch die Rechtsvergleichung bietet Ansätze, dass und wie dies gelingen kann (unter IV.).

I. Naturwissenschaftlicher Befund

1. Intergovernmental Panel on Climate Change (IPCC)

Zweck des IPCC ist es, die jeweils neuesten wissenschaftlichen Erkenntnisse über den Klimawandel zusammenzutragen und mögliche Reaktionsstrategien zu erarbeiten. Dabei liefert es „die derzeit umfassendsten und verlässlichsten weltweiten Forschungsberichte zum anthropogenen Klimawandel".[18] Das IPCC modelliert unter anderem verschiedene, der realen Klimaentwicklung nachgebildete Szenarien; es prognostiziert anschließend, mit welcher Wahrscheinlichkeit die globale Erderwärmung auf Basis dieser Szenarien auf 1,5 bzw. deutlich unter 2 °C im Vergleich zum Jahr 1990 begrenzt werden kann[19]:
– Um die Erderwärmung mit einer 50-prozentigen Wahrscheinlichkeit bei 1,5 °C zu begrenzen, müsste Anfang 2050 netto CO_2-Neutralität erreicht werden; anschließend müsste ein Zustand erreicht werden, in dem weniger CO_2 emittiert wird als der Atmosphäre (zB im Wege von *carbon capture*-Verfahren) entnommen werden kann (Netto-Negativ-Emissionen).

---

[17] Zur Notwendigkeit eines *smart mix* aus *public* und *private enforcement* EU-Kommission, Impact Assessment CSDDD, SWD(2022) 42 final, S. 39: „A potential policy option covering a mandatory due diligence requirement *without a civil liability regime* has been discarded due to *lack of effective enforcement*. Experience shows that effective enforcement through *administrative supervision alone* remains a major challenge." (Hervorhebungen durch *Verf.*).
[18] Rodi/*Kreuter-Kirchhof*, Handbuch Klimaschutzrecht, 2022, § 2 Rn. 6.
[19] *IPCC*, AR6 Synthesis Report: Climate Change 2023, Summary for Policymakers, S. 20 B.6, B.6.1.

– Um die Erderwärmung mit einer 67-prozentigen Wahrscheinlichkeit bei 2 °C zu begrenzen, müsste Anfang 2070 netto CO_2-Neutralität erreicht werden, gefolgt von Netto-Negativ-Emissionen.

Der Sachverständigenrat für Umweltfragen (SRU)[20] hat 2022 aus den Berechnungen des IPCC ein nationales CO_2-Budget für Deutschland abgeleitet: Ab 2022 beträgt dieses maximal 6,1 Gt CO_2 (um ein 1,75 °C-Ziel mit 67-prozentiger Wahrscheinlichkeit zu erreichen). Noch deutlich geringer (2,0 Gt CO_2) wäre es, wollte man das 1,5 °C-Ziel mit derselben Wahrscheinlichkeit erreichen.[21]

Das Budget von 6,1 Gt CO_2 wäre bei einer linearen, dh. stetigen Emissionsreduktion mit einer Rate von 5,4 % jährlich im Zeitraum von 2022 bis 2040 aufgebraucht.[22] Im Jahr 2022 sind die Emissionen indes lediglich um 1,9 % gegenüber 1990 gesunken,[23] demnach deutlich unterhalb der Quote, die zur Einhaltung der Pariser Klimaziele notwendig wäre. Zwar sind diese Budget-Berechnungen mit erheblichen Unsicherheiten behaftet, nationale CO_2-Budget-Obergrenzen aufgrund politischer Verteilungs- und Gerechtigkeitsfragen kaum konsensfähig und weder ein globales noch ein nationales Restbudget rechtlich festgeschrieben.[24] Ein legislativer Handlungsbedarf wird daraus dennoch deutlich.

2. Expertenrat der Bundesregierung für Klimafragen (§ 11 f. KSG)

Der Expertenrat für Klimafragen veröffentlichte jüngst seine gemäß § 12 KSG zu erteilende Stellungnahme zum Klimaschutzprogramm 2023 der Bundesregierung. Er stuft die Wahrscheinlichkeit, die Emissionsreduktions(zwischen)ziele des KSG einzuhalten, für alle Sektoren als sehr gering ein.[25] Es verbleibe insgesamt eine Zielerreichungslücke von mehr als 200 $MtCO_2$-Äquivalenten.[26] Zur Effektivierung der Klimaschutzmaßnahmen sollten daher die Treibhausgas-Minderungspotenziale *aller* Handlungsfelder und Sektoren adressiert werden.[27] Dies würde die *infra* empfohlene Klimaquote leisten, indem sie *alle* Unternehmen ab einer bestimmten Größe abdeckt.

---

[20] Der SRU berät seit 1972 die Bundesregierung, indem er die nationalen Umweltbedingungen begutachtet, auf Fehlentwicklungen hinweist und Möglichkeiten aufzeigt, diese Fehlentwicklungen zu korrigieren, https://www.umweltrat.de/DE/SRU/sru_node.html.
[21] *SRU*, Wie viel CO_2 darf Deutschland maximal noch ausstoßen? Fragen und Antworten zum CO_2-Budget, Stellungnahme vom Juni 2022, S. 5, 7.
[22] *SRU*, aaO, S. 7.
[23] *Umweltbundesamt*, Pressemitteilung vom 15.3.2023.
[24] Vgl. BVerfG NJW 2021, 1723, Rn. 69.
[25] *Expertenrat für Klimafragen*, Stellungnahme v. 23.8.2023, S. 21.
[26] AaO, S. 11.
[27] AaO, S. 30.

II. Corporate Climate Responsibility

Wesentliche Verursacher und Treiber der Klimakrise sind – neben den Staaten, die ihrer Regulierungsverantwortung nicht hinreichend nachkommen – vor allem Großunternehmen.[28] Daher ist es stimmig, sie – neben der öffentlichen Hand und privaten Haushalten – für die Klimatransformation in die Verantwortung zu nehmen. Sie unterliegen insofern eine *corporate climate responsibility*. Bereits der *Brundtland*-Bericht der UN aus 1987[29] hat die Bedeutung der Unternehmen für eine nachhaltige Entwicklung hervorgehoben.[30] Heute erwarten nicht zuletzt internationale Stakeholder, dass sich Unternehmen an der Bekämpfung des Klimawandels beteiligen.[31] Auch der Gesetzgeber geht von einer grundsätzlichen Verantwortung und „Vorbildrolle" der großen Unternehmen im Hinblick auf Nachhaltigkeitsbelange aus.[32]

Einige Konzerne implementieren bereits freiwillig Klimaschutzprogramme- und ziele. Allerdings sind die bisherigen Maßnahmen noch nicht hinreichend.[33] Branchenunabhängige allgemeine Pflichten hierzu würden zumindest den Anfang machen, ein *level playing field* für Konzerne zu schaffen.[34] Nicht zuletzt adressiert auch das Bundesverfassungsgericht in seinem Klimabeschluss vom 24. März 2021 die Notwendigkeit einer Inpflichtnahme der Privaten, wenn es umgekehrt ausführt, der Staat sei nicht allein in der Pflicht und in der Lage, „alle technologischen und sozialen Entwicklungen zur Ersetzung und Vermeidung von treibhausgasintensiven Prozessen und Produkten und den Ausbau hierfür erforderlicher Infrastrukturen selbst zu erbringen".[35] Er müsse allerdings zugunsten des Klima-

---

[28] Der überwiegende Teil (71%) der zwischen 1988 und 2015 emittierten Treibhausgase ist lediglich 100 Unternehmen zuzurechnen, CDP Carbon Majors Report 2017, S. 8; die insoweit fehlgeschlagene Internalisierung der Schäden des Klimawandels bei den privaten Emittenten indiziert ein Marktversagen, *Stern*, The Economics of Climate Change: The Stern Review, 2007, S. 27.

[29] Brundtland-Bericht 1987, S. 20, 21.

[30] Vgl. *Mittwoch*, aaO, S. 113.

[31] *EU-Kommission*, Impact Assessment CSDDD, SWD(2022) 42 final, S. 39.

[32] So BT-Drs. 19/26689, 48.

[33] *Healy/Keyt*, 48 Environmental Law Reporter (2018) 10381, 10385: "Such projections of future fossil fuel use hardly square with the 80% reduction in carbon emissions needed to meet the "well below 2 degrees" goal of the Paris Agreement." Eine Studie der Unternehmensberatung *Boston Consulting Group (BCG)* erhellt, dass nur 14% der beteiligten Unternehmen die Emissionsreduktionen erreichen, die sie sich zum Ziel gesetzt haben, abrufbar unter https://www.bcg.com/publications/2023/why-some-companies-are-ahead-in-the-race-to-net-zero-and-reducing-emssions.

[34] *Lambooy/van Rumpt*, 3 The Dovenschmidt Quarterly (2015), 76 (98).

[35] BVerfG NJW 2021, 1723, Rn. 248.

schutzes die für unternehmerische Innovation und Effektivität erforderlichen Rahmenbedingungen schaffen.[36]

III. Corporate Climate Regulation

Zu empfehlen ist daher eine *corporate climate regulation*.[37] Zwar wird die Verfolgung öffentlicher Interessen traditionell als Aufgabe des öffentlichen Rechts eingestuft.[38] Dies ist heutzutage allerdings eine zu „verengte Sicht".[39] Weder das Privat- noch das Gesellschaftsrecht erteilen der Berücksichtigung gemeinnütziger Zwecke *a priori* eine Absage, wie das Wohnraummiet- und Arbeitsrecht erhellen.[40] Das BVerfG stützt diese Sicht: „Das im Bürgerlichen Gesetzbuch und den Nebengesetzen des Privatrechts geregelte bürgerliche Recht ist und war stets auch durch Elemente sozialer Regulierung von wirtschaftlichen Vorgängen geprägt." [41] In jeder privatrechtlichen Regelung stecke immer auch eine Verteilungsentscheidung[42], eine „distributive Gerechtigkeitsfrage."[43] In der Tat finden sich in allen Privatrechtsregelungen Regulierungselemente, die Allgemeinwohlziele verwirklichen helfen.[44] *Schirmer* umschreibt den „Rise of the Social" im Privatrecht zutreffend als systemkohärente Evolution.[45]

In Sachen Klimaschutz ist der Trend zu einer Aktivierung des Privat- und Gesellschaftsrechts besonders ausgeprägt. Der EU-Gesetzgeber tut dies etwa in Gestalt der CSRD und der CSDDD. Die CSRD verpflichtet zur Nachhaltigkeitsberichterstattung, die CSDDD zur Entwicklung eines Geschäftsmodells, das mit dem 1,5°C-Ziel kompatibel ist. Die EU erachtet die Regulierung des Privatsektors als zentral auf dem Weg zur Erreichung der Klimaneutralität.[46]

Der Bundesgesetzgeber setzt bei der Klimatransformation ebenfalls in ersten Ansätzen auf das Privatrecht, etwa für den Gebäudesektor (§ 555b Nr. 2 und § 555d Abs. 2 BGB[47]) und die Wirtschaft (ökologische Vergütungsanreize, § 87 Abs. 1 S. 2 AktG[48]).

[36] BVerfG NJW 2021, 1723, Rn. 248.
[37] Vgl. auch *Kuo/Means*, 107 Iowa Law Review (2022) 2135 ff.; aA *Kuntz*, FS Hopt, 2020, 653, 674, der für ein „modernisiertes Umweltrecht" plädiert.
[38] *Hellgardt*, Regulierung und Privatrecht, 2016, S. 328.
[39] *Gsell*, NZM 2022, 481 (484).
[40] *Gsell*, NZM 2022, 481 (484).
[41] BVerfG, Beschl. v. 29.7.2016 – 1 BvR 1015/15, NJW-RR 2016, 1349, Rn. 55.
[42] *Schirmer*, Nachhaltiges Privatrecht, 2023, S. 66.
[43] *Auer*, Der privatrechtliche Diskurs der Moderne, 2014, S. 66.
[44] Ausführlich *Hellgardt*, Regulierung und Privatrecht, 2016, S. 50, 280, 730.
[45] *Schirmer*, Nachhaltiges Privatrecht, 2023, S. 54.
[46] COM(2022)71 final, ErwG 8, 50; *Hommelhoff*, AG 2023, 742.
[47] BT-Drs. 17/10485, 13.
[48] BT-Drs. 19/15153, 55.

Da die Problematik der Treibhausgasemissionen bislang systemisch von Wirtschaft und Gesellschaft ausgehen, sollte über die bisherigen Einzelansätze hinaus[49] eine das Gesamtsystem adressierende, wirtschaftssektorenübergreifende Problemlösung entwickelt werden.[50] Ein Ansatz wären staatlich überwachte Emissionssteuern oder Emissionshandelsregime (EHS); diese gelten in der ökonomischen Theorie als effizient.[51] Den Praxistest haben sie bisher aber jedenfalls nicht bestanden. So wurde das europäische EHS vor 20 Jahren eingeführt, konnte den Anstieg der Treibhausgase in der EU bis dato aber nicht hinreichend bremsen.[52] Vor diesem Hintergrund sollten *zusätzlich* zum öffentlichen Klimaschutzrecht Instrumente des Privat- und Gesellschaftsrechts zur Förderung der Klimatransformation genutzt werden.[53]

IV. Rechtsvergleichende Impulse

Ein Seitenblick in andere Rechtsordnungen zeigt, dass Nachhaltigkeitsbelange vermehrt über Rechtsformen mit Gemeinwohlorientierung (**unter 1.**) und durch spezifische Corporate Governance-Instrumente (**unter 2.**) verwirklicht werden.

1. Rechtsformen mit Gemeinwohlorientierung

In Deutschland gibt es bisher keine klimaschutzbezogene Rechtsform; es besteht nur die Möglichkeit, eine gemeinnützige Gesellschaft – eine gGmbH, gUG oder gAG – zu gründen. Dies setzt indes ein selbstloses Handeln im Sinne des § 52 Abs. 1 S. 1 AO voraus und ist überdies nicht klimaschutzspezifisch.[54] Demgegenüber existieren in anderen Rechtsordnungen Gesellschaftstypen mit dualer Zwecksetzung, die sich einer hohen Beliebtheit erfreuen. In den USA kennen inzwischen über 40 Bundesstaaten eine Benefit Corporation.[55] „Preservation of the environment" ist eine der sieben Möglichkeiten, die der California Corporations Code (CORP § 14601) als taugli-

---

[49] Zum Problem von *Governance Gaps Hübner*, Unternehmenshaftung für Menschenrechtsverletzungen, 2022, S. 23 ff.
[50] Vgl. *Fleischer*, DB 2022, 37 (39); *Schirmer*, aaO, S. 375.
[51] Vgl. *Sturm/Vogt*, Umweltökonomik, 2. Aufl. 2018, S. 70 ff.
[52] *Supra* B. I. 1. und 2. Das mag auch daran liegen, dass Staaten über keine bessere Informations- und Entscheidungsgrundlagen (*big picture*) verfügen als Unternehmen, *Schirmer*, aaO, S. 157.
[53] Vgl. auch *Fleischer*, DB 2022, 37 (39); *Gsell*, NZM 2022, 481 (485).
[54] *Zimmermann/Weller*, ZHR 2023, 594 (625).
[55] *Feldman*, Georgia and Alabama enact benefit corporation laws, Pressemitteilung vom 7.1.2023, abrufbar unter https://www.wolterskluwer.com/en/expert-insights/georgia-and-alabama-enact-benefit-corporation-laws.

chen Satzungszweck für eine Benefit Corporation auflistet.[56] „Social enterprise lawmaking" gilt als eine „growth industry".[57]

In Europa haben mehr als 18 Mitgliedstaaten gesellschaftsrechtliche Sonderregime eingeführt, die soziales Unternehmertum fördern sollen.[58] Darunter fallen neben neuen Rechtsformen wie die britische *Community Interest Company (CIC)* (2004) auch Regime, die man als „gesetzlichen Status"[59] oder ergänzenden Rechtsformzusatz umschreiben kann. Zu letzteren zählen die belgische *société à finalité sociale (SFS)*[60] (1995), die französische *société à mission* (2019)[61] und die italienische *società benefit* (2016). Der hybride *profit & purpose*-Charakter[62] der *benefit corporations* schlägt sich meist darin nieder, dass bei unternehmerischen Entscheidungen das Gemeinwohl berücksichtigt werden sollte, die Gewinnausschüttung jedoch nicht begrenzt wird.[63] Zieht man Bilanz, ist die Kombination von Gewinninteressen und Gemeinwohlbelangen ein Erfolgsmodell.[64] In vielen Jurisdiktionen fördert das Gesellschaftsrecht *„profit & purpose"*, in Deutschland bislang noch nicht.

2. Corporate Governance-Instrumente mit Klimabezug

Ein prominent diskutiertes Corporate Governance Instrument im internationalen Klimadiskurs ist das „Say on Climate" der Hauptversammlung.[65] Hiernach soll die Hauptversammlung konsultativ über den vom Vorstand entwickelten *Climate Transition Action Plan* abstimmen und den jährlichen Bericht über dessen Umsetzung und Anpassung billigen dürfen. „Say on Climate"-Beschlüsse sind vermehrt bei Unternehmen aus der ganzen Welt zu beobachten, darunter – Stand 2021 – in Australien (BHP Group), Schweiz (Glencore, LafargeHolcim, Nestlé, UBS), Vereinigtes Königreich (HSBC, Rio Tinto, Unilever und 13 andere), Niederlande (Royal Dutch Shell)

---

[56] Cal. Corp. Code § 14601, abrufbar unter https://codes.findlaw.com/ca/corporations-code/corp-sect-14601/.
[57] *Galle*, Social Enterprise: Who Needs it?, Boston College Law Review 54 (2013), 2025, abrufbar unter https://storage.googleapis.com/jnl-bcls-j-bclr-files/journals/1/articles/743/63b2cd4c3f19c.pdf.
[58] *Möslein*, ZRP 2017, 175 (175); *Fici*, A European Study für Social and Solidarity-Based Enterprise – Study for the Juri Committee, 2017, 15 ff. und Annex, abrufbar unter https://www.europarl.europa.eu/RegData/etudes/STUD/2017/583123/IPOL_STU(2017)583123_EN.pdf.
[59] *Fleischer*, ZIP 2023, 1505 (1511).
[60] *Doeringer*, Duke Journal of Comparative & International Law 2010, 291 (309).
[61] *Bochmann/Leclerc*, GmbHR 2021, 1141; *Fleischer*, ZIP 2022, 345 (352).
[62] Zur Begriffsbestimmung *Mittwoch*, Nachhaltigkeit und Unternehmensrecht, 2022, S. 242.
[63] *Möslein/Mittwoch*, RabelsZ 2016, 400 (428).
[64] *Zimmermann/Weller*, ZHR 2023, 594 (634).
[65] *Urbain-Parleani*, Revue des sociétés, 2023, 494; *Vetter*, AG 2023, 564.

und Frankreich (TotalEnergies und 10 andere).⁶⁶ In den USA sind das Pendant dazu klimabezogene *shareholder proposals*.⁶⁷ Der erste Say on Climate-Beschluss 2023 fand in Deutschland bei der Alzchem Group AG statt.⁶⁸ Ein weiterer soll 2024 bei GEA stattfinden⁶⁹, Fortsetzungen dieser internationalen Praxis werden folgen.⁷⁰

Auf Leitungsebene werden zudem vermehrt *Chief Climate Officers*⁷¹ oder *Chief Sustainability Officers* bestellt.⁷² Schließlich gibt es viele Länder, darunter Großbritannen, Indien, Singapur, Japan und China, die zunehmend Offenlegungspflichten nach europäischem Vorbild der CSRD konzipieren.⁷³ In den USA hat im Jahr 2022 die *Securities and Exchange Commission (SEC)* für gelistete Unternehmen angeordnet, dass diese über ihre Treibhausgasemissionen berichten müssen.⁷⁴

---

⁶⁶ *Tufford/Sommer/Muirhead*, MSCI – Shareholders' Say on Climate, abrufbar unter https://www.msci.com/research-and-insights/insights-gallery/shareholders-say-on-climate.

⁶⁷ *Fleischer/Hülse*, DB 2023, 44.

⁶⁸ *Obernosterer*, „Say on Climate"-Beschluss bei der Alzchem Group AG, Blog-Beitrag vom 22.5.2023, abrufbar unter https://blog.otto-schmidt.de/gesellschaftsrecht/2023/05/22/say-on-climate-beschluss-bei-der-alzchem-group-ag-grosse-mehrheit-der-aktionaere-stimmt-fuer-klimafahrplan/.

⁶⁹ *GEA*, Pressemitteilung vom 12. Dezember 2023, abrufbar unter https://www.gea.com/en/news/corporate/2023/climate-transition-plan.jsp. hierzu *Merkner/Schalenburg/Elixmann*, A 6 2024 (im Erscheinen).

⁷⁰ *Vetter*, AG 2023, 564 (565).

⁷¹ Pressemitteilung TIME vom 19.9.2023, abrufbar unter https://time.com/6315518/time-appoints-shyla-raghav-as-chief-climate-officer/.

⁷² *Deloitte*, The Future of the Chief Sustainability Officer, S. 6, 9, abrufbar unter file:///C:/Users/ii2/Downloads/gx-fsi-future-of-the-cso-report.pdf.

⁷³ *Financial Conduct Authority*, Regulators welcome the Government's updated Green Finace Strategy, Artikel vom 30.3.2023, abrufbar unter https://www.fca.org.uk/news/statements/regulators-welcome-governments-updated-green-finance-strategy.

⁷⁴ Pressemitteilung der SEC v. 21.3.2022, abrufbar unter https://www.sec.gov/news/press-release/2022-46.

C. Bestandsaufnahme – Klimaschutz *de lege lata*

Abgesehen von der unionsrechtlichen *Green Finance*-Regulierung (unter 1.) enthält auch das geltende Gesellschaftsrecht „Einfallstore" für Klimaschutz. Wesentliche Pfeiler sind die Nachhaltigkeitsberichtspflichten (unter 2.) und die Nachhaltigkeitsvergütung (unter 3.). Aber auch erste klimaschutzbezogene Sorgfaltspflichten werden diskutiert (unter 4.).

I. Green Finance

Der europäische Gesetzgeber hat Regelungen getroffen, mit denen Nachhaltigkeits- und insbesondere Klimaschutzbelange im Bereich Corporate Finance eine stärkere Akzentuierung erfahren.[75] Finanzmarktteilnehmer wie Versicherungs- oder Fondverwaltungsgesellschaften und Finanzberater wie Versicherungsvermittler oder Anlageberater müssen nach Art. 3 ff. Offenlegungs-Verordnung (2019)[76] bestimmte Informationen über die Nachhaltigkeit ihrer Finanzprodukte bereitstellen.[77] Insbesondere haben sie Finanzprodukten, die Nachhaltigkeitsbelange zumindest beiläufig fördern (*light-green* Produkte), vorvertragliche Informationen beizufügen (Art. 8); dies gilt erst recht nach Art. 9 bei Finanzprodukten, die ausschließlich Nachhaltigkeitszielen dienen (*dark-green* Produkte).[78]

Ergänzend dazu enthält die Taxonomie-Verordnung (2020)[79] Kriterien zur Bestimmung, ob eine Wirtschaftstätigkeit als ökologisch nachhaltig einzustufen ist, wobei die Verwirklichung oder Beeinflussung von Umweltzielen entscheidend ist (Art. 3). Dazu gehören sowohl der Klimaschutz (Art. 9 lit. a) als auch die Anpassung an den Klimawandel (Art. 9 lit. b). Beide Umweltziele werden durch den Delegierten Rechtsakt Klima (2021)[80] näher konkretisiert; er

---

[75] *Harbarth*, FS Ebke, 2012, 307 (309 ff.); *Koch*, AG 2023, 553 (559); *Verse*, in: Nietsch, Nachhaltiges Aktienrecht, 2023; *Verse/Tassius*, in: Hommelhoff/Hopt/Leyens, Unternehmensführung durch Vorstand und Aufsichtsrat, 2024, § 7 Rn. 3.

[76] Verordnung (EU) 2019/2088 über nachhaltigkeitsbezogene Offenlegungspflichten im Finanzdienstleistungssektor.

[77] *Zemke/Troost*, in: Freiberg/Bruckner, Corporate Sustainability, 2022, § 11 Rn. 4 ff.

[78] *Kehrel*, Sustainable Finance, 2023, S. 189 ff.

[79] Verordnung (EU) 2020/852 über die Einrichtung eines Rahmens zur Erleichterung nachhaltiger Investitionen.

[80] Delegierte Verordnung (EU) 2021/2139 der Kommission vom 4.6.2021.

enthält ein Klassifikationssystem, wonach Wirtschaftstätigkeiten als klimafreundlich und damit als „taxonomiefähig" eingestuft werden können.[81]

Daneben müssen institutionelle Anleger und Vermögensverwalter nach Art. 3g Abs. 1 lit. a der abgeänderten Aktionärsrechterichtlinie (2017)[82] darüber berichten, inwiefern sie ihre Portfoliogesellschaften in Bezug auf die sozialen und ökologischen Auswirkungen ihrer Geschäftstätigkeit überwachen.[83]

II. Nachhaltigkeitsberichtspflichten (§§ 289b ff. HGB)

Der Klimaschutz wird im Gesellschaftsrecht derzeit vornehmlich über das *Sustainability Reporting* verwirklicht. Dessen Rechtsgrundlage war bislang die CSR-Richtlinie (2014),[84] die in den §§ 289b ff. HGB umgesetzt wurde.[85] Während das Reporting zunächst nur einen Nudging-Charakter aufwies[86], wurde es durch die CSRD zu einer detaillierten Berichtspflicht hochgestuft, die Gegenstand der Abschlussprüfung ist und seit 2024 ca. 15.000 Unternehmen in der EU erfasst.[87] Dabei wird die nichtfinanzielle Erklärung zu einer eigenständigen Nachhaltigkeitserklärung innerhalb des Lageberichts aufgewertet.[88]

III. Nachhaltige Vergütungsparameter (§ 87 Abs. 1 S. 2 AktG)

Nach § 87 Abs. 1 S. 2 AktG in der Fassung des ARUG II (2019) ist die Vergütungsstruktur der Vorstandsmitglieder in börsennotierten Gesellschaften auf eine langfristige und *nachhaltige* Entwicklung der Gesellschaft auszurichten. Gemeint ist seit dem ARUG II eine Orientierung an sozialen und ökologischen Faktoren.[89] Im Geschäftsjahr 2021 wählten 28 der 40 DAX-Unternehmen die Re-

---

[81] *Borcherding*, in: Freiberg/Bruckner, Corporate Sustainability, 2022, § 12 Rn. 22 ff.
[82] Richtlinie (EU) 2017/828.
[83] Umgesetzt durch das ARUG II in § 134b Abs. 1 Nr. 2 AktG, *Tröger*, ZGR 2019, 126 (143).
[84] Richtlinie 2014/95/EU.
[85] *Simon*, Die CSR-RL, 2019, S. 43 ff., 117 ff.
[86] *Habersack/Ehrl*, AcP 219 (2019), 155 (205); *Hennrichs*, ZGR 2018, 206 (209).
[87] *Fleischer*, DB 2022, 37 (39); *Nietsch*, ZIP 2022, 449 (451).
[88] Art. 19a Abs. 1 UAbs. 2 Bilanz-RL nF.
[89] Rechtsausschuss, BT-Drs. 19/15153, S. 55, 62; *Arnold/Herzberg/Zeh*, AG 2021, 141; *Hommelhoff*, FS Hopt, 2020, 467 (472).

duzierung der CO_2-Emissionen als nachhaltigen Parameter für die Bestimmung der Vorstandsvergütung.[90]

IV. Leitungs- und Sorgfaltspflichten (§§ 76 Abs. 1, 93 Abs. 1 AktG)

In Übereinstimmung mit dem *enlightened shareholder value approach* bzw. *stakeholder value approach* sind Geschäftsleiter im Rahmen ihres Leitungsermessens zwar berechtigt, aber nicht verpflichtet, gemeinwohlorientierte Belange zu verfolgen.[91] Allerdings sind derartige Maßnahmen aufgrund der sich wandelnden, zunehmend ESG-bezogenen Erwartungen von Anteilseignern und Kunden immer häufiger förderlich und insofern angezeigt.[92] Folgerichtig empfiehlt der *Deutsche Corporate Governance Kodex* seit 2022, der Vorstand solle bei der Unternehmensplanung auch nachhaltigkeitsbezogene Ziele verfolgen.[93]

Ungeachtet dessen verdichtet sich das Leitungsermessen der Geschäftsleiter (§§ 76 Abs. 1, 93 Abs. 1 AktG) aufgrund ihrer Legalitätspflicht[94] dann zu einer klimaschutzfördernden Pflicht, sofern konkrete Klimaschutzmaßnahmen gesetzlich vorgegeben sind.[95] Das sind insbesondere die umweltbezogenen Sorgfaltspflichten nach §§ 3 ff. LkSG.[96] Hinzu kommen demnächst noch klimaspezifische Sorgfaltspflichten aus Art. 15 *Corporate Sustainability Due Diligence-Directive* (CSDDD).[97]

---

[90] *Beile/Schmid*, Nachhaltige Kriterien in der Vorstandsvergütung, Hans-Böckler-Stiftung, Mitbestimmungsreport Nr. 75, 2023, S. 1, 9 f., https://www.imu-boeckler.de/de/faust-detail.htm?produkt=HBS-008539.

[91] *Fleischer*, AG 2023, 833 (839); *Habersack*, AcP 220 (2020), 594 (627); *Harbarth*, ZGR 2022, 533 (547); *Vetter*, ZGR 2018, 338 (341 ff.); *Weller/Fischer*, ZIP 2022, 2253 (2258).

[92] *Harbarth*, FS Ebke, 2020, 307, 323; *Schön*, ZHR 180 (2016), 279 (285); Hommelhoff/Hopt/Leyens/*Verse/Tassius*, Unternehmensführung durch Vorstand und Aufsichtsrat, 2024, § 7 Rn. 10.

[93] Ziffer A1 DCGK.

[94] *Lieberknecht*, Legalitätspflicht, 2021, S. 9 ff.

[95] *Weller/Fischer*, ZIP 2022, 2253 (2258 ff.).

[96] *Burchardi*, NZG 2022, 1467 ff.; *Nietsch*, CCZ 2023, 61 (65 f.).

[97] *Hübner/Habrich/Weller*, NZG 2022, 644 (647); Hommelhoff/Hopt/Leyens/*Verse/Tassius*, Unternehmensführung durch Vorstand und Aufsichtsrat, 2024, § 7 Rn. 13 f.

D. Reformvorschläge in der Literatur – Klimaschutz *de lege ferenda*

In der Literatur wird die Notwendigkeit eines weitergehenden *corporate climate enforcements* gesehen. *De lege ferenda* werden gesellschaftsrechtliche Klimaschutzinstrumente in Bezug auf das Unternehmensinteresse (**unter I.**), den Vorstand (**unter II.**), den Aufsichtsrat (**unter III.**) sowie die Hauptversammlung diskutiert (**unter IV.**).

I. Unternehmensinteresse

In Frankreich hat der Gesetzgeber jüngst die soziale und ökologische Nachhaltigkeit *(enjeux sociaux et environnementaux)* als einen bei der Unternehmensleitung mitzuberücksichtigenden Belang des Unternehmensinteresses *(intérêt social)* statuiert.[98] Ähnlich in Österreich, wo zum Unternehmensinteresse auch das „öffentliche Interesse" zählt.[99]

Eine entsprechende Kodifizierung des Unternehmensinteresses könnte auch im deutschen Aktienrecht erfolgen; mit ihr würde (immerhin) eine Signalwirkung im Sinne einer Ausflaggung des Umweltschutzes einhergehen. Ob damit auch materiell eine Neuerung einherginge, hinge allerdings sehr von der konkreten Formulierung ab.[100] Schon heute umfasst der von der h. M. vertretene interessenpluralistische Ansatz nämlich auch Nachhaltigkeitsbelange wie den Klimaschutz.[101] Da die auf eine Neuausrichtung des Unternehmensinteresses abzielenden Ansätze alle zu vage in ihren konkreten

---

[98] Art. 1833 Abs. 2 Code civil: "La société est gérée dans son intérêt social, en prenant en considération *les enjeux sociaux et environnementaux* de son activité." (Hervorhebung durch *Verf.*).

[99] § 70 Abs. 1 öAktG: „Der Vorstand hat unter eigener Verantwortung die Gesellschaft so zu leiten, wie das Wohl des Unternehmens unter Berücksichtigung des Interesses der Aktionäre und der Arbeitnehmer sowie des *öffentlichen Interesses* es erfordert." (Hervorhebung durch *Verf.*). Hierzu MüKoAktG/*Kalss*, 6. Aufl. 2023, § 76, Rn. 225.

[100] *Mittwoch*, aaO, S. 360, schlägt vor, das Unternehmensinteresse solle über eine Kodifizierung des Status quo hinaus explizit auf eine „nachhaltige Wertschöpfung innerhalb der planetaren Grenzen" ausgerichtet werden.

[101] *Haubold*, Normierung der Unternehmensziele im Lichte der Nachhaltigkeit, 2023; *Schubert*, FS Henssler, 2023, S. 1265 (1275); Hommelhoff/Hopt/Leyens/ *Verse/Tassius*, Unternehmensführung durch Vorstand und Aufsichtsrat, 2024, § 7 Rn. 19 ff.

Rechtsfolgen bleiben, können sie dem Gesetzgeber allerdings nicht empfohlen werden.[102]

II. Vorstand

1. Materielle Aufladung der §§ 76, 93 AktG um Nachhaltigkeitsbelange

a) Leitungspflicht: Ergänzung des § 76 Abs. 1 AktG um eine Nachhaltigkeitsklausel

Im Rahmen der Leitungspflicht wird diskutiert, ob der Klimaschutz bei Leitungsentscheidungen als Abwägungsbelang künftig (mit)berücksichtigt werden *muss*[103] und ob diesbezüglich § 76 Abs. 1 AktG um eine „Nachhaltigkeitsklausel" ergänzt werden sollte.[104] Namentlich der von der Bundesregierung eingesetzte *Sustainable Finance Beirat* möchte der Unternehmensleitung Nachhaltigkeitsziele in § 76 Abs. 1 AktG vorgeben:

„Der Vorstand hat die Gesellschaft *im langfristigen Interesse des Unternehmens unter angemessener Berücksichtigung von Nachhaltigkeitszielen* zu leiten."[105]

Der Vorstand wäre damit nicht mehr nur berechtigt, sondern *verpflichtet,* (auch wirtschaftlich nachteilige) Nachhaltigkeitsbelange in den Abwägungsprozess aller seiner Leitungsentscheidungen einzustellen. Ergänzend greift *Fest* den auf europäischer Ebene diskutierten Art. 25 Abs. 1 CSDDD-E auf und schlägt vor, den Vorschlag des *Sustainable Finance Beirats* zu modifizieren:

„Der Vorstand hat die Gesellschaft unter eigener Verantwortung *und Berücksichtigung der kurz-, mittel- und langfristigen Folgen seiner Entscheidungen für Nachhaltigkeitsaspekte* zu leiten."[106]

Erstens müsste sich die Leitung danach an Nachhaltigkeits*aspekten* ausrichten, die – anders als Nachhaltigkeits*ziele* – nicht vom Vor-

---

[102] Ähnlich *Bachmann,* ZHR 187 (2023), 166, 182: „Vielmehr müssen messbare Ziele und klare Tatbestände (zB CO2-Reduktionen) definiert werden. Das geschieht sinnvollerweise nicht auf Ebene des Unternehmensinteresses, sondern darunter."

[103] Siehe zur Tendenz einer Materialisierung der Leitungspflicht *Weller/Fischer,* ZIP 2022, 2253 (2258 f.).

[104] So *Fest,* AG 2023, 713 (718).

[105] *Sustainable Finance Beirat,* Shifting the Trillions. Ein nachhaltiges Finanzsystem für die Große Transformation, 2021, S. 94 ff., 96, abrufbar unter https://sustainable-finance-beirat.de/wp-content/uploads/2021/02/210224_SFB_-Abschlussbericht-2021.pdf (Hervorhebung im Original).

[106] *Fest,* AG 2023, 713 (719).

stand selbst aufgestellt und verändert werden könnten.[107] Zweitens müssten auch die längerfristigen *Folgen* einer Leitungsentscheidung zB auf das Klima evaluiert werden.[108] In Anbetracht „der besorgniserregenden Erderwärmung und der sonstigen Umweltveränderungen" schlägt der *Arbeitskreis Aktienrechtsreform* der *VGR*[109] eine ähnliche Neufassung des § 76 Abs. 1 AktG vor, empfiehlt dabei aber „die ausdrückliche Erwähnung von Umweltbelangen":

„Der Vorstand hat die Gesellschaft unter eigener Verantwortung *im langfristigen Interesse des Unternehmens unter angemessener Berücksichtigung von Umwelt- und Gemeinwohlbelangen* zu leiten."[110]

Eine derartige explizite „Materialisierung der Leitungspflicht"[111] in § 76 Abs. 1 AktG wäre weitreichender als eine Ergänzung der Sorgfaltspflicht des § 93 Abs. 1 S. 1 AktG um eine Nachhaltigkeitsklausel. Erstere impliziert nämlich, dass die Leitungsautonomie des Vorstands beschnitten und der Klimaschutz bei unternehmerischen Entscheidungen aktiv zu realisieren wäre.[112] Zwar würde es sich nicht um eine Erfolgs-, sondern lediglich um eine Bemühenspflicht handeln.[113] Gleichwohl hätte der Vorstand „alles in [seiner] Macht Stehende zu tun, um mit [seiner] Geschäftspolitik (...) den Kampf gegen die Klimakatastrophe (...) zu unterstützen."[114] Er müsste mithin auch Klimabelange bei allen Leitungsentscheidungen nicht nur prozedural, sondern ergebnisbezogen mit justiziablem Gewicht in die Abwägungsprozesse einstellen.[115]

---

[107] *Fest*, AG 2023, 713 (719) mit Verweis auf Art. 19a Abs. 2 lit. b Bilanz-RL nF.

[108] *Fest*, AG 2023, 713 (719), der den Unterschied für „im Einzelfall erheblich" hält: „Unter wörtlicher Anwendung von § 76 Abs. 1 AktG-E [in der Fassung des *Sustainable Finance Beirats*] würden Vorstandsmitglieder nämlich pflichtgemäß handeln, wenn sie sämtliche betroffenen Nachhaltigkeitsaspekte berücksichtigen, sich dabei aber auf die kurzfristigen Folgen der Entscheidung beschränken."

[109] Wissenschaftliche Vereinigung für Unternehmens- und Gesellschaftsrecht (VGR).

[110] *VGR-Arbeitskreis Aktienrechtsreform*, AG 2024 (im Erscheinen).

[111] *Weller/Fischer*, ZIP 2022, 2253 (2260).

[112] *Weller/Fischer*, ZIP 2022, 2253 (2260); *Fleischer* spricht insoweit von einem Pflichtrecht, das von „vornherein mit einer Pflichtbindung versehen und vornehmlich im Fremdinteresse auszuüben ist", BeckOGK/*Fleischer*, 1.10.2023, AktG § 76 Rn. 10.

[113] ErwG 15 CSDDD-Entwurf: „Das Unternehmen sollte geeignete Maßnahmen ergreifen, die unter den Umständen des Einzelfalls *nach vernünftigem Ermessen* zur Verhinderung oder Minimierung der negativen Auswirkungen führen und die in Bezug auf den Schweregrad und die Wahrscheinlichkeit der nachteiligen Auswirkungen sowie die Größe, die Ressourcen und die Kapazitäten des Unternehmens verhältnismäßig und angemessen sind."

[114] *Schön*, ZfPW 2022, 207 (255); ausführlich *Weller/Fischer*, ZIP 2022, 2253 (2260).

[115] *Weller/Fischer*, ZIP 2022, 2253 (2261) mit Verweis auf Art. 15 CSDDD; aA (nur prozedurale Berücksichtigung) *Harbarth*, AG 2022, 633 (638); *Balke*, AG 2023, 732 (740); *Fest*, AG 2023, 713 (717); vgl. ferner *VGR-Arbeitskreis Aktienrechtsreform*, AG

b) Sorgfaltspflicht: Berücksichtigung von Klimabelangen im Rahmen des § 93 Abs. 1 AktG

Die allgemeine Sorgfaltspflicht des § 93 Abs. 1 S. 1 AktG verpflichtet den Vorstand bei seiner Amtsführung nicht nur zur Legalität (Legalitätspflicht[116]), sondern auch zur Sorgfalt eines „ordentlichen und gewissenhaften Geschäftsleiters". Diskutiert wird, ob diese Sorgfalt auch die Berücksichtigung von Nachhaltigkeitsbelangen *erfordern* soll.

Nach dem Vorschlag des *Sustainable Finance Beirats* soll die enthaftende Wirkung der *Business Judgement Rule* in § 93 Abs. 1 S. 2 AktG nur „nach angemessener Identifizierung und Abschätzung aller relevanten Risiken, einschließlich *ökologischer* und sozialer *Nachhaltigkeitsrisiken*" eintreten.[117] Hiernach könnten sich Vorstände, die bei einer unternehmerischen Entscheidung Klimarisiken ignorieren oder nicht hinreichend in ihre Abwägung einbeziehen, nicht mehr auf die haftungsprivilegierende Wirkung der *Business Judgment Rule* berufen.[118] Einige Stimmen aus dem *VGR-Arbeitskreis Aktienrechtsreform* schlagen ebenfalls eine Präzisierung des § 93 Abs. 1 S. 2 AktG vor, um „die Qualität aktienrechtlicher Entscheidungsfindungen zu verbessern und dem Vorstand seine Aufgabe klar vor Augen zu führen":

„Eine Pflichtverletzung liegt nicht vor, wenn das Vorstandsmitglied bei einer unternehmerischen Entscheidung vernünftigerweise annehmen durfte, auf der Grundlage angemessener Informationen, *die auch die Auswirkungen der Entscheidungsoptionen auf Umwelt- und sonstige Gemeinwohlbelange umfassen*, zum Wohle der Gesellschaft zu handeln."[119]

Fest befürwortet – alternativ zur *supra* diskutierten Nachhaltigkeitsklausel in § 76 Abs. 1 AktG – eine Umsetzung von Art. 25 Abs. 1 CSDDD-E in § 93 Abs. 1 S. 1 AktG:

„Die Vorstandsmitglieder haben bei ihrer Geschäftsführung die Sorgfalt eines ordentlichen und gewissenhaften Geschäftsleiters anzuwenden *und dabei insbesondere die kurz-, mittel- und langfristigen Folgen ihrer Entscheidungen für Nachhaltigkeitsaspekte zu berücksichtigen*."[120]

2024 (im Erscheinen), der „Gemeinwohlbelange bei unternehmerischen Entscheidungen angemessen [mitberücksichtigen will], ohne dadurch aber das Ergebnis der Abwägung vorzugeben".
[116] *Infra* C.IV.
[117] *Sustainable Finance Beirat*, aaO, S. 94 ff., 96.
[118] *Weller/Fischer*, ZIP 2022, 2253 (2263).
[119] *VGR-Arbeitskreis Aktienrechtsreform*, AG 2024 (im Erscheinen).
[120] *Fest*, AG 2023, 713 (719).

Im Gegensatz zur Leitungspflicht mit Nachhaltigkeitsklausel wären die Folgen für Nachhaltigkeitsaspekte dann bei *jeder* Entscheidung (und nicht nur bei Leitungsentscheidungen) zumindest zu berücksichtigen.[121]

2. Zusammensetzung des Vorstands

a) Nachhaltigkeitsexpertise im Vorstand

Mit Blick auf die Zusammensetzung des Vorstands regt der *Sustainable Finance Beirat* eine Ergänzung im DCGK an: „Die Bundesregierung sollte sich dafür einsetzen, dass die Regierungskommission DCGK entsprechende Empfehlungen und Anregungen formuliert" und die *„Nachhaltigkeitskompetenz von Geschäftsleitungen"* aufgenommen wird.[122] Eine hinreichende Nachhaltigkeitsexpertise müsste demnach künftig bei der Besetzung von Vorstandsposten als ein eigenständiges Kriterium mitberücksichtigt werden.[123]

b) *Chief Climate Officer*

Institutionelle Berücksichtigung könnte der Klimaschutz auch durch einen *Chief Climate Officers* auf Vorstandsebene finden.[124] Die verpflichtende Bestellung eines *Chief Climate Officers* würde nicht nur „zu einer höheren Sichtbarkeit und einem erhöhten Bewusstsein auf strategischer und operativer Ebene führen",[125] sondern könne auch zur entsprechenden Haftungsreduzierung bei den restlichen Vorstandsmitgliedern genutzt werden.[126]

3. Vergütung: Kopplung an Nachhaltigkeitsziele (§ 87 Abs. 1 S. 2 AktG)

Ein weiteres gesellschaftsrechtliches Instrument zur Förderung des Klimaschutzes ist die Vorstandsvergütung. Das ARUG II hat dieses Potential in einer Neufassung des § 87 Abs. 1 S. 2 AktG aufgegriffen. Seit 2020 ist der Aufsichtsrat börsennotierter Ge-

---

[121] *Fest*, AG 2023, 713 (720) mit Verweis auf ErwG 10 CSDDD-E; Stellungnahme zu diesem Vorschlag *infra* S. F 62 f. sowie S. F 92 ff.
[122] *Sustainable Finance Beirat*, aaO, S. 95.
[123] *Freiberg/Bruckner/Velte*, Corporate Sustainability, 2022, § 7 Rn. 35.
[124] Ausführlich *Ruttloff/Wagner/Reischl/Skoupil*, CB 2021, 425 (432); *Ruttloff/Wagner/Reischl/Skoupil*, CB 2021, 364, welche die „Zuweisung der Letztverantwortung [für Nachhaltigkeitsbelange] auf der Vorstandsebene" bereits *de lege lata* durch die Vielzahl an spezialgesetzlich vorgesehenen und direkt unter der Geschäftsleitung angesiedelten „Betriebsbeauftragte[n]" (namentlich Immissionsschutz-, Störfall-, Abfall-, Gewässerschutz- und Menschenrechtsbeauftragte[n])" impliziert sehen.
[125] *Freiberg/Bruckner/Velte*, aaO, § 7 Rn. 36.
[126] *Ruttloff/Wagner/Reischl/Skoupil*, CB 2021, 425 (427); *Freiberg/Bruckner/Velte*, aaO, § 7 Rn. 36.

sellschaften verpflichtet, die Vergütungsstruktur (auch) an Nachhaltigkeitsbelangen auszurichten.[127] Die Mehrheit deutscher DAX-Unternehmen hat bereits heute den *Klimaschutz* als wichtigsten Nachhaltigkeitsbelang identifiziert und macht einen Teil der variablen Vergütung ihrer Vorstandsmitglieder von der Emissionsreduktion abhängig.[128] Auch die EU will variable Vergütungsbestandteile der Vorstandsmitglieder an das Erreichen gewisser *Klimaziele* koppeln.[129]

In der Literatur wird darüber hinaus vorgeschlagen, das *Nicht*erreichen vorab definierter Nachhaltigkeitsziele – etwa der Emissionsreduktion – durch eine Gehaltskürzung (sogenannte „*Green Pill*") zu sanktionieren.[130] Eine derartige Ausgestaltung des Vergütungssystems erinnert an das für Erfolgspflichten charakteristische Minderungsrecht.[131] Jedenfalls würde der Vorstand incentiviert werden, sich nicht nur zu bemühen, sondern sichtbare Erfolge zu erzielen.

4. Risikomanagementsystem: Berücksichtigung von Nachhaltigkeitsaspekten (§ 91 Abs. 2, 3 AktG)

Seit dem auf den *Wirecard*-Skandal zurückgehenden Finanzmarktintegritätsstärkungsgesetz (2021) hat der Vorstand börsennotierter Gesellschaften nach § 91 Abs. 3 AktG ein dem Umfang der Geschäftstätigkeit und der Risikolage des Unternehmens angemessenes und wirksames internes Kontroll- und Managementsystem zu errichten. Dieses ergänzt das in § 91 Abs. 2 AktG vorgesehene Früherkennungssystem für bestandsgefährdende Risiken.[132] Da sich solche Risiken nicht nur aus Finanzaspekten, sondern auch aus dem Klimawandel ergeben können, wird namentlich von *Hommelhoff*[133] und *Walden*[134] eine Ausdehnung des Risikomanagementsystems in § 91 Abs. 3 AktG auf Nachhaltigkeitsaspekte erwogen.[135] Gleiches empfehlen der *Sustainable Finance Beirat*[136] sowie auf dessen Vor-

---

[127] *Mittwoch*, aaO, S. 158 ff.
[128] *Supra* C.II.2.
[129] Art. 15 Abs. 2 S. 1 CSDDD-Entwurf.
[130] *Armour/Enriques/Wetzer*, Green Pills: Making Corporate Carbon Commitments Credible, European corporate governance institute, Law Working Paper No 657/2022, Dezember 2022, S. 39 ff.
[131] *Weller/Fischer*, ZIP 2022, 2253 (2260).
[132] BT-Drs. 19/26966, 114 f.; BeckOGK/*Fleischer*, 1.10.2023, AktG § 91 Rn. 50.
[133] *Hommelhoff*, NZG 2017, 1361 (1363 ff.).
[134] *Walden*, NZG 2020, 50 (55 f.).
[135] Zur Etablierung des nachhaltigen Risikomanagementsystems *Chromik*, ZHR 187 (2023), 209; vgl. ferner *Fleischer*, AG 2023, 833 (842), der Klimarisiken bereits *de lege lata* „nicht als völlig neue Risikoart [begreift], sondern nach Kräften in den allgemeinen Rahmen des aktienrechtlichen Risikomanagements [einbetten]" möchte.
[136] *Sustainable Finance Beirat*, aaO, S. 96.

schlag hin der DCGK: „Das interne Kontrollsystem und das Risikomanagementsystem sollen, soweit nicht bereits gesetzlich geboten, auch *nachhaltigkeitsbezogene Ziele* abdecken."[137] Daran anknüpfend wird vorgeschlagen, Art. 25 CSDDD-Entwurf durch eine Erweiterung der Risikomanagementsystems um Nachhaltigkeitsaspekte umzusetzen.[138]

III. Aufsichtsrat

1. Zusammensetzung des Aufsichtsrats: Klimaexpertise (§ 100 Abs. 5 AktG)

Nach § 100 Abs. 5 AktG müssen Unternehmen von öffentlichem Interesse je mindestens ein Aufsichtsratsmitglied mit Sachverstand auf dem Gebiet der Rechnungslegung und der Abschlussprüfung vorweisen. Da der Aufsichtsrat nach § 171 Abs. 1 S. 4 AktG auch für die Prüfung der nichtfinanziellen Erklärung zuständig ist, wird insbesondere in der Betriebswirtschaft befürwortet, die Rechnungslegungs- und Abschlussprüfungsexpertise um eine *Nachhaltigkeits- und Klimaexpertise,* etwa in Person eines *Sustainability* oder *Climate Experts*[139], zu ergänzen.[140] Zur Einrichtung einer solchen Klimaexpertise könne § 100 Abs. 5 AktG *de lege ferenda* erweitert werden.[141] Sachlich könne die Expertise durch „berufliche und/oder akademische Erfahrungen im Sozial- und Umweltbereich" nachgewiesen werden.[142] Im Berichtsjahr 2022 hatten bereits 15 der DAX 40-Unternehmen eine als solche ausgewiesene Nachhaltigkeitsexpertise im Aufsichtsrat.[143]

Zur dauerhaften Förderung der Nachhaltigkeitskompetenz des Aufsichtsrats schlägt der *Sustainable Finance Beirat* außerdem vor, den DCGK um eine Empfehlung zu entsprechenden Aus- und Fortbildungsmaßnahmen zu ergänzen: „Die Gesellschaft soll die Mitglieder des Aufsichtsrats bei ihrer Amtseinführung sowie den *Aus- und Fortbildungsmaßnahmen,* unter anderem *in Bezug auf das Nachhaltigkeitsmanagement,* angemessen unterstützen [...]."[144]

---

[137] *DCGK* (2022), Empfehlung A.3.
[138] *Gabius,* CCZ 2023, 51 (55).
[139] *Sustainable Finance Beirat,* aaO, S. 95.
[140] *Schmidt,* DB 2020, 233 (240); *Simon-Heckroth/Borcherding,* WPg 2020, 1104 (1105).
[141] Freiberg/Bruckner/Velte, Corporate Sustainability, 2022, § 7 Rn. 46.
[142] So Freiberg/Bruckner/Velte, aaO, § 7 Rn. 48.
[143] *Russell Reynolds Associates,* DAX 40-Aufsichtsratsstudie 2022, S. 15, Auszüge abrufbar unter https://www.dropbox.com/s/zzjhcp244e4tnal/Russell%20Reynolds%20DAX%2040-Aufsichtsratsstudie%202022%20Auszug.pdf?dl=0.
[144] *Sustainable Finance Beirat,* aaO, S. 95.

2. Organisation des Aufsichtsrats: Klimaausschuss (§ 107 Abs. 3 AktG)

Ein rechtsvergleichender Blick ins Ausland – namentlich nach Indien[145] – erhellt, dass der Verwaltungsrat von Unternehmen ab einer bestimmten Größe zur Einrichtung eines mindestens dreiköpfigen Nachhaltigkeitsausschusses verpflichtet werden kann.[146] Dieser Nachhaltigkeits- oder Klimaausschuss soll Vorschläge für die Nachhaltigkeits- und Klimapolitik aussprechen, Empfehlungen zu den Ausgaben in diesem Bereich geben sowie diesbezügliche Initiativen des Unternehmens überwachen.[147] In Deutschland bildeten im Berichtsjahr 2022 bereits ein Drittel[148] aller Aufsichtsratsgremien einen Nachhaltigkeitsausschuss mit ähnlichem Aufgabenprofil[149], wenngleich die Einrichtung eines solchen Ausschusses de *lege lata* nicht verpflichtend ist, sondern der Organisationsautonomie des Aufsichtsrats nach § 107 Abs. 3 S. 1 AktG unterfällt.[150]

IV. Hauptversammlung

1. *Say on Climate*

Im Gegensatz zu Vorstand und Aufsichtsrat als Handlungsorganen ist die Hauptversammlung zwar primär Willensbildungsorgan:[151] Anders als in anderen Ländern – etwa Spanien[152] oder der

---

[145] Companies Act, No. 18 of 2013, India Code (2013), § 135 Abs. 1: "Every company having net worth of rupees five hundred crore or more, or turnover of rupees one thousand crore or more or a net profit of rupees five crore or more during the immediately preceding financial year shall constitute a Corporate Social Responsibility Committee of the Board consisting of three or more directors, out of which at least one director shall be an independent director."
[146] *Afsharipour/Rana*, U.C. Davis Business Law Journal Vol. 14 (2014), 175 (218).
[147] Companies Act, No. 18 of 2013, India Code (2013), § 135 Abs. 3, *Afsharipour/Rana*, U.C. Davis Business Law Journal Vol. 14 (2014), 218; vgl. Freiberg/Bruckner/Velte, aaO, § 7 Rn. 34.
[148] *Russell Raynolds Associates*, DAX 40-Aufsichtsratsstudie 2022, S. 16.
[149] *Jaspers*, AG 2022, 309 (310f.).
[150] *Hommelhoff/Allgeier/Jelonek*, NZG 2023, 911 (915); *Jaspers*, AG 2022, 309 (310).
[151] *Koch*, AktG, 17. Aufl. 2023, § 118 Rn. 2; MüKoAktG/*Kubis*, 5. Aufl. 2022, § 118 Rn. 10.
[152] So sieht das spanische Gesellschaftsrecht in Art. 49 Código de Comercio seit 2018 eine Abstimmung der Hauptversammlung über die nichtfinanzielle Erklärung vor: „Será de obligado cumplimiento que el informe sobre la información no financiera deba ser presentado como punto separado del orden del día para su aprobación en la junta general de accionistas de las sociedades."

Schweiz[153] – erstreckt sich ihre Willensbildungsbildungskompetenz in Deutschland bislang indes nicht auf Nachhaltigkeits- und Klimaaspekte.[154] In seiner Gesamtheit tangiert der Transformationsprozess jedoch sehr wohl das Eigentumsrecht der Aktionäre.[155] Sie möchten daher immer öfter auch selbst Stellung nehmen.[156] Umgekehrt kann eine Einbindung der Aktionäre – idealerweise gebündelt in Beschlussform – für die Unternehmensleitung eine besondere Legitimationswirkung für Klimatransformationsprozesse bieten.[157] *De lege ferenda* wird daher diskutiert, der Hauptversammlung Beschlussfassungen über Klimathemen in Form eines *Say on Climate* zu ermöglichen.[158]

a) Konsultativbeschluss

Um das Kompetenzgefüge und die eigenverantwortliche Geschäftsführungsbefugnis des Vorstands nicht zu beeinträchtigen, wäre ein *Say on Climate*-Beschluss *konsultativ* auszugestalten.[159] Im Hinblick auf die Rechtsfolgen bietet sich die Formulierung des *Say on Pay*-Beschlusses in § 120a Abs. 1 S. 2 und 3 AktG an:[160]

> *„Der Beschluss begründet weder Rechte noch Pflichten. Er ist nicht nach § 243 [AktG] anfechtbar."*

---

[153] Seit 2022 gilt im Schweizer Gesellschaftsrecht nach § 964c Abs. 1 OR: „Der Bericht über nichtfinanzielle Belange bedarf der Genehmigung und Unterzeichnung durch das oberste Leitungs- oder Verwaltungsorgan sowie der Genehmigung des für die Genehmigung der Jahresrechnung zuständigen Organs."

[154] *De lege lata* können Aktionäre weder verbindliche noch unverbindliche Beschlüsse zu Klimathemen auf der Hauptversammlung initiieren; sie sind nach § 119 Abs. 2 AktG auf Vorlagen vom Vorstand angewiesen (die es aber bislang in praxi kaum gibt), näher *Weller/Hoppmann*, AG 2022, 640 (645); aA *Schirmer*, ZHR 2024 (im Erscheinen). Vgl. ferner *VGR*, Stellungnahme zum DCGK-Entwurf (2022), AG 2022, 239 (243), Rn. 31: „Die Hauptversammlung wird im Vergleich zum Vorstand und vor allem dem Aufsichtsrat im Kodex nur in wenigen Grundsätzen und Anregungen angesprochen, obwohl sie für die aktive und verantwortungsvolle Ausübung der Mitgliedschaftsrechte institutioneller Anleger und sonstiger Aktionäre von maßgeblicher Bedeutung ist." Vgl. zu anderen Beteiligungsmodellen der Aktionäre *Nietsch/Vetter*, Nachhaltiges Aktienrecht, 2023, S. 71, 79 ff.

[155] *VGR*, AG 2022, 239 (243).

[156] Siehe zu den weltweit steigenden Zahlen von *shareholder proposals* zu Klimathemen die Datenerhebung von *Bakker*, ECFR 2023, 276 (282); ferner *Drinhausen*, ZHR 186 (2022), 201 (202 f.).

[157] *Harnos/Holle*, AG 2021, 853 (860): „gebündelter Dialog"; *Simons*, ZGR 2018, 316 (324).

[158] Vgl. *Drinhausen*, ZHR 186 (2022), 201; *Fleischer*, DB 2022, 37 (45); *Harnos/Holle*, AG 2021, 853; *Vetter*, AG 2023, 564; *Weller/Hoppmann*, AG 2022, 640.

[159] *Fleischer*, DB 2022, 37 (45); *Vetter*, AG 2023, 564 (577); *Weller/Hoppmann*, AG 2022, 640 (646).

[160] *Vetter*, AG 2023, 564 (577); *Weller/Hoppmann*, AG 2022, 640 (646).

b) Fakultativer oder obligatorischer Beschluss

Inhaltlich könnten der Hauptversammlung etwa ein „Klimaplan, Klimaaktionsplan, Klimafahrplan, Klimaüberleitungsplan oder [eine] Klimastrategie" oder der „jährliche Bericht über [deren] Umsetzung und Modifikation im vergangenen Jahr" zum Beschluss vorgelegt werden.[161] Ein einheitlicher Beschlussinhalt hat sich *bis dato* noch nicht etabliert.[162] Da ein *obligatorisches* Votum indes gesetzlich vorgesehene Beschlussthemen erfordert, die wiederum durch den Vorstand eigeninitiierte Klimaschutzmaßnahmen unterminieren könnten, plädieren etwa *Drinhausen* und *Vetter* für ein lediglich *fakultatives Say on Climate*.[163]

Andererseits könnte auch die künftige, von der CSRD geforderte Nachhaltigkeitserklärung zur Abstimmung vorgelegt werden.[164] Da deren Inhalt durch den EU-Gesetzgeber verpflichtend vorgegeben ist, wäre insofern auch ein *obligatorisches Say on Sustainabilty* möglich. Insbesondere würde ein obligatorischer Beschluss die Bedeutung der Nachhaltigkeitserklärung unterstreichen und den Vorstand zu ambitionierten Klimaschutzmaßnahmen incentivieren.[165]

c) Initiativrecht einer qualifizierten Aktionärsminderheit

Ein Initiativrecht in Bezug auf *Shareholder Proposals* zu Klimathemen sollte – so etwa die VGR – abgesehen vom Vorstand auch einer qualifizierten Aktionärsminderheit iSv § 122 Abs. 2 AktG eingeräumt werden. Die VGR empfiehlt entweder eine gesetzliche Regelung[166] oder jedenfalls eine Ergänzung des DCGK um folgende Anregung:

> „Der Vorstand sollte der Hauptversammlung seinen Plan zum Umgang mit klimaschädlichen Emissionen und deren Reduzierung sowie einen Bericht zu dessen Umsetzung jedenfalls dann zur Billigung vorlegen, wenn Aktionäre, deren Anteile den 20. Teil des Grundkapitals oder den anteiligen Betrag von EUR 500.000 erreichen, dies verlangen."[167]

---

[161] So *Vetter*, AG 2023, 564 (565).
[162] *Vetter*, AG 2023, 564 (565).
[163] *Drinhausen*, ZHR 186 (2022), 201 (212); *Vetter*, AG 2023, 564 (576f.).
[164] *Weller/Hoppmann*, AG 2022, 640 (646f.); *Jaspers*, AG 2022, R240 (R241ff.).
[165] *Fleischer*, DB 2022, 37 (42); *Weller/Hoppmann*, AG 2022, 640 (646f.).
[166] Die Mehrheit des *VGR-Arbeitskreises Aktienrechtsreform*, AG 2024 (im Erscheinen), „unterstützt den Vorschlag einer gesetzlichen Regelung, wonach die Hauptversammlung berechtigt ist, zu grundlegenden Geschäftsführungsthemen unter einem eigenständigen Tagesordnungspunkt Beschlüsse zu fassen, die den Vorstand allerdings nicht binden."
[167] VGR, AG 2022, 239 (243).

2. Responsible climate lobbying

Die rechtspolitische Klimaregulierung wird – wie andere Politikfelder auch – von Lobbyaktivitäten beeinflusst.[168] Einige institutionelle Investoren möchten ihre Portfoliounternehmen daher statutarisch zur Offenlegung klimabezogener Lobbyaktivitäten verpflichten.[169] Dadurch soll der Vorstand wegen etwaiger ansonsten drohender Reputationsschäden „faktisch dazu angehalten [werden], die entsprechenden Maßnahmen klimafreundlich auszurichten."[170] *De lege lata* steht diesem Verlangen indes – wie der VW-Fall zeigt – die Satzungsstrenge des § 23 Abs. 5 AktG entgegen[171]: So sind statutarische Berichtspflichten zwar nicht generell ausgeschlossen, jedenfalls aber solche, die spezifisch verhaltenssteuernd wirken. *De lege ferenda* könnte der Vorstand durch die Hauptversammlung also nur bei entsprechender Lockerung der Satzungsstrenge (§ 119 Abs. 2 Nr. 6, § 23 Abs. 5 AktG) zur Auskunft verpflichtet werden.

---

[168] *Gründinger,* Lobbyismus im Klimaschutz, 2012, S. 60 ff; *Kieninger,* ZHR 187 (2023), 348 (380 f.).

[169] *Responsible climate lobbying: The global standard,* Pressemitteilung v. 14.3.2022, abrufbar unter https://climate-lobbying.com/launch-press-release/.

[170] *Verse,* AG 2023, 578 (579).

[171] OLG Braunschweig, AG 2023, 589 (590 ff.); *Verse,* AG 2023, 578 (579 ff.); *Reichert/Groh,* NZG 2023, 1500 (1502); aA *Klöhn,* NZG 2023, 645 ff.

E. Fokussierung auf Klimaschutz statt auf Nachhaltigkeit

Sowohl die *lex lata* als auch die Reformvorschläge in der Literatur kreisen um den Oberbegriff der Nachhaltigkeit. Dies hat durchaus seine Berechtigung, namentlich hat sich der Begriff historisch entwickelt und in diesem Zuge immer weitere Facetten in sich vereint. Heute wird der Rechtsbegriff der Nachhaltigkeit daher in mehrfacher Hinsicht verstanden und verwendet, namentlich (1.) zeitlich, (2.) ökologisch und (3.) sozial[172] **(unter I.)**. Bei unternehmerischen Leitungsentscheidungen kann diese Weite jedoch – wenn das Recht pauschal zu „Nachhaltigkeit" verpflichtet – zu Zielkonflikten bei divergierenden Nachhaltigkeitsbelangen führen **(unter II.)**. Angesichts dieser begrifflichen Unschärfe[173] eignet sich die Nachhaltigkeit nicht als Referenzbegriff für eine gesellschaftsrechtliche Regelung, soweit sie nicht durch eine unionsrechtliche Nachhaltigkeitsvorgabe prädeterminiert ist. Für *autonome nationale* Maßnahmen sollte der deutsche Gesetzgeber den Fokus daher vielmehr verengen und auf den Klimaschutz legen **(unter III.)**.

I. Dimensionen der Nachhaltigkeit: zeitlich, ökologisch, sozial

Im Sprachgebrauch bezog sich Nachhaltigkeit zunächst auf das zeitlich lange Anhalten von Wirkungen.[174] Zwar lässt sich das Adjektiv „nachhaltend" bereits im 18. Jahrhundert im Zusammenhang mit der Forstwirtschaft in einem auch ökologischen Sinne belegen.[175] Jedoch war als Bedeutung der Begriffe „nachhaltig" und „Nachhaltigkeit" in den führenden Wörterbüchern lange keine allgemeinökologische Konnotation des Begriffs angeführt. Stattdessen definierte beispielsweise der Duden bis 2011[176] „nachhaltig" als „sich auf längere Zeit auswirkend."[177]

---

[172] *Mittwoch*, aaO, S. 28 ff.; *Hellgardt/Jouannaud*, AcP 2022, 163 (167 f.).

[173] *Murray*, American University Business Law Review Vol. 2:1 (2012), 1, 27: „,Sustainability' is perhaps the most overused word in the social enterprise space […]."; *Schön*, ZfP 2022, 207 (208); *Schubert*, FS Henssler, 2023, 1265 (1267 ff.); *Nietsch/Vetter*, Nachhaltiges Aktienrecht, 2023, S. 71.

[174] *Rödel*, Die Invasion der „Nachhaltigkeit", Deutsche Sprache 2013, 115.

[175] Zur Rückführung auf *Hans Carl von Carlowitz* und sein Werk zur „Sylvicultura oeconomica" *Rödel*, aaO, 118.

[176] *Rödel*, aaO, 122.

[177] So noch heute die erstgenannte Bedeutung bei Duden-Online, abrufbar unter https://www.duden.de/rechtschreibung/Nachhaltigkeit.

Das Begriffsverständnis hat sich indes inzwischen gewandelt: Zunehmend wird mit Nachhaltigkeit ein *ökologisches* Konzept der Ressourcenschonung verbunden. Dieses ökologische Verständnis dürfte heute „den Kern des Nachhaltigkeitsbegriffs"[178] bilden. Noch jünger ist die Betonung auch *sozio-ökonomischer* Nachhaltigkeit, welche die moralische Aufladung des Nachhaltigkeitsbegriffs auch auf andere gesellschaftliche Belange erstreckt (zB Arbeitsbedingungen) und im „Megatrend ESG"[179] mündet. Diesem weiten Begriffsverständnis hängen beispielsweise die *CSRD* und *CSDDD* sowie die Agenda 2030 der Vereinten Nationen[180] an. Letztere fasst unter die *Sustainable Development Goals* sogar siebzehn sehr disparate Ziele.[181]

II. Zielkonflikte bei divergierenden Nachhaltigkeitsbelangen

Die Weite des Nachhaltigkeitsbegriffs bringt es mit sich, dass es zwischen verschiedenen zu beachtenden Nachhaltigkeitsbelangen zu Zielkonflikten kommen kann.[182] Ein Abwägungsproblem entsteht namentlich dann, wenn bei einer Geschäftsleitungsentscheidung mehrere ESG-Parameter inkompatibel sind, wie etwa Windenergieausbau und Erhalt der Biodiversität.[183] Damit stellt sich die Problematik, ob es ein Rangverhältnis der ESG-Belange untereinander gibt.[184] Das wird man in der Regel nicht pauschalierend annehmen können; vielmehr ist die Gewichtung im Einzelfall entscheidend. Lediglich der Klimaschutz dürfte – Stand heute – Vorrang haben vor anderen ESG-Belangen[185]: Allein mit Blick auf die Bremsung der Erderwärmung und der diesbezüglich notwendigen CO_2-Vermeidung hat die EU die Atomkraft als nachhaltig einstufen können, ungeachtet des ungelösten Endlagerproblems und damit anderer ESG-Belange (Umwelt, Biodiversität etc.). Der Vorrang des Klimaschutzes ist aber nicht absolut, kann also im Rahmen der Abwägung bei entsprechender Begründung hintenangestellt werden.[186]

---

[178] *Hellgardt/Jouannaud*, AcP 2022, 163 (168).
[179] Zur Entwicklung von ESG *Koch*, AG 2023, 553 ff.
[180] https://sdgs.un.org/2030agenda.
[181] Von Armutsbekämpfung (Ziel 1) über Bildung (Ziel 4), bessere Arbeitsbedingungen (Ziel 8) und Klimaschutz (Ziel 13) bis hin zu Frieden und Gerechtigkeit (Ziel 16).
[182] *Schön*, ZfPW 2022, 207 (243 ff.); *Weller/Fischer*, ZIP 2022, 2253 (2260 f.).
[183] *A. Seemann*, ESG, Podcast v. 20.4.2022, abrufbar unter www.dry-powder.de.
[184] *Schön*, ZfPW 2022, 207 (243 f.).
[185] *Schön*, ZfPW 2022, 207 (243 f.).
[186] *Weller/Fischer*, ZIP 2022, 2253 (2261).

III. Empfehlung: Fokussierung auf den Klimaschutz

Sowohl „ESG" als auch „Nachhaltigkeit" beinhalten verschiedene zu verfolgende Ziele, es handelt sich um multifaktorielle „Verbundbegriffe".[187] Würde man diese in einer gesetzlichen Regelung zum Maßstab nehmen, zöge dies bei Zielkonflikten die Frage nach der Gewichtung und Priorisierung eines der Ziele nach sich (zB können soziale Arbeitnehmerbelange und Umweltschutz konfligieren).[188] Anders gewendet, diese Verbundbegriffe sind für die Rechtsanwendungspraxis inoperabel.[189] Daher wird empfohlen, bei künftigen gesetzgeberischen Maßnahmen den Fokus auf den Klimaschutz zu legen.

---

[187] *Mittwoch*, aaO, 105.
[188] *Weller/Fischer*, ZIP 2022, 2253 (2259 ff.).
[189] *Mittwoch*, aaO, 32: „Problem der Operabilität".

F. Klimaneutralität als rechtliche Zielvorgabe

Ausgangspunkt der nachfolgenden Regelungsempfehlungen (**unter G.**) ist die „Klimaneutralität", die sich inzwischen außerhalb der Naturwissenschaften auch als *rechtliche* Zielvorgabe verfestigt hat. An dieser Zielvorgabe hat sich auch das Gesellschaftsrecht auszurichten. So ist die Klimaneutralität in der EU spätestens seit dem Green Deal von 2019 ein zentraler Begriff in den Anstrengungen zur Bekämpfung des anthropogenen Klimawandels. Dies wird eine Zusammenschau von internationalem, europäischem und nationalem öffentlichen Recht (**unter I.**) sowie aus EU-Gesellschaftsrecht erhellen (**unter II.**). Da der Begriff der Klimaneutralität in verschiedenen Regelungskontexten im Mehrebenensystem verwendet wird, muss außerdem definitorische Klarheit über dessen Inhalt und Reichweite hergestellt werden (**unter III.**).

I. Klimaneutralität als Zielvorgabe für Staaten

Ausdrücklich öffentlich-rechtlich festgeschrieben sind Ziel und Begriff der Klimaneutralität in Art. 2 der im Jahr 2021 verabschiedeten Verordnung (EU) 2021/1119, die den offiziellen Titel „Europäisches Klimagesetz" (im Folgenden EU-Klimagesetz) trägt.[190] Gemäß Art. 2 EU-Klimagesetz soll der Zustand der Klimaneutralität bis spätestens 2050 erreicht werden (**unter 1.**). Das Jahr 2050 hat einen naturwissenschaftlichen Hintergrund: Nach dem IPCC ist die Erreichung des im Pariser Klimaabkommen festgeschriebenen 1,5 °C-Ziels nur dann realistisch, wenn bis spätestens 2050 netto CO_2-Neutralität besteht, dh nicht mehr ausgestoßen wird als auch aus der Atmosphäre entnommen wird.[191] Parallel zum Pariser Klimaabkommen und dem EU-Klimagesetz leitet das BVerfG aus der Staatszielbestimmung des Art. 20a GG in seinem Klimabeschluss vom 24.3.2021 eine Pflicht zur Erreichung von Klimaneutralität ab.[192] Einfachgesetzlich hat der Gesetzgeber das Klimaneutralitätsziel im Bundesklimaschutzgesetz (KSG) aufgegriffen[193] (**unter 2.**).

---

[190] Zum EU-Klimagesetz *Schlacke/Köster/Thierjung*, EuZW 2021, 620 (621).

[191] Zuletzt IPCC, Assessment Report 6 – Climate Change 2023 – Summary for Policymakers, 2023, S. 20, abrufbar unter IPCC_AR6_SYR_SPM.pdf): „Pathways that limit warming to 1,5°C with no or limited overshoot reach net zero CO_2 in the early 2050s, followed by net negative CO_2 emissions."

[192] BVerfG, NJW 2021, 1723, Leitsatz 2: „Art. 20a GG verpflichtet den Staat zum Klimaschutz. Dies zielt auch auf die Herstellung von Klimaneutralität."

[193] § 15 KSG: „Klimaneutrale Bundesverwaltung".

1. Unionsrechtliches Ziel der Klimaneutralität

Die völkerrechtliche 1,5 bzw. 2°C-Zielvorgabe hat die EU mit mehreren Rechtsakten für sich und ihre Mitgliedstaaten rechtsverbindlich umgesetzt und als Zielvorgabe die Klimaneutralität bis 2050 statuiert.

a) Pariser Klimabkommen: 1,5 °C-Ziel

Schon nach Art. 2 der Klimarahmenkonvention von Rio (1992)[194] soll die atmosphärische Treibhausgaskonzentration auf einem Niveau stabilisiert werden, das eine gefährliche anthropogene Störung des Klimasystems verhindert.[195] Die wichtigste Regelung, die sich daran anknüpfend aus dem Pariser Klimaabkommen (2015)[196] ergibt, ist die in Art. 2 Abs. 1 lit a statuierte *Pflicht* der Staaten, den Anstieg der durchschnittlichen Erdtemperatur deutlich unter 2°C über dem vorindustriellen Niveau zu halten und Anstrengungen zu unternehmen, um den Temperaturanstieg auf 1,5 °C über dem vorindustriellen Niveau zu begrenzen.[197] Die Zahl 2 °C ist nicht aus der Luft gegriffen, sondern stellt einen klimatischen Kipppunkt dar: Ab diesem Grad der Erderwärmung würde sich das Klimasystem – so das IPCC – „reorganisieren" und nicht mehr zum ursprünglichen Zustand zurückkehren; es träten mithin unumkehrbare Folgen ein, der Mensch verlöre seinen Einfluss.[198] Einen festen Zeitrahmen oder eine fixierte Jahreszahl sieht das Pariser Abkommen für die Klimaschutzanstrengungen indes nicht vor, stattdessen werden für die zweite Hälfte des 21. Jahrhunderts Netto-Null-Emissionen angestrebt (Art. 4 Abs. 1 Pariser Abkommen).[199] Außerdem sieht das Pariser Abkommen als Rahmenübereinkommen in Art. 4 Abs. 9 für die Zeitstrecke bis zur Erreichung der CO_2-Neutralität Kommunikationspflichten und feste inhaltliche Kontrollpunkte vor: Alle fünf Jahre kommt es zur globalen Bestandsaufnahme der Klimaschutzbemühungen und gegebenenfalls zu inhaltlichen Anpassungen.

---

[194] Die in Rio de Janeiro im Jahr 1992 verabschiedete Klimarahmenkonvention der UN *(United Nations Framework Convention on Climate Change – UNFCCC)*, abrufbar unter conveng.pdf (unfccc.int), bildet bis heute die Grundlage des internationalen Klimaschutzregimes, indem die Staatengemeinschaft den Klimawandel erstens als Problem anerkennt und sich zweitens zum Handeln verpflichtet, Rodi/*Kreuter-Kirchhof*, Handbuch Klimaschutzrecht, 2022, § 2 Rn. 2, Rn. 10; *Durner*, EurUP 2021, 330 (335).
[195] *Tran*, Klimaklagen, 2024, S. 24 (im Erscheinen).
[196] Übereinkommen von Paris vom 12.12.2015, UN Treaty Collection Vol. II Kap. 27, 7d (Pariser Abkommen).
[197] Zum Pariser Abkommen *Böhringer*, ZaöRV 2016, 753 (761).
[198] *IPCC*, Klimaänderungen, Synthesebericht 2014, S. 130, abrufbar unter Klimaänderung 2014 – IPCC-Synthesebericht.
[199] *Saurer*, NVwZ 2017, 1574 (1575).

b) Drei Säulen-Ansatz der EU zur Treibhausgasreduktion

Aufbauend auf diesem völkerrechtlichen Rahmen setzt die EU bei ihren gesamtheitlichen (dh nicht einzelsektorspezifischen) Maßnahmen gegen den Klimawandel bislang auf drei Säulen:[200]
- Die Sektoren, die dem Emissionshandelssystem unterfallen (EHS-Sektoren)[201],
- die Nicht-EHS-Sektoren[202] und
- die Sektoren Landnutzung, Landnutzungsänderung und Forstwirtschaft *(Land Use, Land Use Change and Forestry – LULUCF)*, die einem Sonderregime unterliegen.[203]

c) Governance-VO (2018)

Zur Implementierung eines EU-internen Planungs- und Monitoringsystems wurde am 11. Dezember 2018 ferner die Verordnung (EU) 2018/1999 (sog. Governance-VO) erlassen.[204] Dadurch soll die Umsetzung der Ziele der Energieunion, insbesondere der EU-2030-Ziele zum Anteil erneuerbarer Energien und zur Energieeffizienz, sichergestellt werden.[205] Nach dem gemäß Art. 9 EU-Governance-VO von den einzelnen Mitgliedstaaten vorzulegenden *National Energy and Climate Plan* (NECP) will sich die Bundesrepublik für das Ziel der Treibhausgasneutralität bis 2050 in Europa einsetzen.[206]

d) Europäisches Klimagesetz (2021) im Kontext des European Green Deal (2019)

Der Begriff der Klimaneutralität wird im European Green Deal vom 11. Dezember 2019 prominent aufgegriffen mit der Zielformulierung, die EU müsse bis 2050 klimaneutral sein.[207] Daneben enthält

---

[200] *Saurer*, NVwZ 2017, 1574 (1578).
[201] Emissionshandelsrichtlinie 2003/87/EG (EHS-RL), zuletzt geändert durch die RL 2018/410/EU, darunter fallen die Sektoren Energie, energieintensive Industrie und seit 2012 auch der EU-weite Luftverkehr; detaillierter *Steuer*, ZEuP 2024 (im Erscheinen).
[202] Verordnung (EU) 2018/842 (Lastenteilungs-VO). Darunter fallen die Sektoren Verkehr, Gebäude, Landwirtschaft und kleine Industrieanlagen.
[203] Für sie trifft die Verordnung (EU) 2018/841 (sog. LULUCF-VO) eigene Klimaschutzvorgaben, näher *infra* G.I.4.b).
[204] Fellenberg/Guckelberger/*Fellenberg/Guckelberger*, Kommentar zum KSG, TEHG, BEHG, 2022, Einl. Rn. 11.
[205] ErwG 1 Verordnung (EU) 2018/1999.
[206] *Bundesministerium für Wirtschaft und Energie*, Nationaler Energie- und Klimaplan, 2020, S. 46: „Deutschland setzt sich (…) für das Ziel der Treibhausgasneutralität bis 2050 in Europa ein. Die Staats- und Regierungschefs der EU haben sich im Dezember 2019 auf das Ziel einer klimaneutralen EU bis 2050 geeinigt."
[207] Green Deal 2.1.1.: „The Commission has already set out a clear vision of how to achieve climate neutrality by 2050. […] The EU has already started to modernize and

der Green Deal auch die Ziele, bis 2030 die Netto-Treibhausgasemissionen um 55 % zu senken, die LULUCF-VO zu schärfen sowie die Verpflichtung, nach 2050 Negativ-Emissionen zu erreichen.[208] Der Green Deal gibt der Klimatransformation in der EU folglich einen stringenteren zeitlichen Rahmen, als dieser in Art. 4 Abs. 1 Pariser Abkommmen gesetzt ist.

Rechtlich verbindlich gemacht wurden die Inhalte des Green Deals dann mit dem im Juli 2021 in Kraft getretenen EU-Klimagesetz[209], gestützt auf Art. 192 Abs. 1 iVm 191 Spiegelstrich 4, 4 Abs. 2 lit. e) AEUV.[210] Nach Art. 2 Abs. 1 EU-Klimagesetz ist in der EU bis 2050 Klimaneutralität zu erreichen. Dabei wird vorgegeben, der Reduktion von Treibhausgasemissionen oder sonstigen klimaschädlichen Handlungen Vorrang einzuräumen gegenüber Kompensationsmaßnahmen; letztere sind jedoch ebenfalls zulässig.[211] CO_2-Beseitigungstechnologien, insbesondere CO_2-Abscheidung und Speicherung *(Carbon Capture and Storage – CCS)* und CO_2-Abscheidung und Verwendung *(Carbon Capture and Utilisation – CCU)* sollen kosteneffizient eingesetzt sowie die natürlichen CO_2-Senken (Wälder, Böden, landwirtschaftliche Flächen und Feuchtgebiete) erhalten und erweitert werden.[212]

2. Nationales Ziel der Klimaneutralität

a) Klimaneutralität als Zielvorgabe des Verfassungsrechts (Art. 20a GG)

Art. 20a GG schützt als Staatszielbestimmung die natürlichen Lebensgrundlagen. Auch wenn Art. 20a GG den Klimaschutz als Schutzgut nicht ausdrücklich festschreibt, ist er als solches einheitlich anerkannt.[213] Nach dem „Klimabeschluss" des BVerfG vom 24. März 2021 folgt aus Art. 20a GG für die Bundesrepublik eine Pflicht zur Reduktion von Treibhausgasemissionen bis hin zur Klimaneutralität.[214] Das Gericht betont dabei, der Übergang zur

---

transform the economy with the aim of climate neutrality." Hierzu Grabitz/Hilf/Nettesheim/*Thiel*, 78. EL Januar 2023, AEUV Art. 338 Rn. 52; *Stäsche*, EnWZ 2021, 151 (159).
[208] Bergmann/*Pieper*, Handlexikon der Europäischen Union, 6. Aufl. 2022, Green Deal.
[209] Verordnung (EU) 2021/1119.
[210] Näher *Schlacke*, NVwZ 2022, 905 (907).
[211] Art. 4 Abs. 1 UA 2 VO (EU) 2021/1119.
[212] Rodi/*Fouquet*, Handbuch Klimaschutzrecht, 2022, § 4 Rn. 84.
[213] Dürig/Herzog/Scholz/*Calliess*, GG, 100. EL 2023, Art. 20a Rn. 40.
[214] BVerfG, NJW 2021, 1723, Leitsatz 2: „Art. 20a GG verpflichtet den Staat zum Klimaschutz. Dies zielt auch auf die Herstellung von Klimaneutralität.", ferner exemplarisch Rn. 198 und 243.

Klimaneutralität müsse rechtzeitig eingeleitet werden, um künftige Freiheit zu schützen.[215] Es solle alsbald nach 2030 Klimaneutralität realisiert werden.[216] Die Grundrechte hätten eine intertemporal freiheitssichernde Funktion: Der Gesetzgeber sei aus den Grundrechten verpflichtet, den Weg zur Klimaneutralität so zu gestalten, dass Eingriffe in die Freiheitsrechte trotz steigender Klimaschutzanforderungen zumutbar ausfallen.[217] Das Ziel der Klimaneutralität ist mithin nicht nur völker- und unionsrechtlich vorgegeben, sondern auch verfassungsrechtlich verankert.

b) Bundesklimaschutzgesetz (KSG) (2019)

Gemäß § 1 S. 1 KSG ist Zweck des deutschen Klimaschutzgesetzes, die europäischen Verpflichtungen zu erfüllen, darunter fällt auch das in Art. 2 Abs. 1 EU-Klimagesetz normierte Ziel der Klimaneutralität.[218] Die wesentlichen Strukturmerkmale des KSG sind (1.) die Verankerung der nationalen Klimaschutzziele im Gesetzesrang (Art. 3 Abs. 1 und 2 KSG), (2.) die sektoralen Emissionsbudgets sowie (3.) die Verknüpfung des deutschen Klimaschutzrechts mit dem internationalen und europäischen Klimaschutzrecht.[219] Es soll parallel zum EU-Klimagesetz sicherstellen, dass Deutschland seine Verpflichtung aus dem Pariser Abkommen erfüllt.[220]

Für die Bundesrepublik statuiert § 3 Abs. 2 S. 1 KSG das Ziel der *Treibhausgasneutralität bis 2045*. *Inhaltlich* wird die Treibhausgasneutralität im KSG synonym verstanden zum Begriff der Klimaneutralität.[221] Das KSG ist aber *zeitlich* ambitionierter als das EU-Klimagesetz, das die Klimaneutralität lediglich bis 2050 vorschreibt.[222] Auf dem Weg zur Treibhausgasneutralität sollen gem. Art. 3 Abs. 1 KSG bis 2030 65% Treibhausgasemissionen reduziert werden (Referenzjahr 1990), bis 2040 88%. Ursprünglich war im KSG lediglich eine Minderungsquote von 55% bis zum Jahr 2030 vorgesehen, jedoch keine für das Jahr 2040. Zudem fehlte das Langzeitziel, bis 2045 Netto-Treibhausgasneutralität zu erreichen. Diese

---

[215] BVerfG, NJW 2021, 1723, Leitsatz 4 und Rn. 248.
[216] BVerfG, NJW 2021, 1723, Leitsatz 4, Rn. 234.
[217] BVerfG, NJW 2021, 1723, Rn. 192.
[218] Fellenberg/Guckelberger/*Peters*, Klimaschutzrecht, 2022, § 1 KSG, Rn. 19.
[219] Rodi/*Saurer*, Handbuch Klimaschutzrecht, 2022, § 10 Rn. 1.
[220] BR-Drs. 411/21, 7: „Ferner wird parallel zur Einhaltung der Europäischen Klimaschutzverordnung auch sichergestellt, dass die Verpflichtungen der Bundesrepublik Deutschland aus dem Übereinkommen von Paris erfüllt werden."
[221] Treibhausgasneutralität wird in naturwissenschaftlichen Fachkreisen zwar leicht abweichend zu Klimaneutralität verwandt, wird als *Rechtsbegriff* im KSG jedoch synonym verstanden, *infra* III.
[222] Inhaltlich unterscheiden sich „Klimaneutralität" im EU-Klimagesetz und „Treibhausgasneutralität" im KSG nicht, *infra* III.

Defizite verstießen indes gegen das Grundgesetz.²²³ Das KSG wurde daher am 18. August 2021 erweitert.²²⁴

Ähnlich wie die EU-GovernanceVO, die EU-LastenteilungsVO und das EU-Klimagesetz stellt auch das KSG ein Rahmengesetz dar, trifft daher im Wesentlichen selbst keine Entscheidungen zu konkreten Maßnahmen zur Eindämmung des Klimawandels. Es schafft lediglich einen systematischen Umsetzungsrahmen, indem es Klimaschutzziele, ein Planungsinstrumentarium (durch Klimaschutzpläne und -programme, §§ 8, 9, 11, 12 KSG) und ein Berichtswesen implementiert.²²⁵ Dennoch wird das KSG als Meilenstein und Paradigmenwechsel beschrieben, da es den (über das Pariser Abkommen und das EU-Klimagesetz hinausgehenden) nationalen Klimaschutzzielen Verbindlichkeit verleiht.²²⁶

II. Klimaneutralität als Zielvorgabe für Unternehmen

Während das geltende deutsche Gesellschaftsrecht Unternehmen und ihre Leitungsorgane bislang nur und eher verhalten zum Klimaschutz incentiviert,²²⁷ möchte der europäische Gesetzgeber Großunternehmen auf das Ziel der Klimaneutralität verpflichten.

1. Corporate Sustainability Reporting-Directive (CSRD)

In einem ersten Schritt sollen große Unternehmen²²⁸ und kapitalmarktorientierte kleine²²⁹ und mittlere²³⁰ Unternehmen nach der

---

[223] BVerfG, NJW 2021, 1723 ff.: „Die Schonung künftiger Freiheit verlangt auch, den Übergang zu Klimaneutralität rechtzeitig einzuleiten." (...) „§ 3 Abs. 1 S. 2 und § 4 Abs. 1 S. 3 KSG (...) in Verbindung mit Anlage 2 sind mit den Grundrechten unvereinbar, soweit eine den verfassungsrechtlichen Anforderungen nach Maßgabe der Gründe genügende Regelung über die Fortschreibung der Minderungsziele für Zeiträume ab dem Jahr 2031 fehlt."
[224] Vgl. BR-Drs. 411/12, 8 und BGBl. I 3905 (Nr. 59).
[225] *Wickel*, ZUR 2021, 332 (332, 333).
[226] *Schlacke*, EurUP 2020, 338; *Wickel*, ZUR 2021, 332 (333).
[227] *Supra* B.
[228] Nach Art. 3 Abs. 4 Richtlinie 2013/34/EU sind große Unternehmen solche, die am Bilanzstichtag mindestens zwei der drei folgenden Größenmerkmale überschreiten: a) Bilanzsumme: 20 Mio. EUR; b) Nettoumsatzerlöse: 40 Mio. EUR; c) durchschnittliche Zahl der während des Geschäftsjahres Beschäftigten: 250.
[229] Nach Art. 3 Abs. 2 Richtlinie 2013/34/EU sind kleine Unternehmen solche, die am Bilanzstichtag die Grenzen von mindestens zwei der drei folgenden Größenmerkmale nicht überschreiten: a) Bilanzsumme: 4 Mio. EUR; b) Nettoumsatzerlöse: 8 Mio. EUR; c) durchschnittliche Zahl der während des Geschäftsjahres Beschäftigten: 50.
[230] Nach Art. 3 Abs. 3 Richtlinie 2013/34/EU sind mittlere Unternehmen solche, bei denen es sich nicht um Kleinstunternehmen oder kleine Unternehmen handelt und die am Bilanzstichtag die Grenzen von mindestens zwei der drei folgenden Größen-

CSRD in ihrem Lagebericht darüber berichten, wie sie sicherstellen, dass ihr Geschäftsmodell und ihre Strategie (1) mit dem Übergang zu einer nachhaltigen Wirtschaft, (2) mit dem 1,5 Grad Ziel des Pariser Abkommens und (3) mit dem im EU-Klimagesetz verankerten Ziel der Verwirklichung der Klimaneutralität bis 2050 vereinbar sind. Dazu wird nach Art. 1 Ziff. 4 CSRD die Bilanz-Richtlinie[231] vom 26. Juni 2013 (Bilanz-RL) um einen Art. 19a Abs. 2 lit. a Ziff. iii Bilanz-RL neue Fassung[232] (Bilanz-RL nF) ergänzt. Parallel dazu zielt im Bereich der Unternehmensfinanzierung die Taxonomie-VO auf den Übergang zu einer klimaneutralen Wirtschaft in der EU mittels entsprechender Klimaeinstufungs- und -informationspflichten ab.[233]

Die nach der CSRD verpflichteten Unternehmen sollen diese nachhaltigkeitsbezogenen Informationen mithilfe von Standards – den *European Sustainability Reporting Standards* (ESRS) – offenlegen, die die Europäische Kommission als delegierte Rechtsakte zur CSRD erlässt.[234] Maßgeblich vorbereitet wurden die ESRS durch die Europäische Beratungsgruppe für Rechnungslegung (*European Financial Reporting Advisory Group* – EFRAG).[235] Ein erstes Regelwerk bestehend aus zwei übergreifenden und zehn themenspezifischen Sets[236] sowie einem Glossar[237] wurde am 31. Juli 2023 von der Europäischen Kommission angenommen.[238]

In Bezug auf die Auswirkungen des unternehmerischen Handels auf das Klima werden sich Unternehmen künftig nach den *ESRS E1*

---

merkmale nicht überschreiten: a) Bilanzsumme: 20 Mio. EUR; b) Nettoumsatzerlöse: 40 Mio. EUR; c) durchschnittliche Zahl der während des Geschäftsjahres Beschäftigten: 250.

[231] Richtlinie 2013/34/EU des Europäischen Parlaments und des Rates vom 26.6. 2013 über den Jahresabschluss, den konsolidierten Abschluss und damit verbundene Berichte von Unternehmen bestimmter Rechtsformen und zur Änderung der Richtlinie 2006/43/EG des Europäischen Parlaments und des Rates und zur Aufhebung der Richtlinien 78/660/EWG und 83/349/EWG des Rates (Bilanz-RL).

[232] Bilanz-RL nF steht für die Bilanz-RL in der durch die CSRD abgeänderten Fassung.

[233] Vgl. ErwG 3, 4, 41 und Art. 10 Taxonomie-VO.

[234] Art. 290 Abs. 1 AEUV iVm Art. 49 Abs. 2, 29b Bilanz-RL nF; ausführlich zur Arbeit der EFRAG *Feldmann*, Standardisierung der europäischen Nachhaltigkeitsberichterstattung, 2024 (im Erscheinen).

[235] ErwG 39 CSRD; die Berücksichtigung der fachlichen Stellungnahmen der EFRAG sind an die Voraussetzungen des Art. 49 Abs. 3b Bilanz-RL nF gekoppelt, wonach die Stellungnahmen etwa mit öffentlicher Aufsicht und Transparenz (lit. a) sowie unter Beifügung einer Kosten-Nutzen-Analyse (lit. b) zu erstellen sind.

[236] Delegierte Verordnung 2023/2772/EU zur Ergänzung der Richtlinie 2013/34/EU in Bezug auf Standards für die Nachhaltigkeitsberichterstattung vom 31.7.2023, C(2023) 5303 final, mit Annex 1, abrufbar unter https://ec.europa.eu/finance/docs/level-2-measures/csrd-delegated-act-2023-5303-annex-1_en.pdf.

[237] Delegierte Verordnung 2023/2772/EU, C(2023) 5303 final, mit Annex 2.

[238] Delegierte Verordnung 2023/2772/EU, C(2023) 5303 final, dazu *Schmidt*, BB 2023, 1859 (1860).

Climate Change richten müssen.²³⁹ Da die Berichtspflichten allein durch Verwendung dieser Standards erfüllt werden können,²⁴⁰ ist ihnen eine herausragende Bedeutung beizumessen.²⁴¹

2. Corporate Sustainability Due Diligence-Directive (CSDDD)

Ergänzend zu den *Berichtspflichten* der CSRD möchte die CSDDD *Verhaltenspflichten* für Unternehmen und ihre Geschäftsleitung statuieren. Art. 15 Abs. 1 CSDDD in der Fassung des Kommissionsentwurfs vom 23. Februar 2022 sieht vor²⁴², dass Unternehmen ab einer bestimmten Größe²⁴³ einen *Übergangsplan festlegen*, mit dem sie sicherstellen, dass ihr Geschäftsmodell und ihre Strategie (1.) mit dem Übergang zu einer nachhaltigen Wirtschaft und (2.) mit dem 1,5 Grad Ziel des Pariser Abkommens vereinbar sind. Ferner soll der Plan nach Art. 15 Abs. 2 CSDDD-Entwurf konkrete *Emissionsreduktionsziele* enthalten, sofern der Klimawandel ein Hauptrisiko für die Unternehmenstätigkeit darstellt. Nach Art. 15 Abs. 3 CSDDD-Entwurf soll die variable Vergütung der Unternehmensleitung an die Erfüllung dieser Verpflichtungen geknüpft werden.

Die EU-Parlamentsfassung vom 1. Juni 2023²⁴⁴ erweitert den Pflichtenkatalog und verlangt in Art. 15 Abs. 1 Satz 1 CSDDD die Vereinbarkeit des Übergangsplans nicht nur (1.) mit dem Übergang zur nachhaltigen Wirtschaft und (2.) dem 1,5 Grad Ziel des Pariser Abkommens, sondern – im Einklang mit Art. 19a Abs. 2 lit. a Ziff. iii Bilanz-RL nF – (3.) mit dem in Art. 2 EU-Klimagesetz verankerten Ziel der Klimaneutralität bis 2050. Anders als in der Kommissionsfassung soll der Plan ausweislich der Parlamentsfassung nicht nur erstellt, sondern auch umgesetzt werden. Darüber hinaus macht der

---

²³⁹ Delegierte Verordnung 2023/2772/EU, C(2023) 5303 final, mit Annex 1: Die ESRS E1 „Climate Change" finden sich auf S. 66–104.
²⁴⁰ Art. 29b Abs. 1 Satz 2 Bilanz-RL nF; ErwG 37 CSRD.
²⁴¹ *Hommehoff/Allgeier/Jelonek*, NZG 2023, 911 (916).
²⁴² Vorschlag für eine Richtlinie über die Sorgfaltspflichten von Unternehmen im Hinblick auf Nachhaltigkeit und zur Änderung RL 2019/1937/EU vom 23.2.2022, COM COM(2022) 71 final.
²⁴³ Nach dem Kommissionsentwurf sind in der EU ansässige Unternehmen mit im Durchschnitt mehr als 500 Beschäftigten und einem weltweiten Nettoumsatz von mehr als 150 Mio. EUR (Art. 2 Abs. 1 lit. a CSDDD-Entwurf) sowie nicht in der EU ansässige Unternehmen mit im einem unionsweiten Nettoumsatz von mehr als 150 Mio. EUR (Art. 2 Abs. 2 lit. a CSDDD-Entwurf) nach Art. 15 CSDDD-Entwurf verpflichtet.
²⁴⁴ Abänderungen des Europäischen Parlaments vom 1.6.2023 zu dem Vorschlag für eine Richtlinie über die Sorgfaltspflichten von Unternehmen im Hinblick auf Nachhaltigkeit und zur Änderung der Richtlinie (EU) 2019/1937 (COM(2022)0071 – C9-0050/2022 – 2022/0051(COD)), abrufbar unter https://www.europarl.europa.eu/doceo/document/TA-9-2023-0209_DE.html.

Parlamentsentwurf in Art. 15 Abs. 1 Satz 2 lit. a–f CSDDD-Entwurf konkrete Vorgaben zum Inhalt des Plans.

Insgesamt ist festzuhalten, dass die CSRD und die CSDDD beide davon ausgehen, dass sich auch Unternehmen an dem Ziel der Klimaneutralität 2050 auszurichten haben.

III. Definition von Klimaneutralität

Die CSRD und der CSDDD-Entwurf transponieren zwar das Klimaneutralitätsziel auf Unternehmensebene, ohne jedoch klar zu definieren, was mit Klimaneutralität im Rechtssinne gemeint ist.[245] Aus dem Pariser Abkommen, dem EU-Klimagesetz und dem KSG kann die Definition nicht unmittelbar auf subglobal agierende Unternehmen übertragen werden, da sich der öffentlich-rechtliche Regulierungsrahmen auf Staaten (Art. 3 ff. Pariser Abkommen, § 3 KSG) oder Staatenverbünde (Art. 2 EU-Klimagesetz) bezieht. Dem Bundesgesetzgeber ist bewusst, dass „derzeit [...] noch keine gesetzliche Definition für klimaneutrale Unternehmen" existiert,[246] und ermächtigt im Rahmen von § 18 EnEfG daher die Bundesregierung, Anforderungen, Voraussetzungen für die Anerkennung und Nachweispflichten von „klimaneutralen Unternehmen" per Rechtsverordnung zu regeln.[247] Dabei besteht eine Schwierigkeit darin, dass die verschiedenen Regelungsgeber verschiedene Termini verwenden; diese liegen inhaltlich nah beieinander, sodass sich die Frage stellt, ob sie (teilweise) synonym verwandt werden können:
– „Klimaneutralität"[248],
– „Netto-Treibhausgasneutralität"[249] und

---

[245] Vgl. *Deutsche Energie-Agentur*, Analyse. Klimaneutralität von Unternehmen. Bestehende Standards, Initiativen und Label sowie Einordnung der Rolle von Treibhausgas-Kompensation, September 2022, S. 6, abrufbar unter https://www.dena.de/fileadmin/dena/Publikationen/PDFs/2022/ANALYSE_Klimaneutralitaet_von_Unternehmen.pdf; *Salzmann*, ESGZ 2023, 9 (12); *Steuer*, GRUR 2022, 1408 (1408).

[246] BT-Drs. 20/6872 v. 17.5.2023, 66.

[247] Das EnEfG möchte die unternehmerische Energieeffizienz durch die Einrichtung von Energie- oder Umweltmanagementsystemen sowie die Erstellung und Veröffentlichung von Umsetzungsplänen von Endenergieeinsparmaßnahmen (§§ 8–10 EnEfG) steigern. Zusätzlich muss Abwärme vermieden werden (§§ 16, 17 EnEfG). Nach § 18 EnEfG sollen „klimaneutrale Unternehmen" durch Rechtsverordnung von §§ 11–13, §§ 15–17 EnEfG ausgenommen bzw. befreit werden.

[248] Art 2 EU-Klimagesetz trägt die amtliche Überschrift „Ziel der Klimaneutralität". § 15 KSG trägt die amtliche Überschrift „Klimaneutrale Bundesverwaltung". § 18 EnEfG spricht von „klimaneutralen Unternehmen".

[249] § 2 Nr. 9 KSG definiert die Netto-Treibhausgasneutralität als „das Gleichgewicht zwischen den anthropogenen Emissionen von Treibhausgasen aus Quellen und dem Abbau solcher Gase durch Senken", die nach § 3 Abs. 2 KSG bis 2045 erreicht werden soll.

– „netto-null" *(net zero)*[250].

Die momentane begriffliche Unschärfe manifestiert sich etwa in lauterkeitsrechtlichen Verfahren gegen Unternehmen, die mit ihrer eigenen „Klimaneutralität" oder der ihrer Produkte werben.[251] Konkurrenten halten das mitunter für irreführend, insbesondere wenn offenbleibt, auf welchen Produktionsschritt sich eine (vermeintliche) Klimaneutralität bezieht und ob sie mithilfe von Kompensation erreicht wurde. Insofern kann das Klimaneutralitäts-Werbeversprechen eine unlautere Handlung im Sinne von § 5 Abs. 2 Nr. 1 UWG oder § 5a Abs. 1, 2 Nr. 1 UWG darstellen.[252] Um die begrifflichen Unschärfen zumindest für dieses Gutachten zu beseitigen, sollen daher im Folgenden Gegenstand (unter 1.), Rechtsbegriff (unter 2.) und Reichweite der Klimaneutralität (unter 3.) sowie der Weg dorthin (unter 4.) definiert werden. Schließlich soll der Begriff der Klimaneutralität gegenüber dem Netto-Null-Konzept abgegrenzt werden (unter 5.).

1. Gegenstand der Klimaneutralität

In der Umweltphysik ist unstreitig, dass neben Treibhausgasen auch andere – zum Teil menschengemachte – Umweltfaktoren wie Aerosole, Landnutzung oder kosmische Strahlung das Klima beeinflussen.[253] Im Vergleich zur Treibhausgasemission ist der Einfluss dieser Faktoren auf das Klima insgesamt jedoch gering und lässt sich oftmals nur schwer bestimmen.[254] Fraglich ist dennoch, ob sich der *normative* Begriff der Klimaneutralität auch auf diese anderen physikalischen Faktoren erstreckt, was zur Folge hätte, dass die Berechnung der Klimaneutralität sehr komplex würde. Dies ist jedoch nicht der Fall. Der *Rechtsbegriff* der Klimaneutralität wird vom Unions- und Bundesgesetzgeber typisierend verwandt und komplexitätsre-

---

[250] Nach § 2 Abs. 1 EU-Klimagesetz müssen Treibhausgase „in der Union bis spätestens 2050 ausgeglichen sein, sodass die Emissionen bis zu diesem Zeitpunkt auf netto null reduziert sind".
[251] Vgl. Übersicht der laufenden Verfahren der *Deutschen Umwelthilfe* zu Klimaneutralitäts-Werbeversprechen, abrufbar unter https://www.duh.de/fileadmin/user_upload/download/Projektinformation/Verbraucher/Klimaneu-tralität/2023-07_25_Übersicht_DUH_laufende_Verfahren_Klimaneutralität.pdf.
[252] OLG Frankfurt am Main, Urt. v. 10.11.2022 – 6 U 104/22; LG Stuttgart, Urt. v. 30.12.2022 – 53 O 169/22; OLG Düsseldorf, Urt. v. 6.7.2023 – I-20 U 72/22; dazu *Jung/Ludwig*, IPRB 2023, 146; *Lamy/Ludwig*, KlimR 2022, 142; *Ruttloff/Wehlau/Wagner/Skoupil*, CCZ 2023, 201; *Thomale*, VuR 2022, 458.
[253] *IPCC*, Climate Change 2021. The Physical Science Basis. Working Group I Contribution to the Sixth Assessment Report of the Intergovernmental Panel on Climate Change, 2021, S. 944 ff., abrufbar unter https://report.ipcc.ch/ar6/wg1/IPCC_AR6_WGI_FullReport.pdf; *Steuer*, GRUR 2022, 1408 (1409).
[254] *IPCC*, aaO, S. 960.

duzierend auf die Treibhausgasneutralität verengt. Die bei weitem klimaschädlichste Wirkung entfalten in der Tat Treibhausgase, dazu zählen neben Kohlenstoffdioxid (CO_2) noch sechs weitere – im Kyoto-Protokoll (1997)[255] festgelegte – Treibhausgase,[256] die zur Berechnung der Treibhausgas- bzw. Klimaneutralität allerdings in CO_2-Äquivalente umgerechnet werden.[257] Das *IPCC* macht daher die umgehende und zügige Reduktion der Treibhausgasemission, insbesondere der CO_2-Emissionen als Königsweg zur Eindämmung des künftigen Klimawandels aus.[258] Auch das Pariser Abkommen bezieht sich als „Reaktion auf die Bedrohung durch Klimaänderungen" (Art. 2 Abs. 1 Pariser Abkommen) auf die Reduktion von Treibhausgasen.

2. Rechtsbegriff der Klimaneutralität

Das *IPCC* hält „Klimaneutralität" *naturwissenschaftlich* für zu unpräzise[259] und nutzt in seinen Berichten stattdessen die Begriffe *Greenhouse Gas (GHG) Neutrality, Carbon Neutrality, Net Zero CO_2-Emissions* sowie *Net Zero GHG-Emissions*, was für den allgemeinen Rechtsverkehr indes unübersichtlich und nicht hinreichend eingängig ist. Im *Recht* hat sich daher – wie *supra* unter F.I. und II.

---

[255] Das Protokoll von Kyoto zum Rahmenübereinkommen der Vereinten Nationen über Klimaänderungen vom 11.12.1997, UN Treaty Collection Vol. II Kap. 27, 7a (Kyoto-Protokoll). Das Kyoto-Protokoll trat am 16.2.2005 in Kraft.

[256] In Anlage A des Kyoto-Protokolls wurden die sechs zu berücksichtigenden Treibhausgase Kohlenstoffdioxid (CO_2), Methan (CH_4), Distickstoffoxid (Lachgas) (N_2O), Teilhalogenierte Fluorkohlenwasserstoffe (HFKW), Perfluorierte Kohlenwasserstoffe (PFKW), Schwefelhexafluorid (SF6) festgelegt. Seit 2015 wird Stickstofftrifluorid (NF_3) zusätzlich einbezogen, *Umweltbundesamt,* Die Treibhausgase, Artikel v. 14.11.2022, abrufbar unter https://www.umweltbundesamt.de/themen/klima-energie/klimaschutz-energiepolitik-in-deutschland/treibhausgas-emissionen/die-treibhausgase; vgl. § 2 Nr. 1 KSG und Anhang V Teil 2 der VO (EU) 2018/1999 v. 11.12.2018 (Governance-VO).

[257] So zumindest die Berechnungen des IPCC, des Sachverständigenrats für Umweltfragen, des Expertenrats für Klimafragen der Bundesregierung, auf die *supra* in Abschnitt B. verwiesen wird; vgl. ferner die UN-Emissions Gap Reports, abrufbar unter https://wedocs.unep.org/bitstream/handle/20.500.11822/43922/EGR2023.pdf?sequen-ce=3&isAllowed=y.

[258] "From a physical science perspective, limiting human-induced global warming to a specific level requires *limiting cumulative CO_2 emissions,* reaching at least net zero CO_2 emissions, along with strong reductions in other greenhouse gas emissions.", *IPCC,* Climate Change 2021. The Physical Science Basis. Working Group I Contribution to the Sixth Assessment Report of the Intergovernmental Panel on Climate Change, 2021, S. 27 ff., abrufbar unter https://report.ipcc.ch/ar6/wg1/IPCC_AR6_WGI_FullReport.pdf.

[259] *IPCC,* Climate Change 2022. Mitigation of Climate Change. Working Group III Contribution to the Sixth Assessment Report of the Intergovernmental Panel on Climate Change, 2022, Cross-Chapter Box 3, S. 329, abrufbar unter https://www.ipcc.ch/report/ar6/wg3/downloads/report/IPCC_AR6_WGIII_FullReport.pdf.

skizziert – die „Klimaneutralität" als Leitbegriff herauskristallisiert, in der Praxis ebenfalls: Im Berichtsjahr 2021 setzten sich bereits 30 der DAX 40-Unternehmen ein Klimaneutralitätsziel für die nächsten Dekaden.[260]

a) EU-Klimaschutzgesetz: Klimaneutralität = Treibhausgasneutralität

Das EU-Klimagesetz statuiert in seinem Art. 2 Abs. 2 das Ziel der Klimaneutralität und setzt diese mit dem Ausgleich der Treibhausgasemissionen bis spätestens 2050 gleich.[261] Diese übereinstimmende Auslegung von Klima- und Treibhausgasneutralität setzt sich auch in den Klimazwischenzielen der Union in Art. 4 EU-Klimagesetz fort, die sich einzig auf bestimmte Treibhausgassenkungsbemühungen beziehen.[262]

b) Bundes-Klimaschutzgesetz: Klimaneutralität = Treibhausgasneutralität

Das KSG verwendet sowohl den Begriff der Netto-Treibhausgasneutralität in § 3 Abs. 2, § 2 Nr. 9 KSG als Zielvorgabe für Deutschland bis zum Jahr 2045 als auch denjenigen der Klimaneutralität in § 15 Abs. 1 Satz 1 als Zielvorgabe für die Bundesverwaltung bis zum Jahr 2030.[263] Den unterschiedlichen Wortlaut in den beiden Normen könnte man zum Anlass nehmen, Klimaneutralität im Sinne des KSG auf alle menschengemachten, klimaschädlichen Faktoren zu beziehen,[264] Treibhausgasneutralität hingegen nur auf Treibhausgase.[265] Eine solche divergierende Auslegung von Klima- und Treibhausgasneutralität ist dem Willen des Gesetzgebers jedoch nicht zu

---

[260] *Union Investment*, Wind of Change. Dekarbonisierung bei DAX 40-Unternehmen, Februar 2022, abrufbar unter https://institutional.union-investment.de/startseite-de/themen-und-analysen/studie-dekarbonisierung-dax-41.html.

[261] Art. 2 EU-Klimagesetz: „(1) Die unionsweiten im Unionsrecht geregelten Treibhausgasemissionen und deren Abbau müssen in der Union bis spätestens 2050 ausgeglichen sein, sodass die Emissionen bis zu diesem Zeitpunkt auf netto null reduziert sind, und die Union strebt danach negative Emissionen an."

[262] Art. 4 EU-Klimagesetz: „(1) Um das in Artikel 2 Absatz 1 vorgegebene Ziel der Klimaneutralität zu erreichen, gilt als verbindliche Klimazielvorgabe der Union bis 2030 die Senkung der Nettotreibhausgasemissionen (Emissionen nach Abzug des Abbaus) innerhalb der Union um mindestens 55 % gegenüber dem Stand von 1990."

[263] Nach § 15 Abs. 1 KSG setzt sich der Bund „zum Ziel, die Bundesverwaltung bis zum Jahr 2030 klimaneutral zu organisieren." Nach Abs. 2 soll „die Klimaneutralität der Bundesverwaltung [...] insbesondere durch die Einsparung von Energie, durch die effiziente Bereitstellung, Umwandlung, Nutzung und Speicherung von Energie sowie durch die effiziente Nutzung erneuerbarer Energien und die Wahl möglichst klimaschonender Verkehrsmittel erreicht werden."

[264] Siehe *supra* F.III.1.

[265] So Fellenberg/*Fellenberg*, Klimaschutzrecht, 1. Aufl. 2022, KSG § 15 Rn. 8.

entnehmen[266], vielmehr geht er selbst in seinem Klimaschutzprogramm aus dem Jahr 2019 vom Gleichlauf der Klima- und Treibhausgasneutralität aus und nutzt die beiden Begriffe synonym.[267]

c) EU-Gesellschaftsrecht: Klimaneutralität = Treibhausgasneutralität

Aufgrund der direkten Bezugnahme der CSRD und der CSDDD auf das Klimaneutralitätsziel des EU-Klimagesetzes spricht viel dafür, dass der Begriff „Klimaneutralität" in diesen Regelwerken übereinstimmend auszulegen ist. Dem entspricht, dass der zugehörige Klimaberichtsstandard *ESRS E1 Climate Change* eine Reihe von Angaben zur Treibhausgasemission verlangt.[268] Entsprechendes gilt für den Übergangsplan nach Art. 15 Abs. 1 lit. f CSDDD-Entwurf, wonach dieser Angaben über die Treibhausgasemissionen des Unternehmens enthalten soll; andere klimaschädliche Faktoren werden hier nicht genannt.

Insgesamt ist festzuhalten, dass Unions- und Bundesgesetzgeber den Rechtsbegriff der Klimaneutralität mit demjenigen der Treibhausgasneutralität gleichsetzen. Von dieser Synonymität geht auch das vorliegende Gutachten aus.

3. Zurechenbarkeit von Emissionen mit Bezug auf Gesellschaften

Im Folgenden soll skizziert werden, welche Emissionen einer Gesellschaft zugerechnet werden können. Ausweislich des *Greenhouse Gas Protocols*[269], einem international anerkannten, allerdings nicht staatlich organisierten Klimaberichtsstandard, lassen sich Treibhausgase in verschiedene *Scopes* einteilen, die ihrerseits für verschiedene Emissionsquellen stehen.[270] Zwar hält der europäische Gesetzgeber

---

[266] BT-Drs. 19/13900, 108: „Die Bundesverwaltung nimmt ihre Vorbildfunktion ernst und wird weitere Aktivitäten hin zu einer *treibhausgasneutralen* Bundesverwaltung bis 2030 umsetzen. [...] Herausforderung ist es, die *Treibhausgas-Emissionen* im Bereich der Bundesverwaltung schnell und deutlich zu senken. Ziel ist es, bis 2030 eine *klimaneutrale* Bundesverwaltung zu erreichen." (Hervorhebung durch *Verf.*).

[267] Ebenso Frenz/Schink, Klimaschutzrecht, 2. Aufl. 2022, § 15 KSG Rn. 11.

[268] Disclosure Requirement E1-1 Ziff 14 ff., AR 1. ff. ESRS E1 „Climate Change", Delegierte Verordnung 2023/2772/EU zur Ergänzung der Richtlinie 2013/34/EU in Bezug auf Standards für die Nachhaltigkeitsberichterstattung vom 31.7.2023, C(2023) 5303 final, mit Annex 1, abrufbar unter https://ec.europa.eu/finance/docs/level-2-measures/csrd-delegated-act-2023-5303-annex-1_en.pdf.

[269] *World Business Council for Sustainable Development/Wolrd Resources Institute*, The Greenhouse Gas Protocol. A Corporate Accountig and Reporting Standard, 2004, S. 25 ff.; abrufbar unter www.ghgprotocol.org/sites/default/files/standards/ghg-protocol-revised.pdf.

[270] Zum „de-facto-Standard für das Treibhausgasaccounting" *Steuer*, ZIP 2023, 13 (15); *Gailhofer/Verheyen*, ZUR 2021, 402 (405).

das *Greenhouse Gas Protocol* als rechtsverbindliche Quelle für unzureichend,[271] allerdings verleiht er ihm insofern rechtliche Relevanz, als er sich in seinem als delegierter Rechtsakt erlassenen Standard *ESRS E1 Climate Change* ebenfalls auf die Einteilung in *Scopes* durch das *Greenhouse Gas Protocol* bezieht und in der Sache weitgehend übernimmt.[272] Eine Bezugnahme auf die *Scopes* findet sich auch in Art. 15 Abs. 1 lit. f CSDDD-Entwurf.

a) Greenhouse Gas Protocol: *Scope 1-, 2-* und *3*-Emissionen

Nach dem *Greenhouse Gas Protocol* und dem *ESRS E1 Climate Change* werden drei *Scopes* unterschieden[273]:
– *Scope 1* beschreibt direkte Emissionen aus Quellen, die sich im Besitz der Gesellschaft befinden oder auf die die Gesellschaft beherrschenden Einfluss ausüben kann.
– *Scope 2* beschreibt indirekte Emissionen aus der Erzeugung von gekauftem oder sonst erworbenem Strom, Gas, Wärme oder Kälte.
– *Scope 3*-Emissionen umfassen nach dem Ausschlussprinzip alle indirekten Emissionen, die nicht bereits unter *Scope 2* fallen und die in der Wertschöpfungskette der Gesellschaft (*upstream* oder *downstream*) entstehen.

b) Scope 1-Emissionen einer Gesellschaft

Der europäische Rechnungslegungsstandard *ESRS E1 Climate Change* bestimmt, dass sich *Scope 1*-Emissionen einer Gesellschaft zusammensetzen:
– aus ihren *eigenen* Treibhausgasemissionen
sowie aus den Treibhausgasemissionen
– der konsolidierten Tochtergesellschaften,
– der Joint Ventures und der nichtkonsolidierten Tochtergesellschaften, über die die Gesellschaft operative Kontrolle ausübt.[274] Operative Kontrolle soll wiederum vorliegen, wenn die Gesellschaft

---

[271] ErwG 38 CSRD: "Kein bestehender Standard und kein bestehendes Rahmenwerk entspricht den Bedürfnissen der Union im Hinblick auf eine Nachhaltigkeitsberichterstattung."

[272] Disclosure Requirement E1-6 – Gross Scopes 1, 2, 3 and Total GHG Emissions und direkte Bezugnahme auf das *Greenhouse Gas Protocol* in AR 39, ESRS E1 „Climate Change", Delegierte Verordnung 2023/2772/EU zur Ergänzung der Richtlinie 2013/34/EU in Bezug auf Standards für die Nachhaltigkeitsberichterstattung vom 31.7.2023, C(2023) 5303 final, mit Annex 1.

[273] Delegierte Verordnung 2023/2772/EU zur Ergänzung der Richtlinie 2013/34/EU in Bezug auf Standards für die Nachhaltigkeitsberichterstattung vom 31.7.2023, C(2023) 5303 final, mit Annex 2.

[274] Disclosure Requirement E1-6 Ziff. 5, Delegierte Verordnung 2023/2772/EU zur Ergänzung der Richtlinie 2013/34/EU in Bezug auf Standards für die Nachhaltigkeitsberichterstattung vom 31.7.2023, C(2023) 5303 final, mit Annex 1.

die Möglichkeit hat, die betrieblichen Aktivitäten und Beziehungen des Joint Ventures oder der nichtkonsolidierten Tochtergesellschaft zu steuern.[275]

c) Klimaneutralität einer Gesellschaft

aa) Scope 1 und 2-Emissionen

Um die Klimaneutralität einer Gesellschaft zu beurteilen, sollten nur die *Scope 1* und *2-Emissionen* herangezogen werden. Dies lässt sich dem *ESRS E1 Climate Change*[276] sowie Art. 15 Abs. 1 lit. f CSDDD-Entwurf entnehmen, die jeweils *Scope 1* und *2-Emissionen* berücksichtigen. Zwar handelt es sich bei letzteren um indirekte Emissionen,[277] sie unterliegen aber der direkten Wahlmöglichkeit der Gesellschaft und können durch energieeffiziente Technologien, Energieeinsparungen oder erneuerbare Energien erheblich reduziert werden.[278]

bb) Ausklammerung von *Scope 3*-Emissionen

Scope 3-Emissionen sollten zur Beurteilung der Klimaneutralität einer Gesellschaft dagegen ausgeklammert werden. Diese machen bei deutschen Unternehmen über alle Sektoren hinweg im Schnitt immerhin 75 Prozent der Treibhausgasemissionen aus.[279] Aufgrund des weiten Begriffs der Wertschöpfungskette gestaltet sich die Einordnung der *Scope 3*-Emissionen jedoch problematisch. Insbesondere werden Treibhausgasemissionen in der Wertschöpfungskette nicht von der Gesellschaft selbst, sondern von anderen juristischen oder natürlichen Personen – Zulieferern oder Endverbrauchern –

---

[275] Delegierte Verordnung 2023/2772/EU zur Ergänzung der Richtlinie 2013/34/EU in Bezug auf Standards für die Nachhaltigkeitsberichterstattung vom 31.7.2023, C(2023) 5303 final, mit Annex 2.

[276] Disclosure Requirement E1-1 Appendix AR. 3 lit a, Delegierte Verordnung 2023/2772/EU zur Ergänzung der Richtlinie 2013/34/EU in Bezug auf Standards für die Nachhaltigkeitsberichterstattung vom 31.7.2023, C(2023) 5303 final, mit Annex 1.

[277] *World Business Council for Sustainable Development/Wolrd Resources Institute*, The Greenhouse Gas Protocol. A Corporate Accoutig and Reporting Standard, 2004, S. 25; abrufbar unter www.ghgprotocol.org/sites/default/files/standards/ghg-protocol-revised.pdf.

[278] Vgl. §§ 8, 9 EnEfG, wonach Unternehmen mit hohem Energieverbrauch zur Einrichtung eines Energie- oder Umweltmanagementsystems und zu Energieeinsparungsmaßnahmen verpflichtet sind.

[279] *Carbon Disclosure Project,* Technical Note: Relevance of Scope 3 Categories by Sector, Version 2.0 vom 25.1.2023, S. 6, 49, abrufbar unter https://cdn.cdp.net/cdp-production/cms/guidance_docs/pdfs/000/003/504/original/CDP-technical-note-scope-3-relevance-by-sector.pdf; *Statista*, Anteil der Scope-3-Emissionen an den Gesamtemissionen nach Branche in 2021, 14.4.2023, abrufbar unter https://de.statista.com/statistik/daten/studie/1364908/umfrage/anteil-der-scope-3-emissionen-an-den-ghg-emissionen/#:~:text=Scope%203%20verursacht%20laut%20Berechnungen,75%25%20der%20Gesamtemissionen%20von%20Unternehmen.

als indirekte Emissionen ausgestoßen.[280] Diese agieren in der Regel autonom, ihr Verhalten ist nur bedingt von klimapolitischen Leitentscheidungen der belieferten oder liefernden Gesellschaft abhängig.[281] Dementsprechend enthält auch der *ESRS E1 Climate Change* in Konkretisierung von Art. 19a Abs. 2 lit. a Ziff. iii Bilanz-RL nF nur in Bezug auf *Scope 1* und *2*-Emissionen harte Klimaberichtspflichten für Unternehmen.[282] Ebenso sieht Art. 15 Art. 1 lit. f CSDDD-Entwurf vor, dass *Scope 3*-Emissionen lediglich „gegebenenfalls" im Rahmen des Übergangsplans zu berücksichtigen sind. Auch das LkSG bestätigt diesen Befund, indem es den Schwerpunkt der unternehmerischen Verantwortung nach dem *Tier 1*-Prinzip auf den eigenen Rechtskreis sowie unmittelbare Zulieferer legt.[283] Die Ausklammerung von *Scope 3*-Emissionen zur Feststellung der Klimaneutralität einer Gesellschaft ist insofern systemkohärent.

Die deckt sich mit den Wertungen des Deliktsrechts, insbesondere mit dem Rechtsinstitut der deliktischen Verkehrspflichten nach § 823 Abs. 1 BGB. Von engen Ausnahmen abgesehen, haftet ein Rechtsträger aufgrund des Unmittelbarkeitsprinzips des Deliktsrechts nur für sein eigenes deliktisches Verhalten und nicht für dasjenige von Dritten.[284] Dementsprechend gibt es prinzipiell auch keine rechtsträgerübergreifenden Verkehrspflichten, die eine Gesellschaft verpflichten würden, für regelkonformes oder gar klimaneutrales Verhalten anderer juristischer und natürlicher Personen zu sorgen.[285]

Nicht zuletzt spricht dafür auch der Schutz kleiner und mittlerer Unternehmen (KMU).[286] Würde eine große Gesellschaft zur Klimaneutralität im Sinne ihrer *Scope 3*-Emissionen verpflichtet, wären KMU in der Wertschöpfungskette zumindest mittelbar verpflichtet, (1.) über ihre Treibhausgasemissionen zu berichten und (2.) selbst klimaneutral zu werden, um weiterhin als Zulieferer für die nach der CSRD bzw. CSDDD eigentlich verpflichteten Großunternehmen

---

[280] *Nietsch/Wiedmann*, CCZ 2022, 125 (129); *Schmidt-Ahrendts/Schneider*, NJW 2022, 3475 (3479); *Weller/Hößl/Radke*, in: WiR (Hrsg.), Nachhaltigkeit im Wirtschaftsrecht, Wien 2023, S. 143 (159).
[281] *Gailhofer/Verheyen*, ZUR 2021, 402 (405).
[282] Über *Scope 3*-Emissionen soll nur (1.) nur im Hinblick auf die Kategorie der Emissionen aus der direkten Nutzung von vertriebenen Produkten und (2) auch nur berichtet werden, wenn diese Kategorie von der Gesellschaft als wesentlich angesehen wird, Disclosure Requirement E1-1 Appendix AR. 3 lit. b mit Verweis auf Ziff. 51 Delegierte Verordnung 2023/2772/EU zur Ergänzung der Richtlinie 2013/34/EU in Bezug auf Standards für die Nachhaltigkeitsberichterstattung vom 31.7.2023, C(2023) 5303 final, mit Annex 1.
[283] *Nasse*, RAW 2022, 3 (9f.); *Weller/Tran*, EurUP 2021, 342 (355).
[284] *Weller/Tran*, EurUP 2021, 342 (355).
[285] *Weller/Tran*, EurUP 2021, 342 (355); *Walden/Frischholz*, ZIP 2022, 2473 (2480).
[286] ErwG 47 CSDDD-Entwurf.

tätig zu sein.[287] Allein durch die mittelbaren Nachhaltigkeitsberichtspflichten, darunter auch Treibhausgasberichtspflichten, würden KMU Verwaltungskosten aufgebürdet.[288] Um eine solche Belastung von KMU zu vermeiden, ist es rechtspolitisch empfehlenswert, *Scope 3*-Emissionen vom Begriff der Klimaneutralität einer Gesellschaft auszunehmen.

4. Wege zur Klimaneutralität: Reduktion und Kompensation

Das Erreichen von Klimaneutralität einer Gesellschaft ist grundsätzlich über zwei Wege denkbar: zum einen durch Bemühungen, den eigenen Ausstoß von Treibhausgasemissionen zu reduzieren (zB durch Verbesserung von Produktionsprozessen) und zum anderen durch Kompensation in Form von Treibhausgasentnahmen aus der Atmosphäre (zB Finanzierung von Waldaufforstungsprojekten).[289]

a) Vorrang der Reduktion

Dem *IPCC* zufolge bedarf es zur Klimaneutralität ganz erheblicher Treibhausgasreduktionen.[290] Diesen naturwissenschaftlichen Befund haben Art. 4 Pariser Klimaabkommen und Art. 4 Abs. 1 UAbs. 2 EU-Klimagesetz rechtlich aufgegriffen, wonach die Reduktion der Treibhausgasemission zu priorisieren ist. Die alternative Möglichkeit der *Kompensation* ist nur begrenzt zulässig, Art. 4 Abs. 1 UAbs. 3 EU-Klimagesetz.[291] Nur soweit sich keine technologisch und wirtschaftlich durchführbare Reduktionsmöglichkeit anbietet, sollte daher eine Kompensation eröffnet werden.[292] Nach der CSRD müssen Gesellschaften über Treibhausgas*reduktionsziele*

---

[287] Vgl. *Allgeier,* NZG 2023, 195 (198); *Allgeier/Feldmann,* NZG 2023, 491 (492).

[288] *Europäische Kommission,* Commission Staff Working Document: Ompact Assessment SWD (2021) 150 final, Annex 18 S. 6, abrufbar unter https://eur-lex.europa.eu/legal-content/EN/TXT/PDF/?uri=CELEX:52021SC0150; Vgl. zu den Auswirkungen der CSRD auf KMU *Allgeier,* NZG 2023, 195 (198); *Hommelhoff,* DB 2021, 2437 (2441).

[289] OLG Frankfurt am Main, Urt. v. 10.11.2022 – 6 U 104/22; OLG Düsseldorf, Urt. v. 6.7.2023 – I-20 U 72/22; *Steuer,* GRUR 2022, 1408 (1410 f.).

[290] *IPCC,* Climate Change 2023. Synthesis Report, 2023, S. 19, abrufbar unter https://www.ipcc.ch/report/ar6/syr/downloads/report/IPCC_AR6_SYR_FullVolume.pdf.

[291] § 4 Abs. 1 UAbs. 3 EU-Klimagesetz: „Um sicherzustellen, dass bis 2030 ausreichende Minderungsmaßnahmen ergriffen werden, wird für die Zwecke dieser Verordnung und unbeschadet der in Absatz 2 genannten Überprüfung der Rechtsvorschriften der Union der Beitrag des Nettoabbaus von Treibhausgasen zum Klimaziel der Union für 2030 auf 225 Mio. Tonnen CO_2-Äquivalent begrenzt."

[292] Vgl. Art. 10 Abs. 2 Taxonomie-VO, der für Wirtschaftstätigkeiten, „für die es keine technologisch und wirtschaftlich durchführbare CO_2-arme Alternative gibt", besondere Voraussetzungen anordnet, um dennoch einen wesentlichen Beitrag zum Klimaschutz zu leisten.

im Rahmen ihres Übergangsplans berichten.²⁹³ Auf nationaler Ebene geht der deutsche Gesetzgeber in der Begründung zum KSG davon aus, dass eine erhebliche Treibhausgasreduktion um etwa 95 Prozent gegenüber dem Basisjahr 1990 nötig sein wird.²⁹⁴ Dem hiernach in allen Regelwerken zum Ausdruck kommenden klaren Vorrang der Reduktion entspricht, dass Kompensationsprojekte tatsächlich oft nur zweifelhaft zur Treibhausgasentnahme oder -speicherung beitragen (Problem des „Greenwashing") und damit keinen belastbaren Beitrag zur Klimaneutralität leisten.

b) Zulässigkeit der Kompensation

Allerdings ist auch die Kompensation durchaus eine zulässige Möglichkeit, Klimaneutralität zu erreichen. Sowohl das Pariser Abkommen (Art. 4 Abs. 1), als auch das EU-Klimagesetz (Art. 4 Abs. 1) und das deutsche KSG (§ 2 Nr. 9) erkennen an, dass zur Treibhausgasminderung auch der Abbau von Treibhausgasen durch natürliche Senken beitragen kann und sogar von wesentlicher Bedeutung für den Übergang zur Klimaneutralität ist.²⁹⁵ Der Begriff der „Senke" entstammt dem UNFCCC und beschreibt einen Vorgang, eine Tätigkeit oder einen Mechanismus, durch welche(n) Treibhausgase aus der Atmosphäre entfernt werden.²⁹⁶ Technisch kann dies durch direkte Entnahmen von Treibhausgasen, insbesondere von CO_2, aus der Luft (sog. *direct air carbon capture and storage*) oder etwa durch Herstellung von Bioenergie durch Verwertung von Biomasse mit gleichzeitiger CO_2-Abscheidung und -Speicherung *(bioenergy with carbon capture and storage)* erfolgen.²⁹⁷

Den rechtlichen Rahmen für diese Technologien bildet in Deutschland das Kohlendioxid-Speicherungsgesetz (KSpG).²⁹⁸ Na-

---

[293] Disclosure Requirement E1-1 Ziff. 16 lit. a Delegierte Verordnung 2023/2772/ EU zur Ergänzung der Richtlinie 2013/34/EU in Bezug auf Standards für die Nachhaltigkeitsberichterstattung vom 31.7.2023, C(2023) 5303 final, mit Annex 1.
[294] BT-Drs. 19/14337, 24.
[295] ErwG 22 EU-Klimagesetz.
[296] Art. 1 Nr. 8 Rahmenübereinkommen der Vereinten Nationen über Klimaänderungen vom 9.5.1992, UN Treaty Collection, Vol II, Kap. 27, 7.
[297] *IPCC*, Climate Change 2022. Mitigation of Climate Change, S. 799, 1265, abrufbar unter https://www.ipcc.ch/report/ar6/wg3/downloads/report/IPCC_AR6_ WGIII_FullReport.pdf; ausführlich dazu *Steuer*, ZUR 2022, 586 (587).
[298] Das KSpG setzt die Richtlinie 2009/31/EG des Europäischen Parlaments und des Rates vom 23.4.2009 über die geologische Speicherung von Kohlendioxid und zur Änderung der Richtlinie 85/337/EWG des Rates sowie der Richtlinien 2000/60/EG, 2001/80/EG, 2004/35/EG, 2006/12/EG und 2008/1/EG des Europäischen Parlaments und des Rates sowie der Verordnung (EG) Nr. 1013/2006 in nationales Recht um; ausführlich zum KSpG *Dieckmann*, NVwZ 2022, 989ff.; *Peine/Knopp/Radcke*, Rechtsfragen der Abscheidung und Speicherung von CO_2, 2011, S. 65ff.

türliche Senken sind beispielsweise Wälder.[299] Sie können entweder vor Rodung geschützt werden, um die Freisetzung von gespeichertem CO_2 zu vermeiden, oder aufgeforstet werden, um zusätzliches CO_2 aus der Atmosphäre zu entnehmen.[300] Auch die veränderte Landnutzung kann eine natürliche Senke darstellen, wenn die neue Bodenoberfläche eine höhere CO_2-Aufnahmefähigkeit aufweist.[301]

c) Kompensationszertifikate

Werden Projekte zum Schutz oder zur Förderung dieser Senken zertifiziert, entstehen Zertifikate, auch Kohlenstoffgutschriften genannt, die Treibhausgasemittenten wie Unternehmen zur Kompensation ihrer Treibhausgasemissionen nutzen können.[302] Ferner können Unternehmen eigene Projekte zur Treibhausgasentnahme oder -speicherung entwickeln, also eigene Zertifikate ausstellen, oder auf Projekte außerhalb ihrer Wertschöpfungskette setzen, die sich mit dem Ankauf von Zertifikaten finanzieren.[303]

Der Berichtstandard *ESRS 1 Climate Change* erkennt an, dass Unternehmen Zertifikate verwenden können, um ihre Treibhausgasemissionen zur kompensieren.[304] Allerdings knüpft er an die Verwendung besondere Offenlegungspflichten, um die Quantität und Qualität der verwendeten Zertifikate sicherzustellen.[305] Beson-

---

[299] Art. 4 Abs. 1 lit. d Rahmenübereinkommen der Vereinten Nationen über Klimaänderungen; *IPCC*, Climate Change 2022. Mitigation of Climate Change, S. 779, abrufbar unter https://www.ipcc.ch/report/ar6/wg3/downloads/report/IPCC_AR6_WGIII_FullReport.pdf.

[300] *Steuer*, ZUR 2022, 586 (587); *Umweltbundesamt*, Freiwillige CO_2-Kompensation durch Klimaschutzprojekte, 2018, S. 11, abrufbar unter https://www.umweltbundesamt.de/sites/default/files/medien/376/publikationen/ratgeber_freiwillige_co2_kompensation_final_internet.pdf.

[301] *IPCC*, Climate Change 2022. Mitigation of Climate Change, S. 788, IPCC, abrufbar unter https://www.ipcc.ch/report/ar6/wg3/downloads/report/IPCC_AR6_WGIII_FullReport.pdf; *Umweltbundesamt*, Freiwillige CO_2-Kompensation durch Klimaschutzprojekte, 2018, S. 11, abrufbar unter https://www.umweltbundesamt.de/sites/default/files/medien/376/publikationen/ratgeber_freiwillige_co2_kompensation_final_internet.pdf.

[302] *Ruttloff/Wehlau/Wagner/Skoupil*, CCZ 2023, 201 (204); *Steuer*, ZUR 2022, 586 (588).

[303] Disclosure Requirement E1-7 Ziff. 56 Delegierte Verordnung 2023/2772/EU zur Ergänzung der Richtlinie 2013/34/EU in Bezug auf Standards für die Nachhaltigkeitsberichterstattung vom 31.7.2023, C(2023) 5303 final, mit Annex 1.

[304] Disclosure Requirement E1-7 – GHG removals and GHG mitigation projects financed through carbon credits, Delegierte Verordnung 2023/2772/EU zur Ergänzung der Richtlinie 2013/34/EU in Bezug auf Standards für die Nachhaltigkeitsberichterstattung vom 31.7.2023, C(2023) 5303 final, mit Annex 1.

[305] Disclosure Requirement E1-7 Ziff. 57 Delegierte Verordnung 2023/2772/EU zur Ergänzung der Richtlinie 2013/34/EU in Bezug auf Standards für die Nachhaltigkeitsberichterstattung vom 31.7.2023, C(2023) 5303 final, mit Annex 1.

dere Berücksichtigung muss dabei das Kriterium der „Zusätzlichkeit" finden; es muss also nachvollziehbar sein, dass durch das zertifikatfinanzierte Projekt tatsächlich Treibhausgase entnommen werden oder ihr Ausstoß verhindert wird.[306]

Um diese Anforderungen sicherzustellen, bieten verschiedene Institutionen entsprechende Zertifizierungen nach bestimmten Standards an. Da derartige private Standards allerdings keiner staatlichen Regulierung oder Aufsicht unterliegen, weisen sie in der Praxis oftmals eine geringe Validität auf.[307] Insbesondere sind die Anforderungen häufig intransparent und lassen sich selbst vom kompensierenden Unternehmen nicht hinreichend überprüfen.[308] Dennoch erkennt das Völkerrecht – zumindest im Bereich des zivilen Luftverkehrs – die aufgezählten Standards zur Zertifizierung von Treibhausgasvermeidungs- oder -entnahmeprojekten an.[309] Künftig soll eine europäische Regulierung der Kompensationszertifikate, die sich an strengeren Kriterien orientiert, auch außerhalb dieses Sektors Rechtssicherheit schaffen.[310]

d) Abgrenzung zu Zertifikaten aus dem EU-EHS und nEHS

Zertifikate zur Kompensation von Treibhausgasen sind von Emissionszertifikaten im Rahmen des EU-EHS und nEHS zu unterscheiden: Deren Erwerb ist (1.) nach dem TEHG und BEHG verpflichtend und bewirkt (2.) *keine* Kompensation von Treibhausgasen; vielmehr *berechtigen* sie den Emittenten zu einer bestimmten Menge

---

[306] *World Business Council for Sustainable Development/Wolrd Resources Institute*, The Greenhouse Gas Protocol. The GHG Protocol for Project Accounting, 2003, S. 15 ff.; abrufbar unter https://ghgprotocol.org/sites/default/files/standards/ghg_project_accounting.pdf.

[307] Rodi/*Rodi/Kalis*, Handbuch Klimaschutzrecht, 2022, § 9 Rn. 13; *Ruttloff/Kappler/Schuler*, BB 2023, 1219 (1222); *Ruttloff/Wehlau/Wagner/Skoupil*, CCZ 2023, 201 (204); ausführlich zu den Schwächen des freiwilligen Zertifikatemarkts *Battocletti/Enriques/Romano*, The Voluntary Carbon Market: Market Failures and Policy Implications, 95 University of Colorado Law Review (im Erscheinen).

[308] *Rodi/Yilmaz*, ZUR 2020, 336 (337); *Steuer*, ZUR 2022, 586 (688).

[309] Carbon Offsetting and Reduction Scheme for International Aviation (CORSIA), *International Civil Aviation Organization*, State letter v. 20.7.2018, AN 1/17.14–18/78, Annex 16 Volum IV zum Chicagoer Abkommen v. 7.12.1944 über Internationale Zivilluftfahrt; Liste der nach CORSIA zugelassenen CO_2-Zerfitikate abrufbar unter https://www.icao.int/environmental-protection/CORSIA/Documents/TAB/CORSIA%20Eligible%20Emissions%20Units_March2023.pdf. Ausführlich zur Funktionsweise von CORSIA *Dilg*, Klimaschutz im Luftverkehrsrecht, 2022, S. 102 ff.; *Steuer*, ZEuP 2023 (im Erscheinen).

[310] *Europäische Kommission*, Vorschlag für eine "Regulation establishing a Union certification framework for carbon removals" vom 30.11.2022, COM(2022) 672 final, abrufbar unter https://climate.ec.europa.eu/system/files/2022-11/Proposal_for_a_Regulation_establishing_a_Union_certification_framework_for_carbon_removals.pdf.

an Treibhausgasemissionen und verbriefen einen Anteil am öffentlich-rechtlich vorgegeben Emissionsbudget.[311]

5. Abgrenzung zu „net zero"

Obwohl das öffentliche Recht und jüngst auch das Gesellschaftsrecht den Begriff der Klimaneutralität als maßgebliches Ziel betrachten,[312] wird in der (Unternehmens-)Praxis (auch) der Begriff *net zero* oder *netto null* verwendet.[313] Der europäische Gesetzgeber sieht sich daher veranlasst, den Begriff im Rahmen seines Klimaberichtsstandards zu definieren: Unternehmen, die sich ein Netto-Null-Ziel setzen, müssen (1.) ihre Treibhausgasemissionen in der gesamten Wertschöpfungskette, also *Scope 1–3*, bis zu der für das Pariser 1,5-Grad-Ziel erforderlichen Klimaneutralität mindern und dabei (2.) etwa 90–95 Prozent der Emissionen reduzieren; nur die dann noch verbleibenden Emissionen dürfen kompensiert werden.[314] Der Unterschied zum Begriff der Klimaneutralität liegt also zum einen in der Reichweite – *Scope 1 bis 3* statt lediglich *Scope 1* und *2* – und dem festen Prozentsatz für die – in beiden Fällen vorrangige – Reduktion.

---

[311] *Steuer*, ZUR 2022, 586 (592); *vom Dahl/Wangrau*, EnZW 2022, 63 (65).
[312] *Supra* F. I. und II.
[313] *Deutsche Energie Agentur*, Analyse. Klimaneutralität von Unternehmen. Bestehende Standards, Initiativen und Label sowie Einordnung der Rolle von Treibhausgas-Kompensation, September 2022, S. 9, abrufbar unter https://www.dena.de/fileadmin/dena/Publikationen/PDFs/2022/ANALYSE_Klimaneutralitaet_von_Unternehmen.pdf.
[314] Delegierte Verordnung 2023/2772/EU zur Ergänzung der Richtlinie 2013/34/EU in Bezug auf Standards für die Nachhaltigkeitsberichterstattung vom 31.7.2023, C(2023) 5303 final, mit Annex 2, abrufbar unter https://ec.europa.eu/finance/docs/level-2-measures/csrd-delegated-act-2023-5303-annex-2_en.pdf.

G. Empfehlung: Eine Klimatrias für das Gesellschaftsrecht

Ausgangspunkt für Regelungsempfehlungen auf dem Gebiet des Gesellschaftsrechts ist die Zielvorgabe des Völker-, Unions- und Verfassungsrechts, auf dem Gebiet der Bundesrepublik bis zur Mitte des 21. Jahrhunderts Klimaneutralität zu erreichen.[315] Dabei muss die Privatwirtschaft ab einer gewissen Größenordnung sektorübergreifend und flächendeckend – und nicht nur punktuell wie beim Kohleausstieg[316] oder dem (nicht alle Sektoren erfassenden und räumlich-geographisch eingeschränkten) Emissionsrechtehandel[317] – in die Dekarbonisierung mit eingebunden werden. Dies sollte über einen *smart mix* an Regelungsinstrumenten unter Einschluss eines *corporate climate enforcement* erfolgen.[318] Das geltende Gesellschaftsrecht steht zwar schon jetzt einer freiwilligen Implementierung von Klimaschutzmaßnahmen nicht entgegen, es hält die Akteure einer Kapitalgesellschaft aber auch nicht hinreichend zu klimafreundlichem Handeln an.[319] Anknüpfend an die internationale Entwicklung und inspiriert durch rechtsvergleichende Impulse sollte auch in Deutschland die Klimatransformation von Unternehmen *gesellschaftsrechtlich* incentiviert werden. Zu empfehlen ist ein *Greening Corporate Law*[320], was mit einer instrumentellen Trias gelingt: einer Klimaquote **(unter I.)**, einem ergänzenden Rechtsformzusatz „klimaneutral" **(unter II.)** und einer Klimagovernance **(unter III.)**.

I. Klimaquote

Klimaneutralität kann nur unter Aktivierung der Wirtschaft erreicht werden. Ein Ansatzpunkt ist dabei das Kapitalmarktrecht, welches auf Ebene der Finanzmarktakteure und der Unternehmensfinanzierung ansetzt *(Green Finance)*. Ein anderer Hebel ist das in diesem Gutachten angesprochene Gesellschaftsrecht, mit dem die Unternehmensleitung und damit namentlich die Realwirtschaft adressiert wird. Als zentrale Maßnahme ist dabei die Einführung einer

---

[315] *Supra* F.I.
[316] BGBl. 2020 I 1818.
[317] EU-EHS (TEHG) und nEHS (BEHG); hierzu *Steuer*, ZEuP 2024 (im Erscheinen).
[318] *Supra* B.
[319] *Mittwoch*, aaO, S. 372 ff.
[320] *Weller/Hößl/Seemann*, ZGR 2024, 180.

Klimaquote für börsennotierte oder mitbestimmte Kapitalgesellschaften zu empfehlen.

1. Regelungsvorschlag

§ 76a AktG nF (Entwurf) – Klimaquote

(1) *Der Vorstand einer Gesellschaft, die börsennotiert ist oder der Mitbestimmung unterliegt, stellt einen Klimatransformationsplan auf, aktualisiert diesen jährlich und beschließt auf dessen Basis eine Jahreszielgröße zur Verringerung von Treibhausgasemissionen (Klimaquote).*

(2) *Der Klimatransformationsplan und die Klimaquote beziehen sich jeweils auf Scope 1- und Scope 2-Emissionen der Gesellschaft. Die Definition der Scope 1 und 2-Emissionen in Annex II der Delegierten Verordnung 2023/2772/EU[321] gilt entsprechend. Die Klimaquote gibt die jeweilige prozentuale Verringerung der Scope 1- und 2-Emissionen gegenüber dem Referenzjahr 2024 an. Der Klimatransformationsplan und die Klimaquoten müssen insgesamt so gestaltet sein, dass die Gesellschaft bis spätestens 2045 klimaneutral ist. Dabei müssen Plan und Quoten wissenschaftsbasiert sein. Die Reduktion von Emissionen hat Vorrang vor ihrer Kompensation, die Wahl der Letzteren ist zu begründen. Ausnahmen von der Klimaneutralität bis 2045 sind in Härtefällen zulässig, insbesondere wenn die Daseinsvorsorge gefährdet wäre.*

(3) *Der Vorstand hat den Klimatransformationsplan, seine jährliche Aktualisierung und die Klimaquote unverzüglich nach ihrem jeweiligen Beschluss dem Aufsichtsrat vorzulegen. Der Aufsichtsrat hat zu erklären, ob er den Klimatransformationsplan und die Klimaquote billigt.*

(4) *Der Klimatransformationsplan und der Beschluss zur Klimaquote sind nach §§ 289b und 289f HGB zu veröffentlichen und zu begründen. Dabei ist unter Bezugnahme auf die bereits umgesetzten Klimaschutzmaßnahmen zu erläutern, inwiefern die Klimaquote unter Berücksichtigung des Geschäftsmodells angemessen ist. Ergänzend sind in der Begründung auch die Scope 3-Emissionen der Gesellschaft und ergriffene oder geplante Maßnahmen zu deren Verringerung darzulegen. Beruft sich ein Unternehmen auf einen Härtefall nach Abs. 2 Satz 7, gilt Abs. 4 Satz 1 entsprechend.*

(5) *Ausgenommen von den Absätzen (1) bis (4) sind bereits klimaneutrale Gesellschaften iSd § 20 HGB nF sowie der Ausstoß*

---

[321] Delegierte Verordnung zur Ergänzung der Richtlinie 2013/34/EU in Bezug auf Standards für die Nachhaltigkeitsberichterstattung vom 31.7.2023, C(2023) 5303 final.

und Abbau von Emissionen in dem von der Verordnung (EU) 2018/841[322] *erfassten LULUCF-Sektor.*

Eine entsprechende Neuregelung sollte auch für mitbestimmte GmbHs in einem § 36a GmbHG nF eingeführt werden.

2. Transposition der Klimaneutralität ins Gesellschaftsrecht

Die Klimaquote transponiert den öffentlich-rechtlichen Klimaschutz ins Privatrecht. Kernidee ist, die verfassungs- und unionsrechtliche Zielvorgabe der Klimaneutralität auch zu einer Zielvorgabe für Großunternehmen zu machen. Bisher ist das KSG ein Rahmengesetz, das zwar die Klimaneutralität bis 2045 vorgibt, allerdings lediglich bezogen auf das Territorium der Bundesrepublik insgesamt. Das KSG bedarf der Konkretisierung durch weitere Ausführungsgesetze[323], etwa das Privathaushalte betreffende Gebäudeenergiegesetz 2023.[324] Eine Klimaquote für alle börsennotierten oder mitbestimmten Gesellschaften würde die Privatwirtschaft als maßgeblichen Emittenten von Treibhausgasen *sektorübergreifend* und damit distributiv gerecht adressieren. Dabei ist die Klimaquote keine planwirtschaftliche, den Unternehmen von der Politik aufoktroyierte starre Quotenvorgabe. Vielmehr ist sie von der Unternehmensleitung mit Blick auf das jeweilige Geschäftsmodell flexibel und unternehmensindividuell festlegbar, solange sie mit dem bis spätestens 2045 zu erreichenden Ziel der Klimaneutralität des Unternehmens vereinbar ist. Sie überzeugt damit als privatautonomiekonformes Instrument.

3. Regelungskonzeption

a) Anlehnung an § 76 Abs. 4 AktG und § 36 GmbHG

Die Klimaquote sollte sich an einem etablierten und der Praxis vertrauten Regelungsmuster orientieren. Diesbezüglich bietet sich die nach § 76 Abs. 4 AktG vom Vorstand (und nach § 36 GmbHG von der Geschäftsführung einer mitbestimmten GmbH) periodisch festzulegende Zielgröße für den Geschlechteranteil in Führungspositionen an. Die 2015 durch das FüPoG I[325] eingeführte Regelung zeichnet sich durch ihre unternehmensindividuelle Flexibilität und ihre (nur) auf Transparenz und Reputation setzenden Durch-

---

[322] Sog. LULUCF-Verordnung (Land Use, Land Use Change and Forestry).
[323] *Supra* F.I.2.b).
[324] BGBl. 2023 I Nr. 280.
[325] Gesetz für die gleichberechtigte Teilhabe von Frauen und Männern an Führungspositionen in der Privatwirtschaft und im öffentlichen Dienst I, BGBl. 2015 I 642.

setzungsmechanismen aus. Diese Charakteristika sollte die Klimaquote aufgreifen. Zwar ist § 76 Abs. 4 AktG im Bestreben, die Repräsentation von Frauen in Führungspositionen zu steigern, bisher nur bedingt erfolgreich.[326] Der darin normierte *Comply or Explain*-Ansatz, der auch die Möglichkeit einschließt, sich eine Zielgröße Null zu setzen, hat sich als zu „soft" erwiesen.[327] Davon unterscheidet sich die Klimaquote jedoch in einem zentralen Punkt: Sie verspricht insofern eine größere Effektivität, als sie eine *feste Endzielgröße* (die der Klimaneutralität im Jahr 2045) vorgibt. Sie belässt den Unternehmen dabei aber die Flexibilität, zu entscheiden mit welchen Zwischenschritten und mit welcher Geschwindigkeit diese erreicht wird.[328] Auf diesem Wege vereint sie den flexiblen Faktor der Geschlechterquote mit einem planbaren Endziel.

b) Keine Überfrachtung des Tagesgeschäfts

Gegenüber der in der Literatur[329] diskutierten Ergänzung des Wortlauts der §§ 76, 93 AktG um eine Nachhaltigkeitsklausel hätte die Klimaquote den Vorzug, das Tagesgeschäft nicht zu überfrachten. Würde man den Klimaschutz hingegen direkt in § 76 Abs. 1 oder § 93 Abs. 1 AktG verankern, wären Klimabelange bei *allen* Leitungsentscheidungen in die vorangehende Abwägung einzustellen. Dies würde nicht nur für Entscheidungen, einen neuen Standort oder eine neue Produktlinie zu erschließen, gelten (wo diese Abwägung angezeigt ist), sondern auch bei täglichen Beschaffungsentscheidungen aller Art, etwa dem Einkauf von Verbrauchs- oder Konsumartikeln (zB sanitäre Produkte oder Getränke oder Speisen für die Belegschaft). Wenn bei jeder dieser Entscheidungen eine Klimaabwägung stattzufinden hätte, würde das der Bürokratie Vorschub leisten und dem Klima – da zu klein skaliert – praktisch nichts bringen.

Vorzugswürdig erscheint es daher, die in der Literatur vorgeschlagene Anreicherung der Leitungs- und Sorgfaltspfllicht um Klimabelange als eine vorzunehmende *Selbstverpflichtung* der Leitungsorgane auszugestalten. Letztere sollten zwar die Gesellschaft und ihr Geschäftsmodell *grundsätzlich* bis spätestens 2045 klimaneutral aus-

---

[326] *Minderjahn*, Die Frauenzielgrößen des GgTFMF, 2020, S. 280 ff.; *Steiner*, Die Sanktionierung der flexiblen Frauenquote, 2018, S. 477.
[327] *Minderjahn*, aaO, 294.
[328] Ähnlich BT-Drs. 20/7632, 53 zum EnEfG 2023: „Das Energieeffizienzgesetz umfasst eine gesamtstaatliche *Zielsetzung* zur Reduktion des Energieverbrauchs (…). Es enthält hingegen keine Regelungen zur Begrenzung des individuellen Energieverbrauchs von Unternehmen oder privaten Haushalten."
[329] *Supra* D.II.1.a); zuletzt *VGR-Arbeitskreis Aktienrechtsreform*, AG 2024 (im Erscheinen).

richten; wie sie dann aber im *konkreten* Tagesgeschäft dahin gelangen – ob durch eine „große" oder viele „kleine" Entscheidungen – sei ihnen überlassen. Plastisch formuliert: So mag die Geschäftsleitung einerseits beschließen, die Produktion komplett auf CO_2-neutrale Prozesse umzustellen oder generell nur noch „grünen Strom" zu beziehen. Zugleich mag sie andererseits dann aber bei der Konsumgüterbestellung für den Betrieb davon absehen, den jeweiligen CO_2-Fußabdruck der bezogenen Waren miteinander zu vergleichen. Die Klimaquote als lediglich *grundsätzliche* Selbstverpflichtung eröffnet diesen operativen Spielraum und scheint daher als privatautonomiestimulierende Regelungstechnik vorzugswürdig.

4. Anwendungsbereich

a) Börsennotierte oder mitbestimmte Gesellschaften

Ebenso wie die Zielgrößen in § 76 Abs. 4 AktG und § 36 GmbHG sollte sich der Anwendungsbereich der Klimaquote auf Großunternehmen beschränken. Dies ist insofern distributiv gerecht, als diese für den Löwenanteil der weltweiten CO_2-Emissionen verantwortlich sind. Konkret geht es um Kapitalgesellschaften, die börsennotiert (§ 3 Abs. 2 AktG) *oder* mitbestimmt sind.[330] Mitbestimmt meint die Unternehmensmitbestimmung im Aufsichtsrat (§ 96 AktG, § 52 GmbHG). Diese gilt für Gesellschaften, die dem MitbestG (ab 2000 Arbeitnehmer*innen), dem DrittelbG (ab 500 Arbeitsnehmer*innen), dem MontanMitbestG, dem MitbestErgG oder dem MgVG unterliegen.[331] Die Klimaquote würde hiernach ca. 2300 Unternehmen in Deutschland erfassen.[332]

Künftig könnte der Anwendungsbereich sukzessive in Anlehnung an entsprechende „Ausweitungsklauseln" im LkSG[333] oder der CSRD[334] auch auf Gesellschaften unterhalb dieser Größenordnung ausgedehnt werden. Allerdings empfiehlt es sich, den Anwendungsbereich zunächst nur auf Großunternehmen zu konzentrieren. Denn

---

[330] Dagegen gilt die starre 30%-Geschlechterquote in § 96 Abs. 2 AktG nur für Gesellschaften, die kumulativ börsennotiert *und* mitbestimmt sind.
[331] *Koch*, AktG, 17. Auf. 2023, § 76 Rn. 73.
[332] Information der Bundesregierung über die Entwicklung des Frauenanteils in Führungsebenen v. 11.1.2023, S. 44, abrufbar unter https://www.bmfsfj.de/resource/blob/209010/a6daaf83b8e8111e495f5055192ff3c8/bericht-sechste-jaehrliche-information-data.pdf. Die Information zeigt die Entwicklung bis zum Geschäftsjahr 2019.
[333] Nach § 1 Abs. 1 S. 1 Nr. 2 LkSG waren zunächst Unternehmen mit mindestens 3000 Arbeitnehmer*innen erfasst, nach § 1 Abs. 1 S. 3 LkSG sinkt diese Schwelle ab 2024 auf 1000 Arbeitnehmer*innen ab.
[334] Nach Art. 5 Abs. 2 lit. a CSRD gilt die CSRD zunächst für Unternehmen von öffentlichem Interesse mit mindestens 500 AN, nach Art. 5 Abs. 2 lit. b CSRD ab 2025 für sonstige Unternehmen mit mindestens 500 AN und nach Art. 5 Abs. 2 lit. c CSRD ab 2026 für KMU von öffentlichem Interesse.

diese erheben bereits jetzt – aufgrund der seit 2024 geltenden CSRD – die für den Klimatransformationsplan und die Klimaquote notwendigen Kennzahlen, sodass eine aus § 76a AktG nF resultierende zusätzliche Belastung überschaubar sein sollte. Zudem haben sie aufgrund ihrer Marktmacht eine höhere Ausstrahlungs- und Vorbildwirkung sowie eine größere Leistungsfähigkeit.

b) Ausklammerung bereits klimaneutraler Gesellschaften und des LULUCF-Sektors

Gesellschaften, die bereits klimaneutral sind und dies in einem ergänzenden Rechtsformzusatz nach § 20 HGB nF transparent machen[335], sind von der Klimaquote ausgenommen.

Auszuklammern wäre überdies der Sektor *Land Use Land Use Change and Forestry* (LULUCF). Für diesen treffen die LULUCF-VO[336] und § 3a KSG speziellere Klimaschutzvorgaben, weil er eine Reihe von Besonderheiten aufweist: (1.) sein Spannungsfeld zur Ernährungssicherheit[337], (2.) seine Relevanz für die Artenvielfalt[338], (3.) seine CO_2-Freisetzungsrevisibilität bei Abholzung oder Waldbränden[339], (4.) lange Zeiträume, bis durch Aufforstung eine CO_2-Senke entsteht[340], (5.) seine bereits vorhandenen Senken, die zu einem Abbau von 372 Mio. Tonnen CO_2-Äquivalent jährlich im EU-Raum führen.[341] Vor diesem Hintergrund besteht für den LULUCF-Sektor schon jetzt die Vorgabe, dass seine Gesamtemissionen den Gesamtabbau nicht übersteigen, der Sektor mithin eine Netto-Null Bilanz aufweist.[342]

5. Ausnahmeklausel für Härtefälle

In Härtefällen sollten von der Verpflichtung zur Aufstellung des Klimatransformationsplans und der Klimaquote Ausnahmen gemacht werden: (1.) Dies wäre denkbar, wenn die Transformation zur Klimaneutralität bis 2045 den öffentlichen Versorgungsauftrag einer Gesellschaft gefährden sollte. (2.) Darüber hinaus ist in manchen Sektoren eine Substitution von CO_2-intensiven durch CO_2-reduzierte Produktionsprozesse langwieriger als in anderen.[343] Das

---

[335] *Infra* G.II.
[336] LULUCF-VO (EU) 2018/84.
[337] ErwG 6.
[338] ErwG 12.
[339] ErwG 5.
[340] ErwG 8.
[341] ErwG 22.
[342] ErwG 24 und Art. 4.
[343] Freilich bemüht sich selbst die Luftfahrtbranche, bis 2050 CO_2-neutral zu sein, *Lufthansa*, Nichtfinanzielle Erklärung 2022, S. 99, abrufbar unter LH-GB-2022-d.pdf (lufthansagroup.com).

KSG und die dort (zumindest noch)³⁴⁴ vorgesehenen sektoriellen CO_2-Restbudgets nehmen darauf Rücksicht und gestehen substitutionsdiffizilen Branchen kurz- und mittelfristig höhere Budgets zu, die erst langfristig degressiv abnehmen. Diese Wertung sollte die Klimaquote spiegeln, indem sie Ausnahmen zulässt. (3.) Ferner sollten Modifikationen für Start-ups und „junge Unternehmen" an der Börse gelten, die zwar aufgrund ihrer Börsennotierung in den Anwendungsbereich der Klimaquote fallen, aber noch kein hinreichend etabliertes Geschäftsmodell haben; wenn hier während eines Geschäftsjahres kurzfristig und dynamisch neue Geschäftszweige erschlossen werden und daher eine langfristige Planung (noch) nicht möglich ist, sollten Erleichterungen für die Klimatransformationsplanung gelten.

Macht eine Gesellschaft von der Ausnahmeregelung des § 76a Abs. 2 S. 7 AktG nF Gebrauch, sollte dies entsprechend § 76a Abs. 4 S. 1 AktG nF in der Nachhaltigkeitserklärung und in der Erklärung zur Unternehmensführung begründet werden, § 76a Abs. 4 S. 4 AktG nF.

6. Klimatransformationsplan

Dem Vorstand sollte entsprechend seiner Leitungsverantwortung aufgegeben werden, einen Klimatransformationsplan zu erstellen.³⁴⁵ Gemeint ist ein Plan zum Umgang der Gesellschaft mit klimaschädlichen Emissionen und zu deren wissenschaftsbasierter Reduktion (vgl. dazu die *Science Based Targets initiative – SBTi*³⁴⁶) mit dem Endziel, bis 2045 klimaneutral zu sein. Inhaltlich können die Unternehmen den Plan nach branchenüblichen Standards oder ihren jeweils eigenen Bedürfnissen ausrichten. Der Klimatransformationsplan könnte zugleich das Energie- und Umweltmanagementsystem nach § 8 EnEfG sowie den Umsetzungplan von Endenergiesparmaßnahmen nach § 9 EnEfG beinhalten.³⁴⁷ Zu beidem sind Unter-

---

³⁴⁴ Derzeit wird über eine Novelle des KSG diskutiert, wonach die sektorspezifischen Ziele durch Gesamtemissionsminderungsziele ersetzt werden sollen, Gesetzentwurf v. 11.9.2023, BT-Drs. 20/8290.
³⁴⁵ Vgl. auch *VGR*, AG 2022, 239 (242).
³⁴⁶ Die *Science Based Targets Initiative (SBTi)* ist eine Partnerschaft zwischen dem Carbon Disclosure Project (CDP), dem United Nations Global Compact, dem World Resources Institute (WIR) und dem World Wide Fund for Nature (WWF). Sie unterstützt Unternehmen dabei, sich wissenschaftsbasierte Emissionsreduktionsziele zu setzen, vgl. Ambitious corporate climate action – Science Based Targets. Viele DAX-Konzerne (zB Lufthansa, RWE, adidas) stützen sich bereits auf die SBTi.
³⁴⁷ Nach § 9 EnEfG müssen Unternehmen *konkrete, durchführbare Umsetzungspläne [...] erstellen und [...] veröffentlichen für alle als wirtschaftlich identifizierten Endenergieeinsparmaßnahmen in den Energie- und Umweltmanagementsystemen nach § 8 EnEfG [...]*.

nehmen ab einem bestimmten Gesamtenergieverbrauch verpflichtet, den mitbestimmte oder börsennotierte Gesellschaften regelmäßig erreichen dürften.[348] Einige Großunternehmen entwickeln für ihre internen Entscheidungs- und Umstrukturierungsprozesse ohnehin bereits freiwillig Klimatransformationspläne.[349] Für sie brächte die vorgeschlagene Regelung keinen nennenswerten Umstellungsaufwand, würde aber zur Standardisierung und größerer Vergleichbarkeit beitragen. Der Klimatransformationsplan sollte am Ende eines Geschäftsjahrs mit den eingeleiteten bzw. umgesetzten und mit den noch geplanten Klimaschutzmaßnahmen abgeglichen und für das Folgejahr aktualisiert und fortgeschrieben werden.

7. Klimaquote

a) Jahreszielgröße zur Verringerung der Emissionen

Ausgehend vom Klimatransformationsplan sollte vom Vorstand eine Klimaquote bestimmt werden. Diese ist eine Jahreszielgröße zur Senkung von Treibhausgasemissionen. Konkret gibt die Klimaquote die jeweilige prozentuale Verringerung der *Scope 1-* und *2-Emissionen* gegenüber einem Referenzjahr an (zB 2024).[350] Eine *Verringerung* der Emissionen wäre hiernach sowohl durch Reduktions- als auch über Kompensationsmaßnahmen möglich, wobei die Reduktion von Emissionen Vorrang haben sollte.[351] Als Referenzjahr böte sich das Jahr 2024 an, da dann erstmals die neuen CSRD-Berichtspflichten greifen und die Unternehmen über ihre Treibhausgasemissionen berichten müssen; an diese ohnehin zu erhebende Informationsbasis könnten Unternehmen bei der Bestimmung der Klimaquote anknüpfen, ohne dabei einen größeren Extra-(bürokratie-)aufwand zu haben.

b) Individuelle Höhe

Die Klimaquote ist ein unternehmensindividuelles Regelungsinstrument. Sie lässt jeder Gesellschaft die Autonomie, ihre Klimaschutzbemühungen entsprechend ihrem konkreten Geschäftsmodell zu planen und jährlich den jeweiligen Dekarbonisierungsmöglichkeiten anzupassen. Sie unterliegt der Höhe nach unternehmerischem Ermessen. Die Klimaquote ist von der Regelungskonzeption her

---

[348] Von § 9 EnEfG dürften knapp 25.000 Unternehmen erfasst werden, BT-Drs. 20/6872, 34.

[349] Siehe zB die Nichtfinanzielle Berichterstattung 2022 von *RWE*, *Merck* und *Volkswagen*.

[350] Vergleichbar ist sie dadurch mit dem Mechanismus des KSG, welcher ebenfalls jährliche Minderungsziele setzt, vgl. Anlage 3 zu § 4 KSG.

[351] *Supra* E. III. 3. c).

bewusst an die *flexible* Geschlechterquote in § 76 Abs. 4 AktG und § 36 GmbHG angelehnt *(Flexiquote).*[352] Bei dieser legt der Vorstand (beziehungsweise die Geschäftsführung bei mitbestimmten GmbHs) unternehmensindividuell eine Zielgröße zur Steigerung des Frauenanteils im Topmanagement fest.[353] § 76 Abs. 4 S. 3 AktG und § 36 S. 3 GmbHG erlauben explizit eine Zielgröße von „null". Eine Null-CO_2-Reduktion als Zielvorgabe für das kommende Jahr wäre auch bei der Klimaquote denkbar, insbesondere in den ersten Jahren eines angedachten Dekarbonisierungsprozesses, soweit noch keine technischen oder wirtschaftlich vertretbaren Substitutionsmöglichkeiten für ein CO_2-basiertes Geschäftsmodell existieren. *À la longue* müsste die Klimaquote freilich so konzipiert sein, dass die Gesellschaft im Jahr 2045 die Klimaneutralität erreicht.

c) Bezugspunkt: *Scope 1-* und *2-*Emissionen

Die Klimaquote sollte sich (lediglich) auf *Scope 1-* und *Scope 2-*Emissionen beziehen; das sind die Emissionen, die der Gesellschaft als *eigene* zugerechnet werden können. Sie stellt deren prozentuale Verringerung gegenüber dem Referenzjahr in Aussicht. *Scope 1-* und *Scope 2-*Emissionen wären jeweils getrennt auszuweisen.[354] Die Klimaquote sollte sich indes *nicht* auf *Scope 3-*Emissionen erstrecken. Diesbezüglich empfiehlt sich eine bloße Berichtspflicht (§ 76a Abs. 4 S. 2 AktG nF), die so ausgestaltet werden sollte, dass sie sich mit den aus der CSRD erwachsenden *Scope 3-*Reportingpflichten deckt.

d) Einbeziehung von Konzerngesellschaften

Was zu den *Scope 1 und 2-*Emissionen zählt, hat die EU bereits definiert; hieran sollte angeknüpft werden.[355] Der Bezugspunkt der *Scope 1-*Emissionen beschränkt sich nicht auf die jeweilige Gesellschaft als Rechtsträgerin (juristische Person), sondern umfasst auch die von ihr kontrollierten Konzerngesellschaften im In- und Ausland. Diese – auf Beherrschungsverhältnisse beschränkte – *rechtsträgerübergreifende* Konsolidierung ist kein Novum der Klimabilanzie-

---

[352] *Verf.* hatte im Jahr 2011 im Auftrag der Bundesregierung ein Gutachten zur Steigerung des Frauenanteils im Vorstand von Aktiengesellschaften erstattet; in der Politik war damals von einer „Flexiquote" die Rede.
[353] Diese Zielgröße unterscheidet sich von der *fixen* 30%-Geschlechterquote für Vorstand und Aufsichtsrat, die lediglich für (kumulativ) *börsennotiert-mitbestimmte* Unternehmen gilt (§§ 76 Abs. 3a, 96 Abs. 2 AktG).
[354] Beispiel: Die X AG müsste zB für das Jahr 2025 festlegen, dass sie bezogen auf das Referenzjahr 2024 10% ihrer *Scope 1* Emissionen und 7% ihrer *Scope 2* Emissionen verringern (dh reduzieren oder kompensieren) will.
[355] *Supra* F.III.

rung, sondern findet sich inzwischen vielfach im Unionsrecht und im nationalen Recht, zB bei der Definition des „eigenen Geschäftsbereichs" in § 2 Abs. 6 LkSG.

Die Einbeziehung von Konzerngesellschaften ist überdies zur Vermeidung von Rechtsarbitrageeffekten von zentraler Bedeutung; andernfalls würden möglicherweise Fehlanreize gesetzt, emissionsintensive Betriebe in Konzerntochtergesellschaften auszulagern. Umgekehrt hat die *Scope 1*-immanente Konzernbetrachtung auch Vorteile für die verpflichtete (Mutter-)Gesellschaft, etwa wenn sie selbst viel emittiert, Tochtergesellschaften jedoch besonders emissionsarm sind oder sogar negative Emissionen durch *Carbon Capture*-Techniken erreichen und sich dadurch positiv auf die Klimabilanz des Konzerns auswirken.

8. Implementierung

a) Vorstandsbeschluss und Billigung durch Aufsichtsrat

Die Erstellung des Klimatransformationsplans und die Festlegung der Klimaquote gehören zur Leitungsverantwortung des Vorstandes (§ 76 Abs. 1 AktG) oder der Geschäftsführung (§ 35 GmbHG) und sollten – wie auch die Zielgröße für den Frauenanteil – in der Form eines Vorstandsbeschlusses beziehungsweise Geschäftsführungsbeschlusses erfolgen.[356]

Um die Akzeptanz der Klimatransformation innerhalb der Gesellschaft zu stärken, sollten sowohl der Klimatransformationsplan bzw. seine jährliche Aktualisierung als auch die Klimaquote jeweils dem Aufsichtsrat zur Billigung vorgelegt werden (vergleichbar dem Jahresabschluss nach § 171 Abs. 2 S. 4 AktG[357]).

b) Lagebericht, Nachhaltigkeitserklärung und Erklärung zur Unternehmensführung

Die Durchsetzung der flexiblen Geschlechterquote setzt auf die Befolgungsanreize der Öffentlichkeitswirkung und Reputation.[358] Die Klimaquote und die Eckdaten des Klimatransformationsplans sollten dementsprechend – wie die Zielgrößen nach § 76 Abs. 4 AktG[359]

---

[356] Alternativ könnte auch *die Gesellschaft selbst* als Pflichtadressatin der Klimaquote in Frage kommen; der Vorstand müsste diese Pflicht der Gesellschaft indirekt über den Transmissionsriemen der Legalitätspflicht (§ 93 Abs. 2 AktG) beachten und hätte die Klimaquote dann als Organ (§ 31 BGB) der Gesellschaft zu implementieren. Es scheint jedoch vorzugswürdig, den in der Unternehmenspraxis bereits gelebten § 76 Abs. 4 AktG als Regelungsvorbild zu nehmen und daher den Vorstand als unmittelbar Verpflichteten zu adressieren.
[357] Vgl. *Koch*, AktG, 17. Aufl. 2023, § 171 Rn. 24.
[358] *Steiner*, Die Sanktionierung der flexiblen Frauenquote, 2018, S. 477.
[359] Vgl. *Koch*, AktG, 17. Aufl. 2023, § 76 Rn. 82 f.

und § 36 GmbHG[360] – im Lagebericht veröffentlicht werden. Dies entspräche auch der europäischen Regelungskonzeption, wonach CSRD-Angaben zum Klimaschutz ebenfalls im Lagebericht erfolgen sollen.[361] Innerhalb des Lageberichts sollten sich Klimaquote und -transformationsplan als „Durchführungsmaßnahmen"[362] und aufgrund thematischer Nähe in der Nachhaltigkeitserklärung finden. Diese ist zwar nach den formalen Vorgaben der ESRS abzugeben; als mindestharmonisierende Richtlinie steht die CSRD einer Erweiterung der Nachhaltigkeitserklärung jedoch nicht entgegen.

Um ein vollständiges Bild der Unternehmensführung zu gewährleisten, sollte in der Erklärung zur Unternehmensführung auf die entsprechenden Passagen in der Nachhaltigkeitserklärung verwiesen werden.[363] Zu diesem Zweck könnte erwogen werden, eine weitere Ziffer in den Katalog des § 289f Abs. 2 HGB einzufügen.

c) Prüfung durch den Abschlussprüfer

Als Teil des Lageberichts würden Angaben zur Klimaquote und zum -transformationsplan entsprechend der CSRD – vorerst mit begrenzter Prüfungssicherheit – durch Abschlussprüfer geprüft.[364] Dem Gesetzgeber steht es frei, neben Abschlussprüfern auch unabhängige Erbringer von Bestätigungsleistungen (zB den TÜV) zur Prüfung zuzulassen.[365] Werden Umsetzungspläne von Energieeinsparmaßnahmen nach § 9 EnEfG in den Klimatransformationsplan integriert, könnte mit dessen Prüfung gleichzeitig die Prüf- und Bestätigungspflicht des § 9 Abs. 2 EnEfG erfüllt werden.[366] Entsprechende Prüfstandards werden sich analog zu denjenigen, die derzeit zu den Berichtspflichten der Bilanz-RL nF entwickelt werden, am Markt etablieren. Diese Prüfstandards sollten sich einheitlich an der *supra* dargestellten Definition der Klimaneutralität orientieren.

9. Rechtsfolgen

a) Befolgungsanreiz: Transparenz und Reputation

Der Befolgungsanreiz der Zielgrößenidee liegt allein in Transparenz und Reputation und einer negativen Öffentlichkeitswirkung in

---

[360] Vgl. *Altmeppen*, GmbHG, 11. Aufl. 2023, § 36 Rn. 20.
[361] *Hommelhoff*, FS Strenger, 2023, 212, 215.
[362] Art. 19a Abs. 2 lit. a Ziff. iii Bilanz-RL nF.
[363] Vgl. *Hommelhoff*, aaO, 220.
[364] Vgl. ErwG 60 CSRD.
[365] Vgl. ErwG 51 ff. CSRD sowie Art. 11 Green Claims-RL.
[366] Nach § 9 Abs. 2 EnEfG sind Unternehmen verpflichtet, sich die Vollständigkeit und Richtigkeit der erstellten Umsetzungspläne und die aufgrund ihrer fehlenden Wirtschaftlichkeit nicht erfassten Endenergieeinsparmaßnahmen vor der Veröffentlichung durch Zertifizierer, Umweltgutachter oder Energieauditoren bestätigen zu lassen.

den Fällen einer „unambitionierte[n] Festlegung der Zielgröße."[367] Dass diese weiche Sanktionierung hinreichend wirksam ist, hat die Geschlechterquote, trotz der unbefriedigenden absoluten Steigerungszahlen, gezeigt; denn *befolgt* wird die periodische Zielgrößenfestsetzung – den Unternehmen ist lediglich in der Art und Weise ihrer Festlegung ein zu weitgehender Freiraum (Quote „null") eingeräumt.[368]

b) Keine Sanktionierung bei Verfehlung des CO_2-Reduktionsziels

Auf eine scharfe Sanktionierung für eine etwaige Verfehlung der Zielgröße wird bei § 76 Abs. 4 AktG und § 36 GmbHG bewusst verzichtet.[369] Statuierte die *Flexiquote* stattdessen eine „Haftung für Nichterfüllung" müsste man gewärtigen, dass der Vorstand zwecks präventiver Haftungsvermeidung die Zielgröße bewusst defensiv festsetzt.[370] In Parallele dazu sollte auch bei der Klimaquote eine *ex post* festgestellte Verfehlung des selbstgesetzten CO_2-Reduktionsziels sanktionslos bleiben. Durch diese weiche Rechtsfolgenlösung wird die Haftungssorge, zu hoch gesteckte Ziele später nicht erreichen zu können, genommen. Allerdings sollte eine *ex post* festgestellte Verfehlung des CO_2-Reduktionsziels in der Erklärung zur Unternehmensführung entsprechend § 289f Abs. 2 Nr. 4 HGB begründet werden.

c) Keine neuen Klagerisiken

Die Einführung der Zielgrößen in § 76 Abs. 4 AktG hatte einen verhaltenssteuernden Effekt[371], ohne dabei Rechtsstreitigkeiten oder neue Prozesse hervorzurufen. Dementsprechend wäre auch bei Einführung der Klimaquote nicht mit neuen Klagerisiken für Aktiengesellschaften zu rechnen. Die etwaige Befürchtung, „räuberische Aktionäre" könnten ein neues Betätigungsfeld bekommen, ist unbegründet, da die Klimaquote eine Entscheidung der Unternehmensleitung ist, über die die Hauptversammlung nicht zu beschließen hat.

Schließlich würde die Klimaquote auch kein Einfallstor für gesellschaftsrechtliche Klimaklagen bieten.[372] Anders als im Vereinigten Königreich mit seinem monistischen Board-System ist der Einfluss

---

[367] *Koch*, AktG, 17. Auf. 2023, § 76 Rn. 84.
[368] *Steiner*, Die Sanktionieung der flexiblen Frauenquote, 2018, S. 478.
[369] Regierungsbegründung, BT-Drs. 16/3784, 119 f.
[370] *Koch*, AktG, 17. Auf. 2023, § 76, Rn. 84.
[371] Vgl. *Minderjahn*, aaO, S. 280 ff.
[372] Hierzu *Weller/Hößl/Radke*, in: WiR (Hrsg.), Nachhaltigkeit im Wirtschaftsrecht, Wien 2023, S. 143 (148 ff.).

der Aktionäre im deutschen System der dualen Unternehmensleitung (Vorstand und Aufsichtsrat) mediatisiert; Aktionärsklagen sind hier angesichts der sehr hohen Hürden des § 147 AktG praktisch ausgeschlossen.

d) Ausnahme: Unterlassen von Klimatransformationsplan und Klimaquote

Für den in praxi kaum vorstellbaren Fall, dass ein Vorstand es gänzlich unterließe, einen Klimatransformationsplan oder eine Klimaquote zu beschließen oder diese nach § 289f HGB zu veröffentlichen, handelte es sich um eine Sorgfaltspflichtverletzung, die – wie auch sonstige Pflichtverletzungen – nach den allgemeinen Regeln (§ 93 Abs. 2 AktG) sanktioniert werden könnte.[373] Entsprechendes würde bei einer offensichtlich unplausiblen oder evident nicht stringenten Quotensetzung gelten; denn eine solche stünde im Widerspruch zur Sorgfalt eines „ordentlichen und gewissenhaften Geschäftsleiters" (§ 93 Abs. 1 S. 1 AktG). Denkbare Schadensposten wären Rechtsberatungskosten oder Bußgelder, die der Gesellschaft gemäß § 334 HGB wegen Verletzung des § 289f HGB auferlegt werden.[374] Demgegenüber wären bloße Reputationsschäden als immaterielle Schäden nach § 253 Abs. 1 BGB in der Regel nicht ersatzfähig.[375] Des Weiteren könnte im Fall einer gänzlich unterlassenen Klimaquote die Entlastung des Vorstands nach § 120 AktG verweigert bzw. ein erfolgter Entlastungsbeschluss – analog der Rechtsprechung zu § 161 AktG – angefochten werden.[376]

e) Optional: Koppelung der Klimatransformation an die Vorstandsvergütung

Durch das ARUG II (2019) wurde § 87 Abs. 1 S. 2 AktG um das Kriterium der (ökologischen und sozialen) Nachhaltigkeit ergänzt. Seitdem müssen börsennotierte Gesellschaften die Nachhaltigkeit als eines von mehreren Kriterien im Rahmen der variablen Vergütungsbestandteile berücksichtigen.[377] Es liegt nahe, variable Vergütungsbestandteile auch an den hier vorgeschlagenen Klimatransformationsplan und an die Umsetzung der selbstgesetzten Klimaquote zu knüpfen. Dies wäre dem Aufsichtsrat bereits jetzt auf Basis des

---

[373] Vgl. zur Parallelsituation bei der Geschlechterquote nach § 76 Abs. 4 AktG *Koch*, AktG, 17. Auf. 2023, § 76 Rn. 86f.

[374] *Kersting*, ZIP 2016, 1266; aA *Grunewald*, NZG 2016, 1124.

[375] *Mock/Mohamed*, NZG 2022, 350 (354).

[376] So zu § 76 Abs. 4 AktG *Weller/Benz*, AG 2015, 467 (474f.); *Koch*, AktG, 17. Aufl. 2023, § 76 Rn. 86.

[377] *Arnold/Herzberg/Zeh*, AG 2021, 141 (142); *Häller/Hoegen*, ZVglRWiss 120 (2021), 209 (218ff.).

geltenden § 87 Abs. 1 AktG möglich; insofern ist keine gesetzgeberische Maßnahme angezeigt.

10. Systemkohärenz

a) Unionsrechtskonformität

aa) Art. 114, 191 ff. AEUV und Grundfreiheiten

Der Bundesgesetzeber hätte die Kompetenz zur Einführung einer Klimaquote. Zwar hat die EU in den zwei einschlägigen Regelungsbereichen, Binnenmarkt (Art. 114 AEUV)[378] und Umweltpolitik (Art. 191 AEUV)[379], eine weitreichende Zuständigkeit, Maßnahmen und Rechtsakte zu beschließen. Allerdings handelt es sich nicht um ausschließliche, sondern um geteilte Zuständigkeiten (Art. 2 Abs. 2, 4 Abs. 2 lit. a und e AEUV). Dies entspricht der konkurrierenden Gesetzgebungskompetenz in Deutschland, sodass die Mitgliedstaaten bei dem Vorliegen einer geteilten Zuständigkeit dann tätig werden können, wenn und soweit dies seitens des EU-Gesetzgebers noch nicht geschehen ist. Selbst wenn letzteres der Fall wäre, könnten die Mitgliedstaaten unter den Voraussetzungen von Art. 114 Abs. 5 und 193 AEUV strengere Klimaschutzmaßnahmen erlassen. Die Klimaquote wäre schließlich mit den Grundfreiheiten, namentlich der Niederlassungsfreiheit (Art. 49 ff., 54 AEUV), vereinbar.[380]

bb) Vereinbarkeit mit dem EU-Emissionshandelssystem

Das Emissionshandelssystem stellt keine abschließende Regelung dar, die weitergehenden nationalen Klimaschutzmaßnahmen entgegenstünde. Dies erhellt Erwägungsgrund Nr. 7 EU-Klimagesetz, wonach *alle* Wirtschaftszweige zur Erreichung der Treibhausgasneutralität bis 2050 beitragen sollen, unabhängig von ihrer Erfassung im Emissionshandelssystem der Union (EU-EHS). Des Weiteren stellt Erwägungsgrund 23 der EHS-Richtlinie den Emissionszertifikatehandel als bloßen *Teil* eines Maßnahmenpakets dar. Nicht zuletzt spricht hierfür auch Art. 15 CSDDD. Dieser unterscheidet nicht zwischen Unternehmen im oder außerhalb des EU-EHS, statuiert aber dennoch eine Pflicht aller adressierten Unternehmen zur Treibhausgasminderung. Ungeachtet dessen sollten nationale Regelungen aufgrund des *effet utile* (Art. 4 Abs. 3 EUV) freilich so

---

[378] Auf diese Binnenmarktkompetenz aus Art. 114 AEUV stützen sich sowohl die CSRD als die CSDDD, COM(2021) 189 final S. 6; COM(2022) 71 final S. 10.

[379] Die sog. LULUCF-VO und die Emissionshandelsrichtlinie (EHS-RL) stützen sich auf Art. 191 AEUV: COM(2021) 554 final S. 5; COM(2021) 551 final S. 8.

[380] Näher *Weller*, Unionsrechtskonformität einer Klimaquote für Großunternehmen, 2024.

systemkonform konzipiert sein, dass sie der EHS-RL nicht zuwiderlaufen.

cc) Ökonomische Vereinbarkeit mit dem Emissionshandel

Die Klimaquote ist auch in ökonomischer Hinsicht mit dem Emissionsrechtehandel vereinbar. Zwar führt die Setzung von Anreizen zur Reduktion von Treibhausgasemissionen im Erfolgsfall marktwirtschaftlich dazu, dass auch die Nachfrage nach Emissionsrechten sinkt. Die damit einhergehende Preissenkung für Emissionsrechte wäre kontraproduktiv, da diese wiederum zu höheren Emissionen verleitet.[381] Einem solchen zweckwidrigen Leerlaufen des Emissionsrechtehandels lässt sich indes durch eine entsprechende Anpassung des Caps oder – wie bereits geschehen – durch Erhöhung des CO_2-Mindestpreises begegnen.[382]

dd) Vereinbarkeit mit der CSRD

Die Klimaquote bringt für die erfassten Gesellschaften keinen nennenswerten zusätzlichen Aufwand bezüglich der Ermittlung der Treibhausgasbilanz ihres Geschäftsmodells mit sich. Denn nach der seit 2024 geltenden CSRD, welche die Bilanz-RL weiterentwickelt, müssen diese Gesellschaften ohnehin in ihrem Lagebericht zur Klimatransformation Stellung nehmen. Insbesondere müssen sie nach Art. 19a Abs. 2 lit. a Ziff. iii Bilanz-RL nF angeben,

„*wie das Unternehmen beabsichtigt sicherzustellen, dass sein Geschäftsmodell und seine Strategie mit dem Übergang zu einer nachhaltigen Wirtschaft und der Begrenzung der Erderwärmung auf 1,5 °C im Einklang mit dem […] Übereinkommen von Paris […] und dem [im EU-Klimagesetz] verankerten Ziel der Verwirklichung der Klimaneutralität bis 2050 vereinbar sind.*"

Dabei sollen nach Art. 19a Abs. 2 lit. f Ziffer ii. Bilanz-RL nF auch die „wichtigsten tatsächlichen oder potenziellen negativen Auswirkungen, die mit der *Wertschöpfungskette* des Unternehmens" verknüpft sind, beschrieben werden. Insofern sind die hier adressierten Gesellschaften ohnehin verpflichtet, ihre *Scope 1, 2* und *3*-Emissionen intern zu ermitteln und extern zu ihnen Stellung zu nehmen.

ee) Vereinbarkeit mit der geplanten CSDDD

Die vorgeschlagene Klimaquote harmoniert ferner bestens mit der CSDDD. Denn deren Art. 15 sieht bereits einen von den Unternehmen aufzustellenden und umzusetzenden *Übergangsplan* vor. Insofern wäre der hier vorgeschlagene *Klimatransformationsplan*

---

[381] *Steuer*, ZEuP 2024 (im Erscheinen); *Goulder/Schein*, Climate Change Economics 1 (2013), 16 f.
[382] *Steuer*, ZEuP 2024 (im Erscheinen).

eine antizipierte Richtlinienumsetzung. Nur die Klimaquote würde ein wenig über den Wortlaut des Art. 15 CSDDD hinausgehen, würde sich formal aber ohne Weiteres im Rahmen des Richtlinienumsetzungsspielraums bewegen. Und in materieller Hinsicht brächte die Klimaquote – wenn Gesellschaften ohnehin einen Klimatransformationsplan aufstellen müssen – keine nennenswerte neue Regulierung mit sich, da sich in ihr letztlich nur eine jahresbezogene Konkretisierung der angedachten Transformationsschritte manifestiert.

ff) Vereinbarkeit mit der Green Claims- und der Empowering Consumers-RL

Mit zwei geplanten Richtlinien – der Green Claims-Richtlinie[383] (im Folgenden GC-RL) und der Empowering Consumers-Richtlinie[384] (im Folgenden EmpoCo-RL) – möchte die EU dem Problem des Greenwashing begegnen.[385] Die Richtlinien sollen die Zulässigkeit von „Umweltaussagen", welche auf der Kompensation von Treibhausgasemissionen beruhen, regeln. Den Begriff der „Umweltaussage" soll die EmpoCo-RL definieren, welche die UGP-RL[386] erneuern wird: Nach deren Art. 1 Abs. 1 (o) wäre eine Umweltaussage jegliche Aussage, die *keine nach EU-Recht oder nationalem Recht zwingende* Aussage ist und die darlegt oder impliziert, dass ein Produkt, eine Produktkategorie, eine Marke oder ein Gewerbetreibender positive oder keine Auswirkungen auf die Umwelt hat. Da nach § 76a AktG nF die Festlegung und Veröffentlichung von Klimaquote und Klimatransformationsplan jedoch nach nationalem Recht zwingend wären, lägen keine Umweltaussagen iSd GC-RL und der EmpoCo-RL vor; beide Richtlinien stünden dem Regelungsvorschlag „Klimaquote" mithin nicht entgegen.

b) Konformität mit dem Grundgesetz und dem KSG

Die Klimaquote würde besonders gesellschaftsrelevante private Akteure – die börsennotierten und mitbestimmten Gesellschaften – bei der vom Bundesverfassungsgericht angemahnten frühzeitigen und iterativen Transformation der Gesamtgesellschaft hin zur Klimaneutralität einbinden.[387] Mit ihr würde zugleich das KSG als

---

[383] COM(2023) 166 final.
[384] Proposal for a directive as regards empowering consumers for the green transition through better protection against unfair practices and better information, 2022/0092 (COD).
[385] Hierzu *Steuer*, ZRP 2023 (204); *Steuer*, GRUR 2024 (im Erscheinen).
[386] Richtlinie 2005/29/EG über unlautere Geschäftspraktiken von Unternehmen gegenüber Verbrauchern im binnenmarktinternen Geschäftsverkehr.
[387] BVerfG, NJW 2021, 1723, Leitsatz 2: „Art. 20a GG verpflichtet den Staat zum Klimaschutz. Dies zielt auch auf die Herstellung von Klimaneutralität."

Rahmengesetz sektorübergreifend mit Leben gefüllt. Sie wäre nach unserer Überzeugung ein regelrechter „Booster" im Kampf gegen den Klimawandel.

II. Rechtsformzusatz „klimaneutral"

Die Nachhaltigkeit ist inzwischen zu einem Leitprinzip der Privatrechtsgesetzgebung erwachsen.[388] Damit einher geht die Frage, ob das deutsche Gesellschaftsrecht mit seinen bisherigen Gesellschaftstypen und Rechtsformen[389] einen hinreichenden Rahmen für „nachhaltiges Unternehmertum" bereitstellt.[390] Diesbezüglich ist im Lichte des Klimaschutzes die Einführung eines ergänzenden Rechtsformzusatzes „klimaneutral" in einem neuen § 20 HGB zu empfehlen[391] (unter 1.). Die Begründung dafür ist vielseitig: Der gesetzliche *numerus clausus* an Rechtsformen bedingt, dass der Legislative eine besondere Beobachtungs- und Anpassungsverantwortung obliegt.[392] Sie hat periodisch zu evaluieren, ob im Rechtsverkehr Bedarf für eine neue Rechtsform erwächst (unter 2.). Vor diesem Hintergrund wird derzeit rechtspolitisch diskutiert, die Rechtsformpalette um eine GmbH mit gebundenem Vermögen (GmbH mgV) oder eine inländische *Benefit Corporation* nach US-amerikanischem Vorbild zu erweitern (unter 3.). Alternativ ist eine transversale, *allen* Rechtsformen offenstehende Regelungstechnik denkbar, die einer Gesellschaft bei Vorliegen der entsprechenden Voraussetzungen einen bestimmten „gesetzlichen Status"[393] *(legal status*[394]*)* verleiht (unter 4.). Dem deutschen Gesetzgeber wird – internationalen Vorbildern folgend – empfohlen, Gesellschaften mit doppelter Zwecksetzung *(profit & purpose)* eine gesellschaftsrechtliche Regelung zur Verfügung stellen. Dabei sollte er indes den „Purpose" auf den Klimaschutz konzentrieren (unter 5.). Zieht man Bilanz, sprechen zahlreiche Argumente für die Einführung eines gesellschaftstypenübergreifenden, ergänzenden Rechtsformzusatzes „klimaneutral" (unter 6.). Für die regelungstechnische

---

[388] *Schirmer*, Nachhaltiges Privatrecht, 2023; *Hellgardt/Jouannaud*, AcP 2022, 163; *Schön*, ZfPW 2022, 207.
[389] Zum „Zoo" der Gesellschaftsformen *Fleischer*, ZIP 2023, 1505.
[390] *Mittwoch*, aaO, S. 240 ff., 271 f.
[391] Siehe bereits *Zimmermann/Weller*, ZHR 187 (2023), 594 (624 ff.).
[392] *Fleischer*, ZIP 2023, 1505 (1509).
[393] *Fleischer*, ZIP 2023, 1505 (1511).
[394] *OECD*, Policy Guide on Legal Frameworks for the Social and Solidarity Economy, 2023, S. 45 ff., "The main advantage of a label or *legal status* is the recognisability for the general public and the legal certainty for SSE entities."; *Liptrap*, J.Corp. L. Stud. 20 (2020), 495 (496).

Ausgestaltung sollte man sich an Erkenntnisse aus der Rechtsvergleichung anlehnen (**unter 7.**). Die Green Claims-Richtlinie und die Empowering Consumers-Richtlinie stehen einem solchen Rechtsformzusatz nicht entgegen (**unter 8.**).

1. Regelungsvorschlag

In Anlehnung an die französische *société à mission* sollte das deutsche Gesellschaftsrecht einen transversalen (gesellschaftstypenübergreifenden) Rechtsformzusatz „klimaneutral" für alle registrierten Rechtsformen in einem § 20 HGB nF anbieten.[395] Auch wenn dieser Rechtsformzusatz gesellschaftsrechtlich verankert wird (Satzungsklausel, Verantwortung der Geschäftsleitung), sollte es sich nicht um eine auf nur einen Gesellschaftstyp beschränkte Rechtsform*variante* handeln, wie es die UG im Verhältnis zur GmbH eine ist. Es ginge vielmehr um einen „gesetzlichen Status"[396], der *allen* Gesellschaftsformen offensteht und sich in einem zusätzlichen Rechtsformzusatz manifestiert, zB in Gestalt von „GmbH (klimaneutral)".

§ 20 HGB nF (Entwurf) – Rechtsformzusatz „klimaneutral"

(1) Eine Gesellschaft, die klimaneutral ist, darf den Rechtsformzusatz „klimaneutral" führen, wenn folgende Voraussetzungen erfüllt sind:
  a) Die Gesellschaft muss sich in der Satzung oder im Gesellschaftsvertrag zur Klimaneutralität verpflichten.
  b) Die Klimaneutralität muss in der Satzung oder dem Gesellschaftsvertrag einem Ressort der Geschäftsleitung zugeordnet werden.
  c) Die Satzung oder der Gesellschaftsvertrag müssen vorsehen, dass sich das Geschäftsmodell der Gesellschaft weit überwiegend auf klimaneutrale Produkte oder Dienstleistungen bezieht.
  d) Für das vorangegangene Geschäftsjahr muss eine Bestätigung der Klimaneutralität von einem Abschlussprüfer oder von einem unabhängigen Erbringer von Bestätigungsleistungen vorliegen. In der Bestätigung sind Art, Umfang, sowie Ergebnis der Prüfung bestehender Klimaneutralität zusammenzufassen.
  e) Die Bestätigung und der Rechtsformzusatz sind im Gesellschaftsregister (§ 707 BGB nF), im Handelsregister (§ 8 HGB) oder im Partnerschaftsregister (§ 5 PartGG) zu veröffentlichen.

---

[395] Hierzu *Zimmermann/Weller*, ZHR 2023, 187 (2023), 594 (633 f.).
[396] *Fleischer*, ZIP 2023, 1505 (1511).

(2) *Die Klimaneutralität bezieht sich auf Scope 1 und 2-Emissionen der Gesellschaft. Die Definition der Scope 1 und 2-Emissionen in Annex II der Delegierten Verordnung 2023/2772/EU*[397] *gilt entsprechend. Eine Gesellschaft ist klimaneutral, wenn sie im Prozess ihrer Klimatransformation der Reduktion von Emissionen Vorrang vor deren Kompensation gegeben hat und die Wahl einer etwaigen Emissionskompensation begründet hat.*

2. Rechtsformwahlfreiheit und ihre Grenzen

Die konkrete Rechtsformwahl gehört zu den zentralen Weichenstellungen, die bei der Unternehmensgründung zu treffen sind. Die in Deutschland herrschende Freiheit der Rechtsformwahl ist inzwischen international.[398] Sie umfasst nicht nur Gesellschaftsformen des deutschen Rechts, sondern nach dem heutigen Stand des Internationalen Gesellschaftsrechts[399] auch solche aus anderen EU-/EWR-Staaten[400] sowie u.a. aus den USA.[401] Man könnte daher meinen, wenn es eine ausländische Rechtform gäbe, die den inländischen Nachhaltigkeitserwartungen genügte, müsste der „Zoo der Gesellschaftsformen in Deutschland"[402] nicht erweitert werden. Dies griffe allerdings zu kurz. So sind die Gesellschaftstypen des deutschen Rechts aufgrund ihrer Signalfunktion, Sprache und dem auf sie anwendbaren deutschen Recht für den inländischen Markt von besonderer Bedeutung. Sie können insofern nicht ohne Weiteres durch Auslandsrechtsformen substituiert werden, wie nicht zuletzt die Statistik erhärtet. Nach einem zwischenzeitlichen Boom der englischen Limited als Vehikel für kleinere Inlandsunternehmen ist – nicht erst seit dem Brexit – die Begeisterung für den Einsatz von Auslandsrechtsformen im Inland verflogen.[403] Aufgrund der sprachlichen Hürden und der Notwendigkeit einer Rechtsberatung, Rechnungslegung und Wirtschaftsprüfung nach dem anwendbaren *ausländischen* Gesellschafts- und Bilanzstatut ist die Administration einer Auslandsrechtsform meist kostenaufwendiger als die Leitung einer Inlandsgesellschaft.

Entscheidend ist mithin die inländische Rechtsformpalette. Diese ist indes wegen des *numerus clausus* an Gesellschaftstypen limitiert. Daher sollte der Gesetzgeber das geltende Recht periodisch

---

[397] Delegierte Verordnung 2023/2772/EU zur Ergänzung der Richtlinie 2013/34/EU in Bezug auf Standards für die Nachhaltigkeitsberichterstattung vom 31.7.2023, C(2023) 5303 final.
[398] *Weller*, Europäische Rechtsformwahlfreiheit und Gesellschafterhaftung, 2004.
[399] Hierzu BeckOGK/*Großerichter/Zwirlein-Forschner*, Int. GesR, 2023, Rn. 2 ff.
[400] BGH, NJW 2003, 1461; MüKoGmbHG/*Weller*, 4. Aufl. 2022, Einl. Rn. 378.
[401] BeckOGK/*Großerichter/Zwirlein-Forschner*, Int. GesR, 2023, Rn. 21.
[402] Treffender Aufsatztitel von *Fleischer*, ZIP 2023, 1505.
[403] *Seeger*, DStR 2016, 1817 (1818).

evaluieren.[404] Er kann damit zum einen den jeweils kontemporären Unternehmensgründungsmotiven und zum anderen den internationalen Entwicklungen Rechnung tragen. Derartige Überlegungen haben 2008 in Reaktion auf den Rechtsformwettbewerb mit der englischen Limited zur Einführung der „Unternehmergesellschaft (haftungsbeschränkt)" in § 5a GmbHG geführt.[405] Im Lichte der Klimadebatte scheint die Zeit reif für eine erneute Modernisierung des Rechtsformangebotes.[406] Im Folgenden werden disbezüglich potentielle Regelungsmodelle – eine Nachhaltigkeitsrechtsform **(unter 3.)** oder aber ein ergänzender Rechtsformzusatz **(unter 4.)** – skizziert.

3. Rechtsformen für Nachhaltigkeit

Intensiv diskutiert wird insbesondere die Einführung einer neuen Rechtsform oder Rechtsformvariante für Nachhaltigkeit.[407] Denn was es seinerzeit für die USA hieß, gilt heute für Deutschland: Es fehlt an einem spezifischen Rechtsrahmen für gewinnorientierte Unternehmen, die zugleich einen nachhaltigen Zweck verfolgen (sog. „hybride Unternehmen").[408] Zur Debatte stehen namentlich eine Gesellschaft mit gebundenem Vermögen **(unter a))** oder eine deutsche Benefit Corporation **(unter b))**.

a) Gesellschaft mit gebundenem Vermögen (GmbH gebV)

Ein aus der Wissenschaft kommender Vorschlag einer *Gesellschaft mit beschränkter Haftung und gebundenem Vermögen* (nachfolgend: GmbH gebV), den die Politik aufgreifen möchte[409], will *nachhaltige* Unternehmensführung sicherstellen[410]: Um kurzfristiges Gewinnstreben unattraktiv zu machen, soll den Gesellschaftern ein

---

[404] *Fleischer*, ZIP 2023, 1505 (1509).
[405] Vgl. BT-Drs. 16/6140, 74.
[406] Eher zurückhaltend *VGR-Arbeitskreis Aktienrechtsreform*, AG 2024 (im Erscheinen).
[407] Hierzu bereits *Zimmermann/Weller*, ZHR 187 (2023), 594 ff.
[408] *Clark et al.*, The Need and Rationale for the Benefit Corporations, S. 28, abrufbar unter: https://growthorientedsustainableentrepreneurship.files.wordpress.com/2016/07/gv-white-paper-need-and-rationale-for-benefit-corporations.pdf.
[409] *SPD/Die Grünen/FDP*, Koalitionsvertrag 2021–2025, „Mehr Fortschritt wagen", S. 25: „Für Unternehmen mit gebundenem Vermögen wollen wir eine neue geeignete Rechtsgrundlage schaffen […]."
[410] *Sanders/Dauner-Lieb/von Freeden/Kempny/Möslein/Veil*, Entwurf eines Gesetzes für die Gesellschaft mit beschränkter Haftung mit gebundenem Vermögen, 2020; *Sanders/Dauner-Lieb/Kempny/Möslein/Veil*, GmbHR 2021, 285 Rn. 2: „Das Projekt steht im Kontext einer weltweiten Debatte um nachhaltiges Unternehmertum."; kritisch *Grunewald/Hennrichs*, NZG 2020, 1201; *Hüttemann/Rawert/Weitemeyer*, npoR 2020, 296.

Anspruch auf Gewinnausschüttung verwehrt werden.[411] Die Besonderheit der GmbH gebV ist mithin die namensgebende Vermögensbindung *(capital lock)*[412], die durch verschiedene Instrumente dauerhaft abgesichert wird.[413]

Nachhaltigkeit meint hier bei Lichte besehen indes allein eine wertneutrale Langfristigkeit, mithin eine rein *zeitliche* Nachhaltigkeit, die sich infolge der dauerhaften Vermögensbindung ergibt.[414] Dagegen kann Nachhaltigkeit bei der GmbH gebV angesichts ihrer Zweckoffenheit weder im ökologischen noch im sozialen Sinn verstanden werden.[415] Pointiert: Wer Verbrennungsmotoren unter Ausnutzung von Arbeitskräften in Niedriglohnländern herstellen will, dem steht die GmbH gebV ebenso zur Verfügung wie derjenigen, die zu fairen Löhnen Solarzellen produziert.[416] Damit fällt die GmbH gebV jedoch aus der Zeit: Die Verkehrserwartung mit Blick auf „Nachhaltigkeit" hat sich in den letzten Jahren verschoben; heute steht deren ökologische und soziale Komponente im Vordergrund. Eine GmbH gebV, die unter Nachhaltigkeitsflagge segelte, liefe daher auf eine Irreführung des Rechtsverkehrs hinaus.[417] Die GmbH gebV ist damit kein Regelungsinstrument, deren Einführung dem Gesetzgeber im Kampf gegen den Klimawandel empfohlen werden könnte.

b) Benefit Corporation (USA)

Die Gesellschaftsrechte zahlreicher US-Bundesstaaten kennen die Rechtsform der *Benefit Corporation*. Zwei Regelungsmodelle stehen hier Pate: Ein Modellgesetz namens *Model Benefit Corporation Legislation* (MBCL)[418] und das *Delaware Public Benefit Corporation Law*.[419] Sie weisen einheitliche Strukturelemente auf, die sich für eine rechtsvergleichende Inspiration eignen:[420]

---

[411] https://www.gesellschaft-mit-gebundenem-vermoegen.de/der-gesetzesentwurf/ (überarbeitete Version 2021).

[412] *Sanders/Dauner-Lieb/Kempny/Möslein/Veil*, GmbHR 2020, R228 (R229).

[413] Gemäß § 77f Abs. 2 GmbHG-E steht der Jahresüberschuss (allein) der Gesellschaft zu. Nach § 77g Abs. 2 GmbHG-E darf das Gesellschaftsvermögen nicht ohne vollwertige Gegenleistung an die Gesellschafter ausgeschüttet werden. Bei Liquidation steht der Erlös nicht den Gesellschaftern zu (§ 77l Abs. 2 GmbHG-E).

[414] Insofern missverständlich *Sanders*, NZG 2021, 1573, die im Zusammenhang mit der GmbH gebV auf die „großen ökologischen und sozialen Herausforderungen" unserer Zeit hinweist.

[415] Ebenso *Mittwoch*, aaO, S. 256 ff., 260.

[416] *Zimmermann/Weller*, ZHR 187 (2023), 594 (603).

[417] *Schirmer*, ZEuP 2023, 327, insb. 340 ff.

[418] *Alexander*, Benefit Corporation, 2017, S. 63; *Fleischer*, AG 2023, 1, 4.

[419] Delaware General Corporation Law (DCGL), Title 8, Chapter 1, Subchapter XV, abrufbar unter https://delcode.delaware.gov/title8/c001/sc15/.

[420] *Clark/Babson*, William Mitchell Law Review 38 (2012), 818 (838); *Hemphill/Cullari*, Business and Society Review 119 (2014), 519; *Hiller*, Journal of Business Eth-

aa) Statutarische Verpflichtung auf Gemeinwohlbelange

Das zentrale Strukturelement der *Benefit Corporation* besteht in einer Satzungsklausel, welche die Gesellschaft neben ihrem eigentlichen Zweck zugleich auf Gemeinwohlbelange verpflichtet.[421] Die gesetzlich vorgegebene duale Zwecksetzung aus *profit & purpose* gilt als ihr gesellschaftsrechtliches Proprium.[422] Der „*public benefit*" als „*purpose*" wird weit verstanden.[423] Zugleich darf die *Benefit Corporation* gewinnorientiert tätig sein.[424] Eine Priorisierung zwischen *profit* und *purpose* wird nicht vorgenommen.[425] Die *Benefit Corporation* unterliegt keinem *capital lock*, sondern darf Gewinne an die Anteilseigner ausschütten.[426] Dies unterscheidet sie von der deutschen gemeinnützigen GmbH; anders als diese ist die Benefit Corporation aber auch nicht steuerprivilegiert.[427]

bb) Gemeinwohlorientierte Geschäftsleitungspflichten

Der duale Profit & Purpose-Zweck der *Benefit Corporation* spiegelt sich in den Geschäftsleitungspflichten wider, die an drei Maßstäben zu messen sind[428]: Die *Directors* sind dazu verpflichtet, (1.) die Gewinnerzielungsinteressen der Gesellschafter, (2.) die Interessen der vom Verhalten der Gesellschaft betroffenen Stakeholder *und* schließlich (3.) den satzungsmäßigen Gemeinwohlzweck auszubalancieren.[429] Für den Fall von Zielkonflikten finden sich indes

---

ics 118 (2013), 287 (291 f.); *Segrestin/Hatchuel/Levillain*, Journal of Business Ethics 171 (2021), 1 (6); zum *benefit report* und *benefit director Möslein/Mittwoch*, RabelsZ 2016, 399 (433); näher *Zimmermann/Weller*, ZHR 187 (2023), 594 (617 ff.).

[421] § 362 lit. a Satz 3 DCGL.

[422] *Fleischer*, ZIP 2023, 1505 (1513).

[423] Beispielhaft in § 362 lit. b Satz 1 DGCL: „(b) ‚Public benefit' means a positive effect (or reduction of negative effects) on 1 or more categories of persons, entities, communities or interests (other than stockholders in their capacities as stockholders) including, but not limited to, effects of an artistic, charitable, cultural, economic, educational, environmental, literary, medical, religious, scientific or technological nature."

[424] *Fleischer*, ZIP 2022, 345 (351); *Montgomery*, Business Law Today, Juli 2016, 1.

[425] § 362 lit. a Satz 2 DGCL: „To that end, a public benefit corporation shall be managed in a manner that balances the stockholders' pecuniary interests, the best interests of those materially affected by the corporation's conduct, and the public benefit or public benefits identified in its certificate of incorporation."; *Murray*, American University Business Law Review Vol. 2:1 (2012), 1, 27.

[426] *Möslein/Mittwoch*, RabelsZ 80 (2016), 399 (426).

[427] *Blodgett/Petterson/Segal*, NYU Journal of Law and Business 17 (2021), 233 (251): wesentlicher Unterschied zum Nonprofit-Sektor.

[428] *Murray*, aaO, 22: „The benefit corporation statutes expressly require the consideration of various non-shareholder stakeholders, unlike the typical permissive constituency statute."

[429] § 365 lit. a DGCL: „The board of directors shall manage or direct the business and affairs of the public benefit corporation in a manner that balances the pecuniary interests of the stockholders, the best interests of those materially affected by the corporation's conduct, and the specific public benefit or public benefits identified in its certificate of incorporation."

keine hierarchisierenden Vorgaben des Gesetzgebers.[430] Gegenüber am Gemeinwohlzweck interessierten außenstehenden Dritten ist eine Haftung wegen unternehmerischer Fehlentscheidungen grundsätzlich ausgeschlossen.[431] Gegenüber Anteilsinhabern ist zwar im monistischen US-Leitungssystem eine Haftung denkbar, allerdings profitieren die *Directors* hier von einer großzügigen *business judgment rule*.[432]

cc) Gemeinwohlorientierte Transparenzpflichten

Ein – gerade vor den Hintergrund nur eingeschränkter Klagerechte entscheidendes – Instrument zur Absicherung der Gemeinwohlorientierung sind Transparenzpflichten. *Benefit Corporations* haben einen Bericht zur Verfolgung des in der Satzung genannten Gemeinwohlzwecks zu erstellen.[433] Unter dem Recht von Delaware kann die Satzung vorsehen, dass der Bericht sich an externen Standards einer *Third Party* zu orientieren hat und gegebenenfalls eine regelmäßige Zertifizierung durch Dritte erforderlich ist.[434] In anderen Bundesstaaten und MBCL[435] ist ein Rückgriff auf eine externe, unabhängige Normierungseinrichtung vorgeschrieben.[436]

dd) Benefit Directors

Das Gesellschaftsrecht einiger US-Bundesstaaten sieht besondere *Benefit Directors* vor.[437] Deren Aufgabe ist es unter anderem, die Entscheidungen der Geschäftsleitung zu überwachen und Stellungnahmen abzugeben, die Eingang in die Berichte der *Benefit Corporation* finden. Abgerundet wird das personelle Instrumentarium zur

---

[430] Zu Zielkonflikten, sofern man Geschäftsleitungspflichten (auch) an ESG-Zielen ausrichtet, *Weller/Fischer*, ZIP 2022, 2253 (2261 ff.).

[431] *Alexander*, aaO, 94; *Fleischer*, ZIP 2022, 345, 352.

[432] § 365 lit. b DGCL: „A director of a public benefit corporation shall not, by virtue of the public benefit provisions or § 362(a) of this title, have any duty to any person on account of any interest of such person in the public benefit or public benefits identified in the certificate of incorporation or on account of any interest materially affected by the corporation's conduct and, with respect to a decision implicating the balance requirement in subsection (a) of this section, will be deemed to satisfy such director's fiduciary duties to stockholders and the corporation if such director's decision is both informed and disinterested and not such that no person of ordinary, sound judgment would approve."

[433] § 366 lit. b DGCL. Ausweislich § 366 lit. c (1) und (2) DGCL kann die Satzung vorsehen, dass die Erstellung häufiger erfolgt und der Bericht auch der Öffentlichkeit zur Verfügung gestellt wird.

[434] § 366 lit. c (3) DGCL.

[435] *Alexander*, aaO, 99.

[436] Vgl. *Murray*, The Tennessee Journal of Business Law 23 (2022), 505 (506); *Möslein/Mittwoch*, RabelsZ 80 (2016), 399 (421).

[437] Näher *Colombo*, Texas A&M Law Review 7 (2019), 73 (91 f.); *Fleischer*, AG 2023, 1 (7).

Sicherung der Gemeinwohlberücksichtigung durch die in einigen Bundesstaaten vorgesehene Möglichkeit, ergänzend einen *Benefit Officer* zu bestellen, der die Geschäftsleitung unterstützende Tätigkeiten ausübt.[438]

4. Rechtsformzusatz für Nachhaltigkeit

a) Société à mission (Frankreich)

Ein mit der *Benefit Corporation* verwandter, aber nicht identischer Regelungsansatz findet sich in Frankreich. Dort wurde mit der *société à mission* für Unternehmen die Möglichkeit eingeführt,[439] ein durch den Gesetzgeber legitimiertes Gemeinwohlsiegel zu erlangen.[440] Das „PACTE-Gesetz" (2019)[441] ergänzt insofern Artikel 176 code de commerce um die Artikel L. 210-10 bis L. 210-12. Trotz ihrer Eigenschaft als Rechtsformzusatz weist die *société à mission* ähnliche Strukturelemente auf wie die *benefit corporation:* Es muss ein Zweck *(raison d'être)* in der Satzung definiert werden; zusätzlich müssen mit diesem Zweck im Einklang stehende soziale oder ökologische Ziele in die Geschäftsordnung aufgenommen werden. Ferner muss das Unternehmen einen „Missionsausschuss" einsetzen, der den Fortschritt bei der Erreichung dieser Ziele überwacht. Zusätzlich muss eine unabhängige dritte Partei die Erfüllung des Auftrags überprüfen. Der Status *„société à mission"* wird sodann im Handelsregister *(registre du commerce et des sociétés)* eingetragen.

b) Rechtsformübergreifender gesetzlicher Status

Die Grenzen zwischen Rechtsformvariante und rechtsformübergreifendem gesetzlichen Status sind freilich fließend: So modifiziert die *Public Benefit Corporation* im Recht von Delaware einzelne Regeln einer bestehenden Kapitalgesellschaft.[442] Umgekehrt kommt auch die französische *société à mission* nicht ohne zwingende Mindestanforderungen an die Verfassung der Gesellschaft aus.[443] Ihnen ist mithin gemeinsam, dass Nachhaltigkeitsbelange über *gesellschaftsrechtliche* Regelungen gefördert werden.

---

[438] *Colombo,* Texas A&M Law Review 7 (2019), 73, 92 f.
[439] Loi n° 2019-486 du 22 mai 2019 relative à la croissance et la transformation des entreprises (sog. Loi PACTE).
[440] Hierzu *Barsan/Hertslet,* IWRZ 2019, 256; *Bochmann/Leclerc,* GmbHR 2021, 1141; *Fleischer/Chatard,* NZG 2021, 1525.
[441] Loi n° 2019-486 du 22 mai 2019 relative à la croissance et la tranformation des entreprises.
[442] *Fleischer,* AG 2023, 1 (6).
[443] *Fleischer/Chatard,* NZG 2021, 1525 (1527 f.).

5. Bedarf für eine gesellschaftsrechtliche Regelung „klimaneutral"

Eine spezifische Regelung für Gesellschaften mit dualem Zweck – Gewinnorientierung und Klimaschutz – gibt es in Deutschland bislang nicht. Das deutsche Gesellschaftsrecht eröffnet zwar Personen- und Kapitalgesellschaften eine weitgehende Gestaltungsfreiheit, die es den Gesellschaftern ermöglicht, den Gesellschaftszweck durch eine entsprechende Satzungsklausel klimaneutral auszurichten.[444] Solche unternehmensindividuellen Kautelargestaltungen bieten dem Markt aber kein hinreichend verlässliches und transparentes Signal, um Gesellschaften mit klimafreundlichem Geschäftsmodell von ihren sich lediglich „grün gerierenden", tatsächlich aber treibhausgasintensiven Pendants zu unterscheiden.

a) Notwendigkeit eines vertrauenswürdigen Signallings

Für klimafreundliche Unternehmen ist die Kommunikation ihrer nachhaltigen Tätigkeit nach außen von essentieller Bedeutung, nicht zuletzt unter Marketingaspekten gegenüber Konsumenten, für die Personalakquise und zur Information von Investoren.[445] Umgekehrt steigt mit wachsender Nachhaltigkeitssensibilität des Marktes die Nachfrage nach Informationen über die Klimafreundlichkeit einer unternehmerischen Tätigkeit stetig an.[446] Ein kommunikatives Hemmnis besteht dabei allerdings darin, dass der Rechtsverkehr Selbstaussagen zum Klimaschutz (teils zu Recht, teils zu Unrecht) skeptisch begegnet.[447] Diese Skepsis erschwert es tatsächlich klimaneutralen Unternehmen, sich positiv abzuheben.[448] Das führt zu dem bereits von *Akerlof* am Beispiel des *markets for lemons* identifizierten Problem[449]: Wirklich nachhaltigkeitsorientierte Unternehmen finden immer weniger Abnehmer und werden mit der Zeit vom Markt verdrängt.[450]

---

[444] *Habersack*, AcP 220 (2020), 594 (646): daher kein Handlungsbedarf.
[445] Nachweise aus der ökonomischen Literatur bei *Zimmermann/Weller*, ZHR 2023, 187 (2023), 594 (626).
[446] *Schirmer*, ZEuP 2023, 326 (337); *Mittwoch*, aaO, S. 240, 241; *Clark et al.*, aaO, S. 3.
[447] Institut für Nachhaltige Entwicklung der Züricher Hochschule Winterthur, CSR-Monitor 2006, S. 30.
[448] *Colombo*, Texas A&M Law Review 7 (2019), 73, 109.
[449] Grundlegend *Akerlof*, The Market for „Lemons": Quality Uncertainty and the Market Mechanism, The Quarterly Journal of Economics Vol. 84 No. 3, 1970, 488 (495): „The presence of people who wish to pawn bad wares as good wares tends to drive out the legitimate business."
[450] *Schirmer*, ZEuP 2023, 326 (339); *Steuer*, ZRP 2023, 204 (206).

Zwar gibt es bereits viele *private* Zertifizierungen, die klimaschützendes Verhalten labeln.[451] Da diesen jedoch die staatliche Autorität fehlt, sind sie weniger signalkräftig als ein gesetzlicher Status.[452] Auch die zahlreichen Berichtspflichten, die aus der Bilanz-RL erwachsen, helfen dem Problem nicht ab. Denn sie führen zu sehr unterschiedlichen und komplexen Unternehmensberichten, die sich nur schwer vergleichen lassen.[453] Es bleibt deshalb ein dringender Bedarf für eine gesellschaftsrechtliche Regelung[454], die klimaneutrales Wirtschaften mit staatlicher Autorität versieht und nach außen kennzeichnet.[455]

b) Effizienz durch Standardsetzung

Die Einführung einer neuen Rechtsform(-variante) oder eines Rechtsformzusatzes hätte noch einen weiteren Vorteil, nämlich den der Effizienz durch Standardsetzung. Mit der Bereitstellung eines dispositivgesetzlichen Rahmens und damit einer entsprechenden Typisierung verringert sich der Beratungsbedarf gegenüber individuellen Kautelarlösungen.[456]

c) Konzentration auf „Klimaneutralität"

aa) Konturenschärfe

Das Signalling muss allerdings, wenn es wirken soll, konturenscharf sein und sollte daher auf die Klimaneutralität konzentriert werden.[457] Diese lässt sich als Rechtsbegriff klar definieren.[458] Demgegenüber sind die Begriffe „nachhaltig", „benefit", „Gemeinwohl" oder „mission" so weit, dass sie alles und nichts adressieren. Danone etwa, eine französische *société à mission*, verfolgt im Rahmen ihrer *mission* den Zweck, „*health*" und „*planet*" zu schützen.[459] Als rechtlicher Beurteilungsmaßstab, an dem sich etwaige Fortschritte messen ließen, sind diese *missions* zu vage. Für die britische *Community Interest Company (CIC)* regelt Sec. 35(3) Companies Act (2004)[460], dass ein in der Satzung angegebener Zweck im gemeinschaftlichen Interesse (im *community interest*) ist, wenn ein Durchschnittsbürger die zu diesem Zweck durch die Gesellschaft ausgeübte Tätigkeit als Nutzen

---

[451] *Burgi/Möslein*, Zertifizierung nachhaltiger Kapitalgesellschaften, 2021.
[452] *Schirmer*, ZEuP 2023, 326 (341); ähnlich *Fleischer*, ZIP 2022, 345 (347).
[453] *Schön*, ZfPW 2022, 207 ff.
[454] Zum Signalling via Gesellschaftsrecht *Fleischer*, ZIP 2022, 345 (346).
[455] Ähnlich *Schirmer*, ZEuP 2023, 326 (342); *Möllers*, ZHR 2021, 881 (919).
[456] *Alexander*, Benefit Corporation, S. 155; *Fleischer*, ZIP 2022, 345 (346).
[457] Vgl. bereits *Zimmermann/Weller*, ZHR 187 (2023), 594 (632).
[458] *Supra* F.III.
[459] https://www.danone.de/nachhaltigkeit.html.
[460] https://www.legislation.gov.uk/ukpga/2004/27/section/35.

für die Gemeinschaft ansieht.[461] Auch das ist zu breit. Eine ähnliche Unschärfe gilt selbst noch für den engeren Begriff des Klimaschutzes, der vielfältige Aspekte in sich vereint. Demgegenüber ist der Zustand der „Klimaneutralität" klar berechen- und ermittelbar. Daher sollte sich das Signalling auf die Klimaneutralität konzentrieren.

bb) Vermeidung von Zielkonflikten

Eine Fokussierung des Benefit- bzw Mission-Modells auf die Klimaneutralität ist nicht nur für die Beurteilungseignung notwendig; sie ist auch erforderlich, um Zielkonflikte zu vermeiden.[462] Denn der Begriff „Benefit/Mission" umfasst, vergleichbar dem der Nachhaltigkeit[463], eine Vielzahl heterogener Interessen. Diese können in konkreten Entscheidungssituationen in Widerspruch zueinander geraten (zB umweltfreundliche Automatisierung oder Arbeitsplatzerhalt).[464] Für eine Auflösung des Zielkonfliktes wäre dann eigentlich erforderlich, dass sich die erwarteten Wirkungen in einer einheitlichen Größe messen und vergleichen lassen.[465] Das ist aber gerade bei ideellen Gemeinwohlinteressen kaum leistbar.[466]

Zudem führt eine Vielzahl von Gemeinwohlbelangen dazu, dass das wahre Entscheidungsmotiv der Geschäftsleitung *ex post* kaum zu identifizieren ist und daher eine Verantwortungsdiffusion droht (sog. *too many masters*-Problem).[467] Je mehr Gemeinwohlmotive neben der Gewinnerzielung als berücksichtigungsfähig konkurrieren, desto einfacher wird es für die Geschäftsleitung, eine gewinnmaximale Lösung zu wählen, die zugleich durch irgendeinen Gemeinwohlbelang gedeckt ist.[468] Mit etwas philologischem Geschick dürften sich die meisten Entscheidungen gemeinwohlbezogen rechtfertigen lassen.[469] Um zu verhindern, dass verschiedene Gemeinwohlbelange gegeneinander ausgespielt werden, ist es daher notwendig, den Gesellschaftszweck – neben der Gewinnerzielung – von vornherein auf die Klimaneutralität festzulegen.[470]

---

[461] „An object stated in the memorandum of a company is a community interest object of the company if a reasonable person might consider that the carrying on of activities by the company in furtherance of the object is for the benefit of the community."
[462] Siehe bereits *Zimmermann/Weller*, ZHR 187 (2023), 594, 630 ff. (632).
[463] *Supra* B.III.
[464] *Weller/Fischer*, ZIP 2022, 2253 (2261 ff.).
[465] *Schön*, ZfPW 2022, 207 (230 ff.).
[466] *Murray*, American University Business Law Review Vol. 2:1 (2012), 1, 31 f.
[467] *Kuntz*, FS Hopt, 2020, 653 (674); *Schön*, ZfPW 2022, 207 (230); *Möllers*, ZHR 2021, 881 (901).
[468] Vgl. *Dorff/Hicks/Solomon*, Harvard Law Review 11 (2021), 113 (135).
[469] *Berle*, Harvard Law Review 45 (1932), 1165 (1167): „When the fiduciary obligation of the corporate management and ‚control' to stock holders is weakened or eliminated, the management and ‚control' become for all practical purposes absolute."
[470] *Zimmermann/Weller*, ZHR 187 (2023), 594 (630 ff.).

d) Nachfrage nach gesellschaftsrechtlichen Nachhaltigkeitsprodukten

Durch die Einführung einer gesellschaftsrechtlichen Regelung, welche dem Rechtsverkehr verlässlich die Klimaneutralität einer Gesellschaft signalisiert, können Nachhaltigkeit und insbesondere der Klimaschutz gefördert werden.[471] So erfreut sich die *Benefit Corporation* in den USA einer beachtlichen Nachfrage.[472] Dies verwundert nicht, kombiniert sie doch auf pragmatische Weise das klassische Gewinnerzielungsinteresse mit dem modernen Gemeinwohlgedanken. Sie dient damit Nachhaltigkeit im Sinne ökologisch-sozialer Gerechtigkeit. Auch die *société à mission* erfährt große Aufmerksamkeit – Stand 2023 waren es bereits 1604 Unternehmen, die diesen gesetzlichen Status trugen.[473] Ein solcher Rechtsformzusatz ist im deutschen Recht bislang nur bei Gemeinnützigkeit im Sinne der Abgabenordnung (AO)[474] in Form einer „gGmbH" gemäß § 4 S. 2 GmbHG[475] oder einer „gAG"[476] gestattet. Eine entsprechende Regelung für Gesellschaften mit dualem Zweck – Gewinnorientierung und Klimaneutralität – gibt es bislang nicht.

6. Anwendungsbereich des Rechtsformzusatzes „klimaneutral"

Vor diesem Hintergrund ist die Einführung eines zusätzlichen Rechtsformzusatzes „klimaneutral" in Gestalt einer firmenrechtlichen Lösung zu empfehlen. Diese soll im Folgenden skizziert werden.

a) Firmenrechtliche Lösung

Der Rechtsformzusatz „klimaneutral" sollte nicht als Rechtsformvariante (zB nicht als spezielle GmbH wie die UG in § 5a GmbHG), sondern gesellschaftstypenübergreifend als gesetzlicher Status im

---

[471] *Zimmermann/Weller*, ZHR 187 (2023), 594 (632ff.).

[472] Bereits 5 Jahre nach der ersten Einführung einer Benefit Corporation im Bundesstaat Maryland im Jahr 2010 gab es über 2500 Unternehmen, die mit der Rechtsform „Benefit Corporation" agierten, *Berrey*, How Many Benefit Corporations Are There?, Mai 2015, abrufbar unter http://ssrn.com/abstract=2602781.

[473] Liste des Sociétés à Mission, Stand der Daten 5.12.2023, abrufbar unter https://societeamission.com/liste-societes-a-mission/. Im Jahr 2021 waren es erst 208, *Fleischer/Chatard*, NZG 2021, 1525 (1529).

[474] Gemeinnützigkeit erfordert ein vollständig selbstloses Handeln im Sinne des § 52 Abs. 1 S. 1 AO, *Binnewies/Hertwig*, AG 2020, 739 (740).

[475] Dabei handelt es sich allerdings nicht um eine gesellschaftsrechtliche Sonderform, sondern um eine reguläre GmbH, die wegen der Verfolgung steuerprivilegierter Zwecke einen ergänzten Rechtsformzusatz tragen darf, MüKoGmbHG/*Fleischer*, 4. Aufl. 2022, § 1 Rn. 29.

[476] *Schüppen/Schaub/Ritter*, Münchener Anwaltshandbuch Aktienrecht, 3. Aufl. 2018, § 55 Rn. 21.

Firmenrecht geregelt werden. Dafür streitet, *erstens*, dass die Einführung einer neuen Rechtsform(variante) zu aufwendig wäre, weil sie einer höheren Begründungslast unterläge als eine bloße firmenrechtliche Ergänzung des Rechtsformzusatzes.[477] *Zweitens* stünde durch die firmenrechtliche Lösung die Verwendbarkeit des Status „klimaneutral" *allen* Rechtsformen – Kapital- und Personengesellschaften – offen. Kein klimaneutrales Unternehmen müsste sich demnach zuvor in eine andere Gesellschaftsform umwandeln, um als „klimaneutral" firmieren zu dürfen.[478]

b) Kapital- und Personengesellschaften

Bislang wird bei Personengesellschaften zwar nicht so intensiv über Nachhaltigkeitsfragen diskutiert wie bei Kapitalgesellschaften. Dieser Umstand lässt sich dadurch erklären, dass letztere eine größere volkswirtschaftliche Dimension aufweisen, was ihnen eine stärkere „Breitenwirkung auf Öffentlichkeit und Unternehmenslandschaft" verleiht.[479] Allerdings spricht dies allenfalls dagegen, Personengesellschaften mit *in die Pflicht* zu nehmen (daher keine Verpflichtung zur Festsetzung einer Klimaquote für Personengesellschaften); optionale *Anreize*, sich klimafreundlicher zu verhalten, kann man ihnen aber sehr wohl anbieten.[480] Schon jetzt setzen sich einige Personengesellschaften freiwillig Nachhaltigkeitsziele.[481] Auch sehen wir ein erhebliches Signalling-Potential für Personengesellschaften, welche die Klimaneutralität als Marketinginstrument für ihr Kunden- oder Personalrecruitement nutzen könnten; man denke bei letzterem an arbeitnehmerstarke Anwaltssozietäten in der Rechtsform einer „Partnerschaftsgesellschaft (klimaneutral)".

7. Gesellschaftsrechtliche Absicherung

Die Einführung eines gesellschaftstypübergreifenden Rechtsformzusatzes „klimaneutral" ist indes nur dann erfolgreich, wenn das damit verbundene Signalling auch verlässlich ist.[482] Dafür muss es

---

[477] Zu den Anforderungen an eine Reformgesetzgebung im Gesellschaftsrecht *Benz*, Symbiotische Gesellschaftsrechtsentwicklung, 2024.
[478] *Schirmer*, ZEuP 2023, 326 (348): Viel spreche „für einen rechtsformneutralen Akkreditierungszusatz".
[479] *Koch*, ZPG 2023, 321 (323).
[480] So auch *Koch*, ZPG 2023, 321 ff.
[481] Siehe zB *Vaude GmbH & Co. KG*, Nachhaltigkeitsbericht 2023, abrufbar unter https://nachhaltigkeitsbericht.vaude.com.
[482] *Connelly/Certo/Ireland/Reutzel*, Journal of Management 37 (2011), 39 (45, 53) mit dem Hinweis darauf, dass es keine profitablen unzutreffenden Signale geben dürfe: „Thus, to maintain their effectiveness, the costs of signals must be structured in such a way that dishonest signals do not pay" (…) "signal fit und signal honesty".

erstens klar und zweitens wahrheitsgemäß sein.[483] Die Ausflaggung der Klimaneutralität sollte entsprechend *gesellschaftsrechtlich* abgesichert werden.[484]

a) Verankerung der Klimaneutralität in der Satzung

Angelehnt an die Strukturmerkmale der *Benefit Corporation* und der *société à mission* sollte sich das Unternehmen für die Erlangung des Status „klimaneutral" in der Satzung zur Klimaneutralität verpflichten.[485] So können Unternehmen die Stabilität ihrer Selbstverpflichtungen auch nach außen garantieren.[486]

b) Geschäftsmodell: Klimaneutrale Produkte oder Dienstleistungen

Zusätzlich zur Klimaneutralität, die sich – wie bereits gezeigt – an den *Scope 1*- und 2-Emissionen bemisst,[487] sollte der Rechtsformzusazu „klimaneutral" nur geführt werden dürfen, wenn das Geschäftsmodell der Gesellschaft weit überwiegend auf klimaneutrale Produkte oder Dienstleistungen setzt. Diese partielle Einbeziehung der *Scope 3*-Emissionen ist zur Verhinderung einer Marktenttäuschung bei bestimmten Unternehmenstypen erforderlich: So haben etwa Zwischenhändler von fossilen Produkten (zB Öl- oder Erdgasintermediäre) oder Hersteller von emissionsintensiven Gütern (zB Automobilhersteller) typischerweise geringe *Scope 1*- und 2-Emissionen; für sie ließe sich Klimaneutralität mit vergleichsweise moderaten Anstrengungen erreichen. Gleichzeitig machen die *Scope 3*-Emissionen der von ihnen vertriebenen Produkte den Löwenanteil ihrer Treibhausgasemission aus.[488]

Von Verbrauchern kann nicht erwartet werden, dass sie die verschiedenen *Scopes* auseinanderhalten,[489] sie werden von einem als

---

[483] Bislang gibt es noch keine einheitliche Terminologie zur Kennzeichnung belastbarer Signale, *Connelly/Certo/Ireland/Reutzel*, Journal of Management 37 (2011), 39 (52).

[484] *Zimmermann/Weller*, ZHR 187 (2023), 594 (628 ff.).

[485] *Notat/ Senard*, L'entreprise, objet d'intérêt collectif, 2018, S. 68.

[486] *Notat/ Senard*, aaO.

[487] *Supra* F.III.2.

[488] *Carbon Disclosure Project*, Technical Note: Relevance of Scope 3 Categories by Sector, Version 2.0 vom 25.1.2023, S. 6, 49, abrufbar unter https://cdn.cdp.net/cdp-production/cms/guidance_docs/pdfs/000/003/504/original/CDP-technical-note-scope-3-relevance-by-sector.pdf; *Statista*, Anteil der Scope-3-Emissionen an den Gesamtemissionen nach Branche in 2021, 14.4.2023, abrufbar unter https://de.statista.com/statistik/daten/studie/1364908/umfrage/anteil-der-scope-3-emissionen-an-den-ghg-emissionen/#:~:text=Scope%203%20verursacht%20laut%20Berechnungen,75%25%20der%20Gesamtemissionen%20von%20Unternehmen.

[489] Dies zeigen eine Reihe lauterkeitsrechtlicher Verfahren wegen der Werbung mit Klimaneutralität bzw. klimaneutralen Produkten, die die *DUH* derzeit führt,

„Gesellschaft klimaneutral" firmierenden Unternehmen auch klimaneutrale Produkte und Dienstleistungen erwarten. Zur Gewährleistung des Marktvertrauens und der Signalling-Wirkung des Rechtsformzusatzes sollte daher neben der Klimaneutralität (*Scope 1*- und *2-Emissionen*) auch ein Geschäftsmodell mit *weit überwiegend* klimaneutralen Produkten oder Dienstleistungen (*Scope 3-Emissionen*) gefordert werden. „Weit überwiegend" ist ein in § 326 Abs. 2 S. 1 BGB verwendeter Rechtsbegriff; er würde einen Anteil klimaneutraler Produkte und Dienstleistungen von über 80 Prozent voraussetzen.[490]

c) Verantwortlichkeit der Geschäftsleitung

Ferner sollte die Klimaneutralität einem Ressort der Geschäftsleitung zugeordnet werden (§ 20 I b HGB nF). Damit wird der Geschäftsleitung, ähnlich den Bestimmungen zur *Benefit Corporation*,[491] ausdrücklich die Zwecksumsetzung anvertraut. Es wird so sichergestellt, dass *profit & purpose*, mithin Klimaneutralität und Gewinnerzielungsabsichten, bei Leitung des Unternehmens insgesamt in einem angemessenen Verhältnis zueinander stehen und gleichermaßen berücksichtigt werden.

d) Transparenz und externe Prüfung

Offenlegungspflichten (§ 20 Abs. 1d) HGB nF) tragen dazu bei, dass auch der Markt Informationen zu Verfügung gestellt bekommt. Die Marktteilnehmer werden dadurch in die Lage versetzt, selbst zu würdigen, ob und inwiefern die Klimaneutralität hinreichend belastbar begründet wird.[492]

Zu empfehlen ist darüber hinaus eine Kontrolle durch eine externe, unabhängige Stelle.[493] Entsprechend sieht der Reglungsvorschlag in § 20 Abs. 1c) HGB nF die Prüfung durch einen Abschlussprüfer oder einen unabhängigen Erbringer von Bestätigungsleistungen (zB den TÜV) vor. Diesbezügliche Prüfstandards existieren aufgrund der Neuartigkeit der Regelung zwar bisher noch nicht, werden sich allerdings – wie die Erfahrungen zu den Berichts- und Prüfungs-

---

https://www.duh.de/fileadmin/user_upload/download/Projektinformation/Verbraucher/Klimaneu-tralität/2023-07_25_Übersicht_DUH_laufende_Verfahren_Klimaneutralität.pdf.

[490] Vgl. Grüneberg/*Grüneberg*, 83. Aufl. 2024, BGB § 326 Rn. 9.

[491] *Supra* G.II.3.b).

[492] Vgl. *infra* G.II.8. zu den Anforderungen an Klimaneutralität durch die Green Claims-RL.

[493] Ähnlich *Fleischer*, ZIP 2022, 345 (346f.); dazu, dass Signale erst durch Signalkosten verlässlich werden, *Connelly/Certo/Ireland/Reutzel*, Journal of Management 37 (2011), 39 (45).

pflichten der durch die CSRD neugefassten Bilanz-RL erhellen – rasch am Markt etablieren.

Dass nicht notwendigerweise ein Abschlussprüfer den Bestätigungsvermerk erteilen muss hat den Vorteil, dass der Rechtsformzusatz auch für Kleinunternehmen zugänglich sein soll, die normalerweise keinen Abschlussprüfer benötigen. § 20 HGB nF könnte dabei als punktuelle Möglichkeit genutzt werden, um den bisher auf Abschlussprüfer konzentrierten Markt für andere Erbringer von Bestätigungsleistungen zu öffnen.

e) Kein capital lock

Fraglich ist, ob es zusätzlich eines *capital* oder *asset lock* in Form einer vollständigen oder teilweisen Ausschüttungssperre bedarf. Manche meinen, andernfalls könne der gemeinnützige Zweck konterkariert werden.[494] Einige EU-Mitgliedstaaten sehen in ihrem Recht zu sozialem Unternehmertum zumindest ein teilweises Ausschüttungsverbot vor.[495] Auch für die *Community Interest Company* ist ein solcher in Sec. 30(1) UK Companies Act 2004 vorgesehen. Dahinter steht die Überlegung, Gewinne sollten nicht für andere als den sozialen Unternehmenszweck genutzt werden, insbesondere nicht zur Vermögensmaximierung der Gesellschafter.

Der transversale Rechtsformzusatz „klimaneutral" unterscheidet sich allerdings in einem Punkt erheblich von den angeführten Rechtsformen/-varianten für soziales Unternehmertum. Es geht hier nämlich nicht im gleichen Sinne um die kontinuierliche Verfolgung eines guten Zwecks. Denn der Rechtsformzusatz „klimaneutral" kann überhaupt erst dann erlangt werden, wenn der Zustand der „Klimaneutralität" bereits erreicht ist. Dieser Status muss dann „nur noch" aufrechterhalten werden, was nach einmal erfolgter Umstellung auf Klimaneutralität in der Regel keine zusätzlichen transformativen Investitionen erfordern dürfte. Es gibt daher ein weitaus geringeres Risiko der Zweckverfehlung als bei einem *purpose*, an dem kontinuierlich weiterzuarbeiten ist.

f) Keine Steuervorteile

Ob Unternehmen, die den Rechtsformzusatz „klimaneutral" tragen, steuerliche Vorteile genießen sollten, ist keine Frage des Gesellschaftsrechts. Steuervorteile wären zwar ein denkbares (weiteres) Instrument, das Erreichen von Klimaneutralität zu fördern. Jedoch wären sie nicht systemkohärent. Denn Sinn und Zweck des ergän-

---

[494] So *Schirmer*, ZEuP 2023, 326 (346 f.).
[495] https://www.europarl.europa.eu/RegData/etudes/STUD/2017/583123/IPOL_STU(2017)583123_EN.pdf S. 24.

zenden Klimarechtsformzusatzes ist gerade die hybride Ausrichtung der Gesellschaft *(profit & purpose)* unter Beibehaltung ihres Gewinnstrebens. Die *Benefit Corporation* etwa genießt daher aufgrund ihrer auch gewinnorientierten Ausrichtung keine steuerlichen Vorteile, ebensowenig die *société à mission*.[496] In Deutschland sind an eine Rechtsform geknüpfte steuerliche Vorteile der gemeinnützigen Gesellschaft (gGmbH oder gAG) vorbehalten. Dabei sollte es bleiben.

8. Vereinbarkeit mit der Green Claims-RL und der EmpoCo-RL

Die geplante GC-RL[497] und die angedachte EmpoCo-RL[498] statuieren Anforderungen an die Nutzung der Formel „klimaneutral" im Geschäftsverkehr.[499] Der ergänzende Rechtsformzusatz „klimaneutral" fällt allerdings nicht in den Anwendungsbereich der EmpoCo-RL. Diese trifft nämlich nur Regelungen zu *produktbezogenen*, nicht jedoch zu *unternehmensbeogenen* Werbeaussagen.[500] Dagegen wird der optionale Rechtsformzusatz „klimaneutral" gemäß Art. 1 GC-RL als Umweltaussage[501] erfasst, die Gewerbetreibende gegenüber Verbrauchern entweder über Produkte oder *über sich selbst* treffen.[502] Die GC-RL zählt in ihrem ErwG 21 den Begriff „klimaneutral" als potentiell irreführend auf, trifft allerdings kein Verbot zur Nutzung dieses Begriffs, sondern regelt in ihrem Art. 3 vielmehr Anforderungen an seine Verwendung.

Art. 3 GC-RL statuiert, dass jeder Gewerbetreibende eine spezifische Bewertung durchführt, um Umweltaussagen wie „klimaneutral" zu begründen. Aus ErwG 21 wird deutlich, dass der Emissions-

---

[496] *Lourdeau*, Sociétés à Mission, 2019, abrufbar unter https://www.village-justice.com/articles/societes-mission-deux-ans-apres-quel-est-bilan-loi-pacte-date-mai-2019-mais,40718.html.
[497] COM(2023) 166 final.
[498] Proposal for a directive as regards empowering consumers for the green transition through better protection against unfair practices and better information, 2022/0092 (COD).
[499] Mit „Klimaneutralität" darf nicht irreführend im Zusammenhang mit *Carbon-Offsetting* geworben werden, ErwG 11a EmpoCo-RL-Entwurf. Carbon Offsetting ist die zertifikatsbasierte Förderung von Klimaschutzprojekten, die den Treibhausgasausstoß kompensieren.
[500] So etwa ErwG 11a: "Such claims can only be allowed when they are based on the actual lifecycle impacts of the *product* in question, and not based on greenhouse gas emissions offsetting outside the *product's* value chain, as the former and the latter are not equivalent." (Hervorhebungen durch *Verf.*).
[501] Definiert *supra* F.I.6.a)dd).
[502] Art. 1 Abs. 1 Green Claim-RL-Entwurf: „Diese Richtlinie gilt für ausdrückliche Umweltaussagen, die Gewerbetreibende über Produkte oder über Gewerbetreibende im Zusammenhang mit Geschäftspraktiken von Unternehmen gegenüber Verbrauchern treffen."

reduzierung Vorrang vor der Kompensation einzuräumen ist; wird dennoch eine Kompensation gewählt, ist diese transparent darzustellen. Insbesondere sind alle Kompensationen als zusätzliche Umweltinformationen separat auszuweisen, wobei u. a. anzugeben ist, in welche Projekte durch den Kauf von Kompensationszertifikaten investiert wird.

Da diese vorgenannten Begründungs- und Erklärungspflichten jedoch für alle Umweltaussagen gelten, werden Unternehmen, die den vorgeschlagenenen Rechtsformzusatz „klimaneutral" nutzen, nicht schlechter gestellt. Im Gegenteil, jener hat sogar Synergieeffekte für die Bewertung der Klimaneutralitätsaussage nach Art. 3 GC-RL. Denn nach dem vorgeschlagenen § 20 HGB nF können nur solche Unternehmen als klimaneutral firmieren, die vorrangig Emissionen reduziert und etwaige Kompensationen für verbleibende Emissionen begründet haben. Da nach dem Regelungsvorschlag zudem ein Bestätigungsvermerk über die Klimaneutralität von einem externen Prüfer ausgestellt werden soll, liegt es nahe, diesen für die Konformitätsprüfung nach Art. 3 GC-RL heranzuziehen.

III. Klimagovernance

Zur guten Unternehmensführung gehört nicht nur ein Compliance-System, welches darauf abzielt, Gesetzesverstöße – nicht zuletzt im Bereich der Nachaltigkeitsregulierung – zu verhindern.[503] Aufgabe der Corporate Governance ist es auch, Organe und Prozesse so zu strukturieren, dass sie das Geschäftsmodell und dessen Transformation zur Klimaneutralität fördern oder jedenfalls incentivieren. Man könnte von einer *enabling organization* oder – speziell auf das Klima gemünzt – von einer *„Climate Corporate Governance"*[504] sprechen. Zur Implementierung einer solchen Klimagovernance sind verschiedene legislative Neujustierungen zwar nicht auf Ebene des Vorstands (**unter 1.**), sehr wohl aber auf Ebene von Aufsichtsrat (**unter 2.**) und Hauptversammlung (**unter 3.**) zu empfehlen.

1. Vorstand

a) Keine Änderung der §§ 76, 93 AktG

Die in der Literatur vorgeschlagene Reform des § 76 AktG[505] und/oder des § 93 AktG[506] und die Anreicherung der Leitungs- und

---

[503] *Nietsch*, CCZ 2023, 61, 62; MüKoAktG/*Spindler*, 6. Aufl. 2023, § 91 Rn. 63.
[504] So *Bruno*, ECFR 2019, 687.
[505] *Supra* D.II.1.a).

Sorgfaltspflichten um *ergebnisbezogen* zu berücksichtigende Nachhaltigkeitsbelange würden zwar dem Klimaschutz dienen, gingen allerdings mit einer Überfrachtung des Tagesgeschäftes einher.[507] Bei *allen* Leitungsentscheidungen wären diese Belange dann *mit justitiablem Gewicht* in die vorangehende Abwägung einzustellen.[508] Dies würde nicht nur für Entscheidungen, einen neuen Standort oder eine neue Produktlinie zu erschließen, gelten (wo diese Abwägung angezeigt ist), sondern auch bei täglichen Beschaffungsentscheidungen aller Art, etwa dem Einkauf von Verbrauchs- oder Konsumartikeln für das Unternehmen (zB sanitäre Produkte oder Getränke oder Speisen für die Belegschaft). Wenn bei jeder dieser Entscheidungen eine Klimaabwägung stattzufinden hätte, würde das lediglich der Bürokratie Vorschub leisten und dem Klima – da zu klein skaliert – praktisch nichts bringen. Vorzugswürdig erscheint es, die Anreicherung der Leitungs- und Sorgfaltspflicht um Klimabelange als vorzunehmende *Selbstverpflichtung* der Leitungsorgane auszugestalten. Diese sollten die Gesellschaft generell bis spätestens 2045 klimaneutral auszurichten haben; wie sie dann im *konkreten* Tagesgeschäft dahin gelangen – ob durch eine „große" oder viele „kleine" Entscheidungen und Lösungen – sei aber dann ihnen überlassen. Ein Instrument, das diese Selbstverpflichtung aufgreift, ohne das Tagesgeschäft zu überfrachten, ist die vorgeschlagene Klimaquote.

Eine Ergänzung des Wortlauts der §§ 76, 93 AktG um lediglich *prozedural* zu berücksichtigende Klimabelange – wie sie etwa die VGR vorschlägt – würde nur die geltende Rechtslage widerspiegeln.[509] Sie hätte (immerhin) eine an den Klimaschutz appellierende Signalwirkung.[510] Allerdings bestünde bei einer solchen Neuregelung die Gefahr, dass der Unterschied zwischen lediglich prozedural oder aber ergebnisbezogen zu berücksichtigenden Umweltbelangen in der nachfolgenden Diskussion verwischt wird und es dann doch zu der bürokratischen Überfrachtung des Tagesgeschäftes kommt. Die Klimaquote vermeidet diesen Bürokratieaufwand im *day to day business*.

---

[506] *Supra* D.II.1.b).
[507] Siehe bereits *supra* G.I.3.b).
[508] Grundlegend zur Abgrenzung von Abwägungsbelangen mit justitiablem Mindestgewicht einerseits und zur lediglich prozeduralen Berücksichtigung solcher Belange andererseits *Harbarth*, AG 2022, 633 (638); dies aufgreifend *Weller/Fischer*, ZIP 2022, 2253 (2260 f.).
[509] *VGR-Arbeitskreis Aktienrechtsreform*, AG 2024 (im Erscheinen): „gesetzliche Klarstellung in § 76 Abs. 1 AktG".
[510] *VGR-Arbeitskreis Aktienrechtsreform*, aaO.

b) Klimaressort

Im Rahmen seiner Ressortzuschnitts- und Organisationsautonomie hat der Vorstand bereits jetzt die Möglichkeit, klimaspezifische Zuständigkeiten zu schaffen[511], diese auf bestimmte Positionen zu konzentrieren und sodann sichtbar auszuflaggen, etwa als *Chief Sustainability Officer* oder *Chief Climate Officer*.[512] Eine gesetzliche Verpflichtung, bei allen Aktiengesellschaften ein solches Ressort einzuführen, griffe zu weitreichend in die Leitungsautonomie des Vorstandes ein.[513]

2. Aufsichtsrat

Bei Großunternehmen sollte der Gesetzgeber Vorsorge treffen, dass diese auf Ebene des Aufsichtsrats insgesamt über eine gewisse *Klimaexpertise* verfügen (**unter b**). Ferner sollten sie einen *Klimaausschuss* zu bilden haben (**unter c**).

a) Regelungsvorschläge

§ 100 Abs. 5 S. 2 AktG nF – Klimaexpertise im Aufsichtsrat

(5) Bei Gesellschaften, die Unternehmen von öffentlichem Interesse nach § 316a Satz 2 des Handelsgesetzbuchs sind, muss mindestens ein Mitglied des Aufsichtsrats über Sachverstand auf dem Gebiet Rechnungslegung und mindestens ein weiteres Mitglied des Aufsichtsrats über Sachverstand auf dem Gebiet Abschlussprüfung verfügen; die Mitglieder müssen in ihrer Gesamtheit mit dem Sektor, in dem die Gesellschaft tätig ist, vertraut sein. *Bei Gesellschaften, die börsennotiert sind oder der Mitbestimmung unterliegen, müssen die Mitglieder in ihrer Gesamtheit über Sachverstand auf dem Gebiet des Klimaschutzes verfügen.*

§ 107 Abs. 5 AktG nF – Klimaausschuss

(5) Der Aufsichtsrat einer Gesellschaft, die börsennotiert ist oder der Mitbestimmung unterliegt[514], hat einen Klimaausschuss zu bilden, der sich mit der Transformation der Gesellschaft hin zur

---

[511] *Koch*, 17. Aufl. 2023, § 77 AktG Rn. 10.
[512] *Fleischer*, DB 2022, 37 (42).
[513] Nur wenn sich die Gesellschaft dazu entscheidet, den Rechtsformzusatz „klimaneutral" zu führen, muss sie den Klimaschutz einem Vorstandsressort zuordnen, *supra* G.II.7.c).
[514] Der Anwendungsbereich entspricht demjenigen im bereits existierenden § 76 Abs. 4 AktG (Geschlechterquote) und demjenigen der hier vorgeschlagenen Klimaquote in einem § 76a AktG nF.

Klimaneutralität, insbesondere mit der Klimaquote und ihrer Umsetzung, befasst. Besteht der Aufsichtsrat nur aus drei Mitgliedern, ist dieser auch der Klimaausschuss.

b) Klimaexpertise (Ergänzung des § 100 Abs. 5 AktG)

In einem § 100 Abs. 5 S. 2 AktG nF sollte die Erforderlichkeit einer Klimaexpertise für den Aufsichtsrat *in seiner Gesamtheit* normiert werden. Nicht zu empfehlen ist demgegenüber der Vorschlag, der anknüpfend an den nach § 100 Abs. 5 Hs. 1 AktG verlangten „Sachverstand auf den Gebieten der Rechnungslegung oder Abschlussprüfung" *(Financial Expert)*[515] für einen speziellen *Climate* oder *Sustainability Expert* plädiert.[516] Vorzugswürdig ist es in Fortführung einer bereits existierenden DCGK-Empfehlung[517] vielmehr, sich an der *Gesamtexpertise* in § 100 Abs. 5 Hs. 2 AktG zu orientieren und eine entsprechende Regelung gesetzlich zu verankern. Zur Begründung im Einzelnen:

aa) Notwendigkeit einer Klimaexpertise

Im Aufgabenprofil des Aufsichtsratsrats gewinnen Nachhaltigkeits- und Klimafragen enorm an Bedeutung, wie seine wachsenden Zuständigkeiten in diesem Bereich erhellen.[518]

(1.) Kopplung der Vorstandsvergütung an Klimaziele

Jedenfalls seit dem ARUG II hat der Aufsichtsrat die Vergütungsstruktur der Vorstandsmitglieder in börsennotierten Gesellschaften nach § 87 Abs. 1 S. 2 AktG auch auf eine ökologisch nachhaltige Entwicklung der Gesellschaft hin auszurichten.[519] Im Geschäftsjahr 2021 wählten 28 der 40 DAX-Unternehmen die Reduzierung der CO_2-Emissionen als nachhaltigen Parameter für die Bestimmung der Vorstandsvergütung.[520] Zudem hat der Aufsichtsrat der Hauptversammlung nach §§ 87a, 120a AktG ein – auch und gerade in Bezug auf Nachhaltigkeits- und Klimabelange – nachvollziehbares und verständliches Vergütungssystem vorzulegen. Hierfür sollte der

---

[515] Hierzu *Koch*, 17. Aufl. 2023, § 100 AktG Rn. 24 ff., 31 ff.
[516] *Supra* D.III.1.a).
[517] DCGK (2022), Empfehlung D.3: „Das Kompetenzprofil des Aufsichtsrats [sollte] auch Expertise zu den für das Unternehmen bedeutsamen Nachhaltigkeitsfragen umfassen."
[518] *Verse/Tassius*, in: Hommelhoff/Hopt/Leyens, Unternehmensführung, 2024, § 7 Rn. 24.
[519] *Arnold/Herzberg/Zeh*, AG 2021, 141 (141); *Hommelhoff*, FS Hopt, 2020, 467 (472); für diese Begriffsauslegung bereits vor dem ARUG II *Ihrig/Schäfer*, Rechte und Pflichten des Vorstands, 2014, Rn. 221.
[520] *Beile/Schmid*, Nachhaltige Kriterien in der Vorstandsvergütung, Studie der Hans-Böckler-Stiftung, Mitbestimmungsreport Nr. 75, 2023, S. 1, 9 f.

Aufsichtsrat in der Lage sein, die einschlägigen Nachhaltigkeits- und Klimakennzahlen kompetent zu beurteilen.[521]

(2.) Prüfung der Klimaberichterstattung

Der Aufsichtsrat ist außerdem nach § 171 Abs. 1 S. 4 AktG für die Prüfung der nichtfinanziellen Erklärung und nach Umsetzung der CSRD für die deutlich umfangreichere Nachhaltigkeitserklärung zuständig. Die Informationen, die diesen Erklärungen zugrunde liegen, unterscheiden sich erheblich von denen der üblichen Finanzberichterstattung: Klimabelange beziehen sich regelmäßig auf längere Zeiträume als Finanzkennzahlen und sind deutlich fehleranfälliger in der Erhebung und Auswertung.[522] Darüber hinaus wird die Nachhaltigkeitserklärung samt ihrer Angaben zu Treibhausgasemissionen und Klimaschutz künftig nicht mehr nur formell,[523] sondern mit begrenzter und später hinreichender Prüfsicherheit zu prüfen sein.[524] Dieser Prüfungsmaßstab korrespondiert mit dem der Abschlussprüfer; Aufsichtsrat und Abschlussprüfer sind damit „Dialogpartner".[525] Ausweislich der CSRD sollen Abschlussprüfer eine besondere Ausbildung durchlaufen, um die erforderlichen Kenntnisse im Bereich der Nachhaltigkeitsberichterstattung zu erwerben.[526] Der Aufsichtsrat wird sich zwar auf die Befunde der Abschlussprüfer stützen können, seine Prüfpflicht kann er jedoch nur eigenverantwortlich erfüllen. Korrespondierend sollte es daher auch in Bezug auf den Aufsichtsrat zu einer „grundlegenden Erhöhung der nachhaltigkeitsbezogenen Expertise und Professionalität"[527] kommen. Es spricht mithin viel dafür, auch im Aufsichtsrat eine gewisse Klimaexpertise zu fordern, um ihn als qualifizierten Dialogpartner auf Augenhöhe zu erhalten.

(3.) Überwachung und Beratung in Klimafragen

Unabhängig von der Prüfung der Berichterstattung hat der Aufsichtsrat den Vorstand nach § 111 Abs. 1 AktG zu überwachen und zu beraten.[528] Dies soll nach dem DCGK auch Nachhaltigkeitsfragen umfassen.[529] Die Herausforderungen des Klimawandels machen die Geschäftstätigkeit und damit auch deren Überwachung immer an-

---

[521] *Scheid/Needham*, DB 2020, 1777 (1780).
[522] *Simon-Heckroth/Borcherding*, WPg 2020, 1104 (1105 f.).
[523] So die bislang hM, *Hennrichs/Pöschke*, NZG 2017, 121 (126); *Hecker/Bröcker*, AG 2017, 761 (766).
[524] *Lieder/Döhrn*, AG 2023, 722 (727 f.).
[525] *Lieder/Döhrn*, AG 2023, 722 (728).
[526] ErwG 65 CSRD.
[527] *Scheid/Needham*, DB 2020, 1777 (1781).
[528] MüKoAktG/*Habersack*, 6. Aufl. 2023, § 111 Rn. 12; BeckOGK/*Spindler*, Stand 1.10.2023, AktG § 111 Rn. 12.
[529] *DCGK* (2022), Grundsatz 6.

spruchsvoller.⁵³⁰ Als „konstruktiv-kritischer Berater" wird der Aufsichtsrat dem Vorstand dabei nur zur Seite stehen können, wenn er fachlich kompetent ist, Klimabelange zu identifizieren und zu bewerten.⁵³¹ Besonders deutlich wird dieses Zusammenspiel im Rahmen des hier vorgeschlagenen § 76a Abs. 3 AktG nF, wonach Klimatransformationsplan und -quote dem Aufsichtsrat zur Billigung vorzulegen sind. Der Aufsichtsrat wird die Klimapolitik des Vorstands dabei nur mittragen können und wollen, wenn er über eine hinreichende Klimaexpertise verfügt.

Insgesamt lässt sich festhalten, dass Klimabelange im Aufgabenprofil des Aufsichtsrats erheblich an Bedeutung gewinnen werden. Der Aufsichtsrat hat die Klimapolitik des Vorstands und der Gesellschaft mitzuverantworten und sollte daher eine entsprechende Klimaexpertise aufweisen.

bb) Anwendungsbereich

Die gesteigerten Anforderungen in Klimafragen spielen vor allem für Aufsichtsräte in *börsennotierten* Gesellschaften eine Rolle: Bei diesen muss die Vorstandsvergütung an Nachhaltigkeitsziele gekoppelt werden (§ 87 Abs. 1 S. 2 AktG); auch ist hier nach Umsetzung der CSRD umfänglich über Klima- und Emissionsreduktionsziele zu berichten (Art. 19a Abs. 1 Bilanz-RL nF). Schließlich hätte der Aufsichtsrat die hier empfohlene Klimaquote zu billigen (§ 76a Abs. 3 AktG nF). Daher weisen schon heute zahlreiche Gesellschaften eine Klima- und Nachhaltigkeitsexpertise im Aufsichtsrat aus.⁵³² Da nach § 76a AktG nF auch *mitbestimmte* Aktiengesellschaften zur Aufstellung von Klimatransformationsplan und -quote verpflichtet sein sollten, wäre es konsequent, das Erfordernis einer Klimaexpertise auch auf diese Unternehmen zu erstrecken.

cc) Gesamtexpertise

Im Gegensatz zur *persönlichen* Expertise eines *Financial Expert* nach § 100 Abs. 5 *Hs. 1* AktG sollte die Klimaexpertise – wie die Expertise für den Sektor, in dem die Gesellschaft tätig ist (§ 100 Abs. 5 *Hs. 2* AktG) – lediglich als *Gesamtexpertise* ausgestaltet sein. Entscheidend ist damit nicht die Kenntnis eines oder gar jedes einzelnen Mitglieds, sondern – unter Betonung des Aufsichtsrats als Kollegialorgan – die des Gremiums in seiner Gesamtheit.⁵³³ Es geht bei der Gesamtexpertise also um eine „Zusammenschau aller Mitglieder", um „ein sachkundiges Gegengewicht

---

⁵³⁰ *VGR-Arbeitskreis Aktienrechtsreform*, AG 2024 (im Erscheinen); *Schmidt*, DB 2020, 233 (240).
⁵³¹ *Verse/Tassius*, aaO, § 7 Rn. 25; *Lieder*, AG 2023, 722 (729).
⁵³² *Russell Raynolds Associates*, DAX 40-Aufsichtsratsstudie 2022, S. 15.
⁵³³ So zur Sektorkenntnis MüKoAktG/*Habersack*, 6. Aufl. 2023, § 100 Rn. 75.

zum Vorstand [zu] bilden".[534] Einen Beitrag zur Klimaexpertise wird dabei schon der *Financial Expert* leisten, da dessen Kompetenzprofil künftig infolge der Umsetzung der CSRD auch die Nachhaltigkeits- und damit die Klimaberichterstattung umfassen wird.[535]

Die gesetzliche Normierung einer Klimaexpertise würde die bereits existierende Empfehlung des DCGK verbindlich fortführen, wonach „das Kompetenzprofil des Aufsichtsrats […] auch Expertise zu den für das Unternehmen bedeutsamen Nachhaltigkeitsfragen umfassen" soll.[536]

Die Klimaexpertise stünde auch nicht im Widerspruch zu Diversitätsbemühungen bei der Besetzung des Aufsichtsrats:[537] Aufsichtsratsmitglieder mit ausgewiesener Nachhaltigkeitsexpertise sind bislang überwiegend – bei den DAX 40-Unternehmen sogar zu 87 Prozent – weiblich,[538] sodass die Klimaexpertise nicht nur dem Klimaschutz, sondern auch der Diversität im Aufsichtsrat dienen dürfte.

dd) Nachweis der Klimaexpertise

Die Klimaexpertise könnte – wie auch die Sektorexpertise – durch einen „Mix einschlägiger Erfahrungen und Kenntnisse" nachgewiesen werden.[539] Derzeit werden Nachhaltigkeits- und Klimaexpertise vor allem durch Weiterbildungen und einen entsprechenden beruflichen Hintergrund belegt, während akademische Abschlüsse in diesem Bereich noch rar sind.[540] Wie der *Sustainable Finance Beirat* anregt, könnte der DCGK insofern um eine Empfehlung zu entsprechenden Aus- und Fortbildungsmaßnahmen ergänzt werden.[541]

c) Klimaausschuss (Ergänzung des § 107 Abs. 3 AktG)

In börsennotierten oder mitbestimmten Gesellschaften sollte ein Klimaausschuss gebildet werden.[542] Zwar hat der Aufsichtsrat schon nach dem geltenden § 107 Abs. 3 S. 1 AktG die Autonomie, aus

---

[534] BeckOGK/*Spindler*, Stand 1.10.2023, AktG § 100 Rn. 83.
[535] *Lieder/Döhrn*, AG 2023, 722 (729); Hommelhoff/Hopt/Leyens/*Verse/Tassius*, Unternehmensführung durch Vorstand und Aufsichtsrat, 2024, § 7, Rn. 28.
[536] DCGK (2022), Empfehlung D.3.
[537] Vgl. zum *Climate Expert Lieder/Döhrn*, AG 2023, 722 (729); vgl. zur Sektorkenntnis MüKoAktG/*Habersack*, 6. Aufl. 2023, § 100 Rn. 75.
[538] *Russell Raynolds Associates*, DAX 40-Aufsichtsratsstudie 2022, S. 15.
[539] MüKoAktG/*Habersack*, 6. Aufl. 2023, AktG § 100 Rn. 75.
[540] *Hengeler Mueller/Arbeitskreis deutscher Aufsichtsrat e. V.*, Aufsichtsratsstudie 2022, S. 13; *Lieder*, AG 2023, 722 (729); Freiberg/Bruckner/*Velte*, Corporate Sustainability, 2022, § 7 Rn. 48.
[541] *Sustainable Finance Beirat*, Shifting the Trillions. Ein nachhaltiges Finanzsystem für die Große Transformation, 2021, S. 95.
[542] Dies entspricht auch dem Anwendungsbereich der empfohlenen Klimaquote nach § 76a Abs. 1 AktG nF.

seiner Mitte Ausschüsse zu bilden.[543] Dabei kann er auch einen Nachhaltigkeitsausschuss *(Sustainability Board Committee)* ins Leben rufen.[544] *In praxi* machen davon auch immer mehr DAX-Unternehmen Gebrauch.[545] Zur Incentivierung der Klimatransformation sollte dieser Ausschuss jedoch verbindlich durch die *supra* vorgeschlagene Ergänzung des § 107 Abs. 3 AktG vorgegeben werden.

aa) Aufgabenbereich

In Anlehnung an den Prüfausschuss, der dem Gesamtgremium nach § 107 Abs. 3 S. 3 AktG Empfehlungen und Vorschläge zur Gewährleistung der Integrität des Rechnungslegungsprozesses unterbreitet,[546] sollte der Klimaausschuss zu allen Fragen mit Klimabezug eingebunden werden. Der Billigungsbeschluss zum Klimatransformationsplan und zur Klimaquote (§ 76a Abs. 3 AktG nF) sollte zwar nicht gänzlich an den Klimaausschuss delegiert werden; letzterer sollte die Billigung aber vorprüfen.[547] Wie im Fall des Prüfausschusses wäre es überdies unschädlich, dem Klimaausschuss zusätzliche Aufgaben zu übertragen.[548] Daher kann der Klimaausschuss beispielsweise auch Nachhaltigkeitsfragen erörtern und damit die Aufgaben eines (bereits bestehenden) Nachhaltigkeitsausschusses übernehmen.

bb) Besetzung

Für den Klimaausschuss sollten die allgemeinen Grundsätze für Bildung und Besetzung von Aufsichtsratsausschüssen gelten: Die Ausschussmitglieder sind demnach vor allem nach ihrer Sachkunde auszuwählen.[549] Zur Stärkung der Kompetenz des Ausschusses sollten in Anlehnung an § 107 Abs. 4 S. 3 i.V.m. § 100 Abs. 5 AktG zusätzliche Anforderungen an die Sachkunde konkretisiert und jedenfalls die Berufung der Aufsichtsratsmitglieder mit Klimaexpertise nach § 100 Abs. 5 S. 2 AktG nF in den Klimaausschuss verbindlich vorgesehen werden.[550]

---

[543] *Koch*, AktG, 17. Aufl. 2023, § 107 Rn. 18; BeckOGK/*Spindler*, Stand 1.10.2023, AktG § 107 Rn. 94.
[544] *Fleischer*, DB 2022, 37 (42).
[545] *Russell Raynolds Associates*, DAX 40-Aufsichtsratsstudie 2022, S. 16.
[546] BeckOGK/*Spindler*, Stand 1.10.2023, AktG § 107 Rn. 162.
[547] Vgl. zu den Grenzen der Delegationsautonomie MüKoAktG/*Habersack*, 6. Aufl. 2023, § 107 Rn. 102; BeckOGK/*Spindler*, Stand 1.10.2023, AktG § 107 Rn. 94.
[548] MüKoAktG/*Habersack*, 6. Aufl. 2023, § 107 Rn. 175.
[549] MüKoAktG/*Habersack*, 6. Aufl. 2023, § 107 Rn. 117 ff.; BeckOGK/*Spindler*, Stand 1.10.2023, AktG § 107 Rn. 176.
[550] Vgl. zum Prüfausschuss MüKoAktG/*Habersack*, 6. Aufl. 2023, § 107 Rn. 176; BeckOGK/*Spindler*, Stand 1.10.2023, AktG § 107 Rn. 187.

3. Hauptversammlung

Schließlich sollten – wie supra[551] sowie an anderer Stelle ausgeführt[552] – die Aktionäre am Prozess der Klimatransformation beteiligt werden; der Gesetzgeber sollte dazu eine *Say on Climate*-Regel einführen. Wenn man dem Vorschlag einer Klimaquote folgte (§ 76a AktG nF), sollte das *Say on Climate* mit dieser Neuregelung abgestimmt werden.

a) Regelungsvorschlag

§ 120b AktG nF (Entwurf) – „Say on Climate"

(1) Die Hauptversammlung der börsennotierten oder mitbestimmten Gesellschaft beschließt über die Billigung der Klimaquote und des Klimatransformationsplans in seiner aktuellen Fassung nach § 76a AktG, wenn der Vorstand oder Aktionäre, deren Anteile zusammen den zwanzigsten Teil des Grundkapitals erreichen, die Billigung verlangen. Das Verlangen der Aktionäre im Sinne des Satzes 1 muss der Gesellschaft mindestens 30 Tage vor der Versammlung zugehen. Der Beschluss begründet weder Rechte noch Pflichten. Er ist nicht nach § 243 AktG anfechtbar.[553]

(2) § 120a Abs. 2 und 3 AktG gelten entsprechend.

b) Mitwirkung der Aktionäre bei der Klimatransformation

Im Aktienrecht erwächst aus der steigenden rechtstatsächlichen Bedeutung von Klimathemen das Bedürfnis für besondere Mitwirkungsrechte der Aktionäre.[554] Dies verdeutlicht die neuerdings vermehrt zu beobachtende aktive Nutzung von Eigentumsrechten zu Nachhaltigkeitszwecken in Form des *Shareholder Sustainability Activism*.[555] Insgesamt befassten sich in den USA rund ein Drittel aller *Shareholder Resolutions* in den Jahren 2020–2022 mit Nachhaltigkeitsbelangen.[556] Auch in Deutschland gibt es erste *Say on Climate-*

---

[551] *Supra* D.IV.1.

[552] *Weller/Hoppmann*, AG 2022, 640 (646 f.).

[553] Ähnlich VGR, AG 2022, 239, 243 zur Ergänzung des DCGK um eine neue Empfehlung A.10: "Der Vorstand sollte der Hauptversammlung seinen Plan zum Umgang mit klimaschädlichen Emissionen und deren Reduzierung sowie einen Bericht zu dessen Umsetzung jedenfalls dann zur Billigung vorlegen, wenn Aktionäre, deren Anteile den 20. Teil des Grundkapitals oder den anteiligen Betrag von EUR 500.000 erreichen, dies verlangen."

[554] *Urbain-Parleani*, Revue des sociétés, 2023, 494; *Jaspers*, AG 2022, 145 (146); *Link*, ZGR 2021, 904 (906 f.).

[555] *Albath*, Shareholder Activism, 2022; *Condon*, Washington Law Review 95 (2020), 1; *Nietsch/Vetter*, Nachhaltiges Aktienrecht, 2023, S. 71, 83.

[556] Von 1340 *Shareholder Resolutions* hatten 115 einen Umwelt- und 267 einen sozialen Bezug, *Bakker*, ECFR 2023, 276, 283.

Voten.[557] Allerdings kann bislang nur der Vorstand solche Voten initiieren (vgl. § 119 Abs. 2 AktG), die Aktionäre haben insoweit kein Initiativrecht.[558]

c) Status quo: Rechtsunsicherheit

Vom Vorstand initiierte Vorlagen an die Hauptversammlung finden sich selten; Erfahrungen erhellen, dass § 119 Abs. 2 AktG „praktisch totes Recht" ist.[559] Dies mag daran liegen, dass der Vorstand im Lichte des Haftungsrisikos (resultierend aus der unklaren Rechtslage ob der Zulässigkeit von Konsultationsbeschlüssen), des hohen Aufwands, der zeitlichen Verzögerung und der mitunter reputationsschädlichen Außenwirkung (Vorstandsvorlagen können als „schwach" wahrgenommen werden) nur selten geneigt sein wird, von seinem Vorlagerecht Gebrauch zu machen[560] Daneben werden sich Vorstand und Gesellschaft regelmäßig keinem verbindlichen Hauptversammlungsbeschluss unterwerfen, der ihre Handlungsspielräume kupiert.[561] Schließlich bergen „darunter liegende" Beteiligungsmodelle (Konsultationsbeschlüsse und beschlusslose Klimaaussprache) *de lege lata* – anders als etwa in der Schweiz[562] – ein „Rechtsrisiko".[563] Insbesondere hat sich noch kein einheitlicher Beschlussgegenstand eines *Say on Climate* herausgebildet.[564]

d) *Say on Climate*: Einführung eines neuen § 120b AktG

aa) Anwendungsbereich und Beschlussgegenstand

Empfohlen wird, ein *Say on Climate* in einem neuen § 120b AktG zu regeln.[565] Hiernach sollte der Hauptversammlung von börsennotierten oder mitbestimmten Gesellschaften die Möglichkeit eröffnet werden, über die Billigung der Klimaquote und des Klimatransformationsplans (ggf. in seiner aktualisierten Fassung) zu beschließen. Der Anwendungsbereich entspräche damit dem von § 76a AktG nF,

---

[557] *GEA Group AG*, Pressemitteilung vom 12.12.2023; *Merkner*, AG 2024 (im Erscheinen).
[558] *Weller/Hoppmann*, AG 2022, 640 (645f.).
[559] *Jaspers*, AG 2022, 145 (150).
[560] *Koch*, AktG, 17. Auflage 2023, § 119 Rn. 13c.
[561] *Drinhausen*, ZHR 186 (2022), 201 (207); *Harnos/Holle*, AG 2021, 853 (857f.).
[562] § 964c Abs. 1 OR: „Der Bericht über nichtfinanzielle Belange bedarf der Genehmigung und Unterzeichnung durch das oberste Leitungs- oder Verwaltungsorgan sowie der Genehmigung des für die Genehmigung der Jahresrechnung zuständigen Organs."
[563] So *Drinhausen*, ZHR 186 (2022), 201 (204).
[564] *Vetter*, AG 2023, 564 (565).
[565] Als alternativer Regelungsstandort käme auch ein neuer § 122 Abs. 2a) AktG im Zusammenhang mit der Einberufung der Hauptversammlung auf Verlangen einer Aktionärsminderheit in Frage, hierzu *Vetter*, AG 2023, 564 (576).

sodass ein *Say on Climate* nur in Gesellschaften möglich wäre, die ohnehin Klimatransformationsplan und -quote aufstellen müssten. Zum einen wird damit zusätzliche Bürokratie für nicht verpflichtete Gesellschaften vermieden, zum anderen werden die beiden Beschlussgegenstände klar und eindeutig vorgegeben.[566]

bb) Konsultativbeschluss

Bei einem *Say on Climate* sollte es sich um einen (unverbindlichen) Konsultationsbeschluss handeln.[567] Ein den Vorstand bindendes *Decide on Climate* würde dagegen zu tief in die Vorstandsverantwortlichkeit einschneiden.[568] Dagegen ist ein nur konsultativer „Investorendialog" unproblematisch; man wird erwarten können, dass der Vorstand damit umgehen kann.[569] Ein etwaiges ablehnendes Hauptversammlungsvotum wird der Vorstand realistischer Weise im Folgejahr, wenn er Klimaplan und -quote ohnehin aktualisieren müsste, berücksichtigen.[570] Auch die Kompetenz des Aufsichtsrates wird durch das *Say on Climate* nicht unterlaufen oder verwässert[571], zumal dieser nach dem vorgeschlagenen § 76a Abs. 3 AktG nF ohnehin über die Billigung von Quote und Plan beschließen soll. Die Vorlage für einen solchen Konsultativbeschluss sollte das *Say on Pay* in § 120a Abs. 1 S. 2 und 3 AktG liefern[572] („Der Beschluss begründet weder Rechte noch Pflichten. Er ist nicht nach § 243 AktG anfechtbar."). Anfechtungs- oder Nichtigkeitsklagen wären vor dem Hintergrund der Unverbindlichkeit des Beschlusses nicht statthaft.[573]

cc) Fakultativer Beschluss

Das *Say on Climate* nach § 120b AktG nF sollte – wie auch die VGR vorschlägt – als fakultativer Beschluss auf Initiative des *Vorstands* oder einer *qualifizierten Aktionärsminderheit* in Höhe des zwanzigsten Teils am Grundkapital ausgestaltet sein.[574] Mit einem

---

[566] „Der Vorteil formalisierter *Say on Climate*-Beschlüsse wäre, dass der ohnehin erfolgende Einfluss von Aktionären geordnet [und] *auf einer einheitlichen Informationsgrundlage [...] erfolgen würde*", *VGR-Arbeitskreis Aktienrechtsreform*, AG 2024 (im Erscheinen).
[567] So auch *VGR-Arbeitskreis Aktienrechtsreform*, AG 2024 (im Erscheinen).
[568] *Drinhausen*, ZHR 186 (2022), 201 (208 ff.); *Fleischer*, DB 2022, 37 (45); *Vetter*, AG 2023, 564 (577).
[569] *Vetter*, AG 2023, 564 (572).
[570] Vgl. zur faktischen Berücksichtigung *Gärtner/Himmelmann*, AG 2021, 259 (260).
[571] *Vetter*, AG 2023, 564 (572).
[572] Ebenso *Fleischer*, DB 2022, 37 (45); *Drinhausen*, ZHR 186 (2022), 201 (210).
[573] Zu § 120a AktG *Gärtner/Himmelmann*, AG 2021, 259 (265).
[574] Die Mehrheit des *VGR-Arbeitskreises Aktienrechtsreform* „unterstützt den Vorschlag einer gesetzlichen Regelung, wonach die Hauptversammlung berechtigt ist, zu grundlegenden Geschäftsführungsthemen unter einem eigenständigen Tagesordnungs-

Quorum in Höhe des zwanzigsten Teils am Grundkapital wird außerdem querulantorischen Einzelaktionären entgegengewirkt, die der Hauptversammlung andernfalls die Befassung mit einem *Say on Climate*-Beschluss aufzwängen könnten.[575]

---

punkt Beschlüsse zu fassen, die den Vorstand allerdings nicht binden", hält „eine Beschränkung auf Say-on-Climate-Beschlüsse [aber] nicht für erforderlich", AG 2024 (im Erscheinen); vgl. ferner *Drinhausen*, ZHR 186 (2022), 201 (212).

[575] *VGR-Arbeitskreises Aktienrechtsreform*, AG 2024 (im Erscheinen).

H. Thesen und Empfehlungen

I. Klimaschutz und Gesellschaftsrecht

1. Unternehmen zählen zu den wesentlichen Emittenten von Treibhausgasemissionen. Sie verfügen zugleich über die technische und organisatorische Expertise, wie sie ihre Prozesse emissionsärmer strukturieren können. Sie haben insofern eine *corporate climate responsibility*. Daher sollten sie – neben der öffentlichen Hand und privaten Haushalten – in die Klimatransformation der Bundesrepublik mit einbezogen werden.
2. Das öffentliche Klimaschutzrecht stößt unternehmerische Klimatransformationsprozesse bislang nicht hinreichend an. Eine zusätzliche Aktivierung des Gesellschaftsrechts, um im Kampf gegen den Klimawandel einen Beitrag zu leisten, erscheint vielversprechend und angesichts gewandelter Verkehrserwartungen zeitangemessen. Auf EU-Ebene wird das Gesellschaftsrecht mit der CSRD und der CSDDD bereits für eine Klimatransformation der Unternehmen aktiviert. Zu empfehlen ist daher auch für das nationale Recht eine Flankierung des öffentlichen Klimaschutzrechts um ein moderates *corporate climate enforcement*.
3. „Klimaneutralität" ist der gesetzgeberische Leitbegriff (Art. 2 Abs. 2 EU-Klimagesetz, Art. 19a Abs. 2 lit. a Ziff. iii Bilanz-RL nF, Art. 15 Abs. 1 CSDDD, § 15 Abs. 1 S. 1 KSG). Neuerdings adressiert § 18 EnEfG sogar „klimaneutrale Unternehmen".
    a) Vor diesem Hintergrund ist zu empfehlen, auch bei gesetzgeberischen Maßnahmen auf dem Gebiet des Gesellschaftsrechts den Begriff der Klimaneutralität zugrunde zu legen.
    b) Auch wenn die naturwissenschaftliche Definition von Klimaneutralität noch andere physikalische Effekte mit einbezieht, verwendet der europäische Gesetzgeber den Rechtsbegriff der Klimaneutralität komplexitätsreduzierend und typisierend ausschließlich in Bezug auf Treibhausgase. Dieser Rechtsbegriff sollte auch für Unternehmen herangezogen werden.
4. Klimaneutralität ist primär durch *Reduktion* von Treibhausgasemissionen zu erreichen. Eine *Kompensation* von Treibhausgasen durch Erwerb von Zertifikaten aus Entnahme- oder Vermeidungsprojekten ist zulässig, sofern die sog. Zusätzlichkeit der Treibhausgasemissionsreduktion sichergestellt ist und die Wahl der Kompensation statt ihrer Reduktion hinreichend begründet ist. Wenn Gesellschaften Treibhausgasemissionen kompensieren

möchten, sollten sie auf zuverlässige, vom EU-Gesetzgeber näher definierte Zertifizierungsstandards zurückgreifen müssen.
5. Eine Gesellschaft sollte als klimaneutral eingestuft werden, wenn ihre Treibhausgasbilanz bezogen auf *Scope 1* und *2*-Emissionen ausgeglichen ist und die Gesellschaft darlegt, dass sie in dem Prozess ihrer Klimatransformation der Reduktion von Emissionen Vorrang gegeben und die Kompensation der verbleibenden Treibhausgase im konkreten Fall begründet hat.

II. Eine Klimatrias für das Gesellschaftsrecht

6. Das Klimaneutralitätsziel, das sich die EU bis 2050 und die Bundesrepublik bis 2045 gesetzt haben, sollte möglichst freiheitswahrend und marktkonform auf Unternehmen übertragen werden. Hierfür werden drei gesetzgeberische Maßnahmen – eine „Klimatrias für das Gesellschaftsrecht" – angeregt:
 a) eine Klimaquote für Großunternehmen.
 b) ein Rechtsformzusatz „klimaneutral", der allen Kapital- und Personengesellschaften als Signalling-Instrument offensteht.
 c) eine punktuelle Anreicherung der bewährten Corporate Governance um Elemente der Klimagovernance.

III. Klimaquote

7. Für Großunternehmen wird als privatautonomiekonforme Maßnahme in einem neuen § 76a AktG die Einführung einer Klimaquote empfohlen. Es geht dabei um eine vom Vorstand autonom gesetzte Jahreszielgröße zur Verringerung der Treibhausgasemissionen, die nach außen zu veröffentlichen wäre.
8. Grundidee der Klimaquote ist, das Klimaneutralitätsziel der Bundesrepublik auf Großunternehmen zu erstrecken. Diesen sollte dabei lediglich ein Endziel – Klimaneutralität bis zum Jahr 2045 – vorgegeben werden. Sie gewönnen dadurch Planungssicherheit, während ihnen gleichzeitig die Entscheidungsfreiheit belassen würde, mit welchen Maßnahmen und mit welcher Geschwindigkeit sie dieses Ziel erreichen.
9. Die Klimaquote sollte an bereits etablierte Regelungstechniken und existierende unternehmerische Prozesse anknüpfen:
 a) Als Regelungsvorbild empfehlen sich die §§ 76 Abs. 4 AktG, 36 GmbHG, die auf den Gedanken der Selbstverpflichtung (selbstgesetzte Zielgrößen zur Emissionsverringerung) und Transparenz setzen. Der Anwendungsbereich der Klimaquote sollte sich dementsprechend zunächst auf börsennotierte oder mitbestimmte Gesellschaften beschränken.

b) Ferner sollte die Klimaquote auf den Klimaberichtspflichten (CSRD) und der Pflicht zur Erstellung eines „Übergangsplans" (Art. 15 CSDDD) aufbauen, welche die Unternehmen europarechtlich ohnehin zu erfüllen haben.
10. Die Klimaquote sollte auf eine Verringerung (Reduktion und Kompensation) der *Scope 1-* und *2*-Emissionen zielen, für deren Definition es sich empfielt, auf Annex II der Delegierten Verordnung 2023/2772/EU vom 31.7.2023 zu rekurrieren. *Scope 3*-Emissionen sollten vorerst von der Klimaquote ausgenommen bleiben; für sie sollte lediglich eine Berichtspflicht greifen.
11. Der Klimaquote sollte ein Klimatransformationsplan zugrunde liegen. Dieser wäre von der Unternehmensleitung zu erstellen und jährlich zu aktualisieren. Diese Empfehlung wäre zugleich ein Vorschlag zur Richtlinienumsetzung von Art. 15 CSDDD, der die Erstellung eines „Übergangsplans" vorschreibt. Endziel des Klimatransformationsplans sollte die Klimaneutralität der Gesellschaft bis spätestens 2045 sein.
12. Für Härtefälle sollte eine begründungsbedürftige Ausnahmeregelung gelten. Ein solcher Härtefall könnte etwa dann vorliegen, wenn die Transformation zur Klimaneutralität bis 2045 eine Gesellschaft in ihrer Existenz oder ihrem Versorgungsauftrag gefährdet.
13. Der Befolgungsanreiz der Klimaquote sollte, ähnlich der Geschlechterquote in § 76 Abs. 4 AktG und § 36 GmbHG, ausschließlich aufgrund von Transparenz und Reputation bestehen. Den Schwächen des Sanktionssystems bei der Geschlechterquote würde insofern Vorschub geleistet, als die Klimaquote eine feste Endzielgröße (Klimaneutralität bis 2045) aufweist. Abgesehen von der allgemeinen Haftung für Sorgfaltspflichtverletzungen (§ 93 Abs. 2 AktG, § 43 Abs. 2 GmbHG), die ohnehin gilt, sollte es keine Sanktionierung bei Verfehlung der mit der Klimaquote selbstgesetzten Emissionsverringerungsziele geben. Insofern sollte man lediglich eine gesteigerte Erklärungspflicht bei Verfehlung der Emissionsverringerungsziele *(comply or explain)* vorsehen.

IV. Rechtsformzusatz „klimaneutral"

14. Die Rechtsformpalette sollte um den gesetzlichen Status der Klimaneutralität erweitert werden, der es einer Gesellschaft erlaubt, mit dem ergänzenden Rechtsformzusatz „klimaneutral" im Rechtsverkehr aufzutreten, zB „GmbH (klimaneutral)". Ein denkbarer Regelungsstandort wäre ein neuer § 20 HGB. Grund

dafür ist – sowohl im B2B- als auch im B2C-Verhältnis – ein Bedarf für ein staatlich verifiziertes Signalling, um dem Markt glaubhaft zu signalisieren, dass ein Unternehmen wirklich klimaneutral ist.
15. Der ergänzende Rechtsformzusatz „klimaneutral" sollte gesellschaftstypenübergreifend sowohl Kapital- als auch Personengesellschaften offenstehen.
16. Folgende Voraussetzungen für die Erlangung des Status und des Rechtsformzusatzes „klimaneutral" und seine Eintragung im Gesellschaftsregister (§ 707 BGB), im Handelsregister (§ 8 HGB) oder im Partnerschaftsregister (§ 5 PartGG) sollten in Anlehnung an ausländische Regelungsvorbilder gesellschaftsrechtlich abgesichert sein:
    a) die Gesellschaft sollte sich in der Satzung zur Klimaneutralität und zu einem Geschäftsmodell, das überwiegend auf klimaneutrale Produkte und/oder Dienstleistungen setzt, verpflichten müssen;
    b) der Zustand der Klimaneutralität müsste bereits erreicht sein;
    c) ein Abschlussprüfer oder ein anderer unabhängiger Erbringer von Bestätigungsleistungen (zB TÜV) sollte das Vorliegen der Klimaneutralität jährlich für das vorangegangene Geschäftsjahr prüfen und attestieren; das Ergebnis der Prüfung wäre zu veröffentlichen;
    d) die Klimaneutralität sollte in der Satzung einem Ressort der Geschäftsleitung zugeordnet werden.

V. Klimagovernance

17. Die Leitungs- und Sorgfaltspflichten der §§ 76, 93 AktG sollten *nicht* um ergebnisbezogen zu berücksichtigende Klimabelange ergänzt werden. Ein solche Abwägung der Klimabelange mit justitiablem Gewicht im Rahmen aller (Leitungs-)Entscheidungen würde zu einem erheblichen bürokratischen Mehraufwand führen und gleichzeitig dem Klimaschutz – da er wegabgewogen werden könnte – wenig bringen. Eine Ergänzung der §§ 76, 93, AktG um lediglich prozedural mit zu berücksichtigende Klimabelange hätte dagegen lediglich eine deklaratorische Signalwirkung.
18. Im Aufgabenprofil des Aufsichtsrats gewinnen Klimafragen bei der Kopplung der Vorstandsvergütung an Klimaziele (§§ 87 Abs. 2 S. 2, 87a AktG), der Prüfung der Klimaberichterstattung (§ 171 Abs. 1 S. 4 AktG) und der Überwachung der Klimapolitik

des Vorstandes (§ 111 Abs. 1 AktG) erheblich an Bedeutung. Der Aufsichtsrat börsennotierter oder mitbestimmter Aktiengesellschaften sollte daher durch die Einfügung eines neuen § 100 Abs. 5 S. 2 AktG *in seiner Gesamtheit* über *Klimaexpertise* verfügen.

19. Zusätzlich zur Klimaexpertise sollte der Aufsichtsrat in börsennotierten oder mitbestimmten Aktiengesellschaften einen *Klimaausschuss* bilden, § 107 Abs. 5 AktG nF. Der Klimaausschuss wäre für die Erörterung klimabezogener Aufgaben des Gremiums, insbesondere für die Vorbereitung des Beschlusses zur Billigung von Klimatransformationsplan und -quote, zuständig.

20. Im Aktienrecht erwächst aus der steigenden Bedeutung von Klimathemen das Bedürfnis für besondere Mitwirkungsrechte der Aktionäre. Zugleich ist deren konsultative Beteiligung *de lege lata* noch nicht hinreichend rechtssicher ausgestaltet. Dieses Spannungsverhältnis sollte bei börsennotierten oder mitbestimmten Gesellschaften durch die Einführung eines *Say on Climate* aufgelöst werden. Das *Say on Climate* sollte als (unverbindlicher) Konsultativbeschluss auf Initiative des Vorstands oder einer qualifizierten Aktionärsminderheit (zwanzigster Teil des Grundkapitals) ausgestaltet sein. Beschlussgegenstände sollten sowohl der Klimatransformationsplan als auch die Klimaquote sein.

Gutachten G
zum 74. Deutschen Juristentag
Stuttgart 2024

Verhandlungen des 74. Deutschen Juristentages
Stuttgart 2024

Herausgegeben von der
Ständigen Deputation
des Deutschen Juristentages

Band I

Wie lässt sich öffentliche Informationsverantwortung in Zeiten digitaler und multipolarer Kommunikationskultur realisieren? Welche Aufgaben haben der Staat, die öffentlich-rechtlichen Rundfunkanstalten und die Wissenschaft?

Gutachten G
zum 74. Deutschen Juristentag

Erstattet von
Prof. Dr. Hubertus Gersdorf
Lehrstuhl für Staats- und Verwaltungsrecht sowie
Medienrecht an der Universität Leipzig

C.H.BECK

Zitiervorschlag: 74. djt I/G [Seite]

beck.de

ISBN 978 3 406 81553 9

© 2024 Verlag C.H.Beck oHG
Wilhelmstraße 9, 80801 München
Druck und Bindung: Beltz Grafische Betriebe GmbH
Am Fliegerhorst 8, 99947 Bad Langensalza

Umschlag: nach dem Entwurf von rulle & kruska gbr,
Nikolaus Rulle, Köln

myclimate
shape our future
chbeck.de/nachhaltig

Gedruckt auf säurefreiem, alterungsbeständigem Papier
(hergestellt aus chlorfrei gebleichtem Zellstoff)

Alle urheberrechtlichen Nutzungsrechte bleiben vorbehalten.
Der Verlag behält sich auch das Recht vor, Vervielfältigungen dieses Werkes
zum Zwecke des Text and Data Mining vorzunehmen.

Inhaltsverzeichnis

A. Grundlegender Wandel der Kommunikationsstrukturen .... G 7
B. Grundrechtliche (Neu-)Ordnung .... G 9
   I. Doppelcharakter der Kommunikationsgrundrechte .... G 9
   II. Soziale Netzwerke .... G 11
      1. Grundrechtliche Einordnung der Nutzer sozialer Netzwerke .... G 11
      2. Grundrechtliche Zuordnung der Betreiber sozialer Netzwerke .... G 12
   III. Grundsatz der Staats- und Unionsferne der Medien .... G 20
      1. Dogmatische Verwurzelung: Personale Autonomie und demokratische Funktion der Medien .... G 20
      2. Inhalt .... G 23
      3. Notwendigkeit staatsferner Medienaufsicht .... G 23
C. Unzureichende Sicherung der Staatsferne der Medien .... G 28
D. Zulässige Informations- und Öffentlichkeitsarbeit – unzulässige Medientätigkeit des Staates .... G 30
   I. Verfassungsrechtliche Grundlagen .... G 30
   II. Voraussetzungen staatlicher Informations- und Öffentlichkeitsarbeit .... G 32
      1. Kern staatlicher Informations- und Öffentlichkeitsarbeit: Selbstdarstellung im umfassenden Sinne .... G 32
      2. Entwicklungsoffener, dynamischer Charakter der staatlichen Informations- und Öffentlichkeitsarbeit .... G 33
      3. Beachtung der Kompetenzordnung .... G 34
      4. Transparenzgebot .... G 36
   III. Essenz .... G 36
E. Stärkung des Informationsauftrags des öffentlich-rechtlichen Rundfunks .... G 38
   I. Gesetzliche Schwerpunktsetzung zugunsten von Information, Bildung und Beratung .... G 41
   II. Gesetzliche Sendezeitvorgaben für Information, Bildung und Beratung .... G 44
   III. Gesetzliche Budgetierung von Information, Bildung und Beratung .... G 46
F. Plattformregulierung .... G 49
   I. Plattformregulierung nach dem DSA .... G 49
      1. Kompetenz der EU .... G 49
      2. Struktur der Regulierung: Kaskadenmodell .... G 50

3. Vollharmonisierung und Konsequenzen für die Mitgliedstaaten ... G 50
4. Anwendungsbereich ... G 52
   a) Soziale Netzwerke ... G 52
   b) Video-Sharing-Plattformen ... G 54
   c) Mediendiensteanbieter ... G 54
   d) Kommentarbereiche von Mediendiensteanbietern ... G 55
   e) Suchmaschinen ... G 57
5. Regulierungsdefizite wegen Qualifizierung der Plattformbetreiber als reine Wirtschaftsdienste ... G 57
6. Maßstab für die Beurteilung rechtswidriger Inhalte: Insbesondere Recht des Bestimmungs- oder Sitzlandes? ... G 61
   a) Anordnungen nationaler Behörden gem. Art. 9 und Art. 10 DSA ... G 62
   b) Regulierung des Verhältnisses zwischen Plattformbetreiber und Nutzer (Art. 16, Art. 17, Art. 20 und Art. 23 DSA) ... G 65
   c) Anordnungen des Koordinators für digitale Dienste gem. Art. 51 DSA ... G 66
   d) AI Act (Entwurf) ... G 69
7. Vertikale Regulierung: Verhältnis zwischen Mitgliedstaaten und Plattformbetreibern ... G 71
8. Horizontale Regulierung: Verhältnis zwischen Plattformbetreiber und Nutzer ... G 73
   a) Melde- und Abhilfeverfahren (Art. 16 DSA) ... G 74
   b) Begründung (Art. 17 DSA) ... G 77
   c) Internes Beschwerdemanagementsystem (Art. 20 DSA) ... G 79
   d) Übereinstimmung der Art. 16 ff. DSA mit BGH-Rechtsprechung ... G 83
9. Zusätzliche Regulierung sehr großer Plattformen wegen systemischer Risiken ... G 84
II. Auswirkungen auf das nationale Recht ... G 88
1. Befugnisse der Landesmedienanstalten gegenüber Plattformbetreibern ... G 88
2. „Zuständige Behörden" nach Art. 49 DSA ... G 92

G. Regulierungsrahmen nach dem EMFA-Entwurf ... G 97
   I. EMFA-Entwurf als Ultra-vires-Akt ... G 97
   II. Einzelne Regelungsinhalte und Probleme ... G 98
   1. Stärkung der Nutzerrechte ... G 98
   2. Schutz der Unabhängigkeit von Medien und Journalisten ... G 98
   3. Plattformregulierung ... G 100

H. Thesen ... G 102

A. Grundlegender Wandel der Kommunikationsstrukturen

Internet und Digitalisierung haben zu einem Wandel der Kommunikationskultur und -struktur geführt. Zu den erkennbaren Chancen gehört, dass heutzutage jedermann an der Massenkommunikation teilnehmen kann,[1] wodurch die grundrechtlich geschützten Massenkommunikationsfreiheiten zu Jedermann-Freiheiten geworden sind. Diese erweiterten Partizipationsmöglichkeiten dienen nicht nur dem Einzelnen, sondern zugleich der pluralistischen Demokratie.

Die jedermann eröffnete Möglichkeit zur Teilnahme an der Massenkommunikation birgt allerdings auch Gefahren. Während in der Vergangenheit Risiken für Persönlichkeitsrechte und sonstige Verfassungsgüter von wenigen, professionellen Standards unterworfenen Medienhäusern ausgingen, drohen sie nun von einer ungleich größeren Öffentlichkeit. Den Jedermann-Freiheiten korrespondiert die Möglichkeit von Rechtsverletzungen und der Verbreitung von Fake News durch jedermann. Das gilt umso mehr, als Kommunikation im Netz nicht selten in anonymer oder pseudonymer Form geführt wird. Der drohende Schaden ist besonders groß, weil das Internet „nicht vergisst". Gelangen KI-Systeme zum Einsatz, die im Internet zumeist frei verfügbar sind, besteht die Gefahr der Täuschung über Kommunikationsinhalte und -teilnehmer zum Nachteil von Persönlichkeitsrechten und des demokratischen Diskurses.

Besondere Gefährdungen erwachsen der Kommunikationsordnung und der demokratischen Ordnung der Bundesrepublik Deutschland zudem durch Desinformationskampagnen und andere Formen delegitimierender Kommunikation, hinter denen autoritäre oder diktatorische ausländische Staaten stehen.[2] Anders als in der Vergangenheit ist es ausländischen Staaten möglich, im Internet auf Wahlen sowie den demokratischen Prozess in Deutschland Einfluss zu nehmen und damit die Demokratie zu gefährden. Der Schutz der

---

[1] S. nur *Gärditz*, Der Staat 2015, 113 (130); *Ingold*, MMR 2020, 82 (83); *Roß*, DÖV 2022, 453 (459f.); *Gersdorf*, Legitimation und Limitierung von Onlineangeboten des öffentlich-rechtlichen Rundfunks. Konzeption der Kommunikationsverfassung des 21. Jahrhunderts, 2009, S. 55ff.; *ders.*, Aufsicht über journalistisch-redaktionell gestaltete Telemedien. Verfassungsrechtliche Würdigung der §§ 19 und 109 MStV sowie Reformvorschläge, 2023, S. 41.

[2] S. hierzu nur *Möller/Hameleers/Ferreau*, Typen von Desinformation und Misinformation. Verschiedene Formen von Desinformation und ihre Verbreitung aus kommunikationswissenschaftlicher und rechtswissenschaftlicher Perspektive, 2020, S. 64.

Kommunikationsordnung vor der Verbreitung von Desinformationen und Unwahrheiten durch ausländische Staaten ist Ausdruck einer wehrhaften Demokratie.

Der Staat und die Europäische Union tragen eine besondere Verantwortung, den öffentlichen Diskurs zu schützen und für die Einhaltung der Rechtsordnung im Internet zu sorgen. In die Pflicht zu nehmen sind aber auch die neuen Akteure der digitalen Welt, namentlich die Betreiber sozialer Netzwerke, auf deren Plattformen die Jedermann-Kommunikation erfolgt. Schließlich trägt der öffentlich-rechtliche Rundfunk Verantwortung. Ihm kommt eine herausragende Bedeutung für die Versorgung der Bevölkerung mit Nachrichten und Informationen zu. Dieser Informationsauftrag ist das Herzstück des öffentlich-rechtlichen Rundfunks, das es zu stärken gilt.

B. Grundrechtliche (Neu-)Ordnung

I. Doppelcharakter der Kommunikationsgrundrechte

Sämtliche Kommunikationsgrundrechte des Art. 5 Abs. 1 GG weisen einen individualrechtlichen und einen objektiv-rechtlichen Gehalt auf.[3] Sie gewährleisten zum einen das natürliche Bedürfnis, im öffentlichen Raum (des Internets) „den Mund auftun zu können"[4] und „geistig Luft abzulassen". In der Diktion des BVerfG zur Meinungsäußerungsfreiheit des Art. 5 Abs. 1 S. 1 GG: Sie ist „unmittelbarster Ausdruck der menschlichen Persönlichkeit in der Gesellschaft".[5] Zum anderen sind die Kommunikationsgrundrechte „für die freiheitliche Demokratie unerlässlich".[6] Auf dieser doppelten Funktion der Medienfreiheiten beruht auch der Beschluss des BVerfG zum Rundfunkfinanzierungsstaatsvertrag.[7]

Der Doppelcharakter der Kommunikationsgrundrechte findet seine Entsprechung im Unionsrecht. Während Art. 11 Abs. 1 GRCh den individualrechtlichen Gehalt der Meinungsfreiheit, die auch die Medienfreiheiten umfasst, und der Informationsfreiheit schützt, wurzeln in Art. 11 Abs. 2 GRCh die objektiv-rechtlichen (institutionellen) Garantien der Medienfreiheiten („Die Freiheit der Medien", „ihre Pluralität"). Art. 10 EMRK verbürgt in Abs. 1 das Individualgrundrecht der Meinungsfreiheit und weist in Abs. 2 ausdrücklich darauf hin, dass damit „Pflichten und Verantwortung verbunden" sind.

Wegen des objektiv-rechtlichen Gehalts der Medienfreiheiten sind nach ständiger Rechtsprechung des BVerfG bewusst oder erwiesen unwahre Tatsachenbehauptungen nicht von Art. 5 Abs. 1 GG geschützt, da sie zu der verfassungsrechtlich gewährleisteten Meinungsbildung nichts beitragen könnten.[8] Das BVerfG verkürzt damit den Schutzbereich des Art. 5 Abs. 1 GG wegen seines objektiv-

---

[3] Statt vieler *Nußberger*, in: Herdegen/Masing/Poscher/Gärditz, HVerfR, 2021, § 20 Rn. 40 ff.

[4] *Herzog*, in: Maunz/Dürig, GG-Kommentar, 50. Lfg. 2007, Art. 5 I, II Rn. 4.

[5] BVerfGE 7, 198 (208); 97, 391 (398); ebenso BVerfGE 85, 23 (31: „unmittelbarer Ausdruck der menschlichen Person"); stRspr.

[6] BVerfGE 7, 198 (208); 20, 162 (174); stRspr.

[7] BVerfGE 158, 389 (417 Rn. 77), wonach der Prozess freier Meinungsbildung, auf den das Grundrecht der Rundfunkfreiheit – ebenso wie das Grundrecht der Pressefreiheit – bezogen ist, „Voraussetzung sowohl der Persönlichkeitsentfaltung als auch der demokratischen Ordnung" ist.

[8] Vgl. nur BVerfGE 54, 208 (219); 61, 1 (8); 90, 241 (247); BVerfG, NJW-RR 2017, 1001 (1001 Rn. 15); stRspr.

rechtlichen Gehalts. Allerdings ist die Rechtsprechung nicht widerspruchsfrei, weil sie Schmähkritik und Formalbeleidigung am Schutz des Art. 5 Abs. 1 GG teilhaben lässt, obgleich auch sie keinen (nennenswerten) Bezug zu einer sachlichen Auseinandersetzung aufweisen und damit keinen Beitrag zum öffentlichen Kommunikationsprozess leisten. Von Verfassungs wegen ist eine Gleichbehandlung der Verbreitung unwahrer Tatsachen einerseits und von Schmähkritik und Formalbeleidigung andererseits geboten.[9] Mit Blick darauf, dass die Verbreitung unwahrer Tatsachen Ausdruck einer (fehlgeleiteten) Persönlichkeitsentfaltung sein kann, die als individualrechtliche Komponente ebenso wie der objektiv-rechtliche Gehalt in Art. 5 Abs. 1 GG wurzelt, ist es dogmatisch überzeugender, ebenso wie bei Schmähkritik und Formalbeleidigung Art. 5 Abs. 1 GG zur Anwendung zu bringen und kollidierenden Verfassungsgütern auf der Schrankenebene Vorrang einzuräumen.[10] Unwahre Tatsachen sind zwar durch Art. 5 Abs. 1 GG geschützt, müssen aber im Rahmen der Rechtfertigung ohne Grundrechtsabwägung hinter das kollidierende Grundrecht, namentlich das Persönlichkeitsrecht, zurücktreten.

Auch das Verständnis der Rundfunkfreiheit als „dienende Freiheit" bedarf der Korrektur. Die Rechtsprechung des BVerfG hierzu ist „aus der Zeit gefallen". Unter den Bedingungen moderner (Internet-)Kommunikation ist Massenkommunikation eine Jedermann-Freiheit.[11] Aus diesem Grund gibt es keine Berechtigung (mehr), die Massenkommunikationsgrundrechte und in Sonderheit die Rundfunkfreiheit des Art. 5 Abs. 1 S. 2 GG anders zu deuten als die Meinungsäußerungsfreiheit des Art. 5 Abs. 1 S. 1 GG.[12] Um nur ein Beispiel zu nennen: *Rezo* und andere YouTuber üben keine „dienende Freiheit" aus. Ihre publizistische Tätigkeit ist Ausdruck des natürlichen Bedürfnisses, „den Mund auftun zu können" *(Roman Herzog)* und „geistig Luft abzulassen". Zugleich leisten sie einen Beitrag für die Demokratie. Überdies ist die Konstruktion einer „dienenden Freiheit" der EMRK und den Unionsgrundrechten fremd. Auch aus europarechtlichen Gründen drängt sich eine Korrektur der Rechtsprechung des BVerfG auf.[13]

---

[9] *Gersdorf,* Aufsicht (Fn. 1), S. 7, 32 in Fn. 107; kritisch auch *Nußberger,* HVerfR (Fn. 3), § 20 Rn. 52.
[10] Bekanntlich findet bei Formalbeleidigungen und bei Schmähkritik eine Grundrechtsabwägung nicht statt, vgl. BVerfGE 82, 43 (51); 93, 266 (294); BVerfG, NJW 2020, 2622 (2624 Rn. 18 mwN); gleichsinnig EuGH, NJW 2023, 747 (751 Rn. 65).
[11] *Davis,* Die „dienende" Rundfunkfreiheit im Zeitalter der sozialen Vernetzung, 2019, S. 37, 75: „Nahezu jeder der ca. 80,6 Millionen Einwohner Deutschlands kann Rundfunk iSv Art. 5 Abs. 1 S. 2 Var. 2 GG veranstalten", und passim.
[12] Im Einzelnen *Davis,* Die „dienende" Rundfunkfreiheit (Fn. 11), S. 39 ff.; *Gersdorf,* Legitimation (Fn. 1), S. 55 ff.
[13] Näher *Gersdorf,* Legitimation (Fn. 1), S. 59 ff.

II. Soziale Netzwerke

Der Begriff der Plattform beschreibt eine Vielzahl von Akteuren des Internets. Es gibt Verkaufsplattformen wie Amazon und eBay, deren Tätigkeitsfelder den Wirtschaftsgrundrechten zuzuordnen sind. Daneben existieren meinungsbildende, dem Schutz der Art. 5 GG, Art. 10 EMRK und Art. 11 GRCh unterfallende Plattformen wie die sozialen Netzwerke Facebook und YouTube. Allerdings verbietet es sich, die Kommunikation auf sozialen Netzwerken pauschal den Kommunikationsgrundrechten der Art. 5 GG, Art. 10 EMRK und Art. 11 GRCh zuzuweisen. So stellt sich die Präsentation von Unternehmen auf sozialen Netzwerken als Wahrnehmung der Wirtschaftsgrundrechte dar. Gewähren soziale Netzwerke ihren Nutzern Zugang zu diesen Wirtschaftsinformationen, nehmen die Netzwerke ebenso wie die Informationen selbst nicht am Schutz der Kommunikationsgrundrechte, sondern der Wirtschaftsgrundrechte teil. Die grundrechtliche Zuordnung von sozialen Netzwerken bedarf einer nach Personen und Funktionen differenzierenden Betrachtung. Insbesondere ist zwischen den Nutzern (s. 1.) und den Betreibern sozialer Netzwerke (s. 2.) zu unterscheiden.

1. Grundrechtliche Einordnung der Nutzer sozialer Netzwerke

Sind die Kommunikationsinhalte der Nutzer sozialer Netzwerke nicht nur an bestimmte oder bestimmbare Adressaten („Freunde"), sondern an die Allgemeinheit („Öffentlichkeit") gerichtet, nehmen die Nutzer die Medienfreiheiten aus Art. 5 Abs. 1 S. 2 GG, Art. 10 Abs. 1 EMRK und Art. 11 GRCh wahr. In Deutschland stellt sich die Frage, ob diese Form der Massenkommunikation der Nutzer sozialer Netzwerke vom Grundrecht der Presse- oder Rundfunkfreiheit erfasst ist. Wie beide Grundrechte voneinander abzugrenzen sind, ist nicht geklärt.[14] Nach richtiger Auffassung lassen sich die Presse- und Rundfunkfreiheit nicht nach Maßgabe der Verkörperung der Kommunikationsinhalte unterscheiden.[15] Vielmehr erfolgt die Abgrenzung phänomenologisch. Das Grundrecht der Pressefreiheit erfasst alle verkörperten und nichtverkörperten Lesemedien (Texte und stehende Bilder), während die Rundfunkfreiheit sämtliche Audio- und Bewegtbildinhalte, also jedwede audiovisuellen In-

---

[14] Hierzu *Cornils,* in: Stern/Sodan/Möstl, Das Staatsrecht der Bundesrepublik Deutschland im europäischen Staatenverbund, 2. Aufl. 2022, § 119 Rn. 67 ff.; *Gersdorf,* AfP 2010, 421 (422 ff.).

[15] So jüngst BVerwG, NVwZ 2023, 603 (606 Rn. 40); ebenso in Bezug auf Onlinearchive von Presseverlagen BVerfGE 152, 152 (193 f. Rn. 95).

halte schützt, denen die den Rundfunk kennzeichnende besondere Suggestivkraft zukommt. Dementsprechend können sich Nutzer sozialer Netzwerke auf das Grundrecht der Pressefreiheit berufen, wenn sie Texte oder (stehende) Bilder an die Allgemeinheit verbreiten. Das Grundrecht der Rundfunkfreiheit findet Anwendung, wenn audiovisuelle Inhalte gepostet werden.

Schwieriger gestaltet sich die grundrechtliche Qualifizierung, soweit Nutzer sozialer Netzwerke mit einem bestimmten oder bestimmbaren („Freundes"-)Adressatenkreis kommunizieren. Massenkommunikation im klassischen Sinne liegt nicht vor, weil die Nutzer ihre Inhalte nicht an eine „beliebige Öffentlichkeit",[16] d.h. nicht an die Allgemeinheit verbreiten. Es ist aber auch keine Art. 5 Abs. 1 S. 1 GG unterliegende Individualkommunikation im klassischen Sinne gegeben, weil der („Freundes"-)Kreis zahlenmäßig oftmals weit gefasst und mitunter sogar unüberschaubar ist. Darüber hinaus unterscheidet sich die Auswahl der Kommunikationspartner grundlegend von klassischer Individualkommunikation, weil Nutzer häufig an einem großen („Freundes"-)Kreis interessiert sind, sodass die Ansehung der konkreten Person nicht im Vordergrund steht. Ob solche Formen personenindifferenter Gruppenkommunikation vom (Individual-)Grundrecht der Meinungsfreiheit oder von den (Massenkommunikations-)Grundrechten der Rundfunk- bzw. Pressefreiheit umfasst sind, ist nicht geklärt.

2. Grundrechtliche Zuordnung der Betreiber sozialer Netzwerke

Ebenfalls unbeantwortet ist, welchen Grundrechten die Tätigkeit sozialer Netzwerke unterfällt. Der EuGH und das BVerfG haben sich bislang nur zur Google-Suchmaschine geäußert. Der EuGH spricht in der Sache Google Spain von den „wirtschaftlichen Interessen" des Suchmaschinenanbieters[17] und scheint eine thematische Einschlägigkeit des Art. 11 GRCh nicht in Erwägung zu ziehen.[18] Das BVerfG lehnt eine Anwendbarkeit des Art. 11 GRCh auf Suchmaschinenbetreiber ausdrücklich ab[19] und wendet allein das Grundrecht der Berufsfreiheit aus Art. 16 GRCh an.[20]

Auch der ursprüngliche Entwurf des NetzDG geht wohl davon aus, dass sich Anbieter sozialer Netzwerke nur auf das Grundrecht der Berufsfreiheit (Art. 12 Abs. 1 GG, Art. 16 GRCh) berufen kön-

---

[16] *Lerche*, Rundfunkmonopol. Zur Zulassung privater Fernsehveranstaltungen, 1970, S. 28.
[17] EuGH, Urt. v. 13.5.2014, C-131/12, Rn. 81.
[18] Zuletzt *Schiedermair/Weil*, DÖV 2022, 305 (310).
[19] BVerfGE 152, 216 (257f. Rn. 105).
[20] BVerfGE 152, 216 (256f. Rn. 103f.).

nen.[21] Gleichwohl wird im Gesetzentwurf (zu Recht) darauf hingewiesen, dass der „Schutz der Meinungsfreiheit und der Rundfunk- und Pressefreiheit (...) in die Gesamtbewertung mit einfließen" muss.[22] Wessen Kommunikationsgrundrechte (Art. 5 GG, Art. 10 EMRK und Art. 11 GRCh) damit gemeint sind und ob (auch) Anbietern sozialer Netzwerke der Schutz der Kommunikationsgrundrechte (vor allem der Medienfreiheiten) zugutekommt, bleibt offen.

Es kann dahinstehen, ob Art. 5 Abs. 1 S. 2 GG – in Parallele zur Pressegrossisten-Entscheidung des BVerfG[23] – die Tätigkeit strikt inhaltsneutraler Plattformbetreiber schützt, die die technischen Voraussetzungen für die Wahrnehmung der Kommunikationsfreiheiten Dritter schaffen, ohne inhaltlich auf den Kommunikationsprozess einzuwirken.[24] Jedenfalls soziale Netzwerke nehmen regelmäßig nicht nur inhaltsneutrale Tätigkeiten wahr.[25] Ihre Tätigkeit ist durch einen „ausreichenden Inhaltsbezug" gekennzeichnet, dessentwillen der Schutz nach Art. 5 Abs. 1 S. 2 GG eröffnet ist.[26] Anbieter sozialer Netzwerke weisen im Vergleich zu klassischen Medienanbietern Besonderheiten auf. Sie bestehen darin, dass soziale Netzwerke anders als klassische Medien nicht eigene, sondern fremde Inhalte bereitstellen. Auch haben soziale Netzwerke zu den auf ihrer Plattform eingestellten fremden Inhalten der Nutzer keinen kognitiven und voluntativen Bezug.[27] Beides ist jedoch für Art. 5 GG nicht entscheidend. Dass Anbieter sozialer Netzwerke anders als klassische Medien nicht eigene, sondern fremde Inhalte bereitstellen, lässt den Schutz durch die Medienfreiheiten unberührt. Für die Geltung des Art. 5 Abs. 1 S. 2 GG ist unerheblich, ob selbst- oder fremdproduzierte Inhalte verbreitet oder bereitgehalten werden, sofern der Medienanbieter die fremden Inhalte nach professionell-journalistischen Kriterien auswählt und eine redaktionelle Gesamtverantwortung für das Angebot wahrnimmt.[28] Doch auch ohne eine solche Auswahlentscheidung und Übernahme einer redaktionellen Gesamtverantwortung kann die Bereithaltung von Inhalten Dritter dem Schutz des Art. 5 Abs. 1 S. 2 GG unterfallen. Für Wirtschaftswerbung hat das BVerfG frühzeitig entschieden, dass der Anzeigenteil der Presse, sofern er einen wertenden, meinungsbildenden Inhalt

---

[21] Begründung des Gesetzentwurfs, BT-Drs. 18/12356, 20: „Eingriffe in die Berufsausübungsfreiheit können durch jede vernünftige Erwägung des Gemeinwohls legitimiert werden."
[22] Begründung des Gesetzentwurfs, BT-Drs. 18/12356, 20.
[23] Vgl. BVerfGE 77, 346, (354).
[24] Vgl. hierzu *Gersdorf*, BayVBl. 2015, 625 (629).
[25] So aber *Hain*, FS Lehr, 2022, S. 129 (134).
[26] Vgl. BVerfGE 77, 346 (354).
[27] S. nur *Gersdorf*, MMR 2017, 439 (443 ff.).
[28] Vgl. BVerfGE 97, 298 (310).

hat,[29] dem Grundrecht der Pressefreiheit unterliegt, obgleich es sich um die Veröffentlichung von Inhalten der werbetreibenden Wirtschaft handelt.[30] Soweit Kommunikationsinhalte Dritter, die den Schutz der Kommunikationsgrundrechte des Art. 5 Abs. 1 S. 1 oder 2 GG genießen, in einem Massenmedium veröffentlicht werden, schließt das Massenkommunikationsgrundrecht diesen Schutz mit ein. Die Massenmedien sind kraft ihrer grundrechtlich geschützten Freiheit aus Art. 5 Abs. 1 S. 2 GG berechtigt, die Verletzung von Kommunikationsgrundrechten Dritter geltend zu machen. Ein Verstoß gegen die Kommunikationsgrundrechte Dritter verletzt (zugleich) die Grundrechte aus Art. 5 Abs. 1 S. 2 GG.[31] Auch in anderen Zusammenhängen ist anerkannt, dass sich die Massenmedien bei der Verbreitung von Meinungsäußerungen Dritter auf die Grundrechte des Art. 5 Abs. 1 S. 2 GG berufen können. Dies gilt etwa bei der Veröffentlichung von Leserbriefen in einem Presseerzeugnis,[32] der Veröffentlichung fremder Äußerungen in einem Interview[33] und bei Pressespiegeln.[34]

Bezogen auf die (fremden) Inhalte der Nutzer nehmen soziale Netzwerke nicht nur inhaltsneutrale Tätigkeiten wahr. Soziale Netzwerke wie Facebook üben inhaltsbezogene Selektions- und Steuerungsfunktionen aus. Das unterscheidet Facebook von inhaltsneutralen Plattformbetreibern.

Zum einen gibt Facebook durch Gemeinschaftsstandards (Community Standards) die Rahmenbedingungen und Grenzen für die Kommunikation in seinem Netzwerk vor. Facebook ist kein reiner Hosting-Anbieter; das Unternehmen betreibt nicht bloß ein „schwarzes Brett", sondern prägt durch Gemeinschaftsstandards die Kommunikation.[35] All das ist nicht Ausdruck eines „digitalen Hausrechts" (im Sinne der grundrechtlich gewährleisteten Eigentumsgarantie), sondern Wahrnehmung der Medienfreiheiten aus Art. 5 Abs. 1 S. 2 GG, Art. 10 EMRK und Art. 11 GRCh. Kraft der Medienfreiheiten sind Anbieter sozialer Netzwerke berechtigt, die Grenze zulässiger Kommunikation diesseits von Verstößen gegen die

---

[29] Vgl. BVerfGE 71, 162 (175); 102, 347 (359).
[30] BVerfGE 21, 271 (278 f.); 64, 108 (278 f.).
[31] Am Beispiel der Pressefreiheit BVerfGE 102, 347 (359); stRspr., vgl. nur BVerfG, NJW-RR 2010, 470 (471 Rn. 59).
[32] BVerfG, NJW-RR 2010, 470 (471 Rn. 59); BGH, VersR 1986, 1075.
[33] BGH, NJW 2010, 760 (761 Rn. 11 ff.).
[34] BVerfG, NJW-RR 2010, 470 (471 Rn. 59).
[35] Zutreffend BGH, NJW 2021, 3179 (3187 Rn. 74: „Von einer rein technischen Verbreitung fremder Meinungen, deren Schutz durch Art. 5 Abs. 1 Satz 1 GG fraglich ist (vgl. BVerfG NJW-RR 2010, 470 Rn. 59), unterscheidet sich der Betrieb des Netzwerks dadurch, dass die Bekl. auf den Kommunikationsprozess der Nutzer durch die Vorgabe von Verhaltensregeln in den Gemeinschaftsstandards einwirkt.").

allgemeinen Gesetze wie Strafgesetze zu ziehen. Auch der BGH sieht Betreiber sozialer Netzwerke als befugt an, in ihren Gemeinschaftsstandards Kommunikationsregeln festzulegen, die über die gesetzlichen Vorgaben hinausgehen.[36] Obgleich der BGH Facebook in den Schutzbereich des Art. 5 Abs. 1 S. 1 GG einbezieht,[37] begründet er jedoch die Berechtigung zur Löschung von Inhalten ohne Verstoß gegen die allgemeinen Gesetze wenig folgerichtig und kaum dogmatisch überzeugend nicht mit Art. 5 Abs. 1 S. 1 GG, sondern (im Wesentlichen) mit dem Grundrecht der Berufsfreiheit aus Art. 12 Abs. 1 GG.[38]

Zum anderen und vor allem steuert Facebook durch Algorithmen die für den Nutzer sichtbaren Inhalte, den News Feed. Es bestimmt, welcher Nutzer welche Inhalte erhält, und beeinflusst auf diese Weise den durch Art. 5 Abs. 1 GG geschützten Kommunikationsprozess. In der Literatur wird allerdings die Auffassung vertreten, dass ein algorithmenbasierter Selektionsvorgang nicht den Schutz der Kommunikationsgrundrechte auslöse.[39] Die dem Algorithmus zugrunde liegenden Kriterien seien rein technischer Natur und wiesen typischerweise keinen Bezug zum konkreten Inhalt der dargestellten Meinungen Dritter auf. Ein solcher Bezug sei für Art. 5 Abs. 1 GG erforderlich.[40] Diese Sichtweise ist dem tradierten Muster der Ausübung der Meinungsfreiheit (Art. 5 Abs. 1 S. 1 GG) und der Medienfreiheiten (Art. 5 Abs. 1 S. 2 GG) verhaftet. Die Meinungsfreiheit ist klassischerweise durch die „subjektive Einstellung des sich Äußernden zum Gegenstand der Äußerung gekennzeichnet".[41] Das bedeutet aber nicht, dass der Einzelne den Schutz des Art. 5 Abs. 1 S. 1 GG verliert, wenn er sich zur Verbreitung von Meinungen intelligenter Software[42] bedient und auf diese Weise die

---

[36] BGH, NJW 2021, 3179 (3187 Rn. 78).
[37] BGH, NJW 2021, 3179 (3187 Rn. 74).
[38] BGH, NJW 2021, 3179 (3187 Rn. 78: „In diesem Rahmen darf sie sich das Recht vorbehalten, bei Verstoß gegen die Kommunikationsstandards Maßnahmen zu ergreifen, die eine Entfernung einzelner Beiträge und die (vorübergehende) Sperrung des Netzwerkzugangs einschließen. Nur auf diese Weise werden sowohl die durch Art. 12 I 1 GG geschützte unternehmerische Handlungsfreiheit der Bekl. und ihre in diesem Rahmen getroffene Entscheidung, in Umsetzung ihres Geschäftsmodells aggressive Ausdrucksweisen wie „Hassrede" zu verbieten, um sich erfolgreich am Markt behaupten zu können, als auch das Interesse anderer Nutzer an einer von gegenseitigem Respekt geprägten Diskussionskultur und einem damit verbundenen Schutz vor der Verletzung ihres allgemeinen Persönlichkeitsrechts angemessen geschützt.").
[39] *Pille*, Meinungsmacht sozialer Netzwerke, 2016, S. 178 f.; *Spindler*, JZ 2014, 987.
[40] *Pille*, Meinungsmacht (Fn. 39), S. 178 f., der gleichwohl im Ergebnis soziale Netzwerke dem Schutz des Art. 5 Abs. 1 GG unterwirft (vgl. S. 180 f.).
[41] So in Bezug auf die Abgrenzung von Meinungsäußerung und Tatsachenverbreitung BVerfGE 93, 266 (289).
[42] Vgl. *Müller-Hengstenberg/Kirn*, MMR 2014, 225 ff und 307 ff.

Meinungskundgabe automatisiert. Social Bots sind wenigstens dann durch Art. 5 Abs. 1 S. 1 GG geschützt, wenn die automatisierte Meinungskundgabe einem Menschen zuzurechnen ist und nicht über die sich äußernde Person getäuscht wird.[43]

Das Gleiche gilt für die Medienfreiheiten des Art. 5 Abs. 1 S. 2 GG.[44] Die klassischen Medien zeichnen sich dadurch aus, dass sie in allen publizistisch relevanten Phasen, d. h. der Informationsbeschaffung, -aufbereitung und -verbreitung, Kenntnis vom konkreten Inhalt haben. Das bedeutet nicht, dass die Medien den Schutz des Art. 5 Abs. 1 S. 2 GG verlieren, wenn sie bei der Beschaffung, Aufbereitung und Verbreitung von Informationen künstliche Intelligenz zum Einsatz bringen und die Ausübung der notwendigen Sortier- und Selektionsfunktionen Algorithmen überlassen.[45] Die im Bereich elektronischer Medien bereits festzustellende Tendenz zur Individualisierung (nicht nur von Werbung, sondern auch) von publizistischen Inhalten lässt erwarten, dass sich die Medien zur Erfüllung ihrer Funktionen künftig in beträchtlichem Umfang intelligenter Software bedienen. Algorithmen übernehmen einen (erheblichen) Teil der Selektionsarbeit, die bislang den in Medienhäusern tätigen professionell arbeitenden Journalisten vorbehalten war. Das gilt insbesondere im Rahmen von „maßgeschneiderten", individualisierten Medienangeboten. Sie dienen der Ermittlung der Präferenzen des Rezipienten und dessen Bindung an den Medienanbieter. Die professionelle Arbeit der Journalisten wird durch Algorithmen teilweise ergänzt und teilweise ersetzt. Algorithmen sind kein aliud zu den publizistischen Auswahlkriterien der professionell tätigen Medien, sondern Teil derselben. Algorithmen sind publizistisch relevante Selektionsparameter moderner Medien. Für die Anwendbarkeit des Art. 5 Abs. 1 S. 2 GG ist allein entscheidend, dass die Medien die Kontrolle über die zum Einsatz kommende intelligente Software behalten und dadurch auf den durch Art. 5 Abs. 1 GG geschützten Prozess freier individueller und öffentlicher Meinungsbildung Einfluss nehmen.

Ebenso liegen die Dinge bei sozialen Netzwerken. Soziale Netzwerke wie Facebook nehmen inhaltsbezogene Selektions- und Steuerungsfunktionen wahr. Sie gestalten nicht nur durch allgemeine Geschäftsbedingungen die Kommunikation. Betreiber sozialer Netzwerke bestimmen vor allem durch den Algorithmus den für den Nutzer sichtbaren News Feed und beeinflussen auf diese Weise den durch Art. 5 Abs. 1 GG geschützten Kommunikations-

---

[43] Zum grundrechtlichen Schutz von „Social Bots" gem. Art. 5 Abs. 1 S. 1 GG vgl. *Milker*, ZUM 2017, 216 ff.
[44] Ebenso *Schiedermair/Weil*, DÖV 2022, 305 (311).
[45] *Schiedermair/Weil*, DÖV 2022, 305 (311).

prozess.[46] Angesichts der schier unermesslichen Informationsfülle (Postings, Uploads etc.) in sozialen Netzwerken bedarf es einer Auswahl der für den Einzelnen relevanten Inhalte. Zur Erledigung der notwendigen Selektions- und Sortieraufgaben bedienen sich die Netzwerkanbieter Algorithmen. Die Algorithmen dienen der Ermittlung der Präferenzen des Nutzers und seiner Bindung an den Anbieter des sozialen Netzwerks. Die Anbieter steuern den individualisierten, auf die (tatsächlichen oder vermeintlichen) kommunikativen Bedürfnisse des Einzelnen zugeschnittenen News Feed. Sie verbreiten nicht nur Inhalte ihrer Nutzer, sondern nehmen selbst Einfluss auf die Meinungsbildung, indem sie durch Algorithmen die Informationsbasis ihrer Nutzer bestimmen, also steuern, welcher Nutzer welche Informationen erhält. Kehrseite jeder Form individualisierter Angebote – sei es durch Anbieter sozialer Netzwerke, sei es durch klassische Medienanbieter – ist die (themenbezogene) Verengung der Informationsbasis für den Einzelnen, die Auswirkungen auf den Kommunikationsprozess hat.[47] Auch hierin manifestiert sich die – für Art. 5 Abs. 1 S. 2 GG maßgebliche – Relevanz einer algorithmenbasierten Selektion von Inhalten für die individuelle und öffentliche Meinungsbildung.

Die Wahrnehmung der Filterfunktionen durch Betreiber sozialer Netzwerke ist Massenkommunikation. Zwar ist der News Feed personalisiert und für sich genommen kein an die Allgemeinheit verbreiteter Inhalt. Die von den Betreibern selektierten Inhalte werden aber einer Vielzahl von Nutzern und damit der Allgemeinheit zugänglich gemacht.[48] Sie speisen den News Feed vieler, sodass Massenkommunikation iSd Art. 5 Abs. 1 S. 2 GG vorliegt.

Ob Anbieter sozialer Netzwerke zu den auf ihrer Plattform präsentierten (fremden) Inhalten der Nutzer einen (kognitiven und voluntativen) Bezug haben, ist für die Eröffnung des Schutzbereichs des Art. 5 Abs. 1 S. 2 GG unbeachtlich. Allenfalls im

---

[46] S. nur *Schulz/Dankert*, Die Macht der Informationsintermediäre. Erscheinungsformen, Strukturen und Regulierungsoptionen, Friedrich-Ebert-Stiftung, 2016, S. 24; aA *Hain*, FS Lehr (Fn. 25), S. 129 (134 f.), der (unzutreffend) davon ausgeht, dass der „Newsfeed letztlich vom Nutzer gesteuert" wird. Die Selektion der Inhalte durch den Plattformbetreiber, d.h. die Erstellung des News Feeds, bestimmt sich zwar maßgeblich nach dem Nutzerverhalten; Entsprechendes gilt bei jeder Personalisierung von Inhalten (durch Medien). Das ändert aber nichts daran, dass der News Feed vom Betreiber festgelegt wird.
[47] Die Befürchtung, dass die Kommunikation in sozialen Netzwerken zu den den öffentlichen Diskurs verkürzenden „Filterblasen" bzw. „Echokammern" führt, entbehrt indes kommunikationswissenschaftlicher Evidenz, vgl. *Cornils*, ZUM 2019, 89 (95); *Ingold*, MMR 2020, 82 (83).
[48] Dies übersieht *Hain*, FS Lehr (Fn. 25), S. 129 (135), der aus der Personalisierung des News Feeds ableitet, dass soziale Netzwerke keine an die Allgemeinheit gerichteten Inhalte verbreiten.

Hinblick auf die Reichweite des grundrechtlichen Schutzes und damit in Bezug auf die Einräumung von (Medien-)Privilegien mag die Verwurzelungstiefe in dem durch Art. 5 Abs. 1 S. 2 GG geschützten Lebensbereich von Bedeutung sein.[49] Die sozialen Netzwerke steuern durch Algorithmen den von dem Nutzer wahrnehmbaren News Feed und beeinflussen damit den durch Art. 5 Abs. 1 GG geschützten Kommunikationsprozess. Soziale Netzwerke liegen gleichsam „zwischen" den klassischen Medien und den strikt inhaltsneutralen Hosting-Providern („fünfte Gewalt"[50]). Sie sind nicht Medienanbieter, weil sie keine eigenen Inhalte nach publizistischen Gesichtspunkten auswählen und bereitstellen. Sie sind aber auch nicht schlicht inhaltsneutrale (Hosting-)Plattformbetreiber, weil sie insbesondere durch Ausgestaltung der Algorithmen Einfluss auf den Kommunikationsprozess gewinnen. Kraft dieses Inhaltsbezugs nehmen sie an den Medienfreiheiten des Art. 5 Abs. 1 S. 2 GG teil.[51]

Damit nicht gesagt, dass soziale Netzwerke in allen Fällen den Medienfreiheiten unterliegen. Es bedarf einer Differenzierung (hybride Grundrechtsträgerschaft). Zunächst ist klarzustellen, dass Art. 5 Abs. 1 GG nur in Bezug auf Dienste der Massenkommunikation zum Tragen kommen kann. Bieten Anbieter sozialer Netzwerke (auch) Dienste der Individualkommunikation wie Messenger- oder Chatdienste an, gelangt Art. 5 Abs. 1 GG nicht zur Anwendung. Anbieter sozialer Netzwerke genießen in diesem Fall allein den Schutz der Wirtschaftsgrundrechte (Art. 12 Abs. 1 GG, Art. 16 GRCh). Bei Eingriffen in die Berufsfreiheit sind aber im Rahmen der Rechtfertigung die Grundrechte der Nutzer und damit ggf. ihre

---

[49] Vgl. *Gersdorf*, in: Hill/Schliesky, Die Vermessung des virtuellen Raums. E-Volution des Rechts- und Verwaltungssystems III, 2012, S. 163 (176).

[50] *Gersdorf*, BayVBl. 2015, 625 f.

[51] Vgl. nochmals BGH, GRUR 2016, 855 (857 Rn. 24: Recht des Providers auf „Meinungs- und Medienfreiheit" der Art. 5 GG und Art. 10 EMRK); in Bezug auf das soziale Netzwerk Facebook BGH NJW 2021, 3179 (3187 Rn. 74: „Grundrecht auf freie Meinungsäußerung aus Art. 5 Abs. 1 Satz 1 GG"); aus dem Schrifttum vgl. nur *Davis*, Die „dienende" Rundfunkfreiheit (Fn. 11), 2019, S. 72 ff.; *Denga*, EuR 2021, 569 (592); *Pille*, Meinungsmacht (Fn. 39), 2016, S. 177, insbesondere 180 f.; *Heidtke*, Meinungsbildung und Medienintermediäre. Vielfaltssichernde Regulierung zur Gewährleistung der Funktionsbedingungen freier Meinungsbildung im Zeitalter der Digitalisierung, 2020, S. 182 ff.; *Kahl/Horn*, NJW 2023, 639 (645); *Schiedermair/Weil*, DÖV 2022, 305 (311 f.); *Giere*, Grundrechtliche Einordnung sozialer Netzwerke vor dem Hintergrund des Netzwerkdurchsetzungsgesetzes (NetzDG), 2021, S. 68 ff.; *Paal*, MMR 2018, 567 (568); *Gersdorf*, MMR 2017, 439 (443 ff.); *Kaiser/Reiling*, in: Unger/Ungern-Sternberg, Demokratie und künstliche Intelligenz, 2019, S. 83 (97 f.); *Kaiser*, in: Brosius-Gersdorf, Dreier-GGK I, 4. Aufl. 2023, Art. 5 Rn. 96; *Wischmeyer/Meißner*, NJW 2023, 2673 (2677); s. auch *Lüdemann*, MMR 2019, 279 (281); aA *Hain*, FS Lehr (Fn. 25), S. 129 ff.

Kommunikationsgrundrechte aus Art. 5 Abs. 1 GG zu berücksichtigen.[52] Überdies können sich Anbieter sozialer Netzwerke – wie erwähnt – auf die Kommunikationsgrundrechte dann nicht berufen, wenn sie Zugang zu Informationen gewähren, die nicht durch Art. 5 GG, sondern durch andere Grundrechte wie Art. 12 Abs. 1 GG gewährleistet sind. Üben Unternehmen ihre Wirtschaftsgrundrechte durch Präsentation von Waren oder Dienstleistungen auf den Plattformen sozialer Netzwerke aus, kommt auch den Anbietern sozialer Netzwerke insoweit allein Art. 12 Abs. 1 GG zugute. Intermediäre unterfallen dem Grundrecht, dem die Informationen unterliegen, zu denen sie Zugang vermitteln. Deshalb gilt Art. 5 Abs. 1 GG für Anbieter sozialer Netzwerke nur, wenn sie Inhalte algorithmisch selektieren, die ihrerseits durch Art. 5 Abs. 1 GG geschützt sind.[53]

Ungeklärt ist, welches Kommunikationsgrundrecht des Art. 5 Abs. 1 GG einschlägig ist. Wie dargelegt, rekurriert der BGH bei den Gemeinschaftsstandards der Anbieter sozialer Netzwerke auf das Grundrecht der Meinungsfreiheit aus Art. 5 Abs. 1 S. 1 GG.[54] Da die Gemeinschaftsstandards indes die Massenkommunikation der Nutzer betreffen und beeinflussen, sind – ebenso wie für die Nutzer – die Massenkommunikationsgrundrechte einschlägig. Welches Massenkommunikationsgrundrecht (Presse- oder Rundfunkfreiheit) zum Tragen kommt, bestimmt sich danach, welchem Grundrecht die Inhalte der Nutzer unterfallen, die das soziale Netzwerk durch Einsatz von Algorithmen selektiert.[55] Ordnet man die Massenkommunikation der Nutzer pauschal der Rundfunkfreiheit zu,[56] unterfallen auch Anbieter sozialer Netzwerke dem Schutz dieses Grundrechts. Sieht man hingegen digital verbreitete Texte und (stehende) Bilder als vom Grundrecht der Pressefreiheit umfasst an und begrenzt man die Rundfunkfreiheit auf die Verbreitung audiovisueller Inhalte, ist für die grundrechtliche Einordnung sozialer Netzwerke zu differenzieren. Ihnen kommt die Pressefreiheit zugute, soweit sie Texte und stehende Bilder (Lesemedien) der Nutzer algorithmenbasiert selektieren. Die Rundfunkfreiheit ist hingegen

---

[52] Zur Notwendigkeit einer Berücksichtigung der Grundrechte von Inhalteanbietern und Internetnutzern (Art. 11 GRCh) bei Eingriffen in das Grundrecht der Berufsfreiheit (Art. 16 GRCh) von Suchmaschinenbetreibern BVerfGE 152, 216 (258 ff. Rn. 106 ff.); s. hierzu → F) I. 5. Fn. 188 (S. 57).
[53] Vgl. *Kaiser*, Dreier-GGK I (Fn. 51), Art. 5 Rn. 96.
[54] S. nochmals BGH, NJW 2021, 3179 (3187 Rn. 74).
[55] Demgegenüber wird in der Literatur teilweise pauschal auf das Grundrecht der Rundfunkfreiheit abgestellt, vgl. nur *Heidtke*, Meinungsbildung (Fn. 51), S. 182 ff.; *Kaiser*, Dreier-GGK I (Fn. 51), Art. 5 Rn. 96.
[56] Zur Abgrenzung der Grundrechte der Presse- und Rundfunkfreiheit → B) II. 1. nach Fn. 14 (S. 11).

am Zug, wenn sich die Selektion auf audiovisuelle Inhalte der Nutzer bezieht.[57]

III. Grundsatz der Staats- und Unionsferne der Medien

1. Dogmatische Verwurzelung: Personale Autonomie und demokratische Funktion der Medien

Die Medienfreiheiten des Art. 5 Abs. 1 S. 2 GG haben – ebenso wie die Meinungsäußerungsfreiheit des Art. 5 Abs. 1 S. 1 GG – eine individualrechtliche und eine objektiv-rechtliche Wurzel. Im Sinnzentrum der Medienfreiheiten steht der Schutz der personalen Autonomie des Grundrechtsträgers und des demokratischen Systems. Dementsprechend ressortiert der Grundsatz der Staatsferne der Medien in beiden Funktionsschichten des Art. 5 Abs. 1 S. 2 GG. Er garantiert zum einen die personale Autonomie des Einzelnen.[58] Zum anderen folgt der Grundsatz der Staatsferne aus der demokratischen Funktion der Medien (vgl. auch Art. 11 Abs. 2 GRCh: „Freiheit der Medien"). Medien können ihre für die Demokratie unverzichtbare Aufgabe der Kontrolle von Regierung und Staat nur erfüllen, wenn diese auf die publizistische Tätigkeit keinen Einfluss nehmen. Jede politische Instrumentalisierung der Medien durch den Staat widerspricht dem demokratischen System und ist deshalb mit den Medienfreiheiten unvereinbar.[59]

Demgegenüber hat das BVerfG im Zusammenhang mit den verfassungsrechtlichen Voraussetzungen für die Organisation der Aufsichtsgremien des öffentlich-rechtlichen Rundfunks den Grundsatz der Staatsferne aus dem rundfunkspezifischen Vielfaltsgebot des Art. 5 Abs. 1 S. 2 GG abgeleitet.[60] In der Konsequenz hat das BVerfG eine Repräsentanz staatlicher Vertreter in den Organen der öffentlich-rechtlichen Rundfunkanstalten[61] und der Landesmedien-

---

[57] Zu dieser Abgrenzung *Giere*, Grundrechtliche Einordnung (Fn. 51), S. 72 ff., 96 ff., 276 f.

[58] BVerfGE 90, 60 (88: „Gegen die Gängelung der Kommunikationsmedien durch den Staat haben sich die Kommunikationsgrundrechte ursprünglich gerichtet, und in der Abwehr staatlicher Kontrolle der Berichterstattung finden sie auch heute ihr wichtigstes Anwendungsfeld."); vgl. auch BVerfGE 57, 295 (320); 121, 30 (52); 136, 9 (65 Rn. 12 – abweichende Meinung *Paulus*).

[59] Vgl. BVerfGE 80, 124 (134); s. auch BVerfGE 20, 162 (174 ff.).

[60] BVerfGE 136, 9 (33 Rn. 38: „Die Organisation des öffentlich-rechtlichen Rundfunks muss als Ausfluss aus dem Gebot der Vielfaltsicherung zugleich dem Gebot der Staatsferne genügen, das das Vielfaltsgebot in spezifischer Hinsicht konkretisiert und mit näheren Konturen versieht (…)"; s. auch S. 37 Rn. 45 und passim; ebenso *Hain*, FS Dörr, 2022, S. 433 (434 ff.).

[61] BVerfGE 12, 205 (263); 83, 238 (330); BVerfGE 136, 9 (39 Rn. 51).

anstalten[62] bis diesseits der Beherrschungsgrenze für zulässig erklärt. Die Beherrschungsgrenze sei überschritten, wenn die staatlichen Mitglieder mehr als ein Drittel der (gesetzlichen) Mitglieder des jeweiligen Gremiums ausmachen.[63]

Die Radizierung des Grundsatzes der Staatsferne im rundfunkspezifischen Vielfaltsgebot geht dogmatisch fehl und gefährdet die für die Demokratie konstituierende Kommunikationsordnung.[64] Die der Rechtsprechung des BVerfG zugrunde liegende Gleichstellung von Staat und Privaten ist mit Art. 5 GG nicht vereinbar. Die Mitwirkung einzelner gesellschaftlicher Gruppen am Kommunikationsprozess und damit im Rundfunk bildet den verfassungsrechtlichen Normalfall. Von Verfassungs wegen ist lediglich sicherzustellen, dass nicht einzelne gesellschaftliche Gruppen beherrschenden Einfluss auf den Rundfunk ausüben. Dagegen ist dem Staat die Mitwirkung am gesellschaftlichen, grundrechtlich umhegten Kommunikationsprozess und damit die Beteiligung am Rundfunk – gleich, in welchem Maße – verfassungsrechtlich untersagt. Innerhalb des grundrechtlich geschützten Kommunikationsprozesses verfügt der Staat über kein Recht auf Teilhabe. Er wirkt zwar durch zulässige Kommunikationsarbeit auf die öffentliche Meinungsbildung ein; es ist ihm aber nicht gestattet, am grundrechtlich geschützten Kommunikationsprozess mitzuwirken.[65] Der Staat ist kein, geschweige denn ein gleichberechtigter Akteur bei grundrechtlich umhegter Kommunikation.[66] Das legitime Interesse eines „Zurgeltungbringen(s) der verschiedenen Perspektiven des Gemeinwesens"[67] rechtfertigt allenfalls eine Beteiligung von Vertretern des Staates in den Aufsichtsgremien des öffentlich-rechtlichen Rundfunks, aber nicht einen gleichberechtigten Sitz mit Stimmrecht; es genügte ein Sitzrecht mit (lediglich) beratender Stimme.[68] Überdies wäre in der Konsequenz der Rechtsprechung des BVerfG auch eine Beteiligung des Staates an

---

[62] BVerfGE 73, 118 (165); s. ferner BVerfGE 83, 238 (336).
[63] BVerfGE 136, 9 (38 f. Rn. 50 f. mwN).
[64] Vgl. abweichende Meinung *Paulus*, BVerfGE 136, 9 (64 f. Rn. 12); *Ferreau*, ZUM 2022, 505 (506 f.); im Einzelnen *Gersdorf*, K&R Beilage 1 zu 7/8/2022, 41 (43 ff.).
[65] Hierzu noch D) I. bei und nach Fn. 102 (S. 24).
[66] Pointiert abweichende Meinung *Paulus*, BVerfGE 136, 9 (65 Rn. 12: „Die staatlichen Organe, insbesondere die Exekutive, stehen nicht auf der Seite oder im Lager der Grundrechtsberechtigten und der ihm „dienenden" Rundfunkfreiheit, sondern auf der Seite des nicht grundrechtsberechtigten Staates (…); sie sind genau diejenigen, von denen der Rundfunk fernbleiben muss, wenn die Staatsferne irgendeine Bedeutung haben soll."); ebenso *Gersdorf*, K&R Beilage 1 zu 7/8/2022, 41 (44); s. auch *Ferreau*, ZUM 2022, 505 (506 f.).
[67] BVerfGE 136, 9 (33 Rn. 36).
[68] *Gersdorf*, K&R Beilage 1 zu 7/8/2022, 41 (44); s. auch Art. 10 Abs. 5 S. 2 EMFA-E, wonach der Vertreter der Kommission im Europäischen Gremium für Mediendienste „kein Stimmrecht" hat.

privaten Rundfunkveranstaltern[69] oder sogar an privaten Presseunternehmen zulässig. Wenn Staat und Private gleiche Akteure sind, gibt es keinen Grund, dem Staat den Zugang zum Rundfunk zu versagen. Das zeigt den die Substanz des Art. 5 GG und die Demokratie gefährdenden Irrweg, auf den sich das BVerfG begeben hat. Die Büchse der Pandora muss auch insoweit geschlossen bleiben.[70] Der Grundsatz der Staatsferne des Rundfunks fußt nicht auf dem rundfunkspezifischen Vielfaltsgebot, sondern auf der personalen Autonomie des Grundrechtsträgers und der demokratischen Funktion des Rundfunks.

Eine entsprechende Verankerung des Prinzips der Staatsferne findet sich im Unionsrecht. In Ermangelung einer Staatsqualität der Union firmiert dieses Prinzip dort indes nicht als Staatsferne, sondern als Unionsferne.[71] Ebenso wie in Deutschland radiziert das Prinzip der Unionsferne in der personalen Autonomie der Medien, die das Individualgrundrecht der Meinungsäußerungsfreiheit des Art. 11 Abs. 1 S. 1 GRCh verbürgt. Überdies wurzelt es in der institutionellen Garantie des Art. 11 Abs. 2 GRCh („Freiheit der Medien"). Nach ständiger Rechtsprechung des EGMR ist es Aufgabe der Medien, die Regierung zu kontrollieren („Public Watchdog").[72] Diese Funktion der Medien spiegelt sich in der institutionellen Garantie des Art. 11 Abs. 2 GRCh wider. Die Kontrolle von Regierungen der Mitgliedstaaten, aber auch von Organen der Union kann nur gelingen, wenn die Medien von den Regierungen und von den Organen der Union unabhängig sind. Diese Unabhängigkeit der Medien dient nicht nur Art. 11 Abs. 1 S. 1 GRCh, sondern ist zugleich unverzichtbare Voraussetzung für die Freiheit der Medien iSd Art. 11 Abs. 2 GRCh und damit für das Gelingen von Demokratie in den Mitgliedstaaten und in der Union.[73] Der Grundsatz der Unionsferne der Medien hat daher seinen dogmatischen Sitz sowohl in der personalen Autonomie der Medien (Art. 11 Abs. 1 S. 1 GRCh) als auch in ihrer institutionellen Garantie (Art. 11 Abs. 2

---

[69] *Ferreau*, ZUM 2022, 505 (506).
[70] *Gersdorf*, K&R Beilage 1 zu 7/8/2022, 41 (45).
[71] *Hain*, FS Dörr (Fn. 60), S. 433.
[72] S. nur EGMR, EuGRZ 1979, 386 (390 Rn. 65); EGMR, 23.4.1992 – 11798/85, Ser. A 1992, Vol. 236 Rn. 43; EGMR, 25.6.1992 – 13778/88, Ser. A 1992, Vol. 239 Rn. 63; EGMR, 2.5.2000 – 26132/95, ECHR 2000-IV, 373; EGMR, EuGRZ 2018, 630; vgl. auch EuGH, NJW 2019, 3503 (3508 Rn. 76).
[73] *Bernsdorff*, in: Meyer/Hölscheidt, Charta der Grundrechte der Europäischen Union, 5. Aufl. 2019, Art. 11 Rn. 20 f.; *von Coelln*, in: Stern/Sachs, Europäische Grundrechte-Charta, 2016, Art. 11 Rn. 39 ff.; aA *Hain*, FS Dörr (Fn. 60), S. 433 (437 ff.), der die dogmatisch wenig überzeugende Ableitung des Grundsatzes der Staatsferne des Rundfunks durch das BVerfG auf das Unionsrecht überträgt und das Gebot der Unionsferne der Medien aus dem Pluralismusgebot des Art. 11 Abs. 2 GRCh („ihre Pluralität") ableitet.

GRCh: „Freiheit der Medien"). Die unionsrechtliche und die verfassungsrechtliche Grundrechtsdogmatik gehen Hand in Hand.

2. Inhalt

Durch das BVerfG ist geklärt, dass dem Staat die Veranstaltung von Rundfunk untersagt ist. Der in Art. 5 Abs. 1 S. 2 GG wurzelnde Grundsatz der Staatsferne des Rundfunks verbietet dem Staat, selbst Rundfunkveranstalter zu sein[74] oder beherrschenden Einfluss auf das Programm von Veranstaltern zu nehmen.[75] Das BVerfG betont, dass hierfür nicht allein der nominale Anteil am Kapital oder an Stimmrechten entscheidend ist; maßgeblich ist der tatsächliche Einfluss auf die Programmgestaltung oder die Programminhalte.[76] Auch ausländischen Staaten ist die Veranstaltung von Rundfunk in Deutschland untersagt, wenngleich diese Frage höchstrichterlich nicht geklärt ist.[77]

3. Notwendigkeit staatsferner Medienaufsicht

Nach der Judikatur des BVerfG dürfen einer staatlichen Behörde bei der Entscheidung über den Zugang, die Auswahl sowie die Aufhebung einer Zulassung privater Anbieter keine programmbezogenen Handlungs-, Ermessens- oder Beurteilungsspielräume eröffnet sein, die es ermöglichen, dass sachfremde, insbesondere die Meinungsvielfalt beeinträchtigende Erwägungen Einfluss auf Zulassungs- und Aufsichtsentscheidungen gewinnen können.[78] Da bei der Zulassung und Beaufsichtigung privater Rundfunkveranstalter solche Optionsräume bestehen, sind diese Aufgaben von Verfassungs wegen in die Hände staatsfern organisierter Landesmedienanstalten zu legen.

Diese Rechtsprechung zum Grundsatz der Staatsferne der Medien betrifft in erster Linie die das Grundrecht der Rundfunkfreiheit ausgestaltenden (vielfaltssichernden) Gesetze und ihren Vollzug. Ob die verfassungsrechtlich notwendige staatsferne Aufsichtsstruktur auch für (nichtlineare) Telemedien und für den Vollzug von Schrankenge-

---

[74] BVerfGE 12, 205 (263); 83, 238 (330); 121, 30 (52); s. auch *Cornils*, in: Gersdorf/Paal, BeckOK Informations- und Medienrecht, Stand: 1.2.2021, EMRK, Art. 10 Rn. 41.

[75] BVerfGE 73, 118 (165); 83, 238 (330); 121, 30 (52 f.); BVerfG, NVwZ 2007, 1304 (1305).

[76] BVerfGE 121, 30 (63); ebenso *Bumke/Schuler-Harms*, in: Binder/Vesting, Beck'scher Kommentar zum Rundfunkrecht, 4. Aufl. 2018, RStV, § 20a Rn. 34; *Kraetzig*, NJW 2023, 1485 (1488); *Gersdorf*, K&R Beilage 1 zu Heft 7/8/2022, 41 (47).

[77] Hierzu *Gersdorf*, K&R Beilage 1 zu Heft 7/8/2022, 41 (45 ff.); *Ferreau*, ZUM 2022, 505 (507 f.).

[78] BVerfGE 73, 118 (183); 90, 60 (89).

setzen iSd Art. 5 Abs. 2 GG gilt, also von Gesetzen, die die Medienfreiheiten nicht ausgestalten, sondern beschränken, ist nicht entschieden.

Relevant war diese Grundsatzfrage im Zusammenhang mit der Zuständigkeit des Bundesamtes für Justiz als Aufsichts- und Bußgeldbehörde nach §§ 4, 4a NetzDG. Nach ganz überwiegender Auffassung war diese Zuständigkeit des Bundesamtes für Justiz mit dem Grundsatz der Staatsferne der Medien aus Art. 5 Abs. 1 S. 2 GG unvereinbar.[79] Auch im unionsrechtlichen Kontext wird das Problem in den Blick genommen. Zu erwähnen ist insbesondere der Beschluss des VG Köln vom 1.3.2022, das die Zuständigkeit des Bundesamtes für Justiz nach dem NetzDG für unvereinbar mit Art. 30 Abs. 1 und 2 AVMDRL hält.[80]

Teilweise wird vertreten, dass die vom BVerfG geforderte Staatsferne bei der Zulassung und Beaufsichtigung des privaten Rundfunks auf den Vollzug von vielfaltssichernden Ausgestaltungsregelungen bezogen und begrenzt sei. Eine staatsferne Aufsicht beim Vollzug von Schrankengesetzen iSd Art. 5 Abs. 2 GG fordere das Grundgesetz nicht.[81] Dabei bleibt offen, ob dann die Zuständigkeit der Landesmedienanstalten für die Aufsicht über Telemedien (§ 104 Abs. 1 S. 1 MStV), die sich auf die Einhaltung nicht nur von Ausgestaltungsgesetzen, sondern auch von Schrankengesetzen bezieht, sub specie des Prinzips demokratischer Legitimation[82] überhaupt zulässig wäre.

---

[79] Ausführlich *Giere*, Grundrechtliche Einordnung (Fn. 51), S. 169 ff., 174 ff.; s. auch *Gersdorf*, in: Eifert/Gostomzyk, Netzwerkrecht. Die Zukunft des NetzDG und seine Folgen für die Netzwerkkommunikation, 2018, S. 171 (195 ff.); *Hain/Ferreau/Brings-Wiesen*, K&R 2017, 433 (435); *Hopf/Braml*, ZUM 2018, 1 (3); aA *Cornils*, in: Eifert/Gostomzyk, Netzwerkrecht. Die Zukunft des NetzDG und seine Folgen für die Netzwerkkommunikation, 2018, S. 201 (204 ff.); *D. Holznagel*, CR 2022, 245 (246 ff.); *Mast*, ZUM 2023, 66 (675 f.), der in Bezug auf die Zuständigkeit des Bundesamtes für Justiz nach dem NetzDG von „staatlicher Inhaltsmoderation" spricht, näher in Fn. 81 (S. 19).

[80] VG Köln, BeckRS 2022, 3082 Rn. 28 ff.

[81] *Cornils*, Netzwerkrecht (Fn. 79), S. 201 (209 ff.); *ders.*, DÖV 2022, 1 (7 f.); *D. Holznagel*, CR 2022, 245 (246 ff.); *Mast*, ZUM 2023, 66 (675 f.), der insoweit von „staatlicher Inhaltsmoderation" spricht: Die zum Schutz von Schrankengesetzen (Art. 5 Abs. 2 GG) bestehende Aufsicht stellt einen Grundrechtseingriff („Inhaltsmoderation") dar, der ebenso wie die Aufsicht in Bezug auf die Einhaltung von Ausgestaltungsgesetzen (Art. 5 Abs. 1 S. 2 GG) einer staatsfernen Organisation bedarf.

[82] Vom entsprechenden Schrifttum wird (zu Recht) darauf verwiesen, dass eine unabhängige Medienaufsicht mit dem Prinzip demokratischer Legitimation kollidiert, s. *Cornils*, DÖV 2022, 1 (2); *D. Holznagel*, CR 2022, 245 (246 f.); *Mast*, ZUM 2023, 66 (675 Fn. 66). Diese Lockerungen der sachlich-inhaltlichen und personellen Legitimation der Landesmedienanstalten sind jedoch aus Gründen des Art. 5 Abs. 1 S. 2 GG nicht nur gerechtfertigt, sondern sogar geboten, vgl. BVerwGE 169, 177 (190 Rn. 38); SächsVerfGH, NVwZ-RR 1998, 345 (346 f.); StGH BW, ZUM-RD 2005, 171 (175 ff.).

Gegen diesen Ansatz spricht, dass der Grundsatz der Staatsferne der Medien für den Vollzug von Ausgestaltungsgesetzen (Art. 5 Abs. 1 S. 2 GG) und Schrankengesetzen (Art. 5 Abs. 2 GG) gilt. Zwar betrifft die Rechtsprechung des BVerfG zum Grundsatz der Staatsferne in erster Linie die Ausgestaltung der grundrechtlich geschützten Rundfunkfreiheit, also den Gewährleistungsbereich des Art. 5 Abs. 1 S. 2 GG. Der diese Rechtsprechung tragende Gedanke, dass staatlichen Stellen keine Optionsspielräume eröffnet sein dürfen, die eine sachwidrige Einflussnahme auf die publizistische Tätigkeit der Medien ermöglichen, trifft aber auch auf den Vollzug von Schrankengesetzen iSd Art. 5 Abs. 2 GG zu. Die Medienfreiheiten des Art. 5 Abs. 1 S. 2 GG schirmen vor einer Einflussnahme durch staatliche Stellen ab. Allein vom Staat unabhängige Medien können ihrer Kontrollfunktion gegenüber dem Staat nachkommen. Deshalb dürfen staatlichen Stellen beim Gesetzesvollzug keine Gestaltungsspielräume eingeräumt sein, die eine sachwidrige Einflussnahme auf die publizistische Arbeit der Medien erlauben. Die Aufsicht über Medien ist ungeachtet des Aufsichtsmaßstabes, d.h. unabhängig davon, ob es um den Vollzug von Ausgestaltungs- oder Schrankengesetzen geht, gesetzlich so zu regeln, dass eine sachwidrige Beeinflussung der Medien ausgeschlossen ist.[83]

Dem lässt sich nicht entgegenhalten, dass die strengen Vorgaben für die Rundfunkaufsicht nur bestehen, weil Ausgestaltungsregelungen der Vielfaltssicherung dienen und deshalb ihr Vollzug besonders anfällig für eine unzulässige politische Beeinflussung und Instrumentalisierung des Rundfunks durch den Staat sei. Entsprechende Gefahren existieren auch beim Vollzug von Schrankenregelungen. Die Anwendung sowohl von Ausgestaltungs- als auch von Schrankengesetzen setzt die Bewertung von Inhalten voraus. Im ersten Fall geht es um die Gewährleistung und Gewichtung von Vielfalt iSd Art. 5 Abs. 1 S. 2 GG, im zweiten Fall um den Schutz und die Gewichtung kollidierender Verfassungsgüter iSd Art. 5 Abs. 2 GG. In beiden Fällen existieren Bewertungs- bzw. Abwägungsspielräume, die sich für eine sachwidrige Einflussnahme auf die publizistische Arbeit der Medien nutzen lassen. Mithin muss in beiden Fällen eine Zuständigkeit staatlicher Stellen ausscheiden.

Wer Art. 5 Abs. 1 S. 2 GG diese Rechtfertigungskraft nicht zuspricht, müsste die Unabhängigkeit der Medienaufsicht (vgl. § 104 Abs. 1 S. 1 MStV) sub specie des Prinzips demokratischer Legitimation für verfassungswidrig erklären (und könnte sie nur sub specie des – Vorrang beanspruchenden – Art. 30 AVMDRL für gerechtfertigt halten).

[83] *Gersdorf*, in: Eifert/Gostomzyk, Netzwerkrecht (Fn. 79), S. 171 (196f.); i.E. ebenso *Degenhart*, Staatsferne der Medienaufsicht. Zum Entwurf eines Zweiten Gesetzes zur Änderung des Jugendschutzgesetzes, Rechtsgutachten im Auftrag der Direktorenkonferenz der Landesmedienanstalten, 2020, S. 11 ff.

Beim Vollzug von Schrankengesetzen existieren auch nicht geringere Optionsspielräume, die es rechtfertigen könnten, insoweit an die Organisation der Medienaufsicht verminderte Anforderungen zu stellen als bei der Kontrolle von Ausgestaltungsregelungen. Ausgestaltungsvorschriften iSd Art. 5 Abs. 1 S. 2 GG sind ebenso wie Schrankenbestimmungen iSd Art. 5 Abs. 2 GG am Grundsatz der Verhältnismäßigkeit zu messen.[84] Und vor allem muss der Vollzug sowohl von Ausgestaltungs- als auch von Schrankenregelungen dem Verhältnismäßigkeitsgrundsatz genügen.

Schließlich kann aus dem Umstand, dass im Bereich der Rundfunkausgestaltung mitunter Beurteilungsspielräume bestehen,[85] nicht geschlossen werden, dass bei Fehlen solcher Beurteilungsspielräume staatliche Stellen den Gesetzesvollzug wahrnehmen dürfen. Staatliche Behörden dürfen im Verhältnis zu Medien keine inhaltsbezogenen Optionsspielräume gleich welcher Art haben.

Die Notwendigkeit einer staatsfernen Medienaufsicht (auch beim Vollzug von Schrankengesetzen im Bereich von Telemedien) folgt nicht zuletzt aus primärem und sekundärem Unionsrecht. Eines der Fundamente der nach Art. 11 Abs. 2 GRCh zu achtenden „Freiheit der Medien" ist, dass die Aufsicht über die Medien nicht Sache von Regierungen, sondern von regierungsunabhängigen Regulierungsbehörden ist. Die Kontrolle von Regierungen durch Medien („Public Watchdog")[86] kann nur gelingen, wenn Medien von Regierungen unabhängig sind. Eine von der jeweiligen Regierung unabhängige Medienaufsicht dient nicht nur Art. 11 Abs. 1 S. 1 GRCh, sondern ist zugleich unverzichtbare Voraussetzung für die Freiheit der Medien iSd Art. 11 Abs. 2 GRCh und damit für das Gelingen von Demokratie.[87]

In Konkretisierung des Art. 11 Abs. 1 S. 1 und Abs. 2 GRCh, der die „Freiheit der Medien" und damit die Staatsferne der Medienaufsicht verlangt, schreibt Art. 30 AVMDRL die Unabhängigkeit der Regulierungsbehörden der Mitgliedstaaten vor, die mit der Aufsicht über Anbieter von audiovisuellen Mediendiensten und Video-Sharing-Plattformen betraut sind (s. auch Art. 7 EMFA-E). Art. 30 AVMDRL differenziert weder zwischen linearen und nichtlinearen Mediendiensten noch zwischen Ausgestaltung und Schrankenzie-

---

[84] S. hierzu *Gersdorf*, Legitimation (Fn. 1), S. 34.
[85] So hat nach der Rechtsprechung des BVerwG die Kommission zur Ermittlung der Konzentration im Medienbereich (KEK) bei der Konkretisierung des nach § 60 Abs. 2 MStV maßgeblichen unbestimmten Gesetzesbegriffs der vorherrschenden Meinungsmacht einen Beurteilungsspielraum, vgl. BVerwGE 138, 186 (198 ff. Rn. 42 ff.); 149, 52 (58 f. Rn. 29); 169, 177 (187 f. Rn. 32).
[86] Nachweise in Fn. 72 (S. 22).
[87] Nachweise in Fn. 73 (S. 22).

hung für die der Richtlinie unterfallenden Diensteanbieter. Damit gelten die in Art. 30 AVMDRL geregelten Vorgaben zur Unabhängigkeit der Regulierungsbehörden für die gesamte Aufsichtstätigkeit, d.h. ungeachtet dessen, ob es um lineare oder nichtlineare Mediendienste oder um (nach deutschem Verständnis) Ausgestaltungs- und Schrankenregelungen geht. Art. 30 AVMDRL findet demnach sowohl für nichtlineare Mediendienste als auch beim Vollzug von Schrankengesetzen iSd Art. 5 Abs. 2 GG Anwendung.[88]

---

[88] Vgl. nochmals VG Köln, BeckRS 2022, 3082 Rn. 28 ff.; s. auch *Degenhart*, Staatsferne (Fn. 83), S. 26 f.

C. Unzureichende Sicherung der Staatsferne der Medien

Die verfassungsrechtlich gebotene Staatsferne ist im nationalen Recht unzureichend gewährleistet. Zwar darf nach § 53 Abs. 3 S. 1 MStV staatlichen Stellen keine Rundfunkzulassung erteilt werden. Das Zulassungsverbot gilt gem. § 53 Abs. 3 S. 3 MStV auch für ausländische Staaten. § 53 Abs. 3 S. 2 MStV, wonach ein Zulassungsverbot für Unternehmen gilt, die im Verhältnis eines verbundenen Unternehmens iSd § 15 AktG zu juristischen Personen des öffentlichen Rechts stehen, sichert den Grundsatz der Staatsferne jedoch nicht genügend. § 15 AktG und damit § 53 Abs. 3 S. 2 MStV setzen eine gesellschaftsrechtliche Beteiligung am Rundfunkveranstalter voraus.[89] Die vertraglich begründete Beherrschung eines Unternehmens ohne gesellschaftsrechtliche Beteiligung wird von § 53 Abs. 3 S. 2 MStV iVm § 15 AktG nicht erfasst. Art. 5 Abs. 1 S. 2 GG schließt indes jede beherrschende staatliche Einflussnahme auf einen Rundfunkveranstalter aus,[90] sei sie gesellschaftsrechtlich, d.h. durch kapitalmäßige Beteiligung, oder sei sie in sonstiger Weise, insbesondere vertraglich, vermittelt.[91] Überdies verstößt § 53 Abs. 3 MStV auch deshalb gegen Art. 5 Abs. 1 S. 2 GG, weil die Vorschrift Bestandteil des Zulassungsregimes ist und deshalb nicht gilt, wenn Rundfunkprogramme nach § 54 MStV keiner Zulassung bedürfen. Dem deutschen Staat und ausländischen Staaten ist die Veranstaltung von Rundfunk aber schlechthin verboten, und zwar auch dann, wenn es sich um Bagatell-Rundfunk iSd § 54 MStV handelt.[92]

Ist das Verbot der Veranstaltung von Rundfunk durch den deutschen oder einen ausländischen Staat durch § 53 Abs. 3 MStV (zwar unzureichend, aber) wenigstens geregelt, fehlt für Telemedien eine entsprechende Regelung.[93] Es existiert keine Vorschrift, die es dem deutschen oder einem ausländischen Staat untersagt, nichtlineare audiovisuelle Inhalte oder Textdienste zu verbreiten oder ein soziales Netzwerk zu betreiben (vgl. das soziale Netzwerk „Truth

---

[89] *Säcker*, K&R 2012, 324, 330.
[90] BVerfGE 121, 30 (63), wonach für eine verbotene Einflussnahme iSd Art. 5 Abs. 1 S. 2 GG nicht allein der nominale Anteil am Kapital oder an Stimmrechten, sondern der tatsächliche Einfluss auf die Programmgestaltung oder auf die Programminhalte maßgeblich sei.
[91] Im Einzelnen *Gersdorf*, K&R Beilage 1 zu 7/8/2022, 41 (47).
[92] Vgl. auch *Ferreau*, ZUM 2022, 505 (508 f.); *Gersdorf*, K&R Beilage 1 zu 7/8/2022, 41 (47).
[93] S. auch *Ferreau*, ZUM 2022, 505 (509 f.).

Social" des ehemaligen US-Präsidenten Trump). Das an das rundfunkrechtliche Zulassungsregime anknüpfende und auf die Verbreitung linearer Rundfunkprogramme bezogene und begrenzte Regelungskonzept des MStV (vgl. §§ 52ff. MStV) ist mit dem Grundsatz der Staatsfreiheit der Medien aus Art. 5 Abs. 1 GG unvereinbar. Auch nichtlineare audiovisuelle Telemedien sind Rundfunk im verfassungsrechtlichen Sinne. Der Grundsatz der Staatsfreiheit des Rundfunks gilt für den linearen und den nichtlinearen Rundfunk. Überdies schließt das Grundrecht der Pressefreiheit Staatspresse und damit digital verbreitete staatliche Textdienste aus. Schließlich ist es dem deutschen und einem ausländischen Staat untersagt, durch andere Telemedien wie soziale Netzwerke am Kommunikationsprozess des Art. 5 Abs. 1 GG mitzuwirken.

Allerdings sind den insoweit zuständigen Landesmedienanstalten (vgl. §§ 104 Abs. 1 S. 1, 109 Abs. 1 S. 1 MStV)[94] bis zu der verfassungsrechtlich gebotenen Regelung durch den Gesetzgeber wohl nicht die Hände gebunden. Für Telemedien gelten die verfassungsmäßige Ordnung und die allgemeinen Gesetze (§ 17 S. 2 und 3 MStV). Während die Bindung Privater an die verfassungsmäßige Ordnung wegen des Gesetzesvorbehalts nur nach Maßgabe einer gesetzlichen Regelung gilt, ist der Staat an die verfassungsmäßige Ordnung und damit an das Verbot von Staatsmedien nach Art. 5 Abs. 1 S. 2 GG unmittelbar gebunden. Für den Staat als Telemedienanbieter gilt nicht der Gesetzesvorbehalt.

Mithin sind die Landesmedienanstalten bereits nach geltendem Recht (vgl. §§ 104 Abs. 1 S. 1, 17 S. 2 MStV iVm Art. 5 Abs. 1 S. 2 GG als „verfassungsmäßige Ordnung" iSd § 17 S. 2 MStV) befugt, gegen unzulässige staatliche Telemedien vorzugehen. Gleichwohl ist rechtspolitisch eine Klarstellung durch den Gesetzgeber wünschenswert. Er sollte explizit festschreiben, dass der Staat weder linearen Rundfunk (auch nicht Bagatellrundfunk) veranstalten noch Telemedienanbieter mit eigenen Inhalten sein darf. Ebenso ist gesetzlich zu verbieten, dass der Staat Medienplattformen betreibt (vgl. §§ 78ff. MStV), als Medienintermediär tätig wird (vgl. §§ 91 MStV) oder Video-Sharing-Dienste anbietet (vgl. §§ 97ff. MStV).

---

[94] Zum Redaktionsfehler des § 109 Abs. 1 S. 1 MStV, der § 17 MStV von Aufsichtsmaßnahmen der Landesmedienanstalten ausnimmt, vgl. → F) II. 1. vor und nach Fn. 285 (S. 89).

D. Zulässige Informations- und Öffentlichkeitsarbeit – unzulässige Medientätigkeit des Staates

I. Verfassungsrechtliche Grundlagen

Ebenso wie von Verfassungs wegen zwischen Staat und Gesellschaft zu unterscheiden ist, weil sich nur dann demokratische Legitimation des Staates und grundrechtliche Freiheiten in der Gesellschaft gewährleisten lassen, ist zwischen staatlicher und gesellschaftlicher Meinungs- und Willensbildung zu differenzieren. Informations- und Öffentlichkeitsarbeit des Staates einerseits und Medientätigkeit andererseits haben unterschiedliche verfassungsrechtliche Grundlagen. Staatliche Informations- und Öffentlichkeitsarbeit ist kompetenzrechtlich legitimiert und zugleich limitiert, während Medientätigkeit Ausdruck (allumfassender) grundrechtlicher Freiheiten (Art. 5 Abs. 1 S. 2 GG) ist.

Im Gegensatz zu den Medien leitet der Staat seine Legitimation zur Teilnahme an der öffentlichen Kommunikation nicht aus Grundrechten, sondern aus Kompetenznormen ab. Während die Grundrechte Quelle umfassender Freiheitsentfaltung sind, darf der grundrechtsunfähige Staat allein im Rahmen ihm zugewiesener Kompetenzen handeln. Staatliche Stellen sind sektorale Aufgabenträger. Sie sind nur zur Erfüllung der Aufgaben berechtigt, die ihnen die Kompetenzordnung zuweist. Das gilt auch für staatliche Kommunikationstätigkeit, die sich als Annex zur Erfüllung öffentlicher Aufgaben darstellt.[95] Kraft der Annexfunktion kommen die für die Wahrnehmung der jeweiligen staatlichen Aufgabe geltenden verfassungsrechtlichen Direktiven auch für die Öffentlichkeitsarbeit des Staates zur Anwendung. Staatliche Kommunikationstätigkeit ist durch die dem Aufgabenträger zugewiesene Kompetenz legitimiert und limitiert. Dementsprechend muss sich staatliche Kommunikation innerhalb der Verbands- und Organkompetenzen[96] sowie innerhalb der durch das Prinzip der Organtreue gezogenen Schranken

---

[95] *Gusy*, NJW 2000, 977 (980); *ders.*, NVwZ 2015, 700 (701); *Gersdorf*, AfP 2016, 293 (294); *Ingold*, VerwArch 2017, 240 (248); *Mast*, Staatsinformationstätigkeit, 2020, S. 196 mwN in Fn. 298.

[96] S. nur BVerfGE 44, 125 (149); 63, 230 (243 f.); 105, 253 (252); 105, 279 (306); 148, 11 (37 Rn. 77); 154, 320 (351 Rn. 94); 162, 207 (245 Rn. 113); *Gersdorf*, Parlamentsfernsehen des Deutschen Bundestages, 2008, S. 57; *Schürmann*, Öffentlichkeitsarbeit der Bundesregierung, 1992, S. 240 ff.; *Nellesen*, Äußerungsrechte staatlicher Funktionsträger, 2019, S. 30 ff., 45 ff.

des Aufgabenträgers[97] halten. Inhalt und immanente Grenzen zulässiger staatlicher Kommunikationsarbeit ergeben sich aus der Kompetenzordnung.[98]

Demgegenüber leiten Medien ihre Legitimation nicht aus Kompetenzbestimmungen, sondern aus den Medienfreiheiten ab. Während der Staat Informations- und Öffentlichkeitsarbeit nur im Rahmen seiner Verbands- und Organkompetenz leisten darf, unterliegen die Medien kraft ihrer grundrechtlichen Fundierung keinerlei räumlichen oder thematischen Beschränkungen. Sämtliche für die individuelle und öffentliche Meinungsbildung relevanten Inhalte genießen den Schutz des Art. 5 Abs. 1 S. 2 GG. Die Medienfreiheiten sind unteilbar. Dementsprechend begegnen sich Staat und Medien nur in einem Teilbereich des grundrechtlich geschützten Aufgabenfeldes der Medien. Lediglich im Rahmen der Berichterstattung über den Staat konkurrieren die Medien mit dem sich selbst darstellenden Staat.[99] Diesseits der kompetenziell legitimierten und limitierten Informationstätigkeit des Staates existiert kein Konkurrenzverhältnis mit den Medien. Staatliche Informationstätigkeit berührt nur einen Teilbereich des grundrechtlich geschützten Wirkungsfeldes der Medien. Auch im Übrigen ist grundrechtliche Freiheit umfassender. Im Gegensatz zu staatlichen Stellen, die nach Maßgabe ihrer jeweiligen Funktion an den Grundsatz der Neutralität gebunden sind,[100] müssen sich Medien nicht neutral verhalten. Der Wettbewerb von publizistisch miteinander konkurrierenden Medien ist „Lebenselement der Meinungsfreiheit".[101]

Staatliche und grundrechtlich fundierte Kommunikation gleichen miteinander kommunizierenden Röhren. Im Interesse einer funktionsgerechten Systematisierung sollten die Röhren als Bausteine einer ganzheitlichen verfassungsrechtlichen Kommunikationsordnung begriffen werden.[102] Das Grundgesetz geht implizit von einer ganzheitlichen Kommunikationsordnung aus, die sich aus der kom-

---

[97] In Bezug auf Äußerungsbefugnisse des Bundespräsidenten s. nur *Butzer*, ZG 2015, 98 (122 mwN).
[98] *Nellesen*, Äußerungsrechte (Fn. 96), S. 45.
[99] Zur thematischen Begrenzung kompetenziell legitimierter Kommunikationstätigkeit des Staates s. nur *Degenhart*, AfP 2009, 207 (211).
[100] Hierzu zuletzt umfassend BVerfGE 162, 207 (229 ff. Rn. 73 ff. mwN); aus dem Schrifttum s. nur *Gersdorf*, Parlamentsfernsehen (Fn. 96), S. 102 ff.
[101] BVerfGE 74, 297 (332).
[102] *Gersdorf*, AfP 2016, 293 (299); kritisch *Mast*, Staatsinformationstätigkeit (Fn. 95), S. 59 Fn. 108, der übersieht, dass das Konstrukt einer ganzheitlichen verfassungsrechtlichen Kommunikationsordnung die Unterschiede der verfassungsrechtlichen Radizierung der staatlichen und grundrechtlichen Kommunikationssäule deutlich zu machen sucht. Im Übrigen stehen beide Säulen einander nicht beziehungslos gegenüber, sondern sind faktisch (nicht normativ) miteinander verzahnt (kommunizierende Röhren).

petenziell legitimierten staatlichen Kommunikation einerseits und der grundrechtlich geschützten Kommunikation andererseits zusammensetzt. Beide Kommunikationsröhren sind wegen ihrer unterschiedlichen verfassungsrechtlichen Legitimationsgrundlagen voneinander zu unterscheiden. Der Staat wirkt zwar durch seine Kommunikationsarbeit am ganzheitlichen Kommunikationsprozess mit.[103] Er wirkt auch auf den grundrechtlich geschützten Kommunikationsprozess ein.[104] Eine Mitwirkung in der „Kommunikationsröhre" des Art. 5 Abs. 1 S. 2 GG ist ihm aber von Verfassungs wegen untersagt. Staatliche Medien oder die Mitwirkung des Staates an Medien schließt die Kommunikationsordnung des Grundgesetzes aus. Presse und Rundfunk sind der Gesellschaft vorbehalten.

II. Voraussetzungen staatlicher Informations- und Öffentlichkeitsarbeit

1. Kern staatlicher Informations- und Öffentlichkeitsarbeit: Selbstdarstellung im umfassenden Sinne

(Zulässige) Informations- und Öffentlichkeitsarbeit ist im Kern Selbstdarstellung des Staates.[105] Einbezogen sind die Darlegung und Erläuterung staatlicher Maßnahmen und künftiger Vorhaben angesichts bestehender oder sich abzeichnender Probleme.[106] Dazu gehören auch die Erläuterung und Verteidigung der Politik gegen Angriffe und Kritik unter Beachtung des Sachlichkeitsgebots.[107] Überdies ist der Staat befugt, über Fragen und Vorgänge zu informieren, die die Bürger unmittelbar betreffen, sowie auf aktuell streitige oder die Öffentlichkeit erheblich berührende Fragen einzugehen.[108]

---

[103] BVerfGE 105, 252 (268); 105, 279 (301: „staatliche Teilhabe an öffentlicher Kommunikation").

[104] BVerfGE 138, 102 (111 Rn. 32: „Willensbildung des Volkes und Willensbildung in den Staatsorganen vollziehen sich zwar in vielfältiger und tagtäglicher Wechselwirkung. Politisches Programm und Verhalten der Staatsorgane wirken unablässig auf die Willensbildung des Volkes ein und sind selbst Gegenstand der Meinungsbildung des Volkes."; Rn. 33: „So sehr von dem Verhalten der Staatsorgane Wirkungen auf die Meinungs- und Willensbildung des Wählers ausgehen und dieses Verhalten selbst mit Gegenstand des Urteils des Wählers ist (...)"); ebenso BVerfGE 162, 207 (227 f. Rn. 69).

[105] S. nur *Degenhart*, K&R 2016, Beihefter 1/2016, 1 (9); *Gersdorf*, AfP 2016, 293 (295).

[106] Vgl. BVerfGE 20, 56 (100); 44, 125 (147); 63, 230 (243); 138, 102 (114 Rn. 40); 148, 11 (27 f. Rn. 51); 154, 320 (337 Rn. 49); 162, 207 (245 Rn. 112).

[107] Vgl. BVerfGE 148, 11 (29 f. Rn. 56 f.); 154, 320 (338 Rn. 52); 162, 207 (245 Rn. 112).

[108] Vgl. BVerfGE 20, 56 (100); 138, 102 (114 Rn. 40); 148, 11 (28 Rn. 51); 154, 320 (337 Rn. 49); 162, 207 (245 Rn. 112); VerfGH Thüringen, Urt. v. 8.6.2016 – 25/15 –, Rn. 102, juris.

Diese Selbstdarstellung erschöpft sich nicht in der Verbreitung amtsbezogener Tatsachen zum Zwecke der Aufklärung der Bevölkerung.[109] Staatliche Funktionsträger dürfen auch eine Meinung haben, diese vertreten und für sie werben.[110] Der vom Grundgesetz vorausgesetzte Dialog zwischen Staat und Gesellschaft erfordert Diskussion und Kommunikation nach innen und nach außen. Der Staat hat nicht allein die Aufgabe, die Meinungsbildung des Volkes abzuwarten, zu respektieren und darauf zu reagieren. Er darf auch eigene Meinungen zu relevanten Themen vertreten und für sie im Diskurs mit der Bevölkerung eintreten.

Dementsprechend ist unzulässiger Staatsrundfunk nicht bereits gegeben, wenn der Deutsche Bundestag in Eigenregie Sitzungen des Plenums und von Ausschüssen über Satellit oder andere Wege ausstrahlt. Ein solches Parlaments-TV ist der „gläserne Staat" in Reinform, d.h. Selbstdarstellung des Staates par excellence.[111] Nichts anderes gilt, wenn Sitzungen von Gemeindevertretungen im Internet übertragen werden. All das ist Ausdruck zulässiger staatlicher Kommunikationsarbeit. Dass das Gleiche ein öffentlich-rechtlicher oder privater Fernsehsender leisten könnte, macht hieraus noch nicht Rundfunk. „Wenn zwei dasselbe tun, ist es eben nicht immer dasselbe."[112] Staatliche Informations- und Öffentlichkeitsarbeit sind gegenüber Medienberichterstattung „juristisch ein aliud".[113]

2. Entwicklungsoffener, dynamischer Charakter der staatlichen Informations- und Öffentlichkeitsarbeit

Dem grundrechtlich umhegten Schutzbereich der Medien vergleichbar ist das Kraftfeld, in dem sich staatliche Kommunikationsarbeit – innerhalb des kompetenziellen Rahmens – entfalten kann, entwicklungsoffen, dynamisch und allein auf die Funktion staatlicher Kommunikation bezogen. Staatliche Kommunikationstätigkeit hat in erster Linie eine identifikationsstiftende Funktion.[114] Sie zielt

---

[109] In diesem Sinne aber *Daiber*, Grenzen staatlicher Zuständigkeit, 2006, S. 249 ff., 259 ff.; *Kempen*, Grundgesetz, Amtliche Öffentlichkeitsarbeit und politische Willensbildung, 1975, S. 252 ff., 265.

[110] Ausführlich *Mast*, Staatsinformationstätigkeit (Fn. 95), S. 194 ff.; ebenso *Degenhart*, AfP 2009, 207 (210); *Gersdorf*, AfP 2016, 301 (305 f.).

[111] *Gersdorf*, Parlamentsfernsehen (Fn. 96), S. 50 ff.; aA *Goerlich/Laier*, ZUM 2008, 475 (482 ff.); *Rauchhaus*, Rundfunk und Staat. Das Gebot der Staatsferne des Rundfunks vor neuen Herausforderungen, 2014, S. 144 ff.

[112] *Dürig*, in: Maunz/Dürig, GG-Kommentar, 48. Lfg. 2006, Art. 19 Abs. 3 Rn. 45.

[113] *Schoch*, Information der lokalen Öffentlichkeit durch kommunale Amtsblätter und Telemedienangebote, 2019, S. 85 f.

[114] Zu den Funktionen klassischer Öffentlichkeitsarbeit des Staates s. nur *Gersdorf*, Parlamentsfernsehen (Fn. 96), S. 28 ff. mwN.

auf die Herbeiführung und Erhaltung eines „Grundkonsenses", d. h. eines weitgehenden Einverständnisses der Bürger mit der grundgesetzlichen Staatsordnung. Was im Einzelnen für diesen identifikationsstiftenden Brückenschlag zwischen Staat und Gesellschaft erforderlich ist, entscheidet – im Rahmen seiner kompetenziellen Bindungen – in erster Linie die jeweilige staatliche Stelle. Das umfasst selbstredend die Befugnis, über den Kommunikationsweg und die Kommunikationsform zu befinden. Ob sich die öffentliche Hand klassischer Verbreitungsformen wie Druckschriften bedient oder moderne Verbreitungswege und Kommunikationsformen des Internets nutzt, ist ihr überlassen. Digitale Leseinhalte sind ebenso zulässig wie Audio- und Videobeiträge, eigene Apps und Selbstdarstellung in sozialen Netzwerken wie Facebook und YouTube. Dem Staat stehen dieselben Kommunikationswege und -formen zu wie den Medien.[115]

3. Beachtung der Kompetenzordnung

Da die Befugnis zur Informations- und Öffentlichkeitsarbeit als Annexkompetenz aus der Sachkompetenz folgt,[116] verlangt die Inanspruchnahme dieser Befugnis die Beachtung der Kompetenzordnung.[117] Sie setzt dem Staat Grenzen für die Informations- und Öffentlichkeitsarbeit.[118] Insbesondere auf kommunaler Ebene gilt die Befugnis zur Informations- und Öffentlichkeitsarbeit nach Maßgabe der einfachgesetzlichen Vorschriften der Gemeinde- und Landkreisordnung.[119] Inhalt und immanente Grenzen zulässiger staatlicher Informations- und Öffentlichkeitsarbeit ergeben sich aus der Kompetenzordnung.

Demgegenüber wird vertreten, dass die Medienfreiheiten des Art. 5 Abs. 1 S. 2 GG eine „negative Kompetenzordnung" für den Staat begründen. Staatliche Kommunikationstätigkeiten, welche die sachlichen Voraussetzungen der Medienfreiheiten des Art. 5 Abs. 1

---

[115] Vgl. *Papier/Schröder*, Rechtsgutachten zu den verfassungsrechtlich zulässigen Inhalten eines um redaktionelle Inhalte und Anzeigen erweiterten kommunalen Amtsblatts, März 2016, S. 7; *Schürmann*, AfP 1993, 435 (437); *Mast*, ZUM 2023, 666 (670); *Schoch*, Information (Fn. 113), S. 89 f.; *Gersdorf*, Parlamentsfernsehen (Fn. 96), 2008, S. 51 ff.; ders., AfP 2016, 293 (295).

[116] S. nochmals *Gusy*, NJW 2000, 977 (980); ders., NVwZ 2015, 700 (701); *Gersdorf*, AfP 2016, 293 (294); *Ingold*, VerwArch 2017, 240 (248); *Mast*, Staatsinformationstätigkeit (Fn. 95), S. 196 mwN in Fn. 297.

[117] Vgl. BVerfGE 44, 125 (149); 105, 252 (270); 148, 11 (37 Rn. 77); 154, 320 (351 Rn. 94); 162, 207 (245 Rn. 113).

[118] Zur Bundesebene s. BVerfGE 162, 207 (245 (113)).

[119] S. hierzu nur *Schoch*, Information (Fn. 113), S. 75 ff.; *Gersdorf*, AfP 2016, 293 (296 ff.).

S. 2 GG erfüllen, seien unzulässige Staatsmedien.[120] Hiermit wird sowohl die Unzulässigkeit des Parlamentsfernsehens des Deutschen Bundestages[121] als auch die Unzulässigkeit gemeindeordnungsrechtlicher Bestimmungen über „erweiterte Amtsblätter"[122] begründet. Die Argumentation führt jedoch in eine Sackgasse, da sämtliche Formen zulässiger Öffentlichkeitsarbeit des Staates die sachlichen Voraussetzungen der Medienfreiheiten des Art. 5 Abs. 1 S. 2 GG erfüllen. Folgte man dem Ansatz, wäre jede Kommunikation des Staates unzulässig.[123] Jegliche Kommunikation des Staates wirkt auf den Meinungsbildungsprozess ein.[124] Zulässige staatliche Kommunikationstätigkeit lässt sich nicht negativ durch das Fehlen der sachlichen Voraussetzungen des Art. 5 Abs. 1 S. 2 GG bestimmen. Richtig ist nur, dass staatliche Kommunikationstätigkeit, die den für die öffentliche Hand geltenden Kompetenzrahmen überschreitet und die sachlichen Voraussetzungen der Medienfreiheiten erfüllt, in doppelter Hinsicht verfassungswidrig ist: Sie bricht aus den *immanenten* kompetenziellen Begrenzungen staatlicher Tätigkeit aus und verletzt dadurch die Kompetenzordnung; zugleich verstößt sie gegen die *externe* Schranke des Art. 5 Abs. 1 S. 2 GG, d.h. gegen das Verbot der Staatsmedien. Umgekehrt gilt aber, dass kompetenziell zulässige Kommunikation des Staates nicht mit dem Grundsatz der Staatsfreiheit der Medien kollidiert. Ob der Staat gegen den Grundsatz der Staatsfreiheit der Medien verstößt, bestimmt sich daher nicht nach Art. 5 Abs. 1 S. 2 GG,[125] sondern nach der Kompetenzordnung. Inhalt und immanente Grenzen zulässiger Kommunikationsarbeit des Staates sind allein aus der Kompetenzordnung zu gewinnen. Verletzt der Staat im Rahmen seiner Kommunikationsarbeit den für ihn geltenden Kompetenzrahmen, ist als Folge des Kompetenzverstoßes (zugleich) Art. 5 Abs. 1 S. 2 GG verletzt. Der Grundsatz der Staatsfreiheit der Medien ist jedoch keine (eigenständige) Schranke für die Kommunikationsarbeit des Staates. Dieser Grundsatz gelangt erst zur Anwendung, wenn der Staat ultra vires handelt. Ob eine solche kompetenzwidrige – und als Folge hiervon mit Art. 5

---

[120] Vgl. *Dörr*, Die verfassungsrechtliche Bewertung des vorgeschlagenen § 20 Abs. 3 Gemeindeordnung im Gesetzesentwurf der baden-württembergischen Landesregierung zur Änderung kommunalrechtlicher Vorschriften, (unveröffentlichtes) Kurzgutachten, undatiert, S. 12; *Goerlich/Laier*, ZUM 2008, 475 (482); implizit auch *Rauchhaus*, Rundfunk und Staat (Fn. 111), S. 144 ff., 201 ff.
[121] *Goerlich/Laier*, ZUM 2008, 475 (482 f.); implizit auch *Rauchhaus*, Rundfunk und Staat (Fn. 111), S. 144 ff.
[122] *Dörr*, Die verfassungsrechtliche Bewertung (Fn. 120), S. 12 ff.
[123] *Gersdorf*, AfP 2016, 293 (294 f.).
[124] Nachweise in Fn. 103 f.
[125] So aber (wohl) *Degenhart*, K&R 2016, Beihefter 1/2016, 1 (9: „Staatsfreiheit und Funktionsverbote").

Abs. 1 S. 2 GG unvereinbare – Kommunikation des Staates gegeben ist, richtet sich nach den Kompetenzbestimmungen.

4. Transparenzgebot

Informations- und Öffentlichkeitsarbeit dient der Herstellung von Transparenz staatlicher Stellen und damit einem demokratischen Kernanliegen. Dementsprechend unterliegt staatliche Kommunikationsarbeit dem Gebot der Transparenz. Das Recht des Staates zur Selbstdarstellung beruht auf einer eigenständigen Legitimationsgrundlage, die von den der Presse und dem Rundfunk vorbehaltenen grundrechtlichen Legitimationsquellen zu unterscheiden ist. Für staatliche Kommunikation einerseits und für grundrechtlich gewährleistete Kommunikation andererseits gelten jeweils eigenständige Ordnungsprinzipien. Wirkt der Staat zum Zwecke der Selbstdarstellung auf den gesellschaftlichen Meinungs- und Willensbildungsprozess ein, muss seine Urheberschaft erkennbar sein. Es muss klar zu Tage treten, welche staatliche Stelle für welchen Kommunikationsinhalt verantwortlich zeichnet.[126]

Regelmäßig steht dem Staat bei seiner Kommunikation die Urheberschaft „auf die Stirn geschrieben", insbesondere, wenn er Broschüren oder Bücher herausgibt oder im Internet Kommunikationsarbeit leistet.[127] Transparenzprobleme bestehen hingegen bei Äußerungen von Repräsentanten des Staates, die unterschiedliche Rollen einnehmen, d.h., die in amtlicher Funktion oder als Vertreter ihrer Partei auftreten können.[128]

III. Essenz

Missachtet der Staat die Grenzen zulässiger staatlicher Informations- und Öffentlichkeitsarbeit, weil er nicht (zulässige) Selbstdarstellung, sondern (unzulässige) Medienarbeit vornimmt, verletzt er nicht nur die grundgesetzliche Kompetenzordnung, sondern auch den Grundsatz der Staatsfreiheit der Medien (Art. 5 Abs. 1 S. 2 GG). Stellt sich (unzulässige) Medientätigkeit des Staates einfachgesetzlich als (linearer) Rundfunk dar, greift das Zulassungsverbot des § 53 Abs. 3 MStV, das allerdings unzureichenden Schutz bietet. Agiert der Staat als Telemedienanbieter, fehlt eine explizite Verbotsregelung für staatliche Telemedien. Gleichwohl dürften die Landesmedienanstalten nach dem MStV befugt sein, gegen staatliche Telemedienangebo-

---

[126] Vgl. *Gersdorf*, Parlamentsfernsehen (Fn. 96), S. 59f.; *Möllers*, AfP 2013, 457 (461).
[127] S. nur *Mandelartz*, DÖV 2015, 326 (327).
[128] Zuletzt umfassend BVerfGE 162, 207 (231 ff. Rn. 76 ff. mwN).

te vorzugehen.[129] Das lässt die Notwendigkeit einer Klarstellung durch den Gesetzgeber unberührt.

Unter Kompetenzgesichtspunkten unproblematisch ist eine Zuständigkeit der Landesmedienanstalten für Rundfunk- und Telemedienangebote der Länder und Kommunen. Ob das Gleiche für entsprechende Angebote des Bundes gilt, ist weniger eindeutig.

Verletzt der Staat im Rahmen von Informations- und Öffentlichkeitsarbeit andere verfassungsrechtliche Zulässigkeitsvoraussetzungen wie das Sachlichkeitsgebot[130] oder den Grundsatz der (parteipolitischen) Neutralität[131], ist sein Handeln zwar unzulässig. Es liegt aber keine verbotene staatliche Medientätigkeit vor. Mit den Mitteln des Medienrechts ist dem nicht beizukommen.

---

[129] → C) bei und nach Fn. 94 (S. 29).
[130] Hierzu BVerfGE 57, 1 (8); 105, 252 (272); 148, 11 (30 Rn. 59); 154, 320 (338 Rn. 52); 162, 207 (245 Rn. 112); s. im Einzelnen *Mast*, Staatsinformationstätigkeit (Fn. 95), S. 198 ff.
[131] Zuletzt BVerfGE 162, 207 (229 Rn. 73 ff.).

E. Stärkung des Informationsauftrags des öffentlich-rechtlichen Rundfunks

Der öffentlich-rechtliche Rundfunk ist ein wesentlicher Stützpfeiler der grundgesetzlichen Ordnung. Er trägt zum Gelingen der Demokratie und der Kulturstaatlichkeit maßgeblich bei. Insbesondere aufgrund seiner öffentlichen Finanzierung ist er in der Lage, ein von vielfaltsverengenden ökonomischen Zwängen unabhängiges Angebot zu gestalten und zu verbreiten. Hierauf weist das BVerfG in ständiger Rechtsprechung hin, zuletzt in seinem Urteil zum Rundfunkbeitrag. Darin heißt es: Der öffentlich-rechtliche Rundfunk hat die Aufgabe, „als Gegengewicht zu den privaten Rundfunkanbietern ein Leistungsangebot hervorzubringen, das einer anderen Entscheidungsrationalität als der der ökonomischen Anreize folgt und damit eigene Möglichkeiten der Programmgestaltung eröffnet. Er hat so zu inhaltlicher Vielfalt beizutragen, wie sie allein über den freien Markt nicht gewährleistet werden kann."[132] Weiter führt das Gericht aus: „Indem der öffentlich-rechtliche Rundfunk jedenfalls im Wesentlichen öffentlich finanziert ist, wird er dazu befähigt, wirtschaftlich unter anderen Entscheidungsbedingungen zu handeln. Auf dieser Basis kann und soll er durch eigene Impulse und Perspektiven zur Angebotsvielfalt beitragen und unabhängig von Einschaltquoten und Werbeaufträgen ein Programm anbieten, das den verfassungsrechtlichen Anforderungen gegenständlicher und meinungsmäßiger Vielfalt entspricht."[133] Schließlich heißt es in dem Urteil: „Er hat hierbei insbesondere auch solche Aspekte aufzugreifen, die über die Standardformate von Sendungen für das Massenpublikum hinausgehen oder solchen ein eigenes Gepräge geben."[134] Dementsprechend betont das BVerfG in ständiger Rechtsprechung, dass der öffentlich-rechtliche Rundfunk vorrangig aus dem Beitragsaufkommen zu finanzieren ist, weil er nur dann keinem der Erfüllung seines Funktionsauftrags zuwiderlaufenden Druck von „Einschaltquoten und Werbeaufträgen" ausgesetzt ist. Wörtlich formuliert das BVerfG: „Die Finanzierung des öffentlich-rechtlichen Rundfunks auf der Grundlage des Gebührenaufkommens soll eine weitgehende

---

[132] BVerfG, NVwZ 2018, 1293 (1298 Rn. 77); vgl. auch BVerfGE 73, 118 (158f.); 74, 297 (324f.); 83, 238 (297f.); 90, 60 (90); 114, 371 (388f.); 119, 181 (215f.); 136, 9 (29 Rn. 31).
[133] BVerfG, NVwZ 2018, 1293 (1298 Rn. 78); vgl. auch BVerfGE 90, 60 (90); 119, 181 (219); 136, 9 (29f. Rn. 32).
[134] BVerfG, NVwZ 2018, 1293 (1298 Rn. 78).

Abkoppelung vom ökonomischen Markt bewirken und dadurch sichern, dass sich das Programm an publizistischen Zielen, insbesondere an dem der Vielfalt, orientiert, und zwar unabhängig von Einschaltquoten und Werbeaufträgen (...)."[135]

Nach der Rechtsprechung des BVerfG gehört Unterhaltung ebenso zu dem verfassungsrechtlichen Funktionsauftrag des öffentlich-rechtlichen Rundfunks wie Bildung, Beratung und Information.[136] Deshalb wäre ein Verbot oder eine Marginalisierung von Unterhaltung im öffentlich-rechtlichen Rundfunk nach der Karlsruher Judikatur mit der Verfassung unvereinbar. Dem ist im Prinzip zuzustimmen, sofern Unterhaltungssendungen der öffentlich-rechtlichen Rundfunkanstalten im Vergleich zu denen der privaten Veranstalter einen (quantitativen und qualitativen) Mehrwert bieten. Ein solcher Mehrwert besteht insbesondere, wenn Unterhaltung der Versorgung von Zielgruppen (zB ältere Zuschauer) dient, die für die werbetreibende Wirtschaft und damit für werbefinanzierte private Anbieter von keinem oder nur von geringem Interesse sind. Auch unterscheiden sich Unterhaltungssendungen des öffentlich-rechtlichen Rundfunks zum Teil qualitativ von denen der Privaten. Dies kommt in § 26 Abs. 1 S. 9 MStV zum Ausdruck, wonach auch Unterhaltung einem öffentlich-rechtlichen Angebotsprofil entsprechen muss.

Problematisch ist indes, dass es nach der Rechtsprechung des BVerfG verfassungsrechtlich unzulässig wäre, den Funktionsauftrag des öffentlich-rechtlichen Rundfunks auf den Public Value, also auf solche linearen und nichtlinearen Angebotsformen zu begrenzen, die im Markt quantitativ und qualitativ nicht zufriedenstellend erbracht werden.[137] Nach der Karlsruher Judikatur darf der öffentlich-rechtliche Rundfunk nicht auf eine „Mindestversorgung oder auf ein Ausfüllen von Lücken und Nischen, die von privaten Anbietern nicht abgedeckt werden",[138] begrenzt werden. Der verfassungsrechtliche Versorgungsauftrag des öffentlich-rechtlichen Rundfunks ist nach der Rechtsprechung des BVerfG nicht auf „Mehrwert-Angebote" beschränkt, sondern erfasst auch Angebote, die (in vergleichbarer Qualität) bei den Privaten zu finden sind. Eine nähere Begründung für diesen umfassenden Funktionsauftrag des öffent-

---

[135] BVerfGE 119, 181 (219).
[136] Vgl. nur BVerfGE 73, 118 (158); 119, 181 (218); 136, 9 (30 Rn. 32).
[137] In diesem Sinne jüngst *Monopolkommission*, Wettbewerb 2018, XXII. Hauptgutachten der Monopolkommission gem. § 44 Abs. 1 S. 1 GWB, 2018, Rz. 1088 ff.; *Kühling/Kellner*, ZUM 2018, 825 (832: „Mehrwert-Kontrolle der Programminhalte in allen Bereichen"); *Gersdorf*, in: Gersdorf/Paal, BeckOK Informations- und Medienrecht, Stand: 1.5.2021, MStV, § 26 Rn. 12.
[138] BVerfGE 136, 9 (30 Rn. 32); deutlich auch BVerfGE 83, 238 (297 f.); s. ebenfalls BVerfGE 74, 297 (326).

lich-rechtlichen Rundfunks liefert das BVerfG indes nicht. Sofern der öffentlich-rechtliche Rundfunk auch im Bereich der Unterhaltung einen (qualitativen) Mehrwert bietet, ist gegen eine Beitragsfinanzierung von Verfassungs wegen an nichts zu erinnern. Zweifelhaft ist jedoch die Beitragsfinanzierung von Sendungen, die letztlich ein „more of the same" darstellen. Weshalb es gerechtfertigt sein soll, die Beitragszahlenden (zwangsweise) zur Finanzierung von Inhalten heranzuziehen, die ohnehin „nach dem freien Spiel der Kräfte" verfügbar sind, ist die Kernfrage, die das BVerfG nicht beantwortet hat. Es fehlt schlicht an der Erforderlichkeit und damit an der Verhältnismäßigkeit des Grundrechtseingriffs. Die Grundrechte der Beitragszahlenden verlangen einen (quantitativen oder qualitativen) Mehrwert beitragsfinanzierter Inhalte.

Die Problematik kann nicht vertieft werden. Im Zentrum des Interesses steht, ob der Gesetzgeber den Informationsauftrag und damit den Markenkern des öffentlich-rechtlichen Rundfunks durch entsprechende Maßnahmen stärken dürfte. Die spezifische Funktion des beitragsfinanzierten öffentlich-rechtlichen Rundfunks besteht darin, ein von Einschaltquoten (und Werbeeinnahmen) unabhängiges Programm anzubieten, das den verfassungsrechtlichen Erfordernissen gegenständlicher und meinungsmäßiger Vielfalt entspricht. Die öffentliche Finanzierung soll eine weitgehende Abkoppelung der publizistischen Tätigkeit von ökonomischen Notwendigkeiten und damit vom Quotendruck bewirken.[139] Dieser (hehre) verfassungsrechtliche Anspruch wird wenigstens in den Hauptprogrammen der öffentlich-rechtlichen Rundfunkprogramme nicht gebührend erfüllt. In der Realität bildet die Quote den Maßstab für die Programmgestaltung, obgleich hierfür keine wirtschaftliche Notwendigkeit besteht. Zwar sind die Hauptprogramme von ARD und ZDF reich an Informationssendungen, dies jedoch vorwiegend außerhalb der Hauptsendezeit. Im reichweitenstarken Abendprogramm rangiert der Informationsanteil lediglich im Mittelfeld der Privaten. Auch im Übrigen orientiert sich die Programmgestaltung der Sendeanstalten in erheblichem Umfang am Massengeschmack.[140] Der Public Value mutiert so zum Public View.

Die Stärkung des Informationsauftrags des öffentlich-rechtlichen Rundfunks drängt sich auch deshalb auf, weil die moderne Internetkommunikation nicht nur kommunikative Entfaltungsmöglichkeiten eröffnet, sondern auch Gefahren birgt. Das BVerfG weist darauf hin, dass es immer schwieriger wird, zwischen „Fakten und Meinungen" zu unterscheiden.[141] Hinzu träten „einseitige Darstellungen, Filter-

---

[139] Zuletzt BVerfGE 149, 222 (260); 158, 389 (417f. Rn. 78).
[140] Im Einzelnen *Gersdorf*, K&R 2018, 759 (760f. mwN).
[141] BVerfGE 158, 389 (419 Rn. 81).

blasen, Fake News, Deep Fakes". Da sich diese Gefährdungen nicht in erster Linie auf den Unterhaltungssektor, sondern vor allem auf den (besonders) meinungsbildenden Informationsbereich beziehen, ist eine Stärkung des öffentlich-rechtlichen Rundfunks gerade in diesem Feld essenziell.

I. Gesetzliche Schwerpunktsetzung zugunsten von Information, Bildung und Beratung

Obgleich (qualitativ anspruchsvolle) Unterhaltung zum verfassungsrechtlichen Funktionsauftrag des öffentlich-rechtlichen Rundfunks gehört, ist der Gesetzgeber nicht gehindert, das Verhältnis zwischen den Bereichen Information, Bildung und Beratung einerseits und Unterhaltung andererseits neu zu justieren und dem Informationsauftrag Vorrang einzuräumen.[142] Der Gesetzgeber hat im Rahmen der Beratungen zum 3. MÄStV eine solche Schwerpunktsetzung zugunsten von Information, Bildung und Beratung in Erwägung gezogen, letztlich jedoch darauf verzichtet (vgl. § 26 Abs. 1 S. 8 und 9 3. MÄStV).

Neuland würde der Gesetzgeber nicht betreten, wenn er beim Informationsauftrag des öffentlich-rechtlichen Rundfunks Schwerpunkte setzte. Es gibt bereits für einzelne öffentlich-rechtliche Rundfunksender gesetzliche Schwerpunktregelungen.[143] So sieht § 28 Abs. 4 Nr. 1 MStV vor, dass das von den in der ARD zusammengeschlossenen Landesrundfunkanstalten und dem ZDF veranstaltete Vollprogramm 3sat einen kulturellen Schwerpunkt haben muss. Deutschlandradio muss gem. § 29 Abs. 3 MStV Hörfunkprogramme mit den Schwerpunkten in den Bereichen Information, Bildung und Kultur veranstalten. Nicht als Voll-, sondern als Spartenprogramm ausgestaltet ist der Ereignis- und Dokumentationskanal PHOENIX (§ 28 Abs. 5 MStV). Wegen der spezifischen Zielgruppenausrichtung sind auch der Kinderkanal KiKA (§ 28 Abs. 5 MStV) und das Jugendangebot (§ 33 MStV) Spartenangebote.

Demgegenüber existieren in Bezug auf die Hauptprogramme von ARD und ZDF keine thematischen Schwerpunktvorgaben.

---

[142] S. den Einsetzungsbeschluss der Enquete-Kommission des Landtags Sachsen-Anhalts „Das Vertrauen in den öffentlich-rechtlichen Rundfunk durch Transparenz und Reformwillen stärken", Ziff. III. 1.: „Der Fokus auf Nachrichten und Informationen kann ein deutliches Alleinstellungsmerkmal im Wettbewerb mit den Privatsendern darstellen und sollte auch weiter gestärkt werden."; im Einzelnen *Gersdorf*, K&R 2018, 759 (765 f.).

[143] Vgl. *Degenhart*, ZUM 2000, 356 (358 f.); *Scherer*, ZUM 1998, 8 (17).

Für beide Hauptprogramme gilt der in § 26 MStV festgelegte allgemeine Auftrag des öffentlich-rechtlichen Rundfunks. Demnach haben (auch) die Hauptprogramme der Bildung, Information, Beratung und Unterhaltung zu dienen (vgl. § 26 Abs. 1 S. 8 MStV), wobei Unterhaltung einem öffentlich-rechtlichen Angebotsprofil entsprechen soll (§ 26 Abs. 1 S. 9 MStV).

Der bislang von der Rundfunkpolitik angedachte Reformplan bezog sich allein auf den öffentlich-rechtlichen Rundfunk in seiner Gesamtheit, nicht speziell auf die Hauptprogramme von ARD und ZDF. Würde lediglich § 28 MStV geändert, d. h. wäre der Bezugspunkt für eine Verpflichtung zur Schwerpunktsetzung in den Bereichen Information, Bildung und Beratung das Gesamtangebot des öffentlich-rechtlichen Rundfunks, entfaltete die Regelung keine Wirkungskraft („Symbolregulierung"), da sich in der Addition aller Angebote bereits derzeit ein solcher Schwerpunkt abbildet. Einen Steuerungseffekt hätte die gesetzliche Regelung nur, wenn sich die Schwerpunktvorgaben auf die reichweitenstarken Hauptprogramme von ARD und ZDF bezögen.

Auch in diesem Fall wäre das Grundrecht aus Art. 5 Abs. 1 S. 2 GG nicht verletzt. Zwar muss das verfassungsrechtliche Ziel gleichgewichtiger meinungs- und genrebezogener Vielfalt nicht in jedem Programm oder gar in jeder Sendung verwirklicht werden. Das BVerfG betont, dass einzelne Programme durchaus gegenständliche Schwerpunkte setzen oder bestimmte Zielgruppen ansprechen können.[144] Das bedeutet aber nicht, dass es dem Gesetzgeber verwehrt wäre, für einzelne Programme wie insbesondere die reichweitenstarken (Haupt-)Programme einen weitreichenden Vielfaltsstandard vorzuschreiben. Ebenso wie er berechtigt ist, Spartenprogramme mit bestimmten Inhalten zu beauftragen, darf er für Vollprogramme Schwerpunkte festlegen. Ein Schwerpunkt in den Bereichen Information, Bildung und Beratung trüge dem Umstand Rechnung, dass die Funktionsdefizite des werbefinanzierten privaten Rundfunks in diesen Feldern besonders sichtbar sind. Der Ausgleich dieser Funktionsdefizite ist die spezifische Aufgabe des öffentlich-rechtlichen Rundfunks, der aufgrund seiner Beitragsfinanzierung auch Angebote verbreiten kann, die sich nicht oder nur schwer über den Markt finanzieren lassen. Der Vollprogrammcharakter des Ersten und Zweiten Programms bliebe durch eine solche Schwerpunktsetzung unberührt, weil die Sendeanstalten in beiden Programmen weiterhin Unterhaltungssendungen verbreiten dürften. Von einer „Marginalisierung" von Unterhaltung, die nach ständiger Rechtsprechung des BVerfG ebenso wie Information, Bildung

---

[144] BVerfGE 87, 181 (203).

und Beratung zum Funktionsauftrag des öffentlich-rechtlichen Rundfunks zählt,[145] könnte deshalb keine Rede sein.[146] Sofern der Gesetzgeber den Vollprogrammcharakter des Ersten und Zweiten Programms durch Schwerpunktvorgaben neu justierte, entspräche er in besonderer Weise dem Vielfaltsgebot des Art. 5 Abs. 1 S. 2 GG, weil sich gerade in den Bereichen Information, Bildung und Beratung die spezifische Schwäche des werbefinanzierten privaten Rundfunks manifestiert.

Die Angebotsautonomie der öffentlich-rechtlichen Rundfunkanstalten stünde dem nicht entgegen, da sie grundsätzlich nur in Wahrnehmung des vom Gesetzgeber zugewiesenen Funktionsauftrags gilt. Als gekorene Grundrechtsträger genießen die öffentlich-rechtlichen Rundfunkanstalten nicht den gleichen Schutz wie private Rundfunkveranstalter, die sich als geborene Grundrechtsträger kraft grundrechtlicher Freiheit gegen jede Form der Verkürzung ihrer publizistischen Autonomie zur Wehr setzen können. Der öffentlich-rechtliche Rundfunk ist grundrechtlich nicht geschützt, wenn der Gesetzgeber im Rahmen der Vorgaben des Art. 5 Abs. 1 S. 2 GG den Funktionsbereich der Sendeanstalten konkretisiert.[147]

Schließlich belässt eine Schwerpunktregelung den Rundfunkanstalten hinreichenden Freiraum für die konkrete Ausgestaltung der Vollprogramme, sodass auch insoweit eine Verletzung der Angebotsautonomie ausgeschlossen ist. Das Grundgesetz hindert den Gesetzgeber nicht, den öffentlich-rechtlichen Rundfunk ausschließlich (Spartenangebote) oder überwiegend auf bestimmte thematische Inhalte – etwa aus den Bereichen Information oder Kultur – festzulegen.[148]

Allerdings empfiehlt es sich dann, die einzelnen Programmsparten gesetzlich näher zu definieren.[149] Das gilt auch deshalb, weil der Begriff „Information" nicht auf staatsbezogene politische Berichterstattung begrenzt ist, sondern gegenständlich indifferent ist und sämtliche Lebenssachverhalte erfasst.[150]

---

[145] Vgl. nur BVerfGE 73, 118 (158); 119, 181 (218); 136, 9 (30 Rn. 32).
[146] Vgl. aber *Hain*, promedia 8/2018, S. 7 (8).
[147] *Gersdorf*, K&R 2018, 759 (763 f.).
[148] Vgl. *Bullinger*, Die Aufgaben des öffentlichen Rundfunks. Wege zu einem Funktionsauftrag, 1999, S. 96, 100 f.; *Degenhart*, ZUM 2000, 356 (358 f.); *Scherer*, ZUM 1998, 8 (17); kritisch, im Ergebnis aber bejahend *Eifert*, Konkretisierung des Programmauftrags des öffentlich-rechtlichen Rundfunks. Verfassungsrechtliche Verankerung, rechtliche Ausgestaltung und neue Herausforderungen der Selbstregulierung des öffentlich-rechtlichen Rundfunks, 2002, S. 96 f.
[149] Zum Begriffsquartett Information, Bildung, Beratung und Unterhaltung *Gersdorf*, ZUM 2002, 106 (109 ff.).
[150] *Gersdorf*, ZUM 2002, 106 (110 f.).

II. Gesetzliche Sendezeitvorgaben für Information, Bildung und Beratung

Eine gesetzliche Schwerpunktsetzung zugunsten der Bereiche Information, Bildung und Beratung in den Hauptprogrammen kann nur Wirkung entfalten, wenn sie sich nicht auf das Gesamtsystem des öffentlich-rechtlichen Rundfunks, sondern speziell auf die Hauptprogramme von ARD und ZDF bezieht. Eine weitere, mindestens ebenso wesentliche Voraussetzung für die Wirksamkeit gesetzlicher Schwerpunktvorgaben ist die Verpflichtung, die Schwerpunkte in der Hauptsendezeit abzubilden.[151] Die Hauptsendezeit liegt beim Fernsehen zwischen 18 und 23 Uhr. In dieser Zeit versammeln sich deutlich mehr Menschen vor dem Fernseher als außerhalb des Abendprogramms. Die Ausstrahlung von Sendungen innerhalb der Hauptsendezeit erreicht daher besonders viele Zuschauer und ist massenwirksam. In dieser Zeit erfüllt der Rundfunk in besonderer Weise seine massenkommunikative Funktion. Außerhalb des Abendprogramms ist der Einfluss des Rundfunks deutlich geringer. Fehlen Sendezeitvorgaben, können Schwerpunktsendungen zur Nachtzeit oder während des Tages zu Zeiten ausgestrahlt werden, in denen sich kaum Zuschauer vor dem Fernseher einfinden. Zur „Unzeit" ausgestrahlte Sendungen erreichen nur wenige Rezipienten und erfüllen damit den Versorgungsauftrag des öffentlich-rechtlichen Rundfunks in geringem Maße.

Vor diesem Hintergrund erscheinen Sendezeitvorgaben für die Ausstrahlung von Information, Bildung und Beratung noch bedeutsamer als die Vorgabe, die Sendungen im Hauptprogramm auszustrahlen. Die Sendezeit entscheidet letztlich über die Rezeption. Ob eine Sendung im Haupt- oder Nebenprogramm verbreitet wird, ist zwar für die Reichweite wichtig. Auch die Ausstrahlung einer Sendung in einem Nebenprogramm ermöglicht aber ihre Rezeption und dient dem Versorgungsauftrag des öffentlich-rechtlichen Rundfunks. Demgegenüber führt die Ausstrahlung einer Sendung in (Haupt- oder Neben-)Programmen zur „Unzeit" dazu, dass der öffentlich-rechtliche Rundfunk seinen Versorgungsauftrag nicht oder nur eingeschränkt erfüllt.

Die Notwendigkeit von Sendezeitvorgaben zeigt sich daran, dass der öffentlich-rechtliche Rundfunk seinem Informationsauftrag vorwiegend außerhalb des reichweitenstarken Abendprogramms

---

[151] Bezogen auf den öffentlich-rechtlichen Rundfunk in Österreich (ORF) vgl. § 4 Abs. 3 S. 2 ORF-Gesetz mit der Vorgabe, dass „jedenfalls in den Hauptabendprogrammen (20 bis 22 Uhr) in der Regel anspruchsvolle Sendungen zur Wahl stehen" müssen.

nachkommt. Im Abendprogramm liegt der Informationsanteil der Hauptprogramme von ARD und ZDF nur im Mittelfeld der Privatsender und im Übrigen weit hinter dem Informationsanteil der Dritten Programme der Landesrundfunkanstalten.[152] Pointiert (in Anlehnung an den ZDF-Werbeslogan) formuliert: „Mit den Dritten sieht man (Information) besser".[153]

Gesetzliche Vorgaben für den öffentlich-rechtlichen Rundfunk, Informationssendungen in der Hauptsendezeit (der Hauptprogramme) auszustrahlen, verwirklichen die den Sendeanstalten zukommende Funktion. Sie stellen sicher, dass der öffentlich-rechtliche Rundfunk „unabhängig von Einschaltquoten" ein Programm anbietet, das auch Sendungen enthält, „die über die Standardformate von Sendungen für das Massenpublikum hinausgehen".[154] Der Gesetzgeber konkretisiert mit Sendezeitvorgaben für Informationssendungen den spezifischen Programmauftrag des öffentlich-rechtlichen Rundfunks. In die Angebotsautonomie des öffentlich-rechtlichen Rundfunks greift der Gesetzgeber nicht ein, weil die Autonomie nur nach Maßgabe einer (verfassungsmäßigen) Ausgestaltung des Angebotsauftrags gilt.[155] Der öffentlich-rechtliche Rundfunk hat kein „Grundrecht auf Quotenorientierung". Gesetzliche Regelungen, die sicherstellen, dass der öffentlich-rechtliche Rundfunk den Pfad der ihm von Verfassungs wegen zukommenden Funktion nicht verlässt, sind von der Rundfunkgarantie des Art. 5 Abs. 1 S. 2 GG gedeckt, wenn nicht sogar durch sie geboten.[156]

Die Zulässigkeit solcher Sendezeitvorgaben zeigt sich an der gesetzlichen Regelung von Fensterprogrammen im privaten Rundfunk für unabhängige Dritte (s. §§ 59 Abs. 4, 65 MStV). Der Gesetzgeber hat Dritten im Interesse der Vielfaltssicherung Sendezeit in den Bereichen Kultur, Bildung und Information eingeräumt (§§ 59 Abs. 4, 65 Abs. 1 S. 1 MStV). Dabei ist sowohl die wöchentliche Mindestdauer des Fensterprogramms normiert als auch vorgegeben, dass ein Teil der wöchentlichen Sendezeit zwischen 19:00 und 23:30 Uhr liegen muss (§§ 59 Abs. 4, 65 Abs. 2 S. 1 MStV). Zwar stellt die Verpflichtung privater Rundfunkveranstalter zur Bereitstellung von Sendezeit für unabhängige Dritte einen Eingriff in ihre durch Art. 5 Abs. 1 S. 2 GG geschützte Programmautonomie dar. Der Ein-

---

[152] *Gersdorf*, K&R 2018, 759 (760 f.).
[153] Zur besonderen Regionalkompetenz der Dritten Fernsehprogramme *Holtmannspötter/Breunig*, Media Perspektiven 2018/7–8, 348 (349).
[154] BVerfG, NVwZ 2018, 1293 (1298 Rn. 78 mwN).
[155] *Gersdorf*, K&R 2018, 759 (763 f.).
[156] Zur Zulässigkeit von Sendezeitvorgaben für den öffentlich-rechtlichen Rundfunk vgl. auch *Bullinger*, Die Aufgaben des öffentlichen Rundfunks (Fn. 148), S. 106.

griff ist aber im Interesse der Vielfaltssicherung gerechtfertigt.[157] Ebenso ist die gesetzliche Vorgabe von Sendezeiten für Informationssendungen im öffentlich-rechtlichen Rundfunk zulässig, wobei bereits kein Eingriff in die Angebotsautonomie der Sendeanstalten vorliegt, weil sie nicht geborene, sondern gekorene Grundrechtsträger sind.[158]

III. Gesetzliche Budgetierung von Information, Bildung und Beratung

Da der Gesetzgeber berechtigt ist, in Bezug auf den öffentlich-rechtlichen Rundfunk insgesamt, aber auch für einzelne (Haupt-)Programme der Sendeanstalten eine Berichterstattung mit dem Schwerpunkt Information, Bildung und Beratung vorzugeben, wäre zu überlegen, zur Abstützung dieser Schwerpunktvorgaben Budgetvorgaben zu machen. So könnte gesetzlich vorgeschrieben werden, das verfügbare Rundfunkbeitragsaufkommen überwiegend zur Finanzierung der Genres Information, Bildung und Beratung einzusetzen. Auch ist zu erwägen, für einzelne (Teil-)Sparten wie Dokumentationen, den künstlerischen Dokumentarfilm, den Kurzfilm, den Experimentalfilm, den anspruchsvollen Spielfilm und das anspruchsvolle Fernsehspiel Mindestbudgets vorzusehen.

Auch solche gesetzlichen Budgetierungen berühren nicht die Angebotsautonomie der Rundfunkanstalten und sind daher verfassungsrechtlich zulässig. Zwar hat das BVerfG entschieden, dass die öffentlich-rechtlichen Rundfunkanstalten im Rahmen ihres gesetzlichen Funktionsauftrags bei der Verwendung der Rundfunkbeitragsmittel frei sind. Es hat formuliert: „Wie die Rundfunkanstalten die verfügbaren Mittel im Rahmen der gesetzlichen Bestimmungen auf einzelne Programme oder Programmsparten verteilen, ist ihre Sache."[159] Das bedeutet jedoch nicht, dass dem Gesetzgeber auf bestimmte Sparten bezogene Budgetierungen verwehrt wären. Die Programmautonomie der Sendeanstalten entfaltet sich grundsätzlich nur im Rahmen des (verfassungskonformen) Angebotsauftrags des Gesetzgebers. Nichts anderes hat das BVerfG entschieden („im Rahmen der gesetzlichen Bestimmungen").

Eine Budgetierung dient der Absicherung der materiell-rechtlichen Vorgabe, schwerpunktmäßig in den Bereichen Information,

---

[157] Vgl. OVG Rheinland-Pfalz, Beschl. v. 17.10.2017 – 2 B 11451/17 –, Rn. 141, juris; VG München, Urt. v. 4.8.2011 – M 17 K 09.2791 –, Rn. 128 ff., juris; vgl. auch VG Hannover, Beschl. v. 10.12.2008 – 7 B 3949/08 –, Rn. 70, juris.
[158] *Gersdorf*, K&R 2018, 759 (763).
[159] BVerfGE 87, 181 (203).

Bildung und Beratung zu senden. Sie ist daher ebenso zulässig wie gesetzliche genrebezogene Schwerpunktvorgaben.

Allerdings muss sich der Gesetzgeber – ebenso wie bei der Regelung von genrebezogenen Schwerpunkten – auch bei einer Budgetierung einer kleinteiligen Detailregelung enthalten. Er darf insbesondere nicht Inhalte einzelner Sendungen vorgeben. Eine budgetmäßige Anknüpfung an Sparten ist dagegen erlaubt. Der Gesetzgeber darf den Rundfunkanstalten vorgeben, einen bestimmten (Mindest-)Anteil des Rundfunkbeitragsaufkommens für einzelne Genres zu verwenden.

Dementsprechend hat das BVerfG – bezogen auf die Förderung privater Rundfunkveranstalter nach dem vormaligen Teilnehmerentgeltsystem in Bayern – es für zulässig erachtet, öffentliche Zuschüsse auf „Sendezeit für Informations- und Kulturbeiträge" zu beschränken. Darin liegt nach Überzeugung des BVerfG keine „dem Art. 5 Abs. 1 Satz 2 GG widersprechende Einwirkung auf das Programmverhalten der Anbieter". Die maßgebliche Entscheidungspassage lautet: „Die der Landeszentrale übertragene Rechtsmacht zur Zuteilung von Zuschüssen aus dem Teilnehmerentgelt an einzelne Anbieter zielt auf die Unterstützung der Ausübung der Rundfunkfreiheit. Eine dem Art. 5 Abs. 1 Satz 2 GG widersprechende Einwirkung auf das Programmverhalten der Anbieter wird dadurch nicht ermöglicht. Die Teilnehmerentgeltsatzung der Landeszentrale knüpft für die Vergabeentscheidung nicht an die konkreten Inhalte der Sendungen, die in ihnen verbreiteten Informationen und Meinungen oder gar die politische oder sonstige Ausrichtung der Anbieter oder einzelner Beiträge an, sondern orientiert die Förderung im Wesentlichen an bestimmten Typen von Programmen und Sendungen; die Höhe der Zuschüsse richtet sich nach der Sendezeitdauer".[160]

Das BVerfG bestätigt damit zum einen, dass eine Beschränkung der Förderung auf Information und Kultur von Verfassungs wegen nicht zu beanstanden ist, weil gerade in diesen Bereichen die Funktionsdefizite des privatwirtschaftlich finanzierten Rundfunks sichtbar sind. Es sieht deshalb in der Förderung dieser Sparten eine „Unterstützung der Ausübung der Rundfunkfreiheit".[161] Zum anderen stellt das Gericht fest, dass eine Förderung, die an bestimmte Programmsparten wie Information und Kultur anknüpft, keine „dem Art. 5 Abs. 1 Satz 2 GG widersprechende Einwirkung auf das Programmverhalten der Anbieter" ermöglicht.[162] Entsprechend darf der Gesetzgeber Budgets für bestimmte Sparten im öffentlich-rechtlichen Rundfunk vorsehen.

---

[160] BVerfGE 114, 371 (390).
[161] BVerfGE 114, 371 (390).
[162] BVerfGE 114, 371 (390).

Von dieser verfassungsrechtlichen Möglichkeit hat der Gesetzgeber bereits Gebrauch gemacht. Er hat die Einführung des Jugendangebots von ARD und ZDF (s. § 33 MStV) an die finanzielle Selbstverpflichtung der Sendeanstalten geknüpft, die Aufwendungen für das Jugendangebot auf 45 Mio. EUR jährlich zu begrenzen.[163]

---

[163] BayLT-Drs. 17/9700, 12: „Im Rahmen der Entscheidung über die Beauftragung haben ARD und ZDF eine finanzielle Selbstverpflichtung im Sinne des § 1 Abs. 2 Satz 2 des Rundfunkfinanzierungsstaatsvertrages abgegeben, die Aufwendungen für das Jugendangebot auf 45 Mio. € jährlich zu begrenzen."; hierzu *Gersdorf*, in: Gersdorf/Paal, BeckOK Informations- und Medienrecht, Stand: 1.5.2021, MStV, § 33 Rn. 1; *Zimmermann*, in: Binder/Vesting, Beck'scher Kommentar zum Rundfunkrecht, 4. Aufl. 2018, RStV, § 11g Rn. 6.

F. Plattformregulierung

I. Plattformregulierung nach dem DSA

1. Kompetenz der EU

Gestützt auf Art. 114 AEUV wurde der Digital Services Act (DSA) erlassen. Die Binnenmarktkompetenz der EU ist fraglich, weil Kernanliegen des DSA die Einhaltung der nationalen Rechtsordnungen ist. Letztlich verfolgt der DSA zwei Zwecke (Art. 1 Abs. 1 DSA): Er sucht ein „sicheres, vorhersehbares und vertrauenswürdiges Online-Umfeld", also die Einhaltung der Rechtsordnung und einen sachgerechten Ausgleich der betroffenen Unionsgrundrechte zu gewährleisten. Zugleich soll ein Beitrag zum reibungslosen Funktionieren des Binnenmarktes für Vermittlungsdienste geleistet werden. Das Ziel der Verwirklichung des Binnenmarktes legitimiert grundsätzlich die Inanspruchnahme der Kompetenz nach Art. 114 AEUV. Da sich die Binnenmarktkompetenz nach Art. 114 AEUV auf die grenzüberschreitende Tätigkeit von Vermittlungsdiensten erstreckt, kann hiervon kraft Sachzusammenhangs auch die Einhaltung der Rechtsordnung bei der Erbringung von Vermittlungsdiensten erfasst sein.

Das gilt allerdings nur, soweit Vermittlungsdienste als reine Wirtschaftsunternehmen zu klassifizieren sind. Anbieter von Vermittlungsdiensten sind indes hybride Grundrechtsträger.[164] Soweit sie Zugang zu Informationen bieten, die ausschließlich durch die Wirtschaftsgrundrechte (Art. 16 GRCh) geschützt sind, und diesbezüglich Inhalte selektieren und den Nutzern bereitstellen (News Feed), sind Vermittlungsdienste nicht nur Wirtschaftsunternehmen, sodass die Binnenmarktkompetenz der EU unzweifelhaft gegeben ist. Anders liegen die Dinge, soweit Vermittlungsdienste durch Art. 11 GRCh geschützte Inhalte zugänglich machen. In diesem Fall sind Vermittlungsdienste Träger des Grundrechts aus Art. 11 GRCh und nicht bloß Wirtschaftsunternehmen. In Ermangelung einer Medienkompetenz der EU sind für solche Vermittlungsdienste die Mitgliedstaaten zuständig, denen die Sicherstellung der Rechtsordnung bei der Erbringung der Vermittlungsdienste obliegt. Das wird insbesondere deutlich bei dem Umgang mit systemischen Risiken von sehr großen Online-Plattformen wie insbesondere nachteiligen Auswirkungen auf die Meinungs- und Informationsfreiheit

---

[164] → B) II. 2. nach Fn. 51 (S. 18).

einschließlich Medienfreiheit und Medienpluralismus (vgl. Art. 34 Abs. 1 UAbs. 2 S. 2 lit. b) DSA) und nachteiligen Auswirkungen auf gesellschaftliche Debatten und auf Wahlprozesse (vgl. Art. 34 Abs. 1 UAbs. 2 S. 2 lit. c) DSA). Diese Risiken betreffen Schutzgüter, die keinen spezifischen Bezug zum Wirtschaftsleben und damit zur Binnenmarktkompetenz haben.[165]

2. Struktur der Regulierung: Kaskadenmodell

Der DSA beruht auf einem Kaskadenmodell mit einem System abgestufter Regulierung. Die Regulierungstiefe bestimmt sich nach Art und Größe des Vermittlungsdienstes. Für sämtliche Vermittlungsdienste gelten die Regelungen der Kapitel II und Kapitel III Abschnitt 1, zu denen unter anderem Haftungsvorschriften gehören (Art. 4 bis 8 DSA), die im Wesentlichen den Haftungsbeschränkungsregelungen der ECRL entsprechen,[166] die durch den DSA aufgehoben wurden (Art. 89 Abs. 1 DSA). Für Hostingdiensteanbieter (einschließlich Online-Plattformen) gelten zusätzliche Verpflichtungen nach Kapitel III Abschnitt 2 (Art. 16 bis 18 DSA). Für Anbieter von Online-Plattformen sind wiederum ergänzende Bestimmungen anwendbar, die sich in Kapitel III Abschnitt 3 und 4 (Art. 19 bis 32 DSA) finden. Der weitestgehenden Regulierung unterliegen Anbieter von sehr großen Online-Plattformen und sehr großen Online-Suchmaschinen wegen ihrer systemischen Risiken (Kapitel III Abschnitt 5).

3. Vollharmonisierung und Konsequenzen für die Mitgliedstaaten

Verordnungen der EU erheben grundsätzlich Anspruch auf Vollharmonisierung, ohne den Mitgliedstaaten Spielräume für abweichende Regelungen zu belassen.[167] Dementsprechend geht auch der als Verordnung ergangene DSA grundsätzlich von einer vollständigen Harmonisierung der geregelten Bereiche aus (s. nur Art. 1 Abs. 1 und 2 DSA, ErwGr 2 S. 3 und ErwGr 9).[168] Im Gegensatz zu anderen Verordnungen wie der DSGVO sieht der DSA keine Öffnungsklauseln vor.

Allerdings reicht der Harmonisierungsanspruch des DSA nicht so weit, dass für Regelungen der Mitgliedstaaten kein Raum bleibt.

---

[165] Vgl. *Kuhlmann*, ZUM 2023, 170 (172 f.).
[166] S. nur *Dregelies*, MMR 2022, 1033 (2034); *Janal*, K&R 2021, 6 (7).
[167] Statt aller *Tietje*, in: Grabitz/Hilf/Nettesheim, Das Recht der Europäischen Union, Bd. I, EUV/AEUV, Werkstand: 80. EL August 2023, AEUV, Art. 114 Rn. 38; *Grünwald/Nüßing*, MMR 2021, 283 (286).
[168] Vgl. nur *Härting/Adamek*, CR 2023, 316 (317 f.); *Kuhlmann*, ZUM 2023, 170 (171); *Hofmann*, in: Hofmann/Raue, Digital Services Act. Gesetz über digitale Dienste, 2023, Art. 1 Rn. 36.

Die Rechtswidrigkeit von Online-Inhalten bestimmt sich nicht nach dem DSA, sondern nach (anderem) Unionsrecht und dem Recht der Mitgliedstaaten (s. Art. 3 lit. h) DSA).[169] Daher bietet der DSA keine Rechtsgrundlage für den Erlass behördlicher und gerichtlicher Anordnungen gegen Anbieter von Vermittlungsdiensten zum Vorgehen gegen rechtswidrige Inhalte nach Art. 9 und Art. 10 DSA (vgl. ErwGr 31 S. 5). Dasselbe gilt für die Ausgestaltung der Rechtsbeziehungen im horizontalen Verhältnis zwischen Diensteanbietern und Nutzern in Bezug auf rechtswidrige Inhalte (Art. 12 ff., Art. 16 ff. DSA). Die Vollharmonisierung ist im Kern bezogen und begrenzt auf die prozeduralen und materiellen Voraussetzungen des DSA, die die Mitgliedstaaten bzw. Diensteanbieter erfüllen müssen, um die Einhaltung der Rechtsordnung bei der Erbringung von Vermittlungsdiensten zu gewährleisten.

Soweit der DSA eine Vollharmonisierung bewirkt, ist für mitgliedstaatliches Recht kein Platz. Der nationale Gesetzgeber darf weder abweichende noch ergänzende Vorschriften erlassen. Auch eine bloße Normwiederholung ist ihm untersagt.[170] Der EuGH leitet das unionsrechtliche Normwiederholungsverbot aus Art. 288 Abs. 2 AEUV ab.[171] Richtigerweise folgen das Normwiederholungsverbot und das Verbot abweichender oder ergänzender Bestimmungen bereits aus der Kompetenzverteilung zwischen der EU und den Mitgliedstaaten. Bei einer Vollharmonisierung durch Rechtsakte der EU haben die Mitgliedstaaten nach Art. 2 Abs. 2 S. 2 AEUV keine Gesetzgebungskompetenz (mehr). Gleichwohl erlassene Rechtsakte der Mitgliedstaaten verstoßen gegen Art. 2 Abs. 2 S. 2 AEUV und sind deshalb unanwendbar.[172] Bereits vor Inkrafttreten vollharmonisierender Verordnungen (DSA) erlassene nationale Gesetze sind wegen des unions- und verfassungsrechtlichen (vgl. Art. 23 Abs. 1 GG) Prinzips vom Vorrang des Unionsrechts ebenfalls unanwendbar.

Anders liegen die Dinge bei der Anwendung von vollharmonisierenden Verordnungen durch die Gerichte der Mitgliedstaaten. Die mitgliedstaatlichen Gerichte fungieren bei der Durchführung von Unionsrecht als Unionsgerichte im funktionalen Sinne.[173] Bei der Anwendung von unionsrechtlich vollständig vereinheitlichten Ver-

---

[169] Im Einzelnen F) I. 6., S. 61 ff.
[170] EuGH, Rs. C-39/72 (Kommission/Italien), Slg. 1973, 101 Rn. 9 f.; EuGH, Rs. 34/73 (Variola), Slg. 1973, 981 Rn. 9 ff.
[171] EuGH, Rs. C-39/72 (Kommission/Italien), Slg. 1973, 101 Rn. 16 f.; EuGH, Rs. 34/73 (Variola), Slg. 1973, 981 Rn. 9–11.
[172] S. nur *Nettesheim*, in: Grabitz/Hilf/Nettesheim, Das Recht der Europäischen Union, Bd. I, EUV/AEUV, Werkstand: 80. EL August 2023, AEUV, Art. 2 Rn. 25, 27; *Grünwald/Nüßing*, MMR 2021, 283 (286).
[173] Vgl. statt aller *Kahl*, in: Calliess/Ruffert, EUV/AEUV, 6. Aufl. 2022, EUV, Art. 4 Rn. 143 mwN.

ordnungen sind die nationalen Gerichte gem. Art. 51 Abs. 1 S. 1 GRCh an die Unionsgrundrechte gebunden.[174] Sie sind dazu befugt, unter Wahrung ihrer Bindung an die Verordnung die hiernach eröffneten Auslegungs- und Abwägungsspielräume auszufüllen und dabei die Unionsgrundrechte zur Geltung zu bringen. Der DSA ist deshalb von den Gerichten der Mitgliedstaaten im Lichte der Unionsgrundrechte auszulegen und anzuwenden.

4. Anwendungsbereich

Der Vermittlungsdienst ist der Schlüsselbegriff des DSA (vgl. Art. 1, 2 Abs. 1 und 2 DSA). Erfasst sind nach der Legaldefinition des Art. 3 lit. g) DSA Network- und Access-Provider (Art. 3 lit. g) i) DSA), Caching-Provider (Art. 3 lit. g) ii) DSA), die im Interesse einer effizienten Datenübermittlung eine automatische Zwischenspeicherung der Daten (in der Nähe) des Endkunden vornehmen, sowie Hosting-Provider. Hosting-Dienste sind gem. Art. 3 lit. g) iii) DSA Dienste, die darin bestehen, von einem Nutzer bereitgestellte Informationen in dessen Auftrag zu speichern. Als Beispiel nennt ErwGr 29 Cloud-Computing- und Web-Hosting-Dienste.

Von einem (schlichten) Hosting-Dienst unterscheidet sich die in Art. 3 lit. i) DSA (legal-)definierte Online-Plattform dadurch, dass sie im Auftrag des Nutzers Informationen nicht nur speichert, sondern zusätzlich „öffentlich verbreitet". „Öffentliche Verbreitung" ist gem. Art. 3 lit. k) DSA die Bereitstellung von Informationen für eine potenziell unbegrenzte Zahl von Dritten im Auftrag des Nutzers, der die Informationen bereitgestellt hat. Nach dem DSA ist eine „Online-Plattform" zwar ein Hosting-Dienst, sodass für sie die für alle Hosting-Dienste geltenden Vorschriften der Art. 4 bis 18 DSA Anwendung finden. Da Plattformen im Gegensatz zu reinen Hosting-Diensten Inhalte öffentlich verbreiten, gelten aber die zusätzlichen Bestimmungen der Art. 19 ff. DSA und für sehr große Plattformbetreiber überdies die Verpflichtungen nach Art. 33 ff. DSA.

a) Soziale Netzwerke

Als Beispiel für Online-Plattformen nennt ErwGr 13 soziale Netzwerke.[175] Eine pauschale Einordnung als Online-Plattformen ist jedoch problematisch, weil soziale Netzwerke unterschiedliche Dienste mit verschiedenen Funktionen anbieten. So hat der Nutzer bei Facebook die Wahl, ob sein Posting nur an „Freunde" im so-

---

[174] Grundlegend BVerfGE 152, 216 (252 ff.).
[175] Nach dem MStV firmieren soziale Netzwerke als Medienintermediäre (§ 2 Abs. 2 Nr. 16 MStV), für die §§ 91 bis 96 MStV gelten.

zialen Netzwerk, an „Freunde außer bestimmte Freunde", an „bestimmte Freunde" oder an jedermann innerhalb und außerhalb des sozialen Netzwerks („öffentlich") verbreitet werden soll. Ein nur an „bestimmte Freunde" verbreiteter Post ist keine für „eine potenziell unbegrenzte Zahl von Dritten" (Art. 3 lit. k) DSA) bereitgestellte Information. Diese Funktion ähnelt eher einem Instant Messaging-Dienst, bei dem nach ErwGr 14 S. 3 keine öffentliche Verbreitung und damit auch kein Online-Plattformdienst gegeben sein soll; nur dann, wenn der postende Nutzer den Kreis der Empfänger nicht bestimmen kann wie bei einer Verbreitung von Inhalten über öffentliche Gruppen oder offene Kanäle, ist ein Messaging-Dienst als Online-Plattform zu qualifizieren (vgl. ErwGr 14 S. 4).[176]

Schwieriger gestaltet sich die Einordnung von Posts an „Freunde" bzw. „Freunde mit Ausnahme bestimmter Freunde". Anders als herkömmliche Massenkommunikation richten sich die Inhalte nicht an eine „beliebige Öffentlichkeit".[177] Umgekehrt handelt es sich aber auch nicht um Individualkommunikation im klassischen Sinne, weil der („Freundes"-)Kreis zahlenmäßig oftmals weit gefasst und mitunter sogar unüberschaubar ist. Darüber hinaus unterscheidet sich die Auswahl der Kommunikationspartner grundlegend von klassischer Individualkommunikation, weil Nutzer häufig an einem großen („Freundes"-)Kreis interessiert sind, sodass die Ansehung der konkreten Person nicht im Vordergrund steht.[178] Ob solche Formen personenindifferenter Gruppenkommunikation die Bereitstellung von Informationen für „eine potenziell unbegrenzte Zahl von Dritten" und damit eine „öffentliche Verbreitung" iSd Art. 3 lit. k) DSA darstellen, ist nicht geklärt.

Eine „öffentliche Verbreitung" und damit eine Online-Plattform ist jedoch gegeben, wenn der Nutzer seinen Post „öffentlich" macht. In diesem Fall wird der Inhalt im Auftrag des Nutzers vom Anbieter gespeichert und öffentlich verbreitet, sodass das soziale Netzwerk als Online-Plattform einzuordnen ist.

Allerdings berücksichtigt die Klassifizierung sozialer Netzwerke als Online-Plattformen nicht, dass bei einem öffentlichen Post eines Nutzers die Entscheidung, an welche konkreten anderen Nutzer die Informationen verbreitet werden, nicht der Nutzer, sondern der Plattformbetreiber trifft. Der Plattformbetreiber steuert durch Algorithmen, welche Informationen des öffentlich postenden Nutzers an

---

[176] Zu Messaging-Diensten als Dienste der Individual- und Massenkommunikation und zur Frage, ob sie dem Plattformbegriff des Art. 3 lit. i) DSA unterfallen, *Gerdemann/Spindler*, GRUR 2023, 115; *Hofmann*, DSA (Fn. 168), Art. 3 Rn. 102; *Jung*, DÖV 2023, 141 (146); *Rössel*, ITRB 2023, 13 (14).
[177] *Lerche*, Rundfunkmonopol (Fn. 16), S. 28.
[178] S. bereits → B), II. 1., S. 11 f.

welche Nutzer weitergeleitet werden. Bei öffentlichen Posts entscheidet das soziale Netzwerk, welche Inhalte an welche „Dritten" iSd Art. 3 lit. k) DSA verbreitet werden, d.h. welche „Dritten" den Zugang zu welchen Inhalten erhalten. Anbieter sozialer Netzwerke stehen wegen dieser algorithmenbasierten Steuerung der öffentlichen Verbreitung den Inhalten näher als Plattformbetreiber, die im Auftrag des Nutzers Inhalte an „eine potenziell unbegrenzte Zahl von Dritten" (Art. 3 lit. k) DSA) verbreiten, ohne den Kreis der Rezipienten selbst zu bestimmen. Diese ungleich größere „Nähe zum Inhalt" hätte bei der Regulierung sozialer Netzwerke Berücksichtigung finden können, etwa im Bereich der Haftung (vgl. Art. 6 DSA). Immerhin trägt der DSA der besonderen Verantwortung sozialer Netzwerke für den individuellen und öffentlichen Willens- und Meinungsbildungsprozess dadurch Rechnung, dass für sehr große Online-Plattformen zusätzliche Verpflichtungen in Bezug auf den Umgang mit systemischen Risiken gelten (vgl. Art. 33 ff. DSA). Im Rahmen der Legaldefinition verzichtet der Gesetzgeber auf Differenzierungen. Anbieter sozialer Netzwerke sind daher Online-Plattformen, wenigstens dann, wenn sie Posts ihrer Nutzer (innerhalb oder außerhalb des Netzwerks) öffentlich verbreiten.

b) Video-Sharing-Plattformen

Auch Video-Sharing-Plattformen wie YouTube, die von Nutzern stammende Videos bereithalten und öffentlich verbreiten, ohne redaktionelle Verantwortung für die Inhalte oder ihre Auswahl zu haben (vgl. Art. 1 Abs. 1 lit. a) ii) (aa) AVMDRL, vgl. auch § 2 Abs. 2 Nr. 23, 24 MStV), sind Online-Plattformen. Video-Sharing-Plattformen speichern und verbreiten öffentlich Informationen (Videos) ihrer Nutzer in deren Auftrag, sodass sie die Voraussetzungen einer Online-Plattform nach Art. 3 lit. i) DSA erfüllen. Hieran ändert Art. 2 Abs. 4 lit. a) DSA nichts, wonach der DSA die AVMDRL unberührt lässt. Ausweislich ErwGr 68 „ergänzt" der DSA die AVMDRL.

c) Mediendiensteanbieter

Zweifelhaft ist, ob Anbieter eines Mediendienstes iSd Art. 1 Abs. 1 lit. d) AVMDRL Plattformbetreiber sind. Sofern ein Mediendiensteanbieter eigene Inhalte bereithält, für die er redaktionelle Verantwortung trägt, gibt es keinen Nutzer, in dessen Auftrag eine Online-Plattform Informationen speichert und öffentlich verbreitet. Ein solcher Mediendienst ist deshalb keine Online-Plattform iSd Art. 3 lit. i) DSA. Der Begriff des Mediendiensteanbieters iSd Art. 1 Abs. 1 lit. d) AVMDRL reicht jedoch weiter und erstreckt sich auch auf Anbieter, die Inhalte Dritter zusammenstellen und der Öffentlichkeit bereitstellen. Die redaktionelle Verantwortung bezieht sich dann nicht auf die Inhalte (vgl. Art. 1 Abs. 1 lit. c) S. 2 AVMDRL), sondern allein auf die Auswahlentscheidung (Art. 1 Abs. 1 lit. c) S. 1 AVMDRL).[179] Der Begriff der Online-Plattform nach Art. 3 lit. i) DSA verhält sich nicht zur redaktionellen Verantwortung für die Entscheidung über die Auswahl von Inhalten. Das Fehlen redaktioneller Verantwortung ist kein Begriffsmerkmal der Online-Plattform nach dem DSA. Allerdings ließe sich vertreten, dass ein Mediendiensteanbieter nicht „im Auftrag eines Nutzers" Informationen speichert und öffentlich verbreitet, wenn er die von ihm ausgewählten Inhalte Dritter als eigenen Dienst anbietet, also gleichsam im eigenen Auftrag verbreitet. Dem ist entgegenzuhalten, dass Online-Plattformen wie Anbieter von Video-Sharing-Diensten die Inhalte Dritter nicht nur in ihrem Auftrag, sondern auch im eigenen Interesse speichern und verbreiten. Letztlich ist dies auch bei einem sozialen Netzwerk der Fall. Deshalb sprechen gute Gründe dafür, auch Mediendiensteanbieter, die Inhalte Dritter auswählen, speichern und öffentlich verbreiten, als Online-Plattform einzuordnen.

d) Kommentarbereiche von Mediendiensteanbietern

„Um übermäßig weit gefasste Verpflichtungen zu vermeiden" (ErwGr 13 S. 3), sind nach der Legaldefinition des Art. 3 lit. i) DSA Hosting-Anbieter aus dem Online-Plattform-Begriff ausgeklammert. Keine Online-Plattformen sind nach Art. 3 lit. i) DSA gegeben, wenn es sich bei der Tätigkeit des Speicherns und öffentlichen Verbreitens nur um eine unbedeutende und reine Nebenfunktion eines anderen Dienstes oder um eine unbedeutende Funktion des Hauptdienstes handelt, die aus objektiven und technischen Gründen nicht ohne diesen anderen Dienst genutzt werden kann. Der Kommentarbereich einer Online-Zeitung soll eine solche Nebenfunktion eines Hauptdienstes, nämlich der Veröffentlichung von Nachrichten unter der redaktionellen Verantwortung des Verlegers, darstellen (ErwGr 13 S. 4).[180] Solche Kommentarfunktionen machen keine Online-Plattform aus, unterfallen aber dem Begriff des Hosting-Dienstes,[181] für den Art. 4 bis 18 DSA gelten. Demgegenüber ist ausweislich ErwGr 13 S. 5 die Speicherung von Kommentaren in einem sozialen Netzwerk als Online-Plattform zu qualifizieren,

---

[179] Nach dem MStV firmieren solche Mediendiensteanbieter als Medienplattformen (vgl. § 2 Abs. 2 Nr. 14 MStV).
[180] S. auch *Gerdemann/Spindler*, GRUR 2023, 115; *Hofmann*, DSA (Fn. 168), Art. 2 Rn. 89; *Schröder/Hardan*, BB 2023, 579 (581).
[181] *Schröder/Hardan*, BB 2023, 579 (581).

wenn feststeht, dass es sich um ein nicht unwesentliches Merkmal des angebotenen Dienstes handelt, auch wenn es eine Nebenleistung zur Veröffentlichung der Beiträge der Nutzer ist.[182]

Die Foren des öffentlich-rechtlichen Rundfunks in sozialen Netzwerken, in denen Nutzer Kommentare zu Sendungen abgeben können, stellen eine Nebenfunktion des Telemediumauftritts der Anstalten dar, welcher der Hauptdienst ist. Solche Kommentarbereiche sind folglich keine Online-Plattform, aber ein Hosting-Dienst, für den Art. 16ff. DSA gelten. Die öffentlich-rechtlichen Anstalten müssen ein Melde- und Abhilfeverfahren bereithalten (s. Art. 16 DSA) und die Löschung nichtsendungsbezogener Kommentare begründen (s. Art. 17 DSA).[183] Dies lässt die nach dem DSA bestehenden Verpflichtungen des sozialen Netzwerks, das bei der Verbreitung öffentlicher Posts der Nutzer eine Online-Plattform ist, unberührt.

Nach Wortlaut und Systematik des DSA sollen die von Mediendiensten angebotenen Kommentare mit Nebenfunktion zwar Art. 4 bis 18 DSA, nicht aber Art. 19ff. DSA unterfallen. Damit wären auch Art. 20, Art. 21 und Art. 23 DSA unanwendbar. Dies erscheint schon deshalb zweifelhaft, weil sich solche Kommentarfunktionen von Mediendiensten durch ihren Öffentlichkeitsbezug von Hosting-Providern unterscheiden. Aufgrund des Öffentlichkeitsbezugs unterliegen Plattformen den zusätzlichen Bestimmungen der Art. 19ff. DSA.[184] Daher spricht vieles dafür, auf Kommentarfunktionen von Mediendiensten Art. 20 und Art. 21 DSA analog anzuwenden (vgl. aber Art. 19 DSA). Das gilt auch, weil Art. 20 DSA grundrechtlichen Erfordernissen geschuldet ist. Im Fall einer Löschung muss der Betroffene die Möglichkeit haben, gegen die nach Art. 17 DSA zu begründende Löschung vorzugehen. Käme Art. 20 DSA nicht zur Anwendung, müsste man ein Beschwerderecht aus (§ 241 Abs. 2 BGB[185] iVm) Art. 11 GRCh ableiten. Da Art. 20 DSA die Grundrechte des von einer Löschung Betroffenen zu schützen sucht, ist diese Bestimmung auf Kommentarfunktionen von Mediendiensten analog anzuwenden. Das Gleiche gilt für Art. 21 DSA, der auch im Interesse von Plattformbetreibern bzw. Mediensteanbietern besteht, und für Art. 23 DSA.

---

[182] S. auch *Gerdemann/Spindler*, GRUR 2023, 115f.; *Hofmann*, DSA (Fn. 168), Art. 2 Rn. 89; *Schröder/Hardan*, BB 2023, 579 (581).

[183] Anders noch vor Inkrafttreten des DSA BVerwG, NVwZ 2023, 602 (607f. Rn. 51ff.); hierzu *Gersdorf*, NVwZ 2023, 370 (374f.); allgemein zur Entscheidung des BVerwG *Marsch*, JZ 2023, 664ff.; *Grosche*, Der Staat 62 (2023), 461ff.; *Kasper*, AfP 2023, 300ff.

[184] *Raue*, in: Hofmann/Raue, Digital Services Act. Gesetz über digitale Dienste, 2023, Art. 20 Rn. 15.

[185] *Raue*, DSA (Fn. 184), Art. 20 Rn. 15 mwN.

e) Suchmaschinen

Online-Suchmaschinen unterfallen dem Anwendungsbereich des DSA kraft Art. 3 lit. j) DSA, wonach sie als Vermittlungsdienste gelten. Da Suchmaschinen nicht im Auftrag der Nutzer Inhalte speichern, sondern lediglich durch Links auf Inhalte, die bei Dritten gespeichert sind, verweisen, erfüllen sie allerdings nicht die Voraussetzungen der Legaldefinition des Hosting-Dienstes nach Art. 3 lit. g) iii) DSA. Sie sind auch keine Network- bzw. Access-Provider (Art. 3 lit. g) i) DSA) und keine Caching-Provider (Art. 3 lit. g) ii) DSA) und deshalb keine Vermittlungsdienste iSd Art. 3 lit. g) DSA. Die Bezeichnung von Online-Suchmaschinen als Vermittlungsdienste in Art. 3 lit. j) DSA und ErwGr 28 S. 3 ist daher missverständlich.[186] Art. 3 lit. j) DSA ist eine gesetzliche Fiktion,[187] kraft derer Online-Suchmaschinen als Vermittlungsdienste gelten und somit dem Anwendungsbereich des DSA unterfallen.

5. Regulierungsdefizite wegen Qualifizierung der Plattformbetreiber als reine Wirtschaftsdienste

Plattformbetreiber wie soziale Netzwerke sind keine reinen Hosting-Provider, die sich auf die Medienfreiheiten (Art. 5 Abs. 1 S. 2 GG, Art. 11 GRCh und Art. 10 Abs. 1 EMRK) nicht berufen können und denen die Kommunikationsgrundrechte der Nutzer nur mittelbar zugutekommen, nämlich im Rahmen der Rechtfertigung von Eingriffen in ihre Wirtschaftsgrundrechte (Art. 12 Abs. 1 GG, Art. 16 GRCh).[188] Vielmehr sind soziale Netzwerke durch die grundrechtlichen Medienfreiheiten geschützt, weil sie durch allgemeine Geschäftsbedingungen sowie durch algorithmenbasierte Selektion und Zugänglichmachung von Inhalten die Informationsbasis

---

[186] Zur unklaren Einstufung von Online-Suchmaschinen als Vermittlungsdienste vgl. *Dregelies*, MMR 2022, 1033 (1033f.); *Hofmann*, DSA (Fn. 168), Art. 3 Rn. 93; *Raue*, NJW 2022, 3537 (3538); *Rössel*, ITRB 2023, 12 (13); *Sesing-Wagenpfeil*, CR 2023, 113 (118f.).

[187] *Sesing-Wagenpfeil*, CR 2023, 113 (119).

[188] Nach der neuen Rechtsprechung des BVerfG steht fest, dass wenigstens bei normativen Dreiecksverhältnissen, d. h., wenn der Normbefehl neben dem Normadressaten zwingend zugleich die Rechtsstellung Dritter berührt (funktionale Verschränkung), die Grundrechte aller Betroffenen in die verfassungsrechtliche und gerichtliche Kontrolle einzubeziehen sind (vgl. bereits BVerfGE 85, 191 (205f.) unter Aufgabe der Rechtsprechung in BVerfGE 77, 84 (101)). Dies hat das BVerfG in seiner Entscheidung zu den verfassungsrechtlichen Voraussetzungen für eine Auslistung von Verlinkungen persönlichkeitsbeeinträchtigender Inhalte durch Suchmaschinenbetreiber nochmals hervorgehoben (vgl. BVerfGE 152, 216 (258ff. Rn. 106ff.)). Ebenso hat das BVerfG in seiner Entscheidung zu § 217 StGB („geschäftsmäßige Förderung der Selbsttötung") Grundrechte Dritter bei normativen Dreiecksverhältnissen in die Prüfung einbezogen (BVerfGE 153, 182 (306 Rn. 331)); implizit EuGH, NJW 2023, 747 (749 Rn. 48).

ihrer Nutzer bestimmen und auf diese Weise am Prozess individueller und öffentlicher Meinungsbildung mitwirken.[189] Der Schutz durch die Medienfreiheiten begründet besondere Rechte, umgekehrt aber auch eine besondere Verantwortung für die Verwirklichung der objektiv-rechtlichen Ziele der Medienfreiheiten. Dementsprechend ist nach Art. 10 Abs. 2 EMRK die Ausübung der Meinungsfreiheit (einschließlich der Medienfreiheiten) „mit Pflichten und Verantwortung verbunden".[190]

Es greift deshalb zu kurz, wenn der EuGH das soziale Netzwerk Facebook lapidar als Hosting-Provider iSd Art. 14 ECRL klassifiziert.[191] Soziale Netzwerke unterscheiden sich kategorial von Hosting-Anbietern, die allein Inhalte ihrer Nutzer speichern. Auch der DSA beruht auf einer unzulänglichen grundrechtlichen Radizierung der Anbieter sozialer Netzwerke. Der DSA verfolgt zwar das Ziel, die „in der Charta verankerten Grundrechte" wirksam zu schützen (Art. 1 Abs. 1 DSA). Er hebt auch die Bedeutung von (großen) Plattformbetreibern für die Meinungs- und Informationsfreiheit hervor, einschließlich Medienfreiheiten und Medienpluralismus (vgl. nur ErwGr 52, 53, 79, Art. 34 Abs. 1 UAbs. 2 lit. b) DSA). Er adressiert damit aber allein die Grundrechte der Nutzer. Bezogen auf die Plattformbetreiber ist nur von „unternehmerischer Freiheit" (ErwGr 3 und 52) die Rede, was eine grundrechtliche Verortung allein in den Wirtschaftsgrundrechten (Art. 16 GRCh) nahelegt. Der DSA wiederholt damit den Fehler, den bereits der Bundesgesetzgeber mit dem NetzDG begangen hat. Auch der Bundesgesetzgeber hat soziale Netzwerke ausschließlich dem Grundrecht der Berufsfreiheit zugeordnet.[192] Einen Schutz der Plattformbetreiber durch Art. 5 Abs. 1 GG bzw. Art. 11 GRCh zieht weder der deutsche Gesetzgeber noch der Unionsgesetzgeber in Betracht. Dieser Fehler durchzieht den DSA wie ein roter Faden.[193]

Bereits in kompetenzieller Hinsicht ist fraglich, ob der DSA von Art. 114 AEUV gedeckt ist, wenn Plattformen durch Art. 11 GRCh geschützte Inhalte der Nutzer speichern sowie veröffentlichen und hierbei den Kommunikationsprozess durch Algorithmen steuern.[194] Auch im Rahmen der Legaldefinition „Online-Plattform" findet sich keine Differenzierung zwischen Plattformen, die Inhalte ihrer

---

[189] Hierzu → B) II. 2., S. 12 ff.
[190] Zum Doppelcharakter der Medienfreiheiten B) I., S. 5 ff.
[191] EuGH, GRUR 2019, 1208 (1209 Rn. 22: „Zunächst steht fest, dass Facebook Ireland Hosting-Dienste iSv Art. 14 der RL 2000/31 anbietet.").
[192] Begründung des Gesetzentwurfs, BT-Drs. 18/12356, 20; hierzu *Gersdorf*, MMW 2017 439 (443).
[193] S. nur *Denga*, EuR 2021, 569 (592 f.); vgl. auch *Kahl/Horn*, NJW 2023, 639 (645); *Wischmeyer/Meißner*, NJW 2023, 2673 (2677).
[194] Hierzu → F) I. 1., S. 49 f.

Nutzer ausschließlich öffentlich verbreiten, und Plattformen wie sozialen Netzwerken, die im Rahmen der öffentlichen Verbreitung Inhalte selektieren und individuell zugänglich machen.[195]

Im Zusammenhang mit der Haftung von Plattformen ist die grundrechtliche Verortung der Plattformbetreiber in Art. 16 GRCh ebenfalls von Bedeutung, weil mit ihr besondere Pflichten und eine entsprechende Verantwortung verbunden sind (vgl. nochmals Art. 10 Abs. 2 EMRK). Hierzu gehören für klassische Medien insbesondere die journalistischen Sorgfaltspflichten, die sowohl Berufsethos als auch grundrechtliche Pflicht sind.[196] Eine (uneingeschränkte) Übertragung dieser Sorgfaltspflichten auf Plattformbetreiber würde den grundlegenden Unterschieden zwischen Medien, die eigene Inhalte verbreiten und hierfür die publizistische Verantwortung tragen, und Plattformbetreibern, die lediglich Inhalte ihrer Nutzer veröffentlichen, nicht gerecht. Dementsprechend unterscheidet der EGMR zwischen Medien- und Intermediärsverantwortung. Intermediäre können zwar unter bestimmten Voraussetzungen zur Verantwortung gezogen werden. Diese geht aber nicht so weit wie die Verantwortlichkeit von Medien.[197] Deshalb verdient es im Grundsatz Zustimmung, dass der DSA in Fortführung des Haftungsrechts der ECRL für Plattformbetreiber keine proaktiven Überwachungspflichten vorsieht (Art. 8 DSA). Dies schließt indes Differenzierungen zwischen einzelnen Plattformbetreibern im Rahmen der Anwendung der Haftungsvorschrift des Art. 6 DSA nicht aus. So ist einem Plattformbetreiber wie Facebook, der die öffentlich verbreiteten Inhalte seiner Nutzer selektiert, zuzumuten, nicht nur ehrverletzende rechtswidrige Inhalte zu löschen, sondern auch nach „sinngleichen" Inhalten zu forschen und diese zu löschen.[198] Auch wenn die Haftungsfreistellung von Plattformbetreibern nach Art. 8 DSA funktionsgerecht erscheint, hätte der Gesetzgeber gleichwohl eine gewisse Neujustierung des Haftungsregimes erwägen können. Art. 33 ff. DSA sehen besondere Verpflichtungen in Bezug auf den Umgang mit systemischen Risiken für Anbieter sehr großer Online-Plattformen und sehr großer Online-Suchmaschinen vor. Der DSA statuiert entsprechende Risikobewertungs- und Risikominimierungspflichten für sehr große Anbieter (Art. 34 und 35 DSA). Eine Verzahnung mit dem Haftungsregime des DSA besteht jedoch nicht. Es hätte

---

[195] → F) I. 4. a), S. 52 f.
[196] Zuletzt *Gersdorf*, Aufsicht (Fn. 1), S. 4 ff.
[197] Im Einzelnen *Saxer*, Von den Medien zu den Plattformen, 2023, S. 132 ff. mwN; zur Verteilung der Beweislast für die Richtigkeit von Tatsachen zwischen einem Suchmaschinenbetreiber und einem Betroffenen, der einen Auslistungsanspruch gem. Art. 17 DSGVO geltend macht, vgl. EuGH, NJW 2023, 747 (751 f. Rn. 67 ff.); BGH, NJW 2024, 58 (62 Rn. 32 ff.).
[198] EuGH, GRUR 2019, 1208 (1210 f. Rn. 38 ff.).

nahegelegen, dass eine Verletzung der Risikominimierungspflichten eine Haftung nach Art. 6 DSA nach sich zieht.

Mit dem grundrechtlichen Schutz der Plattformbetreiber durch Art. 11 GRCh gehen neben besonderen Pflichten auch besondere Rechte einher. Auf dem Schutz nach Art. 11 GRCh beruht die Berechtigung der Plattformbetreiber, in ihren allgemeinen Geschäftsbedingungen strengere Maßstäbe vorzusehen, als sie nach staatlichem Recht gelten. Im Gegensatz zu vom Staat betriebenen Plattformen, die Inhalte von Nutzern nur löschen dürfen, wenn sie gegen die allgemeinen Gesetze verstoßen, sind private Plattformbetreiber diesseits eines Rechtsverstoßes zur Löschung von Inhalten berechtigt. Art. 11 GRCh erlaubt Plattformbetreibern, in allgemeinen Geschäftsbedingungen für eine durch bestimmte Werte gekennzeichnete Kommunikationskultur zu sorgen. Diese Berechtigung folgt nicht allein aus dem Grundrecht des Art. 16 GRCh,[199] sondern auch aus der Medienfreiheit des Art. 11 GRCh. Obgleich der Unionsgesetzgeber (wohl) nur von einem Schutz der Plattformbetreiber durch Art. 16 GRCh ausgeht, konkretisiert der DSA das auf Art. 11 GRCh fußende Recht, Inhalte von Nutzern zu löschen, die gegen die allgemeinen Geschäftsbedingungen verstoßen (vgl. nur Art. 17 Abs. 1, Art. 20 Abs. 1 und 4 DSA). Es besteht auch die Möglichkeit der vorläufigen Sperrung eines Nutzerkontos, wenn der Nutzer wiederholt und in schwerer Form gegen die allgemeinen Geschäftsbedingungen des Plattformbetreibers verstößt. Art. 23 Abs. 1 DSA, der Plattformbetreiber verpflichtet, die Erbringung ihrer Dienste für Nutzer, die häufig und offensichtlich rechtswidrige Inhalte bereitstellen, nach vorheriger Warnung für einen angemessenen Zeitraum auszusetzen, gibt lediglich einen Mindeststandard vor (ErwGr 64). Art. 23 DSA hindert Plattformbetreiber nicht daran, in allgemeinen Geschäftsbedingungen strengere Maßnahmen vorzusehen und eine vorläufige Sperrung eines Nutzerkontos auch dann zu ermöglichen, wenn ein Nutzer wiederholt und in schwerwiegender Weise gegen allgemeine Geschäftsbedingungen verstoßen hat, obgleich er sich im Rahmen des staatlichen Rechts bewegt.[200]

Ebenso kann sich ein Plattformbetreiber bei der Prüfung, ob ein Inhalt gegen allgemeine Geschäftsbedingungen verstößt (sog. Moderation von Inhalten, vgl. Art. 3 lit. t) DSA), auf Art. 11 GRCh berufen.[201] Was für die allgemeinen Geschäftsbedingungen gilt, gilt auch für deren Anwendung im Einzelfall, also für die Moderation von Inhalten.

---

[199] Der BGH leitet diese Berechtigung hingegen aus Art. 12 GG ab, obgleich das Gericht das soziale Netzwerk dem Schutz des Art. 5 Abs. 1 S. 1 GG unterstellt; hierzu → B) II. 2. nach Fn. 36 (S. 10).

[200] Vgl. *Gerdemann/Spindler*, GRUR 2023, 115 (118); *Hofmann*, DSA (Fn. 168), Art. 23 Rn. 9 mwN.

[201] *Denga*, EuR 2021, 569 (592).

Schließlich manifestiert sich die fehlende grundrechtliche Verortung der Plattformbetreiber in Art. 11 GRCh darin, dass die Kommission nach Art. 56 Abs. 2 DSA Zuständigkeiten bei der Überwachung und Durchsetzung der Verpflichtungen der Anbieter sehr großer Plattformen und sehr großer Suchmaschinen nach Art. 33 ff. DSA besitzt. Zwar sind die Risikobewertungs- und Risikominimierungspflichten der Art. 34 und Art. 35 DSA Ausdruck der besonderen Verantwortung der Plattformbetreiber für die von Nutzern bereitgehaltenen Inhalte. Die Überwachungs- und Durchsetzungskompetenzen der Kommission nach Art. 56 Abs. 2 DSA sind indes im Wirkungskreis des Art. 11 GRCh ein Fremdkörper. Die Aufsicht über Medien, aber auch über Plattformbetreiber, die dem Schutz des Art. 11 GRCh unterfallen, ist sub specie des Art. 11 Abs. 1 und 2 GRCh („Freiheit der Medien") unionsfern auszugestalten.[202] Die Zuständigkeit der Kommission nach Art. 56 Abs. 2 DSA beruht auf der Fehlannahme, bei Plattformbetreibern handele es sich um reine Wirtschaftsunternehmen, die nicht an dem Schutz des Art. 11 GRCh teilhaben.

6. Maßstab für die Beurteilung rechtswidriger Inhalte: Insbesondere Recht des Bestimmungs- oder Sitzlandes?

Der Begriff „rechtswidrige Inhalte" ist ein Schlüsselbegriff des DSA, der sich in zahlreichen Bestimmungen findet. Der DSA wendet sich gegen die Verbreitung rechtswidriger Inhalte durch Vermittlungsdienste, um die Einhaltung der Rechtsordnung (Art. 1 Abs. 1 DSA: „sicheres, berechenbares und vertrauenswürdiges Online-Umfeld") zu gewährleisten.

Rechtswidrige Inhalte sind gem. Art. 3 lit. h) DSA Informationen, „die nicht im Einklang mit dem Unionsrecht oder dem Recht eines Mitgliedstaates stehen". Der Begriff „Recht eines Mitgliedstaates" wirft die Frage auf, ob das Recht des Mitgliedstaates gemeint ist, in dem der Anbieter seinen Sitz hat (Sitzland- bzw. Herkunftslandprinzip), oder das Recht des Staates, in dem die Dienstleistung angeboten wird, d.h., in dem der Nutzer ansässig ist bzw. seinen Sitz hat (Bestimmungslandprinzip).

Ob sich die Rechtswidrigkeit des Inhalts nach dem Recht des Sitz- oder Bestimmungslandes (vgl. etwa Art. 3 lit. o) DSA: „Bestimmungsort") bemisst, ist insbesondere relevant bei Anordnungen nationaler Behörden nach Art. 9 und Art. 10 DSA (s. a)) sowie bei der (horizontalen) Regulierung des Verhältnisses zwischen Plattformbetreiber und Nutzer (Art. 16, Art. 17, Art. 20 und Art. 23 DSA, s. b)). Auch bei der Inanspruchnahme der Befugnisse eines

---

[202] Hierzu unter F) I. 9., S. 84 ff.

Koordinators für digitale Dienste gegenüber Anbietern von Vermittlungsdiensten nach Art. 51 DSA ist zu klären, ob für die Rechtswidrigkeit des Inhalts die Rechtsordnung des Sitz- oder Bestimmungslandes maßgeblich ist (s. c)). Diese Frage stellt sich vor allem, weil gem. Art. 56 Abs. 1 DSA der Koordinator des Sitzlandes des Anbieters (Hauptniederlassung) zuständig ist.

a) Anordnungen nationaler Behörden gem. Art. 9 und Art. 10 DSA

Kern der Richtlinie über den elektronischen Geschäftsverkehr (ECRL) war die Haftungsfreistellung für Vermittlungsdienste in Art. 12 bis 15 ECRL. Der DSA hebt diese Vorschriften auf (Art. 89 Abs. 1 DSA) und ersetzt sie durch Art. 4 bis 6 DSA, die im Wesentlichen den Haftungsbeschränkungsregelungen der ECRL entsprechen.[203] Im Übrigen lässt der DSA die ECRL unberührt. Art. 2 Abs. 3 DSA bestimmt ausdrücklich, dass der DSA keine Auswirkungen auf die Anwendung der ECRL hat. Damit scheint auch das Herkunftslandprinzip des Art. 3 ECRL weiterhin uneingeschränkt Anwendung zu finden. Nach dem Herkunftslandprinzip bestimmt sich die Zulässigkeit von Diensten der Informationsgesellschaft nach dem Fachrecht des Sitzmitgliedstaates.[204] Die mit dem Fachrecht des Sitzlandes vereinbaren Dienste der Informationsgesellschaft dürfen durch andere Staaten nicht eingeschränkt werden (Art. 3 Abs. 2 ECRL). Dementsprechend hält das OVG NRW das in § 3b NetzDG geregelte Gegendarstellungsverfahren für unvereinbar mit Art. 3 Abs. 2 ECRL, weil es ein solches Verfahren in der Republik Irland, dem Sitzland von Facebook, nicht gibt.[205] Ausnahmen von den Beschränkungen des Herkunftslandprinzips kommen grundsätzlich nur unter den besonderen Voraussetzungen des Art. 3 Abs. 4 ECRL in Betracht; Einzelheiten wie die Frage, ob Art. 3 Abs. 4 auch gesetzliche Ausnahmetatbestände erfasst, sind umstritten.[206] Soweit ersichtlich, wird nicht einmal in Erwägung gezogen, dass Art. 3 ECRL für einzelfallbezogene Anordnungen nicht gilt. Im Gegenteil spricht Art. 3 Abs. 4 ECRL dafür, dass die Anordnungen einen wichtigen Anwendungsbereich bilden.[207]

Mit diesem (restriktiven) Verständnis des Herkunftslandprinzips bricht der DSA. Die Modifizierung oder genauer die Abkehr vom Herkunftslandprinzip findet sich ausdrücklich nur in ErwGr 38. Im Vorschriftenteil des DSA fehlt eine explizite Regelung. Allerdings folgt aus Art. 1 Abs. 1 iVm Art. 2 Abs. 1 DSA sowie aus Art. 9 und

---

[203] S. nur *Dregelies*, MMR 2022, 1033 (2034); *Janal*, K&R 2021, 6 (7).
[204] Vgl. EuGH, CR 2011, 808 Rn. 67; BGH, CR 2012, 525 Rn. 30.
[205] OVG NRW, MMR 2023, 527 (528 ff.).
[206] Hierzu OVG NRW, MMR 2023, 527 (529).
[207] *D. Holznagel*, CR 2021, 123 (131).

Art. 10 DSA, dass das Herkunftslandprinzip für einzelfallbezogene Maßnahmen der nationalen Behörden und Gerichte iSd Art. 9 und 10 DSA nicht gilt. Im Einzelnen:

ErwGr 38 S. 1 bekräftigt zwar die prinzipielle Anwendbarkeit des Herkunftslandprinzips im Geltungsbereich des DSA.[208] Die Abkehr des DSA vom Herkunftslandprinzip für Einzelfallmaßnahmen nationaler Behörden (und Gerichte) folgt aber aus den Sätzen 2 und 3 des ErwGr 38.[209] Nach ErwGr 38 S. 2 beschränken Anordnungen, die sich auf bestimmte rechtswidrige Inhalte beziehen, die Möglichkeit der grenzüberschreitenden Diensteerbringung grundsätzlich nicht. „Daher" gilt nach ErwGr 38 S. 3 das Herkunftslandprinzip für solche Anordnungen nicht.[210] Der Verordnungsgeber geht in ErwGr 38 davon aus, dass Maßnahmen nationaler Behörden gegenüber Diensteanbietern, die sich nicht auf den Dienst als solchen beziehen, sondern auf einzelne Inhalte, die grenzüberschreitende Diensteerbringung nicht nennenswert beeinträchtigen, sodass das Herkunftslandprinzip nicht sinnfällig wird, also nach seinem Sinn und Zweck nicht zum Tragen kommt. Vor diesem Hintergrund liegt es nahe, dass das Herkunftslandprinzip des Art. 3 ECRL nur für Maßnahmen zur Anwendung kommt, die die Diensteerbringung als solche betreffen.

Da die Abkehr vom Herkunftslandprinzip nur in ErwGr 38 geregelt ist, wird im Schrifttum bezweifelt, dass der DSA das Herkunftslandprinzip für auf einzelne Inhalte bezogene Maßnahmen aufgibt.[211] Dies wird bereits der Funktion von Erwägungsgründen bei der Auslegung von Sekundärrechtsakten nicht gerecht. Nach der Rechtsprechung des EuGH kommt den Erwägungsgründen bei der Interpretation von Rechtsvorschriften maßgebliche Bedeutung zu.[212]

Vor allem aber folgt die Abkehr vom Herkunftslandprinzip aus dem Ziel der Verordnung, das sich aus Art. 1 Abs. 1 iVm Art. 2 Abs. 1 DSA ergibt. Ziel des DSA ist die Sicherstellung der Rechtsordnung bei der Erbringung von Vermittlungsdiensten („sicheres, vorhersehbares und vertrauenswürdiges Online-Umfeld"). Art. 1

---

[208] S. nur *Spindler*, CR 2023, 602 (604).

[209] *Spindler*, CR 2023, 602 (604), der in den Sätzen 2 und 3 des ErwGr 38 „den eigentliche(n) Hebel gegen das Herkunftslandprinzip" erblickt.

[210] Dementsprechend geht das Schrifttum davon aus, dass ErwGr 38 S. 2 und 3 eine Abkehr vom Herkunftslandprinzip bedeutet, s. nur *D. Holznagel*, CR 2021, 123 (131); *Spindler*, GRUR 2021, 545 (546); *ders.*, CR 2023, 602 (604); *Rössel*, ITRB 2023, 12 (17); vgl. *Dregelies*, MMR 2022, 1033 (1035).

[211] *Liesching*, MMR 2023, 56 (59f.); *Spindler*, CR 2023, 602 (604); s. auch *Rössel*, ITRB 2023, 68 (75); nach Ansicht von *Dregelies*, MMR 2022, 1033 (1035) bleibt der genaue Gehalt des ErwGr 38 unklar; ebenso *Hofmann*, DSA (Fn. 168), Einl. Rn. 83.

[212] S. nur EuGH, BeckRS 2004, 72342 Rn. 31.

DSA und die Legaldefinition des Art. 3 lit. h) DSA regeln nicht ausdrücklich, ob mit dem „sicheren (…) Online-Umfeld" bzw. mit dem „Recht eines Mitgliedstaates" das Recht des Herkunfts- oder Bestimmungslandes gemeint ist. Aufschluss über diese (Kardinal-) Frage gibt aber Art. 2 Abs. 1 DSA. Danach erfasst der DSA Vermittlungsdienste, die für Nutzer mit Niederlassungsort oder Sitz in der Union angeboten werden, ungeachtet des Niederlassungsortes des Anbieters dieser Vermittlungsdienste. Der DSA gilt unabhängig vom Niederlassungsort oder Sitz des Anbieters von Vermittlungsdiensten. Entscheidend ist allein, dass Vermittlungsdienste in der Union angeboten werden. Der DSA setzt – ebenso wie die DSGVO (vgl. Art. 3 Abs. 2 DSGVO) – auf das Marktortprinzip.[213] Bestimmt sich der Anwendungsbereich des DSA gem. Art. 2 Abs. 1 nicht nach dem Niederlassungsort oder Sitz des Anbieters, sondern nach dem Niederlassungsort oder Sitz des Nutzers, muss sich die Rechtswidrigkeit der Inhalte nach dem Recht des Mitgliedstaates richten, in dem der Nutzer niedergelassen bzw. ansässig ist, also nach dem Recht des Bestimmungslandes. Das „sichere, vorhersehbare und vertrauenswürdige Online-Umfeld" iSd Art. 1 Abs. 1 DSA ist damit das Umfeld des betroffenen Nutzers und mithin das Recht seines Mitgliedstaates. Aus Art. 1 Abs. 1 iVm Art. 2 Abs. 1 DSA folgt, dass sich die Rechtswidrigkeit von Inhalten auf Plattformen entsprechend dem Marktortprinzip des Art. 2 Abs. 1 DSA nach dem Recht des Mitgliedstaates bestimmt, in dem der Nutzer seinen Niederlassungsort oder Sitz hat.

Auch Art. 9 und Art. 10 DSA liegt nicht das Herkunftsland-, sondern das Bestimmungslandprinzip zugrunde.[214] Anordnungen zum Vorgehen gegen rechtswidrige Inhalte werden gem. Art. 9 Abs. 1 DSA von den zuständigen nationalen Behörden oder Gerichten „auf der Grundlage (des geltenden Unionsrechts oder) des nationalen Rechts" erlassen (vgl. auch Art. 10 Abs. 1 DSA). ErwGr 31 S. 5 bestätigt, dass der DSA selbst keine Rechtsgrundlage für den Erlass solcher Anordnungen beinhaltet. Art. 9 und Art. 10 DSA gehen damit erkennbar davon aus, dass sich die Rechtmäßigkeit von Inhalten nach dem Fachrecht des Bestimmungslandes und nicht des Sitzlandes bemisst.

Im Ergebnis ist festzuhalten, dass sich die Rechtmäßigkeit von Anordnungen iSd Art. 9 und Art. 10 DSA nach dem Recht des Bestimmungslandes richtet. Das gilt nicht nur für die Anwendbarkeit des einfachen Rechts, sondern auch für die Grundrech-

---

[213] Statt aller *Hofmann*, DSA (Fn. 168), Art. 2 Rn. 6; *v. Lewinski/Klink*, RDI 2023, 183.
[214] *Liesching*, MMR 2023, 56 (59f.).

te.²¹⁵ Bei der Anwendung und Auslegung der einfachgesetzlichen Bestimmungen sind die Grundrechte des Bestimmungslandes heranzuziehen.

b) Regulierung des Verhältnisses zwischen Plattformbetreiber und Nutzer (Art. 16, Art. 17, Art. 20 und Art. 23 DSA)

Das Recht des Bestimmungslandes gilt auch für die Beurteilung der Rechtswidrigkeit von Inhalten bei der (horizontalen) Regulierung des Verhältnisses zwischen Plattformbetreiber und Nutzer (Art. 16, Art. 17, Art. 20 und Art. 23 DSA). Der DSA verwendet den Begriff „rechtswidrige Inhalte" in Art. 16 Abs. 1, Abs. 2 lit. a), Art. 17 Abs. 1, Abs. 3 lit. d), Art. 20 Abs. 1, Abs. 4 S. 2, Art. 23 Abs. 1, Abs. 3 lit. a) und c) ohne den rechtlichen Maßstab zu benennen, nach dem die in die Pflicht genommenen Plattformanbieter die Rechtswidrigkeit des Inhalts beurteilen. Ebenso wie bei Anordnungen der nationalen Behörden (und Gerichte) nach Art. 9 und Art. 10 DSA findet für Entscheidungen des Plattformbetreibers nach Art. 16, Art. 17, Art. 20 und Art. 23 DSA das Bestimmungslandprinzip Anwendung. Das Gleiche gilt für ein sich an das interne Beschwerdeverfahren anschließendes Verfahren der außergerichtlichen Streitbeilegung (Art. 21 DSA) und ein gerichtliches Verfahren (vgl. Art. 20 Abs. 5, Art. 21 Abs. 1 UAbs. 3 DSA). Die Rechtswidrigkeit des Inhalts beurteilt sich nach der Rechtsordnung des Mitgliedstaates, in dem der Nutzer niedergelassen oder ansässig ist. Dies folgt ebenso wie bei Art. 9 und Art. 10 DSA aus Art. 1 Abs. 1 iVm Art. 2 Abs. 1 DSA.²¹⁶ Maßgeblich für die Rechtswidrigkeit von Inhalten ist also das Recht des Bestimmungslandes unter Einschluss der nationalen Grundrechte.²¹⁷

Dagegen spricht nicht Art. 56 Abs. 1 DSA, nach dem zur Überwachung und Durchsetzung des DSA der Koordinator des Sitzlandes des Anbieters (Hauptniederlassung) zuständig ist. Wie sogleich gezeigt wird, findet auch für den Koordinator des Sitzlandes beim Vorgehen gegen rechtswidrige Inhalte das Recht des Bestimmungslandes Anwendung. Das Herkunftslandprinzip des Art. 56 Abs. 1 DSA ist auf die Behördenzuständigkeit (Koordinator) bezogen und beschränkt.

Überdies gilt Art. 56 Abs. 1 DSA nur für (Verwaltungs-)Behörden, nicht für Gerichte. Zwar folgt dies nicht aus dem Wortlaut der

---

²¹⁵ Das BVerfG berücksichtigt spezifische Gefahren der Internetkommunikation in seiner Rechtsprechung, vgl. BVerfGE 152, 152 (196 ff. Rn. 101 ff.); BVerfG, NJW 2020, 2622 (2626 f. Rn. 33); BVerfG, NJW 2022, 680 (683 Rn. 35).
²¹⁶ Näher → F) I. 6. a) nach Fn. 212 (S. 63).
²¹⁷ Zur Horizontalwirkung der Unionsgrundrechte zuletzt *Wischmeyer/Meißner*, NJW 2023, 2673 ff.

Norm („Mitgliedstaat"). Die Beschränkung des Art. 56 Abs. 1 DSA auf Behörden ergibt sich jedoch aus der systematischen Stellung der Norm in Kapitel IV, Abschnitt 1 des DSA, worin die Verwaltungszuständigkeiten („Zuständige Behörden und nationale Koordinatoren für digitale Dienste") geregelt sind. Demensprechend sind die Befugnisse der Koordinatoren nach Art. 51 DSA typische Verwaltungsmaßnahmen.

c) Anordnungen des Koordinators für digitale Dienste gem. Art. 51 DSA

Neben der Möglichkeit nationaler Behörden, gegen rechtswidrige Inhalte auf Plattformen durch Anordnungen nach Art. 9 und Art. 10 DSA vorzugehen, kann auch der Koordinator gem. Art. 51 DSA Anordnungen gegenüber Anbietern erlassen, die ihren Verpflichtungen nach dem DSA nicht nachkommen. Gem. Art. 56 Abs. 1 DSA kommt dem Sitzlandkoordinator die Aufgabe zu, die Einhaltung der Verpflichtungen der Plattformbetreiber nach Art. 11 ff. DSA zu überwachen und durchzusetzen. Zu diesem Zweck verfügt der Sitzlandkoordinator über die Durchsetzungsbefugnisse nach Art. 51 DSA.

Diese Zuständigkeit des Sitzlandkoordinators bezieht sich unzweifelhaft auf die (vollharmonisierten) Bestimmungen des DSA, d.h. auf die Sorgfaltspflichten der Plattformbetreiber wie die Benennung von Kontaktstellen (Art. 11 und Art. 12 DSA), die Einrichtung eines Melde- und Abhilfeverfahrens (Art. 16 DSA) und die Bereitstellung eines internen Beschwerdemanagementsystems (Art. 20 DSA). Über die Einhaltung dieser vollharmonisierten Anbieterpflichten wacht nach Art. 56 Abs. 1 DSA ausschließlich der Sitzlandkoordinator. Eine parallele Zuständigkeit nationaler (Verwaltungs-)Behörden existiert nicht.

Eine parallele Zuständigkeit der nationalen Behörden und des Sitzlandkoordinators könnte aber für die Prüfung der Rechtswidrigkeit von Inhalten bestehen. Dafür spricht, dass der DSA nicht nur vollharmonisierte prozedurale Vorschriften enthält, die der Anbieter bei der Entscheidung über die Löschung von Inhalten zu beachten hat. Gegenstand des DSA ist auch die Prüfung der Rechtmäßigkeit von Inhalten durch den Plattformbetreiber (vgl. Art. 16 Abs. 1, Abs. 2 lit. a), Art. 17 Abs. 1, Abs. 3 lit. d), Art. 20 Abs. 1, Abs. 4 S. 2, Art. 23 Abs. 1, Abs. 3 lit. a) und c) DSA), über den der Sitzlandkoordinator gem. Art. 56 Abs. 1 DSA wacht. Dies deutet darauf hin, dass (neben den nationalen Behörden auch) der Sitzlandkoordinator im Rahmen seiner Aufsicht über den Plattformbetreiber die Rechtmäßigkeit von Inhalten prüft.

Auch das Recht des Nutzers zur Beschwerde gegen Maßnahmen des Plattformbetreibers gem. Art. 53 DSA ergäbe wenig Sinn, wenn es allein auf Verstöße des Anbieters gegen vollharmonisierte prozedurale Vorschriften des DSA bezogen und begrenzt wäre. Stünde dem Nutzer das Beschwerderecht nach Art. 53 DSA bei Fehlern des Anbieters bei der Prüfung der Rechtmäßigkeit von Inhalten nicht zu, wäre der Anwendungsbereich der Norm sehr begrenzt. Auch entstünde eine gespaltene Zuständigkeit der nationalen Behörden und des Sitzlandkoordinators. Während die nationalen Behörden für Anordnungen gegen rechtswidrige Inhalte zuständig wären, wären die Befugnisse des Sitzlandkoordinators auf die Überwachung der vollharmonisierten prozeduralen Vorschriften des DSA beschränkt. Eine solche Zuständigkeitsteilung zulasten des Nutzers kann dem Willen des Normgebers wohl kaum entsprechen.

Vor allem aber folgt die Zuständigkeit des Sitzlandkoordinators neben den nationalen Behörden für die Prüfung der Rechtswidrigkeit von Inhalten aus Art. 58 Abs. 1 und 4 DSA. Danach muss der Koordinator des Sitzlandes Aufforderungen des Koordinators des Bestimmungslandes, Verstößen des Anbieters gegen den DSA abzuhelfen, weitestgehend Rechnung tragen. Die Aufforderung nach Art. 58 Abs. 1 DSA ergibt nur Sinn, wenn sie (zumindest auch) der Untersuchung der Rechtswidrigkeit von Inhalten dient. Denn für die Überwachung und Durchsetzung der vollharmonisierten prozeduralen Vorschriften des DSA ist nach Art. 56 Abs. 1 DSA der Sitzland- und nicht der Bestimmungslandkoordinator zuständig.

Im Ergebnis gibt es somit gute Gründe für eine parallele Zuständigkeit der nationalen Behörden (Art. 9 und Art. 10 DSA) und des Sitzlandkoordinators zur Prüfung rechtswidriger Inhalte (Art. 51 DSA).[218]

Bei der Ausübung der Befugnisse des Sitzlandkoordinators nach Art. 51 DSA bemisst sich die Rechtmäßigkeit der Inhalte nach dem Recht des Bestimmungslandes. Da der Plattformbetreiber die Inhalte am Maßstab des Rechts des Bestimmungslandes zu überprüfen hat,[219] muss dieser rechtliche Maßstab auch für die Aufsicht des Koordinators gem. Art. 56 Abs. 1, Art. 51 DSA über den Anbieter gelten.

Der Prüfungsmaßstab ist mithin bei Anordnungen nach Art. 9 und Art. 10 DSA sowie nach Art. 51 DSA identisch. Dem entsprechen die verfahrensrechtlichen Bestimmungen des Art. 9 Abs. 3 und 4 sowie des Art. 10 Abs. 3 und 4 DSA. Sie sehen Übermittlungspflichten der nationalen Behörden und des nationalen Koordinators mit dem Ziel vor, Anordnungen sämtlichen Koordinatoren zur Kenntnis zu bringen. Dadurch wird auch der nach Art. 56 Abs. 1

---

[218] Vgl. *Rademacher*, in: Hofmann/Raue, Digital Services Act. Gesetz über digitale Dienste, 2023, Art. 56 Rn. 3.
[219] → F) I. 6. b), S. 65 ff.

DSA für die Aufsicht über den Anbieter zuständige Koordinator des Sitzlandes informiert. Gem. Art. 58 Abs. 1 DSA kann der Koordinator des Bestimmungslandes den Koordinator des Sitzlandes auffordern, die zur Einhaltung des DSA erforderlichen Maßnahmen zu ergreifen. Einer solchen Aufforderung muss der Sitzlandkoordinator „weitestgehend Rechnung" tragen (Art. 58 Abs. 4 S. 1 DSA). Diese prozeduralen Vorschriften über die (grenzüberschreitende) Zusammenarbeit der zuständigen nationalen Behörden und Koordinatoren setzen voraus, dass sich die Rechtswidrigkeit des Inhalts nach demselben Recht, nämlich dem Recht des Bestimmungslandes, richtet. Insbesondere die Verpflichtung des Sitzlandkoordinators, Aufforderungen des Bestimmungslandkoordinators „weitestgehend Rechnung" zu tragen, impliziert die Anwendung des Rechts des Bestimmungslandes durch den Sitzlandkoordinator bei der Überprüfung rechtswidriger Inhalte.

Würde für den Sitzlandkoordinator im Rahmen der Aufsicht über einen Plattformbetreiber ein anderer Prüfungsmaßstab gelten als für nationale Behörden, wäre die Einheitlichkeit der Beurteilung der Rechtwidrigkeit von Inhalten gefährdet. Bei einem Konflikt mit einem Plattformbetreiber könnte sich ein Nutzer sowohl an die zuständige nationale Behörde (s. Art. 9 DSA) als auch mittels Beschwerde (Art. 53 DSA) über seinen nationalen Koordinator an den Koordinator des Sitzlandes wenden. Aufgrund der parallelen Zuständigkeit bestünde die Gefahr eines „Wettlaufs um das günstigste Aufsichtssystem". Dieser Gefahr wirkt der DSA durch einen identischen Prüfungsmaßstab (Recht des Bestimmungslandes) für die Beurteilung der Rechtswidrigkeit von Inhalten durch nationale Behörden und den Sitzlandkoordinator entgegen. Überdies löst Art. 58 Abs. 4 DSA den Konflikt, der aufgrund der parallelen Zuständigkeit von nationalen Behörden und Sitzlandkoordinator auch bei Anwendung desselben Prüfungsmaßstabes im Einzelfall entstehen kann. Durch die Verpflichtung des Sitzlandkoordinators, der Aufforderung des Bestimmungslandkoordinators „weitestgehend Rechnung" zu tragen (Art. 58 Abs. 4 S. 1 DSA), ist sichergestellt, dass die nationalen Behörden bei der Beurteilung der Rechtswidrigkeit von Inhalten am Maßstab des Rechts des Bestimmungslandes eine gewisse Einschätzungsprärogative besitzen.

Im Ergebnis steht daher fest, dass auch für den Sitzlandkoordinator bei der Ausübung seiner Aufsichtsbefugnisse nach Art. 51 DSA im Hinblick auf die Beurteilung der Rechtswidrigkeit von Inhalten das Recht des Bestimmungslandes einschließlich der nationalen Grundrechte gilt.

Das Herkunftslandprinzip des Art. 56 Abs. 1 DSA ist auf die Behördenzuständigkeit (Koordinator) bezogen und beschränkt. Im

Übrigen gilt aber auch für den Sitzlandkoordinator nicht das Sitzlandprinzip (Herkunftslandprinzip), sondern das Bestimmungslandprinzip. Anders als nach dem Herkunftslandprinzip, nach dem das Fachrecht des Sitzlandes anwendbar ist, bestimmt sich die Rechtswidrigkeit von Inhalten auch für den Sitzlandkoordinator bei Art. 51 DSA nach dem Recht des Bestimmungslandes. Überdies haben die zuständigen Bestimmungslandbehörden im Hinblick auf die Rechtswidrigkeit von Inhalten gegenüber dem Sitzlandkoordinator eine gewisse Einschätzungsprärogative; der Sitzlandkoordinator muss dem Rechtsstandpunkt der Bestimmungslandbehörde weitestgehend Rechnung tragen (vgl. Art. 58 Abs. 4 S. 1 DSA).

d) AI Act (Entwurf)

Maßstab für die Beurteilung der Rechtswidrigkeit von Inhalten ist gem. Art. 3 lit. h) DSA neben dem mitgliedstaatlichen Recht das Unionsrecht. Hierbei wird künftig der Artificial Intelligence Act, der bislang im Entwurf vorliegt (AIA-E),[220] erhebliche Bedeutung haben. Der DSA beschränkt sich im Wesentlichen auf die Festlegung prozeduraler Sorgfaltspflichten der Plattformbetreiber, verhält sich aber nicht zur Rechtswidrigkeit von Inhalten. Das gilt auch in Bezug auf Gefahren, die durch den Einsatz von KI-Systemen für den demokratischen Diskurs und für den Schutz der Grundrechte, insbesondere für die Menschenwürde und die Persönlichkeitsrechte, entstehen können.[221] Allerdings wird das Problem in der Praxis dadurch vermindert, dass Anbieter sozialer Netzwerke in ihren allgemeinen Geschäftsbedingungen zum Teil den Einsatz generativer, also selbstlernender KI (vgl. Art. 28b Abs. 4 AIA-E) untersagen.

Anbieter von KI-Systemen (Legaldefinition in Art. 3 Abs. 1 Nr. 2 AIA-E), die für die Interaktion mit natürlichen Menschen bestimmt sind, unterliegen der Transparenzpflicht nach Art. 52 Abs. 1 UAbs. 1 AIA-E. Sie müssen rechtzeitig und verständlich darüber informieren, dass es sich um ein KI-System handelt, wenn dies nicht offensichtlich ist. Damit gilt eine Kennzeichnungspflicht.[222] Der Begriff „Interaktion" dürfte weit zu verstehen sein und sich nicht nur auf die (Individual-)Kommunikation zwischen dem System und einer bestimmten natürlichen Person (Chat mit einem Bot) beziehen. Erfasst sein dürften auch Bots, die in Reaktion auf bestimmte (Schlüssel-)Begriffe Inhalte an eine Vielzahl unbestimmter Personen verbreiten (Massenkommunikation).

---

[220] Die folgenden Ausführungen beziehen sich auf den von der Kommission veröffentlichten Vorschlag (COM/2021/206 final) in der Fassung der ersten Lesung des Parlaments (P9_TA(2023)0236).
[221] *Berz/Engel/Hacker*, ZUM 2023, 586 (590 f.) mit Kritik hieran.
[222] AA wohl *Kumkar/Rapp*, ZfDR 2022, 199 (226).

Anbieter von KI-Systemen mit Basismodellen (s. Art. 3 Abs. 1 Nr. 1c AIA-E), die speziell dazu bestimmt sind, mit unterschiedlichem Grad an Autonomie Inhalte wie komplexe Texte, Bilder, Audio- oder Videodateien zu generieren („generative KI" wie ChatGPT), müssen neben der Transparenzpflicht nach Art. 52 Abs. 1 AIA-E (Art. 28b Abs. 4 lit. a) AIA-E) weitere Pflichten beachten (vgl. Art. 28b Abs. 4 lit. b) und c) AIA-E). Vor allem müssen sie das KI-System so gestalten, dass ein angemessener Schutz gegen die Erzeugung von Inhalten gewährleistet ist, die gegen das Unionsrecht, insbesondere die Grundrechte, verstoßen (Art. 28b Abs. 4 lit. b) AIA-E). Die konkreten Schutzmaßnahmen sind unter Berücksichtigung der Besonderheiten des Einzelfalles zu bestimmen.[223]

Neben den Anbietern nimmt der AIA-E auch die Nutzer von KI-Systemen in die Pflicht. Bei einem KI-System, das Text-, Audio- oder visuelle Inhalte erzeugt oder manipuliert, die fälschlicherweise als echt oder wahrhaftig erscheinen würden und in denen Personen ohne ihre Zustimmung dargestellt werden, die scheinbar Dinge sagen oder tun, die sie nicht gesagt oder getan haben („Deepfakes"), muss der Nutzer in angemessener, zeitnaher, klarer und sichtbarer Weise offenlegen, dass die Inhalte künstlich erzeugt oder manipuliert wurden (Art. 52 Abs. 3 UAbs. 1 S. 1 AIA-E). Außerdem muss er den Namen der natürlichen oder juristischen Person, die die Inhalte erstellt oder manipuliert hat, nennen (Art. 52 Abs. 3 UAbs. 1 S. 1 AIA-E). Diese Regelung erscheint grundrechtlich prekär, weil sie für Deepfakes lediglich Transparenzpflichten beinhaltet. Bei Deepfakes, die ohne Zustimmung der betroffenen Person erfolgen und deshalb gegen ihr Recht am eigenen Wort bzw. Bild verstoßen,[224] hätte der Normgeber auch ein Verbot erwägen können. Unzureichend erscheint überdies die Nichtberücksichtigung der Konstellation in Art. 52 Abs. 3 AIA-E, dass der Nutzer mittels KI virtuelle Personen kreiert und als echt erscheinen lässt, ohne dass real existierende Personen dargestellt werden. Weshalb hierfür nicht zumindest eine Transparenzpflicht gelten soll, erschließt sich nicht. Sofern die fiktiven, als real erscheinenden Personen an der Massenkommunikation teilnehmen, hätte der Normgeber außerdem auch insoweit über ein Verbot nachdenken sollen. Die Täuschung über die an der Massenkommunikation teilnehmende virtuelle Person dient ebenso wenig dem öffentlichen Kommunikationsprozess wie die Verbreitung unwahrer Tatsachen. Solche Anwendungsfälle von KI-Systemen er-

---

[223] Kritisch *Kumkar/Rapp*, ZfDR 2022, 199 (223 f.), weil der AIA-E die gebotenen Schutzvorkehrungen nicht konkretisiere.
[224] Zum Recht am eigenen Bild EuGH, NJW 2023, 747 (754 Rn. 95); BGH, NJW 2024, 58 (64 Rn. 50).

scheinen ebenso wenig schutzwürdig wie die Verbreitung unwahrer Tatsachen.[225]

7. Vertikale Regulierung: Verhältnis zwischen Mitgliedstaaten und Plattformbetreibern

Der Beschränkung der Haftung von Plattformbetreibern auf tatsächliche Kenntnis der Rechtswidrigkeit von Inhalten (Art. 6 Abs. 1 DSA) und dem Verbot einer Verpflichtung proaktiver Überwachungspflichten (Art. 8 DSA) korrespondieren die Vorschriften über Anordnungen zum Vorgehen gegen rechtswidrige Inhalte (Art. 9 DSA) und über Auskunftsanordnungen (Art. 10 DSA). Sie stellen eine Konkretisierung des Art. 6 Abs. 4 DSA dar, wonach die Haftungsbegrenzung von Plattformbetreibern die Möglichkeit unberührt lässt, dass eine Justiz- oder Verwaltungsbehörde nach dem Rechtssystem des Mitgliedstaates vom Diensteanbieter verlangt, eine Zuwiderhandlung abzustellen oder zu verhindern.[226] Hierauf setzen Art. 9 und Art. 10 DSA auf (s. auch ErwGr 31).

Art. 9 und Art. 10 DSA betreffen das vertikale Verhältnis zwischen nationalen Behörden und Plattformbetreibern. Wie dargelegt,[227] beinhalten Art. 9 und Art. 10 DSA keine Rechtsgrundlage für nationale Anordnungen. Die Rechtsgrundlage muss aus Unionsrecht oder aus nationalem Recht folgen (s. Art. 9 Abs. 1 und Art. 10 Abs. 1 DSA sowie ErwGr 31 S. 5).

Art. 9 und Art. 10 DSA adressieren in erster Linie die Mitgliedstaaten[228] und verpflichten sie, für nationale Anordnungen bestimmte Mindestanforderungen („mindestens") vorzusehen, die Art. 9 Abs. 2 und Art. 10 Abs. 2 DSA im Einzelnen regeln. Den Mitgliedstaaten steht es frei, über die Mindestbedingungen hinausgehende Vorschriften zu erlassen. Insoweit erhebt der DSA keinen Anspruch auf Vollharmonisierung.

Verfügungen iSd Art. 9 DSA sind grundsätzlich räumlich auf das Hoheitsgebiet des erlassenden Mitgliedstaates beschränkt (ErwGr 36 S. 3, s. auch Art. 9 Abs. 2 lit. b) DSA). Diese Beschränkung folgt daraus, dass die Rechtswidrigkeit der Inhalte sich aus nationalem Recht ergibt. Dementsprechend können Anordnungen nationaler Behörden unionsweit gelten, wenn die Rechtswidrigkeit der Inhalte aus dem Unionsrecht folgt (ErwGr 36 S. 3). Beispiele für behörd-

---

[225] Dazu → B) I. bei und nach Fn. 8 (S. 9).
[226] S. bereits in Bezug auf die Vorgängervorschrift des Art. 14 Abs. 3 ECRL EuGH, GRUR 2019, 1208 (1209 Rn. 24).
[227] F) I. 6. a) bei Fn. 214 (S. 64).
[228] Anbieterpflichten sehen Art. 9 Abs. 5 und Art. 10 Abs. 5 DSA vor. Art. 9 Abs. 3 und 4 sowie Art. 10 Abs. 3 und 4 DSA verpflichten zur Zusammenarbeit zwischen den nationalen Behörden mit dem nationalen Koordinator und der Koordinatoren untereinander (vgl. hierzu → F) I. 6. c) nach Fn. 219 (S. 56)).

liche Verfügungen iSd Art. 9 DSA sind Maßnahmen der Landesmedienanstalten gegenüber Plattformbetreibern nach dem MStV.[229] Problematisch ist, ob Art. 9 und Art. 10 DSA auch für Entscheidungen der nationalen Gerichte gelten.[230] Der Wortlaut der Art. 9 Abs. 1 und Art. 10 Abs. 1 DSA spricht von nationalen „Justiz- und Verwaltungsbehörden", was Gerichte nicht einschließt. Die Erwägungsgründe gehen jedoch davon aus, dass sich Art. 9 und Art. 10 DSA auch auf Gerichtsentscheidungen beziehen. So verwendet ErwGr 147 den Begriff der Behörde als Oberbegriff für Verwaltungsstellen und Gerichte („nationale Behörden, einschließlich nationaler Gerichte"). Auch ErwGr 25 S. 2 nennt die Möglichkeit behördlicher einschließlich gerichtlicher Anordnungen. Hierfür spricht zudem, dass es vom Recht der Mitgliedstaaten abhängt, ob Anordnungen zum Vorgehen gegen rechtswidrige Inhalte von Verwaltungsstellen oder Gerichten getroffen werden. Sie sind funktional austauschbar, soweit sie der Verletzung subjektiver Rechte abhelfen. Die Systematik mit Art. 6 Abs. 4 DSA, der ebenfalls Justiz- oder Verwaltungsbehörde nennt, bekräftigt das Ergebnis. Art. 6 Abs. 4 DSA umfasst unzweifelhaft gerichtliche Entscheidungen.[231] Der gleichlautende Begriff in Art. 9 Abs. 1 und Art. 10 Abs. 1 DSA, die auf Art. 6 Abs. 4 DSA aufsetzen, ist hiermit übereinstimmend auszulegen.[232] Dementsprechend sind die Mindestbedingungen für nationale Anordnungen nach Art. 9 Abs. 2 und Art. 10 Abs. 2 DSA für behördliche und gerichtliche Entscheidungen passend.[233] Art. 9 Abs. 2 und Art. 10 Abs. 2 DSA geben dem nationalen Gesetzgeber auf, die Rechtsgrundlagen für Anordnungen nach Maßgabe der Mindestbedingungen auszugestalten. An diese gesetzlichen Vorgaben sind sowohl Behörden als auch Gerichte gebunden.

Im Gegensatz zu Medienanbietern, die einer Impressumspflicht unterliegen (vgl. Art. 5 AVMDRL, Art. 6 EMFA-E) und deshalb Namen und Adresse veröffentlichen müssen, können (sonstige) Nutzer im Netz anonym kommunizieren.[234] Bei Rechtsverletzungen wie Persönlichkeitsrechtsverstößen bedarf es wegen des Fehlens einer allgemeinen Klarnamenpflicht eines Anspruchs des Betroffenen gegen den Plattformbetreiber auf Auskunft über die Identität (Bestandsdaten) und ggf. über die Nutzungsdaten des Verletzers, um gegen ihn zivilgerichtlich vorgehen zu können.[235] Wie erwähnt, be-

---

[229] *D. Holznagel*, CR 2021, 123 (129); im Einzelnen → F) II. 1., S. 88 ff.
[230] Dafür *Gerdemann/Spindler*, GRUR 2023, 3 (7); *Hofmann*, DSA (Fn. 168), Art. 9 Rn. 19; *D. Holznagel*, CR 2021, 123 (129); dagegen *Götz*, CR 2023, 450 (453 ff.).
[231] Näher *Hofmann*, DSA (Fn. 168), Art. 9 Rn. 19.
[232] Vgl. *Hofmann*, DSA (Fn. 168), Art. 9 Rn. 19.
[233] AA *Götz*, CR 2023, 450 (454).
[234] Vgl. (mit teilweise kritischem Impetus) *Nußberger*, HVerfR (Fn. 3), § 20 Rn. 110.
[235] *Janal*, ZEuP 2021, 227 (260 f. mwN).

gründet Art. 10 Abs. 1 DSA selbst keine Auskunftsansprüche, sondern setzt auf solchen Ansprüchen nach nationalem Recht auf.[236] Angaben zur Identifizierung des Nutzers verlangt Art. 10 Abs. 2 lit. a) iii) DSA nur für den Fall, dass nach nationalem Recht eine Auskunftsanordnung ergeht. Art. 10 DSA verpflichtet jedoch die Mitgliedstaaten nicht zur Begründung von Auskunftsansprüchen. Während der DSA insbesondere in den Art. 16 ff. DSA die grundrechtlichen Positionen zwischen Plattformbetreiber und Nutzer umfassend regelt, fehlt im DSA eine Regelung zum gerechten Ausgleich der grundrechtlich geschützten Interessen im Fall der Verletzung subjektiver Rechte von Nutzern durch andere Nutzer. Der in seinen (Persönlichkeits-)Rechten Betroffene kann sich nur an den Plattformbetreiber wenden und im Melde- und Abhilfeverfahren (Art. 16 DSA) sowie ggf. durch Beschwerde (Art. 20 DSA) seine Rechte zu schützen suchen. Der DSA sieht aber keinen Auskunftsanspruch des Betroffenen gegen den Plattformbetreiber vor, der es ihm ermöglicht, direkt gegen den Störer zivilgerichtlich vorzugehen (vgl. Art. 10 Abs. 6 DSA). Zur Vermeidung einer grundrechtlich prekären Schutzlücke hätte es nahegelegen, dass der Unionsgesetzgeber entweder selbst einen solchen Auskunftsanspruch (im DSA) vorsieht oder die Mitgliedstaaten zur Regelung eines Auskunftsanspruchs verpflichtet.

Bekanntlich gab es solche Auskunftsansprüche im deutschen Recht abgesehen vom Urheberrecht lange Zeit nicht, obgleich der Gesetzgeber sub specie seiner grundrechtlichen Schutzpflicht insbesondere für das allgemeine Persönlichkeitsrecht zu einer Regelung verpflichtet war. Mittlerweile ist der Gesetzgeber seiner grundrechtlichen Schutzpflicht nachgekommen und hat einen Auskunftsanspruch für Bestandsdaten begründet (vgl. § 21 Abs. 2 und 3 TDDDG-E). Damit ist die im Unionsrecht bestehende Schutzlücke geschlossen. Da der DSA insoweit keine (abschließende) Regelung vorsieht, sind die Mitgliedstaaten zur Auskunftsregelung auch kompetenziell berechtigt (s. Art. 2 Abs. 2 S. 2 AEUV).

8. Horizontale Regulierung: Verhältnis zwischen Plattformbetreiber und Nutzer

Im Gegensatz zu Art. 9 und Art. 10 DSA regeln Art. 12 ff. DSA das horizontale Verhältnis zwischen Plattformbetreiber und Nutzer. Neben der Benennung einer zentralen Kontaktstelle für Nutzer (Art. 12 DSA) und eines gesetzlichen Vertreters (Art. 13 DSA) müssen die Plattformbetreiber vor allem in ihren allgemeinen Geschäftsbedingungen bestimmte Anforderungen erfüllen, die Art. 14 und Art. 23 Abs. 4 DSA ausbuchstabieren. Den allgemeinen Ge-

---

[236] Vgl. *Hofmann*, DSA (Fn. 168), Art. 10 Rn. 2 ff.

schäftsbedingungen[237] kommt in der Praxis herausragende Bedeutung zu, weil in ca. 95% der Fälle Löschungen wegen Verstoßes gegen die allgemeinen Geschäftsbedingungen erfolgen.[238] Löschungen wegen Beschwerden von Nutzern oder aufgrund hoheitlicher Anordnungen spielen eine untergeordnete Rolle.[239]

Handelt ein Plattformbetreiber seinen Verpflichtungen nach Art. 12ff. DSA zuwider, hat der Nutzer das Recht, gegen ihn beim Koordinator für digitale Dienste ihres Mitgliedstaates Beschwerde einzulegen (Art. 53 S. 1 DSA). Der nationale Koordinator prüft die Beschwerde und leitet sie ggf. an den Koordinator des Staates weiter, in dem der Anbieter seinen Sitz hat (Art. 53 S. 2 DSA).

a) Melde- und Abhilfeverfahren (Art. 16 DSA)

Gem. Art. 16 DSA müssen Plattformbetreiber ein Melde- und Abhilfeverfahren einrichten, das es Personen ermöglicht, rechtswidrige Inhalte zu melden. Die Anbieter von Plattformen müssen zwar nicht von sich aus die Rechtmäßigkeit von Inhalten prüfen. Eine proaktive Überwachungspflicht existiert nicht (Art. 8 DSA). Eine Prüfpflicht der Anbieter besteht aber nach einer Meldung (vgl. Art. 16 DSA) und einer Beschwerde (Art. 20 DSA) von Nutzern. Das Melderecht nach Art. 16 Abs. 1 DSA steht jeder Person oder Einrichtung ungeachtet einer eigenen Betroffenheit zu. Inhaltlich ist das Melderecht auf rechtswidrige Inhalte beschränkt, d.h., Verstöße gegen allgemeine Geschäftsbedingungen der Plattformbetreiber sind nicht erfasst. Unberührt bleibt die Möglichkeit des Plattformbetreibers, ein Meldeverfahren auch bei Verstößen gegen die allgemeinen Geschäftsbedingungen zu eröffnen (s. ErwGr 58 S. 4).[240] Erweitert der Plattformbetreiber das Meldeverfahren auf Verstöße gegen die allgemeinen Geschäftsbedingungen, erstreckt sich auch das Beschwerderecht nach Art. 20 DSA hierauf (s. ErwGr 58 S. 4).[241] Art. 16 Abs. 2 DSA legt fest, welchen Anforderungen Meldungen genügen müssen. Eine ordnungsgemäße Meldung bewirkt, dass der Plattformbetreiber tatsächliche Kenntnis oder Bewusstsein von der gemeldeten Information hat (Art. 16 Abs. 3 DSA).[242]

---

[237] Zur Bedeutung von allgemeinen Geschäftsbedingungen der Plattformbetreiber *Frank*, MMR 2022, 1026 (1027).
[238] *Liesching*, MMR 2023, 56 (59).
[239] *Liesching*, MMR 2023, 56 (58f.).
[240] *Raue*, DSA (Fn. 184), Art. 20 Rn. 37.
[241] *Raue*, DSA (Fn. 184), Art. 20 Rn. 37.
[242] Von einer unwiderlegbaren Vermutung tatsächlicher Kenntnis gehen aus: *Dregelies*, MMR 2022, 1033 (1034 Fn. 31); *Raue*, DSA (Fn. 184), Art. 16 Rn. 55 mwN; nach aA begründet Art. 16 Abs. 3 DSA eine gesetzliche Fiktion, so *Götz*, CR 2023, 450 (451).

Die Bearbeitung der Meldung ist in Art. 16 Abs. 4 bis 6 DSA geregelt. Der Plattformbetreiber muss der meldenden Person unverzüglich eine Empfangsbestätigung schicken (Art. 16 Abs. 4 DSA) und unverzüglich seine Entscheidung in Bezug auf die gemeldeten Informationen mitteilen (Art. 16 Abs. 5 DSA). Gem. Art. 16 Abs. 6 DSA muss die Entscheidung zeitnah, sorgfältig und willkürfrei ergehen. Nach Art. 22 Abs. 1 DSA sind Meldungen von vertrauenswürdigen Hinweisgebern vorrangig zu behandeln und unverzüglich zu bearbeiten und zu entscheiden. Eine Bearbeitungs- und Entscheidungsfrist, wie sie Art. 3 Abs. 3 Verordnung (EU) 2021/784 zur Bekämpfung der Verbreitung terroristischer Online-Inhalte vorsieht (schnellstmögliche Entfernung, jedenfalls aber innerhalb einer Stunde) und das deutsche NetzDG vorgab (vgl. § 3 Abs. 2 S. 1 Nr. 2 und 3 NetzDG), enthält Art. 16 DSA nicht (vgl. auch ErwGr 87).[243] Auch ist der Anbieter nach Art. 16 Abs. 5 DSA nicht verpflichtet, den Hinweisgeber vor einer etwaigen Löschung zu informieren (ErwGr 52 S. 5). Dies beruht darauf, dass im Fall der Löschung dem Interesse der meldenden Person entsprochen ist.

Im Melde- und Abhilfeverfahren des Art. 16 DSA sind die grundrechtlich geschützten Interessen der verschiedenen Nutzer von Plattformen ebenfalls nicht sachgerecht gewichtet.[244] Während Art. 16 Abs. 5 DSA den Plattformbetreiber nicht verpflichtet, seine Entscheidung in Bezug auf die gemeldeten Informationen gegenüber dem Hinweisgeber zu begründen, sieht Art. 17 DSA eine Verpflichtung zur detaillierten Begründung gegenüber dem von der Löschung von Inhalten und sonstigen Beschränkungen betroffenen Nutzer vor.[245] Art. 16 Abs. 5 DSA erschöpft sich darin, dass der Plattformbetreiber dem Hinweisgeber seine Entscheidung unverzüglich mitteilen und dabei auf mögliche Rechtsbehelfe gegen die Entscheidung hinweisen muss. Anders als Art. 17 DSA verpflichtet Art. 16 DSA nicht zur Begründung der Entscheidung. Eine analoge Anwendung der Begründungspflicht nach Art. 17 DSA auf den Hinweisgeber dürfte dogmatisch schwer begründbar sein. Im Gegensatz zu Art. 20 DSA, der für die Nutzer „einschließlich meldende (…) Personen oder Einrichtungen" gilt, ist Art. 17 DSA erkennbar auf den von Beschränkungen des Plattformbetreibers betroffenen Nutzer bezogen und begrenzt.[246] Die in Art. 17 Abs. 1 lit. a) DSA genannte „Ent-

---

[243] Statt aller *Kühling*, ZUM 2021, 461 (468).
[244] Zur Horizontalwirkung der Unionsgrundrechte zuletzt *Wischmeyer/Meißner*, NJW 2023, 2673 ff.
[245] S. sogleich → F) 8. b), S. 77 ff.
[246] Ebenso in Bezug auf „empfangende Nutzer", also Nutzer, die durch Beschränkungen in ihrer Informationsfreiheit (Art. 11 Abs. 1 S. 2 GRCh) betroffen sind, *Raue*, DSA (Fn. 184), Art. 16 Rn. 22.

fernung von Inhalten, Sperrung des Zugangs zu Inhalten oder Herabstufung von Inhalten" betrifft allein den Nutzer, der Inhalte bereitstellt. Auch die weiteren in Art. 17 Abs. 1 lit. b) bis d) DSA geregelten Fälle (Beschränkungen von Geldzahlung, Aussetzung oder Beendigung des Dienstes und Aussetzung oder Schließung des Kontos des Nutzers) beziehen sich ausschließlich auf den Nutzer. Schließlich ist Art. 17 Abs. 3 DSA, der die Anforderungen an die Begründung regelt, auf den postenden Nutzer zugeschnitten. Eine analoge Anwendung des Art. 17 DSA auf den Hinweisgeber dürfte deshalb in Ermangelung einer Regelungslücke (planwidrige Unvollständigkeit) ausscheiden.

Eine Begründungspflicht gegenüber dem Hinweisgeber wird man aber aus Art. 16 Abs. 5 iVm Art. 20 DSA ableiten können. Anders als Art. 17 DSA gilt Art. 20 DSA sowohl für von Beschränkungen betroffene Nutzer als auch für Hinweisgeber iSd Art. 16 DSA (s. Art. 20 Abs. 1 DSA: „Nutzern einschließlich meldenden Personen oder Einrichtungen"). Das interne Beschwerdemanagementsystem des Art. 20 DSA ist allen Nutzern von Plattformen gleichermaßen zur Verfügung zu stellen. Auch die Anforderrungen an eine Beschwerde sind für alle Nutzer gleich. So ist jede Beschwerde innerhalb von sechs Monaten ab dem Tag zu erheben, an dem der Nutzer gem. Art. 16 Abs. 5 oder Art. 17 DSA von der Entscheidung des Plattformbetreibers in Kenntnis gesetzt wird (Art. 20 Abs. 2 DSA), und angemessen zu begründen (Art. 20 Abs. 3 DSA). Mit der gebotenen Gleichbehandlung aller Nutzer im Rahmen des Beschwerdemanagementsystems wäre es unvereinbar, wenn der Plattformbetreiber seine Entscheidung nur gegenüber den von Beschränkungen betroffenen Nutzern begründen müsste. Aus dem in Art. 20 DSA zum Ausdruck kommenden Gebot der Gleichbehandlung aller Nutzer folgt, dass Plattformbetreiber ihre Entscheidung auch gegenüber Hinweisgebern begründen müssen. Dies gilt umso mehr, als eine angemessene Begründung der Beschwerde gegen die Entscheidung des Plattformbetreibers (Art. 16 Abs. 5 DSA) nur möglich erscheint, wenn die Entscheidung begründet ist.[247] Eine solche Begründungspflicht dürfte zudem dazu beitragen, außergerichtliche (s. Art. 21 DSA) und gerichtliche Streitverfahren zu vermeiden, was letztlich auch im Interesse des Plattformbetreibers ist.

Für Hinweisgeber, die durch rechtswidrige Inhalte in ihren (Persönlichkeits-)Rechten beeinträchtigt sind und deren Meldung nicht abgeholfen wird, folgt das Erfordernis einer Begründung der Entscheidung des Plattformbetreibers auch aus Grundrechten. Ein ef-

---

[247] In diesem Sinne auch *Raue*, DSA (Fn. 184), Art. 16 Rn. 108 und Art. 20 Rn. 23, der ohne Begründung der Entscheidung des Plattformbetreibers keine wirksame Beschwerdemöglichkeit des Hinweisgebers sieht.

fektiver (Persönlichkeits-)Grundrechtsschutz erfordert, dass der Betroffene die Gründe kennt, auf denen die Nichtabhilfeentscheidung des Plattformbetreibers beruht. Auch widerspräche es dem Gebot prozeduraler Chancengleichheit, dem von einer Nichtabhilfeentscheidung betroffenen Nutzer (Hinweisgeber) kein Begründungsrecht einzuräumen, während dem von einer Beschränkung des Plattformbetreibers betroffenen (postenden) Nutzer ein solches Begründungsrecht nach Art. 17 DSA zusteht.

Wegen der Vollharmonisierung durch den DSA darf zwar der nationale Gesetzgeber mangels Kompetenz [248] ein Begründungserfordernis gegenüber dem Hinweisgeber nicht vorsehen. Das Begründungserfordernis ist aber von den nationalen Gerichten, die beim Vollzug des DSA Unionsgerichte im funktionalen Sinne sind, und vom EuGH bei der Anwendung und Auslegung des DSA aus den Unionsgrundrechten abzuleiten. Es folgt im Übrigen, wie gezeigt, bereits direkt aus dem DSA (Art. 16 Abs. 5 iVm Art. 20 DSA).

b) Begründung (Art. 17 DSA)

Ebenso wie Art. 16 DSA adressiert Art. 17 DSA die Plattformbetreiber und verpflichtet sie bei bestimmten Beschränkungen zu einer Begründung gegenüber allen betroffenen Nutzern. Während Art. 16 DSA das Verhältnis der Plattformbetreiber zu allen rechtswidrige Inhalte meldenden Personen und Einrichtungen betrifft, regelt Art. 17 DSA die Beziehungen zwischen Plattformbetreibern und Inhalte bereitstellenden Nutzern. Dementsprechend gilt die Begründungspflicht nach Art. 17 DSA nicht nur bei rechtswidrigen Inhalten, sondern auch bei mit den allgemeinen Geschäftsbedingungen der Plattformbetreiber unvereinbaren Inhalten. Art. 17 Abs. 1 lit. a) bis d) DSA legt fest, für welche Beschränkungen der Plattformbetreiber eine Begründung schuldet. Art. 17 Abs. 3 DSA formuliert Mindestangaben, die die Begründung enthalten muss. Die Begründung muss außerdem leicht verständlich sowie hinreichend bestimmt sein (s. Art. 17 Abs. 1 und 4 DSA). Die Begründungspflicht nach Art. 17 Abs. 1 DSA enthält implizit die Verpflichtung des Plattformbetreibers, dem betroffenen Nutzer die Beschränkung mitzuteilen.[249]

Der Plattformbetreiber hat die Rechtmäßigkeit von Inhalten nach Maßgabe des Rechts des Landes zu prüfen, in dem der von der Beschränkung betroffene Nutzer seinen Niederlassungsort oder

---

[248] → F) I. 3., S. 50 ff.
[249] Vgl. *Raue*, DSA (Fn. 184), Art. 17 Rn. 20; *Maamar*, in: Kraul, Das neue Recht der digitalen Dienste. Digital Services Act (DSA), 2023, § 4 Rn. 81.

Sitz hat. Maßgeblich ist das Recht des Bestimmungslandes.[250] Das gilt nicht nur für die Anwendbarkeit des einfachen Rechts, sondern auch für die Grundrechte. Bei der Anwendung und Auslegung der einfachgesetzlichen Bestimmungen sind die Grundrechte des Bestimmungslandes heranzuziehen.

Anders als Art. 4 Abs. 1 und 2 VO (EU) 2019/1150 und Art. 17 Abs. 2 EMFA-E verpflichtet Art. 17 DSA den Plattformbetreiber nicht dazu, seine Entscheidung über Beschränkungen iSd Art. 17 Abs. 1 DSA den hiervon betroffenen Nutzern vorher mitzuteilen und zu begründen. Der Grund hierfür ist bei einer Löschung von Inhalten bzw. Sperrung des Zugangs zu Inhalten (s. Art. 17 Abs. 1 lit. a) DSA), dass der Plattformbetreiber aus Haftungsgründen ein besonderes Interesse an einem zügigen Entfernen des rechtswidrigen Inhalts hat. Außerdem besteht die Gefahr der Verbreitung des Inhalts und damit im Fall seiner Rechtswidrigkeit die Gefahr einer Perpetuierung der Rechtsverletzung. Zudem kann eine zügige Entfernung des Inhalts im Interesse Dritter liegen, die in ihren Rechten verletzt sind.[251]

Im Gegensatz zu Art. 16 Abs. 5 und Art. 20 Abs. 5 DSA hält Art. 17 DSA den Plattformbetreiber auch nicht dazu an, seine Entscheidung dem betroffenen Nutzer unverzüglich mitzuteilen. Art. 17 Abs. 1 DSA begründet lediglich implizit eine Mitteilungspflicht. Bereits unter dem Gesichtspunkt verfahrensrechtlicher Gleichbehandlung wird man aber die Unverzüglichkeit der Mitteilung der Entscheidung ebenso wie nach Art. 16 Abs. 5 DSA auch im Rahmen des Art. 17 Abs. 1 DSA verlangen müssen. Art. 16 Abs. 5 DSA gilt demnach analog für die Mitteilung nach Art. 17 Abs. 1 DSA.

Allerdings sieht Art. 23 Abs. 1 DSA eine Ausnahme für die Aussetzung der Dienste von Nutzern vor, die häufig und offensichtlich rechtswidrige Inhalte bereitstellen. Die Aussetzung des Dienstes darf nur „nach vorheriger Warnung" erfolgen. Das Gleiche gilt gem. Art. 23 Abs. 2 DSA für die Aussetzung der Bearbeitung von Meldungen und Beschwerden nach Art. 16 und Art. 20 DSA von Personen, die häufig offensichtlich unbegründete Meldungen oder Beschwerden einreichen. Eine Aussetzung der Bearbeitung setzt eine vorherige Warnung voraus. Der Inhalt der vorherigen Warnung ist in Art. 23 DSA nicht geregelt. Insbesondere ist keine Begründungspflicht normiert. Damit der Zweck der vorherigen Warnung erfüllt werden kann, d.h. der Gewarnte die Möglichkeit hat, sein Verhalten zu korrigieren, muss die Warnung begründet werden. Art. 17 Abs. 1 bis 4 DSA ist im Rahmen des Art. 23 Abs. 1 und 2 DSA analog

---

[250] → F) I. 6. b), S. 65 f.
[251] Vgl. BGH, NJW 2021, 3179 (3190 mwN).

anzuwenden.[252] Da die Aussetzung eines Dienstes schwerer wiegt als die Löschung einzelner Inhalte, ist aus Gründen der Verhältnismäßigkeit nicht erst die Aussetzung, sondern bereits die vorherige Warnung zu begründen (Art. 23 Abs. 1 iVm Art. 17 DSA analog).[253] Wegen der mit einer Aussetzung des Dienstes verbundenen schweren Grundrechtsbeeinträchtigung muss der betroffene Nutzer überdies vor der Aussetzung im Rahmen der Warnung vom Plattformbetreiber angehört werden.[254]

c) Internes Beschwerdemanagementsystem (Art. 20 DSA)

Anbieter von Plattformen müssen den Nutzern einschließlich meldenden Personen oder Einrichtungen ein wirksames internes Beschwerdemanagementsystem zur Verfügung stellen (Art. 20 Abs. 1 DSA). Während Art. 16 DSA nur für meldende Personen und Einrichtungen gilt und Art. 17 DSA nur die von Beschränkungen betroffenen Nutzer erfasst, kommt Art. 20 DSA beiden Personengruppen zugute. Zu ermöglichen ist eine interne Beschwerde gegen die in Art. 20 Abs. 1 lit. a) bis d) DSA genannten Entscheidungen des Plattformbetreibers. Die Beschwerde muss während eines Zeitraums von mindestens sechs Monaten nach einer Entscheidung des Plattformbetreibers elektronisch und kostenlos möglich sein (Art. 20 Abs. 1 DSA). Das Beschwerdemanagementsystem ist leicht zugänglich und benutzerfreundlich zu gestalten (Art. 20 Abs. 3 DSA). Plattformbetreiber müssen Beschwerden zeitnah, diskriminierungsfrei und sorgfältig bearbeiten (Art. 20 Abs. 4 S. 1 DSA). Nach einer Beschwerde hat der Plattformbetreiber dem Beschwerdeführer unverzüglich seine begründete Entscheidung mitzuteilen und ihn auf die Möglichkeit außergerichtlicher Streitbeilegung gem. Art. 21 DSA und andere verfügbare Rechtsbehelfe hinzuweisen (Art. 20 Abs. 5 DSA). Die Entscheidung darf zwar mit automatisierten Mitteln getroffen werden, muss aber unter der Aufsicht angemessen qualifizierten Personals erfolgen (Art. 20 Abs. 6 DSA). Demgegenüber kann ein Plattformbetreiber nach einer Meldung gem. Art. 16 DSA zur Bearbeitung und Entscheidungsfindung ausschließlich automatisierte Mittel einsetzen, wobei dies kenntlich zu machen ist (vgl. Art. 16 Abs. 6 DSA). Auch Art. 17 DSA lässt eine Begründung durch ausschließlichen Einsatz automatisierter Mittel zu, weil dies gesetzlich nicht ausgeschlossen ist.

---

[252] Vgl. auch *Raue*, DSA (Fn. 184), Art. 23 Rn. 46 ff.
[253] Dementsprechend verlangt auch der BGH (NJW 2021, 3179 (3189)), den Nutzer vor einer beabsichtigten Sperrung seines Nutzerkontos zu informieren und ihm den Grund hierfür mitzuteilen.
[254] Vgl. *Wischmeyer/Meißner*, NJW 2023, 2673 (2678).

Gegenstand einer Beschwerde meldender Personen oder Einrichtungen iSd Art. 16 DSA kann zum einen die Verletzung der verfahrensrechtlichen Sorgfaltspflichten des Plattformbetreibers nach Art. 16 DSA sein (vgl. 16 Abs. 1 und Abs. 4 bis 6 DSA). Mit der Beschwerde kann aber auch der Inhalt der Entscheidung nach Erhalt der Meldung angegriffen werden. Insoweit wendet sich der Beschwerdeführer gegen die Prüfung der Rechtswidrigkeit des Inhalts durch den Plattformbetreiber. Erweitert der Plattformbetreiber das Meldeverfahren nach Art. 16 DSA auf Verstöße gegen die allgemeinen Geschäftsbedingungen, erstreckt sich auch das Beschwerderecht nach Art. 20 DSA hierauf (s. ErwGr 58 S. 4).[255] Überdies kann die meldende Person oder Einrichtung das Beschwerdeverfahren nutzen, um sich gegen die Angemessenheit der vom Plattformbetreiber ergriffenen Maßnahmen zu wehren (ErwGr 58 S. 4).[256]

Nutzer, die durch Beschränkungen des Plattformbetreibers iSd Art. 17 DSA betroffen sind, können im Wege einer Beschwerde die Verletzung der Begründungspflicht nach Art. 17 DSA rügen (vgl. Art. 17 Abs. 1, 3 und 4 DSA). Darüber hinaus kann sich die Beschwerde gegen die Entscheidung des Plattformbetreibers richten, dass die vom Nutzer bereitgestellten Inhalte rechtswidrig oder mit den allgemeinen Geschäftsbedingungen unvereinbar sind. Auch kann die Unangemessenheit der vom Plattformbetreiber getroffenen Entscheidungen nach Art. 20 Abs. 1 DSA mittels Beschwerde angegriffen werden.

Gem. Art. 20 Abs. 4 S. 2 DSA muss ein Plattformbetreiber nach der Beschwerde eines Hinweisgebers iSd Art. 16 DSA seine Entscheidung unverzüglich rückgängig machen, wenn die Beschwerde zeigt, dass der Inhalt, auf den sich die Meldung bezogen hat, rechtswidrig ist oder die getroffenen Abhilfemaßnahmen nicht ausreichen.[257] Eine Verpflichtung des Plattformbetreibers, seine Entscheidung unverzüglich rückgängig zu machen, besteht nach Art. 20 Abs. 4 S. 2 DSA auch, wenn sich im Rahmen eines Beschwerdeverfahrens eines von Beschränkungen iSd Art. 17 DSA betroffenen Nutzers ergibt, dass seine Inhalte weder rechtswidrig sind noch gegen die allgemeinen Geschäftsbedingungen verstoßen. Das Gleiche gilt, wenn das Verhalten des Beschwerdeführers keine Aussetzung oder Kündigung des Dienstes oder Kontoschließung rechtfertigt. Unter den Voraussetzungen des Art. 20 Abs. 4 S. 2 DSA besteht also für meldende Personen oder Einrichtungen (Art. 16 DSA) ein Anspruch auf Löschung bzw. Sperrung des rechtswidrigen Inhalts[258]

---

[255] Mit Nachweisen → F) I. 8. a), S. 74.
[256] S. auch *Raue*, DSA (Fn. 184), Art. 20 Rn. 37.
[257] *Raue*, DSA (Fn. 184), Art. 20 Rn. 65.
[258] *Raue*, DSA (Fn. 184), Art. 20 Rn. 63.

oder auf Nachbesserung der ergriffenen Maßnahmen. Für von Beschränkungen iSd Art. 17 DSA betroffene Nutzer begründet Art. 20 Abs. 4 S. 2 DSA einen Wiederherstellungsanspruch, zB auf Wiedereinstellung des gelöschten Inhalts oder Aufhebung der Kontosperrung.[259] Für einen Wiederherstellungsanspruch nach dem Recht der Mitgliedstaaten (vgl. §§ 280 Abs. 1, 249 Abs. 1 BGB)[260] bleibt kein Raum.

Art. 20 DSA weist Schutzlücken auf, die auf einer verfahrensrechtlichen Schieflage zulasten einzelner Verfahrensbeteiligter beruhen. Er sieht keine Verpflichtung des Plattformbetreibers zur Anhörung Dritter vor.[261] Die Entscheidung eines Plattformbetreibers, ob Inhalte gelöscht werden, kann mehrere Personen betreffen. Dies ist der Fall, wenn der Inhalt eines Nutzers Rechte Dritter wie Persönlichkeitsrechte verletzt. Bei der Entscheidung über die Löschung eines Inhalts mit Drittbetroffenheit müssen sämtliche von der Entscheidung betroffenen Personen angehört werden, um einen bereits von Art. 1 Abs. 1 DSA geforderten sachgerechten Ausgleich der grundrechtlich geschützten Belange zu ermöglichen. Art. 20 DSA sichert die Rechte des durch einen Inhalt betroffenen Dritten aber unzulänglich. Es ist zwischen verschiedenen Konstellationen zu unterscheiden:

Bei einer Beschwerde eines Hinweisgebers, dessen Meldung nach Art. 16 DSA nicht abgeholfen wird, sieht Art. 20 DSA eine Anhörung des Nutzers, dessen Inhalt als rechtswidrig beanstandet wird, nicht vor. Wird der Beschwerde des Hinweisgebers stattgegeben und löscht der Plattformbetreiber deshalb Inhalte des Nutzers, kann aber der Nutzer gegen die nach Art. 17 DSA zu begründende Entscheidung seinerseits Beschwerde nach Art. 20 DSA erheben. Die grundrechtlich geschützten Interessen des Inhalte bereitstellenden Nutzers und des vom Inhalt Betroffenen (Hinweisgeber) sind gleichermaßen berücksichtigt. Der DSA hat sich dabei für einen konsekutiven, nicht für einen integrierten Interessenausgleich zwischen den verschiedenen Nutzern entschieden.[262] Das ist unter rechtsstaatlichen Gesichtspunkten zu beanstanden.[263]

Eine Schutzlücke existiert, wenn der Meldung eines Hinweisgebers nach Art. 16 DSA abgeholfen wird und der hiervon betroffene Nutzer sich gegen die nach Art. 17 DSA begründete Entscheidung

---

[259] Ebenso *Kühling*, ZUM 2021, 461 (469); *Raue*, DSA (Fn. 184), Art. 20 Rn. 63.
[260] Zu diesem Wiederherstellungsanspruch nach BGB s. BGH, NJW 2021, 3179 (3182f.).
[261] Vgl. *Raue*, DSA (Fn. 184), Art. 20 Rn. 58; *D. Holznagel*, CR 2022, 594 (598); *Wischmeyer/Meißner*, NJW 2023, 2673 (2678).
[262] *Raue*, DSA (Fn. 184), Art. 20 Rn. 58.
[263] S. sogleich.

des Plattformbetreibers mittels Beschwerde nach Art. 20 DSA zur Wehr setzt. Eine Anhörung der meldenden Person ist im Rahmen des Beschwerdeverfahrens nicht vorgesehen. Das gilt auch dann, wenn die meldende Person durch Wiedereinstellung des Inhalts (Art. 20 Abs. 4 S. 2 DSA) in subjektiven Rechten betroffen ist. Sie kann sich gegen die Entscheidung nicht mittels Beschwerde nach Art. 20 DSA zur Wehr setzen, weil das Beschwerdeverfahren nur nach Erhalt einer Meldung gem. Art. 16 DSA eröffnet ist. Auch verpflichtet der DSA den Plattformbetreiber nicht, die Wiedereinstellungsentscheidung der hiervon betroffenen meldenden Person mitzuteilen. Eine Mitteilungspflicht besteht ausschließlich gegenüber dem Beschwerdeführer (Art. 20 Abs. 5 DSA). Erhält die betroffene Person tatsächlich Kenntnis von der Wiedereinstellung, kann sie allenfalls ein erneutes Meldeverfahren gem. Art. 16 DSA anstrengen.

Das Gleiche gilt, wenn ein von Beschränkungen iSd Art. 17 DSA betroffener Nutzer gegen die Entscheidung des Plattformbetreibers Beschwerde nach Art. 20 DSA erhebt, ohne dass ein Meldeverfahren gem. Art. 16 DSA stattgefunden hat. Auch in diesem Fall sieht Art. 20 DSA keine Anhörung von Dritten vor, deren Rechte durch den Inhalt beeinträchtigt sind.

Das dem DSA zugrunde liegende Verfahren eines konsekutiven Interessenausgleichs ist grundrechtlich prekär, weil es voraussetzt, dass der jeweilige Dritte von der Entscheidung des Plattformbetreibers Kenntnis erhält. Der DSA gewährleistet eine solche Kenntniserlangung nicht, weil er den Plattformbetreiber nur verpflichtet, den Beschwerdeführer über die begründete Entscheidung zu informieren (vgl. Art. 20 Abs. 5 DSA). Der DSA berücksichtigt daher die Interessen der von Inhalten betroffenen Nutzer nicht hinreichend, was Art. 1 Abs. 1 DSA zuwiderläuft und mit dem Grundsatz verfahrensrechtlicher Gleichbehandlung (vgl. Art. 20 iVm Art. 7 GRCh) unvereinbar ist. Doch selbst wenn der betroffene Dritte faktisch Kenntnis von der Beschwerdeentscheidung erlangt, kann es zu einem Ping-Pong-Verfahren kommen.[264] Das wäre mit dem Zweck des DSA (vgl. Art. 1 Abs. 1 DSA) und speziell des Beschwerdeverfahrens, Nutzern einfachen und wirksamen Rechtsschutz zu ermöglichen, nicht vereinbar. Ziel jedes rechtsstaatlichen Verfahrens muss sein, einen sachgerechten Ausgleich zwischen den Interessen der betroffenen Personen herbeizuführen. Der Ausgleich muss in demselben Verfahren bewirkt und kann nicht auf mehrere Verfahren erstreckt werden. Deshalb ist Art. 20 DSA ergänzend in dem Sinne auszulegen, dass vor einer Entscheidung des Plattformbetreibers

---

[264] Vgl. *Raue*, DSA (Fn. 184), Art. 20 Rn. 58.

nach Art. 20 Abs. 4 DSA der potenziell betroffene Dritte anzuhören ist. Eine solche Anhörung ist erforderlich, um den Dritten dem Beschwerdeführer verfahrensrechtlich gleichzustellen. Dementsprechend ist auch Art. 20 Abs. 5 DSA erweiternd auszulegen, sodass der Plattformbetreiber seine begründete Entscheidung nicht nur dem Beschwerdeführer, sondern auch dem von der Entscheidung betroffenen Dritten mitzuteilen hat.[265] Es ist Aufgabe der nationalen Gerichte und des EuGH, diese Schutzlücke durch erweiternde Auslegung des Art. 20 DSA zu schließen.[266] Ungeachtet dessen ist eine Klarstellung durch den Unionsgesetzgeber angezeigt.

d) Übereinstimmung der Art. 16 ff. DSA mit BGH-Rechtsprechung

Die dem Plattformbetreiber nach Art. 16 ff. DSA obliegenden verfahrensrechtlichen Pflichten entsprechen den Anforderungen, die der BGH für Anbieter sozialer Netzwerke für den Fall der Löschung von Inhalten und der Sperrung des Kontos des Nutzers entwickelt hat. Nach der Rechtsprechung des BGH muss sich der Anbieter des sozialen Netzwerks in seinen Geschäftsbedingungen verpflichten, den Nutzer über die Entfernung seines Beitrags zumindest unverzüglich nachträglich und über eine beabsichtigte Sperrung seines Nutzerkontos vorab zu informieren, ihm den Grund dafür mitzuteilen und eine Möglichkeit zur Gegendarstellung einzuräumen, an die sich eine Neubescheidung anschließt, mit der die Möglichkeit der Wiederzugänglichmachung des entfernten Beitrags einhergeht.[267]

Eine Verpflichtung des Plattformbetreibers zur Aufstellung allgemeiner Geschäftsbedingungen folgt aus Art. 14 und Art. 23 Abs. 4 DSA. Eine Mitteilungspflicht des Plattformbetreibers gegenüber dem Nutzer bei einer Löschung von Inhalten oder einer Kontosperrung ergibt sich implizit aus der Begründungspflicht nach Art. 17 Abs. 1 DSA.[268] In Übereinstimmung mit dem BGH verlangt Art. 17 Abs. 1 DSA nicht, dass der Nutzer vor einer beabsichtigten Löschung seines Inhalts informiert wird; es genügt die nachträgliche Mitteilung.[269] Die vom BGH geforderte Unverzüglichkeit der (nachträglichen) Mitteilung sieht Art. 17 Abs. 1 DSA zwar nicht vor; die Regelungslücke ist im Rahmen des Art. 17 DSA aber durch analoge Anwendung des Art. 16 Abs. 5 DSA zu schließen.[270] Bei einer beabsichtigten Sperrung des Nutzerkontos verpflichtet Art. 23

---

[265] Gleichsinnig *Gerdemann/Spindler*, GRUR 2023, 115 (116).
[266] Vgl. *Raue*, DSA (Fn. 184), Art. 20 Rn. 58 bezogen auf den Hinweisgeber.
[267] BGH, NJW 2021, 3179 Leitsatz 3.
[268] → F) I. 8. b) vor Fn. 249 (S. 77).
[269] → F) I. 8. b) vor Fn. 251 (S. 78).
[270] → F) I. 8. b) nach Fn. 251 (S. 78).

Abs. 1 DSA den Plattformbetreiber zur vorherigen Information des Nutzers („nach vorheriger Warnung"). Die vom BGH verlangte Begründungspflicht bei einer Löschung von Inhalten folgt aus Art. 17 DSA. Im Fall der Sperrung eines Nutzerkontos trifft den Plattformbetreiber eine vorherige (Mitteilungs- und) Begründungspflicht nach Art. 17 Abs. 1 bis 4 DSA, der im Rahmen des Art. 23 Abs. 1 und 2 DSA analog anzuwenden ist.[271] Eine Möglichkeit zur Gegenvorstellung mit anschließender Neubescheidung regelt Art. 20 Abs. 1 und Abs. 4 S. 1 DSA.[272] Die Möglichkeit der Wiedereinstellung des entfernten Beitrags und der Rückgängigmachung der Kontosperrung sieht Art. 20 Abs. 4 S. 2 DSA vor.

9. Zusätzliche Regulierung sehr großer Plattformen wegen systemischer Risiken

Art. 33 ff. DSA erlegen Anbietern sehr großer Online-Plattformen (und sehr großer Online-Suchmaschinen) zusätzliche Verpflichtungen auf, die ihren systemischen Risiken geschuldet sind. Sehr große Plattformen iSd Art. 33 Abs. 1 DSA haben beträchtlichen Einfluss auf die Online-Sicherheit, die öffentliche Meinungsbildung, den öffentlichen Diskurs und den Online-Handel, sodass sie besonderer Regulierung bedürfen (ErwGr 79 S. 1 und 3). Diese Regulierung ist die Konsequenz des Schutzes der Plattformbetreiber durch Art. 11 GRCh. Sie verbreiten nicht nur Inhalte ihrer Nutzer, sondern nehmen selbst dadurch Einfluss auf die Meinungsbildung, dass sie durch Algorithmen die Informationsbasis ihrer Nutzer bestimmen, also steuern, welcher Nutzer welche Informationen erhält. Die Medienfreiheiten begründen besondere Rechte, bringen aber zugleich auch eine besondere Verantwortung für den demokratischen Diskurs mit sich (vgl. nochmals Art. 10 Abs. 2 EMRK: „mit Pflichten und Verantwortung verbunden").

Nach Art. 35 Abs. 1 DSA ist es Aufgabe sehr großer Plattformbetreiber, alle systemischen Risiken iSd Art. 34 Abs. 1 UAbs. 2 S. 2 lit. a) bis d) DSA sorgfältig zu ermitteln, zu analysieren und zu bewerten. Gem. Art. 35 Abs. 1 DSA ergreifen die Plattformbetreiber angemessene und wirksame Risikominderungsmaßnahmen wie eine Anpassung ihrer allgemeinen Geschäftsbedingungen und ihrer algorithmischen Systeme, die auf die ermittelten systemischen Risiken zugeschnitten sind. Diese Risikobewertungs- und Risikominimierungspflichten der Art. 34 und Art. 35 DSA sind Ausdruck der besonderen Verantwortung der Plattformbetreiber.

---

[271] → F) I. 8. b) bei und nach Fn. 252 (S. 79).
[272] → F) I. 8. c) vor und bei Fn. 259 (S. 81); vgl. auch *Grünwald/Nüßing*, MMR 2021, 283 (285).

Für die Überwachung und Durchsetzung dieser speziellen Pflichten sehr großer Plattformen ist nach Art. 56 Abs. 2 DSA die Kommission zuständig. Im Krisenfall kann die Kommission auf Empfehlung des Europäischen Gremiums für digitale Dienste (Gremium, Art. 61 DSA) die in Art. 36 DSA genannten Maßnahmen ergreifen. Unabhängig von Krisen besitzt die Kommission die Befugnisse nach Art. 64 ff. DSA. Hierzu zählen Ermittlungsbefugnisse (Art. 66 bis 69 DSA), verfahrensrechtliche Anordnungsbefugnisse (Art. 70 bis 72 DSA) und die Auferlegung von Sanktionen, wozu die Verhängung von Geldbußen (Art. 74 DSA) und Zwangsgeldern (Art. 76 DSA) sowie als ultima ratio die vorübergehende Beschränkung des Zugangs der Nutzer zu dem betreffenden Dienst (Art. 82 Abs. 1 und 2 DSA) gehören.

Diese Befugnisse der Kommission sind mit Art. 11 GRCh unvereinbar, soweit sie der Unterbindung systemischer Risiken von Plattformbetreibern dienen, die von Art. 11 GRCh geschützte Inhalte bereithalten und hierzu den Zugang vermitteln. Das ist insbesondere bei den in Art. 34 Abs. 1 UAbs. 2 S. 2 lit. b) und c) DSA geregelten Risiken der Fall. Das Gleiche gilt für systemische Risiken durch Verbreitung rechtswidriger Inhalte iSd Art. 34 Abs. 1 UAbs. 2 S. 2 lit. a) DSA, soweit die Inhalte dem Schutz des Art. 11 GRCh unterfallen.

Die Aufsicht über Medien, aber auch über Plattformbetreiber, die dem Schutz des Art. 11 GRCh unterliegen, ist sub specie des Art. 11 Abs. 2 GRCh („Freiheit der Medien") unionsfern auszugestalten. Eines der Fundamente der nach Art. 11 Abs. 2 GRCh zu achtenden „Freiheit der Medien" ist, dass die Aufsicht über die Medien nicht Sache von Regierungen, sondern von regierungsunabhängigen Regulierungsbehörden ist. Eine wirksame Kontrolle von Regierungen durch Medien („Public Watchdog") ist nur möglich, wenn die Medien von den Regierungen unabhängig sind (vgl. auch Art. 4 EMFA-E). Eine von der jeweiligen Regierung unabhängige Medienaufsicht dient nicht nur Art. 11 Abs. 1 S. 1 GRCh, sondern ist zugleich unverzichtbare Voraussetzung für die Freiheit der Medien iSd Art. 11 Abs. 2 GRCh und damit für das Gelingen von Demokratie. In Konkretisierung des Art. 11 Abs. 1 S. 1 und Abs. 2 GRCh, der die „Freiheit der Medien" und damit die Staatsferne der Medienaufsicht verlangt, schreibt Art. 30 AVMDRL (vgl. Art. 7 EMFA-E) die Unabhängigkeit der Regulierungsbehörden der Mitgliedstaaten vor, die mit der Aufsicht über Anbieter von audiovisuellen Mediendiensten und Video-Sharing-Plattformen betraut sind.[273]

---

[273] → B) III. 1. nach Fn. 71 (S. 22) und → B) III. 3. bei und nach Fn. 86 (S. 26).

Verlangen Art. 11 GRCh und Art. 30 AVMDRL (vgl. auch Art. 7 EMFA-E) die Unabhängigkeit der Medienaufsicht von den Regierungen der Mitgliedstaaten, muss die Medienaufsicht auch von der Kommission unabhängig sein, die gleichsam die „Regierung" der EU ist. Den Medien kommt nicht nur eine wichtige Kontrollfunktion gegenüber den nationalen Regierungen und sonstigen Staatsorganen zu, sondern auch gegenüber der Kommission und anderen Organen der EU. Diese Kontrollaufgabe können die Medien nur erfüllen, wenn sie von Einflussnahmen der nationalen Regierung und der Kommission unabhängig sind. Die notwendige Aufsicht über Medien muss daher regierungs- und kommissionsunabhängig sein. Das gilt auch für Plattformbetreiber, soweit sie durch Art. 11 GRCh geschützt sind. Eine unabhängige Plattformaufsicht ist bereits zum Schutz der Inhalteanbieter geboten, soweit sie Art. 11 GRCh unterfallen. Sie ist aber auch zum Schutz der von Art. 11 GRCh erfassten Plattformbetreiber erforderlich.

Die Aufsicht über (sehr große) Plattformbetreiber darf daher weder in die Hände nationaler Regierungen gelegt noch durch die Kommission ausgeübt werden. Das Gebot der Unionsferne verlangt, dass die Aufsicht über Medien oder Plattformen nicht Organen der EU obliegt, die eigene Beurteilungs-, Ermessens- oder Handlungsspielräume haben.[274] Solche Spielräume sind der Kommission bei der Überprüfung der Einhaltung von Art. 34 und Art. 35 DSA eingeräumt. Auch die Ausübung der Aufsichtsbefugnisse nach Art. 64 ff. DSA eröffnet der Kommission vielfältige Optionen.

Die Aufsichtsbefugnisse der Kommission nach Art. 64 ff. DSA sind auch nicht deshalb zulässig, weil das Gremium iSd Art. 61 DSA in die Aufsicht eingebunden ist. Das Gremium ist eine unabhängige Beratergruppe für die Beaufsichtigung der Plattformbetreiber (Art. 61 Abs. 1 DSA), die sich aus den Koordinatoren für digitale Dienste zusammensetzt (Art. 62 Abs. 1 S. 1 DSA). Die Koordinatoren sind von den Mitgliedstaaten einschließlich ihrer Regierungen unabhängig (Art. 50 Abs. 1 und 2 DSA). Zur Gewährleistung ihrer Unabhängigkeit sieht Art. 50 Abs. 1 und 2 DSA Sicherungen vor. Dementsprechend erfüllt auch das Gremium seine Aufgabe unabhängig von den Mitgliedstaaten und ihren Regierungen.

Zu den Aufgaben des Gremiums gehört die Unterstützung der Kommission bei der Ausübung ihrer Aufsicht über sehr große Plattformbetreiber (Art. 63 Abs. 1 DSA). Dazu zählen die Beratung der Kommission hinsichtlich der in Art. 66 DSA genannten Maß-

---

[274] → B) III. 3. vor und nach Fn. 83 (S. 25).

nahmen und die Abgabe von Stellungnahmen (Art. 63 Abs. 1 lit. d) DSA). Den Ansichten bzw. Stellungnahmen des Gremiums trägt die Kommission im Rahmen ihrer Aufsicht „weitestgehend Rechnung" (s. etwa Art. 36 Abs. 10, Art. 66 Abs. 4 S. 2 und 3, Art. 75 Abs. 1 S. 2 DSA).

Das Gebot der Unionsferne verlangt, die Aufsicht über Medien oder Plattformen nicht in die Hände von Organen der EU zu legen, die eigene Beurteilungs-, Ermessens- oder Handlungsspielräume haben.[275] Die Mitwirkungsbefugnisse des Gremiums bei der Ausübung der Aufsicht der Kommission gehen indes nicht so weit, dass die Kommission keine eigenen Entscheidungsspielräume mehr besitzt. Die Verpflichtung der Kommission, den Ansichten bzw. Stellungnahmen des Gremiums „weitestgehend Rechnung" zu tragen, schließt begründete Abweichungen der Kommission nicht aus. Es genügt, wenn die Kommission sich mit den Ansichten bzw. Stellungnahmen des Gremiums inhaltlich auseinandersetzt.[276] Die Ansichten bzw. Stellungnahmen müssen sich aber im Beschluss nicht niederschlagen.[277] Die Entscheidungsbefugnis steht letztlich allein der Kommission zu.[278] Außerdem dürfte die Berücksichtigungspflicht der Kommission leerlaufen, wenn die Ansichten bzw. Stellungnahmen des Gremiums nicht oder unzureichend begründet sind, was angesichts der kurzen Mindestfrist von 14 Tagen (s. Art. 66 Abs. 4 S. 2 iVm Art. 79 Abs. 2 DSA) nicht ausgeschlossen erscheint. Vor allem kann die Kommission wegen ihrer Verfahrenshoheit (vgl. Art. 66 Abs. 1 DSA) entscheiden, ob sie ein Verfahren gegen einen sehr großen Plattformbetreiber wegen der Verletzung der Risikobewertungs- und Risikominimierungspflichten nach Art. 34 und Art. 35 DSA einleitet. Auch die Nichteinleitung eines Verfahrens kann zur politischen Einflussnahme auf den Meinungs- und Willensbildungsprozess genutzt werden.

Festzuhalten ist, dass der Kommission im Rahmen ihrer Aufsicht über sehr große Plattformbetreiber Beurteilungs-, Ermessens- und Handlungsspielräume eröffnet sind, die durch die Mitwirkung des Gremiums nicht beseitigt werden. Diese Spielräume lassen sich zur Informationslenkung und Steuerung des Kommunikationsprozesses nutzen, der im Interesse des Einzelnen und der Demokratie von Einflüssen nicht nur der Regierungen der Mitgliedstaaten, sondern auch der Kommission freizuhalten ist. Die Aufsicht der Kommission über sehr große Plattformbetreiber wird dem Gebot der Unionsfer-

---

[275] S. nochmals → B) III. 3. vor und nach Fn. 83 (S. 25).
[276] *Krönke*, in: Hofmann/Raue, Digital Services Act. Gesetz über digitale Dienste, 2023, Art. 67 Rn. 17.
[277] *Krönke*, DSA (Fn. 276), Art. 67 Rn. 17.
[278] *Krönke*, DSA (Fn. 276), Art. 67 Rn. 17.

ne (Art. 11 Abs. 1 S. 1 und Abs. 2 GRCh) nicht gerecht.[279] Die Aufsicht über Medien und Plattformen sollte dem Europäischen Gremium für Mediendienste (Art. 8 ff. EMFA-E) übertragen werden, das unabhängig ist (Art. 9 EMFA-E).[280]

II. Auswirkungen auf das nationale Recht

1. Befugnisse der Landesmedienanstalten gegenüber Plattformbetreibern

Art. 9 DSA setzt eine Ermächtigungsgrundlage nach (Unionsrecht oder) nationalem Recht voraus, die die mitgliedstaatlichen Behörden zu Anordnungen gegenüber Plattformbetreibern wegen der Verbreitung rechtswidriger Inhalte berechtigt.[281] Eine solche Ermächtigungsgrundlage findet sich in §§ 104 Abs. 1, 109 Abs. 1 iVm § 17 S. 2 und 3 MStV.[282] Gem. § 17 S. 2 MStV sind Telemedien an die verfassungsmäßige Ordnung gebunden. Die Vorschriften der allgemeinen Gesetze einschließlich („und") der gesetzlichen Bestimmungen zum Schutz der persönlichen Ehre sind einzuhalten (§ 17 S. 3 MStV). Die an die allgemeinen Gesetze gebundenen Telemedien sind nicht nur Anbieter mit eigenen (journalistisch-redaktionell gestalteten) Inhalten, sondern auch Plattformbetreiber iSd DSA. Sie firmieren im MStV als Medienintermediäre. Nach der Legaldefinition des § 2 Abs. 2 Nr. 16 MStV ist Medienintermediär jedes Telemedium, das auch journalistisch-redaktionelle Angebote Dritter aggregiert, selektiert und allgemein zugänglich präsentiert, ohne diese zu einem Gesamtangebot zusammenzufassen. Plattformbetreiber wie soziale Netzwerke sind daher – auch ausweislich der Gesetzesbegründung[283] – Medienintermediäre, soweit sie journalistisch-redaktionelle Inhalte Dritter aggregieren, selektieren und allgemein zugänglich machen. Der Landesgesetzgeber hat zum Schutz der Vielfaltssicherung durch den MStV spezielle Vorschriften für Medienintermediäre erlassen

---

[279] Vgl. VG Köln, MMR 2022, 330 (332 ff.), wonach die Aufsicht des Bundesamtes für Justiz über die Einhaltung der Vorschriften des NetzDG mit Art. 30 Abs. 1 AVMDRL unvereinbar ist.

[280] Problematisch ist allerdings, dass die Kommission im Gremium vertreten ist, wenngleich ohne Stimmrecht (Art. 10 Abs. 5 EMFA-E).

[281] Hierzu → F) I. 6a) nach Fn. 214 (S. 64) und → F) I. 7., S. 71.

[282] Vgl. *D. Holznagel*, CR 2021, 123 (129), wonach ein Beispiel für Anordnungen nationaler Behörden iSd Art. 9 DSA Verfügungen der Landesmedienanstalten gegenüber Plattformbetreibern sind.

[283] MStV-Begründung, BayLT-Drs. 18/7640, S. 85: „Folgende Dienste sind im Regelfall als Medienintermediär im Sinne dieser Vorschrift einzustufen: Suchmaschinen, Soziale Netzwerke, User Generated Content-Portale, Blogging-Portale und News Aggregatoren."

(vgl. §§ 91 ff. MStV).[284] Neben diesen besonderen gesetzlichen Vorgaben müssen Medienintermediäre (Plattformbetreiber) ebenso wie alle anderen Telemedien die allgemeinen Gesetze einschließlich der Gesetze zum Schutz der persönlichen Ehre beachten. Kommt es auf Plattformen zu Rechtsverstößen durch Nutzer, sind neben den Nutzern, soweit sie Telemedien anbieten, auch die Plattformbetreiber aufgrund ihrer Bindung nach § 17 S. 2 und 3 MStV verantwortlich. Plattformbetreiber haben zwar keine proaktive Überwachungspflicht (Art. 8 DSA). Das schließt aber Anordnungen der Landesmedienanstalten wegen der Verbreitung rechtswidriger Inhalte Dritter nicht aus (vgl. Art. 6 Abs. 4 und Art. 9 DSA).

Die Befugnis der Landesmedienanstalten zu Anordnungen gegenüber Plattformbetreibern wegen der Verbreitung rechtswidriger Inhalte Dritter nach §§ 104 Abs. 1, 109 Abs. 1 iVm § 17 S. 2 und 3 MStV entfällt auch nicht deshalb, weil die Befugnisnorm des § 109 Abs. 1 MStV die Vorschrift des § 17 MStV ausdrücklich ausklammert („mit Ausnahme von § 17"). Der Gesetzgeber schreibt damit den redaktionellen Fehler fort, der bereits den vormaligen § 59 Abs. 3 S. 1 RStV kennzeichnete. Die Herausnahme des § 54 Abs. 1 RStV (nunmehr: § 17 MStV) aus dem Kreis der durch die Ermächtigung des § 59 Abs. 3 S. 1 RStV geschützten Vorschriften wurde als Redaktionsversehen[285] oder im Wege einschränkender Auslegung[286] als unbeachtlich angesehen.[287] Nach der Vorgängerregelung des § 22 Abs. 2 S. 1 MDStV schloss die Aufsicht der hierfür zuständigen Behörde die Bindung der Anbieter von Mediendiensten an die allgemeinen Gesetze (§ 11 Abs. 1 S. 2 MDStV) ein. An diesem Zustand sollte sich nach dem Willen des Gesetzgebers nichts ändern, als die Eingriffsbefugnis des § 22 Abs. 2 S. 1 MDStV im Zuge des 9. RfÄndStV in § 59 Abs. 3 S. 1 RStV überführt wurde. Wörtlich lautet die Gesetzesbegründung: „Absatz 3 Satz 1 bis 5 übernehmen die bisherige Regelung aus § 22 Abs. 2 des Mediendienste-Staatsvertrages."[288] Damit stand schon nach früherer Rechtslage fest, dass die Verlet-

---

[284] S. hierzu MStV-Begründung, BayLT-Drs. 18/7640, S. 79: „Vor diesem Hintergrund führt der Medienstaatsvertrag zur Sicherung des Pluralismus erstmals umfassende medienspezifische Vorgaben für solche Anbieter ein, die Medieninhalte vermitteln bzw. deren Verbreitung dienen – sog. Gatekeeper (zB Suchmaschinen, Smart-TVs, Sprachassistenten, App-Stores, soziale Medien)."
[285] VG Gelsenkirchen, ZUM-RD 2008, 377 (381); *Fiedler*, in: Gersdorf/Paal, BeckOK Informations- und Medienrecht, Stand: 1.11.2023, MStV, § 109 Rn. 18; *Schulz*, in: Binder/Vesting, Beck'scher Kommentar zum Rundfunkrecht, 4. Aufl. 2018, RStV, § 59 Rn. 42.
[286] VG Aachen, BeckRS 2008, 33559.
[287] Hierzu zuletzt *Gersdorf*, Aufsicht (Fn. 1), S. 48 ff.; ebenso *Fiedler*, in: Gersdorf/Paal, BeckOK Informations- und Medienrecht, Stand: 1.8.2022, MStV, § 109 Rn. 18; *Schulz*, Beck'scher Kommentar zum Rundfunkrecht (Fn. 285), § 59 Rn. 42.
[288] LT-Drs. NRW 14/3130, S. 31.

zung der allgemeinen Gesetze (§ 54 Abs. 1 S. 3 RStV) zu Sanktionsmaßnahmen der Landesmedienanstalten nach § 59 Abs. 3 S. 1 RStV führen konnte.

Nach dem MStV gilt nichts anderes. Aus § 104 Abs. 1 S. 1 MStV und der Gesetzesbegründung folgt unzweifelhaft, dass die Landesmedienanstalten für den Vollzug der für Telemedien geltenden gesetzlichen Bestimmungen zuständig sind. Nur die Aufsicht über die Einhaltung des Telemediengesetzes des Bundes, das kraft der landesrechtlichen Rezeptionsvorschrift des § 24 Abs. 1 S. 1 MStV auch für Telemedien im Zuständigkeitsbereich der Länder gilt, bestimmt sich nach partikularem Landesrecht (§ 24 Abs. 3 MStV). Im Übrigen ist die Aufsicht über Telemedien im MStV geregelt und unterfällt der Zuständigkeit der Landesmedienanstalten. Gem. § 104 Abs. 1 S. 1 MStV überprüft die zuständige Landesmedienanstalt die Einhaltung der Bestimmungen des Staatsvertrages, soweit nichts anderes bestimmt ist. Ausdrücklich heißt es hierzu in der Begründung zu § 104 MStV: „Hierdurch wird die Zuständigkeit der Landesmedienanstalten sowohl für Rundfunk als auch *für Telemedien* staatsvertraglich festgeschrieben."[289] (Hervorhebung nur hier)

Unverständlich ist, weshalb § 109 Abs. 1 S. 1 MStV, der im Fall von Gesetzesverstößen die Sanktionsmöglichkeiten der Landesmedienanstalten regelt, die Vorschrift des § 17 MStV ausklammert. Der Gesetzgeber schreibt damit den redaktionellen Fehler fort, der bereits den vormaligen § 59 Abs. 3 S. 1 RStV kennzeichnete. Wie dargelegt, wurde die Herausnahme des § 54 Abs. 1 RStV (nunmehr: § 17 MStV) aus dem Kreis der durch die Ermächtigung des § 59 Abs. 3 S. 1 RStV geschützten Vorschriften als Redaktionsversehen oder im Wege einschränkender Auslegung als unbeachtlich angesehen.

Der Redaktionsfehler in § 109 Abs. 1 S. 1 MStV zeigt sich daran, dass § 104 Abs. 1 MStV von einer umfassenden Aufsicht der Landesmedienanstalten auch über Telemedienanbieter ausgeht, die sich auf die Einhaltung sämtlicher Bestimmungen des MStV erstreckt. Diese umfassende Zuständigkeit der Landesmedienanstalten liefe ohne Aufsichtsbefugnisse leer.

Ein entsprechender Redaktionsfehler wie in § 109 Abs. 1 S. 1 MStV findet sich in der Zuständigkeitsvorschrift des § 105 Abs. 1 Nr. 2 MStV, wonach die Kommission für Zulassung und Aufsicht (ZAK) nicht zuständig ist für Aufsichtsmaßnahmen gegenüber bundesweiten privaten Anbietern bei Verstößen gegen § 17 MStV. Auch hier macht die Herausnahme des § 17 MStV aus der Zuständigkeit der ZAK wegen der umfassenden Zuständigkeit der Landesmedienanstalten für die Einhaltung der Bestimmungen des MStV keinen

---

[289] Begründung zu § 104 MStV, BayLT-Drs. 18/7640, S. 112.

Sinn. § 105 Abs. 1 Nr. 2 MStV beruht damit ebenfalls auf einem Redaktionsversehen. Die ZAK ist daher nicht nur für die Aufsicht über Medienintermediäre nach den vielfaltssichernden Vorschriften der §§ 92 bis 94 MStV zuständig (§ 105 Abs. 1 Nr. 10 MStV), sondern auch für die Aufsicht über Medienintermediäre (Plattformen) wegen Verstoßes gegen allgemeine Gesetze iSd § 17 S. 2 und 3 MStV (§ 105 Abs. 1 Nr. 2 MStV).

Der Gesetzgeber ist aufgerufen, die redaktionellen Fehler in §§ 105 Abs. 1 Nr. 2 und 109 Abs. 1 S. 1 MStV zu korrigieren und klarzustellen, dass die Landesmedienanstalten gegenüber Plattformbetreibern bei der Verbreitung rechtswidriger Inhalte die erforderlichen Maßnahmen ergreifen dürfen und hierfür die ZAK zuständig ist. Überdies sollte der Gesetzgeber nicht zuletzt im Interesse des Schutzes vor einer Überlastung des Aufsichtssystems in Erwägung ziehen, das Verhältnis des äußerungsrechtlichen Rechtsschutzes zur Aufsicht in § 109 Abs. 1 MStV zu regeln. Zwar erscheint ein strikter Subsidiaritätsgrundsatz nicht sachdienlich. Man könnte aber Aufsichtsmaßnahmen gegen Plattformbetreiber bei Verletzung individueller Rechte von dem Vorliegen eines „öffentlichen Interesses" abhängig machen. Dann könnte im Rahmen der Eröffnung eines Aufsichtsverfahrens durch die Landesmedienanstalten geprüft werden, ob äußerungsrechtlicher Rechtsschutz durch den Betroffenen begehrt wird oder möglich ist und ob Aufsichtsmaßnahmen der Landesmedienanstalten mit Blick auf die Schwere der Rechtsverletzung erforderlich sind.[290] Ebenfalls im Interesse des Schutzes des Aufsichtssystems vor Überlastung und zur Wahrung des Verhältnismäßigkeitsgrundsatzes erscheint es (zumindest rechtspolitisch) sinnvoll, Aufsichtsmaßnahmen der Landesmedienanstalten gegen Plattformbetreiber von einer (gesetzlich zu bestimmenden) Aufgreifschwelle in Bezug auf den Inhalteanbieter abhängig zu machen.[291] Hierfür kommt eine Orientierung an §§ 54 Abs. 1 S. 1 Nr. 1, 78 Abs. 1 S. 2 Nr. 2 bzw. 91 Abs. 2 Nr. 2 MStV in Betracht. Die konkrete Reichweite von publizistischen Inhalten ist nach der Rechtsprechung des BVerfG ein maßgebliches Abwägungskriterium.[292] Auch finden sich im MStV in anderen Zusammenhängen entsprechende Aufgreifschwellen.

Bei Anordnungen gegenüber Plattformbetreibern wegen der Verbreitung rechtswidriger Inhalte (§§ 104 Abs. 1, 109 Abs. 1 iVm § 17 S. 2 und 3 MStV) sind die Landesmedienanstalten an deutsche Grundrechte gebunden. Sie müssen die Anordnungen zudem gem.

---

[290] Vgl. *Gersdorf*, Aufsicht (Fn. 1), S. 64.
[291] Vgl. *Gersdorf*, Aufsicht (Fn. 1), S. 75.
[292] BVerfG, NJW 2020, 2622 (2627 Rn. 34); BVerfG, NJW 2022, 680 (683 Rn. 37); s. auch BVerfGE 152, 152 (204 f. Rn. 125).

Art. 9 Abs. 3 DSA dem nationalen Koordinator für digitale Dienste übermitteln, der wiederum allen anderen Koordinatoren unverzüglich eine Kopie der Anordnung zur Verfügung stellt (Art. 9 Abs. 4 DSA).[293]

2. „Zuständige Behörden" nach Art. 49 DSA

Art. 49 DSA beinhaltet einen „doppelten Regelungsauftrag" an die Mitgliedstaaten. Zum einen müssen die Mitgliedstaaten eine oder mehrere Behörden benennen, die für die Beaufsichtigung der Anbieter von Vermittlungsdiensten wie Plattformbetreiber und für die Durchsetzung des DSA zuständig sind (Art. 49 Abs. 1 DSA). Zum anderen haben die Mitgliedstaaten eine der zuständigen Behörden als ihren Koordinator für digitale Dienste zu benennen (Art. 49 Abs. 2 UAbs. 1 S. 1 DSA). Der Koordinator ist für alle Fragen im Zusammenhang mit der Überwachung und Durchsetzung des DSA im jeweiligen Mitgliedstaat zuständig, es sei denn, der betreffende Mitgliedstaat hat bestimmte besondere Aufgaben oder Sektoren anderen zuständigen Behörden übertragen (Art. 49 Abs. 2 UAbs. 1 S. 2 DSA). In jedem Fall hat er die Koordinierung dieser Angelegenheiten auf nationaler Ebene sicherzustellen sowie zu einer wirksamen und einheitlichen Überwachung und Durchsetzung des DSA in der Union beizutragen (Art. 49 Abs. 2 UAbs. 1 S. 3 DSA). Zu diesem Zweck arbeiten die Koordinatoren der Mitgliedstaaten untereinander sowie mit anderen nationalen zuständigen Behörden, dem Gremium und der Kommission zusammen (Art. 49 Abs. 2 UAbs. 2 DSA).

Während der DSA nur einen Koordinator in jedem Mitgliedstaat vorsieht (Art. 49 Abs. 2 UAbs. 1 S. 1 DSA), dürfen die Mitgliedstaaten als zuständige Behörde iSd Art. 49 Abs. 1 DSA mehrere Behörden benennen. Der DSA nimmt damit Rücksicht auf die konstitutionellen, organisatorischen und administrativen Besonderheiten in den Mitgliedstaaten (ErwGr 109 S. 2). Als Beispiel für die Möglichkeit der Mitgliedstaaten zur Benennung mehrerer zuständiger Behörden nennt ErwGr 109 S. 2 die „Regulierungsbehörden für elektronische Kommunikation" und „die Medien". Als „zuständige Behörden" iSd Art. 49 Abs. 1 DSA kommen daher auch die Landesmedienanstalten (ZAK) in Betracht.[294] Nach Art. 49 Abs. 4 DSA gelten die für Koordinatoren bestehenden organisatorischen Anforderungen auch für zuständige Stellen iSd Art. 49 Abs. 1 DSA. Aus der Verweisung in Art. 49 Abs. 4 DSA auf Art. 51 DSA folgt, dass die Mitgliedstaaten – nach Maßgabe des Herkunftslandprinzips des

---

[293] Hierzu → F) I. 6. c) Absatz nach Fn. 219 (S. 67).
[294] *Rademacher*, DSA (Fn. 218), Art. 56 Rn. 40.

Art. 56 Abs. 1 DSA – die zuständigen Behörden mit der Wahrnehmung der Befugnisse nach Art. 51 DSA betrauen dürfen.[295] Sieht dies das mitgliedstaatliche Recht vor, können die zuständigen Behörden die zur Durchsetzung des DSA erforderlichen Maßnahmen treffen.

Die nach Art. 49 Abs. 1 DSA erforderliche Bestimmung der zuständigen Behörde richtet sich nach dem Recht der Mitgliedstaaten. Abgesehen von hier nicht einschlägigen Ausnahmen (vgl. etwa Art. 108 Abs. 1 S. 1 GG) verhält sich das Grundgesetz nicht ausdrücklich zum unmittelbaren Vollzug von Sekundärrecht wie EU-Verordnungen durch Verwaltungsstellen. Das Organisationsrecht der Art. 83 ff. GG ist zumindest nicht direkt anwendbar, weil es nicht um die Ausführung von Bundesgesetzen geht. Nach überwiegender Meinung finden Art. 83 ff. GG analoge Anwendung.[296] Das ist jedoch in dieser Pauschalität unzutreffend und gilt nur, wenn der Bund für ein entsprechendes (fiktives) Bundesgesetz die Gesetzgebungskompetenz hätte.[297] Ist dies der Fall, kann der Bund die Einrichtungen der Behörden der Länder gesetzlich regeln (vgl. Art. 84 Abs. 1 S. 2 GG analog), sodass Länderverwaltung vorliegt. Alternativ kann er durch Gesetz selbstständige Bundesoberbehörden und neue bundesunmittelbare Körperschaften und Anstalten des öffentlichen Rechts errichten (Art. 87 Abs. 3 GG analog) und damit EU-Sekundärrecht durch Bundesverwaltung vollziehen. Der Bund hat im Bereich des Unionsrechtsvollzugs von der Möglichkeit der Erweiterung der Bundesverwaltung nach Art. 87 Abs. 3 GG analog in erheblichem Ausmaß Gebrauch gemacht.[298]

Im Zusammenhang mit der Benennung der zuständigen Behörden iSd Art. 49 Abs. 1 DSA stellt sich damit dieselbe Frage, die bereits im Rahmen des NetzDG aufgetreten und höchstrichterlich nicht geklärt ist.[299] Unterliegen Regelungen zur Unterbindung der Verbreitung rechtswidriger Inhalte auf sozialen Netzwerken (Plattformen) der Gesetzgebungskompetenz des Bundes oder der Länder? Nach nahezu einhelliger Auffassung konnte der Bund das NetzDG nicht auf seine Wirtschaftskompetenz nach Art. 74 Abs. 1 Nr. 11 GG stüt-

---

[295] *Rademacher*, DSA (Fn. 218), Art. 51 Rn. 1.
[296] Zur Diskussion s. nur *Trute*, in: v. Mangoldt/Klein/Starck, GG, 7. Aufl. 2018, Art. 83 Rn. 66 mwN; *Suerbaum*, in: Kahl/Ludwigs, HdbVwR III, 2022, § 81 Rn. 21 mwN.
[297] Ebenso *Trute*, GG (Fn. 296), Art. 83 Rn. 66 mwN; *Suerbaum*, HdbVwR III (Fn. 296), § 81 Rn. 21 mwN.
[298] *Trute*, GG (Fn. 296), Art. 83 Rn. 66 mwN; *Suerbaum*, HdbVwR III (Fn. 296), § 81 Rn. 22 mwN.
[299] Vgl. Stellungnahme der Landesmedienanstalten zum Referentenentwurf Digitale-Dienste-Gesetz, 25.8.2023, Rn. 6.

zen.³⁰⁰ Die Wahrung der öffentlichen Sicherheit und Ordnung begründet keinen eigenständigen Gesetzgebungskompetenztitel. Vielmehr liegt die Gesetzgebungskompetenz bei demjenigen, der für den Sachbereich zuständig ist, in dem die öffentliche Sicherung und Ordnung zu wahren ist.³⁰¹ Demnach steht die Gesetzgebungskompetenz für die Gewährleistung der Rechtsordnung in sozialen Netzwerken demjenigen zu, der zur Regelung der Netzwerke zuständig ist (Gesetzgebungskompetenz kraft Sachzusammenhangs). Soziale Netzwerke sind keine reinen Wirtschaftsdienste, für die die Gesetzgebungskompetenz des Bundes nach Art. 74 Abs. 1 Nr. 11 GG gilt. Vielmehr unterliegen Plattformen dem Schutz der Medienfreiheiten des Art. 5 Abs. 1 S. 2 GG, soweit sie „journalistisch-redaktionelle Angebote" (s. § 2 Abs. 2 Nr. 16 MStV), also durch Art. 5 GG geschützte Inhalte Dritter verbreiten. Deshalb liegt die Gesetzgebungskompetenz für solche sozialen Netzwerke ebenso wie für klassische Medien bei den Ländern.³⁰² Es mag zwar sein, dass sich der DSA auf die Binnenmarktkompetenz der EU nach Art. 114 AEUV stützen lässt. Mit Blick auf die hybride Grundrechtsträgerschaft der Plattformen ist aber jedenfalls nach der Kompetenzordnung des Grundgesetzes bei der Gesetzgebungszuständigkeit zu differenzieren. Der Bund ist für soziale Netzwerke zuständig, soweit sie durch Art. 12 GG geschützte Inhalte verbreiten und somit als Wirtschaftsdienste auftreten. Dagegen sind die Länder gesetzgebungsbefugt, soweit soziale Netzwerke für die Meinungsbildung relevante Inhalte (Art. 5 GG) veröffentlichen und damit den Schutz der Medienfreiheiten des Art. 5 Abs. 1 S. 2 GG genießen.³⁰³

Dementsprechend hat der Landesgesetzgeber den Landesmedienanstalten die Aufgabe der Aufsicht über Medienintermediäre (Plattformbetreiber) übertragen. Sie können auf der Grundlage der §§ 104 Abs. 1, 109 Abs. 1 iVm § 17 S. 2 und 3 MStV Aufsichtsmaßnahmen gegenüber Plattformbetreibern ergreifen, wenn diese rechtswidrige

---

[300] S. nur *Feldmann*, K&R 2017, 292 (294f.); *Gersdorf*, MMR 2017, 439 (440ff.); *Giere*, Grundrechtliche Einordnung (Fn. 51), S. 143ff.; *Hain/Ferreau/Brings-Wiesen*, K&R 2017, 433 (434f.); *Heckmann/Wimmers*, CR 2017, 310 (311); *Ladeur/Gostomzyk*, K&R 2017, 390 (390f.); *Müller-Franken*, AfP 2018, 1 (3ff.); *Kalscheuer/Hornung*, NVwZ 2017, 1721 (1724f.); aA *Schwartmann*, Stellungnahme im Rahmen der öffentlichen Anhörung des Ausschusses für Recht und Verbraucherschutz des Deutschen Bundestages zum Entwurf des Gesetzes zur Verbesserung der Rechtsdurchsetzung in sozialen Netzwerken (BT-Drs. 18/12356), 19.6.2017, S. 8; *Schiff*, MMR 2018, 366 (366f.).
[301] Vgl. BVerfG, NJW 2004, 750 (751).
[302] Ausführlich *Gersdorf*, MMR 2017, 439 (441 ff.).
[303] Insoweit unzutreffend *Cornils/Auler/Kirsch*, Vollzug des Digital Services Act in Deutschland – Implementierung einer verbraucherorientierten Aufsichtsbehördenstruktur, Gutachten, 2022, S. 28 ff, die die DSA-Materien pauschal dem Art. 74 Abs. 1 Nr. 11 GG zuordnen.

Plattformregulierung G 95

Inhalte ihrer Nutzer veröffentlichen.[304] Die grundgesetzliche Kompetenzordnung schließt eine Doppelzuständigkeit von Bund und Ländern aus. Von Verfassungs wegen sind als zuständige Stelle für die Aufsicht über Plattformbetreiber und für die Durchsetzung des DSA (Art. 49 Abs. 1 DSA) die Landesmedienanstalten zu benennen, soweit auf den Plattformen publizistisch relevante Inhalte (Art. 5 GG, Art. 11 GRCh) verbreitet werden. Überdies verlangt die Verfassung, den Landesmedienanstalten hierfür die Befugnisse gegenüber den Plattformbetreibern (Art. 51 DSA) zu übertragen (vgl. Art. 49 Abs. 4 DSA),[305] deren Hauptniederlassung sich in Deutschland befindet (vgl. Art. 49 Abs. 4 iVm Art. 56 Abs. 1 DSA). Die Anordnungsbefugnisse der Landesmedienanstalten nach Art. 9 DSA, §§ 104 Abs. 1, 109 Abs. 1 iVm § 17 S. 2 und 3 MStV und die Befugnisse nach Art. 51 iVm Art. 49 Abs. 4 DSA gehen in diesem Fall Hand in Hand.

Diesen Kompetenzgrundsätzen wird der Entwurf eines Digitale-Dienste-Gesetzes (DDG-E)[306] nicht gerecht. § 12 Abs. 1 DDG-E benennt als zuständige Behörde iSd Art. 49 Abs. 1 DSA die BNetzA. Eine Ausnahme gilt nach § 12 Abs. 2 DDG-E für den Kinder- und Jugendmedienschutz, für den die Bundeszentrale für Kinder- und Jugendmedienschutz zuständig ist. Die Landesmedienanstalten werden als zuständige Behörden für die Beaufsichtigung der Plattformbetreiber und die Durchsetzung des DSA (Art. 49 Abs. 1 DSA) nicht benannt; auch werden ihnen nicht die Befugnisse nach Art. 51 iVm Art. 49 Abs. 4 DSA übertragen. Das verwundert schon deshalb, weil nach ErwGr 109 S. 2 die Mitgliedstaaten namentlich für „die Medien" eine gesonderte Behördenzuständigkeit begründen können. Indem der Bund mit der Beaufsichtigung der Plattformbetreiber und der Durchsetzung des DSA ausschließlich die BNetzA betraut, beansprucht er eine Verwaltungskompetenz, die nach Art. 30 GG bei den Ländern liegt. Die Beaufsichtigung von Plattformbetreibern, die publizistisch relevante Inhalte verbreiten, unterfällt der Verwaltungskompetenz der Länder nach Art. 30 GG.[307]

---

[304] → F) II. 1., S. 88 ff.
[305] Zu der aus Art. 49 Abs. 4 DSA folgenden Berechtigung der Mitgliedstaaten, die zuständige Behörde iSd Art. 49 Abs. 1 DSA mit der Wahrnehmung der Befugnisse nach Art. 51 DSA zu betrauen, s. *Rademacher,* DSA (Fn. 218), Art. 51 Rn. 1.
[306] BR-Drs 676/23.
[307] Auch ist nicht erkennbar, auf welcher gesetzlichen Grundlage die BNetzA die nach dem DSA erforderliche Prüfung der Rechtmäßigkeit von auf Plattformen verbreiteten Inhalten vornehmen soll. In Ermangelung einer bundesgesetzlichen Regelung, die die Plattformbetreiber an die allgemeinen Gesetze und die verfassungsmäßige Ordnung bindet (vgl. die landesgesetzliche Vorschrift des § 17 S. 2 und 3 MStV), läuft insoweit die Zuständigkeit der BNetzA leer. Das ist mit Art. 49 und Art. 51 DSA unvereinbar.

Daran ändert § 12 Abs. 4 und 5 DDG-E nichts. Dass die für die Beaufsichtigung bestehende gesetzliche Zuständigkeit und die medienrechtlichen Bestimmungen der Länder unberührt bleiben, weist nur auf die Zuständigkeit der Landesmedienanstalten zum Erlass von Anordnungen nach Art. 9 und 10 DSA hin.[308] Dadurch werden die Landesmedienanstalten aber nicht zuständige Behörde iSd Art. 49 Abs. 1 DSA.

Festzuhalten ist, dass der DDG-E mit Art. 30 GG unvereinbar ist, weil § 12 Abs. 1 DDG-E allein die BNetzA und nicht auch die Landesmedienanstalten als zuständige Behörde iSd Art. 49 Abs. 1 DSA benennt und den Landesmedienanstalten nicht die Befugnisse nach Art. 51 iVm Art. 49 Abs. 4 DSA übertragen sind.

---

[308] S. die Begründung zu § 12 Abs. 5 DDG-E, BR-Drs. 676/23, S. 78.

G. Regulierungsrahmen nach dem EMFA-Entwurf

I. EMFA-Entwurf als Ultra-vires-Akt

Es gab und gibt Diktaturen bzw. Autokratien mit einer mehr oder weniger freien Wirtschaftsordnung. Es gab und gibt aber keine Diktaturen oder Autokratien mit freien Medien. Anders gewendet: Eine freie Wirtschaftsordnung schließt ein staatlich beherrschtes Mediensystem nicht aus. Eine Demokratie ist jedoch ohne freie Medien unvorstellbar. Hiermit verträgt es sich nicht, dass die EU durch den auf die Binnenmarktkompetenz des Art. 114 AEUV gestützten European Media Freedom Act, der im Entwurfsstadium weilt (EMFA-E),[309] die Medienfreiheiten und den Medienpluralismus zu sichern sucht. Der EMFA-E ist eine Antwort auf die besorgniserregende Entwicklung in einzelnen Mitgliedstaaten, die nicht nur Grundsätze des Rechtsstaates, sondern auch die Medienfreiheit und den Medienpluralismus als Voraussetzung für Demokratie schleifen. Die EU ist zwar eine Wertegemeinschaft, zu der Demokratie und Medienpluralismus gehören. Die Freiheit der Medien und ihre Pluralität sind integraler Bestandteil der grundrechtlichen Werteordnung (Art. 11 Abs. 2 GRCh). Es mag auch ein Architekturfehler sein, dass die EU – abgesehen von Art. 7 EUV – keine allgemeine Kompetenz besitzt, die gemeinsamen Werte durch Rechtsakte zu schützen.[310] Nach der bestehenden Kompetenzordnung ist es jedoch nicht Sache der Union, sondern der Mitgliedstaaten, die Freiheit der Medien und Medienpluralismus zu sichern. Die Binnenmarktkompetenz nach Art. 114 iVm Art. 26 AEUV bietet hierfür keine Grundlage. Ein staatlich beherrschtes Mediensystem lässt den Binnenmarkt unberührt.[311] Es ist aber mit der Freiheit der Medien und der Demokratie unvereinbar, deren Gewährleistung nicht der Kompetenz der Union, sondern der Mitgliedstaaten unterfällt.[312]

---

[309] Die folgenden Ausführungen zum EMFA-E beziehen sich auf den von der Kommission am 16.9.2022 veröffentlichen Vorschlag (COM/2022/457 final/2).

[310] Insbesondere erweitern die Unionsgrundrechte und damit auch Art. 11 Abs. 2 GRCh nicht die Kompetenzen der EU (Art. 6 Abs. 1 UAbs. 2 EUV, Art. 51 Abs. 2 GRCh); vielmehr gelten die Unionsgrundrechte – ebenso wie Grundrechte nach nationalem Verfassungsrecht – nach Maßgabe zugewiesener Kompetenzen, s. in Bezug auf den EMFA-E *Groß*, EuR 2023, 450 (461 f.).

[311] Vgl. *Kraetzig*, NJW 2023, 1485 (1487 f.).

[312] Zur Diskussion, ob der EMFA-E durch Art. 114 AEUV gedeckt ist, *Beaujean/Oelke/Wierny*, MMR 2023, 11 (11 ff.); *R. Dörr*, AfP 2023, 206 (209 f.); *R. Dörr/Weber*, AfP 2023, 383 (384 f.); *Kraetzig*, NJW 2023, 1485 (1487 f.); *Ory*, ZRP 2023, 26 (28 f.);

II. Einzelne Regelungsinhalte und Probleme

1. Stärkung der Nutzerrechte

Der EMFA-E stärkt die Rechte der Nutzer von Mediendiensten. Der Begriff der Mediendienste geht über den gleichlautenden Begriff der AVMDRL hinaus und erfasst neben audiovisuellen Inhalten – ebenso wie §§ 19, 109 MStV[313] – „Presseveröffentlichungen" (ErwGr 7).[314] Art. 3 EMFA-E begründet ein Recht der Empfänger von Mediendiensten, zum Nutzen des öffentlichen Diskurses eine Vielzahl von Nachrichten und Inhalten zur aktuellen Information zu erhalten. Der EMFA-E scheint damit bezogen auf den Informationsauftrag der Medien das (objektiv-rechtliche) Ziel des Art. 11 Abs. 2 GRCh („ihre Pluralität") zu einem (subjektiv-rechtlichen) Anspruch ausbauen zu wollen. Bedeutung und Tragweite eines solchen Anspruchs bleiben indes unklar. Überdies gewährt Art. 19 EMFA-E – in Parallele zu § 84 Abs. 6 MStV – den Nutzern das Recht, die Standardeinstellung von Geräten oder Benutzerschnittstellen, die der Steuerung oder Verwaltung des Zugangs zu audiovisuellen Medien und ihrer Nutzung dienen, leicht zu ändern, um das Angebot ihren Interessen anzupassen (s. auch ErwGr 37). Dadurch soll dem Nutzer die händische Änderung der Einstellung auf dem Empfangsgerät ermöglicht werden. Es fehlt aber eine ausdrückliche Regelung, die sicherstellt, dass der Nutzer in Wahrnehmung seines Grundrechts auf Informationsfreiheit nach Art. 11 Abs. 1 S. 2 GRCh auf eine händische Änderung verzichten und stattdessen den Plattformbetreiber mit der (algorithmenbasierten) Gestaltung der Benutzeroberfläche nach Maßgabe seines Nutzungsverhaltens betrauen kann. Das Kardinalproblem, wie Vielfalt im Zeitalter personalisierter Inhalte und Benutzeroberflächen gesichert werden kann, d.h., wie das Spannungsverhältnis zwischen den Individualinteressen des Nutzers und dem objektiv-rechtlichen Vielfaltsauftrag aufzulösen ist, thematisiert der EMFA-E nicht.

2. Schutz der Unabhängigkeit von Medien und Journalisten

Im Zentrum des EMFA-E steht der Schutz der Unabhängigkeit von Medien und Journalisten. Zur Gewährleistung der inneren

---

Roß, EuR 2023, 450 (454 ff.); zur Kompetenzverteilung zwischen EU und Mitgliedstaaten generell *Cole/Ukrow/Etteldorf*, Zur Kompetenzverteilung zwischen der Europäischen Union und den Mitgliedstaaten im Mediensektor. Eine Untersuchung unter besonderer Berücksichtigung medienvielfaltsbezogener Maßnahmen, 2020, passim.
[313] Umfassend *Gersdorf*, Aufsicht (Fn. 1), passim.
[314] *R. Dörr*, AfP 2023, 206 (208); *Ory*, ZRP 2023, 26.

Medienfreiheit im Verhältnis von Medienunternehmen zu ihren Redakteuren verpflichtet Art. 6 Abs. 2 S. 1 EMFA-E Mediendiensteanbieter, die Nachrichten bereitstellen, angemessene Maßnahmen zu treffen. Insbesondere ist zu gewährleisten, dass die Redakteure publizistische Entscheidungen frei treffen können (Art. 6 Abs. 2 S. 2 lit. a) EMFA-E). Das schließt nicht jede Einzelweisung der Geschäftsführung eines Mediendiensteanbieters an Redakteure aus.[315] Unzulässig ist aber die Weisung an einen Redakteur, Beiträge gegen seinen Willen zu veröffentlichen.[316]

Der Schutz der Unabhängigkeit der Mediendiensteanbieter gegenüber den Mitgliedstaaten ist in Art. 4 und Art. 5 EMFA-E geregelt. Den Mitgliedstaaten ist es insbesondere untersagt, auf die publizistische Arbeit Einfluss zu nehmen (Art. 4 Abs. 2 S. 2 lit. a) EMFA-E), etwa eine gendergerechte Sprache zu verbieten. Art. 5 EMFA-E sieht spezielle Schutzvorkehrungen für die unabhängige Funktionsweise öffentlich-rechtlicher Medienanbieter vor. So sind die Leitungsorgane in einem transparenten und nichtdiskriminierenden Verfahren mit ausreichender Amtszeit zu bestellen (Art. 5 Abs. 2 UAbs. 1, 2 EMFA-E). Entlassungen der Mitglieder der Leitungsorgane müssen den Anforderungen des Art. 5 Abs. 2 UAbs. 3 EMFA-E genügen. Überdies ist die funktionsgemäße Finanzierung der öffentlich-rechtlichen Medienanbieter sicherzustellen (Art. 5 Abs. 3 EMFA-E).

All diese Vorgaben schließen nicht aus, dass die Mitgliedstaaten weitergehende Vorschriften erlassen (vgl. Art. 1 Abs. 3 EMFA-E). Im Gegensatz zum DSA erhebt der EMFA-E keinen Anspruch auf Vollharmonisierung.[317]

Das Grundanliegen des EMFA-E, die Unabhängigkeit der Medienanbieter insbesondere gegenüber den Mitgliedstaaten zu gewährleisten, steht außer Zweifel, weil es der Verwirklichung des Art. 11 Abs. 1 und 2 GRCh („Freiheit der Medien") dient. Die getroffenen Schutzvorkehrungen sind indes lückenhaft. Der EMFA-E verhält sich nicht dazu, ob und in welchem Umfang in den Leitungsorganen insbesondere der öffentlich-rechtlichen Medienanbieter der Staat vertreten sein darf. Auch ist nicht geregelt, ob und in welcher Höhe sich der Staat an privaten Medienanbietern beteiligen darf. Es ist nicht einmal ausgeschlossen, dass der Staat selbst als Medienanbieter auftritt oder Plattformen mit publizistisch relevanten Inhalten betreibt (vgl. „Truth Social"). Der EMFA-E thematisiert nur die Einwirkung des Staates auf Medien von außen, nicht hingegen die Einflussnahme durch staatliche Medienanbieter.

---

[315] AA wohl *Ory*, ZRP 2023, 26 (27).
[316] So auch *Ory*, ZRP 2023, 26 (27); zur inneren Pressefreiheit *Gersdorf*, AfP 2016, 1 (2 ff.).
[317] S. auch *R. Dörr*, AfP 2023, 383 (387).

Vor allem fehlt im EMFA-E eine Regelung, die es dem nach Art. 8 EMFA-E neu errichteten Europäischen Gremium für Mediendienste (Gremium) ermöglicht, Maßnahmen gegen unionsweit tätige Mediendiensteanbieter zu ergreifen, die – wie Russia Today (RT) – Propaganda und Fake News verbreiten. Das EuG hat das vom Rat der EU durch Verordnung (EU) 2022/350 vom 1.3.2022 gegenüber RT verhängte Verbreitungsverbot für zulässig erklärt.[318] Das EuG problematisiert nicht die Zuständigkeit des Rates der EU unter dem Gesichtspunkt der Unionsferne und damit der Freiheit der Medien iSd Art. 11 Abs. 2 GRCh.[319] Dies irritiert schon deshalb, weil nach dem Sekundärrecht der Union die Aufsicht über Medienanbieter durch eine von den Regierungen unabhängige Regulierungsbehörde zu führen ist (Art. 30 AVMDRL). Aufsichtsmaßnahmen wie ein Verbot von Medienanbietern sind einer unabhängigen Medienaufsicht vorbehalten. Was für die Mitgliedstaaten gilt, muss auch für die Organe der Union gelten. Die Aufsicht über unionsweit verbreitete Mediendienste ist daher einer unabhängigen Stelle wie dem Europäischen Gremium für Mediendienste zu übertragen.[320] Der EMFA-E lässt eine solche Zuständigkeit des Gremiums, das an die Stelle der Gruppe europäischer Regulierungsstellen für audiovisuelle Mediendienste (ERGA) tritt (Art. 8 Abs. 2 EMFA-E), vermissen. Überdies erscheint die Mitwirkung der Kommission im Gremium wie ein Fremdkörper. Sie ist sub specie der nach Art. 11 Abs. 1 und 2 GRCh gebotenen Unionsferne der Aufsicht über Mediendienste grundrechtlich prekär und auch nicht deshalb hinnehmbar, weil die Kommission lediglich ein stimmrechtsloses Sitzrecht hat (s. Art. 10 Abs. 5 S. 1 EMFA-E).[321]

3. Plattformregulierung

Bereits im Rahmen des Entstehungsprozesses des DSA wurde diskutiert, Plattformbetreibern zu untersagen, von Mediendiensteanbietern bereitgestellte Inhalte zu löschen oder zu sperren. Die Mediendiensteanbieter vertreten die Ansicht, dass die Beurteilung der Rechtswidrigkeit der Inhalte wegen ihrer publizistischen Verantwortung allein ihnen obliege und auch eine Löschung wegen Verstoßes gegen die allgemeinen Geschäftsbedingungen nicht zulässig sei. In den DSA wurde jedoch keine entsprechende Regelung aufge-

---

[318] EuG, BeckRS 2022, 18133; s. auch *Ferreau,* ZUM 2022, 505 (505 ff.); *Gundel,* EuR 2023, 110 (110 ff.); *Keber,* CR 2022, 650 (663); *Saxer,* Von den Medien zu den Plattformen (Fn. 197), S. 102 ff., insbesondere 104 ff.
[319] Vgl. EuG, BeckRS 2022, 18133 Rn. 57, 132 ff.
[320] *Gersdorf,* K&R Beilage 1 zu 7/8/2022, 41 (43).
[321] Vgl. auch *Kraetzig,* NJW 2023, 1485 (1488 f.); Positionspapier der Landesmedienanstalten zum EMFA-E, 13.12.2022, S. 2 f.

nommen. Der EMFA-E setzt auf dieser Diskussion auf.[322] Art. 17 ff. EMFA-E erlauben Plattformbetreibern zwar – ebenso wie der DSA – die Löschung von Inhalten der Mediendiensteanbieter, knüpfen sie aber an besondere Bedingungen, die über die Sorgfaltspflichten der Plattformbetreiber nach dem DSA hinausgehen. Anders als Art. 17 DSA, der von Plattformbetreibern nicht verlangt, vor der Löschung von Inhalten den betroffenen Nutzer zu informieren,[323] müssen nach Art. 17 Abs. 2 EMFA-E sehr große Plattformbetreiber einen nach Art. 17 Abs. 1 EMFA-E „registrierten" Mediendiensteanbieter vor der Löschung seiner Inhalte hiervon in Kenntnis setzen und die Entscheidung begründen. Sehr große Plattformbetreiber müssen Beschwerden von Mediendiensteanbietern vorrangig und unverzüglich bearbeiten und entscheiden (Art. 17 Abs. 3 EMFA-E). Mediendiensteanbieter werden damit vertrauenswürdigen Hinweisgebern iSd Art. 22 Abs. 1 DSA gleichgestellt. Art. 17 Abs. 4 EMFA-E verpflichtet sehr große Plattformbetreiber zum Dialog mit Mediendiensteanbietern, wenn sie der Auffassung sind, dass ihre Inhalte häufig ohne triftigen Grund beschränkt oder ausgesetzt wurden.

Über Art. 17 ff. EMFA-E hinausgehende Schutzvorkehrungen für Mediendiensteanbieter dürften zwar zulässig, aber nicht geboten sein. Dass die Mediendiensteanbieter die Rechtmäßigkeit ihrer Inhalte exklusiv beurteilen dürfen, lässt sich Art. 11 GRCh nicht entnehmen. Inhalte, die auf Plattformen Dritter verbreitet werden, unterliegen auch der Verantwortung der Plattformbetreiber. Sie haben ein grundrechtlich geschütztes Interesse (Art. 11 GRCh), die Verbreitung von nach ihrer Ansicht rechtswidrigen Inhalten zu unterbinden. Es ist außerdem Ausfluss grundrechtlicher Freiheit der Plattformbetreiber, in allgemeinen Geschäftsbedingungen strengere Standards für Inhalte als nach staatlichem Recht vorzusehen.

---

[322] *R. Dörr*, AfP 2023, 206 (209).
[323] → F) I. 8. b) vor Fn. 251 (S. 78).

H. Thesen

1. Plattformbetreiber wie soziale Netzwerke unterfallen dem Schutz der Medienfreiheiten (Art. 5 Abs. 1 S. 2 GG, Art. 10 EMRK, Art. 11 GRCh). Sie gestalten durch allgemeine Geschäftsbedingungen die Kommunikation in ihren Netzwerken. Vor allem bestimmen Plattformbetreiber durch Algorithmen, welcher Nutzer welchen Inhalt erhält (News Feed). Auf diese Weise beeinflussen sie den grundrechtlich geschützten Kommunikationsprozess.[324]
2. Der Grundsatz der Staats- bzw. Unionsferne der Medien folgt aus der personalen Autonomie des Grundrechtsträgers und dem Schutz der demokratischen Funktion der Medien (s. Art. 11 Abs. 2 GRCh: „Freiheit der Medien"). Die Ableitung des Gebots der Staatsferne der Medien aus dem Vielfaltsgebot (s. Art. 11 Abs. 2 GRCh: „ihre Pluralität") durch das BVerfG geht dogmatisch fehl und gefährdet die für die Demokratie konstituierende Kommunikationsordnung.[325]
3. Das grundrechtliche Gebot staatsferner Medienaufsicht bezieht sich nicht nur auf den linearen Rundfunk und die Einhaltung vielfaltssichernder (Ausgestaltungs-)Gesetze. Es gilt auch für nichtlineare (Teledienste bzw.) Mediendienste einschließlich Plattformen mit publizistisch relevanten Inhalten und für die Kontrolle von Schrankengesetzen (allgemeine Gesetze).[326]
4. Die Staatsferne der Medien ist im nationalen Recht unzureichend gewährleistet. § 53 Abs. 3 S. 2 MStV iVm § 15 AktG erfasst nur die Beherrschung durch gesellschaftsrechtliche Beteiligung, nicht die vertragliche Beherrschung. Für Telemedien existieren keine die Staatsferne der Medien sichernden Regelungen.[327]
5. Missachtet der Staat die Grenzen zulässiger staatlicher Informations- und Öffentlichkeitsarbeit, weil er nicht (zulässige) Selbstdarstellung, sondern (unzulässige) Medienarbeit betreibt, verletzt er nicht nur die grundgesetzliche Kompetenzordnung, sondern auch den Grundsatz der Staatsfreiheit der Medien (Art. 5 Abs. 1 S. 2 GG). Der Gesetzgeber sollte klarstellen, dass die Landesmedienanstalten befugt sind, gegen unzulässige staatliche Telemedienangebote vorzugehen.[328]

---

[324] → B) II. 2., S. 12 ff.
[325] → B) III. 1., S. 20 ff.
[326] → B) III. 3., S. 23 ff.
[327] → C), S. 28 ff.
[328] → D), S. 30 ff.

6. Der Gesetzgeber sollte den Informationsauftrag als Markenkern des öffentlich-rechtlichen Rundfunks durch Schwerpunktsetzung zugunsten von Information, Bildung und Beratung in den Hauptprogrammen, durch entsprechende Sendezeitvorgaben für die Hauptprogramme und ggf. durch Budgetierung stärken.[329]
7. Der DSA verarbeitet nicht genügend, dass Plattformbetreiber wie soziale Netzwerke nicht nur durch Art. 16 GRCh, sondern auch durch Art. 11 GRCh geschützt sind.[330]
8. Die Beurteilung der Rechtswidrigkeit von Inhalten im Rahmen des DSA bestimmt sich nach dem Recht des EU-Mitgliedstaates, in dem der Nutzer ansässig ist oder seinen Sitz hat (Bestimmungslandprinzip). Das gilt für Anordnungen nationaler Behörden gem. Art. 9 und Art. 10 DSA, bei der (horizontalen) Regulierung des Verhältnisses zwischen Plattformbetreiber und Nutzer (Art. 16, Art. 17, Art. 20 und Art. 23 DSA) und für Anordnungen des Koordinators für digitale Dienste gem. Art. 51 DSA.[331]
9. Art. 16 ff. DSA schaffen nicht durchgehend einen sachgerechten Ausgleich der grundrechtlich geschützten Interessen der Beteiligten (Plattformbetreiber, von Löschung Betroffene und von Inhalten Betroffene). Insbesondere durch (rechtswidrige) Inhalte in ihren (Persönlichkeits-)Grundrechten betroffene Dritte sind unzureichend geschützt. Die teilweise vorhandenen Schutzlücken lassen sich durch analoge Anwendung einzelner Bestimmungen des DSA bzw. durch unionsgrundrechtskonforme Auslegung des DSA schließen. Mit diesen Maßgaben entsprechen die dem Plattformbetreiber nach Art. 16 ff. DSA obliegenden Verfahrenspflichten den Anforderungen, die der BGH für Anbieter sozialer Netzwerke bei einer Löschung von Inhalten und einer Sperrung des Nutzerkontos entwickelt hat.[332]
10. Die Aufsicht der EU-Kommission über sehr große Plattformbetreiber wird dem Gebot der Unionsferne der Medien nicht gerecht. Der Kommission sind Beurteilungs-, Ermessens- und Handlungsspielräume eröffnet, die sich zur Informationslenkung und Steuerung des Kommunikationsprozesses nutzen lassen, der im Interesse des Einzelnen und der Demokratie von Einflüssen nicht nur der Regierungen der Mitgliedstaaten, sondern auch der Kommission freizuhalten ist. Die Aufsicht sollte dem Europäischen Gremium für Mediendienste (Art. 8 ff. EMFA-E) übertragen werden.[333]

---

[329] → E), S. 38 ff.
[330] → F) I. 5., S. 57 ff.
[331] → F) I. 6., S. 61 ff.
[332] → F) I. 8., S. 73 ff.
[333] → F) I. 9., S. 84 ff.

11. Die Landesmedienanstalten sind zu Anordnungen iSd Art. 9 DSA gegenüber Plattformbetreibern wegen der Verbreitung rechtswidriger Inhalte Dritter nach §§ 104 Abs. 1, 109 Abs. 1 iVm § 17 S. 2 und 3 MStV befugt. Der Gesetzgeber sollte allerdings den (in der Ausklammerung des § 17 MStV liegenden) redaktionellen Fehler in §§ 105 Abs. 1 Nr. 2 und 109 Abs. 1 S. 1 MStV korrigieren. Er sollte klarstellen, dass die Landesmedienanstalten gegenüber Plattformbetreibern bei der Verbreitung rechtswidriger Inhalte die erforderlichen Maßnahmen ergreifen dürfen und hierfür die ZAK zuständig ist.[334]

12. Der DDG-E des Bundes ist mit Art. 30 GG unvereinbar, weil § 12 Abs. 1 DDG-E nur die BNetzA und nicht auch die Landesmedienanstalten als zuständige Behörde iSd Art. 49 Abs. 1 DSA benennt und weil den Landesmedienanstalten nicht die Befugnisse nach Art. 51 iVm Art. 49 Abs. 4 DSA übertragen sind.[335]

13. Das Grundanliegen des EMFA-E, die Unabhängigkeit der Medienanbieter insbesondere gegenüber den Mitgliedstaaten zu gewährleisten, steht außer Zweifel, weil es der Verwirklichung des Art. 11 Abs. 1 und 2 GRCh („Freiheit der Medien") dient. Der EMFA-E thematisiert aber nur die Einwirkung des Staates auf die Medien von außen, nicht hingegen die Einflussnahme durch staatliche Medienanbieter. Vor allem fehlt im EMFA-E eine Regelung, die es dem neu errichteten Europäischen Gremium für Mediendienste ermöglicht, Maßnahmen gegen unionsweit tätige Mediendiensteanbieter zu ergreifen, die – wie Russia Today (RT) – Propaganda und Fake News verbreiten.[336]

---

[334] → F) II. 1., S. 88 ff.
[335] → F) II. 2., S. 92 ff.
[336] → G) II. 2., S. 98 ff.